· 毛泽东谈文论史全编 ·

顾 问：龙新民 郑欣淼 陈 晋 阎晓宏

评点中国古代散文赏析

MAOZEDONG PINGDIAN ZHONGGUO
GUDAI SANWEN SHANGXI

1

毕桂发 主 编

陈锡祥 副主编

中国文史出版社

图书在版编目（CIP）数据

毛泽东评点中国古代散文赏析 / 毕桂发主编 . -- 北京 : 中国文史出版社 , 2023.12
（毛泽东谈文论史全编）

ISBN 978-7-5205-4566-2

Ⅰ . ①毛… Ⅱ . ①毕… Ⅲ . ①毛泽东著作研究②古典散文 – 文学评论 – 中国
Ⅳ . ① A841.691 ② I207.62

中国国家版本馆 CIP 数据核字 (2023) 第 244885 号

责任编辑：窦忠如
特约编辑： 王德俊　窦广利　赵增越　张幼平　邓文华　张永俊

出版发行：中国文史出版社
社　　址：北京市海淀区西八里庄路 69 号院　邮编：100142
电　　话：010-81136606　81136602　81136603（发行部）
传　　真：010-81136655
印　　装：廊坊市海涛印刷有限公司
经　　销：全国新华书店
开　　本：787 毫米 × 1092 毫米　1/16
印　　张：57.5
字　　数：854 千字
版　　次：2024 年 1 月北京第 1 版
印　　次：2024 年 8 月第 3 次印刷
定　　价：198.00 元（全 2 册）

总　序

2023 年 12 月 26 日，是中国人民的伟大领袖毛泽东同志诞辰 130 周年。经过多年酝酿策划和组织编撰，我们于今年正式出版发行《毛泽东谈文论史全编》（以下简称《全编》）以示隆重纪念。

十年前，习近平总书记在纪念毛泽东同志诞辰 120 周年座谈会上的重要讲话中指出："毛泽东同志是伟大的马克思主义者，是伟大的无产阶级革命家、战略家、理论家，是马克思主义中国化的伟大开拓者，是近代以来中国伟大的爱国者和民族英雄，是党的第一代领导核心，是领导中国人民彻底改变自己命运和国家面貌的一代伟人。"同时，毛泽东同志又是世所公认的伟大的文学家、史学家、诗人和作家。在深入学习贯彻党的二十大精神、纪念毛泽东同志诞辰 130 周年的重要时间节点上，组织编撰出版这一大型项目图书，为人们缅怀毛泽东同志的丰功伟绩，学习毛泽东同志的伟人品格、政治智慧和文化思想，提供了一套非常重要的文化历史资料；对于弘扬中华优秀传统文化，学习贯彻党的二十大报告中关于"推进文化自信自强，铸就社会主义文化新辉煌"的重要精神，具有十分宝贵的启示和积极的意义。

在组织编撰这部大型项目图书的过程中，我们坚持以习近平新时代中国特色社会主义思想为指导，认真学习党中央关于历史问题的三个决议精神，特别是十九届六中全会通过的《中共中央关于党的百年奋斗重大成就和历史经验的决议》精神，对全部书稿的政治观点和思想内容进行了认真把关，使其符合三个决议精神，也符合习近平总书记十年来有关论述毛泽东同志历史功绩和毛泽东思想指导地位的重要讲话精神，以及关于学习党史国史和弘扬中华传统文化的重要讲话精神。

《全编》计27种40册1500万字。编撰者耗费数十年心血收集、整理、阐析、赏评，把毛泽东在各个时期的文章、诗词、书信、讲话、谈话中引用、化用、批注、圈阅、点评、编选的古今人物和文史作品，把毛泽东传记、年谱、回忆录中提及或引用和评点的古今人物和文史作品，即使片言只语、寸缣尺楮也收集入册，希望能够集散为专、分门别类，尽量避免遗珠之憾，力求内容全面系统、表述科学客观。

这部《全编》有以下几个特点：

资料齐全。毛泽东同志一生酷爱读书，可以说是博览群书、通古贯今。他曾说："饭可以一日不吃，觉可以一日不睡，书不可以一日不读。"他熟读《二十四史》《资治通鉴》等中国历代著名历史著作，熟读中国历代优秀的诗词文学作品，且不动笔墨不读书，读书时做了大量批注和圈画，还常常在自己的文章、诗词、讲话、谈话中引经据典、巧妙运用，真可谓博学约取、学以致用。这就给我们留下了浩如烟海的珍贵史料。在编著这部《全编》时，我们想最大限度地收集、整理、汇编其所涵盖的各个方面的文献史料，力争做到文献可靠、史料精准，可读性、知识性和趣味性兼具，使其成为研究毛泽东思想特别是毛泽东文化思想的重要资料。

分类精细。毛泽东同志喜欢中国古代文学，阅读、圈评了大量各类体式的文学作品，他的诗词创作尤为脍炙人口。因此，收录《全编》中关于毛泽东同志的文史资料，浩瀚如海，编撰者都进行了认真严格的划分整理，将其分三辑，文学类就有两辑，所占分量最大。比如，编撰者将其细分为评点名诗、名词、散曲、辞赋、小说、散文、戏曲的"毛泽东同志评点中国传统文化赏析"7种19册，以及《跟着毛泽东学诗词》《毛泽东诗话》《周世钊论毛泽东诗词》《毛泽东致周世钊书信手迹》与毛泽东读唐诗、宋词、元曲、古文等的"毛泽东与中国诗词曲赋"8种9册。

评述允当。在这部《全编》中，编撰者将每篇作品分为毛泽东评点、人物、事件评述或毛泽东评点、原文和赏析，力求评述或赏析允妥、适当，即深刻理解毛泽东原文含义，紧扣毛泽东的评点，不作过多发挥，文字力求简明生动。同时，编撰者注重史料收集整理的文献性，兼顾知识性和趣味性，这就使得这部大型项目图书兼具很强的可读性。

这部《全编》还有一个最突出的重要特点，那就是比较集中地梳理和呈现了毛泽东同志的历史自信和文化自信。习近平总书记在纪念毛泽东同志诞辰 120 周年座谈会上的讲话中明确指出，毛泽东同志"是马克思主义中国化的伟大开拓者，是近代以来中国的爱国者和民族英雄"。这个评价反映在毛泽东同志学习和运用、继承和发展中华优秀传统文化方面，鲜明地体现为他的历史自信和文化自信。因此，我们认为这部《全编》的编撰出版，有益于读者更深入体会党的二十大报告论述的"坚持和发展马克思主义，必须同中华优秀传统文化相结合"的重大论断。在这部《全编》中，有关毛泽东圈阅、评点历史人物和文史作品的材料，就很具体地体现了他作为"马克思主义中国化的伟大开拓者"，是如何运用马克思主义的世界观和方法论，去激活中华优秀传统文化的；又是如何通过继承、运用和发挥中华优秀传统文化，为坚持和发展马克思主义提供深厚滋养的。

《全编》除了引用毛泽东同志的相关评点外，主要篇幅是介绍、叙述和评论毛泽东同志评点的对象即历史人物和文史作品，所引毛泽东的评点内容都出自公开的出版物并注明出处。从目前已出版的各类关于毛泽东同志的书籍来看，这是目前更加全面系统反映伟人毛泽东同志的一部大型丛书，但每册又可独立成书，以满足不同读者的阅读喜好与多样需求。当然，限于编撰者的水平和时间，这部《全编》的体例编排和文字表述等方面还有改进和完善空间，恳请专家学者和广大读者朋友不吝批评指正。

《毛泽东谈文论史全编》编委会

2023 年 12 月 18 日

凡　例

一、本书收入的毛泽东同志评点圈阅的中国古代散文，都有直接或间接的可靠依据，或引用，或化用，或手书，各不相同。

二、本书每篇作品分为原文、注释、毛泽东评说和赏析四个部分。原文尽量采用毛泽东批注的版本或善本；注释则要求简明正确，并征必要的书证；毛泽东评说准确、权威，并用另体排出，以求醒目；赏析紧扣毛泽东的评说，避免泛泛而谈，文字则力求简明生动。

三、本书注释与赏析并举，此体例与一般读本颇不相同（一般是有注释而无赏析，或有赏析而无注释）；我们以为，对于读者欣赏作品来说，这种方式更为便捷有益。以此，我们在注释作品时也不嫌累赘，同一典故史实，屡见屡注，不搞互见，以方便理解和阅读。

四、本书收录作者大体依年代先后为序，其间偶有参差，是为局部参照体裁内容等微有调整。

五、本书一律采用简体汉字排印，在可能引起歧义时，酌情采用繁体字或异体字。行文中括注部分汉语拼音，以便读者阅读。

六、本书涉及的历史地名，一律在旧地名后括注今地名。括注内的地名，一般省去"省""市""县"等字样。

目　录

先　秦

先秦

《尚 书》

　　《尚书》，现存最早的关于上古时代典章文献的汇编。古籍中也单称《书》。相传曾由孔子编选，儒家将其列为经典之一。其中也保存了商及西周初期的一些重要史料。《尚书》有今古文之别。汉代，伏生传《尚书》二十九篇，当时用隶书书写，故称《今尚书》或《今文尚书》。汉武帝时，在孔子故宅壁中发现《尚书》，比《今文尚书》多十六篇，因用蝌蚪古文书写，所以称《古文尚书》，后失传。晋元帝时，豫章内史梅赜献奏上孔安国传《古文尚书》，比《今文尚书》多出二十五篇。唐孔颖达作疏，即今存《十三经注疏》中的《书经》。

【原文】

诗言志

　　帝曰⁽¹⁾："夔⁽²⁾！命女典乐⁽³⁾，教胄子⁽⁴⁾。直而温⁽⁵⁾，宽而栗⁽⁶⁾，刚而无虐⁽⁷⁾，简而无傲⁽⁸⁾。诗言志⁽⁹⁾，歌永言⁽¹⁰⁾，声依永⁽¹¹⁾，律和声⁽¹²⁾，八音克谐⁽¹³⁾，无相夺伦⁽¹⁴⁾，神人以和⁽¹⁵⁾。"夔曰："於⁽¹⁶⁾！予击石拊石，百兽率舞⁽¹⁷⁾。"（《尧典》）

【注释】

　　（1）帝，舜。

　　（2）夔（kuí 葵），人名，相传为尧舜时乐官。

　　（3）女，同"汝"，你。典乐，主管音乐。

　　（4）教胄（zhòu 宙）子，教育贵族子弟，使其成长。胄子，帝王或贵族的后裔。

　　（5）直而温，正直而温和。

（6）宽而栗，宽宏而庄严。栗，坚实之状。

（7）刚而无虐，刚毅而不苛刻。无，不。

（8）简而无傲，简易而不傲慢。

（9）诗言志，诗是用来表达人的情志的。《史记·五帝本纪》作"诗言意"。

（10）歌永言，歌是延长诗的语言，徐徐咏唱，以突出诗的意义。永，长。

（11）声依永，声音的高低又和长言相配合。声，五声，宫、商、角、徵（zhǐ）、羽。

（12）律和声，律吕用来调和歌声。律吕，六律六吕。六律指黄钟、太簇、姑洗、蕤宾、夷则、无射。六吕指大吕、应钟、南吕、林钟、仲吕、夹钟。

（13）八音克谐，八音达到和谐。八音，《周礼·春官·大师》："金、石、土、革、丝、木、匏、竹。"这里金指铜钟，石指石磬，木指木制的柷（zhù祝，形如漆桶）、敔（yǔ语，形如伏虎），大体都属体鸣乐器；革指鼓，属皮乐器；丝指琴瑟，属弦乐器；竹指箫，匏（葫芦之类，古代制笙的材料）指笙，属气乐器；土指埙（xūn勋，陶哨），兼涉体鸣乐器和气乐器。这是八音的原始分类法，后有变化。八种乐器不同，发音亦不同，故称八音。

（14）无相夺伦，不要扰乱秩序。无，毋。

（15）神人以和，原书以为神和人通过诗歌音乐可以交流思想感情而能协调和谐。

（16）於（wū乌），感叹词。

（17）予击石拊石二句，旧注以为击石拊石，乐感百兽，使相率而舞。按：百兽率舞，疑是原始社会的图腾舞。百兽指各种化装的动物图腾。石，磬。拊，小击。

【毛泽东评说】

1945年9月22日，毛泽东在重庆接见戏剧界人士。应邀观看京剧《林冲夜奔》。给诗人徐迟题词："诗言志"。

——董学文、魏国英：《毛泽东的文艺美学活动》，高等教育出版社1995年版，第117页。

1959 年 7 月 4 日，在庐山，毛泽东邀王任重、刘建勋和梅白共进晚餐。席间，毛泽东谈起诗，并念道："遇事虚怀观一是，与人和气察群言。"接着问梅白："你晓得这是哪个的作品？"梅白说："是不是明代杨继盛的诗？"毛泽东高兴地笑了："是的，这是椒山先生的名句。我从年轻的时候，就喜欢这两句，并照此去做。这几十年的体会是："头一句'遇事虚怀观一是'，难就难在'遇事'这两个字上，即有时虚怀，有时并不怎么虚怀。第二句'与人和气察群言'，难在'察'字上面。察，不是一般的察言观色，而是要虚心体察，这样才能从群言中汲取智慧和力量。诗言志，椒山先生有此志，乃有此诗。这一点并无惊天动地之处，但从平易见精深，这样的诗才是中国格律诗中的精品。"

——董志英：《毛泽东轶事》，昆仑出版社 1989 年版，第 247—248 页。

【赏析】

本文节录自《尚书·尧典》。文中记载了中国最早的文学理论。它包括两个方面的内容："诗言志"及诗、乐、舞的关系。"诗言志"，朱自清认为是中国历代诗论的"开山的纲领"（《诗言志辨序》），对后来的文学理论有长久的影响。"诗言志"概括地说明了诗歌表现作家思想感情的特点，也涉及到诗的认识作用。从马克思主义的观点来看，诗人的"志"是一定社会历史条件下的产物，无不受阶级地位的制约。人们通过言"志"的诗，在不同程度上认识到了社会。

毛泽东从无产阶级立场出发，在 1945 年 9 月 22 日书赠诗人徐迟"诗言志"三字，是对广大革命文艺工作者的勉励，也为"诗言志"这一古老的诗歌理论赋予了新的内容。1959 年 9 月 4 日，在庐山，毛泽东邀王任重、刘建勋和梅白三人共进晚餐时，又以明代杨继盛的两句诗"遇事虚怀观一事，与人和气察群言"详细解释"诗言志"，并结合自己的体会，现身说法，强调"椒山先生有此志，乃有此诗"，从诗品与人品的关系阐明了"诗言志"的意义。

【原文】

浩浩滔天

帝曰[1]："咨[2]！四岳[3]，汤汤洪水方割[4]，荡荡怀山襄陵，浩浩滔天。下民其咨，有能俾乂[5]？"佥曰："於！鲧哉[6]。"

帝曰："吁！咈哉[7]，方命圮族。"岳曰："异哉，试可乃已。"

帝曰："往！钦哉。"九载，绩用弗成。（《尧典》）

【注释】

（1）帝，帝尧。陶唐氏，名放勋，简称"唐尧""尧"，我国原始部落联盟领袖，后世称为"圣君"。

（2）咨（zī 姿），嗟叹声。

（3）四岳，相传为尧、舜时的四方部落首领。

（4）汤汤（shāng 伤），大水急流之状。

（5）乂（yì 义），治理。

（6）鲧（gǔn 滚），我国神话、传说中的人物，大禹的父亲、帝尧的大臣。

（7）咈（fú 伏），乖戾，违背。

【毛泽东评说】

十月革命纪念大会，反英大会，北伐胜利总庆祝，每乡都有上万的农民举起大小旗帜，杂以扁担锄头，浩浩荡荡，出队示威。

——《湖南农民运动考察报告》，《毛泽东选集》第一卷，人民出版社1991 年版，第 19 页。

【赏析】

本文选自《尚书·尧典》。文中记述了当时的洪水灾害和选拔鲧去治水的情况，大体上是对我国原始社会末期自然和社会状况的真实反映。其中尧描述洪水肆虐的话，后来演变为"浩浩荡荡"这一成语，用来指称水势的浩大或形容事物的声势壮阔。

毛泽东在《湖南农民运动考察报告》中引用"浩浩荡荡"一语，来状述湖南农民运动的声威，是对农民运动的热情赞颂。

【原文】

任官惟贤才

今嗣王新服厥命⁽¹⁾，惟新厥德。终始惟一，时乃日新。任官惟贤材⁽²⁾，左右惟其人⁽³⁾。臣为上布德⁽⁴⁾，为下为民。其难其慎，惟和惟一。（《咸有一德》）

【注释】

（1）嗣王，新继位之君王。厥，其。

（2）材，通"才"。

（3）左右惟其人，左右亲近之人必是贤才方可委以官位。

（4）臣为上布德二句，臣子奉君上之命布德，顺下训民。

【毛泽东评说】

在这个使用干部的问题上，我们民族历史中从来就有两个对立的路线：一个是"任人唯贤"的路线，一个是"任人唯亲"的路线。前者是正派的路线，后者是不正派的路线。

——《中国共产党在民族战争中的地位》，《毛泽东选集》第二卷，人民出版社1991年版，第527页。

【赏析】

本文选自《尚书·咸有一德》，主要讲继位之新王，应该树立新风，任用贤才之臣，才能治理好国家。其中，"任官惟贤材，左右惟其人"，意思是任用官员只看他的品德和才能如何，后来便提炼为成语"任人唯贤"。

毛泽东在《中国共产党在民族战争中的地位》一文中引用"任人唯贤"，并由此推演出"任人唯亲"一语，对比地讲两条不同的干部路线，阐明无产阶级的"任人唯贤"的干部路线。"贤"的意思是"坚决地执行党的路线，服从党的纪律，和群众有密切的联系，有独立的工作能力，积极肯干，不谋私利"，说明只有以品德和才能选拔官员的办法才是正确的。现在则指任用人要选择那些合乎无产阶级革命事业接班人条件和具有为人民服务才能的人。这是一条唯一正确的干部路线。

【原文】

若火之燎于原

汝不和吉言于百姓，惟汝自生毒。乃败祸奸宄⁽¹⁾，以自灾于厥身⁽²⁾。乃既先恶于民，乃奉其恫⁽³⁾，汝悔身何及！相时憸民⁽⁴⁾，犹胥顾于箴言⁽⁵⁾，其发有逸口，矧予制乃短长之命⁽⁶⁾！汝曷弗告朕，而胥动以浮言⁽⁷⁾？恐沈于众，若火之燎于原，不可向迩，其犹可扑灭？则惟汝众，自作弗靖，非予有咎⁽⁸⁾！（《盘庚上》）！

【注释】

（1）奸宄（guǐ 鬼），犯法作乱的人。

（2）厥身，自身。厥，其。

（3）恫，痛。

（4）憸（xiān 先）民，奸佞的人。憸，邪佞。

（5）胥，相。

（6）矧（shěn 审），况且。

（7）曷，何，为何。

（8）咎，过失，过错。

【毛泽东评说】

一九二七年革命失败以后，革命的主观力量确实大为削弱了。剩下的一点小小的力量，若仅依据某些现象来看，自然要使同志们（作这样看法的同志们）发生悲观的念头。但若从实质上看，便大大不然。这里用得着中国的一句老话："星星之火，可以燎原。"这就是说，现在虽只有一点小小的力量，但是它的发展会是很快的。

————《星星之火，可以燎原》《毛泽东选集》第一卷，人民出版社1991年版，第99页。

【赏析】

本文选自《尚书·盘庚上》。这是商代国君盘庚听到大臣向他反映，百姓不满意他从黄河北迁都到殷（今河南安阳）时对大臣的训诫。盘庚迁殷，缓和了阶级矛盾，有利于发展生产，在历史上是有进步作用的。文中的"若火之燎于原"，是个形象的比喻。后来，人们把它演变成"星星之火，可以燎原"，用以形容新生力量的由小到大、由弱到强，发展迅速。

毛泽东写的《星星之火，可以燎原》是1930年1月5日给林彪的信，是为答复林彪散发的一封对红军前途究竟应该如何估计的征求意见的信。毛泽东在这封信中批评了当时林彪以及党内一些同志对时局估计的悲观思想，提高全党同志的革命信心，鼓舞革命斗志，以奋勇夺取革命的胜利！同时还告诉我们一个科学的分析方法，这就是"我们看事情必须要看它的实质，而把它的现象只看作入门的向导，一进门就要抓住它的实质"。

《周　易》

　　《周易》，又称《易经》，简称《易》，我国古代的占卜书，儒家的重要经典之一。"易"有"变易""简易""不易"三义；"周"指周代。《周易》包括《经》《传》两部分。《经》有六十四卦、三百八十四爻，附有卦辞、爻辞，说明各自要义；旧传伏羲画卦，文王作辞。《传》包含解释卦、爻辞的十篇文辞：彖传上下、象传上下、系辞传上下、文言、说卦传、序卦传、杂卦传（统称十翼）。该书通过象征天、地、风、雷、水、火、山、泽八种自然现象的八卦形式，推测自然和社会的变化，将阴阳两种势力的交感作用作为产生万物的根源，其中包含了一些朴素的辩证法思想。旧传为孔子所作，现在一般认为是战国前期儒家作品，出自众人之手。

【原文】

一阴一阳之谓道

　　一阴一阳之谓道[(1)]。继之者善也[(2)]，成之者性也。仁者见之谓之仁[(3)]，知者见之谓之知，百姓日用而不知，故君子之道鲜矣。显诸仁[(4)]，藏诸用，鼓万物而不与圣人同忧。盛德大业至矣哉[(5)]。富有之谓大业[(6)]，日新之谓盛德[(7)]。生生之谓易[(8)]，成象之谓乾[(9)]，效法之谓坤，极数知来之谓占[(10)]，通变之谓事[(11)]，阴阳不测之谓神[(12)]。（《系辞上》）

【注释】

　　（1）阴、阳，最初指日光的向背，向日为阳，背日为阴。后以阴阳指自然界两种对立的物质势力，并以此来说明自然现象的变化。道，事理、规律。

　　（2）继之者善也二句，能够发扬此道而化育万物的就是善，能具备此道而生成万物的就是性。前一句指阳，后一句指阴。

（3）仁者见之谓之仁四句，意思是说众人局限于各自所知，不能尽识此道。仁者只看见"道"中有"仁"，径称之为"仁"；智者只看见"道"中有"智"，径称之为"智"；百姓时常应用此道，却惯而不察；所以，君子所说"道"中的含义便很少为人所知了。

（4）显诸仁三句，道显现于仁德，而潜藏于日常生活，化育万物是在自然无为中进行的，与圣人经营万物尚存忧患之心有所不同。

（5）盛德大业至矣哉，圣人虽尚存忧患之心，但能努力奉行此道，其德业必定极为盛大。

（6）富有，不断进取，万物无所不备。

（7）日新，日月更新，不断向善。

（8）生生，阴阳转化相生不绝。易，即《周易》变易的思想。

（9）成象之谓乾二句，画卦成天之象称为"乾"，画卦仿地之式称为"坤"。

（10）极数知来之谓占，指穷极蓍数，预测未来，推断吉凶，称为"占"。

（11）通变之谓事，事物至于穷尽即须改变，改变才能使它开通，事物开通才能生长永久，所以谓"通变之谓事"。参见《系辞下》："易穷则变，变则通，通则久。"

（12）阴阳不测，指阴阳的矛盾对立与变化难以测定。神，神奇，神妙。

【毛泽东评说】

世界上一切事物都是对立统一。所谓对立统一，就是不同性质的对立的东西的统一。……一点论是从古以来就有的，两点论也是从古以来就有的。这就是形而上学跟辩证法。中国古人讲，"一阴一阳之谓道"。不能只有阴没有阳，或者只有阳没有阴。这是古代的两点论。形而上学是一点论。

——《在中国共产党第八届中央委员会第二次全体会议上的讲话》，《马列著作毛泽东著作选读（哲学部分）》，人民出版社1978年版，第436—437页。

【赏析】

本文选自《周易·系辞上》。《系辞》相对于爻卦而言，意谓"系属此辞于爻卦之下"。《系辞》分上、下两篇，是《易传》十篇中的两篇，内容集中体现了《易传》的哲学思想，是《易传》的主要代表作。本文提出的"一阴一阳之谓道"，辩证地揭示了事物对立统一的客观规律，是《易传》中最著名的命题之一。

毛泽东1956年11月15日在中共八大二次会议上的讲话中引用了"一阴一阳之谓道"的话，解释说："不能只有阴没有阳，或者只有阳没有阴"，并誉为"这是古代的两点论"。借以说明"世界上一切事物都是对立统一"的法则，指导我们用两点论来看待一切工作，正确对待工作中出现的缺点、错误。

《礼　记》

　　《礼记》是儒家的经典，大率是孔子的弟子、再传弟子、三传弟子各据所闻而撰写的。内容比较庞杂，记录了从战国到秦汉间社会状况、各种礼制和儒家的言行，是研究我国古代社会情况、儒家学说和文物制度的重要书籍。《礼记》有两种本子，西汉戴德辑录的叫《大戴礼记》，原有八十五篇，现仅存三十九篇。他的侄子戴圣辑录的称为《小戴礼记》，共四十九篇，就是现在通行的《礼记》。

【原文】

不食嗟来之食

　　齐大饥⁽¹⁾。黔敖为食于路⁽²⁾，以待饿者而食之⁽³⁾。有饿者，蒙袂辑屦⁽⁴⁾，贸贸然来⁽⁵⁾。黔敖左奉食⁽⁶⁾，右执饮，曰："嗟！来食⁽⁷⁾！"扬其目而视之，曰："予唯不食嗟来之食⁽⁸⁾，以至于斯也⁽⁹⁾！"从而谢焉⁽¹⁰⁾，终不食而死。（《礼记·檀弓下》）

【注释】

　　（1）齐大饥，齐国发生了严重的饥荒。

　　（2）黔敖，人名，春秋时齐国贵族。为食于路，在路上准备了食品。

　　（3）食（sì饲）之，使之食，施舍给他们吃。之，指饿者。

　　（4）蒙袂（mèi妹），用衣袖遮住脸，不愿见人之状。辑屦（jù据），跂（tā他）拉着鞋。辑，收敛。屦，古代的一种鞋。

　　（5）贸贸然，两眼无神之态。

　　（6）奉，同"捧"，托。

　　（7）嗟（jiē阶），呼唤声，相当于现在的"喂"。

（8）唯，只，唯独。

（9）斯，此，这地步。

（10）从而谢焉，意思是黔敖追上去表示歉意。

【毛泽东评说】

美国人在北平，在天津，在上海，都洒了些救济粉，看一看什么人愿意弯腰拾起来。太公钓鱼，愿者上钩。嗟来之食，吃下去肚子要痛的。

——《别了，司徒雷登》，《毛泽东选集》第四卷，人民出版社1991
年版，第1495页。

【赏析】

本文选自《礼记·檀弓下》，主要描写一个有志气的穷人，他宁可饿死，也不接受别人的侮辱性的施舍，充分表现了我国古代人民的志气。

毛泽东在《别了，司徒雷登》一文中借用这个典故旨在说明，中国人民是有志气的，哪怕我们再穷，也决不会接受帝国主义的那种带侮辱性的"救济"，决不会接受那种"糖衣炮弹"似的救济。这充分表现了我国人民的英雄气概，使人读后，深深地感到自豪。

【原文】

大同与小康

昔者仲尼与于蜡宾⁽¹⁾，事毕，出游于观之上⁽²⁾，喟然而叹⁽³⁾。仲尼之叹，盖叹鲁也⁽⁴⁾。言偃在侧⁽⁵⁾，曰："君子何叹？"孔子曰："大道之行也⁽⁶⁾，与三代之英⁽⁷⁾，丘未之逮也⁽⁸⁾，而有志焉⁽⁹⁾。"

大道之行也，天下为公⁽¹⁰⁾：选贤与能⁽¹¹⁾，讲信修睦⁽¹²⁾。故人不独亲其亲⁽¹³⁾，不独子其子⁽¹⁴⁾，使老有所终，壮有所用，幼有所长，矜、寡、孤、独、废疾者皆有所养⁽¹⁵⁾，男有分⁽¹⁶⁾，女有归⁽¹⁷⁾。货恶其弃于地也⁽¹⁸⁾，不必藏于己；力恶其不出于身也，不必为己。是故谋闭而不兴⁽¹⁹⁾，盗窃乱贼而不作，故外户而不闭⁽²⁰⁾，是谓大同⁽²¹⁾。

"今大道既隐⁽²²⁾，天下为家⁽²³⁾，各亲其亲，各子其子，货力为己；大人世及以为礼⁽²⁴⁾，城郭沟池以为固⁽²⁵⁾，礼义以为纪⁽²⁶⁾；以正君臣⁽²⁷⁾，以笃父子⁽²⁸⁾，以睦兄弟，以和夫妇，以设制度，以立田里⁽²⁹⁾，以贤勇知⁽³⁰⁾，以功为己。故谋用是作⁽³¹⁾，而兵由此起⁽³²⁾。禹、汤、文、武、成王、周公⁽³³⁾，由此其选也⁽³⁴⁾。此六君子者，未有不谨于礼者也。以著其义⁽³⁵⁾，以考其信⁽³⁶⁾。著有过，刑仁讲让⁽³⁷⁾，示民有常⁽³⁸⁾。如有不由此者⁽³⁹⁾，在执者去，众以为殃，是谓小康⁽⁴⁰⁾。"（《礼运》）

【注释】

（1）昔者，从前。仲尼，孔子名丘，字仲尼。与于蜡（zhà 乍，又读 chà 岔）宾，参与鲁国的腊祭，作陪祭者。蜡，周代十二月祭百神之称。《礼记·郊特性》："蜡也者，索也，岁十二月，合聚万物而索飨之也。"

（2）观（guàn 灌），宫门前楼台。

（3）喟（kuì 溃）然，叹息之状。

（4）叹鲁，哀叹鲁国已经丧失古礼。

（5）言偃，字子游，春秋时吴国人，孔子的学生，在鲁国做武城宰。

（6）大道之行，指上古五帝时代，大道行于天下。

（7）三代之英，夏、商、周三代的英杰。

（8）未之逮，未能赶得上那个时代。

（9）有志焉，有志于此，心向往之。

（10）天下为公，天下是公有的，天子传位给圣贤，而不私传子孙。

（11）与能，选举有才能的人。与，同"举"。

（12）讲信修睦，讲求信用，施行和睦。

（13）亲其亲，尊奉自己的父母亲。

（14）子其子，抚育自己的子女。

（15）矜（guān 关），同"鳏"，老而无妇的男人。寡，老而无夫的女人。孤，幼而无父的人。独，老而无子的人。废疾者，残疾人。

（16）男有分，男子都有各自的职分。

（17）女有归，女子都能归合适的人家，指出嫁。

（18）恶（wù 务），恨。

（19）是故，因此。谋闭而不兴，各种算计和阴谋都用不着。闭，闭塞。

（20）外户，大门。闭，关。

（21）大同，普天下都呈现出祥和安宁的景象。同，和平。

（22）隐，消失。

（23）天下为家，天下变为一家私有之物。

（24）大人，指天子、诸侯。世及，世代相传，指世袭制。父子相传为世，兄弟相传为及。

（25）城郭，内城和外城。沟池，指护城河。

（26）纪，纲纪、法则。

（27）以正君臣，用礼义规范君臣关系。

（28）笃父子，使父子关系深厚。

（29）立田里，确立田地和里居的分界线。

（30）贤勇知，嘉奖有勇有谋的人。知，同"智"。

（31）用是，由此，从此。

（32）兵，指战争。

（33）禹，夏禹。汤，商汤。文，周文王。武，周武王。周公，周文王之子，武王之弟。

（34）由此其选也，上述六位贤君都是用此礼义教化而成为三代中的英选。

（35）著其义，表彰人们合乎礼义的行为。著，明。

（36）考其信，促成人们讲求诚信。考，成。

（37）刑仁讲让，树立仁爱的典型，讲求礼让。刑，同"型"。

（38）常，常法。

（39）如有不由此者三句，如有统治者不以礼行事，民众便视其为殃民之主而废黜之。执，同"势"。在执即在位。去，废除。

（40）小康，小安。指其不如大同。

【毛泽东评说】

小人累君子，君子当存慈悲之心以救小人。政治、法律、宗教、礼仪制度，及多余之农、工、商业，终日经营忙碌，非为君子设也，为小人设也。君子已有高尚之智德，如世但有君子，则政治、法律、礼仪制度，及多余之农、工、商业，皆可废而不用。无如小人太多，世上经营，遂以多数为标准，而牺牲君子一部分以从之，此小人累君子也。然小人者，可悯者也，君子如但顾自己，则可离群索居，古之人有行之者，巢、许是也。若以慈悲为心，则此小人者，吾同胞也，吾宇宙之一体也。吾等独去，则彼将益即于沉沦，自宜为一援手，开其智而蓄其德，与之共跻于圣域。彼时天下皆为圣贤，而无凡愚，可尽毁一切世法，呼太和之气而吸清海之波。孔子知此义，故立太平世为鹄，而不废据乱、升平二世。大同者，吾人之鹄也。立德、立功、立言以尽力于斯世者，吾人存慈悲之心以救小人也。

——《致黎锦熙信（1917 年 8 月 23 日）》，《毛泽东早期文稿》，湖南出版社 1990 年版，第 88—89 页。

然则不平等、不自由、大战争亦当与天地终古，永不能绝，世岂有纯粹之平等自由博爱者乎？有之，其惟仙境。然则唱大同之说者，岂非谬误之理想乎？

人现处于不大同时代，而想望大同，亦犹人处于困难之时，而想望平安。……是故老庄绝圣弃智、老死不相往来之社会，徒为理想之社会而已。陶渊明桃花源之境遇，徒为理想之境遇而已。即此又可证明人类理想之实在性少，而谬误性多也。

——毛泽东 1917—1918 年读泡尔生《〈伦理学原理〉批注》，《毛泽东早期文稿》，湖南出版社 1990 年版，第 184—185 页。

【赏析】

本文节选自《礼记·礼运》。文章借孔子之口，以现实社会、小康之世相映衬，集中展示了上古时代大同世界的理想蓝图，其影响之深远及于近代洪秀全、康有为、孙中山等。清代今文经学家根据《公羊传》的据乱、升平、太平三世之说，参照《礼记》所言"大同""小康"，提出了从据乱世进至升平世（小康），再从升平世进至太平世（大同）的历史进化观。

《礼记》中的大同理想和公羊派的历史进化观，对青年毛泽东的政治理想有过深刻的影响。1917年8月23日毛泽东致黎锦熙信中说："孔子知此义，故立太平世为鹄，而不废据乱、升平二世。大同者，吾人之鹄也。"说明了青年毛泽东是很倾心于这种社会理想的。

青年毛泽东的思想是不稳定的、多侧面的。在1917年下半年至1918年上半年读泡尔生《伦理学原理》时所作的批语中，他又认为"大同"之说是"谬误之理想"。这与立论的角度不同也有关系。在"批语"里，他是力求论证世界差别的永恒性，论证人类思动、思斗的本性来否定"大同"的。可见，作为人类哲学课题来探讨"大同"，与作为社会理想来倡导的"大同"是有区别的。也就是说，在青年毛泽东的思想中，"大同"作为一种社会理想和人们的奋斗目标，始终是有价值的。

【原文】

一张一弛

子贡观于蜡(1)。孔子曰："赐也乐乎？"对曰："一国之人皆若狂，赐未知其乐也。"子曰："百日之蜡(2)，一日之泽，非尔所知也。张而不弛(3)，文武弗能也(4)；弛而不张，文武弗为也。一张一弛，文武之道也。"（《杂记下》）

【注释】

（1）子贡，姓端木，名赐，春秋时卫国人，孔子的学生。蜡，指蜡祭。

（2）百日之蜡三句，民众劳苦百日，现在有一天让他们饮酒欢乐，这是君主的恩泽，不是你所能了解的。

（3）张，把弓弦拉紧。弛，把弓弦松开。

（4）文武，指周文王和周武王。

【毛泽东评说】

《晋绥日报》在去年六月以后进行的反对右倾的斗争，是完全正确的。在反右倾的斗争中，你们作得很认真，充分地反映了群众运动的实际情况。对于你们认为错误的观点和材料，你们采用编者按语的形式加以批注。你们的批注后来也有缺点，但是那种认真的精神是好的。你们的缺点主要是把弓弦拉得太紧了。拉得太紧，弓弦就会断。古人说："文武之道，一张一弛。"现在"弛"一下，同志们会清醒起来。过去的工作有成绩，但也有缺点，主要是"左"的偏向。现在作一次全面的总结，纠正了"左"的偏向，就会做出更大的成绩来。

——《对晋绥日报编辑人员的谈话》，《毛泽东选集》第四卷，人民出版社 1991 年版，第 1321 页。

【赏析】

本文选自《礼记·杂记下》，主要是讲孔子治理民众的政治主张。他把民众比作弓，把治理民众的方法比作拉弓；因此，在讲了只紧不松和只松不紧的坏处之后，强调最好的办法是一紧一松。孔子的这种观点，虽然是为统治阶级服务的，但他却说出了处理事物的一般法则。

毛泽东在《对晋绥日报编辑人员的谈话》中引用"文武之道，一张一弛"的话，并增添了新的内容，从而告诫我们：无论做什么工作，那种紧张、认真的精神是好的，但不要把弓弦拉得太紧了，以免弓弦被拉断；所以，工作要有紧有松，有张有弛，有节奏地合理安排。在紧张的工作中，要善于休整，总结经验，保持清醒的头脑，这样，才能做出更大的成绩来。

【原文】

放之四海而皆准

曾子曰[1]："夫孝，置之而塞乎天地，溥之而横乎四海[2]，施诸后世而无朝夕[3]。推而放诸东海而准[4]，推而放诸西海而准，推而放诸南海而准，

推而放诸北海而准。《诗》云：'自西自东，自南自北，无思不服。'⁽⁵⁾此之谓也。"（《祭义》）

【注释】

（1）曾子，字子舆，春秋末期鲁国人，孔子的学生，以孝著称。

（2）溥（pǔ 谱），同"普"。四海，古人认为中国四周由海环绕，泛指全国各地。

（3）施诸，延续到。施，蔓延，延续。诸，"之于"的合音。无朝夕，意思是长期施行，永不停止。

（4）准，可为准则，可为道德规范。

（5）《诗》云，语出《诗经·大雅·文王有声》，三句是说四方都服从周王朝。思，想。

【毛泽东评说】

马克思、恩格斯、列宁、斯大林的理论，是"放之四海而皆准"的理论。不应当把他们的理论当作教条看待，而应当看作行动的指南。不应当只是学习马克思列宁主义的词句，而应当把它当成革命的科学来学习。

——《中国共产党在民族战争中的地位》，《毛泽东选集》第二卷，人民出版社 1991 年版，第 533 页。

【赏析】

"放之四海而皆准"一语出自《礼记·祭义》。本文是孔子的学生曾子讲孝道的作用的。古时人们以为中国的四周被海环绕，四海指全国各处。曾子把"孝"看成无限大的东西，说它能直立起来塞满天地，铺展开来横溢四海，放到后代永无休止，推广于东南西北都合适。正如《诗经》上所说是东西南北没有不信服的。"放之四海而皆准"，后来用于指某种思想或理论，成为普遍的、共同的准则或规律。

毛泽东在《中国共产党在民族战争中的地位》一文中引用"放之四海而皆准"，说明马克思列宁主义的学说并不是个别民族的产物，而是具有普遍意义的科学真理。

【原文】

执其两端　择乎中庸　中立不倚

子曰："舜其大知也与⁽¹⁾？舜好问，而好察迩言⁽²⁾，隐恶而扬善，执其两端⁽³⁾，用其中于民，其斯以为舜乎⁽⁴⁾？"（《中庸》）

子曰："回之为人也⁽⁵⁾，择乎中庸⁽⁶⁾。得一善，则拳拳服膺而弗失之矣⁽⁷⁾。"（《中庸》）

子路问强⁽⁸⁾。子曰："南方之强与⁽⁹⁾？北方之强与？抑而强与⁽¹⁰⁾？宽柔以教⁽¹¹⁾，不报无道⁽¹²⁾，南方之强也，君子居之。衽金革⁽¹³⁾，死而不厌，北方之强也，而强者居之。故君子和而不流⁽¹⁴⁾，强哉矫⁽¹⁵⁾！中立而不倚⁽¹⁶⁾，强哉矫！国有道，不变塞焉⁽¹⁷⁾，强哉矫！国无道，至死不变，强哉矫！"（《礼记·中庸》）

【注释】

（1）舜，虞舜，传说中我国上古圣王。知，同"智"，智慧。

（2）迩，近。

（3）两端，指恶和善。端，头绪。

（4）斯，此，指舜之德化。

（5）回，颜回，字子渊，鲁国人，孔子的得意学生。

（6）中庸，儒家的政治、哲学思想。主张待人、处事不偏不倚，无过无不及。《论语·雍也》："中庸之为德也，其至矣乎。"何晏集解："庸，常也，中和可常行之道。"

（7）拳拳，诚挚之态。服膺（yīng 英），铭记在心，衷心信奉。服，著。膺，胸。

（8）子路，仲由，字子路，孔子的学生。子路好"勇"，所以向孔子请教"强"的问题。

（9）与，同"欤"，疑语语气词。

（10）抑，抑或，还是。而，同"尔"，你。

（11）宽柔以教，宽厚谦和地施教。

（12）不报无道，意即逆来顺受，含辱非礼而不加报复。

（13）衽金革，卧于兵器甲胄之上。衽，席子。

（14）和而不流，谦和而不流于庸俗。

（15）矫，强健之状。

（16）倚，偏，歪。

（17）不变塞，不会因为没有显达而改变操守。塞，指仕途不顺。

【毛泽东评说】

（五）中庸问题

墨家的"欲正权利，恶正权害""两而无偏""正而不可摇"，与儒家的"执两用中""择乎中庸服膺勿失""中立不倚""至死不变"是一个意思，都是肯定质的安定性，为此质的安定性而作两条战线斗争，反对过与不及。这里有几点意见：（1）是在作两条战线斗争，用两条战线斗争的方法来规定相对的质。（2）儒、墨两家话说得不同，意思是一样，墨家没有特别发展的地方。（3）"正"是质的观念，与儒家之"中"（不偏之谓中）同。"权"不是质的观念，是规定此质区别异质的方法，与儒家"执两用中"之"执"同。"欲"之"正"是"利"，使与害区别。"恶"之"正"是"害"，使与利区别而不相混。"权者两而无偏"，应解作规定事物一定的质不使向左右偏（不使向异质偏），但这句话并不及"过犹不及"之明白恰当，不必说它"是过犹不及之发展"。（4）至于说"两而无偏，恰是墨子看到一个质之含有不同的两方面，不向任何一方面偏向，这才是正，才真正合乎那个质"，则甚不妥，这把墨家说成折中论了。一个质有两方面，但在一个过程中的质有一方面是主要的，是相对安定的，必须要有所偏，必须偏于这方面，所谓一定的质，或一个质，就是指的这方面，这就是质，否则否定了质。所以墨说"无偏"是不要向左与右的异质偏，不是不要向一个质的两方面之一方面偏（其实这不是偏，恰是正），如果墨家是唯物辩证论的话，便应作如此解。

——《关于〈墨子哲学思想〉一文给陈伯达的信》，《毛泽东文集》第二卷，人民出版社1993年版，第157—158页。

【赏析】

这三则文字都选自《礼记·中庸》。中庸是儒家的一个重要政治、哲学思想。主张待人、处事要不偏不倚，既不要过分，也不要不及。第一则是说舜用中正和平的方法治民，既不过又无不及，使愚智之人都能接受，所以国家治理得很好。第二则是说孔子的得意门生颜回能行中庸之道。第三则是孔子回答子路关于强者的问话，其本意是劝子路抑制蛮勇，进之以德义之勇。早在1917年，在《新青年》发表的《体育之研究》一文中，毛泽东极力倡导"蛮拙"精神，标举"衽金革死而不厌"的"北方之强"。同文中还提到"仲尼取资于射御"，"孔子射于矍相之圃，盖观者如堵墙"（《礼记·射义》）的事，作为尚武的范例。

毛泽东在1939年2月1日写的《关于〈墨子哲学思想〉一文给陈伯达的信》中，采用儒、墨两家对比的方法，集中谈了中庸问题。他认为中庸是"肯定质的安定性，为此质的安定性而作两条战线斗争，反对过与不及"；又认为，"一个质有两方面，但在一个过程中的质有一方面是主要的，是相对安定的，必须要有所偏，必须偏于这方面，所谓一定的质，或一个质，就是指的这方面，这就是质，否则否定了质。"对中庸问题作了唯物辩证法的解释。

【原文】

凡事豫则立

凡事豫则立⁽¹⁾，不豫则废。言前定则不跲⁽²⁾，事前定则不困，行前定则不疚⁽³⁾，道前定则不穷⁽⁴⁾。（《中庸》）

【注释】

（1）豫，同"预"，指预定，预先做准备。立，成就，成功。

（2）言前定，发言前预先想好。跲（jiá 颊），窒碍。

（3）疚，生病。

（4）穷，尽。

【毛泽东评说】

由于战争所特有的不确定性，实现计划性于战争，较之实现计划性于别的事业，是要困难得多的。然而，"凡事预则立，不预则废"，没有事先的计划和准备，就不能获得战争的胜利。

——《论持久战》，《毛泽东选集》第二卷，人民出版社 1991 年版，第 495 页。

【赏析】

本文选自《礼记·中庸》。这段话的主要意思是说，无论做什么事情事先有计划就能成功，没有计划就要失败，说话做事都是如此。发言预先想好再说，就不致不顺畅；做事预先计划清楚则不致进入困境；行动预先有了方案则不致手忙脚乱。

"凡事预则立，不预则废"现在指做任何工作都应当事先心中有数，有计划性，盲目地行动是没有好结果的。

毛泽东在《论持久战》一文中引用了"凡事预则立，不预则废"的话，说明我们不能打无准备之仗。

老　子

　　《老子》，又名《道德经》，是道家最重要的经典著作，相传为老子所作。老子的时代和生平，向来没有定论。《史记·老子列传》，说他是楚国（今河南鹿邑）人，姓李，名耳，字伯阳，谥号聃（dān 但），曾任周守藏室之史。孔子到周，曾向老子问礼。后来周朝衰弱，老子西行，著书"言道德之意五千余言而去"，莫知所终。现在不少人认为《老子》是战国时人作的。

　　《老子》分上、下两篇，共八十一章。内容涉及对宇宙、人事各方面的认识。《老子》的基本观点是用"道"来解释宇宙万物的生成演变，认为理想的生活是清静无为，复归自然，对人治，甚至对文化都持否定态度。这样的思想是消极的，其精彩之处在于，发现了矛盾对立面的统一和转化，具有朴素唯物主义观点。文字简约而意蕴丰富，形式上基本上是韵文，读起来朗朗上口。

【原文】

旷兮其若谷

　　古之善为士者，微妙元通[1]，深不可识。夫唯不可识，故强为之容，豫兮若冬涉川[2]，犹兮若畏四邻[3]，俨兮其若容[4]，涣兮若冰之将释[5]，敦兮其若朴[6]，旷兮其若谷[7]，混兮其若浊。孰能浊以止[8]，静之徐清，孰能安以久，动之徐生，保此道者不欲盈[9]。夫唯不盈，故能蔽不新成[10]。

（十五章）

【注释】

　　（1）微妙，精妙深奥。元通，与天相通。河上公注："玄，天也。"

言其志趣玄妙，精与天通也。元，同"玄"，天。

（2）豫兮，安乐，顺适。若冬涉川，冬天渡河，欲渡欲不渡之状。

（3）犹兮若畏四邻，王弼注："四邻合攻中央之主，犹然不知所趣向者也。上德之人，其端兆不可睹，德趣不可见，亦犹此也。"

（4）俨，恭敬庄重。容，容貌，仪容。

（5）涣兮若冰之将释，像冰遇到热一下子消融，多指疑虑、困难或误会。

（6）敦，敦厚。朴，朴实无华。

（7）旷，空。谷，山谷。

（8）孰能浊以止二句，王弼注："夫晦以理物则得明，浊以静物则得清，安以动物则得生，此自然之道也。"孰，谁。徐，详慎。

（9）盈，满。

（10）蔽，覆盖。

【毛泽东评说】

我为鹬蚌，敌作渔人，事与愿违，嗟悔无及。此则德等肺腑之言，深愿为两公一吐者。两公虚怀若谷，全局在胸，必能维持调护，挽此艰难之时局，固不待德等多言也。

——《朱德等给何应钦、白崇禧的电报》，《毛泽东文集》第二卷，人民出版社1993年版，第312页。

【赏析】

本文选自《老子·十五章》，主要讲古代优秀人士修养精微玄妙，度量很大，能容纳各种情形。其中"旷兮其若谷"，是说其胸怀空旷得像山谷。又《四十一章》有"上德若"的话，后人便据此精练成"虚怀若谷"成语，意思是谦虚的胸怀像山谷一样空旷，形容非常虚心。

1940年10月19日，蒋介石以何应钦、白崇禧的名义发给朱德、彭德怀、叶挺电报，强令坚持在敌后抗战的八路军、新四军在一个月内撤至黄河以北。毛泽东于1940年11月9日代朱德等起草了《朱德等给何应钦、白崇禧的电报》，慷慨陈词，晓以利害，并希望何应钦、白崇禧二人能虚心听取批评，从民族大义出发，改弦更张，以利于抗日救国之事业，所以文中也用了"两公虚怀若谷"。

【原文】

知人者智，自知者明

知人者智，自知者明。胜人者有力，自胜者强[1]。知足者富，强行者有志[2]。不失其所者久[3]，死而不亡者寿[4]。（三十三章）

【注释】

（1）自胜，克服自身弱点，超越自我。

（2）强行，努力去做。

（3）不失其所，不失掉根基。

（4）死而不亡，王弼注："虽死而以为生之道不亡，乃得其全寿。"

【毛泽东评说】

某种作品，只为少数人所偏爱，而为多数人所不需要，甚至对多数人有害，硬要拿来上市，拿来向群众宣传，以求其个人的或狭隘集团的利益，还要责备群众的功利主义，这就不但侮辱群众，也太无自知之明了。

——《在延安文艺座谈会上的讲话》，《毛泽东选集》第三卷，人民出版社1991年版，第864页。

1966年7月8日，毛泽东给江青写信，信中说：人贵有自知之明。今年四月杭州会议，我表示了对于朋友们那样提法的不同意见。可是有什么用呢？他到北京五月会议上还是那样讲。报刊上更加讲得很凶，简直吹得神乎其神。这样我就只好上梁山了。我猜他们的本意为了打鬼，借助钟馗。我就在二十世纪六十年代成了共产党的钟馗了。

——赵志超：《毛泽东和他的父老乡亲》，湖南文艺出版社1992年版，第541页。

"自知之明"出自《老子·三十三章》:"知人者智,自知者明。"意思是说,能够认识别人的就是有智慧,能够认识自己的才叫作聪明。"自知之明"就是了解自己的情况,对自己有正确的估计。

毛泽东在《在延安文艺座谈会上的讲话》中援引"自知之明"的话,批评那些不考虑广大群众的利益和需要,只求个人或狭隘集团利益的功利主义者,并斥之为太无自知之明。1966年"文化大革命"开始,毛泽东已看出林彪一伙在利用他的崇高威望进行怀有个人目的的活动,毛泽东写信告诫江青:"人贵有自知之明。"戳穿了林彪一伙的这种图谋。

【原文】

将欲夺之,必固与之

将欲歙之[1],必固张之[2];将欲弱之[3],必固强之;将欲废之,必固兴之;将欲夺之,必固与之。是谓微明[4],柔弱胜刚强。鱼不可脱于渊[5],国之利器不可以示人[6]。(三十六章)

【注释】

(1)歙(xī 西),闭合,收敛。

(2)固,同"姑",姑且,暂且。

(3)弱,名词用作动词,削弱。

(4)微明,看似幽暗实则显明。

(5)脱,离开。渊,深水。

(6)利器,强有力的武器。

【毛泽东评说】

关于丧失土地的问题,常有这样的情形,就是只有丧失才能不丧失,这是"将欲取之,必先与之"的原则。如果我们丧失的是土地,而取得的是战胜敌人,加恢复土地,再加扩大土地,这是赚钱生意。市场交易,买者如果不丧失金钱，就不能取得货物；卖者如果不丧失货物，也不能取得金钱。革命运动所造成的丧失是破坏，而其取得是进步的建设。睡眠和休息丧失了时间，却取得了明天工作的精力。如果有什么蠢人，不知此理，拒绝睡觉，他明天就没有精神了，这是蚀本生意。我们在敌人第五次"围剿"时期的蚀本正因为这一点。不愿意丧失一部分土地，结果丧失了全部土地。

——《中国革命战争的战略问题》，《毛泽东选集》第一卷，人民出版社1991年版，第211—212页。

【赏析】

"将欲取之，必先与之"出于《老子·三十六章》。除了"取"与"与"之外，老子还讲了"歙"与"张""弱"与"强"、"废"与"兴"等一共四件事情，来说明在矛盾的基础上，正反两方面互相转化的法则，并说明这些法则在政治上、人事上的运用。

"将欲取之，必先与之"，也作"将欲取之，必姑与之"，都是从原文"将欲夺之，必固与之"演化而来的。

对于"将欲取之，必先与之"所包含的朴素的辩证法思想，毛泽东是喜欢的，他在1936年12月写的《中国革命战争的战略问题》充分阐述了这种辩证法思想，用以阐明军事上反"围剿"时期暂时退却，是为了准备战略反攻的伟大战略思想，批判了"左"倾冒险主义只知夺取、只知进攻的错误路线，论证了战略退却的重要性与必要性。

【原文】

祸兮福之所倚，福兮祸之所伏

其政闷闷[(1)]，其民淳淳[(2)]。其政察察[(3)]，其民缺缺[(4)]。祸兮福之所倚，福兮祸之所伏。孰知其极[(5)]？其无正[(6)]，正复为奇，善复为妖，人之迷[(7)]，其日固久。是以圣人方而不割[(8)]，廉而不刿[(9)]，直而不肆[(10)]，光而不耀[(11)]。（五十八章）

【注释】

（1）闷闷，沉静无为之状。王弼注："言善治政者，无形、无名、无事，无政可举，闷闷然至于大治，故日其政闷闷也。"

（2）淳淳，宽大不争之态。

（3）察察，制度苛细，法网森严。王弼曰："立刑名，明赏罚，以检奸伪故日察察也。"

（4）缺缺，不满足。王弼注："殊类分析，民怀争竞，故日其民缺缺。"

（5）极，应遵循的准则。

（6）其无正，实际上没有什么"正"的东西。

（7）人之迷二句，人们迷惑于奇正善恶的变化，已经有很长时间了。

（8）方而不割，王弼注："以方导物，舍去其邪，不以方割物，所谓大方无隅。"

（9）廉而不刿（guì 贵），方正有棱角不至于伤害人。廉，清廉。刿，创伤。

（10）直而不肆，正直直而不至于恣意妄为。

（11）光而不耀，光明而不刺眼。耀，同"耀"。

【毛泽东评说】

总之，我们必须学会全面地看问题，不但要看到事物的正面，也要看到它的反面。在一定的条件下，坏的东西可以引出好的结果，好的东西也可以引出坏的结果。老子在二千多年以前就说过："祸兮福所倚，福兮祸所伏。"日本打到中国，日本人叫胜利。中国大片土地被侵占，中国人叫失败。但是在中国的失败里面包含着胜利，在日本的胜利里面包含着失败。历史难道不是这样证明了吗？

——《关于正确处理人民内部矛盾的问题》，《毛泽东文集》第七卷，人民出版社 1999 年版，第 238 页。

【赏析】

"祸兮福所倚，福兮祸所伏"一语出自《老子·五十八章》："祸兮福之所倚，福兮祸之所伏。"意思是说：有时灾祸会引出幸福，幸福也会引出灾祸，二者是互相联系的。这句话包含着辩证法。

毛泽东在《关于正确处理人民内部矛盾的问题》中引用此语意在说明，矛盾着的对立面在一定条件下是互相转化的，坏事可以变成好事，好事也可以变成坏事。强调要全面地看问题，使事物朝着有利的方面发展。

【原文】

不敢为天下先

天下皆谓我道大，似不肖[1]。夫唯大，故似不肖。若肖久矣[2]，其细也夫。我有三宝，持而保之：一曰慈，二曰俭，三曰不敢为天下先。慈故能勇[3]；俭故能广[4]；不敢为天下先，故能成器长[5]。今舍慈且勇[6]，舍俭且广，舍后且先，死矣。夫慈以战则胜，以守则固，天将救之，以慈卫之。（六十七章）

【注释】

（1）不肖，不相像。

（2）若肖久矣二句，王弼注曰："久矣其细，犹曰其细久矣。肖则失其所以为大矣。故曰若肖久矣，其细也夫。"细，微小，与"大"相对。

（3）慈故能勇，王弼注曰："夫慈以陈（阵）则胜，以守则固，故能勇也。"

（4）俭故能广，王弼注："节俭爱贵，天下不匮，故能广也。"

（5）故能成器长，王弼注："唯后外其身，为物所归，然后乃能立，成器为天下利，为物之长也。"

（6）且，取。

【毛泽东评说】

一九四五年四月在谈到国民党军队进攻解放区时我们所应采取的立场、方针时，毛泽东说：第一条，是老子的哲学，"不为天下先"，就是说，我们不打第一枪。第二条，就是《左传》上讲的，"退避三舍"，你来了，我让一下。第三条，是《礼记》上讲的，"礼尚往来"，往而不来非礼也，来而不往亦非礼也，就是说"人不犯我，我不犯人，人若犯我，我必犯人"。

——陈晋：《毛泽东的文化性格》，中国青年出版社1991年版，第212页。

【赏析】

本文选自《老子·六十七章》，主要讲德的用处。因道比较虚，具体运用起来表现为德，德是万物之母，以慈俭谦退为佳；与之相反的是征战，所以以兵表现慈的用处，俭与不敢为天下先也就包括其中了。这就是老子贯彻其道的"三宝"。其中的"不敢为天下先"，后来作为一种战略和斗争策略，被广泛应用于战争和社会生活的各个方面，就是后发制人的意思。

在抗日战争中，毛泽东和党中央制定了有理、有利、有节的战略方针，第一条有理，就出自《老子》中的"不敢为天下先"，也就是后发制人，不先发制人，使我们在道义上占据有利地位，人心所向，而敌人则人心所背，使我们在斗争中处于有利地位。这种战略策略对我们取得抗日战争的胜利起到了很好的作用。

【原文】

民不畏死

民不畏死，奈何以死惧之[1]？若使民常畏死，而为奇者[2]，吾得执而杀之。孰敢[3]？常有司杀者杀[4]。夫代司杀者杀，是谓代大匠斫[5]。夫代大匠斫者，希有不伤其手矣[6]。（七十四章）

【注释】

（1）奈何以死惧之，为什么要用死来威吓他们呢？

（2）为奇者，为非作歹，扰害民众的人。王弼注："诡异乱群谓之奇也。"

（3）孰，谁。

（4）司杀者，专爱杀人的司法人员。

（5）大匠，木匠中的高手。斫（zhuó浊），砍。

（6）希，同"稀"，少。

【毛泽东评说】

多少一点困难怕什么。封锁吧，封锁十年八年，中国的一切问题都解决了。中国人死都不怕，还怕困难吗？老子说过："民不畏死，奈何以死惧之。"

——《别了，司徒雷登》，《毛泽东选集》第四卷，人民出版社1991年版，第1496页。

【赏析】

本文选自《老子·七十四章》。这篇文章表明老子是比较了解老百姓的性格和特点的：老百姓是不怕死的，用死来威胁他们是没有用的。即使有需要惩罚的人，也要由司法人员判裁，不能乱捕乱杀，否则是很危险的。"民不畏死"二句用来表现人们无所畏惧的精神。

毛泽东1949年8月18日写的《别了，司徒雷登》一文，曾借老子的"民不畏死"的话来显示中国人民的骨气和胆略。当中国革命取得全国胜利之时，美帝国主义妄想以封锁来加剧中国革命的困难。毛泽东借用老子的话，代表中国人民向帝国主义提出警告：中国人民为了彻底翻身解放，死都不怕，还怕什么困难吗？困难是压不倒坚强的中国人民的，中国革命必然取得彻底胜利。

【原文】

鸡犬之声相闻

小国寡民，使有什佰之器而不用（1），使民重死而不远徙（2）。虽有舟舆（3），无所乘之；虽有甲兵（4），无所陈之。使人复结绳而用之（5），甘其食（6），美其服，安其居，乐其俗。邻国相望，鸡犬之声相闻，民至老死不相往来。

（八十章）

【注释】

（1）什佰之器，很多种器具。一说，器，指兵器。什佰，十人，百人，都是军队的组织单位。

（2）重死，看重死。徙，迁移。

（3）舆（yú），车中载东西的部分，这里指车。

（4）兵，兵器。

（5）复结绳而用之，再结绳来用。之，指结绳。

（6）甘其食，以其食为甘，以他们所吃的东西为好吃。下文"美其服"等，句法相同。

【毛泽东评说】

有些人不是这样做，而是像老子说的"鸡犬之声相闻，老死不相往来"，结果彼此之间就缺乏共同的语言。

——《党委会的工作方法》，《毛泽东选集》第四卷，人民出版社1991年版，第1441页。

【赏析】

本文选自《老子·八十章》，其大概意思是：国家小民众少，有各种器具也不使用，让民众看重自己的生命而不向远方迁徙。邻国之间能互相看见、鸡鸣狗吠能互相听见，但到老死也不互相往来。

老子这种"小国寡民"的思想是古代小自耕农的一种空想。后来多用这句话形容互相隔绝，互不通气。

毛泽东在《党委会的工作方法》一文中引用"鸡犬之声相闻，老死不相往来"的话是告诫我们：在进行任何工作时，都要注意地区与地区之间、部门与部门之间、干部与干部之间的协作和联系，必须互通情报，互相交流经验，要有全局观念。只有这样，才能实现党的统一领导，更好地贯彻执行党的方针政策，同时，也可以取长补短，互相帮助，共同提高。

庄　子

庄子（约前369—前289），名周，宋国蒙（今河南商丘东北）人，曾做过漆园吏，大约与孟子同时，是战国时代道家的主要代表人物。后世把他和老子并称"老庄"。著有《庄子》一书，今存三十三篇。一般认为，内篇七篇是庄子自己所作，外篇十五篇与杂篇十一篇是庄子弟子和后学所作。庄子继承、发展了老子"道"的学说，并认为世间万物都是相对的，实质上都是一回事，并无是非、善恶、大小、贵贱、生死之分，主张在无时不变的世界中，陶醉于"天地与我并生，万物与我为一"的精神境界中，无知无欲地逍遥自在。庄子哲学中既有辩证法思想，又有夸张过分的怀疑论、宿命论和相对主义思想。

【原文】

逍遥游

北冥有鱼(1)，其名为鲲(2)。鲲之大，不知其几千里也；化而为鸟，其名为鹏(3)。鹏之背，不知其几千里也；怒而飞(4)，其翼若垂天之云(5)。是鸟也，海运则将徙于南冥(6)，南冥者，天池也(7)。《齐谐》者(8)，志怪者也(9)。《谐》之言曰："鹏之徙于南冥也，水击三千里(10)，抟扶摇而上者九万里(11)，去以六月息者也(12)。"野马也(13)，尘埃了，生物之以息相吹也(14)。天之苍苍(15)，其正色邪？其远而无所至极邪？其视下也(16)，亦若是则已矣。且夫水之积也不厚(17)，则其负大舟也无力(18)。覆杯水于坳堂之上(19)，则芥为之舟(20)；置杯焉则胶(21)，水浅而舟大也。风之积也不厚，则其负大翼也无力。故九万里则风斯在下矣，而后乃今培风(22)；背负青天而莫之夭阏者(23)，而后乃今将图南(24)。

蜩与学鸠笑之曰(25)："我决起而飞(26)，抢榆枋(27)，时则不至而控于地而已矣⁽²⁸⁾，奚以之九万里而南为⁽²⁹⁾？"适莽苍者⁽³⁰⁾，三飡而反⁽³¹⁾，腹犹果然⁽³²⁾；适百里者，宿舂粮⁽³³⁾；适千里者，三月聚粮⁽³⁴⁾。之二虫又何知⁽³⁵⁾！

小知不及大知⁽³⁶⁾，小年不及大年⁽³⁷⁾。奚以知其然也？朝菌不知晦朔⁽³⁸⁾，蟪蛄不知春秋⁽³⁹⁾，此小年也。楚之南有冥灵者⁽⁴⁰⁾，以五百岁为春，五百岁为秋；上古有大椿者⁽⁴¹⁾，以八千岁为春，八千岁为秋，此大年也。而彭祖乃今以久特闻⁽⁴²⁾，众人匹之⁽⁴³⁾，不亦悲乎！

汤之问棘也是已⁽⁴⁴⁾：汤问棘曰："上下四方有极乎？"棘曰："无极之外，复无极也。穷发之北⁽⁴⁵⁾，有冥海者，天池也。有鱼焉，其广数千里，未有知其修者⁽⁴⁶⁾，其名为鲲。有鸟焉，其名为鹏，背若泰山，翼若垂天之云，抟扶摇羊角而上者九万里⁽⁴⁷⁾，绝云气⁽⁴⁸⁾，负青天，然后图南，且适南冥也⁽⁴⁹⁾。斥鴳笑之曰⁽⁵⁰⁾：'彼且奚适也？我腾跃而上，不过数仞而下⁽⁵¹⁾，翱翔蓬蒿之间，此亦飞之至也⁽⁵²⁾。而彼且奚适也？'"此小大之辩也⁽⁵³⁾。

故夫知效一官⁽⁵⁴⁾，行比一乡⁽⁵⁵⁾，德合一君⁽⁵⁶⁾，而徵一国者⁽⁵⁷⁾，其自视也⁽⁵⁸⁾，亦若此矣⁽⁵⁹⁾。而宋荣子犹然笑之⁽⁶⁰⁾。且举世而誉之而不加劝⁽⁶¹⁾，举世非之而不加沮⁽⁶²⁾，定乎内外之分⁽⁶³⁾，辩乎荣辱之境⁽⁶⁴⁾，斯已矣⁽⁶⁵⁾。彼其于世，未数数然也⁽⁶⁶⁾。虽然，犹有未树也⁽⁶⁷⁾。夫列子御风而行⁽⁶⁸⁾，泠然善也⁽⁶⁹⁾，旬有五日而后反⁽⁷⁰⁾。彼于致福者⁽⁷¹⁾，未数数然也。此虽免乎行，犹有所待者也⁽⁷²⁾。若夫乘天地之正⁽⁷³⁾，而御六气之辩⁽⁷⁴⁾，以游无穷者⁽⁷⁵⁾，彼且恶乎待哉⁽⁷⁶⁾！故曰：至人无己⁽⁷⁷⁾，神人无功⁽⁷⁸⁾，圣人无名⁽⁷⁹⁾。

尧让天下于许由⁽⁸⁰⁾，曰："日月出矣，而爝火不息⁽⁸¹⁾；其于光也，不亦难乎！时雨降矣，而犹浸灌⁽⁸²⁾；其于泽也⁽⁸³⁾，不亦劳乎！夫子立而天下治，而我犹尸之⁽⁸⁴⁾；吾自视缺然，请致天下⁽⁸⁵⁾。"许由曰："子治天下，天下既已治也；而我犹代子，吾将为名乎？名者，实之宾也⁽⁸⁶⁾。吾将为宾乎？鹪鹩巢于深林⁽⁸⁷⁾，不过一枝；偃鼠饮河⁽⁸⁸⁾，不过满腹。归休乎君⁽⁸⁹⁾！予无所用天下为⁽⁹⁰⁾。庖人虽不治庖⁽⁹¹⁾，尸祝不越樽俎而代之矣⁽⁹²⁾。"

肩吾问于连叔曰⁽⁹³⁾："吾闻言于接舆⁽⁹⁴⁾，大而无当，往而不反。吾惊怖其言。犹河汉而无极也⁽⁹⁵⁾；大有迳庭⁽⁹⁶⁾，不近人情焉。"连叔曰："其言谓何哉？"曰："'藐姑射之山⁽⁹⁷⁾，有神人居焉。肌肤若冰雪，淖约若处子⁽⁹⁸⁾；不食五谷，吸风饮露；乘云气，御飞龙，而游乎四海之外；其神凝⁽⁹⁹⁾，使物不疵疠⁽¹⁰⁰⁾，而年谷熟。'吾以是狂而不信也⁽¹⁰¹⁾。"连叔曰："然。瞽者无以与乎文章之观⁽¹⁰²⁾，聋者无以与乎钟鼓之声。岂唯形骸有聋盲哉⁽¹⁰³⁾？夫知亦有之⁽¹⁰⁴⁾。是其言也⁽¹⁰⁵⁾，犹时女也⁽¹⁰⁶⁾。之人也⁽¹⁰⁷⁾，之德也，将旁礴万物以为一⁽¹⁰⁸⁾，世蕲乎乱⁽¹⁰⁹⁾，孰弊弊焉以天下为事⁽¹¹⁰⁾！之人也，物莫之伤：大浸稽天而不溺⁽¹¹¹⁾；大旱金石流、土山焦而不热。是其尘垢秕糠，将犹陶铸尧、舜者也⁽¹¹²⁾，孰肯分分然以物为事⁽¹¹³⁾！"宋人资章甫而适诸越⁽¹¹⁴⁾，越人断发文身⁽¹¹⁵⁾，无所用之。尧治天下之民，平海内之政，往见四子藐姑射之山，汾水之阳⁽¹¹⁶⁾，窅然丧其天下焉⁽¹¹⁷⁾。

惠子谓庄子曰⁽¹¹⁸⁾："魏王贻我大瓠之种⁽¹¹⁹⁾，我树之成而实五石⁽¹²⁰⁾，以盛水浆，其坚不能自举也；剖之以为瓢，则瓠落无所容⁽¹²¹⁾。非不呺然大也⁽¹²²⁾，吾为其无用而掊之⁽¹²³⁾。"庄子曰："夫子固拙于用大矣！宋人有善为不龟手之药者⁽¹²⁴⁾，世世以洴澼絖为事⁽¹²⁵⁾。客闻之，请买其方百金。聚族而谋曰：'我世世为洴澼絖，不过数金；今一朝而鬻技百金⁽¹²⁶⁾，请与之。'客得之，以说吴王。越有难，吴王使之将。冬，与越人水战，大败越人。裂地而封之⁽¹²⁷⁾。能不龟手，一也；或以封，或不免于洴澼絖，则所用之异也。今子有五石之瓠，何不虑以为大樽而浮于江湖⁽¹²⁸⁾？而忧其瓠落无所容，则夫子犹有蓬之心也夫⁽¹²⁹⁾！"

惠子谓庄子曰："吾有大树，人谓之樗⁽¹³⁰⁾；其大本拥肿而不中绳墨⁽¹³¹⁾，其小枝卷曲而不中规矩。立之涂⁽¹³²⁾，匠者不顾。今子之言，大而无用，众所同去也。"庄子曰："子独不见狸狌乎⁽¹³³⁾？卑身而伏，以候敖者⁽¹³⁴⁾。东西跳梁⁽¹³⁵⁾，不避高下，中于机辟⁽¹³⁶⁾，死于罔罟。今夫斄牛⁽¹³⁷⁾，其大若垂天之云。此能为大矣，而不能执鼠。今子有大树，患其无用，何不树之于无何有之乡⁽¹³⁸⁾，广莫之野⁽¹³⁹⁾，彷徨乎无为其侧，逍遥乎寝卧其下，不夭斤斧⁽¹⁴⁰⁾，物无害者。无所可用，安所困苦哉！"

【注释】

（1）北冥，北海。下文"南冥"，即南海。冥，同"溟"，海。

（2）鲲（kūn昆），传说中的大鱼。段玉裁说："鱼子未生者曰鲲，鲲即卯字。"一说，鲲，当作"鲸"。

（3）鹏，古"凤"字，传说中的大鸟。

（4）怒而飞，奋翼而飞。怒，同"努"。

（5）若垂天之云，像垂在天空的云彩。垂天，天边，天际。

（6）海运，即运于海，指在海上飞行。

（7）天池，天然形成的水池。

（8）《齐谐》，书名。一说是人名。

（9）志怪，志，记载。怪，怪异的事物。

（10）抟（tuán 团），聚。扶摇，回旋直上的大风。抟扶摇而上，《集韵》："言专聚风力而高举。"

（12）以六月息者也，郭象注："夫大鸟一去半岁，至天池而息。"息，休息，息止。

（13）野马，指浮游的云气。成玄英疏："青春之时，阳气发动，遥望薮泽之中，犹如奔马，故谓之野马。"

（14）生物句，指野马和尘埃都是靠着生物的吹拂而游动。

（15）苍苍，深蓝色。

（16）其视下也，鹏在高空中往下看。其，指鹏。

（17）积，积蓄。厚，多，充足。

（18）负，载，指漂浮。

（19）坳（ào 奥），室内低洼的地方。

（20）芥为之舟，小草可以作为坳堂之水的小船。芥，小草。

（21）置杯焉则胶，杯子放在上面却胶着不动。胶，粘着。

（22）而后乃今，犹言"然后才能"。培风，凭风，乘风。

（23）天阏（è 扼），阻挡，阻止。天，折。阏，止。

（24）图南，谋向南行。图，谋。

（25）蜩（tiáo 条），小蝉。学鸠，小斑鸠。

（26）决起，奋起。决，迅疾之状。

（27）抢，冲。榆，榆树。枋，檀木。

（28）时则不至，有时或者不能到达。则，或。控，投。

（29）奚以，何以，为何。之，到。为，疑问动词。

（30）适，往。莽苍，野色迷茫之状。这里指郊野。

（31）三飡而反，一天返回。飡，同"餐"。反，同"返"。

（32）果然，饱足之状。果，实，充实。

（33）宿舂粮，前一夜捣米准备干粮。

（34）三月聚粮，出发前三个月就开始备粮，一说，积聚三个月之粮。

（35）之，指示代词，此。二虫，指蜩和学鸠。

（36）知，同"智"。

（37）年，寿命。

（38）朝菌，清晨生于阴湿处的菌类植物。晦，黑夜。朔，天刚亮。

（39）蟪蛄（huì gū 惠姑），即寒蝉，春生夏死，或夏生秋死。春秋，指一年。

（40）冥灵，大树名。一说大海龟名。

（41）椿，落叶乔木，高三四丈，质料坚实。

（42）彭祖，传说中的长寿老人。姓筏名铿，尧臣，封于彭城。年至八百岁。特，独。闻，闻名，著名。

（43）匹之，和彭祖相比。匹，比。

（44）汤之问棘也是已，汤问棘就是说的这件事。棘，人名，汤时大夫。已，同"矣"。

（45）穷发，指极北方寒冷的不毛之地。发，毛，指草木。

（46）修，长。

（47）羊角，旋风。成玄英疏："旋风曲戾，犹如羊角。"

（48）绝，超越。

（49）且，将。

（50）斥鴳（yàn 厌），生活在小泽中的鹦雀。传说这种小鸟飞不到一尺高。斥，同"尺"。鴳，同鷃，鹦雀，小鸟。

（51）仞，八尺，一说七尺。

（52）飞之至，飞翔所达到的最高点。

（53）辩，同"辨"，区别。

（54）知，同"智"。效，胜任。一官，一官之职。

（55）行比一乡，行为只能投合一乡人的心意。比，投合，迎合。

（56）德合一君，德行合于一个国君的心意。

（57）而，能，指才能。徵，信。

（58）其，指上述四种人。

（59）此，指斥鴳。

（60）宋荣子，即宋钘（jiān尖），又作宋轻（kēng坑），战国思想家，与孟子同时，学说接近墨家。犹然，笑的样子。

（61）劝，勉励。

（62）沮，沮丧。

（63）内外，郭象注："内我而外物。"指我与物。分，分界。

（64）境，境界。

（65）斯已矣，如此而已。

（66）数数（shuò shuò朔朔），频频，常常。

（67）树，立。司马彪注："未立至德。"

（68）列子，姓列，名御寇，郑人，战国时哲学家。传说他得风仙之道，能御风而行。

（69）泠然，轻妙之状。郭象注："轻妙之貌。"

（70）旬有五日，十五天。农历十日为一旬。

（71）致，得。福，备，无所不顺叫备。

（72）待，凭借，依靠。

（73）若夫，至于。乘，驾驭。此有"顺应"意。正，正气，指自然的本性。

（74）六气，指阴、阳、晦、明、风、雨六种天气的变化。辩，同"变"，变化。

（75）无穷，指宇宙。

（76）恶（wū务）乎待，何所待，意即什么都不依赖。

（77）至人，庄子思想中修养最高的人。《庄子·田子方》："得至美而游乎至乐，谓之至人。"无己，顺应自然，忘掉自己。

（78）神人，次于"至人"的人。无功，不求有功。

（79）圣人，次于"神人"的人。无名，不求有名。

（80）尧，传说中的我国上古贤明帝王。许由，古代传说中的高士，颍川阳城人。尧知其贤，让位于代，力辞不受，逃隐于箕山（在今河南登封东南）。

（81）爝（jué 蹶）火，小火把。

（82）浸灌，即浇地。

（83）泽，润泽，指浇地的事。

（84）尸之，古人丧亲后，以孝子的侄子（即死者的孙子辈）充作死者的偶像，代替死者受孝子的祭奠，这种人叫"尸"。后引申为无其实而徒居其位之意。之，指天下。

（85）致，送。

（86）宾，从属，次要的东西。

（87）鹪鹩，小鸟名，工于筑巢。

（88）偃鼠，地行鼠，喜欢河水。

（89）归休乎君，即"君归休乎"，您回去休息吧！君，指尧。

（90）为，语气词。

（91）庖人，厨师。不治庖，不管理烹饪之事。

（92）尸祝，祝是主祭的官，因其对尸而祝，故称尸祝。樽，酒器。俎，盛肉的器具。

（93）肩吾、连叔，旧说二人为"古之怀道者"。

（94）接舆，春秋时楚国的隐士。

（95）河汉，天上的银河。

（96）迳庭，差别，悬殊。《庄子集解》引颖云："运，门外路；庭，堂外地。"意谓相距甚远。

（97）藐姑射（yè 夜）之山，藐，辽远。姑射，《释文》："山名，在北海中。"

（98）淖约，美好柔弱之态。淖，同"绰"。

（99）凝，凝聚，专注。

（100）疠疡，病害。疡，同"癞"，恶病。

（101）狂，同"诳"，荒诞的言论。

（102）瞽者，盲人。文章，此指有文采的东西。观，观赏。

（103）形骸，形体。

（104）知，同"智"。

（105）是其言，此言。

（106）时，作"是"讲。女，同"汝"。

（107）之，这。

（108）旁礴，郭庆藩《庄子集解》引李桢注："广被之意。"即无所不包的意思。

（109）蕲，同"祈"，求。乱，作"治"讲。

（110）弊弊，辛苦经营之状。

（111）大浸，大水。稽，至。

（112）陶铸，本指烧制瓦器和熔铸金属，用作动词，培育、造就之意。

（113）以物为事，把外物（治理天下）作为自己的事业。

（114）资，成玄英曰："货也。"贩卖的意思。章甫，古代的一种礼帽。诸"之于"的合音。

（115）短发文身，剪断头发，身上刺绘花纹。

（116）四子，司马彪谓指王倪、齧缺、被衣、许由。汾水之阳，汾水的北面，在今山西平阳县一带，曾为尧都。

（117）窅（yǎo 咬）然，深远之状。丧，"忘"的意思。

（118）惠子，即惠施，宋人，战国时思想家。庄子的友人。其学说保存在《庄子·天下篇》中。

（119）魏王，梁惠王。瓠，葫芦。

（120）树，种植。成，成熟。实，果实，指结成的葫芦。五石，有五石的容量。

（121）瓠落，廓落，空廓之状。

（122）呺（xiāo 哮）然，空虚巨大之状。

（123）掊（póu 抔），击破。

（124）不龟手之药，防治冻疮的药。龟（jūn），皮肤冻裂。现在写作"皴"（cūn 村）。

（125）洴（píng 平），浮。澼（pì 屁），漂洗。纩（kuàng 况），同"纩"，细棉絮。

（126）鬻（yù 育），出售。

（127）裂地而封之，分出一块土地封赏他。

（128）虑，司马彪注："结缀也。"即缚系的意思。樽，酒器类的一种容器，古称腰舟，缚在身上，浮于江湖，可以自渡。

（129）蓬之心，蓬是一种茎叶不直的草，俗名蓬蒿。蓬心狭窄而弯曲，借以比喻见识迂曲而浅陋。

（130）樗（chū 书），木名，俗名臭椿，木质粗劣。

（131）大本，主干。拥肿，即臃肿，指树上疙瘩多，不平直。中（zhòng 重），符合。绳墨，木工用以求直的工具。

（132）立，树立。涂，同"途"。

（133）狸狌（shēng 生），野猫。

（134）敖者，指奔走的动物。敖，同"遨"，游。

（135）跳梁，腾跃跳动。梁，同"踉"。

（136）中于机辟二句，中（zhòng 重），这里是"陷"的意思。机，指捕兽的弩机之类。辟，同"繴"，古人称为翻车，捕鸟工具。罔，同"网"。罟（gǔ 古），网的通称。

（137）犛（lái 来，又读 lí 离）牛，即旄牛。

（138）无何有之乡，一无所有的地方。

（139）广莫，广大。莫，萧纲注："大也。"

（140）斤斧，斧子。斤，斧头。

蝶恋花

从汀州向长沙

一九三〇年七月

六月天兵征腐恶，万丈长缨要把鲲鹏缚。赣水那边红一角，偏师借重黄公略。　　百万工农齐踊跃，席卷江西直捣湘和鄂。国际悲歌歌一曲，狂飙为我从天落。

——《毛泽东诗词集》，中央文献出版社 1996 年版，第 29 页。

七　律

吊罗荣桓同志

一九六三年十二月

记得当年草上飞，红军队里每相违。长征不是难堪日，战锦方为大问题。斥鷃每闻欺大鸟，昆鸡长笑老鹰非。君今不幸离人世，国有疑难可问谁？

——《毛泽东诗词集》，中央文献出版社 1996 年版，第 140 页。

念奴娇

鸟儿问答

一九六五年秋

鲲鹏展翅，九万里，翻动扶摇羊角。背负青天朝下看，都是人间城郭。炮火连天，弹痕遍地，吓倒蓬间雀。怎么得了，哎呀，我要飞跃。

借问君去何方，雀儿答道：有仙山琼阁。不见前年秋月朗，订了三家条约。还有吃的，土豆烧熟了，再加牛肉。不须放屁，试看天地翻覆。

——《毛泽东诗词集》，中央文献出版社 1996 年版，第 152—153 页。

【赏析】

本文选自《庄子·内篇》。逍遥，自由自在；游，活动。逍遥游，即不借任何外力，也不受任何外力限制的遨游。这篇文章集中表现了庄子哲学思想的一个重要方面，即虚无主义和绝对自由。他认为，天地间万物都是"有所待"的，不管大鹏之高飞九天，蜩和学鸠、斥鴳之低飞于榆枋蓬蒿间，都需要凭借一定的外界条件才能活动，这是不自由的。他的最高境界是"无所待"，即"乘天地之正，御六气之辩，以游无穷"，才是真正的"逍遥游"。他主张"无己""无功""无名"，强调一个人对社会无益反而得以保全自己的消极处世的人生观，是一种主观唯心主义，在历史上曾产生消极的不良影响。但鲲鹏变化和鹏鴳相非的故事，显然出于民间传说。庄周利用这样的故事，以他浪漫主义的笔触，绘形绘色地描写了两个对立的形象，生动而幽默地阐述了他所宣传的逍遥游思想。文章构思宏伟，想象奇特，善用寓言比喻事理，在艺术上很有特色。

毛泽东对本文的偏爱是显而易见的。他的诗词中三番五次地借用本文的典故和形象。毛泽东在 1919 年前后写过一首游泳诗，大部分句子后来都忘掉了，但其中两句"自信人生二百年，会当水击三千里"，历经半个世纪都没有忘记。这"水击三千里"便出自本篇。1918 年所作七言古诗《送纵宇一郎（罗章龙）东行》中再次用了这个典故："鲲鹏击浪从兹始。"1930 年 7 月所作《蝶恋花·从汀州向长沙》中"六月天兵征腐恶，万丈长缨要把鲲鹏缚"，鲲鹏用来比喻强大的国民党反动军队，借以反衬工农红军（天兵）不畏强暴、压倒一切敌人的英雄气概。这是比较特殊的用法，大多数情况下，是把鲲鹏比作正面形象，革命力量。1963 年 12 月所作《七律·吊罗荣桓同志》中"斥鴳每闻欺大鸟，昆鸡长笑老鹰非"。大鸟即鲲鹏。他把罗荣桓同志比作"大鸟""老鹰"，而把反对他的人比作斥鴳、昆鸡。在本篇中，斥鴳笑鹏鸟飞得太高，认为自己在蓬蒿间飞翔，也是飞得最好了。通过两种对立形象的对比，赞扬了罗荣桓同志。1965 年秋写的《念奴娇·鸟儿问答》，再次直接由本文的寓言故事生发开去，不但借用了"鲲鹏展翅，九万里，翻动扶摇羊角"的正面形象，而且也借用了"蓬间雀"的反面形象，赞扬了革命人民对革命战争和"土豆烧牛肉"

式的共产主义的正确态度，批判了赫鲁晓夫害怕战争、鼓吹假共产主义的错误论调。

【原文】

秋　水

秋水时至⁽¹⁾，百川灌河⁽²⁾。泾流之大⁽³⁾，两涘渚崖之间⁽⁴⁾，不辩牛马⁽⁵⁾。于是焉河伯欣然自喜⁽⁶⁾，以天下之美为尽在己。顺流而东行，至于北海，东面而视，不见水端。于是焉河伯始旋其面目⁽⁷⁾，望洋向若而叹曰⁽⁸⁾："野语有之曰⁽⁹⁾，'闻道百，以为莫己若'者⁽¹⁰⁾，我之谓也⁽¹¹⁾。且夫我尝闻少仲尼之闻而轻伯夷之义者⁽¹²⁾，始吾弗信；今我睹子之难穷也，吾非至于子之门则殆矣⁽¹³⁾，吾长见笑于大方之家⁽¹⁴⁾。"

北海若曰："井蛙不可以语于海者，拘于虚也⁽¹⁵⁾；夏虫不可以语于冰者⁽¹⁶⁾，笃于时也⁽¹⁷⁾；曲士不可以语于道者⁽¹⁸⁾，束于教也。今尔出于崖涘，观于大海，乃知尔丑⁽¹⁹⁾，尔将可与语大理矣⁽²⁰⁾。天下之水，莫大于海，万川归之，不知何时止而不盈⁽²¹⁾；尾闾泄之⁽²²⁾，不知何时已而不虚⁽²³⁾；春秋不变，水旱不知。此其过江河之流，不可为量数。而吾未尝以此自多者，自以比形于天地，而受气于阴阳⁽²⁴⁾，吾在天地之间，犹小石小木之在大山也。方存乎见少⁽²⁵⁾，又奚以自多？计四海之在天地之间也，不似礨空之在大泽乎⁽²⁶⁾？计中国之在海内，不似稊米之在大仓乎⁽²⁷⁾？号物之数谓之万⁽²⁸⁾，人处一焉；人卒九州⁽²⁹⁾，谷食之所生，舟车之所通，人处一焉。此其比万物也，不似豪末之在于马体乎⁽³⁰⁾？五帝之所连⁽³¹⁾，三王之所争⁽³²⁾，仁人之所忧，任士之所劳⁽³³⁾，尽此矣⁽³⁴⁾！伯夷辞之以为名⁽³⁵⁾，仲尼语之以为博⁽³⁶⁾。此其自多也，不似尔向之自多于水乎？"

公孙龙问于魏牟曰⁽³⁷⁾："龙少学先王之道，长而明仁义之行；合同异⁽³⁸⁾，离坚白；然不然，可不可；困百家之知，穷众口之辩，吾自以为至达已⁽³⁹⁾。今吾闻庄子之言，汒焉异之⁽⁴⁰⁾。不知论之不及与⁽⁴¹⁾？知之弗若与⁽⁴²⁾？今吾无所开吾喙⁽⁴³⁾，敢问其方⁽⁴⁴⁾。公子牟隐机大息⁽⁴⁵⁾，仰天而笑曰："子独不闻夫埳井之鼃乎⁽⁴⁶⁾？谓东海之鳖曰："吾乐与！出跳梁乎井幹之上⁽⁴⁷⁾，入休乎缺甃之崖⁽⁴⁸⁾；赴水则接腋持颐⁽⁴⁹⁾，蹶泥则没足灭跗⁽⁵⁰⁾；还虷蟹与科斗⁽⁵¹⁾，莫吾能若也⁽⁵²⁾。且夫擅一壑之水⁽⁵³⁾，而跨跱埳井之乐⁽⁵⁴⁾，此亦至矣。夫子奚不时来入观乎？东海之鳖左足未入，而右膝已絷矣⁽⁵⁵⁾，于是逡巡而却⁽⁵⁶⁾，告之海曰⁽⁵⁷⁾：'夫千里之远，不足以举其大；千仞之高，不足以极其深。禹之时⁽⁵⁸⁾，十年九潦，而水弗为加益；汤之时，八年七旱，而崖不为加损。夫不为顷久推移⁽⁵⁹⁾，不以多少进退者，此亦东海之大乐也。'于是埳井之鼃闻之，适适然惊⁽⁶⁰⁾，规规然自失也⁽⁶¹⁾。且夫知不知是非之竟⁽⁶²⁾，而犹欲观于庄子之言，是犹使蚊负山，商蚷驰河也⁽⁶³⁾，必不胜任矣。且夫知不知论极妙之言，而自适一时之利者，是非埳井之鼃与？且彼方跐黄泉而登大皇⁽⁶⁴⁾，无南无北，奭然四解⁽⁶⁵⁾，沦于不测⁽⁶⁶⁾；无东无西⁽⁶⁷⁾，始于玄冥⁽⁶⁸⁾，反于大通⁽⁶⁹⁾。子乃规规然，而求之以察，索之以辩，是直用管窥天，用锥指地也，不亦小乎？子往矣！且子独不闻夫寿陵余子之学行于邯郸与⁽⁷⁰⁾？未得国能⁽⁷¹⁾，又失其故行矣⁽⁷²⁾，直匍匐而归耳⁽⁷³⁾。今子不去，将忘子之故，失子之业。"公孙龙口呿而不合⁽⁷⁴⁾，舌举而不下，乃逸而走。……

庄子与惠子游于濠梁之上⁽⁷⁵⁾。庄子曰："儵鱼出游从容⁽⁷⁶⁾，是鱼之乐也。"惠子曰："子非鱼，安知鱼之乐？"庄子曰："子非我，安知我不知鱼之乐？"惠子曰："我非子，固不知子矣；子固非鱼也，子之不知鱼之乐全矣⁽⁷⁷⁾。"庄子曰："请循其本⁽⁷⁸⁾。子曰'汝安知鱼乐'云者，既已知吾知之而问我⁽⁷⁹⁾，我知之濠上也⁽⁸⁰⁾。"

【注释】

（1）时，按时，按季节。

（2）河，指黄河。

（3）泾流，直通无阻的河流。《释名·释水》："水直波曰泾，泾，径也。"

（4）涘（sì四），水涯。渚，水中可居的地方。

（5）辩，同"辨"，辨别，分辨。

（6）于是焉，于是乎。河伯，传说是黄河的水神，名叫冯（píng凭）夷。

（7）旋，回转，扭转。

（8）望洋，或作"盳洋""望羊"，迷茫远仰之态。若，相传是海神名。

（9）野语，俗语，谚语。

（10）闻道，指听到的道理。百，百数。莫己若者，没有比得上自己的。

（11）我之谓，说的就是我这种人。

（12）少仲尼之闻，认为孔子的学问太少。轻伯夷之义，认为伯夷的义太轻。

（13）殆，危险。

（14）长，长久。大方之家，深通大道的人。方，道。

（15）拘于虚，局限于所居之井。虚，同"墟"。

（16）夏虫，只生存一个夏季的昆虫。

（17）笃，固执，局限。

（18）曲士，指囿于一隅、浅见寡闻的人。

（19）丑，鄙陋之意。

（20）大理，大道。

（21）盈，满，溢。

（22）尾闾，相传是海底排泄海水的地方。

（23）已，停止。虚，水尽。

（24）受气于阴阳，承受阴阳二气。

（25）方存乎见小，正以为自己所见太少。存，指存有某种想法。

（26）礨（lěi 垒）空，小空，小洞。

（27）稊（tí 题）米，小米。稊，一种形似稗的草，籽实如小米。大仓，储粮的大谷仓。

（28）号物之数二句，意谓要形容物的数量之多，常用"万"来表示，称为"万物"；而人类不过是万物的一种。

（29）人卒九州四句，意谓九州之内众人都是靠谷物生存，乘舟车来往的；而每一个人只是众人中的一分子而已。人卒，人众。

（30）豪末，毫毛的末梢。豪，同"毫"。

（31）五帝，传说中的上古帝。所指不一，一般认为是指：黄帝、颛顼、帝喾、唐尧、虞顺。连，连续，继承。

（32）三王，即三皇，传说中的上古帝王。所指不一，一般认为指天皇、地皇、人皇。

（33）任士，以天下为己任的贤能之士。

（34）尽此矣，都是为了争天下呀！

（35）伯夷辞之，尧曾让天下于伯夷，伯夷不受。以为名，以此求取名声。

（36）语之，谈论天下之事。

（37）公孙龙，战国时赵人，名学家，著有《公孙龙子》。魏牟，战国时魏国公子，名牟，因封于中山，又称为中山公子牟。

（38）合同异四句，合，合起来。同异，即把同的硬说是异，异的硬说是同。离，分开。坚白，指物质坚，物色白。然不然，以不是为是。可不可，以不可为可。

（39）至达，无所不通。达，通，引申为通晓事理。

（40）汒焉，即茫然。汒，同"茫"。

（41）论，辩论，指口才。

（42）知，同"智"。

（43）喙（huì 会），鸟兽的嘴，这里指人的嘴。

（44）方，道，道理。

（45）隐机，凭靠着机案。

（46）埳（kǎn 坎）井，浅井。埳，同"坎"，凹陷。鼃（wā 洼），同"蛙"。

（47）跳梁，跳踉，腾跃跳动。井幹（hán 寒），井栏。

（48）缺甃（zhòu 咒）之崖，井壁上砖头残破脱落之处。甃，井壁的砖。崖，指井壁。

（49）接腋，顶着胳肢窝。持颐，托着面颊。

（50）蹶，踏。跗，足背。

（51）虷（hán 函），成玄英疏："井中赤虫也。"一虷蟹，系连绵词，即孑孓。科斗，同"蝌蚪"。

（52）莫吾能若也，即"莫能若吾也"，没有能像我（这样逍遥快乐）的。

（53）擅，独占。

（54）跨跱，前腿直竖，昂头蹲着，表示一种得意的神态。跱，同"峙"，直立。

（55）絷（zhì 志），绊。

（56）逡巡而却，迟迟疑疑地后退。

（57）告之海，"之"下省"以"字，即"告之以海"。

（58）禹之时六句，禹，大禹，夏朝开国君主。汤，商汤，商朝开国之君。潦，同"涝"。加益，增加。加损，减少。

（59）顷久，暂时和长久。

（60）适适（tì 替）然，惊恐之状。适适，同"惕惕"。惕，惧。

（61）规规，偷偷地看的样子。规，同"窥"。

（62）且夫知不知，上一个"知"，同"智"。竟，同"境"。

（63）商蚷（jù 具），虫名，一种黄黑相间的多足昆虫。驰河，渡河。商蚷不能过河。

（64）跐（cǐ 此），踏。黄泉，指地。大皇，指天。

（65）爽（shì 士）然，同"释然"，消散之状。四解，四散。

（66）沦，入。不测，此指深不可测的地方。

（67）无东无西，王念孙说："当作无西无东，……东通为韵。"

（68）玄冥，幽深黑暗。此指道理的微妙。

（69）大通，指极其通达的境界。

（70）寿陵，燕国地名。余子，不到服役年龄的人。司马彪注："未应丁夫为余子。"邯郸，赵国国都，今河北邯郸。传说赵人善于行走，所以燕人远去邯郸学习步法。

（71）国能，指赵国人善走的本领。

（72）故行，指寿陵人原有的步法。

（73）直匍匐而归，只能爬着回来。

（74）呿（qū 去），张口之状。

（75）濠，水名，在今安徽凤阳境。梁，桥。

（76）鯈（tiáo 条或 yóu 尤），一种白色身长的小鱼。

（77）全矣，这里是"完全了"以肯定了的意思。

（78）循其本，从根本说起，即指顺着惠子"焉知鱼之乐"一句话而探索去。

（79）知之，指知鱼乐。

（80）我知之濠上，即我知之于濠上，意思是我在濠上快乐，所以能推知水中鱼快乐。

【毛泽东评说】

七 古

送纵宇一郎东行

一九一八年四月

云开衡岳积阴止，天马凤凰春树里。

年少峥嵘屈贾才，山川奇气曾钟此。

君行吾为发浩歌，鲲鹏击浪从兹始。

洞庭湘水涨连天，艟艨巨舰直东指。

无端散出一天愁，幸被东风吹万里。

丈夫何事足萦怀，要将宇宙看稊米。

沧海横流安足虑，世事纷纭从君理。

管却自家身与心，胸中日月常新美。

名世于今五百年，诸公碌碌皆馀子。

平浪宫前友谊多，崇明对马衣带水。

东瀛濯剑有书还，我返自崖君去矣。

——《毛泽东诗词集》，中央文献出版社 1996 年版，第 161—162 页。

马克思主义者看问题，不但要看到部分，而且要看到全体。一个虾蟆坐在井里说："天有一个井大。"这是不对的，因为天不止一个井大。如果它说："天的某一部分有一个井大。"这是对的，因为合乎事实。

——《论反对日本帝国主义的策略》，《毛泽东选集》第一卷，人民出版社 1991 年版，第 149 页。

【赏析】

本文选自《庄子·外篇·秋水》。《秋水》是篇长文章，这里只节录其中的三段。庄子的文章，就总体而言，是形而上学的诡辩术，但在个别片段的论证方面，也往往合乎事实的逻辑；而且设譬取喻，富有形象性和感染力。这里选取的三个片段就是如此。例如：第一个段落写河伯见到水涨时的空旷弥漫，便"以天下之美尽在己"，待其顺流入海，才发觉自己的渺小。海若便针对河伯的骄傲自满，讲了一些自然界的现象和宇宙无穷的道理，使河伯懂得人的知识也极其有限，而道是难"穷"的，因而不能"闻道百，以为莫己'若'"，要能见大，就要跳出自己生活的小圈子去见世面。一个人如果不放眼去看看自己以外的事物，就容易自满，一自满就局限了认识。这一说法具有一定的进步意义。井底之蛙坐井观天的寓言故事，用以讽喻那种见识偏狭而又不顾大局的人。而庄子与惠子游于濠梁，则阐明了身体力行原则的重要意义。

毛泽东青年时代很欣赏文章中超越空间、卑视天地的凌厉气势。1918年所作七古《送纵宇一郎东行》中就曾化用本篇中的语意来表达自己的豪情壮志："丈夫何事足萦怀，要将宇宙看稊米"，"名世于今五百年，诸公碌碌皆馀子"。

在《论反对日本帝国主义的策略》中，毛泽东引用井底之蛙的典故，在于严厉批评张国焘的退却主义和分裂活动。毛泽东指出："有人说（例如张国焘）：中央红军失败了。这话对不对呢？不对。因为这不是事实。……我们说，红军在一个方面（保持原有阵地的方面）说来是失败了，在另一个方面（完成长征计划的方面）说来是胜利了。……这样说才是恰当的，因为我们完成了长征。"

毛泽东这种对具体问题作具体分析的方法，给我们树立了全面看问题、反对主观性、片面性和表面性的榜样。

【原文】

养生主

吾生也有涯⁽¹⁾，而知也无涯⁽²⁾；以有涯随无涯⁽³⁾，殆已⁽⁴⁾！已而为知者⁽⁵⁾，殆而已矣。为善无近名⁽⁶⁾，为恶无近刑；缘督以为经⁽⁷⁾，可以保身⁽⁸⁾，可以全生，可以养亲，可以尽年。

庖丁为文惠君解牛⁽⁹⁾，手之所触，肩之所倚，足之所履，膝之所踦⁽¹⁰⁾，砉然向然⁽¹¹⁾，奏刀騞然⁽¹²⁾，莫不中音。合于"桑林"之舞⁽¹³⁾，乃中"经首"之会。

文惠君曰："嘻⁽¹⁴⁾，善哉！技盖至此乎⁽¹⁵⁾？"

庖丁释刀对曰："臣之所好者道也⁽¹⁶⁾，进乎技矣。始臣之解牛之时，所见无非全牛者；三年之后，未尝见全牛也⁽¹⁷⁾。方今之时，臣以神遇而不以目视⁽¹⁸⁾，官知止而神欲行⁽¹⁹⁾。依乎天理⁽²⁰⁾，批大郤⁽²¹⁾，道大窾⁽²²⁾，因其固然⁽²³⁾。技经肯綮之未尝⁽²⁴⁾，而况大軱乎⁽²⁵⁾？良庖岁更刀，割也；族庖⁽²⁶⁾月更刀，折也⁽²⁷⁾。今臣之刀十九年矣，所解数千牛矣，而刀刃若新发于硎⁽²⁸⁾。彼节者有间⁽²⁹⁾，而刀刃者无厚⁽³⁰⁾；以无厚入有间，恢恢乎其于游刃必有余地矣⁽³¹⁾，是以十九年而刀刃若新发于硎。虽然，每至于族⁽³²⁾，吾见其难为，怵然为戒⁽³³⁾，视为止，行为迟，动刀甚微，谍然已解⁽³⁴⁾，如土委地⁽³⁵⁾。提刀而立，为之四顾，为之踌躇满志⁽³⁶⁾，善刀而藏之⁽³⁷⁾。"

文惠君曰："善哉！吾闻庖丁之言，得养生焉⁽³⁸⁾！"

【注释】

（1）涯，边际。

（2）知，知识。

（3）随，追求。

（4）殆，危险，困穷。已，语气词。

（5）已而，既然如此而。已，如此。

（6）为善无近名二句，即"无为善近名，无为恶近刑"。意思是说，养生之人，不可为善，因为善就要接近名誉；也不可为恶，因为恶就会刑戮加身。意即忘掉善恶，顺应自然。

（7）缘督以为经，顺应自然的中道，把它作为处世的常法。缘，顺。督，中。经，常。

（8）可以保身四句，钱澄之《庄屈合诂》："保身者，不罹于刑戮；全生者，不戕于思虑与忧怵也；养亲者，不犯难以贻父母忧也；尽年者，修短皆尽其所受，不致中道夭也。"一说，亲，指精神。

（9）庖丁，厨工。文惠君，战国时魏国国君，因魏后迁都大梁（今河南开封），故又称梁惠王。解，宰割。

（10）踦（yǐ倚），抵住。

（11）砉（huā化）然，响声，象声词。向，同"响"。

（12）奏刀，刀在牛的关节骨肉间游动。骍（huō豁），刀割物的声音。

（13）合于二句，桑林，商汤时乐曲名。经首，尧时乐曲《咸池》中的一章。会，节奏。

（14）嘻，赞叹声。

（15）盖，同"盍（he河），何。

（16）道，指养生之道。技，技术。进，超过。成玄英《庄子疏》："所好者养生之道，过于解牛之技耳。"

（17）未尝见全牛也，未曾见过完整的牛，言外之意是眼中看到的是牛体的空隙和筋骨。

（18）遇，接触。

（19）官，感官，指眼睛、手之类。

（20）天理，指牛全体的自然结构。

（21）批，同"劈"。郤（xì戏），同"隙"，缝隙。

（22）道，同"导"，顺着。窾（kuǎn款），空处，指骨节间空隙。

（23）因，按照。固然，本来之状。

（24）技，当作"枝"，指枝脉。经，经脉。肯，著骨肉。綮（qǐ乞），筋节聚结之处。尝，试。

（25）軱（gū姑），大骨。

（26）族庖，普通的厨工。族，众。

（27）折，此作"砍"。

（28）发，出。硎（xíng 刑），磨刀石。

（29）节，关节。间，空隙。

（30）无厚，没有厚度。极言刀刃之薄。

（31）恢恢乎，宽阔之状。游刃，转动刀刃。

（32）族，成玄英疏："筋节交聚磐结之处，名为族也。"

（33）怵然，警惕之态。

（34）謋（huò 化）然，骨肉相离的声音。

（35）委，堆积。

（36）踌躇满志，从容自得，心满意足之态。

（37）善刀，郭象注："拭刀而韬（刀套）之也。"

（38）养生，指养生之道。

【毛泽东评说】

一九三四年十月十八日，傍晚，毛泽东走过于都浮桥，迈开了万里长征的第一步。据李德后来在《中国纪事》一书中回忆，当有人第一次提出，我们的主力是否应突破敌人对中央苏区的封锁这个问题时，毛泽东用一句毫不相干的话（我想可能是老子的话）回答说："良庖岁更刀，割也；族庖月更刀，折也。今臣之刀十九年矣，所解数千牛矣，而刀刃若新发于硎。"

——叶永烈：《历史选择了毛泽东》，上海人民出版社 1992 年版，第 295 页。

【赏析】

本文选自《庄子》，这里节录其中两段。养生主，指养生的主要关键。一说，生主，即人人的精神。这篇文章的本意，是宣传庄子的养生之道。文章首先提出养生的关键在于"缘督以为经"，然后援引庖丁解牛的故事加以论证，说明人处世间，只有像庖丁那样，避开一切矛盾，"以无厚入有间"，才能"保身""全生"。这种思想无疑是消极的。但是从庖丁解牛的故事中，也可以引申出办事要顺应自然规律的道理。这很具有启发意义。文章也写得意趣横生，形象生动。

1934年10月18日，当毛泽东离开于都开始长征时，有人问他是否应该突破敌人的封锁，已经被剥夺了红军指挥权的毛泽东，不无幽默答非所问地用"良庖岁更刀""族庖月更刀"来回答，表示了对王明等领导人的错误路线的不满和对自己倡导的革命路线正确的坚定信心。

【原文】

惠施多方

惠施多方⁽¹⁾，其书五车⁽²⁾，其道舛驳⁽³⁾，其言也不中⁽⁴⁾。历物之意⁽⁵⁾，曰："至大无外⁽⁶⁾，谓之'大一'；至小无内⁽⁷⁾，谓之'小一'。无厚⁽⁸⁾，不可积也，其大千里。天与地卑⁽⁹⁾，山与泽平。日方中方睨⁽¹⁰⁾，物方生方死⁽¹¹⁾。大同而与小同异⁽¹²⁾，此之谓'小同异'；万物毕同毕异，此之谓'大同异'。南方无穷而有穷⁽¹³⁾。今日适越而昔来⁽¹⁴⁾。连环可解也⁽¹⁵⁾。我知天下之中央⁽¹⁶⁾，燕之北越之南是也。泛爱万物，天地一体也。"惠施以此为大⁽¹⁷⁾，观于天下而晓辩者⁽¹⁸⁾，天下之辩者相与乐之：卵有毛⁽¹⁹⁾。鸡三足⁽²⁰⁾。郢有天下⁽²¹⁾。犬可以为羊⁽²²⁾。马有卵⁽²³⁾。丁子有尾⁽²⁴⁾。火不热⁽²⁵⁾。山出口⁽²⁶⁾。轮不蹍地⁽²⁷⁾。目不见⁽²⁸⁾。指不至，至不绝⁽²⁹⁾。龟长于蛇⁽³⁰⁾。矩不方⁽³¹⁾，规不可以为圆。凿不围枘⁽³²⁾。飞鸟之景⁽³³⁾，未尝动也。镞矢之疾⁽³⁴⁾，而若不行不止之时。狗非犬⁽³⁵⁾。黄马骊牛三⁽³⁶⁾。白狗黑⁽³⁷⁾。孤驹未尝有母⁽³⁸⁾。一尺之捶⁽³⁹⁾，日取其半，万世不竭。辩者以此与惠施相应，终身无穷。（《天下》）

【注释】

（1）惠施，战国时宋人，名家代表人物之一。主张"合同异"说，认为一切事物的差别、对立是相对的。由于夸大了事物的同一性，结果往往流于诡辩。多方，多方术。

（2）其书，指惠施的藏书。五车，指五车书。形容读书很多，学问很大。

（3）舛（chuǎn 喘）驳，错误杂乱。

（4）不中，不恰当。

（5）历物之意，分析研究事物的含义。

（6）无外，没有外围，指范围、无边。

（7）无内，没有内核，指无穷小。

（8）无厚三句，没有厚度，薄到不能再叠加一层在上面，但平面却可以扩展到千里之大。

（9）天与地卑二句，从无穷的空间和不同的视角来看，天和地一样低，山和泽一样平。

（10）日方中方睨（nì 匿），太阳正中的时候也正是斜落的时候。睨，斜视，引申为斜。

（11）物方生方死，万物生长的时候也正是走向死亡的时候。

（12）大同而与小同异四句，大部分相同与小部分相同，这种差异都是"小同异"；万物完全相同，也完全相异，这个叫作"大同异"。毕，全。

（13）南方无穷而有穷，南方可以说是有一定界限的，也可以说是无止境的，无限延伸的。这是说空间的相对性。

（14）今日适越而昔来，我今天到越国，而在西方的人会说我昨天到了。这是说时间的相对性。

（15）连环可解，据《战国策·齐策》记载，齐威王后曾用椎秦始皇使者送来的玉连环，解开连环。

（16）我知天下之中央，燕国之北、越国之南都是边远的地方，但是从无穷的宇宙空间来看，无论南疆北疆，都可以说是中央。

（17）以此为大，把上述说法当作小道理。

（18）观于天下，显示给天下看。晓辩者，启发其他辩者。辩者，汉代以后称为名家。

（19）卵有毛，从鸡蛋孵化出的小鸡身上有羽毛，可以推想鸡蛋中已含有毛的东西。

（20）鸡三足，据《公孙龙子·通变》"谓鸡足一，数足二，二而一故三。"

意思是说，鸡足之"名"为一，鸡足之"实"为二，合"名"与"实"为三。

（21）郢（yǐng影）有天下，郢是楚国国都，故址在今湖北江陵纪南城。郢是天下的一部分，从整体空间不可分割性而言，也可以说郢包含了天下。

（22）犬可以为羊，犬与羊的名称是人们约定俗成的叫法。如果把犬叫作羊，羊也就可以叫作犬了。

（23）马有卵，马是胎生动物，但怀胎之初与卵相类同。

（24）丁子，楚人称蛤蟆为丁子。蛤蟆是由蝌蚪变来的，蝌蚪有尾，所以蛤蟆也有尾。

（25）火不热，火本身无所谓冷热，热只是人的感觉。

（26）山出口，山谷间可以发出回响，可见山是有口的。"出"，应作"有"。

（27）轮不蹑地，车轮与地面仅有一点接触，车轮全体不可能同时蹑地。

（28）目不见，眼睛看东西需要光线和精神的作用，单靠眼睛看不见什么东西。

（29）指不至，至不绝，我们平常指称事物的概念不可能指明所指事物的实际，即使指明也不可能穷尽。

（30）龟长于蛇，意思是事物的大小长短都是相对的。

（31）矩不方二句，矩是用来画方形的曲尺，规是用来画圆形的工具。按照绝对的方和圆的标准来说，矩与规所画的不是绝对的方和圆。

（32）凿不围枘（ruì瑞），凿是安榫头的凿孔，枘是榫头。凿虽是为枘设置的，但两者不可能绝对相合，完全紧贴。

（33）飞鸟之景二句，如果把飞鸟飞行的轨迹分割成许多点，飞鸟之影在每一点上都是相对静止的。景，同"影"。

（34）镞矢之疾二句，镞（zú族），箭头。疾，快速。不行不止之时，箭在飞行的某一瞬间，既是运动的，又是相对静止的，既在某一点上，又不在某一点上。

（35）狗非犬，从字义上说，大狗称"犬"，小狗称为"狗"。"狗"是"犬"的一部分，不能等同于"犬"，所以说"狗非犬"，亦即小犬非犬。

（36）黄马骊牛三，黄马和黑牛是两个概念，加上"黄马黑牛"这个总的概念，总共是三个概念。

（37）白狗黑，白狗的眼睛是黑的。说白狗是白的，是就毛白而说的；若就眼睛来说，白狗也就可以说是黑的了。

（38）孤驹未尝有母，这是在概念上等同于不曾有母。

（39）一尺之捶三句，一尺长的杖，每天取其一半，不断取用下云，万代都取不尽。这是说物质可以无限分割。

【毛泽东评说】

我们对问题要作全面的分析，才能解决得妥当。……我们走路，不是两个脚同时走，总是参差不齐的。第一步，这个脚向前，那个脚在后；第二步，那个脚又向前，这个脚在后。看电影，银幕上那些人净是那么活动，但是拿电影拷贝一看，每一小片都是不动的。《庄子》的《天下篇》说："飞鸟之景，未尝动也。"世界上就是这样一个辩证法：又动又不动。净是不动没有，净是动也没有。动是绝对的，静是暂时的，有条件的。

——《在中国共产党第八届中央委员会第二次全体会议上的讲话》，《马列著作毛泽东著作选读（哲学部分）》第五卷，人民出版社1978年版，第429页。

列宁讲过，凡事都可分。举原子为例，不但原子可分，电子也可分。可是从前认为原子不可分。原子核分裂，这门科学还很年青。近几十年，科学家把原子核分解了。有质子、反质子，中子、反中子，介子、反介子，这是重的，还有轻的。至于电子和原子核可以分开，那早就发现了。电线传电，就利用了铜、铝的外层电子的分离。电离层，在地球上空的几百公里，那里电子同原子核也分离了。电子本身到现在还没有分裂，总有一天能分裂的。"一尺之捶，日取其半，万世不竭。"这是个真理，不信，就试试看。如果有竭，就没有科学了。世界，是无限的。时间、空间，是无限的。空间方面，宏观、微观，是无限的。物质是无限可分的。所以科学家有工作可做，一百万年以后也有工作可做。

——邵华审订，郑小军编：《毛泽东欣赏的古典散文》，浙江古籍出版社1994年版，第94页。

【赏析】

本文节选自《庄子·杂篇·天下》。文章介绍了探讨概念与事实关系的一个学派——名家的代表人物惠施及其追随者的一些基本命题。这些命题有一些的确是诡辩和玩弄概念，但也有一些命题充满辩证法思想，甚至接近现代科学理论。毛泽东在他的讲话和谈话中所引用的"飞鸟之景，未尝动也"和"一尺之棰，日取其半，万世不竭"，就是其中最好的两个。前者是名家探讨动与静关系的。飞鸟是动的，但"飞鸟之景"（影）是飞鸟一刹那间的投影，是不动的。看起来是动的，那是把许多个别投影衔接起来的缘故。战国时名家的这个命题初步看到了动（运动）和静（静止）的辩证关系，看到了动中有静，静中有动，没有静也就没有动。毛泽东于1956年11月15日在中国共产党第八届中央委员会第二次全体会议上的讲话中引证"飞鸟之景，未尝动也"的话，目的是阐明："我们对问题要作全面的分析，才能解决得妥当。"为此，他除了引证本文中的这两句话外，还举了人走路双脚总是一前一后和电影拷贝的动与静，从而从哲学高度阐明了一个真理："世界上就是这样一个辩证法：又动又不动。净是不动没有，净是动也没有。动是绝对的，静是暂时的，有条件的。"这便是马克思主义的动静观。

后一个命题是讲惠施学派对物质的可分性的看法。一尺长的木杖，一天折取一半，一万代也不会折取完竭。1964年8月18日，毛泽东在北戴河同几位哲学工作者谈话时，又一次用现代科学理论印证了本文中的这个命题。他举了最先进的原子学、电子学来说明这个问题，从而肯定了名家的这个论断的科学性，说"这是个真理"，并且上升到哲学高度总结说："世界是无限的"，"物质是无限可分的"，一百万年以后也是这样，这是科学家们永远研究不完的课题。

孙　子

孙子，即孙武。也称孙武子，春秋末年齐国人。避乱到吴国，著兵法十三篇，献给吴王阖闾（hé lǘ 合驴），被任为将。他协助吴王西破强楚，"北威齐、晋，显名诸侯"。

孙子总结了当时的战争经验，写了论兵的专著，经后人整理成《孙子兵法》一书。全书十三篇，全面分析总结了战争的各个方面，明确提出了取胜的原则、条件和策略，深入地阐述了战争的客观规律，其中包含丰富的辩证法思想。这部著作是我国现存的最早兵书，对后世用兵作战和兵法研究影响很大。

【原文】

计　篇

孙子曰：兵者[1]，国之大事，死生之地，存亡之道，不可不察也[2]。

故经之以五事[3]，校之以计[4]，而索其情：一曰道[5]，二曰天，三曰地，四曰将、五曰法。道者，令民与上同意也[6]，故可以与之死，可以与之生，而不畏危也。天者，阴阳[7]、寒暑[8]、时制也[9]。地者，远近、险易、广狭、死生也[10]。将者，智[11]、信[12]、仁[13]、勇[14]、严也[15]。法者，曲制[16]、官道[17]、主用也[18]。凡此五者，将莫不闻，知之者胜，不知者不胜。故校之以计，而索其情，曰：主孰有道[19]？将孰有能？天地孰得？法令孰行？兵众孰强？士卒孰练？赏罚孰明？吾以此知胜负矣。

将听吾计[20]，用之必胜[21]，留之[22]；将不听吾计，用之必败，去之。

计利以听[23]，乃为之势，以佐其外；势者，因利而制权也[24]。

兵者，诡道也[25]。故能而示之不能，用而示之不用，近而示之远，远而示之近。利而诱之，乱而取之，实而备之，强而避之，怒而挠之[26]，卑而骄之，佚而劳之⁽²⁷⁾，亲而离之。攻其无备，出其不意。此兵家之胜，不可先传也⁽²⁸⁾。

夫未战而庙算胜者⁽²⁹⁾，得算多也；未战而庙算不胜者，得算少也。多算胜，少算不胜，而况于无算乎！吾以此观之，胜负见矣。

【注释】

（1）兵，指战争。

（2）察，考察。

（3）经，经度，这里有分析之意。

（4）校，通"较"，比较，衡量。

（5）道，指政治上的有道、无道，即政治上的正义与非正义。道，正义。

（6）令，使。上，指国君。同意，意愿相一致。

（7）阴阳，指日夜、阴晴等天时、天气变化。

（8）寒暑，指寒冬、炎夏的气候变化。

（9）时制，时令的更替。

（10）死生，指有利和不利的地形条件，在军事上能攻易守的为生地，进退两难的为死地。

（11）智，智谋。

（12）信，赏罚分明，令出必行。

（13）仁，指爱护士兵。

（14）勇，勇猛果敢。

（15）严，严肃有威。

（16）曲制，指军队的编制，旗帜、金鼓等制度。

（17）官道，管理将校的制度和办法。

（18）主用，主管和军队用度，指粮秣、车马、器械及各项军事费用的管理。

（19）主，指国君。

（20）将，如果。

（21）用之，用兵。

（22）留之，留在这里。

（23）计利，计算利害。听，听从、采纳。

（24）制权，采取灵活机动的措施。权，权变，机动。

（25）诡道，诈敌之术。

（26）挠，扰乱，这里有挑逗之意。

（27）佚，同"逸"，安闲。

（28）传，泄露的意思。

（29）庙算，古时候拜将出兵，在庙堂举行仪式，并一起筹划作战方针、策略。

【毛泽东评说】

退却的最后一个要求，是造成和发现敌人的过失。须知任何高明的敌军指挥员，在相当长时间中，要不发生一点过失，是不可能的，因此我们乘敌之隙的可能性，总是存在的。敌人会犯错误，正如我们自己有时也弄错，有时也授敌以可乘之隙一样。而且我们可以人工地造成敌军的过失，例如孙子所谓"示形"之类（示形于东而击于西，即所谓声东击西）。

——《中国革命战争的战略问题》，《毛泽东选集》第一卷，人民出版社 1991 年版，第 209 页。

【赏析】

《计篇》是《孙子兵法》的第一篇，主要讲作战计划的制订问题。

孙武认为，作战之前，必须全面分析敌我形势，研究对比各种有利和不利因素，才能作出正确判断，确定切实可行的作战计划，因势利导，掌握主动。这是战争胜利的关键。在分析战争胜负的各种因素时，孙武列举了政治、天时、地利、将才、法制等"五事"和国君、将帅、天地、法令、兵众、士卒、赏罚等"七计"。根据对"五事""七计"的研究、分析，从而构成判断，定下决心，作出计划。而战胜敌人的具体办法则是多种多样的，孙武提出了示形、诱敌、挠敌、骄敌、疲敌、间敌等。这些见解都是颇为精辟的。

毛泽东在他的军事专著《中国革命战争的战略问题》中引用本篇中关于"示形"的典故，目的在于强调正确认识战略退却的意义和造成敌人弱点后，再设法战胜它的原则。毛泽东在领导中国革命的历次战争中，多次成功地运用了这个战法，夺取了战争的胜利。

【原文】

行 篇

孙子曰：昔之善战者，先为不可胜[1]，以待敌之可胜[2]。不可胜在己，可胜在敌[3]。故善战者，能为不可胜，不能使敌之可胜[4]。故曰：胜可知而不可为[5]。不可胜者，守也；可胜者，攻也。守则不足[6]，攻则有余。善守者藏于九地之下[7]，善攻者动于九天之上[8]，故能自保而全胜也[9]。

见胜不过众人之所知[10]，非善之善者也；战胜而天下曰善[11]，非善之善者也。故举秋毫不为多力[12]，见日月不为明目，闻雷霆不为聪耳[13]。古之所谓善战者，胜于易胜者也[14]。故善战者之胜也，无智名，无勇功，故其战胜不忒[15]。不忒者，其所措必胜[16]，胜已败者也[17]。故善战者，立于不败之地，而不失敌之败也[18]。是故胜兵先胜而后求战[19]，败兵先战而后求胜。善用兵者，修道而保法[20]，故能为胜败之政[21]。

兵法：一曰度[22]，二曰量[23]，三曰数[24]，四曰称[25]，五曰胜。地生度[26]，度生量[27]，量生数[28]，数生称[29]，称生胜[30]。故胜兵若以镒称铢[31]，败兵若以铢称镒。胜者之战民也[32]，若决积水于千仞之溪者[33]，形也。

【注释】

（1）先为不可胜，首先确保我军不被敌人战胜。

（2）以待敌人之可胜，然后等待敌人可能被我军战胜的时机。

（3）可胜在敌，可能战胜敌人，取决于敌人是否存有疏忽松懈之处。

（4）不能使敌之可胜，不能保证敌人有漏洞而可以乘机取胜。

（5）胜可知而不可为，取胜可以预知，但不能强求。

（6）守则不足二句，防守是由于兵力不足，进攻是由于兵力有余。

（7）善守者句，善于防守的懂得利用山川之固。九地，指各种隐秘难测的地形。

（8）善攻者句，善于进攻的知道利用天时之便。九天，高不可测的天空最高处。

（9）自保而全胜，防守能保全自己，进攻又能获取全胜。

（10）见胜不过众人之所知，对于胜负的预见，不能超越一般人的见解。意谓不能在胜负未分时预见结果。

（11）战胜，通过交战获得胜利。

（12）秋毫，鸟兽在秋天新长出的细毛，比喻细微的事物。

（13）聪耳，听觉灵敏的耳朵。

（14）胜于易胜者，战胜容易击败的敌人。

（15）战胜不忒（tè 特），意即百战百胜，无一差错。忒，差错。

（16）措，安排、部署。

（17）已败者，已呈现败势的军队。

（18）不失敌之败，不错过敌人因其疏忽而导致失败的机会。

（19）先胜，指预见到胜利并捕捉住战机。

（20）修道，指修整加强防卫。保法，确保军法的实施。

（21）为胜败之政，掌握决定战争胜负的主动权。

（22）度（duó 夺），估计，推测。

（23）量，斟酌、估量。

（24）数，计算。

（25）称，衡量、权衡。

（26）地生度，根据地理形势，推测作战地势。

（27）度生量，根据对作战地势的推断、估量战场面积的大小。

（28）量生数，根据作战面积大小，估算出交战双方可能投入的兵力。

（29）数生称，对于双方可能投入的兵力，权衡双方的实力强弱。

（30）称生胜，通过双方实力的对比，就可以预知谁能取胜。

（31）以镒（yì 逸）称铢，意思是以重举轻，指轻而易举。镒和铢都是古代重量单位。二十两为镒（一说：十四两），二十四铢为一两。

（32）战民，指挥士兵作战。民同"人"，指士兵。

（33）决，冲破堤岸。千仞，极言其高。一仞八尺（一说七尺）。

【毛泽东评说】

但是开始准备的时机问题，一般地说来，与其失之过迟，不如失之过早。因为后者的损失较之前者为小，而其利益，则是有备无患，根本上立于不败之地。

　　——《中国革命战争的战略问题》，《毛泽东选集》第一卷，人民出版社1991年版，第201页。

一切作持久打算。不论时局发展的情况如何，我党均需作持久打算，才能立于不败之地。

　　——《一九四六年解放区工作的方针》，《毛泽东选集》第四卷，人民出版社1991年版，第1177页。

【赏析】

本篇是《孙子兵法》第四篇。形，指形势，趋势。所以，本文主要是研究敌我双方军事实力的强弱，从而采取制胜策略之事。

毛泽东对本篇十分熟悉，多次运用本篇"立于不败之地"的话阐明战略战术问题。他早在1913年的《讲堂录》里就记录过本篇的警句（大意）："善用兵者，无智名，无勇功。""善战者，立于不败之地，而不失敌之败也"。他于1936年12月在《中国革命战争的战略问题》中谈到反"围剿"的准备时指出：开始准备的时间宜早不宜迟，这样才能做到"有备无患，根本上立于不败之地"。在1945年12月写的《一九四六年解放区工作的方针》中指出："不论时局发展的情况如何，我党均须作持久打算，才能立于不败之地。"在1946年7月写的《以自卫战争粉碎蒋介石的进攻》中又说："总之，我们是一切依靠自力更生，立于不败之地。"可见，毛泽东对孙子的这一军事策略思想极其重视。

【原文】

军争篇

孙子曰：凡用兵之法，将受命于君⁽¹⁾，合军聚众⁽²⁾，交和而舍⁽³⁾，莫难于军争。军争之难者，以迂为直⁽⁴⁾，以患为利⁽⁵⁾。故迂其途⁽⁶⁾，而诱之以利，后人发⁽⁷⁾，先人至，此知迂直之计者也。

故军争为利⁽⁸⁾，军争为危。举军而争利⁽⁹⁾，则不及⁽¹⁰⁾；委军而争利⁽¹¹⁾，则辎重捐⁽¹²⁾。是故卷甲而趋⁽¹³⁾，日夜不处⁽¹⁴⁾，倍道兼行⁽¹⁵⁾，百里而争利，则擒三将军⁽¹⁶⁾，劲者先⁽¹⁷⁾，疲者后，其法十一而至⁽¹⁸⁾；五十里而争利，则蹶上将军⁽¹⁹⁾，其法半至；三十里而争利，则三分之二至。是故军无辎重则亡，无粮食则亡，无委积则亡⁽²⁰⁾。

故不知诸侯之谋者，不能豫交⁽²¹⁾；不知山林、险阻、沮泽之形者⁽²²⁾，不能行军；不用乡导者⁽²³⁾，不能得地利。故兵以诈立⁽²⁴⁾，以利动，以分合为变者也⁽²⁵⁾；故其疾如风，其徐如林⁽²⁶⁾，侵掠如火，不动如山，难知如阴⁽²⁷⁾，动如雷震；掠乡分众⁽²⁸⁾，廓地分利⁽²⁹⁾，悬权而动⁽³⁰⁾。先知迂直之计者胜，此军争之法也。

《军政》曰⁽³¹⁾："言不相闻，故为金鼓；视不相见，故为旌旗。"夫金鼓旌旗者，所以一人之耳目也⁽³²⁾；人既专一，则勇者不得独进，怯者不得独退。此用众之法也⁽³³⁾。故夜战多火鼓⁽³⁴⁾，昼战多旌旗，所以变人之耳目也⁽³⁵⁾。

故三军可夺气⁽³⁶⁾，将军可夺心⁽³⁷⁾。是故朝气锐⁽³⁸⁾，昼气惰，暮气归。故善用兵者，避其锐气，击其惰归，此治气者也⁽³⁹⁾。以治待乱⁽⁴⁰⁾，以静待哗，此治心者也。以近待远，以佚待劳⁽⁴¹⁾，以饱待饥，此治力者也。无邀正正之旗⁽⁴²⁾，勿击堂堂之陈⁽⁴³⁾，此治变者也⁽⁴⁴⁾。

故用兵之法，高陵勿向⁽⁴⁵⁾，背丘勿逆⁽⁴⁶⁾，佯北勿从⁽⁴⁷⁾，锐卒勿攻⁽⁴⁸⁾，饵兵勿食⁽⁴⁹⁾，归师勿遏⁽⁵⁰⁾，围师必阙⁽⁵¹⁾，穷寇勿迫⁽⁵²⁾，此用兵之法也。

【注释】

（1）将，主将，主帅。

（2）合军，组合军队。聚众，把众多的士兵聚集起来。

（3）交和而舍，两军对垒。和，和门，古时正面的营门为和门。舍，宿营。

（4）以迂为直，把看似遥远的弯路，变作近便的直路。迂，迂回，曲折。

（5）以患为利，化不利为有利。患，危害，不利。

（6）故迂其途，故意迂回曲折地绕道而行。

（7）后人发二句，比敌人晚出发，而比敌人早赶到。发，出发，出动。

（8）故军争为利二句，所以能够正确运用"军争之法"就可以得利，不然就会陷于危险。

（9）举军，带着全部装备行军。

（10）不及，来不及，不能到达。

（11）委军，委弃辎重，指轻装前进。

（12）辎（zī资）重，军需物资，如军用器械、粮草、服装等。

（13）是故，如果。卷甲，收起盔甲等重装备。趋，急行。

（14）处，停留，驻扎。

（15）倍道兼行，加倍赶路，即强行军之意。

（16）三将军，上、中、下三军将领都可能被俘虏。

（17）劲者先，强健的人先赶到。

（18）法，作"结果"讲。十一而至，十个人中才有一个人到达。

（19）蹶，挫折，失败。上将军，上军将领。

（20）委积，指积聚、储存的财物。

（21）豫，同"预"，作"轻易"讲。交，交战。

（22）沮（jù巨）泽，沼泽地。

（23）乡导，同"向导"，熟悉本地地形的带路人。

（24）诈，欺骗。立，存在，取胜。

（25）以分合为变，兵力的分散或集中，根据敌情变化而变化。

（26）其徐如林，行动缓慢时像树林一样并排站着。

（27）难知如阴，隐蔽自己的作战意图时，如阴云遮天一样难以窥测。

（28）掠乡分众，掠夺敌国的地方而分其人力。

（29）廓地分利，占领敌国的领土而取其财富。廓，扩大。

（30）悬权而动，权衡成败，然后行动。权，称锤，引申为衡量之意。

（31）《军政》曰五句，《军政》，古代兵书。金鼓，古代指挥作战时，击鼓进攻，鸣金收兵。金，指钲，形状与铃相似。旌（jīng 京）旗，指战旗。古时有羽毛装饰的为旌，无羽毛装饰的为旗。

（32）一人之耳目，统一官兵的视听。一，用作动词，统一之意。

（33）用众之法，指挥大部队作战的方法。

（34）火鼓，火炬和鼓声。

（35）变人之耳目，变换不同的指挥信号，以适应战士的视听。

（36）夺气，挫败其锐气。

（37）夺心，动摇其决心。

（38）是故朝气锐三句，因为刚上阵时士气旺兴，停了一段时间士气懈怠，最后就士气沮丧思归了。

（39）治气，掌握士气。治，治理，掌握。

（40）以治待乱二句，以自己的严明，等待敌人的混乱，以自己的镇静，等待敌人的骚动。

（41）以佚待劳，以自己的安逸休整，等待敌人的奔走疲劳。佚，同"逸"，闲逸，安闲。

（42）邀，挂阻，截击。整整之旗，旗帜整齐，形容队伍严整。

（43）堂堂之陈，阵容强大的敌军。堂堂，盛大之壮。陈，同"阵"。

（44）治变，掌握灵活的战略战术。

（45）高陵，高山。勿向，不要仰攻。

（46）背丘勿逆，敌人背靠高地，不宜迎面攻击。逆，迎。

（47）佯北，假装战败。北，败走。

（48）锐卒，气势旺盛的敌人。

（49）饵（ér 耳）兵，诱敌的队伍。

（50）归师，退回本国的军队。遏，阻止。

（51）围师，包围敌人。阙（quē 缺），缺口。

（52）穷寇，处于穷途末路的敌人。

这种时候，敌军虽强，也大大减弱了；兵力疲劳，士气沮丧，许多弱点都暴露出来。红军虽弱，却养精蓄锐，以逸待劳。此时双方对比，往往能达到某种程度的均衡，或者敌军的绝对优势改变到相对优势，我军的绝对劣势改变到相对劣势，甚至有敌军劣于我军，而我军反优于敌军的事情。江西反对第三次"围剿"时，红军实行了一种极端的退却（红军集中于根据地后部），然而非此是不能战胜敌人的，因为当时的"围剿"军超过红军十倍以上。孙子说的"避其锐气，击其惰归"，就是指的使敌疲劳沮丧，以求减杀其优势。

——《中国革命战争的战略问题》，《毛泽东选集》第一卷，人民出版社
1991 年版，第 208—209 页。

【赏析】

《军争篇》是《孙子兵法》的第七篇，主要是讲在战略进攻的意图之下，怎样夺取主动权的问题。

孙武认为，两军相争，要取得胜利，就要善于运用"以迂为直"的计谋，创造有利条件，争取主动。为达这一目的，必须巧妙地引诱、迷惑敌人，严密隐蔽自己的作战意图，以最迅速的行动"后人发，先人至"，占据有利阵地，夺得战争的主动权。

孙武还认为，敌我双方的强弱是相对的，在一定条件下可以互相转化。关键在于将帅要善于正确衡量敌我的优势与劣势，变敌之有利为不利，变我之不利为有利，这就要求及时掌握敌方士气、心理、战斗力等方面的情况，使用灵活的战略战术，抓住战机，进行攻击，夺取胜利。毛泽东在《中国革命战争中的战略问题》一文中，在阐述如何促使敌强我弱发生变化的战略思想时，引用并肯定了本篇"避其锐气，击其惰归"这两句话，目的在于纠正"左"倾冒险主义的错误做法，论证革命战争中积极的"战略退却"的意义和原则。

毛泽东指出，战略退却，"从前的军事理论家和实际家也无不承认这是弱军对强军作战时在战争开始阶段必须采取的方针"。又指出，弱军对于强军作战的再一个必要条件，就是要拣弱的打。然而当敌人开始进攻时，我们往往不知敌之分进各军何部最强，何部次强，何部最弱，何部次弱，需要一个侦察的过程。往往需要许多时间，才能达此目的。战略退却的所以必要，这也是一个理由。同时，毛泽东还以红军反"围剿"战争的具体实践和吸收，改造孙子军事思想中的积极因素来加以论证，从而发展了马列主义的军事科学，指导中国革命的武装斗争夺得了全国的伟大胜利。

孙武在本篇中还提出"围师必阙，穷寇勿迫"，虽然也是战争经验的总结，但未免太绝对化，从而在某种情况下会导致不良后果。毛泽东总结的十大军事原则说："每战集中绝对优势兵力（两倍、三倍、四倍，有时甚至是五倍或六倍于敌之兵力），四方包围敌人，求全歼，不使漏网。"还有他的著名诗句"宜将剩勇追穷寇，不可沽名学霸王"，应视为对孙武思想的继承和发展。

【原文】

谋攻篇

孙子曰：凡用兵之法，全国为上⁽¹⁾，破国次之⁽²⁾；全军为上⁽³⁾，破军次之；全旅为上⁽⁴⁾，破旅次之；全卒为上⁽⁵⁾，破卒次之；全伍为上⁽⁶⁾，破伍次之。是故百战百胜，非善之善者也⁽⁷⁾；不战而屈人之兵⁽⁸⁾，善之善者也。

故上兵伐谋⁽⁹⁾，其次伐交⁽¹⁰⁾，其次伐兵⁽¹¹⁾，其下攻城。攻城之法为不得已，修橹轒辒⁽¹²⁾，具器械，三月而后成，距闉⁽¹³⁾，又三月而后已。将不胜其忿而蚁附之⁽¹⁴⁾，杀三分之一而城不拔者，此攻之灾也。故善用兵者，屈人之兵而非战也，拔人之城而非攻也，毁人之国而非久也。必以全争于天下⁽¹⁵⁾，故兵不顿而利可全⁽¹⁶⁾，此谋攻之法也。

故用兵之法，十则围之⁽¹⁷⁾，五则攻之⁽¹⁸⁾，倍则分之⁽¹⁹⁾，敌则能战之⁽²⁰⁾，少则能逃之，不若则能避之。故小敌之坚⁽²¹⁾，大敌之擒也。

夫将者，国之辅也⁽²²⁾，辅周则国必强⁽²³⁾，辅隙则国必弱⁽²⁴⁾。

故君之所以患于军者三⁽²⁵⁾：不知军之不可以进而谓之进⁽²⁶⁾，不知军之不可以退而谓之退，是谓縻军⁽²⁷⁾。不知三军之事而同三军之政者⁽²⁸⁾，则军士惑矣。不知三军之权而同三军之任⁽²⁹⁾，则军士疑矣。三军既惑且疑⁽³⁰⁾，则诸侯之难至矣⁽³¹⁾，是谓乱军引胜⁽³²⁾。

故知胜有五：知可以战与不可以战者胜，识众寡之用者胜⁽³³⁾，上下同欲者胜⁽³⁴⁾，以虞待不虞者胜⁽³⁵⁾，将能而君不御者胜⁽³⁶⁾。此五者，知胜之道也。

故曰：知彼知己者，百战不殆⁽³⁷⁾；不知彼而知己，一胜一负；不知彼，不知己，每战必殆。

【注释】

（1）全国为上，使敌人的整个国家降服是上策。全，作动词用。

（2）破国次之，用兵击破敌国便次一等。

（3）军，古时一万二千五百人为军。

（4）旅，五百人为旅。

（5）卒，百人为卒。

（6）伍，五人为伍。

（7）善之善者，高明者中最高明的。

（8）不战而屈人之兵，不打仗就使敌军屈服。

（9）上兵伐谋，最好的战略是破坏敌方的作战计划，使敌人不战而降。

（10）伐交，两军接触，尚未开战，我方即以优势兵力压倒敌人，使敌人望风而逃。

（11）伐兵，两军对阵，经过战斗，打败敌人。

（12）橹，大盾牌。轒辒（bēn wén 坟温），攻城用的回轮车，上蒙生牛皮，下可容十人。

（13）距闉（yīn 因），构筑高出城墙的土山。

（14）将不胜其忿而蚁附之，主帅急躁愤怒，难以等待，便命令士兵像蚂蚁一样去爬城进攻。

（15）全，全胜。

（16）不顿，不受挫伤和损失。顿，挫折，损伤。

（17）十则围之，有十倍于敌人的兵力，就可以包围敌军。

（18）攻，进攻。

（19）倍则分之，有一倍于敌军的兵力，就可以分成两部分来进攻敌人，意谓一部分正面进攻，另一部分出奇制胜。

（20）敌，指与敌军兵力相等。

（21）故小敌之坚二句，弱小的军队不自量力而硬打，必然会被强大的敌军所擒。

（22）国之辅，国君的助手。

（23）辅周，辅助很周密。

（24）隙（xì 戏），缺陷。

（25）君，国君。患于军，给军队带来祸患。

（26）谓，告诉，这里是命令的意思。

（27）縻（mí 迷）军，牵制军队。

（28）同，共同，在此是掌管之意。

（29）权，权宜机变。任，担任指挥。

（30）三军，军队的统称。春秋时大国多设三军，或为左、中、右三军，或为上、中、下三军。

（31）诸侯之难，指诸侯乘机发动进攻而造成的灾难。

（32）引胜，自己剥夺自己的胜利。引，夺。

（33）识，懂得。众寡，兵力多少。

（34）同欲，同心。欲，心愿。

（35）虞（yú 于），预料，引申为有准备。

（36）御，驾驭马车。这里是牵制军队之意。

（37）殆（dài 代），危险，引申为失败。

【毛泽东评说】

有一种人，明于知己，暗于知彼，又有一种人，明于知彼，暗于知己，他们都是不能解决战争规律的学习和使用的问题的。中国古代大军事学家孙武子书上"知彼知己，百战不殆"这句话，是包括学习和使用两个阶段而说的，包括从认识客观实际中的发展规律，并按照这些规律去决定自己行动克服当前敌人而说的；我们不要看轻这句话。

——《中国革命战争的战略问题》，《毛泽东选集》第一卷，人民出版社1991年版，第182页。

我们承认战争现象是较别的任何社会现象更难捉摸，更少确实性，即更带所谓"盖然性"。但战争不是神物，仍是世间的一种必然运动，因此，孙子的规律，"知彼知己，百战不殆"，仍是科学的真理。

——《论持久战》，《毛泽东选集》第二卷，人民出版社1991年版第490页。

【赏析】

《谋攻篇》是《孙子兵法》的第三篇，主要讲的是如何谋划进攻的问题。

孙武在这篇论文中，提出了一个十分重要的问题，就是"知彼知己，百战不殆"。孙武认为，在战争中，必须做到知彼知己，即了解和掌握敌我双方的情况，以便确定自己的部队如何行动。只有知彼知己，才能随着客观情况的变化，采取灵活的战略战术，避敌之长，击敌之短，掌握战争的主动权；只有知彼知己，才能充分发挥主观能动作用，夺取战争的胜利。

毛泽东在1913年写的《讲堂录》中记录过本篇的名言："百战百胜，非善之善者；不战而屈人之兵，善之善者也。"后来，毛泽东又分别在他的两部重要军事理论著作《中国革命战争的战略问题》和《论持久战》中引用了本篇的"知彼知己，百战不殆"，誉之为"科学的真理"，并加以科学阐释。

先
秦

《论语》

《论语》，孔子的弟子和再传弟子所记录的孔子及其门人言行的一部书，是有关儒家思想最重要的一部书。《论语》包括《学而》《为政》《八佾》《里仁》等二十篇。一篇包括若干章，一章记一件事或者几句话。内容涉及的方面很广，政治、哲学、教育、文学，以及立身处世的道理，几乎无所不谈。文字都很简短，但是精练质朴。从宋代以来，它和《大学》《中庸》《孟子》合称《四书》，成为封建时代的必读书，影响颇大。注本主要有三国时期魏国何晏的《论语集解》、宋代朱熹的《论语集注》和清代刘宝楠的《论语正义》等。

孔子（前551—前479），名丘，字仲尼，春秋时鲁国（今山东曲阜）人。曾在鲁国做过官，以后周游宋、卫、陈、蔡、齐等国。他一生主要从事于著述和讲学。相传有弟子三千人，有名字可考者七十余人。他是我国古代的思想家、教育家，儒家学派的创始人。孔子的思想主要表现在《论语》一书之中。他主张仁民爱物，提倡周礼，宣扬仁德，固周礼而行仁政，有其保守的一面，也有革新的内容；在教育方面，主张"有教无类"，有利于文化普及到广大士民阶层中来，对于先秦文化思想的发展，起了一定的作用。

【原文】

学而时习之

子曰⁽¹⁾："学而时习之⁽²⁾，不亦说乎⁽³⁾？有朋自远方来⁽⁴⁾，不亦乐乎？人不知⁽⁵⁾，而不愠⁽⁶⁾，不亦君子乎⁽⁷⁾？"（《学而》）

【注释】

（1）子，《论语》中的"子曰"的"子"都是指孔子而言。

（2）习，实习，演习。《史记·孔子世家》："孔子去曹适宋，与弟子习礼大树下。"有人解作"温习"，亦通。

（3）说（yuè月），同"悦"，高兴，愉快。

（4）有朋，古本有作"友朋"。旧注说："同门曰朋。"朋，即弟子，指与孔子志同道合之人。

（5）人，指奴隶主阶级中的人，有时指当时的执政者。

（6）愠（yùn运），怨恨，恼怒。

（7）君子，《论语》中的"君子"，有时指"有德者"，有时指"有位者"，这里是指"有德者"。

【毛泽东评说】

我幼年……学的是"子曰学而时习之，不亦说乎"一套，这种学习的内容虽然陈旧了，但是对我也有好处，因为我识字便是从这里学来的。

——《整顿党的作风》，《毛泽东选集》第三卷，人民出版社1991年版，第818页。

【赏析】

《论语》是孔子弟子及再传弟子记录孔子言行的著作，是儒家学派最重要的经典。全书基本以语录体写成，语言简朴，含义深刻，是研究孔子生活、思想的重要资料。《论语》共20篇，每篇截取首章前两个字或三个字作为题目。文章的题目是我们根据所选章节的内容自拟的，以下皆依此例，不再说明。

《论语》和《孟子》《中庸》《大学》被合称为"四书"，是封建社会私塾教育的基础课，其内容当然是为封建统治阶级服务的，所以说其内容是"陈旧"的，但它的好处是可以帮助学生"识字"，提高文化修养。这种看法是一分为二、正确的。《论语》离现代久远，其语言属于"文言"，与"五四"以后的"白话"不同。但不管"文言"，还是"白话"，作为一种语言，它都是没有阶级性的。所以 1957 年毛泽东在讲到大字报没有阶级性时，又援引了"学而时习之"的语句作为例证，可谓恰到好处。

【原文】

温良恭俭让

子禽问于子贡曰⁽¹⁾："夫子至于是邦也⁽²⁾，必闻其政，求之与⁽³⁾？抑与之与？"子贡曰："夫子温、良、恭、俭、让以得之。夫子之求之也，其诸异乎人之求之与⁽⁴⁾？"（《学而》）

【注释】

（1）子禽，陈亢，字子禽，陈国人，孔子的学生。子贡，姓端木，名赐，卫国人，孔子的学生。

（2）夫子，古代的一种敬称，凡是做过大夫的，都可以称为夫子。孔子做过鲁国的司寇，所以他的学生称他为夫子，后来沿袭以称呼老师。在一定场合下则特指孔子。是邦，哪个诸侯国。

（3）求之与二句，求来的呢？还是别人自动告诉他的呢？抑，还是。

（4）其诸，或者，齐鲁方言。

【毛泽东评说】

革命不是请客吃饭，不是做文章，不是绘画绣花，不能那样雅致，那样从容不迫，文质彬彬，那样温良恭俭让。革命是暴动，是一个阶级推翻一个阶级的暴烈的行动。

——《湖南农民运动考察报告》，《毛泽东选集》第一卷，人民出版社 1991 年版，第 17 页。

【赏析】

"温、良、恭、俭、让"出自《论语·学而》，是孔子的学生子贡描述孔子在周游列国时对待各诸侯国国臣的态度，同时也表现了孔子的为人：

温和、善良、严肃、节俭、谦逊，以此赢得了世人的尊敬。后来便用来形容温和、文雅，有时也指缺乏斗争性。

毛泽东在《湖南农民运动考察报告》中引用"温良恭俭让"一语，在于批驳右倾机会主义者跟在地主、资产阶级后面诬蔑农民运动"糟得很"的谬论，明确地提出了"革命是暴动，是一个阶级推翻一个阶级的暴烈的行动"的革命理论，极大地鼓舞和支持了正在兴起的中国农民革命运动。

【原文】

和为贵

有子曰[1]："礼之用[2]，和为贵[3]。先王之道[4]，斯为美[5]，小大由之。有所不行，知和而和，不以礼节之[6]，亦不可行也。"（《学而》）

【注释】

（1）有子，姓有，名若，孔子的学生。

（2）礼，周礼，即周代奴隶制的等级制度及其相关的礼节、仪式等。

（3）和，适合，恰当，恰到好处。《礼记·中庸》："喜怒哀乐之未发谓之中，发而皆中节谓之和。"

（4）先王，指周文王等古代帝王。

（5）斯，此，这个。

（6）节，节制，约束。

【毛泽东评说】

最近国民党要周恩来、林伯渠同志到重庆去谈判，我们回答林老可以先去，他们说甚表欢迎。我们的方针是避免内战，……我们要采取同国民党搞好关系的方针，即是实行"孔夫子打麻将——和为贵"。

——《关于路线学习、工作作风和时局问题》，《毛泽东文集》第三卷，人民出版社1996年版，第99页。

先
秦

（1945年）9月2日中午，张澜以中国民主同盟名义，在特园宴请毛泽东、周恩来和王若飞。出席招待会的有沈钧儒、黄炎培、冷遹、鲜英、张申府、左舜生等。

……

宴会在热情洋溢、亲切无间的气氛中进行。

毛泽东勉励大家道："今天，我们聚会在'民主之家'，今后，我们共同努力，生活在'民主之国'。"接着，他反复强调"和为贵"，恳切表达了对和谈的冀望。他的话令人振奋。

——林洪：《老成谋国，乘虚御风——毛泽东三访张澜》，载《毛泽东和党外朋友们》，团结出版社1996年版，第83—84页。

（1945年）10月8日，张治中假军委会大礼堂举行欢迎宴会，邀请参议员和重庆文化界、新闻界、党、政、军各方人士五百余人参加，盛况空前。毛泽东在张治中致词后作了简短讲话，他说："商谈的结果，恰如刚才张先生所说，大部分问题得到解决，还有些问题亦正在继续商量解决，而且我们一定要用和平的方法去解决，'和为责'，除了和平的方法以外，其他的打算都是错的。"

——《张治中回忆录》下册，文史资料出版社1985年版，第732页。

【赏析】

本文选自《论语·学而》，主要写孔子的学生有子谈对礼的看法："礼之用，和为贵"，强调礼的作用，以遇事做得恰当、各种关系都处理得和谐为可贵，并且说这是古圣先王的成功经验；如果有行不通的地方，必须用礼加以节制。后来"和为贵"便演化成为各方关系协调、不发生矛盾和对抗的意思。

1945年，国共两党重庆谈判期间，毛泽东无论是在民主同盟张澜等人的宴会上，还是在国民党官员张治中举行的大型宴会上，都反复强调"和为贵"，促成了重庆谈判的成功。但这次纸上得来的"和平"被国民党蒋介石发动的内战打破了。

言可复也

有子曰⁽¹⁾："信近于义，言可复也⁽²⁾。恭近于礼，远耻辱也⁽³⁾。因不失其亲⁽⁴⁾，亦可宗也⁽⁵⁾。"（《学而》）

【注释】

（1）有子，有若，孔子的学生。

（2）复，朱熹集注："复，践言也。"实践诺言。

（3）远，使之远离，避免之意。

（4）因，依靠，凭借。

（5）宗，主，可靠。

【毛泽东评说】

我们的方针是教育人，这个方针是确定了的，我现在再一次向你们宣布。有人相信，有人不相信，信不信由你。《论语》上说"言可复也"，意思是说过的话是要实行的。中央决定的方针，既然宣布了，就要实行，大家可以看。

——《在延安大学开学典礼上的讲话》，《毛泽东文集》第三卷，人民出版社 1996 年版，第 155 页。

【赏析】

"言可复也"见于《论语·学而》，是孔子的学生有子的话，是说所守的诺言符合正义，说的话就能兑现。

毛泽东 1944 年 5 月 24 日在《在延安大学开学典礼上的讲话》中引用了"言可复也"的话，重申了我们党对于坏人"一个不杀"的政策，表示此政策要付诸实践。

【原文】

学而不思则罔

子曰："学而不思则罔⁽¹⁾，思而不学则殆⁽²⁾。"（《为政》）

【注释】

（1）罔，诬罔，受骗。

（2）殆（dài 代），疑惑。一说危险。

【毛泽东评说】

吾国二千年来之学者，皆可谓之学而不思。此吾国今时之现象。

——《〈伦理学原理〉批注》，《毛泽东早期文稿》，湖南出版社 1990
年版，第 134 页。

【赏析】

本文选自《论语·为政》，记述了孔子对于学习与思考的看法：只是
读书，却不思考，就会受骗；只是空想，却不读书，就会受迷惑。

毛泽东在读《伦理学原理》的"序论"中讲到道德哲学在开放之时代
尤为需要时，指出"吾国二千年来之学者，皆可谓之学而不思"，学而不
思就要受欺骗。这可以说是对我国几千年来的思想史、文明史的切中要害
的评论。

【原文】

知之为知之

子曰："由⁽¹⁾！诲女知之乎⁽²⁾！知之为知之，不知为不知，是知也⁽³⁾。"
（《为政》）

【注释】

（1）由，孔子学生，仲由，（前542—前480），字子路，卞（故城在今山东泗水东五十里）人。比孔子小九岁。

（2）女，同"汝"，你。

（3）是，这。

【毛泽东评说】

什么是不装？就是"知之为知之，不知为不知"。孔夫子的学生子路，那个人很爽直，孔夫子曾对他说，"知之为知之，不知为不知，是知也"。懂得就是懂得，不懂得就是不懂得。

——《讲真话，不偷、不装、不吹》，《毛泽东新闻工作文选》第126页，新华出版社1983年版。

【赏析】

"知之为知之，不知为不知"，语见《论语·为政》。其意思是说，实际知道的就是知道，实际不知道的就是不知道，这就是真知。后来人们便把这几句话，作为对言过其实和强不知以为知等不良学风的一种劝诫。

毛泽东在《讲真话，不偷、不装、不吹》一文中引用"知之为知之"等几句话，意在告诫全党要采取谦虚的态度，无论做什么事情都要实事求是。

【原文】

三十而立

子曰："吾十有五而志于学(1)，三十而立(2)，四十而不惑(3)，五十而知天命(4)，六十而耳顺(5)，七十而从心所欲，不逾矩(6)。"（《为政》）

【注释】

（1）有，同"又"。古人在整数和小一位的数之间多用"有"字，不用"又"字。

（2）立，站立，站得住。《泰伯》说："立于礼。"《季氏》说："不学礼，无以立。"

（3）不惑，《子罕》和《宪问》中都有"知者不惑"的话，故知不惑是指掌握了知识。

（4）天命，天的意志和命令。

（5）而耳顺，即"而已顺"，也就是顺天命。耳，同"尔"，"而已"的合音。

（6）不逾（yú 鱼）矩，不超越周礼的规范。逾，超出。矩，规矩。

【毛泽东评说】

青年要犯错误，老年就不犯错误呀？孔夫子说，他七十岁干什么都合乎客观规律了，我就不相信，那是吹牛皮。

——《在中国共产党第八届中央委员会第二次全体会议上的讲话》，《马列著作毛泽东著作选读（哲学部分）》第五卷，人民出版社1978年版，第430页。

1956年12月5日，毛泽东在中南海接见毛远耀、毛远翔兄弟。毛泽东在谈话中回忆着童年的生活和故乡的往事，又谈了不少国内外大事。最后，毛泽东说："孔子说，七十不逾矩。我说，不一定。因为人的经验总是不足的。孔子又说，三十而立，我说也靠不住。三十几岁还吊儿郎当。缺乏帮助人的思想，是不正派的人，别人犯了错误，你去幸灾乐祸，这就是宗派。倒是没犯过错误的人，容易犯错误。因为他的尾巴翘得太高了。"

——赵志超：《毛泽东和他的父老乡亲》，湖南文艺出版社1992年版，第266页。

【赏析】

本文选自《论语·为政》。这是孔子一生学习、工作的经验总结，他把一生划分为几个阶段，总结了每个阶段的人生经验，是有真知灼见的。因此，他的这些话一直流传了下来，被广泛地使用着。但话未免说得有些绝对，而且这是孔子自己的生活体验，不一定符合每一个人的情况。

毛泽东在中共八大二次会议上的讲话中，讲到青年人犯错误，老年人也会犯错误，批评了孔子说的七十岁干什么事就都符合规律了，是"吹牛皮"；在与毛远耀兄弟的谈话中又认为孔子说的"三十而立"靠不住，因为"三十几岁还吊儿郎当"，大概是对这两兄弟的宽慰和勉励。

【原文】

一言以蔽之

子曰："《诗》三百⁽¹⁾，一言以蔽之⁽²⁾，曰：'思无邪'⁽³⁾。"（《为政》）

【注释】

（1）《诗》三百，《诗经》实有三百零五篇，"三百"只是举其整数。

（2）蔽，概括。

（3）思无邪，语出《诗经·鲁颂·駉》："思无邪，思马斯徂。"邪，指养马者盗卖马草马料的行为。思无邪，是说养马者不做这种邪事。孔子借它来评论《诗经》中所有诗篇的内容都思想纯正，没有邪念。思，句首语气词，无义。一说，作思想解。

【毛泽东评说】

我初到长沙时，会到各方面的人，听到许多的街谈巷议。从中层以上社会至国民党右派，无不一言以蔽之曰："糟得很。"

——《湖南农民运动考察报告》，《毛泽东选集》第一卷，人民出版社1991年版，第15页。

【赏析】

"一言以蔽之"出自《论语·为政》。在评论《诗经》时，孔子说："《诗》三百，一言以蔽之，曰：'思无邪'。"意思是说，《诗经》虽然包括300多篇，但用一句话来概括它，就是所有诗篇的内容，完全是纯正的，没有偏邪的。

毛泽东在《湖南农民运动考察报告》中引用"一言以蔽之"，说明从中层以上社会到国民党右派等各方面的人士都在责难农民运动，用一句话来概括，就是骂农民运动"糟得很"。毛泽东尖锐地批评了这种对农民运动的错误态度，热情赞颂农民运动"好得很"。

【原文】

人而无信

子曰："人而无信⁽¹⁾，不知其可也。大车无輗⁽²⁾，小车无軏⁽³⁾，其何以行之哉？"（《为政》）

【注释】

（1）而，如果。

（2）（3）輗（ní 倪）、軏（yuè 月），古代用牛的车叫大车，用马力的车叫小车。两者都要把牲口套在车辕上。车辕前面有一横木，是驾牲口的地方。大车的横木叫鬲，小车的横木叫衡。鬲、衡两头都有关键（活塞），輗是鬲的关键，軏是衡的关键。

【毛泽东评说】

全国人民将不容许蒋氏再有任何游移和打折扣的余地。蒋氏如欲在抗日问题上徘徊，推迟其诺言的实践，则全国人民的革命浪潮势将席卷蒋氏以去。语曰："人而无信，不知其可。"蒋氏及其一派必须深切注意。

——《关于蒋介石声明的声明》，《毛泽东选集》第一卷，人民出版社1991年版，第247页。

【赏析】

"人而无信，不知其可"，出自《论语·为政》。其意思是说：作为一个人，却不守信用，那怎么能行呢？就如同大车横木上没有安輗，小车横木上没有安軏，怎么能行走呢？

1936 年西安事变发生后，经中共和各界努力，蒋介石终于答应张、杨二将军提出的抗日要求；但他一经获释，即于 12 月 26 日发表了一篇内容含糊的《对张杨的训词》，攻击西安事变系受"反动派"的包围。为此，毛泽东于 12 月 28 日发表《关于蒋介石声明的声明》，文中援引"人而无信，不知其可"的话，揭露了蒋介石及其一派人的反动面目，如果他们不守信用，不履行自己的诺言，将会遭到全国人民的反对。

【原文】

临事而惧

子谓颜渊曰："用之则行，舍之则藏(1)，唯我与尔有是夫(2)！"

子路曰："子行三军(3)，则谁与(4)？"

子曰："暴虎冯河(5)，死而无悔者，吾不与也。必也临事而惧，好谋而成者也。"（《述而》）

【注释】

（1）舍，舍弃，不用。

（2）夫，吧，语气词。

（3）行三军，指挥三军。"三军"是当时大国所有的军队，每军一万二千五百人。

（4）与，在一起。

（5）暴虎冯（píng 凭）河，空手和老虎搏斗，不用船而洇水过河。

【毛泽东评说】

孔夫子讲过："临事而惧，好谋而成。"不要说什么革命没有胜利就是因为我没有当中央委员，这样说是不好的。我们要慎重地选举，慎重地就职，这样才是好的态度。

——《第七届中央委员会的选举方针》，《毛泽东文集》第三卷，人民出版社 1996 年版，第 368 页。

先秦

【赏析】

本文选自《论语·述而》，记述了孔子对他的两个学生的不同评价，阐明自己的处世态度。用我，我就去干，不用我，我就隐藏起来，这是他和颜渊的处世哲学。他不赞成子路那样赤手空拳和老虎搏斗，不用船只去涉水过河，死了也不后悔。这种有勇无谋的人，他不愿与之共事。他认为面临任务，人要恐惧谨慎、善于谋划去完成任务才行。

毛泽东在《第七届中央委员会的选举方针》一文中，讲到选举中央委员会的态度时，引用了"临事而惧，好谋而成"的话，旨在告诫大会代表要慎重地选举，把那些小心谨慎、善于谋划的人选进中央委员会，当选的中央委员要慎重地就职，做好工作，这才是正确的态度，才能给全党同志、全国人民以好的影响。

【原文】

学而不厌

子曰："默而识之(1)，学而不厌(2)，诲人不倦(3)，何有于我哉？(4)"（《述而》）

【注释】

（1）识（zhì 志），记住。

（2）厌，满足。

（3）诲，教导，训诲。

（4）何有于我哉，上述三件事情，我有哪一件做到了呢？这是孔子自谦之词。

【毛泽东评说】

学习的敌人是自己的满足，要认真学习一点东西，必须从不自满开始。对自己，"学而不厌"，对人家，"诲人不倦"，我们应取这种态度。

——《中国共产党在民族战争中的地位》，《毛泽东选集》第二卷，人民出版社 1991 年版，第 535 页。

【赏析】

　　"学而不厌，诲人不倦"源出于《论语·述而》，意思是学习要专心，不厌其烦；教导别人，永不倦怠。这是孔子对他的学生们谈他治学和从事教育工作的经验。现在的用法是努力学习不怕烦劳，耐心教育人而不厌倦。

　　毛泽东在《中国共产党在民族战争中的地位》一文中引用了这两句名言，说明我们治学和帮助同志的正确态度：对自己，必须努力学习，严格要求；对同志，应该耐心帮助。

【原文】

敬鬼神而远之

　　樊迟问知⁽¹⁾。子曰："务民之义⁽²⁾，敬鬼神而远之⁽³⁾，可谓知矣。"问仁。曰："仁者先难而后获，可谓仁矣。"（《雍也》）

【注释】

　　（1）樊迟，孔子的学生。知，同"智"。

　　（2）务，从事，致力。

　　（3）远之，疏远它，不去接近它。

【毛泽东评说】

　　从一九二一年共产党产生，到一九四二年陕甘宁边区开高干会，我们还没有学会搞经济工作。没有学会，要学一下吧！不然雷公要打死人。当时我们的同志，不管是参加过万里长征的也好，千里长征的也好，老共产党员也好，抗战时期到延安的青年也好，延安人民对我们是什么态度？我说就是"敬鬼神而远之"。为什么会这样？因为他们觉得共产党虽然很好，他们很尊敬，但是加重了他们的负担，他们就要躲避一点。直到去年春季，赵毅敏同志带着杨家岭组织的秧歌队，跑到安塞扭秧歌，安塞正在开劳动英雄大会，那些老百姓也组织了秧歌队，和杨家岭的秧歌队一块扭起来，我说从此天下太平矣！因为外来的知识分子和陕北老百姓一块扭起秧歌来了。从前老百姓见了他们是敬鬼神而远之，现在是打成一片了。

——《在中国共产党第七次全国代表大会上的口头政治报告》，
《毛泽东文集》第三卷，人民出版社1996年版，第338—339页。

【赏析】

　　本文选自《论语·雍也》，是孔子对于樊迟问知和问仁的回答。对于怎样才算智，孔子认为致力于提倡老百姓应该遵守的道德，尊敬鬼神但要远离它，就可以说是智了。对于怎样才算仁，孔子认为，仁德的人付出一定的力量，然后收获果实，可以说是仁德了。其中"敬鬼神而远之"，表明了孔子对鬼神的态度，"子不语怪、力、乱、神"，孔子对鬼神之事是不愿谈的。因为，孔子认为，人们应该崇拜鬼神，又要对它保持一定的距离，因为太近了，会因借助鬼神的保佑而忽视用宗教教条去统治人民，而且会使鬼神失去神秘性，所以必须是敬而远之，对借助鬼神的力量维护奴隶主贵族的统治才较为有利。对于仁，孔子认为应当先作出艰巨的努力来实行周礼，才能获得果实。

　　毛泽东在中共七大的口头政治报告中讲到我们当时经济工作搞得不好，老百姓对共产党是"敬鬼神而远之"，就是说虽然觉得共产党好，他们很尊敬，但由于经济工作没搞好，加重了他们的负担，所以"他们就要躲避一点"。后来，我们开展大生产运动、新秧歌运动，减轻了人民的负担，活跃了群众文化生活，情况便大为改观了。

【原文】

文质彬彬

　　子曰："质胜文则野(1)，文胜质则史。文质彬彬(2)，然后君子。"（《雍也》）

【注释】

　　（1）质胜文则野二句，朱熹集注："野，野人，言鄙略也；史，掌文书，多闻习事，而诚或不足也。"野，粗野。史，虚浮。

（2）文质彬彬，形容人既有文采，又很质朴。后多指人举止文雅、态度从容，也指作品的内容与形式的和谐统一。

【毛泽东评说】

革命不是请客吃饭，不是做文章，不是绘画绣花，不能那样雅致，那样从容不迫，文质彬彬，那样温良恭俭让。革命是暴动，是一个阶级推翻一个阶级的暴烈的行动。

——《湖南农民运动考察报告》，《毛泽东选集》第一卷，人民出版社1991年版，第17页。

【赏析】

"文质彬彬"出自《论语·雍也》，是形容人举止斯文，态度闲雅，以此表现出一个人很有学问，又很有风度，做起事来从容不迫，甚至显得过于做作的样子。

毛泽东在《湖南农民运动考察报告》一文中，批驳一些人指责农民运动未免"太过分"的时候，说明不能以"文质彬彬"的态度要求农民运动，因为"革命是暴动，是一个阶级推翻另一个阶级的暴烈的行动"。

【原文】

三思而后行

季文子三思而后行(1)。子闻之，曰："再思(2)，斯可矣。"（《公冶长》）

【注释】

（1）季文子，季孙行父，鲁国大夫。历仕鲁国文公、宣公、成公、襄公诸代。三思，考虑多次。三，虚数，言次数之多。

（2）再思，原作"再"。此据唐《石经》作"再思"，指考虑两遍。

【毛泽东评说】

孔夫子提倡"再思"，韩愈也说"行成于思"，那是古代的事情。现在的事情，问题很复杂，有些事情甚至想三四回还不够。鲁迅说"至少看两遍"，至多呢？他没有说，我看重要的文章不妨看它十多遍，认真地加以删改，然后发表。

——《反对党八股》，《毛泽东选集》第三卷，人民出版社1991年版，第844页。

【赏析】

"再思"出自《论语·公冶长》。春秋时期，有个鲁国大夫季文子，善于反复思考问题，遇事考虑多次才行动。孔子听到了就说："想两次就可以了。"凡事三思，一般来说总是利多弊少，为什么孔子不同意季文子这样做呢？宦懋庸在《论语稽》中说，"文子生平盖祸福利害之计太明，故其美恶两不相掩，皆三思之病也。其思之至三者，特以世故太深，过为谨慎；然其流弊将至利恶徇一己之私矣"。那就是说孔子说"再思"，是针对季文子的情况而说的，并不是说思考多了不好。

毛泽东在《反对党八股》一文中援引"再思"，旨在教育全党，无论学习、工作，还是做文章，都必须动脑筋、勤于思考。多想出智慧，只有深思熟虑，才会少出毛病，少犯错误。

【原文】

不耻下问

子贡问曰[1]："孔文子何以谓之'文'也[2]？"子曰："敏而好学，不耻下问[3]，是以谓之'文'也。"（《公冶长》）

【注释】

（1）子贡，端木赐，字子贡，卫人，孔子的学生。

（2）孔文子，孔圉，卫国大夫。"文"是他死后的谥号。

（3）不耻下问，职位高而向职位低的人请教问题，不觉得丢面子。

【毛泽东评说】

我们切不可强不知以为知，要"不耻下问"，要善于倾听下面干部的意见。先做学生，然后再做先生；先向下面干部请教，然后再下命令。

　　——《党委会的工作方法》，《毛泽东选集》第四卷，人民出版社1991年版，第1441页。

【赏析】

"敏而好学，不耻下问"语出《论语·公冶长》。

春秋时期，有个卫国大夫孔圉，死后卫国赐他的谥号叫"文"。孔子的学生子贡想不通，便去问孔子，孔子便说了"敏而好学"几句话，意思是说孔圉好学而谦逊，不怕向职位比他低的人请教丢面子，所以叫作"文"。后来人们便用不耻下问比喻虚心学习、勤学好问的精神。

毛泽东很赞赏"不耻下问"的态度，1949年3月，他在党的七届二中全会上作的《党委会的工作方法》的讲话中，用"不耻下问"一语要求我们党的各级干部，要虚心向别人学习，也要向比自己地位低的人学习，要甘当小学生，这不是羞耻，而是光荣。

【原文】

君子讷言敏行

子曰："君子讷于言[1]，而敏于行。"（《里仁》）

【注释】

（1）讷（nè 纳），说话迟钝。这里指说话要谨慎。

【毛泽东评说】

今夫人者万类之灵，发声以为言，言而后挺其类以为群。夫言以灵而发，群以言而拈，然则言也者，顾不贵欤！尝诵程子之箴，阅曾公之书，上溯周公孔子之训，若曰惟口兴戎，讷言敏行，载在方册，播之千祀。

——《致萧子升信》(1915 年 8 月)，《毛泽东早期文稿》，湖南出版社 1990 年版，第 18 页。

【赏析】

"讷言敏行"出自《论语·里仁》，记述了孔子对言与行关系的看法。孔子认为，"君子讷于言，而敏于行"，是说君子说话要谨慎，而行动要敏捷。

毛泽东对孔子这一观点比较欣赏，早在 1915 年 8 月写给萧子升的信中就引用"讷言敏行"的话，并誉之为"孔子之训"，"载在方册，播之千祀"。众所周知，他还特别取"讷""敏"二字为两个爱女命名，分别叫作"李讷"和"李敏"。

【原文】

是可忍，孰不可忍

孔子谓季氏[(1)]，"八佾舞于庭[(2)]，是可忍也[(3)]，孰不可忍也？"(《八佾》)

【注释】

（1）季氏，据《左传·昭公二十五年》和《汉书·刘向传》的记载，这里的季氏可能指季平子，即季孙意如。而《韩诗外传》认为指季康子，马融注则认为指季桓子。诸说不一。

（2）八佾（yì逸），古代乐舞名。古代舞蹈奏乐，八个人为一行，这一行叫一佾。八佾是八行，八八六十四人，只有天子才能用。诸侯用六佾，即六行，四十八人。大夫用四佾，三十二人。四佾才是季氏所应该用的。

（3）忍，容忍，忍耐。一说当作不仁慈讲。因为孔子并没有讨伐季氏的条件，而且季氏削弱鲁公室，鲁昭公也奈何不了他，只得出走到齐，又到晋，最后死在晋国之乾侯。这可能是孔子"孰不可忍"的事。

【毛泽东评说】

我们都是中国人。三十六计，和为上计。金门战斗，属于惩罚性质。你们的领导者们过去长时期间太猖狂了，命令飞机向大陆乱钻，远及云、贵、川、康、青海，发传单，丢特务，炸福州，扰江浙。是可忍，孰不可忍？因此打一些炮，引起你们注意。台、澎、金、马是中国领土，这一点你们是同意的，见之于你们领导人的文告，确实不是美国人的领土。台、澎、金、马是中国的一部分，不是另一个国家。世界上只有一个中国，没有两个中国。这一点，也是你们同意的，见之于你们领导人的文告……

——《告台湾同胞书》，《人民日报》，1958 年 10 月 6 日。

就血吸虫所毁灭我们的生命而言，远强于过去打过我们的任何一个或几个帝国主义。八国联军，抗日战争，就毁人一点来说，都不及血吸虫。除开历史上死掉的人以外，现在尚有一千万人患疫，一万万人受疫的威胁。是可忍，孰不可忍？然而今之华佗们在早几年大多数信心不足，近一二年干劲渐高，因而有了希望。

——《〈七律二首·送瘟神〉后记》，《毛泽东诗词集》，中央文献出版社 1986 年版，第 234—235 页。

【赏析】

"是可忍，孰不可忍"语出《论语·八佾》，这是孔子对作为大夫的季氏只能用四佾而公然使用只有天子才能使用的八佾歌舞而发出的愤激之语。意思是说，如果连这个都可以忍耐，那还有什么不可以忍耐的？指事情、事态恶劣到不能容忍的程度。

1958 年 10 月 6 日，毛泽东以当时国防部长彭德怀名义发表的《告台湾同胞书》中使用"是可忍，孰不可忍"一语，我们炮击金门是国民党蒋介石挑起的，是对他们的破坏与捣乱的惩罚。而在《〈七律二首·送瘟神〉后记》使用此语，则是对血吸虫肆虐的愤怒谴责，表明了消灭血吸虫病造福人民的决心和信心。

【原文】

子入太庙，每事问

子入太庙⁽¹⁾，每事问。或曰⁽²⁾："孰谓鄹人之子知礼乎⁽³⁾？入太庙，每事问。"子闻之，曰："是礼也⁽⁴⁾。"（《八佾》）

【注释】

（1）太庙，鲁国周公庙。古代开国之君叫太祖，太祖之庙叫太庙。周公姬旦是鲁国最初受封之君，因此鲁太庙就是周公庙。当时孔子入庙助祭。

（2）或曰，有人说。

（3）鄹（zōu 邹），又作郰，地名，即今山东曲阜市东南十里的西鄹集。鄹人，指孔子父亲叔梁纥。叔梁纥曾经做过鄹大夫。

（4）是，指"入太庙，每事问"。

【毛泽东评说】

迈开你的两脚，到你的工作范围的各部分各地方去走走，学个孔夫子的"每事问"，任凭什么才力小也能解决问题，因为你未出门时脑子是空的，归来时脑子已经不是空的了，已经载来了解决问题的各种必要材料，问题就是这样子解决了。

——《反对本本主义》，《毛泽东选集》第一卷，人民出版社1991年版，第110页。

【赏析】

本文选自《论语·八佾》，写孔子到了周公庙，每件事都要发问。有人便说："谁说叔梁纥的儿子懂得礼呢？他到了太庙，每件事都要向别人请教。"孔子听到了这话，便道："这正是礼呀。"寥寥几笔，勾画出孔子这位古圣先贤的光辉形象。他那谦虚、谨慎的优秀品德，数千年来，一直为后人所称颂。

毛泽东在《反对本本主义》这篇论述马克思主义认识论的哲学论文

中，号召我们"学个孔夫子的'每事问'"，不仅为了学习孔子的谦逊、谨慎的品德，更重要的是提出了正确的思想路线，论述了调查研究在马克思主义认识论中的作用，从而鲜明地提出了"没有调查研究就没有发言权"的科学论断。这是毛泽东多年调查研究实践的理论概括，也是对中国革命遭受挫折的严重教训的总结，至今，仍鞭策着我们身体力行。

【原文】

欲速则不达

子夏为莒父宰[(1)]，问政。子曰："无欲速，无见小利。欲速则不达，见小利则大事不成。"（《子路》）

【注释】

（1）子夏，卜商，字子夏，孔子的学生。莒父（jǔ fǔ 举甫），鲁国的邑名，今山东莒县。宰，邑宰，县令。

【毛泽东评说】

"欲速则不达"，这不是说不要速，而是说不要犯盲动主义，盲动主义是必然要失败的。在一切工作中都是如此；在改造群众思想的文化教育工作中尤其是如此。

——《文化工作中的统一战线》，《毛泽东选集》第三卷，人民出版社1991 年版，第 1012—1013 页。

【赏析】

"欲速则不达"源出《论语·子路》。孔子的学生子夏去莒父做县令，向孔子请教怎样从政。孔子说："无欲速，无见小利。欲速则不达，见小利则大事不成。"意思是说，无论做什么事，不能只求快，只图眼前小利。图快反而达不到目的，图小利反而误了大事。

毛泽东在《文化工作中的统一战线》一文中援引"欲速则不达"的

话，意在教育我们一切工作要从实际出发。从主观愿望出发，离开客观实际的需要和可能，急于求成是做不好工作的。

【原文】

言必信，行必果

子贡问曰："何如斯可谓之士矣？"子曰："行己有耻，使于四方，不辱君命，可谓士矣。"

曰："敢问其次。"曰："宗族称孝焉，乡党称弟焉⁽¹⁾。"

曰："敢问其次。"曰："言必信，行必果，硁硁然小人哉⁽²⁾！——抑可以为次矣。"

曰："今之从政者何如？"子曰："噫！斗筲之人⁽³⁾，何足算也？"（《子路》）

【注释】

（1）弟（tì 悌），敬重兄长。

（2）硁硁（kēng 坑）然，见识不广而脾气固执之态。

（3）斗筲（shāo 梢）之人，度量和见识狭小的人。筲，古代的饭筐，能容五斗。斗，古代的量具名。

【毛泽东评说】

共产党的"言必信，行必果"，十五年来全国人民早已承认。全国人民信任共产党的言行，实高出于信任国内任何党派的言行。

——《关于蒋介石声明的声明》，《毛泽东选集》第一卷，人民出版社1991年版，第247页。

【赏析】

"言必信，行必果"出自《论语·子路》，是孔子回答学生怎样做"士"的记录。孔子认为，士有三种，最好的士是，自己行为保持羞耻之心，出使外国，能很好地完成国君的使命；次一等的"士"则是，宗族称赞他孝顺父母，乡邻称赞他恭敬兄长；再次一等的"士"是，言语一定信实，行为一定坚决，这种不问是非黑白而只管自己贯彻言行的人，算是最低级的士了。"言必信，行必果"一语原是贬义，指那种浅见固执的言行作风，后来其寓意发生变化，指言行一致的作风，形容履行诺言的决心，既要守信用，又要坚决实行。

毛泽东在《关于蒋介石声明的声明》中借用蒋介石引用过的"言必信，行必果"的话，一方面希望和督促蒋介石遵守诺言，兑现"改组国民党政府"等六项条件；另一方面也表明了我党的言行。

【原文】

内省不疚

司马牛问君子⁽¹⁾。子曰："君子不忧不惧。"

曰："不忧不惧，斯谓之君子乎？"子曰："内省不疚⁽²⁾，夫何忧何惧？"（《颜渊》）

【注释】

（1）司马牛，即司马耕，字子牛。牛多言而躁，问仁于孔子。孔子曰："仁者其言也讱。"事见《史记·仲尼弟子列传》。根据司马迁的这一说法，孔子的答语是针对问者"多言而躁"的缺点而说的。

（2）疚（jiù 就），心里惭愧。

【毛泽东评说】

"内省不疚，夫何忧何惧"。九一八之不能抵御，原于一九二七（年）之失败。今日国难之是否得救，决定于统一战线能不能发展与巩固，不决定于日本。国民党之不能照旧不变的存在，原于其政策与组成之弱点。资本主义之必然灭亡，原于其内在的矛盾。阶级与政党之兴亡，原于其自身之条件。……任何事物、任何过程，外力是有影响的，且是严重的影响，然必通过内的情况才起作用。决定的东西属于内力。

——《毛泽东哲学批注集》，中央文献出版社 1988 年版，第108—109 页。

【赏析】

本文选自《论语·颜渊》，记述了孔子对司马牛问什么是君子的回答。孔子认为，君子的特点是不忧愁，不恐惧，因为他问心无愧。

1936年11月至1937年4月4日，毛泽东读西洛可夫、爱森堡等的《辩证法唯物论教程》时所作批注中，引用了本文中"内省不疚，夫何忧何惧"的话，阐述事物的外力的影响，必须通过内的情况才起作用的道理，也就是后来在《矛盾论》中讲的："外因是变化的条件，内因是变化的根据，外因通过内因而起作用。"

【原文】

己所不欲，勿施于人

仲弓问仁⁽¹⁾。子曰："出门如见大宾，使民如承大祭。己所不欲，勿施于人。在邦无怨⁽²⁾，在家无怨⁽³⁾。"

仲弓曰："雍虽不敏，请事斯语也⁽⁴⁾。"（《颜渊》）

【注释】

（1）仲弓，孔子的学生冉雍，字仲弓。

（2）邦，诸侯统治的国家。

（3）家，卿大夫统治的封地。

（4）事，从事，照着去做。

【毛泽东评说】

又如在政治上提出"己所不欲，勿施于人"的口号是不适当的，现在的任务是用战争及其他政治手段打倒敌人，现在的社会基础是商品经济，这二者都是所谓己所不欲，要施于人。只有在阶级消灭后，才能实现己所不欲，勿施于人的原则，消灭战争、政治压迫与经济剥削。

——《给彭德怀的信》（1943年6月6日），《毛泽东文集》第三卷，人民出版社1996年版，第26—27页。

本文选自《论语·颜渊》，是孔子对他的学生冉雍问仁的回答。其中"己所不欲，勿施于人"，是说自己所不喜欢的事物，就不要强加于别人。这是一种"恕道"，带有很大的欺骗性。

毛泽东在《给彭德怀的信》中指出，在抗日时期提倡"己所不欲，勿施于人"的政治口号是错误的、有害的，这个口号的实现只有待阶级消灭之后才有可能。

【原文】

毋意，毋必，毋固，毋我

子绝四——毋意[(1)]，毋必[(2)]，毋固，毋我。(《子罕》)

【注释】

（1）意，同"臆"，猜想，揣测。

（2）必，肯定，必定。

【毛泽东评说】

1941年8月5日，毛泽东写信给谢觉哉，信中说："事情确需多交换意见，多谈多吹，才能周到，否则极易偏于一面。对于下情搜集亦然，须故意（强所不愿）收集反面材料。我的经验，用此方法，很多时候，前所认为对的后觉不对了，改取了新的观点。客观的看问题，即是孔老先生说的'毋意，毋必，毋固，毋我'，你三日信的精神，与此一致，盼加发挥。"

——王定国：《万古云霄着意旋》，《工人日报》，1978年12月23日。

【赏析】

本文选自《论语·子罕》，是说孔子一点也没有四种毛病——不悬空揣想，不绝对肯定，不拘泥固执，不唯我独是。

先秦

毛泽东在 1941 年 8 月 5 日写给谢觉哉的信中说："事情确需多交换意见，多谈多吹，才能周到，否则极易偏于一面。"毛泽东接着援引孔子的"毋意，毋必，毋固，毋我"的话，并誉此是"客观的看问题"，是避免片面性的好办法。

【原文】

逝者如斯夫

子在川上曰⁽¹⁾："逝者如斯夫⁽²⁾！不舍昼夜⁽³⁾。"（《子罕》）

【注释】

（1）川上，河岸上。

（2）逝者如斯夫，消逝的时光像河水一样啊！

（3）舍，用作动词，居留，停留。

【毛泽东评说】

水调歌头

游　泳

一九五六年六月

才饮长沙水，又食武昌鱼。万里长江横渡，极目楚天舒。不管风吹浪打，胜利闲庭信步，今日得宽馀。"子在川上曰：逝者如斯夫！"　风樯动，龟蛇静，起宏图。一桥飞架南北，天堑变通途。更立西江石壁，截断巫山云雨，高峡出平湖。神女应无恙，当惊世界殊。

——《毛泽东诗词集》，中央文献出版社 1996 年版，第 95 页。

【赏析】

"逝者如斯夫"源于《论语·子罕》，是孔子感叹光阴像河水一样，日夜不停地流去。

1956 年 6 月，毛泽东在武汉三度畅游长江，写下了著名词作《水调歌头·游泳》，词中写游泳时所见景色和心情，自然地借用了"子在川上曰：逝者如斯夫"原句，巧妙贴切，而意蕴更深，含蓄不尽。

【原文】

民可使由之

子曰："民可使由之⁽¹⁾，不可使知之。"（《泰伯》）

【注释】

（1）由，听从，随顺。

【毛泽东评说】

1975 年春，一次，唐大夫来到毛泽东身边，毛泽东望着他反复地念着他的名字：由之，由之。毛泽东问他，你的名字是出自《论语》"民可使由之，不可使知之"吧？唐大夫笑着点了点头。毛泽东又接着说，你可不要按孔夫子的"由之"去做，而要按鲁迅讲的"由之"去做。毛泽东的记忆力非常惊人，当即吟诵起鲁迅的《悼杨铨》这首诗："岂有豪情似旧时，花开花落两由之。何期泪洒江南雨，又为斯民哭健儿。"唐大夫说，毛主席啊，有些地方我听不懂。毛泽东慈祥地说，你拿纸来。毛泽东用了六张纸，用浑然刚劲的笔体，写下了这首充满激情的诗，并签上了自己的名字，送给了唐由之。

——《幸福的回忆，深切的怀念——首都医务界人员缅怀伟大领袖毛主席》，《北京日报》1977 年 9 月 25 日。

【赏析】

"民可使由之，不可使知之"是孔子的名言，见于《论语·泰伯》，其意思是说，老百姓可以使他们照着我们的道路走，不可以使他们知道那是为什么。这话虽然有对一般百姓要求不要过高的切合实际的一面，也包含着某种程度的愚民意味在内，而且往往成为历代统治者推行愚民政策的理论根据。所以，毛泽东对唐由之大夫说，你不要按照孔夫子的"由之"去做，而要按照鲁迅在《悼杨铨》诗中所说"花开花落两由之"的"由之"去做，就是勉励其要按客观事物的发展规律办事，为革命事业多做贡献。

【原文】

人之将死，其言也善

曾子有疾，孟敬子问之[1]。曾子言曰："鸟之将死，其鸣也哀；人之将死，其言也善。君子所贵乎道者三：动容貌，斯远暴慢矣[2]；正颜色，斯近信矣；出辞气，斯远鄙倍矣[3]。笾豆之事[4]，则有司存[5]。"（《泰伯》）

【注释】

（1）孟敬子，鲁国大夫仲孙捷。

（2）暴慢，粗暴无礼，懈怠不敬。

（3）鄙倍，粗野鄙陋，背理。倍，同"背"，不合理，错误。

（4）笾（biān 边）豆之事，笾和豆都是古代祭祀和典型中的用具。"笾豆之事"是指祭祀或礼仪方面的事情。

（5）有司，主管某一方面事务的官员，这里指主管祭祀、礼仪事务的官吏。

【毛泽东评说】

我曾经讲过，中国青年运动历来有两股潮流：一股是革命的潮流；一股是反动的潮流。在五四运动时代，一股潮流是要求民族独立，实现民主政治，改良人民生活，跟工人农民站在一块，跟老百姓站在一块，他们的立场是光明的。另外一股潮流则是跟帝国主义妥协，他们也说打倒帝国主义，但只打三天，第四天就不打帝国主义了，跟帝国主义做朋友了。他们说要革命，要民主政治，但也只有三天，第四天就压迫老百姓了。"唤起民众"，这是孙中山先生临死时讲的，古人说"人之将死，其言也善"，但有些人也只唤了三天，第四天就不干了。至于改良民生，那更是踪影全无。这是反动的潮流，我们名之曰"逆流"。

——《永久奋斗》，《毛泽东文集》第二卷，人民出版社1993年版，第191—192页。

【赏析】

本文选自《论语·泰伯》，记述了曾参临死时对探视他的孟敬子讲的一番话。曾子认为，在上位的人待人接物应注意三个方面：严肃自己的容貌，就可以避免别人的粗暴和懈怠；端正自己的脸色，就容易使人相信；说话的时候，多考虑言辞和声调，就可以避免鄙陋粗野和错误。"人之将死，其言也善"，意思是说，人要死了，说出的话是善意的，希望孟敬子能够听取。

1939年5月30日，毛泽东在延安庆贺模范青年大会上作了《永久奋斗》的讲话，当他讲到中国青年运动的两股潮流时，说孙中山临终前讲的"唤起民众"话，援引本文中"人之将死，其言也善"，孙中山先生的善言，有些人也只唤了三天，第四天就不唤了，严厉批评了国民党反动派背叛孙中山先生遗训的反动行径。

【原文】

名不正则言不顺

子路曰："卫君待子而为政⁽¹⁾，子将奚先⁽²⁾？"

子曰："必也正名乎⁽³⁾！"

子路曰："有是哉⁽⁴⁾，子之迂也！奚其正⁽⁵⁾？"

子曰："野哉⁽⁶⁾，由也！君子于其所不知，盖阙如也⁽⁷⁾。名不正则言不顺，言不顺则事不成，事不成则礼乐不兴⁽⁸⁾，礼乐不兴则刑罚不中⁽⁹⁾，刑罚不中则民无所措手足⁽¹⁰⁾。故君子名之必可言也，言之必可行也。君子于其言，无所苟而已矣⁽¹¹⁾。（《子路》）

【注释】

（1）卫君，卫国国君卫出公辄，公元前 492 年至前 480 年和公元前 476 年至前 456 年两度执政。

（2）奚先，先做什么？奚，何。

（3）正名，使名分正，即按照儒家的伦理原理和政治标准，要求社会上的人行事处世符合各自的名分。

（4）有是哉二句，二句倒装，意思是说，您的迂腐竟到了这种地步啊！

（5）奚其正，为什么要正名？其，句中语气词，加强反问语气。

（6）野，粗鲁，鄙陋。

（7）阙如，有疑而不下论断。阙，同"缺"。

（8）礼乐，指教化。

（9）不中（zhòng），不适当。

（10）无所措手足，没有放手足的地方，指惶恐不安，不知如何是好。措，放置。

（11）无所苟而已矣，不要太随便了吧！

【毛泽东评说】

"名不正则言不顺，言不顺则事不成……"，作为哲学的整个纲领来说是观念论，伯达的指出是对的；但如果作为哲学的部分，即作为实践论来说则是对的，这和"没有正确理论就没有正确实践"的意思差不多。如果孔子在"名不正"上面加了一句："实不明则名不正"，而孔子又是真正承认实为根本的话，那孔子就不是观念论了，然而事实上不是如此，所以孔子的体系是观念论；但作为片面真理则是对的，一切观念论都有其片面真理，孔子也是一样。此点似宜在文中指出，以免读者误认"名不正言不顺"而"事"也可"成"。"正名"的工作，不但孔子，我们也在做，孔子是正封建秩序之名，我们是正革命秩序之名，孔子是名为主，我们则是实为主，分别就在这里。又观念论哲学有一个长处，就是强调主观能动性，孔子正是这样，所以能引起人的注意与拥护。机械唯物论不能克服观念论，重要原因之一就在于它忽视主观能动性，我们对孔子的这方面的长处应该说到。

——《关于〈孔子的哲学思想〉一文给张闻天的信》，《毛泽东文集》第二卷，人民出版社 1993 年版，第 160—161 页。

【赏析】

本文选自《论语·子路》，主要写孔子谈正名问题。正名就是辨正名称，名分，使名与实相符。孔子的观点是"名不正则言不顺，言不顺则事不成……"一番话，意思是说，名分不正，言语就不能顺理成章；言语不能顺理成章，事情就不能成功；事情做不好，国家的礼乐制度就建立不起来；礼乐制度建立不起来，刑罚也就不会得当；刑罚不得当，百姓就会觉得连手脚都不知道放在哪里好。所以，孔子正名的实质正如毛泽东所指出的那样是"正封建秩序之名"，也就是要维护"君君，臣臣，父父，子子"（孔子对齐景公之语）的封建伦理关系。"我们是正革命秩序之名"，这就是吸取了孔子"正名"思想的合理因素，同时又明确指出二者的区别在于："孔子是名为主，我们则是实为主。"毛泽东肯定了孔子"正名"说的片面真理性和主观能动性，为我们继承古代文化思想做出了表率。

【原文】

樊迟请学稼

樊迟请学稼[(1)]。子曰："吾不如老农。"请学为圃[(2)]。曰："吾不如老圃。"

樊迟出。子曰："小人哉，樊须也！上好礼，则民莫敢不敬；上好义，则民莫敢不服；上好信，则民莫敢不用情。夫如是，则四方之民襁负其子而至矣[(3)]，焉用稼？"（《子路》）

【注释】

（1）樊迟，名须，字子迟，孔子的学生，比孔子小四十六岁。稼，播种五谷。《诗经·魏风·伐檀》："不稼不穑，胡取禾三百廛兮？"郑玄注："种之曰稼。"

（2）圃，种植花木、蔬菜的绿地。《周礼·无官·大宰》："园圃，毓木也。"郑玄注："植果蔬曰圃，园其樊也。"

（3）襁（qiǎng 抢），背婴孩的背带。

【毛泽东评说】

开荒种地这件事，连孔夫子也没有做过。孔子办学校的时候，他的学生也不少，"贤人七十，弟子三千"，可谓盛矣。但是他的学生比起延安来就少得多，而且不喜欢什么生产运动。他的学生向他请教如何耕田，他就说："不知道，我不如农民。"又问如何种菜，他又说："不知道，我不如种菜的。"中国古代在圣人那里读书的青年们，不但没有学过革命的理论，而且不实行劳动。

——《青年运动的方向》，《毛泽东选集》第二卷，人民出版社 1991年版，第 568 页。

【赏析】

本文选自《论语·子路》，通过樊迟向孔子问种田和种菜时孔子的不耐烦的回答，表现出孔子教育学生不注意生产劳动的错误思想。

毛泽东在 1939 年 5 月 4 日延安青年群众举行的"五四"运动二十周年纪念会上作了题为《青年运动的方向》的报告，深刻地阐明了革命青年必须走与工农群众相结合的道路，其中批评了"中国古代在圣人那里读书的青年们，不但没有学过革命的理论，而且不实行劳动"。到了 1955 年 9月、12 月，毛泽东在撰写的《〈中国农村的社会主义高潮〉的按语》中，又批评了孔子不但不教学生"从事农业"劳动，还在背后骂樊迟做"小人"的错误。

【原文】

仁者不忧

子曰："君子道者三，我无能焉：仁者不忧[1]，知者不惑，勇者不惧。"子贡曰[2]："夫子自道也。"（《宪问》）

【注释】

（1）仁者不忧三句，《礼记·中庸》："知（智）、仁、勇三者，天下之达德也。"朱熹集注："谓之达德者，天下古今所同得之理也。"

（2）子贡，端木赐，孔子的学生。

【毛泽东评说】

关于孔子的道德论，应给以唯物论的观察，加以更多的批判，以便与国民党的道德观（国民党在这方面最喜引孔子）有原则的区别。例如"知仁勇"，孔子的知（理论）既是不根于客观事实的，是独断的，观念论的，则其见之仁勇（实践），也必是仁于统治者一阶级而不仁于大众的；勇于压迫人民，勇于守卫封建制度，而不勇于为人民服务的。知仁勇被称为"三达德"，是历来的糊涂观念，知是理论，是思想，是计划，方案，政策，仁勇是拿理论、政策等见之实践时候应取的一二种态度，仁像现在说的"亲爱的团结"，勇像现在说的"克服困难"了（现在我们说的亲爱团结，克服困难，都是唯物论的，而孔子的知仁勇则一概是主观的），但还有别的更重要的态度如像"忠实"，如果做事不忠实，那"知"只是言而不信，仁只是假仁，勇只是白勇。还有仁义对举，"义者事之宜"，可以说是"知"的范畴内事，而"仁"不过是实践时的态度之一，却放在"义"之上，成为观念论的昏乱思想。"仁"这个东西在孔子以后几千年来，为观念论的昏乱思想家所利用，闹得一塌糊涂，真是害人不浅。我觉孔子的这类道德范畴，应给以历史的唯物论的批判，将其放在恰当的位置。

——《关于〈孔子的哲学思想〉一文给张闻天的信》，《毛泽东文集》第二卷，人民出版社1993年版，第162—163页。

【赏析】

本文选自《论语·宪问》。仁、知、勇自从《礼记·中庸》中提出之后，被奉为天下古今所认同的道理；仁德的人不忧虑，智慧的人不迷惑，勇敢的人不惧怕。孔子谦虚地说自己一件也没有能做到。他的学生子贡却认为这正是孔子对自己的叙述。意思是，他认为孔子都做到了。

先
秦

毛泽东在青年时代就很关注这个问题，他在 1916 年 12 月 9 日致黎锦熙的信中说："古称三达德，智、仁与勇对举。今之教育者，认为可以配德、智、体之三言。"1939 年 2 月 20 日致张闻天的信，则对孔子的"知仁勇"作了唯物论的分析和批判，并有全新的发挥。新中国成立以后，毛泽东对青年学生提出"工作好，身体好，学习好"的"三好"作为努力的目标，不难看出与"仁知勇"三达德之间的关系。

【原文】

季氏将伐颛臾

季氏将伐颛臾[1]。冉有、季路见于孔子曰[2]："季氏将有事于颛臾[3]。"

孔子曰："求！无乃尔是过与[4]？夫颛臾，昔者先王以为东蒙主[5]，且在邦域之中矣[6]，是社稷之臣也[7]，何以伐为[8]？"

冉有曰："夫子欲之[9]，吾二臣者皆不欲也。"

孔子曰："求！周任有言曰[10]：'陈力就列[11]，不能者止。'危而不持，颠而不扶，则将焉用彼相矣[12]？且尔言过矣。虎兕出于柙[13]，龟玉毁于椟中[14]，是谁之过与？"

冉有曰："今夫颛臾，固而近于费[15]。今不取，后世必为子孙忧。"

孔子曰："求！君子疾夫舍曰欲之而必为之辞[16]。丘也闻有国有家者[17]，不患寡而患不均[18]，不患贫而患不安。盖均无贫，和无寡，安无倾。夫如是，故远人不服，则修文德以来之[19]。既来之，则安之。今由与求也，相夫子，远人不服而不能来也，邦分崩离析而不能守也[20]，而谋动干戈于邦内[21]。吾恐季孙之忧，不在颛臾，而在萧墙之内也[22]。"（《季氏》）

【注释】

（1）季氏，季孙氏，名肥，即季康子，鲁国大夫。颛臾（zhuān yú 专俞），附属于鲁国的小国，故城在今山东费县西北八十里。

（2）冉有、季路，两人都是孔子学生，当时为季康子家臣。冉求，即冉牛，字子有，也称冉有。季路，即仲由，字子路，另字季路。

（3）有事，指军事行动。

（4）无乃尔是过与，岂不是要责备你吗？无乃，表示带疑问语的论词。是，代词，复指"尔"。过，责问。与，同"欤"。

（5）先王，指周朝的先王。东蒙主，主祭东蒙者。东蒙即蒙山，在今山东蒙阴县南四十里，邻接费县界。

（6）邦域之中，指鲁国国内。诸侯国称邦。

（7）社稷，代指国家。此指鲁国。臣，臣属，藩属。

（8）为，语气词。

（9）夫子，指季氏。欲之，指伐颛臾。

（10）周任，古代一位有名的史官。

（11）陈力就列，不能者止，估量自己的能力，然后任职；没有这个能力的，就该辞职。陈，摆出来。列，职位。

（12）相（xiāng 湘），搀扶，辅佐。

（13）兕（sì 四），独角犀牛。柙（xiá 狭），关猛兽的笼子。

（14）龟，占卜时用的龟版。玉，用来表示爵位或用于祭祀。椟，匣子，柜子。

（15）固，城郭坚固。费（bì 币），季氏的私邑，在今山东费（fèi 菲）县。

（16）疾夫舍曰欲之而必为之辞，痛恨那种不明说自己图谋什么却去另找借口辩解的态度。疾，厌恶，憎恨。夫，代词，那种。舍曰，撇开不谈。

（17）有国有家者，分指诸侯和大夫。"国"是诸侯统治的政治区域，"家"指大夫统治的政治区域。

（18）不患寡二句，当作："不患贫而患不均，不患寡而患不安。"患，担忧。寡，指人口少。

（19）文，文教，指礼乐。来之，使之来。下文"安之"用法相同。

（20）分崩离析，四分五裂。当时鲁国有季孙、孟孙、叔孙三派势力。

（21）干戈，代指战事。干，盾牌。戈，长柄兵器。

（22）萧墙之内，国君的宫室。此代指鲁国国君鲁哀公，当时季氏为哀公所疑忌。萧墙，国君宫门内当门的照壁。

【毛泽东评说】

此外，自己缺乏从政经验，临事而惧，陈力而后就列，这是好的。

——《致周世钊（1958 年 10 月 25 日）》，载《毛泽东书信选集》，人民出版社 1983 年版，第 548 页。

如能实行以上十二条，则事态自然平复，我们共产党和全国人民，必不过为已甚。否则，"吾恐季孙之忧，不在颛臾，而在萧墙之内"，反动派必然是搬起石头砸他们自己的脚，那时我们就爱莫能助了。

——《为皖南事变发表的命令和谈话》，《毛泽东选集》第二卷，人民出版社 1991 年版，第 775—776 页。

【赏析】

本文选自《论语·季氏》。文章讲的是这么一回事：春秋时期，鲁国大夫季孙氏同鲁国国君鲁襄公矛盾日益加深，他怕附属鲁国的小国颛臾帮助鲁国君收拾自己，便决定先发制人，要去讨伐颛臾。孔子的弟子冉有和子路在季孙氏家做家臣，在向孔子反映情况时，他们坚持讨伐颛臾。于是，孔子说了"吾恐季孙之忧"几句话，意思是说，我看季孙氏所忧虑的不在于颛臾这个小国，而在于鲁国的宫廷内部，以此比喻忧患不是来自外部，而是来自内部。毛泽东在《为皖南事变发表的命令和谈话》中引用了此语，说明国民党如果不能实行共产党提出的十二条建议，那么，忧患就不是来自外部（日本帝国主义的侵略），而是发生在内部（共产党与国民党之间）。

此外，毛泽东在 1958 年 10 月 25 日写给他的老同学周世钊的信中，还引用了本文中"陈力而后就列"的话。原是孔子对弟子冉有谈话中引用古代一位有名的史官周任的话，意思是能施展其才能则就其职位，否则就不要就其职位。用在此处是指周世钊完全有才能任其新职（湖南省副省长），是对周世钊的鼓励和期望。

【原文】

生而知之者上也

孔子曰："生而知之者，上也；学而知之者，次也；困而学之⁽¹⁾，又其次也；困而不学，民斯为下矣⁽²⁾。"（《季氏》）

【注释】

（1）困，困难，指遇到困难。

（2）民斯为下矣，老百姓就是这种最下等的了。

【毛泽东评说】

而后知圣人者"生而知之""不虑而中，不思而得，从容中道"之不可信也。

——《〈伦理学原理〉批注》，《毛泽东早期文稿》，湖南出版社1990年版，第183页。

【赏析】

本文选自《论语·季氏》，记述了孔子对人的天分的看法：生来就知道的是上等；学然后知道的是次一等；实践中遇到困难，再去学习，是再次一等；遇见困难，而不学习，老百姓就是这种最下等的了。孔子把人的天资分出等级，承认差别，这有一定的真理性；但又认为"唯上智与下愚不移"，老百姓是最下等的，这是错误的，是一种偏见。

1917—1918年，毛泽东在读《伦理学原理》第四章《害及恶》而写的批注中援引了本文"生而知之"的话作批注，并认为这是"不可信也"，对此说法持否定态度。

【原文】

群居终日，言不及义

子曰："群居终日，言不及义[1]，好行小慧[2]，难矣哉！"（《卫灵公》）

【注释】

（1）及，涉及。义，这里指正经事情。

（2）小慧，小聪明。

【毛泽东评说】

要搞社会主义。"确保私有"是资产阶级观念。"群居终日，言不及义，好行小慧，难矣哉"。"言不及义"就是言不及社会主义，不搞社会主义。搞农贷，发救济粮，依率计征，依法减免，兴修小型水利，打井开渠，深耕密植，合理施肥，推广新式步犁、水车、喷雾器、农药，等等，这些都是好事。但是不靠社会主义，只在小农经济基础上搞这一套，那就是对农民行小惠。这些好事跟总路线、社会主义联系起来，那就不同了，就不是小惠了。必须搞社会主义，使这些好事与社会主义联系起来。至于"确保私有"，"四大自由"，那更是小惠了，而且是惠及富农和富裕中农。不靠社会主义，想从小农经济做文章，靠在个体经济基础上行小惠，而希望大增产粮食，解决粮食问题，解决国计民生的大计，那真是"难矣哉"！

——邵华审订、郑小军编：《毛泽东欣赏的古典散文》，浙江古籍
出版社1994年版，第46页。

【赏析】

"群居终日，言不及义，好行小慧"，孔子说的这几句话，出自《论语·卫灵公》。其意思是说，同大家整天在一块，不说一句有道理的话，只喜欢卖弄小聪明，这种人其难教导！后来便用作整天东拉西扯，夸夸其谈，就是不办正事。

1953年11月4日，中共中央委托中央农村工作部于十月二十六日至十一月五日召开第三次农业互助合作会议。十一月四日，根据会议反映的情况，毛泽东同中央农村工作部负责人谈话，批评了当年春天的反冒进，并且明确提出一切工作都要围绕解决社会主义和资本主义的矛盾这个主题，要以这个为纲。结果就出现了后来的农业合作化、人民公社化，使我国农业的发展走了很大的弯路。

【原文】

有教无类

子曰："有教无类⁽¹⁾。"（《卫灵公》）

【注释】

（1）有教无类，不论贵贱贤愚都给以教育。类，区别。

【毛泽东评说】

中国教育史有人民性的一面。孔子的有教无类，孟子的民贵君轻，荀子的人定胜天，屈原的批判君恶，司马迁的颂扬反抗，王充、范缜、柳宗元、张载、王夫之的古代唯物论，关汉卿、施耐庵、吴承恩、曹雪芹的民主文学，孙中山的民主革命，诸人情况不同，许多人并无教育专著，然而上举那些，不能不影响对人民的教育，谈中国教育史应当提到他们。

——《对陆定一〈教育必须与生产劳动相结合〉一文的批语、按语和修改》，中共中央文献研究室编：《建国以来毛泽东文稿》第七册，中央文献出版社1992年版，第340页。

【赏析】

"有教无类"是古代大教育家孔子的名言，见于《论语·卫灵公》。其意思是说，人人我都教育，没有贵贱贤愚的区别。不论对哪一类人都给以教育，体现了教育这个开发民智事业的博大精神，一直被后代奉为办教育的宗旨。

毛泽东很欣赏孔子的这一教育思想，在 1958 年审订陆定一的《教育必须与生产劳动相结合》一文加写的那段话中，把"有教无类"提到了人民性的高度来评价。

【原文】

四体不勤，五谷不分

子路从而后，遇丈人⁽¹⁾，以杖荷蓧⁽²⁾。

子路问曰："子见夫子乎⁽³⁾？"

丈人曰："四体不勤⁽⁴⁾，五谷不分⁽⁵⁾。孰为夫子？"植其杖而芸⁽⁶⁾。

子路拱而立。

止子路宿，杀鸡为黍而食之⁽⁷⁾，见其二子焉⁽⁸⁾。

明日，子路行以告。

子曰："隐者也。"使子路反见之⁽⁹⁾。至，则行矣。

子路曰："不仕无义⁽¹⁰⁾。长幼之节⁽¹¹⁾，不可废也；君臣之义，如之何其废之⁽¹²⁾？欲洁其身，而乱大伦⁽¹³⁾。君子之仕也，行其义也。道之不行，已知之矣。"（《微子》））

【注释】

（1）丈人，对老年男子的敬称。

（2）荷，背，肩负。蓧（tiáo 条），竹器。

（3）子，对人的敬称。

（4）四体不勤，四肢不劳动。

（5）五谷不分，不辨五谷。分，辨。一说"播种"。

（6）芸，同"耘"，锄草。

（7）为黍，用黍米做饭。食（sì 寺），给人东西吃。

（8）见（xiàn 现）其二子，让他的两个儿子出来见子路。

（9）反，同"返"。

（10）不仕无义，这段话是子路向荷蓧丈人的儿子转述孔子的话。不仕，不出来给国家做事。义，宜，合宜。

（11）节，礼节。

（12）如之何，如何，怎么样。

（13）乱，废。伦，道理。

【毛泽东评说】

一九六四年二月十三日，春节，毛泽东在人民大会堂召开教育工作座谈会。刘少奇、邓小平等十六人参加。毛泽东就教育问题发表谈话。

在谈到孔子办学时，毛泽东说："孔夫子只有六门课程：礼、乐、射、御、书、数，教出颜回、曾参、子思、孟子四大贤人。"毛泽东指出：孔夫子的教学也有问题，没有工业、农业，是四体不勤，五谷不分，这不行。

——《周恩来总理在第三届全国人民代表大会上的政府工作报告》，《人民日报》1964 年 12 月 31 日。

【赏析】

本文选自《论语·微子》。荷蓧丈人是乱世的隐者。他对子路跟着孔子周游列国而不从事农业，表示不满。当然，这也是对孔子的不满。孔子认为自己从事活动，是对国君应尽的责任。尽管已经知道自己的政治主张不能实现，可还不肯洁身自好而离开政治。荷蓧丈人的政治态度是消极的，孔子却是积极的。但是荷蓧丈人看重体力劳动和农业生产，这一点要比孔子高明。这一点实际上正中孔子办教育的要害。毛泽东在 1964 年春节召开的教育工作座谈会上，指出孔子办学的缺点，就是培养"四体不勤，五谷不分"的学生，教育脱离生产劳动，这样的培养目标是不行的，必须进行教育革命。

【原文】

道听涂说

子曰："道听而涂说(1)，德之弃也。"（《阳货》）

【注释】

（1）道听而涂说，半路上听来的话，又在半路上传播。后泛指没有根据的话。刑昺疏："闻之于道路，则于道路而说之，必多谬妄。"涂，同"途"。

【毛泽东评说】

世上最可笑的是那些"知识里手"，有了道听途说的一知半解，便自封为"天下第一"，适足见其不自量而已。

——《实践论》，《毛泽东选集》第一卷，人民出版社1991年版，第287页。

【赏析】

"道听涂说"出自《论语·阳货》，泛指没有根据的传闻。

毛泽东在《实践论》中引用"道听途说"一语，旨在说明那些"知识里手"的知识不是从实践当中来的，阐明无论何种知识都不能离开实践，而"道听途说"得来的知识是靠不住的。

【原文】

饱食终日，无所用心

子曰："饱食终日，无所用心，难矣哉！不有博弈者乎[1]？为之，犹贤乎已[2]。"（《阳货》）

【注释】

（1）博，古代的一种棋局。焦循《孟子正义》曰："盖弈但行棋，博掷采（骰子）而后行棋。"又说："后人不行棋而专掷采，遂称掷采为博（赌博），博和弈益远矣。"

（2）犹贤乎已，比闲着好。

【毛泽东评说】

我们并不反对准备，但反对长期准备论，反对文恬武嬉饱食终日的亡国现象，这些都是实际上帮助敌人的，必须迅速地清除干净。

——《中国共产党在抗日时期的任务》，《毛泽东选集》第一卷，人民出版社 1991 年版，第 256 页。

【赏析】

"饱食终日"出自《论语·阳货》，是说吃饱了饭什么事也不做，这怎么能行呢!

毛泽东在《中国共产党在抗日时期的任务》中引用"饱食终日"一语，批判那些高唱"长期准备论"的人，名义上是长期准备抗战，实质上是消极抗日，这是与我们积极抗日的路线背道而驰的。

【原文】

患得患失

子曰："鄙夫可与事君也与哉[1]？其未得之也，患得之[2]。既得之，患失之。苟患失之，无所不至矣。"（《阳货》）

【注释】

（1）鄙夫，指品德恶劣的人。可与，难道。一说"可以"。

（2）患得之，当作"患不得之"。王符《潜夫论·爱日篇》："孔子疾夫未之得也，患不得之；既得之，患失之也。"

【毛泽东评说】

说孔子"患得患失"时不必引孔子做鲁国宰相"有喜色"一例，因为不能指出当做了官的时候除了"有喜色"之外应取什么更正当的态度，问题在于那个官应不应做，不在有无喜色。

——《关于〈孔子的哲学思想〉一文给张闻天的信》，《毛泽东文集》第二卷，人民出版社 1993 年版，第 162 页。

先

秦

【赏析】

"患得患失"出自《论语·阳货》，是孔子对品德坏的人从政的一种评论：当他们没有得职位的时候，生怕得不到；已经得到了，又怕失去。如果生怕失去，会无所不用其极了。孔子认为不能与这种人共事。"患得患失"便是由文中"患得之""患失之"紧缩而来，形容生怕得不到，得到了又怕失掉。现在用于形容总是考虑个人得失。

毛泽东在 1939 年 2 月 20 日写给张闻天的信中谈到讲"患得患失"时不宜举孔子做鲁国宰相时"有喜色"，因为问题不在于有无喜色，而在于官该不该做，指出了对问题不能只看表面现象，而应当看实质。

【原文】

往者不可谏，来者犹可追

楚狂接舆歌而过孔子曰⁽¹⁾："凤兮凤兮，何德之衰？往者不可谏⁽²⁾，来者犹可追⁽³⁾。已而，已而！今之从政者殆而⁽⁴⁾！"

孔子下，欲与之言。趋而辟之⁽⁵⁾，不得与之言。（《微子》）

【注释】

（1）接舆，楚国人，名接舆，是个"躬耕以食"的劳动者。

（2）不可谏，不可挽回。

（3）犹可追，赶得上，来得及。

（4）殆，危险。

（5）辟，同"避"。

【毛泽东评说】

一九四九年十二月，由刘少奇介绍，毛泽东、李维汉以及张庆孚等人作历史证明人，党中央批准李达为中共正式党员。在李达诚恳申请重新入党时，毛泽东向他指出："早年离开了党，这在政治上摔了一跤，是个很大的损失，往者不可咎，来者犹可追。"毛泽东表示，同意李达重新入党，不要候补期，并愿意作为他的历史证明人。

——陈力新、陈梅彬：《毛泽东同志和李达同志的友谊》，《光明日报》1978 年 12 月 23 日。

【赏析】

本文选自《论语·微子》，写孔子游历楚国时狂人接舆对他唱的几句不无讽刺意味的歌词，其中"往者不可谏，来者犹可追"二句成为流传千古的名言，意思是说，以往的失误无法挽回，接受教训，努力图新，今后还来得及补救。

李达是中国共产党的创始人之一，在早期创建中国共产党和宣传马克思主义方面作出过自己的贡献。大革命失败后自动脱党，从事教学和研究，继续宣传马克思主义。新中国成立后，他向党中央申请重新入党，党中央批准了他的申请。在接受他重新入党前，毛泽东与他谈话，引用了"往者不可咎，来者犹可追"两句话，表示对他脱党的错误既往不咎，希望他对党的事业作出新的贡献。战友的体贴、安慰和勉励之情溢于言表。

孟　子

　　孟子（约前 372—前 289），名轲，字子舆，战国时邹（今山东邹县）人，是孔子以后的儒学大师。他主张行仁义，反对诸侯间的武力兼并，反对暴政害民。他的"民为贵，社稷次之，君为轻"的民本思想，在当时具有进步意义，对后世的思想影响也有积极作用。他著有《孟子》七篇。最早的是汉代赵岐的注本，后世的主要注本有宋朱熹的《孟子集注》和清焦循的《孟子正义》等。孟子的文章，自然流畅，气势磅礴，持论说理，以雄辩胜，富于说服力，是战国时期散文的佳作。从唐宋以来，孟子的文章一直为许多古文家所取法，对中国散文的发展有较大影响。

【原文】

齐桓晋文之事

　　齐宣王问曰⁽¹⁾："齐桓、晋文之事可得闻乎⁽²⁾？"

　　孟子对曰："仲尼之徒无道桓文之事者，是以后世无传焉，臣未之闻也。无以⁽³⁾，则王乎？"

　　曰："德何如则可以王矣？"

　　曰："保民而王⁽⁴⁾，莫之能御也。"

　　曰："若寡人者，可以保民乎哉？"

　　曰："可。"

　　曰："何由知吾可也？"

　　曰："臣闻之胡龁曰⁽⁵⁾，王坐于堂上，有牵牛而过堂下者。王见之，曰：'牛何之⁽⁶⁾？'对曰：'将以衅钟⁽⁷⁾。'王曰：'舍之⁽⁸⁾！吾不忍其觳觫⁽⁹⁾，若无罪而就死地。'对曰：'然则废衅钟与？'曰：'何可废也？以羊易之！'——不识有诸⁽¹⁰⁾？"

曰："有之。"

曰："是心足以王矣。百姓皆以王为爱也[11]，臣固知王之不忍也。"

王曰："然；诚有百姓者。齐国虽褊小[12]，吾何爱一牛？即不忍其觳觫，若无罪而就死地，故以羊易之也。"

曰："王无异于百姓之以王为爱也[13]。以小易大，彼恶知之？王若隐其无罪而就死地[14]，则牛羊何择焉？"

王笑曰："是诚何心哉？我非爱其财而易之以羊也，宜乎百姓之谓我爱也。"

曰："无伤也，是乃仁术也，见牛未见羊也。君子之于禽兽也，见其生，不忍见其死；闻其声，不忍食其肉。是以君子远庖厨也[15]。"

王说曰[16]："《诗》云[17]：'他人有心，予忖度之。'夫子之谓也[18]。夫我乃行之，反而求之，不得吾心。夫子言之，于我心有戚戚焉[19]。此心之所以合于王者，何也？"

曰："有复于王者曰：'吾力足以举百钧[20]，而不足以举一羽；明足以察秋毫之末[21]，而不见舆薪[22]，则王许之乎？"

曰："否。"

曰："今恩足以及禽兽，而功不至于百姓者，独何与？然则一羽之不举，为不用力焉；舆薪之不见，为不用明焉；百姓之不见保，为不用恩焉。故王之不王，不为也，非不能也。"

曰："不为者与不能者之形何以异？"

曰："挟太山以超北海[23]，语人曰：'我不能。'是诚不能也。为长者折枝[24]，语人曰：'我不能。'是不为也，非不能也。故王之不王，非挟太山以超北海之类也；王之不王，是折枝之类也。"

"老吾老[25]，以及人之老；幼吾幼，以及人之幼：天下可运于掌[26]。《诗》云：'刑于寡妻，至于兄弟，以御于家邦。'[27]言举斯心加诸彼而已。故推恩足以保四海，不推恩无以保妻子。古之人所以大过人者，无他焉，善推其所为而已矣。今恩足以及禽兽，而功不至于百姓者，独何与？

"权[28]，然后知轻重；度[29]，然后知长短；物皆然，心为甚。王请度之！

"抑王兴甲兵[30]，危士臣，构怨于诸侯，然后快于心与？"

王曰："否；吾何快于是？将以求吾所大欲也。"

曰："王之所大欲可得闻与？"

王笑而不言。

曰："为肥甘不足于口与[31]？轻煖不足于体与？抑为采色不足视于目与？声音不足听于耳与？便嬖不足使令于前与？王之诸臣皆足以供之，而王岂为是哉？"

曰："否，吾不为是也。"

曰："然则王之所大欲可知已，欲辟土地[32]，朝秦楚，莅中国而抚四夷也。以若所为[33]，求若所欲，犹缘木而求鱼也。"

王曰："若是其甚与？"

曰："殆有甚焉。缘木求鱼，虽不得鱼，无后灾。以若所为求若所欲，尽心力而为之，后必有灾。"

曰："可得闻与？"

曰："邹人与楚人战，则王以为孰胜？"

曰："楚人胜。"

曰："然则小固不可以敌大，寡固不可以敌众，弱固不可以敌强。海内之地方千里者九，齐集有其一。以一服八，何以异于邹敌楚战？盖亦反其本矣[34]。"

"今王发政施仁[35]，使天下仕者皆欲立于王之朝，耕者皆欲耕于王之野，商贾皆欲藏于王之市，行旅皆欲出于王之涂[36]，天下之欲疾其君者皆欲赴愬于王[37]。其若是，孰能御之？"

王曰："吾惛[38]，不能进于是矣[39]。愿夫子辅吾志，明以教我。我虽不敏[40]，请尝试之。"

曰："无恒产而有恒心者[41]，惟士为能。若民，则无恒产，因无恒心。苟无恒心[42]，放辟邪侈，无不为已。及陷于罪，然后从而刑之，是罔民也。焉有仁人在位罔民而可为也？是故明君制民之产，必使仰足以事父母，俯足以畜妻子[43]，乐岁终身饱[44]，凶年免于死亡[45]；然后驱而之善，故民之从之也轻[46]。

"今也制民之产，仰不足以事父母，俯不足以畜妻子；乐岁终身苦，凶年不免于死亡。此惟救死而恐不赡⁽⁴⁷⁾，奚暇治礼义哉？

　　“王欲行之，则盍反其本矣：五亩之宅，树之以桑，五十者可以衣帛矣⁽⁴⁸⁾。鸡豚狗彘之畜，无失其时，七十者可以食肉矣。百亩之田，勿夺其时，八口之家可以无饥矣。谨庠序之教⁽⁴⁹⁾，申之以孝悌之义⁽⁵⁰⁾，颁白者不负戴于道路矣⁽⁵¹⁾。老者衣帛食肉，黎民不饥不寒⁽⁵²⁾，然而不王者，未之有也。”（《梁惠王上》）

【注释】

　　（1）齐宣王，威王之子，姓田，名辟疆。战国时田氏齐国的第四位国君。公元前342年至前324年在位。

　　（2）齐桓、晋文，晋桓公名小白，晋文公名重耳，在春秋时先后称霸，为五霸之首。

　　（3）无以，不得已。以，同“已”。

　　（4）保，安。

　　（5）胡龁（hé核），齐王左右的近臣。

　　（6）之，动词，往，适。

　　（7）衅（xìn芯）钟，王夫之《孟子稗疏》：“衅，祭名，血祭也。凡落成之祭曰衅。”这是古代的一种礼节仪式，当国家的一件新的重要器物以至宗庙开始使用的时候，便要宰杀一件活物来祭它。

　　（8）舍，通“捨”。

　　（9）觳觫（hú sù壶肃），杨慎《丹铅总录》：“言牛将就屠而体缩恐惧也。”

　　（10）诸，“之乎”的合音。

　　（11）爱，吝啬之意。

　　（12）褊（biǎn扁），狭。

　　（13）异，奇怪，疑怪。

　　（14）隐，赵岐注云：“痛也。”哀痛，可怜。

　　（15）君子，指有德之人。一说有位（官职）之人。远，使动用法，使他远离。

先秦

123

（16）说，同"悦"，高兴，喜欢。

（17）《诗》云，诗句出自《诗经·小雅·巧言》。忖度（cǔn duò 寸咄），揣测。

（18）夫子之谓也，说的就是先生这种人啊。夫子，先生，指孟子。

（19）戚戚，赵岐注云："戚戚然心有动也。"指心里受感动的样子。

（20）钧，三十斤。

（21）明，指视力。秋毫，鸟类秋天新生出非常纤细的羽毛。末，末梢，尖端。

（22）舆薪，一车柴。

（23）挟，夹在腋下。太山，泰山。超，跳过。北海，指渤海。泰山、北海均靠近齐国。

（24）折枝、按摩。枝，同"肢"。赵岐注云："按摩：折手节，解罢（疲）枝也。少者耻是役，故不为耳，非不能也。"一说折取树枝；一说弯腰行礼。

（25）老吾老二句，敬爱自己的老人，推广到别人的老人。前一个"老"，敬爱，动词；后一个"老"，老人，名词。及，到达。人，别人。

（26）天下可运于掌，天下可以在手掌上运转。运，转。

（27）刑于寡妻三句，给自己的妻作榜样，推广到兄弟，进而治理好国家。语出《诗经·大雅·思齐》。刑，同"型"，示范。寡妻，嫡妻，正妻。御，进，治。

（28）权，铨衡（轻重）。

（29）度，度量（长短）。

（30）抑王兴甲兵三句，抑，还是，或者。兴甲兵，指发动战争。士臣，指将士。构怨，结怨，结仇。

（31）为肥甘五句，肥甘，指美食。煖，同"暖"。轻暖，指舒适的衣服。采，同"彩"，彩色。便嬖（pián pì 骈匹），受宠幸的人。

（32）欲辟土地三句，辟，同"闢"，开阔。朝秦楚，使秦国和楚国来朝拜。莅，君临。中国，指中原。四夷，这是当时住在中原的人们对边疆少数民族的轻蔑轻谓。

（33）以若所为三句，若，如此。缘，沿着。缘木，爬上树。

（34）盖，同"盍"，何不。反，同"返"，回到。本，指王道之本。

（35）发政施仁，发布政令，施行仁政。

（36）涂，同"途"，道路。

（37）疾，恨。愬，同，"诉"。

（38）惛（hūn 昏），昏愦，糊涂。

（39）进于是，赵岐注："进行此仁政。"一说，理解到这个道理。

（40）不敏，不聪明。

（41）恒心，指守道不变的思想。恒，经常。

（42）苟无恒心六句，放辟邪侈，指不遵约束，犯上作乱。放和侈都是放纵之意，邪和辟都是思想行为不正。辟，同"僻"。刑，加以刑罚。罔民，坑害人民。罔，同"网"，用作动词。

（43）畜，养活。

（44）乐岁，好收成。

（45）凶年，坏年成，指荒年。

（46）轻，容易。

（47）赡（shàn 扇），足。

（48）衣帛，穿丝绵。

（49）谨庠、序之教，办好学校教育。谨，重视。庠、序，都是指学校，殷代叫"序"，周代叫"庠"。教，教育。

（50）申，朱熹注："申，重也，丁宁反复之意。"

（51）颁白者，指头发斑白的老年人。颁，同"斑"。负，背负（东西）。戴，顶戴（东西）。

（52）黎民，众民。《诗经·大雅·云汉》："周余黎民"。郑玄笺："黎，众也"。一说指黑发的人。

【毛泽东评说】

中国早已有实际上的统一战线，……但是，在一小部人中间，他们也许实际上承认了统一战线，而在名义上却是不愿承认的，在他们的口头上与文字上是没有什么统一战线的。我们从前对于这些人的这样一种态度，称之为阿Q主义，……中国的若干阿Q主义者中间，我想很有一些可能进步的人，如果说他们现在还不承认有所谓统一战线甚至于有所谓共产党存在的话，那末，谁也不能排除，于将来的某年某月某日，他们也能在名义上、实际上都承认共产党与统一战线的存在。中国从前有一个圣人，叫做孟子，他曾说："明足以察秋毫之末，而不见舆薪"。这句话，形容现在的阿Q主义者，是颇为适当的。

——《同美国记者斯诺的谈话》，《毛泽东文集》第二卷，人民出版社1993年版，第239—240页。

【赏析】

本文选自《孟子·梁惠王上》。题目依一般选本。文章比较集中地阐明了孟子的仁政思想，以不忍人之心，行不忍人之政，这是孟子思想的一个主要内容。所谓"老吾老以及人之老，幼吾幼以及人之幼"；所谓"明君制民之产，必使仰足以事父母，俯足以畜妻子，乐岁终身饱，凶年免于死亡"，是儒家亲亲仁民的最基本的主张。"五亩之宅，树之以桑"，"百亩之田，勿夺其时"，这是孟子托言古制而实属自己幻想的乌托邦。其实，孟子所称道的施仁政的时代，最迟是在西周，在西周的奴隶主统治之下，不可能存在这样的"仁政"。至于唐尧虞舜时代有怎样的王政，就更渺茫了。因此，孟子虽言古制，却不是复古。本篇主旨是关于王道政治的说教，但作者行文却没有采取抽象说理的方式，而是采用许多形象的比喻，写得十分生动感人；文意又层次推进，条理清楚，结构严谨。

本篇的某些警句，如明察秋毫、缘木求鱼等成为人们喜用的成语。一九三九年九月二十四日，毛泽东在《同美国记者斯诺的谈话》中讲到当时一部分阿Q主义者，在抗日民族统一战线形成之后，仍然顽固地坚持不承认主义，不论在口头上与文字上都不愿承认统一战线甚至不承认共产党的存在。对于这种鸵鸟政策，毛泽东援引孟子"明足以察秋毫，不见舆薪"而加以批评，指出这些阿Q主义者，于将来的某年某月某日，他们也能在名义上、实际上都承认共产党与统一战线的存在，这可谓"明察秋毫"，后来事情的发展证实了这一点。

【原文】

五十步笑百步

梁惠王曰[1]："寡人之于国也[2]，尽心焉耳矣。河内凶[3]，则移其民于河东[4]，移其粟于河内[5]。河东凶亦然。察邻国之政，无如寡人之用心者。邻国之民不加少[6]，寡人之民不加多[7]，何也？"

孟子对曰："王好战，请以战喻[8]。填然鼓之[9]，兵刃既接[10]，弃甲曳兵而走[11]。或百步而后止，或五十步而后止[12]。以五十步笑百步，则何如[13]？"

曰："不可；直不百步耳[14]，是亦走也[15]。"

曰："王如知此，则无望民之多于邻国也[16]。

"不违农时，谷不可胜食也[17]；数罟不入洿池[18]，鱼鳖不可胜食也；斧斤以时入山林[19]，林木不可胜用也。谷与鱼鳖不可胜食，材木不可胜用，是使民养生丧死无憾也[20]。养生丧死无憾，王道之始也。

"五亩之宅，树之以桑，五十者可以衣帛矣。鸡豚狗彘之畜[21]，无失其时，七十者可以食肉矣。百亩之田，勿夺其时，数口之家可以无饥矣。谨庠序之教[22]，申之以孝悌之义，颁白者不负载于道路矣[23]。七十者衣帛食肉，黎民不饥不寒[24]，然而不王者[25]，未之有也。

"狗彘食人之食而不知敛[26]，涂有饿莩而不知发[27]；人死，则曰：'非我也，岁也。'是何异于刺人而杀之，曰：'非我也，兵也。'王无罪岁[28]，斯天下之民至焉[29]。"（《梁惠王上》）

【注释】

（1）梁惠王（前400—前319），战国中期魏国的国君。名䓨，公元前369—前319年在位，亦称魏惠王。

（2）寡人，古代最高统治者皇帝、国君的自称。这里是诸侯国国君的自称。

先

秦

（3）河内，魏国的河内地，即黄河北岸土地，当今河南济源一带。

（4）河东，魏国的河东地，当今山西安邑县一带。

（5）粟，小米。

（6）加少，减少。加，更。

（7）加多，增加。

（8）请，表示客气的词，意近"请允许我……"。

（9）填然，形容鼓声。鼓之，击鼓。之，无义。

（10）兵，兵器。

（11）甲，铠甲，用皮革或金属制成的防身服装。曳（yè 夜），拖，拉着。走，跑。

（12）或，有人。

（13）何如，如何，怎么样。

（14）直，只是，不过。

（15）是，这。

（16）无，同"毋"，不要。

（17）胜（shēng 升），尽。

（18）数罟（shuò gǔ 朔古），密网。古代规定，网眼在四寸以下的叫作密网，禁止放在湖泊中捕鱼，意在保留鱼种。数，细，密。罟，鱼网。洿（wū 乌）池，大池，深池。

（19）斤，斧的一种。

（20）憾，恨，不满。

（21）鸡豚（tún 屯）狗彘（zhì 至）之畜，无失其时，意思是不准吃小鸡、小狗、小猪。《淮南子·主术训》："鱼不长尺不得取，彘不期年不得食。"豚，小猪。彘，猪。

（22）庠序，古代的地方学校。

（23）颁白，即"斑白"，须发半白。负，背负，说顶在头上。

（24）黎民，老百姓。

（25）王（wàng 旺），以仁德统一天下。

（26）狗彘食人之食而不知敛，意思是收成好，谷贱伤农，国家便当平价收买，免得用以饲养狗彘。《汉书·食货志》颜师古注："言岁丰熟，菽粟饶多，狗彘食人之食，此时可敛之也。"

（27）涂，通"途"，路。莩（piǎo 漂），饿死之人。

（28）无，同"毋"，不要。

（29）斯，这就，连词。

【毛泽东评说】

1973 年 7 月 3 日，毛泽东召见王洪文、张春桥，说：你们两位是负责搞报告和党章的。今天找你们来谈几件事。近来外交部有若干问题不大令人满意，大概你们也知道？"毛泽东对外交部的批评是由外交部一期简报引起的。毛泽东不同意这期简报对苏美关系的分析。毛泽东又说："又是外交部的一个什么屁司，说是田中不能上台，上台也不能改善中日关系。"在座的工作人员插话："二部认为田中上不了台，外交部认为田中要上台，但中日关系不会很快改变。""以五十步笑百步，弃甲曳兵而走，逃到五十步的笑一百步的。这是以数量而论。如果拿性质论，都是逃兵，你去翻那个《孟子》。"毛泽东借用这个典故批评外交部对日本政局和中日关系的分析错了。

—— 贾思楠：《毛泽东人际交往实录》，江苏文艺出版社 1989 年版，第 306—307 页。

【赏析】

本文选自《孟子·梁惠王上》，主要是写孟子与梁惠王谈怎样取得民心的问题。孟子打了个很妙的比喻来说明这个问题：就好像打仗，两军刚一交锋，士兵丢下铠甲拖着兵器就跑，有的跑了一百步才停下来，有的跑了五十步停下来。现在跑了五十步的人嘲笑跑一百步的人胆小，行不行呢？"五十步"和"一百步"，从现象看虽有差别，但他们都是向后逃跑，本质上并没有什么不同。意思是梁惠王治理的魏国和其他诸侯国本质上是一样的，所以没有更多的百姓归附。怎样使别国的百姓来归附呢？孟子认为，应该不违农业，发展农业、牧业，并注意节俭，再对百姓加以教育，才可以获得民心，从而统治天下。

先秦

　　毛泽东于 1973 年 7 月 3 日接见王洪文、张春桥谈到日本政局和中日关系时，引用"五十步笑百步"这个典故，批评外交部对日本政局和中日关系的分析错了。因为，当时外交部某司认为田中上不了台，田中上台中日关系也不会改善；二部认为田中上不了台、"中日关系不会很快改变"。二者的意见差不多，所以说是"五十步笑百步"，实质上都是错误的。事实上后来田中上台，中日两国恢复邦交，关系很快得到改善，雄辩地说明了毛泽东明察秋毫的洞察力和正确的判断。

【原文】

王如施仁政于民

　　梁惠王曰："晋国天下莫强焉$^{(1)}$，叟之所知也。及寡人之身，东败于齐$^{(2)}$，长子死焉；西丧地于秦七百里$^{(3)}$；南辱于楚$^{(4)}$。寡人耻之，愿比死者，壹洒之$^{(5)}$，如之何则可？"

　　孟子对曰："地方百里而可以王。王如施仁政于民，省刑罚，薄税敛，深耕易耨$^{(6)}$；壮者以暇日修其孝悌忠信，入以事其父兄，出以事其长上，可使制梃以挞秦楚之坚甲利兵矣$^{(7)}$。

　　"彼夺其民时，使不得耕耨以养其父母。父母冻饿，兄弟妻子离散。彼陷溺其民，王往而征之，夫谁与王敌？故曰：'仁义无敌。'王请勿疑！"

（《梁惠王上》）

【注释】

　　（1）晋国，这里指魏国。莫，无，指代词，指国家。焉，"于是"之意。

　　（2）东败于齐二句，指齐魏马陵之役。魏伐韩，韩向齐求救，齐派田忌为大将、孙膑为军师伐魏救韩。惠王也派庞涓和太子申率军抵御。两军战于马陵，魏军大败，庞涓自杀，太子申被俘。

　　（3）西丧地于秦七百里，马陵之役后，秦国又屡败魏国，迫使魏献出河西之地和上郡的十五个县城。

　　（4）南辱于楚，《史记·楚世家》："怀五六年，秦使柱国昭阳将兵而攻魏，破之于襄陵（今河南淮阳西），得八邑。"

（5）比，替，代，给。壹，皆，都。洒，音义同"洗"。

（6）易耨（nòu 懦），迅速锄草。易，速，疾。

（7）制，制作，制造。梃，棍棒。

【毛泽东评说】

我们对于反动派和反动阶级的反动行为，决不施仁政。我们仅仅施仁政于人民内部，而不施于人民外部的反动派和反动阶级的反动行为。

——《论人民民主专政》，《毛泽东选集》第四卷，人民出版社1991年版，第146页。

【赏析】

本文选自《孟子·梁惠王上》，主要写孟子劝梁惠王实行"仁政"的情况。孟子所谓施仁政，就是"省刑罚，薄税敛，深耕易耨"，给老百姓孝悌忠信，人以事其父兄，出以事其长上，这样做的目的是让百姓在国家有外患侵扰时能为国家效力。当然，这种轻徭薄赋、与民休息的仁政，于百姓于国家都是有利的，因此对后世影响颇大。

毛泽东在《论人民民主专政》中使用"施仁政"这个为中国人民所熟知的典故，在于讲述新中国所实行的人民民主专政的性质。新中国必须强化人民的国家机器，借以巩固国防和保护人民利益；而对于敌对的阶级，对于反对阶级和反动派的一切反动行为，"决不施仁政"。毛泽东在本文中还谈到对于反动阶级和反动派的改造工作，"这也可以说是'施仁政'吧。"

【原文】

独夫民贼

齐宣王问曰："汤放桀[1]，武王伐纣[2]，有诸？"

孟子对曰："于传有之。"

曰："臣弑其君[3]，可乎？"

曰："贼仁者谓之'贼'[4]，贼义者谓之'残'。残贼之人谓之'一夫'[5]。闻诛一夫纣矣，未闻弑君也。"（《梁惠王下》）

孟子曰："今之事君者皆曰，'我能为君辟土地，充府库'。今之所谓良臣，古之所谓民贼也。君不乡道，不志于仁，而求富之，是富桀也。'我能为为约与国，战必克。'今之所谓良臣，古之所谓民贼也。君不乡道[6]，不志于仁，而求为之强战，是辅桀也。由今之道[7]，无变今之俗，虽与之天下，不能一朝居也。"（《告子下》）

【注释】

（1）汤放桀，桀，是夏朝最后一个暴君，商汤兴兵讨伐他，把他流放到南巢（今安徽巢县东北）。

（2）武王伐纣，纣，是殷商最后一个暴君，被周武王姬发打得大败，自焚而死。

（3）弑，杀，旧专指臣杀君、子杀父。

（4）贼，"伤害"之意。

（5）一夫，就是独夫，失掉了群众的孤立者。

（6）君不乡道，焦循《孟子正义》："道为道德之道，上云'君不乡道'是也。"乡，同"向"。

（7）由今之道，焦循《孟子正义》："道之训亦为行，今之道犹云今之行。"道、行，皆道路之意。

【毛泽东评说】

共产党主张成立联合政府，就为制止内战。现在蒋介石拒绝了这个主张，致使内战有一触即发之势。然而，制止蒋介石这一手，是完全有办法的。坚决迅速努力壮大人民的民主力量，由人民解放敌占大城市和解除敌伪武装，如有独夫民贼敢于进犯人民，则取自卫立场，给以坚决的反击，使内战挑拨者无所逞其伎。

——《评蒋介石发言人谈话》，《毛泽东选集》第四卷，人民出版社1991年版，第1150页。

无怪中国法西斯头子独夫民贼蒋介石，在敌人尚未真正接受投降之前，敢于"命令"解放区抗日部队"应就原地驻防待命"，束手让敌人来打。

——《蒋介石在挑动内战》，《毛泽东选集》第四卷，人民出版社1991年版，第1137页。

【赏析】

独夫，旧指残暴无道、众叛亲离的君主，《尚书·泰誓下》："独夫受（纣王），洪惟作威，乃汝世仇。"孔安国传："言独夫，失君道也。大作威，杀无辜，乃是汝累世仇也。"独夫指就是殷纣王。《孟子·梁惠王下》曰："贼仁者谓之'贼'，贼义者谓之'残'。残贼之人谓之'一夫'。"一夫也就是"独夫"。孟子明确界定了破坏"仁爱"和"道义"的人就是独夫。在《孟子·告子下》中，孟子指出那些不向往道德，无义于仁的，不惜发动战争肆意掠夺土地和财富的臣子，就是百姓的戕害者，就是"民贼"。独夫民贼连称，则是指暴虐无道、祸国殃民的统治者。

1946年8月，全国内战爆发前夕，毛泽东在两篇文章中使用长期流传于中国民间的"独夫民贼"一语，用它来形容和警告反共反人民的内战挑拨者、国民党反动派头子蒋介石，揭露了他暴虐无道、祸国殃民、空前孤立、下场可悲的实质。

【原文】

齐人伐燕胜之

齐人伐燕，胜之。宣王问曰："或谓寡人勿取[1]，或谓寡人取之。以万乘之国伐万乘之国[2]，五旬而举之[3]，人力不至于此[4]。不取，必有天殃[5]。取之，何如？"

孟子对曰："取之而燕民悦，则取之。古之人有行之者，武王是也[6]。取之而燕民不悦，则勿取。古之人有行之者，文王是也[7]。以万乘之国伐万乘之国，箪食壶浆以迎王师[8]，岂有他哉？避水火也。如水益深[9]，如火益热，亦运而已矣。"（《梁惠王下》）

先秦

【注释】

（1）或谓，有人说。寡人，古代君王自称，意思是寡德之人。

（2）万乘（shèng 剩）之国，大国。万乘，万辆战车。

（3）五旬，五十天。举，攻克，占领。

（4）人力不至于此，只靠人力不一定能顺利地攻克燕国。可见是天意。

（5）天殃（yāng 央），天灾，祸害。

（6）武王，指周武王姬发伐纣，取而代之，合乎民心。

（7）文王，指周文王姬昌（武王之父），已拥有天下的三分之二，但仍向商纣称臣。

（8）箪食（dān sì 单饲）壶浆，指老百姓献给军队的饮食。箪，盛饭的竹器。食，饭。浆，浓汁饭料。

（9）如水益深三句，意思是说，如果齐国的统治者更加暴虐，那么燕国的百姓就像怕水更深、火更热一样，又将转而盼望别人了。

【毛泽东评说】

苏联现在不过是把过去失掉的土地收回来，把被压迫的白俄罗斯民族和乌克兰民族解放出来，并使免受德国的压迫。这几天的电讯，指明这些少数民族是怎样地箪食壶浆以迎红军，把红军看做他们的救星；而在德军占领的西部波兰地方，法军占领的西部德国地方，则丝毫也没有这种消息。

——《苏联利益和人类利益的一致》，《毛泽东选集》第二卷，人民出版社 1991 年版，第 598 页。

南京国民党反动政府，在其反动的卖国的内政外交基本政策的基础之上所举行的国内战争，业已陷全国人民于水深火热之中，南京国民党反动政府决不能逃脱自己应负的全部责任。

——《中共中央毛泽东主席关于时局的声明》，《毛泽东选集》第四卷，人民出版社 1991 年版，第 1387 页。

【赏析】

本文选自《孟子·梁惠王下》。主要讲这么一个故事：战国时候，一次齐国打败了燕国，齐宣王想吞并燕国，将这个意思告诉孟子。孟子对他说，吞并不吞并，要看燕国老百姓愿意不愿意。齐国打败燕国，燕国的老百姓用箪盛饭，用壶盛汤水来欢迎王者的军队，这是那里的人民想摆脱燕国水火般的苛政。如果你占领燕国，使燕国人民受到的灾难更重，水深火热，那么燕国的人民就转过来又希望别人去解救他们了。文中的成语"箪食壶浆"，形容人民对自己军队的热爱和拥护。毛泽东在《苏联利益和人类利益的一致》一文中加以引用，说明白俄罗斯和乌克兰民族对苏联红军的热爱，证明苏联卫国战争的正义性。

"水深火热"由文中"如水益深，如火益热"这句话简化而来。水、火比喻虐政、灾难，通常用来比喻人民受到的极大灾难和痛苦。毛泽东在《中共中央毛泽东主席关于时局的声明》一文中引用"水深火热"这一成语，说明国民党反动派发动的内战给中国人民带来极大灾难，是对国民党反动政府黑暗统治的批判。

【原文】

尊贤使能

孟子曰："尊贤使能⁽¹⁾，俊杰在位，则天下之士皆悦，而愿立于其朝矣⁽²⁾；市⁽³⁾，廛而不征，法而不廛，则天下之商皆悦，而愿藏于其市矣；关，讥而不征⁽⁴⁾，则天下之旅皆悦，而愿出于其路矣；耕者⁽⁵⁾，助而不税，则天下之农皆悦，而愿耕于其野矣；廛，无夫里之布⁽⁶⁾，则天下之民皆悦，而愿为之氓矣⁽⁷⁾。信能行此五者，则邻国之民仰之若父母矣。率其子弟，攻其父母，自有生民以来未有能济者也⁽⁸⁾。如此，则无敌于天下。无敌于天下者，天吏也⁽⁹⁾。然而不王者⁽¹⁰⁾，未之有也。"（《公孙丑上》）

【注释】

（1）尊贤使能，尊重贤才，使用有能力的人。

（2）立于其朝，在朝廷做官。

（3）市五句，市场上，提供市房以储藏货物，却不征收货物税；如有货物滞销，官方便依法收购，不让货物积压在市房里。廛（chán 缠），市房。《礼制·王制》："市，廛而不税。"郑玄注："廛，市物邸舍。税其舍不税其物。"

（4）关二句，在关卡，只检查而不收关税。讥，检查非礼违法者。

（5）耕者二句，耕田人如出力助耕公田，官方就免收其私田税。

（6）廛二句，每户人家都没有额外的雇役钱和地税。布，钱。平民不能服力役的，罚其交纳一夫力役之钱，叫夫布；有宅地而不种桑麻的，罚其交纳土地税，叫里布。

（7）氓（méng 萌），民，古代泛指奴隶。

（8）济，成功。

（9）天吏，奉行天命的统治者。

（10）然而，这样，却……。王，称王，指统一天下。

【毛泽东评说】

只要我们全体英勇善战的八路军新四军，人人个个不但会打仗，会作群众工作，又会生产，我们就不怕任何困难，就会是孟夫子说过的："无敌于天下。"

——《组织起来》，《毛泽东选集》第三卷，人民出版社1991年版，第929页。

【赏析】

本文节选自《孟子·公孙丑上》。在本文中，孟子宣传他的王道政治主张，讲到对士、商、旅、农者、氓五种人，应有一种妥善的政治措施，如对士人要"尊贤使能"，对农民要减少租税，对商人要只征房租不征货物税，对于旅者在关卡只检查而不征税，等等。若能做到这些，"则无敌于天下"。

毛泽东在题为《组织起来》的报告中，讲到组织起来、搞好生产时，引用了"无敌于天下"一语，旨在激励参加会议的英雄模范，组织起来，克服由于敌人封锁给陕北革命根据地带来的财政经济上的困难，以渡过难关，争取革命的最后胜利。

【原文】

贤者在位，能者在职

孟子曰："仁则荣⁽¹⁾，不仁则辱；今恶辱而居不仁⁽²⁾，是犹恶湿而居下也。如恶之，莫如贵德而尊士，贤者在位，能者在职⁽³⁾；国家闲暇⁽⁴⁾，及是时，明其政刑⁽⁵⁾。虽大国，必畏之矣。《诗》云⁽⁶⁾：'迨天之未阴雨，彻彼桑土⁽⁷⁾，绸缪牖户⁽⁸⁾。今此下民⁽⁹⁾，或敢侮予？'孔子曰：'为此诗者，其知道乎！能治其国家，谁敢侮之？'今国家闲暇，及是时，般乐怠敖⁽¹⁰⁾，是自求祸也。祸福无不自己求之者。《诗》云⁽¹¹⁾：'永言配命⁽¹²⁾，自求多福。'《太甲》曰⁽¹³⁾：'天作孽，犹可违⁽¹⁴⁾；自作孽，不可活⁽¹⁵⁾。'此之谓也。"（《公孙丑上》）

【注释】

（1）仁则荣二句，此二句省略了主语，从下文"莫如贵德而尊士"等句推之，当是对诸侯及其卿相而言。

（2）居不仁，所行所为都是不仁之事。

（3）贤者在位二句，使有德行的人居于相当的官位，有才能的人担任一定的职务。

（4）国家闲暇，指无内乱和外患。

（5）刑，《尔雅·释诂》："刑，常也。"又"刑，法也。"

（6）《诗》云，以下诗句见《诗经·豳风·鸱鸮》。以雨、士、户、予押韵，古音同在鱼部。

（7）桑土（dù 杜），《方言》："东齐谓根曰杜。"毛传："桑土，桑根。"

（8）绸缪（móu 牟），缠结之意。牖，窗。

（9）下民，下人。诗句作鸱鸮（一种形似黄雀而体小的小鸟）口吻，其巢在树上，故称人为下民。

（10）般（pán 潘）乐怠敖，般乐为同义复音词。《尔雅·释诂》："般，乐也。"怠，怠惰。敖，同"遨"，《说文》："出游也。"

（11）《诗》云，以下诗句见《诗经·大雅·文王》。

（12）永言配命，周朝之命与天命相配。永，长。言，句中助词，无义。

（13）《太甲》，《尚书》篇名，今文古文皆不传，今存《尚书》中的《太甲》上中、下三篇乃梅赜伪古文。

（14）违，避。

（15）活，逭（huàn 幻）的借字，逃。

【毛泽东评说】

惇元兄：

赐书收到，十月十七日的，读了高兴。受任新职，不要拈轻怕重，而要拈重鄙轻。古人有云：贤者在位，能者在职，二者不可得而兼。我看你这个人是可以兼的。年年月月日日时时感觉自己能力不行，实则是因为一不甚认识自己；二不甚理解客观事物——那些留学生们，大教授们，人事纠纷，复杂心理，看不起你，口中不说，目笑存之，如此等类。这些社会常态，几乎人人要经历的。此外，自己缺乏从政经验，临事而惧，陈力而后就列，这是好的。这些都是实事，可以理解的。我认为聪明、老实二义，足以解决一切困难问题。这点似乎同你谈过。聪谓多问多思，实谓实事求是。持之以恒，行之有素，总是比较能够做好事情的。你的勇气，看来比过去大有增加。士别三日，应当刮目相看了。我又讲了这一大篇，无非加一点油，添一点醋而已。

——《致周世钊（1958 年 10 月 25 日）》，《毛泽东书信选集》，人民出版社 1983 年版，第 548 页。

【赏析】

本文选自《孟子·公孙丑上》，主要是讲孟子为诸侯及其卿相出谋划策。孟子认为，国家要治理好，没有内乱外患，关键在于以德为贵而尊重士人，使有德行的人居于相当的官位，有才能的人担任一定的职务。这个意见应当说是抓住了问题的关键，是很有见地的。

毛泽东在 1958 年 10 月 25 日致周世钊的信中援引了本文中"贤者在位，能者在职"的话，意在给新任副省长职务的老同学周世钊以鼓励。在引用了"贤者在位"二句后，毛泽东立即转折，反用其意，认为周世钊是"可以兼的"，以自己对周世钊的了解和相知，对他进行热情鼓励，使周世钊能够树立信心，愉快地履行新的使命。

【原文】

心悦诚服

孟子曰："以力假仁者霸，霸必有大国；以德行仁者王，王不待大。汤以七十里[1]，文王以百里[2]。以力服人者，非心服也，力不赡也[3]；以德服人者，中心悦而诚服也，如七十子之服孔子也[4]。《诗》云[5]：'自西自东，自南自北，无思不服。'此之谓也。"（《公孙丑上》）

【注释】

（1）汤，殷商王朝的开国之君，名履，在位三十年。相传他以七十里成就王业。

（2）文王，周文王姬昌。相传他以百里之大而成就王业。事见《荀子·仲尼》《史记·平原君列传》等。

（3赡，足。

（4）七十子，《史记·孔子世家》："孔子以诗书礼乐教弟子，盖三千焉；身通六艺者七十有二人。"

（5）《诗》云，语出《诗经·大雅·文王有声》。诗以"北""服"为韵，古音同在之部之入声职德部。思，助词，无义。

【毛泽东评说】

绝不能以为我们有军队和政权在手，一切都要无条件地照我们的决定去做，因而不注意去努力说服非党人士同意我们的意见，并心悦诚服地执行。

　　——《抗日根据地政权问题》，《毛泽东选集》第二卷，人民出版社1991 年版，第 743 页。

【赏析】

　　本文选自《孟子·公孙丑上》，主要讲孟子的"仁政"学说，要人们心悦诚服地信奉。

　　毛泽东在《抗日根据地的政权问题》一文中使用"心悦诚服"一语，在于教育党员要树立一种民主作风，遇事先和党外人士商量，取得多数人同意，然后去做。

【原文】

天时不如地利

　　孟子曰："天时不如地利[(1)]，地利不如人和[(2)]。三里之城，七里之郭[(3)]，环而攻之而不胜。夫环而攻之，必有得天时者矣[(4)]；然而不胜者，是天时不如地利也。城非不高也，池非不深也[(5)]，兵革非不坚利也[(6)]，米粟非不多也；委而去之[(7)]，是地利不如人和也。故曰：域民不以封疆之界[(8)]，固国不以山溪之险，威天下不以兵革之利。得道者多助[(9)]，失道者寡助。寡助之至，亲戚畔之[(10)]；多助之至，天下顺之。以天下之所顺，攻亲戚之所畔；故君子有不战，战必胜矣。"（《公孙丑下》）

【注释】

　　（1）天时，宜于做某事的自然气候条件。指地势险要，城池坚固等地理优势。

　　（2）人和，人事和谐，民心和乐。

　　（3）郭，外城。

　　（4）必有得天时者矣，围攻的时间长了，一定会有天时好的时候。

140

（5）池，城濠，护城河。

（6）兵革，兵器和铠甲。

（7）委而去之，弃城而逃。委，弃。

（8）域，界线，限制。

（9）得道，符合道义。

（10）畔，通"叛"，背叛。

【毛泽东评说】

无数事实证明，得道多助，失道寡助。弱国能够打败强国，小国能够打败大国。小国人民只要敢于起来斗争，敢于拿起武器，掌握自己的命运，就一定能够战胜大国的侵略。这是一条历史的规律。

——《全世界人民团结起来，打败美国侵略者及其一切走狗》，《人民日报》1970年5月20日。

【赏析】

本文节选自《孟子·公孙丑下》，主要是讲国君如何治国。孟子认为，要把国家治理好，需要有天时、地利、人和三个条件。符合这3个条件就是得道。所谓得道，就是符合道义，而道义，在孟子看来就是行仁政。符合道义，帮助的人就多，不符合道义的帮助你的人就少。帮助的人少到极点时，连亲戚都反对他；帮助他的多到极点时，全天下都顺从他。拿全天下顺从的力量攻打亲戚都反对的人，那么，仁君圣主或者不用战争，若用战争，则必然胜利。本文中的"得到者多助，失道者寡助"后来简化成"得道多助，失道寡助"，是说坚持正义就得到多方面的支持和帮助，违背正义必然陷入孤立。毛泽东在1970年5月20日发表的《全世界人民团结起来，打败美国侵略者及其一切走狗》一文的声明中，引用本文中"得道多助，失道寡助"的话，旨在说明当时正在英勇抗击美帝国主义侵略的越南人民，将会得到全世界人民的多方支持和帮助，一定会取得抗美战争的最后胜利。

"得道多助"二语，有时也单作"得道多助"或"失道寡助"。毛泽东在《论持久战》中说："由于中国战争的进步性、正义性而产生出来的国际广大援助，同日本的失道寡助又恰恰相反。"

【原文】

五百年必有王者兴

孟子去齐[1]，充虞路问曰[2]："夫子若有不豫色然[3]。前日虞闻诸夫子曰：'君子不怨天，不尤人[4]。'"

曰："彼一时[5]，此一时也[6]。五百年必有王者兴[7]，其间必有名世者[8]。由周而来[9]，七百有馀岁矣。以其数，则过矣；以其时考之[10]，则可矣。夫天未欲平治天下也，如欲平治天下，当今之世，舍我其谁也？吾何为不豫哉？"（《公孙丑下》）

【注释】

（1）去齐，离开齐国。孟子与齐王政见不合，故辞官而去。

（2）充虞，孟子的学生。

（3）不豫，不悦，不高兴。

（4）君子不怨天，不尤人，这是孔子的话，见《论语·宪问》。孟子向他的学生加以转述。尤，责怪。

（5）彼一时，指孟子转述孔子话的时候，即暇豫之时。

（6）此一时，孟子去齐之时，即行藏治乱关系之时，忧天悯人形于颜色。

（7）王者，指圣君，如尧、舜、禹、汤等。

（8）名世者，指辅佐圣君之贤臣，因其功德显赫，是以称名于世。如伊尹、姜尚等。名，道"命"。

（9）由周而来两句，从周武王到孟子生活时的周赧王，其间过了七百多年，却没有圣君出现。

（10）时，指时势，时机。

【毛泽东评说】

七 古

送纵宇一郎东行

一九一八年四月

云开衡岳积阴止，天马凤凰春树里。

年少峥嵘屈贾才，山川奇气曾钟此。

君行吾为发浩歌，鲲鹏击浪从兹始。

洞庭湘水涨连天，艟艨巨舰直东指。

无端散出一天愁，幸被东风吹万里。

丈夫何事足萦怀，要将宇宙看稊米。

沧海横流安足虑，世事纷纭从君理。

管却自家身与心，胸中日月常新美。

名世于今五百年，诸公碌碌皆馀子。

平浪宫前友谊多，崇明对马衣带水。

东瀛濯剑有书还，我返自崖君去矣。

——《毛泽东诗词集》，中央文献出版社 1996 年版，第 161—162 页。

　　孟子尝言志矣，……曰：夫天未欲平治天下也，如欲平治天下，当今之世，舍我其谁也。

　　　　——《1913 年 10—12 月〈讲堂录〉》，《毛泽东早期文稿》，湖南出版社 1990 年版，第 589 页。

【赏析】

　　本文节选自《孟子·公孙丑下》。主要写孟子因与齐王政见不合，愤而去职，离开齐国，对学生发了一番"不怨天，不尤人"的牢骚，讲了一通五百年必有圣君出现，也必有贤臣辅佐，抒发了舍我其谁的政治理想。本文的这一题旨对毛泽东学生时代的政治理想有一定影响，他在 1913 年 10 月至 12 月写的《讲堂录》中用几句话概述了本文的下意。1918 年所作七言古诗《送纵宇一郎东行》中"名世于今五百年"一句，也是毛泽东从本篇"五百年必有王者兴，其间必有名世者"化出。

【原文】

为富不仁

滕文公问为国[1]。

孟子曰："民事不可缓也。《诗》云[2]：'昼尔于茅[3]，宵尔索绹[4]；亟其乘屋[5]，其始播百谷。'民之为道也，有恒产者有恒心，无恒产者无恒心。苟无恒心，放辟邪侈，无不为已。及陷乎罪，然后从而刑之，是罔民也。焉有仁人在位，罔民而可为也？是故贤君必恭俭礼下，取于民有制。阳虎曰[6]：'为富不仁矣，为民不仁矣。'"（《滕文公上》）

【注释】

（1）滕文公，战国时代滕国国君。滕是个小诸侯国，其地在今山东滕县西南。

（2）《诗》，即《诗经》，下面引诗见《诗经·豳风·七月》。

（3）于茅，去取茅。于，往。茅，用作动词，取茅草之意。

（4）索绹，打结绳索。索，以两三股摩而绞之，总为一绳，这种动作叫索。绹，绳索。

（5）亟其乘屋，郑玄注："亟，急；乘，治也。"

（6）阳虎，字货，鲁国正卿季氏的总管，一度挟持季氏，专鲁国国政，失败而出亡。

【毛泽东评说】

他们有点骂人了，骂洋人叫"洋鬼子"，骂军阀叫"抢钱司令"，骂土豪劣绅叫"为富不仁"。

——《中国社会各阶级的分析》，《毛泽东选集》第一卷，人民出版社1991年版，第5页。

【赏析】

　　本文节选自《孟子·滕文公上》，是滕文公向孟子请教如何治理国家时，孟子讲述的一套治国的办法。文中提到关心生产劳动，限制剥削的主张，有一定进步意义。"为富不仁"一语，后来用以指富人唯利是图、不顾他人死活的行为。

　　毛泽东在《中国社会各阶级的分析》一文中使用"为富不仁"一语，是为了表述小资产阶级对残酷剥削他们的土豪劣绅的指责和义愤，可谓言简意赅。

【原文】

绝长补短

　　滕文公为世子⁽¹⁾，将之楚，过宋而见孟子⁽²⁾。孟子道性善，言必称尧舜。

　　世子自楚反，复见孟子。孟子曰："世子疑吾言乎？夫道一而已矣。成覸谓齐景公曰⁽³⁾：'彼，丈夫也；我，丈夫也；吾何畏彼哉？'颜渊曰⁽⁴⁾：'舜，何人也？予，何人也？有为者亦若是。'公明仪曰⁽⁵⁾：'文王，我师也；周公岂欺我哉？'今滕，绝长补短⁽⁶⁾，将五十里也，犹可以为善国。《书》曰⁽⁷⁾：'若药不瞑眩，厥疾不瘳。'"（《滕文公上》）

【注释】

　　（1）世子，太子。"世"和"太"，古音相同，古书常通用。

　　（2）过宋，经过宋国。时宋国由商丘迁都彭城（江苏徐州），而滕在徐州之北一百九十里，故滕文公到楚国去必经过宋国。

　　（3）成覸（jiàn见），又作"成荆""成庆"等。齐之勇臣。

　　（4）颜渊，即颜回，孔子的弟子。

　　（5）公明仪，曾子的弟子。

　　（6）绝长补短，《墨子·非命》："古者汤封于亳，绝长继短，地方百里。"《战国策·楚策》："今楚国虽小，绝长续短，犹以数千里。"可见"绝长补短"为当时计算土地面积时之常用语。

（7）《书》曰三句，又见《国语·楚语》引《武丁》之书。赵岐注云："瞑眩，（míng xuàn 面玄），药攻入疾，先使瞑眩愦乱，乃得瘳愈也。"瘳（chōu 抽），病愈。

【毛泽东评说】

外来干部和本地干部各有长处，也各有短处。必须互相取长补短，才能有进步。

——《整顿党的作风》，《毛泽东选集》第三卷，人民出版社 1991 年版，第 822 页。

【赏析】

本文选自《孟子·滕文公上》，写滕文公做太子时，出使楚国回来路过宋国时拜见了孟子。孟子向他讲了许多治国的道理，并告诉他："今滕，绝长补短，将五十里也，犹可以为善国。""绝长补短"后来便演化成"取长补短"的成语，泛指吸取别人的长处，来弥补自己的不足之处。

毛泽东在《整顿党的作风》中引用"取长补短"一语，教育我们的党员和干部，要以谨慎的态度，虚心学习别人的优点（长处），以弥补自己的不足（短处），不论是本地干部，还是外来干部，都应该这样做。

【原文】

富贵不能淫

景春曰(1)："公孙衍、张仪岂不诚大丈夫哉(2)？一怒而诸侯惧，安居而天下熄(3)。"

孟子曰："是焉得为大丈夫乎？子未学礼乎？丈夫之冠也(4)，父命之；女子之嫁也(5)，母命之，往送之门，戒之曰：'往之女家，必敬必戒，无违夫子！'以顺为正者，妾妇之道也。居天下之广居(6)，立天下之正位，行天下之大道；得道，与民由之；不得志，独行其道。富贵不能淫，贫贱不能移(7)，威武不能屈，此之谓大丈夫。"（《滕文公下》）

（1）景春，赵岐注云："孟子时人，为纵横之术者。"《汉书·艺文志·兵阴阳家》有《景子》十三篇，疑即此人。

（2）公孙衍，即魏人犀首，当时著名的说客，在秦为大良造的官，又曾佩五国相印，《史记》卷七十有传。张仪，魏人，游说六国去服从秦国的大政客《史记》卷七十有传。

（3）熄，赵岐注云："安居不用辞说，则天下兵革熄也。"

（4）丈夫之冠也二句，古时男子到了二十岁，便叫作成年人，行加冠礼，父亲有祝词。一说祝词由宾说，一说文由事与行示之。

（5）女子之嫁也二句，孟子此言与《礼记·士婚礼》所载略有不同。

（6）居天下之广居三句，朱熹集注："广居，仁也；正位，体也；大道，义也。"

（7）富贵不能淫三句，富，有钱财。贵，旧指官位高。淫，惑乱。贱，旧指社会地位低下。威武，武力，权势。

【毛泽东评说】

昆明探转李公朴夫人张曼筠女士：

　　惊悉李公朴先生为反动派狙击逝世，无任悲愤！先生尽瘁救国事业与进步文化事业，威武不屈，富贵不淫，今为和平民主而遭反动派毒手，是为全国人民之损失，抑亦为先生不朽之光荣。全国人民必将以先生之死为警钟，奋起救国，即以自救。肃电致唁。

毛泽东　朱德

午元

　　——《给李公朴家属的唁电》，《毛泽东文集》第四卷，人民出版社1993年版，第157页。

　　我们说：永久奋斗，就是要奋斗到死。这个永久奋斗是非常要紧的，如果要讲道德就应该讲这一条道德。模范青年就要在这一条上做模范。其他方面要做模范的是非常之多的，例如，在政治上要有一个正确的方向，但是光有这个正确的政治方向是不够的，过了三年五年，就把它丢了，那还不是枉然？所以，有了正确的政治方向后，还要坚定，就是说，要有"坚定正确的政治方向"。这个方向是不可动摇的，要有"富贵不能淫，贫贱不能移，威武不能屈"的骨气来坚持这个方向。这样的青年，才是真正的模范青年。这样的道德，才算是真正的政治道德。我们对道德是这样的看法。

——《永久奋斗》，《毛泽东文集》第二卷，人民出版社1993年版，第91页。

【赏析】

本文选自《孟子·滕文公下》。主要是孟子与纵横家景春讨论什么人是大丈夫，即有志气、有节操、有作为的男子汉。孟子提出了大丈夫的三项标准："富贵不能淫，贫贱不能移，威武不能屈。"意思是说，不因金钱和地位的引诱而惑乱；不因家庭贫穷，地位低下而变节；不因武力或权势的威胁而屈服。这样的人才算得上是真君子、大丈夫。

抗日战争胜利结束以后，国民党反动派积极准备内战，爱国学生掀起反饥饿、反内战的民主运动。国民党反动派残酷镇压，1946年7月11日，中国民主同盟中央执行委员会执行委员李公朴在昆明被国民党特务暗杀，毛泽东、朱德联名致电其夫人张曼筠女士，高度赞扬"先生尽瘁救国事业与进步文化事业，威武不屈，富贵不淫"的崇高献身精神，将为"先生不朽之光荣"。

1939年5月30日，毛泽东在延安庆贺青年模范大会上所作的《永久奋斗》的报告中，讲到青年模范学生要在道德上做模范，就是要有一个坚定正确的政治方向，而且用孟子所讲的"富贵不能淫，贫贱不能移，威武不能屈"的骨气去坚持，永不动摇，才堪称革命青年的模范。

【原文】

予岂好辩哉

公都子曰[1]："外人皆称夫子好辩，敢问何也？"

孟子曰："予岂好辩哉？予不得已也。天下之生久矣，一治一乱。当尧之时，水逆行，氾滥于中国，蛇龙居之，民无所定；下者为巢，上者为营窟[2]。《书》曰[3]：洚水警余。洚水者，洪水也。使禹治之。禹掘地而注之海，驱蛇龙而放之菹[4]；水由地中行，江、淮、河、汉是也。险阻既远，鸟兽之害人者消，然后人得平土而居之。

"尧舜既没，圣人之道衰，暴君代作[5]，坏宫室以为污池[6]，民无所安息；弃田以为园囿，使民不得衣食。邪说暴行又作，园囿、污池、沛泽多而禽兽至。及纣之身，天下又大乱。周公相武王诛纣[7]，伐奄三年讨其君，驱飞廉于海隅而戮之[8]，灭国者五十，驱虎、豹、犀、象而远之，天下大悦。《书》曰[9]：'丕显哉，文王谟！丕承者，武王烈！佑启我后人，咸以正无缺。'

"世道衰微，邪说暴行有作[10]，臣弑其君者有之，子弑其父者有之。孔子惧，作《春秋》。《春秋》，天子之事也；是故孔子曰：'知我者其惟《春秋》乎！罪我者其惟《春秋》乎！'

"圣王不作，诸侯放恣，处士横议[11]，杨朱[12]、墨翟之言盈天下[13]。天下之言不归杨，则归墨。杨氏为我，是无君也；墨氏兼爱，是无父也。无君无父，是禽兽也。公明仪曰：'庖有肥肉，厩有肥马；民有饥色，野有饿莩，此率兽而食人也。'杨墨之道不息，孔子之道不著，是邪说诬民，充塞仁义也。仁义充塞，则率兽食人，人将相食。吾为此惧，闲先圣之道[14]，距杨墨，放淫辞，邪说者不得作。作于其心，害于其事；作于其事，害于其政。圣人复起，不易吾言矣。

"昔者禹抑洪水而天下平，周公兼夷狄，驱猛兽而百姓宁，孔子成《春秋》而乱臣贼子惧。《诗》云[15]：'戎狄是膺，荆舒是惩，则莫我敢承。'无父无君，是周公所膺也。我亦欲正人心，息邪说，距诐行[16]，放淫辞[17]，以承三圣者；岂好辩哉？予不得已也。能言距杨墨者，圣人之徒也。"（《滕文公下》）

【注释】

（1）公都子，孟子的弟子。

（2）营窟，焦循正义云："此营窟当是相连为窟穴。"

（3）《书》，《尚书》。泽水警余，赵岐注云："《尚书》遗篇也。""海"和"洪"古音相同。

（4）菹（jū 居），泽生草。

（5）代作，焦循正义云："《说文》，代，更也。代作谓更代而作，非一君也。"

（6）污池，停积不流的小水坑。

（7）周公相武王二句，崔述《论语余论》云："'周公相武王诛纣'一句，'伐奄三年讨其君'一句；'伐奄'乃成王事，不得上承'相武王'言之。"

（8）驱飞廉于海隅而戮之，《史记·秦本纪》云："蜚廉生恶来。恶来有力，蜚廉善走，父子俱以材力事殷纣。周武王之伐纣，并杀恶来。是时蜚廉为纣石北方，还，无所报，为坛霍太山，而报得石棺，铭曰：'帝令处父（蜚廉别号），不与殷乱，赐尔石棺以华氏。'死遂葬于霍太山。"

（9）《书》曰数句，赵岐注云："《尚书》逸篇也。"按：梅赜窃以入伪古文《尚书·君牙篇》。承，继承。丕，大。

（10）有，同"又"。

（11）处士，《汉书·异姓诸侯王表》"处士横议"注云："师古曰：处士谓不官于朝而居家者也。"

（12）杨朱，其人其事又略见于《注子》《淮南子》诸书。

（13）墨翟（dí 笛）（前 468—前 376），春秋战国之际的思想家、政治家，墨家学说的创始人。相传为宋国人，后长期住在鲁国。他提倡"非攻""非无命""兼爱"的学说。本人更有"摩顶放踵，利天下为之"的实践精神，弟子很多，影响很大，与儒家并称为"显学"。现在《墨子》五十三篇。

（14）闲，《说文》："闲，阑也。从门中有木。"段玉裁注云："引申为防闲。"

（15）《诗》云四句，语出《诗经·鲁颂·閟宫》。戎狄，我国古代北方的两个民族。膺（yīng 应），击。荆，楚国。舒，国名。在今安徽庐江县。惩，罚。承，当，抵挡。

（16）诐（bì 币）行，偏颇、邪僻的行为。

（17）淫辞，荒唐的言论。

【毛泽东评说】

一九五四年九月，在中央人民政府委员会的一次临时会议上，毛泽东表示他赞同郭沫若的孔子之所以成为圣人，是因为他是革命党的观点。认为：说孔子著《春秋》而乱臣贼子惧，那是孟子讲的，其实孔子周游列国，就是哪里在造反他就到哪里去，孔夫子是革命党，此人不可一笔抹煞。

——陈晋：《毛泽东的文化性格》，中国青年出版社 1991 年版，
第 198—199 页。

圣人，既得大本者也；贤人，略得大本者也；愚人，不得大本者也。圣人通天达地，明贯过去现在未来，洞悉三界现象，如孔子之"百世可知"，孟子之"圣人复起，不易吾言"。孔孟对答弟子之问，曾不能难，愚者或震之为神奇，不知并无谬巧，惟在得一大本而已。执此以对付百纷，驾驭动静，举不能逃，而何谬巧哉？

——《致黎锦熙信》，《毛泽东早期文稿》，湖南出版社 1990 年版，
第 87 页。

当今之世，黯黮闭塞，非有强聒，狂澜谁鄣？奋其躬而有益于国与群，仁人君子所欲为也。又或谓搅神废日，此亦似矣。虽然，此乃所谓佞也。孟轲好辩，不得谓之佞；子贡存鲁、乱齐、破吴、强晋而霸越，不得谓之佞也。……苏张纵横，其舌未敝也，离朱巧察，其目不眯也。凡此用而弥盛者，所在多有，搅神之说，不足信矣。

——《致友人信》，《毛泽东早期文稿》，湖南出版社 1990 年版，
第 13 页。

【赏析】

本文选自《孟子·滕文公下》，主要讲孟子好辩的问题。作为一个杰出的学者和思想家，孟子要宣传自己的学说，因此也颇招人们的非议。孟子在回答他的学生公都子的提问时回答了这个问题：他不是故意好辩，而是像大禹、周公、孔子一样，为了捍卫仁政的理想，造福于世人，而挺身好辩的。

毛泽东很喜欢这篇文章，从青年时代起，曾多次在自己的书信、文章和讲话中引用此篇的话来说明现实问题。他早在 1915 年 7 月《致友人信》中说"孟轲好辩，不得谓之佞"，肯定了孟轲善辩。1916 年 8 月 23 日，毛泽东在致黎锦熙的信中，引用了"圣人复起，不得易吾言"（原作：不易吾言矣），肯定了圣人、贤人等杰出人物能抓住根本，把握历史发展动向，成就一番事业的作为。1954 年 9 月 14 日，在中央人民政府委员会一次临时会议上，毛泽东表示赞同郭沫若认为孔子是革命党的观点，并且引用本文中"孔子著《春秋》而乱臣贼子惧"，并说"其实孔子周游列国，就是哪里在造反他就到哪里去，孔夫子是革命党"，认为"此人不能一笔抹煞"。

【原文】

桀、纣之失天下

孟子曰："桀、纣之失天下也[1]，失其民也；失其民者，失其心也。得天下有道：得其民，斯得天下矣；得其民有道：得其心，斯得民矣；得其心有道：所欲与之聚之[2]，所恶勿施[3]，尔也[4]。民之归仁也[5]，犹水之就下、兽之走圹也[6]。故为渊驱鱼者[7]，獭也；为丛驱爵者[8]，鹯也；为汤、武驱民者[9]，桀与纣也。今天下之君有好仁者，则诸侯皆为之驱矣[10]。虽欲无王[11]，不可得已。今之欲王者，犹七年之病求三年之艾也[12]。苟为不畜[13]，终身不得。苟不志于仁，终身忧辱，以陷于死亡。《诗》云[14]，'其何能淑，载胥及溺。'此之谓也。"（《离娄上》）

【注释】

（1）桀、纣，夏桀和商纣，都是暴君，分别被商汤、周武王所灭。

（2）所欲与之聚之，给予他们并为他们聚积。与，为，介词。

（3）施，强加。

（4）尔也，如此而已。

（5）归仁，归于仁政。

（6）走圹，在旷野里奔跑。走，跑。圹，同"旷"，旷野。

（7）为渊驱鱼者二句，替水潭把鱼赶过来的是水獭。獭（tǎ 塔），水獭，哺乳类半水栖动物，主食鱼类。

（8）为丛驱爵者二句，替丛林把小鸟赶过来的是鹯鸟。爵，同"雀"。鹯（zhān 沾），一种凶猛的鸟，似鹰，食雀。

（9）汤、武，商汤，周武王，二人分别是灭夏桀和商纣，建立商朝和周朝。

（10）诸侯皆为之驱，诸侯都会替他们把百姓赶过来。

（11）虽欲无王二句，即使不想称王天下，也做不到了。

（12）艾，草名。中医用来做针灸疗法。干放时间长，疗效好。

（13）苟，如果。蓄，积蓄储存艾草。

（14）《诗》云三句，语出《诗经·大雅·桑柔》。其何，岂能。淑，善。载，语助词。胥，相。及，与。溺，溺水。

【毛泽东评说】

组织千千万万的民众，调动浩浩荡荡的革命军，是今天的革命向反革命进攻的需要。只有这样的力量，才能把日本帝国主义和汉奸卖国贼打垮，这是有目共见的真理。因此，只有统一战线的策略才是马克思列宁主义的策略。关门主义的策略则是孤家寡人的策略。关门主义"为渊驱鱼，为丛驱雀"，把"千千万万"和"浩浩荡荡"都赶到敌人那一边去，只博得敌人的喝采。

——《论反对日本帝国主义的策略》，《毛泽东选集》第一卷，人民出版社 1991 年版，第 155 页。

【赏析】

本文选自《孟子·离娄上》。主要讲国君要想得天下，就必须得到民众的支持，而能否得到民众拥护的关键是得民心。孟子还用"为渊驱鱼""为丛驱雀"两个生动形象的比喻来说明这个道理。1935 年 12 月，毛泽东在陕北瓦窑堡党的活动分子会议上作《论反对日本帝国主义的策略》的报告时，借用本篇"为渊驱鱼""为丛驱雀"两个比喻，形象地批判了党内极"左"势力反对抗日统一战线的关门主义策略。

【原文】

既不能令，又不受命

　　孟子曰："天下有道，小德役大德[1]，小贤役大贤；天下无道，小役大，弱役强。斯二者，天也。顺天者存，逆天者亡。齐景公曰[2]：'既不能令，又不受命，是绝物也。'涕出而女于吴[3]。今也小国师大国而耻受命焉，是犹弟子而耻受命于先师也。如耻之，莫若师文王。师文王，大国五年，小国七年，必为政于天下矣。《诗》云[4]：'商之孙子[5]，其丽不亿[6]。上帝既命，侯于周服[7]。侯服于周，天命靡常[8]。殷士肤敏[9]，裸将于京[10]。'孔子曰：'仁不可为众也[11]。夫国君好仁，天下无敌。'今也欲无敌于天下而不以仁，是犹执热而不以濯也。《诗》云：'谁能执热，逝不以濯[12]？'"（《离娄上》）

【注释】

　　（1）小德役大德，即"小德役于大德"，"于"字省略，下三句同。道德不高的人为道德高的人所役使。

　　（2）齐景公，春秋后期齐国君，公元前547年至前488年在位。绝物，断绝人事交往。赵岐注云："言诸侯既不能命令邻国，使之进退，又不能事大国往受教命，是所以自绝于物。物，事也；大国不与之通朝骋之事也。"

　　（3）涕出而女于吴，《说苑·权谋篇》："齐景公以其子妻阖闾，送诸郊，泣曰：'余死不汝见矣。'高梦子曰：'齐负海而县山，纵不能全收天下，谁干我？君爱则勿行。'公曰：'余有齐国之固，不能以令诸侯，又不能听，是生乱也。寡人闻之，不能令，则莫若从。'遂遣之。"

　　（4）《诗》云，语出《诗经·大雅·文王》。

　　（5）商，商朝。

　　（6）丽，数目。不亿，不止于一亿。古时以十万为亿。

（7）侯于周服，即侯服于周。侯，惟。服，臣服。

（8）靡常，无常。

（9）殷士，指殷朝后人。肤，毛传云："肤，美也。"敏，勉。

（10）裸（guàn贯），祭祀时，在神主前铺上白茅，将酒洒沥于茅上，像神饮酒，这叫作裸。将，献上祭品。京，指周朝都会镐京，旧址在今陕西省西安市。

（11）仁不可为众也，言众之不如德也。

（12）谁能执热二句，语出《诗经·大雅·桑柔》。段玉裁《经韵楼集·诗·执热解》："寻诗意，执热犹触热苦热，濯谓浴也。濯训为涤，沐以濯发，洗以濯足，皆得云濯。此诗谓谁能苦热而不澡浴以洁其体，以求凉快者乎？"逝，语气助词，无义。

【毛泽东评说】

一九五八年六月十七日，毛泽东在李富春六月十六日向中共中央政治局报送的关于第二个五年计划要点的报告上批语，其中说：没有现代化工业，哪有现代化国防？自力更生为主，争取外援为辅，破除迷信，独立自主地干工业、干农业、干技术革命和文化革命，打倒奴隶思想，埋葬教条主义，认真学习外国的好经验，也一定研究外国的坏经验——引以为戒，这就是我们的路线。经济战线上如此，军事战线上也完全应当如此。反对这条路线的人们如果不能说服我们，他们就应当接受这条路线。"既不能令，又不受命，是绝物也"，走进死胡同，请问有什么出路呢？

——黄丽镛：《毛泽东读古书实录》，上海人民出版社1994年版，第249—250页。

【赏析】

本文选自《孟子·离娄上》，其中心是所引齐景公的话："既不能令，又不受命，是绝物也。"用今天的话来说就是，既然不能命令别人，又不能接受别人的命令，只是死路一条。这便是孟子为诸侯国的国君们所设计的政治外交路线。

1958年6月17日，毛泽东在李富春向中共中央政治局提出的第二个五年计划要点的报告上所作的批示中，明确地提出我国社会主义建设要以"自立更生为主，争取外援为辅"的正确路线，有些同志一时可能还不太理解，贯彻执行不力，所以，毛泽东便援引齐景公说的那几句，敦促这些同志赶快接受这条路线，否则便自走绝路，给这些同志以当头棒喝。果然，收到了很好的效果。沿着这条正确路线，几十年来，特别改革开放以来，我们社会主义建设取得了令世人瞩目的成就，充分地说明了这条路线的生命力。

【原文】

人之患在好为人师

孟子曰："人之患，在好为人师[1]。"（《离娄上》）

【注释】

（1）患，毛病。

【毛泽东评说】

科学的态度是"实事求是"，"自以为是"和"好为人师"那样狂妄的态度是决不能解决问题的。

——《新民主主义论》，《毛泽东选集》第二卷，人民出版社1991年版，第662—663页。

【赏析】

本文选自《孟子·离娄上》。全文只记录了孟子的一句话："人之患在好为人师。"意思是说，人的毛病在于喜欢做别人的老师。现在说"好为人师"，指为人不谦，出言不恭，摆出一副教训别人的面孔，或津津乐道，好当教师爷。

毛泽东在《新民主主义论》中引用此语说明，不谦虚，狂妄自大，不实事求是的态度是不能解决中国文化的发展方向问题的。

【原文】

不为而后可为

孟子曰："人有不为也[1]，而后可以有为。"（《离娄下》）

【注释】

（1）为，做。

【毛泽东评说】

为了长期合作，统一战线中的各党派实行互助互让是必需的，但应该是积极的，不是消极的。……"有所不为而后可以有所为"，正是这种情形。没有红军的改编，红色区域的改制，暴动政策的取消，就不能实现全国的抗日战争。让了前者就得了后者，消极的步骤达到了积极的目的。"为了更好的一跃而后退"，正是列宁主义。

——《统一战线中的独立自主问题》，《毛泽东选集》第二卷，人民出版社1991年版，第537—538页。

【赏析】

本文选自《孟子·离娄下》。全文只有一句话："人有所不为也，而后可以有为。"意思是说，人要不做一些事，才能更好地去做想做的另一些事。包含着为与不为的辩证法，极富启发意义。

毛泽东在《统一战线中的独立自主问题》一文中，引用了孟子这句富有哲理的话，阐明了为了促成抗日民族统一战线的形成，我们在红军的改编，红色区域的改制，暴动政策的取消方面作了让步，这是"不为"；但以此促成第二次国共合作，抗日民族统一战线的形成，这便是"有为"。这种"有为"是以"不为"作为代价才实现的，这是切合抗日战争的需要的，也是符合马列主义的。

【原文】

君子之泽，五世而斩

孟子曰："君子之泽[(1)]，五世而斩[(2)]；小人之泽[(3)]，五世而斩。予未得为孔子徒也，予私淑诸人也[(4)]。"（《离娄下》）

【注释】

（1）君子，古代对统治者和贵族男子的通称。泽，恩泽，朱熹集注："犹言流风余韵。"

（2）世，代。

（3）小人，平民百姓，指被统治者。

（4）私淑，私有敬仰而未得到直接的传授。赵岐注云："淑，善也。我私善之于贤人耳，盖恨其不得学于大圣也。"

【毛泽东评说】

1967年，毛泽东推荐《触詟说赵太后》一文说："这篇文章反映了封建制代替奴隶制的初期，地主阶级内部，财产和权力的再分配。这种分配是不断进行的，所谓'君子之泽，五世而斩'，就是这个意思。我们不是代表剥削阶级，而是代表无产阶级和劳动人民，但如果我们不注意严格要求我们的子女，他们也会变质，可能搞资本主义复辟，无产阶级的财产和权力就会被资产阶级夺回去。"

——张贻玖：《毛泽东读史》，中国友谊出版公司1992年版，
第159—160页。

【赏析】

本文选自《孟子·离娄下》，主要是孟子自己谈他的学术渊源问题。孟子被后世称为儒学大师，对儒家学说有重大发展。《史记·孔子世家》说他是孔子的孙子子思的学生，有的又说他是子思之子子上的学生，这样算起来从孔子始已经是第五代了，就是说他是孔子的第五代再传弟子。相隔五代，孔子的思想对他到底有多大影响呢？看来就很难说了。所以孟子说：君子的流风余韵，五代以后便断绝了，小人的流风余韵，五代以后也断绝了。并且明确地说：我没能做大圣人孔子的门徒。那么，他的学问是哪里来的呢？他自称："我是私下向人学习来的。"至于向什么人学习，他没有说明，看来不是什么名人，也不是某一个人，而且这里边更包含着对自己发明创造的自信。

诗无达诂，文亦如此。毛泽东1967年4月在一次会议上推荐《触詟说赵太后》一文时，说文章反映了封建制代替奴隶制初期，地主阶级内部财产和权力的再分配，并说这种分配是不断进行的，所谓"君子之泽，五世而斩"，就是这个意思。由此讲到我们应严格教育子女，防止他们变质、搞资本主义复辟。这是无产阶级革命领袖在晚年对自己终生为之奋斗的事业的担心和忧虑。这种担心和忧虑应该说是很自然的，也是合情合理的。

【原文】

羞恶之心，人皆有之

公都子曰："告子曰[1]：'性无善无不善也。'或曰[2]：'性可以为善，可以为不善；是故文武兴[3]，则民好善；幽厉兴[4]，则民好暴。'或曰：'有性善[5]，有性不善；是故以尧为君而有象；以瞽瞍为父而有舜；以纣为兄之子，且以为君，而有微子启、王子比干。'今曰：'性善'，然则彼皆非与？"

孟子曰："乃若其情[6]，则可以为善矣，乃所谓善也。若夫为不善，非才之罪也[7]。恻隐之心，人皆有之；羞恶之心，人皆有之；恭敬之心，人皆有之；是非之心，人皆有之。恻隐之心，仁也；羞恶之心，义也；是非之心，礼也；是非之心，智也。仁义礼智，非由外铄我也[8]，我固有之也，弗思耳矣。故曰：'求则得之，舍则失之。'或相倍蓰而无算者[9]，不能尽其才者也。《诗》曰[10]：'天生蒸民，有物有则。民之秉彝，好是懿德。'孔子曰：'为此诗者，其知道乎！故有物必有则；民之秉彝也，故好是懿德。'"（《告子上》）

【注释】

（1）告子，孟子的学生。一说孟子的前辈。

（2）或曰，有人说。性可以为善，可以为不善，王充《论衡·本性篇》云："周人世硕以为性有善有恶，举人之善性养而致之，则善长；恶性养而致之，则恶长，故世子作《养书》一篇。宓子贱、漆雕开、公孙尼子之徒亦论性情，与世子相出入。"孔广森《经学卮言》云："公都子此问，即其说也。"《汉书·艺文志》有《世子》二十一篇。原注云："名硕，陈人，七十子之弟子。"为善，使它善良。

（3）文武，周文王和周武王，周代的两位贤君。

（4）幽厉，周幽王和周厉王，周朝的两个昏君。

（5）有性善，有性不善，《汉书古今人表序》云："孔子曰：'唯上智与下愚不移。'《传》曰：'譬如尧、舜、禹、稷、契与之为善，则行；鲧、骥兜欲与为恶，则诛。'可与为善，不可与为恶，是谓上智。桀、纣、龙逢、比干欲与之为善，则诛；于莘、崇侯与之为恶，则行。可与为恶，不可与为善，是谓下愚。"与此说相类似。性善，本性善良。

（6）乃若，转折连词，至于。情，指质性。戴震《孟子字义疏证》："情犹素也，实也。"

（7）才，指材性。《说文》："才，草木之初也。"草木初生叫才，人初生之性也可叫才。

（8）铄（shuò 朔），渗入，一说授予。

（9）蓰（xǐ 徙），五倍。

（10）《诗》云数句，语出《诗经·大雅·烝民》。毛传云："烝，众；物，事；则，法；彝，常；懿，美。"郑笺云："秉，执也。"

【毛泽东评说】

"羞恶之心，人皆有之"，人不害羞，事情就难办了。说梁先生对于农民问题的见解比共产党还高明，有谁相信呢？班门弄斧。比如说"毛泽东比梅兰芳先生还会做戏，比志愿军还会挖坑道，或者说比空军英雄赵宝桐还会驾飞机"，这岂不是不识羞耻到了极点吗？所以梁先生提出的问题，是一个正经的问题，又是一个不正经的问题，很有些滑稽意味。他说他比共产党更能代表农民，难道不滑稽吗?

关于孔夫子的缺点，我认为就是不民主，没有自我批评的精神，有点象梁先生。"吾自得子路而恶声不入于耳"，"三盈三虚"，"三月而诛少正卯"，很有些恶霸作风，法西斯气味。我愿朋友们，尤其是梁先生，不要学孔夫子这一套，则幸甚。

——《批判梁漱溟的反动思想》

【赏析】

本文选自《孟子·告子上》，主要讲孟子的性善论。旬子主张人性恶，孟子主张性善，还有本文提到的其他主张，所以，这在当时学术上是争论颇多的问题。孟子认为，从人天生的资质看，可以使它善良；至于有些人不善良，不能归罪于他的资质，而在于后天的习染。人类的善良资质，孟子指的是同情、羞恶心、恭敬心、是非心。这些资质在社会生活中体现出来，便是仁、义、礼、智、信，成为一种社会风范。这些共同的人性，一经培养，便会得到；一旦放弃，便会失掉。所以，孟子的性善论，肯定了人的共同性的一面，但他没有也不可能认识到它的差异性的一面，特别是阶级社会里人性的差异性。所以，马克思主义既承认有共同人性，也承认有差异性，在阶级社会里，只有具体的人性，没有抽象的人性，只有带着阶级性的人性，而不是相反。这就是马克思主义的人性观。

【原文】

口之于味，有同耆焉

孟子曰："富贵，子弟多赖[1]；凶岁[2]，子弟多暴，非天之降才尔殊也，其所以陷溺其心者然也。今夫麰麦[3]，播种而耰之[4]，其地同，树之时又同，浡然而生[5]，至于日至之时[6]，皆熟矣。虽有不同，则地有肥硗[7]，雨露之养，人事之不齐也。故凡同类者，举相似也，何独至于人而疑之?圣人，与我同类者。故龙子曰[8]：'不知足而为屦[9]，我知其不为蒉也[10]。'

先秦

屦之相似，天下之足同也。口之于味，有同耆也；易牙先得我⁽¹¹⁾口之所耆者也。如使口之于味也，其性与人殊⁽¹²⁾，若犬马之与我不同类也，则天下何耆皆从易牙之于味也？至于味，天下期于易牙，是天下之口相似也。惟耳亦然⁽¹³⁾。至于声，天下期于师旷⁽¹⁴⁾，是天下之耳相似也。惟目亦然。至于子都⁽¹⁵⁾，天下莫不知其姣也。不知子都之姣者，无目者也。故曰，口之于味，有同耆焉；耳之于声，有同听焉；目之于色，有同美焉。至于心，独无所同然乎？心之所同然者何也？谓理也，义也。圣人先得我心之所同然耳。故理义之悦我心，犹刍豢之悦我口⁽¹⁶⁾。"（《告子上》）

【注释】

（1）赖，通"懒"。

（2）凶岁，荒年。

（3）麰（móu 牟）麦，大麦。

（4）耰（yōu 忧），耪地，耙松其土并使土块细。

（5）浡（bó 伯）然，旺盛之状。

（6）日至，指夏至。

（7）硗（qiāo 敲），土地瘠薄。

（8）龙子，即公孙龙，字子秉，赵国人，战国时期名家代表物。著有《坚白论》《白马论》，后人辑有《公孙龙子》一书。

（9）屦（jù 据），麻、葛等制成的单底鞋。

（10）蒉（kuì 愧），草编的筐子。

（11）易牙，《左传·僖公十七年》："雍巫有宠于卫共姬，因寺人貂以荐羞于公。"杜预注："雍巫，雍人，名巫，即易牙。"其人为齐桓公宠臣，其故事散见于周秦古籍。

（12）与人殊，即"人与人殊"，人人不同。

（13）惟，句首语助词，无义。

（14）师旷，字子野，春秋时晋国音乐家。

（15）子都，《诗经·郑风·山有扶苏》："不见子都，乃见狂且。"毛传云："子都，世之美好者也。"

（16）刍豢（huàn 患），草食叫刍，羊牛等动物；谷食叫豢，狗猪之类。

【毛泽东评说】

一九六一年一月二十三日下午四点半，何其芳接到电话通知，让他立即到毛泽东那里去。毛泽东先谈了《不怕鬼的故事》的序的修改意见，最后谈了一个很重要的美学理论问题。毛泽东说：各个阶级有各个阶级的美。各个阶级也有共同美。"口之于味，有同嗜焉。"

——何其芳：《毛泽东之歌》，《人民文学》1977 年第 9 期。

【赏析】

本文选自《孟子·告子上》，主要探讨人的共同性问题。孟子从收成好坏对人们性格形成的不同影响，说到天下人的草鞋织得大体相同，是因为人的脚都大体相同的缘故。进而论到口对于味道，有相同的嗜好；耳对于声音，有相同的听觉；眼睛对于容色，有相同的美感。最后归结为人们的内心，对于义理也是相同，这正像猪狗牛羊肉合乎我的口味一般。孟子精辟地阐明了人类在物质和精神需求两面都有共同性的一面。但孟子所谈不是阶级论，当然认识不到其阶级差异性的一面。这个问题一直是古今中外美学理论中一个重要问题，一个长期争论不休的问题，也是马克思主义者没有明确解决的问题。毛泽东对这个问题谈了自己的见解："各个阶级有各个阶级的美。各个阶级也有共同美。"这首先坚持了阶级论，阐明了阶级社会里美是有阶级性的，多个阶级有多个阶级的美，这是为中外艺术发展史证明了的不争的事实；但同时又肯定了多个阶级又有共同美。这也是一个不争的事实，一个美学的共同规律。不承认这一点，便是机械唯物主义者，也就背离了马列主义，违背了事物发展的辩证规律。但到底什么是"共同美"呢？毛泽东引用"口之于味，有同耆焉"加以解释，所谓"人同此心，心同此理"。这就用心理学的方法、接受美学的方法，阐明了共同美赖以产生的鉴赏主体方面的原因，为揭开共同美的奥秘作出了重大贡献。当然，形成共同美还有文艺作品方面的原因和社会生活影响方面的原因，这是不言而喻的。

【原文】

鱼，我所欲也

孟子曰："鱼⁽¹⁾，我所欲也；熊掌⁽²⁾，亦我所欲也。二者不可得兼，舍鱼而取熊掌者也。生，亦我所欲也；义，亦我所欲也。二者不可得兼，舍生而取义者也。"

"生亦我所欲，所欲有甚于生者，故不为苟得也⁽³⁾。死亦我所恶，所恶有甚于死者，故患有所不辟也⁽⁴⁾。

"如使人之所欲莫甚于生，则凡可以得生者，何不用也⁽⁵⁾？使人之所恶莫甚于死者，则凡可以群患者，何不为也？由是则生，而有不用也。由是则可以辟患，而有不为也。是故所欲有甚于生者，所恶有甚于死者；非独贤者有是心也，人皆有之，贤者能勿丧耳⁽⁶⁾。

"一箪食⁽⁷⁾，一豆羹⁽⁸⁾，得之则生，弗得则死；嘑尔而与之⁽⁹⁾，行道之人弗受⁽¹⁰⁾；蹴尔而与之⁽¹¹⁾，乞人不屑也⁽¹²⁾。

"万钟则不辨礼义而受之⁽¹³⁾，万钟于我何加焉⁽¹⁴⁾？为宫室之美⁽¹⁵⁾，妻妾之奉，所识穷乏者得我与⁽¹⁶⁾？

"乡为身死而不受⁽¹⁷⁾，今为宫室之美为之；乡为身死而不受，今为妻妾之奉为之；乡为身死而不受，今为所识穷乏者得我而为之：是亦不可以已乎⁽¹⁸⁾？此之谓失其本心⁽¹⁹⁾。"（《告子上》）

【注释】

（1）鱼二句，鱼是我想要的。

（2）熊掌，熊的脚掌。鱼和熊掌都是美味，熊掌尤美。

（3）苟得，苟且求得生存。指只为求生，不择手段。

（4）患，祸患。辟，同"避"。

（5）何不用也，什么手段不可以用呢？

（6）丧，丧失。

（7）箪（dān 单）食，用竹篮盛饭。箪，竹制或苇编的盛器。

（8）豆，古代盛肉或其他食品的器皿。羹，本指五味调和的浓汤，亦泛指煮成浓液的食品。

（9）嘑（hū 忽）尔而与之，轻蔑地呼喝着给他吃。

（10）行道之人，路上的一般行人。

（11）蹴（cù 促），践踏。

（12）不屑，不以为洁。屑，洁。

（13）万钟，很厚的俸禄。钟，古代的量器。六斛四斗为一钟。

（14）何加，有什么益处。

（15）为（wèi 卫），为了。

（16）所识穷乏者得我，我所认识的贫困的人受到我的恩惠而感激我。得，同"德"，感恩。

（17）乡，同"向"，从前，先前。

（18）已，止。这里是止而不为的意思。

（19）本心，指羞恶的心。

【毛泽东评说】

1959 年 6 月 27 日，毛泽东准备离开韶山去长沙，中午在松山设宴向父老乡亲告别。在座的有杨子嘉烈士的父亲杨舜琴。席间，毛泽东给杨舜琴敬了块清蒸鱼，说："舜老，舜老，您是儒医。"杨回答说："不，我是愚蠢之愚。""那不是，是儒医之儒。"毛泽东又夹了块鱼放到自己碗里，并借用孟子的话说："鱼我所欲也，儒亦我所欲也。"杨十分钦佩毛泽东知识的渊博和对长者的尊重。

——赵志超：《毛泽东和他的父老乡亲》，湖南文艺出版社 1992 年版，第 176—177 页。

【赏析】

本文选自《孟子·告子上》，主要是讲人不可为物欲所蔽。文章先以鱼和熊掌不可兼得而舍鱼取熊掌为喻，引出生与死不可得兼而舍生取义；再从反面来说，人能不贪生，不辟患，说明人皆有羞恶之心。又举比喻，说明人有宁死而不食者，为什么贪万钟之禄、宫室美、妻妾之奉，等等，

先

秦

165

这些身外之物，对人的关系比生死为轻，最后自然揭示人不应该为物欲所蔽的题旨。本篇委曲宛转地从人们最容易理解的事物说起，然后逐渐折入正文，一层一层深入地分析下去，最后才揭出题旨，使读者自然而然地信服，加强了文章的感染力量。

毛泽东在1959年6月29日离开故乡韶山前设宴招待父老乡亲，向杨舜琴老人敬献一块清蒸鱼，并尊称杨老是"儒医"，然后自己也夹了一块放在自己碗里，说："鱼我所欲也，儒亦我所欲也"，既表现了毛泽东尊老敬贤的美德，又体现了我们党对知识分子的尊重。

【原文】

心之官则思

公都子问曰⁽¹⁾："钧是人也⁽²⁾，或为大人，或为小人，何也？"

孟子曰："从其大体为大人⁽³⁾，从其小体为小人⁽⁴⁾。"

曰："钧是人也，或从其大体，或从其小体，何也？"

曰："耳目之官不思，而蔽于物⁽⁵⁾。物交物，则引之而已矣⁽⁶⁾。心之官则思，思则得之⁽⁷⁾，不思则不得也。此天之所与我者⁽⁸⁾。先立乎其大者，则其小者不能夺也。此为大人而已矣。"（《告子上》）

【注释】

（1）公都子，孟子的学生。

（2）钧，同"均"，同。

（3）从，随。大体，即下文所说的心之官。

（4）小体，即下文所说的耳目之类的器官。

（5）蔽于物，被外物表象所蒙蔽。

（6）物交物二句，耳目也只是一物罢了，因此外物一旦与其接触，便不难将其吸引过去。

（7）得之，朱熹集注："得其理。"

（8）此，指心。一说指耳、目、心，亦通。我，我们，指人类。

所谓开动机器，就是说，要善于使用思想器官。……列宁斯大林经常劝人要善于思索，我们也要这样劝人。脑筋这个机器的作用，是专门思想的。孟子说："心之官则思。"他对脑筋的作用下了正确的定义。凡事应该用脑筋好好想一想。俗话说："眉头一皱，计上心来。"就是说多想出智慧。要去掉我们党内浓厚的盲目性，必须提倡思索，学会分析事物的方法，养成分析的习惯。

> ——《学习和时局》，《毛泽东选集》第三卷，人民出版社1991年版，
> 第948—949页。

【赏析】

本文节选自《孟子·告子上》，主要讲心脏这个重要器官的职能是思考，而这个器官则是天生的。人类善于思考，满足身体重要器官的需要是君子，求满足耳目等身体次要器官需要的是小人。1944年4月，毛泽东在延安高级干部会议上作《学习和时局》演讲时，曾引述本文"心之官则思"的警句，并评价说孟子"对脑筋的作用下了正确的定义"，并且说："凡事应该用脑筋好好想一想。"

【原文】

《小弁》之怨

公孙丑问曰："高子曰[(2)]：'《小弁》[(3)]，小人之诗也。'"

孟子曰："何以言之？"

曰："怨。"

曰："固哉[(4)]，高叟之为诗也[(5)]！有人于此，越人关弓而射之[(6)]，则己谈笑而道之；无他，疏之也。其兄关弓而射之，则己垂涕泣而道之[(7)]；无他，戚之也[(8)]。《小弁》之怨，亲亲也[(9)]。亲亲，仁也。固矣夫，高叟之为诗也！"

曰："《凯风》何以不怨[(10)]？"

曰："《凯风》，亲之过小者也；《小弁》，亲之过大者也。亲之过大

先

秦

167

而不怨，是愈疏也；亲之过小而怨，是不可矶也⁽¹¹⁾。愈疏，不孝也；不可矶，亦不孝也。孔子曰：'舜其至孝矣，五十而慕⁽¹²⁾。'"（《告子下》）

【注释】

（1）公孙丑，孟子的学生。

（2）高子，齐国人。

（3）《小弁（pán 盘）》，《诗经·小雅·小弁》。周幽王宠爱褒姒，废申后，迁太子宜臼（周平王），立褒姒为后、褒姒之子伯服为太子。这首诗当是宜臼所作，讽刺幽王，斥责谗人，并以自伤。

（4）固，死板，不知变通。

（5）为诗，讲诗，治诗。

（6）越人，越国人。这里借指不相干的外人。关弓，弯弓。

（7）垂涕，挂着眼泪。泣，哭。

（8）戚，亲。

（9）亲亲，热爱亲人。这句话是说《小弁》的怨恨是基于对亲人的热爱。

（10）《凯风》，《诗经·风》中的一篇。写卫国一个妇人，生了七个儿子，因家境贫困，想要改嫁。她的儿子们唱出这首歌以自责并慰其母。

（11）不可矶，经不起稍微一激，即一触即跳之意。矶，水激石。

（12）慕，怨慕。这二句是说，舜到了五十岁，对于父母的亲疏变化，仍不免有怨恨号哭的时候，说明他对父母的感情还是很深的。《孟子·万章上》："万章问曰：'舜往于田，号泣于旻天，何为其号泣也？'孟子曰：'怨慕也。'"又云："五十而慕者，予于大舜见之矣。"

【毛泽东评说】

语云：越人弯弓而射之，则己弯弓而射之，其兄弯弓而射之，则己垂涕泣而道之。此垂涕泣而道之言也，先生岂不以为河汉乎？"开发西北"，"建设西北"，先生之志则大矣，先生之办法则不可。

——《致邵力子（1936 年 9 月 8 日）》，《毛泽东书信选集》，人民出版社 1991 年版，第 54—55 页。

【赏析】

本文节选自《孟子·告子下》，主要围绕对《诗经·小雅·小弁》和《诗经·邶风·凯风》的评论，阐述了讲诗不能机械。《小弁》是写太子宜臼被弃的哀痛之情的，孟子认为不能认为是小人之诗。他打比方说，这里有个人，如果越国人张开弓去射他，他可以有说有笑地讲述这件事；这是因为越国人和他关系疏远。如果他哥哥张开弓去射他，他会哭哭啼啼地讲述这件事，因为哥哥是亲人。《小弁》的怨恨，正是热爱亲人的缘故。《小弁》中父母的过错大，而不抱怨，是疏远父母；《凯风》中母亲过错小，却去抱怨，是反而激怒自己。这两种情况都是不孝。像孔子所说舜五十岁还依恋父母才是最孝顺的人。

毛泽东在 1936 年 9 月 8 日致国民党陕西省政府主席邵力子的信中，曾根据需要改用本文中的"越人关弓而射之"数句。毛泽东把话作改动是为了配合当时的形势，意思是对敌人的进攻（日寇），则应针锋相对予以还击，而痛心的是自己的同胞（指国民党军队）对自己的进攻，从而表达了停止内战，一致抗日的意愿。

【原文】

专心致志

孟子曰："无或乎王之不智也⁽¹⁾。虽有天下易生之物也，一日暴之⁽²⁾，十日寒之，未有能生者也。吾见亦罕矣，吾退而寒之者至矣，吾如有萌焉何哉？今夫弈之为数⁽³⁾，小数也；不专心致志，则不得也。弈秋，通国之善弈者也。使弈秋诲二人弈，其一人专心致志，惟弈秋之为听。一人虽听之，一心以为有鸿鹄将至⁽⁴⁾，思援弓缴而射之⁽⁵⁾，虽与之俱学，弗若之矣。为是其智弗若与？曰：非然也。"（《告子上》）

【注释】

（1）或，同"惑"，怪。

（2）暴（pù 铺），"曝"的古字，晒。

（3）弈，《说文》："弈，围棋也。"数，赵岐注云："数，技也。"

（4）鸿鹄，朱骏声在《说文通训定声》中云："凡鸿鹄连文者，即鹄也。"鹄，今名天鹅。

（5）缴（zhuó 灼），《说文》："缴，生丝缕也。"缴本是生丝缕，用它来系在箭上，因此称系着丝线的箭为缴。

【毛泽东评说】

为使此项工作切实进行和迅速生效起见，各地必须依照中央指示，设置专门部门，调派大批干部，专心致志，从事此项工作。

——《一九四六年解放区工作的方针》，《毛泽东选集》第四卷，人民出版社1991年版，第1175页。

【赏析】

本文选自《孟子·告子上》，孟子以两人同向弈秋学下围棋为例，一人专心致志，一人心有旁骛，效果大不相同，说明如果不专心致志，连一件小技艺也学不到。孟子阐明的这个道理有普遍性，他所创造的"专心致志"便成了极富生命力的成语。

毛泽东在《一九四六年解放区的工作方针》中使用"专心致志"这个成语，在于告诉我们应当采取一种正确的工作态度和有效的工作方法。这无论是过去、现在和将来，都是适用的。在社会主义现代化建设的今天，我们每个人都应专心致志地做好自己的本职工作。

【原文】

距人于千里之外

鲁欲使乐正子为政⁽¹⁾。孟子曰："吾闻之，喜而不寐。"

公孙丑曰："乐正子强乎？"

曰："否。"

"有知虑乎？"

曰："否。"

"多闻识乎？"

曰："否。"

"然则奚为喜而不寐？"

曰："其为人也好善(2)。"

"好善足乎？"

曰："好善优于天下(3)，而况鲁国乎？夫苟好善，则四海之内皆将轻千里而来告之以善(4)；夫苟不好善，则人将曰：'訑訑(5)，予既已知之矣(6)。'訑訑之声音颜色距人于千里之外(7)。士止于千里之外，则谗谄面谀之人至矣(8)。与谗谄面谀之人居，国欲治，可得乎？"（《告子下》）

【注释】

（1）乐正子，赵岐注云："乐正克也。"

（2）好善，赵岐注云："乐闻善言，是采用之也。"

（3）优于天下，优于治天下之意。

（4）轻，朱熹集注："轻，易也；言不以千里为难也。"

（5）訑訑（yí夷），赵岐注云："自足其智不嗜善言之貌。"

（6）既，尽。

（7）距，同"拒"。

（8）谗谄面谀之人，说小话是谗，谄是揣度别人心意而说逢迎的话。

【毛泽东评说】

在蒋介石的三月一日的演说里，对于中国共产党代表中国人民的公意而提出的召开党派会议和成立联合政府一项主张，则拒之于千里之外。对于组织一个所谓有美国人参加的三人委员会来"整编"中共军队，则吹得得意忘形。

—— 《赫尔利和蒋介石的双簧已经破产》，《毛泽东选集》第三卷，人民出版社1991年版，第1110页。

先
秦

【赏析】

本文选自《孟子·告子下》，主要叙写孟子政治思想的另一个方面，即"喜好善言"，不"与谗谄面谀之人居"等，在今天看来，也还有一定的积极意义。文中的"距人于千里之外"，却是一句富有生命力的语言，长期被人们使用着。

毛泽东在《赫尔利和蒋介石的双簧已经破产》一文中援引"拒人于千里之外"这句话，揭露了蒋介石反对召开党派会议和成立联合政府、坚持独裁统治的险恶用心。

【原文】

以邻为壑

白圭曰[1]："丹之治水也愈于禹[2]。"

孟子曰："子过矣[3]。禹之治水，水之道也，是故禹以四海为壑[4]。今吾子以邻国为壑。水逆行[5]，谓之洚水。洚水者，洪水也，仁人之所恶也。吾子过矣。"（《告子下》）

【注释】

（1）白圭，名丹，周人。曾相魏，筑堤治水，善生产，生存年代与孟子相当而略小于孟子。

（2）丹之治水，《韩非子·喻志篇》："白圭之行隄也，塞其穴，是以无水难。"可见白圭的治水在于修筑堤防，水往往流入邻国，所以孟子说他"以邻为壑"。愈于禹，胜过夏禹。

（3）子，您，尊称对方。过，错。

（4）水之道，顺着水的本性。四海，指中国四周的领海，即东海、西海、南海、北海。壑（hè 贺），指受水处。

（5）水逆行，由于下游堵塞而导致水倒流。

必须反对只顾自己不顾别人的本位主义的倾向。谁要是对别人的困难不管，别人要调他所属的干部不给，或以坏的送人，"以邻为壑"，全不为别部、别地、别人想一想，这样的人就叫做本位主义者，这就是完全失掉了共产主义的精神。

——《整顿党的作风》，《毛泽东选集》第三卷，人民出版社1991年版，第824页。

【赏析】

本文节选自《孟子·告子下》，主要评论白圭与大禹治水的不同方法。战国时代，有一个叫白圭的人，善于用筑堤挡水的办法治水，自称治水的本领超过古代的大禹。孟子反驳他说：你错了，大禹治水是按水流的规律，使水流注入四海，而你却要"以邻为壑"，让水流向邻国，把邻国当成排泄洪水的沟壑。你这样做是为有道德的人所反对、所痛恨的，你错了。后来用"以邻为壑"比喻只图自己的利益，而把困难或祸害转嫁给别人。

毛泽东在《整顿党的作风》中引用"以邻为壑"这个典故，深刻地揭露和批判了那些只顾自己不顾他人，只顾本单位不顾全局的本位主义思想，号召全党提倡和弘扬顾全大局的集体主义精神和共产主义风格。

【原文】

天将降大任于斯人也

孟子曰："舜发于畎亩之中[1]，傅说举于版筑之间[2]，胶鬲举于鱼盐之中[3]，管夷吾举于士[4]，孙叔敖举于海[5]，百里奚举于市[6]。故天将降大任于斯人也，必先苦其心志，劳其筋骨，饿其体肤，空乏其身，行拂乱其所为，所以动心忍性[7]，曾益其所不能[8]。人恒过，然后能改；困于心，衡于虑[9]，而后作；征于色，发于声，而后喻。入则无法家拂士[10]，出则无敌国外患者[11]，国恒亡。然后知生于忧患而死于安乐也。"（《告子下》）

【注释】

（1）舜发于畎亩之中，相传舜耕于历山。畎（quǎn 犬），田间小沟。畎亩，田中。

（2）傅说举于版筑之间，傅说从筑墙的工作中被提举起来。据《史记·殷本纪》载，武丁夜梦得圣人，名叫说，后得说于傅险中。当时傅说正在服胥靡之刑，在傅险筑墙。武丁任为相，殷国大治。因说原无姓氏，武丁为其赐姓"傅"，叫傅说。版筑，古人筑墙，用两版相夹，中间填土，用杵砸实。

（3）胶鬲举于鱼盐之中，胶鬲从制盐工作中被提举起来。胶鬲，商纣之臣。

（4）管夷吾，即管仲，名夷吾，字仲，颍上人。春秋初期政治家。由鲍叔牙推荐，被齐桓公任命为相，进行改革，使齐桓公成为春秋时第一个霸王。事见《左传·庄公九年》。士，狱官之长。

（5）孙叔敖，芴氏，名敖，字孙叔，一字艾猎，春秋时期楚国期思（今河南固始）人。曾在淮河治水灌溉，楚庄王任为令尹。

（6）百里奚，春秋时秦国大夫。原为虞大夫，虞亡时被晋传去，作为陪嫁之臣送入秦国。出走到楚，被秦穆用五张牡黑羊皮赎回，任用为大夫，帮助秦穆公建立霸业。

（7）忍性，坚忍其性，使其性格坚强。

（8）曾，同"增"。

（9）衡于虑，思虑阻塞。衡，横，塞。

（10）入，国内。无法家拂士，没有有法度的大臣辅佐。拂，借为"弼"，辅佐。

（11）外，国外。无敌国外患者，没有相与抗衡的邻国和外患的忧惧。

【毛泽东评说】

1965 年 7 月，李讷从北京大学历史系毕业，毛泽东送自己喜爱的四句话给李讷："1. 天将降大任于斯人也，必先苦其心志，劳其筋骨，饿其体肤，空乏其身，行拂乱其所为，所以动心忍性，增益其所不能。2. 彻底的唯物主义者是无所畏惧的。3.道路是曲折的，前途是光明的。4.在命运的迎头痛击下头破血流但仍不回头。"

——晓峰、明军：《毛泽东之谜》，中国人民大学出版社1992年版，第188页。

【赏析】

　　本文选自《孟子·告子下》，主要讲一个人或一个国家必须经过内忧外患的磨炼才能生存或强大。孟子列举了古代的舜、傅说、胶鬲、管仲、百里奚等著名人物，他们都是在逆境中奋起成就一番事业的，说明天将把重大任务降临在他身上，一定要使他在心意、筋骨、体肤、肠胃诸方面经受艰苦磨炼，才能锻炼意志，增长才干，最后成就一番事业。孟子说明人是在实践中，特别是在逆境中锻炼成长的，是符合历史唯物主义的。因此为历代的有理想有抱负的志士仁人所服膺，也为伟大的无产阶级革命导师毛泽东所喜爱，并把它送给自己的爱女李讷，作为对她的勉励与期望。

【原文】

先生之志则大矣

　　宋牼将之楚⁽¹⁾，孟子遇于石丘⁽²⁾，曰："先生将何之⁽³⁾？"

　　曰："吾闻秦楚构兵⁽⁴⁾，我将见楚王说而罢之。楚王不悦，我将见秦王说而罢之。二王我将有所遇焉。"

　　曰："轲也请无问其详，愿闻其指。说之将何如？"

　　曰："我将言其不利也。"

　　曰："先生之志则大矣⁽⁵⁾，先生之号则不可⁽⁶⁾。先生以利说秦楚之王，秦楚之王悦于利，以罢三军之师，是三军之士乐罢而悦于利也。为人臣者怀利以事其君，为人子者怀利以事其父，为人弟者怀利以事其兄，是君臣、父子、兄弟终去仁义⁽⁷⁾，怀利以相接，然而不亡者，未之有也。先生以仁义说秦楚之王，秦楚之王悦于仁义，而罢三军之师，是三军之士乐罢而悦于仁义也。为人臣者怀仁义以事其君，为人子者怀仁义以事其父，为人弟者怀仁义以事其兄，是君臣、父子、兄弟去利，怀仁义以相接也，然而不王者，未之有也。何必曰利？"（《告子下》）

【注释】

（1）宋牼（kēng 坑），宋人，《庄子·天下》《荀子·非十二子》作宋鈃，《韩非子·显学》作宋荣，战国著名学者。其主张大旨为寡欲，见侮不以为侮，以救民三五斗；禁攻寝兵，以救当时之攻战；破除主观成见（别囿），以识万物之真相。

（2）石丘，宋国地名，一说今河南辉县市。

（3）先生，老教书先生。

（4）秦楚构兵，指楚怀王十七年（前312）楚与五国共击秦不胜之事，此为梁襄王元年，孟子已逾七十岁了。

（5）大，善。

（6）号，所用的提法。

（7）终，尽。

【毛泽东评说】

然而速胜论者也是不对的。……这些朋友们的心是好的，他们也是爱国志士。但是"先生之志则大矣"，先生的看法则不对，照了做去，一定碰壁。因为估计不符合真相，行动就无法达到目的；勉强行去，败军亡国，结果和失败主义者没有两样。所以也是要不得的。

——《论持久战》，《毛泽东选集》第二卷，人民出版社 1991 年版，
第 458 页。

【赏析】

本文选自《孟子·告子下》，主要记述了孟子批驳宋𥱼用"利"的观念去劝说秦楚两国罢兵休战的论点，宣扬了他的哲学思想的核心——"仁义"学说。孟子这种用"仁义"安天下的思想，是为统治阶级服务的。

毛泽东在《论持久战》中援引"先生之志则大矣"的话，批评速胜论的错误在于没有勇气承认敌强我弱的事实和我之长处的有限性，由此犯出或大或小的错误，"勉强行去，败军亡国，结果和失败主义者没有两样"。

【原文】

引而不发，跃如也

公孙丑曰："道则高矣，美矣，宜若登天然[1]，似不可及也；何不使彼为可几及而日孳孳也[2]？"

孟子曰："大匠不为拙工改废绳墨[3]，羿不为拙射变其彀率[4]。君子引而不发，跃如也[5]。中道而立[6]，能者从之。"（《尽心上》）

【注释】

（1）宜若，好像，大致像。宜，大概。

（2）可几及，几乎可以达到。孳孳，同"孜孜"，努力不懈之状。

（3）拙工，技术拙劣的木工。绳墨，木匠用来画直线的工具，引申为规矩。

（4）羿，即后羿，古代的善射者。彀率（gòu lǜ 够律），射中目标所需要弯弓的程度。

（5）引而不发二句，拉满了弓，却不放箭，摆出跃跃欲试的样子。

（6）中道，正确的道路。中，不偏不倚。

【毛泽东评说】

菩萨是农民立起来的，到了一定时期农民会用自己的双手丢开这些菩萨，无须旁人过早地代庖丢菩萨。共产党对于这些东西的宣传政策应当是："引而不发，跃如也。"

——《湖南农民运动考察报告》，《毛泽东选集》第一卷，人民出版社1991年版，第33页。

【赏析】

本文节选自《孟子·尽心上》，主要是讲教学方法的。孟子认为，高明的工匠不能因为拙劣的工人改变或废除规矩，也不能因为拙劣的射手变更拉弓的标准。善于教人射箭的人，他只拉满弓，不射出去，作出跃跃欲试的姿势。这里比喻君子教导别人，只教给学习的方法，重在启发引导，让人自己体会，自己去做。

毛泽东在《湖南农民运动考察报告》中引用"引而不发，跃如也"的话，是以如何处理农民对待菩萨为例，说明共产党应当引导农民提高政治觉悟，让群众自己起来进行革命斗争，而不应该对群众发号施令或包办代替。

【原文】

孳孳为利者

孟子曰："鸡鸣而起，孳孳为善者[(1)]，舜之徒也[(2)]；鸡鸣而起，孳孳为利者[(3)]，蹠之徒也[(4)]。欲知舜与蹠之分，无他，利与善之间也[(5)]。"（《尽心上》）

【注释】

（1）孳孳（zī 孜），同"孜孜"，努力不懈之状。为善，行善，做好事。

（2）舜之徒，虞舜一类人物。舜，传说中的上古帝王，圣君的典范。

（3）为利，谋求私利。

（4）蹠（zhí 直），亦作"跖"，春秋末年奴隶大起义领袖。一说姓展，奴隶主贵族诬称为"盗跖"。齐国和鲁国之间的柳下（今山东西部）人。《庄子·盗跖篇》："从卒九千人，纵横天下，侵暴诸侯，穴室枢户，驱人牛马，取人妇女。"

（5）间（jiàn 俭），异，不同。

【毛泽东评说】

1958年9月5日，毛泽东在第十五次最高国务会议上讲话，他说：有资产阶级的好大喜功，有无产阶级的好大喜功，两种好大喜功。有资产阶级的急功近利，有无产阶级的急功近利。"孳孳为利者，跖之徒也"，这大概是今天的资产阶级一类。孜孜为利者，资本家之徒也。我们呢？我们就是另外一种急功近利。

——黄丽镛：《毛泽东读古书实录》第 252 页，上海人民出版社 1994 年版，第 252 页。

【赏析】

本文选自《孟子·尽心上》，主要讲两类人的评价问题。在孟子看来，以"为善"和"为利"为标准可以把人们区分为两类，好人和坏人。但他站在统治者立场上，把农奴起义领袖视为孳孳为利的坏人显然是错误的。

毛泽东于 1958 年 9 月 5 日在第十五次最高国务会议上讲话中引用了孟子的"孳孳为利者，跖之徒也"，并说这大概是"今天的资产阶级一类。孳孳为利者，资本家之徒也"。显然是一种贬义，一种否定的态度。

【原文】

民贵君轻

孟子曰："民为贵，社稷次之[(1)]，君为轻[(2)]。是故得乎丘民而为天子[(3)]，得乎天子为诸侯，得乎诸侯为大夫。诸侯危社稷，则变置[(4)]。牺牲既成[(5)]，粢盛既洁[(6)]，祭祀以时[(7)]，然而旱干水溢，则变置社稷[(8)]。"（《尽心下》）

【注释】

（1）社稷，土神和谷神。古代建国时立社稷坛，按时祭祀。社稷代表国家。

（2）君，国君。

（3）丘民，田野之民，百姓。一说"丘"借为"区"，小。

（4）变置，此指另立国君。

（5）牺牲，为祭祀而宰杀的牲畜。

（6）粢（zī 资），供祭祀用的谷物。

（7）以时，依一定时间。

（8）变置社稷，改立社稷坛。

【毛泽东评说】

中国教育史有人民性的一面。孔子的有教无类，孟子的民贵君轻，荀子的人定胜天，屈原的批判君恶，司马迁的颂扬反抗，王充、范缜、柳宗元、张载、王夫之的古代唯物论，关汉卿、施耐庵、吴承恩、曹雪芹的民主文学，孙中山的民主革命，诸人情况不同，许多人并无教育专著，然而上举那些，不能不影响对人民的教育，谈中国教育史，应当提到他们。

——《对陆定一〈教育必须与生产劳动相结合〉一文的批语、按语和修改》，中共中央文献研究室编：《建国以来毛泽东文稿》第七册，中央文献出版社 1992 年版，第 340 页。

【赏析】

本文节选自《孟子·尽心下》，主要阐述孟子的民本思想。孟子认为，在百姓、国家、国君三者之间，百姓最贵重，国家次之，国君最轻，在一定程度上表现了孟子看重百姓的思想，但他并不主张百姓起来革命。

毛泽东在 1958 年修改陆定一《教育必须与生产劳动相结合》一文时加写的那段话中，把孟子的这种民贵君轻观点与孔子的有教无类、荀子的人定胜天思想等，提到人民性的高度加以肯定。

【原文】

春秋无义战

孟子曰："春秋无义战[1]。彼善于此[2]，则有之矣。征者[3]，上伐下也，敌国不相征也[4]。"（《尽心下》）

【注释】

（1）春秋，时代名。因鲁国编年史《春秋》得名。《春秋》编年从鲁隐公元年（前722）至鲁哀公十四年（前481）。现以周平王元年（前770）到周敬王四十四年（前476）为春秋时期。义，正义。春秋时期诸侯国之间互相征伐，故说"春秋无义战"。

（2）彼善于此，诸侯间那个比这个略好一点是有的。

（3）征者二句，征的原意是"正人"，诸侯有罪，天子讨伐以正之，才称为"征"。

（4）敌国，指同等级的诸侯国。

【毛泽东评说】

古人说"春秋无义战。"于今帝国主义则更加无义战，只有被压迫民族和被压迫阶级有义战。全世界一切由人民起来反对压迫者的战争，都是义战。

  ——《论反对日本帝国主义的策略》，《毛泽东选集》第一卷，人民出版社1991年版，第161页。

【赏析】

本文节选自《孟子·尽心下》，主要讨论战争的性质问题。这次讨论是由孟子和他的学生公孙丑谈到梁惠王时引起的。孟子认为，梁惠王是个不仁的君王，他为了争夺土地，驱使百姓去作战，使他们骨肉糜烂，打败了还准备再战，恐怕不能取胜，又驱使他们的子弟去送死，这是把自己不喜爱的东西强加给他所喜欢的人。孟子据此作出结论："春秋无义战"，其意思是说整个春秋时代，各诸侯国之间你攻我伐的战争都是为了争权夺利，没有什么正义可言。

毛泽东在《论反对日本帝国主义的策略》一文中引用了"春秋无义战"一语，说明了帝国主义的侵略战争和春秋时代的战争一样，都是非正义的，只有被压迫民族反对外来侵略和被压迫阶级起来革命的战争才是正义的。

先

秦

【原文】

同流合污

万子曰(1)："一乡皆称原人焉(2)，无所往而不为原人，孔子以为德之贼，何哉？"

曰(3)："非之无举也，刺之无刺也。同乎流俗，合乎污世，居之似忠信，行之似廉絜(4)，众皆说之，自以为是，而不可入于尧舜之道，故曰'德之贼也'。"（《尽心下》）

【注释】

（1）万子，即孟子的学生万章。

（2）原人，老实谨慎的人。

（3）曰，这里是孟子的回答。

（4）絜，通"洁"。

【毛泽东评说】

本军警告一切蒋军官兵，蒋政府官员，蒋党党员，凡是尚未沾染无辜人民鲜血的人们，切勿跟那些罪犯们同流合污。

——《中国人民解放军宣言》，《毛泽东选集》第四卷，人民出版社1991 年版，第 1238 页。

【赏析】

"同流合污"这个典故，出自《孟子·尽心下》。原文是记述孔子、孟子反对做老好人的故事。文中的"同乎流俗，合乎污世"一语，被人们精简为"同流合污"而长期使用着，意思是指随着坏人一起做坏事。

毛泽东在《中国人民解放军宣言》中引用"同流合污"这个成语，旨在最大限度地孤立国民党战争罪犯，以利于人民解放事业的顺利进行。

管　子

管子（？—前645），即管仲，名夷吾，字仲，颍上（颍水之滨）人，春秋初政治家。由鲍叔牙推荐，被齐桓公任命为卿，进行改革，分国都为十五士乡和六工商乡，分鄙野为五属，设各级官吏管理。并以士乡的乡里组织为军事编制。设有选拔人才制度。按土地好坏征税，扩充军备，调剂物价，发展盐铁业、铸造业，管理货币。从此国力大振。帮助齐桓公以"尊王攘夷"相号召，使之成为春秋时第一个霸主。他的改革措施和法治思想，对以后法家和进步思想家有一定影响。今存《管子》多为战国时齐国法家学派的著作。

【原文】

牧民·国颂

凡有地牧民者⁽¹⁾，务在四时，守在仓廪⁽²⁾。国多财，则远者来；地辟举⁽³⁾，则民留处。仓廪实，则知礼节；衣食足，则知荣辱。上服度⁽⁴⁾，则六亲固；四维张⁽⁵⁾，则君令行。故省刑之要，在禁文巧⁽⁶⁾。守国之度，在饰四维；顺民之经，在明鬼神。祇山川⁽⁷⁾，敬宗庙，恭祖旧⁽⁸⁾。不务天时，则财不生；不务地利，则仓廪不盈。野芜旷，则民乃菅⁽⁹⁾；上无量，则民乃妄。文巧不禁，则民乃淫。不璋两原⁽¹⁰⁾，则刑乃繁；不明鬼神，则陋民不悟⁽¹¹⁾；不祇山川，则威令不闻；不敬宗庙，则民乃上校⁽¹²⁾；不恭祖旧，教悌不备⁽¹³⁾；四维不张，国乃灭亡。

【注释】

（1）牧民，治民。古代统治者蔑视劳动人民，把官吏统治人民比作牧人牧养牲畜。

（2）仓廪（lǐn 懍），仓库。廪，米仓。

（3）辟举，开垦完了。举，尽。

（4）上服度，君上行礼度。服，行。

（5）四维，指礼、义、廉、耻。见《牧民·四顺》。四维原为管仲协作齐桓公推行政令时所据的准则。

（6）文巧，华丽奇妙。

（7）祗（zhǐ 止），敬。

（8）恭祖旧，恭承祖宗旧法。

（9）菅（jiān 肩），通"奸"。

（10）不璋两原，璋，通"章"，明。两原，指上无量是妄之源和不禁文巧是淫之源。原，通"源"。

（11）不悟，指不悟鬼神有尊卑的不同。

（12）校，效。

（13）孝悌，孝，指对父母，祖先尽孝道；悌，指顺从兄长。

【毛泽东评说】

"势利小人是句古话，与之相对的是道义君子。凡是小人，都崇拜权力，但这从来为圣贤所耻笑。三四千年以来，中国的学者都信奉这一真理。孔子说：'君子忧道不忧贫。'孟子也说：'饱乎仁义者，所以不愿人之膏粱之味也。'汉朝的董仲舒说'正其义不谋其利，明其道不计其功。'人类的行为准则正是建立在这些圣贤遗训上，但金钱与政治势力太大，以致破坏这些准则。"我说。

毛泽东反驳说："听起来是这么回事，但在现实生活中很难坚持这种准则。一个人快要饿死的时候他不会想到道德修养问题的。至于我自己比校信管仲的话：'衣食足而后知荣辱。'这正好和孔子的说法相反，他说：'君子谋道不谋食'。"

我继续争辩道："你知道这句古谚吗？叫做'道高一尺，魔高一丈。'人类的道德进步总是很慢的，但物质进步却非常迅速。所以这句话的意思可以这样理解：每当物质进步百分之十，道德进步只有百分之一。飞机和军备的发展不是很快吗。枪炮的威力越来越大，杀的人也越来越多。这本身就说明了人类道德进步是多么贫乏。中国圣人总是强调道德主义，但仍很难说服人类改变他们低劣的本性。"

毛泽东说："所有这些道德说教在原则上都是冠冕堂皇的，但却无法拯救濒于饿死的人类！"

——萧瑜：《我和毛泽东的一段曲折经历》，昆仑出版社1989年版，第126—127页。

【赏析】

本文选自《管子·牧民·国颂》，主要讲天子治理国家的问题。管子认为，国君要治理好国家主要有两条：一是不违农时，尽辟土地，使百姓丰衣足食，知道礼节、荣辱。二是国君以礼、义、廉、耻等"四维"教化民众，再借助宗庙、鬼神的力量，便可使民驯服，国家昌盛；否则，国家便会灭亡。文中的"仓廪实，则知礼节；衣食足，则知荣辱"，是其名句，为后代人们所使用。

据萧瑜《我和毛泽东的一段曲折经历》中记载，1917年夏，他和毛泽东"游学"途中曾经辩论过衣食与礼节、荣辱的问题，萧瑜认为孔子说的"君子谋道不谋食"等是对的，是"人类的行动准则"，不应破坏。而毛泽东则比较信管仲的话："衣食足而后知荣辱。"因为"一个人快要饿死的时候他不会想到道德修养问题的"。而孔子的"君子谋道不谋食"等"所有这些道德说教在原则上都是冠冕堂皇的，但却无法拯救濒于饿死的人类"，一语破的，戳穿了封建礼教的虚伪性。

【原文】

十年树木，百年树人

一年之计，莫如树谷[1]；十年之计，莫不树木；终身之计，莫如树人[2]。一树一获者，谷也；一树十获者，木也；一树百获者[3]，人也。我苟种之，如神用之[4]。举事如神，唯王之门[5]。（《权修》）

【注释】

（1）树谷，种植五谷。树，种植。

（2）树人，培养人。树，培养。

（3）百获，喻指培养人才可获益长久。

（4）如神用之，意谓一树百获，眼光短浅的人不懂得这个道理，以为是神机妙算。

（5）唯王之门，意谓君王应眼光远大、按神道施行教化，注重培养人才。

【毛泽东评说】

无产阶级没有自己的庞大的技术队伍和理论队伍，社会主义是不能建成的。……中国有句古话："十年树木，百年树人。"百年树人，减少九十年，十年树人。十年树木是不对的，在南方要二十五年，在北方要更多的时间。十年树人倒是可以的。我们已经过了八年，加上十年，是十八年，估计可能基本上造成工人阶级的有马克思主义思想的专家队伍。十年以后就扩大这个队伍，提高这个队伍。

——《做革命的促进派》

【赏析】

本文选自《管子·权修》。"十年树木""百年树人"是源出其中的警句，比喻培养人才是不容易的，要作长期打算。

1957年10月9日，毛泽东在中国共产党第八届中央委员会扩大的第三次全体会议上的讲话《做革命的促进派》中讲到我国知识分子的培养问题时，引用了管子的"十年树木，百年树人"的话，并把"百年树人"改为"十年树人"，来说明培养无产阶级的知识分子的计划。只有工作做好了，有马克思主义思想的专家队伍和理论队伍才有可能在比较短的时间内培养出来。

攻坚则轫

故凡用兵者，攻坚则轫[1]，乘瑕则神[2]。攻坚则瑕者坚[3]，乘瑕则坚者瑕[4]。故坚其坚者[5]，瑕其瑕者。（《制分》）

【注释】

（1）攻坚则轫，所攻坚固，则难以攻破。轫，牢固。

（2）乘瑕则神，所攻虚弱，顷刻瓦解，若有神助。瑕，虚脆。

（3）攻坚则瑕者坚，所攻虽坚，能令其虚弱，因为士卒坚强。

（4）乘瑕则坚者瑕，所乘虽虚弱，却好像很坚强，是士卒脆弱的缘故。

（5）故坚其坚者二句，意谓强卒攻强，弱卒攻脆。

【毛泽东评说】

1931年4月18日，"苏区中央局"扩大会议继续举行，各军军长、政委和红三军团的总指挥、总政委都到了。在面对敌人的第二次"围剿"，打不打的问题基本上解决后，紧接着讨论怎样打的问题。毛泽东从实际出发，以充分的理由说明了对这一次各个歼灭敌人的大体设想，和在打破"围剿"后转入战略进攻时的发展方向。毛泽东的意见提出后，大家都表示同意。关于先打弱敌还是先打强敌，毛泽东在会后闲谈时指出：他们不懂得在战略上也应该打弱的道理，这是古已有之的。《管子》中说："故凡用兵者，攻坚则轫，乘瑕则神。攻坚则瑕者坚，乘瑕则坚者瑕。"不是古人早已讲过了吗？

——郭化若：《横扫七百里的辉煌胜利》，《历史研究》1978年第1期。

【赏析】

本文选自《管子·制分》，主要是讲天子和君主应当如何指挥作战的。其中"故凡用兵者"几句，表现了管子主张先打弱敌再打强敌，以强攻强，以弱攻弱的战略战术思想。毛泽东面对第二次反"围剿"敌强我弱的严重态势，主张在战略上也应打弱，并援引管子的话来说服不懂这种战略的同志，结果胜利地粉碎了敌人的第二次"围剿"。

鹖冠子

鹖冠子，春秋时楚人，当齐威王、魏惠王之时。隐居深山，以鹖羽为冠，故称鹖冠子。《汉书·艺文志》道家著录《鹖冠子》一篇，至唐代已增为十六篇。今本为宋代陆佃注，增至十九篇。全书以道德为本旨，兼杂刑名阴阳之说。

【原文】

一叶障目，不见泰山

夫耳之主听，目之主明。一叶蔽目[1]，不见泰山；两豆塞耳，不闻雷霆[2]。(《天则》)

【注释】

（1）蔽目，亦作"障目"。

（2）雷霆，疾雷。《易·系辞上》："鼓之以雷霆，润之以风雨。"霆，劈雷。

【毛泽东评说】

然而速胜论者也是不对的。他们或则根本忘记了强弱这个矛盾，而单单记起了其他矛盾；或则对于中国的强处，夸大得离开了真实情况，变成另一个样子；或则拿一时一地的强弱现象代替了全体中的强弱现象，一叶障目，不见泰山，而自以为是。

——《论持久战》，《毛泽东选集》第二卷，人民出版社1991年版，第458页。

【赏析】

　　"一叶障目，不见泰山"出自《鹖冠子·天则》，是说一片小的叶子将眼睛蒙蔽了，看不见泰山这样大的东西，后来用以比喻被眼前的细小事物蒙蔽，看不清事物的主流和本质。

　　毛泽东在《论持久战》一文中引用"一叶障目，不见泰山"一语，批评了速胜论者片面地看问题，没有勇气承认敌强我弱的基本事实。

荀　子

荀子（约前313—前238），即荀况，又称荀卿、孙卿，战国时期赵国人。他游历过齐、赵、秦、楚诸国，在齐国做过祭酒，在楚国做过兰陵令。后来家居，著书，死后葬在兰陵。

荀子是孔子、孟子之后最著名的儒学大师。他学问渊博，重视实证，继承和发展了儒家学说，提倡"正名"，主张"法后王"，用礼法治天下，反对迷信天命，迷信鬼神，主张尽力发挥人的才能，利用自然，"制天命而用之"。

荀况所著的《荀子》，绝大部分是他自己作的。内容非常丰富，涉及哲学思想，政治问题，治理方法，立身处世之道，学术论辩等方面。文笔雄健绵密，结构谨严，有独特风格。

【原文】

天　论

天行有常⁽¹⁾；不为尧存⁽²⁾，不为桀亡⁽³⁾。应之以治则吉⁽⁴⁾，应之以乱则凶⁽⁵⁾。强本而节用⁽⁶⁾，则天不能贫；养备而动时⁽⁷⁾，则天不能病⁽⁸⁾；修道而不贰⁽⁹⁾，则天不能祸。故水旱不能使之饥，寒暑不能使之疾，祅怪不能使之凶⁽¹⁰⁾。本荒而用侈⁽¹¹⁾，则天不能使之富；养略而动罕⁽¹²⁾，则天不能使之全；倍道而妄行⁽¹³⁾，则天不能使之吉。故水旱未至而饥，寒暑未薄而疾⁽¹⁴⁾，祅怪未至而凶。受时与治世同⁽¹⁵⁾，而殃祸与治世异，不可以怨天，其道然也。故明于天人之分⁽¹⁶⁾，则可谓至人矣⁽¹⁷⁾。

治乱，天邪？曰：日月、星辰、瑞历⁽¹⁸⁾，是禹、桀之所同也⁽¹⁹⁾，禹以治，桀以乱，治乱非天也。时邪？曰：繁启、蕃长于春夏⁽²⁰⁾，畜积收藏于秋冬⁽²¹⁾，是又禹、桀之所同也，禹以治，桀以乱，治乱非时也。地邪？曰：得地则生，失地则死，是又禹、桀之所同也，禹以治，桀以乱，治乱非地也。《诗》曰[22]："天作高山，大王荒之，彼作矣，文王康之。"此之谓也。

星队[23]、木鸣[24]，国人皆恐。曰：是何也？曰：无何也。是天地之变，阴阳之化，物之罕至者也。怪之，可也；而畏之，非也。夫日月之有蚀，风雨之不时，怪星之党现[25]，是无世而不常有之[26]。上明而政平[27]，则是虽并世起[28]，无伤也；上暗而政险[29]，则是虽无一至者，无益也。夫星之队、木之鸣，是天地之变，阴阳之化，物之罕至者也。怪之，可也；而畏之，非也。

大天而思之[30]，孰与物畜而制之[31]。从天而颂之，孰与制天命而用之[32]。望时而待之[33]，孰与应时而使之。因物而多之，孰与骋能而化之[34]。思物而物之[35]，孰与理物而勿失之也。愿与物之所以生[36]，孰与有物之所以成。故错人而思天[37]，则失万物之情[38]。

【注释】

（1）天行，大自然的一切变化。天，自然或自然界。行，运行，变化。常，一定的规律。

（2）尧，唐尧，传说中的上古帝王，圣贤之君。

（3）桀，夏桀，夏朝最后一个国君，暴君。

（4）应之以治，即"以治应之"，用合理的办法来顺应自然规律。

（5）乱，不合理的措施。《荀子·不苟》："礼义之谓治，非礼义之谓乱。"

（6）本，指农桑生产，这是法家的观点。

（7）养备，养生之道周备。动时，行动适应天时变化。

（8）病，损害，伤害。

（9）修道，遵循礼义道德。不贰，不三心二意。

（10）祅怪，指自然灾害和变异。祅，同"妖"。

（11）荒，荒废。侈，侈奢。

（12）养略，养生之道偏废。略，残缺。动罕，缺少行动，怠惰。

（13）倍，通"背"，违背。

（14）薄，迫近，侵袭。

（15）受时，遭遇到的天时。治世，施行礼义的昌明时世。

（16）天人之分，自然和人事的分际。

（17）至人，最明事理的人。

（18）瑞历，自然的祥瑞现象。历，历象，天体运行的现象。

（19）禹，夏朝的第一个君主，历史上传称的圣王。

（20）繁，众多。启，萌芽。蕃，茂盛。

（21）畜，同"蓄"，蓄积。臧，同"藏"，收藏。

（22）《诗》曰五句，见《诗经·周颂·天作》篇。作，生，创造。高山，指岐山，在今陕西岐山县东北。大（tài太）王，即太王，亦称古公亶父，是周文王的祖父。荒，广大，引申为开辟。作，创立基业。康，安居。指周文王能安稳地继承下来。

（23）队，同"坠"，指流星下落。

（24）木鸣，指树木发出的爆裂的声音。

（25）党，同"傥"，偶然。

（26）常，同"尝"，曾经。

（27）上明，统治者开明。政平，政治清明。

（28）并世起，指星坠木鸣于同一时代发生。

（29）政险，政治酷虐。

（30）大天，以天为伟大，即把天看得很伟大。思，思慕。

（31）孰与，何不，何如。畜，畜养。制，控制。

（32）天命，指自然的变化规律。

（33）望时一句，与其坐待好时机，何不因时制宜地来使用它。望，盼望。

（34）因，听任。骋能，发挥能力。化，发展，变化。

（35）思物而物之，幻想把万物据为己有。物之，占有万物。

（36）愿与二句，与其指望万物的自然生长，何不去帮助万物使之繁衍生长。有，借为"佑"，促进。

（37）错，放弃。

（38）情，事物的实际情况。

【毛泽东评说】

中国教育史有人民性的一面。孔子的有教无类，孟子的民贵君轻，荀子的人定胜天，屈原的批判君恶，司马迁的颂扬反抗，王充，范缜、柳宗元、张载、王夫之的古代唯物论，关汉卿、施耐庵、吴承恩、曹雪芹的民主文学，孙中山的民主革命，诸人情况不同，许多人并无教育专著，然而上举那些，不能不影响对人民的教育，谈中国教育史，应当提到他们。

——《对陆定一〈教育必须与生产劳动相结合〉一文的批语、按语和修改》，中共中央文献研究室编：《建国以来毛泽东文稿》第七册，中央文献出版社 1992 年版，第 340 页。

【赏析】

本文是《荀子·天论》的节略。在这篇文字中，荀子发挥了他的思想的一个重要方面：天行有常，人定胜天。荀子所谓"天"，大抵接近于我们现在所说的"自然"或"自然界"。"天行有常"，是说大自然的发展变化有其客观规律性。这种客观规律不是以人的主观愿望而改变的；但是人能够认识它，顺应它，运用它，以趋吉避凶，消祸得福。荀子这样看待天道，目的是反对当时流行的各种迷信，而积极倡导人的自强不息，励精图治。在战国时期，荀子这种具有唯物主义观点的重理智、重科学的思想，是很有进步意义的，对后代影响很大。

毛泽东 1958 年 8 月 16 日在为陆定一的《教育必须与生产劳动相结合》一文加写的一段话中，提到了"荀子的人定胜天"，并把它提高到"人民性"的高度，给予肯定性的评价。

韩非子

　　韩非（约前275—前233），战国时期思想家、散文家。韩国的旁系公子。与李斯同师事荀子。但其学术思想不仅来自儒家，也来源于老子，又综合了商鞅、申不害等前辈法家的思想，形成了完整的法家思想体系。主张君主集权，修明法制，富国强兵；鼓励耕战，加强对农民的剥削和压迫，实行愚民政策；提出任法不任贤不用文学游宦之士，排斥儒墨的仁民爱物思想，推行极端的专制主义。这种思想为当时的地主阶级夺取政权提供了理论根据。作为早期地主阶级的意识形态，一方面有其刻薄寡恩的特点，另一方面有其真实坦率、毫不掩饰的特点。韩非见韩国削弱，曾屡次上书谏韩王，韩王不用。于是他发奋著书。书传到秦国，为秦王（后来的秦始皇）所称赏。后韩非出使秦国，为李斯所害。韩非的文笔非常锋利，具有法家的特点。今本《韩非子》，共五十五篇。注本以清代王先慎的《韩非子集解》较详备。近代陈奇猷有《韩非子集释》，可供参考。

【原文】

说　难

　　凡说之难[1]，非吾知之有以说之之难也[2]，又非吾辩之能明吾意之难也[3]，又非吾敢横失而能尽之难也[4]；凡说之难，在知所说之心[5]，可以吾说当之[6]。所说出于为名高者也[7]，而说之以厚利[8]，则见下节而遇卑贱[9]，必弃远矣[10]。所说出于厚利者也，而说之以名高，则见无心而远事情[11]，必不收矣[12]。所说阴为厚利而显为名高者也[13]，而说之以名高，则阳收其身[14]，而实疏之；说之以厚利，则阴用其言，显弃其身矣。此不可不察也。

　　夫事以密成，语以泄败。未必其身泄之也[15]，而语及所匿之事，如此者身危。彼显有所出事⁽¹⁶⁾，而乃以成他故；说者不徒知所出而已矣，又知其所以为，如此者身危。规异事而当⁽¹⁷⁾，知者揣之外而得之，事泄于外，必以为己也，如此者身危。周泽未渥也⁽¹⁸⁾，而语极知，说行而有功，则德忘；说不行而有败，则见疑，如此者身危。贵人有过端，而说者明言礼义以挑其恶，如此者身危。贵人或得计，而欲自以为功，说者与知焉，如此者身危。彊以其所不能为⁽¹⁹⁾，止以其所不能已，如此者身危。故与之论大人⁽²⁰⁾，则以为间己矣；与之论细人，则以为卖重；论其所爱，则以为藉资⁽²¹⁾；论其所憎，则以为尝己也⁽²²⁾；径省其说⁽²³⁾，则以为不智而拙之；米盐博辩⁽²⁴⁾，则以为多而史之；略事陈意⁽²⁵⁾，则曰怯懦而不尽；虑事广肆⁽²⁶⁾，则曰草野而倨侮⁽²⁷⁾；此说之难，不可不知也。

　　凡说之务，在知饰所说之所矜⁽²⁸⁾，而灭其所耻⁽²⁹⁾。彼有私急也，必以公义示而强之。其意有下也⁽³⁰⁾，然而不能已，说者因为之饰其美，而少其不为也。其心有高也⁽³¹⁾，而实不能及，说者为之举其过而见其恶，而多其不行也。有欲矜以智能⁽³²⁾，则为之举异事之同类者多为之地，使之资说于我，而佯不知也，以资其智。欲内相存之言⁽³³⁾，则必以美名明之，而微见其合于私利也。欲陈危害之事⁽³⁴⁾，则显其毁诽，而微见其合于私患也。誉异人与同行者⁽³⁵⁾，规异事与同计者。有与同污者⁽³⁶⁾，则必以大饰其无伤也；有与同败者，则必以明饰其无失也。彼自多其力⁽³⁷⁾，则毋以其难概之也；自勇之断⁽³⁸⁾，则无以其谪怒之；自智其计，则毋以其败穷之。大意无所排悟⁽³⁹⁾，辞言无所系縻⁽⁴⁰⁾，然后极骋智辩焉：此所道亲近不疑⁽⁴¹⁾，而得尽辞也。

　　伊尹为宰⁽⁴²⁾，百里奚为虏⁽⁴³⁾，皆所以干其上也⁽⁴⁴⁾。此二人者，皆圣人也；然犹不能无役身以进，如此其污也。今以吾言为宰、虏，而可以听用而振世⁽⁴⁵⁾，此非能仕之所耻也⁽⁴⁶⁾。夫旷日弥久⁽⁴⁷⁾，而周泽既渥，深计而不疑，引争而不罪，则明割利害以致其功⁽⁴⁸⁾，直指是非以饰其身，以此相持⁽⁴⁹⁾，此说之成也。

　　昔者郑武公欲伐胡⁽⁵⁰⁾，故先以其女妻胡君，以娱其意。因问于群臣："吾欲用兵，谁可伐者？"大夫关其思对曰："胡可伐。"武公怒而戮之，曰："胡，兄弟之国也。子言伐之，何也？"胡君闻之，以郑为亲己，遂不备郑。

郑人袭胡。取之。宋有富人，天雨，墙坏，其子曰："不筑，必将有盗。"其邻人之父亦云。暮而果大亡其财。其家甚智其子，而疑邻人之父。此二人说者皆当矣⁽⁵¹⁾，厚者为戮，薄者见疑，则非知之难也，处知则难也。故绕朝之言当矣⁽⁵²⁾，其为圣人于晋，而为戮于秦也，此不可不察。

昔者弥子瑕有宠于卫君⁽⁵³⁾。卫国之法，窃驾君车者罪刖⁽⁵⁴⁾。弥子瑕母病，人闻，往夜告之，弥子矫驾君车以出⁽⁵⁵⁾。君闻而贤之，曰："孝哉！为母之故，忘其犯刖罪！"异日，与君游于果园，食桃而甘，不尽，以其半啖君⁽⁵⁶⁾。君曰："爱我哉！忘其口味，以啖寡人。"及弥子色衰爱弛，得罪于君，君曰："是固尝矫驾吾车，又尝啖我以余桃。"故弥子之行未变于初也，而以前之所以见贤而后获罪者，爱憎之变也。故有爱于主，则智当而加亲；有憎于主，则智不当见罪而加疏。故谏说谈论之士，不可不察爱憎之主而后说焉。

夫龙之为虫也柔，可狎而骑也⁽⁵⁷⁾；然其喉下有逆鳞径尺，若人有婴之者⁽⁵⁸⁾，则必杀人。人主亦有逆鳞，说者能无婴人主之逆鳞，则几矣⁽⁵⁹⁾。

【注释】

（1）说（shuì 税），游说，用话劝说别人，使之听从自己的意见。

（2）知，同"智"，智慧。有以说之，有游说对方的能力。

（3）辩，口才。明，表达。

（4）横失，放纵不拘。失，通"佚"。

（5）所说，指游说的对象，即国君。

（6）当之，适合被说者的心意。当，合，称。

（7）为名高，好虚名。

（8）而，若，如果。

（9）见，视，被看作。遇，待遇。

（10）弃远，遗弃疏远。

（11）无心，无谋虑。远事情，远离事实。

（12）收，接受。

（13）阴，暗中。

（14）阳，表面。

（15）未必其身泄之也三句，说者虽无意泄密而触及被说者的密谋，那就等于泄密，所以有危险。

（16）彼显有所出事二句，彼，指所说之人。显有所出事，他所作所为显然别有缘故。而乃以成他故，不明说出而托以别的缘故。

（17）规异事而当五句，规，图谋。异事，异常的事件。当，中肯，合意。知，同"智"。揣，测度，估量。己，说者自己。

（18）周泽未渥也四句，周，密。泽，情谊，恩宠。渥，深透。语极知，说尽了自己知道的。德忘，即忘其德（好处）。

（19）彊，同"强"，勉强。

（20）故与之论大人四句，大人，指大臣。间（jiàn见），离间。己，国君自己。细人，指小臣。卖重，鬻权。

（21）藉资，借此以进身。藉，同"借"。资，助。

（22）尝，试，试探。

（23）径省其说二句，径，直。省，略。《荀子·性恶》："言小则经而省。"即说话少，直截了当之意。

（24）米盐博辩二句，米盐，指日常烦碎的事。史，指繁烦、虚夸。

（25）略事陈意，旧注："略言其事，粗陈其意。"

（26）虑，谋划。广肆，放言无忌。

（27）倨侮，傲慢无礼。

（28）饰，文饰。所矜，所喜。

（29）灭，掩盖之意。

（30）其意有下也四句，其意，国君的心意。有下，有做卑下之事的意图。已，停止。饰其美，虚饰做卑下之事的好处。少其不为，对于国君想不做的打算，略表不满。少，不满。

（31）其心有高也四句，有高，指有做高远之事的愿望。过、恶，皆指想做高远事业中的缺点。多，赞美。

（32）有欲矜以智能五句，矜以智能，以才智能力自夸。异事之同类者，指和国君谈的同类的其他事情。多为之地，多给国君留有借口的余地。资，取。佯，假装。

（33）欲内相存之言三句，内，同"纳"。相存之言，指存恤（救助）之言。

（34）欲陈危害之事三句，陈，述。危害之事，指有害于公义之事。毁诽，不满，诽谤。私患，指国君的不利。

（35）异人，他人。

（36）有与同污者二句，同污者，与国君同有污点的人。饰，粉饰。无伤，不妨碍大局。

（37）彼自多其力二句，自多，自矜。难，指所矜持的事有困难。概，阻止，梗塞。

（38）自勇其断，他自己还以敢断为勇敢。

（39）大意，指说者的一切意见。排悟，即"排迕"，抵触，矛盾。

（40）系摩，应作"击摩"，抵触之意。

（41）所道，所以。道，由。

（42）伊尹，姓伊，尹是官名。一说名挚。商汤之相。宰，厨夫。《墨子·尚贤中》："伊挚，有莘氏女之私臣，亲为庖人，汤得之，举以为相。"

（43）百里奚，本春秋虞国人，晋灭虞后把他作为陪嫁送给秦国。他逃到楚国宛地，为楚边人所执。秦穆公闻其贤，用五张羊皮把他赎回，授以国政，相秦七年。

（44）干，求。

（45）而，如。

（46）仕，同"士"。

（47）弥久，经久。

（48）割，剖析。

（49）相持，相对待。

（50）郑武公，春秋时郑国国君。名掘突，郑桓公子，在位二十七年卒，谥武。胡，对我国古代对少数民族的称呼。

（51）此二人说者皆当矣五句，二人，指关其思、邻人之父。当（dàng荡），适当。厚、薄，这里作轻、重解。知，同"智"。处智，恰当地运用智能。

（52）故绕胡之言当矣三句，《左传·文公十三年载》，晋国大夫士会逃亡到秦国，晋派寿余伪装以魏地叛晋降秦，请求秦国派士会到晋国来谈判，以诱骗士会回国。绕胡识破晋国计谋，劝秦康公不要派士会去，康公不听。士会临行时，绕胡赠之以策，曰："子无谓秦无人，吾谋适不用也。"为戮于秦。

（53）弥子瑕，春秋卫大夫，卫灵公的宠臣。

（54）刖（yuè 月），断足之刑。

（55）矫，假传（君命）。

（56）啗（dàn 但），拿食物给人吃。

（57）狎（xiá 峡），亲昵，亲近。

（58）婴，触，触犯。

（59）几，差不多，接近。

【毛泽东评说】

降到下级机关去做工作，或者调到别的地方去做工作，那又有什么不可以呢？一个人为什么只能上升不能下降呢？为什么只能做这个地方的工作不能调到别个地方去呢？我认为这种下降和调动，不论正确与否，都是有益处的，可以锻炼革命意志，可以调查和研究许多新鲜情况，增加有益的知识，我自己就有这一方面的经验，得到很大的益处。不信，你们不妨试试看。司马迁说过："文王拘而演周易，仲尼厄而作春秋。屈原放逐，乃赋离骚。左丘失明，厥有国语。孙子膑脚，兵法修列。不韦迁蜀，世传吕览。韩非囚秦，说难孤愤。诗三百篇，大抵圣贤发愤之所为作也。"这几句话当中，所谓文王演周易，孔子作春秋，究竟有无其事，近人已有怀疑，我们可以不去理它，让专门家去解决吧，但司马迁是相信有其事的。文王拘，仲尼厄，则确有其事。司马迁讲的这些事情，除左丘失明一例以外，都是指当时上级领导者对他们作了错误处理的。我们过去也错误地处理过一些干部，对这些人不论是全部处理错了的，或者是部分处理错了的，都应当按照具体情况，加以甄别和平反。但是，一般地说，这种错误处理，让他们下降，或者调动工作，对他们的革命意志总是一种锻炼，而且可以从人民群众中吸取许多新知识。我在这里申明，我不是提倡对干部，对同志，对任何人，可以不分青红皂白，作出错误处理，像古代人拘文王，厄孔子，放逐屈原，去掉孙膑的膝盖骨那样。我不是提倡这样做，而是反对这样做的。我是说，人类社会的各个历史阶段，总是有这样处理错误的事实。在阶级社会，这样的事实多得很。在社会主义社会，也在所难免。不论在正确路线领导的时期，还是在错误路线领导的时期，都在所难免。不过有一个区别。在正确路线领导的时期，一经发现有错误处理的，就能甄别、平反，向他们赔礼道歉，使他们心情舒畅，重新抬起头来。

——《毛泽东1962年1月30日在扩大的中央工作会议上的讲话》，

《毛泽东著作选读》下册，人民出版社1986年版，第816—817页。

【赏析】

我国战国时期，诸侯争霸，诸侯国的君主争相罗致人才。于是，有一种知识分子专门用自己的言辞劝说别人接受自己的政治主张和见解，这种工作就叫作"说"。从事这种工作的人便称为"说客"，游说的对象便是各国君主。一但游说成功，这些说客便飞黄腾达，富贵至极，如苏秦以连横说秦而成为秦国宰相，张仪以合纵游说天下，身披六国相印，便是最突出的例子。

但是这种游说工作也是不容易的，韩非的《说难》就是论述游说不易的。文中历举游说人君的种种困难、七种危险，想出对付这些困难和危险的办法。办法不外乎是迎合人君的心意，取得对自己的信任。在取得信任之前，不惜卑躬屈膝；而取得信任之后，便可以实现自己的政治主张。这是法家在当时历史条件下所揣摩出来的一套进身之术。这代表当时法家的积极进取而又卑鄙倖进的两面作风。文意比较隐晦，措辞比较曲折，但锋芒亦掩饰不住。代表着韩非文章风格的一个方面。

毛泽东在1962年1月30日扩大的中央工作会议上所作的报告中，讲到干部应当如何对待错误处理时，援引了司马迁在《报任安书》中关于"发愤著书"的一段话。在这段名言中，司马迁一连举了七件事来证明他的论点。其中的一件便是："韩非囚秦，《说难》《孤愤》。"这是说韩非到秦国游说秦王（始皇），受到赏识，后来却遭到他的同学李斯的陷害，把他下狱囚禁，后来又被用药酒毒死。他身后留下了《韩非子》一书，《说难》《孤愤》便是其中两篇重要的著作。从引述当中，我们可以看出，毛泽东对韩非等人不幸遭遇的深切同情，以及对他们饱经磨难，仍然创作了不朽的传世之作的赞许。当然，毛泽东引述这些古人事迹，不是发思古之幽情，而是为了解决现实问题。当时的现实是，20世纪50年代后期以来，反右派，"大跃进"，反右倾（庐山会议彭德怀事件）等政治运动，确实"错误处理"了不少人。而党中央召开的这次工作会议，毛泽东称为"出气会"，亲自作自我批评，承担责任，诚恳纠正中央的一些错误做法。在这样庄重的会议上，引述古代事迹，现身说法，并上升到理论高度，从社会历史发展史的角度论述这种错误处理的事实，"在阶级社会"中"多得很"，即使"在社会主义社会，也在所难免。"就这样，毛泽东以领袖人物的极其负责的态度和哲学家聪明睿智的思考"，阐明了受到错误处理，可以锻炼意志，即使受到错误处理的同志"出出气"，又教育了广大干部群众。以后，毛泽东在不同场合，又多次表述了他的这个见解。

【原文】

孤　愤

　　智术之士[1]，必远见而明察，不明察不能烛私[2]；能法之士，必强毅而劲直，不劲直不能矫奸[3]。人臣循令而从事，案法而治官[4]，非谓重人也[5]。重人也者，无令而擅为[6]，亏法以利私[7]，耗国以便家[7]，力能得其君，此所为重人也。智术之士明察，听用[8]，且烛重人之阴情[9]；能法之士劲直，听用，且矫重人之奸行。故智术能法之士用，则贵重之臣必在绳之外矣[10]。是智法之士与当途之人[11]，不可两存之仇也。

　　当途之人擅事要[12]，则外内为之用矣[13]。是以诸侯不因则事不应[14]，故敌国为之讼[15]；百官不因则业不进[16]，故群臣为之用；郎中不因则不得近主[17]，故左右为之匿[18]；学士不因则养禄薄礼卑[19]，故学士为之谈也[20]。此四助者[21]，邪臣之所以自饰也[22]。重人不能忠主而进其仇，人主不能越四助而烛察其臣，故人主愈弊而大臣愈重⁽²³⁾。

凡当途者之于人主也，希不信爱也⁽²⁴⁾，又且习故⁽²⁵⁾。若夫即主心⁽²⁶⁾，同乎好恶⁽²⁷⁾，固其所自进也。官爵贵重，朋党又众⁽²⁸⁾，而一国为之讼。则法术之士欲干上者⁽²⁹⁾，非有所信爱之亲，习故之泽也⁽³⁰⁾；又将以法术之言矫人主阿辟之心⁽³¹⁾，是与人主相反也。处势卑贱，无党孤特⁽³²⁾。夫以疏远与近爱信争，其数不胜也⁽³³⁾；以新旅与习故争⁽³⁴⁾，其数不胜也；以反主意与同好争，其数不胜也；以轻贱与贵重争，其数不胜也；以一口与一国争⁽³⁵⁾，其数不胜也。法术之士操五不胜之势，以岁数而又不得见⁽³⁶⁾；当途之人乘五胜之资，而旦暮独说于前。故法术之士奚道得进⁽³⁷⁾，而人主奚时得悟乎？故资必不胜而势不两存，法术之士焉得不危⁽³⁸⁾？其可以罪过诬者⁽³⁹⁾，以公法而诛之；其不可被以罪过者，以私剑而穷之⁽⁴⁰⁾。是明法术而逆主上者⁽⁴¹⁾，不僇于吏诛⁽⁴²⁾，必死于私剑矣。朋党比周以弊主⁽⁴³⁾，言曲以便私者，必信于重人矣。故其可以功伐借者⁽⁴⁴⁾，以官爵贵之；其可借以美名者，以外权重之。是以弊主上而趋于私门者⁽⁴⁵⁾，不显于官爵，必重于外权矣。今人主不合参验而行诛⁽⁴⁶⁾，不待见功而爵禄，故法术之士安能蒙死亡而进其说，奸邪之臣安肯乘顺而退其身⁽⁴⁷⁾？故主上愈卑，私门益尊。

夫越虽国富兵强⁽⁴⁸⁾，中国之主皆知无益于己也⁽⁴⁹⁾，曰："非吾所得制也⁽⁵⁰⁾。"今有国者虽地广人众，然而人主壅蔽，大臣专权，是国为越也。智不类越，而不智不类其国，不察其类者也。人主所以谓齐亡者⁽⁵¹⁾，非地与城亡也，吕氏弗制而田氏用之⁽⁵²⁾；所以谓晋亡者⁽⁵³⁾，亦非地与城亡也，姬氏不制而六卿专之也⁽⁵⁴⁾。今大臣执柄独断⁽⁵⁵⁾，而上弗知收⁽⁵⁶⁾，是人主不明也。与死人同病者，不可生也；与亡国同事者，不可存也。今袭迹于齐晋，欲国安存，不可得也。

凡法术之难行也，不独万乘⁽⁵⁷⁾，千乘亦然。人主之左右不必智也，人主于人有所智而听之，因与左右论其言，是与愚人论智也；人主之左右不必贤也，人主于人有所贤而礼之，因与左右论其行，是与不肖论贤也⁽⁵⁸⁾。智者决策于愚人，贤士程行于不肖⁽⁵⁹⁾，则贤智之士羞，而人主之论悖矣⁽⁶⁰⁾。人臣之欲得官者，其修士且以精洁固身⁽⁶¹⁾；其智士且以治辩进业⁽⁶²⁾。其修士不能以货赂事人⁽⁶³⁾，恃其精洁而更不能以枉法为治⁽⁶⁴⁾。则修治之士不事左右，不听请谒矣⁽⁶⁵⁾。人主之左右，行非伯夷也⁽⁶⁶⁾，求索不得，货赂不至，则精辩之功息，而毁诬之言起矣⁽⁶⁷⁾。治辩之功制于近习，精洁之行决于毁誉，则修治之吏废，而人主之明塞矣。不以功伐决智行，不以参伍审罪过⁽⁶⁸⁾，而听左右近习之言，则无能之士在廷，而愚污之吏处官矣。

万乘之患，大臣太重；千乘之患，左右太信。此人主之所公患也。且人臣有大罪，人主有大失，臣主之利相与异者也。何以明之哉？曰：主利在有能而任官，臣利在无能而得事⁽⁶⁹⁾；主利在有劳而爵禄，臣利在无功而富贵；主利在豪杰使能，臣利在朋党用私。是以国地削而私家富，主上卑而大臣重。故主失势而臣得国⁽⁷⁰⁾，主更称蕃臣⁽⁷¹⁾，而相室剖符⁽⁷²⁾，此人臣之所以谲主便私也⁽⁷³⁾。故当世之重臣，主变势而得固宠者⁽⁷⁴⁾，十无二三。是其故何也？人臣之罪大也。臣有大罪者，其行欺主也，其罪当死亡也。智士者远见而畏于死亡，必不从重人矣；贤士者修廉而羞与奸臣欺其主，必不从重臣矣。是当途者之徒属⁽⁷⁵⁾，非愚而不知患者，必污而不避奸者也。大臣挟愚污之人⁽⁷⁶⁾，上与之欺主，下与之收利浸渔⁽⁷⁷⁾，朋党比周，相与一口⁽⁷⁸⁾，或主败法，以乱士民，使国家危削，主上劳辱⁽⁷⁹⁾，此大罪也。臣有大罪而主弗禁，此大失也。使其主有大失于上，臣有大罪于下，索国之不亡者⁽⁸⁰⁾，不可得也。

【注释】

（1）智，通"知"。术，指各种政治措施，包括任免、赏罚、考核各级官吏的办法和手段。

（2）烛私，识破阴私。烛，照见，引申为洞察、识破。

（3）矫奸，惩处邪恶。矫，纠正，这里作惩处解。奸，邪恶，诈伪。

（4）案，通"按"。治官，治理政事。

（5）重人，即重臣。

（6）无令，无视法令，不遵守法令。擅（shàn 善）为，专断独行，胡作非为。

（7）家，古代大夫称"家"，这里指贵族。

（8）听用，指被国君信任、任用。

（9）阴情，阴私，阴谋诡计。

（10）绳，木工用的墨线，这里指法律。

（11）当途之人，当权者。

（12）擅事要，专权。事要，国家的主要权力。

（13）外内，外交和内政。

（14）因，相依，勾结。应，配合。

（15）讼，通"颂"，歌功颂德。

（16）业不进，事业不能进展。指不能升官。

（17）郎中，官名。始于战国，汉代沿置。属光禄勋，管理车、骑、门，并内充侍卫、外从作战。

（18）左右，指君主身旁的人。匿，隐藏，引申为隐瞒，包庇。

（19）学士，官名。因所属机关不同，职权各异。有专司撰述的，有专为皇帝侍讲、侍读的，有草拟奏令、参与机要的。

（20）谈，言论。指制造舆论。

（21）四助，指上所说敌国、百官、郎中、学士四种为当权者效劳的人。

（22）自饰，伪装自己。

（23）弊，通"蔽"，蒙蔽。

（24）希，少。信爱，被信任、受宠爱。

（25）习故，亲近的故旧。习，亲昵。

（26）若夫，至于。即，迎合。

（27）好恶（hào wù 号务），喜爱和厌恶。

（28）朋党，同类的人为自私目的而互相勾结。后专指士大夫各树党羽，互相倾轧。

（29）干上，求于君主。干，求。

（30）泽，恩惠。

（31）阿，迎合，曲从。辟（bì 闭），同"僻"，邪恶。

（32）孤特，孤独，独树一帜。

（33）数，情势，指形势、条件。

（34）旅，客。

（35）一口，一张嘴巴讲话，指法术之士"无党孤特"。一国，指专途之人的"一国为之讼"。

（36）以岁数，用年为单位计算时间，形容时间长。

（37）奚（xī西）道得进，通过什么途径才能被进用。奚，什么。

（38）焉得，怎么能。焉，怎么，如何。

（39）诬，陷害。

（40）私剑，私人豢养的刺客，指暗杀。

（41）明法术，公开阐述法术。

（42）僇（lù路），通"戮"，杀害。

（43）比周，结党营私。《荀子·臣道》："朋党比周，以环主图私为务。"

（44）功伐，功绩。借，借口。

（45）趋于私门，奔走钻营于权臣门下。

（46）参，比较，鉴定。验，检验，验证。行诛，讨伐、杀戮。

（47）乘顺，居于有利地位。退其身，自动下台。

（48）越，越国，春秋末期南方的强国，在今江苏、浙江一带。

（49）中国，指当时中原地区的诸侯国。

（50）制，控制。

（51）齐，国名，西周时吕尚的封地，在今山东东北部。公元前481年，新兴地主阶级代表田常杀齐简公，掌握了政权，后来田和正式做齐国国君。

（52）吕氏，指吕尚的后代。

（53）晋，国名，西周时周成王之弟唐叔虞的封地，姓姬，在今山西一带。

（54）六卿，指晋国的范氏、中行氏、知氏、赵氏、魏氏、韩氏。卿，古代高级官员。专，专权。

（55）柄，权柄。

（56）收，指收回旁落的大权。

（57）万乘（shèng 圣），指能出万辆兵车的大国。乘，兵车。古代一车四马。

（58）不肖，不贤的人。

（59）程行，评定行为。

（60）悖（bèi 倍），违背，引申为荒谬。

（61）修士，奉公守法的人。精洁固身，坚守自身的廉洁。

（62）辩，辩说。

（63）货赂，用财物贿赂。事，奉承。

（64）恃，倚仗。枉法，违法。枉，曲。

（65）谒（yè 叶），拜见，请托。

（66）伯夷，商末孤竹君长子。初，孤竹君以三子叔齐为继承人，孤竹君死，叔齐让位，伯夷不受。后又与叔齐反对武王伐纣。武王灭商后，逃到首阳山，不食周粟而死。

（67）毁诬，诽谤，诬蔑。

（68）参伍，比较，审核，检验事实的真相。

（69）得事，指掌握权力。

（70）臣得国，大臣窃取了国家政权。

（71）主更称蕃臣，国君改变成从属的臣子。更，改变。蕃，通"藩"。

（72）相室，执政大臣。剖符，把符节一分为二，一半留在朝廷，一半交付官吏，作为凭证。相室剖符，指大臣窃取了政权，行使国君的权力。

（73）谲（jué 决），欺诈。

（74）变势，变革时势，指实行变法。固宠，巩固受宠地位。

（75）徒属，党徒，下属。

（76）挟，挟持，纠集。

（77）浸渔，侵夺。

（78）相与一口，相互统一口径。

（79）劳辱，劳累受辱。

（80）索，希求，想要。

【赏析】

《孤愤》是韩非的重要文章。关于这篇文章的写作动机，《史记·老子韩非列传》说："（韩非）廉直不容于邪正之臣，观往者得失之变，故做《孤愤》。"司马贞索引说："孤愤，愤孤直不容于时也。"所以，"孤愤"就是因孤高嫉俗而产生的一种愤慨之情。

《孤愤》的主旨是抒发作者对"重人"即奴隶主贵族擅权的愤怒。在文章中，韩非无情地揭露了奴隶主贵族专横跋扈、结党营私，大肆培植私门势力的种种罪行，强烈地抗议当权者对"智术之士""能法之士"即法家人士采取公开镇压和阴谋暗杀的血腥政策，申诉了法家在极端不利的情况下进行抗争的艰难处境。本文的后半篇，强调了中央集权的地主阶级专政的必要性，指出如果让钻进封建国家政权中的奴隶主贵族窃取了权力，那就必然会造成"主上卑而大臣重"，"国家危削，主上劳辱"，其结果便会亡国。由于韩非看不到劳动人民的力量，他总是感到势孤力薄。但是韩非并不气馁，他以"不可两存之仇"的气概坚持斗争，对斗争的前景充满必胜的信心。

毛泽东在1962年1月30日扩大的中央工作会议上的讲话中，讲到干部应该如何对待错误处理时，引证了司马迁《报任安书》中关于"发愤著书"的那段名言。司马迁一连举了七件事来证明他的论点，其中的一件便是："韩非囚秦，《说难》《孤愤》。"这是说韩非到秦国后，遭到他的同学李斯的陷害，被下狱囚禁，后又被用药酒毒死。他身后留下了《韩非子》一书，《说难》《孤愤》便是其中两篇重要著作。从引述当中我们可以看出，毛泽东对韩非等遭受种种磨难，创作了不朽的传世之作的赞许和对其不幸遭遇的深切同情。当然，毛泽东引述这段古话，不是发思古之幽情，而是为了解决现实问题。因为，20世纪50年代后期，反右、"大跃进"、庐山会议等政治运动，确实"错误处理"了不少人。1962年1月召开的这次扩大的中央工作会议，毛泽东称之为"出气会"，亲自作自我批评，承担责任，旨在纠正中央的一些错误做法。在这样的会议上，引证古人古事，现身说法，说明受到错误处理，可以锻炼意志，既可以使受到错误处理的同志消气，又使广大干部受到了教育。

兵不厌诈

晋文公将与楚人战⁽¹⁾，召舅犯问之⁽²⁾，曰："吾将与楚人战，彼众我寡，为之奈何？"舅犯曰："臣闻之：繁礼君子⁽³⁾，不厌忠信；战阵之间，不厌诈伪⁽⁴⁾。君其诈之而已矣⁽⁵⁾。"文公辞舅犯，因召雍季而问之⁽⁶⁾，曰："我将与楚人战，彼众我寡，为之奈何？"雍季对曰："焚林而田⁽⁷⁾，偷取多兽⁽⁸⁾，后必无兽；以诈遇民，偷取一时，后必无复⁽⁹⁾。"文公曰："善。"辞雍季，以舅犯之谋与楚人战以败之。归而行爵⁽¹⁰⁾，先雍季而后舅犯。群臣曰："城濮之事，舅犯谋也，夫用其言而后其身，可乎？"文公曰："此非君所知也。夫舅犯言，一时之权也⁽¹¹⁾；雍季言，万世之利也。"仲尼闻之⁽¹²⁾，曰："文公之霸也宜哉⁽¹³⁾！既知一时之权，又知万世之利。"

或曰：雍季之对，不当文公之问⁽¹⁴⁾。凡对问者，有因问小大缓急而对也，所问高大而对以卑狭，则明主弗受也。今文公问以少遇众，而对曰"后必无复"，此非所以应也。且文公不知一时之权，又不知万世之利。战而胜，则国安而身定，兵强而威立，虽有后复，莫大于此⁽¹⁵⁾，万世之利，奚患不至⁽¹⁶⁾？战而不胜，则国亡兵弱，身死名息，拔拂今日之死不及⁽¹⁷⁾，安暇待万世之利？待万世之利在今日之胜，今日之胜在诈于敌，诈敌，万世之利而已。故曰：雍季之对不当文公之问。且文公又不知舅犯之言，舅犯所谓不厌诈伪者，不谓诈其民，谓诈其敌也。敌者，所伐之国也，后虽无复，何伤哉？文公之所以先雍季者，以其功耶？则所以胜楚破军者，舅犯之谋也；以其善言耶？则雍季乃道其后之无复也，此未有善言也。舅犯则以兼之矣⁽¹⁸⁾。舅犯曰"繁礼君子，不厌忠信"者，忠所以爱其下也，信所以不欺其民也。夫既以爱而不欺矣，言孰善于此？然必曰出于诈伪者，军旅之计也。舅犯前有善言，后有战胜，故舅犯有二功而后论，雍季无一焉而先赏；"文公之霸，不亦宜乎"，仲尼不知善赏也。（《难一》）

【注释】

（1）晋文公（前679—前628），献公子，名重耳。春秋时晋国君。

公元前636—前628年在位。在外流亡十九年，后由秦护送回国执政，逐渐强大。公元前632年城濮大战，大败楚军，大会诸侯，成为霸主。

（2）舅犯，即狐偃，字子犯，晋文公的舅父，春秋时晋国卿。

（3）繁礼，讲究礼，注重礼。

（4）诈伪，弄虚作假，伪装假冒。《礼记·月令》："（季夏之月）黑黄仓赤，莫不质良，毋敢诈伪。"

（5）其，表示祈使语气。

（6）雍季，即公子雍，晋文公子，襄公庶弟。

（7）田，同"畋"，打猎。

（8）偷，苟且之意。

（9）后必无复，以后一定不会再有收益。

（10）行爵，赏赐官爵。

（11）权，权变，权宜之计。

（12）仲尼，孔丘的字。

（13）宜，应该，理所当然。

（14）当，切合，适合。

（15）虽有后复二句，即使以后有各种效益，也没有一种效益比国安民强更大的。

（16）奚患不至，何怕不来，意思是不怕不来。

（17）拔拂，除去。

（18）以，同"已"。

【毛泽东评说】

在优越的民众条件具备，足以封锁消息时，采用各种欺骗敌人的方法，常能有效地陷敌于判断错误和行动错误的苦境，因而丧失其优势和主动。"兵不厌诈"，就是指的这件事情。

——《论持久战》，《毛泽东选集》第二卷，人民出版社1991年版，第492页。

【赏析】

　　本文节选自《韩非子·难一》。文章围绕春秋时晋楚之战的幕后故事，针对晋文公和孔子的观点提出驳难，有力地批判了儒家虚伪的仁义思想，充分肯定了"战阵之间，不厌诈伪"的作战谋略。这种军事谋略最早来源于《孙子·计篇》："兵者，诡道也。"唐代李荃注："军不厌诈。"以后便成为用兵打仗、迷惑敌人的基本方法，为历代军事家所信奉和运用。

　　毛泽东在1938年写的《论持久战》中借用并发挥了韩非的这一思想，并作了具体的阐释，进而指出不必对"诈"担忧，因为"我们不是宋襄公，不要那种蠢猪式的仁义道德。我们要把敌人的眼睛和耳朵尽可能地封住，使他们变成疯子，用以争取自己的胜利"。这是建立在现代战争基础上对"兵不厌诈"谋略的科学阐释，对我们指挥现代战争仍具有指导意义。

【原文】

循名责实

　　问者曰(1)："申不害、公孙鞅(2)，此二家之言孰急于国(3)？"应之曰(4)："是不可程也(5)。人不食，十日则死；大寒之隆(6)，不衣亦死。谓之衣食孰急于人(7)，则是不可一无也，皆养生之具也(8)。今申不害言术(9)，而公孙鞅为法。术者，因任而授官(10)，循名而责实(11)，操杀生之柄，课群臣之能者也(12)，此人主之所执也。法者，宪令著于官府(13)，刑罚必于民心，赏存乎慎法(14)，而罚加乎奸令者也(15)，此臣之所师也(16)。君无术则弊于上，臣无法则乱乎下，此不可一无，皆帝王之具也(17)。"

【注释】

　　（1）问者曰，有人问。

　　（2）申不害（约前385—前337），又称申子，郑国人，战国时法家。讲究用"术"，曾任韩昭侯相，在韩国实行改革，使韩国国富兵强。公孙鞅，即商鞅（约前390—前338），卫国人，战国时法家代表人物。他得到秦少公的支持，两次在秦国实行变法，奠定了秦国富强的基础。秦少公死后，遭旧贵族诬害，被车裂而死。

（3）言，言论，学说，这里指政治主张。孰（shú 熟），哪一个。急，急需。

（4）应，回答。

（5）是，这。程，估量，比较。

（6）隆，盛，极点。

（7）谓，说。

（8）具，具备的条件。

（9）术，指组织措施，包括任免、考核、赏罚各级官吏的办法和手段。

（10）因任而授官，依据其能力给予合适的职位。任，才能。

（11）循名而责实，按照名称来考察实际内容，要求名实相符。循，按照。名，指官职，名位。责，求。实，指实际的职责。

（12）课，考查，考核。

（13）宪令，法令。著，编著。

（14）慎法，守法。

（15）奸令，犯法。

（16）师，效法，遵循，遵守。

（17）帝王，指统一的封建国家的君主。

【毛泽东评说】

国体——各革命阶级联合专政。政体——民主集中制。这就是新民主主义的政治，这就是新民主主义的共和国，这就是抗日统一战线的共和国，这就是三大政策的新民主主义的共和国，这就是名副其实的中华民国。我们现在虽有中华民国之名，尚无中华民国之实，循名责实，这就是今天的工作。

——《新民主主义论》，《毛泽东选集》第二卷，人民出版社 1991 年版，第 677 页。

【赏析】

　　本文节选自《韩非子·定法》。文章认为"法"与"术"缺一不可，都是国君进行统治不可缺少的手段。其中解释"术"的两句话："因任而授官，循名而责实"，为其传世名言。毛泽东在1940年1月写的《新民主主义论》中借用了"循名责实"的话，其含义是按照其名而追求实际内容，要求名实相符。意在说明中华民国应当是各革命阶级联合专政的新民主主义共和国，但在国民党一党专政的专制统治下，却空有中华民国之名，没有民主专政之实。我们应该因名去求实，努力实现一个名副其实的新民主主义的共和国。

《左 传》

《左传》本来叫《左氏春秋》。到了晋代杜预为它作注释，把它与《春秋》合在一起，称《春秋左氏经传集解》，简称《春秋左传》，再简称《左传》。

左丘明，鲁国人，相传是我国周代末年著名编年史《左传》的作者，这是汉朝的史学家司马迁的说法。而东汉的班固则认为孔子和左丘明一起参考了鲁国所藏的历史书，孔子作了《春秋》，记事非常简单，如《曹刿论战》，《春秋》只记作："十年，春，公败齐师于长勺。"左丘明怕弟子各说各的，失去了孔子原意，因此便作了传。传是解释经的，记述比较详细具体。从汉到六朝，人们都相信这个说法。到了唐朝，人们开始怀疑这部书不是左丘明作的。现在一般认为它是战国时期的作品。

《左传》是一部著名的编年史，它记载了从鲁隐公元年到鲁悼公十四年（前722—前453）二百多年的历史，对社会政治、经济变化，多国之间的军事、外交斗争，都有具体描述，基本上反映了当时的社会矛盾，具有较高的史学价值。

《左传》又是一部优秀的历史散文著作。它善于在复杂的矛盾斗争中突出典型事件，塑造人物形象。它的叙述极有条理，通过情节、对话来刻画人物的性格，写出环境气氛，语言精练生动，成为先秦历史散文的典范，具有较高的文学价值。

【原文】

曹刿论战

十年春，齐师伐我[(1)]。公将战[(2)]，曹刿请见[(3)]。其乡人曰[(4)]："肉食者谋之[(5)]，又何间焉[(6)]？"刿曰："肉食者鄙[(7)]，未能远谋。"乃入见。

问："何以战⁽⁸⁾？"公曰："衣食所安⁽⁹⁾，弗敢专也⁽¹⁰⁾，必以分人。"对曰："小惠未徧⁽¹¹⁾，民弗从也。"公曰："牺牲玉帛⁽¹²⁾，弗敢加也⁽¹³⁾，必以信⁽¹⁴⁾。"对曰："小信未孚⁽¹⁵⁾，神弗福也⁽¹⁶⁾。"公曰："小大之狱⁽¹⁷⁾，虽不能察，必以情⁽¹⁸⁾。"对曰："忠之属也⁽¹⁹⁾，可以一战，战则请从。"

公与之乘，战于长勺⁽²⁰⁾。公将鼓之⁽²¹⁾，刿曰："未可。"齐人三鼓，刿曰："可矣。"齐师败绩⁽²²⁾。公将驰之⁽²³⁾，刿曰："未可。"下视其辙⁽²⁴⁾，登轼而望之⁽²⁵⁾，曰："可矣。"遂逐齐师。

既克，公问其故。对曰："夫战，勇气也。一鼓作气⁽²⁶⁾，再而衰，三而竭。彼竭我盈，故克之。夫大国，难测也，惧有伏焉⁽²⁷⁾。吾视其辙乱，望其旗靡⁽²⁸⁾，故逐之。"

【注释】

（1）十年，指鲁庄公十年（前684）。我，指鲁国。

（2）公，鲁庄公姬同。

（3）曹刿（guì贵），鲁国人。《史记·刺客列传》作者曹沫，他曾随鲁庄公和齐桓公会盟，用匕首胁迫齐桓公将侵占的土地还给鲁国。

（4）乡人，同乡的人。

（5）肉食者，指做官享有俸禄的人。之，它，此处代指战争。

（6）间（jiàn渐），参加并干预。焉，表示疑问的口气。

（7）鄙，浅陋、无用。

（8）何以，即以何，凭什么。

（9）安，指享受。

（10）专，独自享用、专有。

（11）小惠，小恩小惠。徧，同"遍"。

（12）牺牲，指祭祀用的牛、羊、猪等。玉帛，祭祀用的玉器和丝织品。

（13）加，虚报、夸大。

（14）信，诚实、信用。

（15）孚，信任、取信。

（16）福，保佑、赐福。

（17）狱，诉讼案件。

（18）察，明查。情，情理。

（19）忠，尽心、忠诚。属，类。

（20）长勺，鲁国地名。今山东省。

（21）鼓之，擂鼓发动攻击。之，指鲁军。

（22）败绩，大败、溃败。

（23）驰之，驱走追击敌人。之，指齐军。

（24）辙，车辙。

（25）轼，古时车前用作扶手的横木。

（26）作气，振作士气。

（27）伏，伏兵、埋伏。

（28）靡，倒下。

【毛泽东评说】

春秋时候，鲁与齐战，鲁庄公起初不待齐军疲惫就要出战，后来被曹刿阻止了，采取了"敌疲我打"的方针，打胜了齐军，造成了中国战史中弱军战胜强军的有名的战例。请看历史家左丘明的叙述：

……当时的情况是弱国抵抗强国。文中指出了战前的政治准备——取信于民，叙述了利于转入反攻的阵地——长勺，叙述了利于开始反攻的时机——彼竭我盈之时，叙述了追击开始的时机——辙乱旗靡之时。虽然是一个不大的战役，却同时是说的战略防御的原则。中国战史中合此原则而取胜的实例是非常之多的。楚汉成皋之战、新汉昆阳之战、袁曹官渡之战、吴魏赤壁之战、吴蜀彝陵之战、秦晋淝水之战等等有名的大战，都是双方强弱不同，弱者先让一步，后发制人，因而战胜的。

——《中国革命战争的战略问题》，《毛泽东选集》第一卷，人民出版社1991年版，第203—204页。

【赏析】

《曹刿论战》是写春秋鲁庄公十年（前684）齐鲁两国在长勺发生的

一场战争，史称长勺之战。当时，齐国在现在的山东中部，鲁国在山东南部，齐强鲁弱。这次战争是弱国抵抗强国的战争。战争的起因是，在前两年，齐国内乱，国君齐襄公被杀。逃亡在莒（jǔ 举）国的公子小白和逃亡在鲁国的公子纠都想回齐继承君位。公子小白先从莒国赶回齐国，当上了国君，就是齐桓公。鲁庄公派兵护送公子纠回齐。齐桓公立即出兵截击，齐鲁两军发生战斗，鲁军战败。齐桓公逼迫鲁庄公杀了公子纠，但是还不肯罢休，于是便发生了这次长勺之战。

在这次战争中，曹刿正确地掌握了战略防御原则：首先，考虑到战前的政治准备，认为鲁庄公在审判案件方面还比较公道而且合乎情理，判断这次战争可以得到国人的支持；其次，选择了利于反攻的阵地长勺，长勺在鲁国境内，在国内抵抗敌人的入侵，比较有利；再次，采取敌疲我打的方针，在敌人几次冲击无效，士气衰竭，而鲁军士气旺盛，强弱形势转变的条件下开始反攻；最后，选择了敌人兵车已乱，旗子已倒，确实败退的恰当时机进行追击，所以能够获得胜利。这次战争是弱者先让一步，后发制人，因而取胜的，是以弱胜强的一个范例。

1936 年，为总结第二次国内革命战争的经验，毛泽东在《中国革命战争的战略问题》中，高度评价了这个战例在军事思想方面的价值。在第五章"战略防御"的第三节"战略退却"中，他全文引用了《曹刿论战》，并进行了精当的分析：战前的政治准备充分，反攻的时机、追击的时机的选择适当，所以打了胜仗；认为这次战役采用的打法，和我们在红军时期采取的"敌疲我打"的方针相符，体现了战略防御的原则。接着，毛泽东又列举了中国战争史上"以弱胜强"的许多著名战例，如楚汉成皋之战、新汉昆阳之战等。

在"战略退却"这一节的开头，毛泽东还说："战略退却，是劣势军队处在优势军队进攻面前，因为顾到不能迅速地击破其进攻，为了保存军力，待机破敌，而采取的一个有计划的战略步骤。可是，军事冒险主义者则坚决反对此种步骤，他们的主张是所谓'御敌于国门之外'。"这样，便把战略退却视为弱军战胜强军的一个有效的具有普遍意义的战略步骤。

先秦

【原文】

子鱼论战

二十二年⁽¹⁾……楚人伐宋以救郑。宋公将战⁽²⁾。大司马固谏曰⁽³⁾："天之弃商久矣，君将兴之，弗可。赦也已⁽⁴⁾。"弗听。冬十一月己巳朔⁽⁵⁾，宋公及楚人战于泓⁽⁶⁾。宋人既成列，楚人未既济⁽⁷⁾。司马曰："彼众我寡，及其未既济也，请击之。"公曰："不可。"既济而未成列，又以告⁽⁸⁾。公曰："未可。"既陈而后击之⁽⁹⁾，宋师败绩，公伤股，门官歼焉⁽¹⁰⁾。

国人皆咎公⁽¹¹⁾。公曰："君子不重伤，不禽二毛⁽¹²⁾。古之为军也，不以阻隘也⁽¹³⁾。寡人虽亡国之余，不鼓不成列⁽¹⁴⁾。"子鱼曰："君未知战。勍敌之人，隘而不列，天赞我也⁽¹⁵⁾。阻而鼓之，不亦可乎，犹有惧焉。且今之勍者，皆吾敌也，虽及胡耇⁽¹⁶⁾，获则取之，何有于二毛。明耻教战，求杀敌也。伤未及死，如何勿重，若受重伤，则如勿伤⁽¹⁷⁾。爱其二毛，则如服焉。三军以利用也，金鼓以声气也⁽¹⁸⁾。利而用之，阻隘用之。声盛致志，鼓儳可也⁽¹⁹⁾。"

【注释】

（1）二十二年，指鲁僖公二十二年（前638）。

（2）宋公，指宋襄公，春秋五霸之一。泓水之战中被楚打伤而死。

（3）大司马，掌管全国军政的官。固，公孙固，字子鱼，宋襄公的异母兄弟。谏，规劝，古时下级对上级的劝告。

（4）商，商朝。宋国是商朝的后代。赦，赦免。赦楚，赦免楚国，这里是避免同楚国作战的婉转说法。

（5）己巳朔，指公元前638年十一月初一。古人用干支纪年法，这年的十一月初一是己巳。朔，阴历每个月的初一。

（6）泓，泓水，水名，在今湖南省柘城县北。

（7）成列，摆好了阵势。济，渡河。

（8）告，劝告、建议。

（9）陈，同"阵"，阵势。

（10）股，大腿。门官，平时守卫宫门的官，作战时在国君左右护卫。歼，消灭。

（11）咎（jiù 旧），责备、憎恨、埋怨。

（12）君子，指统治者。重（chóng 虫）伤，再伤害。禽，同"擒"，捕捉。二毛，指头发斑白的人。

（13）为军，用兵之道。阻，阻击、逼迫。隘（ài 爱），狭窄艰险的地方。

（14）亡国之余，亡国者的后代。宋国是商纣的后代，所以谦称亡国之余。鼓，击鼓进攻。

（15）勍（qíng 情），强。隘，处于艰险狭窄之地。赞，帮助。

（16）耇（gǒu 苟），老。胡耇，老人。

（17）爱，怜惜、爱惜。则如，那就不如。

（18）三军，古时诸侯大国都建有上军、中军、下军三军。此处是指全部军队。以，用、按照。用，利用，此是指作战。金鼓，金属制的号和鼓。古代用来节制军队进退的行动，击鼓进军，鸣金收兵。声气，鼓舞士气。

（19）声盛，指鼓声很大。致，引起、招致。儳（chàn 忏），不整齐。

【毛泽东评说】

我们不是宋襄公，不要那种蠢猪式的仁义道德。我们要把敌人的眼睛和耳朵尽可能地封住，使他们变成瞎子和聋子，要把他们的指挥员的心尽可能地弄得混乱些，使他们变成疯子，用以争取自己的胜利。

——《论持久战》，《毛泽东选集》第二卷，人民出版社1991年版，第492页。

【赏析】

这段文字有的选本题为《宋楚泓之战》。泓，水名，其地在今河南柘（zhè 这）城县北。战争发生的时间是鲁僖公二十二年（前638）。当时，周王朝已经衰落，强大的诸侯国便起来争夺霸业，做盟主。齐桓公是春秋时代第一个盟主。齐桓公死后，宋襄公起来同楚国争霸，跟楚国争夺地处中原的郑国。鲁僖公二十二年三月，郑伯到楚国去，宋襄公便联合卫国、许国、滕国去攻打郑国。十一月，楚国来救郑国，便发生了这次战争。当时楚国强大，宋国弱小，宋国的大司马子鱼（公孙固）因此指出："小国争盟，祸也。"宋襄公却不肯接受正确意见，到作战时又两次失去攻击敌人的良机，因而遭到惨败。

宋襄公之所以战败，首先由于他对宋楚双方的实力缺乏正确的估计，不能根据敌强我弱的形势采取战略防御措施；其次，失去进攻的有利形势和有利时机，不肯在敌人只有少数人渡河时进攻，不肯在敌人还没有布置好阵地前进攻，宋襄公笃信仁义道德，一再坐失战机，丧失了优势和主动，结果被楚军打得大败。这是极其迂腐、愚蠢的行为。以后，人们便用"宋襄公式的仁义道德"，来形容这类糊涂、愚蠢的人。

毛泽东在《论持久战》中，引用了这个典故。他说："我们不是宋襄公，不要那种愚猪式的仁义道德。"意思是说，我们在对敌作战中，不要讲什么仁义道德，要敢于运用一切手段，去打击消灭敌人，夺取战争的胜利。

【原文】

晋楚城濮之战

二十七年⁽¹⁾……楚子将围宋⁽²⁾。使子文治兵于睽⁽³⁾，终朝而毕，不戮一人⁽⁴⁾。子玉复治兵于蒍⁽⁵⁾，鞭七人，贯三人耳⁽⁶⁾。国老皆贺子文⁽⁷⁾，子文饮之酒。蒍贾尚幼⁽⁸⁾，后至，不贺。子文问之，对曰："不知所贺。子之传政于子玉，曰：'以靖国也⁽⁹⁾。'靖诸内而败诸外，所获几何⁽¹⁰⁾？子玉之败，子之举也。举以败国，将何贺焉？子玉刚而无礼，不可以治民。过三百乘，其不能以入矣⁽¹¹⁾。苟入而贺，何后之有？"

冬，楚子及诸侯围宋⁽¹²⁾，宋公孙固如晋告急⁽¹³⁾。先轸曰⁽¹⁴⁾："报施救患⁽¹⁵⁾，取威定霸，于是乎在矣！"狐偃曰⁽¹⁶⁾："楚始得曹而新昏于卫⁽¹⁷⁾，若伐曹卫，楚必救之，则齐宋免矣。"

于是乎蒐于被庐⁽¹⁸⁾，作三军，谋元帅⁽¹⁹⁾。赵衰曰："郤縠可⁽²⁰⁾。臣亟闻其言矣，说礼乐而敦诗书⁽²¹⁾。诗书义之府也；礼乐，德之则也⁽²²⁾；

德义，利之本也。《夏书》曰：'赋纳以言，明试以功，车服以庸⁽²³⁾。'君其试之。"乃使郤縠将中军，郤溱佐之⁽²⁴⁾；使狐偃将上军，让于狐毛佐之⁽²⁵⁾；命赵衰为卿⁽²⁶⁾，让于栾枝、先轸。使栾枝将下军，先轸佐之。荀林父御戎，魏仇为右⁽²⁷⁾。

晋侯始入而教其民⁽²⁸⁾。二年，欲用之⁽²⁹⁾，子犯曰："民未知义⁽³⁰⁾，未安其居。"于是乎出定襄王，入务利民，民怀生矣⁽³¹⁾。将用之，子犯曰："民未知信，未宣其用⁽³²⁾。"于是乎伐原以示之信⁽³³⁾。民易资者，不求丰焉，明征其辞⁽³⁴⁾。公曰："可矣乎？"子犯曰："民未知礼，未生其共⁽³⁵⁾。"于是乎大蒐以示之礼，作执秩以正其官⁽³⁶⁾，民听不惑而后用之。出穀戍，释宋围，一战而霸，文之教也。

二十八年春，晋侯将伐曹，假道于卫⁽³⁷⁾。卫人弗许。还，自河南济，侵曹，伐卫。正月戊申，取五鹿⁽³⁸⁾。二月，晋郤縠卒。原轸将中军，胥臣佐下军，上德也⁽³⁹⁾。晋侯、齐侯盟于敛盂⁽⁴⁰⁾，卫侯请盟，晋人弗许。卫侯欲与楚⁽⁴¹⁾，国人不欲，故出其君以说于晋⁽⁴²⁾。卫侯出居于襄牛⁽⁴³⁾。公子买戍卫⁽⁴⁴⁾，楚人救卫，不克；公惧于晋，杀子丛以说焉⁽⁴⁵⁾。谓楚人曰："不卒戍也。"

晋侯围曹，门焉⁽⁴⁶⁾，多死。曹人尸诸城上⁽⁴⁷⁾，晋侯患之，听舆人之谋曰："称舍于墓⁽⁴⁸⁾。"师迁焉，曹人凶惧，为其所得者棺而出之。因其凶也而攻之。三月丙午，入曹。数之，以其不用僖负羁而乘轩者三百人也⁽⁴⁹⁾，且曰："献状。"令无入僖负羁之宫，而免其族，报施也⁽⁵⁰⁾。魏仇、颠颉怒曰："劳之不图⁽⁵¹⁾，报于何有？"爇僖负羁氏⁽⁵²⁾。魏仇伤于胸，公欲杀之而爱其材，使问，且视之，病将杀之⁽⁵³⁾。魏仇束胸见使者曰："以君之灵⁽⁵⁴⁾，不有宁也？"距跃三百，曲踊三百⁽⁵⁵⁾，乃舍之。杀颠颉以徇于师，立舟之侨以为戎右⁽⁵⁶⁾。

宋人使门尹般如晋师告急⁽⁵⁷⁾。公曰："宋人告急，舍之则绝；告楚不许，我欲战矣；齐秦未可，若之何？"先轸曰："使宋舍我而赂秦，藉之告楚。我执曹君而分曹卫之田以赐宋人⁽⁵⁸⁾。楚爱曹卫，必不许也。喜赂怒顽⁽⁵⁹⁾，能无战乎？"公说。执曹伯，分曹卫之田以畀宋人⁽⁶⁰⁾。

楚子入居于申，使申叔去穀⁽⁶¹⁾，使子玉去宋。曰："无从晋师⁽⁶²⁾。

晋侯在外十九年矣，而果得晋国。险阻艰难备尝之矣，民之情伪[63]，尽知之矣。天假之年，而除其害[64]。天之所置，其可废乎？《军志》曰：'允当则归[65]。'又曰：'知难而退。'又曰：'有德不可敌。'此三志者，晋之谓矣。"子玉使伯棼请战，曰："非敢必有功也，愿以间执谗慝之口[66]。"王怒，少与之师，唯西广、东宫与若敖之六卒，实从之[67]。

子玉使宛春告于晋师曰："请复卫侯，而封曹[68]；臣亦释宋之围。"子犯曰："子玉无礼哉！君取一，臣取二[69]，不可失矣！"先轸曰："子与之！定人之谓礼[70]。楚一言而定三国，我一言而亡之；我则无礼，何以战乎？不许楚言，是弃宋也；救而弃之，谓诸侯何！楚有三施，我有三怨[71]，怨仇已多，将何以战？不如私许复曹卫以携之[72]，执宛春以怒楚。既战而后图之。"公说。乃拘宛春于卫，且私许复曹卫，曹卫告绝于楚。子玉怒，从晋师，晋师退。军吏曰："以君辟臣[73]，辱也。且楚师老矣[74]，何故退？"子犯曰："师直为壮，曲为老[75]，岂在久乎？微楚之惠不及此，退三舍辟之[76]，所以报也。背惠食言，以亢其仇[77]，我曲楚直。其众素饱[78]，不可谓老。我退而楚还，我将何求？若其不还，君退臣犯，曲在彼矣。"退三舍。楚众欲止，子玉不可。

夏，四月戊辰[79]，晋侯、宋公、齐国归父、崔夭、秦小子慭次于城濮[80]。楚师背酅而舍[81]，晋侯患之。听舆人之诵曰："原田每每[82]，舍其旧而新是谋。"公疑焉。子犯曰："战也！战而捷，必得诸侯；若其不捷，表里山河[83]，必无害也。"公曰："若楚惠何？"栾贞子曰："汉阳诸姬[84]，楚实尽之。思小惠而忘大耻，不如战也。"晋侯梦与楚博，楚子伏己而盬其脑[85]，是以惧。子犯曰："吉！我得天，楚伏其罪，吾且柔之矣[86]！"

子玉使斗勃请战，曰："请与君之士戏，君冯轼而观之，得臣与寓目焉[87]。"晋侯使栾枝对曰："寡君闻命矣。楚君之惠，未之敢忘，是以在此。为大夫退，其敢当君乎[88]？既不获命矣，敢烦大夫谓二三子，戒尔车乘，敬尔君事，诘朝将见[89]。"

晋车七百乘，韅靷鞅靽[90]。晋侯登有莘之虚以观师[91]，曰："少长有礼，其可用也[92]。"遂伐其木以益其兵[93]。己巳，晋师陈与莘北[94]。胥臣以下军之佐当陈蔡。子玉以若敖之六卒将中军，曰："今日必无晋矣！"子西将左，子上将右(95)。胥臣蒙马以虎皮，先犯陈蔡，陈蔡奔，楚右师溃。狐毛设二旆而退之，栾枝使舆曳柴而伪遁(96)，楚师驰之。原轸、郤溱以中军公族横击之(97)。狐毛、狐偃以上军夹攻子西，楚左师溃。楚师败绩。子玉收其卒而止，故不败。

晋师三日馆谷，及癸酉而还(98)。甲午，至于衡雍(99)。作王宫于践土(100)。乡役之三月，郑伯如楚，致其师(101)；为楚师既败而惧，使子人九行成于晋(102)。晋栾枝入盟郑伯。五月丙午(103)，晋侯及郑伯盟于衡雍。丁未，献楚俘于王，驷介百乘(104)，徒兵千。郑伯傅王(105)，用平礼也。己酉，王享醴，命晋侯宥(106)。王命尹氏及王子虎、内史叔兴父，策命晋侯为侯伯，赐之大辂之服(107)，戎辂之服，彤弓一，彤矢百，玈弓矢千，秬鬯一卣，虎贲三百人(108)。曰："王谓叔父，敬服王命，以绥四国，纠逖王慝(109)。"晋侯三辞，从命，曰："重耳敢再拜稽首，奉扬天子之丕显休命(110)。"受策以出，出入三觐(111)。卫侯闻楚师败，惧，出奔楚，遂适陈，使元咺奉叔武以受盟(112)。癸亥(113)，王子虎盟诸侯于王庭，要言曰："皆奖王室，无相害也(114)。有渝此盟，明神殛之，俾队其师，无克祚国，及而玄孙(115)，无有老幼。"君子谓是盟也信，谓晋于是役也能以德攻。

初，楚子玉自以为琼弁玉缨(116)，未之服也。先战，梦河神谓己曰："畀余，余赐女孟诸之麋(117)。"弗致也。大心与子西使荣黄谏(118)，弗听。荣季曰："死而利国，犹或为之，况琼玉乎？是粪土也，而可以济师，将何爱焉？"弗听。出告二子曰："非神败令尹，令尹其不勤民，实自败也。"既败，王使谓之曰："大夫若入，其若申息之老何(119)？"子西、孙伯曰："得臣将死，二臣止之(120)，曰：'君其将以为戮。'"及连谷而死(121)。晋侯闻之，而后喜可知也(122)，曰："莫余毒也已(123)！"芳吕臣实为令尹，奉己而已(124)，不在民矣。

【注释】

（1）二十七年，指鲁僖公二十七年（前633）。

（2）楚子，即楚成王熊恽。周朝初封楚为子爵，故称楚子。宋，国名，今河南省商丘市一带。

（3）子文，斗穀（gǔ 股）於（wū 污）菟（tú 图）的字，曾任楚国令尹（相当于宰相）。睽（kuí 奎），楚邑名，今地不详。

（4）朝，指从日出到中午这段时间。戮，惩罚。

（5）子玉，成得臣的字，因伐陈有功，子文荐举为令尹，城濮之战中为楚军统帅，失败后自杀。蒍（wěi 伟），楚邑名，今地址不详。

（6）贯耳，古时军队中的一种刑罚，用箭穿耳示众。

（7）国老，国内年老有威望的大臣。

（8）蒍贾，人名，字伯嬴，楚国名相孙叔敖之父。

（9）靖国，安定国家。子文荐举子玉为令尹时，楚大夫叔伯曾问子文："子若国何？"对曰："吾以靖国也……"，见《左传·僖公二十三年》。

（10）靖诸内，在内安定。几何，多少。

（11）过，超过。三百乘，四匹马拉的兵车叫乘，一乘兵车配备七十五个士兵。三百乘大约为二万二千五百人。入，回国。

（12）诸侯，指当时楚成王率领一起围宋的陈、蔡、郑、许等国。

（13）公孙固，宋庄公的孙子，曾任大司马。

（14）先轸（zhěn 枕），又名原轸，晋国名将。

（15）报施，晋文公重耳没即位前因国内战乱，流亡到宋国时，宋襄公曾"赠之以马二十乘。"

（16）狐偃，字子犯，晋文公的舅公，是晋国的重要谋臣。

（17）曹，曹国，在今山东省定陶县。昏，同"婚"。楚卫两国最近结为儿女亲家。

（18）蒐（sōu 馊），同"搜"，检阅部队。被庐，晋国地名，今地址不详。

（19）作，建立。谋，商议。元帅，三军中以中军为尊，中军主将为全军元帅。

（20）赵衰，字子馀，晋文公的谋臣。郤（xì 细）縠（hú 狐），晋国大夫。

（21）亟（qì 汽），经常、屡次。说，同"悦"，爱好、喜欢。敦，崇尚、研究。

（22）府，府库。义之府，指礼义都在诗书中。德，道德。

（23）《夏书》，《尚书》中关于夏代的部分。赋纳，采纳、听取。功，事、任务。车服，车马服饰。庸，功绩。"赋纳……以庸"三句见《尚书·舜典》。

（24）郤溱（zhēn 真），晋国大夫。佐，辅佐。

（25）狐毛，狐偃的哥哥。

（26）卿，下军的统帅。

（27）荀林父，人名，又称中行桓子。御戎，驾驶晋文公的兵车。魏仇，晋大夫。右，车右，坐在车子右边作保卫。

（28）晋侯，指晋文公重耳。晋君的爵位是侯爵，所以称晋侯。鲁僖公四年（前656）重耳流亡国外，僖公二十四年（前636）才返回晋国做国君。

（29）之，指老百姓。

（30）义，君臣的道理。

（31）襄王，指周襄王。鲁僖公二十四年周襄王被其弟王子带赶走，二十五年（前635），晋文公杀王子带，护送周襄王归国。怀生，生活安定。

（32）信，信用。宣，明白。

（33）原，小国名，在今河南省济源县西北。晋文公救周襄王后，襄王将原赏给他。僖公二十五年冬，晋文公攻原，预期三天，过三天未攻下，文公下令撤退。见《左传·僖公二十五年》。

（34）资，物资、生活必需品。征，信用。

（35）共，同"恭"，恭顺。

（36）作，设立、设置。执秩，管理爵位的官。正共官，调整国家官吏，使之合乎正规。

（37）假道，借路。曹在卫的东西，晋从西面去攻打，所以要向卫国借路通过。

（38）戊申，十一日。五鹿，卫国地名，今河南省濮阳市南。

（39）胥臣，晋国大夫。上，同"尚"，崇尚。上德，注重德行。

（40）齐侯，齐孝公昭。敛盂，卫国地名。今河南省濮阳市东南。

（41）卫侯，即卫成公郑。与楚，亲近、转向楚国。

（42）出，赶走。说，同"悦"，讨好。

（43）襄牛，卫国地名，在今河南省睢县。

（44）公子买，即下文的子丛，鲁国大夫。当时鲁与楚是盟国，所以派兵到卫驻防。

（45）公，指鲁僖公。子丛，公子买的字。焉，代指晋国。

（46）门焉，攻打城门。

（47）尸，将尸体陈列。诸，之于。

（48）舆（yú鱼）人，众人，指士兵。称，扬言、宣称。舍，驻扎。

（49）数，责问、列举罪状。之，指曹共公襄。僖负羁，曹国大夫，晋文公流亡经曹时，曾赠以食物和珠宝。轩，大夫所乘的车子。

（50）宫，住宅。族，同族人。施，恩惠。

（51）劳，功劳。图，考虑。

（52）爇（ruò若），点燃、焚烧。

（53）病，指重伤。

（54）灵，威望。君之灵，国王的福。

（55）距跃，向前跳。曲踊，弯身向上跳。百，同"陌"，跳跃的距离。

（56）徇，号令、示众。舟之侨，本是虢国旧臣，闵公二年春避祸到晋。

（57）门尹般，宋国大夫。门尹，守城门的官。

（58）执，囚禁、拘留。

（59）喜赂怒顽，指齐、秦喜爱宋的贿赂，又恼怒楚国的顽固。

（60）畀（bì币），给，给予。

（61）申，国名，今河南省南阳市。申叔，指申公叔侯，楚成王派其去穀（今山东东阿）地以便威胁齐国。

（62）从，随从、跟随。

（63）情伪，真假虚实。

（64）假，借，给予。天假之年，指上天给了晋文公高寿。晋文公回国时已六十二岁。见《史记·晋世家》。害，指陷害晋文公的人。

（65）《军志》，古代兵书。允当，恰如其分、适当。

（66）伯棼（fén汾），即斗椒，楚国大夫。间执，堵塞。谄慝（tè

特），毁谤、污蔑。

（67）西广，楚军分左、右广，西广即右广。东宫，太子宫，此指太子的卫队。若敖，楚国先王。若敖之六卒，指王室的六百亲兵。卒，一百人。

（68）宛春，楚国大夫。复，复位。封曹，恢复曹国的封地。

（69）君，指晋文公。取一，只得到释宋一桩好处。臣，指子玉。取二，得到"复卫侯""封曹"两桩好处。

（70）与之，答应他。定，安定。礼，有礼。

（71）施，建议、施恩。怨，怨恨。

（72）携，离间。

（73）辟，同"避"，躲开、回避。

（74）老，疲惫、厌战。

（75）直，理直。壮，士气旺盛。曲，理由。

（76）微，没有。舍，古代三十里为一舍。

（77）亢，加深。其，指楚国。其仇，指楚国的敌国宋国。

（78）素饱，指士气饱满、军队给养充足。

（79）戊辰，初三日。

（80）宋公，即宋成公王臣。国归父、崔夭，都是齐国大夫。小子憖（yìn 印），秦穆公的儿子。次，驻扎。

（81）鄑（xī 希），地名，是险要的丘陵地带。

（82）诵，歌辞。每每，同"莓莓"，草盛的样子。

（83）表里山河，指晋国的外围和内部有山和河，形势险要，易守不易攻。

（84）栾贞子，即栾枝。汉阳，汉水的北岸。诸姬，许多姬姓国家，晋国是姬姓国家。

（85）盬（gǔ 古），吸吮。恼，同"脑"。

（86）得天，晋文公面朝上，所以说得天。柔之，使之驯服。

（87）斗勃，楚国大夫。戏，角力、较量。冯，同"凭"。冯轼，靠着车前的横木。与，参加。寓目，观看。

（88）大夫，指子玉。当，抵挡。

（89）不获命，没有得到同意退兵的命令。二三子，指楚军将领子玉等人。戒尔车乘，准备好你们的战车。敬，谨慎。君事，国家的事。诘朝，次日清晨。

（90）鞹（xiǎn 显）靷（yǐn 引）鞅（yàng 样）靽（bàn 半），马缰绳络头之类的东西。在马背上的叫鞹，胸部的叫靷，马腹部的叫鞅，马后部的叫靽。

（91）有莘（shēn 申），古时国名，在今山东省菏泽市附近。虚，同"墟"，废墟、旧址。

（92）少，指年轻人。长，指年老人。少长有礼，指晋军训练有素，懂得军中上下级的礼仪。

（93）益，增加。兵，兵器。

（94）己巳，四月四日。陈，同"阵"，列阵。莘北，有莘国旧址的北面，即城濮。

（95）子西，即楚国大夫斗宜申。将，统领。子上，即斗勃。

（96）旆（pèi 配），古时末端形状像燕尾的旗，此处指军中大旗。当时主帅统率的中军才有两面大旗，孤毛率的是上军。他用两面旗以诱楚军深入。舆，兵车。曳（yè 业），牵引。遁（dùn 盾），逃走。

（97）公族，晋文公统率的亲兵。横，侧面。

（98）馆，驻扎。谷，作动词用，指吃楚军的粮食。癸酉，四月八日。

（99）甲午，四月二十九日。衡雍，郑国地名，在今河南省原阳县西北。

（100）作，建立。践土，地名，在今河南省旧荥泽县附近。

（101）乡，同"向"，前不久。郑伯，即郑文公。致，送给、交给。

（102）子人九，郑国大夫，姓子人，名九。行成，求和。

（103）丙午，十一日。

（104）丁未，五月十二日。驷介，带甲的马。

（105）傅王，作周襄王的傅相，即担任赞礼的职务。

（106）己酉，五月十四日。醴（lǐ 理），甜酒。宥（yòu 幼），同"侑"，劝酒。

（107）尹氏、王子虎，都是周王室的卿，地位高于大夫。内史，掌管刑罚的官员。叔兴父，周大夫。策命，用竹简写上命令。侯伯，诸侯的领袖。大辂（lù 路），以铜片为饰的车，是天子赐给同姓诸侯的礼物。服，乘者的服饰及帽子。

（108）戎辂，王侯乘的兵车。彤弓，漆成红色的弓。旅（lú 卢）弓矢，黑色的弓箭。秬鬯（chàng 唱），用黑色黍子酿成的香酒，祭祀时用。卣（yǒu 有），古代盛酒的器具。虎贲（bēn 奔），勇士，天子的卫队。

（109）叔父，周王对同姓诸侯的习惯称呼，此处是指晋文公。绥，安定。四国，四方诸侯。纠，纠正。逖（tì 替），同"剔"，清除。慝（tè 特），邪恶。

（110）稽首，叩头至地，是当时最敬礼节。奉扬，发扬、承受。丕，大。显，明。休，美。

（111）觐，朝见天子。

（112）元咺（xuān 宣），卫国大夫。叔武，卫国国君的弟弟。

（113）癸亥，五月二十八日。

（114）要言，约言、商定的话。奖，扶助。

（115）渝，违背、改变。殛（jí 即），杀死。俾，使。队，同"坠"，丧失。克，能。祚，福。而，同"尔"，你们。

（116）琼，红色的玉。弁（biàn 便），冠。玉缨，以玉为饰用来系弁的带子。

（117）畀余，给我（河神）。孟诸，宋国境内的水泽名，在今河南省商丘县东北。麋，同"湄"，水草相接的地方。

（118）大心，子玉的儿子，即孙伯。荣黄，楚国大夫，即下文的荣季。

（119）大夫，指子玉。入，归国。息，姬姓小国，在今河南省息县。老，父老。

（120）二臣，是子西、孙伯的自称。

（121）连谷，楚地名。

（122）知，知道、看出。

（123）毒，毒害。

（124）芳吕臣，即上文的叔伯。奉己，为自己打算。

【毛泽东评说】

主观指导的正确与否，影响到优势劣势和主动被动的变化，观于强大之军打败仗、弱小之军打胜仗的历史事实而益信。中外历史上这类事情是多得很的。中国如晋楚城濮之战，楚汉成皋之战，韩信破赵之战，新汉昆阳之战，袁曹官渡之战，吴魏赤壁之战，吴蜀彝陵之战，秦晋淝水之战等等，外国如拿破仑的多数战役，十月革命后的苏联内战，都是以少击众，以劣势对优势而获胜。都是先以自己局部的优势和主动，向着敌人局部的劣势和被动，一战而胜，再及其余，各个击破，全局因而转成了优势，转成了主动。在原占优势和主动之敌则反是；由于其主观错误和内部矛盾，可以将其很好的或较好的优势和主动地位，完全丧失，化为败军之将，亡国之君。

——《论持久战》，《毛泽东选集》第二卷，人民出版社 1991 年版，第 491 页。

【赏析】

城濮之战，发生在公元前 634 年，是春秋时晋楚两个诸侯国在城濮（今山东鄄城西南）一带进行的争霸战争。《左传》在鲁僖公二十七年（前 633）先综合了楚、晋两方面的准备情况，所以战争实际涉及两年时间。

春秋时期，中原地区各个诸侯国中起初是齐国最强大。齐国衰落以后，南方长江中游地区的楚国向北推进，灭掉了许多小诸侯国，势力发展到长江、淮水、黄河、汉水之间，拥有人口数百万，兵车数千辆，成为中原的强国。

与此同时，在今山西、河北西南、河南北部一带的晋国也兴盛起来。晋文公在外流亡了十九年，于公元前 636 年回国做了国君，进行了一系列内政改革和外交活动，国力日益增强，也逐步向中原地区发展，于是晋楚两国的利益便发生了冲突。

公元前 634 年，鲁国因几次遭到齐国的进攻，要求楚国给予援助，同时泓水之战后，屈服于楚的宋国（今河南商丘一带）转而投靠晋国。为了阻止楚国向南发展，鲁国出兵攻打宋、齐，以保持其在中原的地位。晋国也借口救宋国而出兵中原。这样，城濮之战便不可避免了。战争开始时，楚军实力比晋军强，但是晋国在外交上争取了齐、秦两国参战，在军事上采取了退让一步、后发制人的方针，终于打败了楚国。

《左传》在这一篇战纪中写出了晋文公能打胜仗的原因，有如下几个方面：

首先，由于他做好了战前的政治准备，使人民生活安定，服从命令，心里不再有所怀疑，所谓"一战而霸，文之教也"。与此相反，楚国的执政令尹子玉，却靠刑罚来建立威信．在取得人民的拥护上，晋国已经超过楚国。

其次，晋文公善于争取同盟国，把劣势变为优势。战前，陈、蔡、郑、许跟楚国一起攻打宋国，鲁跟楚攻齐，曹、卫也亲楚。楚国有这样多的同盟国，占着优劣。晋文公把齐、秦两大国争取过来，他出兵救宋，宋国自然也站在晋国一边，他又使曹、卫和楚断绝关系。到战时，只有陈、蔡两个小国帮助楚国，楚国完全处于劣势了。

再次，晋文公善于变被动为主动。楚国围攻宋国，如果晋国去救，楚国就可以选择有利地势以逸待劳，使晋军处于被动挨打地位。晋文公因此不去救宋国，却去打楚的同盟国曹、卫，让楚来救，以争取主动。楚国也在争取主动，派宛春去请晋国放开曹、卫，它也放开宋国。倘晋国不同意，那就会与曹、卫、宋结怨，陷于不利的形势。晋文公扣留宛春，暗中允许恢复曹、卫，使曹、卫与楚绝交，以此激怒楚国。楚子玉真的被激怒了，引兵前来。晋国就这样由被动转为主动。

复次，选择有利的作战时机。晋文公退九十里避开楚军，使楚军麻痹轻敌，冒险深入。晋军以逸待劳，伺机决战。先让一步，后发制人，晋文公选择了这样有利的作战时机。

最后，抓住敌方的弱点进攻，各个击破。晋国出兵不去救宋而去打曹、卫，就是找弱进攻。在战争中，晋国先打楚国最弱的右翼陈、蔡军；再集中三军的力量打楚军的左翼，避开楚军最强的中军。晋文公运用了这样的战略战术，才打败了强大的敌人，取得了胜利。

这是历史上由于主观指导正确，弱军打败了强国的一个有名的战例。

先
秦

毛泽东在《中国革命战争的战略问题》和《论持久战》中都举过这个例子。晋国由于在政治上采取了"教民"的措施，外交上运用了争取秦、齐参战的统一战线，军事上采取了退让一步、后发制人，避实击虚，选择敌军最薄弱的环节，从而各个击破的作战方针，因此，战胜了强大的楚国。古代战争的这些规律，可资我们借鉴。

城濮之战是春秋时代一次规模颇大的战争。在这样纷繁的军事和政治斗争中，作者抓住指挥者的主观指导正确与否来作为孰胜孰负的关键所在来写。通过战前的策划，战时的交锋，战后的安排，不仅令人信服地写出了晋胜楚败的原因，而且形象鲜明地刻画了晋楚指挥集团中许多代表人物。子玉的刚愎自用，晋侯的老谋深算，都给人留下了深刻的印象。

《战国策》

《战国策》，亦称《国策》。传为战国时期各国史官或策士辑录。又有《国事》《事语》《短长》《长书》《修书》等名称，作者未详。西汉末，刘向校录宫中藏书时编订成书，定名《战国策》。全书共三十三篇，分西周、东周、秦、齐、楚、赵、魏、韩、燕、宋、卫、中山十二国策，叙述春秋以后至楚汉之际二百四五十年间之事。该书着重记述策士谋臣的言论和活动，反映了当时尖锐的阶级矛盾和激烈的政治斗争，同时也暴露了一些统治阶级的荒淫残暴和人民被压迫的情况。《战国策》的文章，犀利明快，长于雄辩，绘形绘色，汪洋恣肆，对后世的散文，特别是苏洵、苏轼的议论文章，有很大的影响。

【原文】

甘罗说赵王

文信侯欲攻赵以广河间[1]，使刚成君蔡泽事燕[2]，三年而燕太子质于秦[3]。文信侯因请张唐相燕[4]，欲与燕共伐赵，以广河间之地。张唐辞曰："燕者必径于赵[5]。赵人得唐者，受百里之地[6]。"文信侯去而不快[7]。

少庶子甘罗曰[8]："君侯何不快甚也？"文信侯曰："吾令刚成君蔡泽事燕，三年而燕太子已入质矣。今吾自请张卿相燕而不肯行。"甘罗曰："臣行之[9]。"文信叱[10]，曰："我自行之而不肯，汝安能行之也？"甘罗曰："夫项橐生七岁而为孔子师[11]。今臣生十二岁于兹矣[12]，君其试臣[13]，奚以遽言叱也[14]！"

甘罗见张唐曰："卿之功孰与武安君[15]？"唐曰："武安君战胜攻取[16]，不知其数；攻城堕邑[17]，不知其数。臣之功不如武安君也。"甘罗曰："卿明知功之不如武安君欤？"曰："知之。""应侯之用秦也[18]，孰与文信侯专⁽¹⁹⁾？"曰："应侯不如文信侯专。"曰："卿明知为不如文信侯专欤？"曰："知之。"甘罗曰："应侯欲伐赵⁽²⁰⁾，武安君难之，去咸阳七里，绞而杀之。今文信侯自请卿相燕，而卿不肯行，臣不知卿所死之处矣⁽²¹⁾！"唐曰："请因孺子而行⁽²²⁾。"令库具车⁽²³⁾，厩具马⁽²⁴⁾，府具币⁽²⁵⁾。行有日矣⁽²⁶⁾，甘罗谓文信侯曰："借臣车五乘⁽²⁷⁾，请为张唐先报赵⁽²⁸⁾。"

见赵王⁽²⁹⁾，赵王郊迎⁽³⁰⁾。谓赵王曰："闻燕太子丹之入秦欤？"曰："闻之。""闻张唐之相燕欤？"曰："闻之。""燕太子入秦者，燕不欺秦也；张唐相燕者，秦不欺燕也。秦、燕不相欺则伐赵，危矣！燕、赵所以不相欺者无异故，欲攻赵而广河间也。今王赍臣五城以广河间⁽³¹⁾，请归燕太子，与强赵攻弱燕。"赵王立割五城以广河间。归燕太子。赵攻燕，得上谷三十六县⁽³²⁾，与秦什一⁽³³⁾。（秦策五）

【注释】

（1）文信侯，即吕不韦（？—前235），战国末年卫国濮阳（今河南濮阳）人。秦庄襄王时任为秦相，封文信侯。广，扩大。河间，太行山以东玉黄河一带地区。因在漳河、黄河之间，故称河间。其地原属赵国，后被秦国攻取，封给吕不韦，至此吕不韦又欲扩张自己的地盘。

（2）蔡泽，战国时燕国人。曾游说各国。秦昭王时任国相，封刚成君。居留秦国十多年。

（3）三年，秦庄襄王三年，即公元前247年。太子丹（？—前226），战国末年燕王喜的太子，名丹。质于秦，到秦国做人质。

（4）张唐，秦国人。相燕到燕国做丞相。

（5）径，借路，取道。燕国在赵国的东北面，到燕国必经赵国。

（6）赵人得唐者二句，赵国人抓到我，可以得到百里封地的重赏。

（7）去，使之去，打发张唐出去。

（8）少庶子，战国时国君、相国，列侯的侍从之臣、家臣。

（9）臣行之，我说服他到燕国。行之，使之行。

（10）叱，斥责。

（11）项橐（tuó 驼），人名，传说他七岁时曾质难孔子，并为孔子讲解。

（12）于兹，到现在。

（13）君其试臣，您可以试试我。其，句中语气词，表希望。

（14）奚以，为什么。遽（jù俱），勿忙。

（15）孰与，何如。武安君，秦名将白起的封号。

（16）战胜攻取，战必胜，攻必克。

（17）堕，攻陷。

（18）应侯，范雎的封号。范雎原魏人，因遭谗害，逃到秦国，秦昭王用为相，屡立大功，封于应（今河南宝丰西），称应侯。用秦，在秦国受到重用。

（19）孰与文信侯专，比起文信侯来，哪个更为秦王信任？专，专信。

（20）应侯欲伐赵四句，秦昭王下令攻打赵都邯郸，使范雎请白起为将，白起认为攻赵不易取胜，推辞不肯行。秦王与范雎商议，将白起免职，降为士卒，白起出咸阳城十里，至杜邮，被赐死。七里，应为十里。

（21）所死处，死的地方。

（22）请因孺子而行，请照你这少年的意见我就去吧。孺子，小孩，少年。

（23）具，备。

（24）厩，马房。

（25）币，财货，彩礼。

（26）行有日矣，行期定了。

（27）五乘，五辆。

（28）为张唐先报赵，先到赵国去为张唐疏通一下。

（29）赵王，指赵悼襄王，公元前244年至前236年在位。

（30）郊迎，到郊外迎接。

（31）赍（jī基），拿物品送人。

（32）上谷，燕国郡名，其地在今河北中部和西北部一带。

（33）与秦什一，分给秦国十分之一。

【毛泽东评说】

毛泽东在 1958 年两次重要会议的讲话中，反复强调要解放思想、破除迷信，敢想敢干，不要片面地迷信名家、权威、外国，要破除奴性。为此，他举出中外历史上出身卑微而有所建树或年轻有为者三四十人，包括马克思、恩格斯、释迦牟尼、孔夫子以及贾谊、王弼、王勃等人，其中提到了十二岁出使立功的甘罗，借此表示对年轻人寄予厚望。

——邵华审订，郑小军主编：《毛泽东欣赏的古典散文》，浙江古籍出版社 1994 年版，第 132 页。

【赏析】

本文选自《战国策·秦策五》，又见《史记·樗里子甘茂列传》。

战国时代纵横游说之士遍天下，"出一奇计"而获卿相之位的不乏其人。而甘罗，一个十二岁的少年，对当时形势非常了解，出一奇计而使赵割其上谷郡的十分之一（一说十一座城池）给秦国，这不能不使人叹之为奇才。但这也并非偶然。这除了时代原因和家庭影响（他是秦相甘茂之孙）之外，主要是由于他自己的努力。从他对形势的分析来看，他对秦国统治阶级内部和各国之间尔虞我诈的情况，了如指掌，这正表现了他平时对时事非常关心，并作过深入的研究，再加上他的敢说敢做，这才使他成为一个少年政治家。自古英雄出少年。甘罗是中国人民代代传颂的少年英雄之一。毛泽东在 1958 年的两次破除迷信、解放思想的讲话中，都举了甘罗作例子，肯定了他的年轻有为，足为后人的榜样。

【原文】

触龙说赵太后

赵太后新用事[1]，秦急攻之。赵氏求救于齐[2]。齐曰："必以长安君为质[3]，兵乃出。"太后不肯，大臣强谏[4]。太后明谓左右[5]："有复言令长安君为质者，老妇必唾其面[6]！"

左师触龙言愿见[7]，太后盛气而胥之[8]。入而徐趋，至而自谢[9]，曰："老臣病足，曾不能疾走⁽¹⁰⁾，不得见久矣，窃自恕⁽¹¹⁾，而恐太后玉体有所郄也⁽¹²⁾，故愿望见。"太后曰："老妇恃辇而行⁽¹³⁾。"曰："日食饮得无衰乎⁽¹⁴⁾？"曰："恃粥耳。"曰："老臣今者殊不欲食，乃自强步⁽¹⁵⁾，日三四里，少益嗜食，和于身也⁽¹⁶⁾。"曰："老妇不能。"太后之色少解⁽¹⁷⁾。

左师公曰："老臣贱息舒祺，最少，不肖⁽¹⁸⁾；而臣衰，窃爱怜之⁽¹⁹⁾，愿令补黑衣之数⁽²⁰⁾，以卫王宫。没死以闻⁽²¹⁾。"太后曰："敬诺。年几何矣⁽²²⁾？"对曰："十五岁矣。虽少，愿及未填沟壑而托之⁽²³⁾。"太后曰："丈夫亦爱怜其少子乎⁽²⁴⁾？"对曰："甚于妇人⁽²⁵⁾。"太后笑曰："妇人异甚⁽²⁶⁾。"对曰："老臣窃以为媪之爱燕后，贤于长安君⁽²⁷⁾。"曰："君过矣，不若长安君之甚！"

左师公曰："父母之爱子，则为之计深远⁽²⁸⁾。媪之送燕后也，持其踵为之泣⁽²⁹⁾，念悲其远也，亦哀之矣⁽³⁰⁾。已行⁽³¹⁾，非弗思也，祭祀必祝之，祝曰：'必勿使反⁽³²⁾！'岂非计久长，有子孙相继为王也哉？"太后曰："然。"

左师公曰："今三世以前，至于赵之为赵⁽³³⁾，赵主之子孙侯者，其继有在者乎⁽³⁴⁾？"曰："无有。"曰："微独赵，诸侯有在者乎⁽³⁵⁾？"曰："老妇不闻也⁽³⁶⁾。""此其近者祸及身，远者及其子孙，岂人主之子孙则必不善哉？位尊而无功，奉厚而无劳⁽³⁷⁾，而挟重器多也⁽³⁸⁾。今媪尊长安君之位，而封之以膏腴之地⁽³⁹⁾，多予之重器，而不及今令有功于国⁽⁴⁰⁾。一旦山陵崩，长安君何以自托于赵⁽⁴¹⁾？老臣以媪为长安君计短也，故以为其爱不若燕后。"太后曰："诺，恣君之所使之⁽⁴²⁾。"

于是为长安君约车百乘质于齐⁽⁴³⁾，齐兵乃出。

子义闻之⁽⁴⁴⁾，曰："人主之子也，骨肉之亲也，犹不能恃无功之尊，无劳之奉，以守金玉之重，而况人臣乎⁽⁴⁵⁾？"

【注释】

（1）用事，执政。

（2）齐，战国时诸侯国，为七雄之一，在今山东北部、东部一带。

（3）长安君，孝成王之弟，赵威后的小儿子，封号为长安君。质，人质，抵押品。

（4）强（qiǎng抢）谏，竭力规劝。谏，规劝国君、尊长和朋友，使改正错误和缺点。

（5）谓，告诉。左右，指身边的臣子。

（6）复，再。令，使，叫。老妇，太后自称。

（7）左师，官名，执政官。《通鉴》胡注："春秋时宋国之官有左右师，上卿也。赵以触龙为左师，盖冗散之官，以优老臣者也。"

（8）盛气，蓄怒未发的样子。胥，通"须"，等待。

（9）趋，快步走，以示恭敬。徐趋，小步快走。谢，道歉，谢罪。

（10）病足，脚有毛病。曾，乃，竟然。疾走，快跑。

（11）窃自恕，自己原谅自己。窃，私心表示谦卑之辞。

（12）玉体，称对方身体的敬词。郄（xì细），不舒适。王念孙认为此字应作"僁"（jué绝），意为疲劳。

（13）恃，依靠。辇，古人推拉的车，又专指君、后所乘之车。

（14）食饮，犹饮食，指饭量。得，可。衰，减少。

（15）老臣，触龙自称。今者，近来。殊，很，特别。

（16）少，稍微。益，增加。嗜食，犹言食欲。和，舒适。《淮南子·俶真训》高诱注："和，适也。"

（17）色，脸色，此指怒色。解，同"懈"，缓和。《广雅·释诂》二："缓也。"

（18）贱息，谦称自己的儿子。息，子女。舒祺，触龙小儿子的名字。不肖，没有才能，没有出息。

（19）衰，衰老。怜，疼爱。

（20）黑衣，指宫廷卫士，卫士常穿黑色衣服，故称。数，数量，此指名额。

（21）没（mò末）死，冒着死罪。没：通"昧"，冒。王引之《经义述闻》卷十八："'昧'与'没'古同声而同用。"

（22）敬诺，恭谨应答之词，表示同意。几何，多少。

（23）少（shào），年轻。填沟壑（hè贺），人死后掩埋在山沟里，此指死亡。托，托付。

（24）丈夫，泛指男子。

（25）甚于，胜过，超过。

（26）异甚，特别厉害。

（27）媪（ǎo袄），对老妇人的敬称。燕后，赵太后的女儿，嫁给燕国国君为后。贤于，胜过。

（28）为之计深远，为他们作长远打算。

（29）送，送亲，指送燕后出嫁。持其踵，紧跟在她的后面。持，继，续。踵，《广雅·释诂》三："踵，迹也。"

（30）念悲其远，言想念并伤心女儿将远离自己。哀，哀怜，爱。

（31）已行，言已经出嫁以后。

（32）必勿使反，古代诸侯的女儿嫁到别国，如不迎而自己归来，那只是被废弃或国家灭亡，故祝其勿返。反，同"返"。

（33）三世，三代。父子相继为一世，指赵武灵王、赵惠文王、赵孝成王。赵之为赵，言赵国的建立，指上推到赵氏由大夫封为赵国国君的时候。周威列王二十三年，赵烈侯六年（前403），韩、赵、魏三国始列为诸侯。

（34）侯，指封侯爵。继，继承者。

（35）微独，不仅，非但。诸侯有在者乎，是"诸侯之子孙侯者，其继有在者"的略语。

（36）不闻，没有听说过。

（37）奉，通"俸"，俸禄。劳，劳绩。

（38）挟，占有，拥有。重器，宝器，指象征国家的金玉钟鼎之类。

（39）尊，抬高，使尊贵。膏腴（yú鱼），肥沃富饶。

（40）及今，趁现在。

（41）山陵崩，喻指帝王诸侯的死亡，像山陵崩塌一样。这里婉言赵太后死亡。何以自托于赵，凭什么在赵国立身呢？托，托身。

（42）恣，任凭。君，犹"您"。使，派遣。

（43）约车，准备车。乘（shèng盛），四匹马拉的车为一乘。质，做人质。

（44）子义，人名，赵国的贤士。

（45）而况，更何况。

【赏析】

《战国策》，相传原系战国时期各国史官或策士所辑录，有《国策》《国事》《短长》等不同名称和本子。西汉学者刘向（前77—前6）进行了整理，按战国时期诸国次序，删去重复，编订为33篇，并定名为《战国策》。主要记载从周贞定王十七年（前452）到秦始皇三十一年（前216）236年间各国政治、军事、外交方面的动态。本文选自《战国策·赵策四》。此事在赵孝成王元年（前265，周赧及王五十年）。触龙，战国时赵国老臣。龙，原作"詟"（zhé 浙），系误合"龙""言"二字为一，今据《史记·赵世家》和王念孙《读书杂志》及马王堆汉墓帛书《战国策纵横家》校改。说（shuì 税），劝说，说服。赵太后，即赵威后，赵惠文王之妻，孝成王之母。孝成王年幼时，由她执政。

《赵策》里《触龙说赵太后》一文，写触龙劝说赵太后，爱自己的儿子不应当只从他目前的安危着眼，而应当从长远处着眼，使他得到培养锻炼；并且表明，这样才是真正爱护儿子，同时也符合国家的利益。这种见解是可取的。触龙从父母应该替子女作长久之计来说服赵太后，赵太后答应使长安君出质。这里也表现了说服人的方式方法运用得当。这是很令后人称道的。

毛泽东推荐这篇文章，意义是深刻的。该文在分析众诸侯王国没有一个子孙三世保住王位的原因时说："岂人主之子孙则必不善哉？位尊而无功，俸厚而无劳，而挟重器多也。"又说："人主之子也，骨肉之亲也，犹不能恃无功之尊、无劳之俸，以守金玉之重也。而况人臣乎？"2000 多年前的古人、封建帝王及有识之士都认识到：对自己的子女不能让他们"位尊而无功，俸厚而无劳"，只有为国家多做贡献，才能使自己的地位子孙相继。对于今天的事业来说，如何教育和锻炼下一代，同样是涉及国家未来的大问题。毛泽东一直都注意这个问题。他在中央会议上讲述《触龙说赵太后》的故事，意在提醒人们，如果不重视、不正确地解决这个问题，"我们的子女，他们也会变质"。正当"文化大革命"之际，毛泽东用自己特有的语言来评论此事，自不乏他当时的思虑。

【原文】

冯谖客孟尝君

齐人有冯谖者⁽¹⁾，贫乏不能自存⁽²⁾。使人属孟尝君⁽³⁾，愿寄食门下⁽⁴⁾。孟尝君曰："客何好⁽⁵⁾？"曰："客无好也。"曰："客何能？"曰："客无能也。"孟尝君笑而受之，曰："诺。"

左右以君贱之也，食以草具⁽⁶⁾。居有顷⁽⁷⁾，倚柱弹其剑，歌曰："长铗归来乎⁽⁸⁾！食无鱼。"左右以告。孟尝君曰："食之，比门下之客⁽⁹⁾。"居有顷，复弹其铗，歌曰："长铗归来乎！出无车。"左右皆笑之，以告。孟尝君曰："为之驾⁽¹⁰⁾，比门下之车客。"于是乘其车，揭其剑⁽¹¹⁾，过其友曰⁽¹²⁾："孟尝君客我⁽¹³⁾。"后有顷，复弹其剑铗，歌曰："长铗归来乎！无以为家⁽¹⁴⁾。"左右皆恶之⁽¹⁵⁾，以为贪而不知足。孟尝君问："冯公有亲乎？"对曰："有老母。"孟尝君使人给其食用，无使乏。于是冯谖不复歌。

后孟尝君出记⁽¹⁶⁾，问门下诸客："谁习计会⁽¹⁷⁾，能为文收责于薛者乎⁽¹⁸⁾？"冯谖署曰⁽¹⁹⁾："能。"孟尝君怪之，曰："此谁也？"左右曰："乃歌夫'长铗归来'者也。"孟尝君笑曰："客果有能也，吾负之⁽²⁰⁾，未尝见也。"请而见之，谢曰⁽²¹⁾："文倦于事⁽²²⁾，愦于忧⁽²³⁾，而性懧愚⁽²⁴⁾，沉于国家之事⁽²⁵⁾，开罪于先生⁽²⁶⁾。先生不羞⁽²⁷⁾，乃有意欲为收责于薛乎？"冯谖曰："愿之。"于是约车治装⁽²⁸⁾，载券契而行⁽²⁹⁾。辞曰："责毕收，以何市而反⁽³⁰⁾？"孟尝君曰："视吾家所寡有者⁽³¹⁾。"

驱而之薛⁽³²⁾，使吏召诸民当偿者悉来合券⁽³³⁾。券徧合，起，矫命以责赐诸民⁽³⁴⁾，因烧其券。民称万岁。

长驱到齐，晨而求见。孟尝君怪其疾也，衣冠而见之，曰："责毕收乎？来何疾也！"曰："收毕矣。""以何市而反？"冯谖曰："君云'视吾家所寡有者'。臣窃计⁽³⁵⁾，君宫中积珍宝，狗马实外厩⁽³⁶⁾，美人充下陈⁽³⁷⁾；君家所寡有者，以义耳⁽³⁸⁾！窃以为君市义。"孟尝君曰："市义奈何？"曰："今君有区区之薛，不拊爱子其民⁽³⁹⁾，因而贾利之⁽⁴⁰⁾。臣窃矫君命，以责赐诸民，因烧其券，民称万岁。乃臣所以为君市义也。"孟尝君不说，曰："诺，先生休矣⁽⁴¹⁾。"

后期年⁽⁴²⁾，齐王谓孟尝君曰⁽⁴³⁾："寡人不敢以先王之臣为臣⁽⁴⁴⁾。"孟尝君就国于薛⁽⁴⁵⁾。未至百里⁽⁴⁶⁾，民扶老携幼，迎君道中。孟尝君顾谓冯谖曰："先生所为文市义者，乃今日见之。"冯谖曰："狡兔有三窟，仅得免其死耳。今君有一窟，未得高枕而卧也。请为君复凿二窟。"

孟尝君予车五十乘⁽⁴⁷⁾，金五百斤⁽⁴⁸⁾，西游于梁⁽⁴⁹⁾，谓惠王曰："齐放其大臣孟尝君于诸侯⁽⁵⁰⁾，诸侯先迎之者，富而兵强。"于是梁王虚上位⁽⁵¹⁾，以故相为上将军，遣使者，黄金千斤，车百乘，往聘孟尝君。冯谖先驱⁽⁵²⁾，诫孟尝君曰⁽⁵³⁾："千金，重币也，百乘，显使也，齐其闻之矣。"梁使三反，孟尝君固辞不往也⁽⁵⁴⁾。

齐王闻之，君臣恐惧，遣太傅赍黄金千斤⁽⁵⁵⁾，文车二驷⁽⁵⁶⁾，服剑一，封书谢孟尝君曰："寡人不祥⁽⁵⁷⁾，被于宗庙之祟⁽⁵⁸⁾，沉于谄谀之臣⁽⁵⁹⁾，开罪于君！寡人不足为也⁽⁶⁰⁾，愿君顾先王之宗庙，姑反国统万人乎⁽⁶¹⁾！"冯谖诫孟尝君曰："愿请先王之祭器⁽⁶²⁾，立宗庙于薛。"庙成，还报孟尝君曰："三窟已就，君姑高枕为乐矣。"

孟尝君为相数十年，无纤介之祸者⁽⁶³⁾，冯谖之计也。

【注释】

（1）冯谖（xuān 轩），齐国孟尝君门客。谖，一本作"煖"，《史记》作"驩"。

（2）贫乏，贫穷。存，存在，这里指生活。

（3）属（zhǔ 主），同"嘱"，嘱托。

（4）寄食，依靠别人生活。

（5）何好（hào 号），爱好什么。

（6）食（sì 寺），给人吃。草具，粗劣的饮食。

（7）居有顷，过了不久。居，有"经过"之意。

（8）铗，剑把，这里指剑。

（9）比门下之客，照门人一般客人对待。孟尝君门下食客分三等，即上客，食肉，出可乘车；中客，食鱼；下客，食菜。

（10）为之驾，给他预备车。

（11）揭，举。

（12）过，访。

（13）客我，把我当客人看待。

（14）无以为家，没有用来养家的东西。为家，养家。

（15）恶（wù务），厌恶。

（16）出记，出了一个通告。《汉书·何武传》："出记问垦田顷亩，五谷美恶。"颜师古注："记，谓教命之书。"一说，记，账簿。

（17）计会（kuài快），即会计。

（18）责，同"债"，指放出去的债务。薛，齐国地名，在今山东滕县东南。

（19）署，签名。

（20）负之，辜负他（冯谖）。

（21）谢，道歉。

（22）倦于事，被烦琐的事情搞得很疲劳。

（23）愦，昏乱。愦，同"溃"。

（24）忨（nuò诺）愚，懦弱无能。忨，同"懦"。

（25）沈，沉溺。

（26）开罪，得罪。

（27）不羞，不以为羞。

（28）约车治装，预备车辆，收拾行李。约，具，准备。

（29）券（quàn劝）契，借券。券，两家各拿一份，可以合验的契。

（30）市，买。反，同"返"。

（31）寡有者，缺少的。

（32）驱，赶着车。之，往。

（33）当偿者，应该还债的人。偿，偿还。合券，合验借券。

（34）矫命，假托（孟尝君的）命令。矫，假托。

（35）窃，私自，谦词。计，考虑。

（36）实，充满。厩，马棚。

（37）充，满。下陈，古代统治者堂下陈放礼品、站列婢妾的地方。

（38）以义耳，只有义罢了。义，正义的行为，因正义的行为而获得的声誉。

（39）拊爱，抚爱。拊，同"抚"。子其民，以其民为子，即爱民如子。

（40）贾（gǔ谷）利之，在他们身上做居意取利。贾，做买卖。

（41）休矣，算了吧！

（42）期（jī基）年，满一年。

（43）齐王，指齐湣王。

（44）寡人句，我不敢把先王用的臣作我的臣。这是齐湣王废除孟尝君宰相职务的借口。先王，指齐宣王。据《史记·孟尝君列传》载："齐（湣）王惑于秦、楚之毁，以为孟尝君名高其主，而擅齐国之权，遂废孟尝君。"

（45）就国，到封地去住。

（46）未至百里，还差一百里没走到。

（47）乘（shèng圣），用四匹马拉的一辆车叫一乘。

（48）金，指黄铜。

（49）西游于梁，向西边的梁国去游说。梁，即魏国。魏王罃（yīng英，梁惠王）迁都大梁（今河南开封），国号曾一度叫"梁"。

（50）放，放逐。

（51）虚上位，让出上位（这里指国相的位置）。

（52）先驱，前驱，在前面导行。

（53）诫，告诫，预先提醒。

（54）固辞，坚决辞谢。

（55）赍（jī技），拿物品送人。

（56）文车，雕刻或绘着花纹的车。驷（sì寺），四匹马拉的一辆车，即一乘。

（57）不祥，没有福气。祥，福，善。

（58）被于宗庙之祟，受到祖宗神灵降下的灾祸。祟，鬼神给人降的灾祸。

（59）沉于谄谀之臣，被那些阿谀逢迎的臣子所迷惑。

（60）不足为（wèi 位），不值得辅助。为，助。

（61）姑，姑且。统，统辖、治理。万人，指全国人民。

（62）愿请先王之祭器，希望你向齐王请求先王传下来的祭器，在薛地建立宗庙。这是冯谖为孟尝君定的安身计之一。因为既立宗庙于薛，将来齐王不但不能取消薛地，若有他国来攻，还需加以保护。

（63）纤（xiān 先）介，细致，一点点。纤，细小。介，同"芥"，小草。

【毛泽东评说】

（1945 年 10 月）11 日上午，毛泽东乘车来到九龙坡机场……

此时，毛泽东偶尔一抬头，忽望见张澜和鲜英正从那边快步赶了过来，于是立刻排开人群，含笑趋前与张澜握手："有劳相送，甚不敢当！"

张澜点头粲然而笑。

毛泽东紧紧地握着张澜的手，好久才松开。

接着又含笑与鲜英握别："再见了！我们的孟尝君。"

一句话引来大家一阵笑声。

——林洪：《老成谋国，乘虚御风——毛泽东三访张澜》，载《毛泽东和党外朋友们》，团结出版社 1996 年第二版，第 95—96 页。

1964 年 2 月 13 日，毛泽东同志在春节座谈会还谈到溥仪，说："对宣统要好好团结，他和光绪皇帝都是我们的顶头上司，我做过他们下面的百姓，听说溥仪生活不太好，每月只有一百八十多元薪水，怕是太少了吧！"说到这里，毛泽东转向在场的章士钊继续说："我想拿点稿费，通过你送给他改善生活，不要使他'长铗归来乎食无鱼'，人家是皇帝嘛！"

——董志英：《毛泽东轶事》，昆仑出版社 1989 年版，第 113—114 页。

【赏析】

本文选自《战国策·齐策四》，又见于《史记·孟尝君列传》。孟尝君，姓田，名文，齐国的贵族，齐湣王时为相，封于薛（故城在今山东滕县东南），孟尝君是他的封号。素以好养士（门客）闻名。与魏国信陵君、

先
秦

楚国春申君、赵国平原君并称为赵国四公子。本文写策士冯谖寄食于孟尝君门下，为巩固孟尝君的政治地位，通过"焚券""市义"、游梁复相、请立宗庙等活动，为孟尝君营就三窟，使之"为相数十年，无纤介之祸"。全篇通过具体事件的描述，揭示了当时统治阶级内部的人情世态。文中所写的事件，多有夸大游士作用的成分，不一定都是事实。不过，作为文章，则写得层次清楚，情节曲折，冯谖的策士形象也生动突出。当然，冯谖收债于薛，不要老百姓的债款，并且焚烧契券，这对老百姓是有好处的。但是他这样做，并不是为老百姓着想，而是为孟尝君，这一点我们应当认识清楚。

毛泽东很熟悉冯谖客孟尝君的故事，并经常用来说明现实问题。1945年重庆谈判时，他受到民主同盟张澜等民主人士的热烈欢迎，并受到特园主人鲜英的盛情款待，所以，毛泽东离开重庆时在机场又见到前来为他送行的鲜英时，由衷地称他为"我们的孟尝君"，表现了对民主人士的衷心感谢和信赖。在1963年春节召开的全国教育工作座谈会上，毛泽东又专门谈到末代皇帝溥仪的生活问题，表示拿出自己的一些稿费让章士钊转交，以改善溥仪的生活，不要使这位末代皇帝"长铗归来乎食无鱼"，体现了我们党的统一战线政策，以及毛泽东的宽广胸襟。

【原文】

庄辛说楚襄王

庄辛谓楚襄王曰[1]："君王左州侯[2]，右夏侯，辇从鄢陵君与寿陵君，专淫逸侈靡[3]，不顾国政，郢都必危矣[4]！"襄王曰："先生老悖乎[5]，将以为楚国祆祥乎[6]？"庄辛曰："臣诚见其必然者也，非敢以为国祆祥也。君王卒幸四子者不衰[7]，楚国必亡矣。臣请辟于赵[8]，淹留以观之[9]。"

庄辛去之赵，留五月，秦果举鄢、郢、巫、上蔡、陈之地[10]，襄王流揜于城阳[11]。于是使人发驺，征庄辛于赵[12]。庄辛曰："诺。"

庄辛至。襄王曰："寡人不能用先生之言，今事至于此，为之奈何？"

庄辛对曰："臣闻鄙语曰[13]：'见兔而顾犬，未为晚也；亡羊而补牢[14]，未为迟也。'臣闻昔汤、武以百里昌[15]，桀、纣以天下亡。今楚国虽小，绝长续短[16]，犹以数千里[17]，岂特百里哉？

"王独不见夫蜻蛉乎[18]？六足四翼，飞翔乎天地之间，俛啄蚊虻而食之[19]，仰承甘露而饮之，自以为无患，与人无争也；不知夫五尺童子，方将调饴胶丝[20]，加己乎四仞之上[21]，而下为蝼蚁食也[22]。

"蜻蛉，其小者也，黄雀因是以[23]。俯噣白粒[24]，仰栖茂树，鼓翅奋翼，自以为无患，与人无争也；不知夫公子王孙，左挟弹[25]，右摄丸，将加己乎十仞之上，以其类为招[26]。昼游乎茂树，夕调乎酸咸[27]，倏忽之间[28]，坠于公子之手。

"夫黄雀，其小者也，黄鹄因是以[29]。游于江海，淹乎大沼，俯噣鳝鲤[30]，仰啮菱衡[31]，奋其六翮而凌清风[32]，飘摇乎高翔，自以为无患，与人无争也；不知夫射者，方将修其碆卢[33]，治其矰缴[34]，将加己乎百仞之上，被礛磻[35]，引微缴，折清风而抎矣[36]。故昼游乎江湖，夕调乎鼎鼐[37]。

"夫黄鹄，其小者也，蔡灵侯之事因是以[38]。南游乎高陂，北陵乎巫山[39]，饮茹溪之流，食湘波之鱼[40]，左抱幼妾，右拥嬖女[41]，与之驰骋乎高蔡之中[42]，而不以国家为事；不知夫子发方受命乎灵王[43]，系己以朱丝而见之也。

"蔡灵侯之事其小者也，君王之事因是以。左州侯，右夏侯，辇从鄢陵君与寿陵君，饭封禄之粟[44]，而载方府之金，与之驰骋乎云梦之中[45]，而不以天下国家为事；不知夫穰侯方受命乎秦王[46]，填黾塞之内[47]，而投己乎黾塞之外。"

襄王闻之，颜色变作，身体战慄，于是乃以执珪而授之为阳陵君[48]，与淮北之地也[49]。

【注释】

（1）庄辛，楚人，楚庄王的后代。楚襄王，即楚顷襄王，名横，怀王之子。

（2）君王左州侯三句，左、右，指近在身边。州侯、夏侯和下文的鄢陵君、信陵君，皆为楚襄王宠臣。辇（niǎn 捻），古时推挽之车，又专指君、后所乘之车。

（3）淫逸，没有节制地寻欢作乐。侈靡，奢侈浪费。

（4）郢都，楚国国都，在今湖北江陵县。

（5）老悖（bèi 背），老糊涂。悖，昏乱。

（6）祅祥，妖孽。祅，通"妖"。祥，《尚书·咸有一德》传："妖怪"。

（7）卒幸，始终宠爱。四子，指州侯、夏侯、鄢陵君、信陵君。

（8）辟，同"避"。

（9）淹留，久留。淹，滞留。

（10）举，攻陷之意。鄢，在今湖北省宜城县境。巫，在今四川巫山县境。上蔡，在今河南上蔡县境。陈，本诸侯国名，春秋末期被楚攻灭，在今河南淮阳县一带。以上地名皆为楚地。

（11）流揜（yǎn 淹），流亡到某地停留。城阳，又作成阳，在今河南息县西北。

（12）发驺（zōu 邹），派遣车马。驺，古代掌马的官，也掌驾车，一般指侍从车骑。

（13）鄙语，俗话。

（14）亡，丢失。牢，养牲畜的圈，此处指羊圈。

（15）汤、武，商汤王、周武王，分别是商朝、周朝的建立者。百里，指只有百里之大的小诸侯国。桀、纣，夏桀王、商纣王，二人分别是夏朝、商朝的亡国之君。

（16）绝长续短，截长补短。绝，截。

（17）犹以，尚有。

（18）蜻蛉，蜻蜓一类的昆虫。

（19）俛，同"俯"。蝱（méng 蒙），又作"虻"，似蝇而比蝇稍大的蝇类动物，如牛虻。

（20）饴，糖浆。胶，黏合。

（21）己，指蜻蛉。乎，于。仞，八尺，一说七尺。

（22）蝼蚁，蝼蛄和蚂蚁。

（23）黄雀，似麻雀而色黄。因是以，也是这样。因，犹。是，此。以，通"已"。

（24）噣，同"啄"。白粒，指米粒。

（25）弹，弹弓。

（26）以其类为招，王念孙《读书杂志》以为"类当为'颈'"。招，鹄的，即射击的目标。

（27）调乎酸咸，指烹调它。

（28）倏（shū 殊）忽之间，很快地。

（29）黄鹄，似雁而大，俗名天鹅。

（30）鳝，原作"鳝"，鲍彪注本改作"鳝"，即鳝鱼，黄鳝。一种生活在水中污泥里的蛇形鱼。

（31）菱，同"菱"。衡，通"蘅"，水草。

（32）六翮（hé 核），翅膀。翮，大羽毛之茎。

（33）碆（pó 婆），石镞，即石制的箭头。卢，涂漆的黑弓。

（34）矰缴（zēng zhuó 增勺），捕鱼的工具。矰，短矢。缴，系矢的生丝线。

（35）被，遭，受。矰磻（hǎn pó 罕婆），锋利的箭头。矰，锋利。磻，同"碆"。

（36）折清风而抎（yǔn 允），（黄鹄受伤后）从清风中坠落下来。抎，同"陨"，坠落。

（37）鼎鼐，古时烹调的器具。鼐，大型的鼎。

（38）蔡灵侯，本作"圣侯"，名般，蔡国国君，后为楚灵王所杀。蔡国，在今河南上蔡县。

（39）陵，登。巫山，在今四川巫山县境。

（40）茹溪，巫山之溪，在今四川巫山县北。湘，湘江，在今湖南省境。

（41）嬖（bì 壁）女，国君宠幸的女子。

（42）高蔡，即上蔡。

（43）不知夫二句，子发，楚大夫。据《左传·昭公十一年》与《史记·楚世家》载，受灵王围蔡的是公子弃疾，不是子发。《史记·楚世家》:

"八年使公子弃疾，将兵灭陈，十年召蔡侯醉而去之，使弃疾定蔡，因为陈蔡公。"灵王，楚灵王，名围。朱丝，指红色的绳索。

（44）饭封禄之粟二句，饭，动词，吃。封禄，指封邑。方府之金，四方贡入府库的黄金。方府，即国库。

（45）云梦，二泽名，在今湖北安陆县南。

（46）穰（ráng 壤）侯，秦昭王母宣太后的弟弟，姓魏名冉，封于穰。穰，故城在今河南邓州市东南。秦王，指秦昭王。

（47）黾塞，即黾阨塞，在今河南信阳县南、湖北应山县北，一名平靖矢，为楚北险隘关口。

（48）执珪，楚国爵名。阳陵君，给庄辛的封号。

（49）与，赐。《荀子·富国》杨注："谓'赐予'。"

【毛泽东评说】

老实说，我们的让步是有限度的，我们让步的阶段已经完结了。他们已经杀了第一刀，这个伤痕是很深重的。他们如果还为前途着想，他们就应该自己出来医治这个伤痕。"亡羊补牢，犹未为晚"。

——《为皖南事变发表的命令和谈话》，《毛泽东选集》第二卷，
人民出版社 1991 年版，第 776 页。

【赏析】

本文选自《战国策·楚策四》。文章写楚怀王听信秦人的话，被软禁于秦之后，怀王的儿子楚顷襄王继位，不思报仇，反而荒淫无度，不理朝政。大臣庄辛向他劝谏，襄王很不高兴，庄辛感到楚国就要大难临头，便跑到赵国去避难。庄辛到赵国不到五个月，秦国占领了楚国首都和其他一些地方。襄王流亡到城阳，后悔没听庄辛的话，便派人到赵国请回庄辛，对他说："今事已至死，为之奈何？"于是庄辛便说了"亡羊补牢"那番话。意思是说，见了兔子才想到去找猎犬，虽然晚了，但还可以追获；羊已跑掉再去修理羊圈，虽说迟了，但修理好羊圈，羊也就不会再跑掉。"亡羊补牢，犹未为晚"比喻发生了事故或犯了错误，如果能及时想办法

补救，可以防止继续遭受损失。

毛泽东在《为皖南事变发表的命令和谈话》中引用此语说明，国民党在发动皖南事变，向共产党杀了一刀之后，他们如果现在还能接受十二条建议，自己出来医治给我们留下来的伤痕，还为时不晚，可以避免抗日事业继续遭受损失。

这篇劝说之词写得很有特点，它用了一系列生动形象的比喻，说明只图眼前享乐，丧失警惕，必将招来严重祸患，最后指出襄王处境的危险。由小到大，由远及近，说得十分动听，是一篇富于感染力量和说服力量的文章。

【原文】

颜斶说齐王

齐宣王见颜斶[1]，曰："斶前！"斶亦曰："王前！"宣王不说[2]。左右曰："王，人君也。斶，人臣也。王曰'斶前'，斶亦曰'王前'，可乎？"斶对曰："夫斶前为慕势，王前为趋士[3]。与使斶为慕势，不如使王为趋士。"王忿然作色曰[4]："王者贵乎？士贵乎？"对曰："士贵耳，王者不贵！"王曰："有说乎[5]？"斶曰："有。昔者秦攻齐，令曰：'有敢去柳下季垄五十步而樵采者[6]，死不赦！'令曰：'有能得齐王头者，封万户侯[7]，赐金千镒[8]。'由是观之，先王之头，曾不若死士之垄也。"王默然不说。

左右皆曰："斶来，斶来！大王据千乘之地[9]，而建千石钟[10]、万石簴[11]。天下之士，仁义皆来役处[12]；辩知并进[13]，莫不来语[14]；东西南北，莫敢不服。求万物无不备具，而百姓无不亲附。今夫士之高者，乃称匹夫[15]，徒步而处农亩；下者鄙野，监门闾里[16]。士之贱也，亦甚矣！"

斶对曰："不然。斶闻古大禹之时[17]，诸侯万国[18]。何则[19]？德厚之道[20]，得贵士之力也。故舜起农亩[21]，出于野鄙，而为天子。及汤之时[22]，诸侯三千。当今之世，南面称寡者乃二十四[23]。由此观之，非得失之策与[24]！稍稍诛灭，灭亡无族之时[25]，欲为监门闾里，安可得而有乎哉！是故《易传》不云乎[26]：'居上位未得其实，以喜其为名者，必以骄奢为行。据慢骄奢[27]，则凶从之[28]。是故无其实而喜其名者削，无德而望其福者约，无功而受其禄者辱，祸必握⁽²⁹⁾。故曰：'矜功不立⁽³⁰⁾，虚愿不至。'此皆幸乐其名，华而无其实德者也。是以尧有九佐⁽³¹⁾，舜有七友⁽³²⁾，禹有五丞⁽³³⁾，汤有三辅⁽³⁴⁾，自古及今而能虚成名于天下者，无有。是以君王无羞亟问⁽³⁵⁾，不愧下学。是故成其道德而扬功名于后世者⁽³⁶⁾，尧、舜、禹、汤、周文王是也⁽³⁷⁾。故曰：'无形者⁽³⁸⁾，形之君也。无端者⁽³⁹⁾，事之本也。'夫上见其原⁽⁴⁰⁾，下通其流，至圣人明学⁽⁴¹⁾，何不吉之有哉⁽⁴²⁾！《老子》曰⁽⁴³⁾：'虽贵必以贱为本⁽⁴⁴⁾，虽高必以下为基⁽⁴⁵⁾。是以侯王称孤、寡、不谷⁽⁴⁶⁾。是其贱之本与⁽⁴⁷⁾？'夫孤寡者，人之困贱下位也，而侯王以自谓⁽⁴⁸⁾，岂非下人而尊士与⁽⁴⁹⁾？夫尧传舜，舜传禹，周成王任周公旦⁽⁵⁰⁾，而世世称曰明主，是以明乎士之贵也。"

宣王曰："嗟乎！君子焉可侮哉！寡人自取病耳。及今闻君子之言，乃今闻细人之行⁽⁵¹⁾，愿请受为弟子⁽⁵²⁾。且颜先生与寡人游，食必太牢⁽⁵³⁾，出必乘车，妻子衣服丽都⁽⁵⁴⁾。"颜斶辞去曰："夫玉生于山，制则破焉，非弗宝贵矣，然太璞不完⁽⁵⁵⁾。士生乎鄙野，推选则禄焉，非不尊遂也⁽⁵⁶⁾，然而形神不全⁽⁵⁷⁾。斶愿得归，晚食以当肉⁽⁵⁸⁾，安步以当车⁽⁵⁹⁾，无罪以当贵，清静贞正以自虞⁽⁶⁰⁾。制言者王也，尽忠直言者斶也。言要道已备矣⁽⁶¹⁾，愿得赐归，安行而反臣之邑屋。"则再拜而辞去也。

曰⁽⁶²⁾：斶知足矣，归真反璞⁽⁶³⁾，则终身不辱也。

【注释】

（1）齐宣王，姓田，名辟疆，战国时齐国国君，公元前319年至前301年在位。见，召见。颜斶（chù触），齐国隐士。

（2）说（yuè月），通"悦"，高兴。

（3）趋士，礼贤下士。趋，向，附。

（4）忿然，气愤之态。作色，变脸色。

（5）说（shuō），说法。

（6）柳下季，姓展，名臣，字季，食采邑于柳下，谥惠，故亦称柳下惠。春秋时鲁国大夫，时称贤人。垄，坟墓。樵采，砍柴。

（7）万户侯，食邑万户的侯爵。《史记·吕不韦列传》："庄襄王元年，以吕不韦为丞相，封为文信侯，食河南洛阳十万户。"

（8）千镒，二万两或二万四千两。镒，古代重量单位，二十两或二十四两为一镒。

（9）千乘（shèng 胜），千辆兵车。古代一车四马为一乘。千乘是大诸侯国。

（10）石（dàn 旦），重量单位，一百二十斤。钟，乐器。

（11）簴（jù 巨），古代悬挂钟、磬的木架。其两侧的柱叫簴。

（12）仁义，仁人义士。役，为齐王使用。

（13）知，同"智"。

（14）语，议论，指出谋献策。

（15）匹夫，普通老百姓。

（16）监门闾里，闾里巷口的看门人。闾、里，百姓聚居的地方，每二十五家为一闾或一里，近郊（六乡）称闾，远郊（六遂）称里。

（17）大禹，我国古代部落联盟首领，夏代开国君主。

（18）诸侯万国，诸侯国数以万计。万，言其多，非实数。

（19）何则，为什么。

（20）德厚之道二句，掌握了一套善教化、善行令、爱民治国的办法，是由于尊重贤士的效力。

（21）舜，我国原始社会后期部落联盟首领，古代贤君。

（22）汤，商朝的开国君主。

（23）南面称寡者，指坐北朝南称王的诸侯。南面，古代以面向南为尊位，帝王的座位面向南，故称居帝王之位为"南面"。寡，古代帝王自称"寡人"，也"孤"。

（24）得失之策，得士或失士的政策。与，同"欤"，表感叹语气词。

（25）灭亡无族，国破族灭。

（26）《易传》，书名，儒家学者解释《周易》的书。亦称《周易大传》。不云乎，不是说的吗？

（27）据慢，傲慢。据，通"倨"。

（28）凶，祸患。从，跟随。

（29）握，通"渥"，厚，重。

（30）矜功不立二句，好大喜功不能建立功业，不切实际的愿望不能实现。

（31）尧有九佐，据《说苑·君道篇》载，舜为司徒（掌土地、徒役），契为司马（掌军事），禹为司空（掌工程），后稷为田畴（掌农业），夔为乐正（掌音乐），倕为工师（工官之长），伯夷为秩宗（掌仪礼），皋陶为大理（掌司法），益掌驱兽。

（32）舜有七友，相传舜有七个诤友，即碓陶、方回、续牙、伯阳、东不訾、秦不虚、灵甫。

（33）禹有五丞，相传禹有五个副手，即益、稷、皋陶、倕、契。

（34）汤有三辅，汤的三个辅佐之臣是谊伯、仲伯、咎单。

（35）是以，因此。丞，屡次。

（36）是故，所以。

（37）周文王，即姬昌。商朝末年周族领袖，其子武王姬发建周后追谥为文王。

（38）无形者二句，无形是有形的主宰。语出《淮南子·原道训》："夫无形者，物之大祖也。"君，主宰。

（39）无端者二句，没有开端是万事的根本。

（40）夫上见其原二句，上窥见事物的本源，下通晓事物的流变。

（41）至圣人，最有才德的人。明学，通晓学识。意为深明"无形者""无端者"的道理。

（42）何不吉之有哉，怎么会遭到灾祸呢？

（43）《老子》，老子（李耳）所写，共八十一章，道家的经典著作。

（44）虽贵必以贱为本，虽显贵，必定得以低贱作为根本。

（45）虽高必以下为基，虽然处在高位，必以低下作为基础。

（46）侯王，诸侯，君王。孤、寡、不穀，诸侯、国君的自称。寡，寡德之人。不穀，不善。一说不穀，为"仆"的合音，予。

（47）是其贱之本与，是说侯王以卑辞自称，就是懂得虽贵而必以贱为本的道理吧。

（48）以，用来。自谓，自称。

（49）下人而尊士，自己居于他人之下而对士表示尊重。

（50）周成王，名姬诵，武王子。周公旦，周公姬旦，武王弟，封于周地，故称周公。武王死后，成王年幼，由他摄政。

（51）细人，小人，指不尊重士的人。

（52）受为弟子，接受我作为门徒。

（53）太牢，古代祭祀，用牛、羊、猪三牲。这里指吃的有牛、羊、猪肉。太，同"大"。

（54）妻子，妻子和儿女。丽都，华丽。

（55）太璞不完，璞玉遭破坏，失去了原有的完整。

（56）尊遂，尊贵显达。

（57）形神不全，形体和精神受到了伤害。

（58）晚食以当肉，饭吃得晚一点，肚子饿了，吃起来味道香，当作吃肉一样。

（59）安步以当车，安闲舒缓地散步当作乘车。

（60）清静贞正，清心寡欲，节操纯正。虞，通"娱"，快乐。

（61）要道，重要的道理。

（62）曰，一作"君子曰"，是作者对颜斶的评价。

（63）归真反璞，颜斶辞王而归，恢复本来老百姓面目。璞，借以"朴"，本。

【毛泽东评说】

浣溪沙
和柳亚子先生
一九五〇年十一月

颜斶齐王各命前，多年矛盾廓无边，而今一扫纪新元。　　最喜诗人高唱至，正和前线捷音联，妙香山上战旗妍。

——《毛泽东诗词集》，中央文献出版社 1996 年版，第 185 页。

【赏析】

本文节选自《战国策·齐策四》。文章通过战国时齐国隐士颜斶同齐宣王的对话，表现了颜斶蔑视权贵和不慕功利的淡泊精神，突出了他那纯真的本性和高尚的情操。毛泽东于 1950 年 11 月所作的《浣溪沙·和柳亚子先生》有云："颜斶齐王各命前，多年矛盾廓无边，而今一扫纪新元。"借本文的情节，生动地描述了柳亚子与蒋介石的矛盾，蒋介石要柳亚子听他的反动主张，而柳亚子要蒋介石听他的革命主张，柳亚子耿直不屈的性格呼之欲出，毛泽东对柳亚子的赞美溢于言表。

《吕氏春秋》

　　《吕氏春秋》，又名《吕览》，是秦相国吕不韦组织门客撰写的。全书共二十六卷，分编为十二纪、八览、六论，是先秦诸子书里重要的一种。内容综合儒、道、墨、法、阴阳诸家学说，性质近于学术汇编，并不代表一家之言，一般视之为杂家。

　　吕不韦（？—前235），战国末年卫国濮阳（今河南濮阳）人。原为阳翟（今河南禹州）大工商奴隶主，在赵都邯郸遇见为人质于赵的秦公子异人（后改名子楚），认为"奇货可居"，便到秦活动，子楚被立为太子。子楚（庄襄王）即位，任他为相，封文信侯，食邑十万户。庄襄王死，秦王政（秦始皇）年幼即位，他继续掌权，被称为"仲父"。秦王政亲政后，他被免职，出居封地河南（今河南洛阳），与六国旧贵族奴隶主勾结，阴谋叛乱，为秦王政所发觉，畏罪自杀。

【原文】

竭泽而渔

　　昔晋文公将与楚人战于城濮(1)，召咎犯而问曰(2)："楚众我寡，奈何而可？"咎犯对曰："臣闻繁礼之君不足于文(3)，繁战之君不足于诈(4)，君亦诈之而已。"文公以咎犯之言告雍季，雍季曰："竭泽而渔，岂不获得，而明年无鱼；焚薮而田(5)，岂不获得，而明年无兽。诈伪之道，虽今偷可，后将无复(6)，非长术也。"

　　文公用咎犯之言，而败楚人于城濮。反而为赏(7)，雍季在上。左右谏曰："城濮之功咎犯之谋也。君用其言，而赏后其身，或者不可乎？"文公曰："雍季之言，百世之利也；咎犯之言，一时之务也(8)。焉有以一时之务先百世之利者乎(9)？"孔子闻之曰："临难用诈，足以却敌，反而尊贵，足以报德。文公虽不终始，足以霸矣。"（《义赏》）

【注释】

（1）晋文公（前697—前628），名重耳，春秋时晋国君，公元前636—前628年在位。城濮战后在践土（今河南荥阳）大会诸侯，成为霸主。城濮，古地名，今河南范县南旧濮县城。

（2）咎犯，即狐偃，字子犯，公子重耳（晋文公）的舅父，亦称舅犯（一说作咎犯）。春秋时晋国卿。

（3）不足，不厌。足，厌。

（4）诈，欺诈，诡变而用奇法。

（5）薮，湖泽的通称。

（6）无复，不可复行。

（7）反，同"返"。

（8）务，事。

（9）焉有，哪有。

【毛泽东评说】

另外的错误观点，就是不顾人民困难，只顾政府和军人的需要，竭泽而渔，诛求无已。这是国民党的思想，我们绝不能承袭。

——《抗日时期的经济问题和财政问题》，《毛泽东选集》第三卷，人民出版社1991年版，第894页。

【赏析】

"竭泽而渔"一语出自《吕氏春秋·义赏》中的一段故事。晋文公与楚人战于城濮。晋文公的舅父狐偃主张用"诈"的办法；而晋文公的另一个臣子雍季认为这是"竭泽而渔"的办法，不能重复使用，因而不是长久之计。雍季认为，抽干水去捉鱼，怎能捉不住，可是明年就没有鱼可捉了。烧掉树林，怎能打不住兽，可是明年就无兽可猎了。由此可见，欺诈的办法，虽然可以偶尔用一下，但将来就绝对不能再用，这不是长久能用的战法。"竭泽而渔"，后人常以此比喻做事不留余地，只图眼前短小利益而不顾长远利益。

毛泽东在《抗日时期的经济问题和财政问题》一文中借"竭泽而渔"一语，批评了只顾政府和军队需要，不顾人民困难的错误思想，强调在取之于民的同时，要使社会经济有所增长和补充，以减轻人民的负担，休养民力。

【原文】

纲举目张

当禹之时⁽¹⁾，天下万国，至于汤而三千馀国⁽²⁾，今无存者矣，皆不能用其民也。民之不用，赏罚不充也⁽³⁾。汤、武因夏、商之民也⁽⁴⁾，得所以用之也。管、商亦因齐、秦之民也⁽⁵⁾，得所以用之也。民之用也有故，得其故⁽⁶⁾，民无所不用。用民有纪有纲⁽⁷⁾：壹引其纪，万目皆起；壹引其纲，万目皆张。为民纪纲者何也？欲也恶也。何欲何恶？欲荣利⁽⁸⁾，恶辱害⁽⁹⁾。辱害所以为罚，充也；荣利所以为赏，实也。赏罚皆有充实，则民无不用矣。（《用民》）

【注释】

（1）禹，夏禹。相传禹时拥有上万个诸侯国。

（2）汤，商汤。传说汤时仍有三千多个诸侯国。

（3）不充，不充分，不分明。

（4）汤、武二句，商汤灭夏，周武王灭商，都顺乎民心，所以民众都能为其所用。

（5）管，管仲，春秋初政治家，他在齐国进行改革，国力大振，使齐桓公成为春秋五霸之一。商，商鞅，战国时政治家。他在秦国实行变法，奠定了秦国强盛的基础。

（6）故，原因。

（7）纪，原意是理出散丝的头绪，借指主线。纲，网上的总绳。

（8）欲，欲望，需求。荣利，荣誉和利益。

（9）恶（wù 务），憎恨，讨厌。辱害，耻辱和害处。

【毛泽东评说】

有句古语，"纲举目张"。拿起纲，目才能张，纲就是主题。社会主义和资本主义的矛盾，并且逐步解决这个矛盾，这就是主题，就是纲。提起了这个纲，克服"五多"以及各项帮助农民的政治工作、经济工作，一切都有统属了。

——《关于农业互助合作的两次谈话》，《毛泽东文集》第六卷，人民出版社 1999 年版，第 302 页。

【赏析】

"纲举目张"语出《吕氏春秋·用民》："用民有纪有纲，一引其纪，万目皆起；一引其纲，万目皆张。"汉代郑玄《诗谱序》："举一纲而万目张。"目是网的眼子。提起网上的大绳，所有的网眼都张开。后来用"纲举目张"比喻条理分明，或抓住事物的关键，以带动其他环节。

毛泽东在《关于农业互助合作的两次谈话》中引用"纲举目张"一语，说明当时对农业工作应抓住社会主义与资本主义的矛盾，以带动农民的政治工作、经济工作等。这种抓主要矛盾的工作方法富有启发意义。

【原文】

流水不腐

流水不腐，户枢不蝼[(1)]，动也。形气亦然[(2)]，形不动则精不流，精不流则气郁[(3)]。郁处头则为肿为风[(4)]，处耳则为挶为聋[(5)]，处目则为𥖨为盲[(6)]，处鼻则为鼽为窒[(7)]，处腹则为张为疛[(8)]，处足则为痿为蹶[(9)]。

【注释】

（1）户枢，门的转轴。蝼，被蚁蛀蚀。陈奇猷校释引范耕研曰："蝼即蝼蚁，《庄子》'在下为蝼蚁食'，《楚辞·惜誓》：'为蝼蚁之所裁'，并指蚁而言，虽非本义，而古人亦有用之者。白蚁善蚀木。'户枢不蝼'，言不为蚁所蚀，与不蠹说正同。"唐代马总《意林》引"不蝼"为"不蠹"。

（2）形气，指外在的形体和精气。

（3）精，精气。郁，闭塞。

（4）肿，疖或痈一类肿毒，多由风火、湿热、血瘀等邪毒引起。风，头痛病。

（5）揭（jú 局），《说文》："揭，戟持也。"段王裁注："谓有所操作，曲其肘如戟而持之也。"这里引申为重听者曲肘而以手置耳旁听人说话的姿态。

（6）矏（miè 灭），眼病。眼眶中排泄物堆积凝结，俗称眼屎。

（7）瓝（qiú 求），鼻塞。窒，鼻塞不通。

（8）张，同"胀"。府，同"疛"，小腹病。

（9）痿，痿躄，下肢萎弱，筋脉弛缓，瘸不能行。蹷，同"蹶"，跌倒。

【毛泽东评说】

我们同志的思想，我们党的工作，也会沾染灰尘的，也应该打扫和洗涤。"流水不腐，户枢不蠹"，是说它们在不停的运动中抵抗了微生物或其他生物的侵蚀。

——《论联合政府》，《毛泽东选集》第三卷，人民出版社 1991 年版，
第 1096 页。

【赏析】

"流水不腐，户枢不蠹"一语出自《吕氏春秋·尽数》："流水不腐，户枢不蝼，动也。"又宋代张君房《云笈七签·养性延命录》："夫流水不腐，户枢不朽者，以其劳动数故也。""流水不腐，户枢不蠹"的意思是说，流动的水不会腐臭，经常转动的门轴不会被虫子蛀蚀，比喻经常运动的东西不易受侵蚀。

毛泽东在《论联合政府》一文中引用此语旨在说明，只有经常开展批评和自我批评，才能抵抗各种政治灰尘和政治微生物侵蚀我们同志的思想和我们党的肌体，从而保证党坚强而正确的领导。

先秦

李 斯

李斯（约前 280—前 208），楚国上蔡（今河南上蔡）人。少与韩非"从荀卿学帝王之术"。公元前 247 年，李斯辞别荀卿，离楚"西说秦王"。在秦先后拜长史、客卿、廷尉和左丞相，在辅佐秦始皇统一中国、建立封建的中央集权制的国家方面，功勋卓著。秦始皇死后，赵高、胡亥篡权。李斯为了保全既得利益，屈从赵高，铸成大错。公元前 208 年，因赵高诬其"谋反"，被"腰斩咸阳市"，并夷三族。

李斯是秦朝卓越的政治家、军事家，其顺应历史发展，促进秦统一中国的时政分析；对敌实行远交近攻、分化瓦解、各个击破的军事策略；反"逐客"、行郡县、实行统一的政治主张等，都具有朴素的唯物主义思想，推动了历史的前进，被后人誉为"应运豪杰""因时大臣"和"才力功臣"。

李斯又是杰出的文学家和书法家。李斯之上书，"事略而意迳"，"丽而动"；其书法，"小篆入神"，"大篆入妙"。鲁迅对李斯的文章和书法篆刻评价很高，并说："秦之文章，李斯一人而已。"

【原文】

谏逐客书

臣闻吏议逐客[1]，窃以为过矣[2]。

昔穆公求士[3]，西取由余于戎[4]，东得百里奚于宛[5]，迎蹇叔于宋[6]，求丕豹、公孙克于晋[7]。此五子者，不产于秦，而穆公用之，并国二十，遂霸西戎。孝公用商鞅之法[8]，移风易俗，民以殷盛，国以富强，百姓乐用，诸侯亲服，获楚魏之师[9]，举地千里，至今治强。惠王用张仪之计[10]，拔三川之地[11]，西并巴蜀[12]，北收上郡[13]，南取汉中[14]。

包九夷⁽¹⁵⁾，制鄢、郢⁽¹⁶⁾，东据成皋之险⁽¹⁷⁾，割膏腴之壤，遂散六国之从⁽¹⁸⁾，使之西面事秦，功施到今⁽¹⁹⁾。昭王得范雎⁽²⁰⁾，废穰侯⁽²¹⁾，逐华阳⁽²²⁾，强公室⁽²³⁾，杜私门⁽²⁴⁾，蚕食诸侯，使秦成帝业。此四君者，皆以客之功。由此观之，客何负于秦哉？向使四君却客而弗内⁽²⁵⁾，疏士而弗用，是使国无富利之实，而秦无强大之名也。

今陛下致昆山之玉⁽²⁶⁾，有和随之宝⁽²⁷⁾，垂明月之珠，服太阿之剑⁽²⁸⁾，乘纤离之马⁽²⁹⁾，建翠凤之旗⁽³⁰⁾，树灵鼍之鼓⁽³¹⁾：此数宝者，秦不生一焉，而陛下悦之，何也？必秦国之所生然后可，则夜光之璧不饰朝廷⁽³²⁾，犀象之器不为玩好⁽³³⁾，郑卫之女不充后宫⁽³⁴⁾，而骏良𫘦𫘨不实外厩⁽³⁵⁾，江南金锡不为用，西蜀丹青不为采⁽³⁶⁾。所以饰后宫、充下陈、娱心意、悦耳目者⁽³⁷⁾，必出于秦然后可，则是宛珠之簪、傅玑之珥、阿缟之衣、锦绣之饰不进于前⁽³⁸⁾，而随俗雅化、佳冶窈窕赵女不立于侧也⁽³⁹⁾。夫击瓮叩缶⁽⁴⁰⁾，弹筝搏髀⁽⁴¹⁾，而歌呼呜呜快耳者，真秦之声也。郑卫、桑间、韶虞、武象者⁽⁴²⁾，异国之乐也。今弃叩缶击瓮而就郑卫，退弹筝而取昭虞，若是者何也？快意当前，适观而已矣⁽⁴³⁾。今取人则不然，不问可否，不论曲直，非秦者去，为客者逐，然则是所重者在乎色、乐、珠、玉，而所轻者在乎民人也。此非所以跨海内、制诸侯之术也。

臣闻地广者粟多，国大者人众，兵强者则士勇。是以泰山不让土壤⁽⁴⁴⁾，故能成其大；河海不择细流，故能就其深；王者不却众庶，故能明其德。是以地无四方，民无异国，四时充美，鬼神降福，此五帝三王之所以无敌也⁽⁴⁵⁾。今乃弃黔首以资敌国⁽⁴⁶⁾，却宾客以业诸侯⁽⁴⁷⁾，使天下之士，退而不敢西向，裹足不入秦，此所谓藉寇兵而赍盗粮者也⁽⁴⁸⁾。

夫物不产于秦，可宝者多；士不产于秦，而愿忠者众。今逐客以资敌国，损民以益仇，内自虚而外树怨于诸侯⁽⁴⁹⁾，求国无危⁽⁵⁰⁾，不可得也。

【注释】

（1）逐客，驱逐客卿。

（2）窃，私自。古时表示说话人持谦恭的态度。过，错误。

（3）穆公，春秋五霸之一的秦穆公。

（4）由余，晋人在西戎任职。秦穆公使离间计迫使由余投秦，后为秦定计征服了西戎。

（5）百里奚，春秋时虞国大夫，虞亡后入秦，秦穆公用为大夫。

（6）蹇（jiǎn 简）叔，春秋时宋人，百里奚之友，百里奚荐之，秦穆公用为上大夫。

（7）丕豹，晋大夫丕郑之子，因丕郑被晋惠公所杀，遂奔秦，为穆公所用。公孙克，即秦大夫子桑。

（8）商鞅，战国时卫人，姓公孙名鞅，因封于商，又称商鞅。少好刑名之学，得秦孝公重用，推行变法使秦变得强大。

（9）获，俘获，此处是战胜之意。

（10）惠王，秦孝公之子，号惠文君，后称惠王。秦称王自他开始。张仪，战国时魏人，与苏秦以善于游说著名。惠王用为相，游说诸侯奉事秦国。

（11）拔，攻取。三川之地，指今河南省洛阳市一带。三川，黄河、洛水、伊水。

（12）巴蜀，国名，今四川省成都一带。巴，今以重庆市为中心的川东地带。蜀，今以成都市为中心的川西地区。

（13）上郡，魏国属地，今陕西省西北部。

（14）汉中，楚国土地。秦惠王二十六年（前344），秦攻楚汉中，取地六百里，置汉中郡。见《史记·秦本纪》。

（15）包，吞并、兼并。九夷，指当时楚国境内的少数民族。

（16）鄢（yān 烟），今湖北省宜城市。郢（yǐng 影），今湖北省江陵，当时是楚国都城。

（17）成皋，要塞名，即今河南省荥阳市虎牢关。

（18）从，同"纵"，联合。六国，指韩、魏、赵、齐、楚、燕。

（19）施，延续。

（20）昭王，即秦昭襄王，武王的异母弟，前306年—前251年在位。范雎（jū 虽），战国时魏人，昭王时为秦相，封应侯。

（21）穰（ráng 瓤）侯，魏冉，昭王母宣太后异父弟，曾为秦相，封于穰。

（22）华阳，华阳君，名芈（mǐ弭）戎，宣太后异父弟，封于华阳。穰侯、华阳君因宣太后的关系而在秦擅权，昭王用范雎计废太后，逐两人于关外。

（23）公室，皇室、朝廷。

（24）杜，杜绝。私门，私人专权的门径。

（25）向使，倘使、假若。四君，指穆公、孝公、惠王、昭王。却，拒绝。内，同"纳"。

（26）昆山，昆仑山的简称，山北麓的和阗以产美玉著名。

（27）和随之宝，指卞和之璧、随侯之珠。楚人卞和于荆山得一玉璞，献给厉王以为石，砍一足，武王时又以为石，又砍一足。至文王即位始得美玉，因此世称此玉为和氏之璧。见《韩非子·和氏》。春秋时随侯曾救一条大蛇，蛇衔一宝珠报答他，即明月之珠。见《淮南子·览冥训》。

（28）服，佩带。太阿，古剑名，相传是春秋时吴国铸剑名匠欧阳子、干将所铸。见《越绝书·宝剑》。

（29）纤离，古骏马名。

（30）翠凤之旗，用翠羽做成凤形装饰起来的旗子。

（31）鼍（tuó驼），产于江边的一种鳄鱼，皮可以制鼓，也叫扬子鳄，俗称猪婆龙。

（32）夜光，玉名，夜间其光可鉴。

（33）犀象之器，犀牛角与象牙所做的器具。

（34）郑卫之女，古时认为郑、卫之地多出美女。此处泛指美女。

（35）駃（jué倔）騠（tì替），骏马名。

（36）丹青，指丹砂和青雘（hù户），产于西蜀地区。此处指绘画的颜料。

（37）下陈，后列，指后宫中侍奉皇帝的宫女行列。

（38）宛珠，宛（今河南南阳）地出产的珍珠。宛珠之簪，即镶嵌有小珠的簪子。傅玑之珥，镶嵌珠子的耳环。傅，附着。珥，耳环。阿缟之衣，东阿（今山东东阿）出产的绸衣。

（39）佳冶，美好、艳丽。冶，妖冶。

（40）瓮，汲水的瓦罐。缶（fǒu 否），一种大肚子小口的瓦器。秦人用作打击乐器。

（41）搏，击打、拍。髀（bì 必），大腿。

（42）郑卫，指郑国卫国的民间乐曲。桑间，卫国地名，在今河南省濮阳市一带。此处是泛指郑卫一带的乐曲。韶虞，虞舜的乐曲名韶。武象，周武王的乐曲。

（43）适观，适合观赏。

（44）让，辞退、拒绝、弃舍。

（45）五帝，指黄帝、颛顼、帝喾、唐尧、虞舜。三王，三代之王，即夏禹、商汤、周文王与周武王。

（46）黔首，秦时称百姓为黔首。黔，黑色。

（47）业，动词，促成。

（48）藉，同"借"。兵，武器。

（49）自虚，自取虚弱。怨，结怨。

（50）危，危险。

【毛泽东评说】

李斯的《谏逐客书》，有很大的说服力。那时候各国内部的关系，看起来是领主和奴隶的关系，每个家族都有自己的战车、武士。

——毛泽东 1959 年 12 月至 1960 年 2 月读苏联《政治经济学（教科书）》的谈话，《党的文献》1994 年第 5 期。

【赏析】

《谏逐客书》是公元前 228 年李斯写给秦始皇的一封书信。见于《史记·李斯列传》，《昭明文选》卷三十九收录时，改题为《上书秦始皇》。

秦自孝公以来，任用许多来自其他诸侯国的人才，变法图强，使秦国后来居上。李斯来到秦国，劝秦王统一天下，"秦王乃拜斯为长史，听其计"。这就妨碍了旧贵族的利益。不久，秦又"拜斯为客卿"。公元前 237 年，韩国派水利专家郑国到秦国帮助修建水利工事，实为以间谍身份从事

"疲秦"计划。郑国的目的被秦王觉察后,秦宗室大臣上言秦王"请一切逐客"。李斯也在被逐之列。他就写了这封信给秦王(即后来的秦始皇)。秦王读后,"乃除逐客之令,复李斯官"。

在文中,李斯首先列举了从秦穆公以来任用客卿取得的成绩,充分肯定了客卿的功劳。接着,针对"一切逐客"的口号,他列举种种器物玩好,虽不产于秦,而秦用之,以其与异国人才相比,痛斥"必秦之所出然后可"的荒谬;然后揆之以事理,说之以利害,指出如果不加区别地赶走一切外来的人,让他们替别国出力,那就等于"借寇兵而赍盗粮",帮助了敌国。李斯还阐述了"地无四方,民无异国"的观点,提出"王者不却众庶"的原则,指出逐客"非所以跨海内,制诸侯之术",表现了李斯大一统的思想。

文章语言整饬,词彩华丽,对偶、排比句式的运用,大量比喻的采纳,使全文说理透辟,形象生动,气势强盛,具有很强的说服力。

毛泽东对这篇作品评价很高。在1959年12月至1960年2月读苏联《政治经济学(教科书)》的谈话中,毛泽东说它"有很大的说服力",进而指出那时诸侯国内部统一程度很低的情况,大概是为了肯定李斯所主张的加强封建专制的中央集权统治。

在1964年8月30日的一次谈话中,毛泽东指出:"李斯是拥护秦始皇的,思想上属荀子一派,主张法后王。"由此可知,毛泽东称道李斯进而及于荀子,是与他晚年扬法抑儒、批孔扬秦的思想倾向有关。稍后,他还说过,秦始皇用李斯,李斯是法家,是荀子的学生。荀子是"儒家的左派"。毛泽东从哲学观、阶级立场出发对荀子和孔孟思想作了区别,荀子的学生李斯从儒家的左派而变为法家,便合乎逻辑了。秦始皇用李斯,而李斯是法家,法家是办实事的,这大概是毛泽东推崇李斯的一个重要原因。

汉魏六朝

贾　谊

　　贾谊（前 200—前 168），洛阳人。十八岁便以读书广博、善写文章闻名郡中。二十二岁，被汉文帝召为博士，官任太中大夫。由于他提出的政治改革的建议，文帝不能采纳，大臣排斥，外放为长沙王太傅。后又为梁怀王太傅。梁怀王坠马死，贾谊也忧郁而亡。

　　贾谊是西汉初期杰出的政治家和文学家。他的政论散文继承先秦诸子的优秀传统而更加铺排渲染，辞赋感情色彩很浓。内容多是表现自己不得志的遭遇和对当时社会的批判。在形式上，有学骚体的，有趋向散文化的，开了汉赋的先声。

　　今传《贾子新书》五十六篇，出于汉人搜集整理；其他零星散文和辞赋，载在《史记》《汉书》《楚辞》和《文选》中。

【原文】

过秦论

　　秦孝公据殽函之固⁽¹⁾，拥雍州之地⁽²⁾，君臣固守，以窥周室⁽³⁾。有席卷天下⁽⁴⁾，包举宇内⁽⁵⁾，囊括四海之意⁽⁶⁾，并吞八荒之心⁽⁷⁾。当是时也，商君佐之⁽⁸⁾，内立法度，务耕织，修守战之具，外连衡而斗诸侯⁽⁹⁾。于是秦人拱手而取西河之外⁽¹⁰⁾。

　　孝公既没，惠文、武、昭蒙故业⁽¹¹⁾，因遗策⁽¹²⁾，南取汉中⁽¹³⁾，西举巴蜀，东割膏腴之地⁽¹⁴⁾，北收要害之郡。诸侯恐惧，会盟而谋弱秦，不爱珍器重宝肥饶之地，以致天下之士⁽¹⁵⁾，合从缔交⁽¹⁶⁾，相与为一。当此之时，齐有孟尝⁽¹⁷⁾，赵有平原⁽¹⁸⁾，楚有春申⁽¹⁹⁾，魏有信陵⁽²⁰⁾。此四君者，皆明智而忠信，宽厚而爱人，尊贤而重士。约从离横⁽²¹⁾，兼韩、魏、燕、楚、赵、齐、宋、卫、中山之众⁽²²⁾。于是六国之士，有宁越、徐尚、苏秦、杜赫之属为之谋(23)；齐明、周最、陈轸、召滑、楼缓、翟景、苏厉、乐毅之徒通其意(24)；吴起、孙膑、带佗、儿良、王廖、田忌、廉颇、赵奢之伦制其兵(25)。尝以十倍之地、百万之众，叩关而攻秦(26)。秦人开关而延敌(27)，九国之师(28)，遁逃而不敢进。秦无亡矢遗镞之费(29)，而天下诸侯已困矣。于是从散约解，争割地而赂秦。秦有余力而制其弊，追亡逐北(30)，伏尸百万，流血漂橹(31)。因利乘便，宰割天下，分裂河山，强国请服，弱国入朝。延及孝文王、庄襄王(32)，享国之日浅(33)，国家无事。

及至始皇(34)，奋六世之余烈(35)，振长策而御宇内(36)，吞二周而亡诸侯(37)，履至尊而制六合(38)，执敲扑以鞭笞天下(39)，威振四海。南取百越之地(40)，以为桂林、象郡(41)；百越之君，俛首系颈(42)，委命下吏(43)。乃使蒙恬北筑长城而守藩篱(44)，却匈奴七百余里，胡人不敢南下而牧马(45)，士不敢弯弓而报怨。于是废先王之道，燔百家之言(46)，以愚黔首(47)。隳名城(48)，杀豪俊，收天下之兵(49)，聚之咸阳(50)，销锋镝(51)，铸以为金人十二(52)，以弱天下之民。然后践华为城(53)，因河为池(54)，据亿丈之城，临不测之溪以为固。良将劲弩，守要害之处，信臣精卒，陈利兵而谁何(55)。天下已定，始皇之心，自以为关中之固(56)，金城千里(57)，子孙帝王万世之业也(58)。

始皇既没，余威震于殊俗(59)，然陈涉瓮牖绳枢之子(60)，氓隶之人(61)，而迁徙之徒也(62)。材能不及中庸(63)，非有仲尼、墨翟之贤(64)，陶朱、猗顿之富(65)，蹑足行伍之间(66)，而倔起阡陌之中(67)，率罢散之卒(68)，将数百之众，转而攻秦。斩木为兵，揭竿为旗(69)，天下云集而响应，赢粮而景从(70)，山东豪俊遂并起而亡秦族矣(71)。

且夫天下非小弱也，雍州之地，殽函之固，自若也。陈涉之位，非尊于齐、楚、燕、赵、韩、魏、宋、卫、中山之君也，钼耰棘矜(72)，非铦于钩戟长铩也(73)，谪戍之众(74)，非抗于九国之师也。深谋远虑，行军用兵之道，非及曩时之士也(75)。然而成败异变，功业相反。试使山东之国，与陈涉度长絜大(76)，比权量力，则不可同年而语矣。然秦以区区之地致万乘之权(77)，序八州而朝同列(78)，百有余年矣，然后以六合为家，殽函为宫，一夫作难而七庙隳(79)，身死人手(80)，为天下笑者，何也？仁义不施，而攻守之势异也！

【注释】

（1）秦孝公，献公之子，名渠梁，任用商鞅变法，使秦成为强国。殽（xiáo 淆），一作"崤"，山名，在今河南省洛宁县北、函谷关东。函，即函谷关，在今河南省灵宝市。

（2）雍州，古时九州之一，在今陕西省北部、甘肃省西北部与青海省一部分。

（3）窥，窥视、暗中察看。周室，周王朝。

（4）席卷，像卷席一样，此处指吞并。

（5）包举，占有、吞并。包，包纳。举，拔取。宇内，天下。

（6）囊括，包罗。四海，指全国。古时言中国四面都有海环绕。

（7）八荒，指极远之处。古时称四方及四隅为八方。《说苑》："八荒之内有四海，四海之内有九州。"

（8）商君，即商鞅，战国时卫国的庶出公子，名鞅。因为仕秦而封于商，又称商鞅。

（9）连衡，一作"连横"，是战国时使秦以外的一些国家放弃合纵而事奉秦国的一种策略。

（10）拱手，两手相合不必费力，此处是容易取得的意思。西河，指魏国在黄河以西的大片土地。见《史记·秦本纪》。

（11）惠文，秦惠文王，名驷，孝公之子。他杀商鞅灭蜀，取汉中地。武，秦武王，名荡，惠文王之子。昭，秦昭襄王，名则，武王异母弟，用白起攻破各国，秦益强盛。蒙，承受。故业，先前治国的事业。

（12）因，依照、遵循。

（13）汉中，今陕西省南部和湖北省西北部。

（14）膏腴，肥沃。

（15）致，招致、罗网。

（16）合从，联合六国抗秦。从，同"纵"。

（17）孟尝，孟尝君田文，齐国公子。

（18）平原，平原君赵胜，赵国公子。

（19）春申，春申君黄歇，楚国公子。

（20）信陵，信陵君魏无忌，魏国公子。

（21）约从离横，建立合纵、拆散连横。

（22）宋，今河南省东部地区。卫，今河北省南部、河南省北部地区。中山，今河北省定州地区。宋、卫、中山都是当时的小国。

（23）宁越，赵国人，周威公曾聘为师。徐尚，宋国人。苏秦，周人，曾游说秦惠王不为用，遂游说燕赵六国联合抗秦。杜赫，周人，以安定天下说周昭文君。属，类。

（24）齐明，东周臣子，曾仕秦、楚、韩三国。周最，东周成君之子，仕于齐。陈轸（zhěn 诊），夏国人，曾仕秦、楚两国。召（shào 邵）滑，楚国人。楼缓，魏国丞相。翟景，魏人。苏厉，苏秦之弟，齐大臣。乐毅，魏国魏羊的后人，精通兵法。燕昭王拜为上将军，率赵、楚、韩、魏、燕五国军队伐齐，被封于昌国，号昌国君。后仕赵国，身兼赵、燕两国亚卿。通，沟通。意，意图。

（25）吴起，卫国人，善用兵，初事魏后为楚相，为楚之强大立下了功劳，后被楚贵族大臣怨诟而被杀。孙膑，孙武之后，齐将。带佗，楚将。儿（ní 尼）良，越将。王廖、田忌，齐国大将。廉颇，赵国大将，赵惠文王拜为上卿。赵奢，赵将。制，管理。兵，军事。

（26）叩，攻打。关，函谷关。

（27）延敌，设计以诱敌。

（28）九国，指上述韩、魏、燕、楚、赵、齐、宋、卫、中山等国。

（29）镞（zú 足），箭头。遗，丢失。

（30）逐北，追赶战败的敌人。

（31）橹，大盾牌。

（32）孝文王，秦昭襄王之子，名柱。庄襄王，秦孝文王之子，名楚。

（33）享，享有。浅，时间短暂。孝文王即位后三日而死，庄襄王在位三年而亡。见《史记·秦本纪》。

（34）始皇，秦庄襄王之子，名政。

（35）奋，振发。六世，指秦孝公、惠文王、武王、昭襄王、孝文王、庄襄王六代。烈，功业、事业。

（36）振，挥动。策，马鞭。御，统治。

（37）二周，指西周和东周。

（38）履，践、登上。至尊，指天子之位。制，控制。六合，上下四方，指天下。

（39）敲朴，都是木杖之类的刑具，长者称朴，短者称敲。鞭笞，都是刑具，此是鞭打之意。

（40）百越，古代南方一些少数民族的总称，在今浙江、福建、广东、广西一带。

（41）桂林，秦郡名，今广西壮族自治区的部分地区。象郡，秦郡名，今广东西南部、广西南部及西部一带。

（42）俛，同"俯"。俛首，低头。

（43）委，付与。命，性命。下吏，属吏。

（44）蒙恬，秦始皇的大将，二世时被赐死。藩篱，篱笆，此指长城。

（45）牧马，本是放牧，此处指骚扰、侵扰。

（46）燔（fán 凡），焚烧。百家之言，指诸子百家的著作。见《史记·秦始皇本纪》。

（47）黔首，百姓。秦时称百姓为黔首。

（48）隳（huī 灰），毁坏。

（49）兵，兵器。

（50）咸阳，秦国都城，故城在今陕西省咸阳市城东。

（51）销，熔化。锋镝（dí 迪），兵刃、箭矢之类，此指兵器。锋，兵器尖端。镝，一作"镝"，箭头。

（52）金人，用金属铸造的人像。见《史记·秦始皇本纪》。

（53）践，登、据。华，华山。

（54）河，黄河。池，护城河。

（55）陈利兵，布置精锐的军队。谁何，即盘查过行的行人。

（56）关中，指函谷关以西、秦岭以北的地区。

（57）金城，比喻城池的坚固。

（58）"子孙帝王万世之业也"，见《史记·秦始皇本纪》载二十六诏曰："朕为始皇帝，后世以计数，二世三世，至于万世，传之无穷。"

（59）殊俗，不同的风俗，此处指远方的部族。

（60）陈涉，又名陈胜，阳城（今河南登封）人，秦末农民起义领袖之一。事见《史记·陈涉世家》。牖（yǒu 友），窗户。枢，门轴。瓮牖绳枢，即以破瓮为窗户，用绳子拴住门枢，此处是指陈胜出身贫贱。

（61）甿，老百姓。隶，被判刑服苦役的人。

（62）迁徙之徒，指被谪罚而服劳役的人，此处指陈涉被征发去戍守渔阳。

（63）中庸，平常的人。

（64）仲尼，孔子。墨翟，墨子。

（65）陶朱，即春秋末年越国大夫范蠡的别号。范蠡晚年曾在陶山经商，号称陶朱公。见《史记·越王勾践世家》。猗顿，鲁国人，范蠡教以畜牧，他就到猗氏（今山西蒲州一带）畜牛羊，十年成为巨富。见《史记·货殖列传》。

（66）蹑足，行走、奔跑。行伍，部队。

（67）阡陌，田间的小路。此处指田野。

（68）罢（pí 疲），同"疲"。散，困顿。

（69）揭，高举。

（70）赢，担负、背负。景，同"影"。

（71）山东，指函谷关以东地区，今太行山东。

（72）铻（chú 除），同"锄"。耰（yōu 优），古代的一种农具，碎土用。棘，同"戟"。矜，矛柄。

（73）铦（xiān 先），锋利。铩古代一种长矛。

（74）谪（zhé 折）戍，因有罪而被贬调去守边。

（75）曩（nǎng 攮），以往，从前。指六国时。

（76）度，动词，度量物之长短。絜（xié 鞋），衡量、比较。

（77）致，得到。万乘（shèng 圣），周朝制度，天子地方千里，能出兵车万辆。后世以"万乘"代指帝王。

（78）序，用作动词，按次第排列，引申为统辖。八州，古时分天下为九州。此处指秦所据雍州以外的八州，即六国之地。朝同列，使原来同等的六国之君来朝秦。

（79）七庙，祖先七代的宗庙。古时宗法制度，天子奉祀七庙。

（80）身死人手，指秦王子婴为项羽所杀。

【毛泽东评说】

家英同志：

如有时间，可一阅班固的《贾谊传》。可略去《吊屈》、《鹏鸟》二赋不阅。贾谊文章大半亡失，只存见于《史记》的二赋二文，班书略去其《过秦论》，存二赋一文。《治安策》一文是两汉一代最好的政论，贾谊于南放归来著此，除论太子一节近于迂腐以外，全文切中当时事理，有一种颇好的气氛，值得一看。如伯达、乔木有兴趣，可给一阅。

毛泽东

四月二十七日

——《毛泽东1958年4月27日致田家英信》，载《毛泽东书信选集》，人民出版社1983年版，第539页。

贾谊云："仁义不施，而攻守之势异也。"

——《毛泽东读〈旧唐书·朱敬则传〉批语》，载《毛泽东读文史古籍批语集》，中央文献出版社1993年版，第226页。

【赏析】

《过秦论》本是《贾子新书》中的《过秦》。《新书·过秦》和《史记·秦始皇本纪》所载都是上、中、下三篇，《文选》根据《汉书·陈胜项籍传》载的是上篇（《史记》作为中篇）。过秦，讲论秦朝的过失。这里只录上篇。

本文叙述了秦朝兴亡的过程和原因，希望汉代统治者以此作为借鉴，施行仁政，以免重蹈秦王朝的覆辙。文章认为，六国人才众多，合众抗秦，结果反被秦击败，这就从侧面论证了秦朝的内政、外交路线是正确的。秦以暴力取天下，又以暴力治天下。秦国的灭亡，就在于继续使用暴力，激起人民的反抗。作者从而得出结论说："仁义不施，而攻守之势异也。"攻守的客观形势已经变了，以暴力攻天下，虽获成功于一时，但守天下，就非靠仁义不可。从而提出了在新的政权巩固之后，决不能施暴力于人民的观点。这种看法，对后代产生过积极影响。

鲁迅在《汉文学史纲要》中曾提到《过秦论》是"沾溉后人，其泽甚远"的"西汉鸿文"。文章气势峥嵘，波澜壮阔，行文着笔，酣畅淋漓。前部按历史的顺序叙事，写秦之兴、气焰赫赫，不可一世；写秦之亡，风云突变，急转直下。前面千回万转，都在为后面的议论蓄势。从史实的分析中，得出"仁义不施，攻守之势异也"的结论，正直激切，遒劲有力。

毛泽东熟知《过秦论》，《史记·贾谊传》中载有《过秦论》《治安策》二文，而《汉书》本传都把《过秦论》删去了。这些情况他很清楚。所以，他在读《旧唐书·朱敬则传》的时候，读到朱敬则上书武则天，论及秦统一天下后，没有"易之以宽秦，润之以淳和"，"淫虐滋甚"，很快走向灭亡，"此不知变之祸也"。毛泽东自然联想到《过秦论》中的警句，批注道："贾谊云：仁义不施，攻守之势异也。"在对朱敬则看法的评论中，也肯定了贾谊看法正确。

【原文】

治安策（节录）

臣窃惟事势⁽¹⁾，可为痛哭者一，可为流涕者二，可为长太息者六。若其它背理而伤道者⁽²⁾，难遍以疏举⁽³⁾。进言者皆曰天下已安已治矣⁽⁴⁾，臣独以为未也。曰安且治者，非愚则谀⁽⁵⁾，皆非事实知治乱之体者也⁽⁶⁾。夫抱火厝之积薪之下而寝其上⁽⁷⁾，火未及燃，因谓之安，方今之势⁽⁸⁾，何以异此！本末舛逆⁽⁹⁾，首尾衡决⁽¹⁰⁾，国制抢攘⁽¹¹⁾，非甚有纪⁽¹²⁾，胡可谓治⁽¹³⁾？陛下何不壹令臣得执数之于前⁽¹⁴⁾，因陈治安之策，试详择焉⁽¹⁵⁾。

夫射猎之娱，与安危之机孰急⁽¹⁶⁾？使为治，劳智虑，苦身体，乏钟鼓之乐，勿为可也。乐与今同⁽¹⁷⁾，而加之诸侯轨道⁽¹⁸⁾，兵革不动⁽¹⁹⁾，民

汉魏六朝

保首领⁽²⁰⁾，匈奴宾服⁽²¹⁾，四荒向风⁽²²⁾，百姓素朴，狱讼衰息⁽²³⁾，大数既得⁽²⁴⁾，则天下顺治，海内之气清和咸理⁽²⁵⁾。生为明帝⁽²⁶⁾，没为明神，名誉之美，垂于无穷⁽²⁷⁾。《礼》："祖有功而宗有德"⁽²⁸⁾，使顾成之庙称为太宗⁽²⁹⁾，上配太祖⁽³⁰⁾，与汉亡极⁽³¹⁾。建久安之势，成长治之业，以承祖庙⁽³²⁾，以奉六亲⁽³³⁾，至孝也⁽³⁴⁾；以幸天下⁽³⁵⁾，以育群生⁽³⁶⁾，至仁也；立经陈纪⁽³⁷⁾，轻重同得，后可以为万世法程⁽³⁸⁾，虽有愚幼不肖之嗣⁽³⁹⁾，犹得蒙业而安⁽⁴⁰⁾，至明也。以陛下之明达⁽⁴¹⁾，因使少知治体者得佐下风⁽⁴²⁾，致此非难也⁽⁴³⁾。其具可素陈于前⁽⁴⁴⁾，愿幸勿忽。臣谨稽之天地⁽⁴⁵⁾，验之往古，按之当今之务⁽⁴⁶⁾，日夜念此至孰也⁽⁴⁷⁾，虽使禹、舜复生⁽⁴⁸⁾，为陛下计⁽⁴⁹⁾，亡以易此⁽⁵⁰⁾。

夫树国固⁽⁵¹⁾，必相疑之势，下数被其殃⁽⁵²⁾，上数爽其忧⁽⁵³⁾，甚非所以安上而全下也。今或亲弟谋为东帝⁽⁵⁴⁾，亲兄之子西向而击⁽⁵⁵⁾，今吴又见告矣⁽⁵⁶⁾。天子春秋鼎盛⁽⁵⁷⁾，行义未过⁽⁵⁸⁾，德泽有加焉，犹尚如是，况莫大诸侯，权力且十此者乎⁽⁵⁹⁾。

然而天下少安，何也？大国之王幼弱未壮，汉之所置傅相方握其事⁽⁶⁰⁾。数年之后，诸侯之王大抵皆冠⁽⁶¹⁾，血气方刚，汉之傅、相称病而赐罢，彼自丞、尉以上遍置私人⁽⁶²⁾，如此，有异淮南、济北之为邪？此时而欲为治安，虽尧、舜不治⁽⁶³⁾。

黄帝曰⁽⁶⁴⁾："日中必熭⁽⁶⁵⁾，操刀必割。"今令此道顺而全安，甚易，不肯早为，已乃堕骨肉之属而抗刭之⁽⁶⁶⁾，岂有异秦之季世乎⁽⁶⁷⁾？夫以天子之位，乘今之时，因天之助，尚惮以危为安，以乱为治⁽⁶⁸⁾。假使陛下居齐桓之处⁽⁶⁹⁾，将不合诸侯而匡天下乎⁽⁷⁰⁾？臣又以知陛下有所必不能矣。假设天下如曩时⁽⁷¹⁾，淮阴侯尚王楚⁽⁷²⁾，黥布王淮南⁽⁷³⁾，彭越王梁⁽⁷⁴⁾，韩信王韩⁽⁷⁵⁾，张敖王赵⁽⁷⁶⁾，贯高为相，卢绾王燕⁽⁷⁷⁾，陈豨在代⁽⁷⁸⁾，令此六七公者皆亡恙⁽⁷⁹⁾，当是时而陛下即天子位，能自安乎？臣有以知陛下之不能也。天下淆乱，高皇帝与诸公并起，非有仄室之势以豫席之也⁽⁸⁰⁾。诸公幸者，乃为中涓⁽⁸¹⁾，其次厪得舍人⁽⁸²⁾，材之不逮至远也。高皇帝以明圣威武即天子位，割膏腴之地以王诸公，多者百余城，少者乃三四十县，德至渥也⁽⁸³⁾。然其后十年之间，反者九起⁽⁸⁴⁾。陛下之与诸公，非亲角材而臣之也⁽⁸⁵⁾，又非身封王之也。自高皇帝不能以是一岁为安⁽⁸⁶⁾，故臣知陛下之不能也。然尚有可诿者⁽⁸⁷⁾，曰疏⁽⁸⁸⁾，臣请试言其亲者。假令悼惠王王齐⁽⁸⁹⁾，元王王楚⁽⁹⁰⁾，中子王赵⁽⁹¹⁾，幽王王淮阳⁽⁹²⁾，共王王梁⁽⁹³⁾，灵王王燕⁽⁹⁴⁾，厉王王淮南⁽⁹⁵⁾，六七贵人皆亡恙，当是时陛下即位，能为治乎？臣又知陛下之不能也。若此诸王，虽名为臣，实皆有布衣昆弟之心⁽⁹⁶⁾，虑亡不帝制而天子自为者⁽⁹⁷⁾。擅爵人⁽⁹⁸⁾，赦死罪，甚者或戴黄屋⁽⁹⁹⁾，汉法令非行也。虽行不轨如厉王者，令之不肯听，召之安可致乎？幸而来至，法安可得加！动一亲戚，天下圜视而起，陛下之臣虽有悍如冯敬者⁽¹⁰⁰⁾，适启其口，匕首已陷其匈矣⁽¹⁰¹⁾。陛下虽贤，谁与领此⁽¹⁰²⁾？故疏者必危，亲者必乱，已然之效也⁽¹⁰³⁾。其异姓负强而动者，汉已幸胜之矣，又不易其所以然⁽¹⁰⁴⁾。同姓袭是迹而动，既有征矣，其势尽又复然⁽¹⁰⁵⁾，殃祸之变，未知所移，明帝处之尚不能以安⁽¹⁰⁶⁾，后世将如之何！

屠牛坦一朝解十二牛⁽¹⁰⁷⁾，而芒刃不顿者⁽¹⁰⁸⁾，所排击剥割⁽¹⁰⁹⁾，皆众理解也⁽¹¹⁰⁾。至于髋髀之所⁽¹¹¹⁾，非斤则斧⁽¹¹²⁾，夫仁义恩厚，人主之芒刃也；权势法制，人主之斤斧也。今诸侯王皆众髋髀也，释斤斧之用，而欲婴以芒刃⁽¹¹³⁾，臣以为不缺则折。胡不用之淮南、济北⁽¹¹⁴⁾？势不可也。

臣窃迹前事，大抵强者先反。淮阴王楚最强，则最先反；韩信倚胡，则又反；贯高因赵资，则又反；陈豨兵精，则又反；彭越用梁，则又反；黥布用淮南，则又反；卢绾最弱，最后反。长沙乃在二万五千户耳⁽¹¹⁵⁾，功少而最完⁽¹¹⁶⁾，势疏而最忠⁽¹¹⁷⁾，非独性异人也⁽¹¹⁸⁾，亦形势然也。曩令樊、郦、绛、灌据数十城而王⁽¹¹⁹⁾，今虽以残亡可也；令信、越之伦列为彻侯而居⁽¹²⁰⁾，虽至今存可也。然则天下之大计可知已。欲诸王之皆忠附，则莫若令如长沙王；欲臣子之勿菹醢⁽¹²¹⁾、则莫若令如樊、郦等；欲天下之治安，莫若众建诸侯而少其力。力少则易使以义，国小则亡邪心。令海内之势如身之使臂，臂之使指，莫不制从⁽¹²²⁾，诸侯之君不敢有异心，辐凑并进而归命天子⁽¹²³⁾，虽在细民⁽¹²⁴⁾，且知其安，故天下咸知陛下之明。割地定制⁽¹²⁵⁾，令齐、赵、楚各为若干国，使悼惠王、幽王、元王之子孙毕以次各受其祖之分地⁽¹²⁶⁾，地尽而止，及燕、梁它国皆然。其分地众而子孙少者，建以为国，空而置之⁽¹²⁷⁾，须其子孙生者，举使君之⁽¹²⁸⁾。诸侯之地其削颇入汉者，为徙其侯国(129)。及封其子孙也，所以数偿之(130)。一寸之地，一人之众，天子亡所利焉，诚以定治而已，故天下咸知陛下之廉(131)。地制壹定(132)，宗室子孙莫虑不王，下无倍畔之心(133)，上无诛伐之志(134)，故天下咸知陛下之仁。法立而不犯，令行而不逆，贯高、利几之谋不生(135)，柴奇、开章之计不萌(136)，细民向善，大臣致顺，故天下咸知陛下之义。卧赤子天下之上而安(137)，植遗腹(138)，朝委裘(139)，而天下不乱。当时大治，后世诵圣(140)，壹动而五业附(141)，陛下谁惮而久不为此！

天下之势方病大瘇(142)，一胫之大几如要(143)，一指之大几如股(144)，平居不可屈信(145)，一二指搐(146)，身虑亡聊(147)。失今不治，必为痼疾(148)，后虽有扁鹊(149)，不能为已。病非徒瘇也(150)，又苦跖盭(151)。元王之子(152)，帝之从弟也；今之王者(153)，从弟之子也。惠王之子，亲兄子也；今之王者(154)，兄子之子也。亲者或亡分地以安天下(155)，疏者或制大权以偪天子(156)，臣故曰非徒病瘇也，又苦跖盭。可痛哭者，此病是也。

【注释】

（1）窃惟，私下里思考。事势，事实和形势。

（2）背理，违背正理。伤道，损害治道。

（3）疏举，分别列举。

（4）进言者，对皇帝上书的人。

（5）非愚则谀，颜师古注："实谓治安，则是愚也，知其不尔而假言之，是谄谀也。"

（6）事实，真实。治乱之体，治乱的大体。

（7）厝（cuò措），通"措"，安置、放置之意。积薪，成堆的柴草。

（8）方，比。势，形势。

（9）本末，树干和枝叶，比喻根本和枝节。舛逆，错乱，颠倒。

（10）衡决，彼此发生冲突。衡，通"横"。

（11）国制，国家的制度。抢（chēng撑）攘，纷乱不安。

（12）纪，条理。

（13）胡可，岂可。

（14）壹令，一使，给一次机会。执数，拿着一一数说。

（15）详择，考虑选择。详，思考。

（16）安危之机，国家安危的关键。

（17）今，指现在的射猎之乐。

（18）加之，加上。诸侯轨道，诸侯们都遵守法制。轨，遵循。

（19）兵，兵器。革，用皮革做的甲胄。

（20）保首领，性命有保障。首，头。领，脖子。

（21）匈奴，汉代我国北方少数民族。宾服，前来归顺朝见。

（22）四荒，四方荒远之地。向风，羡慕向往，像被风吹倒一样倾服。

（23）狱讼，刑事诉讼案件。

（24）大数，大的方面。

（25）海内之气，全国的风气。清和，清静平和。咸理，都可得到治理。

（26）明帝，聪明的皇帝。

（27）垂，流传。无穷，永远。

（28）祖，始祖。宗，先世中有功德的人。古代皇帝只有始得天下者可称祖，继承皇位者只有功业显著者可称为宗，他们的祭庙一直保留。

（29）顾成之庙，汉文帝为自己所立的庙。《汉书·文帝纪》四年载："作顾成庙。"注："服虔曰：'庙在长安城南，文帝作，还顾见城，故名之。'"使顾成之庙称为太宗，即劝文帝努力图治，争取将来自己的庙号能称为太宗。

（30）配，配享祭祀。太祖，即汉高祖刘邦。《汉书·高帝纪》张晏注："礼谥法无'高'，以为功最高以为汉帝之太祖，故特称名焉。"

（31）亡，无。极，止。

（32）以承祖庙，以此来继承祖宗的事业。

（33）奉，奉养。六亲，应劭曰："六亲，父母兄弟妻子也。"

（34）至孝，最高的孝道。

（35）以幸天下，以此使天下都感到幸运。

（36）群生，众生，指百姓。

（37）立经陈纪，确立纲常法制。

（38）法程，法式，准则。

（39）愚，愚昧。不肖，本指子不像父，泛指不良的子孙。嗣，嗣君，王位继承者。

（40）蒙业，蒙受先帝的业绩。

（41）明达，明智通达。

（42）少知治体者，稍微知道治理国家事宜的人。佐下风，从下面加以辅佐。下风，下位。

（43）致此，得到、达到这样。

（44）具，通"俱"。素陈，现在陈说。素，现在。

（45）稽之天地，考察天地间万事万物的规律。稽，考究。

（46）按，审查，查验。

（47）孰，通"熟"。

（48）禹、舜，大禹和虞舜，我国古代两个贤明的君主。

（49）计，考虑，着想。

（50）亡，无。

（51）树国，建立诸侯国。

（52）下，指老百姓。数被，屡遭。

（53）上，指皇帝，朝廷。爽，伤害，败坏。

（54）亲弟，指文帝的弟弟淮南厉王刘长。谋为东帝，《汉书·五行志下之上》载刘长"归聚奸人谋逆乱，自称东帝"，后被废死。

（55）亲兄之子西向而击，汉文帝之兄刘肥的儿子济北王刘兴居，在汉文帝三年（前177）谋反，发出向西袭击荥阳，失败被杀。

（56）吴，指吴王刘濞。见告，指吴王刘濞抗拒朝廷法令而被告发。

（57）春秋鼎盛，正当壮年。春秋，指年岁。

（58）行义未过，行为得宜，没有过失。

（59）权力，权势和力量。十此，十倍于此。

（60）汉，指中央政府。傅，诸侯王的辅佐之官。相，诸侯王国的行政长官。

（61）冠，二十岁。古代男子二十岁举行冠礼，表示已经成年。天子、诸侯则在二十岁时正式加冠。

（62）丞、尉，皆县官，丞理政事，尉管盗捕。

（63）尧、舜，我国传说中的上古圣明之君。

（64）黄帝，古代传说中的上古帝王，华夏民族的始祖。

（65）日中必熭二句，熭（wèi 位），晒干。二句语出《六韬》太公之言。比喻机不可失。

（66）已乃，到最后。堕，毁。刭，割头颈。

（67）季世，末世，指秦二世年间。

（68）以乱为治，把乱当作治，意谓担心天下没有真正太平。

（69）齐桓，齐桓公，春秋时齐国君，五霸之一。

（70）合，会合。匡，救，维持。

（71）曩时，从前，以往。

（72）淮阴侯，即韩信。韩信以佐汉之功初被封为楚王，后又被封为淮阴侯，因谋反而被吕后所杀。

（73）黥布，即季布，因秦时被黥刑，故称黥布。汉初因功封为淮南王，后因谋反被杀。

（74）彭越，汉初封梁王，后亦因谋反罪被杀。

（75）韩信，指韩王信，战国时韩王的后代，汉初封韩王，后投降匈奴反汉。

（76）张敖，汉初诸侯之赵王张耳之子，刘邦的女婿，袭封赵王。后与赵相贯商谋刺刘邦的事有牵连，改封平宣侯。

（77）卢绾（wǎn 宛），汉初封燕王，叛逃匈奴，被封为东胡卢王，死于匈奴。

（78）陈豨（xī 希），汉初任诸侯国代国丞相，后自立为赵王，被杀。

（79）亡恙，无病，即健在。

（80）非有仄室之势句，文帝刘恒自称是高祖侧室之子，吕后死后，刘悦以代王入继皇位。这是金文帝与高祖相比，说高祖当初连皇帝侧室之子的身份也没有。仄室，即侧室。豫，同"预"。席，指凭借。

（81）中涓，皇帝的近臣。曹参、周勃曾为刘邦中涓。

（82）廑，通"仅"。舍人，门客，樊哙等曾为刘邦舍人。

（83）渥，优厚。

（84）九，多次之意。

（85）角材，较量才能。臣之，使他们臣服。

（86）是，指诸侯国分封并存的情势。

（87）诿，推诿，推托。

（88）疏，疏远。

（89）悼惠王，刘肥，刘邦子，封齐王。王齐，做齐国国王。

（90）元王，刘交，刘邦弟，封楚王。

（91）中子，刘邦子如意，封赵王。

（92）幽王，刘友，刘邦子，封淮阳王。后徙赵。

（93）共王，刘恢，刘邦子，封梁王。

（94）灵王，刘健，刘邦子，封燕王。

（95）厉王，即淮南王刘长。

（96）皆有布衣昆弟之心，都是以平民老百姓间的兄弟关系看待文帝。布衣，指平民百姓。昆弟，兄弟。

（97）虑，估计。亡不，无不。帝制，指仿行帝王的礼仪制度。

（98）擅爵人，擅自封人以爵位。

（99）戴，覆盖。黄屋，黄缯车盖，皇帝专用。

（100）悍，胆大。冯敬，汉初御史大夫，曾弹劾淮南厉王。

（101）匈，即"胸"。

（102）谁与，与谁。领，治理。

（103）已然，已经成为事实。效，效果。

（104）所以然，造成这种局面的原因，指分封强大诸侯王国的制度。

（105）复然，重新出现那种情况。

（106）明帝，贤明的君主。

（107）屠牛坦，春秋时人。名坦，因擅长屠牛，故称屠牛坦。事见《管子》。一朝，一天。解，宰杀，分割。

（108）芒刃，锋刃。顿，通"钝"。

（109）排，批开，分开。击，刺。

（110）众，多种，各种。理，肌肉之纹理。

（111）至于，遇到。髋（kuān 宽），上股与尻之间的大骨。髀（bì 敝），股骨。所，地方，位置。

（112）斤，砍木的斧头。斤、斧，在此用作动词，斤砍斧劈之意。

（113）婴，施加。

（114）胡不，何不，为什么没有。淮南，济北，指淮南王刘长被废至蜀，途中不食而死。济北王刘兴居兵败自杀。

（115）长沙，长沙王。汉初吴芮封长沙王。在，同"才"，仅。二万五千户，指长沙王享用供奉的户数。

（116）最完，王国保存得最完好，子孙世袭不废。

（117）势疏，关系最远。

（118）性异人，天性与他人不同。

（119）曩，过去。樊、郦、绛、灌，指舞阳侯樊哙，曲周侯郦商，绛侯周勃，颍阳侯灌婴。这些人一直忠于汉朝，得以善终。

（120）信、越，韩信和彭越。彻侯，爵位名，后因避汉武帝刘彻名讳改为通侯，又改为列侯，只享受封地的租税，不问封地行政，也不一定住在封地。

（121）菹醢（zū hǎi 租海），把人杀死剁成肉酱。

（122）制从，服从。

（123）辐（fú 福）凑，像车辐共同归于车轴那样聚合归从。辐，车轮间连接车圈与车轴的直木。归命，听命。

（124）细民，平民，老百姓。

（125）割地定制，定出分割诸侯王国土地的制度。

（126）毕，都。分地，原受封时所得土地。

（127）空而置之，让它暂时空置在那里。

（128）举使君之，让他们去做空置的诸侯国的国君。

（129）徙其侯国，即按照被削地诸侯国所剩土地的大小，另外划一块完整的土地，将他们的诸侯国迁到那里去。

（130）所以数偿之，指将被没收的土地全数还给他们。

（131）廉，不贪利。

（132）地制壹定，分割土地的制度固定下来。

（133）倍畔，背叛。倍，通"背"。畔，通"叛"。

（134）志，意愿。

（135）利几，项羽的部将，降汉后封颍川侯，后反叛被杀。

（136）柴奇，开章，两人均参与淮南王刘长谋反事件，为之出谋划策后都被处死。

（137）赤子，婴儿，这里指年幼的皇帝。

（138）植，扶植。遗腹，遗腹子。意谓让没有被皇帝亲自立为太子的儿子继承皇位。

（139）朝，朝拜。委裘，已死的皇帝留下的衣冠。

（140）诵圣，赞颂其圣明。

（141）五业，指上文所说明、廉、仁、义、圣五项功业。

（142）瘇（zhǒng 肿），同"肿"，腿脚浮肿。

（143）要，通"腰"。

（144）股，小腿。

（145）平居，平时，平日。屈信，弯曲和伸直。信，通"伸"。

（146）搐，抽搐。

（147）亡聊，无所依赖。

（148）痼疾，积久不易治疗的顽症。

（149）扁鹊，战国时名医，原名秦越人，渤海郡郑人，家于卢国，又称卢医。受禁方于长桑君，历游齐、赵，入秦，秦太医令李酉自知医术不如，派人杀之。这里用扁鹊比喻高明的政治家。

（150）徒，仅，只是。

（151）踒躄（zhí lì 直丽），同"蹠戾"，脚掌扭曲。

（152）元王，楚元王刘交，刘邦弟。元王之子，指楚夷王刘郢客。

（153）今之王者，指楚王刘戊。

（154）今之王者，指齐共王刘喜。

（155）或亡分地以安天下，还没有得到分封土地以使天下安定。

（156）制大权，掌握大权。偪，同"逼"，威胁。

【赏析】

《治安策》，又名《陈政事书》，载于《史记》和《汉书》的《贾谊传》，题目是后人所加。文章开头有"可为痛哭者一，可为流涕者二，可为长太息者六"之语，可见内容是很丰富的，所以，毛泽东说是"一本书"。可是，班固写的《贾谊传》中所录止于"可为长太息者"的第三件事。颜师古注曰："盖史家直取其要切者耳，故下《赞》云：掇其切于世事者著于传。"则班固已对原文加以删削。这里所选的是全文的第一段。即"可痛哭者一"的部分。该部分分析诸侯封地过大而可对西汉中央政权构成威胁，进而提出了"众建诸侯而少其力"的主张，即削减诸侯领地和权力的措施。这应该是切中了当时诸侯坐大的根本要害。汉文帝后来也部分实行了这一措施，但未全部采纳。后来果然发生了吴楚七国之乱等事件，事实充分证明了贾谊的预见的正确性。此外，贾谊还指出了匈奴侵扰，抗外不力，世风侈靡，仁义不施等弊端。所提措施，有的放矢；分析形势，有理有据。所以，毛泽东认为这是"西汉一代最好的政论"。"论太子一节近于迂腐"，是指贾谊主张对太子的教育，应选天下道德品行都很端正的人与太子作伴，使太子"生而见正事，闻正言，听正道，前后左右皆正人也"，"不使太子见恶行"，即是说耳濡目染，言传身教。这固然是有效的办法之一，但这种办法的缺点等于把太子与世隔绝，不能在斗争中增加才干、在实践中锻炼成长，所以毛泽东说"近于迂腐"。

此外，毛泽东在许多讲话中说到历史上年轻有为的人物时，常常提到贾谊。例如，1958年5月8日召开了中共八大二次会议，毛泽东在会上作"破除迷信"的讲话，一口气讲了几十个年轻有为的例子，其中便讲到了贾谊。他说：汉朝有个贾谊，十几岁就被汉文帝找去了，一天升了三次官。后来贬到长沙，写了两篇赋，《吊屈原赋》和《鵩鸟赋》。后来又回到朝廷，写了一本书，叫《治安策》。他是秦汉历史专家。他写了10篇作品。留下的是两篇文学作品（两篇赋），两篇政治作品——《治安策》和

《过秦论》。他在长沙的时候只有 33 岁。

后来，毛泽东在读王勃《秋日楚州郝司户宅饯崔使君序》时写的批语里，又说到贾谊在历史学和政治学方面都有很深的造诣，是古时的秦汉专家，是"英俊天才"，惜乎其早死。对其因梁王坠马而死，自责"为傅无状"郁郁死去，感到惋惜，感叹地批道："梁王坠马寻常事，何必哀伤付一生。"

淮南子

《淮南子》，汉淮南王刘安等撰。《汉书·艺文志》著录入杂家。内篇二十一，外篇三十三；内篇论道，外篇杂说。今仅存内篇。内容大旨归入道家的自然天道观，但亦糅合先秦诸家学说。此书本名《鸿烈》，自刘向校定后，称《淮南》，《隋书·经籍志》始题作《淮南子》。有汉高诱注本。

刘安，嗣位为淮南王，为人好书，招致宾客方术之士撰成《淮南子》。时武帝方好艺文，甚尊重之。赐几杖不朝。其后有反谋，使宗正以符节治之，未至，自杀。

【原文】

削足适履

人莫欲学御龙，而皆欲学御马；莫欲学治鬼，而皆欲学治人；急所用也。解门以为薪⁽¹⁾，塞井以为臼⁽²⁾，人之从事或时相似。水火相憎在其间，五味以和⁽³⁾；骨肉相爱⁽⁴⁾，谗贼间之⁽⁵⁾，而父子相危。夫所以养而害所养，譬犹削足而适履⁽⁶⁾，杀头而便冠。（《说林训》）

【注释】

（1）薪，作燃料的木柴，即柴火。

（2）臼（jiù 旧），舂米的用具。

（3）五味，甜、酸、苦、辣、咸。

（4）骨肉，指血统关系最近的人，如父母、兄弟姐妹、子女等。

（5）谗贼，指好诽谤中伤、残害善良的人。间之，挑拨离间他们。之，代指骨肉之亲。

（6）履（lǚ 吕），鞋子。

【毛泽东评说】

有一种人的意见是不对的，我们早已批驳了这种意见了；他们说：只要研究一般战争的规律就得了，具体地说，只要照着反动的中国政府或反动的中国军事学校出版的那些军事条令去做就得了。他们不知道：这些条令仅仅是一般战争的规律，并且全是抄了外国的，如果我们一模一样地照抄来用，<u>丝毫也不变更其形式和内容</u>，就一定是削足适履，要打败仗。

——《中国革命战争的战略问题》，《毛泽东选集》第一卷，人民出版社 1991 年版，第 171—172 页。

【赏析】

本文节选自《淮南子·说林训》。文中举了用驾驭龙的办法来驭马，用治鬼的办法来治人，把房门劈开当柴烧，把水井填起来作米臼，这些勉强凑合的现象，都好像是"削足而适履，杀头而便冠"。"削足适履"便成为人们喜用的成语，意思是说，把脚削小，使它适合鞋子的尺寸。比喻无原则地迁就凑合，愚蠢地生搬硬套。

毛泽东在《中国革命战争的战略问题》中使用"削足适履"一语，在于批评"左"倾教条主义者在军事上的错误，特别是批判他们在研究战争规律时，不按照中国革命战争的实际情况，只知机械地搬用反动的中国政府和中国军事学校出版的军事条令，或者外国的东西，不知道"按照现时情况规定我们自己的东西"。毛泽东特别强调："从战争中学习战争——这是我们的主要方法。"这是他根据中国的社会性质和政治、军事、经济等情况，全面地、深切地分析中国革命战争的主要特点，揭示了中国革命战争的根本规律后，创造出的全新的研究和学习战争规律的方法。

董仲舒

　　董仲舒（前179—前104），广川（今河北衡水）人，西汉著名哲学家、今文经学大师。少治《春秋公羊传》，景帝时为博士，下帷讲读，三年不窥园。武帝时以贤良对策称旨见重，拜江都相。后因言灾异事下狱，几死，不久赦免。再出为胶西王相，恐久而获罪，乃告病免官家居；朝廷每有大事，常遣使就其家咨询。生平讲学著书，推尊儒术，抑黜百家，开以后二千多年封建社会以儒学为正统的局面。其学说是以儒家宗法思想为中心，杂以阴阳五行之说，是形而上学哲学思想的代表人物。著有《春秋繁露》等书。《史记》《汉书》均有传。

【原文】
天不变，道亦不变

　　臣闻夫乐而不乱，复而不厌者谓之道[1]。道者，万世亡弊[2]；弊者，道之失也。先王之道，必有偏而不起之处，故政有眊而不行[3]，举其偏者，以补其弊而已矣。

　　三王之道[4]，所视不同，非其相反将以捄溢扶衰[5]，所遭之变然也。故孔子曰："亡为而治者，其舜虖[6]！"改正朔[7]，易服色，以顺天命而已，其余尽循尧道，何更为哉？故王者有改制之名，亡变道之实。然夏上忠，殷上敬，周上文者，所继之捄当用此也。孔子曰[8]："殷因于夏礼，所损益，可知也；周因于殷礼，所损益，可知也。其或继周者，虽百世，可知也。"此言百王之用，以此三者矣。夏因于虞，而独不言所损益者，其道如一而所上同也。道之大原出于天，天不变，道亦不变。是以禹继舜，舜继尧，三圣相受而守一道亡救弊之政也，故不言其所损益也。（《董仲舒传》）

【注释】

（1）道，我国古代哲学家的通用语，它的意义是道路或道理，也可作法则或规律解说。

（2）亡弊，无弊。亡，通"无"。

（3）眊（mào 冒），昏聩不明。

（4）三王，指夏、商、周三朝的开国之君，即夏禹、商汤、周文王和周武王。四人合称"三王"。其中，周文王是周朝的奠基者，周武王是正式建立者。

（5）捄，古"救"字。

（6）"亡为而治者，其舜虖"，语出《论语·卫灵公》。虖，同"乎"。

（7）正朔，正月初一。古代新王朝建立，要改变正朔。如夏朝以建寅月（阴历正月）为正月，天大亮时为朔；周朝以建子月（阴历十一月）为正月，夜半为朔。

（8）孔子曰等数句，语出《论语·为政》。

【毛泽东评说】

所谓形而上学的或庸俗进化论的宇宙观，就是用孤立的、静止的和片面的观点去看世界。这种宇宙观把世界一切事物，一切事物的形态和种类，都看成是永远彼此孤立和永远不变化的。……在中国，则有所谓"天不变，道亦不变"的形而上学的思想，曾经长期地为腐朽了的封建统治阶级所拥护。

——《矛盾论》，《毛泽东选集》第一卷，人民出版社 1991 年版第 300—301 页。

【赏析】

本文节选自《汉书·董仲舒传》中保存的《举贤良对策》。文章的主要论点是：道的根本是从天而来的，天不变，道也就不变。

毛泽东在《矛盾论》中引用董仲舒"天不变，道亦不变"一语，作为中国历史上形而上学思想的代表性观点，并指出其"曾经长期地为腐朽了的封建统治阶级所拥护"。这不但使我们认识到几千年来统治阶级用来欺骗人民的反动哲学的本质，而且使我们进一步认识到学习马列主义唯物辩证法的重要性，牢固地树立起唯物辩证法的宇宙观，"善于去观察和分析各种事物的矛盾的运动，并根据这种分析，指出解决矛盾的方法"，以便更好地改造主观世界和客观世界。

《毛诗序》

《毛诗序》，汉人传诗有鲁（申公所传）、齐（辕固生所传）、韩（韩婴所传）三家诗说，都立于学官。赵人毛苌传诗，称为毛诗，终汉之世，未立学官。诗有今古文之分，鲁、齐、韩三家为今文，毛诗为古文。三家诗都有序，亡佚已久，毛诗序独存。这里选录的《毛诗序》就是在国风首篇《关雎》题下的一篇序言。《经典释文》引旧说："起至'用之邦国焉'。名《关雎序》，谓之《小序》；自'风，风也'迄末，名为大序。"至于作者一般认为《大序》是子夏（卜商）作，《小序》是子夏、毛公合作。

【原文】

毛诗序

《关雎》[1]，后妃之德也[2]，风之始也[3]，所以风天下而正夫妇也[4]。故用之乡人焉[5]，用之邦国焉[6]。风，风也，教也；风以动之[7]，教以化之[8]。

诗者，志之所之也[9]，在心为志，发言为诗。情动于中而形于言[10]，言之不足故嗟叹之[11]，嗟叹之不足故永歌之，永歌之不足，不知手之舞之，足之蹈之也。

情发于声，声成文谓之音[12]。治世之音安以乐，其政和；乱世之音怨以怒，其政乖[13]；亡国之音哀以思，其民困。故正得失，动天地，感鬼神，莫近于诗[14]。先王以是经夫妇[15]，成孝敬，厚人伦，美教化，移风俗。

故诗有六义焉[16]：一曰风[17]，二曰赋[18]，三曰比[19]，四曰兴[20]，五曰雅[21]，六曰颂[22]。上以风化下，下以风刺上[23]，主文而谲谏[24]，言之者无罪，闻之者足以戒，故曰风。至于王道衰，礼义废，政教失，国异政，家殊俗，而变风、变雅作矣[25]。国史明乎得失之迹[26]，伤人伦之废，哀刑政之苛，吟咏情性，以风其上，达于事变而怀其旧俗者也。故变风发乎情，止乎礼义。发乎情，民之性也；止乎礼义，先王之泽也。是以一国之事，系一人之本，谓之风⁽²⁷⁾；言天下之事，形四方之风，谓之雅⁽²⁸⁾。雅者，正也，言王政之所由废兴也。政有小大，故有小雅焉，有大雅焉。颂者，美盛德之形容⁽²⁹⁾，以其成功告于神明者也。是谓四始⁽³⁰⁾，诗之至也⁽³¹⁾。

　　然则《关雎》《麟趾》之化⁽³²⁾，王者之风，故系之周公。南⁽³³⁾，言化自北而南也。《鹊巢》《驺虞》之德⁽³⁴⁾，诸侯之风也，先王之所以教，故系之召公。《周南》《召南》⁽³⁵⁾，正始之道，王化之基。是以《关雎》乐得淑女⁽³⁶⁾，以配君子，忧（原文作"爱"，依《四部丛刊》本及《文选》校改。）在进贤，不淫其色；哀窈窕，思贤才，而无伤善之心焉。是《关雎》之义也。

【注释】

　　（1）《关雎》，《诗经·国风·周南》首篇的篇名。

　　（2）后妃之德也，《关雎》是称颂后妃美德的。后妃，天子之妻。旧说《关雎》诗写后妃事，指周文王妃太姒。

　　（3）风之始也，《关雎》是十五国风中的第一篇。风，指《诗经》中的十五国风。

　　（4）风，用作动词，教化之意。

　　（5）用之乡人焉，用之于老百姓。乡人，指老百姓。古代一万二千五百家为一乡。

　　（6）用之邦国焉，全天下诸侯以《关雎》教其臣下。邦国，诸侯之国。

　　（7）动，感动。

　　（8）化，感化。

　　（9）志，意志，怀抱。所之，《说文》："之，出也。"意谓诗是志所生出的，引申为所往、所向。

　　（10）形，表现。

　　（11）言之不足二句，指发言之后，意犹未足，咨嗟叹息以延续它。嗟驻犹嫌不足，那就引声长歌。永，长。

（12）声成文，声，指宫、商、角、徵、羽。文，由五声和合而成的曲调。将五声合成为调，即是音。

（13）乖，反常。

（14）莫近于诗，莫过于诗。

（15）经夫妇，使夫妇之道归于正常。经，常道，用作动词，使归于常道。

（16）六义，《诗序》六义说源于《周礼》六诗。《周礼·春官·大师载》：“大师教六诗：曰风，曰赋，曰比，曰兴，曰雅，曰颂。”《正义》云：“赋、比、兴是《诗》之用，风、雅、颂是《诗》之成形，用彼三事，成此三事，是故同称为‘义’。”

（17）风，与“雅”“颂”为一组范畴，指《诗经》中的十五国风。据下文解释，又有风化、讽刺之意。

（18）赋，与“比”“兴”是一组范畴，指《诗经》的铺陈直叙的表现手法。郑玄注《周礼·大师》说：“赋之言铺，直铺陈今之政教善恶。”朱熹《诗集传》说：“赋，敷陈其事而直言之者也。”

（19）比，比喻手法。郑玄《周礼·大师》注：“比者，比方于物也。”朱熹《诗集传》说：“比者，以彼物比此物也。”

（20）兴，起的意思，指具有发端作用的手法。朱熹《诗集传》：“先言他物以引起所咏之辞也。”这种发端往往兼有比喻意义。

（21）雅，指雅诗。据下文解释又有正的意义，谈王政的兴废。大小雅的配乐，时称正声。

（22）颂，指颂诗。据下文的解释，又有形容之意，即借着舞蹈表现诗歌的形态。

（23）刺，讽刺。

（24）主文而谲谏，郑玄注：“主文，主与乐之宫商相应也。谲谏，咏歌依违，不直谏也。”

（25）变风、变雅，变，指时世由盛变衰，即“王道衰，礼义废等”。变风，指邶风以下十三国风。变雅，《大雅》中《中劳》以后的诗，《小雅》中《六月》以后的诗。

（26）国史，王室的史官。《正义》引郑玄说："国史采众诗时，明其好恶，令瞽矇歌之。其无作主，皆国史主之，令可歌。"

（27）是以……谓之风，这句是对"风"的解释。一国，指诸侯之国，与下文"雅"之所言"天下"有别，表明"风"的地方性。一人，指作诗之人。《正义》解释说："诗人览一国之意以为己心，故一国之事系此一人使言之也。"

（28）言天下……谓之雅，这句是对雅的解释。《正义》说："诗人总天下之心，四方风俗，以为己意，而咏歌王政，故作诗道说天下之事，发见四方之风，所言者乃天子之政，施齐正天下，故谓之雅，以其广故也。"

（29）颂者，这句是对颂的解释。意谓颂是祭祀时赞美君王功德的诗乐。形容，指盛德的表现，体现。

（30）四始，《正义》引郑玄答张逸说："风也，小雅也，大雅也，颂也，此四者，人君行之则为兴，废之则为废。"而司马迁《史记·孔子世家》说："《关雎》之乱，以为风始；《鹿鸣》为小雅始，《文王》为大雅始，《清庙》为颂始。"

（31）诗之至也，诗的义理尽于此。

（32）然则《关雎》数句，《麟趾》，即《麟之趾》，是《国风·周南》的最后诗篇。《正义》说："《关雎》《麟趾》之化，是王者之风，文王之所以教民也。王者必圣周公，圣人故系之周公。"

（33）南，言化句，《正义》说："言此文王之化自北土而行于南方故也。"

（34）《鹊巢》《驺虞》句，《鹊巢》是《国风·周南》的首篇，《驺虞》是其末篇。《正义》说："《鹊巢》《驺虞》之德，是诸侯之风，先王、大王、王季所以教化民也。诸侯必贤召公，贤人故系之召公。"

（35）《周南》《召南》句，《周南》是国风的第一部分，共计十一篇；《召南》次《周南》之后，计四篇。《正义》说："《周南》《召南》二十五篇之诗，皆是正其初始之大道，王业风化之基本也。"

（36）是以《关雎》数句，揭示《关雎》的主题。《论语·八佾》："子曰：《关雎》乐而不淫，哀而不伤。"窈窕，善良美好之态。《关雎》："窈窕淑女，君子好逑。"

【毛泽东评说】

陈毅同志：

......

又诗要用形象思维，不能如散文那样直说，所以比、兴两法是不能不用的。赋也可以用，如杜甫之《北征》，可谓"敷陈其事而直言之也"，然其中亦有比、兴。"比者，以彼物比此物也"，"兴者，先言他物以引起所咏之词也"。韩愈以文为诗，有些人说他完全不知诗，则未免太过，如《山石》，《衡岳》，《八月十五酉州张功曹》之类，还是可以的。据此可以知为诗之不易。宋人多数不懂诗是要用形象思维的，一反唐人规律，所以味同嚼蜡。以上随便谈来，都是一些古典。要作今诗，则要用形象思维方法，反映阶级斗争与生产斗争，古典绝不能要。但用白话写诗，几十年来，迄无成功，民歌中倒是有一些好的。将来趋势，很可能从民歌中吸引养料和形式，发展成为一套吸引广大读者的新体诗歌。......

祝好！

毛泽东

一九六五年七月二十一日

——《致陈毅》（1965 年 7 月 21 日），载《毛泽东诗词集》，中央文献出版社 1996 年版，第 266—267 页。

对于我们，经常地检讨工作，在检讨中推广民主作风，不惧怕批评和自我批评，实行"知无不言，言无不尽"，"言者无罪，闻者足戒"，"有则改之，无则加勉"这些中国人民的有益的格言，正是抵抗各种政治灰尘和政治微生物侵蚀我们同志的思想和我们党的肌体的唯一有效的方法。

——《论联合政府》，《毛泽东选集》第三卷，人民出版社 1991 年版，第 1096 页。

【赏析】

《毛诗序》阐说了诗歌的特征、内容、分类、表现方法和社会作用，可以看作先秦儒家诗论的总结，是我国诗歌理论史上的第一篇专论，对我国诗歌理论的发展有重要影响。其中在诗歌的分类与表现手法方面,《毛诗序》提出了"六义"说,这是根据《周礼》"大师……教六诗:曰风,曰赋,曰比,曰兴,曰雅,曰颂"的旧说而来的。孔颖达《毛诗正义》卷一认为"风、雅、颂者,《诗》篇之异体;赋、比、兴者,《诗》文之异辞耳。……赋、比、兴是《诗》之所用,风、雅、颂是《诗》的成形。用彼三事,成此三事,是故同称为义。"宋代朱熹说风、雅、颂是"三经",是做诗的"骨子";赋、比、兴"却是里面横串的",是"三纬"(《朱子语类》)。都是阐明了风、雅、颂是诗的种类,而赋、比、兴是作诗的方法。关于赋、比、兴,朱熹分别作了说明:"赋者,敷陈其事而直言之者也";"比者,以彼物比此物也";"兴者,先言他物以引起所咏之词也"。它说明在创作过程中,作者感情的激发、联想和对事物的描写都是结合具体形象进行的。赋、比、兴的方法实质上是形象思维的方法。

毛泽东在1965年7月21日致陈毅的信中说:"又诗要用形象思维,不能如散文那样直说,所以比、兴两法是不能不用的。赋也可以用"。认为赋、比、兴就是形象思维的方法,把这种古老的诗歌理论进行现代化的科学阐释,提高了赋、比、兴表现手法的科学性,而且进一步指出:"要作今诗,则要用形象思维方法,反映生产斗争与阶级斗争",为新诗的发展指明了道路,意义重大。

此外,毛泽东在《论联合政府》中引用的"言者无罪,闻者足戒"的古语,也源出于本文中"言之者无罪,闻之者足戒"。唐代白居易在《与元九书》中简化为"言者无罪,闻者足戒",意思是说话人说过火了也没有罪过,听话人可以作为鉴戒。毛泽东引用此语,用来说明在人民内部开展批评和自我批评时,提意见的人即使说得不完全正确,也是无罪的;听取意见的人即使没有对方所批评的缺点和错误,也应该引以为戒。这是我们对待批评的正确态度。

朱 浮

朱浮，字叔主，沛国萧（今江苏萧县）人。汉光武帝刘秀的佐命功臣，官至太仆、大司空。因为功高自满，欺侮同僚，汉明帝永平年间（58—75）被赐死。《后汉书》有传。

【原文】

与彭宠书

盖闻智者顺时而谋⁽¹⁾，愚者逆理而动。常窃悲京城太叔⁽²⁾，以不知足而无贤辅，卒自弃于郑也。伯通以名字典邪⁽³⁾，有佐命之功⁽⁴⁾，临民亲职⁽⁵⁾，爱惜仓库⁽⁶⁾，而浮秉征伐之任⁽⁷⁾，欲权时救急⁽⁸⁾，二者皆为国耳。即疑浮相谮⁽⁹⁾，何不诣阙自陈⁽¹⁰⁾，而为族灭之计乎⁽¹¹⁾？

朝廷之于伯通，恩亦厚矣，委以大郡，任以威武⁽¹²⁾，事有柱石之寄⁽¹³⁾，情同子孙之亲。匹夫媵母，尚能致命一餐⁽¹⁴⁾，岂有身带三绶⁽¹⁵⁾，职典大邦，而不顾恩义，生心外叛者乎⁽¹⁶⁾？伯通与吏民语，何以为颜？行步拜起，何以为容？坐卧念之，何以为心？引镜窥影，何以施眉目⁽¹⁷⁾？举措建功⁽¹⁸⁾，何以为人？惜乎！弃休令之嘉名⁽¹⁹⁾，造枭鸱之逆谋⁽²⁰⁾；捐传世之庆祚⁽²¹⁾，招破财之重灾。高论尧、舜之道⁽²²⁾，不忍桀、纣之性⁽²³⁾。生为世笑，死为愚鬼，不亦哀乎？

伯通与耿侠游⁽²⁴⁾，俱起佐命，同被国恩。侠游谦让，屡有降挹之言⁽²⁵⁾，而伯通自伐⁽²⁶⁾，以为功高天下。往时，辽东有豕⁽²⁷⁾，生子白头，异而献之。行至河东，见群豕皆白，怀惭而还。若以子之功，论于朝廷，则为辽东豕也。今乃愚妄，自比六国⁽²⁸⁾。六国之时，其势各盛，廓土数千里，胜兵将百万⁽³⁰⁾，故能据国相持，多历年所⁽³¹⁾。今天下几里？列郡几城？奈何以区区渔阳而结怨天子？此犹河滨之人，捧土以塞孟津⁽³²⁾，多见其不知量也。

方今天下适定(33)，海内愿安，士无贤不肖(34)，皆乐立名于世。而伯通中风狂走(35)，自捐盛时(36)，内听骄妇之失计(37)，外信谗邪之诛言(38)，长为群后恶法(39)，永为功臣鉴戒，岂不误哉！定海内者无私仇，勿以前事自疑。愿留意顾老母少弟。凡举事，无为亲厚者所痛(40)，而为见仇者所快(41)。（《朱浮传》）

【注释】

（1）盖，发语词。谋，计算自己的行动。

（2）京城太叔，即公叔段。在母亲武姜支持下阴谋向哥哥庄公夺权而遭到失败。

（3）伯通，彭宠的字。名字，声誉。典郡，主管一郡的长官。

（4）佐命，辅佐开国之君创业。刘秀起兵时，彭宠派兵归附，后又资助刘秀军粮。

（5）临民，管理百姓。亲职，本身职守。

（6）爱惜仓库，指彭宠反对朱浮发所属仓库谷米赡养宾客王岑等家属一事。

（7）秉，执掌。

（8）权时，衡量时势。

（9）相谮（zèn 怎去声），讲你的坏话。

（10）诣（yì 异）阙，到朝廷。自陈，自己申诉。

（11）族灭，即灭族，古代对反叛者要处死全家亲属。

（12）威武，用作名词，军事重任之意，指刘秀赐彭宠大将军称号。

（13）柱石，以造屋为喻，指梁柱和基石。

（14）匹夫，普通男子。此指灵辄，春秋时晋国饿夫，受赵盾赐饭食，后晋灵公要杀赵盾时，曾救其脱险，事见《左传·宣公二年》。媵（yìng 映）母，普通妇女。媵，庶贱。致命一餐，用生命报答一餐之恩。

（15）绶，系印信的丝带。古人一官一印，身带三绶，即身兼三职，指彭宠任渔阳太守，封建忠侯，号大将军。

（16）生心，起心，蓄心。

（17）何以施眉目，把眉目放在那里，怪难为之意。

（18）举措，行动。建功，办事。

（19）休令，美好。

（20）枭鸱（xiāo chī 嚣痴），即猫头鹰，本是捕鼠的益友，但古人以为是食母的恶鸟。

（21）捐，抛弃。庆祚，幸福，指彭宠受封侯爵，本可以传之后代子孙。

（22）尧、舜，我国古代部落联盟两位领袖。

（23）桀、纣，夏桀和商纣，是我国夏代、商代的两个暴君。忍，克制，抑制。

（24）耿况，名况，西汉末年任上谷郡太守，曾与彭宠辅佐刘秀开创基业，事见《后汉书·彭宠传》。

（25）降抑，降低贬损。

（26）自伐，自己矜诩。

（27）辽东有豕，可能是民间传说，不见于典籍。

（28）自比六国，彭宠起兵，自号为燕，以战国时六国的燕国自比，割据称雄，意欲争夺天下。

（29）廓土，开拓疆土。

（30）胜兵，强兵。将，近。

（31）所，次，数。

（32）孟津，黄河上的一个渡口，在今河南孟州市。

（33）适定，刚刚平定。

（34）不肖，不贤的人。

（35）中（zhòng 仲）风狂走，得了狂病，胡作非为之意。

（36）捐，弃。盛时，太平盛世。

（37）骄妇，骄横的妻子。《后汉书·彭宠传》谓"其妻素刚"。失计，错误的策划。此指建武二年（26）春，刘秀召彭宠去洛阳，其妻劝他不要服从命令。

（38）谗邪，说坏话的奸人。谀言，奉承话。

（39）后，君，指地方长官。恶法，坏榜样。

（40）亲厚者，指劝彭宠的老母少弟等人。

（41）见仇者，被仇恨的人。快，快意。

【毛泽东评说】

凡是敌人反对的，我们就要拥护；凡是敌人拥护的，我们就要反对。现在许多人的文章上常常有一句话，就是"无使亲痛仇快"。这句话出于东汉时刘秀的一位将军叫朱浮的写给渔阳太守彭宠的一封信，那信上说："凡举事无为亲厚者所痛，而为见仇者所快。"朱浮这句话提出了一个明确的政治原则，我们千万不可忘记。

——《和中央社、扫荡报、新民报三记者的谈话》，《毛泽东选集》第二卷，人民出版社 1991 年版，第 590 页。

【赏析】

本文选自《后汉书·朱浮传》，《昭明文选》卷四十一收录了此文。文章写东汉时期，光武帝刘秀有两个部下，一个是朱浮，一个叫彭宠。朱浮性情急躁，彭宠个性倔强，居功自傲。两人因在用国家仓库粮赡养幕僚家属问题上意见不合，互相争执，仇恨越来越深。后来，朱浮向刘秀密告彭宠"迎妻不迎其母；又受货贿，杀害友人；多积兵谷，意计难量"。于是刘秀下令召彭宠进京。彭拒不服从命令，并带军队攻打朱浮。朱浮便写了一封信给彭宠。其目的在于利用朝廷的声威，向彭宠施加压力。彭宠得到这封信后，更加愤怒，更激烈地攻打朱浮。后来攻下朱浮据守的蓟城，朱浮逃跑，彭宠自称燕王，但不久就被他家里的奴隶们杀死了。事见《后汉书》的《朱浮传》《彭宠传》。

朱浮与彭宠的矛盾，是封建统治集团内部的矛盾；但彭宠攻打朱浮，是搞分裂，所以朱浮在信中说他有叛汉的"逆谋"。信上说"凡举事，无为亲厚者所痛，而为见仇者所快"，意思是不论做什么事情，不要让相亲的人感到痛心，让敌对的人感到高兴。后来人们将这两句话，简化为"亲者痛，仇者快"或"亲痛仇快"。

毛泽东在《和中央社、扫荡社、新民报三记者的谈话》一文中引用

汉魏六朝

了这个成语："现在许多人的文章上常常有一句话，就是'无使亲痛仇快'。……"朱浮的话提出了一个明确的政治原则，我们千万不可忘记。毛泽东引用这个成语，劝说国民党在当时的情况下应全力反日防日和反日防汪（精卫），而不能集中力量反共防共，使抗日力量受到损失而使日本帝国主义和汉奸汪精卫高兴。

朱浮的这封信，义正词严、尖锐泼辣，婉转流畅，体现了"条畅以任气，优柔以怿怀"（《文心雕龙·书记》）的特色。

李 固

李固（94—148），字子坚，东汉汉中南郑（今陕西南郑）人。历事顺帝刘保、冲帝刘炳、质帝刘缵、桓帝刘志，官至太尉。李固在朝廷上敢于直言，因为反对宦官、佞宰和外戚专权纳贿、卖官鬻爵，曾先后遭到"飞章"诬陷。冲帝刘炳死时，他建议迎立年长有德的清河王刘蒜，遭到专权外戚梁冀反对。梁冀立年仅八岁的刘缵为帝，后发现刘缵聪慧，不利于他长期专权，竟把刘缵毒死了。李固这时又提出立刘蒜，梁冀却立他的妹夫、十分昏庸的刘志为帝。因为李固声誉很高，梁冀借此诬陷他有异谋，把他杀害了。《后汉书》有传。

【原文】

遗黄琼书

闻已度伊洛⁽¹⁾，近在万岁亭⁽²⁾，岂即事有渐，将顺王命乎？

盖君子谓"伯夷隘，柳下惠不恭⁽³⁾"，故传曰⁽⁴⁾："不夷不惠，可否之间⁽⁵⁾。"盖圣贤居身之所珍也⁽⁶⁾。果遂欲枕山栖谷，拟迹巢由⁽⁷⁾，斯则可矣⁽⁸⁾；若当辅政济民⁽⁹⁾，今其时也。自生民以来，善政少而乱欲多⁽¹⁰⁾，必待尧舜之君，此为志士终无时矣。

常闻语曰⁽¹¹⁾："峣峣者易缺，皎皎者易污⁽¹²⁾。"《阳春》之曲，和者必寡⁽¹³⁾。盛名之下，其实难副⁽¹⁴⁾。近鲁阳樊君被征初至，朝廷设坛席，犹待神明⁽¹⁵⁾；虽无大异，而言行所守无缺⁽¹⁶⁾；而毁谤布流，应时折减者，岂非观听望深，声名太盛乎？自顷征聘之士胡之安、薛孟尝、朱仲昭、顾季鸿等⁽¹⁷⁾，其功业皆无所采，是故俗论皆言处士纯盗虚声⁽¹⁸⁾。愿先生弘此远谟⁽¹⁹⁾，令众人叹服，一雪此言耳⁽²⁰⁾！

【注释】

（1）度，同"渡"。伊洛，伊水和洛水。伊水，又称伊川，今称伊河，流经河南西部，在偃师入洛河；洛水，今名洛河，流经陕西东南部、河南西部，在巩义入黄河。

（2）万岁亭，在河南登封西北，距东汉京城洛阳不远，故说"地近"。亭，秦汉时乡以下、里以上的行政机构。《汉书·百官公卿表上》："大率十里一亭，亭有长。十亭一乡，乡有三老、有秩、啬夫、游徼。"

（3）盖君子二句，君子认为，伯夷太狭隘，柳下惠太不严肃。君子，这里指孟轲。《孟子·公孙丑上》："孟子曰：'伯夷隘，柳下惠不恭，隘与不恭，君子不由也。'"伯夷，殷末孤竹君之子。据《孟子·以孙丑》记载，他不是好君就不在他手下做事，不是好人就不跟他交朋友。柳下惠，春秋时鲁国人，姓展，名获，字禽。食邑在柳下，死后谥号惠，故称柳下惠。他在鲁国三任典狱官，三次被黜退，不以为辱，事见《论语·微子》。不恭，不严肃，玩世不恭。

（4）传（zhuàn 赚），解说经义的文字，指扬雄写的《法言》。

（5）不夷不惠二句，引语见《法言·渊骞》。不夷不惠，不作伯夷，也不作柳下惠。可否之间，既不像伯夷那样固执，也不像柳下惠那样随便，介于二者之间。

（6）盖，大概。居身，立身处世。珍，珍视，重视。

（7）果，果真。遂，竟，终于。枕山栖谷，指隐居于深山幽谷。拟迹巢由，模仿巢文和许由的行迹。拟，模仿，仿效。巢由，巢文和许由，二人都是尧帝时的隐士。

（8）斯，这，指黄琼称病不进的做法。

（9）辅政，辅佐朝政。济民，拯救人民。

（10）善政，美好的政局。乱俗，混乱的社会风气。

（11）语，俗语，古语。谚语。

（12）峣峣（yáo 摇）者二句，高而尖的东西容易折断，洁白的东西容易玷污。峣峣，形容山势高峻。皎皎（jiǎo 狡），形容玉石洁白。

（13）《阳春》二句，阳春白雪这样高雅的曲调，能够跟着唱的人一定少。《阳春》，楚高雅歌曲名。《文选·宋玉〈对楚王问〉》李周翰注："高曲名也。"和（hè 贺），跟着唱。寡，少。《文选》载宋玉《对楚王问》记叙一个故事，一个人在楚国郢都唱歌，开始唱《下里》《巴人》时，"国中属而和者数千人"，后来唱《阳春》《白雪》时，"国中属而和者，不过数十人"。

（14）盛名，很大的名声。副，相称，符合。

（15）鲁阳，今河南鲁山县。樊君，即樊英，字季齐，隐于壶山，著《易章句》，生徒众多，名气很大。永建二年（127），汉顺帝用重礼征召他，到京称病不起，被强迫用车子载入宫廷，仍然十分傲慢。顺帝于是专为他筑坛，铺席其上，请他上坐，像对待神明一样对他。但他只会空谈，只识平常，不切实际，于是声名大减。事见《后汉书·方术传》。

（16）大异，指特殊的表现。所守，指说话做事的准则。缺，缺陷，过失。

（17）自顷，不久前。征聘之士，受朝廷征召的有名望的读书人。胡之安，名定，字之安，颍川颍阳（今河南许昌）人，居丧饥饿，县官送干粮给他，他只收一半，因此得名。见《太平御览》卷二四六引《汝南先贤传》。薛孟尝，名包，字孟尝，汝南（今河南汝南）人，受后母虐待，号泣不去。后来与兄弟子侄分家，他推让家财奴婢，不要好的，因此得名，被征拜郎中。见《〈后汉书·刘赵淳于刘周赵传〉序》。朱仲昭，未详。顾季鸿，名奉，字季鸿，吴郡（今江苏苏州）人。官至颍川太守。曾向程曾求学，后为张霸所聘用，是三国时吴相顾雍的祖父。见《后汉书·儒林·程曾传》《张霸传》及《三国志·吴志·顾雍传》注引《吴录》。

（18）是故，由于这样的缘故。俗论，世俗的议论。处士，指在野有清高名声的知识分子。

（19）弘，大，此是张大、扩大的意思。此，指处士。谟（mó 模），谋划。

（20）雪，洗刷掉。此言，指"处士纯盗虚声"这句话。

【毛泽东评说】

江青：

可读李固给黄琼书。就思想文章而论，都是一篇好文章。你的职务就是研究国内外动态，这已经是大任务了。此事我对你说了多次，不要说没有工作。

此嘱。

毛泽东

七四年十一月二十日

——裴健：《湘魂——毛泽东的家世》，群众出版社1992年版，第162页。

我曾举了后汉人李固写给黄琼信中的几句话：峣峣者易折，皦皦者易污。阳春白雪，和者盖寡。盛名之下，其实难副。这后两句，正是指我。我曾在政治局常委会上读过这几句。人贵有自知之明。

——《毛泽东1966年7月8日致江青信》，中共中央文献研究室编：《建国以来毛泽东文稿》第十二册，中央文献出版社1998年版，第72页。

【赏析】

黄琼（85—164），字世英，江夏安陆（今湖北安陆）人。桓帝时官至司空。《后汉书》有传。顺帝永建二年（127），黄琼因公卿的推荐，被征入京（洛阳），行至纶氏（今河南登封西南），托病不前。这以前征聘处士，多名不副实。李固平常仰慕黄琼，于是在黄琼将至洛阳时致信黄琼。《反汉书·黄琼传》称李固以书"逆遗之"。在他未到之前，就预先留着给他的这封信，所以叫"逆遗"。《遗黄琼书》这个题目，就是据此拟定的。

在信中，李固劝黄琼不要孤芳自赏，鼓励他"弘此远谟"，做出令人信服的事业，使"处士纯盗虚声"的舆论得到改变。黄琼果然不负所望，入京后，提出的"纳儒士""存质俭""劝农桑"等意见，多为顺帝所采纳。当然，李固这样做的目的，是为封建政权招揽人才，但指出对"乱世"不要袖手旁观，而要努力做出贡献，还是有积极意义的。特别是其中的"峣峣者易折，皎皎者易污。《阳春》之曲，和者必寡。盛名之下，其实难副"，说明人贵有自知之明，道理深刻，具有朴素的辩证法思想。

这封信写得简短有力，诚挚感人。激励而不流于吹捧，诚警而不装腔作势。语言不甚薄饰，但简淡自然，很讲究措辞，对魏晋笺启是很有影响的。

毛泽东喜欢读《后汉书》里的《李固传》《黄琼传》，1965年，曾把两传推荐给刘少奇、周恩来、邓小平、彭真、陈毅等党和国家的主要领导人阅读。当然，毛泽东最为欣赏的是李固写给黄琼的信，特别是其中的"峣峣者易折，……其实难副"几句话。在一次政治局常委会上，他读了这几句话。1966年7月8日给江青的信中，毛泽东借这几句话来作自我解剖，是这封信的一个基本内容。他反复讲自己自信和不自信的问题，说到山中无老虎，猴子称大王等，都使人从一个侧面体会到毛泽东发动"文化大革命"后的内在心态。其中有对"文化大革命"最终会搞成什么样子的思虑，也有谦虚，有对自我的清醒认识。总之"人贵有自知之明"，这大概是他读李固给黄琼的信体会最深的一点。

1974年11月20日，毛泽东给江青写的那封短信中，对李固给黄琼的信给予了高度的评价："就思想文章而论，都是一篇好文章。"他再次劝江青阅读，即劝她应该"有自知之明"。江青辜负了毛泽东的教导，拉帮结派，篡党夺权，结果导致身败名裂。

《东观汉记》

《东观汉记》是东汉官修本朝纪传体史书。自汉明帝时开始编写，以后累朝增修，到桓灵时，共修一百三十四卷，尚未最后定稿。参加撰述者有班固、刘珍、李尤、伏无忌、边韶、崔寔、延笃、马日磾、蔡邕等。原称《汉纪》，因系在洛阳南宫东观撰修，故《隋书·经籍志》称之为《东观汉记》。魏晋时以此书与《史记》《汉书》并称三史。南朝宋范晔撰《后汉书》参照此书。范书流行后，此书渐归散佚。今本二十四卷，系清人据明《永乐大典》等书辑成。

【原文】

不因人热

梁鸿少孤⁽¹⁾，常独坐止⁽²⁾，不与人同食。比舍先炊已⁽³⁾，呼鸿及热釜炊⁽⁴⁾。鸿曰："童子鸿⁽⁵⁾，不因人热者也⁽⁶⁾。"灭灶更燃火⁽⁷⁾。

【注释】

（1）孤，无父之称。

（2）止，止息，休息。

（3）比舍，邻居，邻居。炊已，烧好饭。已，完毕。

（4）及热釜（fǔ斧）炊，趁着热灶热锅做饭。釜，炊器。小口，圆底，有的有二耳。置于口，上置甑以蒸煮。铁、铜、陶制不等，盛于汉代。

（5）童子，未成年的人。

（6）不因人热，不借助别人的余热。因，依靠，凭借。

（7）更，复，重新。

【毛泽东评说】

1959年的仲夏，毛泽东视察途经浙江，下榻刘庄。他像往常一样，每日办公到次日凌晨，上午睡一会儿觉，下午起床后散步、读书、读英语、阅批文件。……

也是那一年夏季的一天凌晨。

火红的太阳从刘庄边的夕照山冉冉升起，朝霞映红了南北高峰。毛泽东从书房里走出来，伸臂踢腿，做了几下活动身体的动作。见林克过来，就讲起"梁鸿不因人热"的典故，耐人寻味。

毛泽东笑了笑说：

"'不因人热'出自《东观汉记·梁鸿传》"。稍停片刻，毛泽东说：

"梁鸿，东汉人，少孤家贫，经常独坐，不与人同食，别人先做饭，做毕招呼他说：锅还是热的，快煮饭呢！可他却说：我不用别人的热锅。熄灭灶火，自己重新燃薪做饭。"

毛泽东吮吮嘴唇说：

"过去和孩子们谈过这个故事，但他们年幼，没有留下印象。"

毛泽东鼓励自己的子女和身边的工作人员要有志气，不仰仗他人，不人云亦云，要有独立性格，靠自己艰苦创业。他用东汉"不因人热"的故事教育后代，可见用心良苦。

不因人热，不让僵死的教条捆住自己的手脚，在自己的实践中探索适应本国国情的社会主义道路，正是毛泽东和中国共产党领导中国人民夺取社会主义革命和建设胜利的最根本的经验。

——毛岸青、邵华主编：《中国出了个毛泽东丛书》，载李林达著《情满西湖》，中央文献出版社1993年版，第155—157页。

【赏析】

本文节选自《东观汉记·梁鸿传》。梁鸿，字伯鸾，东汉初扶风平陵（今陕西咸阳西北）人。曾作《五噫之歌》，为当局所忌，遂改变姓名，东逃齐鲁，后往吴，为人佣工舂米，与妻孟光相敬如宾。著书十余篇，今不传。本文写梁鸿少年时的故事：虽然家贫，却不肯趁着别人的热锅做饭，表现出一种自立自强、不肯依靠别人的自力更生精神。

　　毛泽东经常用梁鸿"不因人热"的故事教育自己的子女和身边工作人员，鼓励他们要有志气，要靠自己艰苦创业，不要仰仗他人。这从上面引录的他的英文秘书林克的叙述中可以得到证明。同时，这也是他领导中国人民艰苦探索中国社会主义建设道路的心迹的表露。

司马迁

司马迁（前145？—前86），字子长，夏阳（今陕西韩城南）人，西汉史学家、文学家和思想家。太史令司马谈之子。早年游历几遍全国，考察风俗，采集传说。初任郎中，元封三年（前108）继父职，任太史令。太初元年（前104）与唐都等共订太阳历，对历法进行改革。后因李陵之祸下狱，受腐刑。出狱后调任中书令，发愤完成所著史籍。人称其书为《太史公书》，后称《史记》，该书是我国最早的通史，并开创了纪传体史书形式，对后代史学有深远影响。《史记》既是一部伟大的历史著作，又是一部杰出的传记文学作品。鲁迅称之为"史家之绝唱，无韵之离骚"。

【原文】

报任安书

太史公牛马走司马迁再拜言[1]，少卿足下[2]：曩者辱赐书[3]，教以顺于接物，推贤进士为务。意气勤勤恳恳，若望仆不相师[4]，而用流俗人之言，仆非敢如此也。仆虽罢驽[5]，亦尝侧闻长者之遗风矣。顾自以为身残处秽[6]，动而见尤，欲益反损，是以独郁悒而与谁语。谚曰："谁为为之[7]！孰令听之！"盖钟子期死[8]，伯牙终身不复鼓琴。何则？士为知己者用，女为说己者容[9]。若仆大质已亏缺矣[10]，虽才怀随、和，行若由、夷，终不可以为荣，适足以见笑而自点耳。书辞宜答，会东从上来[11]，又迫贱事，相见日浅，卒卒无须臾之闲，得竭志意。今少卿抱不测之罪[12]，涉旬月，迫季冬，仆又薄从上雍，恐卒然不可为讳，是仆终已不得舒愤懑以晓左右[13]，则长逝者魂魄私恨无穷。请略陈固陋[14]。阙然久不报[15]，幸勿为过！

仆闻之：修身者，智之符也[16]；爱施者，仁之端也；取与者，义之表也；

耻辱者，勇之决也；立名者，行之极也：士有此五者，然后可以托于世[17]，而列于君子之林矣。故祸莫憯于欲利[18]，悲莫痛于伤心，行莫丑于辱先，诟莫大于宫刑。刑馀之人[19]，无所比数，非一世也，所从来远矣。昔卫灵公与雍渠同载[20]，孔子适陈；商鞅因景监见[21]，赵良寒心；同子参乘[22]，袁丝变色，自古而耻之。夫中才之人，事有关于宦竖[23]，莫不伤气，而况于慷慨之士乎！如今朝廷虽乏人，奈何令刀锯之馀[24]，荐天下豪俊哉！

仆赖先人绪业[25]，得待罪辇毂下，二十馀年矣。所以自惟[26]：上之，不能纳忠效信，有奇策才力之誉，自结明主；次之，又不能拾遗补阙[27]，招贤进能，显岩穴之士；外之，又不能备行伍[28]，攻城野战，有斩将搴旗之功；下之，不能积日累劳，取尊官厚禄，以为宗族交游光宠[29]。四者无一遂[30]，苟合取容，无所短长之效，可见如此矣。向者，仆常厕下大夫之列[31]，陪外廷末议，不以此时引维纲，尽思虑，今已亏形为扫除之隶[32]，在阘茸之中，乃欲仰首伸眉，论列是非，不亦轻朝廷、羞当世之士耶！嗟乎！嗟乎！如仆尚何言哉，尚何言哉！

且事本末未易明也[33]：仆少负不羁之才[34]，长无乡曲之誉。主上幸以先人之故，使得奏薄技[35]，出入周卫之中。仆以为戴盆何以望天，故绝宾客之知，亡室家之业，日夜思竭其不肖之才力，务一心营职，以求亲媚于主上[36]，而事乃有大谬不然者[37]！

夫仆与李陵[38]，俱居门下，素非能相善也。趣舍异路[39]，未尝衔杯酒，接殷勤之馀欢；然仆观其为人，自守奇士[40]。事亲孝，与士信，临财廉，取与义，分别有让[41]，恭俭下人，常思奋不顾身，以徇国家之急[42]。其素所蓄积也，仆以为有国士之风[43]。夫人臣出万死不顾一生之计，赴公家之难，斯以奇矣。今举事一不当[44]，而全躯保妻子之臣，随而媒孽其短[45]，仆诚私心痛之！且李陵提步卒不满五千，深践戎马之地[46]，足历王庭，垂饵虎口，横挑强胡，仰亿万之师，与单于连战十有馀日，所杀过半当[47]。虏救死扶伤不给[48]，旃裘之君长咸震怖，乃悉征其左、右贤王[49]举引弓之人，一国共攻而围之。转斗千里，矢尽道穷，救兵不至，士卒死伤如积，然陵一呼劳军，士无不起，躬自流涕[50]，沫血、饮泣，更张空弮，冒白刃[51]，北向争死敌者。陵未没时[52]，使有来报，汉公卿王侯，皆奉觞上寿。后数日，陵败书闻，主上为之食不甘味，听朝不怡⁽⁵³⁾，大臣忧惧，不知所出。仆窃不自料其卑贱⁽⁵⁴⁾，见主上惨怆怛悼，诚欲效其款款之愚，以为李陵素与士大夫绝甘分少⁽⁵⁵⁾，能得人死力，虽古之名将不能过也。身虽陷败，彼观其意⁽⁵⁶⁾，且欲得其当而报于汉；事已无可奈何，其所摧败，功亦足以暴于天下矣⁽⁵⁷⁾。仆怀欲陈之而未有路⁽⁵⁸⁾，适会召问，即以此指推言陵之功，欲以广主上之意⁽⁵⁹⁾，塞睚眦之辞。未能尽明，明主不晓，以为仆沮贰师而为李陵游说⁽⁶⁰⁾，遂下于理。拳拳之忠⁽⁶¹⁾，终不能自列，因为诬上，卒从吏议。家贫，货赂不足以自赎⁽⁶²⁾，交游莫救，左右亲近，不为一言。身非木石，独与法吏为伍，深幽囹圄之中⁽⁶³⁾，谁可告愬者！此真少卿所亲见，仆行事岂不然乎？李陵既生降，隤其家声⁽⁶⁴⁾；而仆又佴之蚕室，重为天下观笑。悲夫！悲夫！事未易一二为俗人言也⁽⁶⁵⁾。仆之先⁽⁶⁶⁾，非有剖符丹书之功，文史、星历⁽⁶⁷⁾，近乎卜祝之间，固主上所戏弄，倡优所畜⁽⁶⁸⁾，流俗之所轻也。假令仆伏法受诛，若九牛亡一毛，与蝼蚁何以异⁽⁶⁹⁾！而世又不与能死节者⁽⁷⁰⁾，特以为智穷罪极，不能自免，卒就死耳。何也？素所自树立使然也⁽⁷¹⁾。人固有一死，或重于泰山⁽⁷²⁾，或轻于鸿毛，用之所趋异也。太上不辱先⁽⁷³⁾，其次不辱身，其次不辱理色，其次不辱辞令⁽⁷⁴⁾，其次诎体受辱⁽⁷⁵⁾，其次易服受辱，其次关木索⁽⁷⁶⁾、被箠楚受辱，其次剔毛发⁽⁷⁷⁾、婴金铁受辱，其次毁肌肤、断肢体受辱，最下腐刑⁽⁷⁸⁾，极矣。传曰⁽⁷⁹⁾："刑不上大夫。"此言士节不可不勉励也⁽⁸⁰⁾。猛虎在深山，百兽震恐，及在槛阱之中⁽⁸¹⁾，摇尾而求食，积威约之渐也。故士有画地为牢⁽⁸²⁾，势不可入；削木为吏，议不可对，定计于鲜也。今交手足，受木索，暴肌肤⁽⁸³⁾，受榜箠，幽于圜墙之中，当此之时，见狱吏则头枪地⁽⁸⁴⁾，视徒隶则心惕息何者？积威约之势也。及以至是，言不辱者，所谓强颜耳⁽⁸⁵⁾，曷足贵乎！且西伯⁽⁸⁶⁾，伯也，拘于羑里；李斯⁽⁸⁷⁾，相也，具于五刑；淮阴⁽⁸⁸⁾，王也，受械于陈；彭越、张敖⁽⁸⁹⁾，南面称孤，系狱抵罪；绛侯诛诸吕⁽⁹⁰⁾，权倾五伯，囚于请室；魏其⁽⁹¹⁾，大将也，衣赭衣，关三木；季布为朱家钳奴⁽⁹²⁾；灌夫受辱于居室⁽⁹³⁾。此人皆身至王侯将相，声闻邻国，及罪至罔加⁽⁹⁴⁾，不能引决自裁，在尘埃之中，古今一体⁽⁹⁵⁾，安在其不辱也？由此言之，勇怯⁽⁹⁶⁾，势也；强弱，形也，审矣⁽⁹⁷⁾，何足怪乎！夫人不能早自裁绳墨之外⁽⁹⁸⁾，以稍陵迟，至于鞭箠之间，乃欲引节，斯不亦远乎！古人所以重施刑于大夫者⁽⁹⁹⁾，殆为此也。

夫人情莫不贪生恶死⁽¹⁰⁰⁾，念父母，顾妻子；至激于义理者不然，乃有所不得已也。今仆不幸，早失父母，无兄弟之亲，独身孤立，少卿视仆于妻子何如哉⁽¹⁰¹⁾？且勇者不必死节，怯夫慕义，何处不勉焉！仆虽怯懦，欲苟活，亦颇识去就之分矣⁽¹⁰²⁾，何至自沈溺缧绁之辱哉？且夫臧获婢妾⁽¹⁰³⁾，由能引决，况仆之不得已乎？所以隐忍苟活，幽於粪土之中而不辞者⁽¹⁰⁴⁾，恨私心有所不尽，鄙陋没世而文采不表於后世也。

古者富贵而名摩灭⁽¹⁰⁵⁾，不可胜记，唯倜傥非常之人称焉。盖文王拘而演《周易》⁽¹⁰⁶⁾；仲尼厄而作《春秋》⁽¹⁰⁷⁾；屈原放逐⁽¹⁰⁸⁾，乃赋《离骚》；左丘失明⁽¹⁰⁹⁾，厥有《国语》；孙子膑脚⁽¹¹⁰⁾，《兵法》修列；不韦迁蜀⁽¹¹¹⁾，世传《吕览》；韩非囚秦⁽¹¹²⁾，《说难》《孤愤》；《诗》三百篇，大底圣贤发愤之所为作也⁽¹¹³⁾。此人皆意有郁结⁽¹¹⁴⁾，不得通其道，故述往事，思来者。乃如左丘无目⁽¹¹⁵⁾，孙子断足，终不可用，退而论书策，以舒其愤，思垂空文以自见。

仆窃不逊，近自托于无能之辞，网罗天下放失旧闻⁽¹¹⁶⁾，略考其行事，综其终始，稽其成败兴坏之纪，上计轩辕，下至于兹，为十表，本纪十二，书八章，世家三十，列传七十，凡百三十篇。亦欲以究天人之际⁽¹¹⁷⁾，通古今之变，成一家之言，草创未就⁽¹¹⁸⁾，会遭此祸，惜其不成，是以就极刑而无愠色。仆诚以著此书，藏之名山，传之其人⁽¹¹⁹⁾，通邑大都，则仆偿前辱之责⁽¹²⁰⁾，虽万被戮，岂有悔哉！然此可为智者道，难为俗人言也。

且负下未易居⁽¹²¹⁾，下流多谤议，仆以口语遇遭此祸⁽¹²²⁾，重为乡党所笑，以污辱先人，亦何面目复上父母丘墓乎？虽累百世⁽¹²³⁾，垢弥甚耳！是以肠一日而九回⁽¹²⁴⁾，居则忽忽若有所亡⁽¹²⁵⁾，出则不知其所往⁽¹²⁶⁾。每念斯耻，汗未尝不发背沾衣也。身直为闺阁之臣⁽¹²⁷⁾，宁得自引于深藏岩穴邪⁽¹²⁸⁾？故且从俗浮沉，与时俯仰，以通其狂惑⁽¹²⁹⁾。今少卿乃教以推贤进士，无乃与仆私心剌谬乎⁽¹³⁰⁾？今虽欲自雕琢，曼辞以自饰⁽¹³¹⁾，无益于俗，不信，适足取辱耳。要之死日⁽¹³²⁾，然后是非乃定。书不能悉意⁽¹³³⁾，略陈固陋。谨再拜⁽¹³⁴⁾。

【注释】

（1）太史公，官名，即太史令，司马迁当时任此职。牛马走，驾驶牛马的仆夫。走，仆夫，驾牛驶马的奴隶。这是一种自谦的说法，他本来是太史令，却自谦为太史衙中驾驶牛马的仆夫。言，陈说。

（2）少卿，任安字。任安，荥阳人，曾做大将军卫青舍人，经卫青推荐，任郎中，后迁益州刺史。足下，古代对同辈表示尊敬的一种称呼。

（3）曩者二句，曩，从前。辱，谦词，书信中习用的客套语。辱赐书，承你不以给我这样的人写信为羞辱。接物，待人接物。务，事。为务，当作应做的事务。

（4）望，怨。师，效法实行。而，如。

（5）罢（pí 皮）。同"疲"。驽，劣马。罢驽，比喻才能低下。

（6）顾自以为四句，顾，思念。身残，指遭受宫刑，形骸残缺。处秽，处于可耻的污秽地位。尤，过。郁悒，愁闷。

（7）谁为，即为谁。为之，去做这样的事。

（8）钟子期死二句，钟子期和伯牙都是春秋时楚国人。伯牙善弹琴，钟能知音。后钟死，伯牙便碎琴不复弹。事见《吕氏春秋·本味》。

（9）说，同"悦"。容，打扮修饰。

（10）若仆大质五句，大质，身体。亏缺，被刑后残缺。随、和，随侯珠与和氏璧是最贵重的宝物，这里用来比喻人的才能。由，许由。夷，伯夷。点，污、辱。

（11）会东从上来五句，会，正遇上。上，当今皇上，指汉武帝。迫，忙于。贱事，烦琐事务。浅，少。卒卒（cù 促），同"猝猝"，匆忙急迫的样子。间（jiàn 见），空隙。志意，内心之意。

（12）今少卿抱不测之罪五句，不测，谓生死不可知。涉旬月，再过本月下旬的十来天。迫，靠近。季冬，十二月。薄，迫近。雍，地名，今陕西凤翔南。不可为讳，死的委婉说法，指任安可能即将被处死。

（13）终已，终于。懑，烦闷。晓，告喻。左右，指任安，表示客气，不直称对方。

（14）固陋，固执鄙陋的意见。

（15）阙，空隙，指来信和现在相隔的时间。过，责。

（16）智之符也八句，符，信，这里是凭证的意思。爱施，爱人而施惠，指爱护和帮助别人。端，首。表，标志、表现。决，决断，对待耻辱，作出决断才算勇敢。行，行为。极，最终目的。立名，指为当代或后世公认智、仁、义、勇者，立下这样的不朽之名。

（17）托，托足。林，众，这里是范围的意思。

（18）憯，同"惨"。欲利，欲和利。诟（gòu 够），耻辱。

（19）刑馀之人，受过肉刑肢体残缺的人，这里指受过宫刑。比，平列。数（shù 暑），计算。无所比数，不在同等对待之列。

（20）雍渠，卫灵公宠信的宦官。同载，同乘一车。适，往。

（21）景监，秦少公宠信的宦官，曾介绍商鞅见秦少公。寒心，嫉视而戒备的意思。

（22）同子，即文帝时宦官赵谈。司马迁避父谈的讳，称赵谈同子。参乘，陪乘。袁丝，袁盎，字丝。变色，改变脸色，指发怒。

（23）竖（shù 树），宫廷供役使的小臣。宦竖，宦官的鄙称。

（24）刀锯之馀，指宦官。

（25）绪业，遗留下来的事业。待罪，即作官，谦词。辇毂下，皇帝车驾的左右，这里京城的代称。

（26）所以自惟五句，自惟，自思。效，致、贡献出。结明主，自己取得皇帝的信任。

（27）拾遗补阙，拾政治措施的遗忘，补人君的缺失，指批评建议。显，使之表露，这里是荐举的意思。岩穴之士，山林隐士。

（28）备行（háng 杭）伍，备数在行伍里面，指从军。行伍，古代军队的编制，五人为伍，二十五人为行。搴（qián 千），拔取。

（29）交游，朋友。

（30）遂，成就。苟合取容，苟且迁就，取得皇帝容纳。无所短长，指庸庸碌碌，既无长才，又不能自居于短劣。效，效验、成效。

（31）厕，夹杂在里面，谦词。下大夫，指太史令。外廷，外朝。末议，在朝官行列之末议事，谦词。纲维，国家法令。

（32）已，以。亏形，指刑馀之人，肢体残缺。扫除，洒扫清除。隶，仆。阘茸（tà qì 榻弃），猥贱，指下贱的人。阘，下。伸，举、扬。列，陈。

（33）本末，始终，指曲折复杂的关系。

（34）负，乏、缺少。不羁之才，杰出不凡之才。乡曲，乡里。

（35）奏，贡献。薄技，浅薄的技能。周卫之中，指宫禁之中。周，环绕。卫，宿卫。

（36）亲媚，讨好。

（37）大谬，大错。不然者，不是自己原先所想的那样。

（38）李陵，汉名将李广的孙子，善骑射，率兵入匈奴，被匈奴包围，矢尽援绝，遂降匈奴。

（39）趣，同"趋"，趋向。趣舍异路，彼此志向不同，不是同类人。衔杯酒，一起喝酒，指交游来往。馀欢，指朋友往还之乐。

（40）自守，严格要求自己。奇士，与众不同的特殊人物。

（41）分别，指能分别尊卑长幼，即知礼。让，谦让。下人，下于人，指待人谦逊。

（42）徇，舍身从事。

（43）国士，全国推仰之士。

（44）举，行。躯，身。

（45）媒孽，以酿酒发酵为喻，指使过失变质而成大罪。

（46）戎马之地，兵马之地，即战争之地。王庭，匈奴君主单于所居之地。垂饵，李陵孤军深入敌阵犹如垂饵。横挑，凡行事不合常理叫横，李陵敢于向十倍于己的敌军挑战，故名横挑。仰，仰对、仰敌，指李陵处于不利的地形。

（47）过半当（dàng 档），指所杀之敌超过汉军数目。

（48）不给，不暇，顾不上。旃（zhān 毡），同"毡"。旃裘，匈奴人穿的衣服，代指匈奴。

（49）悉，尽。左右贤王，都是匈奴王的称号。举引弓之人，发动所有拉弓射箭的群众。

（50）躬，身。

（51）沬（huì 诲），用手掬水洗脸。弮（quán 拳），弩弓。冒，犯。

（52）没，指军队覆没。觞，酒器。

（53）听朝，上朝听政。怡，悦。

（54）料，量。惨怆怛（dá 答）悼，都是悲伤的意思。效，贡献。款款，忠实的样子。

（55）绝甘分少，自己不吃甘美的东西，把不多的东西分给大家。

（56）彼观，观彼。当（dàng 荡），适当。

（57）暴（pù 曝），表露。

（58）路，途径、机会。推言，阐述。

（59）广，开。塞，堵塞。睚眦（yá zì 崖字），本意是怒目而视，这里指怨怒者。

（60）不晓，不察。沮（jǔ 举），毁坏。贰师，指贰师将军李广利。理，大理，即廷尉，九卿之一，掌诉讼刑狱。

（61）拳拳，忠诚恭敬的样子。列，陈述、分解。诬，欺蒙。

（62）货赂，财货，汉朝法律规定可以用钱赎罪。左右亲近，指在皇帝左右的近臣。

（63）幽，禁闭。囹圄（líng yǔ 伶雨），监狱。行事，往事。

（64）隤（tuí 颓），坠毁。佴（èr 二），置。蚕室，初受腐刑的人所居温密之室。

（65）一二，委曲详尽的意思。

（66）先，先人。剖符，分剖的符信。丹书，在铁券上用朱砂写上誓词。

（67）文，文字。史，史籍。星，星象，指天文。卜，卜筮之官。祝，祭祀时赞辞的人。

（68）倡优，奏乐、演伎的艺人。

（69）蝼蚁，蝼蛄和蚂蚁，代指无足轻重的生物。

（70）与，称许。

（71）素，平时。

（72）太山，即泰山。

（73）太上，第一。先，祖宗。身，本人的体肤，理，肌肤的文理。理色，颜色。

（74）辞，言辞。令，教令。

（75）诎体，指被捆绑。易服，换上罪人的赭衣。

（76）关，贯，带上。木，指项枷及手梏、足桎，即下文所谓"三术"。被箠（chuǐ 垂第三声）楚，遭鞭打。

（77）剔毛发，剃去头发，即髡（kūn 坤）刑。婴金铁，以铁圈束颈，即钳刑。

（78）腐刑，即宫刑。极，到顶。

（79）这是《礼记·曲礼上》里的话。

（80）节，气节。

（81）槛（jiàn 鉴），养兽圈。穽，同"阱"，捕兽的陷阱。约，屈服。渐，浸渍。

（82）牢，狱。吏，狱吏。对，答辩。鲜，鲜明。定计于鲜，指不入狱受刑，及早决心自杀。

（83）暴，露。榜，鞭打。圜（huán 环）墙，牢狱。

（84）枪，同"抢"，触。徒隶，狱卒。心惕息，胆战心惊。

（85）强（qiǎng 抢）颜，厚着脸皮。曷，何。

（86）西伯，周文王。羑（yǒu 友）里，在今河南汤阴县。伯，方伯，一方诸侯之长。

（87）李斯，秦国宰相。五刑，指以墨（黥面）、劓（割鼻）、宫（男子阉割，妇人幽闭）、刖（断足）、杀（死刑）五种刑罚。

（88）淮阴，韩信，封淮阴侯，后又封楚王，都下邳。械，拘束手足的刑具，手脚铐镣。

（89）彭越，昌邑人（今山东金乡西北），降刘邦后多建奇功，封梁王。张敖，张耳之子，袭父爵为赵王。抵罪，按罪法办。

（90）绛侯，周勃。倾，超过。请室，官署各有特设的监狱。

（91）魏其，指魏其侯窦婴。三木，即枷和桎梏。

（92）季布，楚人，项羽将。

（93）灌夫，武帝时将军。因得罪丞相田蚡，拘在居室。居室，少府下所属的官署之一，后改名保官。

（94）罔，同"网"，法网。引决，下决心。自裁，自杀。尘埃，指监狱。

（95）一体，一样。安，何。

（96）怯，怯弱。

（97）审，明白。

（98）绳墨之外，法网没有加身之前。绳墨，指法律。陵迟，衰颓，指志气衰微。引节，死节。

（99）重，慎重。殆，大概。

（100）恶（wù 务），厌恶。义，正义。道，道理。

（101）于妻子何如哉，自己不是顾妻子之人。

（102）去就，指舍生就义。沉溺，陷入。缧绁（lěi xiè 累泄），指被拘系。缧，墨索。绁，长绳。

（103）臧获，奴婢的贱称。不得已，受辱的程度，使你不能制止自杀的想法。

（104）粪土之中，即上文的尘埃之中，指监狱这样的污秽地方。私心有所不尽，内心想要完成的事业尚未了结。没世，死去。鄙，耻。

（105）摩灭，同"磨灭"。胜（shēng 升）记，尽记。倜傥（tì tǎng 惕倘），卓越，突出。

（106）演，演绎，推广。

（107）厄，困厄。

（108）放逐，疏远。

（109）左丘，即左丘明，春秋时著名史学家。失明，视力坏了。

（110）孙子，指孙膑（bìn 鬓），膑，孙武之后。战国时军事家。膑脚，即刖（yuè 月）足。

（111）不韦，即吕不韦。秦始皇初年，为丞相。后被贬谪到蜀地。

（112）韩非，他多次以书于韩王，韩王不能用，于是作《说难》《孤愤》等篇十余万言。书传到秦国，秦始皇看了很喜欢，因派兵急攻韩，得韩非。韩非至秦，被李斯等所谮，下狱死。

（113）大底，大致。底，同"抵"。

（114）郁结，忧愁解不开。通，行。思来者，希望将来的人知道自己的怀抱。

（115）乃如，至于。论，论列。论书策，罗列自己的见解，著书立说。垂，流传。空文，不能建功立业，而仅著文章，谦言之为"空文"。以自见（xiàn 现），来表现自己的志趣。

（116）放失（yí 佚），散亡。失，同"佚"。行事，故事。稽，考察。纪，纲纪，这里指道理。轩辕，即黄帝，传说中远古的君王。兹，今，指汉武帝时。

（117）究，研究，探讨。天人之际，天人之间的关系，即自然界与人类社会之间的关系。

（118）草创，制作。会遭，遭逢。极刑，污辱到顶的刑罚，指宫刑。愠（yùn 运）色，恨怒之色。

（119）其人，指能传己书的那类人。通邑，大邑。

（120）偿，补偿。责，同"债"。万，万次。

（121）负下，指卑下的地位。负，失败。未易居，不容易处。下流，水的下游，比喻处在受污辱的地位。

（122）遇遭，《文选》无"遭"字，依《汉书》增。

（123）累，积累。累百世，日积月累，到了百代。垢，秽。弥，愈。

（124）肠一日而九回，指忧思在心胸里反复回荡。

（125）居，指静止的时候。忽忽，恍恍惚惚。亡，失。

（126）出则不知其所往，指行动无所适从。所往，《文选》作"其所往"。

（127）直，不过。闺阁，都是宫中的小门，代指宫禁。闺阁之臣，即宦官。

（128）宁得，哪能。引，退缩。

（129）通，顺适。以通其狂惑，意思是，顺适自己狂惑之性，不自振作，这是愤慨的话。

（130）剌（là 蜡）谬，违背。剌，乖戾。谬，错误。

（131）曼，美。

（132）要（yāo 邀）之，总而言之。

（133）固陋，愚蠢鄙陋，谦指自己的思想情怀。

（134）谨再拜，古人书信首尾一般都称"再拜"，这是一种格式。

【毛泽东评说】

人总是要死的，但死的意义有不同。中国古时候有个文学家叫做司马迁的说过："人固有一死，或重于泰山，或轻于鸿毛。"为人民利益而死，就比泰山还重；替法西斯卖力，替剥削人民和压迫人民的人去死，就比鸿毛还轻。

——《为人民服务》，《毛泽东选集》第三卷，人民出版社 1991 年版，第 1004 页。

【赏析】

《报任安书》原见于《汉书·司马迁传》，《昭明文选》卷四十一也有收录。任安，字少卿，西汉荥阳（今河南荥阳）人。经大将卫青推荐，做到益州刺史，北军使者护军等职。汉武帝信任的江充诬蛊案发生后，戾太子发兵与丞相战于长安城中，任安受太子节制而按兵不动。太子败，任安以"持两端"被武帝下狱腰斩。任安在益州刺史任上曾致信司马迁，要他"慎于接物，推贤进士"。征和二年（前91）冬，任安死前，司马迁写了这封信回答他。

在这封信中，司马迁叙述了他受刑后"隐忍苟活"的心情，说明了受迫害、受污辱的处境，发泄了"以通其狂惑"的愤懑情绪，最后归结到写作《史记》的动机和完成这部不朽著作的决心，用激切的感情阐述了在黑暗的封建社会里封建知识分子发愤著书的道理，表现了为学术事业殉身的坚强毅力和顽强精神。信中提到的"人固有一死，或重于泰山，或轻于鸿毛，用之所趋异也"这个如何对待生死问题的名言，毛泽东在为纪念张思德而写的《为人民服务》一文中曾加以引用，号召大家向张思德学习，努力为人民服务。

这篇文章，作者自己申明是"舒愤懑"之作。为了说明这个问题，在信中，司马迁一连举了八件典型事情。"文王拘而演《周易》"，说的是周文王姬昌（纣时为西伯侯）曾被商纣王囚禁在羑里。他在羑里的狱中将八卦重迭组合，变成六十四卦，这就是"演《周易》"。"仲尼厄而作《春秋》"，说的是孔子一生奔波，终无人用，在穷困中回到鲁国，修删鲁国史书《春秋》。"屈原放逐，乃赋离骚"，是说屈原被楚怀王贬斥后，流放到汉北、江南，出思忧愤而作《离骚》。"左丘失明，厥有《国语》"，是说鲁国史官左丘明写《国语》时，已双目失明。"孙子膑脚，兵法修列"，孙膑虽受过膑刑（去掉膝盖骨），在齐魏之战中，与田忌用"围魏救赵"之计，在马陵道大败魏军。由此天下闻名，所著《孙膑兵法》传世。"不韦迁蜀，世传吕览"，是说秦国丞相吕不韦，曾广召门客，作《吕氏春秋》一书，其中有"八览"，故又称《吕览》。史载秦王亲政后，吕不韦被免相迁蜀，后来便死在蜀中。"韩非囚秦，《说难》《孤愤》"，是说韩非出使秦国，为李斯、姚贾所陷害，下狱后被毒死，身后留下了《韩非子》一书，《说难》《孤愤》是其中的两篇。"诗三百等"，即《诗经》，共305篇，说300篇，是举其成数。司马迁一口气举了八件著名的事例，最后概括出一句话："大抵圣贤发愤之所为作也。"这便是有名的发愤著书说。

在1962年1月30日扩大的中央工作会议上的讲话中，毛泽东引了"文王拘而演周易"一段话，做了颇有新意的发挥。司马迁在文中举上述八件事，意在说明自己遭受了宫刑这种奇耻大辱后，仍然隐忍苟且的目的，就是要写《史记》，并使它成为"究天人之际，通古今之变，成一家之言"的杰作，以无愧于往哲。在毛泽东看来，司马迁所说的这些人，还有他自己，都是在"当时上级领导者对他们作了错误的处理"，在极端困难的情况下写出了传世之作的。这就启示我们，受到"错误处理"的人，也有一个如何对待的问题。正确的态度，不消极沉沦，而要变压力为动力，锻炼自己的意志，汲取许多新的知识，对自己会"有很大的好处"。后来到1975年，毛泽东和护士孟锦云谈论司马光主持编纂《资治通鉴》，又重申了他的这种看法。他说，看来，人受点打击，遇点困难，未尝不是好事。当然これは针对那些有才气，又有志向的人说的。没有这两条，打击一来，不是消沉，便是胡来，甚至去自杀，那便是另当别论。把他的这种观点阐述得更周详了。这是针对受错误处理的人这方面来说的。

但是，如果针对领导者的责任方面来说，便不能这样看。作为一个领导者，无不希望自己做的都正确，不发生任何错误的处理干部的情况，所以，毛泽东讲，他并不是"不分青红皂白"对任何人作错误处理，而是从哲学的高度来看，不论是封建社会，还是今天的社会主义社会，受到错误处理的事都是"在所难免"。毛泽东这样说，并不是为自己开脱，而正是为了让大家出气的，正是要纠正中央的一些错误做法。因为，20世纪50年代后期，反右派、"大跃进"、反右倾（彭德怀事件）等，确实"错误处理"了不少人，伤害了不少人，同时也表明了毛泽东乐于在逆境中进取的个性特征。

毛泽东的这种看法，在以后的不同场合，又有多次表述。1958年10月13日，毛泽东在天津视察时的一次谈话中说：司马迁的《史记》，李时珍的《本草纲目》，都不是因为稿费、版税才写的，《红楼梦》《水浒传》也不是因为稿费才写的，这些人是因为有一肚子火气才写的，还有《诗经》等。在谈到《诗经》时，毛泽东认为，司马迁对《诗经》评价很高，说是《三百篇》皆古圣贤发愤之所为作也。大部分是风诗，是老百姓的民歌。老百姓也是圣贤。"发愤之所为作"，心里没有气，他写诗？"不稼不穑，胡取禾三百廛兮？不狩不猎，胡瞻尔庭有悬貆兮？彼君子兮，不素餐兮！""尸位素餐"就是从这里来的。这是怨天，反对统治阶级的诗。这些说法，与《报任安书》里列举遭受磨难的人，因为"意有所郁结，不得通其道，故述往事，通来者"，才有所创造，思路是完全一致的。

【原文】

李将军列传

李将军广者，陇西成纪人也[1]。其先曰李信[2]，秦时为将，逐得燕太子丹者也[3]。故槐里[4]，徙成纪。广家世世受射[5]。孝文帝十四年[6]，匈奴九入萧关[7]，而广以良家子从军击胡[8]，用善骑射[9]，杀首虏多，为汉中郎[10]。广从弟李蔡亦为郎[11]，皆为武骑常侍[12]，秩八百石[13]。尝从行，有所冲陷折关及格猛兽[14]，而文帝曰："惜乎，子不遇时！如令子当高帝时[15]，万户侯岂足道哉[16]！"及孝景初立[17]，广为陇西都尉[18]，徙为骑郎将[19]。吴、楚军时[20]，广为骁骑都尉[21]，从太尉亚夫击吴、楚军[22]，取旗，显功名昌邑下[23]。以梁王受广将军印[24]，还，赏不行。徙为上谷太守[25]。匈奴日以合战[26]，典属国公孙昆邪为上泣曰[27]："李广才气，天下无双，自负其能，数与虏敌战，恐亡之。"于是乃徙为上郡太守。后广转为边郡太守，徙上郡[28]。尝为陇西、北地、雁门、代郡、云中太守，皆以力战为名[29]。

匈奴大入上郡，天子使中贵人从广勒习兵[30]，击匈奴。中贵人将骑数十纵[31]，见匈奴三人，与战。三人还射，伤中贵人，杀其骑且尽。中贵人走广，广曰："是必射雕者也[32]。"广乃遂从百骑往驰三人。三人亡马步行，行数十里。广令其骑张左右翼，而广自射彼三人者，杀其二人，生得一人，果匈奴射雕者也。已缚之上马，望匈奴有数千骑，见广，以为诱骑，皆惊，上山陈[33]。广之百骑皆大恐，欲驰还走。广曰："吾去大军数十里，今如此以百骑走，匈奴追射我，立尽。今我留，匈奴必以我为大军之诱，必不敢击我。"广令诸骑曰："前！"前，未到匈奴陈二里所[34]，止，令曰："皆下马解鞍！"其骑曰："虏多且近，即有急，奈何？"广曰："彼虏以我为走，今皆解鞍以示不走，用坚其意。"于是胡骑遂不敢击。有白马将出护其兵[35]，李广上马与十余骑犇射杀胡白马将[36]，而复还至其骑中，解鞍，令士皆纵马卧。是时会暮，胡兵终怪之，不敢击。夜半时，胡兵亦以为汉有优军于旁欲夜取之，胡皆引兵而去。平旦[37]，李广乃归其大军。大军不知广所之，故弗从。

居久之，孝景崩，武帝立。左右以为广名将也，于是广以上郡太守为未央卫尉[38]，而程不识亦为长乐卫尉[39]。程不识故与李广俱以边太守将军屯[40]，及出击胡，而广行无部伍行阵[41]，就善水草屯舍止[42]，人人自便，不去刁斗以自卫[43]，莫府省约文书籍事[44]，然亦远斥候[45]，未尝遇害。程不识正部曲行伍营陈[46]，击刁斗，士吏治军薄至明，军不得休息，然亦未尝遇害。不识曰："李广军极简易，然虏卒犯之⁽⁴⁷⁾，无以禁也。而其士卒亦佚乐⁽⁴⁸⁾，咸乐为之死。我军虽烦扰，然虏亦不得犯我。"是时汉边郡李广、程不识皆为名将，然匈奴畏李广之略，士卒亦多乐从李广而苦程不识。程不识孝景时以数直谏为太中大夫⁽⁴⁹⁾，为人廉，谨于文法⁽⁵⁰⁾。

后，汉以马邑城诱单于，使大军伏马邑旁谷⁽⁵¹⁾，而广为骁骑将军，领属护军将军⁽⁵²⁾。是时单于觉之，去，汉军皆无功。

其后四岁，广以卫尉为将军，出雁门击匈奴。匈奴兵多，破败广军，生得广。——单于素闻广贤，令曰："得李广必生致之⁽⁵³⁾。"——胡骑得广，广时伤病，置广两马间，络而盛卧广⁽⁵⁴⁾。行十余里，广佯死，睨其旁有一胡儿骑善马⁽⁵⁵⁾，广暂腾而上胡儿马⁽⁵⁶⁾，因推堕儿，取其弓，鞭马南驰数十里，复得其余军，因引而入塞⁽⁵⁷⁾。匈奴捕者骑数百追之，广行取胡儿弓，射杀追骑，以故得脱。于是至汉，汉下广吏⁽⁵⁸⁾。吏当广所失亡多⁽⁵⁹⁾，为虏所生得，当斩，赎为庶人⁽⁶⁰⁾。

顷之，家居数岁，广家与故颍阴侯孙屏野居蓝田南山中射猎⁽⁶¹⁾。尝夜从一骑出，从人田间饮。还至霸陵亭⁽⁶²⁾，霸陵尉醉⁽⁶³⁾，呵止广。广骑曰："故李将军。"尉曰："今将军尚不得夜行，何乃故也！"止广宿亭下。居无何，匈奴入杀辽西太守⁽⁶⁴⁾，败韩将军⁽⁶⁵⁾，后韩将军徙右北平死⁽⁶⁶⁾。于是天子乃召拜广为右北平太守。广即请霸陵尉与俱，至军而斩之。广居右北平，匈奴闻之，号曰："汉之飞将军，"避之数岁，不敢入右北平。

广出猎，见草中石，以为虎而射之，中石没镞⁽⁶⁷⁾，视之石也。因复更射之，终不能复入石矣。广所居郡，闻有虎，尝自射之。及居右北平，射虎，虎腾伤广，广亦竟射杀之。

广廉，得赏赐辄分其麾下⁽⁶⁸⁾，饮食与士共之。终广之身，为二千石四十余年，家无余财，终不言家产事。广为人长，猿臂⁽⁶⁹⁾，其善射亦天性也。虽其子孙他人学者，莫能及广。广讷口少言⁽⁷⁰⁾，与人居则画地为军陈，射阔狭以饮⁽⁷¹⁾。专以射为戏，竟死⁽⁷²⁾。广之将兵乏绝处⁽⁷³⁾，见水，士卒不尽饮，广不近水；士卒不尽食，广不尝食。宽缓不苛，士以此爱乐为用。其射，见敌急，非在数十步之内，度不中不发，发即应弦而倒。用此，其将兵数困辱，其射猛兽亦为所伤云。

居顷之，石建卒⁽⁷⁴⁾，于是上召广代建为郎中令。元朔六年⁽⁷⁵⁾，广复为后将军⁽⁷⁶⁾，从大将军军⁽⁷⁷⁾，出定襄击匈奴⁽⁷⁸⁾。诸将多中首虏率⁽⁷⁹⁾，以功为侯者，而广军无功。后二岁，广以郎中令将四千骑出右北平，博望侯张骞将万骑与广俱⁽⁸⁰⁾，异道。行可数百里，匈奴左贤王将四万骑围广⁽⁸¹⁾，广军士皆恐，广乃使其子敢往驰之。敢独与数十骑驰，直贯胡骑，出其左右而还，告广曰："胡虏易与耳！"军士乃安。广为圜陈外向⁽⁸²⁾，胡急击之，矢下如雨，汉兵死者过半。汉矢且尽，广乃令士持满毋发，而广身自以大黄射其裨将⁽⁸³⁾。杀数人，胡虏益解⁽⁸⁴⁾。会日暮，吏士皆无人色，而广意气自如，益治军。军中自是服其勇也。明日，复力战，而博望侯军亦至，匈奴军乃解去。汉军罢⁽⁸⁵⁾，弗能追。是时广军几没，罢归。汉法：博望侯留迟后期⁽⁸⁶⁾，当死，赎为庶人；广军功自如⁽⁸⁷⁾，无赏。

初，广之从弟李蔡与广俱事孝文帝。景帝时，蔡积劳至二千石。孝武帝时，至代相⁽⁸⁸⁾。以元朔五年为轻车将军⁽⁸⁹⁾，从大将军击右贤王有功，中率，封为乐安侯⁽⁹⁰⁾。元狩二年中⁽⁹¹⁾，代公孙弘为丞相⁽⁹²⁾。蔡为人在下中，名声出广下甚远。然广不得爵邑⁽⁹³⁾，官不过九卿⁽⁹⁴⁾；而蔡为列侯，位至三公⁽⁹⁵⁾。诸广之军吏及士卒，或取封侯。广尝与望气王朔燕语⁽⁹⁶⁾曰："自汉击匈奴，而广未尝不在其中，而诸部校尉以下，才能不及中人，然以击胡军功取侯数十人。而广不为后人⁽⁹⁷⁾，然无尺寸之功以得封邑者，何也？岂吾相不当侯耶？且固命也？"朔曰："将军自念，岂尝有所恨乎？"广曰："吾尝为陇西守，羌尝反，吾诱而降，降者八百余人，吾诈而同日杀之。至今大恨独此耳！"朔曰："祸莫大于杀已降，此乃将军所以不得侯者也。"

后二岁，大将军、骠骑将军大出击匈奴⁽⁹⁸⁾。广数自请行，天子以为老，弗许。良久乃许之，以为前将军。是岁，元狩四年也。广既从大将军青击匈奴，既出塞，青捕虏，知单于所居，乃自以精兵走之。而今广并于右将军军⁽⁹⁹⁾，出东道。东道少回远⁽¹⁰⁰⁾，而大军行水草少，其势不屯行。广自请曰："臣部为前将军，今大将军乃徙令臣出东道，且臣结发而与匈奴战⁽¹⁰¹⁾，今乃一得当单于，臣愿居前，先死单于⁽¹⁰²⁾。"大将军青亦阴受上诫，以为李广老，数奇⁽¹⁰³⁾、毋令当单于，恐不得所欲。而是时公孙敖新失侯⁽¹⁰⁴⁾，为中将军从大将军，大将军亦欲使敖与俱当单于，故徙前将军广。广时知之，固自辞于大将军。大将军不听，令长史封书与广之莫府⁽¹⁰⁵⁾，曰："急诣部如书⁽¹⁰⁶⁾。"广不谢大将军而起行，意甚愠怒而就部，引兵与右将军食其合军出东道。军亡导⁽¹⁰⁷⁾，或失道，后大将军。大将军与单于接战，单于遁走，弗能得而还。南绝幕⁽¹⁰⁸⁾，遇前将军、右将军。广已见大将军，还入军。大将军使长史持糒醪遗广⁽¹⁰⁹⁾，因问广、食其失道状。青欲上书报天子军曲折⁽¹¹⁰⁾。广未对，大将军使长史急责广之幕府对簿⁽¹¹¹⁾。广曰："诸校尉无罪，乃我自失道，吾今自上簿至莫府⁽¹¹²⁾。"广谓其麾下曰："广结发与匈奴大小七十余战，今幸从大将军出接单于兵，而大将军又徙广部，行回远，而又迷失道，岂非天哉！且广年六十余矣，终不能复对刀笔之吏⁽¹¹³⁾。"遂引刀自刭⁽¹¹⁴⁾。广军士大夫一军皆哭。百姓闻之，知与不知，无老壮皆为垂涕。而右将军独下吏，当死，赎为庶人。

广子三人，曰当户、椒、敢，为郎。天子与韩嫣戏⁽¹¹⁵⁾，嫣少不逊，当户击嫣，嫣走，于是天子以为勇。当户早死，拜椒为代郡太守，皆先广死。当户有遗腹子名陵。广死军时，敢为骠骑将军。广死明年，李蔡以丞相坐侵孝景园壖地⁽¹¹⁶⁾，当下吏治，蔡亦自杀，不对狱，国除⁽¹¹⁷⁾。李敢以校尉从骠骑将军击胡左贤王，力战，夺左贤王鼓旗，斩首多，赐爵关内侯⁽¹¹⁸⁾，食邑二百户，代广为郎中令。顷之，怨大将军青之恨其父⁽¹¹⁹⁾，乃击伤大将军。大将军匿讳之⁽¹²⁰⁾。居无何，敢从上雍⁽¹²¹⁾，至甘泉宫猎⁽¹²²⁾，骠骑将军去病与青有亲，射杀敢。去病时方贵幸，上讳云鹿触杀之。居岁余，去病死。而敢有女为太子中人⁽¹²³⁾，爱幸。敢男禹，有宠于太子，然好利，李氏陵迟衰微矣⁽¹²⁴⁾！

李陵既壮，选为建章监⁽¹²⁵⁾，监诸骑。善射，爱士卒。天子以为李氏世将，而使将八百骑。尝深入匈奴二千余里，过居延、视地形⁽¹²⁶⁾，无所见虏而还。拜为骑都尉⁽¹²⁷⁾，将丹阳楚人五千人⁽¹²⁸⁾，教射酒泉、张掖以屯卫胡⁽¹²⁹⁾。数岁，天汉二年秋⁽¹³⁰⁾，贰师将军李广利将三万骑击匈奴右贤王于祁连天山⁽¹³¹⁾，而使陵将其射士步兵五千人，出居延北可千余里，欲以分匈奴兵，毋令专走贰师也。陵既至期还，而单于以兵八万围击陵军。陵军五千人，兵矢既尽，士死者过半，而所杀伤匈奴亦万余人。且引且战，连斗八日。还，未到居延百余里，匈奴遮狭绝道⁽¹³²⁾。陵食乏而救兵不到，虏急古，招降陵。陵曰："无面目报陛下。"遂降匈奴。其兵尽没，余亡散得归汉者四百余人。单于既得陵，素闻其家声，及战又壮，乃以其女妻陵而贵之。汉闻，族陵母妻子[133]。自是之后，李氏名败，而陇西之士居门下者[134]，皆用为耻焉。

太史公曰："传曰：'其身正，不令而行；其身不正，虽令不从[135]。'其李将军之谓也。余睹李将军，悛悛如鄙人[136]，口不能道辞。及死之日，天下知与不知，皆为尽哀。彼其忠实心，诚信于士大夫也[137]。谚曰：'桃李不言，下自成蹊[138]。'此言虽小，可以谕大也[139]。"

【注释】

（1）陇西，郡名，相当于今甘肃省东部。成纪，县名，在今甘肃省秦安县北。

（2）先，祖先。李信，战国末期秦将领，与王翦一同灭燕。见《史记·刺客列传》。

（3）逐得，追获。

（4）故，原来、故居。槐里，在今陕西省兴平县东南。

（5）世世，世代、辈辈。受，同"授"，传授、学习。

（6）孝文帝，即汉文帝。孝文帝十四年，公元前166年。

（7）萧关，关中的四关之一，在今甘肃省环县西北。

（8）良家子，出身家世清白的人家子弟。

（9）用，以，因为。

（10）中郎，汉朝官名，郎中令的属官，担当宫廷侍卫职务。

（11）从弟，堂弟。

（12）武骑常侍，官名，郎官的加衔，皇帝的侍从。

（13）秩，俸禄的等级。石，年俸米单位。

（14）冲陷，冲锋陷阵。折关，抵御。格，格斗。

（15）高帝，汉高祖刘邦。

（16）万户侯，封给食邑万户的诸侯。

（17）孝景，即汉景帝。

（18）都尉，即郡尉，辅助郡守掌管军事。

（19）骑郎将，统率骑兵的将官。

（20）吴、楚军，指孝景三年以讨晁错清君侧为名，对汉政权进攻的吴、楚等七国叛军，被周亚夫削平。见《史记·吴王濞列传》。

（21）骁骑都尉，禁卫军将官。骁，轻捷。

（22）亚夫，周亚夫，汉景帝时为太尉，平定吴楚七国之乱的军事统帅。

（23）昌邑，梁国的要邑，在今山东省金乡县西北。

（24）梁王，汉景帝的胞弟梁孝王刘武。七国之乱时，阻吴楚军不得西下，有功。见《史记·梁孝王世家》。

（25）上谷，郡名，管辖今河北省西北大部和中部地区。郡所在今河北省怀来县南。

（26）日，每天。合战，交锋、作战。

（27）典属国，官名，负责办理外族降人的事务。公孙昆邪（hún yé 魂爷），人名。

（28）上郡，秦郡名，相当于今陕西省北部及内蒙古自治区一部分。

（29）北地，秦郡名，相当于今甘肃省东北部及宁夏回族自治区部分地区。雁门，秦郡名，相当于今山西省西北部。代郡，郡名，相当于今山西省东北部及河北省部分地区。云中，郡名，相当于今山西省西北部和内蒙古自治区西南部一带。

（30）中贵人，天子宠幸的宦官。勒，部勒，听从指挥。习兵，练兵、学习军事。

（31）纵，放马奔驰。

（32）射雕者，射雕的能手。

（33）陈，同"阵"，布置阵地。

（34）所，许、大约、左右。

（35）护，监护。

（36）犇（bēn 奔），同"奔"。

（37）平旦，天刚亮。

（38）未央卫尉，未央宫禁军的长官。未央，汉宫名，天子居处，称为西宫。

（39）长乐，汉宫名，东宫。

（40）边，边郡。将军屯，率军队驻扎。

（41）部伍，部队。行（háng航）阵，行列与阵势。

（42）舍止，驻扎。

（43）刁斗，古时行军时所用的带柄铜锅，白天用来烧水煮饭，夜间用来巡更时敲击用。

（44）莫，同"幕"。莫府，幕府，将官所居的帐幕，后泛指将官办公的地方。省约，简化。文书籍事，文牍。

（45）斥候，侦察敌情的哨兵。

（46）正，严格管理。部曲，汉代军队编制，大将军有营五部，部有校尉官一人，部下有曲，曲有军侯一人，曲下有屯，屯有屯长一人。

（47）虏，敌人。卒（cù促），同"猝"。

（48）佚，同"逸"。佚乐，安逸快乐。

（49）太中大夫，郎中令属官，掌论议事。

（50）谨于文法，遵守法规制度。

（51）马邑，今山西省朔县。汉武帝元光二年（前133），派聂壹诱匈奴攻马邑。事见《史记·匈奴列传》。

（52）领属，受指挥。护军将军，征战时加给将军的冠号，当时护军将军为韩安国，李广受其节制。

（53）生致，活捉了送来。

（54）络，用绳子结成的网兜。

（55）睨（nì泥），斜着眼睛看。

（56）暂腾，忽然跳起。暂，突然、猝。

（57）入塞，进入雁门关。

（58）下广吏，将李广交刑部官吏处理。

（59）当（dàng档），判处、判决。

（60）赎（shú熟）为庶人，用金钱赎罪，免于死刑沦为庶民百姓。

（61）颍阴侯孙，灌婴的孙子灌强。屏（bǐng丙）野，退居、隐居。

蓝田，秦时县名，故城在今陕西省蓝田县西。

（62）霸陵，汉文帝墓，在今陕西省长安县东。霸陵亭，霸陵旁的驿亭。

（63）尉，尉官。驿亭的官吏本是亭长，但在皇帝陵墓或近边境的驿亭官吏则称为尉，大于亭长，相当于县尉。

（64）辽西，郡名，今河北省东北部、辽宁省和内蒙古自治区的部分地区。

（65）韩将军，指韩安国。

（66）徙（xǐ洗），迁移。右北平，郡名，渔阳（今天津蓟州区）东北一带地区。

（67）镞，箭头。

（68）辄（zhé折），总是、就。麾下，部下。

（69）猨，同"猿"，相传猿的臂很长。此处是指李广臂长，像猿一样灵轻善射。

（70）讷，口拙、不善于讲话。

（71）阔狭，远近，或指所画疏密的行列。

（72）竟，终竟、一直。

（73）乏绝，指缺粮缺水。

（74）石建，汉武帝时为郎中令。

（75）元朔，汉武帝年号。六年，前123年。

（76）后将军，当时军中设有前、后、左、右四将军，职位次于上卿。

（77）大将军，汉时职位最高的将军，此指卫青（卫皇后的同母弟），汉代名将，多次征讨匈奴，战功显著。见《史记·卫将军骠骑列传》。

（78）定襄，郡名，今山西省右玉县以北及内蒙古自治区西南部一带地区。

（79）中首虏率（lǜ虑），斩杀敌人的数目符合行赏标准。率，规格、标准。

（80）博望，汉县名，在今河南省南阳市东北。张骞，汉中人，武帝时因打通西域之路有功，封为博望侯。

（81）左贤王，匈奴单于手下的统帅。当时匈奴设有左、右贤王，左贤王居东方。

（82）圜（yuán 缘），同"圆"。圜陈，圆形的阵势。外向，列阵的士兵面部朝外。

（83）大黄，弓弩名，是当时射程最远的武器。裨将，协助主将作战的将领。

（84）益解，渐渐松懈。解，同"懈"。

（85）罢，同"疲"。

（86）留迟后期，延误行期、失去联系。

（87）军功自如，所立军功与应得惩罚相等。

（88）代，代郡，一度改为侯国。相，侯国的最高长官。

（89）轻车将军，汉时将军称号的一种。

（90）乐安，汉县名，在今山东省博兴县北。

（91）元狩，汉武帝年号。二年，前121年。

（92）公孙弘，汉薛（今山东滕县）人，汉武帝时为丞相，封平津（今河北盐山南）侯。见《史记·平津主父列传》。

（93）爵邑，指封侯和赐给食邑。

（94）九卿，即奉常、郎中令、卫尉、太仆、廷尉、典客、宗正、内史、少府。

（95）三公，指当时职位最高的官，即丞相（大司徒）、太尉（大司马）、御史大夫（大司空）。

（96）望气，指观星象以测人间吉凶。王朔，人名，是当时善于望气的名人。见《史记·天官书》。燕语，私下交谈、私语。

（97）后人，落他人之后。

（98）骠骑将军，官号，位次仅低于大将军。此处是指霍去病。霍是汉代名将，以击匈奴有功封冠军侯。见《史记·卫将军骠骑列传》。

（99）右将军，指主爵都尉赵食基（yì jī 异基）。

（100）回远，绕远、迂回。回，同"迴"。

（101）结发，指年轻时把头发挽起。

（102）先死单于，先同单于决一死战。

（103）数奇（jī 基），运气不好。数，命数、运气。奇，不偶、不好。

（104）公孙敖，卫青的朋友，曾随卫青击匈奴有功封侯，元狩二年（前121）因失误军机，失去侯位。见《史记·卫将军骠骑列传》。

（105）长史，大将军的秘书。封书，下达文书、命令。莫府，幕府。

（106）急诣部，迅速前去指定的部位。

（107）亡导，没有向导。

（108）绝，横过、穿越。幕，沙漠。

（109）糒（bèi备）醪（láo劳），酒饭。糒，干饭。醪，浊酒、酒浆。

（110）曲折，行军的详细经过。

（111）对簿，对质、受审。

（112）自上簿，亲自去听审问。莫府，指卫青的幕府。

（113）刀笔之吏，指审判案件的官员。

（114）引，抽、拔。刭（jǐng景），用刀割颈。

（115）韩嫣，韩信的孙子，汉武帝的弄臣。见《史记·佞幸列传》。戏，戏耍。

（116）坐侵孝景园壖（ruán软）地，犯了侵占孝景帝陵园空地的罪。壖，城廓旁或河边的空地。

（117）国除，废除所封的国邑。

（118）关内侯，一种无封邑的侯爵，低于列侯一等，居住在京城附近。

（119）恨其父，使他的父亲抱恨而死。

（120）匿讳，隐瞒。

（121）雍，汉县名，今陕西省凤翔县南。

（122）甘泉宫，原是秦的离宫，后为汉武帝游猎避暑的地方。

（123）太子，指汉武帝长子刘据，卫皇后所生，后被废。中人，没有位号的宫妾。

（124）陵迟，逐渐没落。

（125）建章监，监督建章宫羽林军的长官，隶属郎中令。

（126）居延，汉县名，治所在今内蒙古额济纳旗东南哈拉和图。

（127）骑都尉，统领羽林军的长官。

（128）丹阳，汉郡名，郡治在今安徽省宣城市。今安徽省南部、江苏省南部及浙江省北部的一部分。

（129）酒泉、张掖，汉郡名，在今甘肃省境内。

（130）天汉，汉武帝的年号。二年，前99年。

（131）贰师将军李广利，汉武帝宠姬李夫人之兄。因大宛国都贰师城出产汗血马，汉武帝为获得汗血马，让李广利有立功封侯的机会，发动了对大宛的战争，封给了李广利"贰师将军"的称号。

（132）遮狭绝道，堵住窄道断绝退路。

（133）族陵，古代的一种残酷刑法，杀死犯罪者的整个家族。

（134）门下，指曾在李氏门下做宾客的人。

（135）传，指《论语》。汉代称解释经书的著作叫传，称《论语》《孟子》等诸子书也为传。"其身正"四句，见《论语·子路》。

（136）悛悛（quān 圈），同"恂恂"，诚朴的样子。鄙人，乡下人、乡野之人。

（137）诚信，诚实可信。

（138）蹊，小路。

（139）谕，同"喻"，比方。

【毛泽东评说】

渔家傲
反第二次大"围剿"
一九三一年夏

白云山头云欲立，白云山下呼声急，枯木朽株齐努力。枪林逼，飞将军自重霄入。　七百里驱十五日，赣水苍茫闽山碧，横扫千军如卷席。有人泣，为营步步嗟何及！

——《毛泽东诗词集》，中央文献出版社1996年版，第40页。

某同志妄评大著，查有实据，我亦不以为然。希望先生能以宽大政策，今后和他们相处可能好些。在主政者方面则应进行教导，以期"醉尉

汉魏六朝

夜行"之事不再发生。附带奉告一个消息，近获某公诗云"射虎将军右北平，只今乘醉夜难行，芦沟未落登埤月，易水还流击筑声"，英雄所见，略有不同，亦所遭者异耳。……

——《致柳亚子（一九四九年五月二十一日）》，载《毛泽东书信选集》，人民出版社 1983 年版，第 321—322 页。

【赏析】

这篇文章选自《史记》，是叙述汉朝名将李广的生平事迹的。李广轻财，爱士卒，具有非凡的勇敢和机智，尤其善于射箭。在汉朝匈奴的战争中，他参加过大小七十余战，出过很大的力气。那些才能不如他的，有几十个人都以击匈奴军功封侯，可是李广却一直没有受封。不仅如此，最后他还因为跟随大将军卫青出击匈奴，迷失道路获罪，愤而自杀。明代古文家茅坤说："李将军于汉为最名将而卒无功，故太史公极力摹写，淋漓悲咽涕。"司马迁在这篇传记里，确实对李广表示了极大的同情。文章在叙李广战功的同时，或议论，或感叹，或叙一二逸事，又插入李蔡、程不识与李广相比，又加上他子孙的不幸，极尽错综变化之妙，为《史记》中素为人们喜读的名篇之一。

毛泽东对李广的故事十分熟悉，在他的诗词和著作中多次作为典故使用。在一九三一年夏写的《渔家傲·反第二次大"围剿"》中的"飞将军自重霄入"，就是用的本篇的典故："（李）广居右北平，匈奴闻之，号曰'汉之飞将军'。"飞将军，就是矫健勇猛的将军，这是匈奴人对李广的称呼。在诗词中，毛泽东用来称行动隐蔽、神迅的红军。在一九四九年五月二十一日毛泽东写给柳亚子的信中，毛泽东引用了"醉尉夜行"的故事，也出自本篇：李广被贬职后，"尝夜从一骑出，从人田间饮。还至霸陵亭，霸陵尉醉，呵止广。广骑曰：'故李将军。'尉曰：'今将军尚不得夜行，何乃故也！'止广宿亭下。"这一般是用来指受下吏的侵侮。这是劝导柳亚子心胸宽大一些时，讲到领导者应当制止发生的现象。接着又引某公诗，并风趣地说："英雄所见，略有不同，亦所遭者异耳"。典故的使用增加了文章的生动性，使气氛活跃；反用成语"英雄所见略同"，亦是造成风趣的效果。

纸上谈兵

七年⁽¹⁾，秦与赵兵相距长平⁽²⁾，时赵奢已死⁽³⁾，而蔺相如病笃⁽⁴⁾，赵使廉颇将攻秦⁽⁵⁾，秦数败赵军，赵军固壁不战⁽⁶⁾。秦数挑战，廉颇不肯。赵王信秦之间⁽⁷⁾。秦之间言曰："秦之所恶，独畏马服君赵奢之子赵括为将耳。"赵王因以括为将，代廉颇。蔺相如曰："王以名使括⁽⁸⁾，若胶柱而鼓瑟耳⁽⁹⁾。括徒能读其父书传⁽¹⁰⁾，不知合变也⁽¹¹⁾。"赵王不听，遂将之⁽¹²⁾。

赵括自少时学兵法，言兵事，以天下莫能当。尝与其父奢言兵事，奢不能难⁽¹³⁾，然不谓善。括母问奢其故，奢曰："兵，死地也，而括易言之。使赵不将括即已，若必将之，破赵军者必括也。"及括将行，其母上书言于王曰："括不可使将。"王曰："何以？"对曰："始妾事其父⁽¹⁴⁾，时为将，身所奉饭饮而进食者以十数⁽¹⁵⁾，所友者以百数，大王及宗室所赏赐者尽以予军吏、士大夫，受命之日，不问家事。今括一旦为将，东向而朝⁽¹⁶⁾，军吏无敢仰视之者，王所赐金帛，归藏于家，而日视便利田宅可买者买之⁽¹⁷⁾。王以为何如其父？父子异心，愿王勿遣！"王曰："母置之⁽¹⁸⁾，吾已决矣。"括母因曰："王终遣之，即有如不称⁽¹⁹⁾，妾得无随坐乎⁽²⁰⁾？"王许诺。

赵括既代廉颇，悉更约束⁽²¹⁾，易置军吏⁽²²⁾。秦将白起闻之⁽²³⁾，纵奇兵，详败走⁽²⁴⁾，而绝其粮道，分断其军为二，士卒离心。四十余日，军饿，赵括出锐卒自搏战⁽²⁵⁾，秦军射杀赵括。括军败，数十万之众遂降秦，秦悉坑之⁽²⁶⁾。赵前后所亡凡四十五万。

明年，秦兵遂围邯郸⁽²⁷⁾，岁余，几不得脱。赖楚、魏诸侯来救，乃得解邯郸之围。赵王亦以括母先言，竟不诛也。

【注释】

（1）七年，应为"六年"，战国时期赵孝成王六年，公元260年。

（2）秦与赵，秦国与赵国。长平，今山西高平市西北。

（3）赵奢，赵国名将，因功封马服君。

（4）蔺相如，赵国大臣。曾奉和氏璧入秦又完璧归赵，和随赵王赴渑池会，使赵王免受污辱之功，而封为上卿。病笃，病得很重。

（5）廉颇，赵国名将，任上卿，屡次战胜齐、魏等国，因功封信平君。长平战后胜燕军，任相国。晚年不得志，老死于楚。

（6）固壁，固守营垒。

（7）赵王，赵孝成王，公元前265—前245年在位。间，指间谍所散布的谣言。

（8）以名使括，只取赵括的虚名而任用他。

（9）胶柱而鼓瑟，用胶粘住瑟上调弦的短柱，柱不能转动，便不能调整音阶。这里比喻赵括只知死守教条，不会灵活运用。

（10）书传，留下的书籍。

（11）合变，应变。

（12）将之，使之为将，即任命赵括为将。

（13）不能难，无法驳倒他。难，驳难。

（14）始妾事其父，当初我刚嫁给他父亲的时候。

（15）身所奉饭饮而进食者以十数，亲自捧着酒食进献给数十位宾客。

（16）东向而朝，面东而坐，接受下属的朝见。古时以东向为尊。

（17）便（pián骈）利，又便宜又好。

（18）置之，搁下不谈。

（19）即有如不称，假如赵括有不称职之处。

（20）得无，能不。随坐，连坐，因受牵连而受惩罚。

（21）悉更约束，全面修改军法制度。

（22）易置，撤换。

（23）白起，秦国名将，屡胜韩、魏、赵、楚等国。因攻克楚都之功，被封为武安君。

（24）详，同"佯"，假装。

（25）出锐卒自搏战，亲自带领精兵强将与敌人搏杀。

（26）坑，活埋。

（27）邯郸，赵国都城。故地在今河北邯郸。

【毛泽东评说】

做一个真正能干的高级指挥员，不是初出茅庐或仅仅善于在纸上谈兵的角色所能办到的，必须在战争中学习才能办到。

——《中国革命战争的战略问题》，《毛泽东选集》第一卷，人民出版社 1991 年版，第 181 页。

【赏析】

本文节选自《史记·廉颇蔺相如列传》。文中写赵国的名将赵奢的儿子赵括，年轻时熟读兵书，善于谈兵，父亲也难不倒他。后来，赵王听中秦国的反间计，让他代替名将廉颇，在长平之战中只知根据兵书，不能灵活处理，为秦军射死，部下四十万人全部被坑杀。"纸上谈兵"便由此而来。以后人们根据这个故事，把那些死背书本，夸夸其谈，不能联系实际的人称为"纸上谈兵"，比喻空谈理论，不能解决实际问题。

毛泽东在《中国革命战争的战略问题》中引用"纸上谈兵"这个典故，在于批判以王明为代表的"左"倾机会主义者。他们不了解工人、农民，不懂得打仗，也不懂得中国革命的理论和实践，更谈不上懂得中国革命战争的规律，能动地指导战争。他们只会死搬教条，夸夸其谈。在军事路线上，他们先推行冒险主义，后来转化为拼命主义和逃跑主义。结果使我们党和军队受到很大的损失。所以，毛泽东严厉地批评了这些只会"纸上谈兵"的角色，明确指出：要掌握战争的规律，能动地指导战争，"做一个真正能干的高级指挥员"，"必须在战争中学习才能办到"。也就是说："无论任何人要认识什么事物，除了同那个事物接触，即生活中（实践于）那个事物的环境中，是没有法子解决的。"是毛泽东对马克思主义军事科学的发展，对中国革命有着伟大的指导意义。

【原文】

高阳酒徒

初，沛公引兵过陈留⁽¹⁾，郦生踵军门上谒曰⁽²⁾："高阳贱民郦食其⁽³⁾，窃闻沛公暴露⁽⁴⁾，将兵助楚讨不义，敬劳从者⁽⁵⁾，愿得望见，口画天下便事⁽⁶⁾。"使者入通，沛公方洗，问使者曰："何如人也⁽⁷⁾？"使者对曰："状貌类大儒，衣儒衣，冠侧注⁽⁸⁾。"沛公曰："为我谢之⁽⁹⁾，言我方以天下为事⁽¹⁰⁾，未暇见儒人也。"使者出谢曰："沛公敬谢先生，方以天下为事，未暇见儒人也。"郦生瞋目案剑叱使者曰⁽¹¹⁾："走！复入言沛公，吾高阳酒徒也，非儒人也。"使者惧而失谒⁽¹²⁾，跪拾谒，还走，复入报曰："客，天下壮士也，叱臣，臣恐，至失谒。曰：'走！复入言，而公高阳酒徒也⁽¹³⁾。'"沛公遽雪足杖矛曰⁽¹⁴⁾："延客入！"

郦生入，揖沛公曰⁽¹⁵⁾："足下甚苦，暴衣露冠，将兵助楚讨不义，足下何不自喜也⁽¹⁶⁾？臣愿以事见，而曰'吾方以天下为事，未暇见儒人也'。夫足下欲兴天下之大事而成天下之大功，而以目皮相⁽¹⁷⁾，恐失天下之能士。且吾度足下之智不如吾，勇又不如吾。若欲就天下而不相见⁽¹⁸⁾，窃为足下失之⁽¹⁹⁾。"沛公谢曰⁽²⁰⁾："乡者闻先生之容⁽²¹⁾，今见先生之意矣。"乃延而坐之⁽²²⁾，问所以取天下者⁽²³⁾。郦生曰："夫足下欲成大功，不如止陈留。陈留者，天下之据冲也⁽²⁴⁾，兵之会地也，积粟数千万石⁽²⁵⁾，城守甚坚。臣素善其令⁽²⁶⁾，原为足下说之⁽²⁷⁾。不听臣，臣请为足下杀之⁽²⁸⁾，而下陈留。足下将陈留之众，据陈留之城，而食其积粟，招天下之从兵⁽²⁹⁾；从兵已成，足下横行天下，莫能有害足下者矣。"沛公曰："敬闻命矣。"

于是郦生乃夜见陈留令，说之曰："夫秦为无道而天下畔之⁽³⁰⁾，今足下与天下从则可以成大功，今独为亡秦婴城而坚守⁽³¹⁾，臣窃为足下危之。"陈留令曰："秦法至重也，不可以妄言，妄言者无类⁽³²⁾，吾不可以应。先生所以教臣者，非臣之意也，愿勿复道。"郦生留宿卧，夜半时斩陈留令首，逾城而下报沛公⁽³³⁾。沛公引兵攻城，县令首于长竿以示城上人⁽³⁴⁾，曰："趣下⁽³⁵⁾，而令头已断矣！今后下者必先斩之！"于是陈留人见令已死，遂相率而下沛公。沛公舍陈留南城门上，因其库兵⁽³⁶⁾，食积粟，留出入三月，从兵以万数，遂入破秦。

【注释】

（1）沛公，刘邦因起于沛县（今江苏徐州丰县），被众人推为沛公。陈留，县名，故址在今河南开封东南四十五里之陈留镇。

（2）踵（zhǒng肿），至，到。谒，进见，诸见。

（3）高阳，古乡名，即今河南省杞县西南之高阳乡。当时，高阳属陈留县。

（4）窃，私下，谦词。暴露，即下文之"暴衣露冠"，指行军作战的辛苦。

（5）劳，慰问。从者，言刘邦左右，实指刘邦本人。不直称其人而称从者，是一种尊敬的说法。

（6）画，谋划。便事，便利之事。

（7）何如人，什么样的人。何如，如何。

（8）侧注，古冠名。裴骃集解："徐广曰：侧注冠一名高山冠，齐王所服，以赐谒者。"

（9）谢，辞谢，谢绝。

（10）以天下为事，以夺取天下为正事。

（11）瞋目，瞪着眼。案，同"按"，手抚。叱，叱责。

（12）失谒，手中的名帖掉在地上。谒，名帖。

（13）而，同"尔"，你。

（14）蘧（jù剧），急忙。雪足，擦干脚。杖矛，挂着矛柄站起来。

（15）揖，拱手为礼。比较普通的礼节。

（16）不自喜，不知自爱。

（17）目皮相，看人只看外表。目相，只从外表上看，不深入。

（18）就天下，成就天下大业。

（19）窃为足下失之，我认为您就会错过机会。

（20）谢，道歉之意。

（21）乡者，刚才。乡，同"向"。

（22）延而坐之，请进来让他坐下。延，引进。

（23）所以取天下者，用奇取天下的谋略。

（24）据冲，要冲。

（25）积粟，储存的粮食。粟，小米，此泛指粮食。石（dàn但），市制中的容量单位，十斗为一石。

（26）素善其令，与陈留县令一向很好。

（27）说（shuì 税）之，游说他。说，用话劝说别人，使之听从自己的意见。

（28）请，愿。

（29）从兵，愿意与之联合的人马。从，同"纵"，联合。

（30）畔，同"叛"。

（31）亡秦，快要灭亡的秦朝。婴城，据城。婴，绕。

（32）无类，无遗类，指灭族。

（33）逾城，翻越城墙。

（34）县，同"悬"。

（35）趣（cù 促）下，赶快投降。趣，赶快。下，投降。

（36）因其库兵，利用城中兵库里的武器。

【毛泽东评说】

从前有个项羽，叫做西楚霸王，他就不爱听别人的不同意见。他那里有个范增，给他出过些主意，可是项羽不听范增的话。另外一个人叫刘邦，就是汉高祖，他比较能够采纳各种不同的意见。有个知识分子名叫郦食其，去见刘邦。初一报，说是读书人，孔夫子这一派的。回答说，现在军事时期，不见儒生。这个郦食其就发了火，他向管门房的人说，你给我滚进去报告，老子是高阳酒徒，不是儒生。管门房的进去照样报告了一遍。好，请。请了进去，刘邦正在洗脚，连忙起来欢迎。郦食其因为刘邦不见儒生的事，心中还有火，批评了刘邦一顿。他说，你究竟要不要取天下，你为什么轻视长者！这时候，郦食其已经六十多岁了，刘邦比他年轻，所以他自称长者。刘邦一听，向他道歉，立即采纳了郦食其夺取陈留县的意见。此事见《史记》郦生陆贾列传。刘邦是在封建时代被历史家称为"豁达大度，从谏如流"的英雄人物。刘邦与项羽打了好几年仗，结果刘邦胜了，项羽败了，不是偶然的。

——《在扩大的中央工作会议上的讲话》，《建国以来毛泽东文稿》第七册，中央文献出版社 1996 年版，第 9—10 页。

本文是根据《史记·郦生陆贾列传》附录所载，内容与《郦生传》正文有出入。因此有人认为系后人补入，也有人认为是作者看到不同材料后辑录的。郦生，郦食其（lì yì jī 丽义基），秦汉之际陈留高阳人。在秦末战争中，为刘邦出谋献计，夺取陈留，因功封广野君。楚汉战争时，去劝说齐王田广归汉，由于韩信擅自攻齐，齐王误以为郦生使诈，将他下油锅烹杀。本文主要写郦食其为刘邦献计夺取陈留县一事，正面描写了郦食其的豪爽大言的性格，又从侧面反映了刘邦善于采纳别人意见，有容人之量的风度。

毛泽东在 1962 年扩大的中央工作会议上的讲话中，以本文为主，参照《郦生传》正文，生动地讲述了这个故事，借以说明党的各级领导干部都应该广泛听取各方面的不同意见，不能一个人说了算，这样才能把工作做好。

【原文】

垓下之围

项王军壁垓下[1]，兵少食尽，汉军及诸侯兵围之数重。夜闻汉军四面皆楚歌[2]，项王乃大惊曰："汉皆已得楚乎？是何楚人之多也！"项王则夜起，饮帐中。有美人名虞，常幸从[3]；骏马名骓[4]，常骑之。于是项王乃悲歌慷慨[5]，自为诗曰："力拔山兮气盖世，时不利兮骓不逝[6]。骓不逝兮可奈何，虞兮虞兮奈若何[7]！"歌数阕[8]，美人和之[9]。项王泣数行下，左右皆泣，莫能仰视。

于是项王乃上马骑，麾下壮士骑从者八百余人[10]，直夜溃围南出[11]，驰走。平明[12]，汉军乃觉之，令骑将灌婴以五千骑追之[13]。项王渡淮，骑能属者百余人耳[14]。项王至阴陵[15]，迷失道，问一田父[16]，田父绐曰[17]："左。"左，乃陷大泽中。以故汉追及之[18]。

项王乃复引兵而东，至东城[19]，乃有二十八骑。汉骑追者数千人。项王自度不得脱[20]，谓其骑曰："吾起兵至今八岁矣，身七十余战[21]，所当者破[22]，所击者服，未尝败北，遂霸有天下。然今卒困于此，此天之亡我，非战之罪也。今日固决死，愿为诸君快战[23]，必三胜之，为诸君溃围，斩将，刈旗⁽²⁴⁾，令诸君知天亡我，非战之罪也。"乃分其骑以为四队，四向。汉军围之数重。项王谓其骑曰："吾为公取彼一将。"令四面骑驰下，期山东为三处⁽²⁵⁾。于是项王大呼驰下，汉军皆披靡⁽²⁶⁾，遂斩汉一将。是时，赤泉侯为骑将⁽²⁷⁾，追项王，项王瞋目而叱之⁽²⁸⁾，赤泉侯人马俱惊，辟易数里⁽²⁹⁾。与其骑会为三处。汉军不知项王所在，乃分军为三，复围之。项王乃驰，复斩汉一都尉⁽³⁰⁾，杀数十百人。复聚其骑，亡其两骑耳。乃谓其骑曰："何如？"骑皆伏曰："如大王言。"

于是项王乃欲东渡乌江⁽³¹⁾。乌江亭长舣船待⁽³²⁾，谓项王曰："江东虽小⁽³³⁾，地方千里，众数十万人，亦足王也。愿大王急渡。今独臣有船，汉军至，无以渡。"项王笑曰："天之亡我，我何渡为！且籍与江东子弟八千人渡江而西⁽³⁴⁾，今无一人还，纵江东父老怜而王我，我何面目见之？纵彼不言，籍独不愧于心乎？"乃谓亭长曰："吾知公长者⁽³⁵⁾，吾骑此马五岁，所当无敌，尝一日行千里，不忍杀之，以赐公。"乃令骑皆下马步行，持短兵接战⁽³⁶⁾。独籍所杀汉军数百人。项王身亦被十馀创⁽³⁷⁾。顾见汉骑司马吕马童⁽³⁸⁾，曰："若非吾故人乎？"马童面之，指王翳曰⁽³⁹⁾："此项王也。"项王乃曰："吾闻汉购吾头千金，邑万户，吾为若德⁽⁴⁰⁾。"乃自刎而死⁽⁴¹⁾。

【注释】

（1）壁，扎营。垓（gāi 该）下，在今安徽灵璧县东南的沱河北岸。

（2）楚歌，楚地的歌谣。

（3）幸从，受宠跟在身旁。

（4）骓（zhuī 锥），毛色青白相间的马。

（5）慷慨，愤激悲叹之状。

（6）逝，奔驰。

（7）奈若何，拿你怎么办，怎么安排你。若，你。

（8）数阕（què 却），几遍。阕，乐终。

（9）和之，应和着一同歌唱。

（10）麾（huī 灰）下，部下。麾，主帅用以指挥的旗子。

（11）直夜，当夜。直，同"值"，当。溃围，冲破重围。

（12）平明，天大亮的时候。

（13）灌婴，睢阳（今河南商丘南）人，汉初大臣。刘邦称帝后，任车骑将军，封颍阴侯。文帝时，为丞相。骑（jì 计），一人一马。

（14）属（zhǔ 主），跟随。

（15）阴陵，在今安徽定远县西北。

（16）田父，老农。

（17）绐（dài 代），欺骗。

（18）以故，因此。

（19）东坡，在今安徽定远县东南。

（20）度（duó 夺），估计，预料。

（21）身，亲自经过。

（22）所当者，指所遇到的敌方。当，抵敌。破，被击破。

（23）快战，痛痛快快地打一仗。

（24）刈（yì 意）旗，砍倒敌人的将旗。刈，砍。

（25）期山东为三处，约定突围后在山的东面分三处集合。

（26）披靡，像草木随风倒下一样。

（27）赤泉侯，杨喜，汉将。后因得项羽一部分尸骨，封赤泉侯。

（28）瞋目，瞪大眼睛。叱，喝骂。

（29）辟易，惊退，吓退。

（30）都尉，比将军略低的武官。

（31）乌江，今安徽和县东北四十里长江西岸的乌江浦。

（32）亭长，秦汉时十里一亭，设亭长一人。枻（yǐ 蚁），船靠岸。

（33）江东，今安徽、江苏之间长江南北走向故江南地区称江东。

（34）籍，项羽的名。江东子弟八千，陈胜起义后，项梁、项羽叔侄在会稽郡起义响应，率精兵八千人西击秦。

（35）长者，忠厚的老人。

（36）短兵，短小的兵器。

（37）被十馀创，受伤十几处。

（38）骑司马，骑兵中主管法纪的官。吕马童，项羽的老友。

（39）指王翳，指着项羽给王翳看。后王翳因取项羽头，封北衍侯。

（40）吾为若德，我就成全你的功德。

（41）刎（wěn 吻），割脖子。

【毛泽东评说】

有这样的情况：一切事情，第一书记一个人说了就算数。这是很错误的。哪有一个人说了就算数的道理呢？我这指的是大事，不是指有了决议之后的日常工作。只要是大事，就得集体讨论，认真地听取不同的意见，认真地对复杂的情况和不同的意见加以分析。要想到事情的几种可能性，估计情况的几个方面，好的和坏的，顺利的和困难的，可能办到的和不可能办到的。尽可能地慎重一些，周到一些。如果不是这样，就是一人称霸。这样的第一书记，应当叫做霸王，不是民主集中制的"班长"。从前有个项羽，叫做西楚霸王，他就不爱听别人的不同意见。他那里有个范增，给他出过些主意，可是项羽不听范增的话。……我们现在有些第一书记，连封建时代的刘邦都不如，倒有点象项羽。这些同志如果不改，最后要垮台的。不是有一出戏叫《霸王别姬》吗？这些同志如果总是不改，难免有一天要"别姬"就是了。（笑声）我为什么要讲得这样厉害呢？是想讲得挖苦一点，对一些同志戳得痛一点，让这些同志好好地想一想，最好有两天睡不着觉。他们如果睡得着觉，我就不高兴，因为他们还没有被戳痛。

——《毛泽东1962年1月30日在扩大的中央工作会议上的讲话》，载《毛泽东著作选读》下册，人民出版社1986年版，第820—821页。

蒋介石最近时期是住在北平，在两个星期内，由他经手送掉了范汉杰、郑洞国、廖耀湘三支大军。他的任务已经完毕，他在北平已经无事可做，昨日业已溜回南京。蒋介石不是项羽，并无"无面目见江东父老"那种羞耻心理。他还想活下去，还想弄一点花样去刺激一下已经离散的军心和人心。亏他挖空心思，想出偷袭石家庄这样一条妙计。

——毛泽东1948年10月31日为新华社写的述评《评蒋傅军梦想偷袭石家庄》，《毛泽东新闻工作文选》，第261—262页。

宜将剩勇追穷寇，不可沽名学霸王。

——《七律·人民解放军占领南京》，载《毛泽东诗词集》，中央文献出版社 1996 年版，第 74 页。

【赏析】

本文节选自《史记·项羽本记》，写项羽的悲剧。项羽是中国历史上鼎鼎有名的人物，历代人们毁誉不一。毛泽东对他的看法是：是英雄，不是政治家。这从他最后的结局也可以看出来。楚汉战争最激烈的时期，刘邦和项羽在荥阳相持，本来，楚军已经切断了刘邦的粮道，刘邦害怕了，便请求休战，以让出荥阳来换取项羽承认荥阳以西为汉的领土，项羽竟同意了。后来，战事几经反复，楚军逐渐失去了优势，于是"项王乃与汉约，中分天下，割鸿沟以西为汉，鸿沟以东为楚。"和约签订后，项羽就解除了戒备，引兵回到了东边，可刘邦却背约出击，打了过来，终于在垓下彻底击败了项羽。1949 年 4 月毛泽东写"不可沽名学霸王"的时候，南京国民党政府的和谈代表曾提出划江而治，维持类似历史上南北朝时期的政治局面的谈判方案。了解这一背景，可以加深我们对"宜将剩勇追穷寇，不可沽名学霸王"诗句的理解。

在楚汉战争中，项羽和刘邦争夺天下，项羽的军事力量在大部分时间是处于优势的，可最终归于失败。其原因除了"沽名"之外，最重要的原因是"不爱听别人不同的意见"，即不能知人、用人，不肯纳谏，从而在鸿门宴不杀刘邦而放跑了他，应该乘胜夺取汉粮道的时候，反而放弃了这些。毛泽东于 1962 年 1 月 30 日在扩大的中央工作会议上的讲话中讲到民主集中制时，指出我党各级的第一书记，要"认真地听取不同的意见，认真地对于复杂的情况和不同的意见加以分析。要想到事情的几种可能性，估计情况的几个方面，好的和坏的，顺利的和困难的，可能办到的和不可能办到的。尽可能地慎重一些，周到一些。如果不是这样，就是一个人称霸"。接着便讲述了"霸王别姬"，垓下覆灭的故事，要我们的同志不要步霸王"别姬"的后尘，讲得"挖苦一点"，"戳得痛一点"，目的是"让这些同志好好地想一想"。为此，他还特意把《项羽本纪》推荐给一些同志，以引起注意。从此以后，"西楚霸王"便成为中共党内批评不民主作风的代名词了。

　　毛泽东对项羽败走乌江，以"与江东八千子弟渡江而西，今天一人还"为由，觉得无面目见江东父老，愤而自杀，是不赞成的，但也不完全否定，觉得这种悲壮结局还多少体现了项羽的个性风采，那就是有"羞耻心"，有"骨气"。所以，毛泽东在 1948 年 10 月写的《评蒋傅军梦想偷袭石家庄》一文中，借此讽刺蒋介石在失败时连项羽身上具有的"羞耻心"也没有。

《汉 书》

　　《汉书》，是记载整个西汉一代历史的著作，为我国第一部纪传体断代史，东汉班固撰。本书共一百篇，分一百十二卷，包括二十帝纪、八表、十志、七十列传。体例上继承《史记》而有所变更，取消"世家"，并入"列传"，改"书"为"志"，创立《刑法》《五刑》《地理》《艺文》四志。通行注本有唐颜师古注，清王先谦《汉书补注》等。

　　班固（32—92），字孟坚，右扶风安陵（今陕西咸阳东）人。其父班彪曾续补《史记》，作《后传》六十五篇。彪死，班固整理补充，撰成《汉书》。其中八表和《天文志》由固妹班昭和马续完成。固曾官至兰台令史，转升为郎，后随窦宪征匈奴，为中护军。三年后，窦宪因擅权被杀，固受牵连，死于狱中。

【原文】

实事求是

　　河间献王德以孝景前二年立(1)，修学好古(2)，实事求是。从民得善书，必为好写与之(3)，留其真，加金帛赐以招之(4)。繇是四方道术之人不远千里(5)，或有先祖旧书，多奉以奏献王者(6)，故得书多，与汉朝等(7)。是时，淮南王安亦好书(8)，所招致率多浮辩(9)。献王所得书皆古文先秦旧书(10)，《周官》(11)《尚书》《礼》(12)《礼记》《孟子》《老子》之属，皆经传说记，七十子之徒所论(13)。其学举六艺(14)，立《毛氏诗》《左氏春秋》博士(15)。修礼乐，被服儒术(16)，造次必于儒者(17)。山东诸儒多从而游(18)。

　　武帝时，献王来朝，献雅乐(19)，对三雍宫及诏策所问三十馀事(20)。其对推道术而言(21)，得事之中(22)，文约指明(23)。

　　立二十六年薨(24)。中尉常丽以闻(25)，曰："王身端行治(26)，温仁恭俭，

汉
魏
六
朝

笃敬爱下，明知深察，惠于鳏寡⁽²⁷⁾。"大行令奏⁽²⁸⁾："谥法曰'聪明睿知曰献⁽²⁹⁾'，宜谥曰献王。"

【注释】

（1）河间献王德，刘德，汉景帝刘启之子，景帝二年（前155）封河间献王。河间辖地在今河北献县一带。

（2）修，学习，研究。好古，好读古书。

（3）必为好写与之二句，一定把善书认真抄写一遍，抄本送给原藏书者，把正本留下来。真，正。

（4）以招之，用这种办法以招来善书。

（5）繇是，由是，从此。繇，同"由"。道术之人，指学艺修养很高的人。

（6）奏，进献。

（7）与汉朝等，与朝廷中的藏书一样多。

（8）淮南王安，刘安，汉高祖之孙，袭父爵封为淮南王。好读书，善文辞，善招致宾数千人，编《淮南子》。后因谋反事发自杀。

（9）浮辩，空谈无用之书。

（10）古文先秦旧书，秦以前用古文书写的书籍，未遭焚书之灾而幸存下来的。

（11）《周官》，即《周礼》，儒家经典之一，汇录周王室官制和战国时期各国制度。古文经学家认为是周公所作，现代学者一般认为是战国时代作品。

（12）《礼》，即《礼经》，又称《仪礼》，也是儒家经典之一。编录春秋、战国时期部分礼制。旧说为周公所作，或说经孔子审定。现在一般认为成书时间在战国初期至中期。

（13）七十子，孔子的学生有成就者七十余人。

（14）六艺，指儒家《六经》：《诗》《书》《礼》《乐》《易》《春秋》。

（15）《毛氏诗》，西汉初毛亨和毛苌所传《诗经》。《汉书·艺文志》著录《毛诗》二十九卷，《毛诗故训传》三十传。《春秋左传》，即《左传》，左丘明著。

（16）被（pī 披）服，体验，施行。

（17）造次必于儒者，匆忙之间必求符合儒家之礼。造次，仓促，匆忙。

（18）山东，古指华山或肴山以东地区。从而游，跟从献王学习。而，代词，之，指献王。

（19）雅乐，国家尊奉的纯正典雅的乐舞，帝王祭祀、朝贺大典所用。

（20）三雍宫，应劭注："辟雍、明堂、灵台也"。雍，和也，言天地、君臣、人民皆和也。

（21）推道术，推究治道的方法。

（22）得事之中，求得事情的正理。

（23）文约指明，文辞简明，旨意明白。指，同"旨"。

（24）薨（hōng 轰），诸侯王之死。

（25）中尉，官名，掌京城治安。常丽，人名。以闻，以此上闻，将有关情况向上汇报。

（26）端，正直。治，合乎法度。

（27）惠于鳏（guān 关）寡，恩惠施及孤寡老人。鳏，老而无妻的男子。寡，老而无夫的女子。

（28）大行令，官名，掌管天子及诸侯之间重大交际活动礼仪。原称大行人，汉景帝时改称大行令。

（29）睿（ruì 锐）知，明智，通达。知，同"智"。

【毛泽东评说】

共产党员应是实事求是的模范，又是具有远见卓识的模范。因为只有实事求是，才能完成确定的任务；只有远见卓识，才能不失前进的方向。

——《中国共产党在民族战争中的地位》，《毛泽东选集》第二卷，人民出版社1991年版，第522—523页。

第一种：主观主义的态度。

在这种态度下，……或作讲演，则甲乙丙丁、一二三四一大串；或作文章，则夸夸其谈一大篇。无实事求是之意，有哗众取宠之心。华而不实，脆而不坚。自以为是，老子天下第一，"钦差大臣"满天飞。这就是我们队伍中若干同志的作风。……

第二种：马克思列宁主义的态度。

……在这种态度下，就是要有目的地去研究马克思列宁主义的理论，要使马克思列宁主义的理论和中国革命的实际运动结合起来，是为着解决中国革命的理论问题和策略问题而去从它找立场，找观点，找方法的。这种态度，就是有的放矢的态度。"的"就是中国革命，"矢"就是马克思列宁主义。我们中国共产党人所以要找这根"矢"，就是为了要射中国革命和东方革命这个"的"的。这种态度，就是实事求是的态度。"实事"就是客观存在着的一切事物，"是"就是客观事物的内部联系，即规律性，"求"就是我们去研究。我们要从国内外、省内外、县内外、区内外的实际情况出发，从其中引出其固有的而不是臆造的规律性，即找出周围事变的内部联系，作为我们行动的向导。而要这样做，就须不凭主观想象，不凭一时的热情，不凭死的书本，而凭客观存在的事实，详细地占有材料，在马克思列宁主义一般原理的指导下，从这些材料中引出正确的结论。这种结论，不是甲乙丙丁的现象罗列，也不是夸夸其谈的滥调文章，而是科学的结论。这种态度，有实事求是之意，无哗众取宠之心。这种态度，就是党性的表现，就是理论和实际统一的马克思列宁主义的作风。……

——《改造我们的学习》，《毛泽东选集》第三卷，人民出版社 1991 年版，第 799—801 页。

【赏析】

本文节选自汉班固《汉书·景十三王传·河间献王德传》。河间献王刘德，是西汉景帝刘启第三子，他喜好收集整理资料，研究学问，核实考证真伪，许多学者称赞他治学态度严谨。班固在编《汉书》时，在传文开头对他的总评价是"修学好古，实事求是"，颜师古注说："各得事实，每求真是也。"意思是他研究学问喜好收集整理资料，根据事实，考证真伪。

毛泽东在《中国共产党在民族战争中的地位》一文中要求"共产党员应是实事求是的模范"。在《改造我们的学习》中又对比地讲了"主观主义的态度"与"马克思主义的态度"其根本区别就在于是不是能"实事求是"，并对"实事求是"作出科学的解释："'实事'就是客观存在着的一切事物，'是'就是客观事物的内部联系，即规律性，'求'就是我们去研究。""实事求是"的科学内涵就是按照客观世界的规律认识事物、从客观事物的规律性认识事物的本质。从此，"实事求是"一词便成为马克思主义的活的灵魂和我党理论联系实际的代名词，家喻户晓，人人皆知。

《后汉书》

《后汉书》，今本一百二十篇，分一百三十卷。纪传体东汉史。唐书只有纪传，北宋时把晋司马彪《续汉书》八志，与之相配，才成今本。本书汇集一代史事，是研究东汉历史的重要资料。通行的注释，纪传部分有章怀太子李贤注，各志有梁代刘昭注。

范晔（398—445），字蔚宗，顺阳（今河南淅川东）人，南朝宋史学家。曾任尚书吏部郎，元嘉初年为宣城太守。后迁左卫将军、太子詹事，掌管禁旅，参与机要。元嘉二十二年（445）末，因孔熙先等谋迎立彭城王义康一案受牵连，被杀。曾删取各家《后汉书》之作，成《后汉书》，著纪传八十卷。

【原文】

严光传

严光字子陵，一名遵，会稽余姚人也[1]，少有高名，与光武同游学[2]。及光武即位，乃变名姓，隐身不见。帝思其贤，乃令以物色访之[3]。后齐国上言[4]："有一男子，披羊裘钓泽中。"帝疑其光，乃备安车玄𫄸[5]，遣使聘之。三反而后至。舍于北军，给床褥，太官朝夕进膳。

司徒侯霸与光素旧，遣使奉书[6]。使人因谓光曰："公闻先生至，区区欲即诣造，迫于典司，是以不获。愿因日暮，自屈语言。"光不答，乃投札与之，口授曰："君房足下：位至鼎足，甚善。怀仁辅义天下悦，阿谀顺旨要领绝。"霸得书，封奏之。帝笑曰："狂奴故态也。"车驾即日幸其馆。光卧不起，帝即其卧所，抚光腹曰："咄咄子陵[7]，不可相助为理邪？"光又眠不应，良久，乃张目熟视，曰："昔唐尧著德[8]，巢父洗耳。士故有志，何至相迫乎！"帝曰："子陵，我竟不能下汝邪？"于是升舆叹息而去。

复引光入，论道旧故，相对累日。帝从容问光曰："朕何如昔时⁽⁹⁾？"对曰："陛下差增于往。"因共偃卧，光以足加帝腹上。明日，太史奏客星犯御坐甚急。帝笑曰："朕故人严子陵共卧耳。"

除为谏议大夫⁽¹⁰⁾，不屈，乃耕于富春江⁽¹¹⁾，后人名其钓处为严陵濑焉。建武十七年，复特征，不至。年八十，终于家。帝伤惜之，诏下郡县赐钱百万、谷千斛。

【注释】

（1）会稽余姚，会稽郡余姚县，今浙江余姚县。

（2）光武，即光武帝刘秀（前6—后57），东汉王朝的建立者。公元23—57年在位。游学，旧时谓离开本乡到外地或外国求学。

（3）以物色访之，以其形貌求之。物色，形状，形貌。

（4）齐国，指战国时齐地，今山东泰山以北黄河流域和山东半岛地区。

（5）安车，古代可以乘坐的小车。古车立乘，此为坐车，故称安车。供年老的高级官员及贵妇人乘用。高官告老还乡或征召有重望的人，往往赐乘安车。玄纁，黑色和浅红色的布帛。《左传·哀公十一年》："公使大史固归国之子元，寘之新箧，襐之以玄纁，加组带焉。"杨伯峻注："此谓以红黑色与浅红色之帛作垫。"后世帝王用作延聘贤士的礼品。

（6）司徒侯霸二句，皇甫谧《高士传》曰："霸使西曹属侯子道奉书，光不起，于床上箕踞抱膝发书读讫，问子道曰：'君房素痴，今为三公，宁小差否？'子道曰：'位已鼎足，不痴也。'光曰：'遣卿来何言？'子道传霸言。光曰：'卿言不痴，是非痴语也？天子征我三乃来。人主尚不见，当见人臣乎？'子道求报。光曰：'我手不能书。'乃口授之。使者嫌少，可更足。光曰：'买菜乎？求益也？'"司徒，官名。掌管国家的土地和人民。东汉时司徒就是丞相。侯霸，字君房，河南密县人。东汉时官至大司徒，封关内侯。

（7）咄咄（duō 多），感叹声，表示感慨。

（8）昔唐尧著德二句，巢父，传说为尧时的隐士。晋皇甫谧《高士传·巢父》："巢父者，尧时隐人也。山居不营世利，年老以树为巢，故时人号曰巢父。"一说巢父为许由之号。相传尧让以天下，不受，遁居于颍水之阳箕山之下。尧又召为九州长，由不愿闻，"洗耳于颍水之滨"。事见《庄子·逍遥游》《史记·伯夷列传》。

（9）朕，古时皇帝的自称。

（10）除，拜官授职。谏议大夫，官名。掌议论，属光禄勋。无定员。

（11）富春江，在今浙江桐庐和富阳两县境内。严陵濑，又称子陵滩，即七里滩，起自浙江建德梅城，迄于桐庐钓台，为东汉初严光游钓之处。钓台，在今浙江桐庐城外富春江边。

【毛泽东评说】

光武曾游于太学，习《尚书》。古太学以经分科。

严光，东汉气节之士也。光武既立，征之，不就。访之，以安车迎至。帝坐匡床请出，光卧应曰：尧舜在上，下有巢由。当光之至也，大司徒（首相也）侯霸（光学友）迎之。光与书曰：君房足下，致位鼎足，甚善。怀仁辅义天下悦，阿谀顺指要领绝。侯以书览帝。帝曰：狂奴故态也。后世论光不出为非。不知光者，帝王之师也。受业太学时，光武受其教已不少。故光武出而办天下之事，光即力讲气节，正见俗而传教于后世。且光于专制之代，不屈于帝王，高尚不可及哉。

——《毛泽东 1913 年〈讲堂录〉》，载《毛泽东早期文稿》，湖南出版社 1990 年版，第 591—592 页。

七　律

和柳亚子先生

一九四九年四月二十九日

饮茶粤海未能忘，索句渝州叶正黄。三十一年还旧国，落花时节读华章。牢骚太盛防肠断，风物长宜放眼量。莫道昆明池水浅，观鱼胜过富春江。

——《毛泽东诗词集》，中央文献出版社 1996 年版，第 79 页。

【赏析】

严光，字子陵，东汉会稽余姚人，著名隐士。曾与光武帝刘秀为同学。刘秀做了皇帝，他改名隐居。后被召到京师洛阳，任为谏议大夫，他不肯接受，归隐于富春山。青年毛泽东在读了《严光传》之后，在《讲堂录》中写下了自己的感想。他认为严光，"东汉气节之士也"。对于"后世论光不出为非"的论调，是不理解严光的，严光是"帝者之师也"。在当时的情况下，光武出而办天下之事，光即力讲气节，正见俗而传教于后世。且光于专制之代，不屈于帝王，高尚不可及哉。在毛泽东看来，"有办事之人，有传教之人"，传教的圣贤要高于只能办事的豪杰。严光不愿出为辅佐之臣，去办具体事情，就是要专心传教于后世，正风俗于当时，这一作用远非办事的帝王将相所能比拟的。从人格的高下而论，严光不屈服于帝王的专制权威，是极其高尚的，足以作为一种风范。当然，严光也不是不食人间烟火，他给侯霸的两句话："怀仁辅义天下悦，阿谀迎指（旨）要领绝"就是他的治国安邦的良策，已给贡献出来，他出与不出就在其次了。

但是，毛泽东在成为马克思主义者之后，便不大赞成严光的隐居了。这从他和诗人柳亚子的酬唱中可以看出来。1949 年 3 月，柳亚子作《七律·感事呈毛主席》一首，中有"安得南征驰捷报，分湖便是子陵滩"二句。意思是说，在中国人民解放军南下节节胜利，大局已定的时候，我便要像东汉严光一样，回老家分湖去隐居了。毛泽东在当年四月写的《七律·和柳亚子先生》一诗中，委婉地劝道："牢骚太盛防肠断，风物长宜放眼量。莫道昆明池水浅，观鱼胜过富春江。"言下之意，时代变了，在颐和园的昆明湖里欣赏游鱼的快乐比在严光钓过鱼的富春江的钓台更好。在即将成立的新的人民国家里做事，比效法严光去隐居要好。

曹　操

曹操（155—220），字孟德，小字阿瞒，东汉末沛国谯（今安徽亳州）人，著名政治家、军事家、文学家。年二十举孝廉，征拜为议郎，因参加镇压黄巾起义，迁济南相。后起兵讨伐董卓，迎献帝迁都许昌。先后攻灭吕布、袁术、袁绍等割据势力，统一了北方。赤壁之战后，形成了魏、蜀、吴三国鼎立的局面。官至丞相，大将军，封魏王。子丕称帝，追尊为武帝。

曹操崇尚刑名，抑制豪强，用人唯才，打破世族门阀观念，罗致地主阶级下层人物；在北方屯田，兴修水利，对发展农业生产起了一定作用。诗歌慷慨悲凉，刚健清新；散文清峻通脱。传有辑本《魏武帝集》，又有今人整理排印本《曹操集》。

【原文】

让县自明本志令

孤始举孝廉⁽¹⁾，年少，自以本非岩穴知名之士⁽²⁾，恐为海内人之所见凡愚，欲为一郡守，好作政教以建立名誉⁽³⁾，使世士明知之；故在济南，始除残去秽，平心选举⁽⁴⁾，违迕诸常侍。以为强豪所忿⁽⁵⁾，恐致家祸，故以病还。

去官之后，年纪尚少，顾视同岁中⁽⁶⁾，年有五十，未名为老，内自图之，从此却去二十年，待天下清，乃与同岁中始举者等耳。故以四时归乡里⁽⁷⁾，于谯东五十里筑精舍⁽⁸⁾，欲秋夏读书，冬春射猎，求底下之地⁽⁹⁾，欲以泥水自蔽，绝宾客往来之望，然不能得如意。

后征为都尉⁽¹⁰⁾，迁典军校尉⁽¹¹⁾，意遂更欲为国家讨贼立功，欲望封侯作征西将军⁽¹²⁾，然后题墓道言"汉故征西将军曹侯之墓⁽¹³⁾"，此其志也。

而曹值董卓之难⁽¹⁴⁾，兴举义兵。是时合兵能多得耳，然常自损，不欲多之；所以然者，多兵意盛，与强敌争，倘更为祸始⁽¹⁵⁾。故汴水之战数千⁽¹⁶⁾，后还到扬州更募⁽¹⁷⁾，亦复不过三千人，此其本志有限也。

后领兖州，破降黄巾三十万众⁽¹⁸⁾。又袁术僭号于九江⁽¹⁹⁾，下皆称臣，名门曰建号门，衣被皆为天子之制，两妇预争为皇后。志计已定，人有劝术使遂即帝位，露布天下；答言"曹公尚在，未可也"。后孤讨禽其四将⁽²⁰⁾，获其人众，遂使术穷亡解沮⁽²¹⁾，发病而死。及至袁绍据河北⁽²²⁾，兵势强盛，孤自度势，实不敌之，但计投死为国，以义灭身，足垂于后。幸而破绍，枭其二子。又刘表自以为宗室⁽²³⁾，包藏奸心⁽²⁴⁾，乍前乍却，以观世事，据有当州⁽²⁵⁾。孤复定之，遂平天下。身为宰相⁽²⁶⁾，人臣之贵已极，意望已过矣。

今孤言此，若为自大，欲人言尽⁽²⁷⁾，故无讳耳⁽²⁸⁾。设使国家无有孤，不知当几人称帝，几人称王。或者人见孤强盛，又性不信天命之事，恐私心相评，言有不逊之志⁽²⁹⁾，妄相忖度，每用耿耿⁽³⁰⁾。

齐桓、晋文所以垂称至今日者⁽³¹⁾，以其兵势广大，犹能奉事周室也。《论语》云⁽³²⁾："三分天下有其二，以服事殷，周之德可谓至德矣。"夫能以大事小也。昔乐毅走赵⁽³³⁾，赵王欲与之图燕。乐毅伏而垂泣，对曰："臣事昭王，犹事大王；臣若获戾，放在他国，没世然后已，不忍谋赵之徒隶，况燕后嗣乎！"胡亥之杀蒙恬也⁽³⁴⁾，恬曰："自吾先人及至子孙，积信于秦三世矣；今臣将兵三十余万，其势足以背叛，然自知必死而守义者，不敢辱先人之教以忘先王也。"孤每读此二人书，未尝不怆然流涕也。

孤祖、父以至孤身⁽³⁵⁾，皆当亲重之任，可谓见信者矣，以及子桓兄弟⁽³⁶⁾，过于三世矣。孤非徒对诸君说此也，常以语妻妾，皆令深知此意。孤谓之言："顾我万年之后，汝曹皆当出嫁⁽³⁷⁾，欲令传道我心，使他人皆知之。"孤此言皆肝鬲之要也⁽³⁸⁾。所以勤勤恳恳叙心腹者，见周公有金縢之书以自明⁽³⁹⁾，恐人不信之故。

然欲孤便尔委捐所典兵众，以还执事，归就武平侯国⁽⁴⁰⁾，实不可也。何者？诚恐已离兵为人所祸也。既为子孙计，又已败则国家倾危，是以不得慕虚名而处实祸，此所不得为也。

前朝恩封三子为侯⁽⁴¹⁾，固辞不受，今更欲受之，非欲复以为荣，欲以为外援为万安计。孤闻介推之避晋封⁽⁴²⁾，申胥之逃楚赏⁽⁴³⁾，未尝不舍书而叹，有以自省也。奉国威灵⁽⁴⁴⁾，仗钺征伐⁽⁴⁵⁾，推弱以克强，处小而禽大，意之所图，动无违事，心之所虑，何向不济，遂荡平天下，不辱主命，可谓天助汉室，非人力也。然封兼四县⁽⁴⁶⁾，食户三万⁽⁴⁷⁾，何德堪之！江湖未静⁽⁴⁸⁾，不可让位，至于邑土，可得而辞。今上还阳夏、柘、苦三县户二万，但食武平万户，且以分损谤议，少减孤之责也。

【注释】

（1）孤，曹操。孝廉，汉朝选举的一个科目。

（2）岩穴知名之士，指东汉末年的所谓"清流""处士"。所见凡愚，被视为庸碌无知。

（3）政教，行政教化。

（4）平心选举，指用心公平，任人唯贤。违忤，触犯。诸常侍，指当时把持朝政的一伙宦官。

（5）忿，恼怒。以病还，托病回家。

（6）同岁，同年，指同年举孝廉的人。

（7）四时归乡里，指下文秋夏读书，冬春射猎。

（8）谯（qiáo乔），地名，在今安徽省亳州市。精舍，学舍、书室。

（9）底，同"低"。自蔽，遮蔽自己。

（10）征，召募。都尉，即骑都尉，掌管羽林军的皇帝的侍从武官。

（11）迁，升调。校尉，武官名，掌管禁卫军。

（12）欲望，想要。

（13）题墓道，指立墓碑。

（14）值，遇上。兴举义兵，指袁绍、曹操、孙策等人参加的讨伐董卓的联军。

（15）傥，或许、可能。祸始，祸端。

（16）汴水，在今河南省荥阳市东北。

（17）还，回到。更募，再次招兵买马。

（18）破降，击败使其投降。黄巾，东汉末农民起义军。

（19）袁术，东汉末割据淮南，后称帝。僭（jiàn 见）号，妄自称号。九江，今江西省九江市。露布天下，指把即皇帝位的事情公布于天下。

（20）讨，征讨。四将，指袁术手下的桥蕤、李丰、梁纲、乐就等四人。

（21）穷亡，指走投无路。解沮（jǔ 举），离散崩溃。

（22）袁绍，东汉末占据河北山西一带。投死，拼死。枭（xiāo 消），斩首示众。

（23）刘表，字景升，汉末据有荆州。宗室，汉朝鲁恭王刘馀的后代。

（24）包藏奸心，搞阴谋。乍前乍却，忽进忽退，投机观望。

（25）当州，所在的州，指今湖北荆州。

（26）宰相，丞相。

（27）尽，没有。

（28）讳，回避。

（29）不逊，不恭顺，不臣服，指将取代汉朝为帝。

（30）耿耿，心中不安的样子。

（31）齐、桓，齐桓公和晋文公，分别是齐、晋两国国君，都曾称霸于诸侯。周，周王朝。奉事，臣服于。

（32）《论语》云四句，见《论语·泰伯》。文字略有出入。这是孔子赞扬周文王的话。

（33）乐毅，战国时燕国的大将。获戾，得罪。放，流放。

（34）胡亥，秦始皇嬴政的小儿子，即秦二世。蒙恬，秦将，自祖父蒙骜起，世代为秦名将。三世，指蒙恬的祖父蒙骜、父亲蒙武和自己。守义，指所谓君臣大义，不背叛。先人，指秦始皇。

（35）孤祖、父，指曹操祖父曹腾、父曹嵩。

（36）子桓，曹丕字。

（37）汝曹，你们。

（38）肝鬲，同肝膈，意同心腹。要，切要的。

（39）周公，名姬，周武王死后，成王年幼，周公辅政。金縢（téng 藤），《尚书》的一篇。縢，捆，封。

（40）武平，今河北省鹿邑县西北。

（41）前，指建安十五年除夕前。朝恩，朝廷的恩德，指汉献帝的意见。三子，指曹植、曹据、曹豹。

（42）介推，即介子推，春秋时晋国人，他曾经跟随晋公子重耳流亡在外十九年，经历磨难。重耳做君王时封赏诸臣，他藏于山中，不受封。

（43）申胥，即申包胥，春秋时楚大夫。

（44）奉，凭仗。

（45）仗钺（yuè 越），倚仗。钺，大斧，既是兵器，也是仪仗。征伐，讨伐。

（46）四县，指武平、阳夏（今河南太康）、柘（今河南柘城北）、苦（今河南鹿邑东）。

（47）食，享受赋税。

（48）江湖，指孙、刘二方。刘备占有长江上游，孙权占有长江中下游湖泊地区，故以江湖代孙、刘。

【毛泽东评说】

此篇注文，贴了魏武不少大字报，欲加之罪，何患无词。李太白云："魏帝营八极，蚁观一祢衡。"此为近之。

——《毛泽东读〈三国志集解〉，《毛泽东读文史古籍批语集》，中央文献出版社1993年版，第138页。

1950年9月下旬，周世钊应邀从长沙赴北京参加国庆观礼，路过许昌时，他想寻觅一代雄主曹操在这里的遗迹，可渺无所见。当时那里的烟厂正收烟叶，农民肩挑车送，田里遍是豆苗，一派兴旺。于是他作了一首《过许昌》："野史闻曹操，秋风过许昌。荒城临旷野，断碣卧斜阳。满市烟香溢，连畦豆叶长。人民新世纪，谁识邺中王！"他把这首诗寄给了毛泽东。

正好是30年前，毛泽东和一班进步青年第一次来北京的时候，遭遇大水，铁路中断了几天。他和罗章龙等也曾特意到曹魏古都许昌旧墟凭吊了一番。据罗章龙回忆："曹操是毛主席心目中最喜欢的，认为最有才能的人，诗文俱佳。魏都还有一些遗迹，我们在那里徘徊很久，并作了几首诗。

在游览魏都旧墟时，我们诵曹操的《短歌行》及《让县自明本志令》。观眼前景物，抚怀古今，萧条异代，激情慷慨，不能自已！乃作《过魏都》联诗一首：'横槊赋诗意飞扬，《自明本志》好文章。萧条异代西田墓，铜雀荒沦落夕阳。'"第二、三两句是毛泽东所作。

——陈晋：《文人毛泽东》，上海人民出版社 1997 年版，第 286 页。

【赏析】

《让县自名本志令》，又称《述志令》，见于《三国志·魏书·武帝纪》裴松之注引《魏武故事》。裴注系于建安十五年（210），载为十二月己亥令。考本年十二月无己亥，当是"己巳"，己巳为十二月二十九日，即除夕。建安十五年为赤壁之战后的第二年，曹操时年五十六岁。赤壁之战以后，三国鼎立的局面已初步奠定，孙、刘联合抗曹，攻击他"挟天子以令诸侯"，有篡汉自立的野心。曹魏内部，也有人批评他有不遂之志。在这种情况下，曹操便发布了这篇文告，宣布主动让出汉朝廷封给他的三个县地，详细地叙述了自己的政治抱负及其在当时所发生的作用。表明自己一向忠于汉室，并无篡汉自立的野心。文告严峻而包含着浓厚的感情，与一般的文告有别。正如鲁迅所说，曹操的"胆子很大，文章从通脱得利不少，做文章时又没有顾忌，想写的便写出来"。（《魏晋风度及文章与药及酒之关系》）这种挥洒自如的风格，不是一般文士所能得到的。

毛泽东认为曹操是个了不起的政治家、军事家，也是杰出的诗人、文学家。他与子女谈话时曾说："曹操的文章诗词，极为本色，直抒胸臆，豁达通脱，应该学习。"这篇文章就体现了这种特色。所以毛泽东特别喜爱。据罗章龙回忆，1920 年 9 月，他和毛泽东赴北京路阻许昌，凭吊魏都遗迹时，曾诵这篇文章，后在两人联诗时毛泽东又把它写入诗中。在新中国成立后，毛泽东谈《三国志集解·武帝纪》时，特别注意到裴松之注引《汉武故事》所载注者对这篇文告的批评。近代人卢弼在《三国志集解》中，集录一些注家对这篇文告的批评。在"孤复定之，遂平天下"句下，引何悼曰："孙刘方睦，而云遂平天下"，盖其器限之也。在"言有不逊之志"句下，引胡三省曰："言其将篡也。"在"欲令传道我心，使他人皆知之"句下，卢弼批注说："欲明心迹，……为奸雄欺人之语。"在此所不得为也句下，引黄恩彤曰："此乃其肝鬲至言，欲盖弥彰者也。陈志削而不录，亦恶其言不由衷耳。"在"心之所虑，何向不济"句下，卢弼批注并列举操有濮阳之围，渭水之难，乌林之役，潼关北渡等困厄，总括一句："志骄气盈，言大而夸"。总而言之，卢弼在"集解"中，集别人和自己的对曹操的批评不少，确实是"贴了魏武不少大字报"，不过在毛泽东看来，这些批评不过是"欲加之罪，何患无词"，并不符合实际，毛泽东当然不同意。那么，应该怎样评价曹操这个历史人物呢？毛泽东援引李白在《望鹦鹉洲怀祢衡》诗中对曹操的评价说："魏帝营八极，蚁观一祢衡。"意思是曹操完成了统一中国大业，把攻击他的祢衡看作蝼蚁之辈。认为"此为近之"。主张对曹操其人其文作客观公正的评价。

曹 丕

曹丕（187—226），字子桓，沛国谯（今安徽亳州）人，即魏文帝。建安十六年（211）为王官中郎将、副丞相，二十二年立为魏太子。曹操死后嗣位为丞相、魏王。220年迫汉献帝禅位，建立魏国，在位七年。今存诗歌四十余首。《典论·论文》是一篇开文学批评风气之先的重要论文，有《魏文帝集》。

【原文】

典论·论文

文人相轻[1]，自古而然。傅毅之于班固[2]、伯仲之间耳[3]，而固小之[4]，与弟超书曰[5]："武仲以能属文为兰台令史[6]，下笔不能自休[7]。"夫人善于自见，而文非一体，鲜能备善，是以各以所长，相轻所短。里语曰[8]："家有弊帚，享之千金。"斯不自见之患也。

今之文人，鲁国孔融文举，广陵陈琳孔璋，山阳王粲仲宣，北海徐干伟长，陈留阮瑀元瑜，汝南应玚德琏，东平刘桢公干。斯七子者[9]，于学无所遗[10]，于辞无所假[11]，咸以自骋骐骥于千里[12]，仰齐足而并驰[13]，以此相服，亦良难矣。盖君子审己以度人[14]，故能免于斯累而作论文。

王粲长于辞赋，徐干时有齐气[15]，然粲之匹也。如粲之《初征》《登楼》《槐赋》《征思》[16]，干之《玄猿》《漏卮》《圆扇》《橘赋》[17]，虽张、蔡不过也[18]。然于他文，未能称是。琳、瑀之章表书记[19]，今之隽也。应玚和而不壮，刘桢壮而不密。孔融体气高妙，有过人者，然不能持论，理不胜辞[20]，以至乎杂以嘲戏[21]。及其所善，扬、班俦也[22]。

常人贵远贱近，向声背实[23]，又患闇于自见，谓己为贤。

夫文本同而末异，盖奏议宜雅，书论宜理，铭诔尚实，诗赋欲丽。

此四科不同⁽²⁴⁾，故能之者偏也；唯通才能备其体。

文以气为主，气之清浊有体⁽²⁵⁾，不可力强而致。譬诸音乐，曲度虽均⁽²⁶⁾，节奏同检，至于引气不齐⁽²⁷⁾，巧拙有素，虽在父兄，不能以移子弟。

盖文章，经国之大业⁽²⁸⁾，不朽之盛事⁽²⁹⁾。年寿有时而尽，荣乐止乎其身，二者必至之常期，未若文章之无穷。是以古之作者，寄身于翰墨，见意于篇籍，不假良史之辞，不讬飞驰之势⁽³⁰⁾，而声名自传于后。故西伯幽而演《易》⁽³¹⁾，周旦显而制《礼》⁽³²⁾，不以隐约而弗务⁽³³⁾，不以康乐而加思⁽³⁴⁾。夫然则古人贱尺璧而重寸阴⁽³⁵⁾，惧乎时之过已。而人多不强力，贫贱则慑于饥寒，富贵则流于逸乐，遂营目前之务，而遗千载之功，日月逝于上，体貌衰于下，忽然与万物迁化⁽³⁶⁾，斯志士之大痛也。

融等已逝，唯干著论，成一家言⁽³⁷⁾。

【注释】

（1）文人相轻，旧时文人之间相互轻视，彼此不服气的陋习。

（2）傅毅，字武仲、扶风茂陵人，东汉文学家。《后汉书·元苑传》有传。班固，字孟坚，扶风安陵人，东汉史学家、文学家。《后汉书》卷四十有传。

（3）伯仲，指兄弟的次序。伯仲之间，比喻不相上下。

（4）小之，藐视他。

（5）超，班超，字令升，班彪少子。投笔从戎，成功地出使西域。《后汉书》卷四十七有传。

（6）属（zhǔ 主）文，能撰写文章。兰台，汉代宫中藏书之处，由御史中丞兼管。后复置兰台令史六人，典校图籍，管理劾奏等文书档案。

（7）下笔不能自休，元李治《敬斋古今黈》："下笔不能自休者，正斥其文字讦漫无统耳。"休，止。

（8）里语曰三句，语出《东观汉纪》卷一《光武帝纪》。享，当作。

（9）斯七子者，上举七人，后世称为建安七子或邺下七子。

（10）于学无所遗，意谓无所不学。

（11）于辞无所假，意谓能自创新辞。假，借。

（12）骥骤，千里良马。

（13）仰齐足而并驰，七子之才并驾齐驱。仰，恃。齐足，毛苌《诗传》："田猎齐足，尚疾也。"

（14）君子，曹丕自称。审己以度人，审查自己之才量度别人。

（15）齐气，舒缓的文气。李善注："言齐俗文体舒缓，而徐干亦有斯累。"

（16）《初征》句，《初征赋》等四篇是王粲辞赋的代表作。

（17）《玄猿》句，《玄猿赋》等四篇是徐干的代表作。

（18）张蔡，张衡、蔡邕。张衡有《西京赋》《东京赋》《南都赋》《述志赋》《思玄赋》。蔡邕有《述行赋》。

（19）琳、瑀之章表书记二句，曹丕《与吴质书》："孔璋章表殊健，微为繁富。""元瑜书记翩翩、致足乐也。"

（20）理不胜辞，理过于辞。

（21）杂以嘲戏，如孔融《与曹公书》言"武王伐纣，以妲己赐周公"，即嘲戏之例。

（22）扬、班，扬雄、班固。扬雄有《解嘲》，班固有《答宾戏》都是嘲戏之作。

（23）向声背实，崇尚虚名，不重实际。

（24）四科，指奏议、书论、铭诔、诗赋这四类文体。偏，指各有所长。

（25）气之清浊，气，本为哲学名词，这里运用到文学上，指作家的气质。清浊，指文学风格的特点。清，近于刚健。浊，近于柔婉。

（26）曲度虽均二句，曲度，音乐的曲调旋律。均，相同。检，法度。

（27）引气，运气。

（28）经国，治国。

（29）不朽之盛事，《左传·襄公二十四年》："太上有立德，其次有立功，其次有立言。虽久不废，此之谓不朽。"盛事，大事，美事。

（30）飞驰之势，飞黄腾达，驰骋于仕途的达官贵人的势力。

（31）西伯，指周文王姬昌，曾为商纣的西伯侯，故称。演《周易》，《史记·太史公自序》："昔西伯构羑里，演《周易》。"

（32）周旦，周公姬旦，周武王之弟，成王之叔。成王年幼时辅政，制定礼乐制度。

（33）隐约，穷愁忧困。指上述周文王囚羑里演《周易》。

（34）加思，改变原来的写作念头。加，移，指周公摄政时制礼。

（35）夫则然古人贱尺璧二句，《淮南子·原道》："圣人不贵尺之璧，而重寸之阴，时难得而易失也。"尺璧，直径一尺的玉璧。

（36）迁化，死去。

（37）唯干著论二句，徐干著有《中论》、曹丕《与吴质书》："伟长独怀文抱质，……著《中论》二十篇，成一家之言，辞义典雅，足传于世，此子为不朽矣。"

【毛泽东评说】

中国自觉的文学批评的历史是从哪里开始的呢？从曹丕的《典论·论文》和曹植的《与杨德祖书》开始的吧！

——《同文艺界代表的谈话》，《毛泽东文集》第七卷，人民出版社1999年版，第256页。

【赏析】

曹丕的《典论》是一部有关政治、文化的论著，共五卷二十篇。全书大概在宋代亡佚，今仅存《自叙》《论文》两篇较为完整。《典论·论文》是中国文学批评史上较早出现的一篇文学专论，也是汉魏文学批评史上的重要文献。它论述了文学批评的态度、作家的个性与作品风格的关系、文体的区分、文学的价值等重要文学理论问题。关于文学批评的态度，曹丕批判了"文人相轻"和"贵远贱近"的不良风气，提出了"审己度人"的主张。关于作家的个性与作品风格的关系，曹丕提出了"文以气为主"的命题，认为气有清浊之分，"清"，指才知之清，浊也指才知之浊。但由于他未作才与气的区分，所以也可以说清是俊爽超迈的阳刚之气，浊是凝重沉郁的阴柔之气。作家的气质、个性，形成各自的独特风格。关于文学体裁的区分，曹丕提出"夫文本同而末异"，并具体划分为四类八体，阐明了其雅、理、实、丽，各具特色。关于文学的价值，作者本着文以致用的精神，强调了文章是"经国之大业，不朽之盛事"，把文学事业提到治理国家的高度来评价，提高了文学的地位，有利于文学的发展。所以，《典论·论文》以宏观的方法，从全局着眼，论述了有关文学事业的几个重要问题，比较全面、系统，而且上升到一定的理论高度，肯定了文学的独特价值。因此其被称为中国文学批评史上第一篇文学批评专论。所以，毛泽东说中国文学批评是从曹丕开始的，这就肯定了曹丕在中国文学批评史上开创性的功勋。

曹 植

曹植（192—232），字子建，曹操第三子，沛国谯（今安徽亳州）人。建安时期的杰出作家，为当时文坛领袖之一。因封陈王，谥思，世称陈思王。曹操曾想立他为世子，后来曹丕做了皇帝对其多次贬爵徙封，致其郁苦而死。他在诗、赋、文方面皆有成就，尤其是诗歌创作，更能代表建安诗歌的慷慨激昂精神，其文笔自然流畅，语词精美。有《曹子建集》流传。

【原文】

与杨德祖书⁽¹⁾

植白：数日不见，思子为劳⁽²⁾，想同之也⁽³⁾。

仆少小好为文章，迄至于今，二十有⁽⁴⁾五年矣，然今世作者，可略而言也。昔仲宣独步于汉南⁽⁵⁾，孔璋鹰扬于河朔⁽⁶⁾，伟长擅名于青土⁽⁷⁾，公干振藻于海隅⁽⁸⁾，德琏发迹于大魏⁽⁹⁾，足下高视于上京⁽¹⁰⁾。当此之时，人人自谓握灵蛇之珠⁽¹¹⁾，家家自谓抱荆山之玉⁽¹²⁾，吾王于是设天网以该之⁽¹³⁾，顿八纮以掩之⁽¹⁴⁾，今悉集兹国矣。然此数子犹复不能飞轩绝迹⁽¹⁵⁾，一举千里。以孔璋之才，不闲⁽¹⁶⁾于辞赋，而多自谓能与司马长卿⁽¹⁷⁾同风，譬画虎不成反为狗⁽¹⁸⁾也，前书嘲之，反作论盛道⁽¹⁹⁾仆赞其文。夫钟期不失听⁽²⁰⁾，于今称之，吾亦不能妄叹⁽²¹⁾者，畏后世之嗤⁽²²⁾余也。

世人之著述，不能无病⁽²³⁾，仆常好人讥弹⁽²⁴⁾其文，有不善者，应时改定。昔丁敬礼⁽²⁵⁾常作小文，使仆润饰之，仆自以才不过若人⁽²⁶⁾，辞不为也。敬礼谓仆，卿何所疑难⁽²⁷⁾，文之佳恶，吾自得之，后世谁相知定吾文者耶？吾常叹此达言⁽²⁸⁾，以为美谈。昔尼父之文辞，与人通流⁽²⁹⁾，至于制《春秋》，游夏之徒乃不能措一辞⁽³⁰⁾。过此而言不病者⁽³¹⁾，吾未之见也。

盖有南威之容⁽³²⁾，乃可以论于淑媛，有龙渊之利，乃可以议于断割，刘季绪才不能逮于作者⁽³³⁾，而好诋诃⁽³⁴⁾文章，掎摭⁽³⁵⁾利病。昔田巴毁五帝⁽³⁶⁾，罪三王，訾五霸于稷下，⁽³⁷⁾一旦而服千人，鲁连一说，使终身杜口⁽³⁸⁾。刘生之辩，未若田氏，今之仲连，求之不难，可无息乎？人各有好尚，兰茝荪蕙⁽³⁹⁾之芳，众人所好，而海畔有逐臭之夫⁽⁴⁰⁾；《咸池》《六茎》之发⁽⁴¹⁾，众人所共乐，而墨翟有非之之论⁽⁴²⁾，岂可同哉！

今往仆少小所著辞赋一通相与⁽⁴³⁾。夫街谈巷说⁽⁴⁴⁾，必有可采，击辕之歌，有应风雅⁽⁴⁵⁾，匹夫之思，未易轻弃也。辞赋小道，固未足以揄扬大义⁽⁴⁶⁾，彰示⁽⁴⁷⁾来世也。昔扬子云先朝执戟之臣耳⁽⁴⁸⁾，犹称壮夫不为⁽⁴⁹⁾也。吾虽德薄，位为藩侯⁽⁵⁰⁾，犹庶几勠力上国⁽⁵¹⁾，流惠⁽⁵²⁾下民，建永世之业，流金石之功⁽⁵³⁾，岂徒以翰墨为勋绩⁽⁵⁴⁾，辞赋为君子哉！若吾志未果，吾道不行，则将采庶官之实录⁽⁵⁵⁾，辩⁽⁵⁶⁾时俗之得失，定仁义之衷⁽⁵⁷⁾，成一家之言，虽未能藏之于名山⁽⁵⁸⁾，将以传之于同好，非要之皓首⁽⁵⁹⁾，岂今日之论乎？其言之不惭，恃惠子之知我⁽⁶⁰⁾也。

明早相迎，书不尽怀。植白。

【注释】

（1）本文选自《文选》。杨修（175—219），字德祖，华阴（今陕西华阴）人，博学有才智，受到曹氏父子的重视，与曹操关系密切，后为曹操所杀。这封信是曹植写给杨修的，他在信中阐述了自己的文学见解和政治主张，认为"世人之著述，不能无病，仆常好人讥弹其文，有不善者，应时改定"。

（2）子，你。劳，苦。

（3）想，料想，推想。

（4）有，同"又"。古代十进制整数后有零数，常加"有"字。

（5）仲宣，王粲的字。独步，超众出群，无人可及。汉南，汉水之南，指荆州。王粲曾在荆州依附刘表十五年。

（6）孔璋，陈琳的字。曾在冀州做袁绍的记室。鹰扬，像鹰一样威武地飞扬，比喻大展雄才。河朔，河北。

（7）伟长，徐干的字，为北海郡人。擅名，独享盛名。青土，青州地区，北海在古代属于青州。

（8）公干，刘桢的字。振藻，显耀文采。海隅，海边。刘桢是东平宁阳人，宁阳靠近海边。

（9）德琏，应场的字。发迹，指人由微贱而富贵，这里指出仕为官。大魏，指魏都许昌一带。应场是汝南南顿人，南顿临近魏都许昌。

（10）足下，敬词，指杨修。高视，本是旁人不在眼下的意思，这里指杰出。上京，即京师洛阳。

（11）灵蛇之珠，即隋侯救蛇所谓得的宝珠。传说隋侯见大蛇伤断，以药敷救，后大蛇于江中衔大珠作答。

（12）荆山之玉，即和氏璧，春秋时楚国的卞和发现的宝玉。

（13）吾王，指曹操，曹操于建安二十一年自立为魏王。天网，笼罩天地的网。这里指曹操网罗人才的政治措施。该，同"赅"，包罗。

（14）顿，振举。纮（hóng），粗绳。八纮，网周围的网绳，这里借指四面八方。

（15）轩，翥，飞翔的样子。绝迹，最高成就。

（16）闲，同"娴"，熟练。

（17）司马长卿，汉代大辞赋家司马相如。

（18）画虎不成反为狗，古代谚语，见东汉马援《诫兄子严、敦书》："效杜季良而不成，陷为天下轻薄子，所谓'画虎不成反类狗'也。"比喻好高骛远而一事无所成，反贻笑柄。这里是嘲笑陈琳妄自夸大。

（19）盛道，大大地称说。

（20）不失听，不会错误地领会曲意。钟期，即春秋时楚国的钟子期，与善于弹琴的伯牙引为知音；子期死后，伯牙终生不复弹。

（21）妄，原作"忘"。叹，这里指赞美。

（22）嗤，讥笑。

（23）病，缺点。

（24）讥弹，指责、批评。

（25）丁敬礼，丁廙，字敬礼。建安时期的黄门侍郎，曹植的好友，后为曹丕所杀。

（26）若人，这个人，指丁敬礼。

（27）卿何所疑难，你何用为难而（不肯修改）。

（28）达言，通达的言论。

（29）尼父，孔子。通流，即流通，指互相商讨。

（30）游夏之徒，孔子的学生言偃（字子游）、卜商（字子夏）这一流人。措一辞，参加一点意见。

（31）过此，除此。此，指《春秋》。不病，没有缺点。

（32）南威，春秋时著名的美女。

（33）淑媛，贤淑的女子。龙渊，古代宝剑名，相传为春秋时欧治子、干将所铸三利剑之一，唐时避高祖李渊讳改作"龙泉"。刘季绪，刘表子，曾官至乐安太守，著有诗赋颂6篇。逮，及。

（34）诋诃（hē），诋毁指责。

（35）掎摭（jǐ zhí），指摘、挑剔的意思。

（36）田巴，战国时齐国的辩士。据说田巴曾在狙丘和稷下等地与人辩论，数说五帝、三皇的不是，一日说服千人。但经鲁仲连对他指责，田巴从此不再议论了。五帝，相传古代有五帝，或指伏羲、神农等，或指黄帝、颛顼等。

（37）訾，诋毁。五霸，其说不一，通常指齐桓公、晋文公、秦穆公、宋襄王和楚庄王。三王，即三皇，传说中远古部落的酋长。

（38）鲁连，即鲁仲连，战国时齐人。

（39）兰茝（chǎi）荪蕙，古代传说中的四种香草。

（40）逐臭，《吕氏春秋·遇合》中说："人有大臭者，其亲戚、兄弟、知识无能与居者，自苦而居海上。海上人有悦其臭者，昼夜随之而弗能去。"比喻爱憎违反常情的人。

（41）咸池，黄帝时的古乐曲名。六茎，颛顼时的古乐曲名。发，演奏。

（42）墨翟，即墨子，战国初期的思想家。《墨子》一书中有《作乐》篇。

（43）往，送去。一通，一份。

（44）街谈巷说，街谈巷语之意。

（45）击辕之歌，指民歌。相传尧舜在位，时世安乐，百姓在田野中敲击车辕唱歌，称为击辕之歌。有应风雅，指符合《诗经》的国风和大、小雅。

（46）揄扬，发挥、宣扬。大义，大道理。

（47）彰示，明白显示。

（48）扬子云，汉代文学家扬雄，字子云。先朝，指西汉。执戟，秦汉时的宫廷侍卫官，执戟以侍皇帝，职位卑下。

（49）壮夫不为，见扬雄《法言·吾子》："或问：'吾子少而好赋？'曰：'然，童子雕虫篆刻。'俄而曰：'壮夫不为也。'"意思是说作赋绘景状物，是童子所习的小技，男子汉是不屑于干的。

（50）藩侯，古代诸侯如屏藩（屏障）一样保卫王室，故称藩侯。

（51）庶几，希望。勠力，并力、尽力。上国，诸侯指帝室为"上国"，这里指魏国。

（52）流惠，推广恩惠。

（53）流，流传。金石之功，古代常把功绩刻在钟鼎或碑石上，以便长久流传。

（54）岂徒，岂但。翰墨，即笔墨，指文章，勋绩，功业。

（55）庶官，百官。实录，指政事、典章、制度等史料。

（56）辩，辨析。

（57）定仁义之衷，有折中于仁义的意思。衷，指中心意旨。

（58）一家之言，自成体系的著述。藏之于名山，把书稿藏在山中，以防遗失。

（59）要，约定……期限。皓首，白头。

（60）惠子，战国时宋国的惠施，与庄子知交，两人常在一起辩论问题。这里比作杨修。

【赏析】

曹植给杨修的这封信是他为临淄侯的时候写的，时间为建安二十二年（217）左右。当时他把自己青少年时代的赋作进行了整理编录，送给杨修请其刊正定稿，并随赋稿附上这封信，围绕着赋的创作和欢迎批评两个中心问题，坦陈自己的生平抱负，情文并茂，是魏晋时代一篇很有特色的论文。

在这封信中，作者毫无拘束地对建安七子的文章进行了品评，表明了自己鲜明的创作态度即"有不善者，应时改定"。作者首先从文坛时盛况谈起，对时人的创作得失进行描摹，以大量错综排比的句式大致勾勒了邺下文苑的繁荣兴盛局面："独步汉南""鹰扬河朔""擅名青土""振藻海隅""发迹大魏""高视上京"的王粲、陈琳、徐干、刘桢、应玚等诸位才子，在当时以"握灵蛇之珠、抱荆山之玉"的极度自信、并驾齐驱，由于曹操网罗文人，广开才路的政策感召而齐聚魏都许昌。正在赞许之时作者却笔锋一转，明确指出众人的成就并没有达到"飞轩绝迹、一举千里"的顶峰，都存在着这样或那样的局限与弱点。比如陈琳在辞赋方面的创作并不成熟精通，却自夸写得像汉代的辞赋大家司马相如那样好，甚至把别人的嘲笑也当成了赞美之词。

说到此处，作者也就毫不隐讳地亮明了自己的观点：作家未必是全才，写文章有这样那样的缺陷并不足为奇，关键是否有自知之明，接受别人的意见，并及时改正。作者还以丁廙请求自己帮助修改润色文章及孔子修订《春秋》一书为例，阐述这一颠扑不破的哲理。能够提出不自满、不妄赞，重视修改的严肃创作态度与开展文学批评，这在封建社会是非常可贵的见解。

在对作家们提出要求之后，作者又从批评家的高度来提问题，指出高度的艺术才能与素养是批评者必备的条件。"有南威的容貌才可以议论美女；有龙泉宝剑的锋利才可以议论快割"，曹植这一要求对于批评者是不切实际的，文学史上长于议论而短于创作者大有人在。但我们应该注意，曹植提出的创作行家才有资格议论创作这一观点，针对刘季绪之流才庸行妄、随意诋毁别人而发的，是有的放矢的。

信的最后，作者叙说送去辞作请求审阅的意图，同时更是申明自己的政治理想与事业追求。从表面上看，曹植对辞赋贬得很低，但我们应当看到，曹植是拿辞赋、笔墨之事与他视为更重要的事业相提并论的；首先"建设永世之业、流金石之功"是他毕生所求；其次，采实录、辨得失，成一家之言；最后，行有余力，则以学文，仕而优则赋，余事作辞人。这些恰恰是他少年以来的爱好追求，绝对不可以放弃。曹植的文章已经做得好，却说文章是小道；他的目标在政治方面却又不甚得志，说文章小道不过是他的违心之论罢了。

　　本来这封信是送上辞赋的附言，寥寥数语就可以交代清楚嘱咐修改之事，却洋洋洒洒即兴挥墨，纵论时人得失，书写衷心抱负。可见"醉翁之意不在酒"，其生平抱负尽在其中。全文慷慨多气而又委婉亲切；语言骈散兼用，富有辞采，自然生动而又精练简洁，体现出了建安时代的典型文风。

诸葛亮

诸葛亮（181—231），字孔明，琅玡阳都（今山东沂水）人，三国时著名政治家、军事家。汉末隐居隆中（在湖北襄阳城西）。汉献帝建安十二年（207），刘备拜访了他三次，始得见面。他向刘备建议，联合孙权，抵抗曹操。赤壁之战打败了曹操，形成三国鼎立局面。刘备死后，他辅佐刘禅治理国家，他七擒孟获，六出祁山，多次北伐，想恢复中原，未能成功。后卒于军，谥忠武。

他的文章写得周密畅达，辞情恳切。有《诸葛忠武侯文集》辑本传世。

【原文】

出师表

臣亮言：先帝创业未半而中道崩殂[1]，今天下三分，益州疲弊[2]，此诚危急存亡之秋也！然侍卫之臣不懈于内[3]，忠志之士忘身于外者[4]，盖追先帝之殊遇[5]，欲报之于陛下也。诚宜开张圣听[6]，以光先帝遗德，恢宏志士之气[7]，不宜妄自菲薄[8]，引喻失义[9]，以塞忠谏之路也。

宫中府中[10]，俱为一体，陟罚臧否[11]，不宜异同。若有作奸犯科及为忠善者[12]，宜付有司论其刑赏[13]，以昭陛下平明之治[14]，不宜偏私，使内外异法也。侍中、侍郎郭攸之、费祎、董允等[15]，此皆良实，志虑忠纯，是以先帝简拔以遗陛下[16]。愚以为宫中之事，事无大小，悉以咨之[17]，然后施行，必能裨补阙漏[18]，有所广益。将军向宠，性行淑均[19]，晓畅军事，试用于昔日，先帝称之曰能，是以众议举宠以为督。愚以为营中之事，悉以咨之，必能使行阵和睦，优劣得所也。

亲贤臣，远小人，此先汉所以兴隆也[20]；亲小人，远贤臣，此后汉所以倾颓也。先帝在时，每与臣论此事，未尝不叹息痛恨于桓、灵也[21]。

侍中、尚书、长史、参军⁽²²⁾，此悉贞良死节之臣，愿陛下亲之信之，则汉室之隆，可计日而待也。

臣本布衣⁽²³⁾，躬耕于南阳⁽²⁴⁾，苟全性命于乱世，不求闻达于诸侯。先帝不以臣卑鄙⁽²⁵⁾，猥自枉屈⁽²⁶⁾，三顾臣于草庐之中，咨臣以当世之事，由是感激，遂许先帝以驱驰⁽²⁷⁾。后值倾覆⁽²⁸⁾，受任于败军之际，奉命于危难之间，尔来二十有一年矣⁽²⁹⁾。

先帝知臣谨慎，故临崩寄臣以大事也。受命以来，夙夜忧叹⁽³⁰⁾，恐托付不效，以伤先帝之明。故五月渡泸⁽³¹⁾，深入不毛⁽³²⁾。今南方已定，兵甲已足，当奖率三军，北定中原。庶竭驽钝⁽³³⁾，攘除奸凶⁽³⁴⁾，兴复汉室，还于旧都⁽³⁵⁾。此臣所以报先帝而忠陛下之职分也。至于斟酌损益，进尽忠言，则攸之、祎、允之任也。愿陛下托臣以讨贼兴复之效，不效则治臣之罪，以告先帝之灵。若无兴德之言，则责攸之、祎、允等之慢⁽³⁶⁾，以彰其咎⁽³⁷⁾。陛下亦宜自谋，以谘诹善道⁽³⁸⁾，察纳雅言⁽³⁹⁾，深追先帝遗诏⁽⁴⁰⁾。臣不胜受恩感激。

今当远离，临表涕零，不知所言。

【注释】

（1）先帝，去世的皇帝，指刘备。崩殂（cú 徂），古时皇帝死亡叫"崩"。

（2）益州，在今四川省一带。此处指蜀汉。疲弊，困乏，此处指国力困乏。

（3）懈，松懈、不紧张。于内，在朝廷内。

（4）于外，在地方上。

（5）追，指怀念。殊遇，厚恩、特别厚待。

（6）开张圣听，即广开言路、听取意见。圣，对皇帝的尊称，此处指刘禅。

（7）恢宏，发扬光大。

（8）妄自菲薄，自轻自贱。

（9）引喻失义，说话不恰当。

（10）宫中，皇帝宫中。府中，指丞相府中。

（11）陟（zhì智），升迁。臧，善。否（pǐ痞），恶。

（12）作奸，做邪恶的事情。犯科，触犯法律。

（13）有司，专职的官员，此处指主管机关。

（14）治，政治管理。

（15）侍中，汉时皇宫中掌管车马、服饰和统领近卫军的官员，郭攸之、费祎是侍中。侍郎，黄门侍郎，董允是侍郎。

（16）简拔，选拔。

（17）咨，询问、商议。

（18）裨（bì愎），补救、补助。阙（quē缺），同"缺"，过失。漏，疏漏。

（19）行（xíng型），品行、品格。淑均，和善。

（20）先汉，指西汉。

（21）桓、灵，东汉末年的桓帝和灵帝，他们因为信任宦官，加深了政治腐败。

（22）尚书、长（zhǎng掌）史、参军，都是官名。尚书指陈震，长史指张裔，参军指蒋琬。

（23）布衣，平民百姓。

（24）南阳，郡名，今湖北省襄阳一带。

（25）卑鄙，指出身低贱。

（26）猥，乃、于是。

（27）驱驰，奔走效劳。

（28）后值倾覆，指汉献帝建安十三年（208）刘备被曹操击败于当阳长坂坡。

（29）尔来，到现在。

（30）夙夜，早晚。

（31）泸，水名，泸水，即今金沙江。

（32）不毛，不毛之地。

（33）驽，劣马，走不快的马。钝，刀刃不锋利。驽钝，比喻才能平庸，是诸葛亮自谦的话。

（34）奸凶，指曹丕。

（35）旧都，指许昌。

（36）慢，疏忽、怠慢。

（37）咎（jiù 救），过失、过错。彰，显示。

（38）咨诹（zōu 邹），询问。诹，询问。

（39）雅言，正确、明智的言论。

（40）先帝遗诏，刘备给后主刘禅的遗诏，见《三国志·先主传》注引《诸葛亮集》。

【毛泽东评说】

从前人说：读诸葛《出师表》而不流泪者，其人必不忠；读李密《陈情表》而不流泪者，其人必不孝。今天我们应该说：凡看见或听见中国军队不记旧怨而互相援助、亲密团结而不感动者，其人必不爱国。在这里，那些"发国难财，吃磨擦饭"的人物，应该引起一点反省吧！

——《〈八路军军政杂志〉发刊词》，《毛泽东文集》第二卷，人民出版社 1993 年版，第 140 页。

记得有一次我在毛主席那里谈完工作，说到陈云同志主持中央财委的工作很得力，凡看准了的事是很有勇气去干的，平抑物价、统一财经就是他力主要做的，结果很快成功了。毛主席听后说，陈云同志有这样的能力，我在延安时期还没有看得出来，可称为能。接着他顺手在纸上写了一个"能"字。毛泽东善于用典故抒发思想和情感。在这里，他是借用诸葛亮在《前出师表》里叙述刘备夸奖向宠的用语（"将军向宠，性行淑均，晓畅军事，试用于昔日，先帝称之曰能"），来赞扬陈云同志的理财才能。

——薄一波：《若干重大决策与事件的回顾》上册，中共中央党校出版社 1991 年版，第 89 页。

【赏析】

《出师表》，选自《三国志·蜀志·诸葛亮传》。蜀汉建兴五年（227），诸葛亮率军北驻汉中（今陕西汉中），准备北伐曹魏。这是出征之前他向后主刘禅上的奏疏（表章）。题目《出师表》是梁萧统（昭明太子）编《文选》时加的。出师，指出兵攻魏。表，臣向君陈述意思用的一种文体，也叫"疏""奏疏""奏议"。

文章首先以敏锐的政治眼光分析了蜀国当时的内外形势，告诉后主刘禅，国家正处在危急存亡的关头，应该多听群臣的忠言，对朝内朝外的人一律看待，赏善罚恶必须大公无私。广开言路，继承先帝的遗德，发扬志士的气概。其次，规劝后主刘禅亲近贤臣，疏远小人。指出文臣武将中各有哪些人坚贞可靠，请后主无论办什么事都要多跟他们商量。诸葛亮还用两汉的一些事实为例，沉痛地指出能否亲近好人、疏远坏人，这是关系到国家兴亡的大事。再次，叙述自己的生平和抱负，再一次地请后主"谘诹善道，察纳雅言"，并且向后主表示惜别的意思。

这篇文章，充分地表达了诸葛亮对蜀汉、刘备父子的忠诚和至爱。诸葛亮是一位卓越的政治家、军事家，而不是文学家。他的志向是帮助蜀汉皇帝建立所谓兴复汉室的大事业，未必想以文章取得声名，只是这篇文章写得很好，成为蜀汉散文中最为人们所熟知的一篇。

文字质朴真率，论述周密严谨，既不借助于华丽的辞藻，也不引用古老的典故，只是老老实实地把心里要说的话畅快地写出来，而又切合双方的身份。诸葛亮是后主的大臣，又是后主的长辈。他这篇表没有说自卑的话而使后主觉得说得虚伪；也没有无拘束地说些傲慢的话，使后主感到受威胁。读这篇表，只觉得表中所用的词语，所持的态度，非常适合上表的诸葛亮和受表的刘禅的身份，入情入理，恰到好处，使读者感到话是从肺腑中流露出来的，有很强的艺术感染力。著名文学批评家刘勰在《文心雕龙·章表》中说："孔明之辞后主，志尽文畅，……表之英也。"这个评价是恰当的。

毛泽东在1939年写的《〈八路军军政杂志〉发刊词》中援引前人"读诸葛《出师表》而不流泪者，其人必不忠"赞扬了诸葛亮的高度的爱国主义思想。根据薄一波的回忆，毛泽东曾用刘备评价将军向宠的话"能"，来赞扬陈云的理财才能。这些都说明了毛泽东对此表的熟知，并随时用来说明革命和建设中的实际问题。

【原文】

后出师表

先帝虑汉、贼不两立⁽¹⁾，王业不偏安⁽²⁾，故托臣以讨贼也。以先帝之明，量臣之才，故知臣伐贼才弱敌强也；然不伐贼，王业亦亡，惟坐待亡，孰与伐之？是故托臣而弗疑也。臣受命之日，寝不安席，食不甘味，思惟北征⁽³⁾，宜先入南，故五月渡泸，深入不毛，并日而食⁽⁴⁾。臣非不自惜也，顾王业不得偏全于蜀都，故冒危难以奉先帝之遗意也，而议者谓为非计⁽⁵⁾。今贼适疲于西⁽⁶⁾，又务于东⁽⁷⁾，兵法乘劳⁽⁸⁾，此进趋之时也。谨陈其事如左：

高帝明并日月⁽⁹⁾，谋臣渊深，然涉险被创，危然后安。今陛下未及高帝，谋臣不如良、平⁽¹⁰⁾，而欲以长计取胜⁽¹¹⁾，坐定天下，此臣之未解一也。刘繇、王朗各据州郡⁽¹²⁾，论安言计，动引圣人，群疑满腹，众难塞胸，今岁不战，明年不征，使孙策坐大⁽¹³⁾，遂并江东，此臣之未解二也。曹操智计殊绝于人，其用兵也，髣髴孙、吴⁽¹⁴⁾，然困于南阳⁽¹⁵⁾，险于乌巢⁽¹⁶⁾，危于祁连，偪于黎阳⁽¹⁷⁾，几败北山⁽¹⁸⁾，殆死潼关⁽¹⁹⁾，然后伪定一时耳⁽²⁰⁾。况臣才弱，而欲以不危而定之，此臣之未解三也。曹操五攻昌霸不下⁽²¹⁾，四越巢湖不成⁽²²⁾，任用李服而李服图之，委夏侯而夏侯败亡⁽²³⁾，先帝每称操为能，犹有此矢。况臣驽下，何能必胜？此臣之未解四也。自臣到汉中，中间朞年耳⁽²⁴⁾，然丧赵云、阳群、马玉、阎芝、丁立、白寿、刘郃、邓铜等及曲长屯将七十余人⁽²⁵⁾，突将无前⁽²⁶⁾，賨叟、青羌散骑武骑一千余人⁽²⁷⁾，此皆数十年之内所纠合四方之精锐，非一州之所有；若复数年，则损三分之二地，当何以图敌？此臣之未解五也。今民穷兵疲，而事不可息，事不可息⁽²⁸⁾，则住与行劳费正等⁽²⁹⁾，而不及今图之，欲以一州之地与贼持久，此臣之未解六也。

夫难平者⁽³⁰⁾，事也。昔先帝败军于楚，当此时，曹操拊手⁽³¹⁾，谓天下以定⁽³²⁾。然后先帝东连吴、越⁽³³⁾，西取巴、蜀⁽³⁴⁾，举兵北征，夏侯授首，此操之失计而汉事将成也。然后吴更违盟⁽³⁵⁾，关羽毁败，秭归蹉跌⁽³⁶⁾，曹丕称帝⁽³⁷⁾。凡事如是，难可逆见。臣鞠躬尽瘁⁽³⁸⁾，死而后已。至于成败利钝⁽³⁹⁾，非臣之明所能逆覩也。

【注释】

（1）汉贼，指汉朝和逆贼。贼，指曹魏。

（2）王业，帝王的事业。偏安，安居于一个角落。

（3）思惟，思想、考虑。惟，思惟、想。

（4）并日而食，两天只能吃一天的饭，此指行军时不能按时吃饭。

（5）非计，不正确的计划。

（6）适疲，正逢疲劳。指蜀汉建六年（228），诸葛亮伐魏，魏明帝被迫西进长安。

（7）务，攻打。指建兴六年（228），魏将曹休攻吴而言，被吴将陆逊大败于石亭。

（8）乘劳，乘其疲劳。

（9）明并日月，意即非常英明。

（10）良、平，指汉高祖刘邦的两个大臣张良和陈平。

（11）以长计，用长远的计划，指从长计议。

（12）刘繇（yóu 游），东汉末时的扬州刺史。王朗，东汉末时的会稽太守。见《三国志·魏书》。此处是比喻蜀汉当时某些错失良机的大臣。

（13）坐大，安稳地日趋壮大。孙策在吞并了刘繇、王朗后，逐渐平定了江东。

（14）髣髴，即"仿佛"。孙、吴，指孙膑和吴起，都是战国时著名的军事家。

（15）南阳，郡名，郡治在宛城（今河南南阳）。此处是指东汉建安六年（201）曹操讨伐张绣，被张绣所败。事见《通鉴》。

（16）乌巢，今河南省延津县东南。

（17）偪（bī 逼），同"逼"，强迫、威胁。黎阳，今河南浚县境内。建安八年（203）二月，曹操攻打黎阳，五月曹操留其将贾信驻守黎阳。事见《通鉴·汉纪建安八年》。

（18）几败北山，指建安二十四年（219），曹操为争夺汉中，在北山被赵云所败一事。事见《通鉴·汉纪建安二十四年》。

（19）殆，几乎、差不多。事见《通鉴·汉纪建安十六年》。

（20）伪，指曹操。蜀汉自居正统，因此称曹操为"伪"。

（21）五攻昌霸，指建安四年（199），东海昌霸背叛曹操，归附刘备，曹操派刘岱攻之不胜一事。事见《通鉴·汉纪建安四年》。

（22）巢湖，在今安徽省合肥市东南。

（23）夏侯，指魏将夏侯渊。夏镇守汉中时，被蜀将黄忠杀于定军山。

（24）暮（jī基），周年。

（25）曲长屯将，军队中曲、屯的头领。

（26）突将无前，突击勇士。

（27）賨（cóng丛），秦汉时湖南省和四川省的少数民族。羌（qiāng枪），古代西部少数民族。

（28）事不可息，指战事不能停止。

（29）则住与行劳费正等，等待敌人进攻与主动进攻敌人，两者所耗费的人、财、物力是一样的。

（30）平，衡量、预测。

（31）拊（fǔ府），拍手，此处是指得意洋洋的样子。

（32）以，同"已"，已经。

（33）东连吴、越，指建安十三年（208）刘备联合孙权在赤壁大破曹操。

（34）西取巴、蜀，指建安十九年（214）刘备大败刘璋夺取益州。

（35）违盟，违背盟约。指建安二十四年（219）孙权派吕蒙偷袭荆州一事。

（36）秭归，今湖北省秭归县。蹉跌，跌跤，指蜀汉章武二年（222）刘备被吴将陆逊败于夷陵。

（37）称帝，指黄初元年（220），曹丕废汉献帝，自己称帝。

（38）鞠躬，弯腰，此处是指勤于政事。瘁，劳累。

（39）钝，不锋利、不快。

【毛泽东评说】

　　一切共产党员，一切革命家，一切革命的文艺工作者，都应该学鲁迅的榜样，做无产阶级和人民大众的"牛"，鞠躬尽瘁，死而后已。

<blockquote>——《在延安文艺座谈会上的讲话》，《毛泽东选集》第三卷，人民出版社 1991 年版，第 877 页。</blockquote>

【赏析】

诸葛亮在蜀后主刘禅建兴五年（227）第一次伐魏，因错用只会纸上谈兵的马谡做先锋，大败而归。于建兴六年（228）冬再次伐魏，临行前给后主刘禅上了《出师表》，这便是《后出师表》。在《后出师表》中，诸葛亮主要陈说乘魏国内部空虚之机，以再攻魏国的道理，并表示了自己忠诚辅佐刘禅以报答先主刘备的决心。文中说："凡事如是，难可逆见……至于成败利钝，非臣之明所能逆睹也。""鞠躬尽瘁，死而后已"，是形容一个人对某种事情或事业贡献出最大力量，直到死为止的高尚精神和品德。建兴十二年（234），诸葛亮驻兵五丈原，与司马懿相持百余日，病死军中。诸葛亮以自己的行为实践了在《后出师表》中"鞠躬尽瘁，死而后已"的诺言，为后人树立了崇高的道德风范，被誉为万世师表。

毛泽东在一九三九年一月二日写的《〈八路军军政杂志〉发刊词》中援引前人的说法："读诸葛亮《出师表》而不流泪者，其人必不忠。"当然也是包括了《后出师表》的。后来在一九四二年《在延安文艺座谈会上的讲话》中，引用"鞠躬尽瘁，死而后已"一语，在于号召一切共产党员、革命家和革命的文艺工作者，自觉地树立全心全意为人民服务的献身精神，并使这种精神见之于为人民服务的具体行动。

李 康

李康，字萧远，中山（今河北定州）人。三国魏明帝时为官于寻阳（治所在江西九江西南）县，后封阁阳侯。有集二卷。

【原文】

运命论

夫治乱，运也⁽¹⁾。穷达，命也⁽²⁾。贵贱，时也⁽³⁾。故运之将隆，必生圣明之君；圣明之君，必有忠贤之臣。其所以相遇也。不求而自合，其所以相亲也，不介而自亲，唱之而必和，谋之而必从。道合玄同⁽⁴⁾，曲折合符⁽⁵⁾。得失不能疑其志，谗构不能离其交，然后得成功也。其所以得然者，岂徒人事哉，授之者天也，告之者神也，成之者运也。

夫黄河清而圣人生⁽⁶⁾，里社鸣而圣人出⁽⁷⁾，群龙见而圣人用⁽⁸⁾。故伊尹⁽⁹⁾，有莘氏之滕臣也，而阿衡于商。太公⁽¹⁰⁾，渭滨之贱老也，而尚父于周。百里奚在虞而虞亡⁽¹¹⁾，在秦而秦霸，非不才于虞而才于秦也。张良受黄石之符⁽¹²⁾，诵三略之说，以游于群雄。其言也，如以水投石，莫之受也；及其遭汉祖，其言也，如以石投水，莫之逆也。非张良之拙说于陈项，而巧言于沛公也。然则张良之言一也。不识其所以合离，合离之由，神明之道也。故彼四贤者，名载于箓图⁽¹³⁾，事应乎天人⁽¹⁴⁾。其可格之贤愚哉⁽¹⁵⁾，孔子曰⁽¹⁶⁾："清明在躬，气志如神，嗜欲将至，有开必先，天降时雨，山川出云。"诗云⁽¹⁷⁾："惟岳降神，生甫及申，惟申及甫，惟周之翰。"运命之谓也。

岂惟兴主，乱亡者亦如之焉。幽王之惑褒女也⁽¹⁸⁾，祅始于夏庭，曹伯阳之获公孙强也⁽¹⁹⁾，征发于社宫；叔孙豹之昵竖牛也⁽²⁰⁾，祸成于庚宗。吉凶成败，各以数至。咸皆不求而自合，不介而自亲矣。昔者圣人受命河洛曰⁽²¹⁾："以文命者，七九而衰；以武兴者，六八而谋。"及成王定鼎于郏鄏⁽²²⁾，卜世三十，卜年七百，天所命也。故自幽厉之间⁽²³⁾，周道大坏，二霸之后⁽²⁴⁾，礼乐陵迟；文薄之弊，渐于灵景⁽²⁵⁾，辩诈之伪，成于七国⁽²⁶⁾；酷烈之极，积于亡秦⁽²⁷⁾。文章之贵，弃于汉祖⁽²⁸⁾。虽仲尼至圣⁽²⁹⁾，颜冉大贤⁽³⁰⁾，揖让于规矩之内，闿闿于洙泗之上⁽³¹⁾，不能遏其端。孟轲孙卿⁽³²⁾，体一希圣，从容正道，不能维其末。天下卒至于溺而不可援。夫以仲尼之才也，而器不周于鲁卫⁽³³⁾；以仲尼之辩也，而言不行于定哀⁽³⁴⁾；以仲尼之谦也，而见忌于子西⁽³⁵⁾；以仲尼之仁也，而取雠于桓魋⁽³⁶⁾；以仲尼之智也，而屈厄于陈蔡⁽³⁷⁾；以仲尼之行也，而招毁于叔孙⁽³⁸⁾。夫道足以济天下，而不得贵于人；言足以经万世，而不见信于时；行足以应神明，而不能弥纶于俗⁽³⁹⁾。应聘七十国，而不一获其主。驱骤于蛮夏之域，屈辱于公卿之门，其不遇也如此。及其孙子思⁽⁴⁰⁾，希圣备体，而未之至，封己养高，势动人主。其所游历，诸侯莫不结驷而造门⁽⁴¹⁾，虽造门，犹有不得宾者焉。其徒子夏⁽⁴²⁾，升堂而未入于室也。退老于家，魏文侯师之⁽⁴³⁾。西河之人，肃然归德。比之于夫子，而莫敢间其言。故曰：治乱，运也。穷达，命也。贵贱，时也。

而后之君子，区区于一主，叹息于一朝。屈原以之沈湘⁽⁴⁴⁾，贾谊以之发愤⁽⁴⁵⁾，不亦过乎？然则圣人所以为圣者，盖在乎乐天知命矣⁽⁴⁶⁾。故遇之而不怨，居之而不疑也。其身可抑，而道不可屈；其位可排，而名不可夺。譬如水也，通之斯为川焉、塞之斯为渊焉，升之于云则雨施，沈之于地则土润。体清以洗物，不乱于浊；受浊以济物，不伤于清。是以圣人处穷达如一也。夫忠直之迕于主，独立之负于俗，理势然也。故木秀于林⁽⁴⁷⁾，风必摧之。堆出于岸，流必湍之⁽⁴⁸⁾。行高于人，众必非之。前监不远，覆车继轨，然而志士仁人，犹蹈之而弗悔，操之而弗失，何哉？将以遂志而成名也。

求遂其志，而冒风波于险涂。求成其名，而历谤议于当时。彼所以处之，盖有算矣。子夏曰："死生有命⁽⁴⁹⁾，富贵在天。"故道之将行也，命之将贵也。则伊尹吕尚之兴于商周，百里子房之用于秦汉，不求而自得，不徼而自遇矣。道之将废也，命之将贱也，岂独君子耻之而弗为乎？

盖亦知为之而弗得矣。凡希世苟合之士，蘧蒢戚施之人⁽⁵⁰⁾，俛仰尊贵之颜，逶迤势利之间。意无是非，谗之如流。言无可否⁽⁵⁰⁾，应之如响。以窥看为精神，以向背为变通。势之所集，从之如归市；势之所去，弃之如脱遗。其言曰：名与身孰亲也，得与失孰贤也，荣与辱孰珍也，故遂絜其衣服⁽⁵¹⁾，矜其车徒，冒其货贿，淫其声色，脉脉然自以为得矣。盖见龙逢比干之亡其身⁽⁵²⁾，而不惟飞廉恶来之灭其族也⁽⁵³⁾；盖知伍子胥之属镂于吴⁽⁵⁴⁾，而不戒费无忌之诛夷于楚也⁽⁵⁵⁾；盖讥汲黯之白首于主爵⁽⁵⁶⁾，而不惩张汤牛车之祸⁽⁵⁷⁾也；盖笑萧望之跋踬于前⁽⁵⁸⁾，而不惧石显之绞缢于后也⁽⁵⁹⁾。故夫达者之算也，亦各有尽矣。曰："凡人之所以奔竞于富贵，何为者哉？"

若夫立德必须贵乎？则幽厉之为天子，不如仲尼之为陪臣也。必须势乎？则王莽董贤之为三公⁽⁶⁰⁾，不如杨雄仲舒之阒其门也⁽⁶¹⁾。必须富乎？则齐景之千驷⁽⁶²⁾，不如颜回原宪之约其身也⁽⁶³⁾。其为实乎？则执杓而饮河者，不过满腹；弃室而洒雨者，不过濡身。过此以往，弗能受也。其为名乎？则善恶书于史册，毁誉流于千载，赏罚悬于天道，吉凶灼乎鬼神，固可畏也。将以娱耳目乐心意乎？譬命驾而游五都之市⁽⁶⁴⁾，则天下之货毕陈矣；褰裳而涉汶阳之丘⁽⁶⁵⁾，则天下之稼如云矣；椎紒而守敖庚海陵之仓⁽⁶⁶⁾，则山坻之积在前矣；披衽而登钟山蓝田之上⁽⁶⁷⁾，则夜光玙璠之珍可观矣⁽⁶⁸⁾。夫如是也，为物甚众，为己甚寡。不爱其身，而啬其神。风惊尘起，散而不止。六疾待其前⁽⁶⁹⁾，五刑随其后⁽⁷⁰⁾。利害生其左，攻夺出其右。而自以为见身名之亲疏，分荣辱之客主哉！

天地之大德曰生，圣人之大宝曰位。何以守位曰仁，何以正人曰义。故古之王者，盖以一人治天下，不以天下奉一人也。古之仕者，盖以官行其义，不以利冒其官也。古之君子，盖耻得之而弗能治也，不耻能治而弗得也。原乎天人之性，核乎邪正之分。权乎祸福之门，终乎荣辱之算，其昭然矣。故君子舍彼取此，若夫出处不违其时，默语不失其人。天动星回⁽⁷¹⁾，而辰极犹居其所⁽⁷²⁾；玑旋轮转⁽⁷³⁾，而衡轴犹执其中⁽⁷⁴⁾。既明且哲⁽⁷⁵⁾，以保其身。贻厥孙谋⁽⁷⁶⁾，以燕翼子者，昔吾先友当从事于斯矣。

【注释】

（1）治乱，安定与动乱。《书·君牙》："民之治乱在兹。"运，世运，国运。

（2）穷达，困顿和显达。《墨子·非儒下》："穷达、赏罚、幸否，有极，人之知力，不能为也。"命，天命，命运。《易·乾》："乾道变化，各正性命。"孔颖达疏："命者，人所秉受若贵贱夭寿之属是也。"

（3）贵贱，富贵和贫贱。时，时运。《左传·文公十三年》："死之短长，时也。"

（4）道合，志趣相合，气味相投。玄同，冥默中与道混同为一。《老子》："塞其兑，闭其门，挫其锐，解其纷，和其光，同其尘，是谓玄同。"苏辙解曰："默然不言，而与道同矣。"

（5）合符，相符合。

（6）夫黄河清句，黄河本来混浊，古人以为黄河水清为祥瑞的征兆。圣人，指品德最高尚、智慧最高超的人。《易·乾》："圣人作而万睹。"

（7）里社鸣句，古人以为里社祠堂旁有狐狸鸣叫也是祥瑞的征兆。里社，古代里中祭祀土地神的处所。《史记·封禅书》："民里社，各自财以祠。"

（8）群龙见句，群龙出现，古人认为是祥瑞的征兆。龙，传说中的一种神异动物。群龙，喻贤臣。《易·乾》："云从龙，风从虎，圣人作而万物睹。"见，音义同"现"，出现。

（9）故伊尹三句，伊尹，商初大臣。名伊，一说名挚，尹是官名。传说奴隶出身，原为有莘氏的陪嫁之臣，汤任以国政。帮助汤攻灭夏桀。历辅卜丙、仲任二王，放逐篡位自立的太甲，后被太甲杀死。有莘氏，上古原始部落名。媵（yìng），古诸侯嫁女，以侄娣从嫁称媵。《左传·成公八年》："卫人来媵共姬，礼也。凡诸侯嫁女，同姓媵之，异姓则否。"阿衡，商代官名。师保之官。《书·太甲上》："惟嗣王不惠于阿衡。"孔传："阿，依。衡，平。言不顺伊尹之训。"伊尹曾任此职，故用以指伊尹。

（10）太公三句，太公，姜太公，即吕尚。周代齐国的始祖。姜姓，吕氏，名望，字子牙。相传年八十岁垂钓于渭水滨，得遇文王。西周初年为师（武官名），也称师尚父。后辅佐文王、武王，灭商有功，封于齐

（11）百里奚在虞三句，百里，即百里奚，春秋时秦国大夫。原为虞大夫，虞亡时被晋俘去，作为陪嫁之臣送入秦国。后出走到楚，又被秦穆以五张牡黑羊皮赎回，用为大夫。后与蹇叔、由余等共同帮助穆公建立霸业。

（12）张良受黄石之符十五句，张良（？—前185），字子房，相传是城父（今安徽亳州东南）人，汉初大臣。传说刺杀秦始皇后逃亡下邳（今江苏邳县）时，遇黄石公，得《太公兵法》（今传有《黄石公三略》）。在秦末农民战争中，"运筹帷幄之中，决胜千里之外"，佐刘邦定天下，建立汉朝。陈项，陈余和项梁，张良曾一度投靠两人。沛公，即刘邦。刘邦曾为沛县亭长，故称。

（13）篆图，即图篆，图谶，预言吉凶得失的文字。

（14）天人，天和人。

（15）格，度量，衡量。

（16）孔子曰七句，语出《礼记·孔子闲居第二十九》。清明，清静显著。躬，自身。

（17）诗云五句，见《诗经·大雅·崧高》。岳，指嵩山，号称中岳。甫（lǚ吕），国名，故城在今河南南阳县西三十里。国君姜姓。申，国名，故城在今河南南阳县北二十里，国君也姓姜。此二句言嵩山有神下降，生吕侯和申侯。翰，辅翼。此诗是周宣王时诗。宣王增加了母舅申伯的封地，申伯回国时，宣王的大臣尹吉甫作了《嵩高》诗，送给申伯。

（18）幽王之惑褒女也二句，周幽王（？—前771），姬姓，名宫涅。公元前781—前771年在位。因宠爱褒姒，废掉申后和太子宜臼。申后联合犬戎等攻周，他被杀于骊山下，西周灭亡。褒女，褒姒，褒国人，姓姒。褒人献给周，为幽王所宠，继被立为皇后。犬戎来攻时被俘。袄，同"妖"。夏庭，天子的夏宫。

（19）曹伯阳二句，曹伯阳，春秋曹国君，好田猎。曹鄙人公孙强也好田猎，获白雁献之。伯阳用为司成，说伯阳背晋于宋。宋景公伐之，晋不救。宋灭曹，二人被杀。社宫，古代祭祀土神的宫殿。

（20）叔孙豹二句，叔孙豹，春秋鲁国大夫。谥穆子，亦曰穆叔。穆姜淫于侨如，将乱。豹奔齐。侨如知事败，也奔齐，于齐拥立豹。后豹宠竖牛，二子被杀，豹也饿死。

（21）河洛，指河图洛书。古代儒家关于《周易卦形来源》及《尚书·洪范》"九畴"创作过程的传说。《易·系辞上》："河出图，洛出书，圣人则之。"古代认为出现"河图洛书"是帝王圣者受命之祥瑞。河，黄河。洛，洛河。

（22）成王，西周国王。姬姓，名诵。武王子。武王死后，由叔父周公旦辅政。亲政后，继续分封诸侯，加强对地方的控制，奠定了西周统治的基础。定鼎，旧传禹铸几鼎，以象九州，历商至周，作为传国重器，置于国都。因称定立国都为"定鼎"。《左传·宣公三年》："成王定鼎于郏鄏。"郏鄏，古地名，即周王城所在地。在今河南洛阳市西。

（23）幽厉，周幽王与周厉王，西周国王。二人执政期间，平民起义，外族入侵，皆于战乱中被杀，西周衰灭。

（24）二霸，指齐桓公和楚庄王。

（25）灵景，指周灵王、周景王，均东周国王。灵王公元前571—前545年在位。景王公元前544年—前520年在位。

（26）七国，指战国七强，即秦、楚、燕、赵、卫、韩、齐。

（27）亡秦，秦王朝。

（28）汉祖，即汉高祖刘邦。

（29）仲尼，即孔丘，字仲尼。被后代帝王封为至圣先师。

（30）颜冉，颜回和冉耕的并称，二人皆为孔子弟子，均以德行著称。

（31）訚訚（yín 银），和悦而能直言之态。洙泗，洙水和泗水，在山东曲阜城东北分流。

（32）孟轲孙卿，即孟子、荀子。

（33）鲁、卫，鲁国和卫国，春秋时两个诸侯国。

（34）定哀，鲁定公和鲁哀公，春秋时鲁国国君。定公公元前509年—前495年在位。哀公公元前495年—前466年在位。

（35）子西，即公孙夏，郑国人，子产同宗兄弟，子产便是继他主持郑国国政的。

（36）桓魋（tuí 颓），宋国司马向魋，因为是宋桓公的后代，故又叫桓魋。《史记·孔子世家》载："孔子去曹，适宋，与弟子习礼大树下。宋司马桓魋欲杀孔子，拔其树。孔子去，弟子曰'可以速矣！'孔子曰：'天生德于予，桓魋其如我何？'"

（37）屈厄于陈蔡，孔子周游列国时，曾在陈国和蔡国绝粮。厄，"厄"的异体字，困窘。

（38）叔孙，叔孙武叔，名州仇，鲁国大夫。《论语·子张》："叔孙武叔语大夫于朝曰：'子贡贤于孔子。'"

（39）弥纶，包括，统摄。

（40）子思（前483？—前402），子鲤之子，名伋。曾为鲁缪公师，著《子思》二十三篇，已佚。

（41）结驷，一车并驾四马，旧为显贵者所乘。结，连。造门，到门，到家。

（42）子夏，即卜商，字子夏，孔子学生，比孔子小四十四岁。升堂，登上厅堂。入室，进入内室，原来比喻造诣高深的程度。入室比喻最高境界，升堂次之。语出《论语·先进》。

（43）魏文侯（？—前393），名斯，战国时魏国的建立者，公元前445—前396年在位。任李悝为相，吴起为将，进行变法改革，使魏成为战国初期的强国。西河，一说在晋陕间黄河左右；一说在今河南安阳，其时黄河流经安阳之东，西河即河南之意。《史记·仲尼弟子列传》："子夏居西河教授，为魏文侯师。"

（44）屈原，指屈原自被放逐后自沉于湖南的汨罗江。

（45）贾谊，洛阳人，西汉杰出政治家、辞赋家。主张革新的政见不能实行，后贬长沙王太傅。后梁怀王坠马死，贾谊自责，抑郁而死。

（46）乐天知命，顺应天道的安排，懂得性命的限度，就能无忧无虑。这是一种宿命论观点。

（47）木秀于林，秀，高出。

（48）湍，冲击，冲刷。

（49）死生有命二句，语出《论语·颜渊》。意思是死生听凭命运，富贵由天安排。这是一种宿命论观点。

（50）蘧蒢（qú chú 巨除），有丑疾不能俯身的人。《诗经·邶风·新台》："燕婉之求，蘧蒢不鲜。"毛传："蘧蒢，不能俯者。"戚施，驼背，比喻诌谀献媚的人。

（51）絜，通"潔"，清洁。

（52）龙逢，关龙逢，夏代末年大臣。夏桀暴虐荒淫，他多次直谏，后被桀囚禁杀死。比干，商代贵族。纣王的叔父，官少师。相传屡谏纣王，被剖心而死。

（53）飞廉，商纣的谀臣。矫捷善走，与子恶来俱以才力事纣。武王克商，驱至海边而杀之。

（54）伍子胥，名员，字子胥，春秋时吴国大夫。曾帮吴王阖闾夺王位，攻破楚，击败越国。吴王夫差时渐被疏远，后赐剑命他自杀。镂（lú 驴），属镂，剑名。《史记·吴太伯世家》："吴王闻之，大怒，赐子胥属镂之剑以死。"

（55）费无忌，一作"费无极"。春秋楚国大夫。善谗。尝谗蔡大夫朝吴，出蔡侯永，谮太子建，杀连尹伍奢，其后又在谗使左尹郤宛杀令尹囊瓦，后被瓦所杀。

（56）汲黯，字长儒，濮阳（今河南濮阳西）人，西汉小臣。武帝时，任东海太守，继为主爵都尉。直言切谏，指出武帝"内多欲而外施仁义，奈何欲效唐虞之治乎！"出为淮阳太守，在任七年而死。

（57）张汤，杜陵人，西汉大臣。武帝时，历任廷尉、御史大夫等职。建议铸造白金及五铢钱，支持盐铁官营政策。牛车之祸，指乘坐牛拉的车。《史记·平准书》："汉兴，接秦之弊，丈夫从军旅，……自天子不能具钧驷，而将相或乘牛车，齐民无藏盖。"

（58）萧望之，字长倩，东海兰陵（今山东枣庄东南）人，西汉大臣。宣帝时，曾以儒家经籍教授太子（元帝），历任大鸿胪、太傅等官。元帝时，备受尊重。因遭宦官弘恭、石显等排挤，被迫自杀。跋踬，挫折，进退不得。

（59）石显，字君房，西汉济南人。坐法腐刑，为中黄门。元帝立，代弘恭为中书令。帝被疾，政事无大小，由石显自决。因杀萧望之，朝议汹汹。成帝即位，迁长信中太仆。御史丞相条奏显旧恶，免官徙归故里。病死途中。

（60）王莽（前45—23），字巨君，元城人，新王朝的建立者。8—23年在位。元帝皇后之侄，平帝立，以莽为大司马。后篡汉自立，建立新朝。在农民军攻破长安时被杀。董贤，字圣卿，西汉云阳（今陕西淳化西北）人。为哀帝宠幸，二十二岁官至大司马，操纵朝政。哀帝后，罢官后自杀。三公，古代三种中央最高官衔的合称。西汉以丞相（大司徒）、太尉（大司马）、御史大夫（大司空）为三公。

（61）杨雄，又作"扬雄"，字子云，易郡成都（今四川成都）人，西汉文学家、哲学家、语言学家。仲舒，董仲舒，广川人。少治《春秋》，下帷讲授，三年不窥园。西汉著名儒学大师。阒（qù去），寂静。《易·丰》："阒其无人。"

（62）齐景，齐景公，名杵臼。春秋时齐国君，在位时奴隶主贵族剥削残酷，赋税苛重，刑法残酷。千驷，一千辆四马拉的车。

（63）颜回，字子渊，鲁国人，孔子的得意门生，小孔子三十岁。原宪，即原思，字子思，孔子的弟子。

（64）五都，古代的五大城市。所指不一：汉时以洛阳、临淄、成都、宛、成都为五都；三国时以长安、洛阳、许、谯、邺为五都。

（65）褰裳，撩起下裳。汶阳之丘，指泰山。泰山在汶水之阳（北），故称。

（66）椎紒，同"椎髻"。敖庾，即敖仓。秦代所建仓名。故址在今河南郑州西北邙山上。山上有城，秦于其中置谷仓，故曰"敖仓"。海陵之仓，仓库名。汉吴王濞建。故址在今江苏泰东县东面的海陵。

（67）披衽（rèn 壬），披着衣襟。衽，同"衿"，衣襟。钟山，即紫金山，在今江苏南京东北。蓝田，县名。在陕西渭河平原南缘，秦岭北麓、渭河支流霸河上游。秦置县，以产美玉闻名。

（68）夜光，即夜明珠。宝珠名。玙璠，美玉。《左传·定公五年》："季平子行东野，还未至，丙申，卒于房，阳虎将以玙璠敛。"杜预注："玙璠，美玉，君所佩。"

（69）六疾，六种疾病：寒疾、热疾、米（四肢）疾、腹疾、惑疾、心疾。

（70）五刑，五种轻重不同的刑法。秦以前为：墨、劓、剕（刖）、宫、大辟（杀）；秦汉时为：黥、劓、斩左右趾、枭首、菹其骨肉；隋唐以后为：死、流、徒、杖、笞。

（71）天动星回，天体运动，星辰旋转。

（72）辰极，星极，天极，古代指天的南北两极。

（73）玑旋，指北斗星。

（74）衡轴，古代天文仪器的斗柄。

（75）既明且哲二句，意谓深明事理的人能保全自己。明哲，明智。语出《诗经·大雅·丞民》，孔颖达疏："既能明晓善恶，且又是非辨知，以此明哲择安去危，而保全其身，不致有祸败。"

（76）贻厥孙谋二句，意谓留下远大的谋略，能够安定保护他的子孙。语见《诗经·大雅·文王有声》。贻，留下。孙，读为"洵"，远。燕，安。翼，覆盖，遮护。

【毛泽东评说】

1975年6月3日，继5月27日之后，邓小平又主持了政治局会议，这是在政治局内部对江青、张春桥、姚文元、王洪文四个人的一次反击。事后不久，毛泽东找邓小平谈了一次，对这两次会议，表示了充分的肯定。最后，毛泽东向邓小平明确表示："没有大问题，你要把工作干起来。"邓小平说："这方面我还有决心就是了。""那好！"毛泽东很高兴。邓小平说："反对的人总是有的，一定会有。"毛泽东笑着说："木秀于林，风必摧之。"

——贾思楠：《毛泽东人际交往实录》，江苏文艺出版社1989年版，第332—333页。

【赏析】

李康不是一个有名的作者，但他写的《运命论》却是很有名的。运命，迷信的说法，是指命中注定的生死、富贵和一切遭遇。我们现在把这两个字倒过来叫作命运。命运，其实在古代也是一种迷信的说法，是指天命运数。汉代班固《白虎通议·灾变》说："尧遭洪水，汤遭大旱，命运时然。"是说水旱灾害被尧、汤碰上了，这是天命注定的。现在我们还用"命运"这个词汇，则是抛弃了其不科学成分，发扬了它唯物主义的因素，把命运看成客观事物发展的一种趋向、一种规律。

本文主要论述社会的治乱、时代的变迁与个人一生的穷达、贵贱的关系。作者认为，一个人能否取得成功（达、贵），不仅要看人际关系（人事），还要看是否符合事物发展规律（天、神），是否有良好的机遇（运）。为阐明这个中心论点，他从"原乎天人之性、核乎邪正之分、权乎祸福之门、终于荣辱之算"四个方面，举了大量的社会人事和自然现象事例，加以论证。例如：原乎天人之性方面，他举了伊尹、百里奚、姜太公、张良，原来都是贫贱出身，得遇明主之后，都是一展才华，成就一番事业，而自己的命运也由穷到达，从贱变贵，发生了根本的变化。再如他讲权乎祸福之门时，以木、水为例，总结出各为人们传诵的名句："故木秀于林，风必摧之。堆出于岸，流必湍之。行高于人，众必非之。"这些聪明睿智、富有哲理的话，充分地说明了人们对祸福应持的态度。总之，本文内容翔实，论证充分，条理分明，结构严密，是一篇不可多得的论说文章。其内容闪耀着朴素唯物主义的光辉，但也流露出明哲保身、乐天知乐的消极思想因素。

毛泽东在一九七五年六月接见邓小平时，当邓小平说自己有信心把工作做好，但肯定会有人反对时，毛泽东笑着说："木秀于林，风必摧之"，幽默而含蓄地引这两句话，意思是像长得特别高的树木一样，一定会遭到风的摧残。其言外之意是，遭到别人反对是自然的、不足为怪的，同意了邓小平的说法。这句话的寓意是赞扬邓小平是出类拔萃的人才，这是毛泽东对邓小平的高度评价。

李 密

　　李密（224—287），密，又作"宓"，字令伯，三国时犍为武阳（今四川彭山东）人。少师事谯周，以文学见称。后仕蜀汉为尚书郎，曾多次出使东吴，极有才辩。蜀汉亡后，晋武帝征为太子洗马，他以祖母老、无人奉养为由，辞不就任。祖母死后才出仕，官至汉中太守。不久，因怀怨免官，卒于家。他长于经学训诂，也曾授徒讲学。

【原文】

陈情表

　　臣密言：臣以险衅⁽¹⁾，夙遭闵凶⁽²⁾。生孩六月，慈父见背⁽³⁾；行年四岁，舅夺母志⁽⁴⁾。祖母刘愍臣孤弱⁽⁵⁾，躬亲抚养。臣少多疾病，九岁不行，零丁孤苦，至于成立。既无叔伯，终鲜兄弟，门衰祚薄⁽⁶⁾，晚有儿息。外无期功强近之亲⁽⁷⁾，内无应门五尺之僮⁽⁸⁾，茕茕孑立⁽⁹⁾，形影相吊⁽¹⁰⁾。而刘夙婴疾病⁽¹¹⁾，常在床蓐⁽¹²⁾，臣侍汤药，未曾废离。

　　逮奉圣朝⁽¹³⁾，沐浴清化⁽¹⁴⁾。前太守臣逵，察臣孝廉⁽¹⁵⁾，后刺史臣荣，举臣秀才。臣以供养无主，辞不赴命。诏书特下，拜臣郎中⁽¹⁶⁾，寻蒙国恩⁽¹⁷⁾，除臣洗马⁽¹⁸⁾。猥以微贱⁽¹⁹⁾，当侍东宫⁽²⁰⁾，非臣陨首所能上报⁽²¹⁾。臣具以表闻，辞不就职。诏书切峻⁽²²⁾，责臣逋慢⁽²³⁾，郡县逼迫，催臣上道；州司临门⁽²⁴⁾，急于星火。臣欲奉诏奔驰，则刘病日笃⁽²⁵⁾；欲苟顺私情，则告诉不许：臣之进退，实为狼狈。

　　伏惟圣朝以孝治天下⁽²⁶⁾，凡在故老，犹蒙矜育⁽²⁷⁾，况臣孤苦，特为尤甚！且臣少仕伪朝⁽²⁸⁾，历职郎署⁽²⁹⁾，本图宦达⁽³⁰⁾，不矜名节。今臣亡国贱俘，至微至陋，过蒙拔擢⁽³¹⁾，宠命优渥⁽³²⁾，岂敢盘桓⁽³³⁾，有所希冀。但以刘日薄西山⁽³⁴⁾，气息奄奄⁽³⁵⁾，人命危浅⁽³⁶⁾，朝不虑夕。臣无祖母，

无以至今日；祖母无臣，无以终余年⁽³⁷⁾，母、孙二人，更相为命，是以区区不敢废远⁽³⁸⁾。

臣密今年四十有四，祖母刘今年九十有六，是臣尽节于陛下之日长，报刘之日短也。乌乌私情⁽³⁹⁾，愿乞终养。臣之辛苦，非独蜀之人士及二州牧伯所见明知⁽⁴⁰⁾，皇天后土实所共鉴。愿陛下矜悯愚诚⁽⁴¹⁾，听臣微志，庶刘侥幸，卒保余年。臣生当陨首，死当结草⁽⁴²⁾。臣不胜犬马怖惧之情，谨拜表以闻。

【注释】

（1）险衅（xìn 信），灾难祸患。衅，缝隙、争端。

（2）夙（sù 诉），早。闵，忧患。

（3）见背，下世、去世，专指亲丧。

（4）舅夺母志，即舅父把母亲再嫁了出去。

（5）悯（mǐn 敏），怜惜、悲痛。

（6）门，家门。衰，衰微。祚（zuò 座），福气。

（7）暮（jī 基），暮服，穿一周年孝服的人。暮，同"期"。功，功服，穿大功服（九个月）、小功服（七个月）的亲族。强（qiǎng 抢）近，比较亲近。

（8）僮，古时受役使的未成年的人。

（9）茕茕（qióng 穷），无弟兄、孤独。孑（jié 节），单独、孤单。

（10）吊，安慰。

（11）婴，缠绕、牵绊。

（12）蓐，草席、草垫子。

（13）逮，赶到。圣朝，指晋朝。

（14）清化，清明的政治教化。

（15）孝廉，科目名，汉武帝时为选拔人才，每年令各郡选举孝廉、州选秀才。魏晋以后仍沿用这种制度。

（16）拜，授官或封爵。

（17）寻，不久。

（18）除，任官，除去旧官担任新职。洗（xiǎn 险）马，汉时太子的属官，晋朝后改掌图籍。

（19）猥，鄙陋，自谦的词。

（20）东宫，太子居住的宫殿。

（21）陨（yǔn 允），坠落。陨首，杀了头。

（22）切峻，急切而词语严峻。

（23）逋（bū 晡），逃亡。逋慢，迟缓怠慢。

（24）州司，州官，指地方官。

（25）日笃（dǔ 肚），病一天比一天沉重。

（26）伏惟，旧时下级对上级表示恭敬的用语，奏疏和书信中常用。

（27）矜，怜悯、怜惜。育，养育。

（28）伪朝，对被晋所灭的蜀国的称呼。

（29）郎署，指尚书台。李密曾在蜀汉任尚书郎。历职，一直升迁。

（30）宦，官职。

（31）过蒙拔擢（zhuó 浊），受到过分的提拔。

（32）宠命，恩命。优渥（wò 沃），优厚。

（33）盘桓，徘徊不前的样子。

（34）日薄西山，太阳接近西山，比喻人的寿命即将终结。

（35）奄奄，气息微弱的样子。

（36）危浅，危急、活不长。

（37）余年，剩下的日子。

（38）区区，细微，形容自己的私心。废远，弃置不顾而远离祖母。

（39）乌乌私情，相传乌鸦有反哺之情，用来比喻人的孝心。

（40）二州，指梁州、益州。牧伯，古代州官的名称。此处指太守逵与刺史荣。

（41）矜愍，怜惜。愚诚，愚拙的诚心。

（42）结草，比喻人死后也要报恩。事见《左传·宣公十五年》。

【毛泽东评说】

人民解放军横渡长江，南京的美国殖民政府如鸟兽散，司徒雷登大使老爷却坐着不动，睁起眼睛看着，希望开设新店，捞一把。司徒雷登看见了什么呢？除了看见人民解放军一队一队地走过，工人、农民、学生一群一群地起来之外，他还看见了一种现象，就是中国的自由主义者或民主个人主义者们也大群地和工农兵学生等人一道喊口号，讲革命。总之是没有人去理他，使得他"茕茕孑立，形影相吊"，没有什么事做了，只好挟起皮包走路。

——《别了，司徒雷登》，《毛泽东选集》第四卷，人民出版社1991年版，第1496页。

【赏析】

《陈情表》，选自萧统《文选》卷三十七。《文选》题作《陈情事表》，也简称为《陈情表》。这是李密写给晋武帝司马炎的一封信。这篇表也见《三国志》卷四十五《杨戏传》注，文字略有异同。这里依据《文选》。

李密的父亲早死，母亲何氏被迫改嫁，那时他才四岁，且又多病，完全靠祖母刘氏抚养成人。李密对祖母十分孝顺。皇始三年（267），晋武帝征他为太子洗马，因为祖母年老，无人奉养，他不肯应命，便写了这道表陈述情况。晋武帝看了很受感动，不仅同意了他的要求，还赐给他奴婢二人，并要郡县负责赡养他祖母的费用。祖母死后，他出仕河内温县令，有政绩。

这篇文章直陈真情，不假饰。作者叙述祖孙相依为命的情景，朴实生动，感人至深。句式亦散亦骈，整齐中略有参差，措辞委婉动听，感染力强，是一向为人们所传颂的作品。

尊老敬贤是中华民族的传统美德，孝敬老人，是后生晚辈的天职。《陈情表》较好地体现了这种传统美德，所以打动了一代又一代人。毛泽东在一九三九年写的《〈八路军军政杂志〉发刊词》中，援引古人"读诸葛《陈情表》而不流泪者，其人不忠"，便是文中表现的中华民族传统美德的肯定，今天也应该发扬光大。而在一九四九年写的《别了，司徒雷登》

一文中援引出表中的"茕茕孑立，形影相吊"的话，是形容李密从小无依无靠，孤苦伶仃的情景的，毛泽东借其形容南京解放以后，美国大使司徒雷登空前孤立的情状，十分生动、准确。

潘 尼

潘尼（约250—约311），字正叔，晋荥阳中牟（今河南中牟）人。少与叔父潘岳俱有文名。元康中，出为宛令。赵王司马伦篡位，尼称病归里。及齐王司马冏起兵讨伦，尼佐冏为参军。事平，封安昌公，官至中书令，永嘉中迁太常卿。《昭明文选》收有他的《赠陆机出为吴王郎中令》《赠河阳》等文。明人辑有《潘太常集》。《晋书》有传。

【原文】

安身论

盖崇德莫大乎安身，安身莫尚乎存正，存正莫重乎无私，无私莫深乎寡欲。是以君子安其身而后动[1]，以其心而后语，定其交而后求，笃其志而后行。然则动者吉凶之端也，语者荣辱之主也，求者利病之几也，行者安危之决也。

故君子不妄动也，动必适其道。不徒语也，语必经于理。不苟求也，求必造于义。不虚行也，行必由于正。夫然，用能免或击之凶，享自天之祐，故身不安则殆[2]，言不从则悖[3]，交不审则惑，行不笃则危。四者行乎中，则惠忧接于外矣[4]。忧患之接，必生于自私，而兴于有欲。自私者不能成其私，有欲者不能济其欲，理之至也。欲苟不济，能无争乎？私苟不从，能无伐乎？人人自私，家家有欲，众欲并争，群私交伐。争则乱之萌也，伐则怨之府也。怨乱既构，危害及之，得不惧乎！

然弃本要末之徒，恋进忘退之士，莫不饰才锐智，抽锋擢颖，倾侧乎势利之交，驰骋乎当涂之务，朝有弹冠之朋[5]，野有结绶之友[6]，党与炽于前[7]，荣名扇其后，握权则赴者鳞集，失宠则散者瓦解，求利则托刎颈之懽[8]，争路则构刻骨之隙。于是浮伪波腾，曲辩云沸，寒暑殊声，朝夕异价。驽蹇希奔放之迹⁽⁹⁾，铅刀竞一割之用⁽¹⁰⁾。至于爱恶相攻，与夺交战，诽谤噂𠴲⁽¹¹⁾，毁誉纵横，君子务能，小人伐技，风颓于上，俗弊于下。祸结而恨争也不强，患至而悔伐之未辨。大者倾国丧家，次则覆身灭祀⁽¹²⁾。其故何邪？岂不始于私欲，而终于争伐哉！

君子则不然，知自私之害公也，故后外其身；知有欲之伤德也，故远绝荣利；知争竞之遘灾也，故犯而不校；知好伐之招怨也，故有功而不为德。安身而不为私，故身正而私全；慎言而不适欲，故言济而欲从；定交而不求益，故交立而益厚；谨行而不求名，故行成而名美。止则立乎无私之域，行则由乎不争之涂，必将通天下之理，而济万物之性。天下犹我，故与天下同其欲；已犹万物，故与万物同其利。夫能保其安者，非谓崇生生之厚，而耽逸豫之乐也，不忘危而已。有期进者，非谓穷贵宠之荣，而藉名位之重也，不忘退而已；存其治者，非谓严刑政之威，而明司察之禁也，不忘乱而已。故寝蓬室，隐陋巷⁽¹³⁾，披短褐⁽¹⁴⁾，茹藜藿⁽¹⁵⁾，环堵而居⁽¹⁶⁾，易衣而出⁽¹⁷⁾，苟存乎道，非不安也。虽坐华殿，载文轩⁽¹⁸⁾，服黼绣⁽¹⁹⁾，御方丈⁽²⁰⁾，重门而处，成列而行，不得与之齐荣。用天时，分地利，甘布衣，安薮泽，沾体涂足，耕而后食，苟崇乎德，非不进也。虽居高位，飨重禄，执权衡⁽²¹⁾，握机秘⁽²²⁾，功盖当时，势侔人主⁽²³⁾，不得与之比逸。遗意虑，没才智，忘肝胆，弃形器，貌若无能，志若不及，苟正乎心，非不治也。虽繁计策，广术艺，审刑名，峻法制，文辩流离，议论绝世，不得与争功。故安也者，安乎道者也；进也者，进乎德者也；治也者，治乎心者也。未有安身而不能保国家，进德而不能处富贵，治心而不能治万物者也。然思危所以求安，虑退所以能进，惧乱所以保治，戒亡所以获存也。若乃弱志虚心，旷神远致，徙倚乎不拔之根，浮游乎无垠之外。不自贵于物，而物宗焉。不自重于人，而人敬焉。可亲而不可慢也，可尊而不可远也。亲之如不足，天下莫之能狎也⁽²⁴⁾。举之如易胜，而当世莫之能困也。达则济其道而不荣也，穷则善其身而不闷也。用则立于上而非争也，舍则藏于下而非让也。夫荣之所不能动者，则辱之所不能加也，利之所不能劝者，则害之所不能婴也，誉之所不能益者，则毁之所不能损也。

今之学者,诚能释自私之心,塞有欲之求,杜交争之原,去矜伐之态。动则行乎至通之路,静则入乎大顺之门,泰则翔乎寥廓之宇,否则沦乎浑冥之泉,邪气不能干其度,外物不能扰其神,哀乐不能荡其守,死生不能易其真。而以造化为工匠[25],天地为陶钧[26],名位为糟粕,势利为埃尘,治其内而不饰其外,求诸己而不假诸人,忠肃以奉上,爱敬以事亲,可以御一体,可以牧万民,可以处富贵,可以居贱贫。经盛衰而不改,则庶几能安身矣[27]。

【注释】

(1)是以,因此,所以。

(2)殆,危险。

(3)不从,《艺文类聚》作"不顺"。悖,违背,违反。

(4)惠忧,当作患忧。

(5)弹冠之朋,向友善者援引出仕的人。弹冠,弹去冠上的灰尘,整冠。

(6)野有结绶之友,在外地有做官的朋友。结绶,佩系印绶,指出仕为官。

(7)党与,同党之人。

(8)刎颈之懽,又作"刎颈之交",指同生死共患难的朋友。《史记·廉颇蔺相如列传》:"卒相与欢,为刎颈之交。"刎,割。懽,同"欢"。

(9)驽蹇(jiǎn简),能力低下的马。蹇,跛足。

(10)鈆,同"铅"。

(11)噂嗒,亦作"噂沓"。聚语之状,议论纷纷。《诗经·小雅·十月之交》:"噂沓背憎。"郑玄笺:"噂噂沓沓,相对谈语。"

(12)灭祀(sì巳),断了祭祀,指亡国灭种。祀,祭祀。

(13)陋巷,狭陋的街巷。

(14)短褐(hè贺),用兽毛或粗麻制成的短衣。古时贫苦人的衣服。《诗经·豳风·七月》:"无衣无褐,何以卒岁?"

(15)茹藜藿,吃粗劣的饭菜。茹,吃。藜藿,《史记·太史公自序》:

"粝粮之食，藜藿之羹。"张守节正义："藜，似藿而表赤；藿，豆叶。"

（16）环堵而居，周围只有残破的四堵墙，形容居室的残破简陋。堵，墙壁。

（17）易衣而出，意思是说全家只有一件衣服，谁外出就换上，形容非常贫穷。易，更，换。

（18）载文轩，乘坐华丽的车子。轩，古代一种供大夫以上乘坐的轻便车。车厢前顶较高，用漆有花纹或加皮饰的席子作障蔽。

（19）服黼（fǔ 府）绣，穿绣着花纹的礼服。黼，古代礼服上白与黑相间的花纹。

（20）御方丈，美食列于前方一丈。御，进食，食用。《诗经·小雅·吉日》："发彼小豝，殪此大兕，以御宾客。"孔颖达疏："御者，给与充用之辞。"方丈，一丈见方。《墨子·辞过》："美食方丈，目不能遍视。"

（21）执权衡，掌握权柄。权，秤锤；衡，秤杆。

（22）机秘，即机密，重要而需保密的军国大事。

（23）侔，等。人主，君王。

（24）狎，近。

（25）造化，大自然的创造者。

（26）陶钧，制陶器所用的转轮。比喻造就，创建。

（27）庶几，也许可以，表示希望。

【毛泽东评说】

道家言。

老氏。

——《读〈晋书〉批语》，载《毛泽东读文史古籍批语集》，中央文献出版社 1993 年版，第 169 页。

【赏析】

《安身论》节选自唐房玄龄等《晋书》卷五十五《潘尼传》。潘尼是西晋人。西晋政治混乱，门阀间互相倾轧，祸福无常，人命危浅。钻研老庄，嗜好清谈，以求安身立命，成为时尚。潘尼的《安身论》便是这种精神风尚的反映。所以文章开头便提出崇德、存正、无私和寡欲四种安身要义，而且要求通过安身、言从、交审、行笃来实现。否则人便会产生私欲，有私欲便会有争竞，有争竞便免不了攻伐，有攻伐便危及安身，就达不到安身的目的。但是那些"弃本要末之徒，恋进忘退之士"却反其道而行之，"大者倾国丧家，次则覆身灭祀"，后果严重。而君子则不这样做，因为他们："知自私之害公也，故后外其身；知有欲之伤德也，故远绝荣利；知争竞之遘灾也，故犯而不校；知好伐之招怨也，故有功而不德为"，最终达到"天下犹我，故与天下同其欲；己犹万物，故与万物同其利"。显而易见，潘尼主张的物我一体，去私灭欲，正是老、庄开启的"清心寡欲""清静无为"的道家思想的翻版。所以毛泽东认为《安身论》是"道家言"。这也说明毛泽东对道家思想是很熟悉的。

潘尼在《安身论》中，还有这样一段议论，如果你身居高位，执掌权柄，功高盖世，势倾人主，你怎么才能保命安身呢？潘尼说，应该"没才智，忘肝胆，弃形器，貌若无能，志若不及"，这种装愚守拙的主张，显然来自老子的大智若愚，大巧若拙，大音希声，大象无形。读到这里，毛泽东批道："老氏"，意思是说这些想法都是从《老子》一书中来的。老子、庄子被奉为道家的始祖。《史记·太史公自序》云："道家无为，又曰无不为，以因循为用。"班固《汉书·艺文志》曰："道家者流，……清虚以自守，卑弱以自持。"凡崇尚黄帝老庄之说及后世的道教，都是道教。故潘尼的《安身论》是道地的道家之言。

陶渊明

陶渊明（365—427），一名潜，字元亮，私谥靖节，浔阳柴桑（今江西九江）人，东晋大诗人。其出身于破落地主家庭，曾任江州祭酒、镇军参军、彭泽令等职。因不满当时士族地主把持政权的黑暗现实，而去职归隐。长于诗文辞赋，诗多描绘自然景色及其在农村生活的情景，其中的优秀作品隐喻着他对腐朽统治集团的憎恶和不愿同流合污的精神，但也宣扬了"人生无常""乐天安命"的消极思想。另一类诗则寄寓抱负，颇多悲愤慷慨之音。其艺术特色，兼有平淡与爽朗之胜，语言质朴自然，而又精练，具有独特风格。散文以《桃花源记》《五柳先生传》最有名。有《陶渊明集》。

【原文】

桃花源记

晋太元中⁽¹⁾，武陵人⁽²⁾，捕鱼为业。缘溪行⁽³⁾，忘路之远近。忽逢桃花林，夹岸数百步，中无杂树，芳草鲜美，落英缤纷⁽⁴⁾。渔人甚异之，复前行，欲穷其林⁽⁵⁾。

林尽水源，便得一山，山有小口，仿佛若有光。便舍船，从口入。初极狭，才通人⁽⁶⁾。复行数十步，豁然开朗⁽⁷⁾。土地平旷，屋舍俨然⁽⁸⁾，有良田美池桑竹之属⁽⁹⁾；阡陌交通⁽¹⁰⁾，鸡犬相闻。其中往来种作，男女衣著，悉如外人；黄发垂髫⁽¹¹⁾，并怡然自乐。

见渔人，乃大惊，问所从来。具答之。便要还家⁽¹²⁾，设酒杀鸡作食；村中闻有此人，咸来问讯⁽¹³⁾。自云先世避秦时乱，率妻子邑人来此绝境⁽¹⁴⁾，不复出焉；遂与外人间隔。问今是何世，乃不知有汉，无论魏、晋。此人一一为具言所闻⁽¹⁵⁾，皆叹惋。余人各复延至其家，皆出酒食。停数日，辞去。此中人语云："不足为外人道也。"

既出，得其船，便扶向路⁽¹⁶⁾，处处志之。及郡下⁽¹⁷⁾，诣太守，说如此⁽¹⁸⁾。太守即遣人随其往，寻向所志⁽¹⁹⁾，遂迷，不复得路。

南阳刘子骥⁽²⁰⁾，高尚士也。闻之，欣然规往⁽²¹⁾。未果⁽²²⁾，寻病终⁽²³⁾。后遂无问津者⁽²⁴⁾。

【注释】

（1）太元，东晋孝武帝司马曜的年号（376—396）。

（2）武陵，郡名，在今湖南省常德市境内。

（3）缘，沿着、顺着。

（4）落英缤纷，满地都是落花。落英，落花。一说指初开的花。

（5）穷，尽。水源，溪水的源头。

（6）才，仅仅、只能。

（7）豁然，开阔之状。

（8）俨然，整齐之状。

（9）属，类。

（10）阡陌（mò没）交通，道路互相连在一起。阡，东西的道路。陌，田间的小道，指南北走向。

（11）黄发，老人。垂髫（tiáo条），小孩。髫，小孩垂下来的头发。

（12）要（yāo妖），同"邀"，邀请。

（13）咸，都、全。

（14）绝境，与世隔绝的地方。

（15）具言，详细地讲。

（16）扶，沿、顺着。向路，来时的路。

（17）郡下，郡城内，指武陵。

（18）诣（yì意），至、到。

（19）志，标记。

（20）南阳，郡名，郡治在今河南南阳市。刘子骥，名麟之，东晋末隐士，好游山泽。《晋书·隐逸传》有传。

（21）规往，计划去。

（22）果，结果。此处是实现的意思。

（23）寻，不久。

（24）津，渡口。问津，问路，此处是访求的意思。

【毛泽东评说】

七 律

登庐山

一九五九年七月一日

一山飞峙大江边，跃上葱茏四百旋。

冷眼向洋看世界，热风吹雨洒江天。

云横九派浮黄鹤，浪下三吴起白烟。

陶令不知何处去，桃花源里可耕田？

——《毛泽东诗词集》，中央文献出版社1996年版，第113页。

陶渊明设想了一个名为桃花源的理想世界，没有租税，没有压迫。

——《毛泽东对〈毛主席诗词〉中若干词句的解释》，《毛泽东诗词集》，
中央文献出版社1996年版，第259页。

然则不平等、不自由、大战争亦当与天地终古，永不能绝，世岂有纯
粹之平等自由博爱者乎？有之，有惟仙境。然则唱大同之说者，岂非谬误
之理想乎？

人现处于不大同时代，而想望大同，亦犹人处于困难之时，而想望平
安。然长久之平安，毫无抵抗纯粹之平安，非人生之所堪，而不得不于平
安之境又生出波澜来。然大同亦岂人生之所堪乎？吾知一入大同之境，亦
必生出许出〔多〕竞争抵抗之波澜来，而不能安处于大同之境矣。是故老
庄绝圣弃智，老死不相往来之社会，徒为理想之社会而已。陶渊明桃花源
之境遇，徒为理想之境遇也，即此又可证明人类理想之实在性少，而谬误
性多也。是极治乱迭乘，平和与战伐相寻者，自然之例也。……

——《毛泽东读泡尔生〈伦理学原理〉第四章"害及恶"批语》，载
《毛泽东早期文稿》第二版，湖南出版社1990年版，第184—186页。

汉魏六朝

411

【赏析】

《桃花源记》是一篇内容新颖文字优美的散文。作者借武陵渔人无意中发现世外桃源的故事，为我们描绘了一幅没有剥削、没有压迫、农民过着自给自足的生活的美妙图景，表现作者厌恶现实社会、渴望理想生活的理想。这种理想尖锐地批判了当时的社会现实，也多少反映了人民的感情和愿望。

但是我们也要知道，桃花源是个乌托邦式的理想社会，它只存在于与世人隔绝的"绝境"。这说明，作者在当时想不出改变现实的办法，只好希望离开现实，这是时代的局限。今天看来，这种处世态度是消极的，不值得效法。

本文语言简洁平易，淳朴自然，描景状物，形象生动。作者以丰富的想象力和生花妙笔，创造了一个远离人世的理想境界。这个理想境界写得又质实，又虚幻。同是桃花源，质实的一面写得活灵活现，如在目前，虚幻的一面则写得迷离恍惚、无法追寻。这两方面的巧妙结合，更加突出了桃花源的妙不可言。

因此，桃花源为后人所津津乐道。毛泽东在青年时期就对桃花源的乌托邦性质有清醒的认识，这从他读泡尔生《伦理学原理》中可以看出来。在 1959 年写的《七律·登庐山》一诗中"陶令不知何处去，桃花源里可耕田？"用了一问号，显然也是持否定态度。在 1964 年 1 月 27 日所写的《对〈毛主席诗词〉中若干词句的解释》中，明确指出："陶渊明设想了一个名为桃花源的理想世界，没有租税，没有压迫。"其实在诗的结尾加以设问，乃是基于新时代新生活的现实而发出的带着微笑的想象啊！如今我们伟大祖国既已是现代化的桃花源了，陶潜的桃花源当然也不例外，因此才问陶令是不是又到桃花源里耕田去了呢？

【原文】

五柳先生传

先生不知何许人也[1]，亦不详其姓字[2]，宅边有五柳树，因以为号焉。闲静少言，不慕荣利。好读书，不求甚解[3]；每有会意，便欣然忘食。

性嗜酒，家贫不能常得。亲旧知其如此，或置酒而招之。造饮辄尽（4），期在必醉；既醉而退，曾不吝情去留（5）。环堵萧然（6），不蔽风日，短褐穿结（7），箪瓢屡空（8），晏如也（9）。常著文章自娱，颇示己志。忘怀得失（10），以此自终。

赞曰（11）：黔娄之妻有言（12）："不戚戚于贫贱（13），不汲汲于富贵（14）。"其言，兹若人之俦乎（15）？酬觞赋诗（16），以乐其志。无怀氏之民欤（17）？葛天氏之民欤（18）？

【注释】

（1）何许，何所，何处。

（2）姓字，姓氏和名字，即姓名。

（3）不求甚解，指读书只求了解个大概，不在词句上多下功夫。甚，很，极。

（4）造，到，去。辄，就。尽，指喝完。

（5）曾不，一点也不。吝情，在意，挂心。

（6）环堵，四壁，此指住室。萧然，冷落空洞之状。

（7）短褐（hè贺），古时下层人民所穿的粗毛短衣。穿，破洞。结，连缀，缝补。

（8）箪（dān）瓢屡空，常常缺吃少穿。箪，圆竹篮。瓢，饮器。《论语·雍也》："一箪食，一瓢饮，在陋巷，人不堪其忧，回也不改其乐。"又，《论语·先进》："回也其庶乎，屡空。"

（9）晏如，安然自在之态。

（10）忘怀，不在意，不放在心上。

（11）赞，史传后面有时附有赞语，用作对于人物事件的总结和评述。

（12）黔娄，春秋时人，清贫自守，不愿出仕。死后，其妻作诔曰："彼先生者，甘天下之淡味，安天下之卑位，不戚戚于贫贱，不忻忻于富贵。"见汉刘向《列女传》。

（13）戚戚，忧愁。

（14）汲汲，急于追求。

（15）若人，此人，指五柳先生。俦，同类。

（16）酣觞，指饮酒。觞，酒杯。

（17）无怀氏，传说中的上古帝王。《路史·禅通记》载，无怀氏之民，"甘其食，乐其俗，安其居而重其生意，形有动作，心怀好恶，老死不相往来"。

（18）葛天氏，传说中的上古帝王。《路史·禅通记》载，葛天氏之治，"不言而自信，不伦而自行"。意谓当时社会风俗淳朴，灭为而治。

【毛泽东评说】

现在我们很多同志，还保存着一种粗枝大叶、不求甚解的作风，甚至全然不了解下情，却在那里担负指导工作，这是异常危险的现象。

——《〈农村调查〉的序言和跋》，《毛泽东选集》第三卷，人民出版社1991年版，第789页。

【赏析】

《五柳先生传》见《陶渊明集》卷六。此文是陶渊明假托五柳先生而作的一篇自传。萧统《陶渊明传》说："渊明少有高趣，……尝著《五柳先生传》以自况，……时人谓之实录。"文中叙述陶渊明闲静少言，不慕荣利，家境困窘，嗜酒好书的情况，反映了陶氏生活的一个重要方面，所以称为"实录"。当然，它不是陶氏生活的全部，陶氏生活是多方面的。文中"好读书，不求甚解"常被人引用。其实陶氏的意思是，他读书时只求把握大概（主题、意蕴），不过分在词句上去穿凿。这表明陶氏对六朝盛行的烦琐考证、骈文对仗文风表示厌恶，不是浅尝辄止的意思。后来"不求甚解"变成了贬意，用于说明对事物不作深入细致了解，采取只求表面，马马虎虎、粗枝大叶的态度。毛泽东引用此语就是这种用法，批评有些同志，特别是领导同志，不去对事物作深入细致了解，掌握事物的本质和规律，而是粗枝大叶，只了解了一些表面现象，便浅尝辄止。这种作风对担负领导工作的人来说，是非常危险的。

王羲之

王羲之（321—379），字逸少，东晋琅玡临沂（今山东临沂）人，居会稽山阴（今浙江绍兴）。我国最著名的书法家，有"书圣"之称。他所作的简牍杂帖，随意挥写，自然有致；虽寥寥数行，其情意若千幅纸所不能尽。他长于诗文，但诗文为书法之名所掩。他胸怀豁达，又富有爱国思想，因而为当时人所敬重。曾官至右军将军，人称"王右军"。现存有辑本《王右军集》。

【原文】

兰亭集序

永和九年[1]，岁在癸丑[2]，暮春之初，会于会稽山阴之兰亭[3]，修禊事也[4]。群贤毕至[5]，少长咸集[6]。此地有崇山峻岭，茂林修竹[7]，又有清流激湍[8]，映带左右[9]，引以为流觞曲水[10]，列坐其次[11]，虽无丝竹管弦之盛[12]，一觞一咏，亦足以畅叙幽情[13]。是日也，天朗气清，惠风和畅[14]，仰观宇宙之大，俯察品类之盛[15]，所以游目骋怀[16]，足以极视听之娱[17]，信可乐也。

夫人之相与[18]，俯仰一世[19]。或取诸怀抱[20]，晤言一室之内[21]；或因寄所托[22]，放浪形骸之外[23]。虽趣舍万殊[24]，静躁不同[25]，当其欣于所遇，暂得于己，快然自足[26]，不知老之将至[27]；及其所之既倦[28]，情随事迁，感慨系之矣[29]！向之所欣[30]，俯仰之间[31]，已为陈迹[32]，犹不能不以之兴怀[33]；况修短随化[34]，终期于尽[35]。古人云："死生亦大矣"[36]，岂不痛哉！

每览昔人兴感之由，若合一契[37]，未尝不临文嗟悼[38]，不能喻之于怀[39]。固知一死生为虚诞[40]，齐彭、殇为妄作[41]。后之视今，亦犹今之视昔[42]，悲夫！故列叙时人，录其所述⁽⁴³⁾，虽世殊事异，所以兴怀，其致一也⁽⁴⁴⁾。后之览者，亦将有感于斯文。

【注释】

（1）永和九年，即公元353年。永和，晋穆帝司马聃年号（345—356）。

（2）癸丑，农历三月初三。

（3）会稽山阴，会稽，郡名，东汉时郡治移至山阴。山阴，县名，今浙江绍兴县。

（4）修禊（xì细），一种消除不洁的祭礼。古人风习，在农历三月上巳（上旬的巳日，魏以后固定为三月三日），临水而祭，以被除不祥，称为修禊。

（5）群贤，指谢安、孙绰、支遁等人。

（6）少长，少，指王家子弟，如其子王凝之，王徽之等人。长，指他自己和其他年长的人。

（7）修竹，高高的竹子。修，长。

（8）激湍（tuān猯），急流成漩涡的水。

（9）映带左右，辉映点缀在左右。

（10）引以为流觞（shāng商）曲水，引（清流激湍）作为流觞的水。觞，酒杯。流觞，把盛酒的杯放在曲水上游，任其循流而下，停在谁面前，谁就取而饮之。曲水，引水环曲为渠，以流酒杯。

（11）次，旁边。这里指水边。

（12）丝竹管弦之盛，箫、笛用竹制成，是管类。琴、瑟的弦用丝制成，是弦类。盛，多，这里有热闹之意。

（13）幽情，深藏的情怀。

（14）惠风，和风，春风。

（15）品类，指万物。

（16）游目骋怀，纵展目力（观察事物），舒展胸怀（欣赏风景）。

（17）极，尽。

（18）夫，句首语助词，用以引起议论。人之相与，人与人生活在一起。

（19）俯仰一世，度过一生。俯仰，低头和举头，比喻时间很短。

（20）怀抱，胸怀抱负。

（21）晤言，对面谈话。

（22）因寄所托，就着自己所爱的事物，寄托自己的情怀。因，依，随着。寄，寄托。所托，指所爱的事物。

（23）放浪形骸之外，不拘形迹之意。放浪，放纵不拘束。形骸，身体，形体。

（24）趣舍，取舍。趣，同"取"。

（25）静噪，安静和噪动。静，指"晤言一室之内"。噪，指"放浪形骸之外"。

（26）快然，高兴之态。

（27）不知老之将至，语出《论语·述而》："发愤忘食，乐以忘忧，不知老之将云尔。"

（28）所之，这里指所向往爱好的。之，往。

（29）感慨系之，对其事不胜感慨。系，随着，随附着。

（30）向，以前，过去。

（31）俯仰之间，指时间短暂。

（32）陈迹，旧迹。

（33）以之兴怀，因它而引起心中的感触。以，因。之，指"向之所欣"和"已为陈迹"。兴，发生，引起。

（34）修短，指寿命长短。化，指自然变化。

（35）终期于尽，终归于尽。期，限期。

（36）死生亦大矣，生死也是件大事。语出《庄子·德充符》："仲尼曰：'死生亦大矣，而不得与之变。'"

（37）契，古人用木或竹刻的契卷，分成两半，以合一为凭验。

（38）临文，看着那文章。临，有"视"的意思。

（39）不能喻之于怀，不能把（所嗟悼的）从怀中放下。一说，喻，理解，懂得。

（40）固知一死生为虚诞，这样才知道把死和生等同起来的说法是不真实的。固，乃，于是。一，看作一样。《庄子·大宗师》："孰知生死存亡之一体者，吾与之友矣。"

（41）齐彭、殇为妄作，把长寿和短命等同起来的说法是妄造的。齐，看作同等。彭，彭祖，相传尧时作过官，活过夏、商两朝，寿八百岁。殇，幼年死去的人。妄作，妄造，胡说。《庄子·齐物论》："莫寿于殇子，而彭祖为夭。"

（42）犹，如同，等于。

（43）述，著述，指所赋的诗、所作的文。

（44）致，情致。

【毛泽东评说】

又高先生评郭文已读过，他的论点是地下不可能发掘出真、行、草墓石。草书不会书碑，可以断言。至于真、行是否曾经书碑，尚待地下发掘证实。但争论是应该有的，我当劝说郭老、康生、伯达诸同志赞成高二适一文公诸于世。

——《毛泽东1965年7月18日致章士钊信》，载《毛泽东书信选集》，人民出版社1983年版，第602页。

郭老：

章行严先生一信，高二适先生一文均寄上，请研究酌处。我复章先生信亦先寄你一阅。笔墨官司，有比无好。未知尊意如何？

敬颂安吉！并问立群同志好。

毛泽东

一九六五年七月十八日

章信，高文留你处。我复章信，请阅后退回。

——《毛泽东1965年7月18日致郭沫若信》，载《毛泽东书信选集》，人民出版社1983年版，第604页。

【赏析】

本文选自《晋书》的《王羲之传》。题目《兰亭集序》，意思是兰亭会的诗集的序。有的书上作《三月三日兰亭诗序》，还有《兰亭序》《兰亭集》《临河序》《禊序》《禊帖》《兰台宴集序》等诸多名目。这些繁多的名称，所指亦有不同：一是指文章本身；二是指王羲之把本文写成的书帖。就文章而言，这是宴游诗序中很有名的一篇，文字朴素自然，像一篇优美的散文诗。就书法而言，它是书法大师王羲之的代表作，弥足珍贵。

兰亭，在今浙江绍兴县西南，地名兰渚，有亭叫兰亭。晋顺帝（司马聃）永和九年（353）农历三月三日，王羲之和当时的名士孙统、孙绰、谢安、支遁等四十一人，为过修禊日，宴集于会稽山阴的兰亭。这次的集会热闹非常，与会的人都作了诗，王羲之为那些诗写了这篇序，记下宴会的盛况，写出与会诸人的观感。他还精书了这篇序，写得遒媚劲健，这就是后世人们称道的《兰亭帖》。这篇文章，在记叙游乐的同时，也流露着感慨的气氛。但是，东晋崇尚清谈，士大夫喜谈老庄。王羲之在这篇文章中，对死生发出感慨，而力斥老庄"一死生""齐彭殇"的看法为虚伪妄作，认为生是生，死是生，不得等量齐观，这一点是胜于当时那些清谈家的。

此文以及书帖的著作权，从古至今，始终是一个有争议的问题。在古代，唐太宗李世民断定书帖是王羲之的真迹，后世历代帝王重臣都大力宣传。但也不断有人提出疑义，谈其真伪。在当代，1965年还由毛泽东促成了郭沫若与高二适的争论引起的关于《兰亭序帖》真伪问题的讨论。

争论是由郭沫若的《由王谢墓志的出土论到〈兰亭序〉的真伪》一文引起的。文章根据当时在南京附近出土的《王兴之夫妇墓志》《谢鲲墓志》《歆刘氏墓志》的考证，再加上其他论据，郭沫若认为，《兰亭序》这一著名书帖并不是出自王羲之之手。文章还进而考辨了《兰亭序》这篇文章的真伪，提出：南朝梁代昭明太子萧统的《文选》未收入《兰亭序》这篇写得很好的文章，就令人怀疑当时是不是有这篇文章。又据清朝末年广东顺德人李文田的考证，说明王羲之也没有写过《兰亭序》一文，目前传世的《兰亭序》是在王羲之作的《临河序》基础上加以修改、移易、扩大而成。这样，郭沫若的结论便是：世传王羲之《兰亭序》的书帖和文章，都是后人伪托的。

郭沫若的这篇文章在 1965 年 6 月 10 日至 11 日的《光明日报》和同年第六期《文物》杂志同时发表，反响较大。当时任南京市文史研究馆馆员的高二适不同意郭沫若的观点，写了篇《〈兰亭序〉的真伪驳议》，也举出若干论据，认为郭沫若提出的"《兰亭序》伪托说"是"站不住脚的"。高二适为了使自己的文章得以发表，把文章寄给了老友章士钊并附有一信，希望他的文章能得到毛泽东的支持，公开发表。章士钊便给毛泽东写信介绍高二适的情况并把高文一并寄给了毛泽东。毛泽东在 1965 年 7 月 18 日致章士钊的信中表示："争论应该是有的，我当劝说郭老、康生、伯达同志赞成高二适一文公诸于世。"当天，也致信郭沫若，劝道："笔墨官司，有比无好。"同时还把高二适的文章及他答复章士钊的信，一并寄给了郭沫若。郭沫若同意毛泽东的意见，同时还找当时的《光明日报》负责人穆欣商谈，在报上组织讨论。这样，一场关于《兰亭序》帖真伪问题的讨论，从《光明日报》开始，逐渐在一些报刊展开，持续达六七个月。争论双方的主要文章，文物出版社编辑部 1973 年汇编为《兰亭论辩》一书出版。关于这次讨论情况的始末，穆欣《办〈光明日报〉十年自序》也有披露，兹不重叙。

毛泽东热情促成关于《兰亭序》帖和文的讨论，不仅说明他对这个学术问题的关注，也可看出他提倡学术争鸣的一贯主张。

丘　迟

丘迟（464—508），字希范，吴兴乌程（今浙江吴兴）人。南朝齐时官至殿中郎。入梁，做过中书郎、临川王记室、司空中郎将等官。盛负文名，擅长骈文，诗歌善于模山范水，有"辞彩丽逸"的特色，是齐梁间著名作家。有辑本《丘司空集》一卷。

【原文】

与陈伯之书

迟顿首，陈将军足下⁽¹⁾，无恙⁽²⁾，幸甚幸甚。将军勇冠三军⁽³⁾，才为世出，弃燕雀之小志，慕鸿鹄以高翔⁽⁴⁾。昔因机变化⁽⁵⁾，遭遇明主⁽⁶⁾；立功立事，开国称孤。朱轮华毂⁽⁷⁾，拥旄万里⁽⁸⁾，何其壮也！如何一旦为奔亡之虏⁽⁹⁾，闻鸣镝而股战，对穹庐以屈膝⁽¹⁰⁾，又何劣邪！

寻君去就之际，非有他故，直以不能内审诸己，外受流言，沈迷猖獗⁽¹¹⁾，以至于此。圣朝赦罪责功⁽¹²⁾，弃瑕录用⁽¹³⁾，推赤心于天下⁽¹⁴⁾，安反侧于万物⁽¹⁵⁾；将军之所知，不假仆一二谈也。朱鲔喋血于友⁽¹⁶⁾，张绣剚刃于爱子⁽¹⁷⁾，汉主不以为嫌，魏君待之若旧。况将军无昔人之罪，而勋重于当世。夫迷途知返，往哲是与⁽¹⁸⁾；不远而复⁽¹⁹⁾，先典攸高⁽²⁰⁾。主上屈法申恩⁽²¹⁾，吞舟是漏⁽²²⁾；将军松柏不翦⁽²³⁾，亲戚安居，高台未倾⁽²⁴⁾，爱妾尚在，悠悠尔心，亦何可言！

今功臣名将，雁行有序。佩紫怀黄⁽²⁵⁾，赞帷幄之谋⁽²⁶⁾；乘轺建节⁽²⁷⁾，奉疆场之任⁽²⁸⁾。并刑马作誓⁽²⁹⁾，传之子孙。将军独靦颜借命⁽³⁰⁾，驱驰毡裘之长⁽³¹⁾，宁不哀哉！夫以慕容超之强⁽³²⁾，身送东市⁽³³⁾；姚泓之盛⁽³⁴⁾，面缚西都⁽³⁵⁾。故知霜露所均，不育异类⁽³⁶⁾；姬汉旧邦⁽³⁷⁾，无取杂种。北虏僭盗中原⁽³⁸⁾，多历年所，恶积祸盈，理至燋烂⁽³⁹⁾。况伪孽昏狡⁽⁴⁰⁾，

自相夷戮[41]；部落携离[42]，酋豪猜贰。方当系颈蛮邸[43]，悬首藁街[44]，而将军鱼游于沸鼎之中，燕巢于飞幕之上[45]，不亦惑乎！

暮春三月，江南草长，杂花生树，群莺乱飞。见故国之旗鼓，感平生于畴日[46]，抚弦登陴[47]，岂不怆悢。所以廉公之思赵将[48]，吴子之泣西河[49]，人之情也；将军独无情哉！想早励良规[50]，自求多福。

当今皇帝盛明，天下安乐。白环西献[51]，楛矢东来[52]。夜郎滇池[53]，解辫请职[54]；朝鲜昌海[55]，蹶角受化[56]。唯北狄野心[57]，倔强沙塞之间[58]，欲延岁月之命耳。中军临川殿下[59]，明德茂亲，揔兹戎重[60]，吊民洛汭[61]，伐罪秦中[62]。若遂不改[63]，方思仆言，聊布往怀，居其详之。丘迟顿首。

【注释】

（1）足下，对别人的尊称。

（2）无恙（yàng 样），古人惯用的问候语。恙，病。

（3）三军，泛指军队。

（4）弃燕雀二句，比喻陈伯之早年就有远大的志向。燕雀、鸿鹄事见《史记·陈涉世家》。

（5）因机，顺应时机。

（6）明主，指梁武帝萧衍。

（7）毂（gǔ 鼓），车轮中心的圆木。

（8）旄（máo 毛），古时用牦牛尾装饰的旗子，此处指旄节。古代武官持节专制一方，称为"拥旄"。万里，是说统制区域的宽阔。

（9）虏，俘获。鸣镝（dí 敌），响箭。镝，箭头。股战，大腿发抖。

（10）穹庐，毡帐，像现在的蒙古包一样。

（11）沈迷猖獗，迷惑狂妄所造成的。

（12）圣朝，指梁朝。赦（shè 涉），免除刑罚。责功，要求被赦免的人立功赎罪。

（13）瑕，玉上面的斑点。此处指过失、缺点。

（14）赤心，真心。

（15）反侧，动摇不定。

（16）朱鲔（wěi娓），人名，曾参与汉光武帝刘秀之兄刘伯升被更始皇帝刘玄所杀一事。事见《后汉书》李善注。喋血，血溅于地而污足。友于，兄弟，此指刘秀之兄刘伯开。

（17）刿（zì自），刺杀。张绣句事见《三国志·魏志·武帝纪》。

（18）往哲，以往的哲人、圣贤。是与，赞许、称赞。

（19）不远而复，即在迷途的路上走不远就回头。见《易经·复卦》。

（20）先典：古代的典籍，指《易经》。攸（yōu优），所。

（21）屈法，依法从轻。屈：弯曲，此处是松懈的意思。申恩，重视恩惠。

（22）吞舟，大鱼。《史记，酷吏列传序》"网漏于吞舟之鱼。"吞舟是漏，比喻法网宽疏。

（23）松柏，坟墓上种植松柏树，此处指坟墓。翦（jiǎn碱），除掉。

（24）高台，住宅。

（25）紫，紫绶。黄，指金印。

（26）赞，协助。帷幄，军中帐幕。《史记·留侯世家》："高帝曰：'运筹策帷帐中，决胜千里外，子房功也。'"

（27）轺（yáo姚），古代一种两匹马拉的小车。节，符节，使者所持的凭证。

（28）疆埸（yì益），边境。

（29）刑马，杀死马。

（30）靦（miǎn免），同"腼"，害羞。靦颜，厚着脸面。借命，偷生。

（31）毡裘，当时胡人的服饰。毡裘之长，胡人的头领，此处是指北魏君主。

（32）慕容超，南北朝南燕的国王。

（33）东市，原是汉朝在长安处决犯人的场所，后泛指刑场。晋义熙六年（410），慕容超被刘裕斩于建康，见《宋书·武帝纪》。

（34）姚泓，南朝后秦国王。

（35）面缚，面部向前手缚在背后。西都，指长安。

（36）育，养育。异类，杂种，指少数民族，是古时侮辱性的称呼。

（37）姬，周朝天子姓。姬汉旧邦，即北方中原地区是周朝汉朝的故国。

（38）北虏，指北魏。虏，古时对北方各少数民族的侮辱性称呼。僭（jiàn箭），超越本分，古时指地位在下的冒用上边的名义。

（39）燋，同"焦"，火力过大使东西烧成了炭。燋烂，比喻崩溃灭亡。

（40）伪孽（niè聂），指北魏宣武帝。

（41）夷戮，杀害、屠杀。

（42）携（xié胁）同"携"，带。

（43）系颈，用绳系住脖子，投降请罪。蛮邸，外族人在京城的住所。

（44）藁街，汉朝京城长安的街名，蛮邸即设于此。

（45）飞幕，飘摇不定的帐篷。

（46）畴日，昔日。

（47）弦，弓弦。陴（pí啤），城垛子。

（48）廉公，指战国时赵国名将廉颇。

（49）吴子，指战国时魏将吴起。

（50）良规，好的打算。

（51）白环，白玉制成的环。

（52）楛（hù互）矢，楛木制成的箭。

（53）夜郎，今贵州省桐梓县一带。滇池，在今云南省昆明市附近。

（54）解辫请职，意即归顺汉朝。

（55）昌海，今新疆维吾尔自治区罗布泊一带。

（56）蹶角，叩头。

（57）北狄，指北魏。

（58）掘强，同"倔强"。沙塞，沙漠边塞地带。

（59）中军临川殿下，指梁武帝萧衍之弟萧宏。

（60）揔，同"总"，主持。揔兹戎重，总领此次北伐的军事重任。

（61）吊，慰问。汭（ruì锐），河流汇合的地方。洛汭，洛水流入黄河的地方，在河南省巩义市一带，此处泛指洛阳地带。

（62）秦中，今陕西省中部地区。

（63）遂，照旧。

送周小舟同志：

"迷途知返，往哲是与，不远而复，先典攸高"，几句见丘迟与陈伯之书。此书当作古典文学作品，可以一阅。"朱鲔喋血于友于，张绣剚刃于爱子，汉主不以为嫌（疑），魏君待之若旧"，两个故事，可看注解。

毛泽东

八月一日夜十时

如克诚有兴趣，可给一阅。

——《毛泽东1959年8月1日致周小舟信》，转引自陈晋《毛泽东读书笔记解析》，广东人民出版社1996年版，第1239页。

【赏析】

《与陈伯之书》，选自《文选》卷四十三。陈伯之，济阴睢陵（今江苏睢宁）人。齐末为江州刺史。梁武帝萧衍起兵，他投降梁武帝。天监元年（502）投降北魏，为使持节散骑常侍、都督淮南诸军事、平南将军。天监四年（505），中军临川王萧宏率军北伐，陈伯之领兵相拒。宏命记室丘迟写信给陈伯之，劝他投降。陈伯之得信，果然从寿阳率众八千再次归降梁朝。

这是一篇出色的招降书。信中首先指责陈伯之投奔北魏的错误，使对方知错认错；再申述梁朝宽大为怀、既往不咎的政策，以解除陈伯之归降的顾虑；接着说明南方兵威之盛，北魏衰微将灭之势，给陈伯之指明出路；然后描写江南春天美丽的景色，从感情上唤起陈伯之的故国之思；文章还利用当时的民族矛盾，处处注意用民族自尊心去激励陈伯之，使他懂得屈膝于异族统治者的可悲可耻。全文说之以理，动之以情，晓之以义，写得委曲婉转，淋漓尽致。其中"暮春三月，江南草长，杂花生树，群莺乱飞"数语，寻常景物，一经道出，令人移情，历来为写景名句。只是文章中夹杂着大汉族主义的民族偏见，在今天看来是不恰当的。

毛泽东是在1959年庐山会议期间推荐给周小舟、黄克诚读《与陈伯之书》的。当时，因对"大跃进"的不同看法，周小舟、黄克诚与彭德怀、张闻天等被划作"反党集团"，认为是犯了严重路线错误，从而受到了不正确的批判。从毛泽东写给周小舟的信来看，他希望周小舟等犯了"错误"的同志能像陈伯之一样"迷途知返"。他在信中还引用的《与陈伯之书》中的"迷途知返"四句话，在原文里的意思是：迷途不远而知复返，这是以往的圣贤和过去的经典都赞同、嘉许的。这四句用来表达他当时的想法倒也合适。接下来引用文中的两个典故，一个是说东汉初年，朱鲔曾劝更始帝刘玄杀了刘秀的哥哥刘縯，后来刘秀又诚心招降了朱鲔，官至少府。另一个是三国时，董卓部将张绣投降曹操，不久又叛，并杀死了曹操长子曹昂，后来，张绣再次归降，在官渡之战中为曹操立了功，曹操仍旧信任他。丘迟在信中用这两个典故，意在说明，只要陈伯之归梁，萧梁会"不以为疑""待之若旧"，毛泽东的引用，其用意也很明显。

此外，毛泽东在信中还说："当作古典文学作品，可以一阅。"肯定了这篇文章的文学成就。

庾 信

庾信（513—581），字子山，南阳新野（今河南新野）人，北周文学家。初仕梁，后出使西魏，值西魏灭梁，被留。历仕西魏、北周，官至骠骑大将军、开府仪同三司，世称"庾开府"。善诗赋、骈文。在梁时作品轻靡绮艳，与徐陵皆为当时宫廷文学的代表，时称"徐庾体"。在西魏和北周，庾信虽有较高官职，但一直到死，未能回到南朝，国破家亡，常有"乡关之思"。写于这个时期的作品，萧瑟悲壮，内容、风格与早期有较大变化，为杜甫所推崇；但也有藻饰过重和用典太多之病。原有集，已散佚，后人辑有《庾子山集》，有清代倪璠、吴兆宜两种注本。

【原文】

谢滕王赉马启

某启[1]：

奉教[2]，垂赐乌骝马一匹[3]。柳谷未开[4]，翻逢紫燕[5]；临源犹远[6]，忽见桃花。流电争光[7]，浮云连影[8]。张敞画眉之暇[9]，直走章台；王济饮酒之欢[10]，长驱金埒。

【注释】

（1）某，自称之词。指代"我"或本名。旧时谦虚的用法。此是庾信谦称。启，泛指奏疏、公文、书函。《太平御览》卷五九五引服虔《通俗文》："官信曰启。"南朝梁刘勰《文心雕龙·奏启》："至魏国笺记，始云启闻。奏事之末，或云谨启……必敛饰入规，促其音节，辨要轻清，文而不侈，亦启之大略也。"

（2）奉教，接受教导。

（3）垂赐，恭敬之辞。赐，给。乌骊马，深黑色的骏马。骊，骅骊；骏马。

（4）柳谷，亦作"柳穀"。古以为主西方之官和仲所居，日落之处。《史记·五帝本纪》："申命和仲，居西土，曰昧谷"。裴骃集解引晋徐广曰："一作'柳谷'。日入于谷而天下冥，故曰昧谷。此居沾西方之官，掌秋天之政也。"

（5）翻逢紫鸳，反而得到所赐骏马。翻，反而。紫鸳，亦作"紫燕"，古代骏马名。《西京杂记》卷二："文帝自代还，有良马九匹，皆天下之骏马也……一名紫燕骊。"后泛指骏马。

（6）临源犹远二句，意谓骑上这紫燕骏马，仙境霎时即到。源，指桃源花。陶渊明《桃花源记》："晋太元中，武陵人捕鱼为业，缘溪行，忘路之远近。忽逢桃花林，夹岸数百步，中无杂树，芳草鲜美，落英缤纷；渔人甚异之。复前行，欲穷其林。林尽水源，便得一山。山有小口，仿佛若有光。便舍船，从口入。初极狭，才通人，复行数十步，豁然开朗。"下面便是陶渊明描写的"世外桃源"。二句用此段文字之意。

（7）流电，闪电。宋王谠《唐语林·补遗一》："马驰不止，迅若流电。"

（8）浮云连影，可与浮云骏马并驾齐驱。浮云，骏马名。《西京杂记》卷二："文帝自代还，有良马九匹，皆天下之骏马也。一名浮云。"

（9）张敞画眉之暇二句，张敞、字子高，汉平阳（今山西临汾西南）人。宣帝时为京兆尹，市无偷盗。然无威仪，尝走马章台街，自以便面拊马。又为妇画眉，长安中传张京兆眉忼。帝问之，对曰："臣闻闺门之内，夫妇之私，有过于画眉者。"帝不责之。后坐与杨恽厚，免归。数月，冀州盗贼纵横，帝思敞功，诏拜冀州刺史，乘传到部，盗贼屏息。元帝欲以为左冯翊，会病卒。画眉，以黛描饰眉毛。章台，汉代长安街名。

（10）王济饮酒之欢二句，王济，字武子，晋朝晋阳（今山西太原）人。少有逸才，风姿飒爽，便弓马，勇力绝人。尚武帝女常山公主。每侍见，未尝不咨论人物，及万机得失。济善清言，修饰辞全，讽议将顺，朝臣莫能尚。后以白衣领太仆。金埒，原指用钱币筑成的界垣，这里借指豪侈的骑射场。

【毛泽东评说】

一九四九年冬，一个下午，天下着鹅毛大雪。毛泽东打电话约刘斐去他那里吃晚饭。刘斐赶到中南海颐年堂时，见章士钊、符定一、仇鳌等人已经到了。饭前，大家海阔天空，从瑞雪丰年讲到自己已年过半百，有的已近古稀，又没学过马列书籍，是老朽无用了。毛泽东听大家如此议论，同他们谈了一段很长的话。……在谈话中，毛泽东转向符定一说："您也是我学生时代的老师哩，我的好多知识就是跟您学的哩！"大概毛泽东知道这位符老师有轻视人的口头禅，爱说别人"他能认几个字"，因此，当谈到魏晋南北朝文学的时候，毛泽东把庾信《谢滕王赉马启》顺口念了一段，然后风趣地问符老师："他（指庾信）总能认几个字吧？"符定一悦服地笑了，大家都笑了。

——李尚志：《难忘的教诲——刘斐先生回忆毛主席》，《人民日报》
1979 年 1 月 2 日。

【赏析】

本文选自《庾子山集》，是庾信得到滕王所赐良马后写给滕王的一封感谢信。滕王，即宇文逌（yōu 攸），字尔固突，北周文帝宇文泰之子，封滕王。大象五年（584）五月，就国于荆州新野郡（今河南新野一带）。次年冬，逌为隋文帝杨坚所害。此信当写于宇文逌就国之前，在京城长安期间。信中除表示对滕王厚爱的感谢外，还极力描摹了良马的雄姿和用途，文字虽短，辞彩斑斓，表现了庾信华丽文风的特色。

毛泽东很喜欢庾信的诗文辞赋，连这篇短短的《谢滕王赉马启》也十分熟稔。1949 年冬请章士钊、符定一等共进晚餐时，言谈之间便吟诵了其中的一段，并风趣地问他青年时代的老师符定一先生，"他总能认几个字吧？"原来符老先生轻视人有句口头禅，就是常说"他能认几个字"，毛泽东对老师的敬慕和委婉批评，都表现了出来。

萧　统

　　萧统（501—531），字德施，南兰陵（今江苏常州）人，南朝梁文学理论家。梁武帝长子，曾立为太子，未继位而卒，谥号"昭明"。喜好文学，《梁书》本传说他"引纳才学之士，赏爱无倦，恒自讨论篇籍，或与学士商榷古今；闲则继以文章著述，率以为常"。当时，著名文人殷芸、陆倕、王筠、刘孝绰、徐勉，萧子范等均与之游处。有文集二十卷，已佚。后人辑有《昭明太子集》。曾撰录王言诗之善者为《文章英华》三十卷，《文选》三十卷，古今典籍文言为《正序》十卷，还搜集陶渊明诗文，编成《陶渊明集》。

【原文】

文选序

　　式观元始⁽¹⁾，眇觌玄风⁽²⁾；冬穴夏巢之时，茹毛饮血之世⁽³⁾，世质民淳，斯文未作⁽⁴⁾。逮乎伏羲氏之王天下也⁽⁵⁾，始画八卦，造书契，以代结绳之政，由是文籍生焉。《易》曰⁽⁶⁾："观乎天文，以察时变；观乎人文，以化成天下。"文之时义，远矣哉！若夫椎轮为大辂之始⁽⁷⁾，大辂宁有椎轮之质？增冰为积水所成⁽⁸⁾，积水曾微增冰之凛⁽⁹⁾，何哉？盖踵其事而增华⁽¹⁰⁾，变其本而加厉⁽¹¹⁾；物既有之，文亦宜然；随时变改，难可详悉。

　　尝试论之曰：《诗序》云⁽¹²⁾："诗有六义焉，一曰风，二曰赋，三曰比，四曰兴，五曰雅，六曰颂。"至于今之作者，异乎古昔，古诗之体，今则全取赋名⁽¹³⁾。荀、宋表之于前⁽¹⁴⁾，贾、马继之于末⁽¹⁵⁾。自兹以降，源流实繁。述邑居则有"凭虚""亡是"之作⁽¹⁶⁾，戒畋游则有《长杨》《羽猎》之制⁽¹⁷⁾。若其纪一事，咏一物，风云草木之兴，鱼虫禽兽之流，推而广之，不可胜载矣。

又楚人屈原，含忠履洁，君匪从流，臣进逆耳，深思远虑，遂放湘南。耿介之意既伤，壹郁之怀靡愬⁽¹⁸⁾；临渊有《怀沙》之志⁽¹⁹⁾，《吟泽》有憔悴之容⁽²⁰⁾。骚人之文，自兹而作。

诗者⁽²¹⁾，盖志之所之也，情动于中而形于言：《关雎》《麟趾》⁽²²⁾，正始之道著⁽²³⁾；桑间濮上⁽²⁴⁾，亡国之音表；故风雅之道，粲然可观。自炎汉中叶，厥途渐异：退傅有"在邹"之作⁽²⁵⁾，降将著"河梁"之篇⁽²⁶⁾；四言五言，区以别矣。又少则三字⁽²⁷⁾，多则九言⁽²⁸⁾，各体互兴，分镳并驱。颂者，所以游扬德业，褒赞成功；吉甫有"穆若"之谈⁽²⁹⁾，季子有"至矣"之叹⁽³⁰⁾。舒布为诗，既言如彼；总成为颂，又亦若此。次则：箴兴于补阙⁽³¹⁾，戒出于弼匡，论则析理精微，铭则序事清润，美终则诔发，图像则赞兴。又：诏诰教令之流，表奏笺记之列，书誓符檄之品，吊祭悲哀之作，答客指事之制⁽³²⁾，三言八字之文⁽³³⁾，篇辞引序⁽³⁴⁾，碑碣志状，众制锋起，源流间出。譬陶匏异器⁽³⁵⁾，并为入耳之娱；黼黻不同⁽³⁶⁾，俱为悦目之玩⁽³⁷⁾。作者之致，盖云备矣。

余监抚馀间⁽³⁸⁾，居多暇日。历观文囿，泛览辞林，未尝不心游目想，移晷忘倦⁽³⁹⁾。由姬、汉以来，眇焉悠邈，时更七代⁽⁴⁰⁾，数逾千祀。词人才子，则名溢于缥囊⁽⁴¹⁾；飞文染翰，则卷盈乎缃帙⁽⁴²⁾。自非略其芜秽，集其清英，盖欲兼功，太半难矣！若夫姬公之籍⁽⁴³⁾，孔父之书⁽⁴⁴⁾，与日月俱悬，鬼神争奥，孝敬之准式，人伦之师友；岂可重以芟夷，加以剪截。老、庄之作，管、孟之流，盖以立意为宗，不以能文为本；今之所撰，又以略诸。若贤人之美辞，忠臣之抗直，谋夫之话，辨士之端，冰释泉涌，金相玉振。所谓坐狙丘⁽⁴⁵⁾，议稷下，仲连之却秦军⁽⁴⁶⁾，食其之下齐国⁽⁴⁷⁾，留侯之发八难⁽⁴⁸⁾，曲逆之吐六奇⁽⁴⁹⁾，盖乃事美一时，语流千载，概见坟籍，旁出子史，若斯之流，又亦繁博；虽传之简牍，而事异篇章；今之所集，亦所不取。至于记事之史，系年之书，所以褒贬是非，纪别异同；方之篇翰，亦已不同。若其赞论之综辑辞采，序述之错比文华，事出于沉思⁽⁵⁰⁾，义归乎翰藻。故与夫篇什，杂而集之。远自周室，迄于圣代，都为三十卷，名曰《文选》云尔。

凡次文之体，各以汇聚。诗赋体既不一，又以类分；类分之中，各以时代相次。

【注释】

（1）元始，起始，指原始时代。

（2）眇，同"渺"，远。觌（dí 敌），仔细看。玄风，远古之风。

（3）茹毛饮血，指原始人还不知熟食，捕到动物，连毛带血生吃。茹，吃。《礼记·礼运》："未有火化，食草木之实，鸟兽之肉，饮其血，茹其毛。"

（4）文，指文字文章，礼乐制度，即文化。

（5）伏羲，即包羲，传说中的上古帝王。相传他始画八卦，教民捕兔畜牧。

（6）《易》曰五句，《易》，《易经》，古代书名，卜筮之书。有《连山》《归藏》《周易》三种，合称《三易》，今仅存《周易》。"观乎天文"四句，见《易·贲卦》彖文。天文，自然之交。时变，四时变化。人文，见于文字记录的古代典籍。

（7）椎（zhuī 追）轮，截取圆木的断面做成的无辐车轮，借指简陋的小车。大辂（lù 路），古时天子所乘的车。

（8）增冰，即层冰，厚冰。增，通"层"。

（9）微，无。

（10）盖踵其事句，指由椎轮到大辂，虽是继续造车，但已增加了文饰。踵，继。增华、增加文饰。

（11）变其本句，指积水成冰，不仅改变了形状，而且变得更加寒冷。

（12）《诗序》，即《诗大序》，又称《毛诗序》。毛苌为《诗经》写的序言，包括大序、小序。下面引文见《诗大序》。

（13）古诗之体二句，意谓赋体本是《诗》的"六义"之一，后来却变成一种独立的文体。

（14）荀、宋，指荀子和宋玉，二人均为战国时期赋家。

（15）贾、马，指贾谊和司马相如，二人皆为西汉大赋作家。

（16）"凭虚"，指张衡的《西京赋》（因其首句为"有凭空公子者"）。"亡是"，指司马相如《上林赋》（首句有"亡是公师然而笑曰"）。

（17）《长杨》《羽猎》，指杨雄的《长杨赋》《羽猎赋》。

（18）壹郁，抑郁。靡愬，无处诉。愬，通"诉"。

（19）《怀沙》，屈原《九章》之一，据说为屈原投江之前的绝命词。

（20）"吟泽"句，语本《楚辞·渔父》："屈原既放，游于江潭，行吟泽畔……"

（21）诗者三句，系概括《诗大序》大意。

（22）《关雎》，《诗经·周南》的首篇。《麟趾》，《诗经·周南·麟之趾》的简称。

（23）正始，《毛诗正义》引郑笺："始者，王道兴衰之所由。"

（24）桑间濮上，语本《礼记·乐记》："桑间濮上之音，亡国之音。"代指乐调上的靡靡之音。

（25）退傅，退位之傅，指西汉韦孟。孟为楚元王及其子夷王、孙壬戊三代之傅（相），尝作诗谏壬戊荒淫无道，不听，去位。其《在邹》为四言体诗。

（26）降将，指李陵。"河梁"之篇，指《与苏武诗》，五言体。

（27）三字，指三言诗，如汉《安世房中歌》《郊祀歌》等。

（28）九言，九言诗，最早的作者是魏高贵卿公曹髦，见《文章缘起》，有目无诗。现存作品有谢庄《明堂歌》中《白帝》一首。

（29）吉甫句，《诗经·大雅·烝民》是尹吉甫所作，诗有"吉甫作诵，穆如清风"之句。

（30）季子句，《佐传·襄公二十九年》载，春秋时吴国公子季扎至鲁欢乐，为之歌《颂》，他赞叹道："至矣哉！"

（31）箴兴于补阙十句，以下各句中的箴、戒、论、铭、诔、赞、诏、告、教、令、表、奏、笺、记、书、誓、符、檄、吊、祭均为古代文体名。

（32）答客，指假借别人回答别人发问，用以书写情怀的一种文体。如东方朔《答客难》等。

（33）三言八字之文，骆鸿凯注："三言八字，疑即《文章缘起》所谓离合体是也。"案：离合体是一种把一字拆成两字，故云"离"，两字又可拼成一字，故云"合"，是一种文字游戏性质的隐语。

（34）篇、辞、引、序、碑、碣、志、状，皆古代文体名。

（35）陶匏，皆古代乐器。陶，即埙（xūn 勋），土制的乐器。匏（páo 袍），笙。

（36）黼黻（fǔ fú 府弗），古代礼服上所绣的花纹。

（37）翫，古玩字。

（38）监抚，监国抚民。萧统是太子，故有此言。

（39）晷（guǐ 鬼），日影，指时光。

（40）七代，指周、秦、汉、魏、晋、宋、齐七个朝代。

（41）缥囊，青白色的书袋。帛青白色叫缥。

（42）缃帙，浅黄色的书套。

（43）姬公之籍，泛指儒家尊奉的经典。姬公，周公姬旦。

（44）孔父，孔子。鲁哀公为孔子作诔，称孔子为尼父，见《史记·孔子世家》。

（45）所谓坐狙丘二句，曹植《与杨德祖书》李善注："《鲁连子》曰：齐之辩者曰田巴，辩于狙丘而议于稷下，毁五帝，辱三王，一旦而服千人。"

（46）仲连句，战国时秦兵围赵都邯郸，魏王派使臣劝赵尊秦为帝，鲁仲连闻之，前往严辞驳斥，打消了赵王尊秦的念头。秦兵知道后退却五十里。事见《战国策·赵策》和《史记·鲁仲连邹阳列传》。

（47）食其（yì jī 意基），楚汉战争时，刘邦派郦食其说齐曰王田广归汉，下齐七十余城。事见《史记·郦生陆贾列传》。

（48）留侯句，留侯，张良的封号。《史记·留侯世家》载，汉高祖刘邦欲封六国之后，张良以八事相难，才作罢。

（49）曲逆，陈平封曲逆侯。陈平佐汉，曾六出奇计。事见《史记·陈丞相世家》。

（50）事出于沉思二句，"事""义"，指赞论序述的写作。意谓史书听这些文字乃是精心结撰而成，讲究词彩。沉思，指作者深刻的艺术构思。翰藻，指表现在作品中的辞彩之美。二句互文见义。

【毛泽东评说】

中国自觉的文学批评的历史是从哪里开始的呢？从曹丕的《典论·论文》和曹植的《与杨德祖书》开始的吧！以后有《文心雕龙》等。……《昭明文选》里也有批评，昭明太子萧统的那篇序言里就讲，"事出于沈思"，这是思想性；又讲"义归乎翰藻"，这是艺术性。单是理论，他不要，要有思想性，也要有艺术性。

——《同文艺界代表的谈话》，《毛泽东文集》第七卷，人民出版社1999年版，第256页。

【赏析】

《文选》，又称《昭明文选》，是昭明太子萧统所编。这部现存最早的我国诗文总集，选录先秦至梁代作者一百二十人的作品，另有不知作者姓名的古乐府诗三首和古诗十九首。前人多认为萧统周围的文人如刘孝绰等曾参与编撰。此前，总集的编纂已蔚然成风。就其性质来讲，大约分为两类：一类辑录网罗，偏重保存文献；另一类鉴别品藻，意在去芜存精。《文选》属于后者。《文选序》说明了萧统对"文"的基本认识，选文的目的、范围、体例、标准，是了解其文学，阅读《文选》的重要文献。

《文选序》主要论述了三个方面的问题：一，文学的发展观。序言首先肯定文章随时变改的特点，并以踵事增华、变本加厉来概括其发展规律。二、论诸种文体。魏晋以降，文坛对文体辨析日趋精细。序文论及文体三十多种，与正文文体三十七类大致相符。三、说明编选的目的，选录标准和编选体制。编选的目的是"略去芜秽，集其清英"。编选的体制是，以单篇文章为主，但对于经部、史部的一些有文学性的序文，史部的一些赞论也酌情收入。而选录的标准，就是"事出于沉思，义归乎翰藻"。意思是说，文章描写什么题材，须有意义可寻；而这意义的表现，必须是通过深沉的艺术构思，见出语言辞藻之美。所以，毛泽东说，"事出于沉思"，这是思想性；"义归乎翰藻"，这是艺术性。在萧统看来，入选的文章，"要有思想性，也要有艺术性"。

《水经注》

《水经》三卷，是我国古代一部记载全国河流水道的地理书。旧题是汉朝人桑钦所著，一作郭璞撰；据明清学者考证，可能是东汉或魏晋人写的。原书极为简略，北魏郦道元为之作注，合成四十卷。郦道元博采汉魏以来许多山川土风、历史文献，繁征博引，并根据亲身经历，以水道为纲，详细地记述所经地域的地理情况、建置沿革、名胜古迹、历史事件、民间传说、风土景物。所记大小水道一千多条，引证书籍达四百三十七种，详加考求，内容丰富。文字简练优美，行文骈散结合，以写景文字最为人传诵，具有较高的文学价值，被推崇为我国游记文学的开山之作，对后代文学有很大影响。明、清学者朱谋玮、戴震、赵一清等为之校勘，把"经"文和"注"文分别清楚，对研究《水经注》很有贡献。清人王先谦的《合校注水经注》最后出版，甚为详备。

郦道元（？—527），字善长，北魏范阳涿鹿（今河北涿州）人。父亲郦范，为平东将军，青州刺史，封范阳公。郦道元，历任州刺史、尚书主客郎、御史中尉等官职。因侍中城阳王徽进谗，被派遣为关右大使。后为雍州刺史萧宝夤所害。平生好学，博览群书，著作现只有《水经注》流传于世。

【原文】

三　峡

江水又东，迳广溪峡[1]，斯乃三峡之首也。峡中有瞿塘、黄龛二滩，其峡盖自昔禹凿以通江，郭景纯所谓"巴东之峡，夏后疏凿"者也[2]。

江水又东，迳巫峡[3]，杜宇所凿以通江水也[4]。江水历峡，东迳新崩滩，其间首尾百六十里，谓之巫峡，盖因山为名也。

自三峡七百里中⁽⁵⁾，两岸连山，略无阙处⁽⁶⁾。重岩叠嶂⁽⁷⁾，隐天蔽日，自非亭午夜分⁽⁸⁾，不见曦月。至于夏水襄陵⁽⁹⁾，沿泝阻绝。或王命急宣⁽¹⁰⁾，有时朝发白帝⁽¹¹⁾，暮到江陵⁽¹²⁾，其间千二百里，虽乘奔御风⁽¹³⁾，不以疾也⁽¹⁴⁾。春冬之时，则素湍绿潭⁽¹⁵⁾，回清倒影⁽¹⁶⁾，绝巘多生怪柏⁽¹⁷⁾，悬泉瀑布，飞漱其间⁽¹⁸⁾，清荣峻茂⁽¹⁹⁾，良多趣味⁽²⁰⁾。每至晴初霜旦，林寒涧肃，常有高猿长啸，属引凄异⁽²¹⁾，空谷传响，哀转久绝⁽²²⁾。故渔者歌曰："巴东三峡巫峡长⁽²³⁾，猿鸣三声泪沾裳！"

【注释】

（1）迳，经过。广溪峡，就是瞿塘峡，在四川奉节县东。

（2）郭景纯，郭璞，字景纯，东晋闻喜（今山西闻喜）人，擅长辞赋。夏后，夏禹。后，君主。

（3）巫峡，在四川巫山县东。

（4）杜宇，传说中的古蜀国的国王。《华阳国志》云："鱼凫王后有王曰杜宇，号曰望帝。会有水灾，禅位其相开明，升西山隐焉。"

（5）自，有于、在的意思。三峡，瞿塘峡（广溪峡）、巫峡、西陵峡的合称。西陵峡在湖北宜昌西。

（6）略无阙处，一点也没有中断的地方。阙，同"缺"。

（7）嶂，像屏障似的高山。

（8）自非二句，自非，若不是。亭午，正午。夜分，夜半。曦，日光，此指太阳。

（9）至于二句，襄，上，这里指水漫上。陵，山岗。沿，顺流而下。泝，逆流而上。

（10）或王命急宣，偶或皇帝有命令必须迅速传达。

（11）白帝，城名，在今四川奉节县东北。

（12）江陵，今湖北江陵县。

（13）乘奔，乘着奔马。奔，指飞奔的马。御风，驾着风。

（14）不以，不如。

（15）素，白色。湍，急流。潭，深水。

（16）回清倒影，在回旋的清水中，倒映着各种景物的影子。

（17）绝巘（yǎn 严），极高的山顶。巘，凹形的山顶。

（18）飞漱，飞流冲荡。

（19）清荣峻茂，水清，树荣，山高，草茂。

（20）良，真，实在。

（21）属（zhǔ 主）引，连续不断。凄异，凄清怪异。

（22）哀转久绝，猿哀鸣的声音许久才停止。转，同"啭"，指猿叫声。

（23）巴东，东汉郡名，在今四川东部云阳、奉节一带，治所在今奉节。

【毛泽东评说】

我看《水经注》作者也是一位了不起的人。他不到处跑怎么能写得那么好？这不仅是科学作品，也是文学作品。

——逄先知：《读有字之书，又读无字之书》，龚育之等：《毛泽东的读书生活》，生活·读书·新知三联书店 1986 年版，第 270 页。

水调歌头

游 泳

一九五六年六月

才饮长沙水，又食武昌鱼。万里长江横渡，极目楚天舒。不管风吹浪打，胜似闲庭信步，今日得宽馀。子在川上曰：逝者如斯夫！

风樯动，龟蛇静，起宏图。一桥飞架南北，天堑变通途。更立西江石壁，截断巫山云雨，高峡出平湖。神女应无恙，当惊世界殊。

——《毛泽东诗词集》，中央文献出版社 1996 年版，第 95—96 页。

【赏析】

本文节选自《水经注·江水》。江水是记叙长江流经的情形的，原文较长，这里只节录"三峡"部分。《三峡》这段文字写举世闻名的长江三峡——瞿塘峡、巫峡、西陵峡，主要写巫峡两岸高峻的山势、奔流的江水，以及三峡中四时景色的变化，有声有色，富于诗意，成为传诵的名篇。文中描状三峡地区的山门形貌及四时变化，不仅符合客观实际，文字也极其优美，确如毛泽东对《水经注》全书所作的评价："这不仅是科学作品，也是文学作品。"1956年毛泽东写的《水调歌头·游泳》词中为我国人民描绘的建设三峡、造福社会的宏伟蓝图，已随着三峡工程的实施而变为现实。

【原文】

中流砥柱

砥柱[(1)]，山名也。昔禹治洪水[(2)]，山陵当水者，凿之，故破山以通河。河水分流，包山而过。山见水中若柱然[(3)]，故曰砥柱也。

【注释】

（1）砥（dǐ 氏）柱，在今河南三门峡东，矗立于黄河中流，20 世纪50 年代末 60 年代初修建黄河三门峡水库大坝时已炸毁。

（2）昔，从前。禹，夏禹。

（3）见，同"现"。

【毛泽东评说】

没有中国共产党的努力，没有中国共产党人做中国人民的中流砥柱，中国的独立和解放是不可能的。中国的工业化和农业近代化也是不可能的。

——《论联合政府》，《毛泽东选集》第三卷，人民出版社1991 年版，第 1098 页。

【赏析】

本文节选自北魏郦道元《水经注·河水》。"河水"是记述黄河流经的情形的，"中流砥柱"是一大奇观。文中记述了砥柱的形成及雄姿，是"中流砥柱"比较完整的记述。在此之前的《晏子春秋·内篇谏下》，也说过"以人砥柱之中流"的话。但述说不清，故采用郦道元的记载。砥柱，山名，因其屹立于河南三门峡东北黄河中流，其形如柱，故称"中流砥柱"。后用以比喻能顶住危局的坚强力量或重要人物。

毛泽东在《论联合政府》中使用"中流砥柱"一词，在于比喻中国共产党在中国人民当中起了坚强的支柱力量，承担了重任。历史已经雄辩地证明：有了中国共产党的坚强领导，中国人民不仅取得了抗日战争的胜利、解放战争的胜利，而且夺得了社会主义革命和建设的一个个胜利，已经把贫穷落后的旧中国建成繁荣昌盛的社会主义强国。

《三国志》

　　《三国志》，纪传体三国史，西晋陈寿撰。六十五卷，分魏、蜀、吴三志。无表志。魏志前四卷称纪，蜀、吴两志有传无纪。三国鼎立，皆欲统一中国，作者对曹操、刘备、孙权、诸葛亮等都有所评论，但常常以貌论人，宣扬英雄史观，反映了本书唯心主义形而上学的思想体系。以叙事较为简略，南朝宋裴松之为之作注，注文多出本文数倍，保存的史料甚丰。近人卢弼有《三国志集解》。

　　陈寿（233—297），字承祚，巴西安汉（今四川南充北）人，西晋著名史学家。少时师事谯周，因不愿屈服擅权的黄皓，屡遭贬黜。入晋，历仕著作郎、治书侍御史。晋灭吴后，集合三国时期官私所修史书，十余年间，撰成《三国志》。

【原文】

士别三日

　　初，权谓蒙及蒋钦曰[1]："卿今并当涂掌事[2]，宜学问以自开益。"蒙曰："在军中常苦多务，恐不容复读书。"权曰："孤岂欲卿治经为博士邪[3]？但当令涉猎见往事耳[4]。卿言多务，孰若孤[5]？孤少时历《诗》《书》《礼记》《左传》《国语》，惟不读《易》。至统事以来[6]，省三史[7]、诸家兵书，自以为大有所益。如卿二人，意性朗悟[8]，学必得之，宁当不为乎？宜急读《孙子》[9]《六韬》[10]《左传》《国语》及三史。孔子言：'终日不食，终夜不寝以思，无益，不如学也。'光武当兵马之务[11]，手不释卷。孟德亦自谓老而好学[12]。卿何独不自勉勖邪[13]？"蒙始就学，笃志不倦[14]，其所览见，旧儒不胜[15]。后鲁肃上代周瑜[16]，过蒙言议[17]，常欲受屈[18]。肃拊蒙背曰："吾谓大弟但有武略耳，至于今者，学识英博，非复吴下阿蒙⁽¹⁹⁾。"蒙曰:"士别三日⁽²⁰⁾,即更刮目相待。大兄今论,何一称穰侯乎⁽²¹⁾?兄今代公瑾,既难为继,且与关羽为邻⁽²²⁾。斯人长而好学⁽²³⁾,读《左传》略皆上口,梗亮有雄气⁽²⁴⁾,然性颇自负,好陵人。今与为对,当有单复以乡待之⁽²⁵⁾。"密为肃陈三策,肃敬受之,秘而不宣。权常叹曰:"人长而进益,如吕蒙、蒋钦,盖不可及也。富贵荣显,更能折节好学⁽²⁶⁾,耽悦书传,轻财尚义,所行可迹,并作国士⁽²⁷⁾,不亦休乎⁽²⁸⁾!"

【注释】

(1)蒋钦,字公奕,吴寿春(今安徽寿县)人,屡立战功,为荡寇将军。

(2)当涂,当道,当权。

(3)博士,古代学官名。六国时有博士,秦因之,诸子、诗赋、术数、方伎皆立博士。职责是教授、课试,或奉使、议政。汉文帝设一经博士,武帝时设五经博士。

(4)涉猎,广泛浏览。

(5)多务,事务繁杂。孤,孙权自称。

(6)统事,统领吴国军事。

(7)省(xǐng醒),明白,理解。三史,当时称《史记》《汉书》和《东观汉记》为三史。

(8)朗悟,明白开通。

(9)《孙子》,即《孙子兵法》。

(10)《六韬》,古代兵书。相传为周代吕望(姜太公)作。后人考证,大约是战国后期作品。包括文韬、武韬、龙韬、虎韬、豹韬、犬韬等部分。

(11)光武,汉光武帝,即刘秀(前6—后57),东汉王朝的建立者。25—57年在位。

(12)孟德,即曹操,孟德是他的字。

(13)自勉勖(xù叙),自己勉励自己。

(14)笃志,志向专一不变。

(15)旧儒不胜,从前的读书人还比不过他。

（16）鲁肃（172—217），字子敬，临淮东城（今安徽定远）人。赤壁之战时，与周瑜坚决主战，并建议联合刘备共抗曹操。周瑜死后，任奋武校尉，代领其军。周瑜（175—210），字公瑾，庐江舒县（今安徽舒城）人，孙策好友，后于张昭共辅孙权，任前部大都督，建安十三年（208），率吴军大破操于赤壁，后病死。

（17）过，走访。

（18）常欲受屈，常常在论辩中理屈词穷。

（19）非复吴下阿蒙，不再是人们常说的生长在吴地的阿蒙了。

（20）士别三日二句，与士子分别三天，就要用新的眼光看待他。刮目，擦眼睛，指去掉过去的看法。

（21）一称，一味称道。穰侯，战国时秦相，即魏冉，封于穰，故称穰侯。秦昭王时，任用白起，败韩、楚、魏，拔魏之河南，取大小六十余城，立有大功。

（22）关羽（？—219），字云长，河东解县（今山西运城）人，蜀汉大将，镇守荆州。

（23）斯人，此人，指关羽。

（24）梗亮，为人耿直，心地光明。

（25）单复，指出奇制胜之术。乡，同"向"。

（26）折节，改变平日的志向和行为。

（27）国士，国中杰出的人物。

（28）休，美善。

【毛泽东评说】

吕蒙是行伍出身的，没有文化，很感不便，后来孙权劝他读书，他接受了劝告，勤读苦读，以后当了东吴的统帅。现在我们的高级军官中，百分之八九十都是行伍出身，参加革命后才学文化的，他们不可不读《三国志》的《吕蒙传》。

——余湛邦：《张治中将军随同毛泽东巡视大江南北的日子》，
《团结报》1983年12月13日。

你的勇气，看来比过去大有增加。士别三日，应当刮目相看了。

——《致周世钊（1958 年 10 月 25 日）》，《毛泽东书信选集》，人民
出版社 1983 年版，第 548 页。

【赏析】

本文选自《三国志·吴书·周瑜鲁肃吕蒙传》裴松之注引《江表传》，写吕蒙接受孙权劝告，刻苦攻读史籍、兵书，获得很大收益的故事。

吕蒙（178—219），字子明，汝南富陂（今安徽阜南东南）人，三国时东吴大将。15 岁就开始随姐夫出征。孙策很赏识他的勇敢。孙权即位后，任横野中郎将，随孙权攻战各地，多有战功。但他少不修书传，每陈大事，常口占为"笺疏"。于是孙权劝他读书，此后吕蒙见多识广，更加有勇有谋。曾随周瑜、鲁肃、程普等大破曹操于赤壁。周瑜死后，鲁肃接任东吴统帅，在如何对待关羽的问题上，吕蒙帮助鲁肃筹划了"五策"，使鲁肃十分惊异。后来，吕蒙代替鲁肃成了东吴的统帅，为孙权出了不少好主意，领兵作战，几乎无不取胜，特别是袭杀关羽，夺回荆州一事，为东吴立了大功。据《吕蒙传》记载，吕蒙领兵与关羽对峙时，关羽正在攻打曹魏占据的樊城，吕蒙上书孙权说："羽讨樊而多留备兵，必恐蒙图其后故也。蒙常有病，乞分士众还建业，以治病为名。羽闻之，必撤备兵，尽赴襄阳。大军浮江，昼夜驰上，袭其空虚，则南郡可下，而羽可擒也。"毛泽东读至此，批注道："诡计"。这是指吕蒙的计谋。后来关羽果然中了吕蒙之计，抽调荆州后方大量兵力赶赴襄阳、樊城前线，吕蒙便轻而易举地夺回荆州，关羽在回兵时，也被擒杀。这是吕蒙诡计所建大功。孙权评价吕蒙说："子明少时，孤谓不辞剧易，果敢有胆而已；及身长大，学问开益，筹略奇至，可以次于公瑾。"《三国志》作者接着说："吕蒙勇而有谋断，识军计，谲郝普，擒关羽，最其妙者。……有国士之量，岂徒武将而已乎？"

毛泽东十分赞赏身为武将而能勤奋苦读的精神。1958 年 9 月，他到安徽视察工作，同行的有民主人士张治中和当时任公安部部长的罗瑞卿。在火车上，毛泽东读《三国志·吴书·吕蒙传》闲谈中，对张治中、罗瑞卿

二人说了我们上面引述的那段话，并且还向罗瑞卿推荐《吕蒙传》说：公安干警应成为有文有武的人，才能适应社会主义建设新时期的要求。

当然，毛泽东也不是说书读得越多越好，相反，他认为有时书读得越多越愚，甚至认为兵书也不宜多读，有时读多了反而误事。这说明读书好坏还要看运用如何。有一个例子，也与吕蒙有关。1959年12月至1960年2月，在读苏联《政治经济学》教科书的谈话中，毛泽东说起赤壁之战："三国时吴国的张昭，是一个经学家，在吴国是一个读书多、有学问的人，可是在曹操打到面前的时候，就动摇，就主和。周瑜读书比他少，吕蒙是老粗，这些人就主战，鲁肃是个读书人，当时也主战。可战，光是从读书不读书、有没有文化来判断问题，是不行的。"（逄先知：《读有字之书，又读无字之书》，《毛泽东的读书生活》，生活·读书·新知三联出版社1986年版，第269页）

从上面有关吕蒙读书问题的谈话中，我们可以清楚地看到，既痛不读书之陋，又慨读书之误，毛泽东对读书问题的看法是全面的、科学的。

在这稍后，当年10月25日，毛泽东复信他的老同学周世钊，对他受任湖南省副省长新职，进行鼓励时说："你的勇气，看来比过去大有增加。士别三日，应当刮目相看了。"又用"士别三日，当刮目相看"的典故说明周世钊变化之大，勇气比过去大有增加，肯定周世钊有能力胜任新职。

· 毛泽东谈文论史全编 ·

顾 问：龙新民 郑欣淼 陈 晋 阎晓宏

评点中国古代散文赏析

MAOZEDONG PINGDIAN ZHONGGUO
GUDAI SANWEN SHANGXI

②

毕桂发 主 编

陈锡祥 副主编

中国文史出版社

目　录

唐　宋

元 明 清

唐
宋

《晋　书》

《晋书》，一百三十卷。唐房玄龄等撰。纪传体晋代史。修于唐贞观十八年至二十年（644—646）。修撰者凡二十一人，此外唐太宗也写了宣帝、武帝两纪和陆机、王羲之两传后论。唐以前撰《晋书》颇多，唐初流传的尚有臧荣绪等十八家。房玄龄等以臧著为主，参考诸家，撰成本书。作者鼓吹孝道，并多记鬼神怪异、因果报应，以达到维护封建统治的目的。本书叙事亦多矛盾疏漏，因诸家晋书已佚，但仍有一定参考价值。

房玄龄（579—648），字乔（一说名乔，字玄龄），齐州临淄（今山东淄博）人，唐初大臣。佐太宗定天下。官至尚书左仆射，监修国史。受诏重撰《晋书》。其言论见《贞观政要》。

【原文】

刘元海载记

刘元海，新兴匈奴人⁽¹⁾，冒顿之后也⁽²⁾。名犯高祖庙讳⁽³⁾，故称其字焉。

初，汉高祖以宗女为公主⁽⁴⁾，以妻冒顿，约为兄弟，故其子孙遂冒姓刘氏。建武初⁽⁵⁾，乌珠留若鞮单于子右奥鞬日逐王比自立为南单于，入居西河美稷，今离石左国城即单于所徙庭也。中平中⁽⁶⁾，单于羌渠使子于扶罗将兵助汉，讨平黄巾⁽⁷⁾。会羌渠为国人所杀，于扶罗以其众留汉，自立为单于。属董卓之乱⁽⁸⁾，寇掠太原、河东，屯于河内。于扶罗死，弟呼厨泉立，以于扶罗子豹为左贤王，即元海之父也。魏武分其众为五部⁽⁹⁾，以豹为左部帅，其余部帅皆以刘氏为之。太康中⁽¹⁰⁾，改置都尉，左部居太原兹氏，右部居祁，南部居蒲子，北部居新兴，中部居大陵。刘氏虽分居五部，然皆居于晋阳汾涧之滨⁽¹¹⁾。

豹妻呼延氏，魏嘉平中祈子于龙门⁽¹²⁾，俄而有一大鱼，顶有二角，轩鬐跃鳞而至祭所，久之乃去。巫觋皆异之[13]，曰："此嘉祥也。"其夜梦旦所见鱼变为人，左手把一物，大如半鸡子，光景非常，授呼延氏，曰："此是日精，服之生贵子。"寤而告豹，豹曰；"吉征也。吾昔从邯郸张冏母司徒氏相，云吾当有贵子孙，三世必大昌，仿象相符矣。"自是十三月而生元海，左手文有其名，遂以名焉。龆龀英慧[14]，七岁遭母忧，擗踊号叫，哀感旁邻，宗族部落咸共叹赏。时司空太原王昶等闻而嘉之，并遣吊赗。幼好学，师事上党崔游，习《毛诗》《京氏易》《马氏尚书》，尤好《春秋左氏传》《孙吴兵法》，略皆诵之，《史》《汉》、诸子[15]，无不综览。尝谓同门生朱纪、范隆曰："吾每观书传，常鄙随陆无武[16]，绛灌无文[17]。道由人弘，一物之不知者，固君子之所耻也。二生遇高皇而不能建封侯之业[18]，两公属太宗而不能开庠序之美[19]，惜哉！"于是遂学武事，妙绝于众，猿臂善射，膂力过人。姿仪魁伟，身长八尺四寸，须长三尺余，当心有赤毫毛三根，长三尺六寸。有屯留崔懿之、襄陵公师彧等，皆善相人，及见元海，惊而相谓曰："此人形貌非常，吾所未见也。"于是深相崇敬，推分结恩。太原王浑虚襟友之，命子济拜焉。

咸熙中[20]，为任子在洛阳，文帝深待之。泰始之后[21]，浑又屡言之于武帝。帝召与语，大悦之，谓王济曰："刘元海容仪机鉴，虽由余、日磾无以加也。"济对曰："元海仪容机鉴，实如圣旨，然其文武才干贤于二子远矣。陛下若任之以东南之事，吴会不足平也。"帝称善。孔恂、杨珧进曰："臣观元海之才，当今惧无其比，陛下若轻其众，不足以成事；若假之威权，平吴之后，恐其不复北渡也。非我族类，其心必异。任之以本部，臣窃为陛下寒心。若举天阻之固以资之，无乃不可乎！"帝默然。

后秦凉覆没，帝畴咨将帅，上党李憙曰："陛下诚能发匈奴五部之众，假元海一将军之号，鼓行而西，可指期而定。"孔恂曰："李公之言，未尽殄患之理也。"憙勃然曰："以匈奴之劲悍，元海之晓兵，奉宣圣威，何不尽之有！"恂曰；"元海若能平凉州，斩树机能，恐凉州方有难耳。蛟龙得云雨，非复池中物也。"帝乃止。后王弥从洛阳东归，元海饯弥于九曲之滨，泣谓弥曰："王浑、李憙以卿曲见知，每相称达，谗间因之而进，深非吾愿，适足为害。吾本无宦情，惟足下明之。恐死洛阳，永与子别。"因慷慨歔欷，纵酒长啸，声调亮然，坐者为之流涕。齐王攸时在九曲，比闻而驰遣视之，见元海在焉，言于帝曰："陛下不除刘元海，臣恐并州不得久宁。"王浑进曰："元海长者，浑为君王保明之。且大晋方表信殊俗，怀远以德，如之何以无萌之疑杀人侍子，以示晋德不弘。"帝曰："浑言是也。"

会豹卒，以元海代为左部帅。太康末[22]，拜北部都尉。明刑法，禁奸邪，轻财好施，推诚接物，五部俊杰无不至者。幽冀名儒，后门秀士，不远千里，亦皆游焉。杨骏辅政，以元海为建威将军、五部大都督，封汉光卿侯。元康末[23]，坐部人叛出塞免官。成都王颖镇邺，表元海行宁朔将军、监五部军事。

惠帝失驭，寇盗蜂起，元海从祖故北部都尉、左贤王刘宣等窃议曰："昔我先人与汉约为兄弟，忧泰同之。自汉亡以来，魏晋代兴，我单于虽有虚号，无复尺土之业，自诸王侯，降同编户。今司马氏骨肉相残，四海鼎沸，兴邦复业，此其时矣。左贤王元海姿器绝人，干宇超世，天若不恢崇单于，终不虚生此人也。"于是密共推元海为大单于。乃使其党呼延攸诣邺，以谋告之。元海请归会葬，颖弗许。乃令攸先归，告宣等招集五部，引会宜阳诸胡，声言应颖，实背之也。

颖为皇太弟，以元海为太弟屯骑校尉。惠帝伐颖，次于荡阴，颖假元海辅国将军、督北城守事。及六军败绩，颖以元海为冠军将军，封卢奴伯。并州刺史东嬴公腾、安北将军王浚，起兵伐颖，元海说颖曰："今二镇跋扈，众余十万，恐非宿卫及近都士庶所能御之，请为殿下还说五部，以赴国难。"颖曰："五部之众可保发已不？纵能发之，鲜卑、乌丸劲速如风云，何易可当邪？吾欲奉乘舆还洛阳，避其锋锐，徐传檄天下，以逆顺制之。君意何如？"元海曰："殿下武皇帝之子，有殊勋于王室，威恩光洽，四海钦风，孰不思为殿下没命投躯者哉，何难发之有乎！王浚竖子，东嬴疏属，岂能与殿下争衡邪！殿下一发邺宫，示弱于人，洛阳可复至乎？纵达洛阳，威权不复在殿下也。纸檄尺书，谁为人奉之！且东胡之悍不逾五部，愿殿下勉抚士众，靖以镇之，当为殿下以二部摧东嬴，三部枭王浚，二竖之首可指日而悬矣。"颖悦，拜元海为北单于、参丞相军事。

元海至左国城,刘宣等上大单于之号,二旬之间,众已五万,都于离石。

王浚使将军祁弘率鲜卑攻邺,颖败,挟天子南奔洛阳。元海曰:"颖不用吾言,逆自奔溃,真奴才也。然吾与其有言矣,不可不救。"于是命右于陆王刘景、左独鹿王刘延年等率步骑二万,将讨鲜卑。刘宣等固谏曰:"晋为无道,奴隶御我,是以右贤王猛不胜其忿。属晋纲未弛,大事不遂,右贤涂地,单于之耻也。今司马氏父子兄弟自相鱼肉,此天厌晋德,授之于我。单于积德在躬,为晋人所服,方当兴我邦族,复呼韩邪之业,鲜卑、乌丸可以为援,奈何距之而拯仇敌!今天假手于我,不可违也。违天不祥,逆众不济;天与不取,反受其咎。愿单于勿疑。"元海曰:"善。当为崇冈峻阜,何能为培塿乎!夫帝王岂有常哉,大禹出于西戎,文王生于东夷,顾惟德所授耳。今见众十余万,皆一当晋十,鼓行而摧乱晋,犹拉枯耳。上可成汉高之业,下不失为魏氏。虽然,晋人未必同我。汉有天下世长,恩德结于人心,是以昭烈崎岖于一州之地,而能抗衡于天下。吾又汉氏之甥,约为兄弟,兄亡弟绍,不亦可乎?旦可称汉,追尊后主,以怀人望。"乃迁于左国城,远人归附者数万。

永兴元年⁽²⁴⁾,元海乃为坛于南郊,僭即汉王位,下令曰:"昔我太祖高皇帝以神武应期,廓开大业。太宗孝文皇帝重以明德,升平汉道。世宗孝武皇帝拓土攘夷,地过唐日。中宗孝宣皇帝搜扬俊乂,多士盈朝。是我祖宗道迈三王,功高五帝,故卜年倍于夏商,卜世过于姬氏。而元成多僻,哀平短祚,贼臣王莽,滔天篡逆。我世祖光武皇帝诞资圣武,恢复鸿基,祀汉配天,不失旧物,俾三光晦而复明,神器幽而复显。显宗孝明皇帝、肃宗孝章皇帝累叶重晖,炎光再阐。自和安已后,皇纲渐颓,天步艰难,国统频绝。黄巾海沸于九州,群阉毒流于四海,董卓因之肆其猖勃,曹操父子凶逆相寻。故孝愍委弃万国,昭烈播越岷蜀,冀否终有泰,旋轸旧京。何图天未悔祸,后帝窘辱。自社稷沦丧,宗庙之不血食四十年于兹矣。今天诱其衷,悔祸皇汉,使司马氏父子兄弟迭相残灭。黎庶涂炭,靡所控告。孤今猥为群公所推,绍修三祖之业。顾兹尪暗,战惶靡厝。但以大耻未雪,社稷无主,衔胆栖冰,勉从群议。"乃赦其境内,年号元熙，追尊刘禅为孝怀皇帝，立汉高祖以下三祖五宗神主而祭之。立其妻呼延氏为王后。置百官，以刘宣为丞相，崔游为御史大夫，刘宏为太尉，其余拜授各有差。

东嬴公腾使将军聂玄讨之，战于大陵，玄师败绩，腾惧，率并州二万余户下山东，遂所在为寇。元海遣其建武将军刘曜寇太原、泫氏、屯留、长子、中都，皆陷之。二年，腾又遣司马瑜、周良、石鲜等讨之，次于离石汾城。元海遣其武牙将军刘钦等六军距瑜等，四战，瑜皆败，钦振旅而归。是岁，离石大饥，迁于黎亭，以就邸阁谷，留其太尉刘宏、护军马景守离石，使大司农卜豫运粮以给之。以其前将军刘景为使持节、征讨大都督、大将军，要击并州刺史刘琨于板桥，为琨所败，琨遂据晋阳。其侍中刘殷、王育进谏元海曰："殿下自起兵以来，渐已一周，而颛守偏方，王威未震。诚能命将四出，决机一掷，枭刘琨，定河东，建帝号，鼓行而南，克长安而都之，以关中之众席卷洛阳，如指掌耳。此高皇帝之所以创启鸿基，克殄强楚者也。"元海悦曰："此坂心也。"遂进据河东，攻寇蒲坂、平阳，皆陷之。元海遂入都蒲子，河东、平阳属县垒壁尽降。时汲桑起兵赵魏，上郡四部鲜卑陆逐延、氐酋大单于征、东莱王弥及石勒等并相次降之，元海悉署其官爵。

永嘉二年[25]，元海僭即皇帝位，大赦境内，改元永凤。以其大将军刘和为大司马，封梁王，尚书令刘欢乐为大司徒，封陈留王，御史大夫呼延翼为大司空，封雁门郡公，宗室以亲疏为等，悉封郡县王，异姓以勋谋为差，皆封郡县公侯。太史令宣于脩之言于元海曰："陛下虽龙兴凤翔，奄受大命，然遗晋未殄，皇居仄陋，紫官之变，犹钟晋氏，不出三年，必克洛阳。蒲子崎岖，非可久安。平阳势有紫气，兼陶唐旧都，愿陛下上迎乾象，下协坤祥。"于是迁都平阳。汾水中得玉玺，文曰"有新保之"，盖王莽时玺也。得者因增"泉海光"三字，元海以为己瑞，大赦境内，改年河瑞。封子裕为齐王，隆为鲁王。

于是命其子聪与王弥进寇洛阳，刘曜与赵固等为之后继。东海王越遣平北将军曹武、将军宋抽、彭默等拒之，王师败绩。聪等长驱至宜阳，平昌公模遣将军谆于定、吕毅等自长安讨之，战于宜阳，定等败绩。聪恃连胜，不设备，弘农太守垣延诈降，夜袭，聪军大败而还，元海素服迎师。

是冬，复大发卒，遣聪、弥与刘曜、刘景等率精骑五万寇洛阳，使呼延翼率步卒继之，败王师于河南。聪进屯于西明门，护军贾胤夜薄之，战于大夏门，斩聪将呼延颢，其众遂溃。聪回军而南，壁于洛水，寻进屯宣阳门，曜屯上东门，弥屯广阳门，景攻大夏门，聪亲祈嵩狱，令其将刘厉、呼延朗等督留军。东海王越命参军孙询、将军丘光、楼哀等率帐下劲卒三千，自宣阳门击朗，斩之。聪闻而驰还。厉惧聪之罪己也，赴水而死。王弥谓聪曰："今既失利，洛阳犹固，殿下不如还师，徐为后举。下官当于兖豫之间收兵积谷，伏听严期。"宣于脩之又言于元海曰："岁在辛未，当得洛阳。今晋气犹盛，大军不归，必败。"元海驰遣黄门郎傅询召聪等还师。王弥出自轘辕，越遣薄盛等追击弥，战于新汲，弥师败绩。于是摄蒲孤之戍，还于平阳。

以刘欢乐为太傅，刘聪为大司徒，刘延年为大司空，刘洋为大司马，赦其境内。立其妻单氏为皇后，子和为皇太子，封子乂为北海王。

元海寝疾，将为顾迁之计，以欢乐为太宰，洋为太傅，延年为太保，聪为大司马、大单于，并录尚书事，置单于台于平阳西，以其子裕为大司徒。元海疾笃，召欢乐及洋等入禁中受遗诏辅政。以永嘉四年死[26]，在位六年，伪谥光文皇帝，庙号高祖，墓号永光陵。子和立。

【注释】

（1）新兴，郡名。东汉建安二十年（215）置。治所在九原（今山西忻州）。匈奴，秦汉时我国北部、西北部一带的一个少数民族。

（2）冒顿（mò dú 墨毒），西汉初年匈奴单于。姓挛鞮，名邦。秦二世元年弑父自立，建立军政制度，逐渐强大起来。西汉初年，经常侵扰边疆地区。

（3）高祖，指唐高祖李渊。庙讳，封建时代称皇帝父祖的名讳，意谓刘元海名渊。

（4）宗女，君主同宗的女儿，即宗室之女。公主，帝王之女的称号。

（5）建武，东汉光武帝刘秀的年号（25—56）。

（6）中平，汉灵帝刘宏的年号（184—189）。

（7）黄巾，东汉末年张角领导的农民起义军。

（8）董卓，东汉末权臣，率兵入洛，废少帝，立献帝，专断朝政，迁都长安，自为太师。后为王允、吕布所杀。

（9）魏武，即魏武帝曹操。

（10）太康，晋武帝司马炎年号（280—289）。

（11）晋阳，古邑名，故址在今山西太原市南古城营。汾涧，汾河。

（12）嘉平，三国魏齐王曹芳的年号（249—254）。龙门，即禹门口。在山西河津市西北。黄河至此，两岸峭壁对峙，形如阙门，故名。

（13）巫觋（xí 习），古代称女巫为巫，男巫为觋，合称巫觋。后亦泛指以装神弄鬼替人祈祷为职业的巫师。《国语·楚语下》："在男曰觋，在女曰巫。"

（14）龆龀（tiáo chèn 条趁），儿童换齿。《韩诗外传》卷一："男八月生齿，八岁而龆齿……女七月生齿，七岁而龀齿……"此指童年。

（15）《史》《汉》，《史记》《汉书》。诸子，指先秦诸子百家的著作。

（16）随陆，随何和陆贾，皆为西汉初年文臣。

（17）绛灌，绛侯和灌侯，即周勃与灌婴，二人皆为西汉初武将，后与陈平合谋铲除诸吕，共立文帝，先后任丞相。

（18）二生，指随何和陆贾。高皇，即汉高祖。建封侯之业，封国土，建诸侯的事业，意谓统一天下的事业。

（19）两公，指周勃和灌婴。太宗，古官名即周之大宗伯，春官之长，掌管邦国祭祀、典礼等事。庠序，古代的地方学校，后泛称乡校，意谓两人不懂得兴办教育、治理国家。

（20）咸熙，魏元帝曹奂年号（264—265）。

（21）泰始，晋武帝司马炎年号（265—274）。

（22）太康，晋武帝司马炎年号（280—289）。

（23）元康，晋惠帝司马衷年号（291—299）。

（24）永兴元年，公元304年。永兴，晋惠帝年号（304—305）。

（25）永嘉二年，公元308年。元嘉，晋怀帝司马炽年号（307—312）。

（26）永嘉四年，公元310年。

【毛泽东评说】

1973年12月21日，毛泽东同中央军委的同志谈话，借用《晋书·刘元海传》中刘元海评价汉初将相"随陆无武，绛灌无文"的话劝许世友将军"以后搞点文学"。

——董学文、魏国英编著：《毛泽东的文艺美学活动》，高等教育出版社1995年版，第247页。

1973年12月22日，中央军委根据毛泽东12月12日在中央政治局会议上提出大军区司令员对调的建议，发布命令，对八大军区司令员实行对调。毛泽东接见了各大军区负责人。在接见时，毛泽东把许世友从后排叫到前排。毛泽东对大家说：汉朝有个周勃，是苏北沛县人，他厚重少文。《汉书》上有《周勃传》，你们看看嘛！他又说：如果中国出了修正主义，大家拿主意。许世友回答说：出了修正主义，就把它消灭掉。据许世友后来说，他会后找了《汉书》看，才晓得原来周勃跟随刘邦平定了天下，建立了汉朝；后来吕后的私党诸吕要篡汉夺权，周勃等人把诸吕消灭了。在那次接见中，毛泽东指出，你们要搞点文武结合嘛！你们只讲武，爱打仗，还要讲点文才行啊！文官务武，武官务文，文武官员都要读点文学。

——许世友：《毛泽东永远活在我们心中》，载《许世友回忆录》，解放军出版社1986年版，第616、619—620页。

【赏析】

《晋书·刘元海载记》，写两晋之交的匈奴人刘元海的事迹。此人名渊，本为匈奴人，因西汉初年匈奴冒顿单于娶汉高祖宗女公主为妻，因而冒姓刘氏。此人智勇双全，在晋室削弱、少数民族势力强盛之时，利用汉代刘氏皇室后裔相号召，依靠匈奴势力，联合鲜卑、氐族武装，割据一方。永兴元年（304），僭即汉王位，年号元熙。于西晋怀帝永嘉二年（308）僭即皇

唐
宋

帝位，改元永凤，迁都平阳，建立汉政权。在位六年。死后其子和即位。刘元海在评价西汉初年的文臣武将时，很看不起随何、陆贾这两位文臣，因为他们只会文韬而没有武略，遇到汉高祖这样的有雄才大略的君主，也不能统一天下；也看不起周勃、灌婴这两位名将，因为他们只会打仗而不会治理国家。也就是说，在他看来，应该文武兼备，方能成就大业。于是"遂学武事，妙绝于众"，终于在群雄割据之乱世，雄霸一方，成了小气候。

在1973年12月八大军区司令员对调时，毛泽东对中国人民解放军的这些高级将领讲了《晋书·刘元海载记》中刘元海的"随陆无武，绛灌无文"的话，勉励大家要"文武结合"，"文官务武，武官务文"，为我党的干部的成才指明了锻炼成长的道路。这是毛泽东以史为鉴的又一范例。

【原文】

荀灌救父

荀崧小女灌⁽¹⁾，幼有奇节⁽²⁾。崧为襄城太守⁽³⁾，为杜曾所围⁽⁴⁾，力弱食尽，欲求救于故吏平南将军石览⁽⁵⁾，计无所出⁽⁶⁾。灌时年十三，乃率勇士数十人，逾城突围夜出⁽⁷⁾。贼追甚急。灌督厉将士且战且前⁽⁸⁾，得入鲁阳山获免⁽⁹⁾。自诣览乞师⁽¹⁰⁾。又为崧书与南中郎将周访请援⁽¹¹⁾，仍结为兄弟⁽¹²⁾。访即遣子抚率三千人⁽¹³⁾，会石览俱救崧⁽¹⁴⁾。贼闻兵至，散走⁽¹⁵⁾，灌之力也⁽¹⁶⁾。

【注释】

（1）荀崧（262—328），字景猷，颍川临颍（今河南临颍西）人。魏荀彧之玄孙，荀灌之父。博学儒雅，东晋时官至金紫光禄大夫，录尚书事，领秘书监。谥曰"敬"。

（2）奇节，特出的操行，指智勇过人。

（3）襄城，治所，即今河南襄城县。

（4）杜曾，新野（今河南新野）人。勇力绝人，初从胡元为乱，后杀元而并其众，自号南中郎将，领竟陵太守。陶侃、王广等讨之，皆不能胜。后周访出奇兵击败杜曾，杀之。

（5）石览，原为荀崧主簿。按：《晋书·荀崧传》言荀崧为平南将军求救于襄城太守石览，与本文说法不一。

（6）计无所出，想不出突围求救的办法。

（7）逾城，翻越城墙。

（8）督厉，指挥激励。厉，同"励"。

（9）鲁阳山，在今河南鲁山县北，东距襄城一百里。

（10）诣，进见。乞师，讨救兵。

（11）为崧书，代父亲荀崧写信。周访，王敦部将，奉命讨杜曾，屡战不克。后沿山开路，出其不意，击败杜曾，斩之。

（12）仍结为兄弟，重修旧好，仍为结拜兄弟。

（13）抚，周访儿子的名字。

（14）会石览，与石览部队会合。

（15）散走，溃逃。走，逃跑。

（16）灌之力，荀灌的功劳。力，功劳。

【毛泽东评说】

在1958年成都会议和党的八大二次会议的讲话中，毛泽东反复强调要解放思想，破除迷信，敢想敢干。为此，他列举了古今中外出身卑微而有所建树或年轻有为者三四十人，其中就提到晋朝十三岁的女孩荀灌娘搬兵救父的故事，借此表示他对年轻人寄予厚望。

——邵华审订，郑小军编：《毛泽东欣赏的古典散文》，浙江古籍出版社1994年版，第320页。

【赏析】

本文选自《晋书·烈女传·荀崧小女灌》。文中记述了东晋襄城太守荀崧十三岁的女孩，在父亲被围、率壮士数十人突围而搬取救兵，解救父亲和全城军民的故事，表现了年幼的荀灌娘过人的智慧和勇敢。

唐
宋

孙思邈

孙思邈（581—682），唐京兆华原（今陕西铜川耀州区）人。少时通诸子百家学说，善谈老庄，兼好佛典，于医药研究最深。隋文帝时征为国子博士，不就。唐太宗、唐高宗先后召见他，授谏议大夫，但他称疾还太白山。卒时百余岁。自注《老子》《庄子》，著《千金方》《千金翼方》，行于世。又撰《会三教论》《摄生真录》《枕中素书》《福禄论》等。

孙思邈
评点中国古代散文赏析
②

【原文】

论胆大心小

胆欲大而心欲小，智欲圆而行欲方[1]。《诗》曰[2]："如临深渊，如履薄冰"，谓小心也；"赳赳武夫[3]，公侯干城"，谓大胆也。"不为利回[4]，不为义疚"，行之方也；"见机而作[5]，不俟终日"，智之圆也。

【注释】

（1）行，品行。方，方正。

（2）《诗》曰，语出《诗经·小雅·小旻》："战战兢兢，如临深渊，如履薄冰。"

（3）"赳赳武夫"二句，语出《诗经·周南·兔罝》。赳赳，勇武之态。公侯干城，可以为公侯守城。干，同"捍"，捍卫。

（4）"不为利回"二句，语出《左传·昭公三十一年》："君子动则思礼，行则思义，不为利回，不为义疚。"不为利回，不会为了私利而回心转意，放弃礼义。不为利疚，不会因为行义而感到不安。疚，忧虑，不安。

（5）"见机而作"二句，语出《周易·系辞下》："几者动之微，吉之先见者也。君子见几而作，不俟终日。"意思是说，刚看到一点点吉兆，就要迅速行动，不能整天等待。

【毛泽东评说】

1959年6月，正当由于"大跃进"而造成国民经济比例严重失调的时候，毛泽东在一次个人谈话中说，我们过去八年的经济建设都是平衡的，就是去年下半年刮了七八个月的"共产风"，没有注意综合平衡，因此产生经济失调的现象。他接着引用了唐朝医学家孙思邈的话："胆欲大而心欲小，智欲圆而行欲方"；又引用曹操批评袁绍的话："志大而智小，色厉而胆薄，忌克而少威，兵多而分画不明，将骄而政令不一，土地虽广，粮食虽丰，适足以为我奉也。"毛泽东引用这些话是要说明，我们做经济工作应该有清醒的头脑，胆大心细，多思慎行，统筹全局，责任分明，不然就会造成损失。

——龚育之、逄先知、石仲泉：《毛泽东的读书生活》，生活·读书·新知三联书店1986年版，第211页。

【赏析】

本文节选自《汉唐书·孙思邈传》。其中"胆欲大而心欲小"二句，又见唐代刘肃《大唐新语·隐逸》："孙思邈对卢照邻曰：'智欲圆而行欲方，胆欲大而心欲小。"最早见于《淮南子·主术训》："心欲小而志欲大，智欲圆而行欲方，能欲多而事欲鲜。"意思是说胆量要大，心思要细密，智谋要圆通，行为要端正。后来便成为名言，也简作"智圆行方""胆大心细"等。

唐

宋

王　勃

评点中国古代散文赏析②

　　王勃（650—676），字子安，绛州龙门（今山西河津）人。唐代文学家。他是隋末学者王通的孙子，早年就有文才，麟德初年应举及第，授官朝散郎，沛王李贤（章怀太子）召为王府修撰。诸王斗鸡，勃戏作《檄英王鸡文》，唐高宗认为这是诱使诸王争斗的开端，把他怒斥出府。王勃被逐后，曾游四川。后为虢州（今河南灵宝）参军，又因杀人被判死罪，遇赦，贬为平民。他的父亲王福畤（zhǐ 止）也被连坐，贬为交趾令。唐高宗上元三年（676），王勃到交趾去探望父亲，渡南海，溺水而死，时年二十六岁。《旧唐书·文苑传》和《新唐书·文艺传》均有传。

　　王勃与杨炯、卢照邻、骆宾王以文词齐名，并称"王杨卢骆"，亦称"初唐四杰"。他们企图改变当时"争构纤微，竞为雕刻"的六朝余风（杨炯《王子安集序》）。其诗偏于描写个人生活，亦有少数抒发政治感慨、隐喻对世族豪门的不满之作，题材扩大，风格清新流丽，已显示了初唐的时代色彩。其文以《滕王阁序》较为有名。原有集，已散佚。今传《王子安集》十六卷，是明末张燮据《文苑英华》诸书采辑而成的。

【原文】

秋日楚州郝司户宅饯崔使君序

　　上元二载⁽¹⁾，高旻八月⁽²⁾。人多汴北⁽³⁾，地实淮南⁽⁴⁾。海气近而苍山阴，天光秋而白云晚。川涂所亘⁽⁵⁾，郢路极于崤潼⁽⁶⁾；风壤所交⁽⁷⁾，荆门泊于吴越⁽⁸⁾。凭胜地，列雄州，城池当要害之冲⁽⁹⁾，寮采尽鹓鸾之选⁽¹⁰⁾。

　　昌亭旅食⁽¹¹⁾，悲下走之穷愁⁽¹²⁾；山曲淹留⁽¹³⁾，群公之宴喜⁽¹⁴⁾。披鹤雾⁽¹⁵⁾，陟龙门⁽¹⁶⁾。故人握手，新知满目。饮崔公之盛德⁽¹⁷⁾，果遇攀轮⁽¹⁸⁾；慕郝氏之高风⁽¹⁹⁾，还逢解榻⁽²⁰⁾。接衣簪于座右⁽²¹⁾，驻旌棨于城隅⁽²²⁾。临风云而解带，眆江山以挥涕⁽²³⁾。岩楹左峙⁽²⁴⁾，俯映玄潭；野迳斜开，侯连翠渚。青苹布叶，乱荷芰而动秋风⁽²⁵⁾；朱草垂荣⁽²⁶⁾，杂芝兰而涵晚液。舣仙舟于石岸⁽²⁷⁾，荐绮席于沙场⁽²⁸⁾。

宾友盛而芳罇满，林塘青而上筵肃。琴歌迭起，俎豆骈罗⁽²⁹⁾。烟霞克耳目之翫⁽³⁰⁾，鱼鸟尽江湖之赏。情槃乐极⁽³¹⁾，日暮途遥。思染翰以凌云⁽³²⁾，愿麾戈以留景⁽³³⁾。嗟乎！素交为重⁽³⁴⁾，觉老幼之同归；朱绂傥来⁽³⁵⁾，岂荣枯之足道。且欣风物，共悦濠梁⁽³⁶⁾。齐天地于一指⁽³⁷⁾，混飞沉于一贯⁽³⁸⁾。

嗟乎！此欢难再，殷勤北海之筵⁽³⁹⁾；相见何时，惆怅南溟之路⁽⁴⁰⁾。请扬文笔，共记良游。人赋一言，俱成四韵云尔⁽⁴¹⁾。

【注释】

（1）上元二载，上元二年，即公元675年。上元，唐高宗李治的年号（675—676）。

（2）高旻（mín 民），深秋。旻，秋天。

（3）汴，今河南开封市，古称汴京、汴梁。

（4）淮南，唐方镇名。至德元年（756）置。治所在扬州。领有扬、楚、滁、和、寿、庐、舒州，相当于今江苏、安徽两省江北、淮南地区的大部分。楚州，治所在今江苏淮安，属淮南镇，故曰"地实淮南"

（5）川涂，山川道路。亘（gèn 艮），横贯，从此端直达彼端。

（6）郢，春秋战国时楚别邑。故址在今湖北荆州东北。崤潼，崤山和潼关。在今河南、陕西交界之处。

（7）风壤，风土，指一个地方特有的自然风光和风俗习惯。北齐裴让之《公馆宴酬南使徐陵诗》："方域殊风壤，分野各星辰。"

（8）荆门，地名，今湖北荆门市。洎（jì 记），及，到。吴越，指古代吴国和越国故地，今江苏、浙江一带。

（9）要害之冲，战略要地。要害，军事上的要地。冲，交通要道。

（10）寮采，官舍，引申为官的代称，此指同僚和属官。北齐颜之推《颜氏家训·勉学》："孝元初出会稽，精选寮采。"鹓（yuān 冤），鸾，比喻贤者。

（11）昌亭旅食，借食南昌亭处，寄人篱下之意。

（12）下走，走卒，供奔走役使的人，此处是自谦之词。

（13）山曲，山势弯曲隐蔽的地方。淹留，相聚。

（14）宴喜，饮宴嬉戏。喜，通"嬉"，游戏。

（15）鹤雾，白雾。

（16）陟（zhì至）龙门，登龙门。龙门，即禹门口，在山西省河津市西北和陕西省韩城市西北。黄河至此，两岸峭壁对峙，形如门阙，故名，比喻声望高的人的府第。南朝宋刘义庆《世说新语·德行》："李元礼风格秀整，高自标持，欲以天下名教是非为己任。后进之士，有升其堂者，皆以为登龙门。"此指郝司户府第。陟，升，登。

（17）饮，一作"钦"。崔公，即使君。使君，是汉代对州郡行政长官的称呼。

（18）攀轮，攀辕卧辙之省语。为挽留或眷恋良吏的典故。典出《后汉书·侯霸传》："更始元年，遣使征霸，百姓老弱相携号哭，遮使者车，或当道而卧。皆曰：'愿乞侯君复留期年。'"

（19）郝氏，即郝司户。司户，官名。主名户。唐制：府称户曹参军，州称司户参军，县称司户。

（20）解榻，为热情接待宾客或礼贤下士之典。东汉陈蕃任豫章太守时，不接待宾客，只有南州高士徐稚来时特设一榻，徐稚走后即悬挂起来。又任乐安太守时，亦曾为郡人周璆"特为置一榻，去则悬之"。事分别见于《后汉书》的《徐稚传》和《陈蕃传》。

（21）衣簪，衣冠簪缨，古代仕宦的服装。座右，座位的右边。古人常把所珍视的文、书、字、画放置于此。

（22）旌棨（qǐ杞），旌旗和棨戟，借指贵官。《文选·谢朓〈始出尚书省〉诗》："趋事辞宫阙，载笔陪旌棨。"李善注引司马彪《读汉书》："公以下至二千石，骑吏四人皆载剑棨戟为前行。"

（23）眄（miǎn免），斜视。

（24）岩楹，高大的房屋。

（25）荷芰（jì技），出水的荷，指荷叶或荷花。《离骚》："制芰荷以为衣兮，集芙蓉以为裳。”

（26）朱草，一种红色的草，古人以为祥瑞之物。《鹖冠子·度万》："膏露降，白丹发，醴泉出，朱草生，众祥具。"

（27）舣（yǐ蚁），附船向岸。左思《蜀都赋》："试水客，舣轻舟。"

（28）荐，衬，垫，此是铺设之意。绮席，华贵的宴席。沙场，平坦的沙地。

（29）俎（zǔ阻）豆，俎和豆都是古代祭祀用的器具。《史记·孔子世家》："常陈俎豆，设礼容。"骈罗，并列，对偶。

（33）貦，"玩"的异体字。

（31）槃（pán盘），快乐。《诗经·卫风·考槃》："考槃在涧，硕人之宽。"毛传："槃，乐也。"

（32）染翰，以笔蘸墨。翰，毛笔，此指作诗文、绘画等。

（33）麾戈，即挥戈，也叫麾日，挥戈使日却行。语本《淮南子·览冥训》："鲁阳公与韩搆难，战酣日暮，援戈而麾之，日为之反三舍。"景，批太阳。《列子·汤问》："夸父不量力，欲追日影，逐之于隅谷之际。"景，音义同"影"。

（34）素交，老朋友，真诚不移的友情。

（35）朱绂，古代礼服上的红色蔽膝。后多用指官服。《周易·困》："因于酒食，朱绂方来。"程颐传："朱绂，王者之服，蔽膝也。"傥，通"倘"，倘若，如果。

（36）濠梁，犹濠上，濠水之上。梁，桥梁。《庄子·秋水》记庄子与惠子游于濠梁之上，见儵鱼出游从容，因辩论鱼知乐否。后多用"濠梁"比喻别有会心，自得其乐之地。

（37）一指，是非得失之意。典出《庄子·齐物论》："天地一指也，万物一马也。"意为天地虽大，一指可以蔽之；万物虽多，一马可以理尽，故无是无非。

（38）飞沉，飞升和沉落。一贯，用一种道理贯穿于万事万物。语出《论语·里仁》："吾道一以贯之。"邢昺疏："言夫子之道，唯以忠恕一理以统天下万事之理。"

（39）北海之筵，汉末孔融的宴席。汉末孔融为北海相，时称孔北海。融性宽容少忌，好士，喜诱益后进。及退闲职，宾客日盈其门。常叹曰："座上客恒满，樽中酒不空，吾无忧矣。"见《后汉书·孔融传》。后常用作典实，比喻主人之好客。

（40）惆怅（chóu chàng 筹唱），因失望或失意而悲伤。南溟，南海。作者此后去交趾探亲。

（41）四韵，亦称"四韵诗"。由四韵八句构成的诗，即近体诗中的五七言律诗。云尔，语气助词，表示结束。

【毛泽东评说】

本文是去交趾（安南）路上作的，地在淮南，或是寿州，或是江都。时在上元二年，勃年应有二十三四了。他到南昌作《滕王阁诗序》说："等终军之弱冠"。弱冠，据《曲礼》，是二十岁（此处手稿误为"二十四岁"）。勃死于去交趾路上的海中，《旧唐书》说年二十八，《新唐书》说二十九，在淮南、南昌作序时，应是二十四、五、六。《王子安集》百分之九十的诗文，都是在北方——绛州、长安、四川之梓州一带、河南之虢州作的。在南方作的只有少数几首，淮南、南昌、广州三地而已。广州较多，亦只数首。交趾一首也无，可见他并未到达交趾就翻船死在海里了。有人根据《唐摭言》《太平广记》二书断定：在南昌作序时年十三岁，或十四岁。据说他做过沛王李贤的幕僚，官"修撰"被高宗李治勒令驱逐，因为他为诸王斗鸡写了一篇檄英王鸡的文章。在虢州时，因犯法，被判死，遇赦得免。这个人高才博学，为文光昌流丽，反映当时封建盛世的社会动态，很可以读。这个人一生倒霉，到处受惩，在虢州几乎死掉一条命。所以他的为文，光昌流丽之外，还有牢骚满腹一方。杜甫说："王杨卢骆当时体……不废江河万古流"，是说得对的。为文尚骈，但是唐初王勃等人独创的新骈、活骈，同六朝的旧骈、死骈，相差十万八千里。他是七世纪的人物，千余年来，多数文人都是拥护初唐四杰的，反对的只有少数。以一个二十八岁的人，写了十六卷诗文作品，与王弼（此处手稿为"王逸"）的哲学（主观唯心主义），贾谊的历史学和政治学，可以媲美。都是少年英发，贾谊死时三十几，王弼（此处手稿为"王逸"）死时二十四。还有李贺死时二十七，夏完淳（此处手稿为"夏淳融"）死时十七，都是英俊天才，惜乎死得太早了。

青年人比老年人强，贫人、贱人、被人们看不起的人、地位低下的人，大部分发明创造占百分之七十以上，都是他们干的。百分之三十的中老年而有干劲的，也有发明创造。这种三七开的比例，为什么如此，值得大家深深地想一想。结论就是因为他们贫贱低微，生力旺盛，迷信较少，顾虑少，天不怕，地不怕，敢说敢做敢干。如果党再对他们加以鼓励，不怕失败，不泼冷水，承认世界主要是他们的，那就会有很多的发明创造。我们近来全民的四化运动（机械化、半机械化、自动化、半自动化），充分地证明我的这个论断。由王勃在南昌时年龄的争论，想及一大堆，实在是想把这一大堆吐出来。一九五八年党大会上我曾吐了一次，现在又想吐，将来还要吐（这篇批语末尾略有删节）。

——《读〈初唐四杰集·王勃〈秋日楚州郝司户宅饯崔使君序〉批语》，载《毛泽东读文史古籍批语集》，中央文献出版社 1993 年版，第 7—13 页。

【赏析】

《秋日楚州郝司户宅别崔使君序》选自《王子安集》卷七。唐高宗上元二年（675），作者往交趾（今越南北部一带）省父，路过楚州（今江苏淮安），参加了楚州司户参军郝某为知府崔某举行的欢送，宴会，坐客都作了律诗，作者当场写了这篇序文。序是文体名。唐初亲友离别，赠言勉励，是为赠序。

本文是一篇骈体文，主题在于记述这次盛大的宴会，并抒发作者的感慨。其文章技巧，在骈文中，也算是比较高超的。这是因为六朝骈文好堆垛辞藻和典故，而语意多被淹没。这篇赋虽也用了一些典故，但都运用恰当，更能衬托题旨。辞藻也很华美，但没有晦涩的弊病。因此，是一篇佳作。

在一本清代邝家达编的《初唐四杰集》中王勃的《秋日楚州郝司户宅饯别崔使君序》一文的旁边，毛泽东洋洋洒洒写了一个一千多字的批语，

唐
宋

还在标题前画了一个大圈，表示重视。

毛泽东的批语，可分为两个部分，前一部分又包括两个内容，一是对王勃与这篇文章和在南昌写《滕王阁序》的年龄问题的考证。关于这个问题，旧有两说：一是新、旧《唐书》主张的二十八九岁；二是王定保《唐摭言》卷五认为是十四岁，李昉等《太平广记》认为是十三岁。毛泽东则认为此文是"去交趾（安南）路上作的"，时在上元二年（675），勃年应有二十三四岁了。而写《滕王阁序》时王勃年当在"二十四五六"。毛泽东努力考证王勃写这两篇序文时的年龄，因为它们是王勃骈文的代表作。

前一部分的第二个内容是对王勃的评价。毛泽东对王勃的文学成就给予很高评价，对其坎坷遭遇深表同情。他引用了杜甫《戏为六绝句》中"王杨卢骆当时体，轻薄为文哂未休。尔曹身与名俱灭，不废江河万古流"一诗，来肯定王勃等初唐四杰致力于改变齐梁以来浮华绮丽形式主义文风，推动了唐代文学的发展，在文学史上，起着承前启后的作用。毛泽东特别指出了王勃虽"为文尚骈"，但他写的是"新骈、活骈"，与六朝之"旧骈、死骈，相差十万八千里"。毛泽东肯定了王勃"光昌流丽"的文风和"反映当时封建盛世的社会动态"的内容，认为其文"很可以读"。这个评价，是恰当的。

毛泽东同情王勃的命运遭际，并把它同作者的为文气质联系起来。王勃才华出众，有建功立业的壮志，但"一生倒霉，到处受惩"。于是，"他的为文，光昌流丽之外，还有牢骚满腹的一方"。这种知人论世的评说，也是符合实际的。

批评的后一部分是由此及彼的借题发挥。毛泽东由王勃的文学创作成就和不幸遭遇，联想到其他的"英俊天才"也是命运坎坷。西汉政治家和历史学家贾谊，死时三十几岁，魏晋哲学家王弼，死时二十四岁，唐代诗人李贺，死时二十七岁，明末民族英雄夏完淳死时十七岁，"都是英俊天才，惜乎死得太早了"。字里行间，流露出对这些天才人物的深切同情。

早在青年时代，毛泽东就感叹过一些早夭的英俊天才。在1916年12月4日致黎锦熙的信中，为说明强身健体的重要性，毛泽东说："颜子则早夭矣；贾生，王佐之才，死时年才三十三耳；王勃、卢照邻，或早死，或坐废。此皆有甚高之德和智，一旦身不存，德智则随之而隳矣！"在稍后写的《体育之研究》中亦有此类论述。

在这个批语中，毛泽东再一次大感慨，反映了他一生的一个重要主张：青年人、贫贱的人、最有朝气，最有创造力，历史上发明创造的百分之七十是他们干的，而百分之三十是有干劲的中老年干的。因此他反对压制青年人，反对瞧不起低贱的人。主张我们党和政府要为他们创造条件，发挥他们的聪明才智，以造福于社会和人民群众。

青年人、贫贱的人为什么有充沛的创造力？在毛泽东看来，"是因为他们贫贱低微，生力旺盛，迷信较少，顾虑少，天不怕，地不怕，敢说敢做敢干"。活泼的，赋有生命的动力，乃是他们发明创造的内在根源，良好的外部环境是必不可少的外部条件。为他们创造良好的外部条件，正是我们党——领导者的历史责任。

毛泽东在这个批语中说的，在他1958年党的代表大会上"曾吐了一次"，是指他1958年5月8日在中共八大二次会议上所作的"破除迷信"的讲话。在这个讲话中，他举了古今中外二十九个年轻有为和发明创造的例子，其中也谈到：唐朝的诗人李贺，死的时候只有二十七岁；作《滕王阁序》的王勃，初唐四杰之一，也是一个年轻人；晋朝的王弼，做《庄子》和《易经》的注解，他十八岁就是哲学家，他的祖父是王肃，他死的时候才二十四岁。毛泽东又说：举这么多例子，目的就是说明青年人是要胜过老年人的，学问少的人可以打倒学问多的人，不要为大学问家所吓倒；要敢想，敢说，敢做，不要不敢想，不敢说，不敢做。这种束手束脚的现象不好，要从这种现象里解放出来。可见这是毛泽东的一贯思想。

【原文】

秋日登洪府滕王阁饯别序

豫章故郡[(1)]，洪都新府[(2)]，星分翼轸[(3)]，地接衡庐[(4)]。襟三江而带五湖[(5)]，控蛮荆而引瓯越[(6)]。物华天宝。龙光射牛斗之墟[(7)]；人杰地灵[(8)]，徐孺下陈蕃之榻。雄州雾列[(9)]，俊采星驰[(10)]。台隍枕夷夏之交[(11)]，宾主尽东南之美⁽¹²⁾。都督阎公之雅望⁽¹³⁾，棨戟遥临⁽¹⁴⁾；宇文新州之懿范⁽¹⁵⁾，襜帷暂驻⁽¹⁶⁾。十旬休假，胜友如云⁽¹⁷⁾；千里逢迎⁽¹⁸⁾，高朋满座。腾蛟起凤，孟学士之词宗⁽¹⁹⁾；紫电青霜⁽²⁰⁾，王将军之武库⁽²¹⁾。家君作宰⁽²²⁾，路出名区⁽²³⁾；童子何知⁽²⁴⁾，躬逢胜饯⁽²⁵⁾。

时维九月⁽²⁶⁾，序属三秋⁽²⁷⁾。潦水尽而寒潭清⁽²⁸⁾，烟光凝而暮山紫⁽²⁹⁾。俨骖騑于上路⁽³⁰⁾，访风景于崇阿⁽³¹⁾；临帝予之长洲⁽³²⁾，得天人之旧馆⁽³³⁾。层台耸翠⁽³⁴⁾，上出重霄⁽³⁵⁾；飞阁翔丹⁽³⁶⁾，下临无地⁽³⁷⁾。鹤汀凫渚⁽³⁸⁾，穷岛屿之萦回⁽³⁹⁾；桂殿兰宫⁽⁴⁰⁾，即冈峦之体势⁽⁴¹⁾。

披绣闼⁽⁴²⁾，俯雕甍⁽⁴³⁾，山原旷其盈视⁽⁴⁴⁾，川泽纡其骇瞩⁽⁴⁵⁾。闾阎扑地⁽⁴⁶⁾，钟鸣鼎食之家⁽⁴⁷⁾；舸舰迷津⁽⁴⁸⁾，青雀黄龙之轴⁽⁴⁹⁾。云销雨霁，彩彻区明⁽⁵⁰⁾。落霞与孤鹜齐飞⁽⁵¹⁾，秋水共长天一色。渔舟唱晚，响穷彭蠡之滨⁽⁵²⁾；雁阵惊寒⁽⁵³⁾，声断衡阳之浦⁽⁵⁴⁾。

遥襟甫畅⁽⁵⁵⁾，逸兴遄飞⁽⁵⁶⁾。爽籁发而清风生⁽⁵⁷⁾，纤歌凝而白云遏⁽⁵⁸⁾。睢园绿竹⁽⁵⁹⁾，气凌彭泽之樽⁽⁶⁰⁾；邺水朱华⁽⁶¹⁾，光照临川之笔⁽⁶²⁾。四美具⁽⁶³⁾，二难并⁽⁶⁴⁾。穷睇眄于中天⁽⁶⁵⁾，极娱游于暇日⁽⁶⁶⁾。天高地迥⁽⁶⁷⁾，觉宇宙之无穷⁽⁶⁸⁾；兴尽悲来⁽⁶⁹⁾，识盈虚之有数⁽⁷⁰⁾。望长安于日下⁽⁷¹⁾，目吴会于云间⁽⁷²⁾，地势极而南溟深⁽⁷³⁾，天柱高而北辰远⁽⁷⁴⁾。关山难越⁽⁷⁵⁾，谁悲失路之人⁽⁷⁶⁾？萍水相逢⁽⁷⁷⁾，尽是他乡之客⁽⁷⁸⁾。怀帝阍而不见⁽⁷⁹⁾，奉宣室以何年⁽⁸⁰⁾？

嗟乎！时运不齐⁽⁸¹⁾，命途多舛⁽⁸²⁾；冯唐易老⁽⁸³⁾，李广难封⁽⁸⁴⁾。屈贾谊于长沙⁽⁸⁵⁾，非无圣主⁽⁸⁶⁾；窜梁鸿于海曲⁽⁸⁷⁾，岂乏明时⁽⁸⁸⁾？所赖君子见机⁽⁸⁹⁾，达人知命⁽⁹⁰⁾。老当益壮，宁移白首之心？穷且益坚⁽⁹¹⁾，不坠青云之志⁽⁹²⁾。酌贪泉而觉爽⁽⁹³⁾，处涸辙而相欢⁽⁹⁴⁾。北海虽赊⁽⁹⁵⁾，扶摇可接⁽⁹⁶⁾；东隅已逝⁽⁹⁷⁾，桑榆非晚⁽⁹⁸⁾。孟尝高洁⁽⁹⁹⁾，空余报国之情⁽¹⁰⁰⁾；阮籍猖狂⁽¹⁰¹⁾，岂效穷途之哭⁽¹⁰²⁾？

勃三尺微命⁽¹⁰³⁾，一介书生⁽¹⁰⁴⁾。无路请缨，等终军之弱冠⁽¹⁰⁵⁾；有怀投笔，爱宗悫之长风。舍簪笏于百龄⁽¹⁰⁶⁾，奉晨昏于万里⁽¹⁰⁷⁾。非谢家之宝树⁽¹⁰⁸⁾，接孟氏之芳邻⁽¹⁰⁹⁾。他日趋庭⁽¹¹⁰⁾，叨陪鲤对⁽¹¹¹⁾；今兹捧袂⁽¹¹²⁾，喜托龙门⁽¹¹³⁾。杨意不逢⁽¹¹⁴⁾，抚凌云而自惜⁽¹¹⁵⁾；钟期相遇⁽¹¹⁶⁾，奏流水以何惭⁽¹¹⁷⁾？

呜呼！胜地不常，盛筵难再；兰亭已矣⁽¹¹⁸⁾，梓泽丘墟⁽¹¹⁹⁾。临别赠言，幸承恩于伟饯⁽¹²⁰⁾；登高作赋，是所望于群公。敢竭鄙怀⁽¹²¹⁾，恭疏短引⁽¹²²⁾；一言均赋⁽¹²³⁾，四韵俱成。请洒潘江⁽¹²⁴⁾，各倾陆海云尔⁽¹²⁵⁾！

【注释】

（1）豫章，即今江西省南昌市。汉豫章郡治所南昌县，即唐洪州治所钟陵县。

（2）洪都，豫章郡唐朝称洪州，设都督府，所以称为"新府"。

（3）星分，星的分野。翼轸（zhěn 诊），二十八宿中的两个星名。古代天文学家把天上的二十八宿与地面的区域联系起来，地上某一区域属于某星的范围，叫作分野。

（4）衡庐，衡山和庐山。

（5）三江、五湖，泛指长江下游。古代大江流过太湖分三道入海，故称三江。五湖，是太湖的别名。

（6）蛮荆，春秋时楚国称荆。由于古代楚地原为南蛮所居，故称"蛮荆"，这里指湖北、湖南省一带地域。瓯越，指今浙江省一带地区。

（7）龙光，本意是宝剑的光彩，这里泛指宝物的光彩。牛斗，是二十八宿中的两个星名。墟，区域。

（8）人杰，杰出的人才。地灵，土地灵秀。

（9）雄州，大州，指洪州。雾列，形容人烟稠密，庶而且富，兴旺热闹。

（10）俊采，杰出的官吏。星驰，像群星的纷驰，形容人才众多。

（11）台隍，城池。枕，在这里是说明地理位置的动词，即"处于"。夷，指古代荆州，即楚地。夏，华夏，指古代扬州。

（12）宾，宾客，指下文中的宇文新州、孟学士、王将军等人。主，指都督阎公，名不可考。

（13）雅望，风度声望。

（14）棨（qǐ 启）戟，是有赤黑色丝绸缠绕在戟杆的戟，这里指高官贵爵出行时开道的仪仗。遥临，自远方来临。

（15）宇文新州，复姓宇文的新州刺史，名不详。懿范，好榜样。

（16）襜（chān 搀）帷，车上的帷幕，这里指刺史的车驾。

（17）胜友，才俊德盛的朋友。

（18）逢迎，接待。

（19）词宗，创作成就大，为后代仿效学习的文学家，尊之为"词宗"。

（20）紫电、青霜，皆指宝剑，这里借指兵器的锋锐和珍贵。

（21）武库，储藏贵重器物的库房，这里着重指储藏兵器，用来赞美王将军的韬略无所不有。

（22）家君，对别人称呼自己父亲的词。作宰，任县令。

（23）名区，名胜之地，指洪州。

（24）童子，这里犹言后生，晚辈。

（25）胜饯，盛大的饯别宴会。

（26）维，是。

（27）序，时序。三秋，即秋天。

（28）潦水，积水。寒潭，清冷的潭水。

（29）烟光，山水云雾之气。

（30）俨，整齐庄严之状。骖（cān 参）騑（fēi 非），指四马并驾的马车。

（31）崇阿，高的山陵。

（32）帝子，指滕王元婴。他是皇帝之子，故云。长洲，指阁前的沙洲。

（33）天人，亦指滕王。旧馆，指滕王阁。

（34）层台，层叠的楼阁。

（35）重霄，指高空。

（36）飞阁，阁顶状飞翼，故谓。翔丹，红色阁顶如欲飞翔之状。

（37）无地，水中，指阁下的赣江。

（38）汀（tīng 厅），水边平地。凫（fú 符），野鸭。渚（zhǔ 主），水中的小块陆地。

（39）萦回，迂曲回绕。

（40）桂殿兰宫，都用来比喻华贵。

（41）冈峦，山峦。

（42）披，开。绣闼（tà 踏），指雕花绣锦的门帘。

（43）俯，向下（看）。雕甍（mēng 盟），雕镂精致的屋脊。

（44）盈视，满眼。

（45）纡，曲折纡回。骇瞩（zhǔ 主），惊奇地注视。

（46）闾阎，里巷门，这里指住宅。扑地，遍地，满地。

（47）钟鸣鼎食，古代高官显贵人家击钟鸣鼎而食，这里指富贵人家。

（48）舸（gě 哥），大船。舰，战船。迷，分辨不清。津，渡口。

（49）轴，通"舳"（zhú 竹）。这里指船。

（50）彩，指日光。彻，透。区，区宇，天空。

（51）落霞二句，语出庾信《马射赋》："落花与芝盖齐飞，杨柳共春旗一色。"落霞，晚霞。鹜（wù 务），野鸭。

（52）彭蠡（lǐ 里），湖名，即今江西鄱阳湖。

（53）雁阵，雁飞时成行如阵，故云。

（54）衡阳之浦，衡阳之水滨，指洞庭湖滨，南来之雁多栖于此。

（55）遥襟，远望的胸怀。甫，刚，顿时。

（56）逸兴，豪逸的兴致。遄（chán 船），快，迅速。

（57）爽籁，参差不齐的竹管制成的乐器。发，吹奏。

（58）纤，余音细长。凝，停留在耳边不消失。遏，停止。

（59）睢（suī 虽）园，西汉梁孝王的兔园。

（60）凌，欺压，压倒。彭泽，县名，在江西省。因陶渊明曾为彭泽令，这里用来借指陶渊明。樽，酒杯，引申为饮兴。

（61）邺水，指邺中义士经常聚游的西园芙蓉池。朱华，芙蓉池中的红色荷花。

（62）临川，郡名，治所在今江西省抚州市临川区。谢灵运曾任临川内史。

（63）四美，指天下良辰、美景、赏心、乐事。具，具备、齐全。

（64）二难，指贤主人、佳宾客。难，难得，不容易。并，合在一起。

（65）穷，极目。睇眄（dì miàn 弟面），斜着眼睛看，引申为看，观览。中天，半空。

（66）极，尽情。娱游，娱乐游戏。

（67）迥，远。

（68）宇宙，天地四方曰宇，往古来今曰宙。

（69）兴（xìng 幸），兴趣、兴致。

（70）盈虚，指人生遭遇的好坏、得失，仕途的顺逆、穷达。数，定数，命定。

（71）日下，太阳之下。

（72）吴会，吴郡，今江苏省苏州市。云间，云中。

（73）地势极，南海是大地的尽头。南溟，南海。

（74）天柱，昆仑山的山峰。北辰，北极星，寓意为朝廷。

（75）越，翻越。

（76）失路，迷失道路，寓意为不得志。

（77）沟水，寓意为偶然会合。

（78）他乡，异乡。

（79）帝阍（hūn 昏），皇帝居住的地方。

（80）宣室，汉朝未央宫前殿正室。

（81）不齐，不相同。

（82）舛（chuǎn 喘），错乱、违背。

（83）冯唐，汉文帝时的郎中署长。

（84）李广，汉武帝时名将。他每次都参加进击匈奴的战役，但始终没有立功封侯。

（85）屈，委屈。贾谊，汉文帝召任为博士，一年就越级被提拔为太中大夫。文帝原想重用他为公卿，由于遭到排挤而被任命为长沙王太傅。

（86）圣主，明君。

（87）窜，逃走。海曲，海边之地，寓意偏僻。

（88）明时，清明的时代。

（89）所赖，所可依仗的是。见机，觉察事物微细的征兆。

（90）达人，通达事理的人。知命，知道社会人事的自然规律。

（91）坚，坚强。

（92）青云，寓意为高洁。

（93）酌，饮用。

（94）涸（hé 合）辙，水干了的车辙，寓意为困境。

（95）赊，远。

（96）扶摇，自下而上的大风。

（97）东隅，日出处。寓意为早。逝，消失，过去。

（98）桑榆，日落西山，傍晚时分。

（99）孟尝，字伯周，会稽人。《后汉书·孟尝传》记载，迁合浦太守，海出宝珠，先时太守贪污，令人采求不已，珠逐渐徙于交趾郡界。尝到官，革易前弊，不过一年，去珠复还，后以病去职，身为耕佣。桓帝时，尚书杨乔荐尝，竟不见用。

（100）空余，空有。

（101）阮籍，字嗣宗，陈留人。狂放不羁，值魏晋之际，因不满司马氏专权，每驾车出游至路的尽头，便恸哭而回。猖狂，狂放不羁。

（102）效，仿效。

（103）三尺，原意是身材矮小，此处是王勃谦称自己年轻未成人。微命，微弱的生命，这里是谦称，无足轻重之意。

（104）一介，一个。

（105）弱冠（guàn 贯），二十岁。

（106）舍，同"捨"，放弃。簪笏，冠簪和牙笏，都是做官者所用，这里用来代指官职。百龄，百年，一生。

（107）奉晨昏，奉侍早晚，古代子女对父母早晚问安的礼节。

（108）宝树，玉树，比喻佳子弟。

（109）孟氏，孟轲之母，事见《古列女传·母仪》。

（110）趋庭，即趋而过庭，以示恭敬。见《论语·季氏》。

（111）叨（tāo 滔），借，忝，谦词，含有辱、麻烦之义。陪，随，同。鲤，孔子之子。

（112）今兹，今天。捧袂（mèi 妹），捧长者的衣袖以示敬。

（113）讬，登，攀。龙门，即河津，在今山西稷山县，是黄河口岸之一。古代传说鱼能跳过龙门即代为龙，这里比喻攀附高门者。

（114）杨意，杨得意，汉武帝的狗监。

（115）凌云，比喻文章才学。惜，痛，哀伤。

（116）钟期，钟子期。《列子·汤问》载，伯牙善鼓琴，钟子期善听，志在流水，钟子期说："善哉！洋洋兮若江河。"

（117）奏流水，比喻自己写这篇序文。

（118）兰亭，指兰亭盛会。兰亭，在今浙江绍兴市西南。已矣，过去了。

（119）梓泽，即晋石崇的金谷园。在今河南洛阳市北。丘墟，变成废墟荒地的意思。

（120）伟饯，盛饯，盛宴。

（121）敢，谦词，冒昧之意。谒，尽。鄙，粗野、低下。这里是谦称。

（122）疏，一一写来。引，序。

（123）一言，一字。均赋，同赋诗。

（124）洒，散。陆海、潘江，指陆机、潘岳的文才如江海似的博大。钟嵘《诗品》卷上："余常言陆才如海，潘才如江。"

（125）倾，倒出，倾出。云尔，语气词。

【毛泽东评说】

毛泽东在"老当益壮，宁移白首之心；穷且益坚，不坠青云之志"等警策的句子后面画着圈。尤其对"落霞与孤鹜齐飞，秋水共长天一色"，表示了由衷的喜爱。20世纪60年代初，他在和子女们的一次谈话中，一边背诵这首诗序中的佳句，一边评论，谈兴正浓时，坐到书桌前，悬肘挥毫，为他们书写下这一具有诗情画意的千古名句，留下了珍贵的墨迹。

　　——张贻玖编：《毛泽东评点、圈阅的中国古典诗词》，中国工人出版社1992年版，第60页。

【赏析】

滕王阁，故址在今江西省南昌市，前临赣江。唐高祖儿子滕王李元婴作洪州都督时所建。唐高宗上元二年（675），王勃往交州省父路经南昌时，写下了这篇《滕王阁序》。本文《王子安集》题作《滕王阁诗序》。

《滕王阁序》从洪州的地域、人物，写到宴会，接着写宴会的时间、滕王阁的美丽和登阁眺望中的三秋景物。意境开阔，色彩鲜丽，而后再从宴会的盛况写到王勃的身世之感，抒发了怀才不遇的悲愤心情和报国心愿。文章辞采华美，通篇对仗齐整，声律配置严格，表现出骈文通俗化的倾向。

毛泽东读这篇文章时优美语句的圈点、评论和手书，说明了对王勃这篇佳作的由衷喜爱和欣赏，是对该文的高度评价。毛泽东手书"落霞与孤鹜齐飞，秋水共长天一色"的墨宝，现在被复制悬挂在江西南昌赣江边新建的滕王阁中，供游人鉴赏。

李 白

李白（701—762），字太白，号青莲居士，唐代大诗人。出生于中亚碎叶城（唐时属条支都督府，在今哈萨克斯坦境内），后随父徙居锦州彰明（今四川江岫）的青莲乡。二十五岁，便漫游各地。四十二岁时，被召入京，供奉翰林。因蔑视权贵，不久遭谗去职。安史之乱中，曾为永王李璘幕僚。肃宗出兵打败李璘后，他以附逆罪被流放至夜郎。中途遇赦，死于当涂。他是盛唐有名的浪漫主义诗人。诗风雄奇奔放，想象丰富，语言流转自然，音律和谐多变，善于用夸张手法和神话题材构成奇幻特异的境界，描写祖国山河的壮丽景观，抒发自己的思想感情。著有《李太白集》。

【原文】

与韩荆州书

白闻天下谈士相聚而言曰[1]："生不用封万户侯[2]，但愿一识韩荆州。"何令人之景慕[3]，一至于此耶！岂不以有周公之风，躬吐握之事[4]，使海内豪俊[5]，奔走而归之，一登龙门[6]，则声誉十倍，所以龙蟠凤逸之士[7]，皆欲收名定价于君侯[8]。君侯不以富贵而骄之，寒贱而忽之，则三千宾中有毛遂[9]，使白得颖脱而出[10]，即其人焉[11]。

白陇西布衣，流落楚汉。十五好剑术，徧干诸侯[12]；三十成文章，历抵卿相[13]。虽长不满七尺[14]，而心雄万夫。王公大人，许与气义[15]。此畴曩心迹[16]，安敢不尽于君侯哉！

君侯制作侔神明[17]，德行动天地，笔参造化[18]，学究无人。幸愿开张心颜，不以长揖见拒。必若接之以高宴，纵之以清淡[19]，请日试万言，倚马可待。今天下以君侯为文章之司命[20]，人物之权衡，一经品题，便作佳士；而君侯何惜阶前盈尺之地，不使白扬眉吐气，激昂青云耶[21]！

昔王子师为豫州⁽²²⁾，未下车即辟荀慈明⁽²³⁾；即下车又辟孔文举⁽²⁴⁾。山涛作冀州⁽²⁵⁾，甄拔三十余人，或为侍中尚书，先代所美。而君侯亦一荐严协律⁽²⁶⁾，入为秘书郎；中间崔宗之、房习祖、黎昕、许莹之徒，或以才名见知，或以清白见赏。白每观其衔恩抚躬⁽²⁷⁾，忠义奋发。以此感激，知君侯推赤心于诸贤腹中，所以不归他人，而愿委身国士⁽²⁸⁾，倘急难有用，敢效微躯。

且人非尧舜，谁能尽善？白谟猷筹画⁽²⁹⁾，安能自矜⁽³⁰⁾？至于制作⁽³¹⁾，积成卷轴⁽³²⁾，则欲尘秽视听⁽³³⁾。恐雕虫小技，不合大人。若赐观刍荛⁽³⁴⁾，请给纸墨，兼之书人⁽³⁵⁾。然后退扫闲轩⁽³⁶⁾，缮写呈上⁽³⁷⁾。庶青萍、结绿⁽³⁸⁾，长价薛、卞之门⁽³⁹⁾。幸推下流⁽⁴⁰⁾，大开奖饰⁽⁴¹⁾。惟君侯图之⁽⁴²⁾！

【注释】

（1）白，李白自称。谈士，谈论天下事的士人。

（2）万户侯，食邑万户的侯爵。

（3）景慕，景仰爱慕。

（4）躬，自身、亲自。吐握，吐出口中食物、挽住头发，形容短时间内接连有人求见，事见《韩诗外传》卷三。

（5）豪俊，有才德的人。

（6）登龙门，比喻士人忽然得到提升，也比喻由于谒见名人而抬高自己的身价，事见《后汉书·李膺传》。

（7）龙蟠凤逸之士，是指德才兼备的人。蟠，屈曲、环绕。逸，飞奔、奔跑。

（8）名，名誉。价，评价。君侯，指韩朝宗。

（9）毛遂，战国赵国平原君赵胜门下食客，自荐陪平原君到楚国去求援，事见《史记·平原君列传》。

（10）颖脱，指出类拔萃、与众不同。

（11）即其人焉，就是那样的人。

（12）徧（biàn 便），全面、到处。干，关连、涉及，此处是触及、接触的意思。诸侯，地方大员。

（13）卿相，指朝中最高级官员。

（14）长（cháng 肠），身高。

（15）许与，称赞。气义，雄伟正大的精神。

（16）畴曩，从前、过去。畴（chóu 绸），同类。曩（nǎng 攮），从前的、过去的。

（17）制作，建立的功业。侔（móu 谋），相等，齐。

（18）笔，文章。参，罗列、阐述。造化，天地，此处指天地之道、自然法则。

（19）纵，放任、放纵。清谈，本指以宣扬老庄学说为主的玄谈，此处是指任情畅谈。

（20）司命，星名，又叫"文昌星"，传说中文昌星主管人们的文运。

（21）激昂，激厉昂扬。

（22）王子师，指后汉王允，汉灵帝中平元年（184）拜豫州刺史。为，担任。

（23）辟（bì 壁），征召。荀慈明，荀爽，王允任上的从事（刺史下位置较高的官）。

（24）下车，旧时称官员初到任为"下车"。孔文举、孔融、与荀爽任同一官职。

（25）山涛，晋河内怀（怀，县名，今河南武陟县）人。任冀州（今河北衡水冀州区）刺史时，以选拔贤才闻名。

（26）严协律，即严武，华阴（今陕西华阴）人。协律，掌管音乐的官。

（27）衔恩，感激报答。抚躬，扪心自问、反省。

（28）国士，一国中公认的才士，此处指韩朝宗。

（29）谟（mó 馍），计划、谋划。猷（yóu 游），打算、计谋。

（30）矜（jīn 今），自夸、自尊自大。

（31）制作，指所写的文章。

（32）卷轴，指书。古时书籍写在长条纸上，每条的顶头置一木轴，收藏时将长条纸卷到木轴上。

（33）秽，田中杂草。尘秽，脏东西，引申为沾污。

（34）刍（chú 除），割草。荛（ráo 饶），柴草。刍荛，此处是谦逊的说法，指自己的文章。

（35）兼，加上。书人，能抄写的人。

（36）轩，小房子。

（37）缮写，抄写、誊写。

（38）青萍，良剑名。结绿，美玉名。此处指李白对其文自负的话。

（39）薛，薛烛，春秋时越国人，善鉴定剑。卞，卞和，春秋时楚国人，曾在荆山得到璞玉。

（40）下流，李白自谦。

（41）奖饰，奖励、表扬。

（42）图，考虑、图谋。

【毛泽东评说】

当时，很多文化人总是和工农兵搞不到一起，他们说边区没有韩荆州。我们说边区有韩荆州，是谁呢？就是吴满友、赵占魁、张治国。这个故事可以说一下。唐朝时，有一个姓韩的在荆州做刺史，所以人们把他叫做韩荆州。后来有一个会写文章的人叫李大白，他想做官，写了一封信给韩荆州，把他说得了不起，天下第一，其实就是想见韩荆州，捧韩荆州就是为了要韩荆州给他一个官做。因此就出了"韩荆州"的典故。那时延安很多人想找"韩荆州"，但是找错了方向，找了一个打胭脂水粉的韩荆州，一个小资产阶级的韩荆州，就是《前线》里的客里空。他们找不到韩荆州在哪里，其实到处都有韩荆州，那就是工农兵。

——《在中国共产党第七次全国代表大会上的口头政治报告》，《毛泽东文集》第三卷，人民出版社 1996 年版，第 339 页。

【赏析】

这封信是开元二十二年（734）李白居安陆游襄阳时，写给襄州刺史兼山南东道采访处置使韩朝宗的。韩朝宗喜识拔后进，谦恭待士，曾举荐崔宗之、严武等人入朝，因此"士咸归重之"，是当时极负盛名的人物。李

唐
宋

白写这封信，希望得到他的荐举，能够"扬眉吐气，激昂青云"，作出一番事业来。韩朝宗虽兼判襄州，仍为荆州长史，故题为《与韩荆州书》。

李白的文章和他的诗歌一样，豪逸奔放，气势夺人。在这封信中，作者先借"天下谈士"的话，从赞扬韩朝宗的德高望重、援引贤才，进而以毛遂自比，不亢不卑地表明自己的态度和心愿，以为一篇之目；然后叙述自己的经历和才能，赞颂韩朝宗的学识和品望，并反复请试，以见"待价而沽"的用意；接着两次引述古人，又历举韩朝宗提携后进的事例，委婉曲折地说明自己之所以希望"委身国士""敢效微躯"的动机；结末再拈"价"字作结，表示愿进献自己平素的著作，等待韩朝宗的品题。通篇顿挫跌宕，起伏照应，笔力豪迈，虽是求人荐举的信，说了一些恭维韩朝宗的话，却无寒酸乞怜之态，对自己的才能非常自负，充分表现出李白傲岸不羁、不肯低眉折腰的精神。

1945 年 4 月 24 日，毛泽东作的《在中国共产党第七次全国代表大会上的口头政治报告》，在讲到个性与党性时，向与会者讲述了"韩荆州"的典故，并赋予它崭新的意义。他指出，在无产阶级革命的时代，"其实到处都有韩荆州，那就是工农兵"，为"文化人"指出了一条与工农兵相结合的光辉道路。

【原文】

春夜宴从弟桃花园序

夫天地者，万物之逆旅也⁽¹⁾；光阴者，百代之过客也⁽²⁾。而浮生若梦⁽³⁾，为欢几何？古人秉烛夜游⁽⁴⁾，良有以也⁽⁵⁾。况阳春召我以烟景⁽⁶⁾，大块假我以文章⁽⁷⁾。会桃花之芳园，序天伦之乐事⁽⁸⁾。群季俊秀，皆为惠连⁽⁹⁾。吾人咏歌，独惭康乐⁽¹⁰⁾。幽赏未已⁽¹¹⁾，高谈转清⁽¹²⁾。开琼筵以坐花⁽¹³⁾，飞羽觞而醉月⁽¹⁴⁾。不有佳咏，何伸雅怀⁽¹⁵⁾？如诗不成，罚金谷酒数⁽¹⁶⁾。

【注释】

（1）逆旅：客舍，招待旅客的地方。

（2）光阴，时间。过客，过往的客人。

（3）浮生若梦，飘浮不定的人生如一场大梦。

（4）秉烛夜游，争取时间，及时行乐。《古诗十九首·生年不满百》："昼短苦夜长，何不秉烛游。"魏文帝（曹丕）《与吴质书》："少壮真当努力，年一过往，何可攀援！古人思秉烛夜游，良有以也。"秉，持。

（5）良，确实，的确。以，原因，原故。

（6）阳春，春日。春阳煦物，天暖气和，故曰阳春。召，召唤，引申为吸引、撩逗。烟景，春天景物繁华，且常有烟霭朦胧，如披上一层轻纱，故曰烟景。

（7）大块，大地，亦指大自然。《庄子·大宗师》："大块载我以形。"成疏："大块者，造物之名，亦自然之称也。"假，借给，这里是供的意思。文章，比喻春景如锦绣织成的花纹图案。

（8）序：叙谈。序，通叙，抒也。天伦：兄弟。《穀梁传·隐公元年》："兄弟，天伦也。"言兄先弟后，天然伦次。后来泛指父子、兄弟等为天伦。

（9）两句是说，诸弟俊雅秀美，都有谢惠连那样的才情。群季，诸弟。兄弟长幼之次序，曰伯、仲、叔，季，故以季代弟。俊秀，指才华特殊。惠连，东晋陈郡阳夏（今河南太康）人。幼聪敏，工诗文，能书画，常为族兄谢灵运所称赏。

（10）两句是说，而我吟咏的诗歌，自惭不如谢灵运。这是作者自谦之词，言诸弟如惠连般聪敏，自己却无灵运那样的才华。康乐，指东晋著名山水诗人谢灵运。他是东晋名将谢玄之孙，袭封康乐郡公，世称谢康乐。

（11）幽赏，幽雅、清静地赏玩美景。

（12）这句是说，高谈又转向了清雅的话题。

（13）琼筵，珍贵的筵席。以，而。坐花，坐在花丛中。

（14）飞羽觞，行觞如飞。《文选·吴都赋》："飞觞举白。"羽觞，雀形的酒器，这里指酒杯。《汉书·外戚传》班捷妤《自伤悼赋》："酌羽觞兮销忧。"孟康曰："羽觞，爵也，作生爵（雀）形，有头尾羽翼。"醉月，醉酒在月光之下。

（15）伸，抒发。雅，高雅。

（16）依如诗不成二句，倘若写不出诗来，依照石崇当年在金谷园当筵赋诗的先例，罚酒三杯。金谷酒数，晋代豪富石崇，常宴客于金谷园中，宾主当筵赋诗。《金谷诗序》："遂各赋诗，以叙中怀，或不能者，罚酒三斗。"

【毛泽东评说】

毛泽东在 1938 年 3 月 29 日对陕北公学第十一至二十队演讲时说：有人说地方太小了，好的地方已被敌人占去，即使抗战也不行。然而我是顽固党的最后胜利派，仍旧主张我们会胜利。王羲之说"大块假我以文章"，岂只大块地方可以做文章吗？小块也行。

——董学文、魏国英编著：《毛泽东的文艺美学活动》，高等教育出版社 1995 年版，第 57 页。

【赏析】

这是李白一篇著名的抒情短文。作者以清新自然的笔触，写一个春夜里作者与诸从弟在桃花园饮宴、幽赏、清谈、赋诗的情景，表现出作者喜欢春天、热爱自然的情怀和逸趣，其间也流露了浮生若梦、及时行乐的消极思想。全文仅百余字，作者却把叙事、抒情和议论巧妙地糅和在一起，紧扣题目，点出了春、夜、桃花园和诸弟、饮宴等事，有层次，有变化，辞短韵长，益人情思。

1938 年 3 月 29 日，毛泽东对陕北公学学生讲话时，针对有人嫌根据地"地方太小""即使抗战也不行"的错误想法，援引李白（误为王羲之，可能是毛泽东误记，或者记录有误）此文中"大块假我以文章"的话，幽默地说"岂只大块地方可以做文章吗？小块也行。"大块，大地，亦指大自然。这句话的意思是，大自然的春天景色如锦绣织成的花纹图案。毛泽东则借用此语，另赋新义。把全国比作"大块"，根据地比作"小块"，勉励学员们从实际情况出发，在革命斗争中锻炼成长。

骆宾王

骆宾王（640？—684？），义乌（今浙江义乌）人，唐代文学家。曾任长安县主簿、临海县丞，故称"骆临海"。徐敬业起兵，他参加了幕府。敬业败，下落不明，或传说被杀，或说做了和尚。与王勃、杨炯、卢照邻等以诗文齐名，为"初唐四杰之一"。其诗多悲愤之词。亦善骈文。著有《骆临海集》。

【原文】

代李敬业传檄天下文

伪临朝武氏者⁽¹⁾，人非温顺⁽²⁾，地实寒微⁽³⁾。昔充太宗下陈⁽⁴⁾，尝以更衣入侍⁽⁵⁾。洎乎晚节⁽⁶⁾，秽乱春宫⁽⁷⁾。密隐先帝之私⁽⁸⁾，阴图后庭之嬖⁽⁹⁾。入门见嫉，蛾眉不肯让人⁽¹⁰⁾；掩袖工谗，狐媚偏能惑主⁽¹¹⁾。践元后于翚翟⁽¹²⁾，陷吾君于聚麀⁽¹³⁾。加以虺蜴为心，豺狼成性⁽¹⁴⁾；近狎邪僻，残害忠良⁽¹⁵⁾；杀姊屠兄，弑君鸩母⁽¹⁶⁾。人神之所共疾，天地之所不容⁽¹⁷⁾。犹复包藏祸心，窥窃神器⁽¹⁸⁾。君之爱子，幽之于别宫⁽¹⁹⁾；贼之宗盟，委之以重任⁽²⁰⁾。呜呼！霍子孟之不作⁽²¹⁾，朱虚侯之已亡⁽²²⁾。燕啄皇孙，知汉祚之将尽⁽²³⁾；龙漦帝后，识夏庭之遽衰⁽²⁴⁾。

敬业皇唐旧臣，公侯冢子⁽²⁵⁾。奉先帝之遗训，荷本朝之厚恩⁽²⁶⁾。宋微子之兴悲，良有以也⁽²⁷⁾；袁君山之流涕，岂徒然哉⁽²⁸⁾？是用气愤风云，志安社稷⁽²⁹⁾。因天下之失望，顺宇内之推心⁽³⁰⁾，爰举义旗，誓清妖孽⁽³¹⁾。南连百越，北尽三河⁽³²⁾，铁骑成群，玉轴相接⁽³³⁾。海陵红粟，仓储之积靡穷⁽³⁴⁾；江浦黄旗，匡复之功何远⁽³⁵⁾。班声动而北风起，剑气冲而南斗平⁽³⁶⁾。喑呜则山岳崩颓，叱咤则风云变色⁽³⁷⁾。以此制敌，何敌不摧⁽³⁸⁾，以此攻城，何城不克⁽³⁹⁾。

唐
宋

公等或家传汉爵,或地协周亲⁽⁴⁰⁾;或膺重寄于爪牙,或受顾命于宣室⁽⁴¹⁾。言犹在耳,忠岂忘心⁽⁴²⁾? 一抔之土未干,六尺之孤安在⁽⁴³⁾? 倘能转祸为福,送往事居⁽⁴⁴⁾,共立勤王之勋,无废旧君之命⁽⁴⁵⁾,凡诸爵赏,同指山河⁽⁴⁶⁾。若其眷恋穷城,徘徊歧路⁽⁴⁷⁾,坐昧先几之兆,必贻后至之诛⁽⁴⁸⁾。请看今日之域中⁽⁴⁹⁾,竟是谁家之天下! 移檄州郡,咸使知闻⁽⁵⁰⁾。

【注释】

(1)伪,窃取者曰伪,言武则天僭位,其政权不合法。临朝,君临朝廷。公元六八三年十二月高宗病死,中宗李显继位,不到两月即被武则天废为庐陵王,另立睿宗(李旦),令居别殿,武则天以皇太后身份临朝称制。

(2)此句《唐文粹》作"性非和顺"。

(3)按:武则天虽非出身门阀世族,却生长于富商新贵家庭,唐高祖李渊起兵时,每休止其家。李渊攻下长安就封武则天之父武士彟(hú 湖)为太原郡公,后累迁工部尚书,进封应国公。她生母是隋朝宗室杨达的女儿。高宗在册封武则天为皇后的诏书中说:"武氏门著勋庸,地华缨黻。"作者从封建正统观念出发,贬斥武则天出身寒门、地位微贱。地,社会地位,出身。

(4)《旧唐书·则天皇后本纪》:"初,则天年十四时,太宗闻其美容止,召入宫,立为才人。"《旧唐书·后妃传》:"才人九人,正五品。"充,充当,任其职事。太宗,李世民。下陈,后列,品级不高的侍妾。

(5)更(gēng 耕)衣入侍,《汉书·外戚传》:卫子夫(卫青的姐姐)出身微贱,原为平阳主讴者。武帝过平阳主家,于众美女中独悦子夫。帝起更衣,子夫侍尚衣,轩中得幸,入宫。此处指武则天曾得幸太宗,为下文"聚麀"埋下伏笔。

(6)洎(jì 记),及,到。晚节,此言后来。

(7)《新唐书·则天皇后传》:"太宗闻士彟女美,召为才人……高宗为太子时,入侍,悦之。"高宗为太子时就和武则天有暧昧关系,太宗死,武氏随众于感业寺为尼,高宗即位,于永徽五年(654)将她复召入宫,拜为昭仪,又立为后。春宫,皇太子居住的东宫,后用以代指皇太子。

（8）密隐，隐藏、掩盖。《唐文粹》作"潜隐"。先帝，已故的皇帝，指太宗。

（9）阴图，暗中图谋。后庭，后宫。《唐文粹》作"后房"。嬖（bì 辟），以邪僻取爱曰嬖，亲幸。

（10）武则天初入宫时，萧良娣（萧淑妃）正得宠，王皇后嫉恨萧妃，欲以武则天的美色离间良娣之宠。武则天利用王皇后这一心理"卑词屈体以事后"，取其欢心，王皇后屡在高宗面前说武则天的好话，遂拜为昭仪。后来王皇后与萧淑妃宠皆衰，高宗独宠武昭仪。见嫉，被人嫉妒。蛾眉，《诗经·硕人》："螓首蛾眉。"指女子细而长曲的眉毛，后用作美女的代称。

（11）掩袖，以袖掩鼻。《战国策·楚策》：楚怀王妃郑袖对新来的美人说：王很喜欢你，但不喜欢你的鼻子，以后见王时当以袖掩鼻。美人按郑袖的话行事，楚王奇怪地问郑袖，郑袖说：她讨厌闻你的臭味。楚王大怒，立即命令把美人的鼻子割掉。作者用此比喻武则天陷害王皇后的事。《新唐书·后妃传上》：武则天生一女，王皇后去看望并逗弄女孩玩耍，皇后走后，武则天把亲生女儿弄死，盖在被下佯装不知。高宗来看，见女已死，惊问左右，皆曰王皇后刚来过。武则天啼哭不已，诬称王皇后害死帝女。高宗遂下决心废王皇后。工谗，善于（在皇帝面前）进谗言。狐媚，如狐之为魅那样迷惑人。

（12）唐高宗在皇后废立问题上遇到大臣褚遂良等人的反对，直到永徽六年（655）才"废皇后王氏为庶人，立昭仪武氏为皇后"。践，登上。元后，天子之嫡后。于，之、的。翚翟（huī dí 辉敌）：皇后的乘舆礼服。《旧唐书·舆服志》："皇后服有袆衣，……文为翚翟之形。"此比喻皇后之位。翚，五彩的野鸡。《说文》："翚，……一曰伊雒而南，雉五采皆备曰翚。"翟，《说文》："翟，山雉尾长者。"按：雉之交有时，守死而不犯分，以此喻妇德，故古代皇后的车子、衣服上的图案或装饰物都绘以翚翟之形。

（13）陷，使……沦于。聚麀（yōu 幽），《礼记·曲礼》："夫惟禽兽无礼，故父子聚麀。"谓禽兽不知父子夫女之伦，故有父子共一牝之事。比喻武则天先为太宗才人，后又为高宗皇后，诱使高宗像禽兽一样乱伦。

聚，共。麀，母鹿。

（14）虺蜴（huǐ yì 悔益），皆毒螫之虫。虺，一种毒蛇，扁头大眼，见人则昂头逐之，性极毒。蜴，即蜥蜴，俗名四脚蛇。豺，一种像狼的野兽。《说文》："豺，狼属狗声。"豺性贪暴，故常以豺狼比喻贪心残忍的恶人。

（15）狎（xiá 匣），亲近。邪僻，指许敬宗、李义府等人。《新唐书·奸臣许敬宗传》："帝将立武昭仪，大臣切谏，而敬宗阴揣帝私，即妄言曰：'田舍子媵获十斛麦，尚欲更故妇。天子富有四海，立一后，谓之不可，何哉？'帝意遂定……帝得所欲，故诏敬宗待诏武德殿西闼，顷拜侍中，监修国史，爵郡公……威宠炽灼，当时莫与比。"《新唐书·奸臣李义府传》：李义府貌柔恭，与人言嬉怡微笑，而阴贼褊忌著于心，凡忤意者皆中伤之，时号"笑中刀"，又以柔而害物，号曰"人猫"。高宗即位，为长孙无忌所恶，奏斥壁州司马。他探知"武昭仪方有宠，上欲立为后"，即上表，请废后立昭仪。帝悦，召见与语，赐珠一斗。武后立，拜中书侍郎，同中书门下三品。忠良，指褚遂良、长孙无忌等人。《新唐书·褚遂良传》：褚遂良为唐开国老臣，高宗即位，进拜尚书右仆射。帝以皇后无子为理由欲立昭仪，遂良则以皇后无他过，不可废。改日又言：陛下必欲改立后，请更择贵姓，昭仪昔事先帝，今立之，奈天下耳目何？遂良力谏，致笏殿阶，叩头流血。高宗大怒，武氏也从帷后呼曰："何不扑杀此獠。"武后立，遂良被贬为潭州都督，再贬爱州刺史，卒。《新唐书·长孙无忌传》：长孙无忌也是唐开国老臣，太宗长孙皇后兄，与遂良悉心奉国，以天下安危自任。原为太尉，检校中书令。高宗欲立武昭仪为后，无忌固言不可。帝密以宝器锦帛十余车赐之，昭仪母复诣其家申请，许敬宗多次劝说，都被厉色折拒。武后立，以"谋反"罪名把长孙无忌削官去爵，远流黔州而死。

（16）《新唐书·则天武后传》：武则天姐姐韩国夫人及其女贺兰氏，出入宫中，帝皆宠之。韩国夫人卒，女封魏国夫人，高宗欲以备嫔职，则天则忌恨欲除之，就借异母兄的两个儿子惟良、怀运送来的食物，暗施毒药送给贺兰氏吃，毒死了外甥女又嫁祸两个侄子，二人被诛并改其姓为"蝮"氏。武则天的异母兄武元庆出为龙州刺史，至州以忧卒。武元爽坐事流振州而死。弑（shì 试）君鸩（zhèn 振）母，史无记载。《资治通鉴》光宅元年九月引此檄，注"弑君鸩母"云：此以高宗晏驾，及太原王妃之死为后罪。弑，古时地位在下的人杀死地位在上的人。鸩，传说中的一种毒鸟，其羽毛浸酒，饮之即可致死。

（17）人神，《集》作"神人"，据《唐文粹》改。疾，痛恨。共疾，《旧唐书》《唐文粹》作"同嫉"。

（18）《资治通鉴》卷二〇一，麟德元年十二月："上每视事，则后垂帘于后，政无大小，皆与闻之，天下大权，悉归中宫，黜陟杀生，决于其口，天子拱手而已，中外谓之二圣。"但武则天不以此为满足，一心想改朝换代当皇帝，所以高宗一死，她就废掉中宗另立睿宗，临朝称制。在李敬业起兵后七年（690）公然宣布"革唐命"，改国号"周"，正式当皇帝。祸心，窃国之心。神器，帝位。

（19）《资治通鉴》卷二〇三，弘道元年（683）十二月，高宗死，中宗即位。次年二月废中宗为庐陵王，幽于别所。改立李旦为皇帝，是为睿宗。"政事决于太后，居睿宗于别殿，不得有所预。"爱子，指李旦。幽，囚禁。

（20）《新唐书·外戚传》：武则天执政后诸武用事，她的侄子武承嗣迁秘书监，礼部尚书，俄以太常卿同中书门下三品。垂拱初，以春官尚书同凤阁鸾台平章事。承嗣从父弟三思累进春官尚书，太子少保等职。

（21）《汉书·霍光传》：光，字子孟，骠骑将军霍去病弟，甚为武帝亲信。武帝死，昭帝继位，年仅八岁，霍光受诏以大司马大将军辅政。昭帝死，迎立昌邑哀王子刘贺为帝。贺淫乱无行，霍光把他废掉，改立宣帝，安定了汉朝基业，保住刘姓做稳皇帝。这句是慨叹唐朝没有像霍光那样忠于皇室的人。作，起，复生。

（22）《汉书·高五王传》：高祖曹夫人所生齐悼惠王之子刘章，封朱虚侯。高祖死，吕后当政，诸吕擅权，赵王吕禄为上将军，梁王吕产为相国，吕后死，诸吕阴谋作乱。刘章与太尉周勃、丞相陈平等合谋诛之。章先斩吕产，勃尽杀诸吕，扶立文帝刘恒，保住了刘姓江山。这句是感叹唐朝李姓宗室中没有像刘章那样的人。

（23）《汉书·五行志》：成帝微行出游，见舞者赵飞燕而幸之，立为后。飞燕与其妹昭仪性情狠毒，因已无子，就设法把后宫怀孕的人都害死，致使成帝无嗣，此事与当时民间童谣"燕飞来，啄皇孙。皇孙死，燕啄矢"相应验。武则天被立为皇后，先后废掉或害死太子李忠、李弘、李贤。这里是用赵飞燕的故事比喻武则天。汉祚（zuò 坐），汉朝的帝运。

（24）《史记·周本纪》：有二神龙降于夏庭，夏帝问卜于神，请求二龙留下龙漦（lí 离），密藏在木盒（椟）之中，传至周末厉王时，始将木盒打开，漦流于庭，化为玄鼋，鼋入后宫，遇到宫女，感而怀孕，生女即褒姒。幽王见而爱之，立褒姒为后，废申后及太子，招致犬戎之祸，西周遂亡。这里用褒姒比喻武则天。龙漦，龙吐的沫。识，知。夏庭，夏朝朝廷。遽（jù 具），急速。

（25）按：敬业原姓徐，是唐朝开国功臣徐世勣的长孙。勣因屡立战功被唐赐以"国姓"，改姓李，避太宗讳，单名勣，封莱国公；太宗时徙封英国公；高宗立，进开府仪同三司，同中书门下三品，复为尚书左仆射，卒，赠太尉。敬业继父袭爵，曾任太仆少卿，眉州刺史，故称皇唐旧臣。皇唐，大唐。冢（zhǒng 肿）子，嫡长子。"子"，《旧唐书》作"胤"。

（26）奉，恭敬地接受下来。先帝，指已故的唐高祖、唐大宗和唐高宗。遗训，遗教，指保护李唐王朝江山。荷，随受。按：前句《旧唐书》《唐文粹》均作"奉先君之成业"。后句中的"厚"，《旧唐书》作"旧"。

（27）《尚书大传》：宋微子，名启，纣王的庶兄，纣王淫乱，数谏不听乃去。武王灭纣，命微子为殷后代，封国于宋，故称宋微子。微子朝周，路过殷墟，引起故国之思，作《麦秀歌》以寄意。歌曰："麦秀蕲兮，黍米曜曜。彼狡童兮，不我好仇。"（《史记·宋微子世家》所载与此略同）敬业赐姓李，自视为唐宗室，看到诸武专权，唐祚将衰，故有微子之悲。兴，引起。良，实在。以，原因，缘故。

（28）《后汉书·袁安传》：袁安官司徒，目睹和帝幼弱，窦太后临朝，外戚擅权，每言及国事常噫呜流涕。但袁安字邵公，不字君山，当系作者记忆有误。《后汉书·桓谭传》：桓谭字君山，官拜议郎给事中。因上疏陈时政并反对光武帝迷信图谶，帝怒，将下斩之，谭叩头流血，良久得解，谪为六安郡丞，郁郁不乐，道病卒。另，骆宾王《灵泉颂》："三秋客恨，长怀宋玉之悲；一面交欢，暂雪桓谭之涕。"也提到桓谭。李敬业被夺爵远谪，贬为柳州司马，其遭遇与桓谭出为郡丞相似，故集作"桓君山之流涕"。岂徒然，难道是平白无故地如此（流涕）？

（29）是用，是以，因此。愤，感情激荡。社稷，古时国家的代称。

（30）因，依靠，凭借。失望，失其所望。顺，顺应。宇内，天下。推心，信赖、拥护。《后汉书·光武纪上》："萧王推赤心置人腹中。"

（31）爰，于是。举，发动。义旗，代指诛乱兴义之师。誓，《唐文粹》作"以"。

（32）百越，《文献通考·舆地考》："自交趾至会稽，七八千里，百越杂处，各有种姓。"这里泛指东南方广大地区。尽，抵达终点。三河，《史记·货殖列传》："昔唐人都河东，殷人都河内，周人都河南。夫三河，在天下之中，若鼎足，王者更居也，建国各数百千岁。"这里指中原地带。

（33）铁骑（jì计），强悍的骑兵。玉轴，用玉饰的车轴，此代指辎重。《旧唐书》轴作"舳"。《说文》："舳，舻也。汉律名船方长为舳舻。"玉舳指华贵的战船，也可通。

（34）海陵，县名，唐属扬州，在今江苏泰州市海陵区。汉吴王刘濞置仓储粟于此，故又以海陵作为仓名。《文选》左思《吴都赋》："觎（xǐ喜）海陵之仓，则红粟流衍。"靡穷，无穷。

（35）黄旗，古代迷信说法，天空出现黄旗紫盖状的云气，是为出皇帝的征兆。《全上古三代秦汉三国六朝文·全后汉文》卷八六，司马徽《与刘恭嗣书》："黄旗紫盖，恒见东南，终成天下者，扬州之君乎？"

（36）班声，班马之声。《左传·襄公十八年》："有班马之声，齐师其遁。"班者，别也。班马谓离群之马，此当指战马的鸣声。一说班声即车声。《后汉书·五行志》："车班班，入河间。"剑气，剑光。南斗，南斗六星，亦称斗宿。斗宿，在吴地的分野。平，除，隐。《晋书·张华传》：晋初，牛宿、斗宿之间常有紫气照射，后在丰城（古属豫章，今在江西宜春）发掘出龙泉、太阿宝剑一双，天上紫气消失了。意为牛斗间紫气乃宝剑之精上彻于天所致。

（37）喑呜（yīn wū 音乌），与喑噁同。《史记·淮阴侯传》："项王喑噁叱咤（chì zhà 斥乍）。"索隐："喑噁，怀怒气。""叱咤，发怒声。"

（38）制，判裁、制伏。摧，摧毁。

（39）克，攻下。按：此句《旧唐书》《唐文粹》皆作"以此图功，何功不克"。

（40）公等：檄文号召的对象，犹言诸位、你们，泛指唐朝从中央到地方或同姓或异姓的文武官员们。或，有的。家传，世代传袭。汉爵，代指唐朝的爵位。地协，地位身份合于。协，合。周亲，至亲，指唐朝的宗室、姻亲。《尚书·泰誓》："虽有周亲，不如仁人。"传："周，至也。"周与上句"汉"为借对。按：此二句《唐文粹》作"公等或居汉地，或叶周亲"。

（41）膺，承受。重寄，重大的寄托。爪牙，《诗·祈父》："祈父，予王之爪牙。"爪牙喻为王守卫之武臣。《汉书·李广传》："将军者，国之爪牙也。"此当指节制一方的将帅。顾命，皇帝临死时对心腹重臣的遗命。顾，回顾，言将死回顾而为语。宣室，汉未央宫正殿室名，此借指唐朝皇宫。

（42）两句是说：（皇帝临终托付的）话犹在耳边回响，难道已忘了对朝廷的忠心。

（43）弘道元年（683）十二月高宗死，次年（文明元年）五月丙申（十五日）高宗灵驾西还，八月庚寅（十一日）葬于乾陵，九月丁丑（二十九日）敬业扬州起兵。从高宗下葬到敬业起兵，中间相距仅四十八天，故云抔土未干。一抔（póu 剖阳平）：一捧，一掬。六尺之孤，幼少之君，指根据高宗遗诏继位的中宗李显。时中宗已废为庐陵王，软禁房州。孤，无父之子。古时皇帝死时，遗诏亲信大臣辅佐太子继位，称托孤。安在，《旧唐书》《唐文粹》作"何托"。

（44）两句是说：倘（诸位）能转变顺从武氏与义军为敌（祸）而忠于李唐与义军合作（福），礼葬死者（高宗），事奉生者（中宗）。送往事居，语见《左传·僖公九年》杜预注："往，死者；居，生者。"

（45）勤王，凡君主、王室有难，臣下起兵救援叫勤王。此指匡复中宗帝位。旧君：和新君相对而言，指已故的高宗。旧君，《唐文粹》作"大君"。勋，《旧唐书》作"师"，《唐文粹》作"图"。

（46）同指山河，《史记·高祖功臣侯年表》：汉初，高祖对有功之臣论功行赏，封以王、侯爵位，其封爵誓词曰："使河如带（衣带），泰山若厉（砥石），国以永宁，爰及苗裔。"意思是要到黄河像衣带那样狭小，泰山像磨刀石那样平坦，你们的爵、赏才会消失，即可以子孙后代传袭无穷。指，《旧唐书》作"裂"。

（47）若其，转折之词，犹"若乃"。眷恋，留恋不舍。穷，困厄。按：《旧唐书》无此二句。

（48）坐，因。昧，昏，不明。先几（jī机）之兆，事前露出的预兆。《易·系辞下》："几者动之微，吉之先见者也。"贻（yí移），遗留下。后至之诛：《史记·孔子世家》："禹致群神于会稽山，防风氏后至，禹杀而戮之。"此指行动迟疑，不响应讨武，必将招致军法处治。《旧唐书》无此二句。

（49）域中，国中。

（50）移檄，传送檄文。咸，都。

【毛泽东评说】

在南京的李宗仁何应钦政府中，存在着三部分人。……第三部分是一些徘徊歧路、动向不明的人们。他们既不想得罪蒋介石和美国政府，又想得到人民民主阵营的谅解和容纳。但这是幻想，是不可能的。

——《南京政府向何处去？》，《毛泽东选集》第四卷，人民出版社1991年版，第1445页。

【赏析】

本文选自《骆临海集》卷十。李敬业，即徐敬业。本文作于睿余（李旦）光宅元年（684），是骆宾王替徐敬业写的。

武则天是个有才能的唐代政治家，史称她"素多智计，兼涉文史"。在高宗时代她就以天后身份参与政治，高宗晚年苦于风疾，百司表奏，皆委天后详决，辅国政数十年，威势与高宗无异。高宗死后，他废掉中宗，临朝执政，培植党羽，重用诸武，大兴告密之风，剪除异己势力，准备革唐之命，建立大周王朝。因此，引起唐王朝统治阶级内部极其复杂尖锐的斗争。光宅元年（684）秋，唐朝开国功臣李勤的长孙李敬业（敬业原姓徐，因其祖徐世勣屡立战功，赐姓徐，被削去官爵后，复归本姓）在扬州起兵，打出匡复中宗的旗号，反对武则天临朝称制，号召天下讨武。骆宾王参加了李敬业的幕府并为艺文令，同年九月代李敬业写了这篇著名的檄文。作者站在拥唐讨武的立场上，历数武则天屠兄杀姊、鸩母弑君、蓄谋篡唐称帝的种种罪状，号召天下，起而讨伐。其间虽杂有人身攻击和与事实不符之处，但文章写得痛快淋漓，挥洒自如，词采飞扬，声势雄壮，极富煽动性和号召力。据《新唐书·文艺传·骆宾王传》说，武则天初读此檄文时，"但嬉笑"，不以为意，后来读到"一抔之土未干，六尺之孤安在"时，不禁耸然动容，急问"谁为之"，继而惊叹道："宰相安得失此人！"可见骆宾王的文才和他这篇檄文的撼人力量。

此文一题《讨武曌（zhào 照）檄》，但武则天自名为"曌"是载初元年（689）的事，晚敬业起兵五年，不得称"武曌"。即本题中称"李敬业"亦当为后人所加。

骆宾王在檄文中用"徘徊歧路"一词，形容一部分唐朝官吏既同情李敬业又不敢公开反对武则天，在两条路中间持徘徊犹豫的态度。毛泽东在《南京政府向何处去？》中，指出"在南京的李宗仁何应钦政府中，存在着三部分人。"第一部分是蒋介石的死党，第二部分愿意向人民靠拢，第三部分人是一些徘徊歧路、动向不明的人们"。毛泽东在这里用"徘徊歧路"，形象地说明了蒋介石反动政府在人民革命战争的强大攻势面前，内部出现了分裂、动摇，其覆灭的命运马上就要到来。

韩 愈

韩愈（768—824），字退之，河南河阳（今河南孟州）人，唐代文学家、哲学家。自谓郡望昌黎（今河北秦皇岛昌黎），世称韩昌黎。早孤，由嫂抚养，刻苦自学。德宗八年（792）中进士，五年后才被宣武节度使董晋征为属官。贞元十九年任监察御史时，因天旱人饥，上书请求缓征徭役赋税，得罪京兆君李实，被贬为阳山（今广东清远阳山）令。宪宗年间，曾任国子监博士、太子庶吉子，随宰相裴度平定淮西，迁刑部侍郎。元和十四年（819），因谏迎佛骨，触怒宪宗，被贬为潮州（今广东潮州）刺史。穆宗时，召为国子监祭酒，历任京兆尹及兵部、吏部侍郎。卒谥文，世称韩文公。韩愈政治上反对藩镇割据，思想上尊儒排佛，文学上反对六朝以来的骈偶文风，提倡散体，与柳宗元同为唐代古文运动的倡导者。其散文在继承先秦两汉古文的基础上，加以创造和发展，气势雄健，条理畅达，语言精练，被列为"唐宋八大家"之首。其诗力求新奇，有时流于险怪，对宋诗影响颇大。有《昌黎先生集》。

【原文】

原 毁

古之君子⁽¹⁾，其责己也重以周⁽²⁾，其待人也轻以约。重以周⁽³⁾，故不怠；轻以约⁽⁴⁾，故人乐为善。闻古之人有舜者⁽⁵⁾，其为人也，仁义人也。求其所以为舜者，责于己曰："彼，人也；予，人也；彼能是，而我乃不能是⁽⁶⁾！"早夜以思，去其不如舜者，就其如舜者⁽⁷⁾。闻古之人有周公者，其为人也，多才与艺人也⁽⁸⁾；求其所以为周公者，责于己曰："彼，人也；予，人也；彼能是，而我乃不能是！"早夜以思，去其不如周公者，就其如周公者。舜，大圣人也，后世无及焉⁽⁹⁾；周公，大圣人也，后世无及焉。是人也⁽¹⁰⁾，

唐
宋

乃曰:"不如舜,不如周公,吾之病也⁽¹¹⁾。"是不亦责于身者重以周乎⁽¹²⁾?其于人也⁽¹³⁾,曰:"彼人也,能有是,是足为良人矣⁽¹⁴⁾;能善是⁽¹⁵⁾,是足为艺人矣。"取其一⁽¹⁶⁾,不责其二;即其新,不究其旧;恐恐然惟惧其人之不得为善之利。一善,易修也;一艺,易能也⁽¹⁷⁾。其于人也,乃曰:"能有是,是亦足矣。"曰,能善是,是亦足矣。"不亦待于人者轻以约乎?

今之君子则不然⁽¹⁸⁾,其责人也详⁽¹⁹⁾,其待己也廉⁽²⁰⁾。详,故人难于为善;廉,故自取也少⁽²¹⁾。已未有善,曰:"我善是,是亦足矣。"已未有能,曰:"我能是,是亦足矣。"外以欺于人,内以欺于心,未少有得而止矣,不亦待其身者已廉乎⁽²²⁾?其于人也,曰:"彼虽能是,其人不足称也⁽²³⁾;彼虽善是,其用不足称也⁽²⁴⁾。"举其一⁽²⁵⁾,不计其十;究其旧,不图其新;恐恐然惟惧其人之有闻也⁽²⁶⁾。是不亦责于人者已详乎?夫是之谓不以众人待其身⁽²⁷⁾,而以圣人望于人,吾未见其尊己也!

虽然⁽²⁸⁾,为是者有本有原⁽²⁹⁾,怠与忌之谓也⁽³⁰⁾。怠者不能修⁽³¹⁾,而忌者畏人修。吾常试之矣⁽³²⁾。尝试语于众曰⁽³³⁾:"某,良士⁽³⁴⁾;某,良士。"其应者⁽³⁵⁾,必其人之与也;不然⁽³⁶⁾,则其所疏远,不与同其利者也;不然⁽³⁷⁾,则其畏也。不若是,强者必怒于言⁽³⁸⁾,懦者必怒于色矣。又尝语于众曰:"某,非良士;某,非良士。"其不应者,必其人之与也;不然,则其所疏远,不与同其利者也;不然,则其畏也。不若是,强者必说于言⁽³⁹⁾,懦者必说于色矣。是故事修而谤兴⁽⁴⁰⁾,德高而毁来。呜呼!士之处此世⁽⁴¹⁾,而望名誉之光,道德之行,难已!

将有作于上者⁽⁴²⁾,得吾说而存之⁽⁴³⁾,其国家可几而与理欤!⁽⁴⁴⁾。

【注释】

(1)古之君子,指士大夫阶级。

(2)责,责求,要求。重,严格。以:连词,而。周,全面。轻,宽厚,不严。约,简约,少。按:《尚书·伊训篇》:"与人不求备,检身若不及。"《论语·卫灵公》:"子曰:躬自厚而薄责于人。"为本文立论所本。

(3)重以周两句是说,(要求自己)严格而全面,所以(在修身学习的道路上)不会懈怠。怠,怠情,松懈。

（4）宽以约两句是说，（对待别人）宽厚而简约，所以别人乐于上进。轻以约，含有"多鼓励，少指责"之意。为善，做好事，求上进。

（5）闻古之人有舜者，舜，姓姚，有虞氏，名重华，传说中父亲氏族社会后期部联盟领袖，史称虞舜。三句是说，听说古人中有个叫舜的人，他的为人表现，是个仁义之人。

（6）彼，人也，四句，《孟子·滕文公上》引颜渊曰："舜，何人也？予，何人也？有为者亦若是！"予，我。是，如此，这样。

（7）早夜以思三句，《论语·里仁》："见贤思齐焉，见不贤内自省也。"《孟子·离娄下》："舜，人也；我，亦人也。舜为法于天下，可传于后世，我由（按：通"犹"）未免为乡人也，是则可忧也。忧之如何？如舜而已矣。"

（8）闻古三句，周公，即姬旦，因采邑在周（今陕西宝鸡岐山东北），称为周公，西周初年奴隶主阶级政治家。多才与艺，《尚书·金縢》：周公曰："予仁若考，能多材多艺，能事鬼神。"艺，技能，技艺。此指礼、乐、射、御、书、数等六种技能。

（9）无及，赶不上。

（10）是人，此指"古之君子"。

（11）病，毛病，缺点。

（12）是不亦：这不就是。

（13）其于人，他对于别人。

（14）这句是说，这就足以成为善良的人了。

（15）善是，擅长这些（技艺）。艺人，有才艺的人。

（16）取其一五句是说，只取他的一技之长（或一事之善），不责求他的其他方面，只追究他新近的表现（来进行鼓励），不追究他过去如何；担心的是只怕别人得不到做好事的益处。恐恐然，担心害怕、小心谨慎之态。为善之利，争取上进的好处。

（17）一善四句是说，一种好的品德，是容易修养的；一门技艺，是容易学会的。

（18）不然，不是这样。然，这样，如此。

（19）详，详尽，求全责备。

（20）待己也廉，对自己的要求很少，不严格。廉，少。《说文》："廉，仄也。"注："此与广为对文，谓偏仄也。"

（21）取，获取，得到。

（22）少，稍。得，收获，进步。已，过于、太。

（23）足，足以，值得。称，称道，赞扬。

（24）用，作用，此指本领、才能。

（25）举其一四句是说，只讲他的缺点的一面，不考虑他的全部表现；只追究他的旧的过错，不考虑他的现在的新表现。计、图，考虑。十，全部，全面。

（26）闻，名声，声誉。

（27）众人，指一般的人。望，责怪，引申为责求。或作"比况"解，《礼记·表记》："以人望人。"尊己，自尊，爱重自己。而以圣人望于人，以圣人的标准来要求别人。

（28）虽然，虽然如此，意谓不仅如此。

（29）为是者，做这种事情有这样表现的人。本，木之根。原，水之源。"原"为"源"的本字。

（30）这句是说，就是怠惰与嫉妒。之，复指代词，表示"谓"的宾语（"怠与忌"）前置。

（31）修，修养，上进，

（32）这句是说，我多次试验过他们了。常，多次。

（33）语于众，当着他们的面说。

（34）某，良士，某某是个好人。

（35）其应者两句是说，那些随声附和的人，一定是那个人（"某良士"）的同党。应，应和，随声附和。与，党与，同伙，友好。

（36）不然三句是说，不然的话，就是那个人（"某良士"）平时所疏远的、不与他同利害的人。

（37）不然两句是说，再不然的话，就是害怕他的人（不敢不随声附和）。

（38）强者必怒于言两句，从语言上表示出恼怒。怒于色，从脸上的颜色、表情来表示愤怒。

（39）说，通"悦"，高兴。

（40）是故事修而谤兴两句是说，因此（在这种社会风气之下）事业有长进，诋毁之言也就跟着兴起；道德修养有提高，毁谤之词也就随之而来。

（41）世，世上，社会。光，光大，昭著。道德，指儒家的仁义道德。行，推行，施行于他人或社会上。已，通"矣"，啦，啊。

（42）有作于上者，身居上位想要有所作为的人。

（43）存，存想，分析研究，牢记心中。

（44）几，近，差不多，理，通"治"，与"乱"对言，治理得好。

【毛泽东读评】

人之议之者尊之也。天下惟庸人不惹物议，若贤者则时为众矢之的，故曰事修而谤兴，德高而毁来。

——《讲堂录》，中共中央文献研究室、中共湖南省委《毛泽东早期文稿》编辑组编：《毛泽东早期文稿》，湖南出版社 1990 年版，第 587 页。

【赏析】

《原毁》载于《昌黎先生集》卷十一。原，推原其本，也就是推论。凡是用"原"（"原某"或"某原"）作题目的文章，实际与议论文并无不同。《原毁》，就是论毁谤。

全文共分三段。首段先指出了古人责己重以周，待人轻以约。责己重以周，是"不怠"；待人轻以约，是"不忌"。不怠不忌，毁自无从发生。次论今人责人详，待己廉。转笔论今之君子，揭出毁的根源；待己廉，是"怠"，这是毁的一个根源；责人详，这是"忌"，这是毁的又一个根源。反又提出"不以众人待其身，而以圣人望于人"，是不"尊己"。末段推论"怠"与"忌"为毁的根源。并指出在上者能知多毁的原因，国便可治。作者生动地描写了以"某良士"或"某非良士"试于众人时所得的反应，意在描绘世俗人情。结以"事修而谤兴，德高而毁来"，点"毁"字。总之，此文以"古之君子"的作风与"今之君子"的作风、"责人"与"待

唐
宋

己"，"应者"与"不应声"的各种表现作对比，分析了一般人好说别人坏话的原因，并认为既然有这种坏风气，那些有所作为的人就很难不遭毁谤。在封建社会里，统治阶级内部，人们互相攻讦，确实是常见的事。韩愈写这篇文章，一面分析"事修而谤兴，德高而毁来"的原因，一面在写当时士大夫的情状时，发泄自己的不满。最后则呼吁士大夫大人先生们来转移这种坏风气，是作文的本意。

文章喜用排比句式，一层紧一层，层层递进，排比句中每更易几个字，文意便有不同。此外，在文章论点与论据的逻辑关系之间，辅之以人物声音笑貌的描写，寓理于事，使人读论文如读故事，兴味盎然，从而增加了文章的生动性与表现力。于此可见韩愈对文章组织结构的讲求，这也是本文的特色之一。

毛泽东在1913年10月至12月的《讲堂录》"国文"课的笔记中记下了本文中"事修而谤兴，德高而毁来"两句精警之语，表明他比较欣赏的态度。

【原文】

原　道

博爱之谓仁⁽¹⁾，行而宜之之谓义⁽²⁾，由是而之焉之谓道⁽³⁾，足乎己⁽⁴⁾，无待于外之谓德⁽⁵⁾。仁与义为定名⁽⁶⁾，道与德为虚位⁽⁷⁾。故道有君子小人⁽⁸⁾，而德有凶有吉⁽⁹⁾。老子之小仁义⁽¹⁰⁾，非毁之也，其见者小也。坐井而观天，曰天小者，非天小也。彼以煦煦为仁，孑孑为义⁽¹¹⁾，其小之也则宜。其所谓道，道其所道⁽¹²⁾，非吾所谓道也；其所谓德，德其所德⁽¹³⁾，非吾所谓德也。凡吾所谓道德云者，合仁与义言之也，天下之公言也⁽¹⁴⁾；老子之所谓道德云者，去仁与义言之也⁽¹⁵⁾，一人之私言也。

周道衰⁽¹⁶⁾，孔子没⁽¹⁷⁾，火于秦⁽¹⁸⁾，黄老于汉⁽¹⁹⁾，佛于晋、魏、梁、隋之间⁽²⁰⁾。其言道德仁义者，不入于杨，则入于墨；不入于老，则入于佛⁽²¹⁾。入于彼，必出于此。入者主之⁽²²⁾，出者奴之⁽²³⁾；入者附之⁽²⁴⁾，出者污之⁽²⁵⁾。噫！后之人其欲闻仁义道德之说，孰从而听之⁽²⁶⁾？老者曰：孔子，吾师

之弟子也⁽²⁷⁾。佛者曰：孔子，吾师之弟子也⁽²⁸⁾。为孔子者，习闻其说，乐其诞而自小也⁽²⁹⁾，亦曰：吾师亦尝师之云尔⁽³⁰⁾。不惟举之于其口⁽³¹⁾，而又笔之于其书。噫！后之人虽欲闻仁义道德之说，其孰从而求之？甚矣，人之好怪也！不求其端，不讯其末⁽³²⁾，惟怪之欲闻。

古之为民者四⁽³³⁾，今之为民者六⁽³⁴⁾。古之教者处其一⁽³⁵⁾，今之教者处其三⁽³⁶⁾。农之家一，而食粟之家六；工之家一，而用器之家六；贾之家一，而资焉之家六⁽³⁷⁾。奈之何民不穷且盗也！

古之时⁽³⁸⁾，人之害多矣。有圣人者立，然后教之以相生养之道⁽³⁹⁾。为之君⁽⁴⁰⁾，为之师，驱其虫蛇禽兽而处之中土⁽⁴¹⁾。寒，然后为之衣；饥，然后为之食⁽⁴²⁾。木处而颠、土处而病也⁽⁴³⁾，然后为之宫室。为之工，以赡其器用⁽⁴⁴⁾；为之贾，以通其有无；为之医药，以济其夭死⁽⁴⁵⁾；为之葬埋祭祀⁽⁴⁶⁾，以长其恩爱⁽⁴⁷⁾；为之礼，以次其先后⁽⁴⁸⁾；为之乐，以宣其壹郁⁽⁴⁹⁾；为之政，以率其怠勌⁽⁵⁰⁾；为之刑，以锄其强梗⁽⁵¹⁾。相欺也，为之符玺、斗斛、权衡以信之⁽⁵²⁾；相夺也，为之城郭、甲兵以守之⁽⁵³⁾。害至，而为之备；患生，而为之防。今其言曰："圣人不死，大盗不止；剖斗折衡，而民不争⁽⁵⁴⁾。"呜呼！其亦不思而已矣。如古之无圣人，人之类灭久矣。何也？无羽毛、鳞介以居寒热也，无爪牙以争食也⁽⁵⁵⁾。

是故君者，出令者也⁽⁵⁶⁾；臣者，行君之令而致之民者也⁽⁵⁷⁾；民者，出粟米麻丝、作器皿、通货财以事其上者也⁽⁵⁸⁾。君不出令，则失其所以为君⁽⁵⁹⁾；臣不行君之令而致之民，民不出粟米麻丝、作器皿、通货财以事其上，则诛⁽⁶⁰⁾。今其法曰：必弃而君臣，去而父子，禁而相生养之道，以求其所谓清净寂灭者⁽⁶¹⁾。呜呼！其亦幸而出于二代之后，不见黜于禹、汤、文、武、周公、孔子也⁽⁶²⁾；其亦不幸而不出于三代之前，不见正于禹、汤、文、武、周公、孔子也。

帝之与王，其号名殊，其所以为圣一也⁽⁶³⁾；夏葛而冬裘，渴饮而饥食，其事殊，其所以为智一也⁽⁶⁴⁾。今其言曰：曷不为太古之无事⁽⁶⁵⁾？是亦责冬之裘者曰：曷不为葛之之易也⁽⁶⁶⁾？责饥之食者曰：曷不为饮之之易也？

传曰："古之欲明明德于天下者，先治其国；欲治其国者，先齐其家；欲齐其家者，先修其身；欲修其身者，先正其心；欲正其心者，先诚其意⁽⁶⁷⁾。"然则古之所谓正心而诚意者，将以有为也⁽⁶⁸⁾。今也欲治其心，而外天下国家⁽⁶⁹⁾，灭其天常⁽⁷⁰⁾，子焉而不父其父⁽⁷¹⁾，臣焉而不君其君⁽⁷²⁾，民焉而不事其事⁽⁷³⁾。孔子之作《春秋》也⁽⁷⁴⁾，诸侯用夷礼则夷之，进于中国则中国之⁽⁷⁵⁾。经曰："夷狄之有君，不如诸夏之亡⁽⁷⁶⁾。"《诗》曰："戎狄是膺，荆舒是惩⁽⁷⁷⁾。"今也举夷狄之法而加之先王之教之上，几何其不胥而为夷也⁽⁷⁸⁾！

夫所谓先王之教者何也？博爱之谓仁，行而宜之之谓义，由是而之焉之谓道，足乎己、无待于外之谓德。其文《诗》《书》《易》《春秋》，其法礼、乐、刑、政，其民士、农、工、贾，其位君臣、父子、师友、宾主、昆弟、夫妇，其服丝麻，其居官室，其食粟米、果蔬、鱼肉⁽⁷⁹⁾。其为道易明，而其为教易行也。是故以之为己，则顺而祥；以之为人，则爱而公；以之为心，则和而平；以之为天下国家，无所处而不当⁽⁸⁰⁾。是故生则得其情，死则尽其常⁽⁸¹⁾；郊焉而天神假，庙焉而人鬼飨⁽⁸²⁾。曰：斯道也，何道也？曰：斯吾所谓道也，非向所谓老与佛之道也⁽⁸³⁾。尧以是传之舜，舜以是传之禹，禹以是传之汤，汤以是传之文、武、周公，文、武、周公传之孔子，孔子传之孟轲，轲之死，不得其传焉。荀与扬也，择焉而不精，语焉而不详⁽⁸⁴⁾。由周公而上，上而为君，故其事行⁽⁸⁵⁾；由周公而下，下而为臣，故其说长⁽⁸⁶⁾。

然则如之何而可也？曰：不塞不流，不止不行⁽⁸⁷⁾。人其人⁽⁸⁸⁾，火其书⁽⁸⁹⁾，庐其居⁽⁹⁰⁾；明先王之道以道之⁽⁹¹⁾，鳏寡孤独废疾者有养也⁽⁹²⁾。其亦庶乎其可也⁽⁹³⁾。

【注释】

（1）博爱，广大、普遍的爱。《论语·颜渊》："樊迟问仁，子曰：'爱人。'"《孟子·离娄下》："孟子曰：'仁者爱人。'"儒家以此为出发点，引申出伦理道德观、社会政治观。

（2）行而宜之之谓义，上"之"，指"仁"。"仁"见于行为，得到恰好的体现便是义。

（3）由是而之，由此（仁义）而做去。是，此，这，指前边讲的"仁"

这个指导思想、"义"这条行动路线。之，动词，往，去。焉，语气词。道，道路，引申为思想原则。

（4）足乎己，自己内心本来就具有、就充满。

（5）无待于外：不需要借助任何外界影响。德，《周礼·地官司徒·师氏》卷注："在心为德，施之为行。"指人们自我修养所达到的某种精神境界。

（6）定名，有固定内容的名称概念。名，名称，概念。

（7）虚位，无固定内容的名称概念。位，与名同。宋人黄震《黄氏日抄》卷五九云："仁与义为道德，去仁与义亦自为道德，故特指位为虚。"

（8）这句是说：所以道有君子之道与小人之道的区别。《孟子·离娄上》引孔子曰："道二，仁与不仁而已矣。"

（9）这句是说，然而德也有恶德与善德的不同。凶：《说文》："恶也。"吉，《说文》："善也。"

（10）老子，李耳，字聃。老子是后学对他的尊称。著有《老子》（又称《道德经》）。《老子》有云："大道废，有仁义。"又云："失道而后德，失德而后仁，失仁而后义，失义而后礼。"认为仁、义、礼等产生于道德废弃后的乱世。

（11）彼，指老子。煦煦（xǔ 许），小惠、和悦。孑孑，突出、特立的之状。

（12）道其所道，讲的（或行的）是他所讲的（或所行的）道。道，讲，说；一说道即蹈，行。所道，所讲（或所行）的道。

（13）德其所德，得到的是他内心充满的德。德，第一个德是动词，意为得。《礼记·乐记》："礼乐皆得，谓之有德。德者，得也。"第二个德是名词，指修养的某种境界，品德。

（14）天下之公言，韩愈认为，他所尊奉的儒学家说是天下公认的"大道""正道"，是人类社会的"不易之道"。

（15）去，离开。

（16）周道，文、武之道，先王之道。

（17）没，同"殁"，死。

（18）火，用为动词，火烧。《史记·秦始皇本纪》，秦始皇三十四年（前213），李斯请曰："史官非秦记皆烧之。非博士所职，天下敢有藏《诗》《书》、百家语者，悉诣守、尉杂烧之……。"制曰："可。"

（19）黄老，黄帝和老子。按，道家学派实创始于老子，后来发展变化，又称为黄老之学。

（20）魏，排列于晋后，应指北魏。按，汉后，西晋统一全国；晋之后，分裂为南北朝，北朝魏时佛教最盛；南朝梁朝佛教地位最高；南北朝后，隋又统一全国，故举晋、魏、梁、隋以系世代。

（21）《孟子·滕文公下》讲到战国时代杨、墨之学盛行的情况时说："圣王不作，诸侯放恣，处士横议，杨朱、墨翟之言盈天下。天下之言，不归杨，则归墨。"杨朱主张为我，墨翟主张兼爱。至唐，黄老与佛教交相盛行。

（22）主之，以它为主人，意为对它唯命是从、崇拜尊奉。

（23）奴之，以它为奴仆，意为像对待奴仆那样卑视它。

（24）附之，附和它。

（25）污之，污蔑它，意为一味的党同伐异，全不讲客观是非。

（26）孰从，从谁那里。

（27）老者，老子学派的人。老子之后，道家学派另一代表人物庄子在其所著《庄子》一书之《天运》篇中也说："孔子行年五十有一而不闻道，乃南之沛，见老聃。""吾师"是道家学派对老子的称呼。

（28）佛者，佛教一派的人。释道安《二教论·服法非老九》引《清净法行经》说："佛遣三弟子震旦（震旦即支那，指我国；这里用作动词，往震旦）教化。儒童菩萨，彼称孔子；光净菩萨，彼称颜回；摩诃迦叶，彼称老子。"（转引自《广弘明集》卷八）这种说法流行很广。魏晋以后，本末之争激烈，道家讲孔子、浮屠（佛）均在老子教化之列；佛教讲孔子、老子都是佛的弟子。

（29）乐其诞，乐于接受他们荒诞的说法。自小，意即自卑。

（30）吾师，指孔子。师之，以他们为师。该句原无"师之"二字，据《唐文粹》卷四三补。云尔，如此等等。《史记·老子韩非列传》："孔子适周，将问礼于老聃。"《孔子家语·观周》："孔子谓南宫敬叔曰：'吾闻老聃博古知今，通礼乐之原，明道德之归，则吾师也，今将往矣。……问礼于老聃，访乐于苌弘。'"韩愈本人写的《师说》一文也讲："孔子师郯子、苌弘、师襄、老聃。"可见"吾师亦尝师之"的说法，在儒家学派中也相当流行。

（31）不惟，不只，不仅。举，称述，讲说。

（32）求，探求，考察。其，它的，代指儒家学说、先王之道的。端，本原、开始。讯，问、考察。末，终，结果。

（33）四，士、农、工、贾（gǔ 鼓）。《春秋谷梁传·成公元年》："古者有四民：有士民，有商民，有农民，有工民。"

（34）六，四民之外，增加老、佛。

（35）古之教者，指士，士是教人者。处其一，于四民中居其一，即占四民总数的四分之一。处，居，占。

（36）今之教者，指士、老、佛。

（37）资焉，取资于他们，意为凭借于他们供应商品。焉，同"于是"，"是"指商贾。

（38）古之时，此指远古时代，生民之初。

（39）相，相互，共同。生，生育，生产。养，维持生命，扶养供养。

（40）这句是说，为他们设置了君长。君，用作动词，意为"设置君长"。下面"为之师""为之衣""为之食""为之宫室""为之工"等句中的"师""衣""食""宫室""工"等名词，皆用作动词，意思是"选择了老师""发明了衣服""培育了五谷""创建了宫室""分设了工民"等。《孟子·梁惠王下》引《书》曰："天降下民，作之君，作之师。"

（41）驱，赶走。处之，使之（他们）住在。中土，意同"中国"，指天下的中部地区，与四荒边远地区相对而言。《孟子·滕文公上》："当尧之时，天下犹未平，洪水横流……禽兽偪人，兽蹄鸟迹之道交于中国。"

（42）食，五谷。《孟子·滕文公上》："后稷教民稼穑，树艺五谷；五谷熟而民人育。"

（43）木处，居住在树上。《韩非子·五蠹》："上古之世，人民少而禽兽众，人民不胜禽兽虫蛇，有圣人作，构木为巢，而避害焉。"颠，坠，跌落。土处，居住在地穴山洞里。《易·系辞下》："上古穴居而野处，后世圣人易之以宫室。"

（44）赡（shàn善），供给，满足。

（45）济，救。夭死，少壮而死，这里指由病害造成的非正常死亡。

（46）这句是说，为他们制定了葬埋祭祀的制度。葬埋祭祀，用作动词。下边"礼""乐""政""刑"等皆同。

（47）长，延续；增长。其，他们之间的。

（48）次其先后，规定他们之间尊卑、贵贱、少长的先后次序。次，次序，顺序；这里用作动词，排列、规定次序。

（49）宣，舒散。壹郁（yù遇），积滞堵塞、忧愁烦闷的样子。一作"抑郁、湮郁"。

（50）率（shuài帅），督促，劝勉。怠勤，懒惰疲沓的人。勤，同倦。

（51）锄，铲除。强梗，强横不化之人。

（52）符，古代凭信之具。《说文》："符，信也。汉制以竹，长六寸，分而相合。"玺（xǐ喜），印。斗斛（hú胡），古代的两种量器。十斗为斛。权衡，秤。秤杆叫衡，秤锤叫权。信之，使他们相互之间守信用。

（53）城郭、甲兵，皆用作动词，修建城池，发明武器。郭，外城为郭。甲，铠甲。兵，兵器。守之，使他们防守。

（54）以上引文见《庄子·胠箧》。剖，破开，劈碎。折，折断。按，老子《道德经》也有类似说法："绝圣弃智，民利百倍；绝仁弃利，民复孝慈；绝巧弃利，盗贼无用。"

（55）无羽两句是说，（因为人类）没有禽兽那样的毛羽、鱼鳖那样的鳞甲以防御气候的变化，没有禽兽那样锐利的爪牙去同别的动物争抢食物呀！介，甲。居，当，御。

（56）出令者，制定发布政令的人。

（57）致之民："致之于民"的省略，传达君命给百姓。

（58）作器皿，制造器具。通，流通。事其上，事奉他们的君长。

（59）这句是说，君长如果不能制定发布礼乐刑政之命，就失去了他作为君长的职分。

（60）诛，责罚，这里是"诛除""取缔"之意。

（61）以上乃作者综述佛教教条大意，非佛经原文。弃而君臣，抛弃你们的君臣关系。而，尔，你（们）。去，脱离、断绝。清净寂灭，佛教把人生看作苦海，认为断绝人伦关系，杜绝情欲杂念，便可修行到清净安乐境界。佛教修行的最终目的是寂灭（也译作"圆寂、涅槃"等），实际上指死，认为按佛法修行，死后即可脱离人生苦海，至于永远安乐之境，见《释氏十三经·无量寿经》。

（62）见，被。黜，革除，取缔。

（63）三句是说，五帝与三王，称号虽然不同，但是他们之所以成为圣人的道理是一样的（那就是他们都有功德于民）。按：黄老重五帝、轻三王，故批之。

（64）其事殊，一本"事"下有"虽"字。

（65）其，指道家。曷，何，为什么，怎么。为，做，搞。太古，上古、远古时代。无事，无所事事，无为而治。这是道家对先王礼乐刑政之制，教民相生养之道的指责，老子《道德经》有云："小国寡民，使民有什佰之器而不用，使民重死而不远徙。虽有舟车，无所用之；虽有甲兵，无所陈之；使人复结绳而用之。甘其食，美其服，安其居，乐其俗，邻国相望，鸡犬之声相闻，民至老死，不相往来。"《庄子·胠箧》也有毁弃文明，回到原始时代的主张。

（66）葛，豆科蔓茎植物，茎长数丈，缠绕于他物，纤维可织布。葛布粗疏，工艺简单。

（67）传（zhuàn 撰），解释经文的书，这里指《礼记》。引文见《礼记·大学》。明明德于天下，发扬光大圣明品德于天下，意思是以自己的品德威望去平定天下。明明德，第一个"明"是动词，发扬光大；第二个"明"是形容词，圣明。德指品德、威望。国，此指诸侯国。齐，整齐，整治。

（68）将以，将要用来。有为，有所作为，即治国平天下。按：儒家主张入世、有为；佛家主张出世、无为，其主要区别在此。

（69）治，修养，端正。外，抛开，遗弃。

（70）天常，本指自然界的常规，如日月星辰的运行，风雨雷霆的发生，春夏秋冬的代序，亘古不变，儒家用于比拟封建社会的父子、夫妇与君臣（民）关系永不可变。这里天常是指儒家认为符合天常的封建伦理道德。

（71）佛教规定，人们出家之后，不拜父母。

（72）佛教规定，佛教徒不拜帝王。

（73）不事其事，不做他们应做的事，指既"不行君之令而致之民"，又"不出粟米麻丝、作器皿、通货财以事其上"。

（74）《春秋》，儒家经典之一。它本是一部历史著作，提纲式地记载了从鲁隐公元年（前722）到鲁哀公十四年（前481）共二百四十一年的历史。这个时代就是所谓"春秋时代"。据说孔子修《春秋》时，遣词造句寓有深义。其"微言大义"之一就是以中国（中原地区）的华夏族为本位，而将其他种族视为蛮夷，严华、夷之辨。

（75）二句是说，中原地区的诸侯采用蛮夷礼俗的，就把它当作蛮夷来看待；（蛮夷）进而采用中原地区华夏族礼俗者，就把他看作中原地区（的华夏族）。夷之，以之（代指用夷礼的中原诸侯）为夷，即把他看作蛮夷。进于中国：一作"夷而进于中国"，意义更明。

（76）经，指儒家的经典著作；这里指《论语》。下面的引文，见《论语·八佾（yì邑）》。邢昺（bǐng丙）疏曰："言夷狄虽有君长而无礼义，中国虽偶无君，若周、召共和之年，而礼义不废。"诸夏，中国，中原地区华夏族诸国。亡，同无。

（77）《诗》，《诗经》。引文见《诗经·鲁颂·閟（bì闭）宫》。戎，古代处于我国西部地区的种族，亦称"西戎"。狄，古时处于我国北部地区的种族，亦称"北狄"。是，结构助词，或称复指代词，在这里用来表示"膺"的宾语（戎狄）前提。下句句法与此同。膺，抵挡。荆、舒，指处于我国南方的蛮族。荆，楚国。舒，楚之盟国，在楚之东。惩，惩创，抗击。

（78）举，称举，推崇。夷狄之法，异族的宗教，这里指佛老二教。先王之教，禹、汤、文、武等先王时代的礼乐刑政教化。这里是指儒家学说。几何，这里是"差不多""相去几多"之意。胥，相，都。

（79）以上七句意在强调儒学同佛老二教在典籍、政治观、伦理观以至服制、名位、宫室、饮食等各方面的严格区别。

（80）无所，没有什么地方。处，处置，处理。

（81）两句是说，因此使生者可得其生活情欲之合理需要，对于死者能尽到葬埋祭祀的常礼。《孟子·梁惠王上》："使民养生丧死无憾焉。"

（82）《左传·僖公五年》："非德，民不和、神不享矣。"按：古代认为，只有有德者祭祀时，神灵才来享受他们的祭品从而降福于他们；对于无德者则否。郊，祭天神曰郊。假（gé 格），通"格"，到；这里作"来到""降临"讲。《易·萃》："王假有庙。"正义："假，至也。"庙，用作动词，祭祖庙。人鬼，这里指祖先的神灵。《礼记·祭法》："死曰鬼。"飨，享受。

（83）四句作者自问自答。

（84）荀，指荀子，名况，号卿，又叫孙卿，战国后期人，著有《荀子》。扬，扬雄，字子云，汉朝人，著有《太玄》《法言》等。语焉而不详，韩愈《读荀子》："孔子删《诗》《书》，笔削《春秋》，合于道者著之，离于道者黜去之，故《诗》《书》《春秋》无疵。余欲削荀氏之不合者附于圣人之籍，亦孔氏之志欤！孟氏醇乎醇者也；荀与扬，大醇而小疵。"语，讲述，阐述。

（85）三句是说：从周公以上，都是在上面做君主的人，所以礼乐刑政得以推行。

（86）三句是说，从周公以下，都是在下面做臣子的人，所以先王的思想学说得以长远流传。

（87）"不塞不流"二句，意思是如果不堵塞、禁止佛老二教，儒家的先王之道就不能流行。

（88）人其人，是指道士、僧徒还俗为民。

（89）火其书，焚烧宣扬佛教、道教的经卷书籍。

（90）庐其居，把寺观庙宇改作民房。

（91）以道之，来引导他们。

（92）鳏（guān 关），年老无妻的男子。寡，年老无夫的妇女。孤，孤儿。独，老而无子的人。废疾，残疾的人。有养，有所养，得到抚养。《孟子·梁惠王下》："老而无妻曰鳏，老而无夫曰寡，老而无子曰独，幼而无父曰孤，此四者天之穷民而无告得。"

（93）庶乎，差不多。

【毛泽东评说】

唐朝韩愈文章还可以，但是缺乏思想性。^但是韩愈的文章有点奇。唐朝人也说"学奇于韩愈，学涩于樊宗师。"韩愈的古文对后世很有影响，写文学史不可轻视他。

——刘大杰：《不平常的会见》，载《毛泽东在上海》，中共党史出版社1993年版，第143页。

帝国主义文化和半封建文化是非常亲热的两兄弟，它们结成文化上的反动同盟，反对中国的新文化。这类反动文化是替帝国主义和封建阶级服务的，是应该被打倒的东西。不把这种东西打倒，什么新文化都是建立不起来的。不破不立，不塞不流，不止不行，它们之间的斗争是生死斗争。

——《新民主主义论》，《毛泽东选集》第二卷，人民出版社1991年版，第695页。

【赏析】

唐代道教和佛教极为兴盛，到中唐时期，宗教徒大量增加，并享有免役、免租等特权，这严重地影响了国计民生，并动摇了儒教的一统地位。韩愈力崇儒学，大辟佛老，而作此文，后来又作《论佛骨表》而获罪，成为他一生生活的重大转折。原道，即探求道的本原，此"本原"就是篇中所说的儒家的"仁义"的道，想拿它作武器来打击老子的"去仁与义"的道和佛氏的"弃君臣，去父子，禁生养"的"夷狄之道"。总的攻击分两个方面：一、佛、老二家信徒是四民以外的游民，要人民来养活他们；二、他们要和国家争夺领导权。他把佛、老之道与圣人之道进行对比，显示圣人之道的优越性，希望能博得统治者的同意，达到排斥佛老的目的。

韩愈的儒学理论基本内容，主要是孔孟的德治仁政思想、圣人创造历史的唯心史观和阶级社会的等级制度。作者维护封建统治秩序的政治立场是非常明显的，但是在当时的历史条件下，当他用来批判"举夷狄之法而加之先王之教之上"的今君、"不行君之令而致之民""的乱臣和乱政害民的僧侣地主时，它所起的历史作用还是应该给以历史肯定的。同时，文章关于宗教信徒增加、僧侣地主剥削所造成的社会经济生活比例失调的分析，关于从物质上、思想上革除佛老的意见措施，关于安抚受害百姓以缓和社会矛盾的主张等，不仅具有某些唯物的因素，而且亦有借鉴的意义。

据《释氏通鉴》所载，唐代的寺院约有四万所，有僧尼二十六万五千余人。这样庞大数目的游惰而不生产的僧道，占据大量的土地，住着宏伟森严的房屋，不纳赋税，不服差役，对社会对人民的损害，是无法估量的。韩愈从经济观点来排斥佛、老，要他们回到四民队伍中去，以增加国家的财富，是符合人民的愿望的。但他这种议论并不是创见，实际是继承（东晋）桓玄、（南齐）顾欢、（南齐）范缜、（梁）郭祖深、（唐）彭偃等人的学说，不过他加以整理，使内容更系统更充实了。所以毛泽东在与文学史家刘大杰谈话中，把《原道》与《论佛骨表》一样看待，指出它们的共同缺点是：一、缺乏创见，大多是别人说过的话；二、只从破除迷信角度而没有从生产方式上来排斥佛、老。这一点《原道》与《论佛骨表》不尽相同，在本篇中韩愈还是注意从生产方式上来排斥佛、老的，可能讲得还不够。

此外，在《新民主主义论》中，讲到新民主主义文化与帝国主义文化、封建主义文化的斗争性质时，援引了本篇中"不塞不流，不止不行"的话，说明了两种文化思想上的斗争的不可调和。

《原道》又是最能代表韩愈散文的风格特色的。造成韩文风格特色的主要原因之一，就是排比修辞手法的连续大量使用。文章一开始，就连用四个排句；"古之时"一段，基本上全是排句。排句的连续大量使用，造成一种"如长江大河"，汹涌澎湃的气势。排句、散句交叉使用，排句句式又不断变换，又使"浑浩"中见"流转"，雄伟中有活泼。同时，文章布局严密，结构严谨，段落层次之安排颇见匠心。作者在写作上的这些特点，也增加了文章风格的雄浑感。

【原文】

师　说

古之学者必有师。师者，所以传道、受业、解惑也⁽¹⁾。人非生而知之者，孰能无惑？惑而不从师，其为惑也，终不解矣⁽²⁾。

生乎吾前，其闻道也固先乎吾，吾从而师之⁽³⁾；生乎吾后，其闻道也亦先乎吾，吾从而师之。吾师道也⁽⁴⁾，夫庸知其年之先后生于吾乎⁽⁵⁾？是故无贵无贱⁽⁶⁾，无长无少，道之所存，师之所存也⁽⁷⁾。

嗟乎！师道之不传也久矣⁽⁸⁾，欲人之无惑也难矣。古之圣人，其出人也远矣⁽⁹⁾，犹且从师而问焉⁽¹⁰⁾；今之众人，其下圣人也亦远矣⁽¹¹⁾，而耻学于师⁽¹²⁾；是故圣益圣，愚益愚⁽¹³⁾。圣人之所以为圣，愚人之所以为愚，其皆出于此乎⁽¹⁴⁾！

爱其子，择师而教之；于其身也，则耻师焉，惑矣⁽¹⁵⁾！彼童子之师，授之书而习其句读者⁽¹⁶⁾，非吾所谓传其道解其惑者也。句读之不知，惑之不解，或师焉，或不焉⁽¹⁷⁾；小学而大遗⁽¹⁸⁾，吾未见其明也⁽¹⁹⁾。

巫医、乐师、百工之人⁽²⁰⁾，不耻相师⁽²¹⁾；士大夫之族⁽²²⁾，曰师曰弟子云者⁽²³⁾，则群聚而笑之。问之，则曰："彼与彼年相若也，道相似也⁽²⁴⁾。"位卑则足羞，官盛则近谀⁽²⁵⁾。呜呼！师道之不复可知矣！巫医、乐师、百工之人，君子不齿⁽²⁶⁾，今其智乃反不能及⁽²⁷⁾，其可怪也欤！

圣人无常师⁽²⁸⁾。孔子师郯子、苌弘、师襄、老聃⁽²⁹⁾；郯子之徒⁽³⁰⁾，其贤不及孔子。孔子曰："三人行，则必有我师⁽³¹⁾。"是故弟子不必不如师，师不必贤于弟子⁽³²⁾；闻道有先后，术业有专攻⁽³³⁾，如是而已。

李氏子蟠⁽³⁴⁾，年十七，好古文⁽³⁵⁾，六艺经传⁽³⁶⁾，皆通习之，不拘于时⁽³⁷⁾，学于余。余嘉其能行古道⁽³⁸⁾，作《师说》以贻之⁽³⁹⁾。

【注释】

（1）道，这里指儒家学说，孔孟之道。详见《原道》。受业，讲授学业。受，通"授"。业，学业，功课。这里指儒家经典著作，即下文所说的"六艺经传"。解惑，解答疑难问题。

（2）《论语·述而》："孔子曰：'我非生而知之者，好古，敏以求之者也。'"孰，谁。

（3）乎，于，在。固，本来。师之，以之（他）为师，拜他为。

（4）吾师道也，即"吾师者，道也"，是个判断句。师，学习。

（5）庸，何用。先后生于吾，先生于吾、后生于吾，比我生得早、比我生得晚。

（6）无贵无贱，不论身份高贵、不论身份卑贱。无，不论。

（7）两句是说，先王之道的所在之处，就是老师的所在之处。意思是说：谁懂得先王之道，谁就是老师。

（8）师道，从师学习的道理、风尚。不传，失传。

（9）出人，超过一般人。出，超出，超过。

（10）犹且，尚且，还。

（11）下，低于。

（12）耻学于师，以向老师学习为羞。

（13）两句是说，因此圣人更加圣明，愚者更加愚昧。益，越来越，更加。

（14）其，语气词，表揣度，可译为"恐怕""大概"。此，代指上面所讲的古之圣人犹且从师而问，今之众人反而耻学于师。

（15）身，自身，本人。惑，糊涂。

（16）句读（dòu 逗），句，句子；读，同"逗"，句中稍作停顿的地方。古代书上没有标点断句，所以小孩们读书除教他们识字以外，就是要教他们能读成句。

（17）四句意思是说，小孩子们不懂句逗，反择师而教之；自己有疑难问题不能解决，却耻学于师。或，有的。不（fǒu 否），同"否"，指不从师学习。

（18）遗，丢掉，放弃。

（19）这句是说，我没看出他们的聪明（在何处）。

（20）巫医，《论语·子路》："子曰：'南人有言曰：人而无恒，不可以作巫医。'"《吕氏春秋·审分览·勿躬》："巫彭作医。"古时巫、医不分，医，亦写作"毉"。巫者常以禳祷之术为人治病，故连称巫医。乐师，音乐师傅。百工，各种手工业工匠。

（21）相师，相互求师。

（22）族，类，辈。

（23）这句是说，（如果有人）说到（谁是谁的）老师、说到（谁是谁的）学生如此的话。云者，如此，等等。

（24）相若、相似，相近，差不多。道，这里指学问。

（25）盛，大，高。近谀，近于阿谀奉承，有阿谀奉承的嫌疑。

（26）不齿，不屑于与之同列，意思是"看不起"。齿，《左传·隐公三十一年》："不敢与诸任齿。"注："齿，列也。"按：列，在一起并列。

（27）乃，竟，却。及，赶得上。

（28）常师，固定不变的老师。

（29）郯（tán 谈）子，为上古时代少皞氏的后裔、春秋时代郯国的国君，孔子曾向他请教过以鸟为官名的情况。《左传·昭公十七年》："秋，郯子来朝，公与之宴。昭子问焉，曰：'少皞氏鸟名官，何故也？'郯子曰：'吾祖也，我知之……。'仲尼闻之，见于郯子而学之。"苌（cháng 常）弘，周敬王时的大夫，孔子曾向他请教过音乐。《孔子世家·观周》，孔子至周，"访乐于苌弘"。师襄，鲁国的乐官，孔子曾向他请教过弹琴。《孔子家语·辩乐》《史记·孔子世家》皆有记载。《孔子世家》云："孔子学鼓琴师襄子。"老聃（dān 丹），孔子曾问礼于老聃，详见《原道》注。

（30）这句是说，郯子等这一班人。徒，辈，一班人。

（31）《论语·述而》："孔子曰：三人行，必有我师焉，择其善者而从之，其不善者而改之。"《史记·孔子世家》略同。集解引何晏曰："言我三人行，本无贤愚，择善而从之，不善而改之，无常师。"

（32）贤于，胜过。

（33）术业，学业技术。专攻，专门研究，专长。

（34）李氏子蟠（pán 盘），韩愈的学生，唐德宗贞元十九年（803）进士。

（35）古文，指先秦、两汉时期的散文，与六朝以来广泛流传的骈文对称。韩愈、柳宗元所倡导的古文运动的一个重要目的，就是反对骈文，提倡散文。

（36）六艺，这里指六经。《庄子·天运》："孔子谓老聃曰：'丘治《诗》《书》《礼》《乐》《易》《春秋》六经，自以为久矣，孰（通"熟"）知其故矣。'"经传（zhuàn 赚），经指六经原文，传指注释六经原文的著作。韩愈等所倡导的古文运动的另一个重要目的，就是要用散文这个工具批判佛老之教，宣传六艺经传中所载的先王之道。

（37）时，时俗，指耻于从师的社会风气。

（38）嘉，称许，赞赏。古道，指古之求师之道与古之先王之道。

（39）贻，赠。

【毛泽东评说】

一九四〇年初秋的一天，延安马列学院请毛泽东作报告。那天一早，负责学院日常工作的党总支书记张启龙、副院长范文澜叫教育处长邓力群、校务处长韩世福、教育干事安平生和宣传干事马洪去杨家岭接毛泽东。他们走了一半路，刚跨上延水河桥头，就遇上了毛泽东。……分手时，他一一握着四个人的手，说："韩愈的《师说》是有真知灼见的。'生乎吾前，其闻道也，固先乎吾，吾从而师之；生乎吾后，其闻道也，亦先乎吾，吾从而师之。'一路上你们给我介绍了很好的情况，真是'亦先乎吾，吾从而师之'，谢谢你们！"

——韩世福：《毛主席到马列学院作报告》，载《难忘的回忆——怀念毛泽东同志》，中国青年出版社 1985 年版，第 147—149 页。

【赏析】

此文当写于唐德宗贞元十八年（802）左右韩愈任四门博士时。中唐时期的韩愈，为了正纪纲、平天下，兴儒学、排佛老，倡散文、批骈文的事业，不仅身体力行，孜孜以求，而且召收后进，培养组织了一大批新生力量。这是他所倡导的古文运动与儒学运动取得一定成效的重要原因之一。由此可见，提倡古师道、批判轻师之时风，不仅是他兴儒学的一个内容，也是为培养新生力量，提供理论上的依据。柳宗元在《答韦中立论师道书》一文记述了韩愈在这方面斗争的情况。他说："由魏晋氏以下，人益不事师；今之世，不闻有师；有，辄哗笑之，以为狂人。独韩愈奋不顾流俗，犯笑侮，召收后学，作《师说》，因抗颜为师。世果群怪聚骂，指目牵引，而增与为言词，愈以是得狂名。"《师说》一文，具有一定的认识意义。

同时，本文有关论师的许多观点，如关于老师"传道、受业、解惑"重要作用的观点，关于"人非生而知之"因而必须求师的观点，特别是在选师的标准方面他所提出的"无贵无贱，无长无少，道之所存，师之所存也"，"弟子不必不如师，师不必贤于弟子，闻道有先后，术业有专攻，如是而已"，"三人行，则必有我师"之观点，等等，不仅较前人有所发展，而且在今天仍有一定的启发作用和进步意义。

文章围绕师的作用——"传道、授业、解惑"，和师的标准——"道之所存，师之所存"这个中心，从正反两个方面，用对比修辞手法进行反复论证。在论证中，既有逻辑推理，又举古今事例；既有驳论，又有立论；既有诱导奖掖，又有指责批评；既晓之以理，又动之以情；情理交融，令人信服。

1940 年初，毛泽东去延安马列学院作报告前，对迎接他的四个同志说："韩愈的《师说》是有真知灼见的"，接着并举出"闻道有先后"一段话加以说明。这是对韩愈《师说》的很高评价，也是对大家的教育，至今仍言犹在耳。

【原文】

进学解

国子先生晨入太学[1]，招诸生立馆下[2]，诲之曰[3]："业精于勤，荒于嬉[4]；行成于思，毁于随[5]。方今圣贤相逢，治具毕张[6]。拔去凶邪，登崇畯良[7]。占小善者率以录[8]，名一艺者无不庸[9]。爬罗剔抉[10]，刮垢磨光[11]。盖有幸而获选，孰云多而不扬[12]？诸生业患不能精，无患有司之不明；行患不能成，无患有司之不公[13]。"

言未既⁽¹⁴⁾，有笑于列者曰⁽¹⁵⁾："先生欺余哉！弟子事先生⁽¹⁶⁾，于兹有年矣⁽¹⁷⁾。先生口不绝吟于六艺之文⁽¹⁸⁾，手不停披于百家之编⁽¹⁹⁾；记事者必提其要⁽²⁰⁾，纂言者必钩其玄⁽²¹⁾；贪多务得，细大不捐⁽²²⁾；焚膏油以继晷⁽²³⁾，恒兀兀以穷年⁽²⁴⁾：先生之业，可谓勤矣。觚排异端⁽²⁵⁾，攘斥佛、老⁽²⁶⁾；补苴罅漏，张皇幽眇⁽²⁷⁾；寻坠绪之茫茫，独旁搜而远绍⁽²⁸⁾；障百川而东之⁽²⁹⁾，回狂澜于既倒⁽³⁰⁾：先生之于儒，可谓有劳矣。沈浸酽郁，含英咀华⁽³²⁾；作为文章，其书满家⁽³³⁾。上规姚、姒⁽³⁴⁾，浑浑无涯⁽³⁵⁾；周诰殷盘，佶屈聱牙⁽³⁶⁾；《春秋》谨严⁽³⁷⁾，左氏浮夸⁽³⁸⁾；《易》奇而法⁽³⁹⁾，《诗》正而葩⁽⁴⁰⁾；下逮《庄》《骚》，太史所录；子云、相如，同工异曲⁽⁴¹⁾：先生之于文，可谓闳其中而肆其外矣⁽⁴²⁾。少始知学，勇于敢为⁽⁴³⁾；长通于方，左右具宜⁽⁴⁴⁾：先生之于为人，可谓成矣⁽⁴⁵⁾。然而公不见信于人，私不见助于友⁽⁴⁶⁾。跋前踬后，动辄得咎⁽⁴⁷⁾。暂为御史，遂窜南夷⁽⁴⁸⁾。三年博士，冗不见治⁽⁴⁹⁾。命与仇谋，取败几时⁽⁵⁰⁾。冬暖而儿号寒，年丰而妻啼饥⁽⁵¹⁾。头童齿豁，竟死何裨⁽⁵²⁾？不及虑此，而反教人为⁽⁵³⁾！"

　　先生曰："吁⁽⁵⁴⁾！子来前。夫大木为杗，细木为桷⁽⁵⁵⁾，榑栌、侏儒⁽⁵⁶⁾，椳、闑、扂、楔⁽⁵⁷⁾，各得其宜，施以成室者，匠氏之工也⁽⁵⁸⁾。玉札、丹砂，赤箭、青芝⁽⁵⁹⁾，牛溲、马勃、败鼓之皮⁽⁶⁰⁾，俱收并蓄，待用无遗者，医师之良也⁽⁶¹⁾。登明选公，杂进巧拙⁽⁶²⁾，纡余为妍⁽⁶³⁾，卓荦为杰⁽⁶⁴⁾，校短量长，惟器是适者，宰相之方也⁽⁶⁵⁾。昔者孟轲好辩，孔道以明⁽⁶⁶⁾，辙环天下，卒老于行⁽⁶⁷⁾；荀卿守正，大论是弘⁽⁶⁸⁾，逃谗于楚，废死兰陵⁽⁶⁹⁾。是二儒者⁽⁷⁰⁾，吐辞为经，举足为法⁽⁷¹⁾，绝类离伦，优入圣域，其遇于世何如也⁽⁷²⁾？今先生学虽勤而不繇其统⁽⁷³⁾，言虽多而不要其中⁽⁷⁴⁾，文虽奇而不济于用⁽⁷⁵⁾，行虽修而不显于众⁽⁷⁶⁾；犹且月费俸钱，岁靡廪粟⁽⁷⁷⁾，子不知耕，妇不知织，乘马从徒⁽⁷⁸⁾，安坐而食，踵常途之促促⁽⁷⁹⁾，窥陈编以盗窃⁽⁸⁰⁾。然而圣主不加诛，宰臣不见斥，兹非其幸欤⁽⁸¹⁾？动而得谤，名亦随之⁽⁸²⁾。投闲置散，乃分之宜⁽⁸³⁾。若夫商财贿之有亡，计班资之崇庳⁽⁸⁴⁾，忘己量之所称，指前人之瑕疵⁽⁸⁵⁾，是所谓诘匠氏之不以杙为楹，而訾医师以昌阳引年，欲进其豨苓也⁽⁸⁶⁾。"

【注释】

（1）国子先生，韩愈自称。因他当时任国子博士。唐代的国子监是主管国家教育政令的官署，又是设在京城的最高学府，内设国子学、太学、广文学、四门学、律学、书学、算学等七学，各学都设有博士。《新唐书·百官志》："国子学：博士五人，正五品上。掌教三品以上及国公子孙、从二品以上曾孙为生者。"太学，这里指国子监，因为唐代的国子监相当于上古的太学。

（2）诸生，儒生们，这里指在太学的众弟子。馆，这里指课堂。招，一本作"召"。

（3）诲，教导。之，代词，指诸生。

（4）"业精"两句是说，学业的精深造诣在于勤勉，荒废则由于嬉戏。业，学业。荒，荒废。嬉，游戏，玩乐。

（5）两句是说，行为端正在于深思熟虑，败坏则由于任性率意。行，品行。行成，行为端正，得到师长同学的赞许。思，事前小心，事后检省。随，随意，任性率意；指不考虑别人，不考虑后果。嬉、思、随，押韵。

（6）圣贤，圣主贤臣。治具，治国之具，指法律政令。《史记·酷吏列传序》："法令者，治之具。"毕，尽，完全。张，设，施。

（7）凶邪，凶恶邪僻的人。登崇，提拔的意思。登，升，进用。崇，推重。畯良，指优秀人才。朱熹《韩文考异》："畯或作俊。"

（8）占（zhàn 绽），具有。率，大都，大概。以，同"已"。录，录取，录用。

（9）名一艺者，以一技之长著称的人。名，闻名，著称。庸，用，指被任用。

（10）爬罗剔抉（jué 决），指搜罗选拔人才。爬罗，搜罗。剔抉，挑选抉择。

（11）刮垢磨光，指造就、训练人才。刮垢，刮去污垢。磨光，磨出光亮。

（12）幸，侥幸。孰云，谁说。多，指学问多，才能高。扬，举。

（13）有司，主管的官吏。古代设官分职，各有专司，故称有司。逢、张、良庸、光、扬、精、明、成、公，押韵。

（14）既，完，尽。

（15）列，（诸生）站的行列。

（16）弟子，学生。这是那个"笑于列"的学生自称。事，用如动词，有"侍奉"的意思。在封建社会中，对君主或父母履行应尽的义务叫"事"。学生跟先生学习也叫"事"。

（17）于，至，到。兹，全。有年，意思是有些年。

（18）吟，吟诵，朗读。六艺，指六经，即《诗》《书》《礼》《易》《乐》《春秋》。

（19）披，打开，翻阅。百家，指诸子，如后面讲到的孟子、荀子等。编，典籍，著作。

（20）这句是说，对于记事类的著作，必定提取书中的纲要。记事者，指记事的书。要，要点，纲要。

（21）这句是说，对于理论性著作，必定要探索出它的精义。纂（zuǎn 缵）言者，指理论性著作。纂言，集言。钩，钩取，这里是探求的意思。玄，深奥，这里指深奥的道理。

（22）务，必定。细，小。捐，舍弃。

（23）这句意谓夜以继日地学习、研究。焚膏油，点上油灯，指夜里仍刻苦读书。膏，油脂。晷（guǐ 轨），日影。日影即日光，指白天。

（24）兀兀（wù 务），勤勉不懈的样子。穷年，终年，整年。

（25）觝（dǐ 抵）排，抨击，抵制。异端，不合孔孟儒家正统思想的学说。

（26）攘斥佛、老，排斥佛教和道教。攘，排挤。《楚辞·七谏》王逸注："攘，排也。"佛，佛教。后来（元和十四年）韩愈终因上《论佛骨表》反对佛教得罪，被贬为潮州刺史。老，老子，姓李名耳，字伯阳，也称老聃，春秋时人，著有《道德经》五千言。后世的道教奉老子为教主，故以老子代表道教。

（27）苴（jū 居），鞋里垫的草，这里用作动词，作填补讲。罅（xià 下）漏，缺漏。张皇，发扬光大。幽眇（miǎo 秒），指儒家学说幽深杳渺的道理。眇，同渺。

（28）坠绪，指将要断绝了的儒家道统。绪，前人未竟的功业。茫茫，茫无头绪的样子。旁搜，从各方面搜求。远绍，远继，指远继孔孟的事业。绍，继续。这两句表现了韩愈对儒家道统的看法。他认为儒道从尧、舜、禹、汤、文王、武王、周公、孔子递传到孟子，孟子死后就"不得其传"了，需要他来继承（见《原道》）。

（29）这句是说，阻挡百川（乱流）使它东流入海。这是比喻引导百家之说归于儒家学说。障，阻拦。百川，一切水流。东之，使水向东流。

（30）这句是说，在狂澜汹涌澎湃处于压倒优势的情况下扭转它的方向，即力挽狂澜之意。回，挽转。狂澜，凶猛的大浪，比喻佛老异端邪说。既倒，指狂澜横流的情势。

（31）劳，功劳，劳绩。

（32）两句是说，深入钻研，沉醉在古人的好文章中，细细品味其中的精华。酝郁，浓烈馥郁的（香味）。这里指古代文章的精华部分。英、华，都是花，指精华。咀（jǔ举），咀嚼。

（33）作为，写成。其书，指韩愈的著作。满家，家里都堆满了。

（34）规，模仿，取法。这个"规"字管"姚姒"以下直到"子云相如，同工异曲"，所"规"的典籍和作者共十三个。姚，虞舜的姓。姒（sì四），夏禹的姓。姚姒，指《尚书》中的《虞书》（包括《尧典》《皋陶谟》）和《夏书》（包括《禹贡》《甘誓》）。

（35）浑浑，深博的样子。扬雄《法言·问神》："虞夏之书浑浑尔。"李轨注："深大。"这是说虞夏时代著作的风格浑厚深广。

（36）周诰，指《尚书·周书》的《大诰》《康诰》《洛诰》《酒诰》等篇，是西周初年周公、成王发布的文诰。殷盘，指《尚书·商书》中《盘庚》上、中、下三篇，相传是殷王盘庚的政治文告。佶（jí吉）屈聱（yáo遨）牙，形容文章艰涩难读。佶屈，曲折。聱牙，拗口，不顺口。

（37）《春秋》，孔子编修的一部鲁国编年断代史《春秋》文辞简略，常常通过一字的褒贬，表达作者对于历史人物、历史事件的立场、评价，故称"谨严"。

（38）左氏，《春秋左氏传》（《左传》），鲁国史官左丘明所作。该书以《春秋》为记事大纲，博采各国史记而增益之，比较完整地记载了春秋时期各国政治、经济、军事和文化等方面的重大事件，是我国第一部叙事详明的史学著作，也具有较高的文学价值。浮夸，文辞铺张夸大。

（39）《易》，《周易》我国古代的一种卜筮的书，其中"系辞"部分主要讲变化之道。《周易》讲卦的理，原有八卦。八卦两两相重，为六十四卦，每卦又有六爻（yáo 尧），表示自然和人事的各种现象。奇，奇妙，指卦的变化而言。法，有规则，这是就阐明的事理说的。

（40）《诗》，《诗经》，我国第一部诗歌总集。正，义理正大，是就其思想内容说的。《论语·为政》："诗三百，一言以蔽之，曰思无邪。"葩（pǎ 趴），华美，指文辞。华、家、涯、夸、葩，押韵。

（41）逮，及，到。《庄》，《庄子》，战国人庄周的著作。《骚》，《离骚》，战国末年楚国伟大诗人屈原的诗篇。太史所录，指《史记》。太史，太史公，指司马迁，西汉著名史学家、文学家，曾为太史令（史官），著有《史记》。子云，西汉末年扬雄的字。相如，汉武帝时的司马相如，字长卿。二人都是西汉著名的辞赋家，这里指他们的作品。扬雄有《长杨赋》《甘泉赋》等，司马相如有《子虚赋》《上林赋》等。同工异曲，曲调虽然各不相同，却都很工妙，这是借音乐作比喻。意谓以上所举各种著作，成就相同，风格有差别。工，精巧。录、曲，押韵。

（42）闳（hóng 洪），大，宽阔。中，指文章的思想内容。肆，汪洋恣肆，不受拘束。外，指文章的形式。

（43）勇于敢为，敢作敢为。

（44）长，年长。方，礼法，道理。

（45）为人，与上文"为文"相对。成，完美，成熟。《论语·宪问》："子路问成人。……（孔子）曰：'……见利思义。见危授命，久要（通"约"，穷困）不忘平生之言，亦可以为成人矣。'"

（46）公，指在政治活动上。见信于人，被别人信任。私，指个人生活上。见助于友，得到朋友的帮助。

（47）两句是说，进退两难，到处碰壁。跋前，前进有困难。疐（zhì志）后，后退也有阻碍。疐，又作"疌"，颠蹶阻碍。《诗·豳（bīn 彬）

风·狼跋》："狼跋其胡，载疐其尾。"是说老狼前进即踩其胡（下巴悬肉），后退就踏其尾。咎，罪过。友、后、咎，押韵。

（48）御史，监察御史。窜，放逐，贬斥。南夷，南方少数民族聚居地区，此指阳山县（今广东清远阳山）。唐德宗贞元十九年（803），韩愈为监察御史。同年冬，因上疏请宽民徭，而免田租之弊得罪，贬为连州阳山令（见《御史台上论天旱人饥状》）。

（49）三年博士，从唐宪宗元和元年至四年（806—809）六月，韩愈做了三年国子监博士，这是韩第二次做博士。《新唐书》本传："元和初，权知国子博士，分司东都，三岁为真。"李翱《韩吏部行状》："入为权知国子博士。宰相有爱公文者，将以文学职处公，有争先者，构公语以非之。公恐及难，遂求分司东都。权知三年，改真博士。"三年，一作"三为"。据新旧《唐书》本传所载，此文是第三次为博士时所作（元和七年二月至八年三月）。又说："执政览其文，以其有史才，改比部郎中（属刑部，掌管诸州及军府会计）、史馆修撰"，亦可通。冗（rǒng 荣第三声）不见（xiàn 现）治，这是说做这种闲散的官，表现不出什么治绩。冗，闲散。见，同"现"，表现。

（50）两句是说，命运有意作对，受挫折要到什么时候。命，命运。仇，敌对。谋，相合，相伴。取败，倒霉，受挫折。

（51）儿号寒，子妇在寒冷中号叫。妻啼饥，妻子在饥饿中哭泣。

（52）头童，头发脱落。齿豁，牙齿露出豁口。竟死，直到老死。裨，补益。

（53）两句是说，不知道考虑这种现状，反倒来教训别人呢！而，却。为，语助词，表反诘。夷、治、时、饥、裨、为，押韵。

（54）吁（xū 虚），叹词，表示不同意。

（55）宗（máng 忙），屋梁。《尔雅·释宫》："宗霤（liù 溜）谓之梁。"郭璞注："屋大梁也。"桷（jué 角），方椽子。《尔雅·释宫》："桷谓之榱（cuī 崔）。"郭璞注："屋椽。"

（56）欂栌（bō lú 勃庐），二者都是支撑栋梁的方木，即斗拱（gǒng 巩）。侏儒，原为矮人之称，这里指侏儒柱，即梁上的短柱。

（57）椳（wēi 委），门枢关。闑（niè 聂），门中央所树的短木，在两扇门交接处，俗称门槛。扂（diàn 店），门闩之类。楔（xiè 屑），门两旁斜立的长木，是防备车辆进出碰坏门的。

（58）各得其宜，各种木材都得到合理的利用。施，设，用。匠氏，工匠。工，工巧。楶、楔、室，押韵。

（59）玉札，玉屑，可供药用。一说，植物名，即地榆。丹砂，朱砂。赤箭，即天麻，药用植物。因其茎似箭杆，赤色，端有花絮，远看似箭有羽而得名。青芝，一名龙芝，植物名。以上四种都是名贵药材。

（60）牛溲（sōu 搜），有两说：一、指牛溺；二、牛遗，即车前草的别名。马勃，菌类，又名马屁菌，可作止血药。败鼓之皮，破烂的鼓皮。以上三种都是粗贱的中药材。

（61）俱收并蓄，都收藏起来，后来用作成语，又作"兼收并蓄"。医师之良，医师的良术。皮、遗，押韵。

（62）两句是说，选拔人才公平合理，巧的拙的都予以录用。登，升，进用。明，耳目聪明，没受人蒙蔽。杂，不纯，不一律。巧拙，才能有高有下。

（63）纡余，叠韵连绵字，屈曲的样子，这里指为人稳重有涵养。妍，美好。

（64）卓荦（luò 落），特出，指超群出众的人。杰，才能出众，出类拔萃。

（65）校（jiào 较）短量长，比较优劣。器，材器。方，指治国之术。拙、杰、适，押韵。

（66）昔者，从前，古时候。孟轲，战国人，名轲，字子舆。他是孔子学说的继承者，为了保卫孔道，他极力批驳杨朱、墨翟（dí 笛）的学说，人们都说他好辩。《孟子·滕文公下》："公都子曰：'外人称夫子好辩，敢问何也？'孟子曰：'予岂好辩哉？予不得已也。又曰：杨墨之道不息，孔子之道不著。'"孔道，孔子的学说。韩愈是极力提倡儒家正统学说的，所以援引孟轲的话，说明维护儒家学说的重要性。明，彰明。

（67）辙（zhé 哲），车轮的痕迹。环，环绕。卒，终于。老，年老而死。明、行，押韵。

（68）荀卿，名况，战国末年赵国人，游学于齐，是孟轲之后的儒学大师。守正，恪守孔子之正道。大论是弘，发扬光大了儒家学说。《史记·孟子荀卿列传》："推儒、墨、道德之行事兴坏，序列著数万言而卒。"大论，博大的学说，指儒道。弘，发扬。

（69）兰陵，古县名。战国楚置，治所在今山东临沂西南兰陵县。春申君任荀卿为兰陵令，即此。齐襄王（前283—前265）时，荀卿到齐国，被尊为稷下学宫祭酒，成为学术界领袖。后被人谗毁，逃往楚国。楚国宰相春申君黄歇任他为兰陵令。春申君死后，荀卿被废去官。罢官之后，住在兰陵讲学，后来便死在那里（见《史记·孟子荀卿列传》）。《清一统志》："山东临沂府，荀卿墓在兰山县西南。"谗，毁谤。弘、陵，押韵。

（70）是，这，代词。二儒，指孟轲、荀卿。

（71）吐辞，指言论。经，经典。举足，指行动。法，准则，规范。

（72）绝、离，都作"超越"解。类、伦，都指同类、同辈，指一般的儒者。优入圣域，言其对孔子的学说（道）升堂入室，亦即大贤。遇，一本作"进"。法、域，押韵。

（73）先生，国子先生，韩愈自称。以下八句所述，明抑暗扬，都是反语。不繇其统，不能遵循儒学的道统。繇，同"由"，从。统，道统。

（74）不要（yāo腰）其中（zhòng众），不能归结到儒家的中庸之道。要，约束，归宿。中，儒家的中庸之道。

（75）奇，新奇。不济于用，无益于实用。济，补益。

（76）行虽修，品行虽有修养。显于众，扬名于众人之中，出人头地之意。显，显扬，显达。统、中、用、众，押韵。

（77）犹且，尚且，还。俸，俸禄。旧时称官吏所得的薪水。岁靡廪粟，每年耗费禄米。靡，耗费。廪，官家的米仓。

（78）乘马，出门骑马。从徒，跟随着仆役。

（79）踵，跟随。常途，指世俗之道。促促（chuò绰），同"娖娖"，矜持拘谨的样子。一本作"役役"。

（80）窥，偷看。陈编，旧书，指古人著作。盗窃，剽窃，抄袭。

（81）圣主，封建时代对帝王的谀称。诛，责罚。宰臣，宰相。"见"与"加"，互文见义。斥，革职。粟、织、食、促、窃、斥，押韵。

（82）两句是兀傲自负。韩有盛名于当世，谤不仅无损其名，且因之而益著，故曰"名亦随之"。名，狂名。

（83）两句是说：把我安置在闲散的职位上，是分内应得的。分（fèn奋），本分。

（84）若夫，至于，连词，表示另提一件事。商，计较，讨价还价。财赇，财物，指俸禄。亡，同"无"。班资，班列资格，指官职地位。封建时代文武大臣朝见皇帝时，按官位高低列班。崇庳（bēi卑），高低。庳，同"卑"，低下。

（85）己量，自己的分量，才能。所称（chèn趁），所符合的标准。指，指责。前人，在自己前面的人，指官位高于己的人。瑕疵，缺点，毛病。瑕，玉石上的斑点，比喻人的缺点。疵，缺点和过失。之、宜、庳、疵，押韵。

（86）三句是说：这就好比质问工匠不用小木桩代替柱子，责怪医师用昌蒲作延年益寿的药，要他改用猪苓。诘，责问。杙（yì意），小木桩。楹（yíng盈），柱子。訾（zǐ子），诋毁。昌阳，又名菖蒲，一种中药材。据说久服之可以延年益寿。引年，延年。进，进用，这里是推荐的意思。豨（xī希）苓，中药名，又名猪苓，菌类植物，是一种泻药，多食则损生。以上七句是一个完整的意思，应连读。楹、苓押韵。

【毛泽东评说】

孔夫子提倡"再思"，韩愈也说"行成于思"，那是古代的事情。现在的事情，问题很复杂，有些事情甚至想三四回还不够。

——《反对党八股》，《毛泽东选集》第三卷，人民出版社1991年版，第844页。

六、头痛医头，脚疼医脚，所谓补苴罅漏的办法，结局将便大局溃败。

——中共中央文献研究室编：《毛泽东哲学批注集》，中央文献出版社，1988年版。

唐
宋

【赏析】

《进学解》是韩愈的力作之一。"进学"的意思是使学生的学业有所进益，也就是在"业"和"行"上求得进步。"解"是对疑难问题的辨析。"进学解"就是对于进学这个问题的辨析。

韩愈曾三次为国子监博士，唐宪宗（李纯）元和七年（812）从职方员外郎再贬为国子监博士，于元和八年（813）三月二十三日写了此文。韩愈对朝政的某些积弊，敢于揭露和抨击，因此屡遭贬谪。他对执政者十分不满，《旧唐书》本传说，愈"既以才高数黜，乃作《进学解》以自喻"。文中假托师生对话，借辩正学习和个人前途的关系、进德修业的道理，寓谐于庄，用反语巧妙地批评了执政者的不公不明，抒发了自己才高被黜，不被重用的牢骚情绪。同时，作者在文中还提出了"业精于勤，荒于嬉"，"行成于思，毁于随"的著名论断，这是他的经验总结。他这种治学做人的宝贵经验，对我们仍有借鉴意义。

这篇文章和汉朝东方朔的《答客难》、扬雄的《解嘲》是一类体裁，属于"赋"的范围。篇中许多地方都用韵，但是随时变换，毫不板滞，有时多句一韵，有时两句一转，既气势雄伟，又跳荡灵活。再加上句式骈散交错，奇偶相生，骈俪中又发挥了散文的长处，便形成了一种赋的新风格。作者在语言的运用和锤炼上也获得了成功。他不仅创造性地运用古代语言，而且吸取当时的口语，自铸新词，使作品语言丰富生动。例如文中的"佶屈聱牙""含英咀华""同工异曲""俱收并蓄""动辄得咎"等，都是极有表现力的语言，至今仍葆有生命力，成为人们所熟知常用的成语。

毛泽东对《进学解》十分熟悉，多次运用其中的警句来说明实际问题。其在1942年在延安干部会上发表《反对党八股》的讲演中，引用本篇中的"行成于思"的话，说明修改文章和做其他事情一样，都要多思考。自1936年11月至1937年4月4日，毛泽东阅读了西洛可夫、爱森堡等著，李达、雷仲坚译的《辩证唯物论教程》一书，曾用本篇中"补苴罅漏"一语作批注，说明事物局部与全局的关系。

伯夷颂

士之特立独行⁽¹⁾，适于义而已⁽²⁾，不顾人之是非⁽³⁾、皆豪杰之士⁽⁴⁾，信道笃而自知明者也⁽⁵⁾。一家非之，力行而不惑者⁽⁶⁾，寡矣⁽⁷⁾；至于一国一州非之⁽⁸⁾，力行而不惑者，盖天下一人而已矣⁽⁹⁾；若至于举世非之⁽¹⁰⁾，力行而不惑者，则千百年乃一人而已耳。若伯夷者⁽¹¹⁾，穷天地亘万世而不顾者也⁽¹²⁾。昭乎日月不足为明，崒乎秦山不足为高⁽¹³⁾，巍乎天地不足为容也⁽¹⁴⁾！

当殷之亡、周之兴⁽¹⁵⁾，微子贤也⁽¹⁶⁾，抱祭器而去之；武王、周公圣也⁽¹⁷⁾，从天下之贤士与天下之诸侯而往攻之⁽¹⁸⁾：未尝闻有非之者也。彼伯夷、叔齐者⁽¹⁹⁾，乃独以为不可。殷既灭矣，天下宗周⁽²⁰⁾，彼二子乃独耻食其粟，饿死而不顾。繇是而言⁽²¹⁾，夫岂有求而为哉⁽²²⁾？信道笃而自知明也。

今世之所谓士者：一凡人誉之⁽²³⁾，则自以为有余；一凡人沮之⁽²⁴⁾，则自以为不足。彼独非圣人⁽²⁵⁾，而自是如此。夫圣人乃万世之标准也，余故曰：若伯夷者，特立独行，穷天地亘万世而不顾者也。虽然，微二子⁽²⁶⁾，乱臣贼子接迹于后世矣。

【注释】

（1）士，商、西周、春秋时最低级的贵族阶层。春秋末年以后，逐渐成为封建地主阶级中知识分子的通称。特立独行，志行高洁，不随波逐流。《礼记·儒行》："世治不轻，世乱不沮，同弗与，异弗非也，其特立独行有如此者。"

（2）适，适合，符合。义，符合正义或道德规范。而已，罢了。

（3）是非，褒贬，评论。

（4）豪杰之士，才能出众的人。

（5）道，政治主张或思想体系，此指儒家的学说。笃，忠实。自知明者也，有自知之明的人。自知明，即有自知之明，指能够客观地认识、估价自己。语本《老子》三十三章"知人者智，自知者明"。明，明察事物的能力。

（6）惑，困惑，迷乱。

（7）寡，少。

（8）一国，指春秋战国时的诸侯国。

（9）盖，发语词，无义。天下，全国，指诸侯国。

（10）举世，普天下。《庄子·逍遥游》："举世誉之而不加劝，举世非之而不沮。"

（11）伯夷，商末孤竹（今河北秦皇岛卢龙到辽宁朝阳一带）君长子，姓墨胎氏，名允，字公信，"夷"是他的谥号。《史证·伯夷列传》："伯夷、叔齐，孤竹君之二子也。父欲立叔齐，及父卒，叔齐让伯夷。伯夷曰：'父命也。'遂逃去，叔齐亦不肯立而逃去，国人立其中子。……武王已平殷乱，天下宗周，而伯夷、叔齐耻之，义不食周粟。陷于首阳山，采薇而食之。……遂饿死于首阳山。"

（12）穷天地亘（gèn 艮）万世，穷尽天涯海角，历尽万代。穷、亘，皆穷尽之意。

（13）崒（zú 族），一作"崪"，高峻而危险。

（14）容，容纳。

（15）殷，又称商，我国历史上第二个农奴制国家（前16—前11世纪）。周，指西周（前11世纪—前771年）。周武王姬发灭殷兴周。

（16）微子，周代宋国的始祖。名启，殷纣王的庶兄，封于微（今山东济宁梁山西北），故称微子。因见纣淫乱将亡，数谏，纣不听，遂出走。周武王灭商，复其官。周公承成王命诛武庚，命微子统率殷族，奉其先祀，封于宋。

（17）周武王，即姬发。西周奴隶制王朝的建立者。继其父志灭商，建立西周王朝，都镐（今陕西西安西）。周公，即姬旦。武王之弟，因采邑在周（今陕西岐山东北），故称周公。西周初年奴隶主阶级的政治家。曾助武王灭商，后辅佐成王，平定武庚、三监叛乱，制订典章制度。圣，一作圣人。事无不通，光大而化，超越凡人的人。《书·洪范》："恭作肃，从作乂，明作哲，聪作谋，睿作圣。"孔传："于事无不通谓之圣。"

（18）诸侯，古代帝王所分封的各国君主。在其统辖区内，世代掌握军政大权，但按礼要服从王命，定期向帝王朝贡述职，并有出军赋和服役的义务。

（19）叔齐，商末孤竹君之三子，名智，字公达，齐是谥号。

（20）宗周，指西周王朝。周为所封诸侯国之宗主国，故称。

（21）繇是，从此。繇，通"由"。

（22）夫岂有求而为哉，难道还能要求他有别的成就吗？夫，发语词。岂，难道。

（23）一凡人，一个平凡的人。一作"凡一人"。

（24）沮（jǔ咀），诋毁，诽谤。

（25）圣人，指周武王、周公。标准，榜样、规范。

（26）微，无，没有。

【毛泽东评说】

唐朝的韩愈写过《伯夷颂》，颂的是一个对自己国家的人民不负责任、开小差逃跑，又反对武王领导的人民解放战争、颇有些"民主个人主义"思想的伯夷，那是颂错了。我们应当写闻一多颂，写朱自清颂，他们表现了我们民族的英雄气概。

——《别了，司徒雷登》，《毛泽东选集》第四卷，人民出版社1991年版，第1495—1496页。

【赏析】

《伯夷颂》是韩愈的一篇著名的文章。伯夷的故事最初见于《庄子》和《吕氏春秋》。《史记·伯夷列传》依据上述材料，系统地记载了关于伯夷的故事。伯夷，殷末人，周武王进军讨伐殷纣王，他曾经表示反对；武王灭殷后，天下归顺周朝，他归隐首阳山，耻食周粟而被饿死。伯夷的这种行为，一向受到历代志士仁人的赞许和推崇。孔子说他："求仁得仁。"韩愈在《伯夷颂》中一方面推崇周武王、周公是"圣人"，是万世师表，另一方面，高度赞扬伯夷是"特立独行，穷天地亘万世而不顾"的"豪生之士"，似乎有点矛盾。其实，这种矛盾正是韩愈自身矛盾的反映。韩愈写这篇文章，是在他遭受当时封建集团的排斥、打击，自己满腔愤怒无处发泄的时候，他想借歌颂伯夷来自况，表示他是一个"举世非之而不顾"的人。

毛泽东在《别了，司徒雷登》一文中指出，韩愈写的《伯夷颂》"那是颂错了"。毛泽东在这里反对对伯夷的传统认识，对伯夷给予了历史唯物主义的评价，指出了他对自己国家的人民不负责任、开小差逃跑，又反对武王领导的当时的人民战争的错误，当然就值得歌颂了。真正值得歌颂的不是伯夷、叔齐之类的"民主个人主义者"，而是"表现了我们民族的英雄气概的"人物，如闻一多、朱自清等。这一点对我们如何正确认识和评价历史人物，有很大的启发。

【原文】

与崔群书

自足下离东都[1]，凡两度枉问[2]，寻承已达宣州[3]；主人仁贤[4]，同列皆君子[5]，虽抱羁旅之念[6]，亦且可以度日，无入而不自得。乐天知命者[7]，固前修之所以御外物者也[8]；况足下度越此等百千辈[9]，岂以出处近远累其灵台邪[10]？宣州虽称清凉高爽，然皆大江之南，风土不并以北[11]，将息之道[12]，当先理其心，心闲无事，然后外患不入，风气所宜，可以审备，小小者亦当自不至矣。足下之贤，虽在穷约犹能不改其乐[13]，况地至近、官荣禄厚[14]、亲爱尽在左右者邪？所以如此云云者，以为足下贤者，宜在上位，托于幕府则不为得其所[15]，是以及之：乃相亲重之道耳，非所以待足下者也。

仆自少至今，从事于往还朋友间一十七年矣！日月不为不久，所与交往相识者千百人，非不多；其相与如骨肉兄弟者亦且不少。或以事同；或以艺取[16]；或慕其一善；或以其久故[17]；或初不甚知而与之已密，其后无大恶因不复决舍[18]；或其人虽不皆入于善，而于己已厚，虽欲悔之不可：凡诸浅者固不足道，深者止如此。至于心所仰服，考之言行而无瑕尤[19]，窥之闺奥而不见畛域[20]，明白淳粹[21]，辉光日新者[22]，惟吾崔君一人。仆愚陋无所知晓，然圣人之书无所不读，其精麤巨细⁽²³⁾，出入明晦⁽²⁴⁾，虽不尽识，抑不可谓不涉其流者也⁽²⁵⁾。以此而推之，以此而度之，诚知足下出群拔萃⁽²⁶⁾，无谓仆何从而得之也⁽²⁷⁾。与足下情义宁须言而后自明邪？所以言者：惧足下以为吾所与深者多，不置白黑于胸中耳⁽²⁸⁾。既谓能粗知足下，而复惧足下之不我知，亦过也。

比亦有人说足下诚尽善尽美，抑犹有可疑者。仆谓之曰："何疑？"疑者曰："君子当有所好恶，好恶不可不明。如清河者，人无贤愚无不说其善，伏其为人；以是而疑之耳。"仆应之曰："凤皇芝草，贤愚皆以为美瑞；青天白日，奴隶亦知其清明。譬之食物：至于遐方异味，则有嗜者有不嗜者；至于稻也、粱也、脍也⁽²⁹⁾、炙也⁽³⁰⁾，岂闻有不嗜者哉？"疑者乃解。解不解，于吾崔君无所损益也。

自古贤者少，不肖者多。自省事已来⁽³¹⁾，又见贤者恒不遇，不贤者比肩青紫⁽³²⁾；贤者恒无以自存，不贤者志满气得；贤者虽得卑位则旋而死，不贤者或至眉寿⁽³³⁾：不知造物者意竟如何⁽³⁴⁾，无乃所好恶与人异心哉？又不知无乃都不省记，任其死生寿夭邪？未可知也，人固有薄卿相之官、千乘之位⁽³⁵⁾，而甘陋巷菜羹者⁽³⁶⁾。同是人也，犹有好恶如此之异者，况天之与人当必异其所好恶无疑也。合于天而乖于人⁽³⁷⁾，何害？况又时有兼得者邪！崔君，崔君，无怠，无怠！

仆无以自全活者，从一官于此⁽³⁸⁾，转困穷甚，思自放于伊颍之上⁽³⁹⁾，当亦终得之。近者尤衰惫：左车第二牙无故动摇脱去⁽⁴⁰⁾，目视昏花，寻常间便不分人颜色，两鬓半白，头发五分亦白其一，须亦有一茎两茎白者；仆家不幸，诸父诸兄皆康强早世⁽⁴¹⁾，如仆者又可以图于久长哉？以此忽忽思与足下相见一道其怀⁽⁴²⁾。小儿女满前，能不顾念！足下何由得归北来？仆不乐江南⁽⁴³⁾，官满便终老嵩下⁽⁴⁴⁾，足下可相就，仆不可去矣。珍重自爱，慎饮食，少思虑！惟此之望。愈再拜。

【注释】

（1）足下，称对方的敬词。古代下称上或同辈间相称都用"足下"。东都，唐代以洛阳为东都。时韩愈在徐州张建封幕府。

（2）两度枉问，承蒙两次写信给我。枉，委屈，是指对方而言的客气话。问，指书信。

（3）寻，不久。承，奉。宣州，州名，治所在宣城（今安徽宣城）。

（4）主人，指宣州观察使崔衍，崔群在他幕下做判官。

（5）同列，当时李博也在崔衍幕中。李博、崔群、韩愈三人都是陆贽榜下的同年进士。

（6）羇旅，旅客寄居外乡，故称羇旅。羇，同“羁”，寄托。旅，客。

（7）乐天知命，乐意上天的安排，安于自己的命运。旧时常用来劝人安分守己。这是一种宿命论的观点。《周易·系辞上》：“乐天知命，故不忧。”天，大自然，迷信的人认为天是自然的主宰者。

（8）前修，前代的善人。修，善。

（9）度越，超过。度，同“渡”。

（10）灵台，指心。《庄子·庚桑楚》：“不可内于灵台。”郭象注：“灵台者，心也。”

（11）风土不并于北，风土不与江北比并。

（12）将息之道，将养休息之法。将，养。息，休息。

（13）穷约，穷苦。穷，穷困。约，贫苦。

（14）官荣禄厚，观察判官，是从五品，每月料钱五十贯文，准时估算，不得超过二十贯文，见《唐会要》。

（15）幕府，古代军队出征，施用军帐，故将军府称为幕府。后来凡是从属的文官兼管军事的甚至不兼管军事的，也统称作幕府。

（16）以艺取，取其长于某种技艺。

（17）久故，老朋友。故，旧。

（18）决舍，决绝地舍去。

（19）瑕尤，指人的毛病。瑕，玉有疵病。尤，过失。

（20）阃奥，内室，借以喻秘密。阃，亦作“相”，门限。奥，室中的西南角。畛域，界线。畛，田地上的道路。

（21）淳粹，淳厚精粹。《后汉书·张衡传》：“何道真之淳粹兮，去秽累而票轻。”李贤注：“不浇曰淳，不杂曰粹。”

（22）辉光日新，语出《易·大畜》："刚健笃实，辉光日新。"高亨注："天之道刚健，山之性厚实，天光山色，相映成辉，日日有新气象。"后常指一个人在道德、文学、艺术等方面日有长进。辉光，光辉，光彩。

（23）精麤，同精粗。麤，通"粗"。

（24）明晦，明暗。

（25）不可谓不涉其流，渡过水的人，便知道水的深浅广狭等情况。此句意为我对圣人之书不能说没下过一番研讨功夫，言外之意是很了解它的底蕴。

（26）出群拔萃，与"出类拔萃"同意，形容卓越出众，非同一般。出群，出众。萃，草丛生之状，引申为同类丛聚。

（27）无谓，不要说。无，勿，不要。

（28）白黑，指是非，好坏。

（29）脍（kuài 快），细切的鱼肉。

（30）胾（zhè 蔗），大块牛肉。

（31）省（xǐng 醒），晓事，通晓人情世故。

（32）比肩，并肩，比喻地位相等。青紫，汉朝丞相、太尉，用金印紫绶，御史大夫用银印青绶，青、紫二色是最高文武官员印绶所用的颜色，因以"青紫"代指达官贵人。

（33）眉寿，老年人眉间往往有长毫秀出，因此称年老长寿为眉寿。

（34）造物者，古人唯心论认为万物是神创造的，因称神为造物者，即下文所指的"天"。

（35）千乘（shèng 圣）之位，大诸侯的职位。古代大国出兵千乘，一乘四马，千乘，有四千匹马。

（36）陋巷，狭小的房子。巷，一解作"街道"。

（37）乖，违背，背离。

（38）从一官于此，韩愈当时任四门博士。

（39）伊颍，伊河和颍河。均在河南境内。伊水发源于卢氏熊耳山，东北经嵩县等地入洛河。颍水源出登封市西，东南经禹州市等地，流入淮河。

（40）左车，左边牙床。

（41）诸父诸兄皆康强早世，韩愈长兄会，死时四十二岁。仲兄介，刚入仕即卒。叔父云卿之子算，死于吐蕃，三十五岁。叔父仲卿之子岌，死时五十七岁。早世，早死。

（42）忽忽，形容神志不安和遽迫之态。

（43）江南，这里指宣城。韩氏有别业在宣城，韩愈年少时在那里住过。

（44）嵩下，嵩山脚下。嵩山，号称中岳，在河南登封市北。

【毛泽东评说】

就劳动者言，自古贤者多，不肖者少。

——《读〈古文辞类纂·韩愈与崔群书〉批语》，载《毛泽东读文史古籍批语集》，中央文献出版社 1993 年版，第 109 页。

【赏析】

本篇是韩愈写给其挚友崔群的一封书信。崔群，字敦诗，清河郡（今河北衡水故城）人，与韩愈为同年进士，其时在宣州（今安徽宣城）任观察判官。

本篇内容分为三个部分：先写请崔群不以得失而戚戚忧心，好好保养身体；再叙友谊，表示非常钦佩他的人格，赞扬他是明白纯粹、辉光日新的人。并说这是作者从交友的经验和读圣人之书的理论相结合得出的看法，决非溢美之词；最后是代崔群发牢骚，说自古圣贤者不得志，不肖者则志满气得，勉励崔群不要懈怠，表示自己愿终老嵩下，要崔群来相就。文章不用难字，写的明白晓畅，接近口语，十分感人。

韩愈在这篇文章中，把人划分为贤与不肖两个类型，认为"自古贤者少，不肖者多"，进而感叹贤者不遇，处境艰难。推崇劳动人民，认为卑贱者比高贵者贤明，是毛泽东历史唯物主义观点的体现。在毛泽东看来，与韩愈所指谋求致仕的知识分子相反，就广大的劳动人民而言，情况正好相反，是"自古贤者多，不肖者少"。

送李愿归盘谷序

太行之阳有盘谷⁽¹⁾。盘谷之间，泉甘而土肥，草木丛茂，居民鲜少⁽²⁾。或曰⁽³⁾："谓其环两山之间，故曰盘⁽⁴⁾。"或曰："是谷也，宅幽而势阻，隐者之所盘旋⁽⁵⁾。"友人李愿居之。

愿之言曰⁽⁶⁾："人之称大丈夫者，我知之矣⁽⁷⁾。利泽施于人，名声昭于时⁽⁸⁾。坐于庙朝⁽⁹⁾，进退百官，而佐天子出令⁽¹⁰⁾。其在外，则树旗旄，罗弓矢，武夫前呵，从者塞途，供给之人，各执其物，夹道而疾驰⁽¹¹⁾。喜有赏，怒有刑。才畯满前，道古今而誉盛德，入耳而不烦⁽¹²⁾。曲眉丰颊，清声而便体，秀外而惠中，飘轻裾，翳长袖，粉白黛绿者⁽¹³⁾，列屋而闲居，妒宠而负恃，争妍而取怜⁽¹⁴⁾。大丈夫之遇知于天子，用力于当世者之为也⁽¹⁵⁾。吾非恶此而逃之，是有命焉，不可幸而致也⁽¹⁶⁾。

"穷居而野处，升高而望远，坐茂树以终日，濯清泉以自洁。采于山，美可茹⁽¹⁷⁾；钓于水，鲜可食。起居无时，惟适之安⁽¹⁸⁾。与其有誉于前，孰若无毁于其后；与其有乐于身，孰若无忧于其心⁽¹⁹⁾。车服不维⁽²⁰⁾，刀锯不加⁽²¹⁾，理乱不知⁽²²⁾，黜陟不闻⁽²³⁾。大丈夫不遇于时者之所为也，我则行之。

"伺候于公卿之门⁽²⁴⁾，奔走于形势之途⁽²⁵⁾，足将进而趑趄⁽²⁶⁾，口将言而嗫嚅⁽²⁷⁾，处秽污而不羞，触刑辟而诛戮⁽²⁸⁾，侥幸于万一⁽²⁹⁾，老死而后止者，其于为人贤不肖何如也⁽³⁰⁾？"

昌黎韩愈⁽³¹⁾，闻其言而壮之⁽³²⁾，与之酒而为之歌曰："盘之中，维子之宫⁽³³⁾；盘之土，维子之稼⁽³⁴⁾；盘之泉，可濯可沿⁽³⁵⁾；盘之阻，谁争子所⁽³⁶⁾？窈而深，廓其有容⁽³⁷⁾；缭而曲，如往而复⁽³⁸⁾。嗟盘之乐兮，乐且无央⁽³⁹⁾！虎豹远迹兮，蛟龙遁藏⁽⁴⁰⁾；鬼神守护兮，呵禁不祥⁽⁴¹⁾；饮且食兮寿而康⁽⁴²⁾，无不足兮奚所望⁽⁴³⁾？膏吾车兮秣吾马⁽⁴⁴⁾，从子于盘兮，终吾生以徜徉⁽⁴⁵⁾。"

【注释】

（1）太行（háng 杭），太行山，在山西省高原和河北、河南省平原之间。上多横谷（陉），古有"太行八陉"之称。阳，山的南面。《穀梁传·僖二十八年》："山南为阳。"

（2）甘，甜美。鲜（xiǎn 险），少，稀少。

（3）或曰，有人说。

（4）谓，《广雅·释言》："指也。"环，环绕。谷，两山之间的狭形地带。

（5）是，这个。宅，居于，这里有"位置"的意思。幽，指幽深偏僻。盘旋，盘桓，往来，这里是漫步游玩之意。

（6）以下三种人皆借李愿之口说出。

（7）大丈夫，指才能过人的人。

（8）利泽，利益。昭，显耀。

（9）坐于庙朝，指在朝廷做高官，参与朝政。庙朝，宗庙，朝廷，指封建王朝的中央政府。古代聘享、命官、议事都在皇帝的宗庙里进行，与朝廷出政令并重，故宗庙与朝廷并称。

（10）《新唐书·百官志》："宰相之职，佐天子，总百官，治万事，其任重矣。"进退，升降，任免。佐，辅助。

（11）树旗旄（máo 毛），立起旗帜。旄，旗的一种，旗杆上附有犛（lí 厘）牛尾或鸟的羽毛，是受命的凭证，权力的象征。罗，罗列。弓矢，弓箭，代指手拿兵器的仪仗队兵士。武夫前呵（hē 喝），勇士在前面高声喝道，叫路上的行人避开。从者塞途，跟随的侍从们多得塞满了道路。夹道，在路的两旁。疾驰，骑着马快跑。

（12）才畯，才学出众的人，这里指幕僚门客。畯，通"俊"。

（13）曲，弯。丰颊（jiá 英），丰满有面颊。便（pián 骈）体，轻巧灵便的体态。秀外而惠中：外表秀丽而且资质聪敏。惠，通"慧"，聪明。飘轻裾（jū 居），翳（yì 亿）长袖，轻软的衣裙飘扬，长长的衣袖掩映。这里指能歌善舞，姿态优美。《韩非子·五蠹》："长袖善舞。"裾，衣服的前襟，这里指衣服。翳，遮蔽。《方言》十三："翳，掩也。"粉白黛绿，《战国策·楚第三》："张子（仪）曰：'彼郑、周之女，粉白黛黑，立于衢间，非知而见之者，以为神。'"黛，古代女子用来画眉的黑绿色颜料。

（14）三句是说，在一排排的房间里无事闲居，仗恃自己貌美，忌妒别人被宠，（人人装饰）争比姿色的妍丽，企求取得宠爱。负恃，依仗自己的美貌。负，自负。恃，仗恃。妍（yán 研），美。怜，爱。

（15）知遇，被赏识，受重用。

（16）三句是说，（我之所以要隐居）并不是讨厌这种作威作福的享乐生活而逃避它，这是命中注定的，不能够侥幸取得。按：这是激愤之词。恶（wù 务），讨厌。幸，侥幸。致，求是。

（17）茹，《诗经·杰民》：孔颖达疏："茹者，瞰食之名，故取菜之入口名为茹。"

（18）起居，作息，日常生活。惟适之安，只求安适。

（19）四句意谓，与其当面和得势时受到称赞，还不如背后和失势时不遭毁谤；与其身体上享受快乐，还不如心里无忧无虑。孰若，何如，宁可。

（20）车服，古代官职高低，车服有所不同，这里以车服指代官职与功名利禄。《尚书·舜典》："车服以庸。"伪孔传："功成则赐车服，以表显其能用。"孔颖达疏："人以车服为荣，故天子之赏诸侯，皆以车服赐之。"维，大绳子，引申为束缚。

（21）刀锯，刑具，这里指刑戮。《国语·鲁语》上："臧文仲言于僖公曰：'……大刑用甲兵，其次用斧钺，中刑用刀锯，其次用钻笮，薄刑用鞭扑，以威民也。'"

（22）理乱，治与乱，即政治上的好与坏。

（23）黜（chù 触）陟（zhī 志），贬官升官，指官场的风波变化。

（24）公卿，高级官员，这里指达官显贵，权要。

（25）奔走，为着某种目的而进行活动。形势，即地位与权势。《三国志·吴书·薛琮传》："假其威宠，借之形势，责其成效。"这里作"势位"讲。

（26）趦趄（zī jū 咨沮），踌躇不前的样子。

（27）嗫嚅（niè rú 聂如），想说话又不敢说出口的样子。

（28）辟，法。《说文》："辟，法也。"戮（lù 鹿），杀。

（29）侥幸，这里指存侥幸心理。万一，万分之一，形容机会很少。

（30）这句意谓，一种隐居，一种奔走，二者相比，同样不得意。不肖，不贤。清人李刚己曰："自'愿之言'至此，三段文字，奇气歕（喷）涌，异彩怒发，正如蜃楼海市，一转瞬而消归乌有，徇天下之奇观也。初学悟此，于文章构境设色之法，思过半矣。"

（31）昌黎韩愈，韩愈世居颍川，常据先世郡望自称昌黎人。

（32）壮之，钦佩李愿很有气魄。

（33）维，是。子，你，指李愿。宫，房屋，住宅。中、冬叶韵。

（34）稼（gǔ 古），播种五谷。顾炎武《诗本音》："稼，古音古。"这里读作"古"，与上句"土"字叶韵。

（35）濯，洗涤。沿，此指沿泉水漫步。泉、沿叶韵。

（36）阻，险阻。所，处所。阻、所叶韵。

（37）窈（yǎo 杳），幽静。廓（kuò 扩）其有容，意谓盘谷之中，土地广阔，物产丰富。其，语中助词。深属古音侵部，容属古音东部，侵、东通韵。

（38）缭：缠绕，这里是回环曲折的意思。曲、复通韵。曲在侯韵，复在幽韵，二韵古通。

（39）嗟（jiē 皆），赞叹声，感叹词。兮（xī 希）：语气词，相当于现代汉语的"啊"或"呀"。无央，无穷尽。

（40）远迹，远远地逃走不见踪迹，意谓不到这里来。遁（dùn 盾）藏：逃避躲藏。

（41）呵，呵叱。不祥，不吉祥之物，指魑魅魍魉之类。

（42）寿而康，长寿而且安康。

（43）这句是说，没有不足之处啊，还有什么想望。奚，什么，疑问代词。望，读阴平声。

（44）膏（gào 告），油脂，涂在车轴和毂（gǔ 古）之间，可使车轮运转滑利，这里用作动词。秣（mò 末），用草料喂养。

（45）徜徉（cháng yáng 常羊），自由自在地走来走去。央、藏、祥、康、望、徉、叶韵。

【 毛泽东评说 】

1959 年 7 月 26 日，毛泽东在《对一封信的评论》一文中说："这个同志的好处是把自己的思想和盘托出。这跟我们看见的另一些同志，他们对党和人民的主要工作基本上不是高兴，而是不满，对成绩估计很不足，对缺点估计过高，为现在的困难所吓倒，对干部不是鼓励而是泄气，对前途信心不足，甚至丧失信心，但是不愿意讲出自己的想法和看法，或者讲一点留一点，而采取'足将进而趑趄，口将言而嗫嚅'，躲躲闪闪的态度，大不相同。"

——《建国以来毛泽东文稿》第八册，中央文献出版社 1993 年版，第 377—378 页。

【 赏析 】

李愿，隐士名，号盘谷子，生平事迹不详。五百家注载唐人《跋盘谷序》说："陇西李愿，隐者也，不干誉以求进，每韬光而自晦，……昌黎韩愈知名之士，高愿之贤，故序而送之。"与西平王李晟的儿子李愿不是一人（见宋王应麟《困学纪闻》卷十七阎若璩笺注）。韩愈还有《和卢郎中云夫寄示送盘谷子》诗。盘谷，在今河南省济源市北二十里。

在这篇文章中，作者借李愿的话，刻画了三种人：一种是声势显赫的达官贵人；一种是隐居山林的高洁之士；一种是追求功名利禄的无耻之徒。对那些钻营拍马，趋炎附势之徒利欲熏心，不择手段地向上爬的种种丑行，予以无情鞭挞。对于所谓"利泽施于人，名声昭于时"的大官僚的志满意得，穷奢极欲，喜怒无常，装腔作势等行径，给了辛辣的讽刺。文章客观上说明：封建社会造成了人的畸形发展，不愿同流合污者，只有退隐一途。

这篇文章开头一段写盘谷的得名，末了写了一首歌咏李愿隐居的诗，并表示自己也有此志，中间一大段全是记载李愿的一番话，托出主旨，构思精巧，别具一格。

毛泽东很喜欢这篇文章，1959 年 7 月 26 日，他在《对一封信的评论》一文中，曾引用"足将进而趑趄，口将言而嗫嚅"二语，用来形容有些人前怕龙、后怕虎、畏首畏尾，批评他们不敢讲自己的真实想法和看法的不良作风。

【原文】

送董邵南游河北序

燕、赵古称多感慨悲歌之士[1]。董生举进士[2]，连不得志于有司[3]，怀抱利器[4]，郁郁适兹土[5]。吾知其必有合也[6]。董生勉乎哉[7]！

夫以子之不遇时，苟慕义强仁者，皆爱惜焉[8]；矧燕、赵之士出乎其性者哉[9]！然吾尝闻风俗与化移易，吾恶知其今不异于古所云邪[10]？聊以吾子之行卜之也[11]。董生勉乎哉！

吾因子有所感矣。为我吊望诸君之墓[12]，而观于其市，复有昔时屠狗者乎[13]？为我谢曰[14]："明天子在上，可以出而仕矣[15]。"

【注释】

（1）燕、赵，周朝分封的两个诸侯国，战国时期都成为强国。燕国的领土在今河北省北部一带，赵国的领地包括今河北省南部、山西省东部和河南省、山东省黄河以北地区。在唐代相当于河北道一带的地方。称，称说，称赞。感慨悲歌之士，反抗强暴的豪侠之士。《史记·刺客列传》："荆轲既至燕，爱燕之狗屠及善击筑者高渐离。荆轲嗜酒，日与狗屠及高渐离饮于燕市，酒酣以往，高渐离击筑，荆轲和而歌于市中，相乐也，已而相泣，旁若无人者。"《汉书地理志》："赵、中山地薄人众……丈夫相聚游戏，悲歌慷慨。"感慨，感情愤激。悲歌，悲壮地歌唱。

（2）举进士，指由乡贡（地方推荐）参加进士科考试。王定保：《唐摭言》卷一："始自武德辛巳岁（武德四年，621）四月一日，敕诸州学士及早有明经及秀才、俊士、进士，明于理体为乡里所称者，委本县考试，州长重覆，取其合格，每年十月，随物入贡。斯我唐贡士之始也。"董生，指董邵南。生，旧时对读书人的通称。

（3）有司，古时设官分职，各有所司，因称官吏为有司。这里指主考官。唐进士科考试，归礼部主管，考试合格，称为及第，然后参加吏部"博学宏词"或"拔萃"的考选，录取后授予官职。

（4）利器，锐利的武器，比喻杰出的才能。《三国志·曹植传》："植常自愤怨，抱利器而无所施。"

（5）郁郁，忧愁苦闷的样子。适，往，到。兹土，这个地方（燕、赵），指今河北一带。

（6）这句是说，我知道他一定会得到赏识而被重用。有合，有所遇合，指得到赏识而被重用。

（7）这句是说，董生你努力吧!

（8）子，你，指董邵南。不遇时，指"连不得志于有司"。苟，如果（是）。慕义强仁，仰慕勉力于仁义。司马迁《报任少卿书》："怯夫慕义，何处不勉焉？"

（9）矧（shěn审），况且。出乎其性，出于本性，不需要勉强。意谓燕赵之士，仁义性成，必肯引荐董生，与篇首"燕、赵古称多感慨悲歌之士"相照应。

（10）风俗与化移易，政治教化因时而异，风俗也随着改变。恶（wū屋）知，怎么知道。

（11）聊，姑且。吾子，指董邵南。卜之，判断它吧。《左传·桓公十一年》："卜以决疑。"之，指古今风俗有无变化的疑问。

（12）吊，凭吊。望诸君，即乐（yuè岳）毅，战国时代燕国的名将，曾联合五国之兵，为燕昭王攻下齐国七十多个城池。昭王死，惠王即位，中了齐国大将田单的反间计，派骑劫（燕国大将）取代乐毅的职务。乐毅怕燕惠王加害他，就投奔了赵国，"赵封乐毅于观津，号曰望诸君"（见《史记·乐毅传》）。他的坟墓在今河北省邯郸市（见《元和郡县志》和《史记集解》引张华语）。望诸，古泽名，也作孟诸。故地在今河南省商丘市睢县和山东省菏泽市之间。战国时为齐地，后归赵。

（13）屠狗者，指隐于市井的豪侠之士。见注（1）。

（14）谢，告诉，以言语相告叫谢。这里是致意的意思。

（15）明天子，英明的皇帝。这里指唐宪宗李纯。仕，做官。

【毛泽东评说】

惟北方之强，任金革死而不厌；燕赵多悲歌慷慨之士；烈士武臣，多出于凉。清之初世，颜习斋、李刚主文而兼武。习斋远跋千里之外，学击剑之术于塞北，与勇士角而胜焉。故其言曰："文武缺一岂道乎？"顾炎武，南人也，好居于北，不喜乘船而乘马。此数古人者，皆可师者也。

——《体育之研究》，载《毛泽东早期文稿》，湖南出版社 1990 年版，第 69 页。

【赏析】

《送董邵南游河北序》大约作于唐宪宗李纯元和年间（见韩愈诗《嗟哉董生行》），是为送董邵南游河北而作。董邵南，寿州安丰（今安徽淮南寿县西南）人。与韩愈交谊甚厚。《昌黎集》卷二有《嗟哉董生行》诗云："寿州属县有安丰，唐贞元时，县人董生邵南隐居行义于其中。刺史不能荐，天子不闻名声，爵禄不及门；门外惟有吏，日来征租更索钱。"至元和时，董邵南赴长安考进士，接连几次都没有考中，要到河北一带去找出路。当时割据河北一带的藩镇是成德节度使王士真、魏博节度使田季安。文中提到的"望诸君之墓"和"屠狗者"所在之"市"，都在魏博辖区。所以，董邵南很可能是往投田季安的。韩愈写了这篇文章为他送行。文中对董邵南怀才不遇，在京城找不到出路，抱有深切的同情；但作为挚友，韩愈更怕他到藩镇割据的河北去，个人不仅会走入歧途，政治上还会助长藩镇势力，影响国家统一。所以，他从内心是反对董生这次燕赵之行的。按情不能不送，按理不能不劝。本文名为送行，实则劝阻。面对郁郁不得志的挚友，以送行为劝阻，反面意思正面讲，这是本文的重要特点。所以文章含蓄蕴藉、委婉有致，而又一往情深、别具一格，颇有特色。

本文是一篇赠序。唐代赠序之作不少，以韩愈写作为最力。正如姚鼐所说：赠序"至于昌黎，乃得古人之意，其文冠绝前后作者"（《古文辞类纂序目》）。正在于他能因事立义，有较充实的思想内容；而在艺术上也能独辟蹊径，不落前人窠臼。本篇和《送孟东野序》《送李愿归盘谷序》，都是韩愈的名作。

1917年，毛泽东在《体育之研究》第三节"前此体育之弊及吾人自处之道"中，讲德、智、体"三育并重"，举例说，颜渊、贾谊、王勃、卢照邻虽然德智好而早丧，影响其取得更大成就。"燕赵多悲歌慷慨之士"，北方人尚武精神强，注重身体锻炼，所以烈士武臣多出北方。并举颜习斋（河北博野人）、李刚主（河北蠡县人）都是文武兼备，顾炎武虽是南方人，但好居北方。这几个人都是德、智、体等全面发展的人，"皆可师者也"。其中"燕赵多悲歌慷慨之士"一语，即出自本篇。

【原文】

欧阳生哀辞后

愈性不喜书⁽¹⁾，自为此文，惟自书两通⁽²⁾：其一通遗清河崔群⁽³⁾，群与余皆欧阳生友也⁽⁴⁾，哀生之不得位而死，哭之过时而悲；其一通今书以遗彭城刘君伉⁽⁵⁾。君喜古文，以吾所为合于古，诣吾庐而来请者八九至，而其色不怨，志益坚。

凡愈之为此文，盖哀欧阳生之不显荣于前，又惧其泯灭于后也⁽⁶⁾。今刘君之请，未必知欧阳生，其态在古文耳。虽然⁽⁷⁾，愈之为古文，岂独取其句读不类于今者邪⁽⁸⁾？思古人而不得见，学古道则欲兼通其辞；通其辞者，本志乎古道者也⁽⁹⁾。古之道，不苟誉毁于人⁽¹⁰⁾，刘君好其辞，则其知欧阳生也无惑焉。

【注释】

（1）书，书信。

（2）两通，两封信。通，量词，用于文章、文件、书信。

（3）遗（wèi 未），赠予，致送。崔群，字敦诗，清河郡人，贞元八年（792）年进士，曾为宣州判官。

（4）欧阳生，名詹，字行周，泉州晋江（今福建晋江）人，与韩愈同年举进士，曾为国子监四门助教，年四十余而死。

（5）彭城，今江苏徐州市。刘君伉，即刘伉，生平未详。

（6）泯灭，消灭干净。

（7）虽然，下或有"苟爱吾文必求其义"八字。八字下，又或有"则进知于欧阳生矣必时观"十一字。

（8）句读（dòu 逗），也叫"句逗"。文辞语义已尽处为句，语意未尽而须停顿处为读，书面上用句号（。）和逗号（，）来标记。邪，同"耶"，语气助词。

（9）乎，或作"于"。

（10）苟，随便。誉毁，赞誉和诽谤，讲别人的好话或坏话。此下或有"然则吾之所为文皆有实也"十一字。

【毛泽东评说】

1957 年 3 月 8 日同文艺界谈话时，毛泽东说：韩愈是提倡古文的，其实他那个古文，是新的。但对韩愈搞形式革新是为了"载道""传道"及"通其辞者，本志乎道者也"（《欧阳生哀辞后》）的思想，毛泽东则持否定态度。

——陈晋主编：《毛泽东读书笔记解析》，广东人民出版社 1996 年版，第 1281 页。

【赏析】

欧阳詹与韩愈为同科进士，只在国子监做个四门助教，年纪轻轻便死了。欧阳詹与韩愈关系甚好，曾率其徒举荐韩愈为博士，因此，韩愈对他的死非常悲痛，写过《欧阳生哀辞》悼念后，又写了本篇，再致余哀之外，结合彭城刘伉向他学古的事，重申他的古文运动观：通其辞是为了学古道。即是说他的形式革新是为了"载道""传道"。所传之道就是以儒家仁政为核心的孔孟之道。毛泽东对韩愈的这种观点是不赞成的，是持否定态度的。毛泽东所赞成的是其反对骈文，革新文体，文从字顺，务去陈言等形式方面的思想。1957 年 3 月 8 日同文艺界谈话时，毛泽东讲的韩愈提倡的那个"古文……是新的"，主要是肯定其形式方面的革新。

送穷文

元和六年正月乙丑晦⁽¹⁾，主人使奴星结柳作车⁽²⁾，缚草为船，载糗舆粻⁽³⁾，牛系轭下⁽⁴⁾，引帆上樯⁽⁵⁾。三揖穷鬼而告之曰⁽⁶⁾："闻子行有日矣⁽⁷⁾，鄙人不敢问所涂⁽⁸⁾，窃具船与车⁽⁹⁾，备载糗粻。日吉时良，利行四方。予饭一盂⁽¹⁰⁾，予啜一觞⁽¹¹⁾，携朋挚俦⁽¹²⁾，去故就新，驾尘彍风⁽¹³⁾，与电争先。子无底滞之尤⁽¹⁴⁾，我有资送之恩。子等有意于行乎⁽¹⁵⁾？"

屏息潜听⁽¹⁶⁾，如闻音声，若啸若啼，砉欻嚘嚘⁽¹⁷⁾。毛发尽竖，竦肩缩颈⁽¹⁸⁾。疑有而无，久乃可明。若有言者曰："吾与子居，四十年余：子在孩提⁽¹⁹⁾，吾不子愚⁽²⁰⁾；子学子耕，求官与名，惟子是从，不变于初。门神户灵⁽²¹⁾，我叱我呵⁽²²⁾；包羞诡随⁽²³⁾，志不在他。子迁南荒⁽²⁴⁾，热烁湿蒸，我非其乡，百鬼欺陵。太学四年⁽²⁵⁾，朝齑暮盐⁽²⁶⁾，惟我保汝，人皆汝嫌⁽²⁷⁾。自初及终，未始背汝⁽²⁸⁾，心无异谋，口绝行语。于何听闻，云我当去？是必夫子信谗⁽²⁹⁾，有间于予也⁽³⁰⁾。我鬼非人，安用车船？鼻嗅臭香⁽³¹⁾，糗粻可捐⁽³²⁾。单独一身，谁为朋俦⁽³³⁾？子苟备知，可数已不⁽³⁴⁾？子能尽言，可谓圣智；情状既露，敢不回避？"

主人应之曰："子以吾为真不知也邪⁽³⁵⁾？子之朋俦，非六非四，在十去五，满七除二⁽³⁶⁾。各有主张，私立名字；掉手覆羹⁽³⁷⁾，转喉触讳⁽³⁸⁾。凡所以使吾面目可憎、语言无味者，皆子之志也。其名曰智穷：矫矫亢亢⁽³⁹⁾，恶圆喜方⁽⁴⁰⁾；羞为奸欺⁽⁴¹⁾，不忍害伤。其次名曰学穷：傲数与名⁽⁴²⁾，摘抉杳微⁽⁴³⁾；高挹群言⁽⁴⁴⁾，执神之机⁽⁴⁵⁾。又其次曰文穷：不专一能，怪怪奇奇；不可时施⁽⁴⁶⁾，只以自嬉⁽⁴⁷⁾。又其次曰命穷：影与形殊⁽⁴⁸⁾，面丑心妍⁽⁴⁹⁾，利居众后，责在人先。又其次曰交穷：磨肌戛骨⁽⁵⁰⁾，吐出心肝；企足以待⁽⁵¹⁾，置我仇冤。凡此五鬼，为吾五患：饥我寒我，兴讹造讪⁽⁵²⁾；能使我迷，人莫能间。朝悔其行，莫已复然⁽⁵³⁾；蝇营狗苟⁽⁵⁴⁾，驱去复还。"

言未毕，五鬼相与张眼吐舌，跳踉偃仆⁽⁵⁵⁾，抵掌顿脚⁽⁵⁶⁾，失笑相顾。徐谓主人曰："子知我名，凡我所为；驱我令去，小黠大痴⁽⁵⁷⁾。人生一世，其久几何？吾立子名，百世不磨⁽⁵⁸⁾。小人君子，其心不同；惟乖于时⁽⁵⁹⁾，乃与天通⁽⁶⁰⁾。携持琬琰⁽⁶¹⁾，易一羊皮；饫于肥甘⁽⁶²⁾，慕彼糠糜⁽⁶³⁾。天下知子，谁过于予？虽遭斥逐，不忍子疏。谓予不信⁽⁶⁴⁾，请质《诗》《书》⁽⁶⁵⁾。"

主人于是垂头丧气，上手称谢⁽⁶⁶⁾，烧车与船，延之上座⁽⁶⁷⁾。

【注释】

（1）元和六年，811年。元和，唐宪宗的年号（806—820）。正月乙丑，正月二十九日（小月）或三十日（大月）。晦，阴历月底这一天。

（2）主人，作者自指。奴星，名字叫星的仆人。

（3）糗（qiǔ 求上），干粮，炒面。舆，本指车。这里用作动词，用车装之意。粻（zhāng 张），粮食。

（4）牛系轭下，把牛套上车轭。轭，车辕前端套住牛马颈部的用具，牛俗呼牛梭子，马叫夹板。

（5）引帆上樯，把帆升上桅杆。

（6）揖，拱手作礼。

（7）子，指穷鬼。有日矣，有日期了。

（8）鄙人，见识浅陋的人，自谦之词。所涂，走哪条路。涂，通"途"，用如动词。

（9）窃，私下，谦词。

（10）予饭一盂，请您吃一盂饭。盂，古代盛饭的食具。

（11）啜（chuò 辍）一觞，饮一杯酒。觞（shāng 伤），古代盛酒器。

（12）挈（qiè 怯），带领。侪，伴侣。

（13）驾尘，指牛车扬起的尘土。彉（kuò 扩）风，指张满船帆。迎风疾驶。彉，亦作"彍"，拉满弩弓。这里是扩大之意。

（14）底滞，停留。尤，怨恨。

（15）子等，你们大家。

（16）屏（bǐng 丙）息，由于注意或恐惧而不敢大声出气。

（17）嘼欻（xū chuā），细小的声音。嘼，皮骨相离的声音。欻，象声词。嚘（yōu 优）嘤，杂碎的声音。

（18）竦，通"耸"。

（19）孩提，尚在襁褓中的幼儿。

（20）不子愚，不嫌您愚钝。

（21）门神户灵，即门户神灵。护门之神。旧俗在门上贴画像，用来驱逐鬼怪。

（22）我叱我呵，即叱我呵我。叱、呵，大声斥责。

（23）包羞，忍受羞辱。诡随，盲目追随。

（24）子迁南荒，指韩愈在唐德宗贞元二十年（804）被贬为连州阳山（今广东清远阳山）令的事。迁，贬官。南荒，南方蛮荒之地。

（25）太学四年，韩愈从元和元年（806）到元和四年（809），任国子监国子博士。太学，指唐代国子监，全国最高学府。

（26）朝齑（jī 机）暮盐，意思是整天吃咸菜。齑，切碎的腌菜或酱菜。

（27）汝嫌，即嫌汝，嫌弃你。

（28）未始，不曾。背，弃。

（29）夫子，对韩愈的敬称。谗，谗言。

（30）间（jiàn 建），隔阂。

（31）鼻趹，用鼻子辨别气味。臭（xiù 秀），气味。

（32）捐，丢弃。

（33）朋俦，朋友，伴侣。

（34）数（shǔ 署），数落，责备。已不，与否。不，通"否"。

（35）邪，通"耶"。

（36）非六非四三句，说的都是一个"五"字。

（37）捩（liè 列）手覆羹，手一转动，就把汤打翻。比喻受鬼制约，动手就惹祸。捩，转动。

（38）转喉触讳，一开口就说出别人忌讳的话来。

（39）矫矫，勇武之状。兀兀，刚直之态。

（40）恶（wù 务）圆喜方，憎恶圆滑，喜欢方正。

（41）奸欺，奸邪欺诈的行为。

（42）傲数与名，轻视术数与典章制度之学。

（43）摘抉杳微，阐发抉取深奥、隐微的道理。

（44）高挹（yì邑），品评高下，褒贬。挹，通"抑"，抑制，贬低。

（45）执神之机，拘泥于自己心神的先兆，意思是固执己见。

（46）时施，在当时实施。

（47）自嬉，供自己娱乐。

（48）影与形殊，影子与身体不同。意思是影子虽然歪斜，身子却是正直的。

（49）妍，美丽。

（50）磨肌戛（jiá荚）骨，抚摩肌肉，敲击骨头，比喻对待朋友忠心诚实。磨，通"摩"。戛，击。

（51）企足，踮起脚跟。

（52）兴讹造讪，造谣言，说坏话。

（53）莫，通"暮"。

（54）蝇营狗苟，像苍蝇一样钻营逐臭，像狗一样苟且偷生，比喻卑劣的行径。

（55）跳踉（liáng良），跳跃。偃仆，跌倒。

（56）抵（zhǐ止）掌，拍手，击掌。

（57）黠（xiá侠），聪明而狡猾。

（58）磨，磨灭。

（59）惟乖于时，虽然与时世相违。惟，虽。乖，背离。

（60）乃与天通，却与天理相通。乃，却。

（61）琬琰，美玉。

（62）饫（yù玉），吃饱。肥甘，美食。

（63）糠糜，带糠的小米粥。糜，粥。

（64）谓予不信，如果你不相信。谓，如果，倘若。信，实。

（65）质，问。《诗》《书》，《诗经》《书经》。

（66）上手，举手。

（67）延，请。

【毛泽东评说】

一九五六年十二月八日，在我国社会主义改造基本完成的时候，毛泽东在同民建和工商联负责人谈话时，借用韩愈的《送穷文》，表达了中国人民要求摆脱贫穷落后的意志和愿望。他说：我们也要写"送穷文"，中国要几十年才能把穷鬼送走。

> ——逄先知：古籍新解，古为今用——记毛泽东读中国文史书》，
> 载《毛泽东的读书生活》，生活·读书·新知三联书店1986年版，
> 第210—211页。

党八股的第四条罪状是：语言无味，像个瘪三。上海人叫瘪三的那批角色，也很像我们的党八股，干瘪得很，样子十分难看。

> ——《反对党八股》，《毛泽东选集》第三卷，人民出版社1991年版，
> 第837页。

【赏析】

本文作于唐宪宗元和六年（811），韩愈时为河南令，因仕途不顺，生活穷困，而作此文。文章采用问答形式，假借穷鬼来发牢骚，嘲骂世道之不公，表明自己的气节。"矫矫亢亢"等四句，是我自己操行坚正；"傲数与名"等四句，说自己轻视术数和典章制度之学，研究深奥的"形而上"的学说，高人一筹；"不专一能"数句，是说他的文章不合时人胃口；"形与影殊"四句，是说自己认真负责，不谋私利；"磨肌戛骨"四句，是说自己太直率，因此得罪了许多人，简而言之，就是智穷、学穷、文穷、命穷、交穷。此"五穷"就是韩愈送穷的具体内容。这是根据"君子固穷"的意思作讽刺文字。形式是模拟扬雄的《逐贫赋》，内容则更加充实和诙谐。

送穷，是旧时驱送穷鬼的一种风俗。相传高辛氏（一说高阳氏）有一个儿子，不爱穿好的衣服、吃好的食物，宫中号为"穷子"。死于正月晦日（月末一日）。后人在他死那一天把稀饭和破衣陈列在门外祭他，称作送穷。事见《送穷文》李翘注引《文宗备问》。

1956年12月8日，毛泽东在同民建和工商联负责人谈话时，借韩愈的《送穷文》表达了中国人民要求摆脱贫苦落后的意志和愿望，并充分估

唐
宋

计到中国摆脱贫困，建设繁荣富强的社会国家的艰巨性和长期性。到1958年又提出建设社会主义总路线和改变"一穷二白"面貌的使命。到1964年三届人大期间，提出建立四个现代化的宏伟蓝图，都是"送穷"思想的合乎逻辑的发展。

此外，1942年2月，毛泽东在延安干部会议上作《反对党八股》的讲演时，曾化用本文"面目可憎""语言无味"两句，来抨击党八股的干瘪无味。

【原文】

祭鳄鱼文

维年月日⁽¹⁾，潮州刺史韩愈⁽²⁾，使军事衙推秦济⁽³⁾，以羊一、猪一，投恶溪之潭水⁽⁴⁾，以与鳄鱼食，而告之曰：

昔先王既有天下⁽⁵⁾，列山泽⁽⁶⁾，罔绳擉刃⁽⁷⁾，以除虫蛇恶物为民害者，驱而出之四海之外⁽⁸⁾。及后王德薄，不能远有⁽⁹⁾，则江、汉之间⁽¹⁰⁾，尚皆弃之以与蛮、夷、楚、越⁽¹¹⁾；况潮、岭海之间，去京师万里哉⁽¹²⁾！鳄鱼之涵淹卵育于此⁽¹³⁾，亦固其所⁽¹⁴⁾。

今天子嗣唐位⁽¹⁵⁾，神圣慈武⁽¹⁶⁾，四海之外，六合之内，皆抚而有之⁽¹⁷⁾；况禹迹所揜⁽¹⁸⁾，扬州之近地⁽¹⁹⁾，刺史、县令之所治⁽²⁰⁾，出贡赋以供天地宗庙百神之祀之壤者哉⁽²¹⁾！鳄鱼其不可与刺史杂处此土也⁽²²⁾。刺史受天子命，守此土，治此民，而鳄鱼睅然不安溪潭⁽²³⁾，据处食民畜、熊、豕、鹿、獐⁽²⁴⁾，以肥其身，以种其子孙⁽²⁵⁾；与刺史亢拒⁽²⁶⁾，争为长雄⁽²⁷⁾。刺史虽驽弱⁽²⁸⁾，亦安肯为鳄鱼低首下心⁽²⁹⁾，伈伈睍睍⁽³⁰⁾，为民吏羞⁽³¹⁾，以偷活于此邪！且承天子命以来为吏，固其势不得不与鳄鱼辨⁽³²⁾。

鳄鱼有知，其听刺史言⁽³³⁾：潮之州，大海在其南，鲸、鹏之大，虾、蟹之细，无不容归⁽³⁴⁾，以生以食⁽³⁵⁾，鳄鱼朝发而夕至也。今与鳄鱼约：尽三日⁽³⁶⁾，其率丑类南徙于海⁽³⁷⁾，以避天子之命吏；三日不能至，至五日；五日不能，至七日；七日不能，是终不肯徙也。是不有刺史、听从其言⁽³⁸⁾；不然，则是鳄鱼冥顽不灵⁽³⁹⁾，刺史虽有言，不闻不知也。夫傲天子之命吏⁽⁴⁰⁾，不听其言，不徙以避之，与冥顽不灵而为民物害者，皆可杀。刺史则选材技吏民⁽⁴¹⁾，操强弓毒矢，以与鳄鱼从事⁽⁴²⁾，必尽杀乃止。其无悔！

【注释】

（1）维年月日，一本作"维元和十四年四月二十四日"。维，句首语气词，无义。

（2）潮州，唐州名，治所在海阳（今广东湛江徐闻海安镇）。刺史，唐代州的行政长官。韩愈在唐宪宗元和十四年（819）正月，因谏迎佛骨，被贬为潮州刺史。

（3）使，派遣。军事衙推，刺史的属官，掌狱讼事。秦济，生平不详。

（4）恶溪，即今广东省潮州市潮安区境内的韩江。

（5）先王，指上古之商王。既有，已经占有。

（6）列，同"烈"，火猛，这里是焚烧的意思。山泽，山野水泽草木茂盛之处。《孟子·滕文公上》："舜使益掌火，益烈山泽而焚之，禽兽逃匿。"

（7）罔绳，结绳为网。《易·系辞》："作结绳而为罔罟（gǔ 古），以佃以渔。"擉（chuò 挫）刃：用锋利的刀剑来刺杀。擉，刺。《庄子·则阳》："冬则擉鳖于江。"

（8）四海，指中国。古人认为中国四面由东海、西海、南海、北海环绕，四海之外就是异域。

（9）后王，指东周以后的历代君主。德薄，德业威望衰落下降。不能远有，不能领有边远地区。

（10）江、汉之间，长江、汉水流域一带。

（11）蛮、夷，对我国境内少数民族的简称。《礼·王制》："东方曰夷"，"南方曰蛮"。楚，原为周朝诸侯国，春秋时称王，战国时强大起来，成为七雄之一。越，原为周朝诸侯国，被楚攻灭。

（12）岭海之间，五岭以南、大海以北的广大地区。岭，五岭，即越城、都庞、萌渚、骑田和大庾五岭，绵亘在湖南、江西、广东、广西四省边界地区。海，大海，这里指南海。潮州唐玄宗时改为潮阳郡，地处五岭之外、大海之内，故称岭海之间。去，相去，距离。

（13）涵淹，潜伏。卵育，繁殖，生息。

（14）亦固其所，本来是你们适当的地方。固，本来。

（15）今天子，指唐宪宗（806—820）李纯。嗣唐位，继承唐朝的皇位。

（16）神圣慈武，才能出众，仁慈威武。《书大禹谟》："乃圣乃神，乃武乃文。"孔颖达疏："乃圣而无所不通，乃神而微妙无方，乃武能克定祸乱，乃文能经纬天地。"

（17）六合，天、地、四方叫"六合"，犹言"宇宙"。《庄子·齐物论》："六合之外，圣人存而不论。"抚，安定。《说文》："抚，安也。"又《左传·襄公十三年》："抚有蛮夷。"

（18）禹，上古帝王，先王之一。掩，同"掩"，遮蔽，遮盖，即走过，经过。

（19）近地，古代中国分为九州，扬州为其一，潮州在古扬州境内。潮州是古扬州之地，相对四海、六合的广阔而言，潮州又是天子的近地。

（20）所治，治理、管辖的地方。

（21）这句是说，缴粮纳贡，供给帝王祭祀天地、祖宗和各种神灵的地方呢！出贡赋，进献贡物，缴纳捐税。壤，土地，地方。

（22）其，副词，表命令语气。下文"其听刺史言""其率丑类""其无悔"的"其"字用法相同。杂处，混居，同住。此土，指潮州。

（23）睅然，张大眼睛无所畏惧的样子。《左传·宣公二年》："睅其目。"注："睅，出目。"疏："目大则出见，故云出目也。"亦与"悍然"通，凶暴。

（24）据处，盘踞在栖身的地方。熊、豕（shǐ始）、鹿、獐，都是人们可以猎取的野生动物。豕：野猪。

（25）种，用如动词，这里是"繁殖"的意思。

（26）亢，通"抗"。

（27）争为长（zhǎng掌）雄，与刺史争长称霸。《汉书·鲍宣传》："少豪俊，易长雄。"颜师古注："长，为之长帅也；雄，为之雄豪也。"

（28）驽（nú奴）弱，无能而力弱。驽，劣马，比喻无能。

（29）下心，降下心志，即屈服。

（30）伈伈（xǐn 心上声），内心恐惧的样子。睍睍（xiǎn 显），胆小不敢正视的样子。

（31）为民吏羞，是说自己如屈服于鳄鱼，就是在百姓和属吏面前丢脸。

（32）两句是说：况且我接受皇帝的命令然后来这里做官，这样的情势本来就不能不与鳄鱼明辨是非。辨，明辨是非曲直。

（33）其，当，副词，表示命令语气。

（34）鹏，传说中的一种巨大的鸟。《庄子·逍遥游》："北冥有鱼，其名为鲲，鲲之大，不知其几千里也；化而为鸟，其名为鹏，鹏之背，不知其几千里也，怒而飞，其翼若垂天之云。"

（35）这句是说，借着大海生存饮食。以，连词，表示目的，是"借以""以便"的意思。

（36）尽三日，三天之内。尽，完毕。

（37）丑类，恶物，指大小鳄鱼。徙，迁移。

（38）以上两句是说，是眼里没有刺史，不听从他的命令。

（39）冥顽不灵，愚昧顽固，不堪教化。冥，愚昧。灵，聪明。

（40）傲，自高自大，用如动词，是藐视、看不起的意思。

（41）材技吏民，有才能和技艺的官吏和民众。材，通"才"。

（42）这句是说，来和鳄鱼进行战斗。

【毛泽东评说】

在中国，本来读书就叫攻书，读马克思主义就是攻马克思主义的道理，你要读通马克思主义的道理，就非攻不可，读不懂的东西要当仇人一样地攻它。……过去韩文公《祭鳄鱼文》里，有一段是说限它三天走去，三天不走，五天，七天再不走，那就不客气，一刀杀掉。我们要像韩文公祭鳄鱼一样，十天不通，二十天，三十天，九十天……非把这东西搞通不止，这样下去，一定可以把看不懂的东西变成看得懂的。

——《在延安在职干部教育动员大会上的讲话》，《毛泽东文集》第二卷，人民出版社 1993 年版，第 181 页。

唐
宋

【赏析】

《祭鳄鱼文》写于元和十四年（819），是韩愈初贬潮州时写的。据《新唐书韩愈传》载："初，愈至潮，问民疾苦，皆曰：'恶溪有鳄鱼，食民畜产且尽，民以是穷。'数日，愈自往视，令其属秦济以一羊、一豕投溪水而祝之……祝之夕，暴风雷电起溪中，数日，水尽涸，西徙六十里。自是潮无鳄鱼患。"溪水乃自然现象，鳄鱼是"冥顽不灵"的东西，告之以文，晓之以理，限定时日，会自动迁徙自然是荒诞不经的附会，是不可信的。韩愈关心人民疾苦，采取有效措施，驱除鳄鱼，与鳄鱼势不两立、坚决为人民除害的精神，是符合人民利益的，必然受到人民的欢迎，众口相传，附会日多，越发神奇而不可测了。后来，到宋代时潮州又有鳄患，据欧阳修《陈文惠公神道碑》载："潮州恶溪鳄鱼食人，不可近。公命捕得，鸣鼓于市，以文告而戮之，其患并息。"于理，逐捕杀戮，患有止息。所言"文告"有灵，无非文人自神其文而已。韩愈作为一个封建官吏，关心人民疾苦，勇于为民除害的精神是值得肯定的。这是本文的思想价值。

本文在写作技巧上，也有可借鉴之处。全文只有三段文字，却写得层次分明，波澜起伏，气势非凡。开头就指出先王之时，"虫蛇恶物"向来是被驱除于"四海之外"的，只是因为后王德薄，力不能及，才让鳄鱼与民"杂处"了一个时期。紧接着作者堂而皇之正告鳄鱼：当今皇帝"神圣慈武"，天下大治，刺史要"守土""治民"，情势大变，决不许同居共处，危害百姓，文势紧迫，造成了与鳄鱼势不两立的态势。最后本来就该声讨驱除了，作者又作弛宕，把剑拔弩张的形势又舒缓下来，入情入理地先为鳄鱼指出"以生以食"的出路，劝它自动迁徙；而且一再宽限时日；最后才断然宣称，如果鳄鱼终不肯迁，就要"尽杀乃止"。这就不仅是晓之以理，而是威之以势了。文章写到对鳄鱼的斩尽杀绝的决绝态度，便戛然而止，气势逼人，笔力千钧。

1939 年 5 月 20 日，毛泽东于《在延安在职干部教育动员大会上的讲话》中，讲到学好马克思主义是可能的时说，中国古代读书叫攻书，读马克思主义就是要攻马克思主义的道理，对于读不懂的东西要像对待敌人那样攻它；接着举了韩愈在《祭鳄鱼文》里最后对鳄鱼下的通缉令，限它三天迁走，三天不走，可以宽限它五天，七天再不走，就不客气了，一刀杀掉，赞扬了韩愈对鳄鱼的决绝态度和进击精神；勉励大家学习马克思主义时，只要有韩愈这种主动进击的精神，就能把马克思主义读懂弄通。正如叶剑英诗云："攻城不怕艰，攻书莫畏难。科学有险阻，苦战能过关。"

【原文】

论佛骨表

臣某言：伏以佛者⁽¹⁾，夷狄之一法耳⁽²⁾；自后汉时流入中国⁽³⁾，上古未尝有也。昔者，黄帝在位百年，年百一十岁⁽⁴⁾；少昊在位八十年，年百岁⁽⁵⁾；颛顼在位七十九年，年九十八岁⁽⁶⁾；帝喾在位七十年，年百五岁⁽⁷⁾；帝尧在位九十八年，年百一十八岁⁽⁸⁾；帝舜及禹，年皆百岁⁽⁹⁾。此时天下太平，百姓安乐寿考⁽¹⁰⁾。然而中国未有佛也。其后殷汤亦年百岁⁽¹¹⁾；汤孙太戊在位七十五年⁽¹²⁾，武丁在位五十九年⁽¹³⁾，书史不言其年寿所极，推其年数，盖亦俱不减百岁⁽¹⁴⁾；周文王年九十七岁⁽¹⁵⁾，武王年九十三岁⁽¹⁶⁾，穆王在位百年⁽¹⁷⁾。此时佛法亦未入中国，非因事佛而致然也⁽¹⁸⁾。

汉明帝时，始有佛法；明帝在位，才十八年耳⁽¹⁹⁾！其后乱亡相继，运祚不长⁽²⁰⁾。宋、齐、梁、陈、元魏已下，事佛渐谨，年代尤促⁽²¹⁾。惟梁武帝在位四十八年⁽²²⁾，前后三度舍身施佛⁽²³⁾；宗庙之祭，不用牲牢；昼日一食，止于菜果⁽²⁴⁾；其后竟为侯景所逼，饿死台城，国亦寻灭⁽²⁵⁾。事佛求福，乃竟得祸。由此观之，佛不足事，亦可知矣！

高祖始受隋禅⁽²⁶⁾，则议除之⁽²⁷⁾。当时群臣材识不远⁽²⁸⁾，不能深知先王之道，古今之宜⁽²⁹⁾，推阐圣明⁽³⁰⁾，以救时弊⁽³¹⁾，其事遂止，臣常恨焉⁽³²⁾！伏惟睿圣文武皇帝陛下⁽³³⁾，神圣英武，数千百年已来，未有伦比。即位之初，即不许度人为僧、尼、道士，又不许创立寺、观⁽³⁴⁾。臣常以为高祖之志，必行于陛下之手；今纵未能即行，岂可恣之转令盛也⁽³⁵⁾？今闻陛下令群僧迎佛骨于凤翔⁽³⁶⁾，御楼以观，舁入大内⁽³⁷⁾；又令诸寺，递迎供养⁽³⁸⁾。臣虽至愚，必知陛下不惑于佛⁽³⁹⁾，作此崇奉田⁽⁴⁰⁾，以祈福祥也田⁽⁴¹⁾；直以年丰人乐⁽⁴²⁾，徇人之心⁽⁴³⁾，为京都士庶设诡异之观、戏玩之具耳⁽⁴⁴⁾！

安有圣明若此，而肯信此等事哉？然百姓愚冥，易惑难晓⁽⁴⁵⁾；苟见陛下如此，将谓真心事佛⁽⁴⁶⁾。皆云天子大圣，犹一心敬信⁽⁴⁷⁾；百姓何人，岂合更惜身命⁽⁴⁸⁾？焚顶烧指，百十为群；解衣散钱，自朝至暮；转相仿效，惟恐后时；老少奔波，弃其业次。若不即加禁遏，更历诸寺，必有断臂脔身以为供养者⁽⁴⁹⁾。伤风败俗，传笑四方，非细事也⁽⁵⁰⁾！

夫佛，本夷狄之人⁽⁵¹⁾；与中国言语不通，衣服殊制⁽⁵²⁾；口不言先王之法言，身不服先王之法服⁽⁵³⁾；不知君臣之义、父子之情。假如其身至今尚在，奉其国命，来朝京师，陛下容而接之⁽⁵⁴⁾，不过宣政一见⁽⁵⁵⁾，礼宾一设⁽⁵⁶⁾，赐衣一袭⁽⁵⁷⁾，卫而出之于境⁽⁵⁸⁾，不令惑众也；况其身死已久，枯朽之骨，凶秽之馀，岂宜令入宫禁？

孔子曰："敬鬼神而远之⁽⁵⁹⁾。"古之诸侯，行吊于其国，尚令巫祝先以桃茢祓除不祥，然后进吊⁽⁶⁰⁾。今无故取朽秽之物，亲临观之，巫祝不先，桃茢不用⁽⁶¹⁾；群臣不言其非，御史不举其失，臣实耻之！

乞以此骨付之有司⁽⁶²⁾，投诸水火，永绝根本，断天下之疑，绝后代之惑，使天下之人知大圣人之所作为⁽⁶³⁾，出于寻常万万也⁽⁶⁴⁾！岂不盛哉！岂不快哉！佛如有灵，能作祸祟⁽⁶⁵⁾，凡有殃咎⁽⁶⁶⁾，宜加臣身；上天鉴临⁽⁶⁷⁾，臣不怨悔。无任感激恳悃之至⁽⁶⁸⁾，谨奉表以闻⁽⁶⁹⁾。臣某诚惶诚恐！

【注释】

（1）伏，下对上的敬词。以，认为。佛，本文的"佛"字有二解：如本文标题之"佛"字，指佛教始祖释迦牟尼；如本句的"佛"字，指佛教。

（2）夷狄，古代对外族的通称，这里指佛教的发源地天竺（古印度名）。法，教规教法，这里指宗教。

（3）本文下面又讲，"汉明帝时，始有佛法。"这是关于佛教传入我国时间的传统说法，史称"永平求法"（按：永平，汉明帝年号）。（见《弘明集》卷一牟子《理惑论》；亦见《四十二章经序》，文字略异）据今人考证，佛教在西汉时便已传入中国。韩愈据传统说法立论，在当时有说服力。

（4）黄帝，与下面的少昊、颛顼、帝喾、尧、舜等，都是传说中的古代帝王，实为原始社会的部落首领。《史记·五帝本纪》云："黄帝者，少典之子，姓公孙，名曰轩辕……有土德之瑞，故号黄帝。"集解引皇甫谧《帝王世纪》云："在位百年而崩，年百一十一岁。"

（5）少昊（hào 浩）《周易·系辞下》正义引皇甫谧《帝王世纪》云："少皞（昊）帝，名挚，字青阳，姬姓……在位八十四年而崩。"

（6）颛顼（zhuān xū 专须）《史记·五帝本纪》云："帝颛顼高阳者，黄帝之孙而昌意之子也。"号高阳氏。集解引皇甫谧曰："在位七十八年，年九十八。"

（7）帝喾（kù 库），《史记·五帝本纪》："帝喾高辛者，黄帝之曾孙也。"号高辛氏。集解引皇甫谧曰："在位七十年，年百五岁。"

（8）帝尧，《史记·五帝本纪》："帝喾娶陈锋氏女，生放勋；娶娵訾氏女，生挚。帝喾崩，而挚代立。帝挚立，不善（崩），而弟放勋立，是为帝尧。"集解引徐广曰："尧在位凡九十八年。"正义引皇甫谧曰："凡年百一十七岁。"按：《太平御览·皇王部·帝尧陶唐氏》引皇甫谧《帝王世纪》作"年百一十八岁。"号陶唐氏。

（9）帝舜，《史记·五帝本纪》："虞舜者，名曰重华……年六十一代尧践帝位。践帝位三十九年，南巡狩，崩于苍梧之野。"年百岁。号有虞氏。禹，《史记·夏本纪》："夏禹，名曰文命……黄帝之玄孙而帝颛顼之孙也……国号曰夏后，姓姒氏。"《史记·五帝本纪》：舜臣之中，"唯禹之功为大，披九山，通九泽，决九河，定九州……"又集解引皇甫谧曰："年百岁也。"

（10）寿考：长寿。《后汉书·东夷传》："多寿考，至百余岁者甚众。"考，老，年老。

（11）殷汤，我国奴隶制社会第二个王朝——殷商王朝的开国君主，子姓。《史记·殷本纪》索隐云，殷祖先"契始封商，其后裔盘庚迁殷，殷在邺南，遂为天下号"。集解引张晏曰："禹、汤，皆字也。"索隐云："汤名履，《书》曰'予小子履'是也。"又集解引皇甫谧曰："为天子十三年，年百岁而崩。"

（12）太戊，殷中宗，汤之玄孙，曾中兴殷朝。《史记·殷本纪》："帝太戊立，伊陟（按：汤之名相伊尹之子）为相……殷复兴，诸侯归之，故称中宗"《尚书无逸》："肆中宗之享国，七十有五岁。"

（13）武丁，殷高宗，据传曾举奴隶傅说为相，使"殷国大治"（《史记·殷本纪》）。徐宗元《帝王世纪辑存》："武丁……享国五十有九年，年百岁。"

（14）俱不减百岁，（太戊、武丁二帝年龄）都不少于百岁。减，少。

（15）周文王，殷商时代西方诸侯之领袖，称"西伯"，姓姬，名昌，"积善累德"，争取盟国，奠定了灭殷的基础。《礼记·文王世子》与《史记·周本纪》集解皆引徐广曰："文王九十七乃终（崩）。"

（16）武王，名发，周文王子。据《史记·周本纪》讲，他"师修文王绪业"，曾率八百诸侯灭殷，为我国奴隶社会第三个王朝——周王朝的开国君主。《礼记文王世子》："武王九十三而终。"

（17）穆王，周朝君主之一，名满。《太平御览·皇王部·穆王》引《史记》云："穆王立五十五年，年一百五岁而崩。"《尚书吕刑》："王享国百年。"

（18）致，导致，使达到。

（19）汉明帝，后汉王朝第二代君主，后汉世祖光武帝刘秀之子，名庄，自57年到75年，共在位十八年，年四十八岁而终。

（20）运祚，世运。荀济上书梁武帝揭露佛教危害时即说："汉武祀金人，莽新以建国；桓灵祀浮图（佛的另一译音），阉竖以控权。三国由兹鼎峙，五胡仍其荐食。衣冠奔于江东，戎教兴于中壤，使父子之亲隔，君臣之义乖，夫妇之和旷，朋友之信绝。海内殽乱，三百年矣。"（见《广弘明集》卷六、卷七载唐释道宣《叙列代王臣滞惑解》）

（21）宋、齐、梁、陈是我国南北朝阶段，南朝一百六十多年中所相继建立的四个王朝。宋为刘裕所建，九个皇帝共在位六十年（420—479）；齐为萧道成所建，七个皇帝共在位二十四年（479—502）；梁为萧衍所建，九个皇帝共在位五十六年（502—557）；陈为陈霸先所建，五个皇帝共在位三十三年（557—589）。元魏，指北朝鲜卑人跖跋珪所建立的北魏，北魏从第七个皇帝元宏起改姓"元"，故北魏亦称"元魏"。谨，虔诚。促，短促。

（22）梁武帝，萧衍，502年代齐称帝，549年被侯景幽死，在位四十八年。他宣布"唯佛道是正道",定佛教为国教,其他都该斥之为"邪见""外道"。他一方面对以范缜为代表的唯物论思想组织围攻,另一方面下令王侯百官"舍邪入正",自己还多次舍身佛寺,带头事佛。

（23）据《南史·梁本纪》载,梁武帝萧衍曾于普通八年（527）、中大通元年（529）、太清元年（547）三次舍身同泰寺,"私人执役",亲自宣讲佛经,以求福寿,每次都是群臣用巨款将他赎回。

（24）《南史·梁本纪》载:梁武帝天监十六年（517）三月,下令"郊庙牲牷,皆代以麫","虽公卿异议,朝野喧嚣,竟不从。冬十月,宗庙荐羞,始用蔬果。"梁武帝明年,"溺信佛道,日止一食,膳无鲜腴,惟豆羹粝饭而已。"《三宝记》亦云:"梁武帝"天监中便血味备断,日惟一食,食止菜蔬。"（转引自汤用彤《汉魏两晋南北朝佛教史》）

（25）侯景,字万景,本为魏臣,降于梁,有力,善骑射。后举兵反梁,攻陷建康,一度控制大权。《南史·梁本纪》载:太清三年（549）三月,侯景"攻陷宫城,纵兵大掠",自封为"都督中外诸军事、大丞相、录尚书事",梁武帝成了阶下囚,有时饭也吃不上,"帝以所求不供,忧愤寝疾"。五月,"疾久口苦,索蜜不得,再曰'荷!荷!'"遂"崩于净居殿"。台城,晋宋间称朝廷禁省为台,所以皇宫所在、朝廷所居之处称台城或宫城。寻灭,不久就灭亡。

（26）高祖,唐高祖李渊。禅,禅让。李渊于公元618年废隋恭帝、"受禅让",建立了唐朝。

（27）《旧唐书·傅奕传》载:唐高祖武德七年、九年（624、626）,傅奕曾多次"上书请除去释教""高祖付群官详议",并曾下令"废浮屠、老子法"（《新唐书·高祖纪》）。

（28）据《旧唐书·傅奕传》与《资治通鉴》卷一九一所载,在武德七年、九年议除佛教的斗争中,确实"唯太仆卿张道源称奕奏合理",中书令萧瑀等极力反对;然而,这时佛、老未能废除的真实原因是"高祖将从奕言,会传位而止"。即秦王李世民杀皇太子李建成与齐王李元吉之后,唐高祖李渊失去权位,新登基的唐太宗李世民却要以"大赦"与"复浮图、老子法"等措施以争取、安定人心,稳定形势。韩愈在这句所说"当时群君材识不远"与下文"臣虽至愚，必知陛下不惑于佛"等，乃是难以直言之苦衷和斗争策略之表现。材识不远，才能低下，见识短浅。材，通"才"。

（29）宜，义，同谊。

（30）推阐圣明，推求阐发先王英明的旨意。

（31）时弊，指上文所讲的"乱亡相继，运祚不长""事佛求福，乃竟得祸"等弊端。弊，原作"幣"，据一本改。

（32）恨，遗憾。

（33）睿圣文武皇帝，唐宪宗李纯的尊号。《旧唐书·宪宗本纪》：元和三年（808）正月"癸巳，群臣上尊号曰：'睿圣文武皇帝'。"

（34）宪宗即位初年，颇有一番振作景象。除了不许度人为僧尼道士、不许创立寺观之外，据《资治通鉴》卷二三六载：他还不接受昇平公主所献"女口"，又不接受荆南所献"毛龟"，声称"朕所宝唯贤"，规定"珍禽奇兽，皆毋得献"。宪宗元和四年（809），左军中尉吐突承璀领功德使，盛修安国寺，奏立圣德碑，他"命曳倒碑楼"。度，指世俗人出家，由其师剃去发须曰剃度，亦单称曰度，意思是引度人们离开世俗。寺、观（guàn贯），佛教的庙宇称寺，道教的庙宇称观。

（35）恣之，放纵它。转，反转过来。一本无"转"字。令盛，使它兴盛。

（36）凤翔，今陕西省宝鸡市凤翔区，唐时为凤翔府。按：法门寺在凤翔府岐山县，这里的凤翔，乃就其府治而言。

（37）舁（yǔ舆），抬。大内，皇帝所居宫廷称大内。

（38）递（dì帝）迎，一寺接一寺地依次迎奉。供养，佛家语，以资财甚至身躯供养三宝（佛、法、僧），叫财供养；说法修行以利众生，叫法供养。

（39）惑，迷惑。

（40）崇奉，隆重地供奉、尊奉。

（41）祈，求。

（42）直，仅仅，只是。以，因为。年丰人乐，年成丰收，人心欢乐。

（43）徇（xùn迅），屈己从人，有"迁就"的意思。

（44）京都，唐京城长安。士庶，原指士族与庶族，这里是官吏、百姓的意思。诡异之观，怪异的观赏。戏翫之具，戏耍的玩具。翫，这里音、义皆同"玩"。

（45）两句是说，然而老百姓愚昧无知，容易被你迎奉、供养佛骨的行动所迷惑，难以通晓你迁就众人贪乐之心、为人们设怪异戏玩之具的本意。冥，暗，昧于事理。

（46）两句是说，如果真的看到皇帝你这样的迎奉供养佛骨，将会认为你是真心事奉佛祖。苟，如果。谓，以为。

（47）犹，还，尚且。敬信，敬佛、信佛。

（48）两句意思是说，我们老百姓比起天子大圣人来又算得了什么呢？难道应当更爱惜自己的身躯生命而不敬佛吗？何人，何等之人，意思是比起天子唐宪宗要卑贱得多。岂合，难道应该。合，应当，应该。

（49）以上十一句，具体叙写在唐宪宗迎奉佛骨行为之不良影响下，已经出现或可能出现的严重情况。焚顶烧指，指以香（或艾叶）烧于头顶之上与以香火烧灼自己的手指等苦行表示对佛的虔诚。解衣散钱，指以施舍钱财的行动表示对佛的虔诚。弃其业次，抛弃了自己的生产、工作去供奉佛骨。即加禁遏，立即加以禁止。断臂脔（luán峦）身，指自己砍断膀臂、割下身上之肉以表示对佛的虔诚。脔，切肉。

（50）细事，细微小事。

（51）佛，此指释迦牟尼。他本为尼波罗南境迦毗罗卫城净饭王之子，大约与孔子同时，后创立佛教，被尊为佛教始祖。

（52）殊制，样式不合先王礼法规定的形制。这里作"规格样式"讲。《汉书·郦陆朱刘叔孙通列传》："服短衣楚制。"

（53）法言，合乎先王礼法的言语。法服，合于先王礼法规定的衣服。《孝经》："非先王之法服不敢服，非先王之法言不敢道，非先王之德行不敢行。"

（54）容而接之，答应他来京师朝见天子的请求并接见他。被不轻易接待人者所接待谓之"容接"。容，容许、答应。

（55）宣政一见，在宣政殿接见一次。《资治通鉴》卷二四〇注："唐时四夷入朝贡者，皆引见于宣政殿。"

（56）因礼宾一设，在礼宾院设宴招待一次。《资治通鉴》卷二四〇注："唐有礼宾院，凡胡客入朝，设宴于此。"

（57）一袭，一套。

（58）卫，武装护送。境，国境线。

（59）语出《论语·雍也》。意思是，对鬼神，要敬而远之。

（60）上古礼俗，君临臣丧，必先以桃枝（鬼所恶）和苇苕拂之，以去不祥。释迦牟尼为净饭王之王子，唐宪宗为天子，所以韩愈援引此例。《礼记·檀弓下》："君临臣丧，以巫祝桃苅执戈，恶之也，所以异于生也。"《左传·襄公二十九年》：鲁襄公在楚，楚康王已卒，"楚人使公亲襚（按：赠死者衣衾曰襚），公患之。穆叔曰：'袚殡而襚，则布币也。'乃使巫以桃苅先袚殡，楚人弗禁，既而悔之。"苅，苇华，这里指以苇华做成的苕帚。袚（fú 拂），除灾求福。

（61）两句是说，不先使巫祝用桃枝、苇苕扫除不祥。

（62）乞，请求。有司，指有关的机构（官府）。

（63）大圣人，这里指唐宪宗。

（64）出于，超出于，高出于。寻常，指平常的人，普通的人。万万，指万万倍。

（65）祸祟（suì 岁），鬼神所造成的灾祸。

（66）殃咎（jiù 救），灾害，祸殃。

（67）鉴临，亲临鉴察。

（68）恳悃（kǔn 捆），恳切忠诚。无任，不胜。

（69）表，指本文《论佛骨表》。闻，上达。

【毛泽东评说】

韩愈《论佛骨表》祖此。

——《读〈新唐书·姚崇传〉批语》，载《毛泽东读文史古籍批语集》，中央文献出版社 1993 年版，第 239 页。

唐朝韩愈的文章还可以，但是缺乏思想性。那篇东西（按：指《论佛骨表》）价值并不高，那些话大多是前人说过的，他只是从破除迷信来批评佛教而没有从生产力方面来分析佛教的坏处。《原道》也是如此。但是，韩愈的文章有点奇。唐朝人也说"学奇于韩愈，学涩于樊宗师"。韩愈的古文对后世很有影响，写文学史不可轻视他。

　　　　——刘大杰：《一次不平常的会见》，载《毛泽东在上海》，中共党史出版社1993年版，第143页。

【赏析】

　　本文写于唐宪宗元和十四年（819）。《资治通鉴》卷二四〇记载：元和十三年（818）十二月，功德使上言：凤翔法门寺护国真身塔内，有佛教始祖释迦牟尼指骨一节，"相传三十年一开，开则岁丰人安。来年应开，请迎之。……上（指唐宪宗）遣中使帅僧众迎之"。元和十四年正月，"中使迎佛骨至京师。上留禁中三日，乃历送诸寺。王公士民瞻奉舍施，惟恐弗及。有竭产充施者，有然（古"燃"字）香臂、顶供养者。刑部侍郎韩愈上表切谏"，"上得表，大怒。出示宰相，将加愈极刑"，经裴度等力劝，方"贬愈为潮州刺史"。《资治通鉴》所讲愈"上表切谏""上得表，大怒"的"表"，即这篇《论佛骨表》。

　　在本文中，韩愈从维护唐王"长治久安"的统治秩序和中国皇帝无上尊严的立场出发，以大量历史事实为根据，以先王之教为武器，以中国为本位，无情地揭露抨击了唐宪宗迎佛骨、崇佛教的荒谬与危害。这在皇帝亲自尊奉，僧侣地主势力恶性膨胀的唐代，是有进步意义的。他反佛斗争的胆略和气魄，特别是他那种"佛如有灵，能作祸祟，凡有殃咎，宜加臣身"的自我牺牲精神，"宜付有司，投诸水火，永绝根本"的敢作敢为的态度，在我国古代也是少有的。但是，宗教决非行政命令手段所能禁绝的，韩愈反佛斗争的局限性也是不言而喻的。

　　本文在写作上有不少可供借鉴之处。它的第一个特点是摆事实讲道理。本文一开始就大量引证"书史"资料，让历史事实说话；在大量的历史事实面前，用人们易于理解、易于接受的归纳法来论证"佛不足事"这

唐
宋

一中心论点。这在当时不仅有说服力并且增加了文章的准确性。它的第二个特点是由远及近，从古到今，环环紧扣，层层深入，事佛有害的道理也越讲越明，并使文章层次分明而有逻辑性。它的第三个特点是有正有反，两相对比：佛教传入中国之前与佛教传入中国之后的不同情况，唐高祖排佛的遗志与唐宪宗佞佛的表现，先王的礼法与唐宪宗的崇佛的行为，处处对比，泾渭分明，大大增强了文章的鲜明性、生动性。它的第四个特点是以臣谏君，义正词严，而且感情激越，苦口婆心，不仅服之以理，而且动之以情，从而增强了文章的感染力。唐宪宗虽激怒一时，欲处之以极刑，然终知其"大是爱我""欲复用愈"。

　　唐代的姚崇是毛泽东十分推崇的"大政治家、唯物论者"。在读《新唐书》卷一二四《姚崇传》时，毛泽东写了赞扬的批语，其中一条就是："韩愈《论佛骨表》祖此。"肯定姚崇在唐代排佛开风气之先，也指出了韩愈《论佛骨表》与他的关系。姚崇在临终前遗命说，他后列不要作佛事，因为"死者生之常"，与抄经，铸佛像等佛事话不相干。他举例说，当过和尚的梁武帝、入过北齐的胡太后、赎过生的孝和皇帝、造寺超度的太平公主、武三思等人，都不仅没有长寿，而且结局大多不好。相反，我国上古，先秦时期，没有佛教，国运不错，而且还有不少长寿的人。韩愈的《论佛骨表》，写于姚崇之后 89 年，其写法也是从破除迷信的角度排佛，也就是说无论从写作时间和文章内容来看，韩愈的《论佛骨表》都深受姚崇排佛思想的影响。所以，1965 年 6 月 20 日，毛泽东在上海与著名文学史家周谷城谈话时，对它评价不高。二人谈话中之所以谈及韩愈的《论佛骨表》，是因刘大杰正在修改他的《中国文学发展史》。从刘大杰的回忆来看，主要是该文只从破除迷信的角度要求禁佛，用韩愈的话来说，这种"诡异之欢"是"伤风败俗"，其中虽有"弃其业次"之语，但只是偶尔提及罢了，没有谈到狂信佛教对发展生产力的消极影响。同时，从破除迷信的角度排佛，前人多有论述，姚崇的影响就是明证。

李 汉

　　李汉，字南纪，唐宗室淮阳王李道明之后。唐宪宗元和七年（812）登进士第。穆宗长庆末为左拾遗。敬宗侈宫室，汉极谏，贬兴元从事。文宗即位，召为屯田员外郎，史馆修撰；唐文宗大和四年（830）转兵部员外郎。李宗闵为相，用为知制诰，迁御史中丞，吏部侍郎。武宗时，李德裕为相，汉以宗闵党贬汾州刺史，改汾州司马。宣宗大中时，召为宗正少卿卒。新、旧《唐书》皆有传。

　　李汉少师韩愈为文，通古学，为人刚直与韩愈同，颇受韩愈爱重，故愈以女妻之。其文多佚，《全唐文》仅存两篇，既有韩愈雄浑之特色，亦重文采，后人称其风格"雄蔚"。

【原文】

《昌黎先生集》序

　　文者，贯道之器也[1]；不深于斯道，有至焉者，不也[2]。《易》繇爻象[3]，《春秋》书事[4]，《诗》咏谣[5]，《书》《礼》剔其伪[6]，皆深矣乎！秦、汉已前，其气浑然[7]；迫乎司马迁、相如、董生、扬雄、刘向之徒[8]，尤所谓杰然者也[9]。至后汉、曹魏，气象萎尔[10]；司马氏已来[11]，规范荡悉[12]，谓《易》已下为古文，剽掠僭窃为工耳[13]！文与道蓁塞，固然莫知也[14]。

　　先生生于大历戊申[15]，幼孤[16]，随兄播迁韶岭[17]。兄卒，鞠于嫂氏，辛勤来归[18]。自知读书为文，日记数千百言[19]；比壮，经书通念晓析[20]，酷排释氏[21]，诸史百子，皆搜抉无隐[22]。汗澜卓踔，奫泫澄深[23]，诡然而蛟龙翔[24]，蔚然而虎凤跃[25]，锵然而韶钧鸣[26]；日光玉洁，周情孔思[27]，千态万貌，卒泽于道德仁义[28]，炳如也[29]。洞视万古，愍恻当世[30]，遂大拯颓风[31]，教人自为[32]。时人始而惊，中而笑且排，先生益坚，终而翕然随以定⁽³³⁾。呜呼！先生于文，摧陷廓清之功，比于武事，可谓雄伟不常者矣⁽³⁴⁾！

长庆四年冬⁽³⁵⁾，先生殁。门人陇西李汉⁽³⁶⁾，辱知最厚且亲⁽³⁷⁾，遂收拾遗文无所失坠⁽³⁸⁾，得赋四，古诗二百一十，联句十一，律诗一百六十，杂著六十五，书、启、序九十六，哀辞、祭文三十九，碑志七十六，笔、砚、鳄鱼文三，表状五十二，总七百⁽³⁹⁾，并目录合为四十一卷，目为《昌黎先生集》，传于代⁽⁴⁰⁾。又有《注论语》十卷⁽⁴¹⁾，传学者。《顺宗实录》五卷⁽⁴²⁾，列于史书，不在集中。先生讳愈，字退之，官至吏部侍郎，馀在国史本传⁽⁴³⁾。

【注释】

（1）贯，贯通，引申为表现，阐述。道，儒家学说，即韩愈在《原道》一文中所讲的"仁义道德之说""先王之教"。器，工具。

（2）深，用为动词，深通。韩愈在《答李翊书》中，讲文与道的关系时，将道比作"根本"，他说"养其根而候其实"，"根之茂者其实遂"。至焉，指文章造极，达到古人的成就。"焉"字指"文"。不，通"否"，没有。

（3）《易》，《易经》，又称《周易》，与下文的《诗》《书》《礼》，相传都是由孔子整理、删定的儒家经典。繇（yóu 由），由，用。爻（yáo 尧）象，代表事物形状、变化的卦象。《易·系辞》："成象之谓！乾，效法之谓坤。""爻也者，效此者也；象也者，像此者也。爻象动乎内，吉凶见乎外。"

（4）《史记·太史公自序》，"夫《春秋》，上明三王之道，下辨人事之纪……王道之大者也。"

（5）咏谓，即咏歌，歌唱。《汉书·艺文志》："诵其言谓之诗，咏其声谓之歌。"《史记·孔子世家》："古者诗三千余篇，及至孔子，去其重，取可施于礼……三百五篇，以求合韶、武、雅、颂之音。礼、乐自此可得而述，以备王道，成六艺。"

（6）伪，《尚书序》："先君孔子，生于周末，覩史籍之烦文，惧览者之不一，遂乃定礼乐，明旧章，删诗为三百篇，约史记而修《春秋》，赞《易》道以黜《八索》，述《职方》（按：《周礼》夏官有职方氏，掌天下之地图，主四方之职贡。这里以'职方'代《周礼》）以除《九丘》，讨论'坟''典'，断自唐虞以下讫于周，芟夷烦乱，翦裁浮辞，举其宏纲，撮其机要，足以垂世立教。"伪，不纯正，不合先王之道。

（7）浑然，浑厚、深广的样子。扬雄《法言·问神篇》："虞、夏之书浑浑尔。"韩愈《进学解》："上规姚姒，浑浑无涯。"

（8）迨（dài代）乎，及于，到了。司马迁，字子长，西汉时著名史学家、文学家，著有《史记》。相如，司马相如，字长卿，西汉时著名辞赋家。董生，董仲舒，曾建议汉武帝"罢黜百家，独尊儒术"，治《春秋》，著有《春秋繁露》。扬雄，字子云，西汉人，先习文以辞赋闻名，后攻儒术，仿《易经》《论语》，而作《太玄》《法言》。刘向，字子政，西汉人，曾领校群书，作《别录》，治《春秋穀梁传》，撰有《洪范五行传》《新序》《说苑》《列女传》等。

（9）尤，尤其，特别。杰然，才智出众的样子。韩愈《送孟东野序》："汉之时，司马迁、相如、扬雄，最其善鸣者也。"

（10）气象，形势，景象。蒌尔，一本作蒌茶（niè 涅），草木枯蒌，枝叶下垂的之状。

（11）司马氏，指晋朝。

（12）规范，法规，原则，这里指文必须贯道的基本规律法则。荡，毁坏。悉，心。

（13）剽掠，犹言"剽袭"，指盗用陈言，掠为己有。潜窃，暗窃。工，工巧，精美。韩愈《南阳樊绍述墓志铭》云："惟古于辞必己出，降而不能乃剽贼。后皆指前公相袭，从汉迄今用一律。"

（14）蓁塞，阻塞不能贯通。固然，蔽塞、固陋的样子。《广雅·释言》："固，陋也。"

（15）大历，唐代宗年号（776—779）。戊申，大历三年，768年。

（16）孤，幼而无父。李翱《韩公行状》，公"生三岁而父殁"。

（17）播迁，流离迁徙。韶岭，唐代岭南道之韶州（今广东韶关，）。按：大历十二年（777），韩愈伯兄韩会由起居舍人贬官韶州刺史，韩愈因

唐宋

565

父死年幼随韩会迁居韶州。

（18）鞠，抚养。《诗经·小雅·蓼莪》："母兮鞠我。"毛传："鞠，养也。"嫂氏，韩愈伯兄韩会之妻郑氏。来归，北归河阳故里。

（19）言，字。

（20）比，及，到。壮，成年。《礼记·曲礼》："三十曰壮。"念，思考。《说文》："念，常思也。"析，讲解、分析其道理。

（21）酷，极力地，严厉地。释氏，佛教。

（22）韩愈《答侯继书》："仆少好学问，自五经之外，百氏之书，未有闻而不求、得而不观者，然其所志，惟在其意义所归；至于礼乐之名数，阴阳、土地、星辰、方药之书，未尝一得其门户。虽今之仕进者不要此道，然古之人未有不能此而能为大贤君子者。"百子，诸子百家的著作。搜抉，搜罗观看、选择吸取。无隐，无遗。

（23）汗（hán 寒）澜，叠韵连绵词，亦作"汗漫""澜汗"，广阔无边的之状。卓踔（zhūo chūo 桌戳），卓绝，远远超出一般。瀹泫，（yūn xuàn 晕绚），水深广的之状。《文选·吴都赋》："泓澄瀹漾，澒溶沆瀁，莫测其深，莫究其广。"第一句李善注："皆水深广也。"瀹泫，郭璞《江赋》作"囷法（囷，古渊字）"。

（24）诡然，奇异的样子。而，如。翔，《说文》："回飞也。"这里形容蛟龙在海空上下翻腾的样子。

（25）蔚然，有文采之状。跃，跳，这里引申为跳舞。

（26）锵然，乐器声。韶，《论语·八佾》："子谓《韶》尽美矣，又尽善也。"注："韶，舜乐名。"钧，即钧天广乐，天庭乐名。《史记·赵世家》：赵简子语大夫曰："我之帝所甚乐，与百神游于钧天，广乐九奏万舞，其声动人心。"张衡《西京赋》："昔者大帝说秦缪公而觐之，飨以钧天广乐。"鸣，奏乐。

（27）周情孔思，文章内容具有周公、孔子之情思。

（28）卒，最终，说到底。泽，润泽，滋润。泽于道德仁义，被道德仁义所润泽。

（29）炳如，光明的样子。

（30）愍恻，哀伤。

（31）颓风，不良的倾向，败坏的风气。这里指"文与道蓁塞"之后，以"剽掠潜窃为工"的不良风气。

（32）自为，指在"剽掠潜窃为工"的不良风气之下，坚持词必己出，务去陈言，不"与世沉浮"的创作道路。韩愈《答刘正夫书》云："若圣人之道不用文则已，用则必尚其能者，能者非他，能自树立，不因循者是也。"

（33）四句讲韩文在当时社会上所引起的巨大反响。先生，指韩愈。翕（xī 希）然，言论、行动一致的样子。

（34）四句讲韩愈的历史功绩。摧陷，摧毁，摧坚陷阵。廓清，扫荡无遗。不常，非同寻常。

（35）长庆，唐穆宗年号（821—824）。《旧唐书·韩愈传》："长庆四年（824）十二月卒，时年五十七。"

（36）陇西，隋置县名，故治在今甘肃省定西市陇西县东北。陇西是李氏郡望。

（37）辱，谦敬之辞。知，知遇，被赏识。厚且亲，又厚又亲。李汉不仅是韩愈的高足弟子而且是韩愈的女婿。

（38）失坠，遗失。坠，也是"失"的意思。

（39）总七百，以上相加总数应为七百一十六。按：《唐文粹》所载之数字为："得赋四，古诗二百五，联句十，律诗一百七十三，杂著六十四，书、启、序八十六，哀辞、祭文三十八，碑志七十六，笔、砚、鳄鱼文三，表状四十七"，则总数应为七百六篇。笔，指《毛颖传》。砚，指《瘗砚铭》。

（40）代，世。《旧唐书·韩愈传》："有文集四十卷，李汉为之序。"

（41）《新唐书·艺文志》载有韩愈《注论语》十卷。

（42）《顺宗实录》，唐顺宗时期的大事记。《旧唐书·韩愈传》："时谓愈有史笔，及撰《顺宗实录》，繁简不当，叙事拙于取舍，颇为当代所非。穆宗、文宗尝诏史臣添改……而韦处厚竟别撰《顺宗实录》三卷。"

（43）馀，其余的事迹。国史，这里指唐朝史官所撰的唐史。本传，韩愈本人的传记。

【毛泽东评说】

韩愈文集,为李汉编辑得全,欧阳修得之于随县,因以流传,厥功伟哉。

——《读〈新唐书·李汉传〉批语》,载《毛泽东读文史古籍批语集》,中央文献出版社1995年版,第233页。

【赏析】

本文先写文以贯道的"为文"原则与韩愈以前"文道蓁塞""剽掠潜窃"的文坛形势,继写韩文文情并茂的显著特点与韩愈排释氏、拯颓风以复兴古道、古文的历史功绩,最后交代了韩愈文集的基本情况与李汉本人为之编纂文集、撰写序言的原因。作为一篇文集的"序言"来说,既抓住了主要问题,又交代了有关事项,很有典范性。

这篇序言中所提出的"文以贯道",概括了韩愈古文运动理论的基本观点。这个口号与柳宗元在《答韦中立论师道书》中提出的"文以明道"的口号一样,都是针对魏晋以来形式主义弊端而发的;因此这一口号,在当时起到了补救时弊、指导创作的历史作用。但是,在他们的创作实践中,并没有忽视"文";在李汉对韩文的评价中,更没有忽视艺术性,并特别指出了韩文"千态万貌"的艺术成就与"卒泽于道德仁义"的巨大作用。但是到了宋朝,理学家以"为文"为"玩物丧志",斥为"非俳优而何"(《二程语录》卷十一),这就完全走向了取消"文"的极端。

毛泽东青年时代喜欢韩文是人尽皆知的。新中国成立以后,毛泽东也注重读韩愈的文章。1965年8月10日,他指示工作人员替他找《韩昌黎文集》。《新唐书·李汉传》说,李汉"少事韩愈,通古学,属韩文,辞雄蔚,为人刚略,类愈,愈爱重以女委之"。毛泽东读至此,特意批注了上面我们援引的那段话。足见他对韩愈文集的编辑情况的熟悉,把韩愈文集得以传世视为了不起的事情,认为李汉、欧阳修"厥功伟哉",给予很高的评价。

柳宗元

柳宗元（773—819），字子厚，河东解（xiè 懈）人，今山西运城西南盐湖区解州镇人，也称柳河东。唐代著名文学家和唯物主义思想家。贞元进士，调蓝田尉，升监察御史里行。顺宗时，与刘禹锡等参加主张革新的王叔文集团，任礼部员外郎。永贞革新失败后，被贬为永州（治今湖南永州零陵区）司马，后迁柳州刺史，故又称柳柳州。四十七岁卒于柳州。

柳宗元与韩愈皆倡导古文运动，同列入"唐宋八大家"，并称"韩柳"。其散文峭拔矫健，与韩愈的雄浑有别；说理之作，以谨严著称。山水游记，写景状物，多所寄托。又工诗，风格清峭。

在哲学上，有《天说》《天论》《天对》等重要论著，认为元气是物质的客观存在，根本否认元气之上还有更高的主宰，并提出天地元气、阴阳不能"赏功而罚祸"，打击了当时流行的因果报应思想，但对佛教妥协，有儒、释、道三教调和的主张。有《河东先生集》。

【原文】

封建论

天地果无初乎(1)？吾不得而知之也。生人果有初乎(2)，吾不得而知之也。然则孰为近(3)？曰：有初为近。孰明之(4)？由封建而明之也(5)。彼封建者，更古圣王尧、舜、禹、汤、文、武而莫能去之(6)。盖非不欲去之也，势不可也(7)。势之来，其生人之初乎(8)？不初，无以有封建。封建，非圣人意也。

彼其初与万物皆生(9)，草木榛榛(10)，鹿豕狉狉(11)，人不能搏噬(12)，而且无毛羽，莫能自奉自卫(13)，荀卿有言：必将假物以为用者也(14)。夫假物者必争，争而不已，必就其能断曲直者而听命焉(15)。其智而明者，所伏必众，告之以直而不改，必痛之而后畏⁽¹⁶⁾，由是君长刑政生焉⁽¹⁷⁾。故近者聚而为群，群之分，其争必大，大而后有兵有德⁽¹⁸⁾。又有大者，众群之长又就而听命焉，以安其属⁽¹⁹⁾，于是有诸侯之列⁽²⁰⁾；则其争又有大者焉，德又大者，诸侯之列又就而听命焉，以安其封⁽²¹⁾，于是有方伯、连帅之类⁽²²⁾；则其争又有大者焉，德又大者，方伯、连帅之类又就而听命焉，以安其人⁽²³⁾，然后天下会于一⁽²⁴⁾。是故有里胥而后有县大夫⁽²⁵⁾，有县大夫而后有诸侯，有诸侯而后有方伯、连帅，有方伯、连帅而后有天子。自天子至于里胥，其德在人者⁽²⁶⁾，死必求其嗣而奉之⁽²⁷⁾。故封建非圣人意也，势也。

夫尧、舜、禹、汤之事远矣，及有周而甚详⁽²⁸⁾。周有天下，裂土田而瓜分之，设五等⁽²⁹⁾，邦群后⁽³⁰⁾，布履星罗⁽³¹⁾，四周于天下，轮运而辐集⁽³²⁾。合为朝觐会同⁽³³⁾，离为守臣扞城⁽³⁴⁾。然而降于夷王⁽³⁵⁾，害礼伤尊，下堂而迎觐者⁽³⁶⁾。历于宣王⁽³⁷⁾，挟中兴复古之德⁽³⁸⁾，雄南征北伐之威⁽³⁹⁾，卒不能定鲁侯之嗣⁽⁴⁰⁾。陵夷迄于幽、厉⁽⁴¹⁾，王室东徙⁽⁴²⁾，而自列为诸侯矣⁽⁴³⁾。厥后⁽⁴⁴⁾，问鼎之轻重者有之⁽⁴⁵⁾，射王中肩者有之⁽⁴⁶⁾，伐凡伯、诛苌弘者有之⁽⁴⁷⁾，天下乖盩⁽⁴⁸⁾，无君君之心⁽⁴⁹⁾。余以为周之丧久矣，徒建空名于公侯之上耳⁽⁵⁰⁾！得非诸侯之盛强⁽⁵¹⁾，末大不掉之咎欤⁽⁵²⁾？遂判为十二⁽⁵³⁾，合为七国⁽⁵⁴⁾，威分于陪臣之邦⁽⁵⁵⁾，国殄于后封之秦⁽⁵⁶⁾。则周之败端，其在乎此矣。秦有天下，裂都会而为之郡邑，废侯卫而为之守宰⁽⁵⁷⁾，据天下之雄图⁽⁵⁸⁾，都六合之上游⁽⁵⁹⁾，摄制四海⁽⁶⁰⁾，运于掌握之内⁽⁶¹⁾，此其所以为得也⁽⁶²⁾。不数载而天下大坏⁽⁶³⁾。其有由矣：亟役万人⁽⁶⁴⁾，暴其威刑⁽⁶⁵⁾，竭其货贿⁽⁶⁶⁾。负锄梃谪戍之徒⁽⁶⁷⁾，圜视而合从⁽⁶⁸⁾，大呼而成群。时则有叛人而无叛吏⁽⁶⁹⁾，人怨于下而吏畏于上，天下相合，杀守劫令而并起⁽⁷⁰⁾。咎在人怨，非郡邑之制失也。汉有天下，矫秦之枉⁽⁷¹⁾，徇周之制⁽⁷²⁾，剖海内而立宗子⁽⁷³⁾，封功臣⁽⁷⁴⁾。数年之间，奔命扶伤之不暇⁽⁷⁵⁾。困平城⁽⁷⁶⁾，病流矢⁽⁷⁷⁾，陵迟不救者三代⁽⁷⁸⁾。后乃谋臣献画，而离削自守矣⁽⁷⁹⁾。然而封建之始，郡邑居半⁽⁸⁰⁾，时则有叛国而无叛郡。秦制之得，亦以明矣⁽⁸¹⁾。继汉而帝者，虽百代可知也。唐兴，制州邑⁽⁸²⁾，立守宰，此其所以为宜也。然犹桀猾时起⁽⁸³⁾，虐害方域者⁽⁸⁴⁾，失不在于州而在于兵⁽⁸⁵⁾，时则有叛将而无叛州。州县之设，固不可革也⁽⁸⁶⁾。

或者曰⁽⁸⁷⁾："封建者，必私其土⁽⁸⁸⁾，子其人⁽⁸⁹⁾，适其俗，修其理⁽⁹⁰⁾，施化易也⁽⁹¹⁾。守宰者，苟其心⁽⁹²⁾，思迁其秩而已⁽⁹³⁾，何能理乎？"余又非之⁽⁹⁴⁾。周之事迹，断可见矣⁽⁹⁵⁾。列侯骄盈，黩货事戎⁽⁹⁶⁾。大凡乱国多，理国寡。侯伯不得变其政⁽⁹⁷⁾，天子不得变其君⁽⁹⁸⁾，私土子人者，百不有一，失在于制，不在于政，周事然也。秦之事迹，亦断可见矣。有理人之制，而不委郡邑，是矣⁽⁹⁹⁾；有理人之臣，而不使守宰，是矣。郡邑不得正其制，守宰不得行其理⁽¹⁰⁰⁾，酷刑苦役，而万人侧目⁽¹⁰¹⁾。失在于政，不在于制，秦事然也。汉兴，天子之政行于郡，不行于国；制其守宰，不制其侯王。侯王虽乱，不可变也；国人虽病⁽¹⁰²⁾，不可除也。及夫大逆不道⁽¹⁰³⁾，然后掩捕而迁之⁽¹⁰⁴⁾，勒兵而夷之耳⁽¹⁰⁵⁾。大逆未彰⁽¹⁰⁶⁾，奸利浚财⁽¹⁰⁷⁾，怙势作威⁽¹⁰⁸⁾，大刻于民者⁽¹⁰⁹⁾，无如之何。及夫郡邑，可谓理且安矣。何以言之？且汉知孟舒于田叔⁽¹¹⁰⁾，得魏尚于冯唐⁽¹¹¹⁾，闻黄霸之明审⁽¹¹²⁾，睹汲黯之简靖⁽¹¹³⁾，拜之可也⁽¹¹⁴⁾，复其位可也，卧而委之以辑一方可也⁽¹¹⁵⁾。有罪得以黜⁽¹¹⁶⁾，有能得以赏。朝拜而不道，夕斥之矣⁽¹¹⁷⁾；夕受而不法，朝斥之矣。设使汉室尽城邑而侯王之⁽¹¹⁸⁾，纵令其乱人，戚之而已⁽¹¹⁹⁾。孟舒、魏尚之术，莫得而施；黄霸、汲黯之化，莫得而行。明谴而导之，拜受而退已违矣⁽¹²⁰⁾。下令而削之，缔交合从之谋，周于同列，则相顾裂眦，勃然而起⁽¹²¹⁾。幸而不起，则削其半。削其半，民犹瘁矣⁽¹²²⁾，曷若举而移之以全其人乎⁽¹²³⁾？汉事然也。今国家尽制郡邑，连置守宰⁽¹²⁴⁾，其不可变也固矣。善制兵⁽¹²⁵⁾，谨择守⁽¹²⁶⁾，则理平矣⁽¹²⁷⁾。

或者又曰："夏、商、周、汉封建而延⁽¹²⁸⁾，秦郡邑而促⁽¹²⁹⁾。"尤非所谓知理者也。魏之承汉也，封爵犹建。晋之承魏也，因循不革。而二姓陵替⁽¹³⁰⁾，不闻延祚⁽¹³¹⁾。今矫而变之，垂二百祀⁽¹³²⁾，大业弥固⁽¹³³⁾，何系于诸侯哉⁽¹³⁴⁾？

或者又以为："殷、周，圣王也，而不革其制，固不当复议也。"是大不然。夫殷、周之不革者，是不得已也。盖以诸侯归殷者三千焉，资以黜夏⁽¹³⁵⁾，汤不得而废；归周者八百焉，资以胜殷，武王不得而易。徇之以为安⁽¹³⁶⁾，仍之以为俗⁽¹³⁷⁾，汤、武之所不得已也。夫不得已，非公之大者也，私其力于己也，私其卫于子孙也⁽¹³⁸⁾。秦之所以革之者，其为制，公之大者也；其情，私也，私其一己之威也，私其尽臣畜于我也⁽¹³⁹⁾。然而公天下之端自秦始。

夫天下之道，理安斯得人者也。使贤者居上，不肖者居下⁽¹⁴⁰⁾，而后可以理安。今夫封建者，继世而理⁽¹⁴¹⁾。继世而理者，上果贤乎？下果不肖乎？则生人之理乱未可知也。将欲利其社稷⁽¹⁴²⁾，以一其人之视听⁽¹⁴³⁾，则又有世大夫世食禄邑⁽¹⁴⁴⁾，以尽其封略⁽¹⁴⁵⁾。圣贤生于其时，亦无以立于天下，封建者为之也。岂圣人之制使至于是乎？吾固曰⁽¹⁴⁶⁾："非圣人之意也，势也。"

【注释】

（1）天地，指自然界。初，开端。

（2）生人，即生民，指人类。唐人因避唐太宗李世民讳改"人"为"民"。

（3）孰为近，哪种说法是接近事实的。

（4）孰明之，怎么知道这个呢？

（5）封建，即分封制，指封国土，建诸侯。

（6）更（gēng 耕），经历。尧、舜，唐尧、虞舜，夏朝以前原始社会的部落联盟首领。禹、汤，夏朝、商朝的开国君主夏禹、商汤。文、武，周文王姬昌和周武王姬发。去之，指废除分封制。

（7）盖，大概。势，客观形势。

（8）其，大概，可能。

（9）彼，他们，指人类。皆生，并生，指与万物生存在一起。

（10）榛榛（zhēn 针），草木丛杂之状。

（11）豕（shǐ 史），野猪。狉（pī 批），兽类成群到处乱跑之状。

（12）搏噬（shì 士），指用爪抓，用牙咬。

（13）莫能，不能。奉，供奉。

（14）荀卿，即荀况，战国时赵国人，儒学大师。必将句，此句取荀子《劝学》"君子生非并也，善假于物也"语意而加以变化。

（15）断，判断。曲直，指是非。

（16）痛之，使他痛苦，指惩罚。

（17）君长，指部落的首领、酋长。刑政，刑法和政令。

（18）兵，军队。德，恩德。

（19）属，部属，指部落。

（20）诸侯，指各国国君。列，行列。

（21）封，指封地，封国。

（22）方伯，一方诸侯的首领。《礼记王制》："千里之外，设方伯。……二百一十国为州州有伯。"连帅，十国诸侯的首领。《礼记·王制》："十国以为连，连有帅。"

（23）人，即"民"，指百姓。

（24）天下会于一，天下统一听命于天子。

（25）里胥，里长，古代乡官。古代二十五家为里。县大夫，一县的长官，又即县长。古代两千五百家为一县。

（26）其德在人者，指对人民有恩德的人。

（27）嗣，后代，子孙。奉，供奉，拥戴。

（28）有周，周朝。有，名词词头，无义。《尚书》《春秋》《礼记》《诗经》等儒家经典，皆记周代政治制度，故说有周而甚详。

（29）五等，周朝把诸侯分为公、侯、伯、子、男五等，按爵位高低来定封地，公侯的国一百里，伯七十里，子、男五十里（见《孟子·万章下》。）

（30）邦，国，指封国。后，君主，指诸侯。

（31）布履，遍布。履，足迹，此指诸侯的领土。

（32）轮运而辐集，比喻周初诸侯团结在周王朝的周围。轮运，像车轮一样围绕着车轮运转。辐集，像辐条集中在车轴上。

（33）合，会合。朝觐（jìn仅），诸侯朝见天子，春天去叫"朝"，秋天去叫"觐"。会同，指诸侯非定期去朝见天子。随时去叫"会"，一起去叫"同"。

（34）离，分散。守臣，为天子守卫疆土的臣子，指诸侯。扞（gān干）城，守城的人。扞，保卫，守护。《左传·成公十二年》："此公侯之所以扞城其民也。"

（35）夷王，周朝第九代君主姬燮，公元前869年至前858年在位。

（36）害礼伤尊二句，周礼规定，诸侯来朝见时，天子不下堂。由于周王朝衰微，周夷王却下堂迎接前来朝见的诸侯，违反了礼制，损害了天子的尊严。事见《礼记·郊特牲》。

（37）宣王，周代第十代君主姬静，公元前827年至前782年在位。

（38）挟，依仗。中兴，周夷王时，周势衰弱。宣王平定了四方部族的叛乱，重新恢复了国势，史称宣王中兴。复古，指恢复周初的强盛。

（39）雄，逞。南征北伐，公元前827年周宣王即位后，大举讨伐西北的部族西戎和北方的部族狁狁。第二年又开始向南方和东南进军，先后征服荆蛮、淮夷、徐戎等部族。

（40）卒，终于。嗣，继承人。据《国语·周语上》记载，公元前817年鲁武公常长子括和次子戏去朝见宣王，宣王立戏为武公的继承人。公元前816年武公死，戏即位，是为鲁懿公。到公元前807年，鲁人杀了懿公，另立括的儿子伯御为国君。宣王伐鲁，又立戏的弟弟为国君。诸侯对宣王不满。

（41）陵夷，逐渐衰落。迄于，到了。幽，周幽王，名宫涅，周朝第十二代君主，公元前781—前771年在位。他是宣王的儿子，荒淫无道，后被西方部族犬戎杀死在骊山（在今陕西西安临潼区）下。厉，周厉王，名胡，公元前857—前842年在位。他是宣王的父亲，因国人暴动，被迫逃亡，死于彘（今山西霍州东北）。幽厉是对西周末年昏君的习惯称呼。

（42）王室东徙，周幽王被杀死后，诸侯拥立太子宜臼，是为周平王。为了避开犬戎等部族的威胁，公元前770年，把京城从镐（今陕西西安西向）向东迁移到洛邑（今河南洛阳），史称东周。

（43）自列为诸侯矣，把自己放在诸侯的行列里了。

（44）厥后，其后，从此以后。

（45）问鼎句，《左传·宣化三年》记载，楚庄王伐陆浑之太戎，兵过洛阳，平王派王孙满去劳军，庄王问鼎之轻重大小。鼎，指九鼎，相传为夏禹收九州之舍所铸，是夏、商、周三代的传国之宝，王位的象征。问鼎意在取代周的王权。

（46）射王句，《左传·桓公五年》记载，周桓王伐郑庄公，大败，庄公臣祝聃（dàn 丹）射王中肩。

（47）伐凡伯，《左传·隐公七年》记载，公元前716年，周桓王派卿士凡伯出使鲁国，归途中在楚丘（今山东菏泽曹县东南）遭到戎人的袭击，被绑架而去。伐，袭击。诛苌弘，据《国语·周语下》和《左传·哀公三年》记载，公元前497年，晋国大夫范吉射与赵鞅互相攻伐，周大夫苌弘支持范氏。后范氏失败，赵鞅向周王提出责问，追究其事，周敬平被迫杀死苌弘。

（48）乖盭，反常。盭，古"戾"字。

（49）君君，把周天子当作君主。第一个"君"字用作动词。

（50）徒，仅仅。

（51）得非，岂非，难道不是。

（52）末大不掉，《左传·昭公十一年》："末大必折，尾大不掉。"末，指树枝，与尾义同。掉，摇动。尾大不掉，以禽兽尾太大，难于摆动，比喻诸侯势力太强，天子指挥不动。咎，过失。后一般作"尾大不掉"。

（53）判，分。十二，指春秋时期十二个主要诸侯国齐、鲁、晋、秦、楚、宋、卫、陈、蔡、曹、郑、燕（《史记·十二诸侯年表》）。

（54）七国，指战国时期七个主要诸侯国魏、赵、韩、秦、楚、燕、齐。

（55）陪臣之邦，诸侯的大夫掌权的国家，此指齐、赵、魏、韩。诸侯的大夫对周天子自称陪臣。公元前403年，晋国大夫魏斯、赵籍、韩虔瓜分晋国，自立为诸侯，建立魏、赵、韩之国。公元前386年，齐国大夫田和篡夺君位，自立为齐侯。故称这些国家为"陪臣之邦"。

（56）殄（tiǎn 舔），灭。周平王东迁，秦襄公带兵护送，平王把已被犬戎占领的土地赐给襄公，秦才被封为诸侯。受封在齐、鲁诸国之后，故称后封之秦。公元前255年，秦始皇的曾祖父昭王灭西周；公元前249年，秦始皇的父亲庄襄王灭东周。

（57）秦有天下三句，公元前221年，秦始皇统一全国，废除分封制，推行郡县制，把全国分为三十六郡，郡下设县，官吏由朝廷统一任免。都会，诸侯国的都城。郡邑，郡县。侯卫，指诸侯。守宰，主管地方的长官。郡的长官叫郡守，县的长官叫县令。

（58）雄图，形势险要的地方。图，本义为画，引申为地域区划。

（59）都，建都。六合，天、地、东、西、南、北，指全国。上游，秦国都咸阳，是殷周以来所谓中原地区黄河流域的上游。

（60）摄制，控制。四海，指全国。

（61）运，运转。掌握，在手掌中。

（62）其，指秦。得，合宜。

（63）不数载，从公元前221年秦始皇统一全国到公元前209年陈胜、吴广起义，前后共十二年。载，年。坏，败坏。

（64）亟（qì气），屡次。役，包括征兵和劳役。秦始皇父子多次征发百姓筑长城、修陵墓、造阿房宫等。

（65）暴，指残酷使用。威刑，严峻的刑罚。

（66）竭，尽。货贿（huì会），资财。

（67）负，扛着。梃（tǐng艇），木棍。谪戍，被罚去防守边境。

（68）圜视，互相顾视。合从，即合纵，联合起来。

（69）叛人，叛民。叛吏，反叛的官吏。

（70）杀守劫令，杀死郡守，劫持县令。

（71）矫，纠正。枉，不直，引申为偏差，错误。

（72）徇，行，从。

（73）宗子，一般指嫡长子，亦泛指同宗子弟。

（74）封功臣，指刘邦封异姓功臣，封韩信、彭越、英布等为王。

（75）奔命，闻命奔走，指随时发生的平叛战争。扶伤，扶助伤残，指平叛战争后的安定地方人民的工作。不暇，没有空闲。

（76）困平城，公元前200年（汉高祖七年），韩王信反汉，刘邦亲往讨伐，追信至平城（今山西大同东），被韩王信勾结匈奴，围困七天。

（77）病流矢，公元前196年，淮南王英布反，主邦率兵镇压，被流矢射中。归途中因伤而发病，次年四月病死。

（78）陵迟，衰弱。不救，不能自振。三代，指刘邦、惠帝、文帝时代，不断有诸侯反叛。

（79）谋臣，指贾谊、晁错，主父偃等。文帝时贾谊提出"众建诸侯而少其力"的建议；景帝亲纳晁错弟削吴、楚封地；武帝用主父偃的计策，准许诸侯王用自己的土地分封诸子，化整为零。离削，指分割诸侯的土地。自守，指汉天子在诸侯国置吏，直接管理诸侯王国政事，把行政权收归中央。

（80）然而二句，指汉初分封制初行，国土的一半分给诸侯王，一半实行郡县制。

（81）以，通"已"，已经。

（82）制，设置。州邑，州县。唐代改郡为州。

（83）桀猾，凶暴狡猾之徒，指安禄山、史县明之类的藩镇。

（84）虐害，残害。方域，地方，指州、县。

（85）兵，指藩镇拥有军队的制度。

（86）革，改变。

（87）或者，有人。

（88）私其土，把分封的土地当作自己的私有财产。

（89）子其人，把分封地内的老百姓当作儿女看待。

（90）修其理，修明国家的政治。理，应作"治"，唐人避唐高宗李治之名而改"治"为"理"。

（91）施化易，实行教化就容易。

（92）苟其心，指存得过且过之心理。

（93）迁，升迁。秩，官阶，品位。

（94）非，不同意。

（95）断，断然，明白。可见，可以证明。

（96）黩（dù 毒）货，贪求财货。事戎，好战，以战争为务。

（97）侯伯，诸侯的霸主。变其政，改变乱国的政治措施。

（98）变其君，指撤换不称职的诸侯国国君。

（99）有理人之制三句，朝廷有治理百姓的制度，而不让郡县专政。委，委托。

（100）郡邑二句，郡县不能正确地发挥郡县制的作用，郡守、县令不能很好地治理人民。

（101）侧目，敢怒而不敢言之态。

（102）国人，指诸侯国的人民。病，受害。

（103）及夫，等到。大逆不道，指诸侯王反叛朝廷。

（104）掩捕，乘其不备加以逮捕。迂，疏放。

（105）勒兵，带兵。夷，平定，消灭。

（106）彰，明显，暴露。

（107）奸利，非法取利。浚（jùn 郡）财，搜刮钱财。

（108）怙（hù 互）势，倚仗权势。

（109）大刻，尽情剥削。

（110）汉知孟叔于田叔，据《汉书田叔传》记载，孟叔为云中郡守时，匈奴贵族军队来侵扰。有一次，孟叔与匈奴作战，士兵死亡至数百人，因而免官。后来文帝即位，问汉中太守田叔："公知天下长者乎？"田叔回答："故云中守孟叔，长者也。"并说孟叔立有战功，于是汉文帝立即起用孟叔，仍任云中守。

（111）得魏尚于冯唐，汉文帝时，魏尚曾为云中太守，防御匈奴侵扰有功，因上报杀敌首级时多报了六颗而被削爵免官。冯唐向汉文帝说明他功大于过，文帝又恢复了魏尚的官职。事见《史记·张释之冯唐列传》。

（112）闻黄霸之明审，汉宣帝时，黄霸任颍州太守，执行朝廷法令，有政绩，受到朝廷赏识，后来当了丞相，封侯。事见《汉书·循吏传》。明审，头脑清楚。

（113）睹汲黯之简靖，汉武帝时，汲黯作东海太守，号称不扰民。事见《史记·汲郑列传》。简靖政事简要，地方安静。事见《汉书·汲郑列传》。

（114）拜，任命，授官。

（115）卧而委之，汉武帝要汲黯出任淮阳太守，他因病推辞，武帝说，现在淮阳军民关系差，我只是要借重你的威望，有病不要紧，就躺着治理好了。辑，和睦。

（116）黜，罢免，废黜。

（117）朝，早晨。夕，晚上。斥，斥退，免官。

（118）设使，假使。侯王，指分封诸侯王。

（119）戚，忧愁。

（120）明谴，公开谴责。退已违，退回去又违反了。

（121）下令五句，指公元前154年，汉景帝采纳晁错的建议，削减诸侯的封地，吴、楚等七国联合起来反叛朝廷的事。缔交，互相勾结。合从（纵），彼此联合。相顾，彼此示意。裂眦（zì字），眼眶裂开，形容怒目而视。

（122）瘁（cuì翠），病，指受害。

（123）曷若，何如，那里比得上。举而移之，把诸侯全部废除。全其人，保全那里的人民。

（124）连置，继续不断地设置。

（125）善制兵，好好地整顿兵制，指削除藩镇兵权。

（126）谨择守，谨慎地选择地方行政长官。

（127）理平，政治安定。

（128）封建而延，实行封建制，国运长久。

（129）促，短促。

（130）二姓，指三国时期建立魏国的曹氏和篡魏自立西晋的司马氏。陵替，衰亡。

（131）延祚（zuò作），帝位长久。曹魏只传五帝四十六年而亡，西晋传四帝五十二年而灭。

（132）垂，将近。祀，年。

（133）大业，指唐朝基业。弥固，更巩固。

（134）系，关系。诸侯，指分封诸侯。

（135）资以黜夏，依靠诸侯推翻夏王朝。

（136）徇，沿用。

（137）仍，因袭。俗，习俗。

（138）力于己，替自己出力，即帮助消灭自己的仇敌。

（139）尽臣畜于我，全为我所臣服蓄养。

（140）不肖，不贤者。

（141）继世而理，一代传一代，世袭地统治下去。

（142）社稷，原指土神和谷神，后用作国家的代称。

（143）一，统一。视听，见闻。此指思想。

（144）世大夫，诸侯国内的世袭大夫。禄邑，食禄的封地。

（145）封略，疆界，指国土。

（146）固，通"故"，所以。

【毛泽东评说】

1973 年 8 月 5 日，毛泽东写了一首七律，题为《读〈封建论〉，呈郭老》："劝君少骂秦始皇，焚坑事业要商量。祖龙魂死秦犹在，孔学名高实秕糠。百代都行秦政法，'十批'不是好文章。熟读唐人《封建论》，莫从子厚返文王。"

——中共中央文献研究室编：《建国以来毛泽东文稿》第十三册，中央文献出版社 1998 年版，第 247 页。

【赏析】

《封建论》是柳宗元永贞革新失败后在永州时写的。"封建"，指的是殷周"封国土，建诸侯"的世袭分封制度。这篇文章就是评论这种分封制的。

搞分封制，还是实行郡县制，从秦始皇统一中国以后，这一争论从未停止过。中唐时期，又有人主张分封制，实际上是为藩镇割据寻找理论根据。永贞革新的斗争矛头，就是指向"弄权之阉宦"和跋扈之"强藩"的。改革失败后，唐王朝仍旧成了宦官和藩镇的天下。柳宗元用进步的历史观，给有利于藩镇割据的分封制及其拥护者以令人信服的驳议。

文章开宗明义，解释了分封制的产生，提出了"封建非圣人意也，势也"的中心论点。然后用周朝以来历史的长期发展的史实，论证了秦始皇创建的中央集权的郡县制，比分封制有优势，说明郡县制取代分封制，是"势"所必然。结论是从分析周、秦、汉、唐朝大量史实中得出来的。论据充足，富有典型意义，正面论证了中心论点，这是立。最后一段，对拥护分封制的三种错误论调，进行了有力的批驳。批驳"施化易"，用大量的历史事实，批驳"封建而延"，只举简单事实，说明统治时间长短和是否实行分封制，没有必然联系，批驳"圣人之意"，或举事实，或讲道理。同是批驳，却随文变化，波澜起伏，侧面论证了中心论点，这是破。全文大开大合，有破有立，文笔酣畅，气势磅礴，是柳宗元论说文中很有代表性的一篇。

毛泽东在1973年8月5日写的《读〈封建论〉，呈郭老》一诗中，对柳宗元在这篇文章中所阐发的设置郡县，废除分封，加强中央集权，反对藩镇割据的主张，给予了高度的评价。劝导推举儒家学派的著名历史学家郭沫若，要"熟读唐人《封建论》"，告诫"莫从子厚返文王"。这不仅是对郭沫若一人而讲的，而是对全党全国人民进行教育。这首诗是有感而发的。因为当时"史无前例"的"文化大革命"已进行七年，生产停滞，社会混乱，中央政权削弱，地方势力加强，熟知历史的毛泽东，想起了柳氏的这篇《封建论》，并把自己的读后感想写成诗，传示出来，教育全党全国人民，要吸取历史教训，警惕山头林立可能造成新的藩镇割据，削弱中央政府的权力，出现历史的大倒退。

【原文】

天　说

韩愈谓柳子曰："若知天之说乎[1]？吾为子言天之说。今夫人有疾痛、倦辱、饥寒甚者[2]，因仰而呼天曰：'残民者昌[3]，佑民者殃[4]！'又仰而呼天曰：'何为使至此极戾也[5]？'若是者[6]，举不能知天[7]。夫果蓏[8]，饮食既坏，虫生之；人之血气败逆壅底[9]，为痈疡、疣赘、瘘痔[10]，虫生之；木朽而蝎中[11]，草腐而萤飞[12]，是岂不以坏而后出耶？物坏，虫由之生；元气阴阳之坏[13]，人由之生。虫之生而物益坏，食啮之[14]，攻穴之[15]，虫之祸物也滋甚[16]。其有能去之者，有功于物者也；繁而息之者[17]，物之雠也。人之坏元气阴阳也亦滋甚：垦原田，伐山林，凿泉以井饮，窾墓以送死⁽¹⁸⁾，而又穴为偃溲⁽¹⁹⁾，筑为墙垣、城郭、台榭、观游⁽²⁰⁾，疏为川渎、沟洫、陂池⁽²¹⁾，燧木以燔，革金以鎔⁽²²⁾，陶甄琢磨⁽²³⁾，悴然使天地万物不得其情⁽²⁴⁾，悻悻冲冲⁽²⁵⁾，攻残败挠而未尝息⁽²⁶⁾。其为祸元气阴阳也，不甚于虫之所为乎？吾意有能残斯人使日薄岁削⁽²⁷⁾，祸元气阴阳者滋少，是则有功于天地者也；繁而息之者，天地之雠也。今夫人举不能知天，故为是呼且怨也。吾意天闻其呼且怨，则有功者受赏必大矣，其祸焉者受罚亦大矣。子以吾言为何如？"

柳子曰："子诚有激而为是耶⁽²⁸⁾？则信辩且美矣⁽²⁹⁾。吾能终其说。被上而玄者⁽³⁰⁾，世谓之天；下而黄者，世谓之地；浑然而中处者⁽³¹⁾，世谓之元气；寒而暑者，世谓之阴阳。是虽大，无异果蓏、痈痔、草木也。假而有能去其攻穴者，是物也，其能有报乎⁽³²⁾？繁而息之者⁽³³⁾，其能有怒乎？天地，大果蓏也；元气，大痈痔也；阴阳，大草木也，其为能赏功而罚祸乎⁽³⁴⁾？功者自功，祸者自祸，欲望其赏罚者大谬；呼而怨，欲望其哀且仁者，愈大谬矣。子而信子之仁义以游其内⁽³⁵⁾，生而死尔，乌置存亡得丧于果蓏、痈痔、草木耶？"

【注释】

（1）若，你。说，说法，道理。

（2）夫，发语词，无义。倦辱，劳苦委屈。

（3）残，伤害。昌，昌盛。

（4）佑，保护。殃，遭殃，受害。

（5）戾（lì立），罪。

（6）若是者，像这样的人。

（7）举，全，皆。

（8）果蓏（luǒ裸），树木的果实和瓜类的果实。

（9）败逆，败坏，不顺。壅（yōng拥）底，阻塞停滞。

（10）痈疡（yóng yáng拥阳），大小疮疖，多生在颈部和头部。疣赘（yóu zhuì犹缀），肿瘤。瘘痔（lòu zhì漏志），颈疮、痔疮。

（11）蝎（hé合），木中的一种蛀虫。

（12）草腐而萤飞，古人缺乏科学知识，认为萤火虫是烂草变成的。

（13）元气，中国古代哲学概念，一般指构成天地万物的原始物质。阴阳，本指日光的向背，气候的寒暖，后来把阴和阳解释为自然界两种对立并相互消长的势力。这里的元气阴阳泛指自然界。

（14）啮（niè 聂），咬。

（15）攻穴，钻洞。

（16）滋甚，更加厉害。

（17）繁，繁殖。息，生长。

（18）窾（kuǎn 款），挖空。

（19）穴，掘洞。偃，污水池。溲，小便。

（20）台榭（xiè 谢），建筑在高台上的亭子。观游，供人游览的建筑物。

（21）川渎（dú 读），河道。沟洫（xù 序），沟渠。陂（bēi 卑）池，池塘。

（22）革，改变。金，金属。

（23）陶甄（zhēn 真），制造陶瓦器。

（24）悴，憔悴。

（25）悼悼，怨恨失意之状。冲冲，心神不定之态。

（26）攻残败挠，伤害，败坏。

（27）斯人，这些人。日薄岁削，一天天一年年削减。

（28）激，刺激，感触。

（29）信，确实。辩，巧言，善辩。美，动听。

（30）玄，深黑色。

（31）浑然，茫茫一片之状。中处，处在天与地中间。

（32）报，报答。

（33）繁，繁殖。

（34）乎，何，怎么。

（35）游，生存。其内，天地间。

【毛泽东评说】

柳宗元是一位唯物主义哲学家，见之于他的《天论》。这篇哲学论著提出了"天与人交相胜"的论点，反对天命论。刘禹锡发展了这种唯物主义，而这篇文章无一语谈到这一大问题，是个缺点。

——林克：《在毛泽东身边的岁月片断》，载《缅怀毛泽东》下册，中央文献出版社 1993 年版，第 566 页。

主席认为柳宗元的文章的思想性比韩愈的高，不过文章难读一些。他指出：屈原写过《天问》，过了一千年才有柳宗元写《天对》，胆子很大。我问主席能否说柳宗元是唯物主义者？他说顶多说有朴素唯物主义思想的成分。

——《毛泽东 1965 年 6 月 20 日在上海同刘大杰的谈话》，载《毛泽东在上海》，中共党史出版社 1993 年版，第 143 页。

【赏析】

《天说》是柳宗元贬官永州时写的一篇短文，是同韩愈就天有无意志进行论辩的。韩愈认为天有意志，能赏功罚祸。他把人类开发自然、发展生产的行为，统统看成破坏天地元气的罪恶。因此，他认为把人类消灭掉就是对天有功的；如果把人类繁殖起来就是对天有罪。有功的，天会赏他；有罪的，天会罚他。从而断定，"残民者昌，佑民者殃"。柳宗元对韩愈的唯心主义的天命观，从哲学的根本问题上给予了有力的驳斥。柳宗元认为天地、元气、阴阳都是自然现象，是没有意志的，根本不能赏功罚祸，人对自然没有什么功与祸的关系。人类"功者自功，祸者自祸，与天无关，希望天能赏罚的人是荒谬的"。柳宗元的这种看法是符合唯物主义的，但是程度不高，不是辩证的，所以毛泽东认为"顶多说有唯物主义思想的成分"。毛泽东对这篇文章是很熟悉的。1963 年 5 月在杭州中央工作会议期间的一次谈话中他说："柳宗元 30 岁到 40 岁有 10 年都在永州，他的山水散文，与韩愈论辩的文章，就是在永州写的。"所谓与韩愈论辩的文章，在哲学上就是这篇《天说》，在史上有《与韩愈论史官书》，在文学上则有《读韩愈所著毛颖传后题》等。

需要说明的是，在我们前面摘引的毛泽东评价《天说》那段话，工作人员在回忆中说成是柳宗元的《天论》，但柳氏只有《天说》《天对》，而无《天论》，《天对》是在评屈原《天问》时连带评及的，故这里所说应为《天说》。另外，说《天论》中提出"天与人交相胜"的观点，也是误记。提出这个观点的是刘禹锡的《天论》，但柳宗元是赞成这个观点的。柳宗元在读了刘禹锡的《天论》后，曾写了《答刘禹锡〈天论〉书》，说刚读时，"大喜，谓有以开吾志虑"。在这篇文章中，他便引了刘禹锡的天人"交胜"说。

【原文】

黔之驴

黔无驴[1]，有好事者船载以入[2]。至则无可用，放之山下。虎视之，庞然大物也[3]，以为神。蔽林间窥之[4]，稍出近之，慭慭然莫相知[5]。

他日，驴一鸣，虎大骇[6]，远遁[7]，以为且噬己也[8]，甚恐。然往来视之[9]，觉无异能者[10]。益习其声，又近出前后，终不敢搏[11]。稍近，益狎[12]，荡倚冲冒[13]，驴不胜怒[14]，蹄之[15]。虎因喜，计之曰[16]："技止此耳[17]！"因跳踉大㘚[18]，断其喉，尽其肉，乃去。

噫！形之庞也类有德[19]，声之宏也类有能[20]。向不出其计[21]，虎虽猛，疑畏，卒不敢取。今若是焉[22]，悲夫！

【注释】

（1）黔，唐代有黔中道，道治在今重庆市彭水苗族土家族自治县。包括湖北西南部、四川东南部、贵州北部和湖南西部。

（2）好（hào 耗）事者，喜欢多事的人。船载，用船装。入，指把驴运入黔地。

（3）庞然，巨大之状。庞，古"庞"字。

（4）蔽，隐蔽，藏。窥，偷看。

（5）慭慭（yìn 印）然，恭敬谨慎之态。莫相知，彼此不了解。此指虎不了解驴。

（6）骇，吃惊。

（7）遁，逃走。

（8）噬（shì士），咬。

（9）然，但是。

（10）异能，指鸣叫以外的特殊本领。

（11）搏，搏斗，攫取。

（12）狎，亲近。

（13）荡，摇动。倚，倚靠，偎依。冲，冲撞。冒，头顶，冒犯之意。

（14）胜（shēng升），克制，忍受。

（15）蹄，指用蹄踢。

（16）计，估计，盘算。

（17）技止此耳，伎俩不过这点罢了。

（18）跳，跳跃。阚（hǎn喊），同"阚"，虎怒之状。《诗经·大雅·常武》："阚如唬虎。"唬（xiāo）虎，怒吼的虎。

（19）类有德，好像有修养。

（20）宏，大。有能，有本事。

（21）向，假使，假如。

（22）若是，这样。

【毛泽东评说】

柳宗元曾经描写过的"黔驴之技"，也是一个很好的教训。一个庞然大物的驴子跑进贵州去了，贵州的小老虎见了很有些害怕。但到后来，大驴子还是被小老虎吃掉了。我们的八路军新四军是孙行者和小老虎，是很有办法对付这个日本妖精或日本驴子的。

——《一个极其重要的政策》，《毛泽东选集》第三卷，人民出版社1991年版，第883页。

1942年5月30日，毛泽东在鲁迅艺术学院作报告时谈到，从鲁艺毕业出去工作的干部，不要摆知识分子的架子，自认为是"洋包子"，而瞧不起本地的"土包子"干部，要和本地干部加强团结，和群众打成一片。为此，他妙趣横生地讲了柳宗元这则寓言：贵州没有驴驹子，有人运了一头驴驹子到那里去，它到那里就是外来的"洋包子"。贵州的老虎个子不大，是本地的"土包子"。小老虎看见驴驹子那样庞然大物的样子，很害怕。驴驹子叫了一声，小老虎吓坏了，就逃得远远的。后来，时间久了，小老虎觉得驴驹子也没有什么了不起，就走近它，碰碰它。驴驹子大怒，用脚踢了小老虎一下。小老虎就看出它到底有什么本事了，说："原来它不过有这点本事！"结果小老虎就吃掉了这头驴驹子。毛泽东讲这个故事时，一边讲，一边装着老虎观察驴驹子的样子，走向旁边正在作记录的同志，大家都笑了。他讲述的道理也因此深刻地印在听众的脑子里。

——何其芳：《毛主席在鲁艺的谈话》，载《怀念毛泽东同志》，
人民文学出版社 1980 年版，第 67 页。

【赏析】

本文写于作者被贬永州期间。它是《三戒》中的一篇，是一则富有哲理性的寓言故事。作者以驴比喻那些恃宠骄傲而又无真才实学的官僚，劝人们要有自知之明。读着这些故事，很容易让我们想到依势窃时以肆暴虐的一些外强中干的庞然大物。毛泽东在《一个极其重要的政策》中曾提到"柳宗元曾经描写过的'黔驴之技'"便是一个例子。毛泽东运用这个典故，把驴子比作貌似强大但是最后必将失败的日本帝国主义，把老虎比作八路军新四军等革命力量，并说明，要对付敌人的庞大机构，须实行"精兵简政"，以利于对敌作战。而在对鲁迅艺术学院的学生讲话时，毛泽东则把鲁艺的毕业生这些受过专门训练的"洋包子"比作驴子，而把当地干部这些"土包子"比作小老虎，风趣地告诫鲁艺的毕业生，要和本地干部加强团结，和群众打成一片，从而给人以深刻的教益。

【原文】

<h2 align="center">钴鉧潭记</h2>

钴鉧潭⁽¹⁾，在西山西⁽²⁾。其始盖冉水自南奔注，抵山石⁽³⁾，屈折东流；其颠委势峻⁽⁴⁾，荡击益暴，啮其涯⁽⁵⁾，故旁广而中深，毕至石乃止⁽⁶⁾；

流沫成轮，然后徐行。其清而平者，且十亩。有树环焉，有泉悬焉。

其上有居者，以予之亟游也⁽⁷⁾，一旦款门来告曰⁽⁸⁾："不胜官租、私券之委积⁽⁹⁾，既芟山而更居⁽¹⁰⁾，愿以潭上田贸财以缓祸⁽¹¹⁾。"

予乐而如其言。则崇其台⁽¹²⁾，延其槛⁽¹³⁾，行其泉于高者而坠之潭⁽¹⁴⁾，有声淙然⁽¹⁵⁾。尤于中秋观月为宜，于以见天之高，气之迥⁽¹⁶⁾。孰使予乐居夷而忘故土者⁽¹⁷⁾，非兹潭也欤？

【注释】

（1）钴鉧（gǔ mǔ 古母）潭，宋范成大《骖鸾录》："渡潇水即至愚溪，溪上愚亭以祠子厚。路旁有钴鉧潭。钴鉧，熨斗也，潭状似之。其地如大小石渠石涧之类，询之皆芜没篁竹中，无能的知其处者。"《清一统志》："永州府，钴鉧潭，在零陵县西三里，中有小泉，经愚溪入潇水。"

（2）西山，永州的西山，在湖南省永州市零陵区西五里。

（3）冉水，即冉溪，又称愚溪，在零陵县西南。

（4）颠委势峻，指波流湍急。颠，坠落。委，水流所聚。

（5）啮（niè 聂）其涯，侵蚀边岸。啮，咬，此是侵蚀之意。

（6）毕，终究。

（7）亟，屡次。

（8）款门，叩门，敲门。

（9）不胜，受不了。官租、私券，官府的租税和私人的债券。委积，堆积。

（10）芟（shān 山）山，除去山上的杂草。芟，除草。更居，移居。

（11）贸财，换钱。

（12）崇，加高。

（13）延，延长，伸展。槛，栏杆。

（14）行，此作沟通、引导解。

（15）淙（zhōng 中）然，小水流入大水的声音。

（16）迥（jiǒng 炯），辽远，空阔。

（17）居夷，语出《论语·子罕》："子欲居九夷。"当时，永州县属边荒地方，故作者在这里说是"居夷"。

【毛泽东评说】

1963 年 5 月在杭州中央工作会议期间的一次谈话中，毛泽东说："柳宗元 30 岁到 40 岁有 10 年都在永州，他的山水散文，与韩愈论辩的文章，就是在永州写的。"

——陈晋：《毛泽东读书笔记解析》，广东人民出版社 1996 年版，第 638 页。

【赏析】

在 1965 年 5 月在杭州中央工作会议期间的一次谈话中，毛泽东所说的柳宗元"在永州写的""山水散文"，便是著名的"永州八记"。"永州八记"是一组游览山水的散文，也是柳宗元山水游记的代表作。共有八篇，即：《始得西山宴游记》《钴鉧潭记》《钴鉧潭西小丘记》《至小丘西小石潭记》《袁家渴记》《石渠记》《石涧记》《小石城山记》。这里选取一篇，以飨读者。

"永州八记"，是柳宗元于唐顺宗永贞元年（805）被贬为永州司马以后在永州写的（805—815），前四篇写于元和四年（809），后四篇写于元和七年（812）。这些作品的内容特点是假借游览山水，以排遣谪居生活的苦闷，其间虽写山水，而实有寄托。对于山水景色的描绘，生动逼真，文笔清新秀美，是写景文章的杰出作品。

本篇描写了钴鉧潭的位置、形状，以及它周围的环境景物之美，抒发了作者一种孤独寂寞、寄情山水以消忧的心情。在叙述买田的过程中，也表现了作者对当地人民在官租、私券逼迫下痛苦生活的同情。

唐
宋

刘禹锡

刘禹锡（772—842），字梦得，洛阳（今河南洛阳）人，唐文学家、哲学家。自称是汉代中山王刘胜之后，因此也算河北中山人。贞元九年（793）进士，授监察御史。805年，与柳宗元等参加以王叔文为首的政治集团，提出一系列改革主张。改革失败后，贬朗州（今湖南常德）司马，迁连州（今广东连州）刺史。后以裴度力荐，任太子宾客，加检校礼部尚书。世称刘宾客。与柳宗元交谊很深，人称"刘柳"，后与白居易唱和甚多，也并称"刘白"。其诗通俗清新，善用比兴手法，寄托政治内容。晚年的部分作品，流露出安于闲适的心情和感叹人世沧桑的消极情绪。

重要哲学著有《天论》三篇，提出"天与人交相胜""还相用"的学说，否定"天"能干预人事，肯定客观世界及其规律（"理"）的可知性，驳斥了当时的"因果报应"论和"天人感应"说，还提出任何事物都不能"逃乎数而趋乎势"的命题。但他后期对佛学有神论表现了明显的妥协。著有《刘梦得文集》三十卷，《外集》十卷。

【原文】

陋室铭

山不在高，有仙则名。水不在深，有龙则灵。斯是陋室，惟吾德馨[(1)]。苔痕上阶绿，草色入帘青。谈笑有鸿儒[(2)]，往来无白丁[(3)]。可以调素琴[(4)]，阅金经[(5)]。无丝竹之乱耳[(6)]，无案牍之劳形[(7)]。南阳诸葛庐[(8)]，西蜀子云亭[(9)]。孔子云[(10)]："何陋之有？"

【注释】

（1）馨，香，指德行的美好。《左传·僖公五年》："黍稷非馨，明德惟馨。"

（2）鸿儒，大儒。王充《论衡·超奇》："能精思著文，连结篇章者为鸿儒。"

（3）白丁，白衣，即平民，这里指缺乏文化的人。

（4）素琴，朴素无华的琴。素，无饰曰素。

（5）金经，指用泥金书写的佛经。一说，指《金刚经》。

（6）丝竹，泛指音乐。丝，弦乐器。竹，管乐器。

（7）案牍，指官场文书。

（8）南阳诸葛庐，诸葛亮隐居南阳时的草庐，在今河南省南阳市卧龙岗。一说在湖北省襄阳市隆中。

（9）西蜀子云亭，子云是汉代辞赋家扬雄的字。雄是汉蜀郡成都人。在成都少城西南有扬雄宅，亦称草玄堂，为其著《太玄》处。

（10）孔子云二句，语出《论语·子罕》："子欲居九夷。或曰：'陋，如之何？'子曰：'君子居子，何陋之有？'"

【毛泽东评说】

就在这赞美声和笑声中，张澜、鲜英引领客人进二门继续朝里走，转弯抹角，进入张澜卧室。

这是一仅 14 平方米的小房间，张澜到重庆，应鲜英邀，住此，但张澜素来简朴，不喜奢华，鲜英曲迎其意，不如事铺张，只一床一桌几把椅子点缀其中而已。

张澜笑谓毛泽东道："斯是陋室。"

毛泽东随口答道："惟吾德馨，何陋之有！"

——林淇：《老成谋国，乘虚御风——毛泽东三访张澜》，载《毛泽东和党外朋友们》，团结出版社 1996 年版，第 79 页。

【赏析】

铭，是古代的一种文体。常刻在碑版或器物上，或以称功德，或用以自警。刘禹锡的《陋室铭》，是一篇长期传诵脍炙人口的作品，其主旨在

唐
宋

于说明陋室之所以值得铭颂，是因为居于陋室的主人品德高尚，表现了作者不与世俗同流合污的安贫乐道的志趣，也流露出自命清高、孤芳自赏的思想。文章短小精练、清新别致，极富艺术色彩。

1945年重庆谈判期间，毛泽东拜访著名民主人士张澜时，张澜自谦自己简朴的住室是"陋室"，毛泽东随口答曰："惟吾德馨，何陋之有！"两人运用《陋室铭》中的句子进行交谈，表现了毛泽东对民主人士的高度评价和充分信赖，达到了思想交流的目的。

【原文】

天论（上）

世之言天者二道焉⁽¹⁾。拘于昭昭者⁽²⁾，则曰："天与人实影响⁽³⁾：祸必以罪降，福必以善徕，穷厄而呼必可闻⁽⁴⁾，隐痛而祈必可答，如有物的然以宰者⁽⁵⁾。"故阴骘之说胜焉⁽⁶⁾。泥于冥冥者⁽⁷⁾，则曰："天与人实刺异：霆震于畜木，未尝在罪；春滋乎堇荼⁽⁸⁾，未尝择善；跖、蹻焉而遂⁽⁹⁾，孔、颜焉而厄⁽¹⁰⁾，是茫乎无有宰者。"故自然之说胜焉。余之友河东解人柳子厚作天《说》⁽¹¹⁾，以折韩退之之言⁽¹²⁾，文信美矣，盖有激而云，非所以尽天人之际⁽¹³⁾。故余作《天论》，以极其辩云⁽¹⁴⁾。

大凡入形器者⁽¹⁵⁾，皆有能有不能。天，有形之大者也；人，动物之尤者也⁽¹⁶⁾。天之能，人固不能也；人之能，天亦有所不能也。故余曰：天与人交相胜耳⁽¹⁷⁾。其说曰：天之道在生植⁽¹⁸⁾，其用在强弱⁽¹⁹⁾；人之道在法制，其用在是非。阳而阜生⁽²⁰⁾，阴而肃杀⁽²¹⁾；水火伤物，木坚金利；壮而武健，老而耗眊⁽²²⁾；气雄相君，力雄相长：天之能也。阳而艺树⁽²³⁾，阴而揫敛⁽²⁴⁾；防害用濡⁽²⁵⁾，禁焚用光⁽²⁶⁾；斩材窾坚⁽²⁷⁾，液矿砺锩⁽²⁸⁾；义制强讦⁽²⁹⁾，礼分长幼⁽³⁰⁾；右贤尚功⁽³¹⁾，建极闲邪⁽³²⁾；人之能也。

人能胜乎天者，法也⁽³³⁾。法大行，则是为公是⁽³⁴⁾，非为公非，天下之人蹈道必赏⁽³⁵⁾，违之必罚。当其赏，虽三旌之贵⁽³⁶⁾，万钟之禄⁽³⁷⁾，处之咸曰宜。何也？为善而然也。当其罚，虽族属之夷⁽³⁸⁾，刀锯之惨，处之咸曰宜。何也？为恶而然也。故其人曰："天何预乃事耶⁽³⁹⁾？唯告虔报本⁽⁴⁰⁾、肆类授时之礼⁽⁴¹⁾，曰天而已矣。福兮可以善取，祸兮可以恶召，奚预乎天邪？"法小弛则是非驳⁽⁴²⁾，赏不必尽善，罚不必尽恶。或贤而尊显，时以不肖参焉⁽⁴³⁾；或过而僇辱⁽⁴⁴⁾，时以不辜参焉。故其人曰："彼宜然而信然⁽⁴⁵⁾，理也；彼不当然而固然，岂理邪？天也。福或可以诈取，而祸或可以苟免。"人道驳，故天命之说亦驳焉。法大弛则是非易位，赏恒在佞而罚恒在直⁽⁴⁶⁾，义不足以制其强，刑不足以胜其非，人之能胜天之具尽丧矣。夫实已丧而名徒存⁽⁴⁷⁾，彼昧者方挈挈然提无实之名⁽⁴⁸⁾，欲抗乎言天者，斯数穷矣⁽⁴⁹⁾。

故曰：天之所能者，生万物也；人之所能者，治万物也。法大行，则其人曰："天何预人邪？我蹈道而已。"法大弛，则其人曰："道竟何为邪？任天而已。"法小弛，则天人之论焉。今以一已之穷通，⁽⁵⁰⁾而欲质天之有无⁽⁵¹⁾，惑矣！

余曰：天恒执其所能以临乎下⁽⁵²⁾，非有预乎治乱云尔⁽⁵³⁾；人恒执其所能以仰乎天，非有预乎寒暑云尔。生乎治者，人道明⁽⁵⁴⁾，咸知其所自⁽⁵⁵⁾，故德与怨不归乎天；生乎乱者，人道昧，不可知，故由人者举归乎天。非天预乎人尔。

【注释】

（1）道，道理。这里指观点。

（2）拘，拘泥，固执，这里指坚持。昭昭，明白，指天有意志，有灵性。

（3）影响，影子随着形体，回响随着声音。这里说明天与人的主宰与被主宰的关系。

（4）穷厄（è 饿），穷困。

（5）物，此指上帝、神灵。的（dí 敌）然，确实。宰，主宰。

（6）阴，暗地里，骘（zhì 治），决定。阴骘，语出《尚书·洪范》："惟天阴骘下民。"意谓天暗中决定着人的命运。

（7）泥，拘泥，此是坚持之意。冥冥，昏暗。这里用以形容天没有志。

（8）堇（jǐn 仅），又乌头，一种毒草。荼（tú 图），一种苦菜。

（9）跖（zhí 直）、柳下跖，春秋末年奴隶起义的领袖。跻（jué 决），即庄跻，战国时楚国奴隶起义的领袖。遂，顺利。

（10）孔、颜，孔子和他的学生颜回。

（11）河东解（xiè 谢）人，今山西省运城市永济市人。柳宗元，唐代文学家、唯物主义哲学家。

（12）韩退之，即唐代文学家韩愈，字退之。

（13）天人之际，天与人的关系。际，关系。

（14）极，穷尽，透彻。

（15）形器，有形状的物体。

（16）尤，最，指最优秀。

（17）天与人交相胜，天与人相互作用相互胜过。

（18）道，这里指规律。

（19）用，作用。

（20）阳，向自为阳，温暖，指春夏。阜，繁茂。

（21）阴，背着太阳，寒冷，指秋冬。肃杀，凋零。

（22）耗眊（mào 冒），体弱眼花。

（23）蓺（yì 易）树，种植。

（24）掔，同"揪"，收聚，指收获。敛，贮藏。

（25）害，指水灾。濡（rú 如），沾湿，这里指灌溉。

（26）焚，火灾。

（27）斩，砍伐。斲（kuǎn 款）坚，对坚硬的木材进行加工。斲，空洞。

（28）液，用作动词，作"熔化"解。硎（xíng 刑），磨刀石，这是指磨制。铓（máng 芒），锋刃，指刀剑等利器。

（29）義，正理，秩序，封建社会的伦理道德规范之一。讦（jié 杰），恶意攻击。

（30）礼，指礼仪，等级，封建社会的伦理道德规范之一。

（31）右，古人以右为上，这里是尊重之意。

（32）极，标准，这里指法则。闲，防止。

（33）法，这里指法制，封建社会的法律制度。

（34）公，公认的。

（35）蹈，遵循，实行。

（36）三旌（jīng 京），三公，指太尉、司徒、司空。

（37）钟，古代量器。一钟为六十四斗。

（38）族属之夷，灭族之刑。夷，灭。

（39）预，干预。乃，你，你们。邪，语气词，表疑问。

（40）虔，诚敬。本，根本，这里指灭。《荀子·礼论》："天地者，生之本也。"

（41）肆类，指祭天之礼。语出《书·舜典》："肆类于上帝。"孔颖达传："肆，遂也。"类，祭名。授时，记录天时以告民。后称颁行历书。语出《书·尧典》："历象日月星辰，敬授人时。"孔颖达传："敬记天时以授人也。"

（42）驳，混淆，混乱。

（43）不肖，品行不好的人。

（44）僇（lù 路），通"戮"，杀。不辜，无罪的人。

（45）宜然，应当这样。信然，确实这样。

（46）佞（nìng 泞），伪善，巧言谄媚，引申为奸邪的人。

（47）实，实质，这里指法制。

（48）昧，愚昧。挈挈（qiè 切）然，孤零零的样子。

（49）数，本领，办法。

（50）今，假设连词，如果的意思。穷，穷困。通，顺利。

（51）质，证明。

（52）执，以。下，指万物。

（53）云尔，语气词。

（54）人道，指法制、是非标准。

（55）自，由来，原因。

唐
宋

【原文】

天论（中）

　　或曰：“子之言天与人交相胜，其理微⁽¹⁾，庸使户晓⁽²⁾，盍取诸譬焉⁽³⁾。”刘子曰⁽⁴⁾：“若知旅乎⁽⁵⁾？夫旅者，群适乎莽苍⁽⁶⁾，求休乎茂木，饮乎水泉，必强有力者先焉，否则虽圣且贤莫能竞也⁽⁷⁾，斯非天胜乎？群次乎邑郛⁽⁸⁾，求阴于华榱⁽⁹⁾，饱于饩牢⁽¹⁰⁾，必圣且贤者先焉，否则强有力莫能况也，斯非人胜乎⁽¹¹⁾？苟道乎虞、芮⁽¹²⁾，虽莽苍犹郭邑然；苟由乎匡⁽¹³⁾、宋，虽郭邑犹莽苍然。是一日之途，天与人交相胜矣。吾固曰：是非存焉，虽在野，人理胜也⁽¹⁴⁾；是非亡焉，虽在邦，天理胜也。然则天非务胜乎人者也⁽¹⁵⁾。何哉？人不宰则归乎天也⁽¹⁶⁾。人诚务胜乎天者也。何哉？天无私⁽¹⁷⁾，故人可务乎胜也。吾于一日之途而明乎天人，取诸近也已。”

　　或者曰：“若是⁽¹⁸⁾，则天之不相预乎人也信矣，古之人曷引天为⁽¹⁹⁾？”答曰：“若知操舟乎？夫舟行乎潍、淄、伊、洛者⁽²⁰⁾，疾徐存乎人，次舍存乎人⁽²¹⁾。风之怒号，不能鼓为涛也；流之沂洄⁽²²⁾，不能峭为魁也⁽²³⁾。适有迅而安，亦人也；适有覆而胶⁽²⁴⁾，亦人也。舟中之人未尝有言天者，何哉？理明故也⁽²⁵⁾。彼行乎江、河、淮、海者⁽²⁶⁾，疾徐不可得而知也，次舍不可得而必也。鸣条之风⁽²⁷⁾，可以沃日⁽²⁸⁾；车盖之云⁽²⁹⁾，可以见怪⁽³⁰⁾。恬然济⁽³¹⁾，亦天也；黯然沉⁽³²⁾，亦天也；阽危而仅存⁽³³⁾，亦天也。舟中之人未尝有言人者，何哉？理昧故也。”

　　问者曰：“吾见其骈焉而济者⁽³⁴⁾，风水等耳，而有沉有不沉，非天曷司欤⁽³⁵⁾？”答曰：“水与舟，二物也。夫物之合并，必有数存乎其间焉⁽³⁶⁾。数存，然后势形乎其间焉⁽³⁷⁾。一以沉，一以济，适当其数乘其势耳⁽³⁸⁾。彼势之附乎物而生，犹影响也。本乎徐者其势缓⁽³⁹⁾，故人得以晓也；本乎疾者其势遽，故难得以晓也。彼江、海之覆，犹伊、淄之覆也。势有疾徐，故有不晓耳。”

　　问者曰：“子之言数存而势生，非天也，天果狭于势邪⁽⁴⁰⁾？”答曰：“天形恒圆而色恒青，周回可以度得⁽⁴¹⁾，书夜可以表候⁽⁴²⁾，非数之存乎？恒高而不卑，恒动而不已，非势之乘乎？今夫苍苍然者⁽⁴³⁾，一受其形于高大，而不能自还于卑小；一乘其气于动用⁽⁴⁴⁾，而不能自休于俄顷⁽⁴⁵⁾，又恶能逃乎数而越乎势耶⁽⁴⁶⁾？吾固曰：万物之所以为无穷者，交相胜而已矣，还相用而已矣。天与人，万物之尤者耳。"

问者曰："天果以有形而不能逃乎数，彼无形者，子安所寓其数邪⁽⁴⁷⁾？"答曰："若所谓无形者，非空乎？空者，形之希微者也⁽⁴⁸⁾，为体也不妨乎物，而为用也恒资乎有⁽⁴⁹⁾，必依于物而后形焉。今为室庐⁽⁵⁰⁾，而高厚之形藏乎内也；为器用⁽⁵¹⁾，而规矩之形起乎内也⁽⁵²⁾。音之作也有大小，而响不能逾⁽⁵³⁾；表之立也有曲直，而影不能逾。非空之数欤？夫目之视，非能有光也，必因乎日月火炎而后光存焉。所谓晦而幽者⁽⁵⁴⁾，目有所不能烛耳。彼狸、狌、犬、鼠之目⁽⁵⁵⁾，庸谓晦为幽邪？吾固曰：以目而视，得形之粗者也；以智而视，得形之微者也。乌有天地之内有无形者耶⁽⁵⁶⁾？古所谓无形，盖无常形耳⁽⁵⁷⁾，必因物而后见耳。乌能逃乎数耶？"

【注释】

（1）微，微妙，深奥。

（2）庸，用，为了。

（3）盍（hé 何），何不。诸，之、于二字的合音字，譬，比喻。

（4）刘子，作者自称。

（5）若，你。

（6）适，往。莽苍，野色迷茫之状，指荒野。

（7）圣，圣人。贤，贤人。

（8）次，停留。邑，城。郭（fú 服），外城。邑郭，泛指城市。

（9）华榱（cuī 崔），画有新画的屋椽，代指华美的房屋。

（10）饩（xì 细），泛指米粮。牢，古代指猪、牛、羊等牲畜，此泛指美好的食物。

（11）人胜，刘禹锡认为人是实行法治的，因此圣贤位尊名显就高于普通的人，故说是人胜。

（12）苟，假如。道，路过。虞、芮（ruì 锐）殷王朝所属的两个小国。据《史记·周本纪》载，虞、芮两国争地，去找周文王裁决。进入周地以后，看见"耕者让畔"，他们感到羞愧，就不再争执了。

（13）匡、宋，宋是春秋时诸侯国名，匡是宋国的一个城邑。据《史记·孔子世家》记载，孔子路过匡地，宋国大司马桓魋要杀他，被围困数日才得以脱身。

（14）人理，人类社会的道理。

（15）务，一定要。

（16）宰，主宰，支配。

（17）私，私心，意志。

（18）若，像。

（19）曷（hé 河），为什么。为，句末语气词。

（20）潍（wéi 维）淄（zī 资）、伊、洛，四条小河的名称。潍河、淄水在今山东省；伊河、洛河在今河南省。

（21）次舍，停泊和起行。

（22）泝（sù 诉）洄，回流，漩涡。

（23）峭，陡峭，用作动词。魁，小山丘。

（24）适，偶然，有时。胶，指搁浅。

（25）理，此指人们对事物客观规律的认识。

（26）江、河、淮、海，即长江、黄河、淮河和大海。必，决定，掌握。

（27）鸣条之风，吹响树叶的风，指小风。

（28）沃日，风起浪涌，遮蔽天日。沃，浇灌。

（29）车盖之云，像车篷大小的云。

（30）见（xiàn 现）怪，指引起莫测的变幻。

（31）恬（tián 田）然，安然自得之态。

（32）黯（àn 暗）然，心神沮丧之状。

（33）阽（diàn 店）危，临近危险。

（34）骈（pián 片阳平），并列，成双。

（35）司，主管，此是主宰之意。

（36）数，含有事物运动规律的意思，刘禹锡使用的哲学概念之一。

（37）势，事物发展的必然趋势，刘禹锡运用的哲学概念之一。

（38）当，合乎，符合。乘，顺应。

（39）本，根据，指根据不同的数。

（40）狭，冯浩校本作"挟"，制约之意。

（41）周回，指春夏秋冬四时周转。回，转。度，1973年长沙马王堆三号墓中出土的帛书《经法·论约》："四时有度，天地之理也。"所以，"有度"是说春夏秋冬的变化是有一定度量和界限，是可以认识的。度（duó夺），计算。

（42）表，即日晷（guǐ鬼），古代按照日影测定时刻的仪器。候，观察。

（43）苍苍然者，苍茫无际之状。这里指天。

（44）气，元气。我国古代朴素唯物主义者认为"气"是世界物质的本源。

（45）俄顷，片刻。

（46）恶（wū屋），怎么。

（47）安，何。寓，寄托。

（48）希微，细微，指看不见、摸不着的物质状态。

（49）资，凭借，借助。

（50）室庐，房屋。

（51）器用，器皿，用具。

（52）规矩，校正圆形的工具叫规，校正方形的工具叫矩。此指圆形和方形。

（53）逾，超越。

（54）晦（huì汇），农历三十日看不到月亮的夜晚。幽，暗。

（55）狸，狐狸。狌（shēng生），黄鼠狼。

（56）乌，何，哪里。

（57）常形，固定的形状。

【原文】

天论（下）

或曰：“古之言天之历象⁽¹⁾，有宣夜、浑天、《周髀》之书⁽²⁾；言天之高远卓诡⁽³⁾，有邹子⁽⁴⁾。今子之言有自乎⁽⁵⁾？”

答曰：“吾非斯人之徒也。大凡入乎数者，由小而推大必合，由人而推天亦合。以理揆之⁽⁶⁾，万物一贯也。

“今夫人之有颜、目、耳、鼻、齿、毛、颐、口，百骸之粹美者也⁽⁷⁾，然而其本在夫肾、肠、心、腑。天之有三光悬寓⁽⁸⁾，万象之神明者也⁽⁹⁾，然而其本在乎山川五行⁽¹⁰⁾。浊为清母⁽¹¹⁾，重为轻始。两位既仪⁽¹²⁾，还相为庸，嘘为雨露⁽¹³⁾，噫为雷风⁽¹⁴⁾。乘气而生，群分汇从⁽¹⁵⁾，植类曰生，动类曰虫。倮虫之长⁽¹⁶⁾，为智最大，能执人理，与天交胜，用天之利，立人之纪⁽¹⁷⁾。纪纲或坏⁽¹⁸⁾，复归其始⁽¹⁹⁾。

“尧、舜之书⁽²⁰⁾，首曰‘稽古’⁽²¹⁾，不曰‘稽天’；幽、厉之诗⁽²²⁾，首曰‘上帝’，不言人事。在舜之廷，元凯举焉⁽²³⁾，曰‘舜用之’，不曰‘天授’；在殷高宗⁽²⁴⁾，袭乱而兴，心知说贤⁽²⁵⁾，乃曰‘帝赉’⁽²⁶⁾。尧民之余⁽²⁷⁾，难以神诬；商俗以讹⁽²⁸⁾，引天而欧⁽²⁹⁾。由是而言，天预人乎？”

【注释】

（1）历，指推算年、月、日和节气的方法。象，观察天体运行的图形。

（2）宣夜、浑天、《周髀（bì 毕）》，我国古代三种关于天的历象的学说。宣夜说认为，宇宙空间充满元气，日月星辰飘浮于元气之中。它指出天没有一定的形状，否定了固体的天球。浑天说认为，天和地都是圆的，形状如同鸡蛋，天像蛋壳，地如蛋黄。这是一种比较模糊的地圆观念。《周髀》，即《骨髀算经》，是盖天说的代表作。盖天说认为天圆地方，“天圆如张盖，地方如棋盘”。浑天、盖天二说都认为大地静止不动，属地静说。

（3）卓诡，奇特，怪异。

（4）邹子，即邹衍，战国时期阴阳家的代表。据《史记》记载，他以谈天著名，“深观阴阳消息，而作怪迂之变”。他认为，阴阳五行受着有意志的上天支配，属于唯心主义思想体系。

（5）自，来源，根据。

（6）揆（kuí葵），揣度，推论。

（7）颜，额。毛，须发。颐（yí夷），面颊。百骸（hái孩），指人的整个形体。粹，精华。

（8）三光，指日、月、星辰。悬寓，高挂在太空。

（9）万象，指宇宙间一切事物的形象。

（10）五行，金、木、水、火、土。中国古代朴素的思想家认为这五种常见的物质是构成世界的元素。

（11）浊为清母二句，浊、重，泛指混浊、粗重的物质，这里指人的肾、肠、心腑和自然界的山川、五行等。清、轻，泛指清明、轻微的物质，这里指颜、目、耳、鼻、口和自然界的三光和太空等。

（12）两位既仪，据文意应作"两仪既位"。两仪，指天地。

（13）嘘，缓慢地吐气。

（14）噫（ài爱），急剧地吐气。

（15）汇，在此处作"类"讲。

（16）倮（luò裸）虫之长，指人类。倮虫，古时对没有羽毛、鳞甲的动物的总称。

（17）纪，法纪。

（18）纪纲，法纲的总纲，指法制。

（19）复归其始，指回复到迷信天命的人类的最初阶段。

（20）尧、舜之书，指记载尧、舜活动的书，即《尚书》中的《尧典》（伪古文尚书中分为《尧典》和《舜典》）。

（21）稽古，考察古代的历史。《尧典》中第一句话是"曰若稽古帝尧"，伪古文尚书中《舜典》开始说"曰若稽古帝舜"。

（22）幽、厉之诗，指《诗经》中《小雅·苑柳》和《大雅·板》，相传前者是讽刺周幽王的，后者是讽刺周厉王的。周幽王和周厉王是西周末期的两个昏君。

（23）元凯，指有才德的人。据《左传·文公八年》记载，传说古代帝王高辛氏有贤臣八人，称为"八元"；高阳氏有贤臣八人，称为"八恺"。恺，同"凯"。

（24）殷高宗，商代二十二代帝王，名武丁。

（25）说（yuè 悦），即傅说，商王武丁的大臣。据《史记·殷本纪》记载，殷高宗某夜梦见一个叫"说"的贤才，就派人寻找，终于在"傅险"（亦说"傅岩"）这个地方找到了他，于是命为"傅说"，用为宰相。

（26）赉（lài 赖），赐给。

（27）尧民之余，指从尧时活到舜时的老百姓。

（28）商俗以讹，指商朝巫觋（xí 习）装神弄鬼的风气盛行。

（29）敺，同"驱"，驱使。

【毛泽东评说】

主席很推崇刘禹锡……刘禹锡的文章不多，但他所作的《天论》三篇，主张"天与人交相胜"之说，对他的反对迷信，反对因果报应的思想，主席给以较高的评价。我问主席，刘禹锡可否算作是唐朝的一个朴素唯物主义者？主席说："可以。"

——《毛泽东 1965 年 6 月 20 日在上海同刘大杰的谈话》，《毛泽东在上海》，中共党史出版社 1993 年版，第 143 页。

【赏析】

1959 年 3 月 1 日，《光明日报》刊载了一位文学史家写的读书札记《柳宗元的诗》，简要分析了柳宗元的政治讽喻、反映民生疾苦、抒发个人牢骚、离乡去国的悲愁等几类题材的作品。毛泽东读后，对工作人员谈了自己的看法："柳宗元是一位唯物主义哲学家，见之于他的《天论》，刘禹锡发展了这种唯物主义，而这篇文章无一语谈到这一大问题，是个缺点。"工作人员在回忆中说到柳宗元的《天论》，提出"天与人交相胜"的观点，可能是误记。因为柳宗元无《天论》，而只有《天对》和《天说》。《天对》是对屈原《天问》的解答，显然不是指的《天对》，而只能是《天说》了。再者，提出"天与人交相胜"论点的不是柳宗元，而是刘禹锡。柳宗元的《天说》，是作者在永州写的一篇短文，是同韩愈讨论天有无意志问题的。韩愈认为天有意志，能赏功罚祸。柳宗元在《天说》中说天地、元气、阴阳都是物质，没有意志。毛泽东对这篇文章很熟悉。1963年5月在杭州中央工作会议期间的一次谈话中说："柳宗元30岁到40岁有10年都在永州，他的山水散文，与韩愈论辩的文章，就是在永州写的。"

但是，刘禹锡写的《天论》却是由柳宗元的《天说》引起的。刘禹锡自称写《天论》就是"以极其辩"。毛泽东说"刘禹锡发展了这种唯物主义"，是指刘禹锡的《天论》)（上、中、下）。《天论》是刘禹锡哲学思想的代表作，主要论述了天的物质性、天与人的关系、产生天命论的根源三大问题。

天到底是人格的神还是物质的自然？刘禹锡根据对这一问题的不同态度，把我国古文哲学理论区分为两派。他站在朴素唯物主义立场上说明天的物质性：天和万事万物一样，不能"逃乎数（规律性）而趋乎势（趋势）"；广漠的宇宙间充满"希微"的物质、空间的"所谓无谓无形，盖无常形尔"；"无恒动不已"，"不能自休于倾顷"。这种物质无所不在、运动不息的观点，在当时是十分进步的。

在论述天人关系时，作者指出自然界、人类社会各有各的职能"生万物"是天的职能，"治万物"是人的天职，从而提出了"天与人交相胜，还相用"的观点。这在一定程度上看到了人能改造自然的主观能动作用。

《天论》还探讨了天命论产生的根源。作者认为，一切事物都是按规律变化的。人们掌握了客观的规律，就不信天；反之，就会把不能解释的现象归之于天。

《天论》三篇对问题的论述是逐步深入的，《天论》（上）提出了"天与人交相胜"的论点，并根据法大行、法小弛、法大弛三种情况，分析了产生天命论的社会原因。《天论》（中）论证了天（自然）的物质性和运动不息，用通俗的比喻说明"天与人交相胜"的道理，并分析了产生天命论的认识上的原因。《天论》（下）则补充说明了天（自然）不能干预人事，人能够利用自然，并从历史上治世"稽古"、俗讹"稽天"的事实，说明产生天命论的社会原因。三篇文章，层层深入，加强了文章的论辩性和说服力。

总之，刘禹锡的《天论》提出的"天与人交相胜"的观点，指出"天非务胜乎人"，而"人诚胜乎天"，继承并发展了荀子"人定胜天"的唯物主义思想，比柳宗元在《天说》中只阐明天人相异的观点有所进步，所以毛泽东说"刘禹锡发展了这种唯物主义"，而且在 1965 年 6 月 20 日在上海同刘大杰谈话时，当刘大杰谈了《天论》之篇提出的"天与人交相胜"的观点，毛泽东给以较高的评价。当刘大杰问毛泽东，刘禹锡可否算作是唐朝的一个朴素唯物主义者时，毛泽东回答说："可以。"

杜　牧

杜牧（803—852），字牧之，京兆万年（今陕西西安）人，唐文学家。太和进士。历任监察御史、黄、池、睦诸州刺史，后入为司功员外郎，官终中书舍人。后人称为"小杜"。诗文中对藩镇跋扈和吐蕃、回纥贵族的攻掠，多有指陈，写情、抒情的小诗，多清丽可喜，少数以纵酒狎妓的诗篇则流于颓废。有《樊川文集》。

【原文】

《李贺集》序

大和五年十月中[1]，半夜时，舍外有疾呼传缄书者[2]。某曰："必有异[3]，亟取火来[4]！"及发之[5]，果集贤学士沈公子明书一通[6]，曰："吾亡友李贺，元和中义爱甚厚，日夕相与起居饮食[7]。贺且死，尝授我平生所著歌诗；离为四编，凡若干首[8]。数年来东西南北，良为已失去[9]。今夕醉解，不复得寐[10]，即阅理箧帙[11]，忽得贺诗前所授我者[12]。思理往事，凡与贺话言嬉游，一处所，一物候，一日夕，一觞一饭，显显然无有忘弃者，不觉出涕[13]。贺复无家室子弟得以给养卹问，常恨想其人，咏其言止矣[14]。子厚于我，与我为贺集序，尽道其所来由，亦少解我意[15]。"某其夕不果以书道不可，明日就公谢[16]，且曰："世为贺才绝出前[17]。"让[18]。居数日[19]，某深惟公曰："公于诗为深妙奇博，且复尽知贺之得失短长。今实叙贺不让，必不能当君意，如何[20]？"复就谢，极道所不敢叙贺。公曰："子固若是，是当慢我[21]。"某因不敢辞，勉为贺叙，然其甚惭[22]。

皇诸孙贺[23]，字长吉，元和中韩吏部亦颇道其歌诗[24]。云烟绵联，不足为其态也[25]；水之迢迢，不足为其情也[26]；春之盎盎，不足为其和也⁽²⁷⁾；秋之明洁，不足为其格也⁽²⁸⁾；风樯阵马，不足为其勇也⁽²⁹⁾；瓦棺篆鼎，不足为其古也⁽³⁰⁾；时花美女，不足为其色也⁽³¹⁾；荒国陊殿，梗莽丘垅，不足为其恨怨悲愁也⁽³²⁾；鲸呿鳌掷，牛鬼蛇神，不足为其虚荒诞幻也⁽³³⁾。盖《骚》之苗裔⁽³⁴⁾，理虽不及⁽³⁵⁾，辞或过之⁽³⁶⁾。《骚》有感怨刺怼，言及君臣理乱，时有以激发人意⁽³⁷⁾；乃贺所为，无得有是⁽³⁸⁾？贺能探寻前事⁽³⁹⁾，所以深叹恨今古未尝经道者⁽⁴⁰⁾，如《金铜仙人辞汉歌》⁽⁴¹⁾《补梁庾肩吾官体谣》⁽⁴²⁾。求取情状，离绝远去笔墨畦径，间亦殊不能知之⁽⁴³⁾。贺生二十七年死矣，世皆曰："使贺且未死，少加以理，奴仆命《骚》可也⁽⁴⁴⁾。"

贺死后凡十某年⁽⁴⁵⁾，京兆杜某为其序。

【注释】

（1）大和五年，831年。大和，唐文宗李昂年号（827—835）。

（2）疾呼，急促地呼叫。传，递送。缄（jiān坚）书，封着的书信。缄，束封，书信发出时封口，称为"缄书"。

（3）某，代作者。古人在文章底稿上，常用"某"字代己名。异，非常（情况）特殊（事情）。

（4）亟（jí急），急，快。取火，掌灯。

（5）发，打开。

（6）集贤学士，集贤谓集贤殿书院；学士，官职。《新唐书·百官志》，中书省集贤殿书院有"学士、直学士、侍读学生、修撰官，掌刊辑经籍。凡图书遗逸，贤才隐滞，则承旨以求之。谋虑可施于时、著述可行于世者，考其学术以闻。凡承旨撰集文章、校理经籍，月终则进课于内，岁终则考最于外"。"五品以上为学士，六品以下为直学士。"公，对人的尊称。通，文书首末全曰通。这里是"封"的意思。

（7）吾亡友李贺三句是说，我与已亡故的朋友李贺，在唐宪宗元和年间，交谊至深，无论是白天夜里，起居饮食，都在一起。李贺（790—816），中唐时代著名诗人，字长吉，昌谷（今河南宜阳）人。元和，唐宪宗年号（806—820）。义，同"谊"。《说文》"谊"字注："谊、义古今字，周时作'谊'，汉时作'义'。"厚，深。相与，共同，一起。

（8）且死，将死之时，临终之际。离，分，分编。凡若干首，原作"凡千首"，《文苑英华》卷七一四作"凡二百二十三首"。《唐文粹》卷九三作"凡若干首"，今据改。

（9）良为，的确以为，这里是"早就认为"的意思。良，确实，真的。

（10）二句是说，今夜酒醒以后，再也睡不着觉。

（11）阅理，翻阅整理。箧帙（qiè zhì 妾秩），箱中书籍。箧，小箱。帙，书套。《说文》："书衣也。"此指书籍稿本等。

（12）贺诗前所授我者，从前李贺所交给我的诗稿。

（13）思理，回忆。嬉游，玩耍，游玩。物候，景物、风物。万物随季节、气候而发生变化，故称景物为物候。觞，酒杯，此指饮酒。显显然，清清楚楚的样子，记忆犹新。出涕，落泪。

（14）三句是说，（按我们的交谊讲，本应对李贺家属给以亲切关照，方尽心意，然而）李贺又没有妻室子女能够去抚恤慰问，（我）经常感到遗憾的是每想其人，只能吟咏一下他的诗罢了。复无，又没有。家室，指妻室。给养，供给，抚养。卹问，慰问。恨，遗憾。

（15）为，作，写。所来由，前因后果，事情经过。少，稍。解，宽解。

（16）不果，没能做到。就公，到沈公那里。

（17）这句是说，并且说道："世人都认为李贺才能卓绝，超出前人"。才绝，才能卓绝。

（18）让，推辞，表示不敢作序。

（19）居数日，过了几天。居，止，停。

（20）三句是说，我反复认真地考虑了沈公子明的情况说：您对诗歌创作称得上是有深厚精妙的功力和独特广博见解，并且又完全知道李贺（诗歌）的长处与不足；现在我就真的为李贺集作序而不推让，（作出的序）必定不会使您满意，又怎么办呢？深，深深地，反复认真地。惟，考虑，权衡。叙贺，为李贺集作序。叙，同"序"。当君意，合您的意，使您满意。当，合。

（21）二句是说，您坚持如此，这该是瞧不起我，固，坚持（己见）。

若是，如此。慢，轻慢，瞧不起。

（22）这句是说，然而自己十分惭愧。其，代作者自己。

（23）这句是说，李唐皇族的后代子孙李贺。

（24）韩吏部，指韩愈。按：杜牧这里讲"元和中"韩愈颇称道其歌诗；李贺诗《高轩过》序讲："韩员外愈、皇甫侍御湜见过，因而命作。"韩愈任都官员外郎为唐宪宗元和四年（809），二者相合。李贺时年二十。

（25）云烟绵联，比喻诗歌的飘忽迷离。为，这里有形容、比拟、描绘等意。其，指李贺诗歌。态，容态。

（26）水之迢迢，比喻诗歌的深长浩渺。迢迢，久长或遥远的样子。

（27）盎盎，盎然，春色盛的样子。和，活力，指作品富有生气。

（28）格，品格，格调。

（29）风樯阵马，比喻诗歌的气势的雄浑豪放。樯，船上挂帆的桅杆，这里代指船。风樯，顺风的帆船。阵马，战阵上的马。勇，指辞锋的犀利遒劲。

（30）瓦棺篆鼎，比喻诗歌的古朴。瓦棺，远古时烧土为棺。《礼记·檀弓上》："有虞氏（按：指舜）瓦棺。"篆鼎，殷周时代的古鼎，古鼎铸以篆书铭文，故称篆鼎。

（31）时花美女，比喻诗歌的美艳。时花，应时的鲜花。色，色彩。

（32）荒国二句，比喻诗歌的凄凉冷落鬼气森森。荒国，亡国的都城。荒，亡。《尚书·微子》："天毒降灾荒殷邦。"哆，坏，倾颓。《说文》："哆"字注："按今字假'堕'为'哆'。"莽，灌木草丛。丘垅，坟墓。

（33）呿（qū 区），张口，开口。《庄子·秋水》："公孙口呿而不合。"司马彪曰："呿，开也。"鳌（áo 敖），大龟。掷，跳跃。牛鬼，牛头的鬼。蛇神，蛇身的神。泛指妖魔鬼怪。虚荒诞幻，荒诞离奇。此指李贺诗歌的险怪，即铺陈夸张，想象奇特，多用神话故事等浪漫主义手法。

（34）《骚》，指屈原的《离骚》。苗裔，后代子孙，犹言继承者。

（35）理，条理，"理不及"，指贺诗艰涩费解而言。

（36）辞，艺术性，这里指文采。过之，超过它（《离骚》）。

（37）感，感慨。怨，抱怨。刺，讥刺。怼（duì 对），愤恨，痛恨。

理乱，治乱。时，时时，时常。

（38）二句是说，而李贺所作的诗歌，不是也有这些内容吗？乃，而。所为，所作的诗。无得，一本作"得无"，义同，作"岂不是""难道不是"讲。是，指示代词，这些，指代"感怨刺怼""君臣理乱"。

（39）探寻前事，探讨、研究历史的经验教训。

（40）这句是说，所以常对一些古今皆未曾被论及的历史事件深表遗憾和感慨。叹恨，感慨。古今未尝经道者，从古到今都未曾被论及的事情。

（41）《金铜仙人辞汉歌》，李贺诗篇名。其《序》曰："魏明帝青龙元年八月，诏宫官牵车西取汉孝武捧露盘仙人，欲立置前殿。宫官既拆盘，仙人临载，乃潸然泪下。唐诸王孙李长吉遂作《金铜仙人辞汉歌》。"为咏史以抒怀的名篇。

（42）《补梁庾肩吾宫体谣》，李贺诗篇名，即今李贺集中的《还自会稽歌》。其《序》云："庾肩吾（按：庾信的父亲，字慎之）于梁时，尝作《宫体谣引》，以应和皇子（按：皇子，指后来的梁简文章萧纲）。及国势沦败，肩吾先潜难会稽，后始还家。仆意其必有遗文，今无得焉，故作《还自会稽歌》以补其意。"亦为咏史以抒怀之佳作，亦写亡国之情。

（43）求取情状，选取描写的内容与形式。离绝远去，远远地抛开。笔墨畦径，写作的陈规常法。畦径，田间小径，这里指思路、手法。间，间或，有时。殊不能知之，很不好理解的某些表现。

（44）使，假使。且未死，还没有死。奴仆命《骚》，把《离骚》当作奴仆一样来驱使（使唤），意思是超过屈原的成就。可，可以，可能。

（45）十某年，一本作"十五年"。

【毛泽东评说】

最近一个时期，有一些牛鬼蛇神被搬上舞台了。有些同志看到这个情况，心里很着急。我说，有一点也可以，这几十年，现在舞台上这样的牛鬼蛇神都没有了，想看也看不成了。我们要提倡正确的东西，反对错误的东西，但是不要害怕人们接触错误的东西。单靠行政命令的办法，禁止人接触不正常的现象，禁止人接触丑恶的现象，禁止人接触错误思想，禁止

唐
宋

人看牛鬼蛇神，这是不解决问题的。当然我并不提倡发展牛鬼蛇神，我是说"有一点也可以"。某些错误东西的存在是并不奇怪的，也是用不着害怕的，这可以使人们更好地学会同它作斗争。……凡是错误的思想，凡是毒草，凡是牛鬼蛇神，都应该进行批判，决不能让它们自由泛滥。

——《在中国共产党全国宣传工作会议上的讲话》

这一次批评运动和整风运动是共产党发动的。毒草共香花同生，牛鬼蛇神与麟凤龟龙并长，这是我们所料到的，也是我们所希望的。毕竟好的是多数，坏的是少数。

——《事情正在起变化》

在一个期间内不登或少登正面意见，对错误的意见不作反批评，……其目的是让魑魅魍魉，牛鬼蛇神"大鸣大放"，让毒草大长特长，使人民看见，大吃一惊，原来世界上还有这些东西，以便动手歼灭这些丑类。

——《文汇报的资产阶级方向应当批判》

【赏析】

杜牧的这篇文章选自《樊川文集》卷十。李贺（790—816），字长吉，昌谷（今河南宜阳西）人。唐代后期著名诗人。贺为唐皇室远支，家室早已没落，生活困顿。曾官至奉礼郎。早岁即工诗，与韩愈、皇甫湜、沈亚之友善，死时年仅27岁。其诗对于统治集团的昏聩腐朽、宦官专权、藩镇割据的现实，加以揭露、讽刺，也表现了其不得志的悲哀。善于镕铸词采，驰骋想象，运用神话传说，创造出新奇瑰丽的意境，具有积极的浪漫主义精神。

杜牧的这篇序，叙写了撰写序文的经过，写出了李贺诗歌的艺术特点。在形容李贺诗歌的艺术特点时，一连用了九个比拟、九个排句，从李贺诗歌的内容、情调、品格、形象、意境、手法等方面，作了淋漓尽致的描绘渲染，但与李贺诗的风格并不完全相合。钱锺书在《谈艺录》中说："牧之序昌谷诗，自风樯阵马以至牛鬼蛇神数语，模写长吉诗境皆贴切无溢美之词，若下文云云烟绵联不足为其态；水之迢迢，不足为其情；春色盎盎，不足为其和；秋之明洁，不足为其格；则徒事排比，非复实录矣。"钱氏的这个评价是贴切的。

毛泽东喜读"三李诗"，这是人所共知的。在李贺传世的 240 余首诗中，毛泽东在阅读时圈阅达 83 首之多，而且在自己的诗词创作中，多次引用、化用李贺的诗句。1965 年，毛泽东在写给陈毅有关诗的一封信中说："李贺诗很值得一读。"这是毛泽东反复阅读圈画了李贺的大量诗作之后，得出的正确结论。毛泽东还赞赏李贺为人，在一则批注中，称赞李贺是"英俊天才"，惋惜他死得太早。对李贺诗歌深深挚爱并深有研究的毛泽东，当然不会不注意杜牧为李贺诗集写的这篇很有名的序。上面我们援引的毛泽东在 1957 年的一个时期内，多次反复运用"牛鬼蛇神"这个词语，来形容文艺舞台上的不良剧目，以及在当时开展的整风运动中的右派分子及各种反马克思主义的错误思想，阐明了共产党人对这些"牛鬼蛇神"的正确态度和立场，给全党全国人民很好的教益。而"牛鬼蛇神"一词最早就出自这篇序文，可以说，是杜牧的一个发明创造。

唐

宋

范仲淹

范仲淹（989—1052），字希文，苏州吴县（今江苏吴县）人，北宋政治家。宋真宗大中祥符八年（1015）进士。宋仁宗明道年间为谏官，景祐年间知开封府，上《百官图》，讥刺吕夷简，贬饶州。康定元年，任陕西经略安抚副使，抵抗西夏侵扰，卓有成效。庆历三年（1043）回朝，任枢密院副使、参知政事。此后又出任邓州、杭州、青州等地官吏。他是一个比较关心国计民生的政治家，是北宋前期政治改良运动的领袖人物之一。诗、词散文都很出色。著有《范文正公集》。

【原文】

岳阳楼记

庆历四年春[1]，滕子京谪守巴陵郡[2]。越明年[3]，政通人和，百废俱兴[4]。乃重修岳阳楼，增其旧制[5]，刻唐贤今人诗赋于其上。属予作文以记之[6]。

予观夫巴陵胜状，在洞庭一湖，衔远山，吞长江，浩浩汤汤[7]，横无际涯[8]；朝晖夕阴[9]，气象万千。此则岳阳楼之大观也[10]，前人之述备矣。然则北通巫峡[11]，南极潇湘[12]，迁客骚人[13]，多会于此，览物之情，得无异乎？

若夫霪雨霏霏[14]，连月不开，阴风怒号，浊浪排空，日星隐曜[15]，山岳潜形；商旅不行，樯倾楫摧[16]；薄暮冥冥[17]，虎啸猿啼。登斯楼也，则有去国怀乡，忧谗畏讥[18]，满目萧然，感极而悲者矣。

至若春和景明[19]，波澜不惊，上下天光，一碧万顷[20]；沙鸥翔集[21]，锦鳞游泳[22]，岸芷汀兰[23]，郁郁青青[24]。而或长烟一空，皓月千里[25]，浮光跃金[26]，静影沉璧[27]；渔歌互答，此乐何极！登斯楼也，则有心旷神怡，宠辱皆忘，把酒临风，其喜洋洋者矣。

嗟夫！予尝求古仁人之心⁽²⁸⁾，或异二者之为，何哉？不以物喜⁽²⁹⁾，不以己悲。居庙堂之高⁽³⁰⁾，则忧其民；处江湖之远⁽³¹⁾，则忧其君。是进亦忧，退亦忧⁽³²⁾。然则何时而乐耶？其必曰："先天下之忧而忧，后天下之乐而乐乎？"噫！微斯人，吾谁与归⁽³³⁾！

时六年九月十五日⁽³⁴⁾。

【注释】

（1）庆历四年，1044 年。庆历，宋仁宗年号。

（2）滕子京，名宗谅，河南（今河南洛阳一带）人，是范仲淹的朋友、同年进士。因对当时政治不满，多次被贬官。巴陵郡，今湖南省岳阳市一带。

（3）越，及，到。

（4）俱，全，皆。

（5）其，指岳阳楼。旧制，旧时的建筑规模。制，此处作规模讲。

（6）属，同"嘱"，嘱托。

（7）浩浩汤汤（shāng 伤），水势浩大的样子。

（8）横，广、宽阔。际涯，边际。

（9）朝晖夕阴，早晨太阳照耀、傍晚阴气凝结。晖，日光，指晴朗。

（10）大观，雄伟的景象。

（11）巫峡，长江三峡之一，在今湖北省巴东县与四川省巫山县接界处。

（12）潇，潇水，湘水的支流。湘，湘水。二水在湖南省零陵县合流，北入洞庭湖。

（13）迁客，被降职的官员。骚人，诗人。

（14）若夫，一段话的开头引起论述虚词。霪雨，连绵不断的雨。霏霏，雨下得很密的样子。

（15）曜（yào 药），照耀、光辉。

（16）樯（qiáng 墙），帆船上挂风帆的桅杆。楫（jí 集），划船用的桨。摧，折断。

（17）薄暮，傍晚、黄昏。冥冥，昏暗、幽暗。

唐
宋

（18）谗，在别人面前说某人的坏话。讥，讥笑、讽刺、挖苦。

（19）至若，用在一段话的开头，接前层引起另一层论述的虚词。景明，阳光普照。

（20）顷，地积单位，即一百亩。万顷，意即其宽广无边。

（21）翔集，时而飞翔时而聚集。

（22）锦鳞，像织锦那样美丽的丝。鳞，鱼。

（23）芷（zhǐ 止），一种香草，夏天开白色小花，根可入药。汀，小洲。

（24）郁郁，形容香气很浓。

（25）皓月，洁白的、明亮的月亮。

（26）浮光跃金，月光照在浮动的水面上闪耀金色。

（27）璧，圆形的玉。

（28）求，探求。古仁人，古时品德高尚的人。

（29）物，身外之物，指环境遭遇。

（30）庙堂，宗庙（皇帝家庙）和大殿（皇帝执政之所），指朝廷。

（31）远，远离、偏远之处。

（32）进，指做官。退，指不做官。

（33）归，归附、归依。吾谁与归，出自《礼记·檀弓下》。

（34）时六年，指庆历六年（1046 年）。

【毛泽东评说】

在韶山，毛主席特意去看望了父母的合葬墓。在墓前，献了几束青翠的松枝，深深地鞠了三个躬，感慨地说道："前人辛苦，后人幸福。先天下之忧而忧，后天下之乐而乐。"回到绿树成荫的住所，当陪同来的罗瑞卿在午后去看望他时，主席还说："我们共产党人是彻底的唯物主义者，不迷信什么鬼神。但生我者父母，教我者党、同志、老师、朋友也，还得承认。"并说："我下次回来，还要去看看他们两位。"

——韶山毛泽东同志旧居陈列馆：《毛主席回来了》，载《毛泽东同志八十五诞辰纪念文选》，人民出版社 1979 年版，第 270 页。

【赏析】

本文选自《范文正公集》卷七。岳阳楼是岳州巴陵县（今湖南岳阳）的城西门楼，下瞰洞庭，景观雄壮。相传建于唐初。唐代名相张说为岳州刺史时，常与文人到这里游赏赋诗。后来成为名胜之地。

本文写于宋仁宗庆历六年（1046），作者时居邓州（治所在今河南邓州）。当初，作者因忤吕夷简而放逐数年。庆历三年（1043）之后，夏竦、吕夷简被欧阳修、蔡襄等上书弹劾而先后罢官。范仲淹、韩琦等掌权，提出了十项改革政治的措施，又引起了守旧派的不满。庆历四年（1044），范仲淹出为陕西河东宣抚使。同年，滕子京也被贬到岳州。庆历五年（1045）正月，范仲淹又被贬到邠州（今陕西邠县）；十月，改邓州。范仲淹对自己的遭遇虽愤愤不平，但却以古仁人来鞭策自己，同时也以此勉励滕子京。作者的这种胸襟，突破了个人感情悲喜的局限，而着眼于天下之人，这是其思想境界越出一般"迁客骚人"的地方。"先天下之忧而忧，后天下之乐而乐"的生活理想，表现了我国古代进步知识分子的可贵抱负。

《岳阳楼记》在艺术上，也颇具特色。从题目上看，它是记事体，可是和一般的杂记性文章不同，因为它着重发表议论，提出主张。在语言运用上，它虽是散文，可是其中一部分近于有韵律的赋。可以说，它是兼有记叙和议论、散文和韵文的特点的。因此，骈散相间，结构严密，排比工整，且富于辞藻，都增强了文章的艺术感染力，使它成为一篇脍炙人口的名文。

1959年6月，毛泽东回韶山拜谒父母坟墓时，援引范仲淹的"先天下之忧而忧，后天下之乐而乐"名句，表示对父母的深切怀念和哀悼。

【原文】

严先生祠堂记

先生，光武之故人也⁽¹⁾。相尚以道⁽²⁾。及帝握赤符⁽³⁾，乘六龙⁽⁴⁾，得圣人之时，臣妾亿兆，天下孰加焉？惟先生以节高之⁽⁵⁾，既而动星象⁽⁶⁾，归江湖⁽⁷⁾，得圣人之清⁽⁸⁾，泥涂轩冕⁽⁹⁾，天下孰加焉？惟光武以礼下之⁽¹⁰⁾。在蛊之上九⁽¹¹⁾，众方有为，而独不事王侯，高尚其事，先生以之⁽¹²⁾。在

屯之初九[13]，阳德方亨，而能以贵下贱，大得民也，光武以之。盖先生之心，出乎日月之上；光武之量，包乎天地之外。微先生不能成光武之大[14]，微光武岂能遂先生之高哉！而使贪夫廉、懦夫立，是大有功于名教也[15]。

仲淹来守是邦[16]，始构堂而奠焉[17]。乃复为其后者四家[18]，以奉祠事。又从而歌曰："云山苍苍，江水泱泱[19]。先生之风[20]，山高水长。"

【注释】

（1）光武之故人，《后汉书·严光传》："严光少有高名，与光武同游学。"光武，光武帝刘秀，东汉王朝的建立者，25—57年在位。

（2）相尚以道，同一定的政治主张或思想体系坦然相处。相尚，相对，面对面。道，一定的政治主张或思想体系。

（3）及帝握赤符，《后汉书·光武帝纪》载，光武至部，儒生疆华奉赤符伏奏上，遂即帝位。赤符，红色的符箓，汉以火德王，火色赤，故献赤符而刘秀登位。

（4）乘六龙，《易·乾》："时乘六龙以御天。"

（5）节，气节。

（6）动星象，《后汉书·严光传》："因共偃卧，光以足加帝腹上。明日，太史奏客星犯御座甚急。帝笑曰：'朕故人严子陵共卧耳。'"

（7）归江湖，《后汉书·严光传》："除为谏议大夫，不屈，乃耕于富春山。"

（8）清，清世，太平盛世。

（9）泥涂，污浊。此指视为污浊，轻贱。轩冕，本指旧时士大夫官员的车乘和冕服。此借指官位利禄。

（10）礼，礼仪。

（11）在蛊（gǔ古）之上九，《易·蛊卦·上九爻辞》："不事王侯，高尚其事。"孔颖达疏：蛊，坏极而有事也。处蛊之世，众皆有为，而上九独在事外，惟高尚其事而已。蛊，六十四卦之一，艮上巽下。《易·蛊》："象曰：山下有风，蛊。"蛊卦是坏卦，坏极而有事。

（12）以之，任用，使用，运用。《韩非子·扬权》："圣人执要，四六来效。虚而待之，彼自以是。"

（13）在屯之初九，《易·屯卦·初九》象曰："以贵下贱，大得民也。"孔颖达疏："屯，难也。屯难之之初，德足亨屯，而乃能以贵下贱，民心无不归之也。"

（14）微，无。《诗经·邶风·式微》："微我无酒，以敖以游。"

（15）名教，指封建社会的等级名分和礼教。

（16）仲淹来守是邦，范仲淹曾任杭州知府。守是邦，来这里做地方官。守，镇守，守卫，古谓诸侯为天子守土。邦，原指诸侯国。后泛指地区，政区。

（17）构堂，祠堂，在今浙江桐庐县。

（18）乃复为其后者四家，之后又免去四家的赋税让他们奉祀祠堂。

（19）泱泱，水深广之状。《诗经·小雅·瞻彼洛矣》："瞻彼洛矣，惟水泱泱。"

（20）风，风格，品德。

【毛泽东评说】

毛泽东1914年在湖南第一师范读书时，比他高三年级的同学萧子升，曾把自己写有20多篇作文的两个大练习本借给毛泽东看，其中第一篇作文便是"评范仲淹的《严先生祠堂记》"。文中认为，光武帝仅仅请朋友帮忙处理繁难的政务，未必就是求贤若渴；严光也并不像人们所说的那样纯洁高尚，如果他早知道自己不会接受委任，那么他为什么还来拜访皇帝并与之同床共寝？这不也表明他同样爱慕虚荣吗？据萧子升在《我和毛泽东的一段曲折经历》（法文版原名《我和毛泽东曾是乞丐》）中记述："毛不同意我的一些见解。整个黄昏，我们都在争论。""毛泽东的看法却是这样的；他认为刘秀登基后，严光应该当宰相，就像比他早二百年的前人张良辅汉高祖一样。我反驳道：'你显然没有理解严光的思想'。"

——陈晋等：《毛泽东读书笔记解析》，广东人民出版社1996年版，第88—89页。

唐
宋

七 律

和柳亚子先生

一九四九年四月二十九日

饮茶粤海未能忘，索句渝州叶正黄。

三十一年还旧国，落花时节读华章。

牢骚太盛防肠断，风物长宜放眼量。

莫道昆明池水浅，观鱼胜过富春江。

——《毛泽东诗词集》，中央文献出版社 1996 年版，第 79 页。

【赏析】

严光，字子陵，会稽余姚（今浙江余姚）人，东汉初著名隐士。严光曾与光武帝刘秀是同学。刘秀即位后，他改名隐居。后被召到京师洛阳，任为谏议大夫，他不肯受，归隐于富春江。现在浙江富春江上的子陵滩，即七里滩，起自建德，迄于桐庐钓鱼，相传就是严光隐居游钓之处。桐庐境内的严陵钓台便是其遗迹。

范仲淹的《严先生祠堂记》便是一篇赞颂严光气节的文章。作者认为，严光不肯做官而甘愿当隐士，表现了他的高风亮节；刘秀的以礼相待，说明了他的礼贤下士，二人相得益彰，互相成就彼此之名；并热烈赞颂二人确立的风范，可以使"贪夫廉、懦夫立，是大有功于名教"，因此可与山水并垂千古。

毛泽东在 1913 年的《讲堂录》中论述了严光与光武帝刘秀的事。1914 年又和萧子升讨论了范仲淹的《严先生祠堂记》及对严光的评价问题。1949 年 3 月，诗人柳亚子作《七律·感事呈毛主席》一诗，中有"安得南征驰捷报，分湖便是子陵滩"两句。"子陵滩"就是严光游钓的富春江中的一段，现有桐庐境内的严陵钓台，便是其遗迹，可能就是范仲淹所说的严先生祠堂吧！毛泽东在这年 4 月写的《七律·和柳亚子先生》一诗中，委婉劝道："牢骚太盛防肠断，风物长宜放眼量。莫道昆明池水浅，观鱼胜过富春江。"柳亚子在诗中以严光自比，表示归隐；毛泽东仍就严光垂钓来说，言下之意是时代变了，在颐和园的昆明湖欣赏游鱼的快乐比在严光钓过鱼的富春江的钓台更好。意谓要留下共事，建设国家，不必效仿严光隐居。

欧阳修

　　欧阳修（1007—1072），字永叔，号醉翁，晚年又号六一居士，庐陵（今江西吉安）人，宋代文学家、史学家。出身比较寒微，经历真宗、仁宗、英宗、神宗四朝。于仁宗天圣八年（1030）中进士入仕，至神宗熙宁四年（1071）退休，"居三朝数十年间，以文章道德为一代宗师"。仕至枢密院副使、参知政事。谥文忠。早年支持范仲淹的庆历新政，要求在政治上有所改良；王安石推行新法时，曾对青苗法表示不满。坚持"宽简""节用"的政治主张。诗、文、词都有特点，尤其在古文的倡导和写作方面，影响最大。主张应明道、致用，对宋初以来追求靡丽形式的文风表示不满，并积极奖掖后进，是北宋文坛的实际领袖。所作散文，说理畅达，抒情委婉，旧时被列为"唐宋八大家"之一；诗风与散文近似，语言流畅自然。其词婉丽，承袭南唐余风。曾与宋祁合修《新唐书》，并独撰《新五代史》。有《欧阳文忠公集》。

【原文】

朋党论

　　臣闻朋党之说[1]，自古有之，惟幸人君辨其君子小人而已[2]。大凡君子与君子，以同道为朋[3]。小人与小人，以同利为朋；此自然之理也。

　　然臣谓小人无朋，惟君子则有之。其故何哉？小人所好者[4]，禄利也。所贪者，财货也。当其同利之时，暂相党引以为朋者[5]，伪也；及其见利而争先，或利尽而交疏，则反相贼害[6]；虽其兄弟亲戚，不能相保；故臣谓小人无朋，其暂为朋者，伪也。君子则不然：所守者道义[7]，所行者忠信，所惜者名节[8]，以之修身。则同道而相益；以之事国，则同心而共济[9]；终始如一，此君子之朋也。故为人君者，但当退小人之伪朋⁽¹⁰⁾，用君子之真朋，则天下治矣⁽¹¹⁾。

尧之时⁽¹²⁾，小人共工驩兜等四人为一朋⁽¹³⁾，君子八元八凯十六人为一朋⁽¹⁴⁾。舜佐尧⁽¹⁵⁾，退四凶小人之朋，而进元凯君子之朋。

尧之天下大治。及舜自为天子，⁽¹⁶⁾而皋、陶、夔、稷、契等二十二人⁽¹⁷⁾，并列于朝，更相称美，更相推让，凡二十二人为一朋。而舜皆用之，天下亦大治。《书》曰⁽¹⁸⁾："纣有臣亿万，惟亿万心；周有臣三千，惟一心。"纣之时，亿万人各异心，可谓不为朋矣；然纣以亡国。周武王之臣，三千人为一大朋，而周用以兴⁽¹⁹⁾。

后汉献帝时⁽²⁰⁾，尽取天下名士囚禁之，目为党人。及黄巾贼起⁽²¹⁾，汉室大乱，后方悔悟，尽解党人而释之，然已无救矣。

唐之晚年⁽²²⁾，渐起朋党之论。及昭宗时⁽²³⁾，尽杀朝之名士，或投之黄河，曰："此辈清流，可投浊流⁽²⁴⁾。"而唐遂亡矣。

夫前世之主⁽²⁵⁾，能使人人异心不为朋，莫如纣；能禁绝善人为朋，莫如汉献帝；能诛戮清流之朋，莫如唐昭宗之世；然皆乱亡其国。更相称美推让而不自疑，莫如舜之二十二臣；舜亦不疑而皆用之，然而后世不诮舜为二十二人朋党所欺⁽²⁶⁾，而称舜为聪明之圣者⁽²⁷⁾，以辨君子与小人也。周武之世，举其国之臣三千人，共为一朋。自古为朋之多且大，莫如周；然周用此以兴者。善人虽多而不厌也。

夫兴亡治乱之迹，为人君者可以鉴矣！

【注释】

（1）朋党，人们因某种相同的目的而结成的集团。后指因政见不同而形成的互相倾轧的宗派。《战国策·赵策二》："臣闻明王绝疑去谗，屏流言之迹，塞朋党之门。"

（2）幸，希望。

（3）同道为朋，在道义的基础上结成朋党。

（4）好（hào 号），喜爱。

（5）党引，勾结。

（6）贼害，伤害。

（7）守，坚持。

（8）名节，名誉气节。

（9）济，成事。

（10）退，废弃不用。

（11）治，安定。

（12）尧，唐尧，陶唐氏，名放勋。传说中父系氏族社会后期部落首领。儒家推崇的古代贤君。

（13）共工、讙兜（huān dōu 欢兜），尧时被称为四凶中的两个。

（14）八元，古代传说中高辛氏的八个才子。《左传·文公十八年》："高辛氏有才子八人：伯奋、仲堪、叔献、季仲、伯虎、仲熊、叔豹、季狸，忠肃共懿，宣兹惠和，天下之民，谓之'八元'。"八恺，相传古代高阳氏的八个才子。《左传·文公十八年》："昔高阳氏有才子八人：苍舒、隤凯、梼戨、大临、尨降、庭坚、仲容、叔达，齐圣广渊，明允笃诚，天下之民谓之八恺。"

（15）舜，姚姓，有禹氏，名重华，史称虞舜。传说中父系氏族社会后期部落联盟首领。佐，辅助。

（16）及，到了。

（17）皋（gāo 高）、陶、夔（kuí 葵）、稷（jì 迹）、契（xiè 屑），四人都是舜时贤臣，分别被舜委任为管理刑法、音乐、农事和教育的长官。

（18）《书》，《尚书》，收录上古时代的政府文告。下面引的四句话见于《尚书·泰誓篇》。这是周武王伐纣，会师于孟津时发表的誓师词。

（19）用，因此。

（20）后汉献帝三句，汉献帝，刘协，汉代的亡国之君，180—220 年在位。东汉桓帝时，宦官专权，一些名士如李膺、杜密、陈实，范滂等都被诬为营私结党，逮捕下狱，后被赦免，但终年不许做官。文中说系献帝时事，当系误记。

（21）黄巾，东汉末年一支农民起义军，用黄巾为标志，故称。贼，封建统治者对农民起义军的诬蔑性称呼。

（22）唐之晚年二句，唐宪宗元和（806—820）初年，分别代表豪族地主和庶族地主阶层利益的李吉甫和牛僧儒、李宗闵，各树朋党，展开斗争。这次党争一直延续到文宗、武宗时，历时 40 年，史称"牛李党争"。

（23）昭宗，李晔（yè 页），唐朝的亡国之君。889—904 年在位。

（24）此辈清流二句，这是昭宣帝天祐二年（905）权臣朱全忠诱杀当时士大夫裴枢等 30 余人时说的话。文中说是昭宗时的事，也系作者误记。

（25）夫，语首助词。

（26）诮，责备。

（27）聪明，听得明白，看得清楚。

【毛泽东评说】

在献帝以前。

似是而非，汉献、唐昭时，政在权臣，非傀儡皇帝之罪。

——《毛泽东读〈古文辞类纂·欧阳修《朋党论》批语〉》，载《毛泽东读文史古籍批语集》，中央文献出版社 1993 年版，第 93 页。

【赏析】

庆历三年（1043），豪强地主阶级在政治上的代表人物夏竦、吕夷简等人，由于欧阳修、蔡襄等人的弹劾而先后被罢免，范仲淹、韩琦等革新派上台执政，提出许多改革主张，这就是"庆历新政"。但是，暂时受到排挤的保守派人物仍有很大实力，他们到处制造舆论，攻击范仲淹"越职言事，离问群臣，引用朋党"。

欧阳修写下《朋党论》，予以反击，有力地驳斥了保守派的诬蔑。文章首先划清"君子之党"和"小人之党"的界限，又进一层剖析"小人无朋"和"君子有朋"的道理，然后引证大量历史事实，从而得出"为人君者，但当退小人之伪朋，用君子之真朋，则天下治矣"的结论，说明国家的兴亡和朋党的真实关系，给予政敌以致命的打击。

这篇政论是很有名的。文中连用排比，增加了说理的气势，也使事理在正反对比中显得更加清楚明白。

毛泽东阅读本文时写了两个批语。第一个批语是："在汉献帝以前"，指出了欧阳修在引用事实上的不严谨之处，因为禁绝朋党的事在汉献帝以前就有了。这一点，我们在注释中已具体指出。第二个批语是说欧阳修在文中认为汉献帝、唐昭之所以亡国，原因在于任用朋党。毛泽东认为这种议论"似是而非"，不符合实际。因为二朝的皇帝都是傀儡，大权握在权臣手中，所以西朝之灭亡，罪在权臣，而主要不是傀儡皇帝的罪过，这样才比较符合实际。

【原文】

为君难论（上）

语曰[(1)]："为君难者，孰难哉[(2)]？"盖莫难于用人[(3)]。夫用人之术[(4)]，任之必专[(5)]，信之必笃[(6)]，然后能尽其材，而可共成事。及其失也，任之欲专，则不复谋于人而拒绝群议，是欲尽一人之用，而先失众人之心也；信之欲笃，则一切不疑而果于必行，是不审事之可否。不计功之成败也。夫远众举事，又不审计而轻发，其百举百失而及于祸败[(7)]，此理之宜然也。然亦有幸而成功者。人情成是而败非[(8)]，则又从而选之：以其远众为独见之明，以其拒谏为不惑群论，以其偏信而轻发为决于能断。使后世人君慕此三者以自期，至其信用一失而及于祸败，则虽悔而不可及。此甚可叹也。

前世为人君者，力拒群议，专信一人，而不能早悟，以及于祸败者多矣，不可以遍举，请试举其一二：昔秦符坚地大兵强[(9)]，有众九十六万，号称百万，蔑视东晋，指为一隅，谓可直以气吞之耳。然而举国之人，皆言晋不可伐，更进互说者，不可胜数，其所陈天时人事，坚随以强辩折之，忠言说论皆沮屈而去。如王猛、符融，老成之言也，不听；太子宏、少子诜，至亲之言也，不听；沙门道安，坚平生所信重者也，数为之言，不听。惟听信一将军慕容垂者。垂之言曰[(10)]："陛下内断神谋，足矣，不烦广访朝臣，以乱圣虑。"坚大喜曰："与吾共定天下者，惟卿尔？"于是决意不疑，遂大举南伐。兵至寿春[(11)]，晋以数千人击之，大败而归。比至洛阳，九十六万兵，亡其八十六万。坚自此兵威沮丧[(12)]，不复能振，遂至于乱亡。

近五代时⁽¹³⁾，后唐清泰帝患晋祖之镇太原也，地近契丹，恃兵跋扈，议欲徙之于郓州。举朝之士皆谏，以为未可，帝意必欲徙之。夜召常所与谋枢密直学士薛文遇问之⁽¹⁴⁾，以决可否。文遇对曰：“臣闻作舍道边⁽¹⁵⁾，三年不成，此事断在陛下，何必更问群臣。”帝大喜曰：“术者言我今年当得一贤佐⁽¹⁶⁾，助我中兴，卿其是乎。”即时命学士草制⁽¹⁷⁾，徙晋祖于郓州。明旦宣麻⁽¹⁸⁾，在廷之臣皆失色。后六日而晋祖反书至⁽¹⁹⁾，清泰帝忧惧，不知所为，谓李崧曰：“我适见薛文遇，为之肉颤，欲自抽刀刺之。”崧对曰：“事已至此，悔无及矣。”但君臣相顾涕泣而已。

由是言之，能力拒群议专信一人，莫如二君之果也；由之以致祸败乱亡，亦莫如二君之酷也。方苻坚欲与慕容垂共定天下，清泰帝以薛文遇为贤佐，助我中兴：可谓临乱之君，各贤其臣者也。

或有诘予曰：“然则用人者不可专信乎？”应之曰：“齐桓公之用管仲⁽²⁰⁾，蜀先主之用诸葛亮。可谓专而信矣，不闻举齐、蜀之臣民非之也。盖其令出而举国之臣民从，事行而举国之臣民便，故桓公、先主得以专任而不贰也。使令出而两国之人不从，事行而两国之人不便，则彼二君者，其肯专任而信之，以失众心而敛国怨乎⁽²¹⁾！”

【注释】

（1）语曰，俗语、谚语或古书中的话。

（2）孰，什么。

（3）盖，大概。

（4）术，方法。

（5）专，一心，完全。

（6）笃，诚。

（7）祸败，灾祸和失败。《左传·襄公九年》：“商人阅其祸败之衅，必始于火。”

（8）成是而败非，成功了的就是对的，失败了的就是错的。这是一种以成败论人的观点。

（9）昔秦符坚……慕容垂者，《晋书·符坚载记》："坚引群臣会议，曰：'吾统承大业垂二十载，芟夷遘移，四方略定，惟东南一隅未宾王化。吾每思天下不一，未尝不临食辍铺。今欲起天兵以讨之，略计兵杖精卒，可有九十七万。吾将躬先起行，薄伐南裔，于诸卿意何如？'"除秘书监朱彤、冠南将军慕容垂附和外，群臣一致反对。号称百万，《符坚载记》："符坚谓群臣曰：'今有劲卒百万，文武如林，鼓行而摧遗晋，若商风之陨秋箨。朝廷内外，皆言不可，吾实未解所由。'"一隅，一个角落。谠论，正直的言论。谠，正直。王猛，符坚的谋臣，著名政治家。符融，符坚的弟弟，官任中军将军。沙门道安，释道安，为符坚所崇信。符坚曾说："安公道真至境，德为时尊，朕举天下之重，未足以易之。"沙门，梵语 Sramana 的音译。原为古印度反婆罗门教各个派别出家者的通称，佛教盛行后专指佛教僧侣。

（10）垂之言九句，亦见《晋书·符坚载记》。《晋书》于"以乱圣虑"之下有"昔晋武之平吴也，言可者张，杜数贤而已，若采群臣之言，岂能建不世之功"。

（11）兵至寿春五句，即著名的秦晋淝水之战，东晋谢石、谢玄、刘牢之等，以少胜多，大败秦兵于淝水，符坚从此一蹶不振。寿春，今安徽寿春县。

（12）沮（jǔ举），灰心失望。

（13）近五代时五句，唐五代时，篡夺频仍，群臣猜忌。后唐废帝李从珂，是唐明帝的养子，杀明宗子从厚后继位，年号清泰。由于石敬瑭以河东节度使驻节太原，实力最强，废帝视为心腹之疾，遂于清泰三年（936）五月下诏徙石敬瑭为天平节度使，石敬瑭因此举兵反叛。废帝兵败，逃至河阳后自杀，石敬瑭称帝，为晋高祖。郓州，今山东郓县，天平节度治所。契丹，唐时我国北方少数民族之一。跋扈，骄横，强暴。

（14）枢密，中枢官署的通称，指枢密院。直学士，官名。唐置。凡官资较浅者，初入直馆阁，为直学士，位在学士下，待制上。

（15）作舍道边二句，《诗经·小雅·小旻》："如彼筑室于道谋，是用不溃于成。"意谓和过路人商量盖房子，必然办不成事。

（16）术者，指占卜一类人。

（17）草制，撰写诏书的底稿。

（18）宣麻，唐宋时任免将相，用黄白麻纸写诏书，在朝廷宣读。

（19）后六日而晋祖反书至十句，石敬瑭获徙镇的消息后，说："我不兴乱，朝廷发之，安能束手死于道路乎！"于是上表斥废帝为（明）帝养子，不应承祀，请传位许王。《旧王代史·唐书·末帝纪》："（废帝逃至邺城）帝以李崧与范延光相善，召人谋之。薛文遇不知而后至，帝变色，崧蹑文遇足，乃出。帝曰：'我见此物肉颤，适拟抽刀刺之。'崧曰：'文遇小人，改误大事，刺之益丑。'"

（20）齐桓公之用管仲四句，春秋时齐桓公任用管仲，"九合诸侯，一匡天下"，成为春秋五霸之一。刘备任用诸葛亮，建立了蜀汉政权。二者都是君主专信重用朝臣的典型事例。

（21）敛国怨，《诗经·大雅·荡》："女炰然于中国，敛怨以为德。"此指招致人民对朝廷的怨恨。

【毛泽东评说】

错在倾巢而出。若一二十万人更番迭试，胜则进，败则止，未必不可为。

不徙石敬瑭，没有薛文遇，照样亡国，不过时间先后耳。

汉元帝语，也是一句空话（按：指"临乱之君，各贤其臣"一语）。

——《毛泽东读〈古文辞类纂·欧阳修《为君难论上》批语〉》，载《毛泽东读文史古籍批语集》，中央文献出版社1993年版，第94—95页。

【赏析】

本文作于宋仁宗赵祯庆历二年（1042）。东汉哲学家王充《论衡·自然篇》曰："或复于桓公，公曰：'以告仲父（管仲）。'左右曰：'一则仲父，二则仲父，为君乃易乎？'公曰：'我未得仲父，故难；已得仲父，何为不易？'"齐桓公未得管仲辅佐，感到做国君很难；得管仲辅佐之后，便感到做国君不难了，说明国君得贤臣辅佐的重要性。欧阳修接过这个话题，作《为君难论》上、下两篇，论述国君应该如何用人、听言，目的在

唐
宋

于提倡言事之风，为庆历新政制造舆论。文章逻辑严密，说理透辟，体现了欧阳修政论文章的特色。

毛泽东在读《古文辞类纂》中所载这篇文章时，一连写了三条批语，都是关于本文的两个主要事实论据的。第一条批语是关于前秦苻坚在"淝水之战"中被东晋打败，从此一蹶不振，不久，前秦也就土崩瓦解了。欧氏认为苻坚错在未听群臣谏阻，执意灭晋，也就是说错在听言。而毛泽东则认为"错在倾巢而出"。那就是说伐晋本身并不错，只是战略战术运用上出了问题。所以，毛泽东设想："若一二十万人更番迭试，胜则进，败则止，未必不可为。"这从战争上来讲，未必没有道理。但与欧氏论述问题的角度已不相同了。

第二条批语，是关于本文的另一个重要论据的后唐废帝李从珂的。李从珂是唐明帝的养子，杀明宗亲子后而继位。当时，他的部下、驻守太原的河东节度使石敬瑭势力最大。他为了铲除这个心腹之患，听取薛文遇的意见下诏徙石敬瑭到郓州，激起石敬瑭反叛，兵败被杀，后唐遂亡，石敬瑭称帝，国号晋。欧阳修也认为是误听薛文遇的话造成的。毛泽东则认为："不徙石敬瑭，没有薛文遇，照样亡国，不过时间先后耳。"其看问题的角度也与欧氏不同：不是讲唐废帝应不应听薛文遇的意见徙石敬瑭，而是讲唐废帝本人不好，皇帝肯定做不长。唐废帝李从珂和石敬瑭，都是勇健好斗，向来互相猜忌。他以反叛杀唐愍帝而上台，怕石敬瑭也如法炮制、取而代之。他上台后，百般搜刮民财，狱中人满。军士骄气逼人，只要犒赏。也就是说李从珂丧失民心、军心，没有基础，肯定是要灭亡的，如果没有石敬瑭，可能还有张敬瑭、王敬瑭，李从珂终归是要灭亡的。

第三条批语是对欧阳修的论提出批评：欧氏认为从苻坚和唐废帝这两件事情来看，可谓"临乱之君，各贤其臣者也"。毛泽东对此批道："汉元帝语，也是一句空话。"为什么这样讲呢？这关系到对汉元帝的评价。毛泽东对汉代的皇帝，认为汉高祖、汉武帝雄才大略，"前汉自元帝始即每况愈下"（《毛泽东 1957 年 6 月 13 日同吴冷西等人的谈话》）。汉元帝刘奭（前 76—前 33），宣帝之子，公元前 49—前 33 年在位。《汉书》的作者班固《元帝纪》的"赞"里说："元帝多才艺，善史书。鼓琴瑟，吹洞箫，自度曲，被歌声，分判节度，穷极幼眇。少而好儒，及即位，征用儒生，委之以政，贡、薛、韦、匡迭为宰相。而上牵制文义，优游不断，孝宣之业衰矣。"可见，汉元帝是个多才多艺的人。但由于他爱好儒术，重用宦官，加上他统治期间赋役苛重，西汉开始由盛转衰。这正应了他父亲汉宣帝在他做太子时说过的一句话："乱我家者，太子也！"在毛泽东看来，汉文帝以儒治国，把国弄得衰落了，尽管他那句话本身是不错的，但不免成了一句空话，比欧阳修的看法更深一层。

【原文】

为君难论（下）

呜呼！用人之难难矣，未若听言之难也。

夫人之言，非一端也[1]。巧辩纵横而可喜[2]，忠言质朴而多讷[3]，此非听言之难，在听者之明暗也[4]；谀言顺意而易悦[5]，直言逆耳而触怒[6]，此非听言之难，在听者之贤愚也[7]：是皆未足为难也。若听其言则可用，然用之有辄败人之事者；听其言若不可用，然非如其言不能以成功者，此然后为听言之难也。请试举其一二。

战国时，赵将有赵括者[8]，善言兵，自谓天下莫能当。其父奢，赵之名将，老于用兵者也，每与括言，亦不能屈。然奢终不以括为能也，叹曰："赵若以括为将，必败赵事。其后奢死，赵遂以括为将，其母自见赵王，亦言括不可用，赵王不听，使括将而攻秦。括为秦军射死，赵兵大败，降秦者四十万人，坑于长平。盖当时未有如括善言兵，亦未有如括大败者也。此听其言可用，用之辄败人事者，赵括是也。

秦始皇欲伐荆[9]，问其将李信，用兵几何？信方年少而勇，对曰："不过二十万足矣。"始皇大喜。又以问老将王翦，翦曰："非六十万不可。"始皇不悦曰："将军老矣，何其怯也！"因以信为可用，即与兵二十万。使伐荆。王翦遂谢病，退老于频阳。已而信大为荆人所败，亡七都尉而还。始皇大惭，自驾如频阳谢翦，因强起之。翦曰："必欲用臣，非六十万不可。"于是卒与六十万而往，遂以灭荆。夫初听其言者不可用，然非如其言不能以成功者，王翦是也。

且听计于人者宜如何，听其言若可用，用之宜矣，辄败事；听其言若不可用，舍之宜矣，然必如其说则成功。此所以为难也。予又以谓秦、赵二主，非徒失于听言，亦由乐用新进[10]，忽弃老成[11]，此其所以败也。大抵新进之士喜勇锐，老成之人多持重，此所以人主之好立功名者，听勇锐之语则易合，闻持重之言则难入也。

若赵括者，则又有说焉。予略考《史记》所书，是时赵方遣廉颇攻秦[12]，颇，赵名将也，秦人畏颇，而知括虚言易与也，因行反间于赵曰："秦人所畏者，赵括也，若赵以为将，则秦惧矣。"赵王不悟反间也[13]，遂用括为将以代颇。蔺相如力谏以为不可[14]，赵王不听，遂至于败。由是言之，括虚谈无实而不可用，其父知之，其母亦知之，赵之诸臣蔺相如等亦知之，外至敌国亦知之，独其主不悟耳。

夫用人之失，天下之人皆知其不可，而独其主不知者，莫大之患也。前世之祸乱败亡由此者，不可胜数也。

【注释】

（1）一端，指事情的一点或一个方面。语出《礼记·祭义》："夫言岂一端而已，夫各有所当也。"郑玄注："岂一端，言不可以一槩也。"

（2）巧辩，诡辩。《淮南子·览冥训》："辅佐有能，黜谗佞之端，息巧辩之说。"

（3）讷（nè 呐，又读 nà 纳），出言迟钝。

（4）明暗，亦作"明闇"。明与暗，喻指聪慧或愚昧。

（5）谀言，阿谀奉承的话。

（6）直言，正直、耿直的话。《荀子·解蔽》："故人君者，周则谗言至矣，直言反矣；小人迩而君子远矣。"

（7）贤愚，贤明和愚笨。贤，有德行，有才干。

（8）赵将有赵括者一段，赵括事，即纸上谈兵的故事，见《史记·廉颇蔺相如列传》。其中记括母与赵王的对话如下："及括将行，其母上书言于王曰：'括不可使将。'王曰：'何以？'对曰：'始妾事其父，时为将，身所奉饭饮而进食者以十数，所友者以百数，大王及宗室所赏赐者尽以予军吏士大夫，受命之日，不问家事。今括一旦为将，东向而朝，军吏无敢仰视之者，王所赐金帛，归藏于家，而日视便利田宅可买之者买之。王以为何如其父？父子异心，愿王勿遣。'王曰：'母置之，吾已决矣。'括母因曰：'王终遣之，即有如不称，妾得无随坐乎？'王许诺。"长平，今山西高平市西北。

（9）秦始皇欲伐荆一段，此段叙王翦的事，见《史记·白起王翦传》。王翦，战国末年秦将。频阳（今陕西富平东北）人，先后率军攻破赵国、燕国和攻灭楚国。荆，楚国。都尉，郡治武官。

（10）新进，旧指初入仕途、新得科第或新被任用。《汉书·赵广汉传》："所居好用世吏子孙新进年少者，专厉强壮蜂气，见事风生，无所回避。"颜师古注："言旧吏家子孙而其人后出求进，又年少也。"

（11）老成，语出《诗经·大雅·荡》："虽无老成人，尚有典刑。"疏："年老成德之人。"此处表现了欧阳修主张改革弊政，但又认为改革必须有郑重的观点。

（12）廉颇，战国时赵国名将。赵惠文王时任上卿，屡次战胜齐、魏等国。长平之战，坚守三年，后因赵孝成王中秦反间计，改用赵括为将，大败。

（13）反间（jiàn），古代指潜入敌方刺探情报、机密，进行扰乱、颠覆活动的人。反间计为三十六计之一。

（14）蔺相如，战国时赵国大臣。因奉命入秦，"完璧归赵"和渑池会中不辱使命，因功任为上卿。位于廉颇之上，又能容忍谦让，使颇感悟，成为刎颈之交，这便是传为佳话的"将相和"。

【毛泽东评说】

看有什么新进。起、翦、颇、牧其始皆新进也。周瑜、诸葛、郭嘉、贾诩，皆非少年新进乎？

——《毛泽东读〈古文辞类纂·欧阳修《为君难论下》批语〉，载《毛泽东读文史古籍批语集》，中央文献出版社1993年版，第97—98页。

唐
宋

【赏析】

欧阳修在《为君难论》中总的是讲皇帝如何听言用人的，而且用人和听言又是不能截然分开的。但二文各有侧重，上篇侧重在用人，下篇侧重在听言。

在本文中，作者着力叙述了君王在面临臣下进言时诸多的两难选择。从主观上说，对臣下的进言，有的愿意听，有的不愿意听，该听的不一定中听，中听的不一定该听。最难的还在于，听或不听所导致的客观效果。作者在本文中举了两个例子。一个是战国后期的秦赵长平之战。本来名将廉颇守长平三年，赵王误中秦人的反间计，而改用只会纸上谈兵的赵括取代廉颇，赵括盲目出击招致大败。赵军降秦四十万人，被坑于长平。这对赵王来说，是"听其言则可用，然用之有辄败人之事者"。另一个是秦始皇打算攻伐荆（楚），问年轻将领李信需要带多少兵去，李说只要二十万就够了，秦始皇听了很高兴；秦始皇又问老将王翦，王翦却说非要六十万不可，秦始皇听后不满意地说："将军老矣，何其怯也。"结果李信带二十万兵攻打荆国，大败而归。秦始皇又派王翦带六十万兵去攻打，便一举灭掉了荆国。对秦始皇来说，王翦之言是"夫初听其言若不可用，然非如其言不能以成功者"。说到这里，欧阳修又进一步提出，赵王和秦始皇之失，不光是不喜选择臣下谏言，主要的是他们喜欢启用年轻的人。毛泽东不同意这个看法，写下上面我们所录那段批语。毛泽东认为，秦国白起、王翦和赵国的廉颇、李牧这些著名的老将，也是从"新进"之辈成长起来的，再说，即使"新进"的人，如三国时代孙权手下的周瑜，刘备手下的诸葛亮，曹操手下的郭嘉、贾诩，都是公认的智谋非常之士。因此，关键不在于是不是"乐用新进"，而在于用"什么新进"。

【原文】

记旧本韩文后

予少家汉东⁽¹⁾。汉东僻陋，无学者。吾家又贫，无藏书。州南有大姓李氏者，其子尧辅颇好学。予为儿童时，多游其家，见有弊筐贮故书⁽²⁾，在壁间。发而视之，得唐《昌黎先生文集》六卷[3]，脱落颠倒，无次序。因乞李氏以归。读之，见其言深厚而雄博。然予犹少，未能悉究其义，徒见其浩然无涯，若可爱[4]。

是时天下学者，杨刘之作[5]，号为时文[6]，能者取科第擅名声以夸荣当世，未尝有道韩文者。予亦方举进士[7]，以礼部诗赋为事。年十有七，试于州，为有司所黜。因取所藏韩氏之文复阅之，则喟然叹曰："学者当至于是而止尔。"因怪时人之不道，而顾己亦未暇学，徒时时独念于予心，以谓方从进士干禄以养亲。苟得禄矣，当尽力于斯文以偿其素志。后七年，举进士及第。官于洛阳，而尹师鲁之徒皆在[8]，遂相与作为古文[9]。因出所藏昌黎集而补缀之，求人家所有旧本而校定之。其后天下学者亦渐趋于古，而韩文遂行于世。至于今，盖三十余年矣。学者非韩不学也，可谓盛矣。

呜呼！道固有行于远而止于近，有忽于往而贵于今者，非惟世俗好恶之使然，亦其理有当然者。而孔孟惶惶于一时[10]。而归法于千万世。韩氏之文，没而不见者二百年，而后大施于今，此又非特好恶之所上下，盖其久而愈明，不可磨灭[11]。虽蔽于暂而终耀于无穷者，其道当然也。予之始得于韩也，当其沈没弃废之时。予固知其不足以追时好而敢势利，于是就而学之。则予之所为者。岂所以急名誉而干势利之用哉，亦志乎久而已矣。故予之仕，于进不为喜退不为惧者，盖其志先定而所学者宜然也。

集本出于蜀，文字刻画。颇精于今世俗本，而脱缪尤多[12]，凡三十年间，闻人有善本者，必求而改正之。其最后卷帙不足[13]，今不复补者，重增其故也。予家藏书万卷，独昌黎先生集为旧物也。呜呼！韩氏之文之道，万世所共尊天下所共传而有也。予于此本，特以其旧物而尤惜之。

【注释】

（1）汉东，宋郡名。治所在今湖北随县西北唐县镇。随州在汉水以东，故称汉东。

（2）弊筐，破筐子。贮，积存，贮藏。

（3）《昌黎先生文集》，即《昌黎先生集》。韩愈作，门人李汉编。

韩愈自称郡望为昌黎，世称昌黎先生，故名。

（4）若，如此。

（5）杨刘，杨亿和刘筠。杨亿（974—1020），字大年，浦城（今福建浦城）人，北宋文学家，淳氏进士，任翰林学士兼史馆编修。曾与刘筠、钱惟演等诗歌唱和，编成《西昆酬唱集》，号西昆体。刘筠，字子仪，大名（今河北大名）人，北宋诗人。咸平进士，仕真宗、仁宗两朝，官至翰林承旨兼龙图阁直学士。诗和杨亿齐名，时称"杨刘"。杨刘之作，以华靡著称，石介《怪说》评为"穷妍极态，缀风月，弄花草，淫巧侈丽，浮华纂组"。

（6）时文，时下流行的文体，此指科举考试所采用文体的程式文章。

（7）方，将。

（8）尹师鲁，即尹洙（1001—1047），字师鲁，河南（府治今河南洛阳）人，北宋文学家。文风尚古，摆脱宋初华靡的文风。有《河南先生集》。

（9）古文，文体名，指以文言写作的散体文。唐韩愈反对魏晋以来骈俪的文风，提倡先秦两汉所普遍使用的散体文，并称散体为古文。

（10）孔孟，孔子和孟子。惶惶，心神不安之态。

（11）磨灭，消失，消灭。

（12）脱缪，亦作"脱谬"。脱漏，错误。

（13）卷帙，篇章。

【毛泽东评说】

韩愈文集，为李汉编辑得全，欧阳修得之于随县，因以流传，厥功伟哉。

——《读〈新唐书·李汉传〉批语》，载《毛泽东读文史古籍批语》，中央文献出版社 1995 年版，第 233 页。

【赏析】

本文是欧阳修晚年的作品。文章分为两部分。前半部分以记叙为主，细致地追述作者少年时如何在随州大姓李氏壁间的弊筐中发现残破的《昌黎先生文集》；青年时如何为了干禄养亲，不得不违背己意，追随时俗，写作时文；壮年时如何与尹师鲁等人倡导古文，并使之蔚然成风，详细地叙述了从接触韩文到学习古文并倡导古文运动的全过程，毫不掩饰做作，显得亲切可信。后半部分重在议论，从理论上总结出只有不急名誉、不干势利、进不为喜、退不为惧才能学习古文，表现作者立志发扬韩愈之文之道的理想与决心，体现了作者文道并重，即为人与为文并重的文学主张。所以，本文是研究北宋古文运动和欧阳修创作道路的重要资料，也是一篇情真意切，理充气盛，极富感染力的佳作。

韩愈和柳宗元倡导古文运动，并写作明白晓畅的散文以矫南北朝骈俪文风之弊，但事隔二百年，到了宋初，在西昆派的倡导下，六朝文风又死灰复燃，韩愈的散文不为人所重。作为北宋文坛泰斗的欧阳修等人，积极倡导古文运动，写作散体文章。欧阳氏还在随县发现了韩愈的文集，加以完善、提倡，使之影响到了极盛时期。从此以后，在中国文学史上，以韩、柳、欧、苏为代表的古代散文便不断发展，成为文学上的正宗。所以，毛泽东在读《新唐书李汉传》的批语中，把李汉编辑《韩愈文集》，欧阳修整理并推广韩文，看作一件大事，认为"厥功伟哉"。这个评价是恰当的。

苏 洵

苏洵（1009—1066），字明允，眉山（今四川眉山）人，北宋散文家。仁宗嘉祐年间，得欧阳修推荐，以文章著名于世。曾任秘书省校字、霸州文安县主簿。在政治上，主张抵抗辽邦攻掠，对大地主的土地兼并、政治特权，有所不满。所作文章，语言明畅，笔力矫健。与其子轼、辙合称"三苏"，俱被列入"唐宋八大家"。有《嘉祐集》。

【原文】

明 论

天下有大知⁽¹⁾，有小知。人之智虑，有所及，有所不及。圣人以其大知而兼其小知之功⁽²⁾，贤人以其所及而济其所不及⁽³⁾。愚者不知大知⁽⁴⁾，而以其所不及丧其所及，故圣人之治天下也以常⁽⁵⁾，而贤人之治天下也以时⁽⁶⁾，既不能常，又不能时，悲夫殆哉⁽⁷⁾！夫惟大知而后可以常，以其所及济其所不及，而后可以时。常也者，无治而不治者也，时也者，无乱而不治者也。日月经乎中天⁽⁸⁾，大可以被四海，而小或不能入一室之下，彼固无用此区区小明也⁽⁹⁾。故天下视日月之光，俨然其若君父之威⁽¹⁰⁾。故自有天地而有日月，以至于今而未尝可以一日无焉。

天下尝有言曰：叛父母，亵神明⁽¹¹⁾，则雷霆下击之。雷霆固不能为天下尽击此等辈也。而天下之所以兢兢然不敢犯者，有时而不测也。使雷霆日轰轰焉绕天下以求夫叛父母亵神明之人而击之，则其人未必能尽，而雷霆之威无乃亵乎？故夫知日月雷霆之分者可以用其明矣。圣人之明，吾不得而知也。吾独爱夫贤者之用其心约而成功博也，吾独怪夫愚者之用其心劳而功不成也。是无他也，专于其所及而及之，则其及必精，兼于其所不及而及之，则其及必粗。及之而精，人将曰：是惟无及，及则精矣。不然，吾恐奸雄之窃笑也⁽¹²⁾。

　　齐威王即位⁽¹³⁾，大乱三载⁽¹⁴⁾。威王一奋，而诸侯震惧二十年⁽¹⁵⁾，是何修何营耶？夫齐国之贤者，非独一即墨大夫明矣⁽¹⁶⁾；乱齐国者，非独一阿大夫与左右誉阿而毁即墨者几人亦明矣⁽¹⁷⁾。一即墨大夫易知也，一阿大夫易知也，左右誉阿而毁即墨者几人易知也。从其易知而精之，故用心甚约而成功博也。天下之事，譬如有物十焉，吾举其一而人不知吾之不知其九也，历数之至于九，而不知其一，不如举一之不可测也，而况乎不至于九也。

【注释】

　　（1）大知，大智。知，通“智”。

　　（2）圣人，指品德最高尚、智慧最高超的人。《易·乾》：“圣人作而万物睹。”君主时代对帝王的尊称。

　　（3）贤人，有才德的人。《易·系辞上》：“有亲则可久，有功则可大。可久则贤人之德，可大则贤人之业。”

　　（4）愚者，愚昧的人，浅陋的人。《诗经·小雅·鸿雁》：“维彼愚人，谓我宣骄。”

　　（5）常，常道，经久不变的道理。

　　（6）时，按时代变化的道理。

　　（7）殆（dài 代）哉，危险哪！殆，危险，不安。

　　（8）经，像经线那样，指运行。

　　（9）区区，小小的。

　　（10）俨然，庄重地。

　　（11）亵（xiè 屑），狎近，轻慢。

　　（12）奸雄，奸人的魁首，权诈欺世的野心家。《潜夫论·交际》：“此洁士所以独隐翳，而奸雄所以党（常）飞扬也。”

　　（13）齐威王，春秋时田齐桓公田午子，名因齐，自称为王，在位三十六年。

　　（14）大乱三载，威王委政卿大夫，齐国大乱。《史记·田敬仲完世家》作"九年"。

（15）诸侯，西周、春秋时分封的各国国君。《国语·周语上》："诸侯春秋受职于王，以临其民。"

（16）即墨大夫，春秋时齐大夫，即墨，复姓。《史记·田敬仲完世家》："威王召即墨大夫而语之曰：'自子之为即墨（地名，今山东青岛即墨区）也，毁言日至。然吾使人视即墨，田野辟，民人给，官无留事，东方以宁。是子不事吾左右以求誉也。'封之万家。"

（17）阿（ē）大夫，春秋时齐大夫。《史记·田敬仲完世家》："召阿大夫，语曰：'自子之守阿（今山东东阿），誉言日闻，然使使视阿，田野不辟，民贫苦。昔日赵攻甄，子弗能救；卫收薛陵，子弗知，是子以币厚吾左右以求誉也。'是日烹阿大夫及左右尝誉者。"

【毛泽东评说】

认识论。

言物可认识，但不能全知。

  ——《读〈古文辞类纂·苏洵《明论》〉批语》，载《毛泽东读文史古籍批语集》，中央文献出版社 1993 年版，第 101 页。

【赏析】

《明论》，主要是讲君王要明察下情的意思。文章首先把人分为圣人，贤人、愚人三个类型。所谓圣人、贤人，是指符合儒家理想的代表人物，即明君，而愚人则是愚昧的帝王，即昏君，而不是指一般的人。接着，作者提出"圣人之治天下也以常，而贤人之治天下也以时"，下文辟开以常，说"圣人之明，吾不得而知也"，专讲贤人之时说："专于其所及而及之，则其及必精，兼于其所不及而及之，则其及必粗。及之而精，人将曰：是惟无及，及其精矣。"这就是说，他的所及有两种：一种是他专于所及，所及是精的；另一种是兼于其所不及而及之，其及必粗。这是对的。专及是精的，兼及是粗的。但苏洵又认为，人们认为"是惟无及，及则精矣"，即认为他专及是精的，兼及也是精的。对他的专及是害怕的，对他的兼及也是害怕的。这在理论上是有疏陋的。

在文章末段，苏洵又举齐威王的事来说明。齐威王还是比较高明的，他不只听汇报，而是听报告后，还派使者去考察实情，结果发现即墨大夫把即墨这个地方治理得很好，且不贿赂国王左右的人以博取好的名声，而与之相反，阿大夫把东阿治理得一团糟却用贿赂威王近臣的办法博得了好名誉。齐威王赏罚分明，即墨大夫"封之万户"，而"阿大夫及左右尝誉者"都被下了油锅。在文章的最后，苏洵得出结论说，天下的事情很多，君王不可能都知道，也不必都知道。只要对容易知道的事，经过详细了解，赏罚分明，使天下人震惧，不敢为非作歹，勉力做好事，这就达到了明察下事的目的。对于自己了解得不清楚的事不要处理，处理不当反而不好。这个意见是对的。

但苏洵对于一国的事，不分主次轻重，只讲了解精粗。了解又只靠少数人（使者），不靠群众。这些都是不够的。

毛泽东在文章的开头批注说："认识论。言物可认识，但不能全知。"是说苏洵认为，天下的人有的智慧高，有的智慧低。天下的事物有的人们认识了，有的还没有认识。圣人、贤人的高明之处，就是因势利导把国家治理好。这是符合唯物主义认识论的。

【原文】

谏论（下）

夫臣能谏[1]，不能使君必纳谏，非真能谏之臣；君能纳谏，不能使臣必谏，非真能纳谏之君。欲君必纳乎？向之论备矣。欲臣必谏乎？吾其言之。

夫君之大，天也。其尊，神也。其威，雷霆也。人之不能抗天触神忤雷霆，亦明矣。圣人知其然，故立赏以劝之。传曰：兴王赏谏臣是也[2]。犹惧其选耎阿谀[3]，使一日不得闻其过，故制刑以威之。《书》曰："臣下不正，其刑墨"是也[4]。人之情，非病风丧心[5]，未有避赏而就刑者，何苦而不谏哉！赏与刑不设，则人之情，又何苦而抗天触神忤雷霆哉！自非性忠义，不悦赏，不畏罪，谁欲以言博死者。人君又安能尽得性忠义者而任之？

今有三人焉，一人勇，一人勇怯半，一人怯。有与之临乎渊谷者⁽⁶⁾，且告之曰：能跳而越此谓之勇，不然为怯。彼勇者耻怯，必跳而越焉。其勇怯半者与怯者，则不能也。又告之曰：跳而越者与千金，不然则否。彼勇怯半者奔利，必跳而越焉。其怯者犹未能焉。须臾顾见猛虎暴然向逼，则怯者不待告，跳而越之如康庄矣⁽⁷⁾，然则人岂有勇怯哉，要在视势驱之耳。

君之难犯，犹渊谷之难越也。所谓性忠义、不悦赏。不畏罪者，勇者也，故无不谏焉。悦赏者，勇怯半者也，故赏而后谏焉。畏罪者，怯者也，故刑而后谏焉。先王知勇者不可常得，故以赏为千金，以刑为猛虎。使其前有所趋，后有所避，其势不得不极言规失，此三代所以兴也⁽⁸⁾。末世不然，迁其赏于不谏，迁其刑于谏，宜乎臣之噤口卷舌而乱亡随之也。间或贤君欲闻其过，亦不过赏之而已。呜呼！不有猛虎，彼怯者肯越渊谷乎？此无他，墨刑之废耳。三代之后，如霍光诛昌邑不谏之臣者⁽⁹⁾，不亦鲜哉！今之谏者，时或有之，不谏之刑，缺然无矣。苟增其所有，有其所无，则讹者直⁽¹⁰⁾，佞者忠⁽¹¹⁾，况忠直者乎？诚如是，欲闻谠言而不获⁽¹²⁾，吾不信也。

【注释】

（1）谏（jiàn见），直言规劝，使改正错误。一般用于下对上。《周礼·地官·保氏》："保氏掌谏王恶。"

（2）传曰："兴王赏谏臣"，传，释经的书。如《左传》《公羊传》等。兴王赏谏臣，兴盛的君王赏赐谏臣。如《左传·襄公四年》载，魏绛谏晋侯和戎。襄公十一年（前562），晋和戎有五利，晋侯赏魏绛金石之乐，即"赏谏臣"一例。

（3）选愞（ruǎn），怯懦不前。《汉书·西南夷传》："恐议者选愞，复守和解。"颜师古注："选愞，怯不前之意也。"愞，同"软"，软弱，怯弱。

（4）《书》曰："臣下不正，其刑墨。"见《尚书·伊训》不正，指不匡正君主过失。刑墨，在额上刺字涂墨。

（5）病风丧心，丧心病狂。风，通"疯"。

（6）渊谷，深谷。渊，深沉。南朝宋裴松之《上〈三国志注〉表》："淹留无成，只秽翰墨，不足以上报圣旨，少塞兹责。愧惧之深，若坠渊谷。"

（7）康庄，大路，五面通的叫康，六面通的叫庄。

（8）三代，指夏、商、周三个朝代。《汉书、成帝纪》："昔成汤受命，列为三代。"颜师古注："夏、商、周，是为三代。"

（9）霍光（？—前68），字子孟，汉平阳（今山西临汾南）人。以大司马大军，受遗诏辅汉昭帝。昭帝死，立昌邑王刘贺，以贺淫乱废去，杀昌邑王诸臣不谏贺者。

（10）谀者，阿谀奉承的人。

（11）佞（nìng 宁）者，善以巧言献媚的人。

（12）说（dǎng 党）言，正直的言论。

【毛泽东评说】

空话连篇。

看何等渊谷。若大河深溪，虽有勇者，如不善水，无由跳越。此等皆书生欺人之谈。

——《读〈古文辞类纂·苏洵《谏论下》批语〉》，载《毛泽东读文史古籍批语集》，中央文献出版社 1993 年版，第 101—102 页。

【赏析】

苏洵的《谏论》有两篇，《谏论上》是对臣子的进谏说的，要使臣子的进谏，百谏百听。《谏论下》是对君主说的，要使臣子个个都能进谏。他把臣子分为三类：一类是勇敢的、忠直的，敢于犯君颜直谏的；一类是勇敢和胆怯各占一半的，在重赏之下，他为了夺取重赏而进谏；一类是胆怯的，只有在不进谏要受到刑罚时才进谏的。打个比方，好比跳深谷，勇

唐
宋

敢地把不跳看作可耻就跳过去了；勇敢和胆怯各占一半的，在重赏之时才跳过去；胆怯地在受到老虎威逼时才跳过去。因此，他主张既要有重赏，又要用刑罚来逼迫，才能使这三类人都进谏。他举出夏、商、周三代就是这样的，所以兴盛。到了三代的末年，赏赐给不谏的，刑罚给进谏的，所以臣子都嗫口卷舌而不进谏，因此乱亡就跟着来了。

应该说，苏洵的这个看法还是有些道理的。我国历史上夏、商、周这三个奴隶制国家，在其早期社会安定，政权巩固，没有被颠覆的危险，所以君主比较能纳谏；到了后期，社会混乱，政权不稳，君主就不敢纳谏，唯恐危及其政权，往往采用刑罚镇压。其实，不仅三代如此，中外历史上，各个阶级、各个朝代大抵都是这样。所以说，苏洵的议论不是没有道理的。

但毛泽东对这篇文章评价不高，其中有两个原因：一是文章开头，苏洵关于"能谏之臣"和"能纳谏之君"的议论未免空泛，批注曰："空话连篇。"二是苏洵论证中采用的主要论据，即三种人跳渊谷，是有懈可击的。毛泽东认为："若大河深溪，虽有勇者，如不善水，无由跳越。"一生擅长游泳的毛泽东是深知这一点的，可以说是经验之谈。而苏洵显然缺乏这种实践经验，所以论述中出了漏洞，降低了文章的说服力，变成了"书生欺人之谈"。

【原文】

六　国

六国破灭[(1)]，非兵不利，战不善，弊在赂秦[(2)]。赂秦而力亏，破灭之道也。或曰：六国互丧[(3)]，率赂秦耶[(4)]？曰：不赂者以赂者丧，盖失强援，不能独完，故曰弊在赂秦也。

秦以攻取之外，小则获邑[(5)]，大则得城。较秦之所得，与战胜而得者，其实百倍。诸侯之所亡[(6)]，与战败而亡者，其实亦百倍。则秦之所大欲，诸侯之所大患，固不在战矣。思厥先祖父[(7)]，暴霜露，斩荆棘[(8)]，以有尺寸之地。子孙视之不甚惜，举以予人，如弃草芥[(9)]。今日割五城，明日割十城，然后得一夕安寝。起视四境，而秦兵又至矣。然则诸侯之地有限，暴秦之欲无厌⁽¹⁰⁾。奉之弥繁，侵之愈急。故不战而强弱胜负已判矣，至于颠覆，理固宜然。古人云⁽¹¹⁾：以地事秦，犹抱薪救火，薪不尽，火不灭。此言得之。

齐人未尝赂秦，终继五国迁灭⁽¹²⁾，何哉？与嬴而不助五国也⁽¹³⁾。五国既丧，齐亦不免矣。燕、赵之君，始有远略，能守其土，义不赂秦。是故燕虽小国而后亡，斯用兵之效也。至丹以荆卿为计⁽¹⁴⁾，始速祸焉。赵尝五战于秦，二败而三胜⁽¹⁵⁾，后秦击赵者再，李牧连却之⁽¹⁶⁾，洎牧以谗诛⁽¹⁷⁾，邯郸为郡⁽¹⁸⁾，惜其用武而不终也。且燕、赵处秦革灭殆尽之际，可谓智力孤危，战败而亡，诚不得已。向使三国各爱其地⁽¹⁹⁾，齐人勿附于秦，刺客不行，良将犹在，则胜负之数，存亡之理，当与秦相较，或未易量。

呜呼！以赂秦之地，封天下之谋臣，以事秦之心，礼天下之奇才，并力西向，则吾恐秦人食之不得下咽也。悲夫！有如此之势，而为秦人积威之所劫，日削月割，以趋于亡，为国者，无使为积威之所劫哉！

夫六国与秦皆诸侯，其势弱于秦，而犹有可以不赂而胜之之势。苟以天下之大⁽²⁰⁾，下而从六国破亡之故事⁽²¹⁾，是又在六国下矣。

【注释】

（1）六国破灭，秦始皇十七年（前230）灭韩，十九年（前228）灭赵，二十二年（前225）灭魏，二十四年（前223）灭楚，二十五年（前222）灭燕，二十六年（前221）灭齐。

（2）赂秦，贿赂秦国，意思是用割地的办法来讨好秦国。

（3）互丧，相继灭亡。

（4）率，都。

（5）邑，指小城。

（6）亡，失去。

（7）厥，其，他的。

（8）荆棘，山野丛生的有刺小灌木。

（9）芥，小草。

（10）厌，满足。

（11）古人云，战国时许多人都曾用这种话来比喻秦的贪得无厌和割地事秦的危险。《战国策·魏策三》："孙臣谓魏（厘）五曰：'……以地事秦，譬犹抱薪而救火也，薪不尽，则火不止。今王之地有尽，而秦之求无穷，是薪火之说也。'"又《史记·魏世家》载，苏代曾对魏安厘王说："以地事秦，譬犹抱薪救火，薪不尽，火不灭。"

（12）迁灭，秦兵攻入齐国都城临淄，把齐王建迁到共地，齐国灭亡。

（13）与嬴，指与秦国联合。与，助。《战国策·秦策一》高诱注："与，犹助也。"秦王姓嬴。

（14）至丹以荆卿为计，燕太子丹派荆轲刺秦王，未成，秦大怒，发兵灭燕。事见《战国策·燕策三》。荆轲，时人尊为荆卿。

（15）赵尝五战于秦二句，《战国策·燕策一》："苏秦将为从（纵），北说燕文侯曰：'……秦赵五战，秦再胜，而赵三胜。'"实则秦赵不止五战，此系设辞。

（16）李牧连却之，《史记·赵世家》："赵王迁三年，秦攻赤丽、宜安，李牧率军与战肥下，却之。四年，秦攻番吾，李牧与之战，却之。"李牧，赵国大将。却，打退。

（17）洎牧以谗诛，《史记·李牧传》："赵王迁七年，秦使王翦击赵，赵使李牧、司马尚御之。秦多与赵王宠臣郭开金，为反间，言李牧、司马尚欲反。赵王乃使赵葱及齐将颜聚代李牧，李牧不受命。赵使人微捕得李牧斩之，废司马尚后三月，王翦因急击赵，大破杀赵葱，虏赵王迁及其将颜聚，遂灭赵。"洎（jì 既），及至。

（18）邯郸为郡，指秦灭赵后，把赵地变成秦国的一个郡。秦始皇十九年（前228）置邯郸郡。

（19）三国，指楚、魏、韩三个与秦为邻的国家。

（20）天下，指北宋统治的疆域。

（21）下而从，降低而蹈袭。故事，旧事，前事。

【毛泽东评说】

凡势强力敌之联军，罕有成功者。

此论未必然。

——《读〈古文辞类纂〉》，载《毛泽东读文史古籍批语集》，中央文献出版社1993年版，第105—106页。

【赏析】

苏洵写的《权书》共十篇，都是史论的性质。此是第八篇，推究六国破灭的原因，用来警告宋朝。文章开门见山，便提出中心论点："六国破灭"，"弊在赂秦"。接着从"赂秦"转到割地与秦；再从反面着笔，假设六国合力抗秦，胜负便很难预料，最后又提出抗秦的具体计划。反复申复六国破灭的原因在"赂秦"。为什么呢？因为六国赂秦，不管是赔款与割地，都增加了秦国的力量，削弱了自己的力量，一益一损，强弱胜负已判，所以终至灭亡，为国者当引为鉴戒。

文章当然不是单纯地论述古代的史事，而是借古喻今，委婉地批评了北宋统治者对辽、西夏的错误政策。作者卒章显其志，点明其用意："苟以天下之大，下而从六国破亡之故事，是又在六国下矣。"他认为六国是诸侯国，不是统一天下的王朝，而北宋才是统一天下的封建王朝，当时以中国大陆为天下，所以称宋朝为"天下之大"。以天下之大的宋朝，对付北方的辽国，西北方的西夏，却用贿赂，所以写《六国》来讽刺。宋真宗景德元年（1004），与辽圣宗订立澶渊之盟，宋给辽岁币银十万两，绢二十万匹。仁宗庆历二年（1042），又加岁币银各十万两匹。庆历三年（1043），给西夏岁币银十万两，绢十万匹，茶三万斤。这些虽不是割地，同样是"贿赂"，所以苏洵提出反对"赂秦"的说法。这篇文章是针对宋代统治者妥协投降、以求苟安的外交政策，借史事而抨击朝政，表现了作者卓越的见解和勇气。文笔也纵横驰骋，气势雄壮，而且切中时弊，不尚空谈，是一篇说理透彻而又富于词彩的议论文章。但六国与秦同北宋与辽、西夏的兵力强弱又不同，六国中赵国的兵力可与秦抗，但北宋兵力不足与辽抗，而且契丹善用诱敌深入战法，聚而歼之，宋人始终不悟，所以苏洵的主张还是不能实现。

毛泽东对文章认为如果六国合力抗秦，其胜负就未可知的说法，表示

唐宋

不同意，因为，"凡势强力敌之联军，罕有成功者。"这就是说，六国之中，势均力敌，没有主从，各有打算。目标的歧异，很难使它们组成的联军，齐心协力，步调一致，所以很少有成功的。这就是"合纵"主张不能实行、六国终被秦各个击破的原因。这个历史教训，不仅是对六国"贿秦"的总结，也涵盖了古今中外更多的历史内容，具有更丰富的意蕴。

【原文】

项　籍

吾尝论项籍有取天下之才[1]，而无取天下之虑[2]；曹操有取天下之虑[3]，而无取天下之量[4]；刘备有取天下之量[5]，而无取天下之才。故三人者，终其身无成焉。且夫不有所弃，不可以得天下之势；不有所忍，不可以尽天下之利。是故地有所不取，城有所不攻，胜有所不就，败有所不避。其来不喜，其去不怒，肆天下之所为，而徐制其后，乃克有济。

呜呼！项籍有百战百胜之才，而死于垓下[6]，无惑焉。吾于其战钜鹿也[7]，见其虑之不长，量之不大，未尝不怪其死于垓下之晚也。方籍之渡河[8]，沛公始整兵向关[9]，籍于此时，若急引军趋秦，及其锋而用之，可以据咸阳[10]，制天下。不知出此，而区区与秦将争一旦之命。既全钜鹿，而犹徘徊河南、新安间[11]，至函谷，则沛公入咸阳数月矣。夫秦人既已安沛公而仇籍，则其势不得不强而臣。故籍虽迁沛公汉中而卒都彭城[12]，使沛公得还定三秦[13]，则天下之势，在汉不在楚。楚虽百战百胜，尚何益哉？故曰：兆垓下之死者，钜鹿之战也。

或曰："虽然，籍必能入秦乎？"曰："项梁死[14]，章邯谓楚不足虑[15]，故移兵伐赵，有轻楚心，而良将劲兵，尽在钜鹿。籍诚能以必死之士，击其轻敌寡弱之师，入之易耳。且亡秦之守关，与沛公之守，善否可知也。沛公之攻关，与籍之攻，善否又可知也。以秦之守，而沛公攻入之，沛公之守，而籍攻入之，然亡秦之守，籍不能入哉？"

或曰："秦可入矣，如救赵何[16]？"曰："虎方捕鹿，罴据其穴[17]，搏其子，虎安得不置鹿而返，返则碎于罴明矣。军志所谓攻其必救也[18]。

使籍入关，王离、涉间必释赵自救[19]，籍据关逆击其前，赵与诸侯救者十余壁蹑其后[20]，覆之必矣。是籍一举解赵之围，而收功于秦也。战国时，魏伐赵，齐救之，田忌引兵疾走大梁，因存赵而破魏[21]。彼宋义号知兵[22]，殊不达此，屯安阳不进，而日待秦敝。吾恐秦未敝，而沛公先据关矣，籍与义俱失焉。"

是故古之取天下者，常先图所守。诸葛孔明弃荆州而就西蜀[23]，吾知其无能为也。彼以为剑门者[24]，可以不亡也。吾尝观蜀之险，其守不可出，其出不可继，兢兢而自完，犹且不给。而何足以制中原哉？若夫秦、汉之故都，沃土千里，洪河大山，真可以控天下，又乌事夫不可以措足如剑门者，而后曰险哉？今夫富人，必居四通五达之都[25]，使其财布出于天下[26]，然后可以收天下之利。有小丈夫者，得一金椟而藏诸家[27]，拒户而守之。呜呼！是求不失也，非求富也。大盗至，劫而取之，又焉知其果不失也。

【注释】

（1）项籍（前232—前202）字羽，下相（今江苏宿迁西）人，秦末农民起义军领袖。楚国贵族出身，从叔父项梁起义。项梁败死，代领其众，击破秦军主力。秦亡后，他分封诸侯，自立为西楚霸王。与刘邦战，兵败自杀。

（2）虑，思考，谋划。

（3）曹操（155—220），字孟德，小名阿瞒，谯（今安徽亳州）人，三国时政治家、军事家、诗人，汉献帝时任丞相，挟天子以令诸侯，削平群雄，统一北方，奠定了魏晋全国的基础。魏立，追谥为魏武帝。

（4）量，容纳的限度，度量。

（5）刘备（166—223），字玄德，涿郡涿县（今河北涿县）人。三国时蜀汉的建立者。221—223年在位。谥昭烈帝。

（6）垓（gāi该）下，在今安徽灵璧县东西，项羽在这里战败自杀。

（7）钜鹿，在今河北平乡县。当时为赵国都城。秦将章邯率军围攻距鹿，项羽率军来救，败之。

（8）河，《史记正义》注："漳水。"亦称漳河，在距鹿南，今湮没。

（9）沛公，刘邦起兵于沛（今江苏沛县），因称沛公。关，函谷关，在今河南灵宝县西北。

（10）咸阳，秦京城，在今陕西咸阳市东北二十里。

（11）新安，今河南新安县，在洛阳西。

（12）汉中，在今陕西南郑县。彭城，今江苏徐州市。

（13）三秦，秦亡后，项羽三分关中，封秦降将章邯为雍王，领今陕西中部咸阳以西和甘肃东部地区；司马欣为塞王，领有今陕西咸阳以东地区；董翳为翟王，领有今陕西西北部地区，合称三秦。

（14）项梁死，项梁（？—前208），下相人，项羽叔父。与项羽起义，为秦将章邯击破，战死。

（15）章邯，秦大将，击败项梁后，移兵击钜鹿，被项羽打败，遂降。后刘邦定三秦，章邯战败自杀。

（16）救赵，项梁立楚怀王（熊槐）之孙（熊心）为楚怀王。项梁战死后，楚怀王（熊心）用宋义做统帅，称卿子冠军，率军救赵。宋义率军到安阳（今河南安阳东南）驻扎四十六日不进。项羽劝宋义进军救赵。宋义说："今秦攻赵，战胜则兵疲惫，我趁他在疲惫时候进攻；战不胜，我引兵进攻，一定击破秦军。不如让秦赵先斗。"项羽晨朝见宋义，斩宋义头。是怀王因使项羽为上将军，进兵救赵。

（17）罴（pí 皮），马熊。

（18）军志所谓攻其必救也，《孙子·虚实篇》："故我欲战，敌虽高垒深沟不得不与我战者，攻其所必救也。"

（19）王离、涉间，围攻距鹿的秦将，见《史记·项羽本纪》。

（20）诸侯救者十余壁，救赵的诸侯军有十余个营垒，见《史记·项羽本纪》。

（21）存赵而破魏，又叫围魏救赵。《史记·孙武传》附《孙膑传》："魏伐赵，赵急，请救于齐，齐威王欲将孙膑，膑辞，乃以田忌为将，而孙子为师。田忌欲引兵之赵，孙子曰：'今梁（魏都大梁，今河南开封）、赵相攻，轻兵锐率必竭于外，老弱罢于内，君不若引兵疾走大梁，据其街路，冲其方虚，彼必释赵而自救，是我一举解赵之围，而收弊于魏也'。田忌从之。魏果去邯郸，与齐战于桂陵，大破梁军。"

（22）彼宋义号知兵，《史记·项羽本纪》载，项梁再破秦军，益轻秦，有骄色。宋义谏项梁曰："战胜而骄卒惰者败。"项梁不听。宋义见齐使者曰："臣论武信君（项梁）军必败。"项梁果战败而死。齐使者对楚怀王说，宋义兵未战而先见败征，可谓知兵矣。

（23）诸葛孔明弃荆州而就西蜀，《三国志·蜀志·诸葛亮传》："建安十六年（211），益州牧刘璋遣法正迎先生，使击张鲁。亮与关羽镇荆州。先主自葭萌还攻璋。亮与张飞、赵云等率众溯，江，分定郡县，与先主共围成都。成都平，以亮为军师将军，署左将军府事。"诸葛亮，字孔明。荆州，东汉末年刘表为荆州刺史，治襄阳（今湖北襄阳），刘备占领荆州，治南郡（今湖北江陵）。荆州包括今湖南、湖北之地。西蜀，今四川。

（24）剑门，即剑门关。在今四川剑阁东北。因大剑山、小剑山峰峦连绵，下有隘路各门，故名。地势险要，为古代戍守要地，有"一夫当关，万夫莫开"之称。

（25）四通五达，四面和中央都通畅，形容交通方便，畅通无阻。

（26）财布，财币。

（27）椟（dú 读），柜子，木匣。

【毛泽东评说】

其始误于隆中对，千里之遥而二分兵力。其终则关羽、刘备、诸葛三分兵力，安得不败。

——《读〈古文辞类纂〉批语》，载《毛泽东读文史古籍批语集》，中央文献出版社 1993 年版，第 106 页。

【赏析】

苏洵的《项籍》，主要论述项羽救赵的失策而导致失败的历史教训。他认为战国时，魏围赵都邯郸，齐围孙膑佐田忌救赵，是役攻魏都大梁。魏兵解邯郸围而回救大梁，齐兵在桂陵（今河南长垣西）道伏击，大败魏军，

唐
宋

收到一箭双雕之效。苏洵认为项羽也应该这样，可以攻占秦国都城，控制天下，成就大业。因此又认为诸葛亮放弃荆州而到四川去，四川这个地方，易守难攻，出不来，所以无法争夺天下。明代茅坤在《唐宋八大家文钞》中评论这篇文章说：苏洵"往往按事后成败立说，而非其至。然其文特雄，近《战国策》。"为什么说苏洵"往往按事后成败立说，而非其至"呢？

原来项羽的救赵与孙膑的救赵情况不同。《史记·高祖本纪》说："项羽怨秦军破项梁军，奋，愿与沛西入关。怀王诸老将皆曰：……项羽尝攻襄城，襄城无遗类，皆坑之。诸所过无不残灭。……不如更遣长者，挟义而西，告谕秦父兄。秦父兄若其主久矣。今诚得长者往毋侵暴，宜可下。今项羽剽悍，不可遣，独沛公素宽大长者可遣，卒不许项羽，而遣沛公西略地，收陈王，项梁败卒。"可见项羽不是谋划不到，不懂得入关的重要，而是要西入关的，怀王不许，只许他去救赵。当时楚军归宋义统率，而项羽作为宋义的部将，宋义淹留安阳四十六天不进，也延误了击败章邯的时间。所以，待项羽击败秦大将章邯，迫使其投降后，解去赵围，又杀宋义而西入关，行动还是很果决的。但刘邦于西汉元年（206）十月，已破函谷关，进入霸上（在今陕西西安东）。十二月，项羽才进至戏（霸上附近），是项羽入关在沛公后。项羽的失败，还在于他不懂俘虏政策，大量坑杀秦俘虏，失去了群众基础；他在入关后又大肆分封诸侯，把三秦之地分封给秦的三个降将章邯、司马欣、董翳，这3个人已为秦人所唾弃。所以，虽然项羽把其对手刘邦封于汉中，但刘邦入关中后便"约法三章"，博得了群众的拥护。到刘邦派韩信将兵攻入二秦时，人民便纷纷归向刘邦，很快安定三秦。因此，项羽的失败，不是救赵的过错，而是人心的向背，在于他失掉了人民的支持。当然，在鸿门宴上没有把刘邦杀掉，也是失策。

在文章中，苏洵还对诸葛亮"弃荆州而就西蜀"提出批评。这个批评是不确切的。因为诸葛亮隆中对策说："将军跨有荆益，……天下有变，则命一上将，将荆州之军以向宛洛，将军身率益州之众，以出秦川。"并没有主张放弃荆州。但由于误派根本不执行"联吴抗曹"路线的关羽镇守荆州，违反诸葛亮的"外结好孙权"和等待"天下有变"的策略，又两军进军，既攻曹操，又抗孙权，终于腹背受敌，导致失败。荆州一失，破坏了诸葛亮的通盘计划。所以，刘备的失败，不是诸葛亮放弃荆州的失策。总之，苏洵以成败论人并不确切。不过，苏洵善用比喻，文章写得气势旺盛，很有感染力量。

毛泽东没有对苏洵这篇文章的整体观点发表意见，只对文章的一个论据，即诸葛亮弃荆州而就西蜀提出了自己的看法。毛泽东独具慧眼，他从兵力使用上批评了诸葛亮的策略的失误，认为这种失误始于隆中对策，荆州、西蜀相距千里，势必造成二分兵力之势；其失败在于"关羽、刘备、诸葛亮三分兵力"。蜀汉政权本来就是三国中最弱小的一个国家，而又三分兵力，就更不是吴、魏的对手了，安得不败？这个批评比苏洵的看法更切合实际，也是毛泽东实践经验的结晶，值得注意。

【原文】

孙　武

求之而不穷者[1]，天下奇才也。天下之士[2]，与之言兵[3]，而曰我不能者几人？求之于言而不穷者几人？言不穷矣，求之于用而不穷者几人？呜呼！至于用而不穷者，吾未之见也。

《孙武》十三篇[4]，兵家举以为师，然以吾评之其言兵之雄乎？今其书论，奇权密机[5]，出入神鬼，自古以兵著书者罕所及。以是而揣其为人，必谓有应敌无穷之才，不知武用兵乃不能必克，与书所言远甚。

吴王阖闾之入郢也[6]，武为将军，及秦楚交败其兵，越王入践其国，外祸内患一旦迭发，吴王奔走自救不暇，武殊无一谋以弭斯乱[7]。若按武之书以责武之失，凡有三焉。《九地》曰[8]："威加于敌家，则交不得合。"而武使秦得听申包胥之言[9]，出兵救楚，无忌吴之心，斯不威之甚？其失一也。《作战》曰[10]："久暴师以钝兵挫锐，屈力殚货，则诸侯乘其弊而起。"且武以九年冬伐楚，至十年秋始还，可谓久暴矣。越人能无乘间入国乎？其失二也。又曰："杀敌者，怒也[11]。"今武纵子胥、伯嚭鞭平王尸[12]，复一夫之私忿以激怒敌，此司马戍子西子期所以必死雠吴也。

勾践不颓旧冢而吴服[13]，田单诳燕掘墓而齐奋[14]，知谋与武远矣，武不达此，其失三也。然始吴能以入郢，乃因胥嚭唐蔡之怒，及乘楚瓦之不仁，武之功盖亦鲜耳。夫以武自为书，尚不能自用，以取败北，况区区祖其故智馀论者，而能将乎？

且吴起与武一体之人也[15]，皆著书言兵，世称之曰孙吴。然而吴起之言兵也，轻法制，草略无所统纪，不若武之书，词约而意尽，天下之兵说皆归其中。然吴起始用于鲁[16]，破齐，及入魏，又能制秦兵，入楚，楚复霸；而武之所为反如是，书之不足信也固矣。今夫外御一隶，内治一妾，是贱丈夫亦能，夫岂必有人而教之。及夫御三军之众，阖营而自固，或且有乱，然则是三军之众惑之也。故善将者，视三军之众，与视一隶、一妾无加焉，故其心常若有馀。夫以人之心，当三军之众，而其中恢恢然犹有馀地[17]，此韩信之所以多多而益辨[18]也。故夫用兵岂有异术哉，能物视其众而已矣。

【注释】

（1）穷，极，尽。

（2）士，先秦时原指最低级的贵族阶层，后泛指地主阶级中的知识分子。

（3）兵，军事，战争。《孙子·计》："兵者，国之大事。"

（4）《孙武》十三篇，即《孙武兵法》，又称《孙子兵法》，简称《孙子》。作者孙武，又称孙武子，春秋齐国人。著名军事家。避乱到吴国，著兵法十三篇，献给吴王阖闾，被任用为将。他协助吴王西破强楚，北威齐、晋，显名于诸侯。《孙子》十三篇，全面分析了战争的各个因素，指出了取胜的原则、条件和策略，总结了战争的规律，包含着丰富的辩证法思想。这部著作对后世用兵作战和兵法研究影响巨大，被奉为《兵经》。

（5）奇权，出人意料的谋略，使人不测的计谋。密机，秘密的计谋。

（6）吴王阖闾（hé lú 合驴）之入郢，阖闾用楚亡臣伍子胥为谋主，孙武为将军，鲁定公四年（前506）大举攻楚，五战五胜，楚军大败。阖闾（？—前496），一作阖庐。名光，吴王樊诸之子（一说夷末之子），春秋末年吴国君。公元前514—前496年在位。郢（yǐng 影），今湖北江陵。

（7）弭（mǐ 米），停止，消除。

（8）《九地》，《孙子兵法》中篇名。阐述用兵打仗需要注意的九种地势。

（9）而武使秦得听申包胥之言二句，申包胥，姓公孙，封于申，故称申包胥。春秋时楚国大夫。与伍员交好。后伍员以吴军攻楚，入郢，申包胥赴秦庭哭师七天七夜，秦终出兵救楚，败吴军。事见《左传·定公四年、五年》。

（10）《作战》，《孙子兵法》中篇名。下所引几句原文是："久暴师则国用不足。夫钝兵挫锐，屈力殚货，则诸侯乘其弊而起。"殚（dān 单），尽。

（11）杀敌者，怒也，见《作战篇》。

（12）今武纵子胥、伯嚭（pí 匹）鞭平王尸，子胥，名员，字子胥。伯嚭，即太宰嚭。伯氏，名嚭，字子余。二人均为吴国大夫。子胥是故楚大夫伍奢次子。楚平王七年（前522）伍奢被杀，子胥历经宋、郑等国入吴，后与孙武、伯船等率军攻破楚国，此时楚平王已死，掘墓鞭尸雪恨。

（13）勾践（？—前465），春秋末年越国君。公元前497—前465年在位。曾被吴大败，屈辱求和，后来卧薪尝胆、发愤图强，终于转弱为强，灭亡吴国，但不掘发吴王祖墓。颓，倒塌。

（14）田单，战国时齐人。燕攻齐，下七十余城，仅余二城未下。后田单用反间计，使燕国撤换其名将乐毅，用火牛突阵大破燕军，以功封安平侯。

（15）吴起（？—前381），卫国左氏（今山东曹县北）人，战国初期政治家、军事家。《汉书·艺文志》兵家著录《吴起》四十八篇，已佚，今本《吴子》系后人伪托。

（16）然吴起始用于鲁六句，吴起善用兵，初在鲁国为将，破齐。继至魏，魏文侯命击秦，攻占五城，命为西河守，以备韩和秦的进攻。后遭陷害奔楚，得到楚悼王的重用，出兵攻百越，灭陈蔡，对韩、赵、魏进行反击，使楚国又恢复了霸主地位。楚悼王后死，被杀。

（17）恢恢然，宽宏大度的样子。《荀子·非十二子》："恢恢然，广广然，昭昭然，荡荡然，是父兄之容也。"

（18）此韩信句，即韩信将兵，多多益善。益善，亦作"益辨"。语出《史记·淮阴侯列传》："上（刘邦）问曰：'如我能将几何？'（韩）信曰：'陛下不过能将十万。'上笑曰：'于君何如？'曰：'臣多多而益善耳。'"

【毛泽东评说】

书不足信，诚然。

——《毛泽东读〈古文辞类纂〉》，载《毛泽东读文史古籍批语集》，中央文献出版社 1993 年版，第 104 页。

苏洵论曰，按言以责行，孙武不能辞三失：久暴师而越衅乘，纵鞭墓而荆怒激，失秦交而包胥救。言兵则吴劣于孙，用兵则孙劣于吴，矧祖其馀论故智者乎？"

——《毛泽东 1913 年 10 月 12 日〈讲堂录〉》，载《毛泽东早期文稿》，湖南出版社 1990 年版，第 595 页。

【赏析】

本文见于《嘉祐集》卷第三《权术》七，毛泽东的批语是他读《古文辞类纂》"论辩类"所载该文时写下的。文章是评论春秋末年大军事家孙武的。孙武著有《孙子兵法》十三篇，被奉为兵法"经典"，也是世界上最早的军事理论著作。所以，我国历代对孙武评价甚高。而苏洵在这篇论文中认为，《孙子兵法》写得"奇权密机，出入神鬼，自古以兵著书者罕所及"，但他用兵却不能攻无不克，其实践与其理论相距离远。他的论据是，孙武助吴攻楚有三失：久暴师而使楚国有机可乘，纵容伍子胥掘墓鞭楚平王尸激怒了楚人，失掉了与秦的邦交而使申包胥哭庭，而秦国终于出兵救楚。这样的军事实践，有的甚至与自己的论述相抵牾，说明在用兵上战绩不佳，因而对他的兵法理论也应打折扣。为了进一步论证，他还举出吴起、韩信与之作比较。吴起是战国末年我国著名军事家，著有《吴子》四十八篇（已佚）。理论上没有《孙子兵法》系统严密，但吴起用兵打仗远胜孙武。"然吴起始用于鲁，破齐，及入魏，又能制秦兵，入楚，楚复霸。"至于西汉初年刘邦手下的大将韩信，他没留下军事理论著作，而带兵打仗是"多多益善"，则更是善于实践了。所以，他得出结论："用兵的方法，没有什么不同，""能物视其众而已矣。"

毛泽东对苏洵关于孙武的评论早在年轻时候就已注意到了，这有他1913年10—12月《讲堂录》中记录的关于孙武"三失"为证。在读（左文辞类纂》所载此文的批语："书不足信，诚然。"这句话是批在下面几句话旁边的："然吴起始用于鲁，破齐，及入魏，又能制秦兵，入楚，楚复霸；而武之所为反如是，书之不足信也固矣。"毛泽东直接用苏洵的话来作批语，而且表示完全认同，是因为这与毛泽东对理论与实践关系的看法是一致的。毛泽东认为，光有书本知识是片面的，最重要的是将这些知识应用到生活和实践中去，达到理论与实践的统一才是完全的真知识，所谓书不足信，只能从这种意义来理解，而绝不是可以不要书本知识了。

苏　轼

　　苏轼（1037—1101），字子瞻，号东坡居士，眉山（今四川眉山）人，北宋大文学家、书画家。宋仁宗（赵祯）嘉祐二年（1057）进士，受到欧阳修的赏识。曾任河南府福昌县主簿、凤翔县签判，入朝任监察告院兼判尚书祠部。因政见与王安石不合，出为杭州通判。后知密州、徐州。元丰二年（1079），因文字被诬入狱，后被贬为黄州（今湖北黄冈）团练副使，本州安置。哲宗元祐元年，司马光等旧党当政，召为中书舍人、翰林学士、知制诰，哲宗绍兴年间，新党再次上台，又被贬到惠州（今广东惠阳）、儋州（今海南儋县）。直到徽宗建中靖国元年，六十六岁时北还，不久即逝世，追谥文忠。苏轼在政治上属于旧党，但也有改革弊政的要求。因夹杂在新旧党争之中，命运多舛。苏轼的主要成就是在文学方面。他具有多方面的才能，诗、词、赋、文皆有特色，且为一代文宗。其文明白畅达，为"唐宋八大家"之一。其诗清新豪健，善用夸张比喻，在艺术表现上独具风格。其词开豪放一派，对后代很有影响。其书法丰腴跌宕，有天真烂漫之趣，与蔡襄、黄廷坚、米芾并称"朱四家"。能画竹，喜作枯木怪石。论画主张神似。诗文有《东坡七集》《东坡乐府》等。

【原文】

徐州上皇帝书

　　元丰元年十月一日[(1)]，尚书祠部员外郎直史馆权知徐州军州事臣苏轼[(2)]，谨昧万死再拜上书皇帝陛下：

　　臣以庸材，备员册府，出守两郡，皆东方要地。私窃以为守法令，治文书，赴期会，不足以报塞万一，辄伏思念东方之要务，陛下之所宜知者，得其一二，草具以闻，而陛下择焉。

臣前任密州[3]，建言自古河北与中原离合，常系社稷存亡，而京东之地，所以灌输河北，瓶竭则罍耻[4]，唇亡则齿寒，而其民喜为盗贼，为患最甚，因为陛下画所以待盗贼之策。

及移守徐州，览观山川之形势，察其风俗之所上，而考之于载籍，然后又知徐州为南北之襟要，而京东诸郡安危所寄也。昔项羽入关，既烧咸阳，而东归则都彭城[5]。夫以羽之雄略，舍咸阳而取彭城，则彭城之险固形便，足以得志于诸侯者可知矣。臣观其地，三面被山，独其西平川数百里，西走梁宋，使楚人开关而延敌，材官驺发，突骑云纵，真若屋上建瓴水也[6]。地宜宿麦，一熟而饱数岁，其城三面阻水，楼堞之下，以汴泗为池，独其南可通车马，而戏马台在焉[7]。其高十仞，广袤百步。若用武之世，屯千人其上，聚楄木炮石，凡战守之具，以与城相表里，而积三年粮于城中，虽用十万人不易取也。其民皆长大，胆力绝人，喜为剽掠，小不适意，则有飞扬跋扈之心，非止为盗而已。汉高祖[8]，沛人也。项羽，宿迁人也。刘裕[9]，彭城人也。朱全忠，砀山人也[10]。皆在今徐州数百里间耳。其人以此自负，凶桀之气，积以成俗。魏太武以三十万人攻彭城[11]，不能下。而王智兴以卒伍庸材，恣睢于徐，朝廷亦不能讨[12]。岂非以其地形便利，人卒勇悍故耶。

州之东北七十馀里，即利国监，自古为钱官商贾所众，其民富乐。凡三十六冶，冶户皆大家，藏镪巨万[13]，常为盗贼所窥，而兵卫寡弱，有同儿戏。臣中夜以思，即为寒心，使剧贼致死者十馀人，白昼入市，则守者皆弃而走耳。地既产精铁，而民皆善锻，散冶户之财以啸召无赖，则乌合之众，数千人之仗，可以一夕具也。顺流南下、辰发巳至[14]，而徐有不守之忧矣。使不幸而贼有过人之才，如吕布刘备之徒，得徐而逞其志[15]，则京东之安危，未可知也。近者河北转运司奏乞禁止利国监铁不许入河北，朝廷从之。昔楚人亡弓，不能忘楚，孔子犹小之[16]。况天下一家，东北二冶，皆为国兴利，而夺彼与此，不已隘乎。自铁不北行，冶户皆有失业之忧，诣臣而诉者数矣。臣欲因此以征冶户为利国监之捍屏。今三十六冶，冶各百馀人，采矿伐炭，多饥寒亡命强力鸷忍之民也。臣欲使冶户每冶各择有材力而忠谨者，保任十人，籍其名于官，授以刀槊，教之击刺，每月两衙集于知监之庭而阅试之，藏其刃于官，以待大盗，不得役使，犯者以违制论。冶户为盗所拟久矣，民皆知之。使冶出十人以自卫，民所乐也。而官又为除近日之禁，使铁得北行，则冶户皆悦而听命，奸猾破胆而不敢谋矣。徐城虽峻固，而楼橹敝恶，又城大而兵少，缓急不可守，今战兵千人耳。臣欲乞移南京新招骑射两指挥于徐，此故徐人也。尝屯于徐，营垒材石既具矣，而迁于南京，异时转运使分东西路，畏馈饷之劳，而移之西耳。今两路为一，其去来无所损益，而足以为徐之重。城下数里，颇产精石无穷。而奉化厢军见阙数百人，臣愿募石工以足之。听不差出，使此数百人者常采石以甓城，数年之后，举为金汤之固。要使利国监不可窥，则徐无事，徐无事则京东无虞矣。沂州山谷重阻，为逋逃渊薮，盗贼每入徐州界中。陛下若采臣言，不以臣为不肖，愿复三年守徐，且得兼领沂州兵甲巡检公事，必有以自效。京东恶盗，多出逃军。逃军为盗，民则望风畏之，何也。技精而法重也。技精则难敌，法重则致死，其势然也。自陛下置将官，修军政，士皆精锐而不免于逃者。臣尝考其所由，盖自近岁以来，部送罪人配军者，皆不使役人，而使禁军。军士当部送者受牒即行，往反常不下十日，道路之费，非取息钱不能办。百姓畏法不敢贷，贷亦不可复得。惟所部将校，乃敢出息钱与之，归而刻其粮赐。以上下相持，军政不修，博弈饮酒，无所不至，穷苦无聊，则逃去为盗。臣自至徐，即取不系省钱百馀千别储之，当部送者，量远近裁取，以三月刻纳，不取其息。将吏有敢贷息钱者，痛以法治之。然后严军政，禁酒博，比暮年[17]，士皆饱煖练熟技艺，等第为诸郡之冠。陛下遣敕使按阅，所具见也。臣愿下其法诸郡，推此行之，则军政修而逃者衰，亦去盗之一端也。臣闻之汉相王嘉曰[18]："孝文帝时，二千石长吏，安官乐职，上下相望，莫有苟且之意。其后稍稍变易，公卿以下，转相促急，司隶部刺史，发扬阴私，吏或居官数月而退。二千石益轻贱，吏民慢易之，知其易危，小失意则有离畔之心。前山阳亡徒苏令从横，吏士临难莫肯伏节死义者，以守相威权素夺故也。国家有急，取办于二千石，尊重难危，乃能使下。"以王嘉之言而考之于今，郡守之威权，可谓素夺矣。上有监司伺其过失，下有吏民持其长短，未及按问，而差替之命已下矣。欲督捕盗贼，法外求一钱以使人，且不可得。盗贼凶人，情重而法轻者，守臣辄配流之，则使所在法司覆按其状，劾以失入。惴惴如此，何以得吏士死力，而破奸人之党乎。由此观之、盗贼所以滋炽者，以陛下守臣权太轻故也。臣愿陛下稍重其权，责以大纲，阔略其小过，凡京东多盗之郡，自青郓以降，如徐沂齐曹之类，皆谨择守臣，听法外处置强盗。颇赐缗钱，使得以布设耳目，蓄养爪牙。然缗钱多赐则难常，少又不足于用。臣以为每郡可岁别给一二百千，使以酿酒，凡使人葺捕盗贼，得以酒予之，敢以为他用者坐赃论。赏格之外，岁得酒数百，亦足以使人矣。此又治盗之一术也。

　　然此皆其小者，其大者非臣之所当言，欲默而不发，则又私自念遭值陛下英圣特达如此，若有所不尽，非忠臣之义，故昧死复言之：昔者以诗赋取士，今陛下以经术用人，名虽不同，然皆以文词进耳。考其所得，多吴楚闽蜀之人。至于京东西、河北、河东、陕西五路，盖自古豪杰之场，其人沉鸷勇悍，可任以事。然欲使治声律，读经义，以与吴楚闽蜀之士，争得失于毫厘之间，则彼有不仕而已，故其得人常少。夫惟忠孝礼义之士，虽不得志，不失为君子。若德不足而才有馀者，困于无门，则无所不至矣。故臣愿陛下特为五路之士，别开仕进之门。汉法郡县秀民，推择为吏，考行察廉，以次迁补，或至二千石，入为公卿。古者不专以文词取人，故得士为多。黄霸起于卒史[19]，薛宣奋于书佐[20]，朱邑选于啬夫[21]，邴吉出于狱史[22]，其馀名臣循吏，由此而进者，不可胜数。唐自中叶以后，方镇皆选列校以掌牙兵，是时四方豪杰，不能以科举自达者，皆争为之，往往积功以取旌钺。虽老奸巨盗，或出其中。而名卿贤将，如高仙芝[23]、封常清[24]、李光弼[25]、来瑱[26]、李抱玉[27]、段秀实之流[28]，所得亦已多矣。王者之用人如江河，江河所趋，百川赴焉。蛟龙生之，及其去而之他，则鱼鳖无所还其体，而鲵鲋为之制。今世胥史牙校皆奴仆庸人者，无他，以陛下不用也。今欲用胥史牙校，而胥史行文书，治刑狱钱谷，其势不可废鞭挞。鞭挞一行，则豪杰不出于其间；故凡士之刑者不可用，用者不可刑。故臣愿陛下采唐之旧，使五路监司郡守，共选士人以补牙职，皆取人材心力有足过人，而不能从事于科举者，禄之以今之庸钱，而课之镇税场务督捕盗贼之类，自公罪杖以下听赎，依将校法。使长吏得荐其才者，第其功阀，书其岁月，使得出任比任子，而不以流外限其所至。朝廷察其尤异者擢用数人，则豪杰英伟之士，渐出于此涂。而奸猾儇黠，可得而笼取也。

其条目委曲。臣未敢尽言，惟陛下留神省察。昔晋武平吴之后[29]，诏天下罢军役，州郡悉去武备、惟山涛论其不可。帝见之曰："天下名言也，而不能用，及永宁之后，盗贼征起，郡国皆以无备不能制，其言乃验。"今臣于无事之时，屡以盗贼为言，其私忧过计，亦已甚矣。陛下纵能容之，必为议者所笑，使天下无事而臣获笑可也。不然，事至而图之，则已晚矣。干犯天威，罪在不赦。

【注释】

（1）元丰元年，公元1078年。元丰，宋神宗赵顼年号（1078—1085）。

（2）尚书，官名，中央首要机关之一的尚书省，掌全国行政。祠部，东晋始置，掌祭祀之事，后为礼部四司之一。员外郎，官名，原指设于正额以外的部官。宋时于尚书省各司置员外郎一人，为中央官吏中的要职。以上为苏轼的官衔。权知，代掌某官职。

（3）密州，州名。隋皇五年改胶州置。以境内密水为名，治所在东武（后改诸城），今山东诸城。

（4）罍（léi 雷），酒尊。

（5）昔项羽入关三句，《史记·项羽本纪》载，项羽既分王侯将相，乃自立为西楚霸王。王九郡，都彭城。项羽，名籍，秦末农民起义领袖。彭城，今江苏省徐州市。

（6）屋上建瓴水，即高屋建瓴。从高屋顶上往下倒出瓶里的水。形容居高临下，不可阻挡。建，"溅（jiǎn 柬）"，倾倒，倒水。瓴，装水的瓶子。语出《史记·高祖本纪》："（秦中）地势便利，其以下兵于诸侯，譬犹居高屋之上建瓴水也。"

（7）戏马台，古迹名。项羽所筑。在今江苏徐州市城区南部。

（8）汉高祖，即刘邦。

（9）刘裕（356—422），即宋武帝，南朝宋的建立者，420—492年在位。

（10）朱全忠（852—912），即朱温，后梁太祖，王代梁王朝的建立者，907—912年在位。砀山，今安徽砀山。

（11）魏太武二句，宋文帝元嘉二十七年（450）帝大出兵伐魏。十月乙丑，魏太武渡河，众号百万。魏军至彭城，立毡屋于戏马台以望城中。江夏王义恭、武陵王骏，用沛郡太守张畅计，坚垒固守，太武攻之不克。十二月丙辰朔，引兵南下。事见《南史》《北史》。

（12）王智兴三句，王智兴原是徐州衙卒，李纳叛，求援京师，叛平，取得徐州兵权，从此智兴常以徐军对抗朝廷。长庆初，平河朔叛乱，节度使崔群虑其有变，令府僚迎劳，并下令兵士驻城外，只许带副使十骑入城。智兴卒归师斩关而入，杀军中异己者十余人，然后诣衙谢群曰："此等情也。"于是智兴兵士遂掠监铁院缗弊及汴路进奉物，逐濠州刺史侯弘度，朝廷以兵力不能讨，遂授智兴徐州刺史。事见《旧唐书·王智兴传》。

（13）镪（qiǎng 强），钱串。引申为成串的钱。左思《蜀都赋》："藏镪巨万。"

（14）辰，十二时辰之一，七时至九时。巳，十二时辰之一，九时至十一时。

（15）如吕布刘备之徒二句，《三国志·吕布传》载，刘备东击袁术，布袭取下邳，备还归布，布遣备屯小沛，布自称徐州刺史。《三国志·罗志·先主本纪》，徐州牧陶谦病笃，谓别驾麋竺曰："非备不能安此州。"谦死，竺率州人迎先主。先主未敢当。下邳陈登、北海孔融，皆劝先主受之，先主遂领徐州。

（16）昔楚人亡弓三句，楚恭王出游，亡乌皋之弓，左右请求之，王曰："止。楚王失弓，楚人得之，又何求焉。"孔子闻之曰："惜乎其不大也。"不曰人遗弓人得之而已，何必楚也。事见《孔子家语》及刘向《说苑·至公》。

（17）比朞（qī 期）年，到了一年。朞，《尚书·尧典》："朞三百有六旬有六日。"传："四时曰朞。"疏："匝时曰朞，朞即匝也。"

（18）王嘉，见《汉书·王嘉传》。

（19）黄霸，字次公，淮阳阳夏（今河南太康）人。西汉大臣。入谷沉黎郡，补左冯翊二百石卒史，后代郮吉为丞相。

（20）薛宣，东海郯（tǎn，今山东郯城西南）人，西汉大臣。少为廷尉书佐，后代张禹为丞相。

（21）朱邑，庐江舒（今安徽庐江西南）人。西汉大臣。少为舒桐乡啬夫，后官至大司农。

（22）郮吉，字少卿，鲁国（今山东曲阜）人。西汉大臣。本为鲁狱吏，后官至丞相。

（23）高仙芝，本为高丽人，唐士将。开元末平安西小勃律王叛乱。六宝中进封密云郡公。

（24）封常清，唐大将。少孤贫，为高仙芝都知兵马使，随封征战，出谋划策，无不周悉，官至伊西节度等使。

（25）李光弼，唐大将。少从戎，严杀有大略。在平定安史之乱中立大功，封临淮郡王，号为中兴第一。

（26）来瑱，唐大将。少尚名节，慷慨有大志，安禄山之乱中，守颍川，杀敌甚众，后官至开府仪同三司。

（27）李抱玉，唐大将。少长西州。沉毅有谋，乾元初，李光弼引为偏裨，屡立战功，后官至司空。

（28）段秀实，唐大将。沉毅有断，曾为判官、虞侯、行军司马，后以笏击朱泚（唐将，后叛唐自立为帝），遂被害。

（29）昔晋武平吴之后数句：《晋书·山涛传》载，平吴之后，武帝诏天下罢军役，州郡悉去兵。尝讲武于宣武场，涛时有疾，诏从步辇从，因与卢钦论用兵之本，以为不宜去州郡武备，其论甚精。于时咸以涛不学孙吴，而闇与之合。帝称之曰："天下名言也，而不能用之。永宁之后，屡有变难，寇贼爰起，郡国皆以无备不能制，天下遂以大乱，如涛言焉。"

【毛泽东评说】

言科举无用。

——《毛泽东读〈古文辞类纂〉批语》，载《毛泽东读文史古籍批语集》，中央文献出版社1993年版，第107页。

【赏析】

　　本文是苏轼在元丰元年（1078）于徐州上任向宋神宗赵顼上的奏章。文章主要讲徐州的治理问题。先从徐州形势的险要和其民"喜为剽掠"两方面，阐明徐州治理的好坏，攸关京城安危，提出治理措施，如组织冶户冶炼，并进行军事训练，以备战时用。贷款于军，督运粮食，严军政，禁酒博等措施。由此论及人才之培养，认为单靠文词取士，得才为少，"古者不专以文词取士，故得士为多"，并举汉、唐两代许多例子来加以论证，希望神宗能多条途径、多种方法选拔人才。文章内容充实，论证严密，是一篇言之有物的文章。

　　毛泽东读这篇文章时，注意到苏轼关于人才培养的意见，批曰："言科举无用"。为什么这样说呢？因为从苏轼所举汉、唐两代十余人对治理国家立有大功的文臣武将，都不是科举考试选拔的。相反，这些人原来身处卑贱，在斗争实践中增长了才干，成为国家栋梁之臣，故这些事实雄辩地证明"科举无用"。苏轼提倡不拘一格选拔人才，是符合毛泽东的一贯主张的。

唐

宋

曾 巩

曾巩（1019—1083），字子固，南丰（今江西南丰）人，北宋散文家。宋仁宗嘉祐二年（1057）进士，曾编校史馆书籍，为实录检讨官，出知福州，入为中书舍人。他的散文曾和欧阳修、王安石齐名，特点是从容周详而有条理，卫道的气息比较浓厚，因此成为旧时"正统派"古文家的模拟对象之一。旧时被列入"唐宋八大家"之一。有些文章曾对在位者的因循苟且表示不满，提出"法者所以适变也，不必尽同；道者，所以立本也，不可不一"，主张在"合乎先王之意"的前提下对"法制度数"进行一些改易更革。著有《元丰类稿》。

【原文】

唐 论

成、康殁而民生不见先王之治[1]，日入于乱，以至于秦，尽除前圣数千载之法。天下既攻秦而亡之[2]，以归于汉。汉之为汉，更二十四君，东西再有天下，垂四百年[3]。然大抵多用秦法[4]，其改更秦事，亦多附己意[5]，非放先王之法[6]，而有天下之志也。有天下之志者，文帝而已[7]。然而天下之材不足[8]，故仁闻虽美矣，而当世之法度，亦不能放于三代[9]。汉之亡，而强者遂分天下之地[10]。晋与隋虽能合天下于一，然而合之未久而已亡[11]，其为不足议也[12]。

代隋者唐，更十八君，垂三百年[13]，而其治莫盛于太宗。太宗之为君也，诎己从谏[14]，仁心爱人，可谓有天下之志。以租庸任民[15]，以府卫任兵[16]，以职事任官[17]，以材能任职，以兴义任俗，以尊本任众[18]。赋役有定制，兵农有定业，官无虚名，职无废事，人习于善行，离于末作[19]。使之操于上者[20]，要而不烦[21]；取于下者[22]，寡而易供。民有农之实，而兵之备存⁽²³⁾；有兵之名⁽²⁴⁾，而农之利在。事之分有归⁽²⁵⁾；而禄之出不浮⁽²⁶⁾；材之品不遗⁽²⁷⁾，而治之体相承。其廉耻日以笃⁽²⁸⁾，其田野日以辟⁽²⁹⁾。以其法修则安且治，废则危且乱，可谓有天下之材。行之数岁，粟米之贱，斗至数钱，居者有馀蓄，行者有馀资，人人自厚⁽³⁰⁾，几致刑措⁽³¹⁾，可谓有治天下之效。夫有天下之志，有天下之材，又有治天下之效，然而不得与先王并者，法度之行，拟之先王未备也⁽³²⁾；礼乐之具⁽³³⁾，田畴之制⁽³⁴⁾，庠序之教⁽³⁵⁾，拟之先王未备也。躬亲行阵之间⁽³⁶⁾，战必胜，攻必克，天下莫不以为武，而非先王之所尚也⁽³⁷⁾；四夷万里⁽³⁸⁾，古所未及以政者⁽³⁹⁾，莫不服从，天下莫不以为盛，而非先王之所务也⁽⁴⁰⁾。太宗之为政于天下者，得失如此。

由唐、虞之治⁽⁴¹⁾，五百馀年而有汤之治⁽⁴²⁾；由汤之治，五百馀年而有文、武之治⁽⁴³⁾；由文、武之治，千有馀年而始有太宗之为君。有天下之志，有天下之材，又有治天下之效，然而又以其未备也，不得与先王并而称极治之时。是则人生于文、武之前者，率五百馀年而一遇治世⁽⁴⁴⁾；生于文、武之后者，千有馀年而未遇极治之时也。非独民之生于是时者之不幸也。士之生于文、武之前者，如舜、禹之于唐⁽⁴⁵⁾，八元、八凯之于舜⁽⁴⁶⁾，伊尹之于汤⁽⁴⁷⁾，太公之于文、武⁽⁴⁸⁾，率五百馀年而一遇；生于文、武之后，千有馀年，虽孔子之圣、孟轲之贤而不遇⁽⁴⁹⁾。虽太宗之为君，而未可以必得志于其时也。是亦士民之生于是时者之不幸也。故述其是非得失之迹⁽⁵⁰⁾，非独为人君者可以考焉，士之有志于道⁽⁵¹⁾，而欲仕于上者⁽⁵²⁾，可以鉴矣。

【注释】

（1）成、康，周成王和周康王。成王名诵，武王之子。康王名钊，成王之子。《史记·周本记》："成、康之际天下安宁，刑错（刑法废弃）四十余年不用。"后人称周之盛世。殁（mò 末），死亡。民生，即生民，人民。此句本自班固《两都赋序》："昔成、康没而颂声寝。"

（2）亡之，使之灭亡。

（3）更二十四君，西汉自高祖元年（前206）立国，历惠帝、高后、天帝、景帝、昭帝、宣帝、元帝、成帝、哀帝、平帝，共十二君，计二百十年。东汉自光武帝建武元年（25）复国，历明帝、章帝、和帝、殇帝、安帝、顺帝、冲帝、质帝、桓帝、灵帝、献帝，亦十二君，计一百九十六年，合计二十四君，四百十年。更，更换。垂，流传下去。

（4）秦法，秦代的法令制度。汉承秦制，故其郡县、职官、朝仪、刑法等制度都沿袭秦的旧制。

（5）亦多附己意，一作"亦多附己之意"。

（6）放，通"仿"。仿效、效法。

（7）文帝，名恒，高祖中子。公元前179—前157年在位。在位时，轻徭薄赋，与民休息，国家大治。历史把汉文帝和汉景帝统治时期称为"文景之治"。

（8）天下之材，有治理天下才能的人。

（9）故仁闻三句，仁闻（wèn问），仁爱的名声。闻，名声，名誉。语出《孟子·离娄上》："今有仁心仁闻，而民不被其泽，不可法于后世者，不行先王之道也。"

（10）汉之亡，魏、蜀、吴三分天下，史称三国。

（11）晋与隋二句，晋武帝司马炎于泰始元年（265）篡魏建晋，至太康元年（280）灭吴统一天下，历四帝，至建兴四年（316）为前赵所灭，史称西晋。其后南北分立，司马睿（元帝）建立的东晋偏安一隅，历十一帝，玉元熙二年（420）亦亡。两晋共历一百五十六年。隋文帝杨坚于开皇元年（581）取代北周建立隋朝，九年灭陈，统一天下，历四帝，三十九年即亡。

（12）为，做法，此指政治措施。

（13）更十八君二句，唐自从高祖李渊武德元年（618）立国，历太宗、高宗、武后、中宗、睿宗、玄宗、肃宗、代宗、德宗、顺宗、宪宗、穆宗、敬宗、文宗、武宗、宣宗、懿宗、僖宗、昭宗，至哀帝天祐四年（907）亡，共二十一帝，二百九十年。即不算武后，亦二十君。此说十八君，恐系误记。

（14）诎，通"屈"。曲意迁就。

（15）租庸，即租庸调。唐代赋税制度。"租"是每人应交纳的谷物和丝织物。"庸"是代替劳役的赋税。

（16）府卫，即府兵制。府兵无事时耕于野，轮流宿卫京师；出征时，由临时任命的主帅统率；战争结束，兵散于府，将归于朝。国家可减少常备兵。

（17）职事，职务。此指政务。

（18）尊本，崇尚农业。

（19）末，末业，指工商业等。古以农为本，看不起工商业等。

（20）操于上者，在上面掌权的人。

（21）要，切要。烦，繁多。

（22）取于下者，向下索取的。下，指老百姓。

（23）兵，军队。备，装备。

（24）有兵之名，指军队的组织形式，设制。名，名义。

（25）事，政事，政务。分，职分。有归，有归属，即有专管。

（26）禄，俸禄。

（27）遗，不被录用。

（28）笃，深厚。

（29）阐，开阐，扩大。

（30）自厚，自重自爱。

（31）刑措，又作"刑错"，刑法弃废不用，指民无人犯法。措，废置，搁置。

（32）拟，比拟。备，完备。

（33）具，备办，设施。

（34）田畴，田地，田亩。《说文》："畴，耕治之田也。"

（35）庠序，乡村学校之名。《孟子·梁惠王上》："谨庠序之教。"赵岐注："庠序者，教化之宫也。殷曰序，周曰庠。"

（36）躬亲，亲自。躬，身体。行阵，军队作战时的队列阵势。

（37）尚，崇尚。

（38）四夷，泛指四方的少数民族。夷，中国古代少数民族的泛称。

（39）以政，推行政教。以，"为"的意思。

唐
宋

（40）务，勉力从事。

（41）由唐、虞，即尧、舜。尧初居陶地，后徙于唐，故称陶唐氏。舜之先国在虞地，故称有虞氏。尧、舜都因揖让而得天下，自古称为盛世。

（42）汤，商代开国君主成汤，名履。夏桀无道，汤灭桀而得天下。

（43）文、武，周文王姬昌和周武王姬发。文王本为商之诸侯，其国在岐下之下，称"西伯"。周立，追尊为文王。武王灭商兴周，建都于镐。《孟子·尽心下》："由尧、舜至于汤，五百有余岁，若禹皋陶，则见而知之；若汤，则闻而知之。由汤至于文王，五百有余岁"。即以上几句之所本。

（44）率，大概。治世，太平盛世。治，安定，与"乱"相对。

（45）禹，夏代开国君主，与舜同为尧臣。尧禅舜、舜禅禹。

（46）八元、八凯，都是舜的贤臣。据《左传·文公十八年》载：高阳氏有才子八人：苍舒、隤凯、梼戭、大临、龙降、庭坚、仲容、叔达，天下之民称之为"八凯"。高辛氏有才子八人：伯奋、仲堪、叔献、季仲、伯虎、仲熊、叔豹、季狸，天下之民称之为"八元"。舜臣尧，举八凯，使主后土；举八元，使希王教（父义、母慈、兄友、弟恭、子教）于四方。

（47）伊尹，名伊，尹为官名。一说名挚。原为奴隶，后助汤灭桀，史称商之贤相。

（48）太公，即姜尚，字子牙，其先祖封于吕，又称吕尚。晚年钓于渭滨，遇文王，被聘为师，号"太公望"。后佐武王灭商，封于齐。

（49）孔子之圣，即孔丘，字仲尼，春秋时鲁人。始创儒学，被儒家尊为圣人。孟轲，战国时邹人，孔子之孙子思的弟子，被儒家尊为亚圣。

（50）迹，寻求其踪迹。

（51）士之有志于道，《论语·里仁》："士志于道"。道，此指先王之道。

（52）仕于上，为朝廷服务。仕，通"事"。上，指朝廷，帝王。

【毛泽东评说】

此文什么也没有说。

——《毛泽东读〈古文辞类纂〉批语》，载《毛泽东读文史古籍批语集》，中央文献出版社 1993 年版，第 100 页。

【赏析】

本文通过分析比较唐太宗为政的得失，慨叹圣君之难得、士人之不遇，是一篇向执政者进谏的文章。文章首先简叙自三代后至隋的治乱分合，初步阐明"成、康殁而民生不见先王之治"的论点。以汉文帝"有天下之志"，"然而天下之材不足"，旨在衬托唐太宗。接着历举唐太宗为政之得失，先褒后贬，从而得出唐太宗虽有天下之志，有天下之材，又有治天下之效，仍"不得与先王并"的结论，进一步阐明了中心论点。最后溯古论今，慨叹三代后人民不复遇治世之时，结以"士之有志于道，而欲仕于上者，可以鉴矣"。说明作者还是有感而发的。近代学者高步认为，此文可能作于熙宁之时，其论则为王安石变法而发，意谓以唐太宗时之盛，尚且不能比于三代之治，王安石推行新政，自然更应谨慎从事。作为王安石的布衣之交，曾巩作文向他提出忠告，可谓用心良苦，从而也可窥见《唐论》借古讽今的深意。

可是，毛泽东对此文不以为然，认为"此文什么也没有说"。这个评价不免过苛，但细究之，也是很有道理的。那么，为什么说这篇文章什么也没有说呢？因为作为一篇陈述政见的文章，总要阐明某些道理，特别是要提出自己的政见措施。而本文极力推崇唐、虞之治，文武之治，而又语焉不详。而对唐太宗的治世，倒有几条政治措施，又认为不能与唐、虞之治相提并论。特别是针对宋代情况，没有提出相应的改良措施。所以，通篇文章便显得大而无当，空洞无物，毛泽东批评"此文什么也没有说"，不是没有道理的。

全文论述层次分明，笔势开合自如，文笔峻洁，句法多变，是论说文中不可多得的佳作。清代散文家刘大櫆赞其"上下古今，俯仰慨叹，而淋漓遒逸，有百川汇海之致"，是有道理的。

司马光

司马光（1019—1086），字君实，陕州夏县（今山西夏县）人。北宋大臣、历史学家。历官至尚书左仆射兼门下侍郎，封温国公。政治上是和王安石对立的旧派的领袖。在他当政时期曾经废除一切新法；在新党重新掌权之后，他退居不问政事，专心主编著名的通史《资治通鉴》。著作有《温公文正司马公文集》。

《资治通鉴》，司马光主编的编年体通史。上接春秋，下至北宋开国之前，共二百九十四卷。取材于各种正史、别史、杂史等，加以裁剪熔铸而成，是我国古代的一部重要史书。其中某些部分，特别是战争叙述，简明生动，条理清楚，富有文学价值。参加编写的有刘攽、刘恕、范祖禹等人。元代胡三省曾为此书作注。

【原文】

齐围魏救赵之战

十五年……魏惠王伐赵，围邯郸⁽¹⁾。楚王使景舍救赵⁽²⁾。

十六年，齐威王使田忌救赵⁽³⁾。初，孙膑与庞涓俱学兵法⁽⁴⁾。庞涓仕魏为将军，自以能不及孙膑，乃召之；至，则以法断其两足而黥之⁽⁵⁾，欲使终身废弃。齐使者至魏，孙膑以刑徒阴见，说齐使者；齐使者窃载与之齐⁽⁶⁾。田忌善而客待之，进入威王⁽⁷⁾。威王问兵法，遂以为师⁽⁸⁾。于是威王谋救赵，以孙膑为将；辞以刑余之人不可⁽⁹⁾。乃以田忌为将，而孙子为师，居辎车中⁽¹⁰⁾，坐为计谋。

田忌欲引兵之赵。孙子曰："夫解杂乱纷纠者不控拳，救斗者不搏撠⁽¹¹⁾，批亢捣虚，形格势禁⁽¹²⁾，则自为解耳。今梁、赵相攻，轻兵锐卒必竭于外，老弱疲于内⁽¹³⁾；子不若引兵疾走魏都，据其街路，冲其方虚⁽¹⁴⁾，彼必释赵以自救：是我一举解赵之围而收弊于魏也⁽¹⁵⁾。"田忌从之。十月，邯郸降魏。魏师还，与齐战于桂陵⁽¹⁶⁾，魏师大败。

【注释】

（1）十五年，指周显王十五年（前354）。魏惠王，因被秦所败从安邑（今山西安邑）迁都大梁（今河南开封），亦称梁惠王。邯郸（今河北邯郸），赵国都城。

（2）楚王，指楚宣王。景舍，楚国大夫。

（3）田忌，战国初期齐国将军。

（4）孙膑，战国时期军事家，生于阿、鄄（juàn绢，今山东阳谷、鄄城一带），是春秋时军事家孙武的后代。著有《兵法》。庞涓，战国时人，早年曾与孙膑同学兵法，后任魏国将军。

（5）黥（qíng情），古代的一种刑罚，在面部刺字并涂墨。此处是施以黥刑。

（6）阴，暗地、偷偷。说（shuì税），劝说。窃，偷。

（7）客待，以接待宾客的礼节接待。威王，齐威王。

（8）师，军师。

（9）刑余之人，受过刑罚的人。

（10）辎（zī兹）车，古代一种有帐篷的车。

（11）杂乱纷纠，指乱丝。控，抓紧。拳，用拳头。斗，格斗。撽（jǐ载），刺、击。

（12）批，撇开。亢，满、充实。捣，冲击。形，形势。格，阻碍。禁，停止。顾忌。

（13）轻兵，轻便锋利的兵器。锐卒，精锐的军队。竭，尽、疲、疲惫。

（14）疾，快速。走，奔跑、赶。据，占据。街路，交通要道。方虚，正好空虚的地方。

（15）释，释放。弊，疲乏。收弊于魏，使魏军疲于奔命而我军坐收其利。

（16）桂陵，魏国地名，在今山东省菏泽东北。

【毛泽东评说】

在反围攻的作战计划中，我之主力一般是位于内线的，但在兵力优裕的条件下，使用次要力量（例如县和区的游击队，以至从主力中分出一部分）于外线，在那里破坏敌之交通，钳制敌之增援部队，是必要的。如果敌在根据地内久踞不去，我可以倒置地使用上述方法，即以一部留在根据地内围困该敌，而用主力进攻敌所从来之一带地方。在那里大肆活动，引致久踞之敌撤退出去打我主力；这就是"围魏救赵"的办法。

——《抗日游击战争中的战略问题》，《毛泽东选集》第二卷。人民出版社1991年版，第429页。

【赏析】

《资治通鉴》中这篇文章本于《史记·孙子吴起列传》。《资治通鉴》在记叙这次战争时，还把孙膑的历史概括进去，内容较丰富。其次，《史记》里没有年份，《资治通鉴》则有年份，所以选用了《资治通鉴》。

这次战争发生在战国初期，当时中原地区魏国最强，东方齐国最大。魏国要扩张自己的势力，便去侵略赵国，如果魏国吞并了赵国和韩国，会给齐国造成很大的威胁，所以齐国要去救赵和救韩。

魏国围攻赵国都城邯郸，赵国请求各国援助。齐威王命令田忌、孙膑去救赵国。田忌主张直接出兵赵国，解救赵国的危机。孙膑分析了当时的战争形势，提出魏国的精锐部队都在赵国，内部一定很空虚，于是引兵去攻魏都大梁。在这种情势下，魏军不得不撤离邯郸回救本国。孙膑把齐军主力埋伏在魏军必经之地桂陵，以逸待劳，等魏军到来，突然发起进攻，打败了魏军，解救了赵国。"围魏救赵"就是全面分析敌我双方的强弱利弊，正确运用"避实击虚"的战略战术，掌握战争的主动权，相机夺取战争胜利。

毛泽东在《抗日游击战争的战略问题》一文中指出了在反围攻作战中运用"围魏救赵"的两种办法：一种办法是我主力在内线，运用次要兵力到外线，破坏敌交通，攻击其来援之敌；另一种办法是敌在根据地内久围我不去，我则可用主力攻击敌所从来之所，吸引久踞不去之敌打我主力，在运动中将其消灭，这就是在反围攻的作战中所应采用的作战方法。

楚汉成皋之战

三年……夏四月，楚围汉王于荥阳[1]，急；汉王请和，割荥阳以西者为汉。亚父劝羽急攻荥阳[2]，汉王患之。项羽使使至汉，陈平使为太牢具，举进[3]，见楚使，即佯惊曰[4]："吾以为亚父使，乃项王使。"复持去，更以恶草具进楚使[5]；楚使归，具以报项王，项王果大疑亚父。亚父欲急攻下荥阳城，项王不信，不肯听。亚父闻项王疑之，乃怒曰："天下事大定矣，君王自为之！愿赐骸骨归[6]。"未至彭城，疽发背而死[7]。

五月，将军纪信言于汉王曰："事急矣，臣请诳楚，王可以间出[8]。"于是陈平夜出女子东门二千余人，楚因四面击之。纪信乃乘王车，黄屋左纛[9]，曰："食尽，汉王降。"楚皆呼万岁，之城东观，以故汉王得与数十骑出西门遁去。令韩王信与周苛、魏豹、枞公守荥阳[10]。羽见纪信，问："汉王安在？"曰："已出去矣。"羽烧杀信。周苛、枞公相谓曰："反国之王，难与守城。"因杀魏豹。

汉王出荥阳，至成皋，入关[11]，收兵欲复东。辕生说汉王曰："汉与楚相距荥阳数岁，汉常困[12]。愿君王出武关[13]，项王必引兵南走。王深壁勿战，令荥阳、成皋间且得休息，使韩信等得安辑河北赵地[14]，连燕、齐，君王乃复走荥阳。如此，则楚所备者多，力分[15]；汉得休息，复与之战，破之必矣！"汉王从其计，出军宛、叶间，与黥布行收兵[16]。羽闻汉王在宛，果引兵南；汉王坚壁不与战。

汉王之败彭城，解而西也，彭越皆亡其所下城[17]，独将其兵北居河上，常往来为汉游兵击楚，绝其后粮。是月，彭越渡睢，与项声、薛公战下邳[18]，破，杀薛公。羽乃使终公守成皋，而自东击彭越。汉王引兵北，击破终公，复军成皋。

六月，羽已破走彭越，闻汉复军成皋，乃引兵西拔荥阳城，生得周苛[19]。羽谓苛："为我，将以公为上将军，封三万户[20]。"周苛骂曰，"若不趣降汉[21]，今为虏矣，若非汉王敌也！"羽烹周苛，并杀枞公而虏韩王信，遂围成皋。汉王逃，独与滕公共车出成皋玉门，北渡河，宿小修武传舍[22]。

晨，自称汉使，驰入赵壁。张耳、韩信未起，即其卧内，夺其印符以麾召诸将，易置之(23)。信、耳起，乃知汉王来，大惊。汉王既夺两人军，即令张耳循行(24)，备守赵地。拜韩信为相国，收赵兵未发者击齐。诸将稍稍得出成皋与汉王。楚遂拔成皋，欲西；汉使兵距之巩(25)，信其不得西。

秋七月，……汉王得韩信军，复大振。八月，引兵临河，南乡(26)，军小修武，欲复与楚战。郎中郑忠说止汉王，使高垒深堑勿与战(27)。汉王听其计，使将军刘贾、卢绾将卒二万人，骑数百，渡白马津，入楚地，佐彭越，烧楚积聚，以破其业。无以给项王军食而已(28)。楚兵击刘贾，贾辄坚壁不肯与战，而与彭越相保。

彭越攻徇梁地，下睢阳、外黄等十七城(29)。九月，项王谓大司马曹咎曰(30)："谨守成皋！即汉王欲挑战，慎勿与战，勿令得东而已。我十五日必定梁地，复从将军。"羽引兵东行，击陈留、外黄、睢阳等城，皆下之。

汉王欲捐成皋以东，屯巩、洛以距楚(31)。郦生曰(32)："臣闻知灭之天者，王事可成。王者以民为天，而民以食为天。夫敖食，天下转输久矣(33)。臣闻其下乃有藏粟甚多。楚人拔荣阳，不坚守敖仓，乃引而东，令适卒分守成皋(34)，此乃天所以资汉也。方今楚易取而汉反却，自夺其便，臣窃以为过矣(35)。且两雄不俱立，楚汉久相持不决，海内摇荡，农夫释耒(36)，工女下机，天下之心，未有所定也。愿足下急复进兵，收取荣阳，据敖仓之粟，塞成皋之险，杜太行之道，距蜚狐之口，守白马之津，以示诸侯形制之势(37)，则天下知所归矣。"王从之，乃复谋取敖仓……

四年冬十月，……楚大司马咎守成皋，汉数挑战，楚军不出。使人辱之，数日，咎怒，渡兵汜水(38)。士卒半渡，汉击之，大破楚军，尽得楚国金玉、货赂，咎及司马欣皆自到汜水上(39)。汉王引兵渡河，复取成皋，军广武(40)，就敖仓食。

项羽下梁地十余城，闻成皋破，乃引兵还。汉军方围钟离昧于荣阳东(41)，闻羽至，尽走险阻。羽亦军广武，与汉相守。数月，楚军食少。项王患之，乃为俎，置太公其上，告汉王曰："今不急下(42)，吾烹太公！"汉王曰："吾与羽俱北面受命怀王，约为兄弟，吾翁即若翁；必欲烹而翁，幸分我一杯羹(43)！"项王怒，欲杀之。项伯曰："天下事未可知；且为天下者不顾家，虽杀之无益，只益祸耳⁽⁴⁴⁾！"项王从之。

项王谓汉王曰："天下匈匈数岁者，徒以吾两人耳。愿与汉王挑战，决雌雄⁽⁴⁵⁾，毋徒苦天下之民父子为也！"汉王笑谢曰："吾宁斗智，不能斗力。"项王三令壮士出挑战，汉有善骑射者楼烦辄射杀之⁽⁴⁶⁾。项王大怒，乃自被甲持戟挑战。楼烦欲射之，项王瞋目叱之⁽⁴⁷⁾，楼烦目不敢视，手不敢发，遂走还入壁，不敢复出。汉王使人间问之⁽⁴⁸⁾，乃项王也，汉王大惊。

于是项王乃即汉王，相与临广武间而语⁽⁴⁹⁾。羽欲与汉王独身挑战。汉王数羽曰："羽负约⁽⁵⁰⁾，王我于蜀、汉，罪一；矫杀卿子冠军⁽⁵¹⁾，罪二；救赵不还报，而擅劫诸侯兵入关，罪三；烧秦宫室，掘始皇帝冢⁽⁵²⁾，收私其财，罪四；杀秦降王子婴，罪五；诈阬秦子弟新安二十万⁽⁵³⁾，罪六；王诸将善地而徙逐故王⁽⁵⁴⁾，罪七；出逐义帝彭城，自都之，夺韩王地⁽⁵⁵⁾，并王梁、楚，多自与，罪八；使人阴杀义帝江南，罪九；为政不平，主约不信，天下所不容，大逆无道，罪十也。吾以义兵从诸侯诛残贼，使刑余罪人击公⁽⁵⁶⁾，何苦乃与公挑战！"羽大怒，伏弩射中汉王⁽⁵⁷⁾。汉王伤胸，乃扪足曰⁽⁵⁸⁾："虏中吾指。"汉王病创卧，张良强请汉王起行劳军⁽⁵⁹⁾，以安士卒，毋令楚乘胜。汉王出行军，疾甚，因驰入成皋。

韩信已定临淄，遂东追齐王⁽⁶⁰⁾。项王使龙且将兵，号二十万，以救齐，与齐王合军高密⁽⁶¹⁾。客或说龙且曰："汉兵远斗穷战⁽⁶²⁾，其锋不可当。齐、楚自居其地，兵易散败。不如深壁，令齐王使其信臣招所亡城。亡城闻王在⁽⁶³⁾，楚来救，必反汉。汉兵二十里，客居齐地，齐城皆反之，其势无所得食，可无战而降也。"龙且曰："吾平生知韩信为人，易与耳。寄食于漂母，无资身之策，受辱于胯下，无兼人之勇⁽⁶⁴⁾；不足畏也。且夫，救齐不战而降之，吾何功！今战而胜之，齐之半可得也。"

十一月，齐、楚与汉夹潍水而陈⁽⁶⁵⁾。韩信夜令人为万余囊，满盛沙，壅水上流⁽⁶⁶⁾。引军半渡击龙且，佯不胜，还走。龙且果喜曰："固知信怯也。"遂追信。信使人决壅囊，水大至，龙且军太半不得渡，即急击杀龙且。水东军散走，齐王广亡去。信遂追北至城阳⁽⁶⁷⁾，虏齐王广。……

汉王疾愈，西入关。至栎阳，枭故塞王欣头栎阳市⁽⁶⁸⁾。留四日，复如军，军广武。

春二月，……项王闻龙且死，大惧。使盱台人武涉往说齐王信曰："天下共苦秦久矣，相与勠力击秦⁽⁶⁹⁾。秦已破，计功割地，分土而王之，以休士卒。今汉王复兴兵而东，侵入之分⁽⁷⁰⁾，夺人之地。已破三秦，引兵出关，收诸侯之兵，以东击楚，其意非尽吞天下者不休，其不知厌足如是甚也⁽⁷¹⁾。且汉王不可必，身居项王掌握中数矣；项王怜而活之，然得脱辄倍约⁽⁷²⁾，复击项王，其不可亲信如此。今足下虽自以汉王为厚交，为之尽力用兵，必终为所禽矣！足下所以得须臾至今者，以项王尚存也。当今二王之事，权在足下，足下右投则汉王胜，左投则项王胜。项王今日亡，则次取足下。足下与项王有故，何不反汉，与楚连和，参分天下王之⁽⁷³⁾？今释此时，而自必于汉以击楚，且为智者固若此乎！"韩信谢曰："臣事项王，官不过郎中，位不过执戟，言不听，画不用⁽⁷⁴⁾，故背楚而归汉。汉王授我上将军印，予我数万众，解衣衣我，推食食我⁽⁷⁵⁾，言听计用，故我得以至于此。夫人深亲信我，我倍之不祥，虽死不易。幸为信谢项王。"……

八月，……项羽自知少助；食尽，韩信又进兵击楚，羽患之。汉遣侯公说羽请太公⁽⁷⁶⁾。羽乃与汉约，中分天下，割洪沟以西为汉⁽⁷⁷⁾，以东为楚。九月，楚归太公、吕后，引兵解而东归⁽⁷⁸⁾。汉王欲西归。张良、陈平说曰："汉有天下太半，而诸侯皆附；楚兵疲食尽，此天亡之时也。今释弗击，此所谓'养虎自遗患'也。"汉王从之。

【注释】

（1）三年，汉高祖三年（前204）。汉王即刘邦，西汉王朝的建立者。荥阳，今河南省荥阳市。

（2）亚父，即范增，项羽的谋臣。

（3）使使，差遣使者。陈平，刘邦谋臣。太牢，古代祭祀或宴会时，牛、羊、猪三者俱备叫太牢。具，备办、供设。举，全部。进，进献。

（4）佯，假装。惊，仓皇失措的样子。

（5）恶草具，指粗劣的饭菜。恶，粗劣。草，草悉。

（6）愿赐骸骨，乞求引退之意。古时大臣给君主办事，终生属于君主，因此把请求辞职称为赐还自己的骨头。

（7）彭城，今江苏省徐州市，是项羽的都城。疽（jū 居），一种毒疮。发背，毒疮透背。

（8）诳，蒙骗。间（jiàn 见）出，趁机逃出。

（9）黄屋，用黄色丝织品做的车盖。左纛（dào 到），古代帝王坐车上旌旗一类的装饰物，用羽毛制成，插在车子的左面。

（10）韩王信，是韩国的后代，不是韩信。周苛，汉御史大夫。魏豹，公元前205年三月降汉，六月叛汉附楚，九月为韩信所俘虏。枞（cōng 匆）公，名不详，刘邦的大臣。

（11）皋，今河南省荥阳市汜水镇。关，函谷关，今河南省灵宝县西南。

（12）辕生，姓袁的书生。距，同"拒"，相持。困，困境。

（13）武关，在陕西省商洛市丹凤县，是秦国的南关。

（14）深壁，挖深壕沟、加固营盘，即坚守。安辑，安定抚慰。

（15）备，防备。力分，力量就分散。

（16）宛，今河南省南阳市。叶，今河南省叶县。黥（qíng 情）布，即英布。因受过黥刑（犯人面上刺字涂墨），所以称黥布。原是项羽手下，后投刘邦，封淮南王。行收兵，到各地收集兵员。

（17）解，撤离。彭越，秦末义军首领之一。归附刘邦（楚汉战争时），刘邦封为梁王。汉朝建立后，阴谋叛乱被镇压。所下城，已经攻下的城池。

（18）睢（suī 虽），濉河，从安徽省宿县东流入江苏省泗水。下邳（pī 批），今江苏省邳县，故城在邳县东。项声、薛公、终公，都是项羽的将领。

（19）拔，攻下。生得，活捉。

（20）三万户，指三万户的爵禄。

（21）若，你。趣（cù 促），赶快。

（22）滕公，即夏侯婴，曾做过滕县令，所以称"滕公"。当时任太仆，为刘邦驾车。玉门，北门。小修武，在今河南省获嘉县境内。传舍，古时驿站中供旅客住宿的客馆。

（23）成张耳，魏人，陈胜、吴广时入起义队伍，项羽封为常山王。韩信，刘邦大将，封淮阴侯。麾，旗。易，改变。置之，设立。易置之，调整诸将的职位。

（24）循行，到各地进行巡视。

（25）距，通"拒"，抵抗。巩，今河南省巩义市。

（26）乡，同"向"。

（27）郎中，侍奉皇帝的官。堑，壕沟。

（28）刘贾，刘邦的堂兄，汉朝封为荆王，后为英布所杀。卢绾（wǎn
晚），汉将军。白马津，地名，在今河南省滑县北。积聚，指粮秣柴草。
业，基业。军食，军队饮食。

（29）徇，依从、归附。睢阳，地名，在今河南省商丘市南。外黄，
在今河南省杞县东北。

（30）大司马，掌管全国军政的官。曹咎，项羽的将领，当时封海春侯。

（31）捐，捐献、放弃。洛，今河南省洛阳市。

（32）郦生，郦食其（yì jī 异基），刘邦的谋士之一，吕后时任丞相。

（33）敖仓，秦王朝遗留下来的粮仓。敖，山名，在今河南省荥阳市
西北。转输，指运送粮食。

（34）适卒，指有罪而被征发的士兵。

（35）却，退。夺，失去。过，错、过失。

（36）耒（lěi 累），古代的一种农具，形状像木叉，翻土用。

（37）杜，截断、阻塞。蜚狐，同"飞狐"，关口名，在今河北省涞
源县。形制之势，在地形上取得夺取胜利的气势。

（38）汜水，在今河南省荥阳市境内，北流入黄河。

（39）赂，财物。刭，用刀割脖子。

（40）军，驻扎。广武，山名，在今河南省荥阳市东北。

（41）钟离眛（mèi 妹），项羽手下大将。

（42）俎（zǔ 阻），古时祭祀用来盛放牲肉的器具。太公，指刘邦的
父亲。急下，赶快投降。

（43）北面，古时君王南面而坐，大臣北面而朝拜。怀王，指项羽所
立的楚怀王心，即义帝，后被项羽所杀。若、而，你。羹，食物。

（44）项伯，项羽的叔父。只，只能。益祸，坏事、增加灾祸。

（45）匈匈，形容动乱不安宁。徒以，只因为。雌雄，胜败。

（46）楼烦，当时北方少数民族，善骑射，此处是借指军中善于骑射的士兵。辄（zhé 哲），每每、总是。

（47）瞋（chēn 琛）目，瞪着眼睛。叱，吆喝、斥责。

（48）间问，打听。

（49）即，从、就而近之。临广武间而语，广武有东西两城，汉在西城，楚在东城，指双方在城上对话。

（50）数（shǔ 暑），声讨、责备。负约，指楚怀王背约。

（51）矫，假借、假托。卿子冠军，即宋义。项羽叔父项梁被秦兵打死后，楚怀王用宋义做统帅，称卿子冠军。后项羽假托怀王命杀了他。

（52）冢，坟墓。

（53）诈，欺骗。院，活埋。新安，今河南省渑池县东，县名。

（54）善地，好的地方。徒逐故王，将原来的王迁走。如封其部将黥布为九江王，将齐王田市迁到胶东。

（55）义帝，即楚怀王。项羽灭秦后自称西楚霸王，以彭城为都城。将楚怀王迁至湖南省郴县。韩王，指当时的韩王成。

（56）残贼，指暴君。刑余人，士兵。古代常征发犯人当兵。

（57）伏弩（nǔ 努），埋伏的弓箭手。弩，古代一种用机械发射的弓。

（58）扪（mén 门），按、摸。

（59）张良，刘邦的谋臣。

（60）临淄，齐国都城，今山东省淄博市东北临淄县北。齐王，指田广。

（61）龙且（jū 居），项羽部下大将。高密，今在山东省。

（62）说，劝说。穷，尽、拼命。

（63）亡城，失掉的城池。

（64）寄食于漂母，指韩信年轻时贫穷，有一个漂洗衣服的妇人经常给他饭吃。资身，养活自己。受辱于胯下，指韩信年轻时曾从一无赖腿中间爬过去。此两件事皆见《史记·准阴侯列传》。兼人，两个人。

（65）潍水，即今山东省东部潍河。源于山东省莒县北，东流入莱州湾。

（66）壅（yōng 拥），堵塞。

（67）追北，追赶逃跑的敌人。城阳，今山东省菏泽东北，秦时县名。

（68）栎（yuè乐）阳，秦县名，今陕西省临潼县东北。枭，古时刑罚，将人的头割下挂起来示众。故塞王，以前的塞王。项羽封司马欣为塞王，都栎阳。司马欣在汜水战败后自杀。

（69）盱（xū虚）台（yí怡），今安徽省盱眙县。齐王信，指韩信。韩信破齐后请求刘邦封其为齐王。时刘邦正困荥阳，为争取韩信暂封他为齐王。勠（lù路），同"戮"，合力。

（70）分（fèn奋），本分，指各人的封地。

（71）三秦，指项羽将秦国一分为三：封章邯为雍王，占咸阳以西；封司马欣为塞王，占咸阳以东；封董翳为翟王，占上郡（陕西北部）。诸侯，指常山王张耳、河南王申阳、韩王郑昌、魏王豹、殷王卬。厌足，满足。

（72）必，可靠。辄（zhé折），总是、就。倍约，违约。

（73）参分，同"三分"。

（74）画，谋划、计划。

（75）衣我，给我穿。食我，给我吃。

（76）侯公，名不详，当时的辩士。

（77）中分，平分。洪沟，即鸿沟，古运河名，今河南省中牟县贾鲁河。

（78）吕后，刘邦之妻吕雉（zhì至），女政治家，刘邦死后她执政十余年。解，通"懈"，松懈、解除戒备。

【毛泽东评说】

当时的情况是弱国抵抗强国。……虽然是一个不大的战役（按：指齐鲁长勺之战），却同时是说的战略防御的原则。中国战史中合此原则而取胜的实例是非常之多的。楚汉成皋之战、新汉昆阳之战、袁曹官渡之战、吴魏赤壁之战、吴蜀彝陵之战、秦晋淝水之战等等有名的大战，都是双方强弱不同，弱者先让一步，后发制人，因而战胜的。

——《中国革命战争的战略问题》，《毛泽东选集》第一卷，人民出版社1991年版，第204页。

主观指导的正确与否，影响到优势劣势和主动被动的变化，观于强大之军打败仗、弱小之军打胜仗的历史事实而益信。中外历史上这类事情是多得很的。中国如晋楚城濮之战，楚汉成皋之战，韩信破赵之战，新汉昆阳之战，袁曹官渡之战，吴魏赤壁之战，吴蜀彝陵之战，秦晋淝水之战等等，外国如拿破仑的多数战役，十月革命后的苏联内战，都是以少击众，以劣势对优势而获胜。都是先以自己局部的优势和主动，向着敌人局部的劣势和被动，一战而胜，再及其余，各个击破，全局因而转成了优势，转成了主动。在原占优势和主动之敌则反是；由于其主观错误和内部矛盾，可以将其很好的或较好的优势和主动地位，完全丧失，化为败军之将，亡国之君。

——《论持久战》，《毛泽东选集》第二卷，人民出版社 1991 年版，第 491 页。

【赏析】

《楚汉成皋之战》见于《史记·项羽本纪》和《资治通鉴·汉记》高帝三年至四年（前204—前203）。这里选用《资治通鉴》的文本。成皋，在今河南荥阳市西北的汜（sì 四）水镇。公元前二〇五年至公元前二〇三年，项羽和刘邦在成皋决战，使楚强汉弱的形势发生了根本的变化，为后来汉军在垓下一举灭楚创造了条件。

汉元年（前206），秦王朝被农民起义军推翻了。当时，项羽兵力最强，他便号令天下，分封诸侯。以今四川和陕西一部分封刘邦为汉王，以今河南、安徽、江苏以及山东的一部分等地方自立为西楚霸王。接着田荣在山东反楚，项羽去击田荣。刘邦乘机占领了原来秦国的土地，再向东进兵，一直打到项羽的都城彭城（今江苏徐州）。项羽从齐国赶回来，大破刘邦。刘邦便退到成皋一带，和项羽作持久战。

当时，项羽百战百胜，诸侯慑服，在军事上占着优势和主动地位。刘邦为了保存和积蓄力量，待机破敌，采取了正确的战略防御方针，选择接近关中根据地的成皋一带，作为退却终点，来安定他的后方，取得粮食供应和兵员补充。他从正面吸引住楚军主力，派兵联合彭越，袭击楚军后方，使项羽的补给发生困难，从而削弱了项羽的兵力。他又派大将韩信，向北击破赵国，降服燕国，打败齐国，使项羽越来越孤立，陷于汉军的包围之中。当楚军兵疲粮少的弱点暴露出来，且顾此失彼时，刘邦立即转入反攻。这样，项羽就由优势转为劣势，由主动转为被动了。这次战役的胜利，归功于刘邦在战略上的正确指挥。

毛泽东曾两次在自己的军事理论著作中援引这个战例，阐明军事理论问题。在《中国革命战争的战略问题》中，用来说明作战双方强弱不同，弱者先让一步，后发制人，因而制胜的道理，阐明了战略防御原则的重要性。在《论持久战》中，则用来说明指挥员主观指导的正确与否影响到优势劣势和主动被动的变化，从而导致战争的不同结局。

【原文】

新汉昆阳之战

元年……二月，……莽赦天下⁽¹⁾，诏："王匡、哀章等讨青、徐盗贼，严尤、陈茂⁽²⁾等讨前队丑虏，明告以生活、丹青之信⁽³⁾；复迷惑不解散，将遣大司空隆新公将百万之师剿绝矣⁽⁴⁾！"

三月，王凤与太常偏将军刘秀等徇昆阳、定陵、郾，皆下之⁽⁵⁾。

王莽闻严尤、陈茂败，乃遣司空王邑驰传，与司徒王寻发兵平定山东⁽⁶⁾；征诸明兵法六十三家以备军吏，以长人巨毋霸为垒尉⁽⁷⁾，又驱诸猛兽虎、豹、犀、象之属以助威武。邑至洛阳，州郡各选精兵，牧守自将，定会者四十三万人⁽⁸⁾，号百万；余在道者，旌旗、辎重⁽⁹⁾，千里不绝。夏，五月，寻、邑南出颍川⁽¹⁰⁾，与严尤、陈茂合。

诸将见寻、邑兵盛，皆反走，入昆阳，惶怖，忧念妻孥，欲散归诸城⁽¹¹⁾。刘秀曰："今兵谷既少，而外寇强大，并力御之，功庶可立；如欲分散，势无俱全⁽¹²⁾。且宛城未拔，不能相救；昆阳即拔⁽¹³⁾，一日之间，诸部亦灭矣！今不同心胆，共举功名，反欲守妻子财物邪⁽¹⁴⁾！"诸将怒曰："刘将军何敢如是！"秀笑而起。会侯骑还⁽¹⁵⁾，言："大兵且至城北，军陈数百里⁽¹⁶⁾，不见其后。"诸将素轻秀⁽¹⁷⁾，及迫急，乃相谓曰："更请刘将军计之。"秀复为图画成败⁽¹⁸⁾，诸将皆曰："诺。"时城中唯有八九千人，秀使王凤与廷尉大将军王常守昆阳，夜与五威将军李轶等十三骑出城南门，于外收兵⁽¹⁹⁾。

时莽兵到城下者且十万，秀等几不得出⁽²⁰⁾。寻、邑纵兵围昆阳，严尤说邑曰："昆阳城小而坚，今假号者在宛，亟进大兵⁽²¹⁾，彼必奔走；宛败，昆阳自服。"邑曰："吾昔围翟义，坐不生得，以见责让⁽²²⁾，今将百万之众，遇城而不能下，非所以示威也。当先屠此城，喋血而进⁽²³⁾，前歌后舞，顾不快邪！"遂围之数十重，列营百数，钲鼓之声闻数十里；或为地道、冲辒撞城；积弩乱发，矢下如雨，城中负户而汲⁽²⁴⁾。王凤等乞降，不许。寻、邑自以为功在漏刻⁽²⁵⁾，不以军事为忧。严尤曰："《兵法》：'围城为之阙'。宜使得逸出以怖宛下⁽²⁶⁾。"邑又不听。

......

刘秀至郾、定陵，悉发诸营兵。诸将贪惜财物，欲分兵守之。秀曰："今若破敌，珍宝万倍，大功可成；如为所败，首领无余⁽²⁷⁾，何财物之有！"乃悉发之。六月，己卯朔，秀与诸营俱进，自将步骑千余为前锋⁽²⁸⁾，去大军四五里而陈。寻、邑亦遣兵数千合战⁽²⁹⁾，秀奔之，斩首数十级。诸将喜曰："刘将军平生见小敌怯，今见大敌勇，甚可怪也！且复居前，请助将军！"秀复进，寻、邑兵却，诸部共乘之，斩首数百、千级。连胜，遂前，诸将胆气益壮，无不一当百。秀乃与敢死者三千人从城西水上冲其中坚⁽³⁰⁾。

寻、邑易之，自将万余人行陈，敕诸营皆按部毋得动，独迎与汉兵战，不利，大军不敢擅相救⁽³¹⁾；寻、邑陈乱，汉兵乘锐崩之⁽³²⁾，遂杀王寻。城中亦鼓噪而出，中外合势，震呼动天地；莽兵大溃，走者相腾践⁽³³⁾，伏尸百余里。会大雷、风，屋瓦皆飞，雨下如注，滍川盛溢，虎豹皆股战⁽³⁴⁾，士卒赴水溺死者以万数，水为不流。王邑、严尤、陈茂轻骑乘死人渡水逃去，尽获其军实辎重，不可胜算，举之连月不尽，或燔烧其余⁽³⁵⁾。士卒奔走，各还其郡，王邑独与所将长安勇敢数千人还洛阳，关中闻之震恐。于是海内豪杰翕然响应⁽³⁶⁾，皆杀其牧守，自称将军，用汉年号以待诏命；旬月之间，遍于天下。

唐
宋

【注释】

（1）元年，指更始元年（23）。西汉末年绿林起义军立汉朝后代刘玄为帝，建立汉政权，以更始为年号，失败后，光武帝刘秀封刘玄为淮阳王。莽，王莽，新莽王朝的建立者，实行一套巧取豪夺的经济政策剥削人民，在赤眉、绿林等农民起义军打击下，兵败被杀。

（2）王匡，王莽的太师。哀章，王莽的国将（官名）。青、徐，青州和徐州。严尤，王莽的纳言大将军。陈茂，王莽的秩宗大将军。

（3）前队丑虏，王莽对刘秀所率的汉军蔑称。生活，指免去死罪。丹青之信，像红色和青色那样的信约。

（4）大司空，西汉末年三公之一，与大司徒、大司马并称"三公"，是朝中最高的官。隆新公，王邑的封号，王莽以王邑为大司空，封隆新公。

（5）王凤，西汉末年农民起义军首领，与王匡等在绿林山（今湖北京山一带的大洪山地区）领导农民起义。与汉军联合后，汉封其为成国上公。刘秀，即东汉光武帝，当时是绿林义军首领，刘玄封他为太常偏将军。太常，主管宗庙礼仪。徇，攻打、打击。昆阳，今河南省叶县。定陵，今河南省舞阳县北。郾，今河南省郾城市。下，攻下。

（6）司徒，即大司徒，三公之一。山东，太行山以东地区。

（7）征，征集征聘。诸明兵法，那些懂得兵法的。备军吏，用作军官。巨毋霸，蓬莱人，身长一丈、腰围十尺。垒尉，掌管营垒的军官。

（8）州郡，当时行政分三级，州统郡，郡统县。牧，州的长官。守，郡的长官。定会，约定集合。

（9）辎重，军用物资。旌旗，旗帜。

（10）颖川，郡名，今河南省禹县。

（11）反走，回头跑、转身后撤。妻孥（nú 奴），妻子儿女。诸城，指诸将自己的地盘。

（12）庶，差不多。势，形势。

（13）宛城，今河南省南阳市。拔，攻克。即，假如。

（14）同心胆，同心协力。邪，同"耶"。

（15）会，适逢、正值。侯骑，侦察敌情的骑兵。还，回来。

（16）陈，同"阵"，阵势。

（17）素，向来、平常。

（18）图画，策划、打算。

（19）王常，绿林起义军首领之一，廷尉大将军是其军衔。李轶，与刘秀一起起兵的义军首领。收兵，调集援军。

（20）且，将近。几，差一点、几乎。

（21）说（shuì税），劝说。假号者在宛，假借皇帝名号的人在宛城指刘玄。亟（jí急），急忙。

（22）翟义，西汉上蔡人，王莽篡位后被杀。生得，活捉。责让，责备。

（23）屠城，古时战争中的暴行，攻下一座城池后，大肆屠杀城中百姓。蹀，踏着。

（24）钲（zhēng征），古时军用乐器，状如铜盘，打击发声。辒（péng彭），攻城用的楼车。积弩，成排的硬弓。负户而汲，背着门板出来取水。

（25）漏刻，片刻之间。

（26）《兵法》，指《孙子兵法》。阙，同"缺"，空缺、缺口。逸，逃跑。

（27）首领，脑袋、首级。

（28）己卯朔，初一。己卯，初一。朔，初一。将，率领。

（29）合战，迎战。奔，冲。

（30）敢死者，不怕死的勇士。中坚，中军指挥部，指王莽的统帅部。

（31）易，轻视。行陈，巡视阵地。敕，命令、戒令。擅，擅自。

（32）崩，击败、击溃。

（33）鼓噪，擂鼓呐喊。腾，奔跑。践，践踏。

（34）滍（zhì志）川，今河南省鲁山县、叶县之间的沙河。股战，四肢发抖。

（35）举，搬运。燔（fán凡），烧。

（36）翕（xī希）然，形容言论、行为一致。

【赏析】

这篇战纪选自《资治通鉴·汉纪》淮阳王更始元年（23）。新，王莽篡汉后的国号。汉，当时起义部队拥立汉朝的后代刘玄做皇帝，仍用汉为国号。刘玄本称更始将军，失败后，光武皇封他为淮阳王。昆阳，在今河南叶县。

王莽末年，各地人民纷纷起义。起义部队主要有两支：一、天凤五年（18），樊崇在山东莒县起义，部队都把眉毛涂成红色，称为赤眉。二、地皇二年（21），王匡、王凤等在湖北起义，以湖北当阳县绿林山为根据地，称为绿林。绿林军后来分为两支：王常、成丹西入南郡（今湖北东部、南部），称下江兵；王匡、王凤北入南阳（在今湖北北部及河南西南部），称新市兵。地皇三年（22），汉朝的宗室刘秀、刘縯兄弟在南阳起兵，他们把新市兵、下江兵联合起来，打破了王莽大军。更始元年，拥立刘玄做皇帝。这使王莽大为震动，征发四十万大军向他们进攻。这时，这支起义部队一面在刘演的统率下围攻宛县（今河南南阳），一面在王凤、刘秀统率下打下昆阳。王莽大军向昆阳进攻，就发了昆阳之战。这一战，汉军击溃了王莽大军，决定了王莽覆灭的命运。

新汉昆阳之战，汉军以少击众，以劣势对优势而获胜。王莽大军由于指挥上的错误，丧失了优势和主动地位，遭到失败。指挥上的错误主要有两点：当时汉军正在围攻宛县时，如果向宛县进军，会使汉军处于前后夹攻的被动地位；围攻昆阳时，城中主将王凤乞降，却被拒绝了，错过了削弱汉军的大好时机。王莽的指挥官王邑在这两个方面犯了错误，丧失了优势。相反，汉军本来处于劣势，可是刘秀能鼓励士气，出城收兵，增加汉军力量；又能组成敢死队去冲击王莽大军的统帅部，这就发挥了汉军的长处，避免了汉军的短处，因而取得了胜利。组成汉军的新市兵、下江兵都是百战劲旅，利在速决战，这是汉军的长处；人数和装备都不如王莽大军，这是汉军的短处。刘秀避免持久战，避免与王莽大军作战而只冲击其统帅部，扬长避短，把劣势转化为优势，最终夺得了战争的胜利。

毛泽东曾两次在自己的军事理论著作中引用这个战例，阐明重要军事理论问题。在《中国革命战争的战略问题》中，以此来说明作战双方强弱不同，弱者先让一步，后发制人，因而获胜的道理，阐明了战略防御原则的重要意义。

在《论持久战》中，则用来说明指挥员主观指导的正确与否，影响优势劣势和主动被动的变化，从而导致战争的不同的结局。

【原文】

袁曹官渡之战

绍简精兵十万、骑万匹，欲以攻许⁽¹⁾。沮授谏曰⁽²⁾："近讨公孙瓒⁽³⁾，师出历年，百姓疲敝，仓库无积，未可动也。宜务农息民，先遣使献捷天子；若不得通，乃表曹操隔我王路，然后进屯黎阳，渐营河南，益作舟船，缮修器械，分遣精骑抄其边鄙⁽⁴⁾，令彼不得安，我取其逸，如此，可坐定也。"郭图、审配曰："以明公之神武，引河朔之强众，以伐曹操，易如覆手，何必乃尔！⁽⁵⁾"授曰："夫救乱诛暴，谓之义兵；恃众凭强，谓之骄兵；义者无敌，骄者先灭。曹操奉天子以令天下，今举师南向，于义则违。且庙胜之策⁽⁶⁾，不在强弱。曹操法令既行，士卒精练，非公孙瓒坐而受攻者也。今弃万安之术而兴无名之师⁽⁷⁾，窃为公惧之！"图、配曰："武王伐纣，不为不义；况兵加曹操而云无名！且以公今日之强，将士思奋，不及时以定大业，所谓'天与不取，反受其咎'，此越之所以霸⁽⁸⁾，吴之所以灭也。监军之计在于持牢，而非见时知几之变也⁽⁹⁾。"绍纳图言。图等因是谮授曰⁽¹⁰⁾："授监统内外，威震三军，若其寝盛⁽¹⁰⁾，何以制之！夫臣与主同者亡，此黄石之所忌也⁽¹¹⁾；且御众于外，不宜知内。"绍乃分授所统为三都督，使授及郭图、淳于琼各典一军⁽¹²⁾。骑都尉清河崔琰谏曰⁽¹³⁾："天子在许，民望助顺，不可攻也。"绍不从。

许下诸将闻绍将攻许⁽¹⁴⁾，皆惧。曹操曰："吾知绍之为人，志大而智小，色厉而胆薄，忌克而少威，兵多而分画不明，将骄而政令不壹，土地虽广，粮食虽丰，适足为吾奉也⁽¹⁵⁾。"孔融谓荀彧曰⁽¹⁶⁾："绍地广兵强，田丰、许攸智士也为之谋，审配、逢纪忠臣也任其事，颜良、文丑勇将也统其兵，殆难克乎⁽¹⁷⁾！"彧曰："绍兵虽多而法不整，田丰刚而犯上，许攸贪而不治，审配专而无谋，逢纪果而自用：此数人者，势不相容，必生内变。颜良、文丑，一夫之勇耳，可一战而禽也⁽¹⁸⁾。"

秋，八月，操进军黎阳，使臧霸等将精兵入青州以扞东方，留于禁屯河上⁽¹⁹⁾。九月，操还许，分兵守官渡⁽²⁰⁾。

……

初……操遣备与朱灵邀袁术⁽²¹⁾。程昱、郭嘉、董昭皆谏曰："备不可遣也。"操悔，追之，不及。术既南走，朱灵等还。备遂杀徐州刺史车胄，留关羽守下邳，行太守事，身还小沛⁽²²⁾。东海贼昌豨及郡县多叛操为备⁽²³⁾。备众数万人，遣使与袁绍连兵。操遣司空长史沛国刘岱、中郎将扶风王忠击之⁽²⁴⁾，不克。备谓岱等曰："使汝百人来，无如我何；曹公自来，未可知耳！"

五年春正月⁽²⁵⁾……操欲自讨刘备。诸将皆曰："与公争天下者，袁绍也。今绍方来，而弃之东，绍乘人后若何？"操曰："刘备，人杰也，今不去，必为后患。"郭嘉曰⁽²⁶⁾："绍性迟而多疑，来必不速。备新起，众心未附，急击之，必败。"操师遂东。……

冀州别驾田丰说袁绍曰："曹操与刘备连兵，未可卒解⁽²⁷⁾。公举军而袭其后，可一往而定。"绍辞以子疾，未得行。丰举杖击地曰："嗟乎！遭难遇之时，而以婴儿病失其会，惜哉！事去矣。"曹操击刘备，破之，获其妻子。进拔下邳，禽关羽。又击昌豨，破之。备奔青州，因袁谭以归袁绍⁽²⁸⁾。绍闻备至，去邺二百里迎之⁽²⁹⁾。驻月余，所亡士卒稍稍归之。

曹操还军官渡。绍乃议攻许。田丰曰："曹操既破刘备，则许下非复空虚。且操善用兵，变化无方，众虽少，未可轻也，今不如以久持之。将军据山河之固，拥四州之众，外结英雄，内修农战，然后简其精锐，分为奇兵，乘虚迭出⁽³⁰⁾，以扰河南，救右则击其左，救左则击其右，使敌疲于奔命，民不得安业，我未劳而彼已困，不及三年，可坐克也。今释庙胜之策，而决成败于一战，若不如志，悔无及也。"绍不从。丰强谏忤绍，绍以为沮众，械击之⁽³¹⁾，于是移檄州郡，数操罪恶⁽³²⁾。二月，进军黎阳。沮授临行，会其宗族，散资财以与之⁽³³⁾，曰："势存则威无大加，势亡则不保一身，哀哉！"其弟宗曰："曹操士马不敌，君何惧焉？"授曰："以曹操之明略，又挟天子以为资，我虽克伯珪，众实疲敝，而主骄将主骄将忕⁽³⁴⁾，军之破败，在此举矣！扬雄有言：'六国蚩蚩，为嬴弱姬⁽³⁵⁾。'其今之谓乎！"

......

袁绍遣其将颜良攻东郡太守刘延于白马⁽³⁶⁾。沮授曰："良性促狭，虽骁勇，不可独任⁽³⁷⁾。"绍不听。夏四月，曹操北救刘延。荀攸曰："今兵少不敌，必分其势乃可。公到延津⁽³⁸⁾，若将渡兵向其后者，绍必西应之。然后轻兵袭白马，掩其不备，颜良可禽也。"操从之。绍闻兵渡，即分兵西邀之。操乃引军兼行，趣白马。未至十余里，良大惊，来逆战⁽³⁹⁾。操使张辽、关羽先登击之⁽⁴⁰⁾。羽望见良麾盖，策马刺良于万众之中⁽⁴¹⁾，斩其首而还，绍军莫能当者。遂解白马之围，徙其民，循河而西⁽⁴²⁾。

绍渡河追之。沮授谏曰："胜负变化，不可不详⁽⁴³⁾。今宜留屯延津，分兵官渡，若其克获，还迎不晚，设其有难，众弗可还。"绍弗从。授临济叹曰："上盈其志，下务其功，悠悠黄河⁽⁴⁴⁾，吾其济乎！"遂以疾辞。绍不许而意恨之，复省其所部⁽⁴⁵⁾，并属部图。

绍军至延津南，操勒兵驻营南坂下，使登垒望之⁽⁴⁶⁾，曰："可五六百骑。"有顷，复白⁽⁴⁷⁾："骑稍多，步兵不可胜数。"操曰："勿复白。"令骑解鞍放马。是时，白马辎重就道⁽⁴⁸⁾。诸将以为敌骑多，不如还保营。荀攸曰："此所以饵敌，如何去之！"操顾攸而笑。绍骑将文丑与刘备将五六千骑前后至。诸将复曰："可上马。"操曰："未也。有顷，骑至稍多，或分趣辎重。操曰："可矣！"乃皆上马。时骑不满六百，遂纵兵击，大破之，斩丑。丑与颜良，皆绍名将也，再战，悉禽之，绍军夺气⁽⁴⁹⁾。

......

秋七月，汝南黄巾刘辟等叛曹操应袁绍⁽⁵⁰⁾，绍遣刘备将兵助辟，郡县多应之。……刘备略汝颖之间⁽⁵¹⁾，自许以南，吏民不安，曹操患之。曹仁曰："南方以大将军方有目前急⁽⁵²⁾，其势不能相救。刘备以强兵临之，其背叛故宜也。备新将绍兵，未能得其用，击之可破也。"操乃使仁将骑击备，破走之，尽复收诸叛县而还。……

袁绍军阳武，沮授说绍曰："北兵虽众而劲果不及南，南军谷少而资储不如北；南幸于急战，北利在缓师；宜徐持久，旷以日月⁽⁵³⁾。"绍不从。

八月，绍进营稍前，依沙堆为屯⁽⁵⁴⁾，东西数十里。操亦分营与相当。

九月，曹操出兵与袁绍战，不胜，复还，坚壁⁽⁵⁵⁾。绍为高橹，起土山，射营中，营中皆蒙楯而行⁽⁵⁶⁾。操乃为霹雳车，发石以击绍楼，皆破；绍复为地道攻操，操辄于内为长堑以拒之⁽⁵⁷⁾。操众少粮尽，士卒疲乏，百姓困于征赋⁽⁵⁸⁾，多叛归绍者。操患之，与荀彧书，议欲还许，以致绍师⁽⁵⁹⁾。彧报曰："绍悉众聚官渡⁽⁶⁰⁾，欲与公决胜败。公以至弱当至强，若不能制，必为所乘，是天下之大机也⁽⁶¹⁾。且绍，布衣之雄耳⁽⁶²⁾，能聚人而不能用。以公之神武明哲而辅以大顺，何向而不济⁽⁶³⁾！今谷食虽少，未若楚、汉在荥阳、成皋间也。是时刘、项莫肯先退者，以为先退则势屈也。公以十分居一之众，画地而守之，搤其喉而不得进⁽⁶⁴⁾，已半年矣。情见势竭，必将有变。此用奇之时，不可失也。"操从之，乃坚壁持之。

操见运者，抚之曰："却十五日⁽⁶⁵⁾，为汝破绍，不复劳汝矣。"绍运谷车数千乘至官渡⁽⁶⁶⁾。荀攸言于操曰："绍运车旦暮至，其将韩猛锐而轻敌，击，可破也。"操曰："谁可使者？"攸曰："徐晃可。"乃遣偏将军河东徐晃与史涣邀击猛⁽⁶⁷⁾，破走之，烧其辎重。

冬，十月，绍复遣车运谷，使其将淳于琼等将兵万余人送之，宿绍营北四十里。沮授说绍："可遣蒋奇别为支军于表，以绝曹操之钞⁽⁶⁸⁾。"绍不从。许攸曰："曹操兵少而悉师拒我，许下余守，势必空弱。若分遣轻军，星行掩袭，许可拔也⁽⁶⁹⁾。许拔，则奉迎天子以讨操，操成禽矣。如其未溃，可令首尾奔命，破之必也。"绍不从，曰；"吾要当先取操。"会攸家犯法，审配收系之⁽⁷⁰⁾，攸怒，遂奔操。

操闻攸来，跣出迎之，抚掌笑曰："子卿远来⁽⁷¹⁾，吾事济矣！"既入坐，谓操曰："袁氏军盛，何以待之？今有几粮乎？"操曰："尚可支一岁。"攸曰："无是，更言之⁽⁷²⁾。"又曰："可支半岁。"攸曰："足下不欲破袁氏邪⁽⁷³⁾？何言之不实也！"操曰："向言戏之耳⁽⁷⁴⁾。其实可一月，为之奈何？"攸曰："公孤军独守，外无救援而粮谷已尽，此危急之日也。袁氏辎重万余乘，在故市、乌巢，屯军无严备，若以轻兵袭之，不意而至，燔其积聚⁽⁷⁵⁾，不过三日，袁氏自败也。"操大喜，乃留曹洪、荀攸守营，自将步骑五千人，皆用袁军旗帜，衔枚缚马口，夜从间道出，人抱束薪⁽⁷⁶⁾。

所历道有问者，语之曰："袁公恐曹操钞略后军，遣兵以益备⁽⁷⁷⁾。"闻者信以为然，皆自若。既至，围屯，大放火，营中惊乱，会明，琼等望见操兵少，出陈门外⁽⁷⁸⁾。操急击之，琼退保营，操遂攻之。

绍闻操击琼，谓其子谭曰："就操破琼，吾拔其营，彼固无所归矣⁽⁷⁹⁾！"乃使其将高览、张郃等攻操营⁽⁸⁰⁾。郃曰："曹公精兵往，必破琼等，琼等破，则事去矣，请先往救之。"郭图固请攻操营。郃曰："曹公营固，攻之必不拔。若琼等见禽，吾属尽为虏矣⁽⁸¹⁾。"绍但遣轻骑救琼，而以重兵攻操营，不能下。

绍骑至乌巢，操左右或言："贼骑稍近，请分兵击之。"操怒曰："贼在背后，乃白！"士卒皆殊死战，遂大破之，斩琼等，尽燔其粮谷，士卒千余人，皆取其鼻，牛马割唇舌，以示绍军。绍军将士皆恟惧⁽⁸²⁾。郭图惭其计之失，复谮张郃于绍曰："郃快军败。"郃忿惧⁽⁸³⁾，遂与高览焚攻具，诣操营降⁽⁸⁴⁾。曹洪疑不敢受。荀攸曰："郃计画不用，怒而来奔，君有何疑！"乃受之。于是绍军惊扰⁽⁸⁵⁾，大溃。绍及谭等幅巾乘马⁽⁸⁶⁾，与八百骑渡河。操追之不及，尽收其辎重、图书、珍宝。余众降者，操尽阬之⁽⁸⁷⁾，前后所杀七万余人。

沮授不及绍渡，为操军所执，乃大呼曰："授不降也，为所执耳。"操与之有旧，迎谓曰："分野殊异，遂用圮绝，不图今日乃相禽也⁽⁸⁸⁾。"授曰："冀州失策，自取奔北⁽⁸⁹⁾。授知力俱困，宜其见禽。"操曰："本初无谋⁽⁹⁰⁾，不相用计。今丧乱未定，方当与君图之。"授曰："叔父母弟，县命袁氏，若蒙公灵，速死为福。"操叹曰："孤早相得，天下不足虑也⁽⁹¹⁾！"遂赦面厚遇焉。授寻谋归袁氏，操乃杀之。……

或谓田丰曰："君必见重矣。"丰曰："公貌宽而内忌，不亮吾忠，而吾数以至言迕之⁽⁹²⁾。若胜而喜，犹能赦我，今战败而恚⁽⁹³⁾，内忌将发，吾不望生。"绍军士皆拊膺过曰⁽⁹⁴⁾："向令田丰在此，必不至于败。"绍谓逢纪曰："冀州诸人闻吾军败，皆当念吾，惟田别驾前谏止吾，与众不同，吾亦惭之。"纪曰："丰闻将军之退，拊手大笑，喜其言之中也。"绍于是谓僚属曰："吾不用田丰言，果为所笑！"遂杀之。初，曹操闻丰不从戎⁽⁹⁵⁾，喜曰："绍必败矣。"及绍奔遁，复曰："向使绍用其别驾计，尚未可知也。"

【注释】

（1）简，挑选。绍，袁绍，东汉末年大军阀之一。骑，战马。许，许昌，当时曹操的政治中心。今河南省许昌市。

（2）沮（jù聚）授，袁绍的谋士、奋武将军。

（3）公孙瓒，字伯珪，割据幽州与袁绍连年作战，建安四年（199年）为袁绍所败。

（4）务农，从事农耕。献捷，古代战后进献所获得的俘虏和战利品。天子，汉献帝。表，奏章。王路，崇尊天子之路。屯，驻扎军队。黎阳，今河南省浚县东北。营，经营。益作，增加制作。抄，掠夺、骚扰。边鄙，边境地区。

（5）郭图、审配，都是袁绍的谋臣。明公，古代对有名望的人的尊称，此处指袁绍。河朔，泛指黄河以北地区。尔，这样。

（6）庙，庙堂，古代帝王祭祀、议事的地方，后指朝廷。庙胜，用计谋取胜。古时作战先在宗庙中决策。

（7）万安之术，指沮授对袁绍提出的建议。

（8）"天与……其咎"，是春秋时范蠡劝越王勾践灭吴的话，见《史记·越王勾践世家》。咎，罪过。霸，霸业。

（9）监军，指沮授。当时袁绍派他统领监护诸将，所以称"监军"。持牢，把稳、持重。几，预兆、迹象。

（10）谮（zèn怎），诬陷、中伤。监统，监督统率。寖（jìn近），同"浸"，逐渐。

（11）臣与主同，臣下的威权与君主相同，即大权旁落。黄石，黄石公，秦末汉初人。相传张良在归刘邦前，曾从他接受兵书。此处是指《黄石公三略》兵书。

（12）都督，官名。典，统帅、主持。

（13）骑都尉，官名，统率骑兵的武官。清河，郡名，今河北省清河县。崔琰，字季珪，清河名士，袁绍的谋士，后归曹操。

（14）许下，许昌方面。

（15）色厉，神色严厉。忌克，猜忌、嫉妒刻薄。奉，帮助。

（16）孔融，字文举，孔丘二十世孙，当时的名人和文学家，后被曹操所杀。荀彧（yù 雨），字文若，曹操的谋士，后为曹操所忌自杀。

（17）田丰，袁绍部将，冀州别驾。许攸，袁绍谋士，后归曹操，被曹操所杀。逄纪，袁绍谋士，后为袁绍之子袁谭所杀。颜良、文丑，袁绍手下的大将。在官渡之战被曹军所杀。殆，几乎、差不多。克，取胜。

（18）法，军纪。犯上，触犯上级。内变，内部变乱。禽，同"擒"。

（19）臧霸，曹操的将领。青州，今山东省东部地区。扞（hàn 旱），同"捍"，保卫、防御。于禁，曹操将领。河，黄河。

（20）官渡，在今河南省中牟县东北。

（21）邀，拦击。建安三年（198），刘备被吕布打败奔曹操。建安四年（199），曹操派刘备和朱灵去拦截袁术投奔袁绍。

（22）徐州，今江苏省徐州市。辖今江苏省西北部及山东省南部等地。关羽，字云长，刘备手下大将，曾被曹操降服，孙权夺取荆州时被杀。下邳，在今江苏省宿迁市西北（邳县）。小沛，今江苏省沛县。

（23）东海，郡名，今江苏省邳县以东地区。昌豨（xī 希），在山东泰山一带的地方武装头领。

（24）司空长史，司空府属官的头领。扶风，郡名，今陕西省兴平县东南。

（25）五年，即汉献帝建安五年（200）。

（26）郭嘉，字奉孝，曹操的主要谋士之一。

（27）冀州，今河北省、山西省等地。说，劝说。连兵，交战、打仗。卒，同"猝"。

（28）袁谭，袁绍的长子。青州是其管辖地。

（29）邺，今河北省临漳县。

（30）山河，指太行山和黄河。四州，指袁绍割据的幽州、冀州、青州、并州。英雄，指当时的豪强势力。农战，指提高农业生产和加强军事力量。简，挑选、选拔。迭，轮流。

（31）忤（wǔ 午），不顺从。沮，挫伤、阻止。械击，拘留、囚禁。

（32）移檄，发布檄文。檄，讨伐敌人的宣言。数，列举。

唐
宋

（33）宗族，同一宗的家族。资财，财产。

（34）明略，雄才大略。伯珪，即公孙瓒。主，指袁绍。忕（tài 太），奢侈、浮夸。

（35）扬雄，字子云，西汉末年学者，著有《太玄》《法言》。蚩蚩（chī 吃），无知。嬴，战国时秦国国君的姓，此处指秦国。周天子姓，此处指周朝。

（36）东郡，郡名，治所在今山东省朝城县西。刘延，曹操的将领。白马，今河南滑县东。

（37）促狭，刻薄。骁，勇猛。

（38）荀攸（yōu 悠），字公达，荀彧的孙子，曹操的军师。公，曹操。延津，今河南省延津县。

（39）趣，趋向、赶赴。逆，迎。

（40）张辽，吕布手下将军，后归降曹操。

（41）麾，古代用以指挥军队的旗帜。盖，伞。策，鞭打。

（42）徙，迁移。循，沿着。

（43）胜负，胜败。详，审慎。

（44）济，过河、渡河。上，指袁绍。盈，自满。下，指郭图等将领。务，力求。悠悠，长久、遥远的样子。

（45）复，再。省，免去裁减。

（46）勒，统率。坂，山坡。垒，营垒。

（47）有顷，不久。白，报告。

（48）白马，白马山，今河南省延津县南。辎重，军用物资。就道，上路。

（49）禽，同"擒"，擒杀。夺气，士气丧失。

（50）汝南，郡名。辖今河南省汝南县至安徽省颍上县等地。黄巾，东汉末年农民起义军。

（51）略，扩展、夺取土地。汝，汝水，发源于河南临漳县西，东南经新蔡入淮河。颍，颍水，发源于河南登封市，东南经安徽入淮河。

（52）曹仁，曹操部下将领。大将军，指曹操，汉献帝封曹操为大将军、武平侯。

（53）军，进军。阳武，今河南省原阳县东南。北兵，指袁绍军。劲果，强劲果断。南军，指曹操部队。资储，物资储备。幸，希望。缓师，持久作战。旷，荒废。

（54）塠（duī 堆），同"堆"。

（55）坚壁，坚守营垒。

（56）高橹，古时军中用以侦察或攻城用的望楼。楯，同"盾"，盾牌。

（57）霹雳车，即发石车，用机械发石，其声响如霹雳。辄，讹。长堑（qiàn 欠），很长的壕沟。拒，对抗。

（58）征赋，征收赋税。

（59）患，忧虑。致，招引、诱致。

（60）报，回答报告。悉众，全军出动。

（61）大机，关键性的时机。

（62）布衣，平民、普通人。布衣之雄，普通人中的好汉。

（63）公，曹操。神武明哲，英武明智。大顺，最顺当的理由，指以汉献帝名义反对割据。济，成功。

（64）画，划分。搤（è 恶），同"扼"，把守、控制。

（65）运者，运送粮草辎重的人。抚，安慰。卻（què 雀），同"却"，后退。

（66）乘（shèng 圣），一辆车叫一乘。

（67）河东，郡名，在今山西省西南部。徐晃，曹操的大将，偏将军是其军衔。史涣，曹操的部将。邀击，拦击、截击。

（68）别，另外。表，外侧、外面。钞，夺取、袭击。

（69）轻军，精锐部队。星行，星夜进军。掩袭，偷袭、突然袭击。拔，夺取。

（70）要，总。攸家，许攸的家属，当时在邺城。收系，扣押、拘禁。

（71）跣（xiǎn 显），光着脚。抚掌，拍手。子卿，许攸字子远，称"子卿"是表示亲近。

（72）无是，没有这些。更，改变。

（73）足下，对人的尊称。

唐
宋

（74）向言，前面的话。戏，开玩笑。

（75）故市、乌巢，袁绍军屯粮处，今河南省延津县北面。屯军，驻守的军队。燔（fán 烦），焚烧。

（76）枚，古时军队袭击敌方时为防止士卒喧哗的用具，形状像筷子，行军时衔在嘴中。间道，偏僻的小路。束薪，一捆柴草。

（77）钞略，绕到背后偷袭。益，加强。

（78）会明，恰巧天亮。陈，同"阵"。

（79）就，即使、假使。固，实在、必定。

（80）高览、张郃（hé 合），都是袁绍的部将，在官渡之战中投降曹操，张郃后成为曹军名将。

（81）见禽，被擒。吾属，我们这些人。

（82）乃白，再报告。恟（xiōng 匈）惧，惊恐害怕。

（83）快，高兴。忿惧，愤怒而又害怕。

（84）攻具，攻击用的器械。诣，往、到。

（85）惊扰，惊恐混乱。

（86）幅巾，古时男子用绢一幅束头发。此处指袁绍等逃跑时慌乱，来不及戴帽子。

（87）阬（kēng 坑），同"坑"，活埋。

（88）分野，古代用天上的二十八星宿来划分各地的区域疆界。圮（pǐ 匹），毁坏、隔绝。不图，想不到。

（89）冀州，指袁绍，其根据地在冀州（今河北冀州）。奔北，逃跑。

（90）本初，袁绍的字。

（91）孤，古时王和诸侯的兼称。

（92）亮，明白、相信。数，屡次、数次。至言，确切、恰当的话。迕（wǔ 午），违背、不顺从。

（93）恚（huì 会），怨恨。

（94）拊（fǔ 府），拍、击。膺（yīng 英），胸。

（95）从戎，参军。

【赏析】

本篇选自《资治通鉴·汉纪》建安四年到五年（199—200）。官渡，在今河南中牟县东北一个黄河渡口。

东汉末年，黄巾大起义，汉王朝的统治大大削弱了，全国到处出现军阀混战的局面。袁绍和曹操就是当时最大的两个军阀。袁绍占据河北及山东东北部一带，曹操则占据河南及山东西部地区。曹操"挟天子以令诸侯"，拥汉献帝迁都许昌（今河南许昌西南）。到了建安四年（199），袁绍打败了冀州的公孙瓒，曹操消灭了占据徐州的吕布，于是两大军阀便在官渡展开了主力决战。在这次战争中，袁绍一方面向河南进军，另一方面利用刘备扰乱曹操的后方，分散曹操的兵力。曹操两次打败刘备，安定后方，然后固守官渡，利用袁军的轻敌无备，实行轻兵偷袭，烧了袁军的粮食辎重，使袁绍大军得不到粮食接济，因而失败。

这次战役，袁绍本占优势：一是袁绍兵多，有十万之众，曹操兵少，只有两万人；二是袁绍军粮充足，曹操粮少；三是袁绍后方巩固，曹操的后方屡受刘备侵扰。袁绍优柔寡断，贻误了战机。他没有在曹操进攻刘备时攻击，又没有利用兵多粮足的优势，采取坚守阵地保卫粮站的措施，却一味主张主力决战，分兵轻进，造成两次挫折。他最后由优势变成了劣势，终于溃败。相反，曹操善于抓住时机，安定后方，坚持防御方针，拖住袁军达数月之久，扭转了敌强我弱的形势，创造了进入反攻的有利条件。最后，曹军一面固守阵地，一面出奇制胜，偷袭敌巢，利用部队英勇善战的长处，与袁军展开决战，取得胜利。在这次战争中，袁绍的骄傲轻敌，刚愎自用，不肯接受部下的正确意见；曹操的善于听取部下意见，知人善任，都是曹胜袁败的原因。

毛泽东在自己的军事著作中曾经两次运用这次战例，阐明重要军事理论问题。在《中国革命战争的战略问题》中，以此来说明作战双方强弱不同，弱者先让一步，后发制人，因而获胜的道理，阐明了战略防御原则的重要意义。

在《论持久战》中，说明指挥员的主观指导的正确与否，影响到优势劣势和主动被动的变化，从而导致战争的不同结局。

唐
宋

吴魏赤壁之战

初⁽¹⁾，鲁肃闻刘表卒⁽²⁾，言于孙权曰："荆州与国邻接⁽³⁾，江山险固，沃野万里，士民殷富⁽⁴⁾，若据而有之，此帝王之资也⁽⁵⁾。今刘表新亡，二子不协⁽⁶⁾，军中诸将，各有彼此。刘备天下枭雄⁽⁷⁾，与操有隙，寄寓于表⁽⁸⁾，表恶其能而不能用也⁽⁹⁾。若备与彼协心，上下齐同，则宜抚安⁽¹⁰⁾，与结盟好；如有离违⁽¹¹⁾，宜别图之⁽¹²⁾，以济大事。肃请得奉命吊表二子⁽¹³⁾，并慰劳其军中用事者⁽¹⁴⁾，及说备使抚表众⁽¹⁵⁾，同心一意，共治曹操，备必喜而从命。如其克谐⁽¹⁶⁾，无下可定也。今不速往，恐为操所先。"权即遣肃行。到夏口⁽¹⁷⁾，闻操已向荆州，晨夜兼道⁽¹⁸⁾，比至南郡⁽¹⁹⁾，而琮已降，备南走。肃径迎之，与备会于当阳长坂⁽²⁰⁾。肃宣权旨，论天下事势，致殷勤之意⁽²¹⁾。且问备曰："豫州今欲何至？"备曰："与苍梧太守吴巨有旧⁽²²⁾，欲往投之。"肃曰："孙讨虏聪明仁惠⁽²³⁾，敬贤礼士，江表英豪⁽²⁴⁾，咸归附之，已据有六郡⁽²⁵⁾，兵精粮多，足以立事。今为君计，莫若遣心腹自结于东，以共济世业。而欲投吴巨，巨是凡人，偏在远郡，行将为人所并，岂足托乎！"备甚悦。肃又谓诸葛亮曰："我，子瑜友也。"即共定交。子瑜者，亮兄瑾也，避乱江东，为孙权长史⁽²⁶⁾。备用肃计，进住鄂县之樊口⁽²⁷⁾。

曹操自江陵将顺江东下⁽²⁸⁾，诸葛亮谓刘备曰："事急矣，请奉命求救于孙将军。"遂与鲁肃俱诣孙权。亮见权于柴桑⁽²⁹⁾，说权曰："海内大乱⁽³⁰⁾，将军起兵江东，刘豫州收众汉南⁽³¹⁾，与曹操共争天下。今操芟夷大难⁽³²⁾，略已平矣，遂破荆州，威震四海。英雄无用武之地，故豫州遁逃至此，愿将军量力而处之！若能以吴、越之众与中国抗衡⁽³³⁾，不如早与之绝；若不能，何不按兵束甲⁽³⁴⁾，北面而事之⁽³⁵⁾！今将军外托服从之名，而内怀犹豫之计，事急而不断，祸至无日矣！"权曰："苟如君言，刘豫州何不遂事之乎？"亮曰："田横⁽³⁶⁾，齐之壮士耳，犹守义不辱；况刘豫州王室之胄⁽³⁷⁾，英才盖世，众士慕仰，若水之归海。若事之不济，此乃天也，安能复为之下乎！"权勃然曰："吾不能举全吴之地，十万之众，受制于人，吾计决矣！非刘豫州莫可以当曹操者，然豫州新败之后，安能抗此难乎？”亮曰：“豫州军虽败于长坂，今战士还者及关羽水军精甲万人(38)，刘琦合江夏战士亦不下万人(39)。曹操之众远来疲敝，闻追豫州，轻骑一日一夜行三百余里，此所谓‘强弩之末势不能穿鲁缟’者也(34)。故《兵法》忌之(41)，曰：‘必蹶上将军’(42)。且北方之人，不习水战；又荆州之民附操者，逼兵势耳(43)，非心服也。今将军诚能命猛将统兵数万，与豫州协规同力(44)，破操军必矣。操军破，必北还；如此则荆、吴之势强，鼎足之形成矣。成败之机，在于今日！”权大悦，与其群下谋之。

是时，曹操遗权书曰：“近者奉辞伐罪(45)，旌麾南指(46)，刘琮束手。今治水军八十万众，方与将军会猎于吴。”权以示群下，莫不响震失色。长史张昭等曰(47)：“曹公，豺虎也，挟天子以征四方(48)，动以朝廷为辞；今日拒之，事更不顺。且将军大势可以拒操者，长江也；今操得荆州，奄有其地(49)，刘表治水军，蒙冲斗舰乃以千数(50)，操悉浮以沿江，兼有步兵，水陆俱下，此为长江之险已与我共之矣。而势力众寡又不可论。愚谓大计不如迎之。”鲁肃独不言。权起更衣(51)，肃追于宇下(52)。权知其意，执肃手曰：“卿欲何言？”肃曰：“向察众人之议(53)，专欲误将军，不足与图大事。今肃可迎操耳，如将军不可也。何以言之？今肃迎操，操当以肃还付乡党(54)，品其名位，犹不失下曹从事(55)，乘犊车(56)，从吏卒，交游士林，累官故不失州郡也(57)。将军迎操，欲安所归乎？愿早定大计，莫用众人之议也！”权叹息曰：“诸人持议，甚失孤望。今卿廓开大计(58)，正与孤同。”

时周瑜受使至番阳(59)，肃劝权召瑜还。瑜至，谓权曰：“操虽托名汉相，其汉贼也。将军以神武雄才，兼仗父兄之烈(60)，割据江东，地方数千里，兵精足用，英雄乐业(61)，当横行天下，为汉家除残去秽；况操自送死，而可迎之邪？请为将军筹之：今北土未平，马超、韩遂尚在关西(62)，为操后患；而操舍鞍马，仗舟楫(63)，与吴、越争衡。今又盛寒，马无稿草。驱中国士众远涉江湖之间(64)，不习水土，必生疾病。此数者用兵之患也，而操皆冒行之。将军禽操(65)，宜在今日。瑜请得精兵数万人，进驻夏口，保为将军破之！”权曰：“老贼欲废汉自立久矣，徒忌二袁、吕布、刘表与孤耳[66]。今数雄已灭，惟孤尚存。孤与老贼势不两立。君言当击，甚与孤合，此天以君授孤也！"因拔刀斫前奏案[67]，曰："诸将吏敢复言当迎操者，与此案同！"乃罢会。

是夜，瑜复见权曰："诸人徒见操书言水步八十万而各恐慑[68]，不复料其虚实，便开此议，甚无谓也。今以实校之，彼所将中国人不过十五六万，且已久疲；所得表众亦极七八万耳[69]，尚怀狐疑。夫以疲病士卒御狐疑之众，众数虽多，甚未足畏。瑜得精兵五万，自足制之。愿将军勿虑！"权抚其背曰："公瑾，卿言至此，甚合孤心。子布、元表诸人各顾妻子[70]，挟持私虑[71]，深失所望；独卿与子敬与孤同耳。此天以卿二人赞孤也[72]！五万兵难卒合[73]，已选三万人，船、粮、战具俱办。卿与子敬、程公便在前发[74]；孤当续发人众，多载资粮，为卿后援。卿能办之者诚决，邂逅不如意[75]，便还就孤，孤当与孟德决之。"遂以周瑜、程普为左右督[76]，将兵与备并力逆操[77]；以鲁肃为赞军校尉[78]，助画方略。

……

进，与操遇于赤壁。时操军众已有疾疫，初一交战，操军不利，引次江北[79]。瑜等在南岸。瑜部将黄盖曰[80]："今寇众我寡，难与持久。操军方连船舰，首尾相接，可烧而走也。"乃取蒙冲斗舰十艘，载燥荻、枯柴[81]，灌油其中，裹以帷幕，上建旌旗，豫备走舸[82]，系于其尾。先以书遗操，诈云欲降。时东南风急，盖以十舰最著前[83]，中江举帆[84]，余船以次俱进。操军吏士皆出营立观，指言盖降。去北军二里余，同时发火，火烈风猛，船往如箭，烧尽北船，延及岸上营落。顷之，烟炎张天[85]，人马烧溺死者甚众。瑜等率轻锐继其后，雷鼓大震[86]，北军大坏[87]。操引军从华容道步走[88]，遇泥泞，道不通，天又大风，悉使羸兵负草填之[89]，骑乃得过。羸兵为人马所蹈藉[90]，陷泥中，死者甚众。刘备、周瑜水陆并进，追操至南郡。时操军兼以饥疫，死者太半[91]。操乃留征南将军曹仁、横野将军徐晃守江陵[92]，折冲将军乐进守襄阳[93]，引军北还。

【注释】

（1）初，当初。此处是指追叙建安十三年（208）的事。

（2）鲁肃，字子敬，孙权的谋臣。周瑜死后，代瑜领兵。刘表，字景升，汉献帝时荆州（今湖北、湖南一带），刺史。

（3）国，指东吴所统辖的区域（长江中下游江、浙地区）。

（4）士民，百姓。殷富，充实富裕。

（5）资，凭借、资本。

（6）二子，指刘表的两个儿子刘琦、刘琮。不协，不合作、不和睦。

（7）枭（xiāo 逍）雄，杰出的英雄。枭，一种猛禽。

（8）寄寓，寄居、寄往，此处是投靠的意思。

（9）恶（wù 务），憎厌、嫉妒。

（10）抚安，招抚安慰。

（11）离违，分裂、不合。

（12）图，打算、图谋。

（13）吊，慰问居丧的人。

（14）用事者，掌权的人。

（15）说（shuì 税），劝说。

（16）克谐，能够成功。

（17）夏口，今湖北省武汉市汉口区。

（18）兼道，兼程，用加倍的速度赶路。

（19）比，及、等到。南郡，汉代郡名，治所在今湖北省江陵市。

（20）当阳长坂，在今湖北省当阳县东北。

（21）致，表达。殷勤，慰问、关切。

（22）苍梧，东汉郡名，治所在今广西壮族自治区梧州市。

（23）孙讨虏，指孙权，曹操曾奏请汉献帝授孙权为讨虏将军。

（24）江表，指江南一带。

（25）六郡，指吴、会稽、丹阳、豫章、庐陵、新都六郡，今浙江、江西、江苏一带。

（26）长（zhǎng 掌）史，官名，为公府辅佐。

（27）住，驻扎。鄂县，今湖北省鄂城县。樊口，今湖北省鄂城西北。

（28）江陵，今湖北省江陵县。

（29）柴桑，县名，在今江西省九江市东南。

（30）海内，四海之内，指整个中国。

（31）汉南，汉水以南。

（32）芟（shān 山）夷大难，削平大乱。指曹操灭掉了吕布、袁绍等。芟，割草、除去。夷，平定、消灭。

（33）吴、越，泛指江东（今江苏、浙江一带）。中国，指曹操所控制的中原地区。

（34）束甲，捆起铠甲，即投降。

（35）北面，封建时代国君面南而坐，臣子面北而朝拜。事，侍奉。

（36）田横，秦末人，曾据齐地（今山东）为王。刘邦平定天下后，田带五百部下进入海岛。刘邦招降他，他走至洛阳就自杀了，其部下知讯后也自杀而死。

（37）胄（zhòu 昼），后代。刘备是汉景帝之子中山靖王刘胜的后代。

（38）关羽，字云长，刘备的勇将。精甲，精兵。

（39）江夏，汉代郡名，治所在今湖北黄冈县西北。

（40）"强弩（nǔ 努）"句，出自《史记·韩长孺列传》。弩，古代一种装有简单机械的弓。鲁缟（gǎo 稿），鲁地出产的一种绢，以质薄而著名。

（41）《兵法》，指春秋时军事家孙武所著的《孙子兵法》。

（42）蹶，跌倒、挫败。上将，主帅。

（43）逼，迫于、被迫。

（44）协规，合谋、共同策划。

（45）辞，指诏书。

（46）旌麾（huī 灰），行军用的旗帜，此处指军队。

（47）张昭，字子布。孙策时为长史。策死，昭辅立孙权，历任长史、军师等职。赤壁之战前是力主降曹的代表人物。

（48）挟，挟持。

（49）奄（yǎn 眼）有，完全占有。

（50）蒙冲，蒙着牛皮冲锋。斗舰，战船。

（51）更（gēng 耕）衣，上厕所。

（52）宇下，屋檐下。

（53）向察，方才察觉到。

（54）乡党，乡下、老家。

（55）下曹从事，是太守、县令的部下。曹，古时官署内分科办事的单位。

（56）犊车，牛车。

（57）累官，积功升官。

（58）廓开，开展、阐明。大计，远大见识。

（59）周瑜，字公瑾，是孙权手下的高级将领。受使，奉命。番（bō波）阳，今江西省鄱阳县。

（60）父兄，指孙权的父亲孙坚和兄长孙策。烈，功业。

（61）乐业，乐于效力。

（62）马超，字孟起。东汉末其父马腾与韩遂占据陇东、关西一带（今甘肃地区），后与韩不合腾投曹。腾被曹杀后，超与韩联合成为曹后顾之忧。关西，泛指函谷关以西。

（63）仗，凭借。舟楫，船只，此处指水军。

（64）中国士众，中原地区的士兵。江湖，指南方多水地区。

（65）禽，同"擒"，捕捉。

（66）徒，仅仅。二袁，指袁绍（原据河北）、袁术（原据寿春），当时都已亡。吕布，董卓的亲信，建安三年（198）为曹操所杀。

（67）斫（zhuó酌），砍。前，面前。奏案，批阅奏章的几案。

（68）水步，水军和步兵。

（69）极，至多、最多。

（70）子布，张昭的字。元表，秦松字文表，"元"字应作"文"字。

（71）私虑，私念，个人打算。

（72）赞，协助、辅佐。

（73）卒，同"猝"，忽然。

（74）程公，程普。东吴诸将中，程普年龄最大，又原是孙坚的部下，所以孙权称之为"程公"。前发，提前出发。

（75）邂（xiè蟹）逅（hòu后），不期而遇。

（76）左右督，官名，正副指挥官。

（77）逆，迎击、迎战。

（78）赞军校尉，官名，协助策划军事计划。

（79）引次，引兵退驻。次，驻扎。

（80）黄盖，字公复，跟随孙坚起兵，东吴老将。

（81）燥荻，干燥的芦苇。

（82）走舸（gě 葛），轻快的小船。

（83）最著前，最前面。著，处在。

（84）中江，江心。

（85）炎，同"焰"，火焰。张，布满。

（86）雷，同"擂"，敲、打。

（87）北军，指曹操的军队。坏，溃败。

（88）华容道，通往华容县的路。华容，汉时县名，今湖北省监利县。步行，步行逃跑。

（89）羸（léi 雷），瘦弱。

（90）蹈藉，践踏。

（91）太半，大半。

（92）曹仁，曹操堂弟，随操转战南北。徐晃，字公明，治军以稳健善用计谋著称。

（93）乐进，字文谦，以勇猛果敢著名。襄阳，今湖北省襄阳县。

【毛泽东评说】

赤壁之败，将抵何人之罪？

——《读〈三国志集解〉批语》，载《毛泽东读文史古籍批语集》，中央文献出版社 1993 年版，第 138 页。

【赏析】

《赤壁之战》选自《资治通鉴》卷六十五。《资治通鉴》记这次战役，主要根据《三国志》的记载。《三国志》是分写在《吴主传》《周瑜传》

《鲁肃传》《蜀先主传》《诸葛亮传》等篇中的。《资治通鉴》综合这几篇材料，写成一篇。这场战争发生在汉献帝建安十三年（208），战场在赤壁（今湖北嘉鱼东北长江南岸），故叫赤壁之战。

赤壁之战是曹操为一方与孙权、刘备为另一方的战争。他们都想由自己来统一中国，在赤壁之战前，曹操先后镇压青豫州的黄巾军，迎汉献帝居许都，"挟天子以令诸侯"，破袁术，杀吕布，灭袁绍，基本上统一了北方。而孙权只据有江东六郡，刘备寄居荆州，只有精兵万余人，只有两家联合，才能抗拒曹操，这就形成了孙刘联合、共抗曹操的态势。

这篇文章记叙的特点，是着重写孙权、刘备方面一些重要人物的活动，表明孙权、刘备这一边得天时、地利、人和，对于交战的经过却写得很少。如战前鲁肃看到荆州的重要性，向孙权进言，"若据而有之，此帝王之资也"。当孙权收到曹操的恫吓信，张昭等人都极力主降时，鲁肃没有当面驳斥，而是趁孙权起身更衣时，赶上前去，投言其不可。这符合他的谋士身份。诸葛亮出使东吴，见孙权于柴桑，便对他说："海内大乱，将军起兵江东，刘豫州收众汉南，与曹操共争天下。"他劝孙权作出抗曹决策时，便说或者是"早与之绝"，或者是"北面而事之"，以此来看孙权的反应。等孙权表明了自己的态度，然后为孙权陈述曹操的弱点，说曹操是可以打败的，以加强其抗曹的决心。当孙权说到"豫州新败之后，安能抗此难"时，诸葛亮以刘备还掌握了一定军事实力相对答。这些都表现了诸葛亮机智谋略的非凡和态度的不卑不亢。至于东吴统帅周瑜，两次为孙权分析敌我双方的情况，对曹军了如指掌，并斩钉截铁地说："操自送死"，"保为将军破之"。这是一个对战争稳操胜券的三军统帅的口吻。所以，在孙刘一方，孙权部下的鲁肃、周瑜，刘备部下的诸葛亮，都能知己知彼，成竹在胸，而又上下齐心，将士用命，这些都是战争胜利的有利条件。至于曹操，挥师南下，不战而取荆州，新败刘备，气焰正盛，在给孙权的信中，说什么"近者奉辞伐罪，旌麾南指，刘琮束手。今治水军八十余万，方与将军会猎于吴"，何其趾高气扬！但他的弱点是远来疲敝，荆州军新降，军心不稳，再加上北方军不习水战，不服水土，后方还有马超韩遂相威胁。因此，战争的结果是孙刘获胜，曹操大败，从此便奠定了魏、

唐宋

蜀、吴三足鼎立的局面。至于作战的过程，则处于次要地位，所以叙述得特别简短。这样就可以使读者了解孙、刘所以能以少胜多、以弱胜强的缘故。叙事要能通过事实说明问题，这篇文章是个很好的范例。

毛泽东曾两次在自己的军事理论著作中援引这个战例，阐明军事理论问题，在《中国革命战争中的战略问题》中，用来说明作战双方强弱不同，弱者先让一步，后发制人，因而制胜的道理，阐明了战略防御原则的重要意义。

在《论持久战》中，说明指挥员的主观指导的正确与否，影响到优势劣势和主动被动的变化，从而导致战争的不同结局。

毛泽东在读《三国志集解》卷一《魏书·武帝纪》时，读到作者议论时说："其合诸将出征，败军者抵罪，失利者免官爵。"他大笔一挥，批注道："赤壁之败，将抵何人之罪？"显然，毛泽东是不同意作者的"抵罪之说"的，实际上也是行不通的。因为赤壁之败曹操应负主要责任，谁去治他的罪呢？

【原文】

吴蜀彝陵之战

二年……六月，汉主耻关羽之没[1]，将击孙权。翊军将军赵云曰[2]："国贼，曹操，非孙权也。若先灭魏，则权自服。今操身虽毙，子丕篡盗[3]，当因众心，早图关中，居河、渭上流以讨凶逆，关东义士必裹粮策马以迎王师[4]。不应置魏[5]，先与吴战。兵势一交，不得卒解[6]，非策之，上也。"群臣谏者甚众，汉主皆不听。广汉处士秦宓陈天时必无利，坐下狱幽闭，然后贷出[7]。

初，车骑将军张飞，雄壮威猛亚于关羽[8]。羽善待卒伍而骄于士大夫。飞爱礼君子而不恤军人[9]。汉主常戒飞曰："卿刑杀既过差，又日鞭挝健儿，而令在左右[10]，此取祸之道也。"飞犹不悛。汉主将伐孙权，飞当率兵万人自阆中会江州[11]。临发，其帐下将张达、范强杀飞，以其首顺流奔孙权。汉主闻飞营都督有表，曰："噫！飞死矣！"……

秋七月，汉主自率诸军击孙权，权遣使求和于汉。南郡太守诸葛瑾遗汉主笺曰[12]："陛下以关羽之亲，何如先帝？荆州大小，孰与海内？俱应仇疾，谁当先后？若审此数[13]，易于反掌矣。"汉主不听。……

汉主遣将军吴班、冯习攻破权将李异、刘阿等于巫，进兵秭归[14]，兵四万余人。武陵蛮夷皆遣使往请兵[15]。权以镇西将军陆逊为大都督、假节[16]，督将军朱然、潘璋、宋谦、韩当、徐盛、鲜于丹、孙桓等五万人拒之。……

初，帝诏群臣，令料刘备当为关羽出报孙权否[17]。众议咸云："蜀，小国耳，名将唯羽。羽死军破，国内忧惧，无缘复出。"侍中刘晔独[18]曰："蜀虽陋弱，而备之谋欲以威武自强，势必用众以示有余[19]。且关羽与备，义为君臣，恩犹父子；羽死，不能为兴军报敌，于终始之分不足矣[20]。"

八月，孙权遣使称臣，卑辞奏章，并送于禁等还[21]。朝臣皆贺，刘晔独曰："权无故求降，必内有急。权前袭杀关羽，刘备必大兴师伐之。外有强寇，众心不安，又恐中国往乘其衅，故委地求降；一以却中国之兵，二假中国之援以强其众而疑敌人耳[22]。天下三分，中国十有其八，吴、蜀各保一州。阻山依水，有急相救，此小国之利也。今还自相攻[23]，天亡之也。宜大兴师，径渡江袭之[24]。蜀攻其外，我袭其内[25]，吴之亡不出旬日矣。吴亡则蜀孤，若割吴之半以与蜀，蜀固不能久存[26]；况蜀得其外，我得其内乎！"帝曰："人称臣降而伐之，疑天下欲来者心，不若且受吴降而袭蜀之后也[27]。"对曰："蜀远吴近，又闻中国伐之，便还军，不能止也。今备已怒兴兵击吴，闻我伐吴，知吴必亡，将喜而进，与我争割吴地，必不改计抑怒救吴也[28]。"帝不听，遂受吴降。……

三年……二月，……汉主自秭归将进击吴，治中从事黄权谏曰："吴人悍战，而水军沿流，进易退难。臣请为先驱以当寇[29]，陛下宜为后镇。"汉主不从，以权为镇北将军，使督江北诸军；自率诸将，自江南缘山截岭，军于夷道猇亭[30]。吴将皆欲迎击之。陆逊曰："备举军东下，锐气始盛；且乘高守险，难可卒攻。攻之纵下，犹难尽克，若有不利，损我大势，非小故也[31]。今但且奖厉将士，广施方略[32]，还观其变。若此间是平原旷野，当恐有颠沛交逐之忧；今缘山行军，势不得展，自当罢于木石之间，

唐宋

徐制其敝耳⁽³³⁾。"诸将不解，以为逊畏之，各怀愤恨。

五月，……汉人自巫峡建平连营至夷陵界，立数十屯⁽³⁴⁾。以冯习为大督，张南为前部督，自正月与吴相拒，至六月不决⁽³⁵⁾。汉主遣吴班将数千人于平地立营。吴将帅皆欲击之，陆逊曰："此必有谲⁽³⁶⁾，且观之。"汉主知其计不行，乃引伏兵八千从谷中出。逊曰："所以不听诸君击班者，揣之必有巧故也。"逊上疏于吴王曰："夷陵要害，国之关限，虽为易得，亦复易失。失之，非徒损一郡之地，荆州可忧，今日争之，当令必谐⁽³⁷⁾。备于天常，不守窟穴而敢自送。臣虽不材，凭奉威灵，以顺讨逆，破坏在近，无可忧者⁽³⁸⁾。臣初嫌之水陆俱进⁽³⁹⁾，今反舍船就步，处处结营，察其布置，必无他变。伏愿至尊高枕⁽⁴⁰⁾，不以为念也。"

闰月，逊将进攻汉军，诸将并曰："攻备当在初，今乃令入五六百里，相守经七八月，其诸要害皆已固守，击之必无利矣。"逊曰："备是猾虏，更尝事多，其军始集，思虑精专，未可干也⁽⁴¹⁾。今住已久，不得我便，兵疲意沮，计不复生。掎角此寇⁽⁴²⁾，正在今日。"乃先攻一营，不利，诸将皆曰："空杀兵耳！"逊曰："吾已晓破之之术。"乃敕各持一把茅⁽⁴³⁾，以火攻，拔之。一尔势成，通率诸军，同时俱攻，斩张南、冯习及胡王沙摩柯等首，破其四十余营。汉将杜路、刘宁等穷逼请降⁽⁴⁴⁾。

汉主升马鞍山，陈兵自绕⁽⁴⁵⁾。逊督促诸军，四面蹙之⁽⁴⁶⁾，土崩瓦解，死者万数。汉主夜遁，驿人自担烧铙铠断后，仅得入白帝城⁽⁴⁷⁾。其舟船、器械，水步军资，一时略尽⁽⁴⁸⁾，尸骸塞江而下。汉主大惭恚曰："吾为陆逊所折辱⁽⁴⁹⁾，岂非天耶！"将军义阳傅彤为后殿，兵众尽死，彤气益烈⁽⁵⁰⁾。吴人谕之使降，彤骂曰："吴狗！安有汉将军而降者！"遂死之。从事祭酒程畿泝江而退，众曰："后追将至，宜解舫轻行⁽⁵¹⁾。"畿曰："吾在军，未习为敌之走也。"亦死之。

初，吴安东中郎将孙桓别击汉前锋于夷道⁽⁵²⁾，为汉所围，求救于陆逊。逊曰："未可。"诸将曰："孙安东，公族，见围已困⁽⁵³⁾，奈何不救？"逊曰："安东得士众心，城牢粮足，无可忧也。待吾计展，欲不救安东，安东自解⁽⁵⁴⁾。"及方略大施，汉果奔溃。桓后见逊曰："前实怨不见救；定至今日，乃知调度自有方耳⁽⁵⁵⁾！"

初，逊为大都督，诸将或讨逆时旧将，或公室贵戚，各自矜持⁽⁵⁶⁾，不相听从。逊按剑曰："刘备天下知名，曹操所惮，今在疆界，此强对也⁽⁵⁷⁾。诸君并荷国恩，当相辑睦，共翦此虏，上报所受⁽⁵⁸⁾，而不相顺，何也？仆虽书生，受命主上，国家所以屈诸君使相承望者，以仆尺寸可称⁽⁵⁹⁾，能忍辱负重故也。各在其事，岂复得辞！军令有常⁽⁶⁰⁾，不可犯也！"及至破备，计多出逊，诸将乃服。吴王闻之曰："公何以初不启诸将违节度者邪⁽⁶¹⁾？"对曰："受恩深重，此诸将或任腹心，或堪爪牙，或是功臣，皆国家所当与共克定大事者，臣窃慕相如、寇恂相下之义以济国事⁽⁶²⁾。"王大笑称善，加逊辅国将军，领荆州牧⁽⁶³⁾，改封江陵侯。

初，诸葛亮与尚书令法正好尚不同，而以公义相取，亮每奇正智术⁽⁶⁴⁾。及汉主伐吴而败，时正已卒，亮叹曰："孝直若在，必能制主上东行；就使东行，必不倾危矣⁽⁶⁵⁾。"

汉主在白帝，徐盛、潘璋、宋谦等各竞表言："备必可禽⁽⁶⁶⁾，乞复攻之。"吴王以问陆逊。逊与朱然、骆统上言曰："曹丕大合士众，外托助国讨备，内实有奸心，谨决计辄还⁽⁶⁷⁾。"

初，帝闻汉兵树栅连营七百余里，谓群臣曰："备不晓兵⁽⁶⁸⁾，岂有七百里营可以拒敌乎！'苞原隰险阻而为军者为敌所禽'，此兵忌也⁽⁶⁹⁾。孙权上事今至矣⁽⁷⁰⁾。"后七日，吴破汉书到。

【注释】

（1）二年，指魏文帝曹丕黄初二年（221）。汉主，指刘备，刘备四月称帝。关羽之没，指公元219年吴国攻取荆州，荆州守将关羽败亡。

（2）翊（yì意）军将军，军衔名。赵云，字子龙，常山真定（今河北正定）人，刘备的重要将领。

（3）篡盗，夺取。指公元220年正月曹操病死。十月，曹丕称帝，废汉献帝为山阳公。

（4）因，顺着、乘。图，谋取。关中，指今函谷关以西秦岭以北的地区。河，黄河。渭，渭水。凶逆，指曹丕。关东，指函谷关以东曹魏地区。王师，指刘备的军队。

（5）置，放下，搁下。

（6）卒（cù 促），同"猝"，很快、一下子。

（7）广汉，郡名，今四川省广汉县。处士，不做官的士子。秦宓（mì 秘），当时的学者。天时，古人认为有吉凶日，此处指战争的时机。坐，犯罪。幽闭，监禁。贷，饶恕。

（8）车骑将军，军衔名。张飞，字翼德，刘备的结义兄弟及重要将领。亚，仅次于。

（9）卒伍，士兵。士大夫，指将领和官员。恤，体恤、怜悯。

（10）差，分限。过差，过分。十分便宜、挝（zhuā 抓），马鞭子。悛（quān 圈），悔改。

（11）阆（làng 浪）中，是巴西郡治所，今四川省阆中县。江州，是巴郡治所，今重庆直辖市市区。

（12）南郡，当时属于吴国，郡治所在今湖北省江陵县，后移治所于今湖北省公安县。诸葛谨，诸葛亮的哥哥，字子瑜，在东吴做官。遗（wèi 为），送、致。笺，信。

（13）陛下，指刘备。先帝，指汉献帝。当时传说他已遇害，故称先帝。孰与，何如。海内，四海之内，指天下。仇疾，痛恨、仇视。数，关系、问题。

（14）巫，县名，治所在今四川省巫山县。秭（zǐ 子）归，县名，今湖北省秭归县。

（15）武陵，郡名，治所在临沅（今湖南常德西）。遣使，指刘备派遣使者。请兵，请求出兵相助。

（16）镇西将军，军衔名。大都督，总指挥官。假节，假以符节（可全权处理问题）。

（17）初，当初，用来作为倒叙史事之词。出报，出兵报复。

（18）侍中，侍从皇帝左右应对顾问的官。刘晔，字子阳，曹丕的谋臣。

（19）陿（xiá 峡），同"狭"，指领土狭小。有余，强大。

（20）报敌，报仇。终始之分，始终如一的情分、一贯的情谊。

（21）称臣，指向魏称臣。卑辞奉章，奉上的表章措辞谦卑恭顺。于禁，曹操手下大将，败降关羽，吴破荆州时为吴所得。

（22）寇，敌人。中国，中原地区（指曹魏）。衅，间隙、破绽。委地，纳地、奉献土地。却，退。假，借。强，坚定。疑，疑惑。

（23）吴、蜀各保一州，指当时吴国占有扬州，辖境约当今江苏省长江以南及浙江、江西、福建三省，治所在建业（今江苏南京）。蜀国占有益州，相当于今四川省一带，治所在成都市。还，通"旋"，转而。

（24）径，直接。袭之，攻打吴国。

（25）外，吴国的外围地区，指荆州。内，吴国的腹地，指扬州。

（26）若，即使。固，尚且。

（27）疑，使……生疑。后，后方。

（28）不能止，指魏国不能阻止蜀国回军自救。抑怒，止怒。

（29）治中从事，官名，州刺史手下主管文书的官员。黄权，本刘璋官员，后归附刘备。在夷陵之战中担任防魏任务，刘备战败后投降曹丕。悍战，战斗勇猛。先驱，前锋。

（30）缘，沿着。截，隔断、阻隔。军，驻扎。夷道，古县名，治所在今湖北省宜都市西北。猇（xiāo 硝）亭，古地名，在今湖北省宜都市北。

（31）纵下，即使攻下。尽克，全胜、完全打下。小故，小事。

（32）但且，只须、姑且。厉，劝勉。方略，方案、策略。

（33）颠沛，跌倒，指打败。交逐，应战。罢，同"疲"，疲惫。徐，逐渐地、慢慢地。敝，弱点。

（34）巫峡，长江三峡之一，在今重庆市巫山县东至湖北省巴东峡东。建平，郡名，三国时吴置，治所在今重庆市巫山县北。夷陵，今湖北省宜昌市西北。屯，营盘、据点。

（35）大督，大将、总指挥。前部督，前锋部队的指挥。不决，不分胜负。

（36）谲（jué 决），欺诈。

（37）关限，前沿要塞。非徒，不仅。一郡，夷陵在宜都郡。从夷陵顺流东下可威胁荆州。当令必谐，一定要如愿以偿。

（38）于，违犯抵触。天常，天道、常规。窟穴，老巢。威灵，指吴王的声威。

（39）嫌，担心、顾忌。

（40）伏愿，希望。至尊，主上，对君主的尊称。高枕，"高枕无忧"的省略语。

（41）猾虏，狡猾的敌人。更尝，经历。始集，刚刚结集进军。干，侵犯、进犯。

（42）便，便利、空子。沮，懊丧。掎（jǐ 几）角，本指捕鹿。此处是夹击、攻打的意思。

（43）敕（chì 斥），命令。茅，茅草。

（44）一尔，一经这样。势成，造成胜利的形势。通率，即"统率"。胡王沙摩柯，附从于刘备的武陵蛮夷首领。穷逼，走投无路。

（45）升，登上。马鞍山，在夷陵境内，今湖北省宜昌马鞍山。陈兵自绕，把军队布置在自己周围。

（46）蹙（cù 促），紧迫。

（47）驿人，古时传递公文的人。担，挑。铙（náo 挠），古代军中乐器，像铃，无舌有柄。铠（kǎi 凯），铁甲、缀有金属品的战衣。仅，才能。白帝城，在今重庆市奉节县东白帝山上。

（48）军资，军用物资。略，大都、大部分。

（49）恚（huì 会），怨恨。折辱，挫折侮辱。

（50）义阳，郡名，三国时魏置，治所在安昌县（今湖北枣阳东）。傅肜（róng 绒），刘备的将领。后殿，后卫。益烈，更加激烈。

（51）从事祭酒，州郡长官的幕僚长。从事是州郡地方政府的官员，祭酒是从事之首。程畿（jī 几），本是刘璋的部下，后归附刘备。沂（sù 诉），同"溯"，逆流而上。舫，船。解舫，解开连在一起的船。

（52）安东中郎将，军衔名。孙桓，孙权的侄儿。别击，另率部队去攻打。

（53）公族，同高祖的族人，指孙权的本家。见围，被包围。

（54）计展，计谋得以实施。解，解围。

（55）定至今日，到今天事定后。方，办法。

（56）讨逆，指孙策。孙权哥哥孙策在江东建立政权时，曹操任他为讨逆将军。公室，孙权家。矜持，骄傲自大、摆老资格。

（57）惮（dàn 但），怕、畏惧。疆界，边境。强对，强敌。

（58）荷，承受。辑睦，同心协力、和睦。翦，灭、除。所受，指所享受的高官厚禄。

（59）仆，自己的谦称。承望，接受指挥。尺寸可称，有可取之处。

（60）常，标准。

（61）初，当初。启，报告。违节度，不服从调遣。邪，同"耶"。

（62）任腹心，担任重要职务。堪，可以。爪牙，供驱使。相如，蔺相如，战国时赵国大臣，曾有功于赵，同朝大将廉颇对他不服，数次侮辱他，他容忍谦让，终于使廉颇感悟。寇恂，东汉光武帝大将，大将贾复与他不和，其主动退让避免冲突，终成好友。相下之义，指上述两人肯向同僚谦让的风格。济，成就。

（63）领，担任。牧，州的军政长官。

（64）尚书令，尚书省的长官，负责诏令、奏章和秘书事务。法正，字孝直，刘备的重要谋士之一。好尚，崇尚爱好。奇，佩服。

（65）制，劝阻。倾危，一败涂地。

（66）竞表，争相递上奏章。禽，同"擒"。

（67）外托，对外宣称。助国，帮助吴国。奸心，阴谋诡计。谨，慎重，对上级表示意见时的谦词。辄（zhé 哲），就。

（68）树栅（zhà 炸），建立栅栏。兵，兵法。

（69）苞，同"包"，布满、包括。原，原野、高原。隰（xí 席），低湿的地方。险阻，山川艰险的地方。为军，扎营。兵忌，兵家所忌。

（70）上事，上书报告。

【毛泽东评说】

土石为之，亦不能久，粮不足也。宜出澧水流域，直出湘水以西，因粮于敌，打运动战，使敌分散，应接不暇，可以各个击破。

　　——《读〈三国志集解〉批语》，载《毛泽东读文史古籍批语集》，第 161 页。

唐
宋

【赏析】

这篇选自《资治通鉴·汉纪》黄初二年到三年（221—222）。彝陵，在今湖北宜昌市东。

建安二十四年（219）十月，孙权袭取荆州，十二月擒杀蜀汉守将关羽。第二年正月，曹操病死，鲁丕篡汉自立，建立魏国，年号为黄初元年（220）。二年（221）四月，刘备在成都即位。六月，发大军攻吴，替关羽报仇，爆发了吴蜀彝陵之战。

刘备发动彝陵之战，只是为了替关羽报仇，未免意气用事。他违反了联吴抗曹的政策，不从全局考虑，违反蜀国利益，蜀国臣民都不赞同这次战争，百般劝阻，刘备不听。在指挥作战上，他没有趁着锐气占领彝陵，进入平地，被陆逊抢占险要，求战不能，求进不得，贻误军机，陷于被动挨打，使战争初期的优势转化为劣势。把大军驻扎在纵深数百里长的长江沿岸，那里山高林密，不易集中兵力攻击敌人，给敌人留下可乘之机，一遇火攻，全线崩溃。而东吴主帅陆逊，正确地掌握了战略防御原则，避开蜀军的锐气，全力固守。蜀军东下时，吴将都主张迎击，他不听；吴将又主张分兵去救被围的孙桓，他不许；刘备出兵诱敌，他还是不肯出击。他正确地选择了利于攻守的阵地彝陵，指出彝陵是吴国的重要关口，守住了它可以保障荆州，使敌人不能前进，只能困守在各个山地上，容易被各个击破。他选择了转入反攻的有利时机。即在相持了七八个月，蜀兵身疲意沮、无计可施的时候，才用计破敌，由防御转入进攻前，又努力作好团结将领的工作。因此，他能够击败倾国而来的蜀汉大军，夺取了战争的胜利。

毛泽东曾两次在自己的军事理论著作中引用这个战例，阐明军事原则问题。在《中国革命战争的战略问题》中，用来说明作战双方强弱不同，弱者先让一步，后发制人，因而获胜的道理，阐明了战略防御原则的重要意义。

在《论持久战》中，说明指挥员的主观指导的正确与否，影响到优势劣势和主动被动的变化，从而导致不同的战争结局。

秦晋淝水之战

太元七年[1]，冬，十月，秦王坚会群臣于太极殿[2]，议曰："自吾承业，垂三十载[3]，四方略定，唯东南一隅未沾王化[4]。今略计吾士卒，可得九十七万，吾欲自将以讨之，何如？"秘书监朱彤曰[5]："陛下恭行天罚[6]，必有征无战[7]，晋主不衔璧军门[8]，则走死江海。陛下返中国士民，使复其桑梓[9]，然后回舆东巡[10]，告成岱宗[11]，此千载一时也。"坚喜曰："是吾志也。"

尚书左仆射权翼曰："昔纣为无道，三仁在朝[12]，武王犹为之旋师。今晋虽微弱，未有大恶；谢安、桓冲皆江表伟人[13]，君臣辑睦[14]，内外同心。以臣观之，未可图也。"坚默然良久，曰："诸君各言其志。"

太子左卫率石越[15]曰："今岁镇守斗[16]，福德在吴，伐之必有天殃。且彼据长江之险，民为之用，殆未可伐也。"坚曰："昔武王伐纣，逆岁违卜[17]。天道幽远[18]，未易可知。夫差、孙皓皆保据江湖[19]，不免于亡。今以吾之众，投鞭于江，足断其流，又何险之足恃乎！"对曰："三国之君皆淫虐无道[20]，故敌国取之，易于拾遗。今晋虽无德，未有大罪，愿陛下且按兵积穀[21]，以待其衅[22]。"于是群臣各言利害，久之不决。坚曰："此所谓筑舍道旁，无时可成[23]。吾当内断于心耳！"

群臣皆出，独留阳平公融[24]，谓之曰："自古定大事者，不过一二臣而已。今众言纷纷，徒乱人意，吾当与汝决之。"对曰："今伐晋有三难，天道不顺，一也；晋国无衅，二也；我数战兵疲[25]，民有畏敌之心，三也。群臣言晋不可伐者，皆忠臣也，愿陛下听之。"坚作色曰："汝亦如此，吾复何望！吾强兵百万，资仗如山[26]，吾虽未为令主[27]，亦非闇劣[28]。乘累捷之势，击垂亡之国，何患不克？岂可复留此残寇。使长为国家之忧哉！"融泣曰："晋未可灭，昭然甚明。今劳师大举，恐无万全之功。且臣之所忧，不止于此。陛下宠育鲜卑、羌、羯[29]，布满畿甸[30]，此属皆我之深仇。太子独与弱卒数万留守京师，臣惧有不虞之变生于腹心肘腋[31]，不可悔也。臣之顽愚，诚不足采；王景略一时英杰[32]，陛下常比之诸葛武侯，独不记其临没之言乎⁽³³⁾？"坚不听。

于是朝臣进谏者众，坚曰："以吾击晋，校其强弱之势，犹疾风之扫落叶，而朝廷内外皆言不可，诚吾所不解也。"太子宏曰："今岁在吴分，又晋君无罪，若大举不捷，恐威名外挫，财力内竭，此群下所以疑也。"坚曰："昔吾灭燕⁽³⁴⁾，亦犯岁而捷，天道固难知也。秦灭六国，六国之君岂皆暴虐乎？"

冠军、京兆尹慕容垂言于坚曰⁽³⁵⁾："弱并于强，小并于大，此理势自然，非难知也。以陛下神武应期⁽³⁶⁾，威加海外，虎旅百万⁽³⁷⁾，韩白满朝⁽³⁸⁾，而蕞尔江南⁽³⁹⁾，独违王命，岂可复留之以遗子孙哉？《诗》云：'谋夫孔多，是用不集⁽⁴⁰⁾。'陛下断自圣心足矣，何必广询朝众！晋武平吴，所仗者张、杜二三臣而已⁽⁴¹⁾。若从朝众之言，岂有混壹之功⁽⁴²⁾？"坚大悦曰："与吾共定天下者，独卿而已。"赐帛五百匹。

坚锐意欲取江东，寝不能旦。阳平公融谏曰："知足不辱，知止不殆⁽⁴³⁾。自古穷兵极武，未有不亡者。且国家本戎狄也⁽⁴⁴⁾，正朔会不归人⁽⁴⁵⁾。江东虽微弱仅存，然中华正统，天意必不绝之。"坚曰："帝王历数岂有常邪⁽⁴⁶⁾？惟德之所在耳。刘禅岂非汉之苗裔邪⁽⁴⁷⁾？终为魏所灭。汝所以不如吾者，正病此不达变通耳！"

坚素信重沙门道安⁽⁴⁸⁾，群臣使道安乘间进言。十一月，坚与道安同辇游于东苑⁽⁴⁹⁾，坚曰："朕将与公南游吴、越，泛长江，临沧海，不亦乐乎！"安曰："陛下应天御世⁽⁵⁰⁾，居中土而制四维⁽⁵¹⁾，自足比隆尧舜；何必栉风沐雨⁽⁵²⁾，经略遐方乎？且东南卑湿，沴气易构⁽⁵³⁾，虞舜游而不归⁽⁵⁴⁾，大禹往而不复⁽⁵⁵⁾，何足以上劳大驾也！"坚曰："天生烝民而树之君，使司牧之⁽⁵⁶⁾，朕岂敢惮劳⁽⁵⁷⁾，使彼一方独不被泽乎？必如公言，是古之帝王皆无征伐也。"道安曰："必不得已，陛下宜驻跸洛阳⁽⁵⁸⁾，遣使者奉尺书于前，诸将总六师于后⁽⁵⁹⁾，彼必稽首入臣⁽⁶⁰⁾，不必亲涉淮也。"坚不听。

坚所幸张夫人谏曰："妾闻天地之生万物，圣王之治天下，皆因其自然而顺之，故功无不成。是以黄帝服牛乘马，因其性也⁽⁶¹⁾；禹濬九川⁽⁶²⁾，障九泽⁽⁶³⁾，因其势也；后稷播殖百谷⁽⁶⁴⁾，因其时也；汤、武帅天下而攻桀纣，因其心也⁽⁶⁵⁾：皆有因则成，无因则败。今朝野之人皆言晋不可伐，陛下独决意行之，妾不知陛下何所因也？《书》曰：'天聪明自我民聪明⁽⁶⁶⁾。'天犹因民，而况人乎？妾又闻王者出师，必上观天道，下顺人心。今人心既不然矣，请验之天道。谚云：'鸡夜鸣者不利行师，犬群嗥者官室将空，兵动马惊，军败不归。'自秋冬以来，众鸡夜鸣，群犬哀嗥，厩马多惊，武库兵器自动有声，此皆非出师之祥也。"坚曰："军旅之事，非妇人所当预也。"

坚幼子中山公诜最有宠⁽⁶⁷⁾，亦谏曰："臣闻国之兴亡，系贤人之用舍。今阳平公国之谋主，而陛下违之，晋有谢安、桓冲，而陛下伐之，臣窃惑之。"坚曰："天下大事，孺子安知！"

太元八年秋七月，秦王坚下诏大举入寇⁽⁶⁸⁾。民每十丁遣一兵，其良家子年二十以下⁽⁶⁹⁾，有材勇者⁽⁷⁰⁾，皆拜羽林郎⁽⁷¹⁾。又曰："其以司马昌明为尚书左仆射⁽⁷²⁾，谢安为吏部尚书，桓冲为侍中，势还不远，可先为起第。"良家子至者三万余骑，拜秦州主簿赵盛之为少年都统⁽⁷³⁾。是时，朝臣皆不欲坚行，独慕容垂、姚苌及良家子劝之⁽⁷⁴⁾。阳平公融言于坚曰："鲜卑、羌虏我之仇雠，常思风尘之变以逞其志⁽⁷⁵⁾，所陈策画，何可从也！良家少年皆富饶子弟，不闲军旅⁽⁷⁶⁾，苟为谄谀之言⁽⁷⁷⁾，以会陛下之意。今陛下信而用之，轻举大事，臣恐功既不成，仍有后患，悔无及也！"坚不听。

八月戊午⁽⁷⁸⁾，坚遣阳平公融督张蚝、慕容垂等步骑二十五万为前锋⁽⁷⁹⁾，以兖州刺史姚苌为龙骧将军，督益、梁州诸军事⁽⁸⁰⁾。坚谓苌曰："昔朕以龙骧建业⁽⁸¹⁾，未尝轻以授人，卿其勉之！"左将军窦冲曰："王者无戏言，此不祥之征也。"坚默然。

慕容楷、慕容绍言于慕容垂⁽⁸²⁾曰："主上骄矜已甚，叔父建中兴之业⁽⁸³⁾，在此行也。"垂曰："然。非汝，谁与成之！"

甲子⁽⁸⁴⁾，坚发长安，戎卒六十余万⁽⁸⁵⁾，骑二十七万，旗鼓相望，前后千里。九月，坚至项城⁽⁸⁶⁾，凉州之兵始达咸阳⁽⁸⁷⁾，蜀、汉之兵方顺流而下⁽⁸⁸⁾，幽、冀之兵至于彭城⁽⁸⁹⁾，东西万里，水陆齐进，运漕万艘⁽⁹⁰⁾。阳平公融等兵三十万，先至颍口⁽⁹¹⁾。

诏以尚书仆射谢石为征虏将军⁽⁹²⁾、征讨大都督，以徐、兖二州刺史谢玄为前锋都督⁽⁹³⁾，与辅国将军谢琰、西中郎将桓伊等众八万拒之；使龙骧将军胡彬以水军五千援寿阳⁽⁹⁴⁾。琰，安之子也。是时秦兵既盛，都下震恐⁽⁹⁵⁾。谢玄入，问计于谢安，安夷然⁽⁹⁶⁾，答曰："已别有旨。"既而寂然。玄不敢复言，乃令张玄重请。安遂命驾出游山墅⁽⁹⁷⁾，亲朋毕集，与玄围棋赌墅⁽⁹⁸⁾。安棋常劣于玄，是日玄惧，便为敌手而又不胜。安遂游陟⁽⁹⁹⁾，至夜乃还。桓冲深以根本为忧⁽¹⁰⁰⁾，遣精锐三千入卫京师。谢安固却之⁽¹⁰¹⁾，曰："朝廷处分已定，兵甲无阙，西藩宜留以为防⁽¹⁰²⁾。"冲对佐吏叹曰："谢安石有庙堂之量⁽¹⁰³⁾，不闲将略⁽¹⁰⁴⁾。今大敌垂至，方游谈不暇，遣诸不经事少年拒之⁽¹⁰⁵⁾，众又寡弱，天下事已可知，吾其左衽矣⁽¹⁰⁶⁾！"

冬十月，秦阳平公融等攻寿阳，癸酉克之⁽¹⁰⁷⁾，执平虏将军徐元喜等。融以其参军河南郭褒为淮南太守⁽¹⁰⁸⁾。慕容垂拔郧城⁽¹⁰⁹⁾。胡彬闻寿阳陷，退保硖石⁽¹¹⁰⁾，融进攻之。秦卫将军梁成等帅众五万屯于洛涧⁽¹¹¹⁾，栅淮以遏东兵⁽¹¹²⁾。谢石谢玄等去洛涧二十五里而军，惮成不敢进。胡彬粮尽，潜遣使告石等曰："今贼盛粮尽，恐不复见大军！"秦人获之，送于阳平公融。融驰使白秦王坚曰⁽¹¹³⁾："贼少易擒，但恐逃去，宜速赴之！"坚乃留大军于项城，引轻骑八千，兼道就融于寿阳。遣尚书朱序来说谢石等⁽¹¹⁴⁾，认为强弱异势，不如速降。序私谓石等曰："若秦百万之众尽至，诚难与为敌。今乘诸军未集，宜速击之；若败其前锋，则彼已夺气⁽¹¹⁵⁾，可遂破也。"石闻坚在寿阳，甚惧，欲不战以老秦师。谢琰劝石从序言。十一月，谢玄遣广陵相刘牢之帅精兵五千趣洛涧⁽¹¹⁶⁾，未至十里，梁成阻涧为陈以待之⁽¹¹⁷⁾。牢之直前渡水，击成，大破之，斩成及弋阳太守王咏⁽¹¹⁸⁾；又分兵断其归津⁽¹¹⁹⁾，秦步骑崩溃，争赴淮水，士卒死者万五千人；执秦扬州刺史王显等，尽收其器械军实⁽¹²⁰⁾。于是谢石等诸军水陆继行。秦王坚与阳平公融登寿阳城望之，见晋兵部阵严整，又望八公山上草木皆以为晋兵⁽¹²¹⁾，顾谓融曰："此亦勃敌⁽¹²²⁾，何谓弱也！"怃然始有惧色⁽¹²³⁾。

秦兵逼淝水而陈⁽¹²⁴⁾，晋兵不得渡。谢玄遣使谓阳平公融曰："君悬军深入⁽¹²⁵⁾，而置陈逼水，此乃持久之计，非欲速战者也。若移陈少却，使晋兵得渡，不亦善乎！"秦诸将皆曰："我众彼寡，不如遏之，使不得上，可以万全。"坚曰："但引兵少却，使之半渡，我以铁骑蹙而杀之⁽¹²⁶⁾，蔑不胜矣。"融亦以为然，遂麾兵使却。秦兵遂退，不可复止。谢玄、谢琰、桓伊等引兵渡水击之。融驰骑略陈⁽¹²⁷⁾，欲以帅退者，马倒，为晋兵所杀，秦兵遂溃。玄等乘胜追击，至于青冈⁽¹²⁸⁾；秦兵大败，自相蹈藉而死者，蔽野塞川。其走者闻风声鹤唳⁽¹²⁹⁾，皆以为晋兵且至，昼夜不敢息，草行露宿，重以饥冻⁽¹³⁰⁾，死者什七八。初，秦兵少却，朱序在陈后呼曰："秦兵败矣！"众遂大奔。

……

谢安得驿书⁽¹³¹⁾，知秦兵已败，时方与客围棋，摄书置上床⁽¹³²⁾，了无喜色，围棋如故。客问之，徐答曰："小儿辈遂已破贼。"既罢，还内⁽¹³³⁾，过户限⁽¹³⁴⁾，不觉屐齿之折⁽¹³⁵⁾。

【注释】

（1）太元七年，公元382年。太元，东晋孝武帝司马曜的年号（378—396）。

（2）太极殿，前秦京城长安皇宫的正殿。

（3）垂，将近。

（4）东南一隅，指东晋。隅，角落。沾，浸湿、濡染，此处是受到恩泽的意思。

（5）秘书监，替皇帝掌管图书等重要文献的秘书省的长官。朱肜（róng融），曾率兵侵蜀。

（6）恭行天罚，语出《尚书·甘誓》。

（7）征，征讨。"有征无战"是指汉武帝时淮南王刘安谏伐闽越的话，见《汉书·严助传》。

（8）衔璧军门，反缚双手、口衔璧玉到军前来投降，是古时国君投降的仪式。

（9）返，返回。桑梓，故乡。

（10）舆（yù鱼），车。巡，视察。

（11）告成，指封禅，向上天报告统一中国的成功，实际是炫耀自己的功业。岱宗，指泰山。国家举行大典祭告泰山，是古代的一种典礼。

（12）三仁，指微子、箕子、比干三人，都是商纣的臣子。三仁，见《论语·微子》。

（13）谢安，字安石，阳夏（今河南太康）人，晋孝武帝时任中书监、录尚书事。桓冲，字幼子，谯（今安徽亳州）人。晋孝武帝时都督江、荆诸州军事兼荆州刺史。

（14）辑睦，团结、和睦。辑，和。

（15）太子左卫率（lǜ 绿），管太子卫队的官。

（16）岁，太岁，指木星。镇，土星。斗，牛女星座，是吴、越、扬州分野，主应东南地区。古人认为九州诸国的位置上应天宿，认为岁、镇星行到什么地方，那里就不可冒犯。

（17）逆岁，冲犯太岁星。《荀子·儒效》："武王之诛纣也，行之日以兵忌，东面而迎太岁。"违卜，指不按占卜的吉凶办事。《史记·齐太公世家》："武王将伐纣，卜龟，兆不吉……武王于是遂行。"

（18）天道，天象、天意。

（19）夫差，春秋时吴国的国君。公元前473年越王勾践伐吴，夫差自杀。孙皓，三国时吴国的国君，公元279年晋武帝司马炎派兵攻打吴，280年孙皓出降。江湖，指江南一带。

（20）三国之君，指纣王、夫差和孙皓。

（21）穀（gǔ 古），同"谷"，粮食。

（22）衅（xìn 信），间隙、机会。

（23）"此所谓……时可成"，出自《诗经·小雅·小旻》："如彼筑室于道谋，是用不溃于成。"即在路旁盖房子，征求路人意见，路人各说各理以致盖不成。

（24）阳平公融，秦王符坚的弟弟符融，封阳平公。

（25）数战兵疲，376年符坚出兵灭前凉国（今甘肃西部、北部及新疆维东部一带）。379年攻打襄阳，380年攻打秦叛将征北将军幽州刺史唐公符洛、北海公符重等。

（26）资仗，物资和武器。仗，刀戟的总称。

（27）令主，贤明的君主。令，贤明、善。

（28）闇（àn岸），同"暗"，不明。劣，低能。闇劣，昏庸无能。

（29）宠育，优厚地扶植，指苻坚征服西北各民族后对其首领仍加以委任。鲜卑，我国古代北方的少数民族。羌（qiāng枪），古代西北的少数民族。羯（jié竭），古代北方的少数民族。

（30）畿（jī激），古代靠近国都的地方。畿甸，京城附近的地方。

（31）虞，预料。腹心肘腋，指京城附近是重要地区。肘，臂中部的弯曲处。腋，肩臂内面交接的地方。

（32）王景略，王猛，苻坚的谋臣，字景略，375年病死。

（33）没，死亡。

（34）燕，前燕，鲜卑族慕容氏建立的政权，统治今辽宁、河北、山东、山西、河南一带。370年，苻坚令王猛灭前燕。

（35）冠军，冠军将军。京兆尹，前秦京城长安的地方行政长官。慕容垂，鲜卑族前燕国王子，曾兵败东晋，因被谗惧诛而投奔前秦，苻坚任为冠军将军，官至京兆尹。苻坚被东晋打败后，慕容垂叛秦，在中山（今河北定州）建立后燕国。

（36）应期，应运而生。期，时运、期运。

（37）虎旅，勇猛精锐的军队。

（38）韩，韩信，汉高祖刘邦的得力干将。白，白起，战国时秦国的名将。此处以韩白代指有名的将领。

（39）蕞（zuì最）尔，微小的样子。

（40）"谋夫孔多，是用不集"，即出主意的人太多，因此事情不能成功。此语见《诗经·小雅·小旻》。

（41）张、杜，指晋武帝司马炎的大臣张华、杜预。咸宁五年（279）司马炎出兵伐吴，只有张、杜二人支持。

（42）混壹，统一天下。

（43）"知足不辱，知止不殆"，即知道危险就不会蒙受耻辱，知道适可而止就不会有危险。殆，危险。此语见《老子》第四十四章。

（44）戎狄，泛指汉族以外的西方与北方的各少数民族。

（45）正朔，正月初一。古时改朝换代，常常改定历法，重新规定正朔。会，大概、要。正朔会不归人，即：大概中国统治权的改变（正朔的更改）不会落到外族人手中。

（46）历数，气运、列次。

（47）刘禅，刘备的儿子，三国时蜀汉国君，263年降魏曹。苗裔，后代。

（48）沙门，佛教对出家修行者的称呼。道安，东晋高僧，居襄阳檀溪寺。378年，符坚破襄阳，将其接到长安，非常宠信他。

（49）辇，帝王乘坐的车子。苑，养禽兽植树木花草的地方。古时多指帝王的花园。

（50）应天御世，顺应天命治理天下。御，驾驭、治理。

（51）中土，中原。四维，指东西南北四方。

（52）栉（zhì治）风沐雨，冒着风雨。见《庄子·天下》。栉，梳头。沐，洗头。

（53）沴（lì利）气，恶气灾气。构，通"遘"，遭受、沾染。

（54）虞舜，传说虞舜到南方巡察，死于苍梧（九嶷山，在今湖南省永州市）。

（55）大禹，相传大禹到东方巡视，死于会稽（山名，在今浙江省绍兴市东）。

（56）烝，众多。司牧，抚养、统治。"无生杰民而树之君，使司牧之"，出自《左传·襄公十四年》。

（57）惮（dàn但），怕、畏惧。

（58）驻跸（bì闭），古时帝王出行在外临时停留和住宿。跸，禁止行人。

（59）六师，即六军。此处是借指皇帝亲征所统领的军队。

（60）稽首入臣，叩头投降。稽首，以头触地下拜。

（61）服，乘驾。性，本性。

（62）濬（jùn俊），同"浚"，疏通、挖深。九川，九州的川。

（63）障，筑堤防卫。泽，水积聚的地方。

（64）后稷，传说中的周朝祖先。

（65）因，顺从。

（66）"天聪明自我民聪明"，见《尚书·皋陶谟》，即天意决定于民意。聪，善听。

（67）中山公诜（shēn 身），符诜，封中山公。

（68）诏，诏书，皇帝的命令。寇，入侵。这是作者站在东晋方面说的话。

（69）良家子，指世家子弟、官僚贵族子弟。

（70）材勇，才能勇敢。材，指武艺。

（71）拜，任命，授官。羽林郎，羽林军（禁卫军）的军官。

（72）其，可以，表命令口气。以，任、用。司马昌明，晋孝武帝司马曜，字昌明。

（73）秦州，前秦州名，今陕西省西部和甘肃省东部一带。主簿，掌管文书簿籍的官。都统，指挥官。

（74）姚苌（cháng 肠），羌族首领之一。其兄姚襄于公元 357 年被符坚所杀，投降符坚后被任为扬武将军。符坚攻晋败后，起兵建立后秦，公元 385 年执杀符坚。

（75）风尘，指战乱。逞，满足、实现。

（76）闲，熟习。

（77）苟，随便，不务实际。会，迎合。

（78）戊午，初二日。

（79）督，指挥、统率。张蚝（háo 号），以平燕有功为前将军，过气过人。

（80）益，前秦州名，治所成都。梁州，前秦州名，治所汉中（今陕西汉中）。

（81）龙骧，符坚是前秦符健的龙骧将军，符生即位二年被坚所杀，357 年建国。建业，建立帝业。

（82）慕容楷、慕容绍，都是慕容垂的侄儿。

（83）建中兴之兴，指恢复鲜卑族建立的燕国。

（84）甲子，初八日。

（85）戎卒，士兵，此处指步兵。

（86）项城，今河南省项城县。

（87）凉州，前秦州名，治所姑臧（今甘肃武威）。

（88）蜀，今四川省。汉，汉中，今湖北省汉水一带地区。顺流，顺着长江。

（89）幽，幽州，今北京市一带。冀，冀州，今河北省冀县一带。彭城，今江苏省徐州市。

（90）漕，利用水道转运粮食。

（91）颍口，在今安徽省颍上县南，是颍水流入淮河的地方。

（92）诏，指晋孝武帝下的诏书。谢石，谢安的弟弟。

（93）徐，徐州，东晋时治京口（今江苏镇江）。兖，兖州，东晋时治广陵（今江苏扬州）。谢玄，谢安的侄儿。

（94）寿阳，今安徽省寿县。

（95）都下，京城。

（96）夷然，坦然、平静的样子。

（97）驾，车子。山墅（shù 树），山中别墅。

（98）玄，谢玄。围棋赌墅，以别墅作为赛棋的赌注。

（99）陟（zhì 治），登高、登山。

（100）根本，指京城建康（今江苏南京）。

（101）固却，坚决不要。却，不接受。

（102）西藩，西边的边防。桓冲时为荆州刺史，在建康西面。藩，篱笆、屏障。

（103）庙堂之量，宰相的气度。庙，宗庙。堂，朝堂。

（104）将略，行军用兵的策略。

（105）不经事少年，无经验的年轻人，指谢琰、谢玄等。

（106）左衽（rèn 认），衣襟开在左边，古代少数民族的服式。语出《论语·宪问》。

（107）癸酉，十八日。克，胜、攻下。

（108）参军，参谋。淮南，前秦郡名，今安徽省寿县一带。太守，郡的长官。

（109）郧（yún 云）城，今湖北省安陆市。

（110）硖（xiá 狭）石，在今安徽省凤台县西北。

（111）屯，驻扎。洛涧，在今安徽省怀远县西南方。

（112）栅淮，沿淮河设置栅栏以阻止晋兵。遏，阻止。东兵，从东面来增援的晋兵。

（113）驰使，派使者骑马去。曰，报告。

（114）朱序，原是东晋的梁州刺史，太元四年（379）秦破襄阳时被擒，符坚拜为度支尚书。

（115）夺气，丧失勇气。

（116）广陵相，广陵（今江苏扬州）国的国相，相当于县令。趣，同"趋"，急往。

（117）陈，同"阵"，作战时队列。

（118）弋（yì 亿）阳，前秦郡名。《通鉴》注："秦末能有其地也，王诊领太守耳。"

（119）归津，撤退的渡口。

（120）军实，粮草之类。

（121）八公山，今安徽省凤台县东南面，亦名北山。相传汉淮南王刘安时八公住此故名。

（122）勍（qíng 情）敌，强敌。勍，强。

（123）怃然，失意、泄气的样子。

（124）逼，靠近。淝水，在今安徽省，发源于合肥西南紫蓬山，北流分为二：一流入巢湖，一由西北流至寿县入淮水。

（125）悬军，深入而无后援的军队。

（126）铁骑，精锐的骑兵。蹙（cù 促），紧逼、逼迫。

（127）驰骑略陈，骑着马在阵上飞跑巡视。

（128）青冈，在安徽省寿县西北。

（129）走者，逃跑的人。唳（lì 利），鸣叫。

（130）重（chóng 虫），加上。

（131）驿书，驿站送来的文书。

（132）摄，收拾。床，像床的东西，但不是卧床，是放东西的小桌。

（133）还内，回到内室。

（134）户限，门槛。

（135）屐（jī 积）齿，木鞋底下装的齿状物。

【毛泽东评说】

错觉和不意，可以丧失优势和主动。因而有计划地造成敌人的错觉，给以不意的攻击，是造成优势和夺取主动的方法，而且是重要的方法。错觉是什么呢？"八公山上，草木皆兵"，是错觉之一例。"声东击西"，是造成敌人错觉之一法。在优越的民众条件具备，足以封锁消息时，采用各种欺骗敌人的方法，常能有效地陷敌于判断错误和行动错误的苦境，因而丧失其优势和主动。

　　——《论持久战》，《毛泽东选集》第二卷，人民出版社 1991 年版，第 491—492 页。

【赏析】

本篇选自《资治通鉴》卷一〇四至一〇五。所叙是前秦苻坚纠集强大军队进攻偏安江南的东晋，结果在肥水战败的事。肥水，一作"淝水"，源出安徽合肥附近的柴蓬山，西北流经寿县入淮河。淝水之战就发生在寿县的肥水上。

370 年至 383 年，是苻坚建立的前秦最盛时期，据有现在河北、山西、山东、陕西、河南、四川、贵州和辽宁，江苏、安徽、湖北的一部分。苻坚在 370 年灭前燕，376 年灭前凉、灭代，统一了我国北方地区。前秦是五胡中的氐族，当时氐族统治着其他几个少数民族，内部很不巩固，其中鲜卑和羌族的首领尤其不甘屈服，时时伺机而动。在这种情况下，苻坚是没有条件吞灭东晋的，所以他部下的苻融、太子宏、少子诜，以及他平生所信重的沙门道安，继至交谏，只有投降的鲜卑族前燕王子慕容垂极力怂恿，居心叵测。但苻坚被胜利冲昏了头脑，刚愎自用，一意孤行，自恃其"强兵百万，资仗如山"，自认为是"以吾出晋，犹如疾风之扫秋叶"。

而在东晋，情况正好相反。如谢玄、桓冲等都是小心翼翼，临渊履冰。至于处于统帅地位的谢安，在敌强我弱，兵力悬殊的情况下，却胸有成竹神色自若。交战的结果，是苻坚大败，前秦也就土崩瓦解，东晋偏一隅，形成了南北对峙的局面。

文章叙述战前众人谏劝苻坚的情况，交战中苻坚在肥水惨败情状，尽管头绪烦多，记叙却极有条件。主要人物的刻画也颇成功，苻坚的刚愎自用，一意孤行，谢安的老谋深算，不动声色，写得都极其传神。这是本篇文学上的突出成就。

毛泽东曾两次在自己的军事著作中引用这次战例，说明军事理论问题。在《中国革命战争的战略问题》中，用来说明作战双方强弱不同，弱者先让一步，后发制人，因而制胜的道理，阐明了战略防御原则的重要意义。在《论持久战》中，则用来说明指挥员的主观指导的正确与否，影响到优势劣势和主动被动的变化，由此导致战争胜负的结局。

【原文】

兼听则明，偏听则暗

上问魏徵曰[(1)]："人主何为而明，何为而暗？"对曰："兼听则明，偏听则暗。昔尧清问下民，故有苗之恶得以上闻[(2)]。舜明四目，达四聪，故共、鲧、驩兜不能蔽也[(3)]。秦二世偏听赵高[(4)]，以成望夷之祸[(5)]。梁武帝偏听朱异[(6)]，以取台城之辱[(7)]。隋炀帝偏听虞世基[(8)]，以致彭城阁之变[(9)]。是故人君兼听广纳则贵，臣不得拥蔽而下情得以上通也。"上曰："善。"

【注释】

（1）上，秦汉以来对皇帝的通称。此指唐太宗李世民。魏徵（580—643），字兰成，馆陶（今山东冠县）人，唐初著名政治家、史学家。

（2）有苗，古代民族名，也称"三苗"。居住在今四川、云南、贵州、广西等地。

（3）共、鲧（gūn滚）、驩（huān欢）兜，共，即共工，相传是古代水官。鲧，相传是禹之父，尧命治水九年不成，被杀。驩兜，人名，尧的臣子。这三位与上文的"有苗"，是古代传说中的四族首领，合称"四凶"。均被舜流放。《尚书尧典》载，流共工于幽州，放驩兜于崇山，窜三苗于三危，殛鲧于羽山。

（4）秦二世（前230—前207），名胡亥，秦始皇的次子，秦王朝第二代皇帝，是一个荒淫昏暴的统治者。公元前210—前207年在位。

（5）望夷之祸，望夷，是朝廷的宫名，故址在今陕西咸阳、泾阳的交界处。胡亥统治期间，赵高专权，继续大修阿房宫和驰道，赋税徭役极为苛重，不久爆发了陈胜、吴广领导的农民大起义。在农民起义军攻入武关时，胡亥被赵高逼迫在望夷宫自杀。

（6）梁武帝，即萧衍（464—549），字叔达，南朝梁国的开国皇帝。公元502—549年在位。长于文学、音律，并善书法，因误用佞臣致祸。朱异，字彦和，梁武帝宠亲的一个大官僚，官散骑常侍，加侍中，朝仪国典、诏诰敕书、方镇改换多由其掌握，怂恿梁武帝收留东魏叛将侯景。

（7）台城之辱，台城，是梁国的宫城，故址在今江苏南京市北玄武湖边。中大同二年（547）梁武帝接受东魏大将侯景归降，并出兵援助侯景灭掉东魏。次年冬侯景引兵渡江。549年，侯景在萧衍的侄儿萧正德里应外合的情况下，攻入台城，梁武帝饥病而死。

（8）隋炀帝，即杨广（569—618），隋朝皇帝。604—618年在位。是历史上有名的荒淫无耻的暴君。虞世基，字茂世，隋余姚（今浙江余姚）人。炀帝时为内史侍郎，专典机密，参掌朝政。唯诺取容，卖官卖狱，朝野共愤，后为宇文化所杀。

（9）彭城阁之变，彭城阁，是隋朝江都（今江苏扬州北）一座建筑物的名称。618年，在各地人民起义的打击下，杨广在禁卫军头目宇文化及发动的兵变中被杀死在彭城阁。

【毛泽东评说】

唐朝人魏徵说过："兼听则明，偏听则暗。"也懂得片面性不对。可是我们的同志看问题，往往带片面性，这样的人就往往碰钉子。

    ——《矛盾论》，《毛泽东选集》第一卷，人民出版社1991年版，第313页。

【赏析】

本文节选自《资治通鉴·唐纪·太宗贞观二年》，这是唐太宗李世民和他的大臣魏徵的一次谈话记录。魏徵时任谏议大夫，检校侍中，参与朝政，以敢于直谏著称。所以当唐太宗问他做皇帝怎样就算是英明，怎样就算是糊涂时，他直言不讳地说"兼听则明，偏听则暗"，并举出尧和舜的例子说明兼听的好处，又举出秦二世、梁武帝、隋炀帝历史上几个有名的昏君"偏听"丧身亡国的例子，使李世民听了，点头称是。其中"兼听则明，偏听则暗"一语，源出《管子·启臣上》："夫民别而听之则愚，合而听之则圣。"汉王符《潜夫论·明暗》也说："君之所以明者，兼听也；其所以闇者，偏信也。"后来便演变为"兼听则明，偏听则暗"的成语，意思是说，多方面听取意见，才能明辨是非；单听信某一方面的话，就愚昧不明。

毛泽东在《矛盾论》中谈到研究问题切忌片面性时，引用了"兼听则明，偏听则暗"一语，说明我们看问题，只有听取各方面的意见，全面地了解情况，才能明辨是非，如果只听一方面的话就相信，必然会造成错误的判断。我们只有克服片面性，学会全面地看问题，才能把各项工作做好，把革命事业不断推向前进。

元

明

清

《宋　史》

《宋史》，四百九十六卷。元脱脱、阿鲁图先后领衔，欧阳玄、张起岩等总裁编撰。纪传体宋代史书，分纪、志、表、传等部分。全书篇幅浩大，所收列传人物达两千人之多，诸志保存不少原始材料。全书北宋详，南宋略，理宗、废宗以来尤多缺漏。资料剪裁，史实考订，讹舛颇多。

脱脱（1314—1355），蔑儿吉觯氏，字大用。元大臣。官至丞相，主修宋、辽、金三史。

【原文】

吕端传

吕端字易直，幽州安次人[(1)]。父琦，晋兵部侍郎。端少敏悟好学，以荫补千牛备身[(2)]。历国子主簿、太仆寺丞、秘书郎、直弘文馆，换著作佐郎、直史馆。

太祖即位[(3)]，迁太常丞、知浚仪县，同判定州。开宝中[(4)]，西上閤门使郝崇信使契丹，以端假太常少卿为副。八年，知洪州，未上，改司门员外郎、知成都府，赐金紫。为政清简，远人便之。

会秦王廷美尹京，召拜考功员外郎，充开封府判官。太宗征河东，廷美将有居留之命，端白廷美曰："主上栉风沐雨，以申吊伐，王地处亲贤，当表率扈从。今主留务，非所宜也。"廷美由是恳请从行。寻坐王府亲吏请托执事者违诏市竹木；贬商州司户参军。移汝州，复为太常丞，判寺事。出知蔡州，以善政，吏民列奏借留。改祠部员外郎、知开封县，迁考功员外郎兼侍御史知杂事。使高丽[(5)]，暴风折樯，舟人怖恐，端读书若在齐阁时。迁户部郎中、判太常寺兼礼院，选为大理少卿，俄拜右谏议大夫。

许王元僖尹开封,又为判官。王莪[6],有发其阴事者[7],坐裨赞无状[8],遣御史武元颖、内侍王继恩就鞠于府[9]。端方决事[10],徐起候之,二使曰:"有诏推君。"端神色自若,顾从者曰:"取帽来。"二使曰:"何遽至此?"端曰:"天子有制问,即罪人矣,安可在堂上对制使?"即下堂,随问而答。左迁卫尉少卿。会置考课院,群官有负谴置散秩者,引对,皆泣涕,以饥寒为请。至端,即奏曰:"臣前佐秦邸,以不检府吏,谪掾商州,陛下复擢官籍辱用。今许王暴薨,臣辅佐无状,陛下又不重遣,俾亚少列,臣罪大而幸深矣!今有司进退善否,苟得颍州副使,臣之愿也。"太宗曰:"朕自知卿。"无何,复旧官,为枢密直学士,逾月,拜参知政事。

时赵普在中书[11],尝曰:"吾观吕公奏事,得嘉赏未尝喜,遇抑挫未尝惧,亦不形于言,真台辅之器也。"岁馀,左谏议大夫寇准亦拜参知政事[12]。端请居准下,太宗即以端为左谏议大夫,立准上。每独召便殿,语必移晷。擢拜户部侍郎、平章事。

时吕蒙正为相[13],太宗欲相端[14],或曰:"端为人糊涂。"太宗曰:"端小事糊涂,大事不糊涂。"决意相之。会曲宴后苑[15],太宗作《钓鱼诗》,有云:"欲饵金钩深未达,磻溪须问钓鱼人[16]。"意以属端[17]。后数日,罢蒙正而相端焉。初,端兄馀庆,建隆中以藩府旧僚参预大政,端复居相位,时论荣之。端历官仅四十年,至是骤被奖擢,太宗犹恨任用之晚。端为相持重[18],识大体[19],以清简为务[20]。虑与寇准同列,先居相位,恐准不平,乃请参知政事与宰相分日押班知印,同升政事堂,太宗从之。时同列奏对多有异议,惟端罕所建明[21]。一日,内出手札戒谕[22]:"自今中书事必经吕端详酌[23],乃得闻奏。"端愈谦让不自当[24]。

初,李继迁扰西鄙[25],保安军奏获其母[26]。至是,太宗欲诛之,以寇准居枢密副使[27],独召与谋。准退,过相幕[28],端疑谋大事,邀谓准曰:"上戒君勿言于端乎?"准曰:"否。"端曰:"边鄙常事,端不必与知[29],若军国大计,端备位宰相[30],不可不知也。"准遂告其故,端曰:"何以处之?"准曰:"欲斩于保安军北门外,以戒凶逆。"端曰:"必若此,非计之得也,愿少缓之,端将覆奏。"入曰:"昔项羽得太公[31],欲烹之,高祖曰:'愿分我一杯羹[32]。'夫举大事不顾其亲,况继迁悖逆之人乎[33]?

陛下今日杀之，明日继迁可擒乎？若其不然，徒结怨雠，愈坚其叛心尔。"太宗曰："然则何如？"端曰："以臣之愚，宜置于延州⁽³⁴⁾，使善养视之，以招来继迁，虽不能即降，终可以系其心⁽³⁵⁾，而母死生之命在我矣。"太宗抚髀称善曰⁽³⁶⁾："微卿⁽³⁷⁾，几误我事。"即用其策。其母后病死延州，继迁寻亦死，继迁子竟纳款请命⁽³⁸⁾，端之力也。进门下侍郎兼兵部尚书。

太宗不豫，真宗为皇太子，端日与太子问起居。及疾大渐，内侍王继恩忌太子英明，阴与参知政事李昌龄、殿前都指挥使李继勋、知制诰胡旦谋立故楚王元佐。太宗崩，李皇后命继恩召端，端知有变，锁继恩于阁内，使人守之而入。皇后曰："宫车已晏驾，立嗣以长，顺也，今将如何？"端曰："先帝立太子正为今日，今始弃天下，岂可遽违命有异议邪？"乃奉太子至福宁庭中。真宗既立，垂帘引见群臣，端平立殿下不拜，请卷帘，升殿审视，然后降阶，率群臣拜呼万岁。以继勋为使相，赴陈州；贬昌龄忠武军司马；继恩右监门卫将军，均州安置；旦除名流浔州，籍其家赀。

真宗每见辅臣入对，惟于端肃然拱揖，不以名呼；又以端躯体洪大，宫庭阶戺稍峻⁽³⁹⁾，特令梓人为纳陛。尝召对便殿，访军国大事经久之制，端陈当世急务，皆有条理，真宗嘉纳。加右仆射，监修国史。明年夏，被疾，诏免常参，就中书视事。上疏求解，不许。十月，以太子太保罢。在告三百日，有司言当罢奉，诏赐如故。车驾临问，端不能同，抚慰甚至。卒，年六十六，赠司空，谥正惠，追封妻李氏泾国夫人，以其子藩为太子中舍，荀大理评事，蔚千牛备身，蔼殿中省进马。

端姿仪环秀，有器量，宽厚多恕，善谈谑，意豁如也。虽屡经摈退，未尝以得丧介怀。善与人交，轻财好施，未尝问家事。李惟清自知枢密改御史中丞，意端抑己，及端免朝谒，乃弹奏常参官疾告逾年受奉者，又构人讼堂吏过失，欲以中端。端曰："吾直道而行，无所愧畏，风波之言不足虑也。"

【注释】

（1）幽州安次，今河北安次县。

（2）荫，封建官僚子孙以先辈官爵而受封。

（3）太祖，即宋太祖赵匡胤，北宋王朝的建立者。960—976 年在位。

（4）开宝，宋太祖年号（968—975）。

（5）高丽，今朝鲜。

（6）薨（hōng 哄），周代诸侯死之称。唐代二品官员死皆称薨。

（7）阴事，阴私，隐秘的事情。

（8）坐，指办罪的缘由。

（9）鞫（jú 菊）穷究。《说文》："鞫，穷理罪人。"

（10）决事，断案。决，判决。

（11）赵普，学则平，洛阳人。北宋大臣，两度为相。

（12）寇准，字平仲，华州下邽（今陕西渭南东北）人，北宋政治家，官至宰相。

（13）吕蒙正，字圣功，河南洛阳人。宋太宗、真宗时，三次为相。

（14）太宗欲相端，宋太宗想让吕端当宰相。宋太宗（930—997），即赵灵灵（jiǒng 窘）。赵匡胤弟，原名匡义，后改名光义。976—997 年在位。

（15）会，适逢。曲宴，便宴，私宴。

（16）磻（pán 盘）溪，水名，在今陕西宝鸡市南，北流渭河。相传姜尚曾垂钓于此得遇文王。

（17）属（zhǔ 主），倾向，心向着。

（18）持重，谨慎稳重。

（19）识大体，认清有关大局的道理，指顾全大局。

（20）清简，明确而扼要。

（21）罕所建明，很少建议。建明，建白，建言。

（22）内，宫内。手札，手书，此指皇帝亲笔书写的命令。

（23）中书，官署名，即中书省，宋时的决策机构。

（24）不自当，自己认为并没有担当那职务。不以此自居之意。

（25）李继迁，西夏国的建立者。银州（今陕西米脂东北）人，党项族。其先为拓跋氏，唐代赐姓李。990 年被辽国封为西夏国王。宋太宗赐姓名为赵保吉。

（26）保安军，军名，治所在今陕西志丹县。宋时为西夏交通要道和边防重镇。军，唐代在驻兵戍守之地设置的一级建制。

（27）枢密，枢密院，宋代与中书省并称二府，同为最高国务机关，主要管理军事机密、边防及宫廷禁卫等事务。

（28）过相幕，经过宰相官邸。

（29）与知，参加并得知。

（30）备位，充数，自谦之词。

（31）太公，指刘邦的父亲。

（32）羹（gēng 庚），肉汤。

（33）悖（bèi 贝），背叛，叛乱。

（34）延州，州名。宋时治所在广武（今陕西延安），为北宋边防重镇。

（35）系（jì 计），缚，结。

（36）抚髀（bì 必），拍腿，表示赞赏。髀，大腿。

（37）微，如果不是，如果没有。

（38）纳款，投诚。请命，请求保全生命。

（39）阶圮（tǔ 土），台阶倾坏。圮，《尔雅·释宫》："落时谓之圮。"

【毛泽东评说】

毛泽东曾多次夸奖叶剑英，尤其对叶剑英在一九三五年九月在长征途中的危急时刻为挽救红军、挽救党、挽救毛泽东所起的重要作用始终记忆犹新，他曾经用"诸葛一生唯谨慎，吕端大事不糊涂"两句诗来评价叶剑英。

——贾思楠：《毛泽东人际交往实录》，江苏文艺出版社 1989 年版，第 391 页。

【赏析】

《宋史·吕端传》叙写了北宋大臣吕端的事迹。吕端（923—1000），字易直，幽州安次（今河北安次）人，北宋大臣。后晋兵部侍郎吕琦之子，以父荫补官。后周时为著作佐郎、直史馆。入宋后，历知成都府、蔡州，升为枢密直学士。太宗至道元年（995）代吕蒙正为相。太宗称他"小事糊涂，大事不糊涂"，顾大局，识大体，不苛求小事，办事简明扼要，不烦琐。节选的部分主要记载了他处理李继迁母一案的决策经过及良好效果。西夏王李继迁的母亲被宋朝抓获，太宗意欲斩首示众，以儆效尤。吕端认为这样就会使李继迁死心塌地与宋朝为敌，于宋不利，他建议把李母软禁在延州，好好供养，使继迁因其母的关系，不敢对宋采取大的行动。事实证明了吕端的这个策略是对的，李继迁与宋的关系比较平和，其母和他死后，他的儿子终于归降宋朝。表面看这是杀不杀一个人的问题，实则关系到宋朝安危，是军国大事，所以原先虽然不让吕端管，吕端还是坚持要管，收到很好的效果。吕端大事不糊涂，当然不止此一件事。后来太宗去世，内侍王继恩阴谋废立，被吕端及时发现，奉真宗即位，贬逐继恩，是又一突出表现。

毛泽东多次用"诸葛一生惟谨慎，吕端大事不糊涂"来评价叶剑英元帅。叶帅在中国革命的关键时刻是立了大功的。一件事便是一九三五年九月在长征途中，张国焘另立中央，企图危害党中央和毛泽东的安全时，叶剑英截获电报后立即拿给毛泽东看。毛泽东带领红一方面军北过草地，脱离了危险。另一件事是粉碎"四人帮"篡党夺权阴谋，挽救了革命，挽救了党。毛泽东对叶剑叶的这个评价是当之无愧的，也为广大干部树立了良好的榜样。

【原文】

运用之妙，存乎一心

宣和四年[(1)]，真定宣抚刘韐[(2)]，募敢战士，飞应募。相有剧贼陶俊、贾进和[(3)]，飞请百骑灭之。遣卒伪为商，入贼境，贼掠以充部伍；飞遣百人伏山下，自领数十骑逼贼垒，贼出战，飞阳北[(4)]，贼来追之，伏兵起，先所遣卒擒俊及进以归。

康王至相[(5)]，飞因刘浩见[(6)]。命招贼吉倩，倩以众三百八十人降，补承信郎[(7)]。以铁骑三百往李固渡[(8)]，尝敌败之[(9)]。从浩解东京围[(10)]，与敌相持于滑南[(11)]，领百骑习兵河上，敌猝至[(12)]，飞麾其徒曰："敌虽众，未知吾虚实，当及其未定击之！"乃独驰迎，敌有枭将舞刀而前⁽¹³⁾，飞斩之，敌大败，迁秉义郎⁽¹⁴⁾，隶留守宗泽⁽¹⁵⁾。战开德、曹州⁽¹⁶⁾，皆有功。泽大奇之，曰："尔勇智才艺，古良将不能过，然好野战⁽¹⁷⁾，非万全计。"因授以阵图。飞曰："阵而后战，兵法之常；运用之妙，存乎一心。"泽是其言⁽¹⁸⁾。

【注释】

（1）宣和四年，公元1122年。宣和，宋徽宗赵佶的年号（1119—1125）。

（2）真定，即今河北正定。宣抚，官名，在宋代是负责指挥某一地区军队进行征讨的官员。刘鞈（jiā 夹），金兵南侵时守卫真定的名将。

（3）相，相州，今河南安阳市。剧贼，指盘踞在相州境内的大土匪。

（4）阳北，假装败走。阳，同"佯"。北，败走。

（5）康王至相，康王是宋徽宗赵佶的九子赵构的封号。1126年，赵构奉他哥哥宋钦宗赵桓的命令赴金议和，在磁州（今河北磁县）被人民拦阻，磁州的地方长官宗泽也加以劝阻。不久，相州地方长官汪伯彦把赵构接到相州。徽、钦二帝被俘后在南京（今河南商丘）即位，是为宋高宗。

（6）刘浩，赵浩大元帅府里的一个统制官。

（7）承信郎，下级军官的官名。

（8）李固渡，在今河北大名县，是一个形势险要的渡口。

（9）尝敌，犹"尝寇"，作战前以小部兵力试探敌军强弱。

（10）东京，宋都城东京（今河南开封）。当时，东京已被金兵久困。

（11）滑南，滑州南部一带。滑州，今河南滑县。

（12）猝（cù 促），突然，出其不意。

（13）枭（xiāo 嚣）将，勇猛的将领。

（14）秉义郎，中级军官的一种官名。

（15）隶，隶属。留守，官名，唐朝以后，皇帝离开京城时，指定王或大臣留守京城，得便宜行事，叫留守。宗泽（1060—1128），字汝霖，义乌（今浙江义乌）人，北宋抗金名将。元祐进士。靖康元年（1126）和磁州，募集义勇抗击金兵。次年任东京留守，招集义军，联络各部，用岳飞为将，屡败金兵。因抗金复国志向未能实现，愤郁成疾而死。有《宗忠简集》。

（16）开德，宋置开德府，在今河南濮阳一带。曹州，即今山东菏泽。

（17）野战，此指不按常规作战。

（18）是，赞同，肯定。

【毛泽东评说】

"命系庖厨"，何足惜哉，此言不当。岳飞、文天祥、曾静、戴名世、瞿秋白、方志敏、邓演达、杨虎城、闻一多诸辈，以身殉志，不亦伟乎！

——《读〈旧唐书〉批语》，载《毛泽东读文史古籍批语集》，第 237 页。

古人所谓"运用之妙，存乎一心"，这个"妙"，我们叫做灵活性，这是聪明的指挥员的出产品。灵活不是妄动，妄动是应该拒绝的。灵活，是聪明的指挥员，基于客观情况，"审时度势"（这个势，包括敌势、我势、地势等项）而采取及时的和恰当的处置方法的一种才能，即是所谓"运用之妙"。

——《论持久战》，《毛泽东选集》第二卷，人民出版社 1991 年版，第 494 页。

【赏析】

本文节选自元宰相脱脱领衔编成的《宋史·岳飞传》。岳飞（1103—1142），字鹏举，相州汤阴（今河南汤阴）人，北宋抗金英雄、著名军事家。北宋末年投军，任秉义郎，后随宗泽守东京，任统制。绍兴五年（1135）授镇守崇信军节度使，镇压洞庭湖地区杨么领导的农民起义军。十年授少保兼河南北诸路招讨使，大败金兵，进军至距东京 45 里的朱仙镇。时高宗、秦桧力主投降，一日降十二道金牌招飞还，后又诬岳飞谋反，下狱。绍兴十一年十二月以"莫须有"罪名被杀害，年三十九岁。孝宗时谥武穆，宁宗时追封为鄂王。

毛泽东对岳飞评价很高。在 1938 年撰写的《论持久战》中援引了岳

元明清

飞"运用之妙，存乎一心"的话，并进行了深入的讲解和发挥，阐明了战争的灵活性原则，并且指出其重大意义："基于这种运用之妙，外线的速决的进攻战就能比较多地取得胜利，就能转变敌我优劣形势，就能实现我对于敌的主动权，就能压倒敌人而击破之，而最后胜利就属于我们了。"

1952年11月1日视察黄河流域后，毛泽东在回京途中，专程到汤阴去看了岳庙，他赞扬说："岳飞是个大好人。"后来在读《新唐书·徐有功传》时深情地写下了前面我们所引那段批语。徐有功是唐朝武则天称帝时的执法大臣。他耿直公正，不计得失，不畏权贵，守法护法，为法献身，他营救过不少人，也数遭被杀的命运。当他一次被弹劾又被起用时，他给武则天写了一份奏折，大意是说，生活在山林里的鹿，很难逃脱被猎杀，演为人们厨房里俎头肉的不幸命运。徐有功以鹿自喻，预见到自己必然守法护法而死于非命的悲惨命运，是他的人生经验的总结，是可以理解的。但毛泽东不同意徐有功的这个看法，认为为执法护法而死，以身殉志，是很伟大的。毛泽东从徐有功谈死，联想到许多古今名人，其中第一个想到的便是南宋抗金民族英雄岳飞。岳飞为了抗金事业而被投降派秦桧害死，是为正义而死，永垂青史，毛泽东很推崇这种"以身殉志"的崇高气节。

其实，早在1939年4月8日，在延安"抗大"工作总结大会上讲演时，毛泽东就说过：多少共产党员被捕杀头，这是威武不能屈。但尚有一部分叛徒起先信仰马克思主义而且做工作，一旦威武来了，就屈服，带路捉人，什么都做。一种人被捉了，要杀就杀，这种英雄的人中国历史，上很多，有文天祥、项羽、岳飞，决不投降，他们就有这种骨气。那些叛徒就没有这种骨头，所以平素讲得天花乱坠，是没有用的。

朱柏庐

朱柏庐（1617—1688），名用纯，字致一，自号柏庐，江苏昆山县（今江苏昆山）人。明末生员，入清隐居不仕。学尊二程朱熹，主张知行并进，而归于主敬。著有《愧讷集》《大学中庸讲义》。所著《治家格言》，宣扬封建伦理道德，但也不少有益的思想，流传甚广。

【原文】

黎明即起，洒扫庭除

黎明即起，洒扫庭除[(1)]，要内外整洁。既昏便息[(2)]，关锁门户[(3)]，必亲自检点。一粥一饭，当思来自不易。半丝半缕，恒念物力维艰。宜未雨而绸缪[(4)]，勿临渴而掘井[(5)]。

【注释】

（1）庭除，厅堂、院子及阶沿。

（2）昏，黄昏。

（3）门户，这里指房屋的出入处。古人一扇叫户，两扇叫门；在厅堂客室的叫户，在住宅区域的叫门。

（4）未雨绸缪：语出《诗经·豳风·鸱鸮》："迨天之未阴雨，彻彼桑土，绸缪牖户。"意思是说，天还没有下雨的时候，就把桑根剥下来，缠在窗户上，以免阴雨飘入室内。后来用作事情发生之前就做好准备工作。

（5）临渴而掘井，典出《内经·素问》："病已成而后药之，譬犹渴而穿井。"后人用来比喻面临已发生的事件才手忙脚乱地作出对策。

【毛泽东评说】

我们马克思主义者是革命的现实主义者,绝不作空想。中国有句古话:黎明即起,洒扫庭除。"黎明者, 天刚亮也。古人告诉我们, 在天刚亮的时候, 就要起来打扫。这是告诉我们一项任务。只有这样想, 这样做, 才有益处, 也才有工作做。中国的地面很大, 要靠我们一寸一寸地去扫。

——《抗日战争胜利后的时局和我们的方针》,《毛泽东选集》第四卷, 人民出版社 1991 年版, 第 1132 页。

【赏析】

本文选自明末清初朱柏庐的《治家格言》。这是一段讲治家道理的文章, 在过去一直被人们奉为治家的标准。今天来看, 也是有益的格言。

毛泽东在《抗日战争胜利后的时局和我们的方针》一文中把"黎明即起, 洒扫庭除"的格言用于"治国", 赋予它更深广的内容。

当时, 抗日战争的胜利, 全党、全军和全国人民面临着"是建立一个无产阶级领导的人民大众的新民主主义的国家呢, 还是建一个大地主大资产阶级专政的半殖民地半封建的国家"这样两种命运、两个前途的决定胜败的斗争。

在这个关键时刻, 毛泽东作了《抗日战争胜利后的时局和我们的方针》的演讲。他强调指出:"人民得到的权利, 绝不允许轻易丧失, 必须用战斗来保卫。我们是不要内战的。如果蒋介石一定要强迫中国人民接受内战, 为了自卫……我们就只好拿起武器和他作战。这个内战是他强迫我们打的。"毛泽东告诫我们:"人民靠我们去组织。中国的反动分子, 靠我们组织起人民去把他打倒。凡是反动的东西, 你不打, 他就不倒。这也和扫地一样, 扫帚不到, 灰尘照例不会自己跑掉。"中国革命胜利的历史, 充分证明了毛泽东的这些论点是正确的, 而且至今仍不失其教育意义。

李 贽

李贽（1527—1602），初名载贽，后改贽，字宏甫、思斋，号卓吾，又有笃、卓、温陵居士等名号，福建泉州晋江（今福建泉州）人，明代著名思想家和哲学家。嘉靖三十一年（1552）举人，先后任县学教谕、国子监博士、云南姚安知府，后弃官著书讲学。他公开以"异端"自居，大胆抨击封建传统教条与假道学，最后被统治者迫害下狱致死。著有《焚书》《续焚书》《藏书》《李氏文集》等数十种，世传李卓吾批评的戏曲小说多种，多系伪托。《水浒传》题有"李卓吾批评"的，有容与堂刊百回本《忠义水浒传》和袁无涯刊一百二十回本《忠义水浒全书》两种。对于这两种书的评者，学术界尚有不同看法。

【原文】

《解老》序

李宏甫先生既刻子由《老子解》[1]，逾年复自著《解老》二卷。序曰：

尝读韩非《解老》未始不为非惜也[2]。以非之才而卒见杀于秦[3]，安在其为善解老也，是岂无为之谓哉！夫彼以柔弱，而此以坚强，此勇于敢，而彼勇于不敢，已方圆冰炭若矣。而谓道德申韩宗祖可欤[4]？苏子瞻求而不得[5]，乃强为之说曰："老子之学重于无为[6]，而轻于治天下国家，是以仁不足爱，而礼不足敬。韩非氏得其所以轻天下之术，遂至残忍刻薄而无疑。呜呼！审若是，则不可以治天下国家者也。"老子之学果如是夫？老子者非能治之而不治，乃不治以治之者也。故善爱其身者不治身，善爱天下者不治天下。凡古圣王所谓仁义礼乐者，皆非所以治之也。而况一切刑名法术欤[7]？故其著书专言道德，而不言仁义，以仁虽无为而不免有为，义则为之而有以为又甚矣。是故其为道也，以虚为常，以因为纲。以善下不争为百谷之王⁽⁸⁾，以好战为乐杀人，以用兵为不得已，以胜为不美，以退为进，以败为功，以福为祸，以得为失，以无知为知⁽⁹⁾，以无欲为欲，以无名为名，孰谓无为不足以治天下乎？世固未知无为之有益也。然则韩氏曷为爱之？曰顺而达者帝王之政也，逆而能忍者黄老之术也⁽¹⁰⁾。顺而达，则以不忍之心，行不忍之政，是故顺事恕施，而后四达不御，其效非可以旦夕责也；逆而能忍者，不见可欲是也，是故无政不达，而亦无心可推，无民不安，而亦无贤可尚，如是而已矣。此至易至简之道，而一切急功利者之所尚也。而一切功利者欲效之而不得，是故不忍于无欲，而忍于好杀；不忍以己，而忍以人；不忍于忍，而忍于不忍；学者不察，遂疑其原，从而曰道德之祸其后为申韩也如此。夫道德之后为申韩固矣。独不曰仁义之后其祸为篡弑⁽¹¹⁾？古今学术亦多矣，一再传而遂失之，其害不可胜言者岂少哉！独老子乎？由此观之，则谓申韩原道德之意亦奚不可。

予性刚使气，患在坚强而不能自克也，喜读韩非之书，又不敢再以道德之流生祸也；而非以道德故故深有味于道德而为之解⁽¹²⁾，并序其所以语道德者以自省焉。先生名载贽，温陵人，仕至姚安太守，请老归。

【注释】

（1）李宏甫，即李贽，宏甫是他的号。子由，苏辙，字子由。

（2）韩非（前 280？—前 233），战国末期思想家、法家代表人物。著有《韩非子》五十五篇。分析当时形势，评论各国政治得失，批判儒家的各个学说，指出当时是"争于气力"的时代，必须以战争的手段来实行法治，才能符合历史发展的趋势。《翁老》，《解老篇》，见《韩非子》第六卷。

（3）见杀于秦，韩非的学说受到秦王政（秦始皇）的重视，被邀至秦。不久因姚贾、李斯的陷害下狱，被迫自杀。

（4）申韩，申不害和韩非。申不害，战国韩京人，相昭侯十五年，国治兵强，无敢侵韩者。其学本于黄老而主刑名，著《申子》二篇。为法家之祖。

（5）苏子瞻，苏轼字子瞻，苏辙兄宋文学家。

（6）老子，即李耳，字聃（dān 丹），春秋时楚国（今河南鹿邑）人，道家始祖。老子的基本哲学观是用"道"来解释宇宙万物的生成演变，提倡清静无为，复返自然。著有《老子》八十一章，约五千字。无为，道家主张清静无为，顺应自然，称为"无为"。《老子》："道常无为而无不为，侯王若能守之，万物将自化。"

（7）刑名法术，刑名，战国时以申不害为代表的法家，主张循名责实，慎赏明罚。后人称为"刑名之学"，简称"刑法"。后来亦指刑律。《史记·秦始皇本纪》："秦圣临国，始定刑名。"法术，法与术的合称。韩非认为商鞅言"法"，申不害言"术"，各有所偏，主张两者兼用，后因以"法术"指法家之学。

（8）百谷之王，指江海。百谷之水必趋江海，故称。《老子》："江海所以能为百谷王者，以其善下之，故能为百谷王。"

（9）知，通"智"，智慧。

（10）黄老之术，指道家清静无为的治世之术。黄老，黄帝和老子。后世道家奉为始祖。黄帝，古帝名。传说是中原各族的共同祖先。姓公孙，居轩辕之丘，号轩辕氏。国于有熊，亦称有熊氏。以土德王，土色黄，故曰黄帝。

（11）篡弑，杀君而夺其位。弑，杀。

（12）故故，特意，故意。

【毛泽东评说】

在一定条件下。

——《读〈李氏文集〉批语》，《毛泽东读文史古籍批语集》，中央文献出版社 1993 年版，第 89 页。

【赏析】

本文是李贽为自己研究老子思想的著作《解老》二卷写的序言，原载于明刊本《李氏文集》卷十，又见于焦竑《老子翼》卷七，商务印书馆《丛书集成》（初编）和首都图书馆"李卓吾选批十种丛书"（明陈氏继志斋印本《老子解》）均刊有此文。作者不同意苏轼"老子之学重于无为，而轻于治天下国家"的说法，认为法家依靠"刑名法术"，以法治国，故好战乐杀。而道家提倡无为而治，用道德影响社会教化，从而达到治天下的目的。道家的办法是："以虚为常，以因为纲。以善不下争为百谷之王，以好战为乐杀人，以用兵为不得已，以胜为不美，以退为进，以败为功，以祸为福，以得为失，以无知为有知，以无欲为欲，以无名为名，孰谓无为不足以治天下乎？"但李贽所提到的进退得失、祸福、胜败、无知有知、无名有名，都是矛盾对立的两个方面。这两个方面的基本内涵是对立的，只有在一定的条件下才会转化到对立一方，没有一定的条件是不会发生转化的。当然这是唯物辩证法的看法，李贽当然不可能有这个水平，毛泽东的批注指明了这一点是很必要的。

【原文】

答耿司寇

此一番承教，方可称真讲学，方可称真朋友。公不知何故而必欲教我，我亦不知何故而必欲求教于公，方可称是不容已真机，自有莫知其然而然者矣。

嗟夫！朋友道绝久矣。余尝谬谓千古有君臣，无朋友，岂过论钦！夫君犹龙也，下有逆鳞，犯者必死，然而以死谏者相踵也。何也？死而博死谏之名，则志士亦愿为之，况未必死而遂有巨福耶？避害之心不足以胜其名利之心，以故犯害而不顾，况无其害而且有大利乎！若夫朋友则不然：幸而入，则分毫无我益；不幸而不相入，则小者必争，大者为仇。何心老至以此杀身(1)，身杀而名又不成，此其昭昭可鉴也。故余谓千古无朋友者，谓无利也。是以犯颜敢谏之士，恒见于君臣之际，而绝不闻之朋友之间。今者何幸而见仆之于公耶！是可贵也。又何幸而得公之教仆耶！真可羡也。快哉怡哉！居然复见惬惬切切景象矣(2)。然则岂惟公爱依仿孔子，仆亦未尝不愿依仿之也。

惟公之所不容已者(3)，在于泛爱人(4)，而不欲其择人；我之所不容已者，在于为吾道得人，而不欲轻以与人：微觉不同耳。公之所不容已者，乃人生十五岁以前《弟子职》诸篇入孝出弟等事[5]，我之所不容已者，乃十五成人以后为大人明《大学》[6]，欲去明明德于天下等事[7]。公之所不容已者博，而惟在于痛痒之末；我之所不容已者专，而惟直收吾开眼之功。公之所不容已者，多雨露之滋润，是故不请而自至，如村学训蒙师然，以故取效寡而用力艰；我之所不容已者，多霜雪之凛冽，是故必待价而后沽[8]，又如大将用兵，直先擒王，以故用力少而奏功大。虽各各手段不同，然其为不容已之本心一也。心苟一矣，则公不容已之论，固可以相忘于无言矣。若谓公之不容已者为是，我之不容已者为非；公之不容已者是圣学，我之不容已者是异学：则吾不能知之矣。公之不容已者是知其不可以已，而必欲其不已者，为真不容已；我之不容已者是不知其不容已，而自然不容已者，非孔圣人之不容已：则吾又不能知之矣。恐公于此，尚有执己自是之病在。恐未可遽以人皆悦之，而遂自以为是，而遽非人之不是也。恐未可遽以在邦必闻，而遂居之不疑，而遂以人尽异学，能非孔、孟之正脉笑之也。我谓公之不容已处若果是，则世人之不容已处总皆是；若世人之不容已处诚未是，则公之不容已处亦未必是也。此又我之真不容已处耳。未知是否，幸一教焉！

试观公之行事，殊无甚异于人者。人尽如此，我亦如此，公亦如此。自朝至暮，自有知识以至今日，均之耕田而求食，买地而求种，架屋而求安，读书而求科第，居官而求尊显，博求风水以求福荫子孙。种种日用，皆为自己身家计虑，无一厘为人谋者。及乎开口谈学，便说尔为自己，我为他人；尔为自私，我欲利他；我怜东家之饥矣，又思西家之寒难可忍也；某等肯上门教人矣，是孔、孟之志也，某等不肯会人，是自私自利之徒也；某行虽不谨，而肯与人为善，某等行虽端谨，而好以佛法害人。以此而观，所讲者未必公之所行，所行者又公之所不讲，其与言顾行、行顾言何异乎？以是谓为孔圣之训可乎？翻思此等，反不如市井小夫，身履是事，口便说是事，作生意者但说生意，力田作者但说力田。凿凿有味，真有德之言，令人听之忘厌倦矣。

夫孔子所云言顾行者[9]，何也？彼自谓于子臣弟友之道有未能，盖真未之能，非假谦也。人生世间，惟是此四者终身用之，安有尽期。若谓我能，则自止而不复有进矣。圣人知此最难尽，故自谓未能。己实未能，则说我不能，是言顾其行也。说我未能，实是不能，是行顾其言也。故为慥慥[10]，故为有恒，故为主忠信，故为毋自欺，故为真圣人耳。不似今人全不知己之未能，而务以此四者责人教人。所求于人者重，而所自任者轻，人其肯信之乎？

圣人不责人之必能，是以人人皆可以为圣。故阳明先生曰[11]："满街皆圣人。"佛氏亦曰："即心即佛，人人是佛。"夫惟人人之皆圣人也，是以圣人无别不容已道理可以示人也，故曰："予欲无言。"夫惟人人之皆佛也，是以佛未尝度众生也。无众生相，安有人相；无道理相，安有我相。无我相，故能舍己；无人相，故能从人。非强之也，以亲见人人之皆佛而善与人同故也。善既与人同，何独于我而有善乎？人与我既同此善，何有一人之善而不可取乎？故曰"自耕稼陶渔以至为帝，无非取诸人者。"后人推而诵之曰：即此取人为善，便自与人为善矣。舜初未尝有欲与人为善之心也，使舜先存与善之心以取人，则其取善也必不诚。人心至神，亦遂不之与，舜亦必不能以与之矣。舜惟终身知善之在人，吾惟取之而已。耕稼陶渔之人既无不可取，则千圣万贤之善，独不可取乎？又何必专学孔子而后为正脉也。

夫人既无不可取之善，则我自无善可与，无道可言矣。然则子礼不许讲学之谈[12]，亦太苦心矣，安在其为挫抑柳老[13]，而必欲为柳老伸屈，为柳老遮护至此乎？又安见其为子礼之口过，而又欲为子礼掩盖之耶？公之用心，亦太琐细矣！既已长篇大篇书行世间，又令别人勿传，是何背戾也？反覆详玩，公之用心，亦太不直矣！且子礼未尝自认以为己过，纵有过，渠亦不自盖覆，而公乃反为之覆，此诚何心也？古之君子，其过也如日月之食，人皆见而又皆仰；今之君子，岂徒顺之，而又为之辞。公其以为何如乎？柳老平生正坐冥然寂然，不以介怀，故不长进，公独以为柳老夸，又何也？岂公有所憾于柳老而不欲其长进耶？然则子礼之爱柳老者心髓，公之爱柳老者皮肤，又不言可知矣。柳老于子礼为兄，渠之兄弟尚多也，而独注意于柳老；柳老又不在仕途，又不与之邻舍与田，无可争者。其不为毁柳老以成其私，又可知矣。既无半点私意，则所云者纯是一片赤心，公固聪明，何独昧此乎？纵子礼之言不是，则当为子礼惜，而不当为柳老忧。若子礼之言是，则当为柳老惜，固宜将此平日自负孔圣正脉，不容已真机，直为柳老委曲开导。柳老惟知敬信公者也，所言未必不入也。今若此，则何益于柳老，柳老又何贵于与公相知哉！然则子礼口过之称，亦为无可奈何，姑为是言以谊责耳⁽¹⁴⁾。设使柳老之所造已深，未易窥见，则公当大为柳老喜，而又不必患其介意矣。何也？遯世不见知而不悔⁽¹⁵⁾，此学的也。众人不知我之学，则吾为贤人矣，此可喜也。贤人不知我之学，则我为圣人矣，又不愈可喜乎？圣人不知我之学，则吾为神人矣，尤不愈可喜乎？当时知孔子者唯颜子，虽子贡之徒亦不之知，此真所以为孔子耳，又安在乎必于子礼之知之也？又安见其为挫抑柳老，使刘金吾诸公辈轻视我等也耶⁽¹⁶⁾？我谓不患人之轻视我等，我等正自轻视耳。区区护名，何时遮盖得完耶？

且吾闻金吾亦人杰也，公切切焉欲其讲学，是何主意？岂以公之行履，有加于金吾耶？若有加，幸一一示我，我亦看得见也。若不能有加，而欲彼就我讲此无益之虚谈，是又何说也？吾恐不足以诳三尺之童子，而可以诳豪杰之士哉！然则孔子之讲学非欤？孔子直谓圣愚一律，不容加损，所谓麒麟与凡兽并走，凡鸟与凤凰齐飞，皆同类也。所谓万物皆吾同体是也。而独有出类之学，唯孔子知之，故孟子言之有味耳。然究其所以出类者，则在于巧中焉，巧处又不可容力。今不于不可用力处参究，而唯欲于致力处着脚，则已失孔、孟不传之秘矣。此为何等事，而又可轻以与人谈耶？

公闻此言，必以为异端人只宜以训蒙为事，而但借"明明德"以为题目可矣，何必说此处无寂灭之教，以眩惑人耶？夫所谓仙佛与儒，皆其名耳。孔子知人之好名也，故以名教诱之；大雄氏知人之怕死⁽¹⁷⁾，故以死惧之；老氏知人之贪生也，故以长生引之：皆不得已权立名色以化诱后人，非真实也。唯颜子知之⁽¹⁸⁾，故曰夫子善诱。今某之行事，有一不与公同者乎？亦好做官，亦好富贵，亦有妻孥，亦有庐舍，亦有朋友，亦会宾客，公岂能胜我乎？何为乎公独有学可讲，独有许多不容已处也？

我既与公一同，则一切弃人伦、离妻室、削发披缁等语，公亦可以相忘于无言矣。何也？仆未尝有一件不与公同也，但公为大官耳。学问岂因大官长乎？学问如因大官长，则孔、孟当不敢开口矣。

且东廓先生⁽¹⁹⁾，非公所得而拟也。东廓先生专发挥阳明先生"良知"之旨，以继往开来为己任，其妙处全在不避恶名以救同类之急，公其能此乎？我知公详矣，公其再勿说谎也！须如东廓先生，方可说是真不容已。近时唯龙溪先生足以继之⁽²⁰⁾，近溪先生稍能继之⁽²¹⁾。公继东廓先生，终不得也。何也？名心太重也，回护太多也。实多恶也，而专谈志仁无恶；实偏私所好也，而专谈沉爱博爱；实执定己见也，而专谈不可自是。公看近溪有此乎？龙溪有此乎？况东廓哉！此非强为尔也，诸老皆实实见得善与人同，不容分别故耳。既无分别，又何恶乎？公今种种分别如此，举世道学无有当公心者，虽以心斋先生亦在杂种不入公觳率矣，况其他乎！其同时所喜者，仅仅胡庐山耳⁽²²⁾。麻城周柳塘、新邑吴少虞⁽²³⁾，只此二公为特出，则公之取善亦太狭矣，何以能明明德于天下也？

我非不知敬顺公之为美也，以"齐人莫如我敬王"也。亦非不知顺公则公必爱我，公既爱我则合县士民俱礼敬我，吴少虞亦必敬我，官吏师生人等俱来敬我，何等好过日子，何等快活。但以众人俱来敬我，终不如公一人独知敬我；公一人敬我，终不如公之自敬也。

吁！公果能自敬，则余何说乎！自敬伊何？戒谨不覩，恐惧不闻，毋自欺，求自慊，慎其独。孔圣人之自敬者盖如此。若不能自敬，而能敬人，未之有也。所谓本乱而求末之治，无是理也。故曰"壹是皆以修身为本。"此正脉也，此至易至简之学，守约施博之道，故曰"君子之守，修其身而天下平"，又曰"人人亲其亲、长其长而天下平"，又曰"上老老而民同孝"，更不言如何去平天下，但只道修身二字而已。孔门之教，如此而已，吾不知何处更有不容已之说也。

公勿以修身为易，明明德为不难，恐人便不肯用工夫也。实实欲明明德者，工夫正好艰难，在埋头二三十年，尚未得到手，如何可说无工夫也？龙溪先生年至九十，自二十岁为学，又得明师，所探讨者尽天下书，所求正者尽四方人，到末年方得实诣，可谓无工夫乎？公但用自己工夫，勿愁人无工夫用也。有志者自然来共学，无志者虽与之谈何益。近溪先生从幼闻道，一第十年乃官，至今七十二岁，犹历涉江湖各处访人，岂专为传法计欤！盖亦有不容已者。彼其一生好名，近来稍知藏名之法，历江右、两浙、姑苏以至秣陵，无一道学不去参访，虽弟子之求师，未有若彼之切者，可谓致了良知，更无工夫乎？然则公第用起工夫耳，儒家书仅足参详，不必别观释典也。解释文字，终难契入；执定己见，终难空空；耘人之田，终荒家穰。愿公无以刍荛陶渔之见而弃忽之也。古人甚好察此言耳。

　　名乃锢身之锁，闻近老一路无一人相知信者。柳塘初在家时，读其书便十分相信，到南昌则七分，至建昌又减二分，则得五分耳。及乎到南京，虽求一分相信，亦无有矣。柳塘之徒曾子，虽有一二分相信，大概亦多惊讶。焦弱侯自谓聪明特达[24]，方子及亦以豪杰自负，皆弃置大法师不理会之矣。乃知真具双眼者，举世绝少，而坐令近老受遯世不见知之妙用也。至矣，近老之善藏其用也。曾子回，对我言曰："近老无知者，唯先生一人知之。"吁！我若不知近老，则近老有何用乎！惟我一人知之足矣，何用多知乎！多知即不中用，犹是近名之累，曷足贵欤！故曰："知我者希，则我贵矣。"吾不甘近老之太尊贵也。近老于生，岂同调乎，正尔似公举动耳。乃生深信之，何也？五台与生稍相似，公又谓五台公心热，仆心太冷。吁！何其相马于牝牡骊黄之间也！

　　展转千百言，略不识忌讳，又家贫无代书者，执笔草草，绝不成句；又不敢纵笔作大字，恐重取怒于公。书完，遂封上。极知当重病数十日矣，盖贱体尚未甚平，此劳遂难当。但得公一二相信，即刻死填沟壑，亦甚甘愿。公思仆此等何心也？仆佛学也，岂欲与公争名乎，抑争官乎？皆无之矣。公傥不信仆，试以仆此意质之五台，以为何如？以五台公所信也。若以五台亦佛学，试以问之近溪老何如？

　　公又云"前者《二鸟赋》原为子礼而发，不为公也"。夫《二鸟赋》若专为子礼而发，是何待子礼之厚，而视不肖之薄也！生非护惜人也，但能攻发吾之过恶，便是吾之师。吾求公施大炉锤久矣。物不经锻炼，终难成器；人不得切琢，终不成人。吾来求友，非求名也；吾来求道，非求声称也。公其勿重为我盖覆可焉！我不喜吾之无过而喜吾过之在人，我不患吾之有过而患吾过之不显。此佛说也，非魔说也；此确论也，非戏论也。公试虚其心以观之，何如？

每思公之所以执迷不返者，其病在多欲古人无他巧妙，直以寡欲为养心之功，诚有味也。公今既宗孔子矣，又欲兼通诸圣之长：又欲清，又欲任，又欲和。既于圣人之所以继往开来者，无日夜而不发挥，又于世人之所以光前裕后者，无时刻而不系念。又以世人之念为俗念，又欲时时盖覆，只单显出继往开来不容已本心以示于人。分明贪高位厚禄之足以尊显也，三品二品之足以褒宠父祖二亲也，此公之真不容已处也，是正念也。却回护之曰："我为尧、舜君民而出也，吾以先知先觉自任而出也。"是又欲盖覆此欲也，非公不容已之真本心也。且此又是伊尹志，非孔子志也。孔、孟之志，公岂不闻之乎！孔、孟之志曰："故将大有为之君，必有所不召之臣，欲有谋焉则就之，其尊德乐道不如是，不足与有为也。"是以鲁缪公无人乎子思之侧，则不能安子思。孔、孟之家法，其自重如此，其重道也又如此。公法仲尼者，何独于此而不法，而必以法伊尹为也！岂以此非孔圣人之真不容已处乎？吾谓孔、孟当此时若徒随行逐队，旅进旅退，以恋崇阶，则宁终身空室陋巷穷饿而不悔矣。此颜子之善学孔子处也。

不特是也。分明憾克明好超脱不肯注意生孙，却回护之曰："吾家子侄好超脱，不以嗣续为念。"乃又错怪李卓老曰："因他超脱，不以嗣续为重，故儿效之耳。"吁吁！生子生孙何事也，乃亦效人乎！且超脱又不当生子乎！即儿好超脱，故未有孙，而公不超脱者也，何故不见多男子乎？我连生四子俱不育，老来无力，故以命自安，实未尝超脱也。公公何诬我之甚乎！

又不特是也。分明憾克明好超脱，不肯注意举子业，却回护之曰："吾家子侄好超脱，不肯著实尽平常分内事。"乃又错怪李卓老曰："因他超脱，不以功名为重，故害我家儿子。"吁吁！卓吾自二十九岁做官以至五十三岁乃休，何曾有半点超脱也！克明年年去北京进场，功名何曾轻乎！时运未至，渠亦未尝不坚忍以俟。而翁性急，乃归咎于举业之不工，是而翁欲心太急也。世间工此者何限，必皆一一中选，一一早中，则李、杜文章不当见遗，而我与公亦不可以侥幸目之矣。

夫所谓超脱者，如渊明之徒，官既懒做，家事又懒治，乃可耳。今公自谓不超脱者固能理家；而克明之超脱者亦未尝弃家不理也，又何可以超脱憾之也！即能超脱足追陶公，我能为公致贺，不必憾也。此皆多欲之故，故致背戾，故致错乱，故致昏蔽如此耳。且克明何如人也，筋骨如铁，而肯效颦学步从人脚跟走乎！即依人便是优人，亦不得谓之克明矣。故使克明即不中举，即不中进士，即不作大官，亦当为天地间有数奇品，超类绝伦，而可以公眼前蹊径限之与？

吴少虞曾对我言曰："楚倥放肆无忌惮[25]，皆尔教之。"我曰："安得此无天理之谈乎？"吴曰："虽然，非尔亦由尔，故放肆方稳妥也。"吁吁！楚倥何曾放肆乎？且彼乃吾师，吾惟知师之而已。渠眼空四海，而又肯随人脚跟走乎？苟如此，亦不得谓之楚倥矣。大抵吴之一言一动，皆自公来，若出自公意，公亦太乖张矣。纵不具双眼，独可无眼乎！吾谓公且虚心以听贱子一言，勿蹉跎误了一生也。如欲专为光前裕后事，吾知公必不甘，吾知公决兼为继往开来之事者也。一身而二任，虽孔圣必不能。故鲤死则死矣[26]，颜死则恸焉[27]，妻出更不复再娶，鲤死更不闻再买妾以求复生子。无他，为重道也；为道既重，则其他自不入念矣。公于此亦可遽以超脱病之乎！

然吾观公，实未尝有传道之意，实未尝有重道之念。自公倡道以来，谁是接公道柄者乎？他处我不知，新邑是谁继公之真脉者乎？面从而背违，身教自相与遵守，言教则半句不曾奉行之矣。以故，我绝不欲与此间人相接，他亦自不与我接。何者？我无可趋之势故耳。吁吁！为师者忘其奔走承奉而来也，乃直任之而不辞曰，"吾道德之所感召也"；为弟子者亦忘其为趋势附热而至也，乃久假而不归曰，"吾师道也，吾友德也"。吁！以此为学道，即稍稍有志向者，亦不愿与之交，况如仆哉！其杜门不出，非简亢也，非绝人逃世也；若欲逃世，则入山之深矣。麻城去公稍远，人又颇多，公之言教亦颇未及，故其中亦自有真人稍可相与处耳。虽上智之资未可即得，然个个与语，自然不俗。黄陂祝先生旧曾屡会之于白下，生初谓此人质实可与共学，特气骨太弱耳。近会方知其能不昧自心，虽非肝胆尽露者，亦可谓能吐肝胆者矣。使其稍加健猛，亦足承载此事，愿公加意培植之也。

闻麻城新选邑侯初到，柳塘因之欲议立会请父母为会主。余谓父母爱民，自有本分事，日夜不得闲空，何必另标门户，使合县分党也。与会者为贤，则不与会者为不肖矣。使人人有不肖之嫌，是我辈起之也。且父母在，谁不愿入会乎，既愿入会，则入会者必多不肖；既多不肖，则贤者必不肯来：是此会专为会不肖也。岂为会之初意则然哉，其势不得不至此耳。况为会何益于父母，徒使小人乘此纷扰县公。县公贤则处置自妙，然犹未免分费精神，使之不得专理民事；设使聪明未必过人，则此会即为断性命之刀斧矣，有仁心者肯为此乎！盖县公若果以性命为重，则能自求师寻友，不必我代之劳苦矣。何也？我思我学道时，正是高阁老、杨吏部、高礼部诸公禁忌之时[28]，此时绝无有会，亦绝无有开口说此件者。我时欲此件切，自然寻得朋友，自能会了许多不言之师，安在必立会而后为学乎！此事易晓，乃柳塘亦不知，何也？若谓柳塘之道，举县门生无有一个接得者，今欲趁此传与县公，则宜自将此道指点县公，亦不宜将此不得悟入者尽数招集以乱聪听也。若谓县公得道，柳塘欲闻，则柳塘自与之商证可矣。且县公有道，县公自不容已，自能取人会人，亦不必我代之主赤帜也。反覆思惟，总是名人牵引，不得不颠倒耳。

【注释】

（1）何心老，即何心隐，本名梁汝元，江西吉安永丰县人。师事左派王学（艮）的再传弟子颜钧，后讲学于长江南北，明神宗朱翊钧万历四年（1576），被湖广总督下令通缉，逃往泰州；万历五年，何心隐第二次逃往祁门县，万历七年被捕，死于湖广总抚王之恒的乱棒之下。

（2）偲偲（sī 思）切切，互相批评之状。《论语·子路》："何如斯可谓之士矣？"子曰："切切偲偲，怡怡如也，可谓士矣。"偲，通"偲"。

（3）不容，不能容纳，不能宽容。《论语·乡党》："入公门，鞠躬如也，如不容。"邢昺疏曰："君门虽大，敛身如狭小，不容受其身也。"

（4）泛爱，亦作"氾爱""汎爱"。博爱。《论语·学而》："泛爱众，而亲仁。"

（5）《弟子职》，《管子》篇名。分学则、盥作、受业、对客、馔馈、乃食、洒扫、执烛、退习等节，均记弟子侍先生之礼。

（6）《大学》，《礼记》篇名。宋代朱熹把它与《论语》《孟子》《中庸》合称四子书。自宋以来，成为封建王朝科举取士的必读书。

（7）明明德，彰明美德。明，显明，彰明。明德，美德。《书·君陈》："黍稷非馨，明德惟馨。"

（8）待价而后沽，等价高价出售。沽，出卖。旧时比喻某些人等待时机出来做事。语本《论语·子罕》："沽之哉！沽之哉！我待贾（价）者也。"

（9）孔子所云言顾行者，《论语·公冶长》："子曰：'始吾于人也，听其言而信其行；今吾于人也，听其言而观其行。'"最初听了他的话，就相信他的行为；现在呢，听了他的话，还要观察他的行为。

（10）慥慥（zào灶），笃厚真实之态。《中庸》："胡不慥慥尔"，朱熹注："慥慥，笃实貌。"

（11）阳明先生，即王守仁（1472—1528），字伯安，浙江余姚（今浙江余姚）人，明代哲学家。主张以心为本体，提倡"良知良能"，"格物致知，自求于心"，反对宋朱熹的"外心以求理"，提出"求理于吾心"的知行统一说。以其曾筑室于故乡阳明洞，学者称阳明先生，也称阳明学派。

（12）子礼，即周思敬，字子礼，号友山，进士出身，张居正门下士，历官按察使、布政使。

（13）柳老，即周思久，字子微，号柳塘，周思敬之兄，麻城财主，学问家。耿定向的追随者。

（14）逭（huàn换）责，逃避责任。逭，逃，避。《书·太甲中》："自作孽，不可逭。"

（15）遯世，避世。《易·乾·文言》："遯世无闷。"孔颖达疏："谓逃遯避世，虽逢无道，心必无闷。"这是古代士大夫一种消极的处世态度。遯，"遁"的异体字。

（16）金吾，即刘守有，麻城人，已故兵部尚书刘天和之后，荫职于锦衣卫，故称"金吾"。

（17）大雄氏，即佛祖释迦牟尼。

（18）颜子，孔子弟子颜渊。

（19）东廓先生，即邹守益，号东廓，王阳明弟子。

（20）龙溪先生，即王畿（1498—1583），字汝中，别号龙溪，是心学大师王阳明的及门大弟子，《明史》卷二八三和《明儒学案》卷十二有传。最为李贽所崇敬。

（21）近溪先生，即罗汝芳（1515—1588），字惟德，号近溪，是心学泰州学派的主要传人。传见《明史》卷二三八附王畿传，另见《明儒学案》卷三四。对李贽学术思想的影响仅次于王畿。

（22）胡庐山，即胡直。

（23）吴少虞，麻城最有名望的财主兼道学家，耿定向在黄安的首座弟子。

（24）焦弱侯，即焦竑，字弱侯，江宁（今江苏南京）人，明哲学者。

（25）楚倥，耿定理，号楚倥。耿定向弟，李贽之友。

（26）鲤，孔鲤，孔子之子。

（27）颜，颜回，孔子弟子。

（28）高阁老，即高拱，官至首辅。杨吏部，杨继盛，任兵部员外郎。高礼部，高攀龙，官至左都御史。

【毛泽东评说】

身教亦未必皆相遵守，言教只要是真理，亦未必没有人奉行。

——《读〈李氏文集〉批语》，《毛泽东读文史古籍批语集》，中央文献出版社 1993 年版，第 89 页。

【赏析】

《答耿司寇》是李贽写给耿定向的一封长信。耿定向，字在伦，号天台，又号楚侗，官都察院右佥都御史兼福建巡抚，故称耿司寇。曾以监察御史督学南直隶，创办"崇正书院"，"倡道东南，海内士云附景从"，是一位颇有影响的道学家。李贽与其弟耿定理是朋友，因此到麻城寄居耿家。李贽与耿定向也算是朋友，因学术思想的歧异两人便爆发了激烈的争论。

在这封信中，李贽开门见山，说要打开窗户说亮话，首先说了一通"千古有君臣，无朋友"的道理，接着便批评耿定向以"孔孟之正脉"自居，以排斥"异学"自任，是"执己自是之病"，说耿定向在周柳塘、周友山兄弟之间调停掩覆闪烁其词，大可不必；接下去，便一针见血地指出耿定向"之所以执迷不悟"，"其病在多欲"，结合以耿氏不能言传身教，揭出问题的实质。信的结尾谈到要组织讲学会，李贽不同意让父母官当会主的三条理由。

从这封信中，我们可以看出李贽与耿定向之间存在原则分歧。对孔孟程朱理学，一个奉为家法，自命得正脉嫡传，誓死捍卫之；另一个主张不必取孔子，人人惟务自得，视孔孟之道为已阵之刍狗。对官方借重名教和程朱理学维持的现存秩序，一个高颂天皇圣明，鼓吹恪守不渝，以维护三纲五常的"人伦之至"；另一个要求放宽束缚，政设大法，礼顺人情而已。这种对待官方学术和统治秩序的不同态度，说明了他们的争论是原则性争论，不是个人恩怨，这场争论是不可避免的。

毛泽东读了这篇文章后，在李贽批评耿定向"身教自相与遵守，言教则半句不曾奉行"处，写下批语说："身教亦未必皆相与遵守，言教只要是真理，亦未必没有人奉行。"身教与言教是两种教育人的方式，一般来说，身教重于言教。这是强调施教者要以身作则躬亲示范的重要性。但事情不能说死了，身教固然好，但受教者也未必都能学习；相反，言教只要是真理，也不一定没有人奉行。毛泽东的这个批语，纠正了李贽关于身教与言教的形而上学的片面理解，给人以新的启发和教益。

《徐霞客游记》

徐宏祖（1586—1641），字振之，号霞客。南直隶（今江苏淮阴）人。我国历史上著名的旅行家和地理学家。自幼喜欢阅读历史、地志、山经图籍和旅游探险的书籍。他目睹明末党争激烈，不肯入仕，刻意远游。自二十二岁始，历时三十余年，足迹踏遍十六个省，对所见山川地貌，作了认真的考察研究。著有《徐霞客游记》。

《徐霞客游记》，明徐宏祖撰。它是一部以游记体裁，按日记记述在旅游途中对自然地理诸现象的观察所得，及时记录，特别是对我国西南地区的石灰岩的地貌、分布、类型和成因，作了详细的记述，是世界上最早的有关石灰岩地貌研究的宝贵文献。它记载得详细生动，文笔清新流畅，不仅丰富了我国的地理科学，也发展了我国的游记文学。原稿大部分已散佚，今本四十余万字，仅及原作的六分之一。

【原文】

金沙导江

江河为南北二经流[1]，以其特达于海也。而余邑正当大江入海之冲[2]，邑以江名，亦以江之势至此而大且尽也。生长其地者，望洋击楫[3]，知其大不知其远，溯流穷源知其远者[4]，亦以为发源岷山而已[5]。

余初考纪籍[6]，见大河自积石入中国[7]，溯其源者，前有博望之乘槎[8]，后有都实之佩金虎符[9]，其言不一，皆云在昆仑之北[10]，计其地，去岷山西北万余里，何江源短而河源长也？岂河之大更倍于江乎[11]？迨逾淮涉汴[12]，而后睹河流如带[13]，其阔不及江三之一[14]。岂江之大，其所入之水，不及于河乎？

迨北历三秦[15]，南极五岭[16]，西出石门、金沙[17]，而后知中国入河之水，为省五：陕西、山西、河南、山东、南直隶⁽¹⁸⁾；入江之水，为省十一：西北自陕西、四川、河南、湖广⁽¹⁹⁾、南直，西南自云南、贵州、广西、广东、福建、浙江。计其吐纳⁽²⁰⁾，江既倍于河，其大固宜也⁽²¹⁾。按其发源，河自昆仑之北，江亦自昆仑之南，其远亦同也。发于北者，曰星宿海⁽²²⁾，北流经积石，始东折入宁夏，为河套⁽²³⁾，又南曲为龙门大河⁽²⁴⁾，而与渭合⁽²⁵⁾。发于南者，曰犁牛石，南流经石门关⁽²⁶⁾，始东折而入丽江⁽²⁷⁾。为金沙江，又北曲为叙州大江⁽²⁸⁾，与岷山之江合⁽²⁹⁾。余按岷江经成都至叙，不及千里，金沙江经丽江、云南、乌蒙至叙⁽³⁰⁾，共二千余里，舍远而宗近⁽³¹⁾，岂其源独与河异乎？非也。河源屡经寻讨⁽³²⁾，故始得其远⁽³³⁾，江源从无问津⁽³⁴⁾，故仅宗其近。其实岷之入江，与渭之入河，皆中国之支流，而岷江为舟楫所通，金沙江盘折蛮獠溪峒间⁽³⁵⁾，水陆俱莫能溯。在叙州者，只知其水出于马湖、乌蒙⁽³⁶⁾，而不知。上流之由云南、丽江。在云南、丽江者，知其为金沙江，而不知下流之出叙为江源。

既不悉其孰远孰近⁽³⁷⁾，第见《禹贡》岷山导江之文⁽³⁸⁾，遂以江源归之，而不知禹之导，乃其为害于中国之始，非其滥觞发脉之始也⁽³⁹⁾。导河自积石⁽⁴⁰⁾，而河源不始于积石，导江自岷山，而江源亦不出于岷山。岷流入江，而未始为江源⁽⁴¹⁾，正如渭流入河，而未始为河源也。

【注释】

（1）江河，长江和黄河。经流，流贯广大地区的水系。

（2）余邑，我的乡邑，指江苏江阴。冲，要冲，交通要道。

（3）望洋，亦作"望羊""望阳"。仰视，远望之状。《晏子春秋·谏上六》："杜扁望羊待于朝。"击楫（jí 吉），划桨行船。楫，划船之桨。

（4）溯（sù 诉）流穷源，逆流而上，寻求源头。穷，尽，到底。

（5）岷山，山名，绵延在川北、甘南一带的山脉。

（6）初，当初，从前。考，考察，研究。纪籍，文献，古书。

（7）积石，山名。昆仑的中支，由青海省东南部延伸到甘肃南部边境，黄河绕流东南侧。中国，指中原。

（8）博望，张骞（？—前114），西汉武帝时人，以通西域立功封博望侯。《汉书·张骞传》有"汉使穷河源","名河所出山曰昆仑"的话。乘槎（chá 察），《荆楚岁时记》说，张骞出使西域时寻找黄河水源，曾乘槎经月，至天河。这当然是后人的附会。槎，木筏。

（9）都实，人名，元代人。《元史·地理志·河源附录》说，元世祖忽必烈至元十七年（1280），命都实招讨使佩金虎符，往寻河源，至星宿海。

（10）昆仑，昆仑山。横贯新疆西藏之间，向东延入青海境内。

（11）倍，加倍。

（12）迨（dài 代），等到。逾（yú 鱼）淮涉汴，越过淮河，渡过汴水。淮河，发源于河南桐柏山，流经河南南部，安徽南部，由江苏北部入海。汴水，流经河南东部、安徽北部注入淮河。

（13）带，衣带。

（14）三之一，三分之一。

（15）三秦，今陕西一带。秦亡以后，项羽三分关中，封秦降章邯为雍王，司马欣为塞王，董翳为翟王，合称三秦。见《史记·秦始皇本纪》。

（16）五岭，指横亘在江西、湖南、广东和广西边境一带的五座山岭：越城岭、都庞岭、萌渚岭、骑田岭、大庾岭。

（17）石门，石门道，由川南通向滇北再往昆明、大理的道路，经过四川境内的高县的石门山。金沙，金沙江。长江上游从青海玉树经云南北部到四川宜宾的一段。

（18）南直隶，明代称直隶南京管辖的地区为南直隶，相当于今江苏、安徽两省。

（19）湖广，明代行省名，相当于今湖北、湖南两省。南直，南直隶的简称。

（20）吐纳，本指人呼出浊气吸入清气，吐故纳新，是我国古代的一种养生方法。此指江河的排泄和容注。

（21）固宜，本来应该。

（22）星宿海，青海省曲麻莱县东北的一片沼泽，黄河上源之一——马曲东流注入。

（23）河套，黄河流经宁夏回族自治区到内蒙古自治区境内成一个大弯曲，因而把贺兰山以东、狼山和大青山以南的沿河地区，称为河套。

（24）龙门，龙门山，在山西河津县西北及陕西韩城县东北。黄河至此，两岸峭壁对峙，形如阙门，故称龙门。《禹贡》中有"导河积石，至于龙门"的话。

（25）渭，渭河。自甘肃东流横贯陕西省，到潼关县汇入黄河。

（26）石门关，当是四川、西藏以南与云南西北部接邻地区的地名。

（27）丽江，在云南西北部。

（28）叙州，今四川宜宾市。

（29）岷山之江，岷江，源出岷山南麓。

（30）云南，指今云南中部地区。乌蒙，今云南东北部牛栏江以北地区。境内有乌蒙山。

（31）舍，舍弃，丢开。宗，尊崇，重视。

（32）寻讨，追寻研讨。

（33）得其远，发现它的远源。

（34）问津，询问渡口，后用作探索、过问之意。

（35）蛮獠（liáo 辽），封建时代对西南少数民族的称呼。溪峒（dòng 洞），溪谷山涧。

（36）马湖，四川南部雷波、屏山地区。雷波东北大凉山中有个湖叫马湖。

（37）孰，哪个。

（38）第，但，只。《禹贡》，我国古代典籍《尚书》中的一篇，大约为战国时人作，假托是大禹治水后分说的政区制度，记载了我国古代的地理情况。岷山导江语见《禹贡》，是说夏禹当年治水，从岷山开始疏导长江。

（39）滥觞（shāng 伤），江河源头的水小，仅能浮起酒杯，后用以比喻事物的原始、开头。滥，泛滥。这里是漂浮之意。觞，酒杯。发脉，发源、发端。

（40）导河自积石，《禹贡》中有"导河积石"的记载，是说夏禹疏导黄河从积石山开始施工。

（41）未始，未尝，不曾。

【毛泽东评说】

明朝那个江苏人，写《徐霞客游记》的，那个人没有官气，他跑了那么多路，找出了金沙江是长江的发源。"岷山导江"，这是经书上讲的，他说这是错误的，他说是"金沙江导江"。同时，我看《水经注》作者也是一位了不起的人。他不到处跑怎么能写得那么好？这不仅是科学作品，也是文学作品。

——逢先知：《读有字之书，又读无字之书》，转引自龚育之等《毛泽东的读书生活》，生活·读书·新知三联书店 2014 年版，第 335 页。

【赏析】

《金沙导江》节选自《徐霞客游记》一书。它是关于长江发源所在的一篇专题论述。由于古籍《禹贡》中有"岷山导江"的话，千余年来把岷江或嘉陵江当作长江之源。徐宏祖北涉淮汴，西历三秦，南极五岭，西出石门金沙，经过长期实地勘察，在本文中提出源出于昆仑山南麓的金沙江应是长江源头的科学结论，从而纠正了不符合实际的江源于岷的传统说法，对于我国河道地理的研究是一大贡献。本文语言质朴，内容翔实，可读性强。正如毛泽东所说，"这不仅是科学作品，也是文学作品。"

毛泽东不仅高度评价了徐宏祖考证长江源头的贡献，还不止一次推荐过《徐霞客游记》，还说过"我想学徐霞客"的话。1959 年 4 月 5 日在上海召开的中共八届七中全会上，他说，"如有可能，我就游历黄河、长江，从黄河口子沿河而上。搞一班人，地质学家、生物学家、文学家，只准骑马，不准坐车，骑马对身体实在好，一直往昆仑山，然后到猪八戒的那个通天河，翻过长江上游，然后沿江而下，从金沙江到崇明岛。我有这个志向，……我很想学徐霞客。徐霞客是明末崇祯时江苏淮阴人，他就是走路，一辈子就这么走遍了，主要力量用在长江。"《徐霞客游记》可以看。为了实现这个愿望，他让中央警卫局在北京西山组建了一支秘密骑兵大队，以备考察之用。由于形势的变化，这件事后来没有实现，却证明了毛泽东壮游天下之志，调查求实之心。

侯方域

侯方域（1618—1654）字朝宗，号雪苑，商丘（今河南商丘）人，明清之际文学家。出身于清流世家，祖执蒲，天启年间官太常寺卿；父恂，崇祯年间官户部尚书。父祖皆东林党人，以守道不移而忤阉党奸佞，先后被削职。侯方域少年即有文名，参加复社，与东南名士交游，时人以他和方以智、冒襄、陈贞慧为"四公子"。清兵南下，曾为史可法幕府于扬州。入清以后，便归隐故里，只于清顺治八年（1651）时，应河南乡试为副贡生。并曾向清总督出谋献策，企图消灭农民起义军。

侯方域擅长散文。他提倡学习韩愈、欧阳修，尊唐宋八大家，以写作古文雄视当世。早期所作华藻过甚，功力犹不深。后来日臻妙境，时人以侯方域、魏禧、汪琬为"国初三大家"。其作品有人物传记，如《李姬传》《马伶》等，都写得形象生动，活灵活现，用唐传奇笔法。有短篇小说特点。论文书信，或痛斥权奸，或直抒怀抱，都具有流畅恣肆的特色。亦能诗。撰有《壮悔堂文集》十卷，《四忆堂诗集》六卷。

【原文】

谢安论

古之有为于天下者[1]，必有以脱除天下之习[2]，而立乎其外；盖为物所移者[3]，虽足以自见于天下[4]，而恐其历久而不胜也。夫君子之所恃以胜天下者，在乎器识德量之间[5]，而不在乎干局[6]，然而干局之用，君子虽不恃以为长，而不可以之自废[7]。苟遗弃其鄙近[8]，而将寄托于所溺[9]，岂独权宠利欲之足以累人哉[10]？

吾以为谢安之清言[11]，亦其累也。安之未仕也[12]，知镇西之必败，而委曲厚结其士卒，脱弟万于难，其既相也，当桓温而不慑[13]，御苻坚而不惧⁽¹⁴⁾，是其识量，岂犹夫寻常之可测哉⁽¹⁵⁾！顾可以见天下之几微者识也⁽¹⁶⁾，而天下之大，有非明智之所能尽，则识于是乎穷；可以镇天下之危疑者量也，而建功立业之人，又有时乎出于远生脱死之表⁽¹⁷⁾，则量亦仅得其一端。呜呼！盖未有力不足以举天下之烦，气不足以炼天下之苦，性情不足以扶持天下之一偏，而可以大有为者也。

善乎王羲之谓安曰⁽¹⁸⁾："夏禹胼胝，文王旰食，虚谈废务，浮文妨要，非当世所宜。"而桓冲亦云⁽¹⁹⁾："安石有庙堂之望，不娴大略。"安皆不之用也。夫安岂不知四郊多垒⁽²⁰⁾，所当布置而经营，日不暇给也哉？⁽²¹⁾顾其数十年以来，熟见夫江东之门第声名⁽²²⁾，以文雅为高，以风流为美⁽²³⁾，既不能矫克其一时之夙习⁽²⁴⁾，而又以清言济之，方且尘视乎轩冕⁽²⁵⁾，敝屣乎功名⁽²⁶⁾，以矜其迈往不屑之韵⁽²⁷⁾，幸而遇变如温与坚者，而皆有以镇静而安全焉，以为是已足以自见也。说者以二患既平之后，安即间于国宝之谮⁽²⁸⁾，不久而卒，故其建竖止于此，而不知其不然。

盖安之为人，清冲有余⁽²⁹⁾，而朴练不足⁽³⁰⁾，无以争天下之先，而经天下之远，吾以其夙习决之矣。夫所贵乎矫而克之者，非以为胜于天下也，乃以自胜也。不为浮誉所惑，则所以养其力者厚；不与流俗相竞，则所以制其气者重；厚且重，则其性情无累。故其见之于天下者，烦简适宜⁽³¹⁾，而苦乐一致。若安者，可谓简易而和乐矣，设一旦困之以烦，尝之以苦，吾恐其废然而返于庄生、老子之林也⁽³²⁾，又安能深沉确实，开扩淬厉⁽³³⁾，而以天下为己任乎！

晋氏之既东也，其相臣前有王导⁽³⁴⁾，后有谢安。导有大有为之识，而无大有为之才，安有大有为之量，而无大有为之干。过此则时势去矣，其偏安也宜哉！然则必何如而可？曰：如陶侃、祖逖者⁽³⁵⁾，而更假之以导与安之识量，庶乎其可已⁽³⁶⁾。

【注释】

（1）有为，有作为。《易·系辞上》："是以君子将有为也。"

（2）习，习惯风俗，社会风气。

（3）盖，句首发语词，无义。为物所移，受外物（社会风气）影响。

（4）自见（xiàn 现），显露自己。汉司马迁《报任少卿书》："垂空文以自见。"

（5）器识，度量与见识。晋陆机《荐贺循郭讷表》："前蒸阳令郭讷风度简旷，器识朗拔，通济敏悟，才足干事。"德量，道德涵养和气量。《世说新语·雅量》："顾看简文，穆然清恬。"南朝刘孝标注："帝（简文）举止自若，音颜无变，温每以此称其德量。"

（6）干局，办事的才干和器局。《三国志·蜀志·刘封等传评》："彭羕、廖立以才拔进，李岩以干局进。"

（7）自废，自我废黜，指自幼退出政坛。

（8）鄙近，庸俗浅近。钟嵘《诗品》卷上："《晋步兵阮籍诗》言在耳目之内，情寄八荒之表，洋洋乎会于《风》《雅》，使人忘其鄙近，自致远大。"

（9）所溺，溺爱的人。溺，沉湎无节制。

（10）累，带累，使受害。《书·旅獒》："不矜细行，终累大德。"

（11）清言，即清谈。魏何晏、夏侯玄、王弼等，祖述老庄，崇尚无为之说，排弃世务，专谈玄理，后进慕效，寝成风气，至晋益盛。后人以为，晋祚不永，实为清言所误。

（12）安之未仕也以下四句，镇西，指谢安之弟谢万（327—388）。万字万石，为镇西中郎将总藩，故云。《晋书》卷七十九《谢安传》附《谢万传》："万既受任北征，矜豪傲物，尝以啸咏自高，未尝抚众。兄安深忧之，自队主将帅以下，安无不慰勉。谓万曰：'汝为元帅，诸将宜数接对，以悦其心，岂有傲诞，若是而能济事也！'后果败废为庶人。"《世说新语·简傲》："谢万北征，常以啸咏自高，未尝抚慰众士。谢安甚器爱万，而审其必败，乃俱行，……自队主将帅以下，无不身造，厚相逊谢。及万事败，军中因欲除之，复云：'当为隐士（按：安时隐而未仕）！'故幸而得免。"

（13）当桓温而不慑，桓温（312—373），字元子、晋明帝女婿。明帝时为安西将军、荆州刺史。西伐蜀，还，进位征西大将军，奏废殷浩，内外大权，一归于温。累加大司马，都督中外诸军事，假黄钺。废帝奕，立简文帝，威势益翕赫，以不得受禅，甚忿怒，会简文帝崩，入朝赴山陵，遇疾卒。《晋书》卷九十八有传。《晋书》卷七十九《谢安传》："及（简文）帝崩，（桓）温入赴山陵，止新亭，大陈兵卫，将移晋室，呼（谢）安及王坦之，欲于坐害之。坦之甚惧，问计于安。安神色不变，曰：'晋祚存亡，在此一行。'既见温。坦之流汗沾衣，倒执手版。安从容就席，坐定，谓温曰：'安闻诸侯有道，守在四邻，明公何须壁后置人邪？'温笑曰：'正自不能不尔耳。'遂笑语移日。……时孝武帝富于春秋，政不自己，温威振内外，人情噂喧，互生同异。安与坦之，尽忠匡翼，终能辑穆。及温病笃，讽朝廷加九锡，使袁宏具草，安见辄改之，由是历旬不就。会温薨、锡命遂寝。"

（14）御苻坚而不惧，苻坚（338—385），东晋时北方前秦君主，字永固，一名文玉。前秦主苻生嗣位，残虐无度、坚遂弑之以自立。先后灭前燕，取仇池；占晋汉中，取成都；克前凉，定代地，统一北方，信用王猛，有进而灭晋统一天下之志，为十六国中之最强者。晋太元八年，坚大举攻晋，战于淝水，大败而还，后为姚苌所杀。《晋书》卷一百十三有其载记。坚攻晋时，发兵长安，"戎卒六十万，骑二十七万"，号称百万。"前后千里，旗鼓相望。坚至项城，凉州之兵始达咸阳，蜀汉之军顺流而下幽、冀之众至于彭城。东西万里，水陆并进"，"次于淮、淝、京师震恐。晋以谢安为征讨大都督，抵御秦兵；安策画部署，井然有条。其侄"（谢）玄入问计，安夷然无惧色，答曰：'已别有旨。'既而寂然。玄不敢复言，乃令张玄重请。安遂命驾出山墅，亲朋毕集，方与玄围棋赌别墅。安常劣于玄，是日玄惧，便为敌手而又不胜。安顾谓其甥羊昙曰：'以墅乞汝。'安遂游涉，至夜乃还，指授将师、各当其命。玄等既破坚，有驿书至，安方对客围棋，看书既毕，便摄放床上，了无喜色，棋如故。客问之，徐答曰：'小儿辈遂已破贼'。"（见《晋书·苻坚载记》《晋书·谢安传》）

（15）岂犹夫，难道是。犹，如，是。夫，语中助词，无义。

（16）顾，岂，难道。几微，几乎，差不多。见，将近，几乎。

（17）远生，家刻本等均"达生"。达生，指一种自以为参透人生的消极处世态度。《庄子·达生》："达生之情者，不务生之所无以为。"陆德明释："生之所无以为者，分外物也。"认为通达人生的人不应当有所作为，去改变现实。

（18）善乎王羲之谓安曰六句，王羲之（303—361），字逸少，琅琊临沂人，居山阴会稽，晋代大书法家。司徒王导从子。官至右军将军，会稽内史。习称王右军。少从叔父廙，后又从卫夫人学书，备精诸体，草、隶、正、行、皆能博采众长，自成一家。世称"书对"。《晋书》卷七十九有传。《晋书》《谢安传》："（安）尝与王羲之登冶城，悠然遐想，有高世之志，羲之谓曰：'夏禹勤王，手足胼胝，文王旰食，日不暇给。今四郊多垒，宜思自效，而虚谈废务，浮文妨要，恐非当今所宜。'安曰：'秦任商鞅，二世而亡，岂清言致患邪？'"这里所引，乃节其大意，非原文。

（19）桓冲（328—384），《晋书》卷七十四《桓彝传》附《桓冲传》："冲，字幼子，温诸弟中最淹识，有武干，温甚器之。"曾出镇扬州、徐州、荆州等地，尽忠王室，多有战功。"既而符坚尽国内侵，冲深以根本为虑，乃遣精锐三千来赴京都。谢安谓三千人不足以为损益，而欲外示闲暇，闻军在近，固不听。报云：'朝廷处分已定，兵革无阙，西藩宜以为防。'时安已遣兄子玄及桓伊等诸军，冲谓不足以为废兴，召佐吏对之叹曰：'谢安有庙堂之量，不闲将略。'今大敌垂至，方游谈不遑，虽遣诸不经事少年，众又寡弱，天下事可知，吾其左衽矣！"

（20）郊多垒，四郊营垒很多。意谓敌军充斥于四郊，敌情严重。《礼记·曲礼上》："四郊多垒，此卿大夫之辱也。"郑玄注："垒，军壁也；数见侵伐则多垒。"又《世说新语·言语》："今四郊多垒，宜人人自效。"

（21）日不暇给（jǐ），指事情多，时间不够。《汉书·高帝纪下》："虽不暇给，规摹宏远也。"颜师古注："给，足也。日不暇足，言众事繁多，常汲汲也。"

（22）门第，封建时代地主阶级内部家族的等级。显贵之家称为"高门"，卑庶之家称为"寒门"，其中又各有高低等第，故称"门第"。魏晋南北朝实行九品正中制，选用官员，高门中选，寒门受排斥，并互不通婚，彼此交际，坐位亦有区别。它是维持封建贵族门阀特权的等级制度。

（23）风流，风度。《晋书·谢鲲传》："谢海谓刘裕曰：'陛下应天受命，登坛日恨不得谢益寿奉墨祓。'裕亦叹曰：'吾甚恨之，使后生不得其风流！'"

（24）夙（sù速），积习，素所熟习。《明史·王应熊传》："近日诸臣之病，非临事不担当之故，乃平时未讲求之过也；亦非因循于夙习之故，实怨忘于旧章之过也。"夙，旧，平素。

（25）方且，况且。尘视乎轩冕，把显贵爵禄视为尘土。轩冕，古时卿大夫的车服。《汉书·律历志下》："始垂衣裳，有轩冕之服。"颜师古注："轩，轩车也；冕，冕服也。"

（26）敝屣（xǐ洗），把功名看作破鞋一样。敝屣，破鞋。功名，功绩和名声。《庄子·山木》："削迹捐势，不为功名。"

（27）迈往不屑之韵，超脱凡俗的风度。晋王羲之《诫谢万书》："以君迈往不屑之韵，而俯同群辟，诚难为意也。"

（28）国宝之谗，《晋书》卷七十五《王湛传》附《王国宝传》：王国宝，王坦之之第三子，"少无士操，不修廉隅。妇父谢安恶其倾侧，每抑而不用。除尚书郎。国宝以中兴膏腴之族，惟作吏部，不为余曹郎，甚怨望，固辞不拜。从妹为会稽王（司马）道子妃，由是与道子游处，遂间毁安焉"。及道子辅政，擢国宝中书令，与道子持威权，扇动内外。又卷七十九《谢安传》："时会稽王道子专权。而奸谄颇相扇构，安出镇广陵之步丘，筑新城以避之。"又卷六十四《简文三子（司马道子）传》："中书令王国宝性卑妄，特为道子所宠昵。官以贿迁，政刑谬乱。……（安）帝既冠，道子稽首归政，王国宝始总国权，势倾朝廷，王恭乃举兵讨之。道子惧，收国宝付廷尉，并其从弟琅邪内史绪悉斩之，以谢于恭，恭即罢兵。"

（29）清冲，清高淡泊。

（30）朴练，质朴干练。练，干练，精壮。

（31）烦简，繁多与简约。烦，多，繁剧，通"繁"。

（32）庄生、老子，庄周和老聃。庄周（前369—前286），战国时宋国蒙人。曾为漆园吏。主张清静无为，消极遁世。老子，姓李名耳，字聃，道教创始人，相传为春秋时期思想家。著《道德经》五千言，为道教的经典著作。

（33）淬（cuì翠）厉，亦作"淬砺"。磨炼兵刃。刘昼《新论·崇学》："越剑性利，非淬砺而不铦。"

（34）王导（276—339），字茂弘，琅琊临沂（今山东临沂）人，东晋大臣。出身士族。西晋末，琅琊王司马睿献策移镇建康（今江苏南京）。大兴元年（318），司马睿称帝后，他任丞相，堂兄敦又握有重兵，镇长江上游，当时称为"王与马，共天下"。历仕元、明、成三帝。他带领南迁士族，联合江南士族，奠定了东晋在南方的统治。

（35）陶侃（259—334），字士行，本鄱阳人，吴平，徙家寻阳。刘弘辟为南蛮长史，先后讨平张昌、陈敏、杜弢、苏峻。官至侍中、太尉，封长沙郡公，都督荆、江、雍、梁、交、广、益、宁八州诸军事，拜大将军。在军四十一年，勤于吏职，恭而近礼。千端万绪，罔有遗漏。远近书疏，莫不手答。笔翰如流，未尝壅滞。引接疏远，门无停客。常语人曰："大禹圣者，乃惜寸阴，至于众人，尝惜分阴，岂可逸游荒醉，生无益于时，死无闻于后，是自弃也。"又曰："《老》《庄》浮华，非先王之法言，不可行也。"雄毅有权，明悟善决断，武功显赫，文治亦优，自南陵迄于白帝数千里中，路不拾遗。《晋书》卷六十六有传。祖逖（266—321），字士稚，范阳遒人。少不修仪检，年十四、五犹未知书；后发愤博览群书，涉猎古今，见者谓有赞世才具。尝闻鸡起舞，又中流击楫，誓曰："祖逖不能清中原而复济者，有如大江！"拜奋威将军，豫州刺史，冶铸兵器，招募士众，起兵与石勒相持，破之，由是黄河以南尽为晋土。会王敦与刘隗等构隙，虑有内难，大功不遂，感激发病死，《晋书》卷六十二有传。

（36）庶乎，庶几，差不多。其，语中助词，无义。已，通"矣"，表示确定语气。

【毛泽东评说】

侯朝宗生长世族，善属文。黄黎洲曰：侯公子自不耐寂寞耳。

　　　　——《毛泽东早期文稿》，湖南出版社1990年版，第593页。

《谢安论》

古之有为于天下者，必有以脱除天下之习，而立乎其外。

德量　夫君子之所恃以胜天下者，在乎气识德量之间，而不在乎干局。

干局　然而干局之用，君子虽不恃以为长，而不可以之自废。

向客何如大人？濛曰：此客亹亹（wěi 伟），为来逼人。

夏禹勤王，手足胼胝。文王旰食，日不暇给。今四郊多垒，宜思自效，而虚谈废务，浮文妨要，恐非当世所宜。

秦用商鞅，二世而亡，岂清言致患邪？

岂犹夫寻常之可测者哉？

盖未有力不足以举天下之烦，气不足以练天下之苦，性情不足以扶持天下之一偏，而可以大有为者也。

清冲有余，而朴练不足。

无以争天下之先，而经天下之远，吾以其夙习决之矣。

不为浮誉所惑，则所以养其力者厚；不与流俗相竞，则所以制其气者重。

又安能深沉确实开扩淬厉而以先（天）下为己任乎？

导有大有为之识，而无大有为之才。安有大有为之量，而无大有为之干。

安闻诸侯有道，守在四邻，明公何须壁后置人也？

无者有之先也，故鸿荒以前，谓之无也，因此则鸿荒以后斯有矣。

才　才者，经济之谓也。才有从学问一方得者，有从阅历一方得者。

浔阳，古属安庆。

——《毛泽东早期文稿》，湖南出版社 1990 年版，第 609—610 页。

【赏析】

《谢安论》载《壮悔堂文集》卷六。谢安（320—385），字安石，陈郡阳夏（今河南太康）人，东晋政治家。出身士族。年四十余始出仕，孝武帝时位至宰相。本文所要评论的就是这样历史人物。这样著名的历史人物，历代评论者很多，作者要自出新意也非易事。作者不愧是文章高手，偏能自出手眼，从谢安个人修养和素质入手，探讨他的成败得失，启示后人。

文章开头，纵观历史，无论从个人成败或对社会贡献而言，都必须摆脱社会积习影响，不受外物左右。从而提出了"夫君子之所以胜天下者，在乎器识德量之间，而不在乎干局"的论点，就是说一个人对社会贡献的大小，在于识见、度量，而不在才干大小，固然才干是不可缺少的。这就为评论谢安立了一个标尺。

接着，作者一言论定："吾以为谢安之清言，亦其累也。"清言，也叫玄谈，是一种排斥世务，专谈玄理的风气，魏晋时此风渐炽，寖以成习，至晋益盛。后人认为，晋祚不永，实为清言所误。文章列举三件事，说明谢安胆识过人：未仕时，知弟谢万傲物，不抚士卒，必败，多方工作，厚结部卒，使万败不被诛，废为庶人；当桓温意欲谋篡，欲于宴中加害谢安和王坦之时，坦之"流汗沾衣"，安"从容就席"，一语中的，揭破其阴谋："明公何须壁后置人邪？"大义凛然，使桓温不敢妄动；当前秦苻坚率百万之众，意欲一举攻灭东晋时，"安夷然无惧色"，"指授将帅，各当其命"，战于肥水，大获全胜。苻坚败走，东晋政权得以稳固。这三件事都足以说明谢安的识见度量远非常人之可比。但谢安缺乏的是干局，就是才干和器局不足。正如王羲之所指出的，谢安缺乏"夏禹胼胝，文王旰食"的日理万机，不惮劳苦的精神，居于宰相之位，不娴大略，终日清谈，为积习所囿，虽然视显贵官爵如粪土，视功名如破鞋子，而且有一种超脱凡俗的风度，终不能为国家做出更大的事业，而且后来受到王国宝的谗毁，便抑郁而终。

由此作者进一步分析，由于谢安"清冲有余，而朴练不足"，所以不能"争天下之先"，"经天下之远"，这是由夙习决定的。因为谢安一味追求"简易而和乐"，但被繁杂的世务困窘，便会返于老庄的清静无为，脱离社会俗务，这就从人的本性上分析了谢安不可能有更大作为。至此，文章论谢安惟已定足，但作者又宕出一笔，说东晋前有王导，有识见而无大才干，后有谢安有度量而缺少大的才干，故东晋只能偏安一隅。但东晋是

元明清

不是就没有恢复的可能呢？是有的。那就是如果东晋的两位颇有才干和建树大臣陶侃、视逖，再加上王导的识见和谢安的气度，就差不多了。

总之，本文从个人修养角度，论述谢安有远见卓识和气度雅量，而缺乏大的才干和器局，致使不能对东晋王朝做出更大贡献。视角独特，启人思维。文字简约，说理充分，层层递进，很有说服力量。

《毛泽东早期文稿》载有一九一三年十二月六日"修身"课笔记云："侯朝宗，出身世族，善属文。"《讲堂录》中还记载了毛泽东"国文"课听《谢安论》的笔记，对本文中作者的论点、论据及一些精辟的语句都有详细的记录，说明毛泽东对《谢安论》极其重视，很有兴趣。

【原文】

书黄子久画后

王君乔年[1]，得子久之画而疑之，曰："是未必真出之子久也[2]。"反覆观者累日。夫使其不佳耶[3]，虽子久何益；使其果佳耶，而犹疑非子久，则是徇名而阻天下以无齐善也[4]！王君方为画，而徇名以阻善，其可乎[5]？譬如《古诗十九首》[6]，相传枚乘作[7]，而说者往往以为不然。人苦不知诗耳，苟知诗，亦熟诵之而已，安用穷其果乘耶[8]？否耶[9]？王君乃豁然喜[10]。

余则有感于子久之画也。天下之道未有见之不真，蓄之不厚，而可以区苟为之者。子久以画名，其所以得传者，固有说[11]。尝考子久，常熟人[12]，去大海九十里，焉知其不常登蜃楼以观日[13]，习潮音而听涛涌，而后以其灵奇恍惚之况寓之于画耶？司马子长作《史记》[14]，必先游览天下，书画之道未必不与此通也。且子久既以画名矣，而乃自号曰"大痴"。痴则不画，画则不痴，二者果可兼乎？以是知子久之画[15]，又必其有无饥无渴，齐毁齐誉之性情寓其中而后进乎技也[16]。

故山水者，天下之神气也。其始，必日见山水，罗而致之几席之间，以蓄其气[17]；其终，当遂无山无水，以吾心之浩浩落落[18]，沛然与之为一，而乃传其神[19]。盖若是其不易也！而世俗之为画，顾有终身不见山水者何也？且甚或终日见焉，而犹之不见者，又未可知也，而况乎其能求之无山无水者乎？呜呼！天下容有习且熟于其真，而举而为之，常不得其似者[20]，未有望而摹其似[21]，而有所得者也。画何独不然？王君怃然有间[22]，俯首而屈其指曰："诺！吾春必往观山水焉，子其识之。"时庚寅十二月望后七日也[23]。

【注释】

（1）王乔年，不详。

（2）是，此，这个，指黄子久画。

（3）夫，发语词，无义。使，假使。其，同指上文提及的事物或人，此指黄子久画。《诗经·周南·桃夭》："桃之夭夭，灼灼其华；之子于归，宜其室家。"上"其"指桃，下"其"指之子。

（4）徇名，即循名责实的略语，依照名称、名义来考察实际，以求名实相符。语本《韩非子·定法》："因任而授官，循名而责实。"循，求。

（5）其，岂，表反诘。

（6）《古诗十九首》，组诗名。作者佚名。非一时一人所为，大都出于东汉末年。它有较高的思想和艺术成就，是五言诗成熟的代表作，也是我国早期五言抒情诗的典范，过去甚至被过誉为"惊心动魄，一字千金"，以此作者重之。

（7）枚乘（？—140），西汉淮阴人，字叔。西汉辞赋家。景帝时为吴王刘濞郎中，吴王谋逆，乘谏不纳，去吴之梁，梁孝王尊为上客。吴楚七国反时，再上书劝阻，又不听。景帝召拜弘农都尉，以病去官。武帝继位后，以安车蒲轮之后入京，死在途中。善词赋，其代表作《七发》，在汉赋发展史上有重要地位。《汉书》卷五十一有传。南朝梁《昭明文选》卷二十九《杂诗》上最早收录《古诗十九首》，不署名。李善注："五言，并云'古诗'，不知作者，或云枚乘。疑，不能明也。"南朝陈《玉台新咏》卷一又收其一、二、五、六、九、十、十二、十九首，标其目曰："枚乘《杂诗》九首（按：实为八首）。"按：枚乘，西汉前期人。一般学者认为：西汉时期五言诗不可能发展成熟，因之《古诗十九首》不可能是西汉文人所作。

（8）果乘，佛家语，高下之意。此是以禅喻诗。果，辟支果，小乘二果之一。系通过缘觉乘修得的正果。后用以比喻诗歌中成熟较低者。乘（shèng 胜），佛教语。一般指小乘（声闻乘）、中乘（缘觉乘）和大乘（菩萨乘）。三者均为浅深不同的解脱之道。后泛指佛法。宋严归《沧浪诗话·诗辩》："论诗如论禅，汉、魏、晋与盛唐之诗，则第一义也。大历以还之诗，则小乘禅也，已落第二义矣。晚唐之诗，则声闻，辟支果也。"

（9）否耶，不是这样吗？否，不然，不是这样。耶，吗，语气词。

（10）豁然，开悟之状。北齐颜之推《颜氏家训·勉学》："积年凝滞，豁然雾解。"

（11）固有说，必定有个说法，即有原因。固，必。

（12）常熟，县名。南朝梁置，元为州，明降为县，今属江苏省。

（13）蜃（shèn 慎）楼，即海市蜃楼。蜃，蛤蜊，指大气中的光线经过不同密度的空气层发生反射或折射时，把远处景物显示在空中或地面的奇异幻景。这种幻景常发生在海边或沙漠地区。古人缺乏科学常识，误认为是蜃吐气而成。语本《史记·天官书》："海旁蜃气象楼台。"明代李时珍《本草纲目·鳞部一》："（蜃）能呼气成楼台城郭之状，将雨即见，名蜃楼，亦曰海市。"

（14）司马子长，司马迁，字子长。西汉著名史学家、文学家。著有《史记》。《史记》卷一百三十《太史公自序》：迁生龙门，耕牧河，山之阳（按：黄河之北、龙门山之南）。年十岁，则诵古文。二十而南游江，淮，上会稽，探禹穴，阕九疑，浮于沅，湘；北涉汶，泗，讲业齐、鲁之都，观孔子之遗风，乡射邹、峄；厄困鄱、薛、彭城，过梁、楚以归。于是迁仕为郎中，奉使西征巴、蜀以南、南略邛、筰、昆明，还报命。"此后还随汉武帝巡狩、封禅，游历了更多地区。

（15）以是，因此。

（16）齐毁齐誉，同样的诋毁和赞誉。

（17）以蓄其气，即养气。语出《孟子·公孙丑上》："'敢问夫子恶乎长？'曰：'我知言，我善养吾浩然之气。''敢问何谓浩然之气？'曰：'难言也，其为气也，至大至刚，以直养而无害，则塞于天地之间。其为气也，配义与道，无是馁也。'"养气是指人的一种道德修养功夫，培养至大至刚的浩然之气。气是由道德产生的，孟子的养气是一种主观的人格修养。

（18）浩浩，盛大。落落，豁达，开朗。

（19）传其神，指生动逼真地表现出对象的神情态度。多用以形容艺术手段。南朝宋刘义庆《世说新语·巧艺》："顾长康画人，或数年不点目精。人问其故，顾曰：'四体妍蚩，本无关于妙处，传神写照，正在阿堵中。'"

（20）常不得其似者，指达不到神似的水平。似，指神似。"神似"是与"形似"相对而言的，指诗、画在写人或物时，不仅形貌逼肖，而且能在此基础上表现出人物或景物的神态、气韵达到惟妙惟肖的境界。

（21）摹其形，指艺术作品对事物形貌的惟妙惟肖的刻画描写。语出颜之推《颜氏家训·文章篇》："何逊诗实为清巧，多形似之言。"我国传统文化认为形似是浅层次的，有待于继续深化，形神兼备，才臻最高的艺术境界。

（22）怃（wǔ 武）然，惊愕之状。《后汉书·文苑传下·祢衡》："时衡出，还见之，开省未周，因毁以抵地。表怃然为骇。"李贤注："怃然，怪之也。"

（23）庚寅，清顺治七年（1650）。望，十五日。

【毛泽东评说】

则是循名而阻天下以无齐善也。

《书黄子久画后》

天下之道，未有见之不真，蓄之不厚，而可以苟为之者。

呜乎，天下容有且熟于其真，而举而为之，常不得其似者，未有望而摹其似，而有所得者也。

——《毛泽东早期文稿》，湖南出版社 1990 年版，第 609 页。

【赏析】

《书黄子久画后》，见《壮晦堂文集》卷九。文末云："时庚寅十二月望后七日也。"本文作于清顺治七年（1650）十二月二十二日。黄子久，

元
明
清

即元代画家黄公望，字子久，号一峰、大痴道人等。本姓陆，名坚，平江常熟（今江苏常熟）人。出继永嘉（今浙江温州）黄氏为义子，因改姓名。曾为中台察院椽吏，一度入狱；后入全真教，往来杭州，松江等地卖卜。工书法，通音律，能作散曲。擅画山水，得赵孟頫指教，宗法董源、巨然、常在虞山、三泖、富春等处领略自然之胜，随笔摹写。水墨、线绛俱作，以草籀奇字之法入画，笔法简洁而有神韵，气势雄秀，自成一家。有"峰峦浑厚，草木华滋"之评。对明、清山水画影响甚大，后人把他与吴镇、倪瓒、王蒙合称"元四家"。著有《写山水诀》，传世画迹有《富春山居》《天池石壁》《九峰雪霁》等。一位初学画的后生王乔年，得到这样一位艺术大师的画，当然是求之不得，视若珍宝。他反复观赏后又怀疑不是黄子久的真迹，便去向侯方域请教。侯方域便在这幅画后写下了这篇跋语。这篇跋语写得很巧，它并不对画的真伪加以论定，而是就此画讲出一番道理来：此画如果不是佳作，虽是黄子久所画于社会也没有什么好处；此画果是珍品，还怀疑它不是黄子久所作，那么就是贪求名人之名而阻碍了天下与之成就相当的佳作。王乔年，作为一个青年后学，持这种"徇名以阻善"的态度，可以吗？答案自然是否定的。作者举出《古诗十九首》为例，相传是枚乘作，论者往往以为不然。作者认为，这是人们不懂诗，如果懂诗，"熟诵之而已"，既不要考证其究为谁作，也不必分别高下。一番话说得王乔年"豁然喜"。开端由王乔年得黄子久画而疑其伪引出议论，已高人一筹。

接着，作者写由黄子久之画生发的感想，是议论的深化。"天下之道未有见之不真，蓄之不厚，而可以苟为之者。"即是说作为一个真正的艺术家，应该观察社会，熟悉生活，有丰富生活经验和知识，厚积而薄发，才可以进行创作。他具体分析了黄子久的画，之所以得传于世，因为他是常熟人，距大海只有九十里，他有机会去海边看日出和海市蜃楼，看波涛翻滚，听潮音澎湃，他把耳闻目睹之奇观移于画幅，自然便成佳作。这是黄子久熟悉生活所致。同样的道理，汉代著名史学家、文学家司马迁之所以能写出被誉为"史家之绝唱，无韵之离骚"的《史记》，也是他"先游览天下"，有了丰厚的生活积累。当然，生活不等于艺术。由生活变为艺术品，还要靠艺术家的技巧。所以，作者进一步指出，黄子久之画，是他不避饥渴，不管毁誉的"性情寓其中而后进乎技也"。这就为王乔年指出了熟悉生活，娴熟技巧的学画道路。

末段就如何画好山水画进一步申论："故山水者，天下之神气也。其始，必日见山水，罗而致之几席之间，以蓄其气；其终，当遂无山无水，以吾心之浩浩荡荡，沛然与之为一，而乃传其神。"不仅指出了艺术创作的全过程，而且提出了山水画创作的最高标准：传神。山水画家往往有两种不良倾向：有些山水画家终生未见过山水，即没有第一手感性知识；有些山水画家经常徜徉于山林泉石之间，却熟视无睹，习焉不察。这两种人都不可能成为高明的山水画家，其作品充其量只能达到形似，而不可能达到神似。中国画主张传神，认为形似是浅层次的，神似才是艺术追求的最高境界。这样实际上是为王乔年提出了一个最高标准，指明了努力的方向。所以王乔年"怃然有间，俯首而屈其指曰："诺！吾春必往观山水焉，子其识之。"诚心接受侯氏的指教，文章戛然而止。所以，此文表现了作者重视生活经验积累和艺术技巧磨炼，及其艺术旨趣，是侯方域文学思想的重要表现。从写作来看，叙事简约，说理透彻，行文曲折，首尾圆合，颇有艺术魅力。

毛泽东在一九一三年十月至十二月的《讲堂录》"国文"课的笔记中记下了《书黄子久画后》题目及"则是循名而阻天下以无齐善也""天下之道""呜乎，天下容有且熟于其真"等三处重要议论，可见他对这篇文章极感兴趣。

《明 史》

《明史》，三百二十二卷，目录四卷。清顺治二年设明史馆，修撰《明史》，徐元文、张玉书、陈廷敬、王鸿绪等先后为总裁，先成列传，黄宗羲弟子万斯同以布衣参史局，主编纂事。至康熙末纪、志、表亦已脱稿，雍正二年又以张廷玉任总裁，据史稿加以修订，乾隆四年成书刊行。《明史》纪述自洪武元年至崇祯十七年明朝二百余年的史实，材料丰富，体例比较严谨。但清王朝入关时，压制民族思想，文网甚密，修史诸人对建州女真诸事及南明史迹讳莫如深，曲文偏辞，为前史所罕见。

张廷玉，字衡臣，一字砚斋，康熙进士。雍正间官任保殿大学士，封三等勤宣伯，加太保，立朝五十年。雍正时参与军机。有《传经堂集》。

【原文】

朱升传

朱升，字允升，休宁人⁽¹⁾。元末举乡荐⁽²⁾，为池州学正⁽³⁾，讲授有法。蕲、黄盗起⁽⁴⁾，弃官隐石门⁽⁵⁾。数躲兵逋窜⁽⁶⁾，卒未尝一日废学。

太祖下徽州⁽⁷⁾，以邓愈荐⁽⁸⁾，召问时务。对曰："高筑墙，广积粮，缓称王。"太祖善之。吴元年授侍讲学士⁽⁹⁾，知制诰⁽¹⁰⁾，同修国史。以年老，特免朝谒⁽¹¹⁾。洪武元年进翰林学士⁽¹²⁾，定宗庙时享斋戒之礼⁽¹³⁾。寻命与诸儒修《女诫》⁽¹⁴⁾，采古贤后妃事可法者编上之。大封功臣，制词多升撰，时称典核⁽¹⁵⁾。逾年，请老归，卒年七十二。

升自幼力学，至老不倦。尤邃经学⁽¹⁶⁾。所著《诸经旁注》，辞约义精。学者称枫林先生。子同官礼部侍郎⁽¹⁷⁾，坐事死⁽¹⁸⁾。

【注释】

（1）休宁，今安徽休宁县西。

（2）举乡荐，被推荐去参加进士考试。乡荐，应试进士，由州县荐举。

（3）池州，州名。治所在秋浦（今安徽贵池）。学正，地方学校学官。明清州学设学正，掌教育所属生员。

（4）蕲（qí 齐）、黄盗起，指徐寿辉、彭莹玉等领导的红巾军起义。蕲，蕲州，今湖北浠水。黄，黄州，今湖北红安县。

（5）石门，石门镇，在今江西鄱阳县北。

（6）数，屡次。逋（bū 布阴）窜，逃亡异地。逋，逃亡。《左传·哀公十六年》："甫窜于晋。"

（7）太祖，即明太祖朱元璋。下徽州，攻克徽州。徽州，治所在今安徽歙县。

（8）邓愈，朱元璋部下大将。

（9）吴元年，即公元 1367 年。侍讲学士，官名。职在讲论文史，备君主顾问。明为翰林院额定之官。

（10）知制诰，官名。掌起草诏令。

（11）朝谒（yè 夜），朝见。谒，请见，进见。

（12）洪武元年，公元 1368 年。洪武，明太祖朱元璋的年号（1368—1398）。翰林学士，官名。为皇帝的顾问兼秘书官，承命撰拟有关任命将相和策立太子等事的文告。

（13）定宗庙时享斋戒之礼，负责制定宗庙祭祀的礼仪。

（14）寻，不久。《女诫》，东汉班昭作。一卷共七篇。宣扬男尊女卑、三从四德的封建伦理。此指这一类书籍。

（15）典核，典雅而确实。

（16）邃（suì 遂），深远，精深。

（17）子同，朱升的儿子朱同。礼部侍郎，礼部的主管长官。

（18）坐事，犯法。

【毛泽东评说】

深挖洞，广积粮，不称霸。

——《中共中央转发〈国务院关于粮食问题报告〉批语》，载《毛泽东军事文集》第六卷，军事科学出版社、中央文献出版社1993年版，第408页。

一九五三年二月二十三日，毛泽东来到紫金山天文台，详细询问了天文台的情况，……下到紫金山山麓时，正好经过明孝陵朱洪武的墓……毛泽东微笑着对大家说："……朱洪武是个放牛娃出身，人倒也不愚，他有个谋士叫朱升，很有见识，朱洪武听了朱升的话'广积粮，高筑墙，缓称王'，最后取得民心，得了天下。"

——王鹤滨：《紫云轩主人——我所接触的毛泽东》，中共中央党校出版社1991年版，第88页。

【赏析】

对于朱升向朱元璋所提三条建议的事，毛泽东是很熟悉的。早在一九五三年视察紫金山天文台时，他就对陈毅和其他随行人员讲了这个话。一九七五年十二月十日，《中共中央转发〈国务院关于粮食的报告〉的批语》中转述了毛泽东的指示。批语说：毛泽东主席讲了《明史·朱升传》的历史故事。明朝建国以前，朱元璋召见一位叫朱升的知识分子，问他在当时形势下应当怎么办，朱升说："高筑墙，广积粮，缓称王"。朱元璋采纳了他的意见，取得了胜利。根据我们现在所处的国内外形势和我们所坚守的社会主义制度、无产阶级立场，毛主席说：我们要"深挖洞，广积粮，不称霸"。

朱升的三句话是什么意思呢？朱元璋采纳了这个建议为什么能取得胜利呢？朱升建议中的"高筑墙"就是要朱元璋把自己控制地区的城墙筑得高高的，易守难攻，巩固自己的管辖地区，作为牢固的根据地；"广积粮"，是要朱元璋努力发展农业生产，准备有充裕的军粮和民用粮；"缓称王"，是要朱元璋务求实效，不图虚名，避免过早地使自己成为众矢之的。这种战略和策略思想是根据当时朱元璋面临的客观形势提出来的。

就在朱升提出这一策略的前一年（1356）三月，朱元璋攻克集庆（今江苏南京），改为应天府，并以韩林儿的名义设江南等处行中书省和行枢密院，朱元璋为平章兼枢密同知。此前张士诚攻克平江（今江苏苏州），建为国都，其势力已伸至常州；徐寿辉的蕲黄红巾军东山再起，迁都汉阳，其势力也推进到池州；而元朝的军队分守镇江、宁国、扬州、徽州、处州、衢州等地，紧紧包围着朱元璋的地盘。所以，朱元璋面临着同张士诚、徐寿辉、元军三股势力作战的危险。因而朱元璋采纳了朱升的正确建议，把军事目标转向元军驻守的浙东地区，至十九年（1359）底，浙西的元统治地区尽为朱元璋所有，成为朱元璋补充兵源和军事物资的基地。同时，朱元璋任命康茂才为营田使，负责兴修水利和屯田等项农业生产，既解决了军粮的急需，又为日后战胜群雄增强了经济实力。而此时，张士诚的不思进取和徐寿辉部的内讧，为朱元璋削平群雄提供了机会。至二十七年（1367）年，朱元璋基本上占有整个江南地区，进而推翻元朝，建立了明王朝的统治。

毛泽东是一个非常善于借鉴历史经验的革命家。20世纪七十年代初期，我国面临着相当严峻的国际、国内形势。从国际上讲，美国虽然开始和中国进行外交谈判，但并没有放弃颠覆中国的图谋；中苏意识形态领域的分歧影响到国家关系，苏联在中苏边境陈兵百万，作出随时向中国发动战争的架势。与此同时，持续多年的"文化大革命"，使国民经济和军事力量严重削弱。如何应付当时所面临的严重形势呢？毛泽东从《明史·朱升传》中得到启示，就是要避开当时的国际矛盾，搞好应对世界大战的准备，故在《国务院关于粮食问题的报告》上写下了"深挖洞，广积粮，不称霸"的批语。为了使全党同志对这一策略有深入理解，他还于1972年12月底下达了注释《朱升传》的任务。因而"深挖洞，广积粮，不称霸"，很快成为一种政治口号，极大地推动了"备战、备荒、为人民"的运动，而且成为指导我国对外政策的正确方针。

方 苞

方苞（1668—1749），字灵皋，号望溪，安徽桐城人，清代文学家。康熙进士。曾因戴名世《南山集》文字狱案株连入狱，后得释。历官武英殿修书总裁、内阁学士、礼部侍郎。治经遵奉程朱理学，文学继承唐宋古文传统。论文提倡"义法"，"义"即"言有物"，"法"即"言有序"，以儒家经道为内容，讲求形式技巧，追求语言风格"雅洁"，为桐城派的创始人。其散文多为序跋书信等应酬之作，非阐道益教、有关人伦风化者不苟下笔。其门人辑有《方望溪先生全集》。

【原文】
与翁止园书

苞白，止园足下(1)：仆晚交得吾子(2)，心目间未尝敢以今人相视(3)；及遭祸(4)，所以悯其颠危(5)，开以理义者，皆不背于所期，是吾子所以交仆之道已至也。有疑焉而不以问，则于吾子之交为不称(6)，故敢暴其愚心(7)。

近闻吾子与亲戚以锥刀生隙(8)，啧有烦言(9)，布流朋齿，虽告者同辞，仆坚然信其无有。然苏子有言(10)："人必贪财也，而后人疑其盗(11)；必好色也，而后人疑其淫。"毋吾子之风昔(12)，尚有不能大信于彼人者乎？仆往在京师(13)，见时辈有公为媒妁者(14)。青阳徐诒孙曰："若无害，彼不知其不善而为之也。吾侪有此(15)，则天厌之矣。昔叔孙豹以庚宗之宿致馁死(16)，叔向娶于巫臣氏而灭其宗(17)。盖修饰之君子(18)，不独人责之，天亦责之。"诒孙之言，可谓究知天人之故也(19)。

仆自遭祸，永思前愆(20)，其恶之形于声(21)、动于事者无几也，而遂至此极者(22)，即将以士君子为祈向(23)，而幽独中时不能自洒濯(24)，故为鬼神所不宥⁽²⁵⁾。吾子高行清德，岂惟信于朋友，虽乡里间愚无知者，犹钦羡焉，然则子之行身其慎矣哉！

仆又闻古人之有朋友，其患难而相急，通显而相致⁽²⁶⁾，皆末务也⁽²⁷⁾；察其本意，盖以劝善规过为先。仆自与人交，虽素相亲信者，苟一行此⁽²⁸⁾，必造怒而逢尤⁽²⁹⁾；仆每以自伤，然未敢以讠午吾子⁽³⁰⁾。于前所闻，既信吾子之必不然；于后所陈，又信吾子必心知其然，是以敢悉布之。

【注释】

（1）止园，翁荃，字止园，江宁（今江苏南京）人，清代经学家，专治《三礼》（《礼记》《周礼》《仪记》）。亦能诗。足下，古代称对方的谦词。

（2）仆，自称谦词。吾子，对人的一种爱称。

（3）心目间句，意为翁止园有古仁者之风。

（4）遘（gòu 够）祸，遭遇祸事。康熙五十年（1711）方苞因戴名世《南山集》案，牵连入狱。

（5）悯，同情，怜惜。其，代词，表近指此。颠危，颠仆，危难。

（6）不称，不相称。

（7）暴（pù 铺），坦露。

（8）锥刀，比喻很小的事。《左传·昭公六年》："锥刀之末，将尽争子。"锥刀，小刀。隙（xì 戏），仇恨，此指感情上的裂痕。

（9）啧有烦言，议论纷纷，抱怨责备。《左传·定公四年》："会同难，啧有烦言，莫之治也。"

（10）苏子，指宋代文学家苏轼。

（11）而后，然后。

（12）毋，莫非，难道。凤昔，从前。

（13）往，以往，从前。京师，京城，清代京城为北京。

（14）媟嬻（xiè dú 屑读），同"亵渎"，相处过分亲昵而近于轻浮。《一切经音义》引《通俗文》："相狎习谓之媟嬻。"

（15）吾侪（chái 柴），我辈。

（16）昔叔孙豹句，叔孙豹事见《左传·昭公四年》。叔孙豹是春秋时鲁国大夫。他在逃亡中路过庚宗（地名），与一妇人野合。后叔孙豹立，妇携其子竖牛来见。豹宠用竖牛，听信谗言，杀害自己的两个儿子，后也饿死。馁（něi内上声），饥饿。

（17）叔向，羊舌氏，名肸，春秋晋大夫。他违母命而娶巫臣氏，生伯石。其姑闻其声而远之，曰："是豺狼之声也。狼子野心，非是？莫丧羊舌氏矣。"后果其言。事见《左传·昭公二十八年》。

（18）修饬（chì斥），美好，谨慎。

（19）究知天人之故，穷究宇宙人生的根本问题。

（20）前愆（qiān牵），以前的过失。

（21）其恶之形于声二句，指在具体言论和行动中表现出来的过失并不多。

（22）此极，如此严重，指下狱事。

（23）士君子，旧指官绅。祈向，祈求向往。

（24）幽独，僻静独处。洒濯，洗涤，指自己言行检点。

（25）宥（yòu又），宽恕，赦罪。

（26）通显，指官位显贵。相致，相互提携。

（27）末务，即末节，小节，细微的事。

（28）苟一行此，如果提出劝诫。

（29）逢尤，遭到怨恨。

（30）然未敢以忖吾子，然而我猜想您是不会因此发怒而怨恨我的。忖，猜度。

【毛泽东评说】

《与翁止园书》，戒淫也。淫为万恶本，而意淫之为害，比实事尤甚，当懔懔然如在深渊，若履薄冰。

……

作文有法，引古以两宗为是。一则病在气单。

——毛泽东1913年10—12月《讲堂录》，载《毛泽东早期文稿》第二版，湖南出版社1990年版，第587—588页。

【赏析】

　　方苞的《与翁止园书》，见《方望溪先生全集》卷五，是写给挚友翁荃的信件。方苞在这封书信中，先叙二人友谊，接着说听到翁荃与亲戚有些小恩怨，闹得沸沸扬扬，便援引苏轼和徐诒孙的名言和春秋时叔孙豹、叔向不自检束家人，导致身丧族灭的教训，再叙自己因《南山集》案而获罪下狱的事实，直言劝告翁荃"行身其慎矣哉"！比较直接地发泄了对清代统治者大搞文字狱的不满和抗议，这在当时是很大胆的。因为《南山集》引出的文字狱是很厉害的。《南山集》为清桐城戴名世所撰。集中有与人书，主张修明史应保留南明弘光诸帝年号，被赵申乔陷害，牵连几十人。戴名世坐大逆处死，书也被毁。戴氏的其他著作，也被列入禁毁书目。方苞也因这次文字狱株连入狱。方苞现身说法，规劝老朋友，态度是诚恳的，精神是感人的。至于毛泽东读后说此书信意在"戒淫也"，并说："意淫之为害，比实事尤甚。"这显然是借题发挥，从书信本身看不到有"意淫"内容，这可能是从律己慎独的人生修养方面的引申。

　　方苞论文主张"义法"。"义"就是"言有物"，"法"就是"言有序"，一个是思想内容，一个是形式技巧，包括结构、语言、技法等。内容与形式的统一，是桐城派立派和选文的标准。后来姚鼐又把桐城"义法"归结为"义理、考据、文章"。毛泽东在读这封书信时，也注意到了这个问题："作文有法，引古以两宗为是。一是病在气单。""法"即义法。引古是考据，属内容问题，"以两宗为是"，是对文中引叔孙豹、叔向两个史实引用的肯定。"病在气单"，是要求文章要有阳刚之气。总之，毛泽东对本文的艺术成就也是肯定的。

　　毛泽东在湖南第四师范（后并入第一师范）学习期间，经国文教师表仲谦指导，曾研读过桐城派的文章。《讲堂录》中有学习方苞和姚鼐作品的讲述，还对桐城和阳湖两大古文流派加以比较说："桐城、阳湖，各有所胜。言其要道，可以一言以蔽之：桐城发而阳湖朴。"晚年则倾向于"辟桐城而颂阳湖"。1938 年 4 月 28 日，毛泽东在延安"鲁艺"作《怎样做艺术家》的讲演时曾说："清代桐城派作文章讲义法，用现在的话来说，就是讲技巧，这也是要学的。因为没有良好的技巧，便不能表现丰富的内容。

姚 鼐

姚鼐（1732—1815），字姬传，一字梦谷，书斋名惜抱轩，世称惜抱
先生，清安徽桐城人。清代散文家。乾隆二十八年（1763）进士。官刑部
郎中。入四库全书馆为纂修官，年馀南归，绝意仕进。主讲江南、紫阳、
钟山书院，前后四十年。治学以经为主，兼及子史、诗文。曾受业于刘大
櫆，为桐城派主要作家。其文强调集义理、考据、词章于一体；并以阳刚、
阴柔区分文章的风格；同时又发展刘大櫆的拟古主张，提倡从模拟"格律
声色"入手，进而模拟其"神理气味"。所作古文多书序碑传之属，文笔雍
容雅淡。自谓作文师法方苞而上溯欧阳修、曾巩，并选编《古文辞类纂》
以示文章义法。著有《惜抱轩全集》。

【原文】

范蠡论

范蠡之子杀人[1]，系于楚[2]。蠡令其少子行千金于所善楚庄生救之[3]。
其长子请行，不许。其后卒强以行[4]。于是庄生因为入朝楚王而说之赦[5]。
蠡长子闻楚将赦，谓："弟固可活矣[6]！"入庄生家，复取金去。庄生怒，
竟说楚王，论杀其弟。人以此称蠡始不欲遣其长子为知也[7]。

自君子观之，蠡固未尝知也。比之蹇曰[8]："比之匪人[9]。"随之震曰[10]：
"孚于嘉吉[11]。"夫以匪人之比，而望嘉孚之吉，其可乎？吾观庄生非
贤者也，其褊心与市井小人之为虑无以异[12]。而蠡顾以其子之命委之[13]，
乌得知[14]？方蠡子之进金庄生也，如果不欲受，却之可也；既思终还之[15]，
则虽为取去奚嫌焉[16]？盖生以为救蠡之子，而其家不见德[17]，则不足以
为名[18]；又忿己以力为人，而反为人所易[19]，故虽其厚友之托不顾，而
必以术杀其子。噫，抑甚矣[20]！郈成子过卫[21]，右宰榖臣飨之，欲托以

其帑而未言及。穀臣死，迎其妻子，分宅而居之。晋叔向系狱⁽²²⁾，祈奚乘驲见范宣子⁽²³⁾，言而出之，不见叔向而归。夫受人之事，则死生不以变其志；急人之难，而非为名高。此固古贤人君子所为，而蠡乃以望于庄生。及其不得，反以为其长子致之，何其谬也！且蠡当日即令遣其少子如楚⁽²⁴⁾，而其子之囚于楚者亦必不可救。何则？长子生而贫⁽²⁵⁾，则啬而贵财；少子长而富，则亦骄而轻士。今使膏粱之子忽视贫士⁽²⁶⁾，指麾而为之用，则虽予之厚利而不甘，况以庄生之褊心多忌，挟残忍以报睚眦⁽²⁷⁾，设以少年轻肆之气乘之⁽²⁸⁾，蠡之子愈危哉！

尝考范蠡之行，当其相越⁽²⁹⁾，所图皆倾险之谋⁽³⁰⁾。及越破吴，吴危急而求成⁽³¹⁾，勾践欲许，独蠡不可，而必毙之，其意盖亦忍矣⁽³²⁾。夫诶频之水⁽³³⁾，鳣鲔不游⁽³⁴⁾；离靡之草⁽³⁵⁾，虎豹不居；旦暮之交，君子弗与。故必内行备而后可友天下之士⁽³⁶⁾；友天下之士，而后为之谋，则忠信而不私，当其事则利害不渝⁽³⁷⁾。故君子重修身而贵择交，而蠡之所为，残忍刻薄，其事独与庄生者相近，宜其心贤之而欲倚以为重也⁽³⁸⁾，而岂知身受其祸也哉！

【注释】

（1）范蠡之子杀人，杀人者为范蠡中子。事见《史记·越王勾践世家》。

（2）系于楚，拘禁在楚国都城郢（今湖北江陵）。

（3）千金，《史记》作"黄金千溢"。溢，通"镒"，二十两为一镒。所善，好友。

（4）其后卒强以行，《史记》："长男曰：'家有长子曰家督，今弟有罪，大人不遣，乃遣少弟，是吾不肖。'欲自杀，其母为言曰：'今遣少子，未必能生中子也，而先空亡长男，奈何？'朱公不得已而遣长子。"

（5）朝，朝见。说（shuì税），游说。赦，免罪，减罪。

（6）固，本来，原本。

（7）知，通"智"，明智。

（8）比之蹇（jiǎn简），比和蹇都是《周易》的卦名。

（9）比之匪人，亲近不可靠的人。比，亲近。匪人，不是亲近的人。

《易·比》："比之匪人。"王弼注："所与比者皆非己亲，故曰比之匪人。"

（10）随之震，随和震都是《周易》的卦名。

（11）孚于嘉吉，随附好能够吉祥。孚，通"附"，随附。嘉，善。

（12）褊（biǎn 扁）心，心地狭窄。

（13）顾，反而。委，托付。

（14）乌得知，有什么明智？乌，何。

（15）既思终还之，《史记》："（庄生）及朱公进金，非有意受也，欲以成事后复归之收为信耳。故金至，谓其妇曰：'此朱公之金，有如病不宿诫，后复归，勿动。'"

（16）奚，何。嫌，不满，怨恨。

（17）不见德，不感受恩德，不感激。

（18）不足以为名，不能够以此扬名。

（19）易，轻视。

（20）抑，句首语气助词，无义。

（21）邴（hòu 后）成子过卫六句，邴成子经过卫国。卫国右宰撲臣款待他，赠给他璧石。后卫国乱，撲臣死，邴成子接来他的妻子，分宅而居之，分禄而享之，子长还其璧。事见《孔从子·陈士义》。邴成子，春秋时鲁国大夫，名瘠，成子是他的谥号。帑（nú 奴），通"孥"，妻子。

（22）叔向，春秋晋国大夫羊舌肸。系狱，入狱。事见《左传》襄公二十一年。

（23）祈奚，春秋时晋国大夫。驲（rì 日），古代驿站专用的车。范宣子，春秋时晋大夫，襄公十九年为政。

（24）即令，即使。如，往，到。

（25）长子生而贫四句，《史记》："（范蠡）曰：'吾固知必杀其弟也！彼非不爱其弟，顾有所不能忍也。是少与我俱，见苦，为生难，故重弃财。至如少弟者，坐而见我富，乘坚驱良逐狡兔，岂知财所从来，故轻弃之，非所惜吝。'"

（26）膏粱之子，富家子弟。膏粱，精美的食品。

（27）以报睚眦（yá zì 涯自），来报很小的仇恨。睚眦，瞪眼睛，怒目而视。

（28）设，假若。轻肆，轻浮放肆。乘，欺凌。

（29）相越，指做越国大夫。相，用如动词。

（30）图，谋划。倾险，阴险。

（31）求成，求和。

（32）忍，残忍。

（33）涘濒（sì bīn 四宾）之水，岸边的水。涘，水边。濒，通"瀕"，水边。

（34）鳣鲔（zhān wěi 毡伟），鲤鱼和鲟鱼。

（35）离靡，绵延不断。

（36）内行备，具备内在的品德。友，用作动词，交友。

（37）渝，改变。

（38）宜其，怪不得。

【毛泽东评说】

文章须蓄势　河出龙门，一泻至潼关。东屈，又一泻至铜瓦。再东北屈，一泻斯入海。当其出伏而转注也，千里不止，是谓大屈折。行文亦然。　作史论当认定一字一句为主，如《范蠡论》重修身而贵择交句，《伊尹论》之任字是。

——毛泽东 1913 年 10—12 月《讲堂录》，载《毛泽东早期文稿》第二版，湖南出版社 1990 年版，第 588 页。

【赏析】

范蠡（lí 离），字少伯，春秋末年楚国宛（今河南南阳）人，越大夫。越为吴所败时，曾赴吴为质二年。回越后助越王勾践卧薪尝胆，奋发图强，并选择进兵时机，一举灭吴。后游齐国，改名鸱夷子皮。到陶（今山东定陶西北），改名陶朱公，经商致富。其事迹见《国语·越语》和《史记·货殖列传》。苏洵的《范蠡论》，不是全面评价范蠡的，而是就其儿子杀人一事议论他是否明智。范蠡的二子因杀人而被捕入狱，囚禁在楚都，范蠡便让其少子以重金托其好友庄生救之。庄生收下其金，准备事情办妥后，再返还给他。但范蠡长子听说其弟可以赦免，便到庄生家把金子又讨了回来。好心当作驴肝肺，庄生恼羞成怒，"竟说楚王，论杀其弟"。一般人都认为范蠡不派长子去营救其中子是明智的。而苏洵认为，范蠡在营救其中子的过程中，所托非人，导致失败，是不明智的。作者在论述中还援引了郄成子过卫受揆臣所托、叔向托范宣子两件事，所托得人，后都受益。两相比照，于是作者得出结论："旦暮之交，君子弗与。故必内行备而后可友天下之士；友天下之士，而后为之谋，则忠信而不私，当其事则利害而不渝。故君子重修身而贵择交。"作者认为，范蠡救子失败，表面上是择交不慎所致，究其原因，还在于其自身的"残忍苛薄"，终于身受其祸。"重修身而贵择交"作为一种为人处世的方略，是有真知灼见的。

毛泽东1913年在湖南第四师范学校学习时研读了这篇文章，《讲堂录》里记下了他的学习体会。毛泽东读后，抓住"重修身而贵择交"这句"文眼"加以推崇，认为是作史论文章在结构上的典范。这篇文章好在会蓄势。所谓"蓄"，就是对诗文气势进行欲纵故收的积累，也就是唐宋古文家和清代桐城派散文家着力讲求的抑扬顿挫吞吐曲折、神气酣畅、浩浩荡荡的行文气势。对于这种文章气势，毛泽东拿九曲黄河东入海作为形象化的比喻来加以说明，十分贴切、明白。不难看出，毛泽东所提倡的正是桐城派姚鼐所说的阳刚之气，其方法也受姚氏论阳刚与阴柔两种风格的影响。

王士禛

王士禛（1634—1711），字子真，一字贻上，号阮亭，又号渔阳山人，山东新城（今山东桓台）人。清代诗人、诗论家。死后因避雍正（胤禛）讳，改称士正，乾隆时，诏命改称士禛。顺治进士，官至刑部尚书。诗作多写日常琐事及个人情怀，模山范水，吟咏风月，符合当时统治者粉饰太平的需要。论诗创"神韵说"。在生前负有盛名。亦能词。有《带经堂集》《居易录》《池北偶谈》等。其诗论今集于《带经堂诗话》中。

【原文】

余门人朱书

余门人朱书[(1)]，字绿，宿松人。攻苦力学，独为古文。癸未登第[(2)]，改翰林院庶吉士[(3)]，未授职卒。尝为余作《御书堂记》二篇，录之以存。其人，今文士中不易得也。

【注释】

（1）朱书，字绿，宿松（今安徽宿松）人。康熙时以选贡入太学，不久举进士，授翰林院编修。乞假归，筑室其邑之西山杜溪。文章雅健，尤熟于明代遗事。有《杜溪文稿》。

（2）癸未，公元1703年。

（3）翰林院庶吉士，分设六科，练习办事。翰林院设庶常馆，选新进士之优于文学书法者，入馆学习，称为翰林院庶吉士。三年后考试成绩优良者始授编修、检讨等官。

元
明
清

【毛泽东评说】

动辄余门人，好为人师，何其丑也。

——读《分甘余话》批语，载《毛泽东读文史古籍批语集》，中央文献出版社 1993 年版，第 43 页。

【赏析】

本文见于王士禛的诗话集之一《分甘余话》卷四。在这则诗话中，王士禛记述了朱书的情况。从叙述来看，他与朱书虽有交往，但并非朱书的业师，可是操笔便说"余门人"。毛泽东认为，王士禛这种好为人师的做法，是极丑恶的。

裘君弘

裘君弘，字任远，号妙贯堂主人，新建（今江西新建）人。清康熙35年（1696）举人，著有《妙贯堂馀集》《西江诗话》等。

《西法诗话》，凡十二卷：晋唐一卷，两宋四卷，元一卷，明及清初四卷，附仙道闺秀二卷。裘著所录五百余家，都是江西诗人或与江西诗事有关者。体例以存人为主，录诗不多，凡辑入的诸家资料，必注明出处，颇合规范。有康熙42年（1703）妙贯堂刻本。

【原文】

晏几道

叔原固人英也。仕宦连蹇[1]，不一傍贵人之门。论文自有体，不肯一作新进士语，费资千万，家人饥寒，而面有孺子之色[2]。人百负之，而终不疑其欺己。至于乐府[3]，可谓狭邪之大雅[4]，豪士之鼓吹[5]，其合者，《高唐》《洛神》之流[6]；其下者，岂减《桃叶》《团扇》哉[7]！

【注释】

（1）连蹇，行走艰难之状，比喻遭遇坎坷。语本《易蹇》："往蹇来连。"王弼注："往来皆难。"

（2）孺子，古代称天子、诸侯、世卿的继承人。晏几道之父晏殊官至宰相，故称。

（3）乐府，指词。晏几道能词。

（4）狭邪，小街曲巷。大雅，《诗经》的组成部分之一。旧训雅，正。大雅指诗歌的正声。

（5）豪士，豪放任侠之士。鼓吹，即击鼓吹乐。古代的一种器乐合奏曲。《乐府诗集》中有鼓吹曲。

（6）《高唐》，《高唐赋》，战国楚宋玉作。《洛神》，《洛神赋》，三国魏曹植作。

（7）《桃叶》，指《桃叶歌》。唐张登《上巳泛舟得迟字》诗："《竹枝》游女曲，《桃叶》渡江时。"《团扇》，乐府歌曲名，指吴声歌曲《团扇郎歌》。

【毛泽东评说】

毛泽东对这段话，全文作了圈点，在书的天头上，连画三个大圈。

——陈晋主编：《毛泽东读书笔记解析》，广东人民出版社 1996 年版，第 1482 页。

【赏析】

这则诗话是作者引用黄庭坚在《小山集》中对晏几道的评价。晏几道（1030？—1106？），字叔原，号小山，临川（今江西临川）人，北宋词人。其父晏殊历任要职，官至宰相。晏几道只做过顺昌府许田镇监之类的小官。晚年家境中落，穷困潦倒，其词多感伤情调。有《小山集》。黄庭坚为他的词集《小山集》写的序言，评价了晏几道的为人，也评价了他的诗词。毛泽东的圈画，说明他对这个评价的重视。

袁 枚

袁枚（1716—1797），字子才，号简斋、随园老人，钱塘（今浙杭州）人，清诗人、诗论家。乾隆进士，选翰林院庶吉士。历任溧水、江浦、沭阳、江宁等地知县。40 岁辞官，定居江宁，筑随园于小仓山，以诗文自娱。其诗与赵翼、蒋士铨并称"乾隆三大家"。著有《小仓山房集》《随园诗话》《子不语》等。

《随园诗话》，十六卷，补遗十卷。清代袁枚撰。诗话对历代诗人诗作及当时诗坛掌故多有评述，集中阐述了诗人"性灵说"的理论主张。所谓"性灵"，就是"性情""真情"，认为诗中必须有不失赤子之心的"真我"，一失"真我"，便无性灵可言，因而认为艳诗可作，反对儒家传统诗论，其诗论为清代诗坛带来一股清新之风，对扫除拟古之风有积极作用。

【原文】

吐属风流

尹文端公总督江南[1]，年才三十，人呼"小尹"。海宁诗人杨守知[2]，字次也，康熙庚辰进士[3]，以道员挂误[4]，候补南河[5]，年七十矣。尹知为老名士，所以奖慰之者甚厚。杨喜，自指其鬓，叹曰："蒙公盛意，惜守知老矣！'夕阳无限好，只是近黄昏。'[6]"公应声曰："不然。君独不闻'天意怜幽草，人间重晚晴'[7]乎？"杨骇然，出语人曰："不谓小尹少年科甲[8]，竟能吐属风流[9]。"

【注释】

（1）尹文端公，尹继善（1695—1771），字元长，晚号望山，尹泰子，满洲镶黄旗人，姓章佳氏，清雍正进士。历任江苏巡抚，江南河道，云贵、川陕、江南等地总督。累官至文华殿大学士兼军机大臣。卒谥文端。江南，古省名。清顺治二年（1645）改明南直隶置。治所在江宁府（今江苏南京）。康熙六年（1667）分置江苏、安徽两省。但习惯上仍合称这两省为江南。

（2）海宁，今浙江海宁县。

（3）康熙庚辰，康熙三十九年，公元1700年。

（4）道员，即道台，清代省以下、府以上一级的官员。主管范围有按地区分的，有按职务分的。挂误，贻误。

（5）南河，清雍正七年（1729）改河南总督为江南河道总督，驻清江浦（今江苏淮阴），专管防治江南境内的黄河与运河。时称总督为南河总督，所管诸河为南河。

（6）"夕阳无限好"二句，见李商隐《乐游原》。

（7）"天意怜幽草"二句，见李商隐《晚晴》。

（8）少年科甲，年少中进士。

（9）吐属，谈吐。

【毛泽东评说】

毛泽东对此加了圈画。

——陈晋：《毛泽东读书笔记解析》，广东人民出版社1996年版，第1480页。

【赏析】

这则诗话出自《随园诗卷》第十一则。作者赞扬了尹继善谈吐风流。毛泽东阅读时加以圈画，表示欣赏。

【原文】

扁对用成语而有味

凡神庙扁对[1]，虽其用成语而有味。或造仓颉庙[2]，求扁。侯明经嘉缙[3]，提笔书"始制文字"四字。人人叫绝。或求戏台对联。姚念兹集唐句云[4]："此曲只应天上有[5]，斯人莫道世间无。"又张文敏公戏台集宋句云"古往今来只如此，淡妆浓抹总相宜⁽⁶⁾。"苏州戏馆集曲句云："把往事，今朝重提起；破工夫，明日早些来。"俱妙。或题"诸葛庙"，用"丞相祠堂"四字⁽⁷⁾，亦雅切。

【注释】

（1）扁，"匾"的本字，匾额，挂在厅堂或亭榭上的题字横额。

（2）仓颉，古代传说中的汉字创造者。《史记》据《世本》以为是黄帝时的史官。

（3）明经，明清对贡生的尊称。

（4）集唐句，截取前人一代、一家或数家的诗句，拼集而成一联。

（5）"此曲只应天上有"，语出杜甫《赠花卿》。

（6）"淡装浓抹总相宜"，语出苏轼《饮湖上初晴后雨》诗。

（7）"丞相祠堂"，语出杜甫《蜀相》"丞相祠堂何处寻"句。

【毛泽东评说】

毛泽东对这则诗话曾加以圈画。

——陈晋：《毛泽东读书笔记解析》，广东人民出版社1996年版，第1481页。

【赏析】

集句是我国古代作诗或制作对联的方法之一，其特点是利用前人成句制成新作，巧妙妥帖。这则诗话中的几副对联都具有这种特点，毛泽东比较欣赏。

【原文】

有典而不用

余每作咏古、咏物诗⁽¹⁾，必将此题之书籍，无所不搜；及诗之成也，仍不用一典⁽²⁾。常言：人有典而不用，犹之有权势而不逞也⁽³⁾。

元
明
清

【注释】

（1）咏古、咏物诗，咏古诗，亦称怀古诗，用诗歌形式书写对古代人物和事迹的诗。咏物诗，用诗歌形式来描写自然景物的诗。

（2）典，典故，诗文等作品中引用的古代故事和有来历有出处的词语。

（3）逞，显示，夸耀。

【毛泽东评说】

毛泽东对这则诗话作了圈画。

——陈晋：《毛泽东读书笔记解析》，广东人民出版社1996年版，第1479页。

【赏析】

此是《随园诗话》卷一第四十三则。袁枚谈自己创作咏古诗和咏物诗的体会。袁氏之意认为作诗该用典时还是要用，如果不用，就像有权势而不显示一样，是不明智的。这个意见是有道理的。其实，咏古诗与咏物诗情况不太相同，咏古诗，用典可以说在所难免；咏物诗以白描状写为胜，尽量少用典。用典得当，可以增强作品的艺术力量，但用典过多，便会搞得晦涩难懂，古人叫作"掉书袋"，是不可取的。毛泽东对袁氏的看法可能比较认同，故加圈画。

【原文】

生吞活剥，不如一蔬一笋

熊掌、豹胎[1]，食之至珍贵者也；生吞活剥[2]，不如一蔬一笋矣。牡丹、芍药，花之至富丽者也；剪彩为之[3]，不如野蓼山葵矣[4]。味欲其鲜，趣欲其真，人必知此，而后可与论诗。

【注释】

（1）熊掌、豹胎，熊掌，熊的脚掌，一种珍贵的食品。《孟子·告子上》："鱼，我所欲也；熊掌，亦我所欲也。二者不可得兼，舍鱼而取熊掌者也。"豹胎，豹的胎盘，为珍贵的肴馔。《韩非子·解老》："象箸玉杯，必不羹菽藿，则必旄象豹胎。"

（2）生吞活剥，活着吞下去，活活地剥皮，不加烹调之意。语出刘肃《大唐新语·谐谑》："有枣强尉张怀庆，好偷名士文章。……人为之谚曰：'活剥王昌龄，生吞郭正一。'"后用于比喻生硬地抄袭和模仿。

（3）剪彩，剪裁花纸或彩绸，制成虫鱼花草之类的装饰品。南朝梁宗懔《荆楚岁时记》："立春之日，悉剪彩为燕，戴之。"

（4）野蓼山葵，野蓼（liǎo 了），野生的蓼科植物。草本，节掌膨大，托叶鞘状，抱茎。花淡红色或白色，种类很多，如酸模叶蓼、水蓼荭草等。山葵，一种野生的葵。葵，即冬葵，是我国古代重要的蔬菜之一。《诗经·豳风·七月》："七月亨（烹）葵及菽。"

【赏析】

这是《随园诗话》卷一第四十四则，是说熊掌、豹胎这些最珍贵的食物，如果不会烹调，还不如蔬菜好吃。牡丹、芍药是最富丽的花，如不能用剪裁花纸和彩绸来装饰它，还不如水蓼、山葵。人们味食要求其鲜，兴趣求其真，人必这样，才可以谈论诗歌。毛泽东对此则诗比较欣赏。

【原文】

可见知足者，皆不学之人

襄勤伯鄂公容安(1)，好吟诗，如有宿悟(2)。《竹林寺》云："初地相逢人似旧，前生安见我非僧？"《悼亡》云："伤心最是怀中女，错认长眠作暂眠。"

《记》曰(3)："学然后知不足。"可见知足者，皆不学之人，无怪其夜郎自大也(4)。鄂公《题甘露寺》云："到此已穷千里目，谁知才上一层楼。"方子云《偶成》云："目中自谓空千古，海外谁知有九州？"

【注释】

（1）鄂公容安，鄂容安，字休如，号虚亭，满洲镶蓝旗人，姓西林觉罗氏。雍正进士。乾隆间累擢两江总督，授西路参赞大臣。平伊犁，会阿睦尔撒纳叛，与班第皆被陷，力战自尽。谥刚烈。

（2）宿悟，预先领会。

（3）《记》曰二句，语出《礼记·学记》："是故学然后知不足，教然后知困。"意谓学习以后才知道自己的缺欠。

（4）夜郎自大，夜郎，我国汉代西南部的一个小国，约在今贵州省西北部。汉武帝于其地设置牂牁郡。比喻妄自尊大。语本《汉书·西南夷传》："滇王与汉使言：'汉孰与我大？'及夜郎侯亦然。各自一州王，不知汉广大。"

【毛泽东评说】

毛泽东圈画了这则诗话。

——陈晋：《毛泽东读书笔记解析》，广东人民出版社1996年版，第1481页。

【赏析】

此则诗话是《随园诗话》卷一第四十五则。主要讲诗词创作的捷悟与学识问题。鄂容安写诗好像预先打好了腹稿一样，张口即成。这是捷悟的好处，属才能方面。但创作与做学术研究不是途，然而诗人也需要有知识，不能夜郎自大、故步自封。作者举的鄂公《题甘露寺》诗，是化用王之涣《登鹳雀楼》"欲穷千里目，更上层楼"诗意。方子云《偶成》诗化用李商隐《马嵬》"海外徒闻空九州，他生未卜此生休"诗意。作者认为他们有学问，用得恰到好处。毛泽东圈画了此则诗话，表示赞同。

作诗言情难

凡作诗，写景易，言情难。何也？景从外来，目之所触，留心便得，情从心出，非有一种芬芳悱恻之怀[1]，便不能哀感顽艳[2]。然亦各人性之所近，杜甫长于言情，太白不能[3]也。永叔长于言情[4]，子瞻不能也[5]。王介甫、曾子固偶作小歌词[6]，读者笑倒，亦天性少情之故。

【注释】

（1）悱恻，形容内心悲苦凄切。

（2）哀感顽艳，悲哀之情打动愚钝或聪慧的人。顽艳，指愚钝的人和聪慧的人。

（3）太白，李白，字太白。唐代大诗人。

（4）永叔，欧阳修，字永叔。宋代文学家。

（5）子瞻，苏轼，字子瞻。宋代文学家。

（6）王介甫，王安石，介甫是他的字。曾子固，曾巩，子固是他的字。

【毛泽东评说】

毛泽东圈画了这则诗话。

——陈晋：《毛泽东读书笔记解析》，广东人民出版社 1996 年版，第 1479 页。

【赏析】

此则诗话是《随园诗话》卷六第四十三则。作者谈自己作诗的体会："写景易，言情难"。并从反映内容和作者个性差异两方面，举例加以论证。毛泽东加以圈画，表示首肯。

【原文】

怀古诗

　　怀古诗，乃一时兴会所触⁽¹⁾，不比《山经》《地志》⁽²⁾，以详核为佳⁽³⁾。近见某太史《洛阳怀古》四首⁽⁴⁾，将洛下故事，搜括无遗，竟有一首中，使事至七八者⁽⁵⁾。编凑拖沓⁽⁶⁾，茫然不知作者意在何处。因告之曰："古人怀古，只指一人一事而言，如少陵之《咏怀古迹》⁽⁷⁾：一首武侯⁽⁸⁾，一首昭君，两不相屦也⁽⁹⁾。刘梦得《金陵怀古》⁽¹⁰⁾，只咏王濬楼船一事，而后四句，全是空描。当时白太傅谓其"已探骊珠，所余鳞甲无用⁽¹¹⁾。"真知言哉！不然，金陵典故，岂王濬一事？而刘公胸中，岂止晓此一典耶？"

【注释】

　　（1）兴会，意趣，兴致。《宋书·谢灵运传论》："灵运之兴会标举，延年之体裁明密，并方轨前秀，垂范后昆。"

　　（2）山经地志，泛指记录山脉的舆地之书。《山经》，《山海经》的简称。《地志》，亦作《地誌》，专记地理情况的书。

　　（3）详核，亦作"详覈"，详细确实。

　　（4）太史，官名。西周、春秋时太史掌记载史事、编写史书、起草文书，兼管国家典籍和天文历法等，此指史官。

　　（5）使事，诗文中引用典故。严羽《沧浪诗话·诗法》："不必太著题，不必多使事。"

　　（6）拖沓，不简洁。

　　（7）少陵，指唐诗人杜甫，杜甫在长安时曾住在杜陵，自号少陵野老，世称杜少陵。《咏怀古迹》组诗，共五首，第一首《怀庾信》，第二首《怀宋玉》，第三首《怀王昭君》，第四首《怀诸葛亮》，第五首《怀诸葛亮》。

　　（8）武侯，即诸葛亮，诸葛亮被封为武乡侯，世称武侯。

　　（9）相屦（chàn 颤），互相掺杂。

　　（10）刘梦得，刘禹锡，字梦得，唐诗人。《金陵怀古》，从所述内容看，应为《西塞山怀古》，咏王濬灭吴之事。西塞山在今湖北黄石市。而刘氏另有咏金陵古籍组诗《金陵五题》，分别咏石头城、乌衣巷等，故当系误记。

（11）白太傅，唐诗人白居易，晚年曾官太子少傅，故称，亦简称白傅。骊珠，一种珍贵的珠，传说出自骊龙颌下，故名。《庄子·列御寇》："千金之珠，必在九重之渊，而骊龙之下。"骊，骊龙，黑龙。二句即"探骊得珠"之意，用来比喻做文章抓住了题中要害。

【毛泽东评说】

毛泽东曾圈画此则诗话。

——陈晋：《毛泽东读书笔记解析》，广东人民出版社1996年版，第1479页。

【赏析】

这则诗话是《随园诗话》卷六的第五十四则。写作者对怀古诗写作的见解：强调应是一时兴会所触，即写出兴致、意趣即可，而不必像地理书一样，以翔实准确为佳。并举杜甫咏诸葛亮、王昭君和刘禹锡咏西塞山为例，说明古人怀古，一首只写一事，说明作诗文要抓住要害的道理，是很有见地的。毛泽东阅读时圈画了这则诗话，表示了认同。

【原文】

诗人爱管闲事

诗人爱管闲事，越没要紧则愈佳；所谓"吹皱一池春水，干卿底事"也[1]。陈方伯德荣《七夕》诗[2]："笑问牛郎与织女，是谁先过鹊桥来？"杨铁崖《柳花》诗云[3]："飞入画楼花几点，不知杨柳在谁家？"

【注释】

（1）吹皱一池春水，五代南唐词人冯延巳《谒金门》中的句子。

（2）陈方伯德荣，陈德荣，安州（今河北安新）人，清康熙进士，官至安徽布政使。方伯，清代对布政使的称呼。

（3）杨铁崖，杨维桢，号铁崖，元代文学家。

【毛泽东评说】

毛泽东圈画了这则诗话。

——陈晋：《毛泽东读书笔记解析》，广东人民出版社1996年版，第1479页。

【赏析】

这则诗话是《随园诗话》卷八第八十则。主要讲诗人写咏物诗的体会：要爱管闲事，"越没要紧则愈佳。"并举了冯延巳等三位诗人的三首作品加以解说。确实有创见。爱管闲事，就是要仔细观察那些无关痛痒的没要紧的事，抓住具体景物描状，就会写出佳作。毛泽东圈画了这则诗话，表示对此种见解的欣赏。

【原文】

声隔古今

声音不同，不但隔州郡[1]，并隔古今。《谷梁》[2]云："吴谓善伊为稻缓，淮南人呼母为社。"《世说》[3]："王丞相作吴语曰：'何乃渹？'"《唐韵》："江淮以'韩'为'何'。"今皆无音。

【注释】

（1）州郡，州和郡，古代行政区划，大抵相当于今之专区。

（2）《谷梁》，即《春秋谷梁传》，《春秋》三传之一。

（3）《世说》，即《世说新语》，南朝宋刘义庆撰，志人小说集。王丞相，东晋丞相王导。《世说新语·排调》："时盛暑之日，丞相以腹熨弹棋局，曰：'何乃渹'？"刘峻注："吴人以冷为渹。"渹（qìng庆），冷。

【毛泽东评说】

毛泽东圈画了这段文字。

——陈晋：《毛泽东读书笔记解析》，广东人民出版社 1996 年版，第 1480 页。

【赏析】

这则诗话是《随园诗话》卷十二第三十八则，主要讲古今语音之变。引起了毛泽东的注意，故加圈画。

【原文】

诗词用韵宜宽

偶见坊间俗韵，有以"真元"通"庚青"者，意颇非之。及读《三百篇》[1]，爽然若失。"山榛""隰苓""十真"通"九青"。"有鸟高飞，亦傅于天。彼人之心，于其何臻。曷予靖之，居以凶矜。"是"一先""十一真""十蒸"俱通也。《楚辞》[2]"肇锡余以嘉名"，"字余曰灵均"，"八庚"通"十真"也。其他《九歌》《九辨》[3]，俱"九青"通"文元"。无怪老杜[4]与《某曹长诗》，"末"字韵旁通者六；东坡《与季长诗》[5]，"汁"字韵旁通者七。

【注释】

（1）《三百篇》，即《诗经》，共三百零五篇，三百篇是举其成数。下引诗句见《小雅·菀柳》。

（2）《楚辞》，此作《离骚》，屈原的抒情长诗，从下面所引诗句可知。

（3）《九歌》，屈原作，共十一篇。《九辨》宋玉作，楚辞篇。辨，当作"辩"。

（4）老杜，即唐代诗人杜甫。

（5）东坡，即宋代诗人苏轼，号东坡居士。

元
明
清

【毛泽东评说】

毛泽东曾对此段文字加以圈画。

——陈晋:《毛泽东读书笔记解析》,广东人民出版社 1996 年版,
第 1480—1481 页。

【赏析】

这则诗话是《随园诗话》卷十二第三十九则,主要讲诗词用韵要宽,
邻近韵部可以通押。毛泽东在一九五七年与词学家冒广生谈诗用韵时就持
这种意见,所以注意到袁枚的这个主张。

【原文】

唐人律诗,通韵极多

余《祝彭尚书寿》诗⁽¹⁾,"七虞"内误用"余"字,意欲改之。后考
唐人律诗,通韵极多⁽²⁾,因而中止。刘长卿《登思禅寺》五律⁽³⁾,"东韵"也,
而用"松"字。杜少陵《崔寺东山草堂》七律⁽⁴⁾,"真"韵也,而用"芹"
字。苏颋《出塞》五律⁽⁵⁾,"微"韵也,而用"麾"字。明皇《饯王晙巡
边》长律⁽⁶⁾,"鱼"韵也,而用"符"字。李义山属对最工⁽⁷⁾,而押韵颇
宽,如"东、冬""萧、肴"之类,律诗中竟时时通韵。唐人不以为嫌也。

【注释】

(1)《祝彭尚书寿》诗,见袁枚《小仓山房集》。尚书,官名。清以
六部尚书分掌政务,六部尚书相当于国务大臣。

(2)通韵,指两个或两个以上的韵部可以相通,或其中一部相通。
作诗时可以互押。如"平水韵"中的"东""冬"可以相通,"支""微"
亦可相通。

(3)刘长卿,唐代诗人。

(4)杜少陵,即杜甫,杜曾自号少陵布衣,故名。《崔寺东山草堂》,
全文如下:爱汝玉山草堂静,高秋爽气相鲜新。有时自发钟磬响,落日更

见渔樵人。盘剥白鸦谷口栗，饭煮青泥坊底芹。何为西庄王给事，柴门空闭锁松筠。

（5）苏颋（tǐng 挺），唐代诗人。

（6）明皇，唐明皇，即李隆基。

（7）李义山，李商隐，字义山。唐代诗人。

【毛泽东评说】

毛泽东曾圈阅了这则诗话。

——陈晋：《毛泽东读书笔记解析》，广东人民出版社1996年版，第1481页。

【赏析】

这则诗话是《随园诗话》卷十二第四十则，主要讲诗歌创作用韵要宽，不同韵部可以通押，并以唐人律诗用韵为例加以证明，结合自己的创作体会，颇有说服力。毛泽东圈画了这则诗话，表示对这个问题的关注。

【原文】

徐灵胎，"刺时文"

余弱冠在都⁽¹⁾，即闻吴江布衣徐灵胎有权奇倜傥之名⁽²⁾，终不得一见。庚寅七月⁽³⁾，患臂痛，乃买舟访之，一见懂然，年将八十矣，犹谈论生风，留余小饮，赠以良药。门邻太湖⁽⁴⁾，七十二峰，招之可到。有佳句云："一生那有真闲日，百岁仍多未了缘。"《自题·墓门》云："满山灵草仙人药，一茎松风处士坟⁽⁵⁾。"灵胎有《戒赌》《戒酒》《劝世道情》，语虽俚，恰有意义。《刺时文》云："读书人，最不齐，烂时文，烂如泥。国家本为求才计，谁知道，变做了欺人技。三句承题，两句破题，摆尾摇头，便道是圣门高弟⁽⁶⁾。可知道《三通》《四史》是何等文章⁽⁷⁾？汉高、唐宗是那一朝皇帝？案头放高头讲章⁽⁸⁾，店里买新科利器⁽⁹⁾；读得来肩背高低，口角嘘唏，甘蔗渣儿嚼了又嚼，有何滋味？孤负光阴⁽¹⁰⁾，白白昏迷一世。就教他骗得高官，也是百姓朝廷的晦气！"

【注释】

（1）弱冠，古时以男子二十为成人，初加冠，因体犹未壮，故称弱冠。

（2）徐灵胎（1693—1772），即徐大椿，一名大业，字灵胎，晚号洄溪老人，吴江（今江苏吴江）人，清代名医、诗人。因厌薄时艺，岁试题诗被黜，以布衣终生。工文辞，通音律，善作道情，尤精于医。著有《难经经释》《医案源流论》《洄溪道情》等。权奇，奇谲非凡。倜傥，卓异，豪爽，洒脱不羁。

（3）庚寅，1770 年。

（4）太湖，湖名，地跨江苏、浙江二省，是我国第三大湖。

（5）处士，古时对有才德而隐居不仕的人的称呼。

（6）圣门，孔孟之门，指儒家。圣，儒家以孔子为至圣，孟子为亚圣。高弟，高徒。

（7）"三通"，唐杜佑《通典》、宋郑樵《通志》、元马端临《文献通考》的合称。"四史"，《史记》《前汉书》《后汉书》《三国志》的合称。

（8）高头讲章，空洞乏味的经书讲义。

（9）新科利器，新科中式的八股文选本，读后有助于应付科举考试，故说"利器"。

（10）孤负，即辜负。

【毛泽东评说】

毛泽东在"刺时文"诗旁用红铅笔画着着重线。

——陈晋：《毛泽东读书笔记解析》，广东人民出版社 1996 年版，第 1480 页。

【赏析】

这是《随园诗话》卷十二第五十则。此文主要揭露八股文的毒害，切中时弊。时文，指八股文，即明清科举考试法定的一种文体。文章以四书的内容作题目，发端为破题、承题，后为起讲。起讲后为入手，入手之后分起股、中股、后股和束股四个段落发议论。每个段都有排比对偶的两个句子，合起来共八股，故称"八股文"。八股取士的制度，既不利于人才的培养，又摧残自身，于家于国都无好处。徐灵胎为清代名医，其对《刺时文》这种制度进行了辛辣的讽刺。毛泽东在"刺时文"诗旁边用红铅笔画着着重线，表示对此诗的欣赏。

吴景旭

吴景旭，字旦生，号仁山，归安（在今浙江吴兴境）前溪人。生活年代主要在明末清初。

《历代诗话》，八十卷。清吴景旭撰。此书以人为纲，以天干分为十集，分论《诗经》《楚辞》赋、古乐府和汉魏六朝、唐、宋、元、明历代诗人的作品，设条立题，先引原诗和旧说于前，再杂取诸书加以考辨，旧说所无，则直陈己见。全书重在诠释字句，考订名物。取材丰富，能钩贯众说，有较高的学术价值。今有中华书局上海编辑所一九五八年排印本。

【原文】

杜牧诗好用翻案法

余以（杜）牧之数诗(1)，俱用翻案法(2)，跌入一层，正意益醒。谢叠山所谓"死中求活"也(3)。《渔隐丛话》云(4)："牧之题咏，好异与人。如《赤壁》《四皓》，皆反说其事。至《题乌江》，则好异而叛于理。项氏以八千渡江无一还者，谁肯复附之，其不能卷土重来决矣！"呜呼，此岂深于诗者哉？

【注释】

（1）牧之，唐代诗人杜牧，字牧之。

（2）翻案法，指诗文中对前人成句或原意反而为之。

（3）谢叠山，明代诗人谢榛，号四溟山人。

（4）《渔隐丛话》，全名《苕溪渔隐丛话》，分前后两集，前集六十卷，后集四十卷。编纂体例是，以人为纲，连类而及。从"国风""汉魏六朝"以至宋室南渡之初，凡属大家，均出其名，余人杂记，以年代先后为序。作者胡仔，字允任，徽州绩溪（今安徽绩溪）人。曾官至常州晋陵知县，休官后退居吴兴苕溪，自号苕溪渔隐，并以此名书。下面所引诗话见于《苕溪渔隐丛话》后集卷十五《杜牧之》，有删改。

【毛泽东评说】

此说亦迂。

——读《历代诗话》批语，《毛泽东读文史古籍批语集》，中央文献出版社 1995 年版，第 39 页。

【赏析】

唐代诗人杜牧的一些咏史诗，好用翻案法，写得很好。如此则中胡仔《苕溪渔隐丛话》中所举几例，也都写得不错。但毛泽东对其中的《题乌江亭》："胜败兵家事不期，包羞忍耻是男儿。江东子弟多才俊，卷土重来未可知。"胡仔认为项羽在家乡招募了八千人马，都战死了，他如果再回去招募，谁还肯跟他重新来打天下呢？毛泽东认为这种理解未免太迂腐了。

为什么这样说呢？我们似乎可以从毛泽东另一次谈这首诗得到解答。1938 年 4 月 8 日，毛泽东在延安"抗大"的演讲中谈到项羽：项羽是有名的英雄，他在没有办法的时候自杀，比汪精卫、张国焘强得多。从前有个人作了一首诗，问他为什么要自杀，可以到江东去再招八千兵来打天下。我们要学习项羽的英雄气节，但不要自杀，要干到底。（陈晋：《毛泽东的文化性格》）可见，毛泽东还是比较同意杜牧的意见：为什么要自杀？说不定还可以卷土重来嘛！吴景旭和胡仔却认为，项羽即使不自杀，回到江东再去招募新兵，也不会有人归附他了。这既不符合诗作原意，又把两种可能说成一种可能，所以说太迂腐了。在毛泽东看来，应该失败了再干，或许会有新的转机。

元
明
清

魏　禧

魏禧（1624—1681），字叔子，又字冰叔，号裕斋，又号勺庭，宁都（今属江西）人。明末弃诸生，明亡后隐居翠微峰，所居之地名勺庭，人称"勺庭先生"。后出游江浙，结纳贤豪，以图恢复，并设堂讲学，传播其明道理、识时务、重廉耻、畏名义的学说。康熙间举博学宏词，不应，卒于扬州。散文与汪琬、侯方域齐名，称"清初三大家"。兄祥、弟礼都能文，世称"宁都三魏"。有《宁都三魏全集》。

【原文】

《张无择文集》序

儒者之文沉以缓[(1)]，才人之文扬以急；文人之文文胜其质[(2)]，学者之文质胜其文。然得其一，皆足以自名。张子无择，吴门之学者也[(3)]。博极群书，好考据，所著书数百卷，他杂文亦百数十，而皆以质胜。玉必璞而珪璋出[(4)]，木必朴而钟虡成[(5)]。《记》曰："甘受和，白受采，忠信之人，可与学礼[(6)]。"质之谓也。张子书自天文、地理、田赋之务以及艺事无不究[(7)]，吾读之如田夫游陈王宫而叹"夥，涉之沈沈"也[(8)]，则何其文也。夫张子之人，亦以质胜者也。张子性忠信，好儒先之书[(9)]，弃诸生三十年[(10)]，无日不学问。处乎城市，若不知有人。心无所慕乎名，名亦不至，顾独茕茕然而好予[(11)]。然予见之辄愧色。噫，后世必有以张子为珪璋、为钟虡者，欲辞其名而不可得也。张子之书具在，读其书，盖亦以知吾言之质也。

【注释】

（1）儒者二句，沉以缓，深沉而舒缓。扬以急，高扬而急促。二者是从风格来讲。

（2）文人之文二句，文胜其质，形式胜过内容。质胜其文，形式胜过内容。二者是就内容与形式的关系而言。语本《论语·雍也》："子曰'质胜文则野，文胜质则史。文质彬彬，然后君子。'"

（3）吴门，指苏州。

（4）璞，没有经过琢磨的玉石，也指含玉的石头。珪璋，古代的礼器。用于朝聘祭祀。珪上尖下方，璋形如半个珪。泛指美玉和玉器。

（5）朴，未经加工的原材料。钟虡（jù 句），悬挂钟磬的木架，横木叫簨，直柱叫虡。泛指精制的木器。

（6）《记》曰四句，见《礼记礼器》。甘受和，味道甘美的物品容易与别的味道调和。白受采，素白的物品易于在上面画出文彩。

（7）艺事，指文学艺术创作。

（8）吾读之句，《史记·陈胜世家》载，陈涉称王后，过去与他在一起劳动过的农民来看他，见其王宫富丽堂皇，惊叹道："夥，涉之沈沈。"

（9）儒先，儒学前辈。

（10）弃诸生，放弃秀才的身份，不再参加科举考试。明末清初的遗民多通过这种方式表示不与清王朝合作。

（11）瞀瞀（mù 木），诚恳恭顺之态。《汉书·鲍宣传》："愿赐数刻之间，极竭瞀瞀之思。"注："瞀音沐，沐沐犹蒙蒙也。如淳曰：'谨愿之貌。'"

【毛泽东评说】

儒者之文与文人之文不同。儒者之文清以纯，文人之文肆而驳。

——《讲堂录》（1913 年 10—12 月），载《毛泽东早期文稿》，湖南出版社 1990 年版，第 597 页。

【赏析】

此文是魏禧为苏州学者张无择的文集写的序言。从文中介绍可知，张无择，是明末秀才，入清后放弃秀才身份，不参加清代科举考试，其政治态度是不与清王朝合作，专门以读书著述为务，著述甚丰，有书数百卷，

元
明
清

813

文百余篇，内容翔实，文风质朴。作者予以推荐，冀其流传。

毛泽东读了这篇文章，在他的读书笔记《讲堂录》中谈道："儒者之文与文人之文不同。儒者之文清以纯，文人之文肆而驳。"赞同本文开头的几句话，并略作发挥。原文前四句，儒者与才人对举，文人与学者并称。并不是四种作者，其实儒者即学者，才人即文人，只是两种作者。至于他们之间的不同："沉以缓"与"扬以急"，是从文章风格来讲；"天胜于质"与"质胜于文"是就文章内容而论。毛泽东归纳为儒者与文人，其文章的区别在于"清以纯"与"肆而驳"。清、肆是从文学风格而言，纯、驳是就内容而论。毛泽东的归纳更为简明，且不乏新意。

牛运震

牛运震（1706—1758），字阶平，一字真谷，号空山，山东滋阳（今山东兖州）人。雍正十一年（1733）进士，历任甘肃两当、秦安、平番等县知县。免官归，主讲皋兰书院。又曾主讲晋阳、河东两书院。喜爱金石之学，注《疏经籍喜逞己见》。著有《空山堂文集》十二卷、《史论》二十卷、《空山堂易解》四卷、《春秋传》十二卷、《金石图》二卷等。

【原文】

游五姓湖记

蒲郡太守周侯既浚五姓湖之三年[1]，余与浙东胡稚威及周侯、永济令张君、万泉令毕君泛舟于湖[2]。是湖汇永济、临晋、虞乡三县之交[3]，南浸中条之麓[4]，北接桑泉[5]，东受姚暹渠、鸭子池诸水[6]，西抵赵伊镇[7]，输于涑水[8]。周环六七十里。五老诸峰倒影其中，孤山、峨眉冈远空涵翠[9]，复映带之。

十月二日，余与张、毕二君先后至湖。已而周侯自虞乡却来，舆迎胡君达湖上[10]。当是时，渔人篙工及湖山农民百数十人，咸舣舟以待[11]。明日登舟，由南岸放乎中流。绿岚微晕[12]，红林未脱。风平烟净，湖光潋滟[13]。白云横抹，桥影参差[14]。已而扣舷载咏[15]，举酒相属[16]。高谳转清[17]，极望旷渺，乐可知也。渔人农父有歌于舟中者，隶卒按拍吹笛和之。渔之乘流而施罛者[18]，罛声与歌相答也。当是时，周侯推酒馔以餍耕牧之民[19]。俯仰云水，四顾洲原，为说乡土山川风景之胜，晴雨桑麻伏腊赛脯之乐[20]。移舟促棹，杂引杯觞。高索果栗，若不知有太守公者。凫雁欢声[21]，林木交舞。日暮景转[22]，夷犹不厌[23]。

夫牧有司不可以游览为事[24]。彼其部领文奏[25]，一日之玩则废之矣。

矧其朱幡皂盖、卤簿驺骑⁽²⁶⁾，于山水之趣何有哉？谢灵运之泛麻源⁽²⁷⁾，山简之醉高阳池⁽²⁸⁾，吾意其掾吏犹苦之⁽²⁹⁾，为之民者顾安所得共焉。如使仆仆凿山谷⁽³⁰⁾，供帐具，则民不利有风雅之使君可知也⁽³¹⁾。至若逸人畸士⁽³²⁾，往往幅巾竹杖⁽³³⁾，喜自放于山颠水湄之外⁽³⁴⁾。一遇达官画舸鼓吹⁽³⁵⁾，则有欸乃一声⁽³⁶⁾，棹烟港荻浦而去耳，夫又安从致之？

然则周侯今日之游，其何以为此乐也哉？然湖当昔盛时，环陂皆楼阁亭馆，桃李霞绮，酒旗歌管，掩映簇集，近湖之淤且涸者百有余年⁽³⁷⁾，几成智池⁽³⁸⁾。周侯疏涷水河，并湖浚之。今之清波潋潋，弥望浩渺者，周侯力也。浅有菰蒲，深有菱苇鱼虾之产，岁千万石。湖之民擅而弋其利者⁽³⁹⁾，倍禾稼之入。扶老艾⁽⁴⁰⁾，抱孩稚，熙熙于山色湖光之中者⁽⁴¹⁾，朝夕遍焉。乃今周侯得一游，游而山农泽盱益得有其乐⁽⁴²⁾。然则湖自周侯始，湖之游亦自周侯始。是使湖之民利有湖，并利有周侯。虽谓周侯治蒲，如斯游可也。舍是而鼓棹西口之波⁽⁴³⁾，探奇溟陂之隩⁽⁴⁴⁾，其乐又岂有易于此。

于是余与胡君稚威乃肯与太守游。张、毕二君曰：不可弗志也。故记之。

【注释】

（1）蒲郡，即蒲州府，郡治在永济（今山西永济西蒲州）。太守，即知府。明清时知府大致相当于前代太守。周侯，蒲府知府周景柱，号西擎，浙江遂安人。乾隆十七年（1752）任蒲州知府。主持编纂《蒲州府志》。该志《山川》载，五姓湖当时"水益就涸"，"乾隆癸酉岁（十八年）秋雨既盛，复见涟澜潋渚云"。牛运震等人当在该年或此后一二年内，牛运震当时主讲于河东（蒲州）书院。

（2）胡稚威，胡天游，字稚威，号云持，浙江山阴（今浙江绍兴）人。雍正副贡，乾隆元年举博学鸿词不遇。学识渊博，诗人雄健有力，骈文尤其有名。自命甚高，对当时名家王士祯、朱彝尊、方苞多有诋诃，著有《石笥山房集》。永济令张君，永济知县张淑渠，号潜斋，山东济宁人，乾隆十三年进士。万泉令毕君，万泉县知县毕宿焘，号溥幼，山东汶登人，乾隆四年进士。以上三人，均见乾隆十九年《蒲州府志》"纂修姓氏"。

（3）临晋，县名，1954年与猗氏县合并成临猗县。虞乡，县名，属蒲州府，1954 年与安邑县合并为运城县，1961 年原虞乡县地区改划为永济县。

（4）中条，中条山，在山西西南部，横跨永济、虞乡、芮城等十余县。西为华山，东接太行山，居两山之间，故曰中条。

（5）桑泉，在今山西临晋县东北。

（6）姚暹渠，一名白沙河，又名盐水、巫咸河。源于山西夏县东北，西南流经县南，又西经安邑、解邑至虞乡界，入五姓湖，即古永丰渠。渠为北魏都水校尉元清所开，隋郁水使者姚暹重开之，筑堰浚渠，故名姚暹渠。鸭子池，在五姓湖东，原虞乡县治北，王官谷诸水流其间。

（7）赵伊镇，在山西永济县东三十里，位于五姓湖东岸。

（8）涑（sù 速）水，发源于山西绛县陈村峪，伏流至柳庄复出，西经闻喜县南，折向西南经夏县、安邑、猗氏、临晋，至永济西南入五姓湖，又西南注入黄河。

（9）孤山，在山西万全县南二里，猗氏县南五十里，广八十余里，高十余里，拔地而起，不接他山，因名孤山。峨眉冈，又名峨眉岭、峨眉坡。在山西荣河县东，跨永济、临晋、猗氏、万泉四县，绵延二百余里。

（10）舆迎，以车迎接。

（11）舣（yì 义），撑船靠岸。

（12）岚（lán 蓝），山林中的雾气。

（13）潋滟（liàn yàn 炼艳），水满时波光之状。

（14）参差（cēn cī 嵾雌），不齐之状。

（15）扣舷，敲击船舷。载，语中助词。咏，吟诗。

（16）相属（zhǔ 主），互相劝酒。

（17）讌，通"宴"。

（18）罛（gū 估），大渔网。

（19）推，让，分给。酒馔，酒和菜者。餍（yàn 厌），使吃饱。

（20）伏腊赛脯，伏日和腊日，用干肉酬神。这是秦汉以来传下来的习俗。宗懔《荆楚岁时记》："十二月八日为腊日。"赛，酬神。脯，干肉。

（21）凫（fú 俘），野鸭子。

（22）景，通"影"，日影。

元
明
清

（23）夷犹，即"夷豫"，徘徊不前。《楚辞·九歌》："君不行兮夷犹。"

（24）牧有司，负责管理民众、行使公务的官员。

（25）部领文奏，上级颁下来的文布及向上级报告的文件等。

（26）矧（shěn 审），况且。朱幡，红色的旗帜。皂盖，黑色的车盖。《后汉书·舆服志上》："中二千石、二千石皆皂盖，朱两幡。"后因以朱幡皂盖作为太守的仪仗。卤簿，本指帝王出行时的仪仗队。唐代四品以上皆给卤簿，知府是正四品，这里指知府的仪仗。驺骑，为贵族官员主管车马的骑从，此指知府的随从。

（27）谢灵运之泛麻源，谢灵运，晋宋之际的著名山水诗人，谢玄之孙，袭康乐公。任永嘉太守时，不理世务，放情于山水间，写了大量山水诗。有《入华子冈是麻源第三谷》诗。华子冈在江西南城县。

（28）山简之醉高阳池，山简，晋人，山涛之子，曾官征南将军，都督荆襄交广四州军事，驻节襄阳。"简每出嬉游，多之池上置酒辄醉，名之曰高阳池。"（《晋书山简传》）高阳池，即习家池，在今湖北襄樊市郊。

（29）掾（yuàn 院）吏，属官。

（30）仆仆，烦忙辛苦之状。凿山谷，指凿山开路。

（31）使君，指知府。

（32）逸人，隐士。畸士，个性行为奇特率性而行的人。《庄子·大宗师》："畸人者，畸于人而侔于天。"

（33）幅巾，古代男子用来束发的绢幅。

（34）水湄，水边。

（35）画舸，绘有纹饰、精美华丽的船。鼓吹，乐队。

（36）欸（ǎi 矮）乃，摇橹行的声音。柳宗元《渔翁》："烟销日出不见人，欸乃一声山水绿。"

（37）然湖当昔盛时六句，《蒲州府志》卷二"五姓湖"条引《旧志》云："湖旁昔多楼台，居人环绕。每夏荷马尽发，烂若霞锦，杂以绿蘋红蓼。渔人罟师，水凫沙鹭，欸乃间作，飞浴相翔，致为胜观。其后景物尽变，唯湖光一片。"

（38）瞀（yuān 渊）池，枯池。

（39）攗（jùn俊），拾取。弋（yì亦），获取。

（40）老艾，老年人。《周礼·曲礼上》："五十曰艾。"

（41）熙熙，轻松欢快之状。

（42）泽甿（méng蒙），湖滨的农民。甿，通"氓"。

（43）西口，长江至湖北监利县东南有夏浦，俗谓之西江口。

（44）渼陂，在今陕西户县西。唐诗人岑参有别墅在渼陂，杜甫《渼陂行》："岑参兄弟皆好奇，携我远来游渼陂。"隩，水岸内曲处。

【毛泽东评说】

读《游五姓湖记》，则见篇中人物，皆一时之豪；吾人读其文，恍惚与之交。游者岂徒观览山水而已哉，当识得其名人巨子贤士大夫，所谓友天下之善士也。

——《讲堂录》（1913年10—12月），载《毛泽东早期文稿》，湖南出版社1990年出版，第587页。

【赏析】

五姓湖，据乾隆十九年（1754）《蒲州府志》卷二《山川》载，该湖在今山西永济县东三十五里，临晋县西南四十里，虞乡县西北二十五里，处于三县交会处。湖旁村里从前有五姓居之，故以名湖，亦名五姓滩。原来水势较大，风光秀丽，后"水益就涸"。乾隆十八年（1753），周景柱任蒲州知府时，疏浚整修，又值当年秋雨盛大，"复现涟澜狝渚"。当时主讲于河东（蒲州）书院的牛运震，应邀同知府周景柱等人游览了五姓湖，写下了这篇游记。作者以流利的语言，描绘了五姓湖的绮丽风光和知府人等与民同乐的图景，表现了对祖国山河的挚爱和对安乐生活的向往。文字洗练，感情真挚，颇富感染力量。

毛泽东于1913年在湖南第四师范学习时读了这篇文章，在《讲堂录》中记录了他阅读时的感受："则见篇中人物，皆一时之豪。吾人读其文，恍惚与之交。"又推论说："游者岂徒观览山水而已哉，当识得其名人巨子贤士大夫，所谓友天之善士也。"这是此文深深打动了这位青年的真实记录。

曾国藩

曾国藩（1811—1872），原名子城，字伯涵，号涤生，清湘乡（今湖南湘乡）人。清代大臣。道光十八年（1838）进士。曾任翰林院侍讲学士，礼部、兵部侍郎。咸丰初年，奉命帮办湖南团练，后来扩编为湘军，成为镇压太平军的主力。咸丰十年（1860）升任两江总督，并作为钦差大臣，督办江南军务。次年节制苏、皖、赣、浙四省军事。派其弟曾国荃进攻天京。同治三年（1864）攻陷天京，太平天国遂告失败。四年（865），节制直隶、山东、河南三省军事，对捻军作战，因战事不利去职。后任直隶总督，调任两江总督，卒于任上，谥文正。其著作由李瀚章辑为《曾文正公全集》。今有岳麓书社分类出版的《曾国藩全集》，收集较全。

【原文】

圣哲画像记

国藩志学不早，中岁侧身朝列，窥窃陈编[1]，稍涉先圣、昔贤、魁儒、长者之绪。驽缓多病，百无一成；军旅驰驱，益以芜废。丧乱未平[2]，而吾年将五十矣。往者吾读班固《艺文志》及马氏《经籍考》[3]，见其所列书目，丛杂猥多[4]，作者姓氏，至于不可胜数，或昭昭于日月，或湮没而无闻。及为文渊阁直阁校理[5]，每岁二月，侍从宣宗皇帝入阁[6]，得观《四库全书》[7]，其富于前代所藏远甚，而存目之书，数十万卷，当不在此列。呜呼，何其多也！虽有生知之姿[8]，累世不能竟其业，况其下焉者乎？故书籍之浩浩，著述者之众若江海，然非一人之腹所能尽饮也，要在慎择焉而已。余既自度其不逮，乃择古今圣哲三十余人，命儿子纪泽，图其遗像，都为一卷[9]，藏之家塾。后嗣有志读书，取足于此，不必广心博骛，而斯文之传[10]，莫大乎是矣！昔在汉世，若武梁祠[11]，鲁灵光殿⁽¹²⁾，皆图画伟人事迹。而《列女传》亦有画像⁽¹³⁾。感发兴起，由来已旧。习其器矣⁽¹⁴⁾，进而索其神，通其微，合其莫⁽¹⁵⁾，心诚求之，仁远乎哉？国藩记。

尧、舜、禹、汤⁽¹⁶⁾，史臣记言而已。圣文王拘幽⁽¹⁷⁾，始立文字，演《周易》⁽¹⁸⁾。周、孔代兴⁽¹⁹⁾，《六经》炳著⁽²⁰⁾，师道备矣。秦汉以来，孟子盖与庄、荀并称⁽²¹⁾，至唐韩氏独尊异之⁽²²⁾，而宋之贤者以为可跻之尼山之次⁽²³⁾，崇其书以配《论语》⁽²⁴⁾。后之论者，莫之能易也。兹以亚于三圣人后云。

左氏传经⁽²⁵⁾，多述二周典礼⁽²⁶⁾，而好称引奇诞，文辞烂然，浮于质矣。太史公称庄子之书皆寓言⁽²⁷⁾，吾观子长所为《史记》，寓言亦居十之六七。班氏闳识孤怀⁽²⁸⁾，不逮子长远甚，然经世之典，六艺之旨⁽²⁹⁾，文字之源，幽明之情状，粲然大备，岂与夫斗筲者争得失于一先生之前⁽³⁰⁾，姝姝而自悦者哉⁽³¹⁾！

诸葛公当扰攘之世⁽³²⁾，被服儒者⁽³³⁾，从容中道⁽³⁴⁾。陆敬舆事多疑之主⁽³⁵⁾，驭难驯之将，烛之以圣明，将之以至诚，譬若御驽马，登峻坡，纵横险阻，而不失其驰，何其神也！范希文、司马君实⁽³⁶⁾，遭时差隆⁽³⁷⁾，然坚卓诚信，各有孤诣，其以道自持，蔚成风俗，意量亦远矣。昔刘向称董仲舒王佐之才⁽³⁸⁾，伊、吕无以加⁽³⁹⁾，管、晏之属⁽⁴⁰⁾，殆不能及。而刘歆以为董子师友所渐⁽⁴¹⁾，曾不能几乎游夏⁽⁴²⁾。以予观四贤者，虽未逮乎伊、吕，固将贤于董子，惜乎不得如刘向父子而论定耳。

自朱子表章周子、二程子、张子⁽⁴³⁾，以为上接孔、孟之传，后世君相师儒，笃守其说，莫之或易。乾隆中，闳儒辈起，训诂博辨⁽⁴⁴⁾，度越昔贤，别立徽志⁽⁴⁵⁾，号曰汉学⁽⁴⁶⁾。摈有宋五子之术，以谓不得独尊；而笃信五子者，亦屏弃汉学，以为破碎害道，断断焉而未有已⁽⁴⁷⁾。吾观五子立言，其大者多合于洙泗⁽⁴⁸⁾，何可议也！其训释诸经，小有不当，固当取近世经说以辅翼之，又可屏弃群言以自隘乎？斯二者亦俱讥焉。

西汉文章，如子云、相如之雄伟⁽⁴⁹⁾，此天地道劲之气，得于阳与刚之美者也，此天地之义气也。刘向、匡衡之渊懿⁽⁵⁰⁾，此天地温厚之气，得于阴与柔之美者也，此天地之仁气也。东汉以还，淹雅无惭于古⁽⁵¹⁾，而风骨少隤矣⁽⁵²⁾。韩、柳有作⁽⁵³⁾，尽取扬、马之雄奇万变，而内之于薄物小篇之中，岂不诡哉⁽⁵⁴⁾！欧阳氏、曾氏⁽⁵⁵⁾，皆法韩公，而体质于匡、刘为近。文章之变，莫可穷诘，要之不出此二途，虽百世可知也。

余钞古今诗，自魏晋至国朝，得十九家。盖诗之为道广矣，嗜好趋向，各视其性之所近，犹庶羞百味⁽⁵⁶⁾，罗列鼎俎⁽⁵⁷⁾，但取适吾口者啜之得饱而已⁽⁵⁸⁾；必穷尽天下之佳肴，辩尝而后供一馔⁽⁵⁹⁾，是大惑也；必强天下之舌，尽效吾之所嗜，是大愚也。庄子有言⁽⁶⁰⁾："大惑者终身不解，大愚者终身不灵。"余于十九家中，又笃守夫四人者焉：唐之李、杜⁽⁶¹⁾，宋之苏、黄⁽⁶²⁾。好之者十有七八，非之者亦且二三。余惧蹈庄子不解不灵之讥，则取足于是，终身焉已耳。

司马子长网罗旧闻，贯串三古，而八书颇病其略⁽⁶³⁾。班氏志较详矣⁽⁶⁴⁾，而断代为书，无以观其会通。欲周览经世之大法，必自杜氏《通典》始矣⁽⁶⁵⁾。马端临《通考》⁽⁶⁶⁾，杜氏伯仲之间的⁽⁶⁷⁾，郑《志》非其伦也⁽⁶⁸⁾。百年以来，学者讲求形声故训⁽⁶⁹⁾，专治《说文》⁽⁷⁰⁾，多宗许、郑⁽⁷¹⁾，少谈杜、马。吾以许、郑考先王制作之源，杜、马辨后世因革之要，其于实事求是一也。

先王之道，所谓修已治人、经纬万汇者，何归乎？亦曰礼而已矣。秦灭书籍⁽⁷²⁾，汉代诸儒之所掇拾，郑康成之所以卓绝，皆以礼也。杜君卿《通典》，言礼者十居其六，其识已跨越八代矣⁽⁷³⁾。有宋张子、朱子之所讨论，马贵与、王伯厚之所纂辑⁽⁷⁴⁾，莫不以礼为兢兢。我朝学者以顾亭林为宗⁽⁷⁵⁾，国史儒林传，褒然冠首⁽⁷⁶⁾。吾读其书，言及礼俗教化，则毅然有守先待后、舍我其谁之志，何其壮也！厥后张蒿庵作《中庸论》⁽⁷⁷⁾，及江慎修、戴东原辈⁽⁷⁸⁾，尤以礼为先务。而秦尚书蕙田⁽⁷⁹⁾，遂纂《五礼通考》，举天下古今幽明万事，而一经之以礼，可谓体大而思精矣。吾图画国朝先正遗像，首顾先生，次秦文恭公，亦岂无微旨哉⁽⁸⁰⁾！桐城姚鼐姬传⁽⁸¹⁾，高邮王念孙怀祖⁽⁸²⁾，其学皆不纯于礼，然姚先生持论闳通，国藩之粗解文章，由姚先生启之也；王氏父子集小学训诂之大成⁽⁸³⁾，夐乎不可几已⁽⁸⁴⁾，故以殿焉⁽⁸⁵⁾。

姚姬传氏言："学问之途有三，曰义理⁽⁸⁶⁾，曰词章⁽⁸⁷⁾，曰考据⁽⁸⁸⁾。"戴东原氏亦以为言。如文、周、孔、孟之圣，左、庄、马、班之才，诚不可以一方体论矣⁽⁸⁹⁾。至若葛、陆、范、马，在圣门则以德行而兼政事也；周、程、张、朱，在圣门则德行之科也；皆义理也。韩、柳、欧、曾、李、杜、苏、黄，在圣门则言语之科也，所谓词章者也。许、郑、杜、马、顾、秦、姚、王，在圣门则文学之科也，顾、秦与杜、马为近，姚、王于许、郑为近，皆考据也。此三十二子者，师其一人，读其一书，终身用之，有不能尽。若又有陋于此⁽⁹⁰⁾，而求益于外，譬若掘井九仞而不及泉⁽⁹¹⁾，则以一井为隘，而必广掘数十百井，身老力疲，而卒无见泉之一日，其庸有当乎⁽⁹²⁾？

自浮屠氏言因果祸福⁽⁹³⁾，而为善获报之说，深中于人心，牢固而不可破。士方其占毕呫哔⁽⁹⁴⁾，则期报于科第禄仕⁽⁹⁵⁾；或少读古书，窥著作之林，则责报于遐迩之誉⁽⁹⁶⁾，后世之名；纂述未及终编，辄冀得一二有力之口，腾播人人之耳，以偿吾劳也。朝耕而暮获，一施而十报，譬若沽酒市脯⁽⁹⁷⁾，喧聒以责之贷者⁽⁹⁸⁾，又取倍称之息焉。禄利之不遂，则侥幸于没世不可知之名⁽⁹⁹⁾，甚者至谓孔子生不得位，没而俎豆之报⁽¹⁰⁰⁾，隆于尧舜，郁郁者以相证慰，何其陋欤！今夫三家之市，利析锱铢⁽¹⁰¹⁾；或百钱逋负⁽¹⁰²⁾，怨及孙子。若通阛贸易⁽¹⁰³⁾，瑰货山积，动逾千金，则百钱之有无，有不暇计较者矣。富商大贾，黄金百万，公私流衍⁽¹⁰⁴⁾，则数十百缗之费⁽¹⁰⁵⁾，有不暇计较者矣。均是人也，所操者大，犹有不暇计其小者，况天之所操尤大，而于世人豪末之善⁽¹⁰⁶⁾，口耳分寸之学，而一一谋所以报之，不亦劳哉！商之货殖同⁽¹⁰⁷⁾、时同，而或赢或绌⁽¹⁰⁸⁾；射策者之所业同⁽¹⁰⁹⁾，而或中或罢；为学著书之深浅同，而或传或否，或名或不名，亦皆有命焉，非可强而几也⁽¹¹⁰⁾。古之君子，盖无日不忧，无日不乐。道之不明，己之不免为乡人，一息之或懈，忧也；居易以俟命⁽¹¹¹⁾，下学而上达，仰不愧而俯不怍⁽¹¹²⁾，乐也。自文王、周、孔三圣人以下，至于王氏，莫不忧以终身，乐以终身。无所于祈，何所为报？己则自晦⁽¹¹³⁾，何有于名？惟庄周、司马迁、柳宗元三人者，伤悼不遇⁽¹¹⁴⁾，怨悱形于简册⁽¹¹⁵⁾，其于圣贤自得之乐，稍违异矣。然彼自惜不世之才⁽¹¹⁶⁾，非夫无实而汲汲时名者比也⁽¹¹⁷⁾。苟汲汲于名，则去三十二子也远矣。将适燕、晋而南其辕⁽¹¹⁸⁾，其于术不益疏哉！

文、周、孔、孟、班、马、左、庄，葛、陆、范、马，周、程、朱、张，韩、柳、欧、曾，李、杜、苏、黄，许、郑、杜、马，顾、秦、姚、王，三十二人，俎豆馨香，临之在上⁽¹¹⁹⁾，质之在旁⁽¹²⁰⁾。

【注释】

（1）窥窃陈编，韩愈《进学解》："踵常途之役役，窥陈编以盗窃。"陈编，指前人的著作。

（2）丧乱，指太平天国起义。

（3）班固《艺文志》，即《汉书艺文志》，东汉史学家班固根据刘歆《七略》撰成，记载当时所存典籍的篇目、作者及内容提要，为史学上的一个创举，后代官史及地方志多仿此例。马氏《经籍考》，元代学者马端临所著《文献通考》中，有《经籍考》七十六卷。

（4）猥（wěi 委）多，烦琐。

（5）文渊阁，清乾隆三十九年（1774）在北京旧紫禁城内东南角文华殿超过文渊阁，专藏《四库全书》，并设提举阁事、领阁事及校理等官掌管其事。曾国藩于道光二十三年（1843）任文渊阁校理。

（6）宣宗皇帝，即道光皇帝旻宁，1821—1850 年在位。

（7）《四库全书》，清乾隆年间官修的一部大型丛书，共收书 3503 种 79330 卷，分经、史、子、集四部，故称四库，保存了大量文献。另仅存书名而未收录的，共 6819 部 94034 卷。全书共抄七部，分别贮藏于紫禁城、奉天行宫、圆明园、热河、扬州、镇江、杭州等七地的文渊阁。

（8）生知，不待学而知。《论语·季氏》："生而知之者，上也；学而知之者，次也。"姿，通"资"，资质，才能。

（9）都，汇聚。

（10）斯文，《论语·子罕》："天之将斯文也，后死者不得与于斯文也。"文，指礼乐制度。后来以斯文指儒者或文人。

（11）武梁祠，指武梁祠画像，东汉石刻画像，在今山东济宁紫云山，包括武氏家族墓葬的双阙及四石宝画像，其中以武梁祠最早，故名。

（12）鲁灵光殿，汉景帝子鲁恭王所建，故址在今山东曲阜。

（13）《列女传》，汉刘向撰，共七卷，记古代妇女事迹 104 则，每则都有赞语。该书旨在宣扬封建礼教。

（14）器，此指事的外形。

（15）莫，通"谟"，谋划。

（16）尧舜、禹，传说中父系氏族社会后期部落联盟领袖。尧禅让给舜，舜禅让给禹。汤，商朝的建立者。

（17）文王，即周文王，姬姓名昌，原是殷诸侯，称西伯。

（18）演《周易》，相传文王被殷纣王囚禁于羑里（今河南汤阳境）时，推演古代的八卦为六十四卦，成为《周易》一书的基本内容。

（19）周、孔，周公（姬旦）和孔子。

（20）《六经》，六部儒家经典。《庄子·天运》："孔子谓老聃曰：'丘治《诗》《书》《礼》《乐》《易》《春秋》六经，自以为久矣，孰知其故矣。'"炳著，明亮，显著。

（21）孟子，孟轲。庄，庄周。荀，荀况。

（22）韩氏，韩愈。

（23）跻（jì 既），登，升。尼山，又称尼丘，在今山东曲阜东南。相传叔梁纥与颜氏女野合而生孔子，后因以尼山为孔子的别称。

（24）崇其书以配《论语》，宋代儒学大师朱熹把《孟子》和《论语》《中庸》《大学》合编为"四书"。

（25）左氏传经，相传春秋末年鲁国史官左丘明所作《左传》，是替孔子修订的编年简史《春秋》作解释的著作。

（26）二周，西周和东周。典礼，典法礼仪。

（27）太史公，即司马迁，字子长，汉武帝时任太史令，他在《史记》中自称"太史公"。《史记·庄子列传》："故其著书十余万言，大抵率寓言也。"寓言，指有所寄托或比喻之言。

（28）班氏，班固，东汉著名史学家，著有《汉书》。闳识，广博的学识。孤怀，孤高的情怀。

（29）六艺，即六经。

（30）斗筲（shāo 梢），量器。斗，容十升。筲，竹器，容一斗二升。斗筲都是容量很小的量器，因此用来比喻人之才识短浅，器量狭小。

（31）姝姝（shū书），柔顺之态。

（32）诸葛公，指诸葛亮（181—234），字孔明，琅邪阳都（今山东沂水南）人，辅佐刘备建立蜀汉政权，任丞相。

（33）被儒服者，意思是以儒家的身份行事。

（34）从容中道，语出《礼记·中庸》："诚者，不勉而中，不思而得，从容中道，圣人也。"中道，合乎道义。

（35）陆敬舆，陆贽（754—805），字敬舆。德宗时为翰林学士。朱泚之乱时从帝至奉天，诏书多出其手，时号"内相"。官至中书侍郎，门下同平章事。后被贬官。其所作奏议数十篇，指陈时弊，论辩透彻，为后人所重。

（36）范希文，范仲淹（989—1052），字希文，苏州吴县人。庆历三年（1043）任参知政事，联合富弼、欧阳修等，施行新政，未能实现。被罢相后出任陕西四路宣抚使。司马君实，司马光（1019—1086），字君实，仁宗末任天章阁待制兼侍讲知谏院，反对王安石变法，政治上保守。

（37）遭时差隆，所处的时代有很大区别。

（38）董仲舒（前179—前104），武帝时，以贤良对策见重，拜江都相。生平著述，罢黜百家，独尊儒术，开后来二千多年封建社会以儒学为正统的局面。王佐之才，辅佐帝王创业立国的才能。

（39）伊、吕，伊尹和吕尚。伊尹佐商汤，吕尚佐周武王，皆为开国元勋。

（40）管晏，管仲和晏婴。二人皆为春秋时齐国名相。

（41）刘歆，汉刘向之子，字骏，东汉史学家，撰成《七略》。

（42）几乎，近于。游夏，指孔子的学生子游、子夏。《论语·先进》："文学，子游，子夏。"

（43）朱子，指朱熹，南宋著名儒学大师。表章，表彰。周子，周敦颐（1016—1073），字茂叔，道州（今湖南道县）人。二程子，指程颢（1032—1083）、程颐（1033—1107）兄弟，嵩县（今河南嵩县）人。张子，张载（1020—1077），字子厚，陕西郿县人。以上四人均是宋代著名理学家。

（44）训诂，解释古文献中词语的意义。

（45）徽志，徽号，美好的称号。

（46）汉学，汉代学者治经，多注重文字训诂，名物制度考订。清乾嘉学派，称其学派为汉学，又称朴学，与宋明理学相对。他们重实证，轻议论，整理古籍，辨别真伪，往往超越前人。

（47）龂（yín 银）龂，争辩之状。

（48）洙泗，洙水和泗水。孔子曾居于二水之间，教学授徒，后人因以洙泗代称儒家。

（49）子云，扬雄，字子云。相如，司马相如。二人都是西汉著名词赋家。

（50）匡衡，字稚圭，汉东海人，善说《诗经》，汉元帝时官至丞相。渊懿，深远优美。

（51）淹雅，淹通博雅。

（52）风骨，古代文学批评术语，指作家或作品的风格、特点等。陨（tuí 颓），下降。

（53）韩、柳，韩愈、柳宗元，二人皆为唐代文学家。

（54）诡，怪异。

（55）欧阳氏，指欧阳修。曾氏，指曾巩。二人都是宋代文学家。

（56）庶羞，多种美味佳肴。

（57）鼎，古代炊器。俎（zǔ 阻），古代切肉用的砧板。

（58）哜（jì 剂），尝。

（59）馔（zhuàn 撰），食物。

（60）庄子有言，下面所引庄子的话，出自《庄子·天地》。

（61）李、杜，李白和杜甫。

（62）苏、黄，苏轼和黄庭坚。

（63）三古，指上古、中古、下古。说法不一。《汉书·艺文志》："世历三古。"颜师古注引孟康曰："伏羲为上古，文王为中古，孔子为下古。"《礼记·礼运》："夫礼之初，始诸饮食。"孔颖达疏："伏羲为上古，神农为中古，五帝为下古。"（63）八书，指《史记》的礼、乐、律、历、天官、封禅、河渠、平准八书，内容记载朝章国典。

（64）班氏志，指班固《汉书》中的"志"。班固改"书"为"志"，后代皆沿袭之。

（65）杜氏《通典》，杜佑（734—812），字君卿，京兆万年（今陕西西安）人，唐史学家。《通典》，为纪传体史书中书志部分的扩大和贯通，是典志体史书的第一部著作。

（66）《通考》，即元马端临所著《文献通考》。全书分二十门，起自上古，终于南宋宁宗嘉定年间。其内容和体例实为《通典》的补充和发展。

（67）伯仲，原指兄弟，比喻不相上下。

（68）郑《志》，即宋代郑樵编纂的通史《通志》，全书二百卷，与《通典》《文献通考》齐名，后人合称"三通"。伦，比较，匹敌。

（69）形声故训，训诂学中根据字形结构来解释字义叫"形训"，用音同、音近的字来解释字义叫"声训"。

（70）《说文》，即《说文解字》，汉许慎著，我国古代最重要的字书。

（71）许、郑，许慎和郑玄。郑玄（127—200），字康成，东汉高密人。曾注"五经"，是汉代杰出的经学家。

（72）秦灭书籍，秦始皇三十四年（前213），采纳李斯建议，下令焚毁民间所藏的《诗》《书》和百家著作。次年又坑杀咸阳诸生460多人。

（73）八代，指魏、西晋、东晋、宋、齐、梁、陈、隋。

（74）王伯厚，王应麟，字伯厚，庆元（今浙江宁波）人，南宋著名学者，著有《困学纪闻》《玉海》等。

（75）顾亭林，即顾炎武，初名绛，字宁人，昆山（今江苏昆山）亭林镇人，明清之际著名学者，著有《天下郡国利病书》《日知录》等。

（76）裒（yòu 又）然，出众之状。

（77）张蒿庵，即张尔歧（1612—1677），字稷若，号蒿庵，精通"三礼"。

（78）江慎修，江永（1681—1762），字慎修，婺源（今江西婺源）人，精研音韵和礼学。戴东原，戴震（1723—1777），字东原，安徽休宁人，清代著名学者。有《戴氏遗书》。

（79）秦尚书蕙田，秦蕙田，字树锋，号味经，精研"三礼"，撰《五礼通考》。谥文恭。

（80）微旨，深意。

（81）桐城姚鼐姬传，姚鼐，字姬传，安徽桐城人，清文学家。

（82）高邮王念孙怀祖，王念孙，字怀祖，高邮人，清训古学家，著有《读书杂志》等。

（83）小学，古代指有关文字的学问，后成为文字学、训诂学、音韵学的总称。王念孙子王引之，承父学，著有《经传释词》。

（84）夐（xiòng 兄去），通"迥"，远。几，近。

（85）殿，殿后，最后面。

（86）义理，指阐述思想、道理。

（87）词章，指词彩。

（88）考据，指考证工夫。

（89）诚不可句，意谓不能仅用某一方面（指义理、考据、词章）来评价他们。

（90）陋，鄙视。

（91）仞，古代长度单位，周尺为八尺，汉制为七尺。

（92）庸，难道。

（93）浮屠，佛教徒。佛陀的旧译，一作浮屠。

（94）士，读书人。占（chān）毕，《礼记学记》："今之教者，呻其占毕。"占，视。毕，竹筒。意谓读书吟诵。咿唔，象声词，读书声。

（95）科第禄仕，科举做官。

（96）遐迩，远近。

（97）沽酒市脯，《论语·乡党》："沽酒市脯不食。"沽，买或卖。脯，干肉。

（98）喧聒，声音嘈杂刺耳。

（99）没世，终生，一辈子。

（100）俎豆之报，俎和豆都是古代祭祀用的器具，引申为祭祀、崇奉。

（101）锱铢（zī zhū 资朱），二者都是古代很小的重量单位，比喻微小的数量。

（102）逋负，拖欠。

（103）通阛，闹市。阛，环绕市区的墙。

（104）流衍，充溢，广布。

（105）缗（mín 民），穿钱的绳子。亦指成串的钱，一千文为一缗。

（106）豪末，微小。豪，通"毫"。

（107）货殖，经商。

（108）赢或绌，赚钱与亏本。

（109）射策，汉代取士有对策、射策的制度。此指参加科举。

（110）几，通"冀"，希望。

（111）居易以俟命，安于平易，等待天命。语出《礼记·中庸》。

（112）仰，对上。俯，对下。怍，羞惭。

（113）晦，隐藏。

（114）不遇，指不得志。

（115）怨悱，怨恨和痛苦。简册，指著作。

（116）不世之才，非凡的才华。

（117）汲汲，心情急切之态。

（118）将适燕、晋而南其辕，即成语南辕北辙，意为适得其反。辕，驾车用的木把。指代车。

（119）临，临摹。

（120）质，就正，咨询，引申为学习。

【毛泽东评说】

曾涤生《圣哲画像记》三十二人：文周孔孟，班马左庄，葛陆范马，周程朱张，韩柳欧曾，李杜苏黄，许郑杜马，顾秦姚王。

——《讲堂录》（1913 年 10—12 月），载《毛泽东早期文稿》，湖南出版社 1990 年版，第 592 页。

【赏析】

本文作于清咸丰九年（1859）正月。曾国藩给三位弟弟的信中谈了《圣哲画像记》的用意："吾生平读书百无一成，而于古人为学之津途，实已窥见其大，故以此略示端绪。"曾国藩是一位封建阶级政治家，也是一位知识渊博的学者。他在政治上的业绩，特别是镇压太平天国起义的罪过，毋庸讳言，他在学术上也确有其成。这篇文章实是自己治学总结，他指出了在中国历史上卓有成就的三十二位学者，作为学习的楷模，是很有见地的。这些人中，有政治家、军事家、哲学家、文学家、语言学家，所属行业不同，各有独特造诣，令人钦羡。

1913 年，在湖南第四师范学习的毛泽东，在他的《讲堂录》不仅记下了这三十二位圣哲的大名还把历史上杰出的人物分为三类，加以评价："有办事之人，有传教之人。前如诸葛武侯（诸葛亮）、范希文（范仲淹），后如孔、孟、朱（熹）、陆（九渊）、王阳明等是也。宋韩（琦）范并称，清曾、左（宗棠）并称，然韩、左办事之人也，范、曾办事兼传教之人也。"认为曾国藩和范仲淹不仅能建立事功，而且能立德、立言，沾溉后人。1917 年 8 月 23 日，毛泽东致黎锦熙的信中纵谈本源，评点名流，独倾向于曾国藩。信中说："今人论人者，称袁世凯、孙文、康有为而三。孙、袁吾不论，独康似略有本源矣，然细观之，其本源究不能指其实在何处，徒为华言炫听，并无一干竖立、枝叶扶苏之妙。愚意所谓本源者，倡学而已矣。唯学如基础，今人无学，故基础不厚，时惧倾圮。愚于近人，独服曾文正。"认为曾国藩学养深厚扎实，真正抓住了"大本大源"，所以既有学业，又有事功，是办事又传教的人。故青年毛泽东衷心倾服。当然，毛泽东成为马克思主义者后，对曾国藩的评价，特别是他们对太平天国的镇压，已经大相径庭，但对曾国藩这个历史人物，并不一笔抹杀。直到晚年，在 1969 年 1 月的一次谈话中，毛泽东还说："曾国藩是地主阶级最厉害的人物。"

【原文】

致沅弟

来书谓意趣不在此，则兴会索然。此却大不可。凡人作一事，便须全副精神注在此一事，首尾不懈，不可见异思迁，做这样想那样，坐这山望那山。人而无恒，终身一无所成。我生平坐犯无恒的弊病[1]，实在受害不小。当翰林时[2]，应留心诗字，则好涉猎它书以纷其志；读性理书时[3]，则杂以诗文各集以歧其趋[4]；在六部时[5]，又不甚实力讲求公事；在外带兵，又不能竭力专治军事，或读书写字以乱其志意。坐是垂老而百无一成[6]。即水军一事，亦掘井九仞而不及泉[7]，弟当以为鉴戒。现在带勇[8]，即埋头尽力以求带勇之法，早夜孳孳[9]，日所思，夜所梦，舍带勇以外则一概不管。不可又想读书，又想中举，又想作州县，纷纷扰扰，千头万绪，将来又蹈我之复辙，百无一成，悔之晚矣。

【注释】

（1）坐，因，由于。

（2）当翰林时，曾国藩于道光二十年（1840）为翰林院检讨，二十三年（1843）升翰林院侍讲，二十五年（1845）开任翰林院侍讲学士。

（3）性理书，宋明理学著作。

（4）趋，趋向。

（5）在六部时，曾国藩在道光二十七年至咸丰二年（1847—1852）间，曾任礼部、兵部、工部、刑部、吏部等部侍郎。六部，吏部、户部、礼部、兵部、刑部、工部，古代中央行政机关。

（6）坐是，因此。垂老，将老。当时，曾国藩四十六岁。

（7）仞，古代长度单位。周制八尺，汉代七尺，东汉末期为五尺六寸。

（8）带勇，带兵。

（9）孳孳，努力不懈之状。

【毛泽东评说】

为学之道，先博而后约，先中而后西，先普通而后专门。质之吾兄，以为何如？前者已矣，今日为始。昔吾好独立蹊径，今乃知其非。学校分数奖励之虚荣，尤所鄙弃，今乃知其不是。尝见曾文正家书有云：吾阅性理书时，又好作文章；作文章时，又参以他务，以致百不一成。此言岂非金玉！吾今日舍治科学，求分数，尚有何事？别人或谓退化，吾自谓进化也。

——《致湘生信》，载《毛泽东早期文稿》，湖南出版社 1990 年版，第 7 页。

【赏析】

　　本文是曾国藩咸丰七年（1857）致弟弟曾国荃的信的节录。曾国荃（1824—1890），字沅甫，曾国藩四弟，优贡生出身。咸丰六年（1856）率湘军三千人增援江西吉安，与太平军作战，号称"吉字营"，擢知府。咸丰十一年（1861）九月攻陷安庆。同治元年（1862）围天京（今江苏南京），二年（1863）擢浙江巡抚，三年（18624）攻克天京。五年（1866）调任湖北巡抚，旋因对捻军作战失败，称病辞职。光绪元年（1875）重新被起用，历任陕西、山西巡抚，署两广总督。十年任两江总督、太子太保。史书说他曾为曾国藩画三十二策，无不效应，可见他是曾国藩一流人物，既有政绩（也有包括镇压太平军的罪恶），又有学问，是曾国藩的得力助手。写此信时，曾氏兄弟正在与太平军血战，信中却借谈治学之道，可见其伪；信末又说及"带勇之法"，就要"早夜孳孳，日所思，夜所梦，舍带勇以外则一概不管"，才不至于"百无一成"。曾国藩的真意，是唯恐曾国荃与太平军作战三心二意，其罪恶用心昭然若揭矣。青年时代的毛泽东，还不是马克思主义者，读其信时曾把这封信中的治学经验之谈作为金玉良言，也是不足为怪的。从另一个角度，即治学的角度来看，曾氏这封信还是有可借鉴之处，不能一笔抹杀。

【原文】

谕纪泽

　　二十日接二月二日来禀并祭文稿[1]。文尚条畅，惟意义太少。叔祖之德全未称道，亦非体制，词藻亦太寒俭[2]。尔现看《文选》[3]，宜略抄典故藻汇，分类抄记，以为馈贫之粮[4]。《文选》前数本系汉人之赋，极难领会，后半则易看矣。余所见友朋中，无能知汉赋之意味者。尔不能

元明清

记忆，亦由于不知其意味。此刻不必求记，将来若能识得意味，自可渐记一二。余向来记性极坏，近老年反略好些，由于识得意味也。时文亦不必苦心孤旨〔诣〕去作(5)，但常常作文。心常用则活，不用则窒；常用则细，不用则粗。

【注释】

（1）祭文稿，曾国藩的叔父于咸丰十年（1860）一月十九日去世，纪泽草就此文，送呈父亲过目。

（2）寒俭，贫乏之意。

（3）《文选》，我们现存最早的诗文总集。南朝梁昭明太子肖统编选，世称《昭明文选》。选录自先秦至梁除无名氏外，一百二十九位作家的诗、文、辞赋，计分赋、诗、骚等三十八类，共七百余篇。选录标准是"事出于沉思，义归乎翰藻"，即内容与形式的统一。

（4）馈贫之粮，《文心雕龙·神思》："理郁者苦贫，辞溺者伤乱，然则博见为馈贫之粮，贯一为拯乱之药。"馈贫，解救贫困。

（5）时文，八股文。苦心孤旨（诣），指煞费苦心地钻研，到了别人达不到的境界。

【毛泽东评说】

精神心思，愈用愈灵，用心则小物能辟大理。

——《讲堂录》（1913 年 10—12 月），载《毛泽东早期文稿》，湖南出版社 1990 年版，第 583 页。

【赏析】

本文是曾国藩咸丰十年（1860）年写给儿子曾纪泽的信的节录。曾纪泽（1839—1890），字劼刚，曾国藩长子。同治九年（1870）以二户荫生补户部员外郎。光绪四年（1878）出使英国、法国，六年兼驻俄公使，七年与俄国签订《中俄伊犁条约》，收回伊犁和特克斯河地区。中法战争期间，力主抵抗，并向法国提出抗议。在英国订购军舰，帮助李鸿章建立北洋海军。光绪十一年（1885）回国后，历任海军衙门帮办，总理各国事务衙门行走，户部、刑部、吏部等部侍郎。有《曾惠敏公全集》。这封信由阅曾纪泽写的祭文，说到读书、写作及用脑问题："心常用则活，不用则窒；常用则细，不用则粗"，认为脑宜常用，常用则活，则细，这些也是经验之谈，有一定道理。正在求知的毛泽东，对这个立意颇以为是，便把它用自己的话概括在《讲堂录》中。

【原文】

谕纪泽、纪鸿

吾教子弟不离八本、三致祥。八者曰：读古书以训诂为本[1]，作诗文以声调为本，养亲以得欢心为本，养生以少恼怒为本，立身以不妄语为本[2]，治家以不晏起为本[3]，居官以不要钱为本，行军以不扰民为本。三者曰：孝致祥，勤致祥，恕致祥[4]。吾父竹亭公之教人[5]，则专重"孝"字。其少壮敬亲，暮年爱亲，出于至诚，故吾纂墓志，仅叙一事。吾祖星冈公之教人[6]，则有八字、三不信。八者曰：考、宝、早、扫、书、蔬、鱼、猪。三者，曰僧巫，曰地仙，曰医药，皆不信也。处兹乱世，银钱愈少，则愈可免祸；用度愈省，则愈可养福。尔兄弟奉母，除"劳"字"俭"字之外，别无安身之法。吾当军事极危，辄将此二字叮嘱一遍，此外亦别无遗训之语，尔可禀告诸叔及尔母无忘。

【注释】

（1）训诂，解释古书中词句的意义。用通俗的话来解释叫"训"，用当代的话来解释古代词语，或用普遍通行的话来解释方言叫"诂"。

（2）立身，为人，处世。《孝经·开宗明义》："立身行道，扬名于后世，以显父母，孝之终也。"

（3）晏起，晚起，睡懒觉。

（4）恕，宽容，以仁爱之心待人，儒家的伦理观念。《论语·卫灵公》："其恕乎，己所不欲，勿施于于。"

（5）竹亭公，曾麟书，字竹亭，曾国藩的父亲，以孝称。

（6）星冈公，曾玉屏，字星冈，曾国藩的祖父。

【毛泽东评说】

曾文正八本：读古书以训诂为本，作诗文以声调为本，养生以少恼怒为本，事亲以得欢心为本，居家以不晏起为本，立身以不妄语为本，做官以不要钱为本，行军以不扰民为本。

——《讲堂录》（1913 年 10—12 月），载《毛泽东早期文稿》，湖南出版社 1990 年版，第 593 页。

【赏析】

这封信是曾国藩咸丰十一年（1861）写给儿子曾纪泽、曾纪鸿的，有节录。曾纪鸿（1848—1875？），字栗诚，曾国藩次子。少而好学，精通算术，著有《对数详解》《圜率考真图解》，英年早逝。曾氏在信中提出的八本、三致祥是他教育子女及家人的经验总结，有一定的普遍意义。故毛泽东把八本的内容摘录在他的《讲堂录》中，表示有可以参考借鉴之意。

【原文】

致沅弟

十八之败，杏南表弟阵亡[1]，营官亡者亦多，计亲族邻里中或及于难[2]，弟日内心绪之忧恼万难自解。然事已如此，只好硬心狠肠，付之不问，而壹意料理军务。补救一分，即算一分。弟已立大功于前[3]，即使屡挫，识者犹当恕之。比之兄在岳州、靖港败后栖身高峰寺[4]，故文忠在夅山败后舟居六溪口气象[5]，犹当略胜。高峰寺、六溪口尚可再振，而弟今不求再振乎？此时须将劾官相之案、圣眷之隆替、言路之弹劾一概不管[6]。袁了凡所谓从前种种譬如昨日死，从后种种譬如今日生[7]。另起炉灶，重开世界。安知此两番之大败，非天之磨炼英雄，使弟大有长进乎？谚云：

吃一堑，长一智。吾平生长进全在受挫受辱之时。务须咬牙厉志，蓄其气而长其智，切不可荼然自馁也⁽⁸⁾。

【注释】

（1）杏南，彭毓橘，字杏南，随曾国藩打江西，攻芜湖、安庆，攻天京，官至布政使。同治六年（1867）与捻军在蕲水作战中被俘后杀死。

（2）或，有的。

（3）已立大功于前，指同治三年（1864）曾国荃攻陷天京。

（4）比之兄在岳州句，曾国藩于咸丰四年（1854）三月在岳州（今湖南岳阳）被太平军击败。四月，率水师、陆兵二千余人，进攻太平军所在地靖港（在今湖南长沙西北六十里湘江西岸），又遭惨败。曾氏愤而投水，被左右救起后，移居长沙妙高峰，一度被全省官绅所鄙视。

（5）胡文忠，胡林翼（1812—1861），字贶生，号润芝，死谥文忠。曾任贵州镇远府知府，咸丰四年（1854）率黔军到湖北，合于湘军同太平军作战。六年（1856），攻克武昌，升任湖北巡抚。任上通漕运，除积弊，颇有政绩。十一年（1861），太平军逼近武昌，因受惊忧吐血而死，与曾国藩并称"曾胡"。著有《读史兵略》等。参（zhā 渣）山，在今湖北汉阳西南五十里。咸丰五年（1855），胡林翼与太平军争夺武昌，一度败退至梦山，兵溃粮绝，移居舟中。

（6）此时须将劾官相之案三句，同治五年（1866）底，曾国荃贸然弹劾满洲旗人湖广总督官文（官相），得罪清政府。不久，曾国藩接连受到严旨诘责和御史参劾，被罢免钦差大臣和两江总督的职务。隆替，盛衰。

（7）袁了凡，袁黄，字坤仪，号了凡，浙江嘉善人。明万历十四年（1586）进士，初任宝坻县主事，后升任兵部主事。学问渊博，严于律己，曾用"功过格"记录每日所行善恶。著有《两行斋集》《袁了凡纲鉴》。

（8）荼（nié 捏阳平）然，疲倦之态。

【毛泽东评说】

从前种种譬如昨日死，以后种种譬如今日生。不悔之谓也，进步之谓也。

——《讲堂录》（1913 年 10—12 月），载《毛泽东早期文稿》，湖南出版社 1990 年出版，第 601 页。

【赏析】

此信是同治六年（1867）曾国藩写给其四弟曾国荃的。当年二月十八日，曾国荃在蕲水（今湖北浠水）被捻军击败，称病辞职。曾国藩写信安慰，勉励他检讨自省，吸取教训，重新振作。光绪元年（1875）果被重新起用，历任陕西、山西巡抚，署两广总督。十年（1884）任两江总督。也许是这封信之功效吧！毛泽东很喜欢这封信中关于经受挫折和磨炼，"重开世界"一类励志的话，把它抄在自己的读书笔记《讲堂录》之中。

【原文】

日记一则

早饭后清理文件。旋与作梅凘谈当今之世[(1)]，富贵固无可图，功名亦断难就，惟有自正其心以维风俗，或可辅救于万一。所谓正心者，曰厚，曰实。厚者，仁恕也；"己欲立而立人，己欲达而达人[(2)]"；"己所不欲，勿施于人[(3)]"。存心之厚如此，可以少正天下浇薄之风。实者，不说大话，不好虚名，不行架空之事，不谈过高之理。如此，可以少正天下浮伪之习。因引顾亭林所称"匹夫之贱，与有责焉"者以勉之[(4)]。

【注释】

（1）作梅，陈鼐，字作梅，江苏溧阳人。道光二十七年（1847）进士。通《易经》，善看地，亦懂医。凘，通"畅"。

（2）己欲立而立人二句，是《论语·雍也》中孔子解释"仁"的话，推己及人之意。

（3）己所不欲二句，是《论语·卫灵公》中孔子解释"恕"的话。

（4）顾亭林，即顾炎武，学者称亭林先生，明清之际的思想家、著名学者。他在《日知录·正始》中说："保天下者，匹夫之贱，与有责焉而已。"

【毛泽东评说】

涤生日记，言士要转移世风，当重两义：曰厚曰实。厚者勿忌人，实则不说大话，不好虚名，不行架空之事，不谈过高之理。

不行架空之事，福泽谕吉（日本人）有庆应大学，以教育为天职，不预款、均利。福氏于学擅众长，有诲人不倦之志。

不谈过高之理，心知不能行，谈之不过动听，不如默尔为愈。

——《讲堂录》（1913 年 10—12 月），载《毛泽东早期文稿》，湖南出版社 1990 年版，第 581 页。

【赏析】

这则日记是曾国藩于咸丰十年（1860）九月二十四日写的，我们作了节录。在日记中曾氏总结了自己的从政经验，把它归结为"厚""实"二字，引经据典，加以阐释，最后又引顾炎武"天下兴亡，匹夫有责"的话自勉，表示作为一个封建政治家，他要效忠于清王朝。他的这种阶级立场是很鲜明的。其具体做法有可借鉴之处，故为青年毛泽东所服膺，在《讲堂录》中详细笔录而又加以发挥。

康有为

康有为（1858—1927），又名祖诒，字广厦，号长素，广东南海人。早年熟诵理学心学，后留意西学。1888年，以布衣上书，形成变法思想。招收弟子，致力维新理论建树。1895年，入京会试，领导著名的"公车上书"，开始了维新变法的政治运动。1898年，光绪皇帝采纳其主张，着其在总理衙门章京上行走，起草变法诏令，是"百日维新"的中坚人物。不久变法失败，他逃亡到日本，组织保皇会，反对民主革命。康有为是清末维新运动的领袖，在政治制度改革上对文学改革有一定的贡献。著有《新学伪经考》《大同书》等，整理古典而赋予新意，颇有影响，其诗作多见于《诞香志屋诗集》。

【原文】

大同书

康子曰[1]：吾既为人，吾将忍心而逃人，不共其忧患乎？

吾既生乱世，目击苦道，而思有以救之，昧昧我想[2]，其惟行大同太平之道哉！遍观世法[3]，舍大同之道而欲救生人之苦[4]，求其大乐，殆无由也[5]。大同之道，至平也，至公也，至仁也，治之至也，虽有善道，无以加此矣[6]。（《大同书·甲部·绪言》"人有不忍之心"）

【注释】

（1）康子，康有为自称。

（2）昧昧，糊涂无知。一种谦词。

（3）世法，世人的典范，社会沿用的习惯常规。

（4）生人，人民，民众。《墨子·兼爱中》："是以老而无子者有所得终其寿；连独无兄弟者有所杂于生人之间。"

（5）殆无由也，大概没有别的办法了。殆，大概，恐怕。

（6）无以加此矣，没有超过这种办法的。加，超越。此，指大同。

【毛泽东评说】

资产阶级的民主主义让位给工人阶级领导的人民民主主义，资产阶级共和国让位给人民共和国。这样就造成了一种可能性：经过人民共和国到达社会主义和共产主义，到达阶级的消灭和世界的大同。康有为写了《大同书》，他没有也不可能找到一条到达大同的路。……唯一的路是经过工人阶级领导的人民共和国。

由新民主主义社会进到社会主义社会和共产主义社会，消灭阶级和实现大同。

——《论人民民主专政》，《毛泽东选集》第四卷，人民出版社1991年版，第1471、1476页。

【赏析】

大同是战国末期至汉初的儒家学派提出的一种社会理想，与"小康"相对。《礼记·礼运》说："大道之行也，天下为公，选贤与能，讲信修睦，故人不独亲其亲，不独子其子，使老有所养，壮有所用，幼有所长，矜寡孤独废疾者皆有所养，男有分、女有归，货恶其弃于地也，不必藏于己，力恶其不出于身也，不必为己，是故谋闭而不兴，盗窃乱贼而不作，故外户而不闭，是谓大同。"这种理想社会曾为许多人所向往。近现代以来，洪秀全、康有为、谭嗣同、孙中山都曾受过"大同"思想的影响。清末维新运动的领袖、思想家康有为还专门写了《大同书》。

在写《大同书》之前，康有为还写过一本《人类公理》，其中就已表露了后来《大同书》中的基本思想，这说明人类的社会理想是康有为长期思考的问题。《大同书》全书分为十部；甲部：入世界观众苦；乙部：去国界合大地；丙部：去阶级平民族；丁部：去种界同人类；戊部：去形界保独立；己部：去家界为天民；庚部：去产界公生业；辛部：去乱界治太

元
明
清

平；壬部：去类界爱众生；癸部：去苦界至极乐。

梁启超在《清代学术概论》中曾将《大同书》的内容概括如下："一、无国家，全世界置一总政府，分若干区域。二、总政府区政府皆由民选。三、无家族，男女同栖不得逾一年，届期须易人。四、妇女有身者入胎教院，儿童出生者入育婴院。五、儿童按年龄入蒙养院及各级学校。六、成年后由政府指派分任农工等生产事业。七、病则入养病院，老则入养老院。八、胎教、育婴、蒙养、养病、养老诸院，为各区之最高设备，人者得最高之享乐。九、成年男女，例须以若干年服役于此诸院，若今世之兵役然。十、设公共宿舍、公共食堂，有等差，各以其劳作所人自由享用。十一、警惰为最严明之刑罚。十二、学术上有发明者及在胎教等院有特别劳绩者，得殊奖。十三、死则火葬，火葬场比邻为肥料工厂。"

此书写成后，康有为在很长时间内秘之不肯示人，只让他最亲近的学生梁启超等少数人看过。在作者生前，只发表过甲、乙两部，最初刊于1913年的《不忍杂志》，后来在1919年印成单行本。全书直到1935年才由中华书局出版，其时作者已去世八年了。康有为在这本书里，依据《春秋公羊传》说，把社会的发展分作乱世、升平世、太平世三世。太平世是理想社会的最高阶段，并且结合《礼记·礼运》中"小康""大同"说，指出"神圣明王孔子早虑之，忧之，故立三统三世之法，据乱之后，易以升平、太平，小康之后，进以大同"。他还详细列表（共约百条）对照"大同始基之据乱世"，"大同渐行之升平世"，"大同成就之太平世"的情况，例如在太平世，"无国界而为世界"，"人民皆为世界公民"等。

毛泽东在东山学堂读书时，就接触过康有为的著作，并表示崇拜。1917年8月23日，毛泽东致黎锦熙信中声称"故立太平世为鹄，而不废据乱升平二世"，与康有为在《大同书》中的说法相同。他此时可能已读过康有为《大同书》了。《大同书》中的一些具体意见，对青年毛泽东也有影响，例如毛泽东1919年2月写的《学生之作》中具体设计的"新村"，明显是受《大同书》的影响。

毛泽东在成长为共产主义者后，也常常借用"大同"来表述未来的共产主义社会。前面引述的《论人民民主专政》中的那段话就是一个例子。在这篇文章中，毛泽东对康有为大同理想本身及其《大同书》的具体内容，并无具体评论，只是惋惜康有为未能找到通向这个理想的道路。但毛泽东在谈到"自从1840年鸦片战争失败那时起，先进的中国人，经过千辛万苦，向西方国家寻找真理"时，把康有为称作"在中国共产党出世以前向西方寻找真理的一派人物"中的一个代表，这是很高的评价，耐人寻味。1958年8月，在人民公社化运动中，毛泽东视察了河北徐水。第三天，中共中央农村工作部副部长陈正人来到徐水，传达中央的有关指示，要在徐水搞共产主义试点，同时把《大同书》和《共产党宣言》一道推荐给当地干部学习。

梁启超

梁启超（1873—1929），字卓为，号任公，又号饮冰室主人，广东新会人，中国近代资产阶级改良主义者、文学家。光绪举人。光绪二十一年（1895），当丧权辱国的《马关条约》签订时，与康有为联合各省赴京会试的举人上书清廷，要求拒签条约，迁都抗战，变法图强，这便是著名的"公车上书"事件。此后积极投入政治运动，主办《时务报》，主讲长沙时务学堂，后又创办《清议报》《新民丛报》《新小说》等报刊，在戊戌变法前后，积极宣传维新变法，主张君主立宪制，是当时资产阶级改良主义的主要宣传者。当资产阶级革命兴起后，与康有为组织保皇会，反对革命。辛亥革命后，依附袁世凯，任司法总长，后又反袁，与北洋军阀段祺瑞合作，出任其财政总长。晚年受聘清华大学，执教著书。在文学上，曾积极鼓吹小说界革命、诗界革命和散文解放，对推动诗歌和小说的发展起积极作用。但其小说理论的宣传，颇多片面之处。所作诗文多歌颂西方资产阶级启蒙思想家和资产阶级民主自由。议论慷慨，气势充沛，平易清新，风靡一时，为晚清文体解放和五四白话文运动开辟了道路。其著作编为《饮冰室合集》。

【原文】

《变法通议》自序

法何以必变？凡在天地之间者莫不变：昼夜变而而成日；寒暑变而成岁；大地肇起⁽¹⁾，流质炎炎，热熔冰迁，累变而成地球；海草螺蛤，大木大鸟，飞鱼飞鼍⁽²⁾，袋兽脊兽⁽³⁾，彼生此灭，更代迭变，而成世界；紫血红血⁽⁴⁾，流注体内，呼炭吸养⁽⁵⁾，刻刻相续，一日千变，而成生人。藉日不变⁽⁶⁾，则天地人类并时而息矣。故夫变者，古今之公理也⁽⁷⁾：贡助之法变为租庸调⁽⁸⁾，租庸调变为两税⁽⁹⁾，两税变为一条鞭⁽¹⁰⁾；井乘之法变为府兵⁽¹¹⁾，府兵变为彍骑⁽¹²⁾，彍骑变为禁军⁽¹³⁾；学校升造之法变为荐辟⁽¹⁴⁾，荐辟变为九品中正⁽¹⁵⁾，九品变为科目⁽¹⁶⁾。上下千岁，无时不变，无事不变，公理有固然，非夫人之为也。为不变之说者，动曰："守古守古"，庸讵知自太古⁽¹⁷⁾、上古、中古、近古以至今日，固已不知万百千变。今日所目为古法而守之者，其于古人之意，相去岂可以道里计哉？

今夫自然之变，天之道也；或变则善，或变则敝。有人道焉，则智者之所审也。语曰⁽¹⁸⁾："学者上达，不学下达。"惟治亦然：委心任运⁽¹⁹⁾，听其流变，则日趋于敝；振刷整顿，斟酌通变，则日趋于善。吾揆之于古⁽²⁰⁾，一姓受命⁽²¹⁾，捌法立制⁽²²⁾，数叶以后⁽²³⁾，其子孙之所奉行，必有以异于其祖父矣。而彼君民上下，犹睊焉以为吾今日之法吾祖⁽²⁴⁾，前者以之治天下而治，苶然守之⁽²⁵⁾，因循不察，渐移渐变，百事废弛，卒至疲敝，不可收拾。代兴者审其敝而变之⁽²⁶⁾，斯为新王矣⁽²⁷⁾。苟其子孙达于此义，自审其敝而自变之，斯号中兴矣⁽²⁸⁾。汉唐中兴⁽²⁹⁾，斯固然矣。

《诗》曰⁽³⁰⁾："周虽旧邦，其命维新。"言治旧国必用新法也。其事甚顺，其义至明，有可为之机，有可取之法，有不得不行之势，有不容少缓之故。为不变之说者，犹曰"守古守古"，坐视其因循废弛，而漠然无所动于中。呜呼！可不谓大惑不解者乎⁽³¹⁾？《易》曰⁽³²⁾："穷则变，变则通，通则久。"伊尹曰⁽³³⁾："用其新，去其陈。"病乃不存。夜不炳烛则昧，冬不御裘则寒，渡河而乘陆车者危，易证而尝旧方者死⁽³⁴⁾。今专标斯义，大声疾呼，上循土训诵训之遗⁽³⁵⁾。下依曚讽鼓谏之义⁽³⁶⁾，言之无罪⁽³⁷⁾，闻者足兴，为六十篇⁽³⁸⁾，分类十二，知我罪我⁽³⁹⁾，其无辞焉。

【注释】

（1）肇（zhào 兆），初始，创建。《书舜典》："肇十有二州。"

（2）飞鼍（tuó 驼），指恐龙。

（3）袋兽，指有翼恐龙。见威尔斯《世界史纲》。

（4）紫血红血，即红细胞和白细胞。白细胞本不含血色素，但因其流于血浆中，故也称红血。

（5）炭，即氮气。养，即氧气。

（6）藉曰，如果说。藉，连词，表假设，如果。

（7）公理，社会上公认的正确道理。

（8）贡助之法，我国上古实行的一种赋税制度。贡法是一个农民要把他耕地的十分之一的收成，贡献给当时的统治阶级。助法是一个农民耕种一定数的公田，作为租税。《孟子·滕文公》："夏后氏五十而贡，殷人七十而助，周人百亩而彻，其实皆什一也。"租庸调，租，田税。调，户税，庸，力役税。《旧唐书食货志》："赋役之法，每丁岁入'租'粟二石，'调'则随乡土所产，绫绢绝各二十丈，布加五分之一。……凡丁，岁役二旬。"

（9）两税，夏税和秋税的合称。唐德宗时杨炎作两税法，并租庸调为一，令以钱输税。夏税不超过六月，秋税不超过十一月，故称两税。详见《新唐书·杨炎传》。两税法是唐代后期到明代中叶田赋制度的基础。

（10）一条鞭，明代田赋制度。嘉靖时于地方试行新法，以各州县田赋、各项杂款、均徭、力差、银差、里甲等编为一，通计一省赋税，通派一省徭役，官收官解，除秋粮外，一律改收银两，计亩折纳，总为一条，称一条鞭法。海瑞初创、张居正执政推行全国。见《明史·食货志二》。清代因之。

（11）井乘（shèng圣）之法，周代按甸（六十四井）为单位摊派军赋（包括车马、兵甲、人员）的兵役制度。其法有二：一种是畿内的乡遂，每家一人；另一种是丘甸，十家一人。详见《周礼·地官·小司徒》。因为古时是车战，所以不管是乡道，还是丘甸，它的编制，都是以车乘为主的。府兵，起于西魏，行于北周和隋，兴于唐初的一种兵役制度。宇文泰掌握西魏政权时创立，其制为：王国置六军，约合百府，共二十四军，由六柱国分领，下设十二大将军、二十四开府。军士由各级将领统率，另立户籍，与民户制。凡被捡点充当府兵的，平日务农，农闲教训，征发时自备兵器赉粮，今番轮流宿卫京师，防守边境。

（12）彍（kuò扩）骑，唐代宿卫兵名。唐高宗武后时，府兵制逐渐败坏，宿卫兵大量逃亡。玄宗开元十一年（723），宰相张说建议召募壮士充当宿卫，待遇优厚，一年两次换班。乃取京兆、蒲、同、岐、华府兵及白丁，加潞州长从兵，共十二三万人，号"长从宿卫"，次年更号曰彍骑。天宝以后，此法遂废。见《旧唐书·张说传》《新唐书·兵志》。彍，亦作"彉"，张满弩弓。此是强劲之意。

（13）禁军，原指皇帝的亲兵，即侍卫宫中及扈从的军队。这里指宋代由中央直接掌握的正规军。从各地招募，或从厢军，乡兵中选拔，由中央政府直接掌握，分隶三衙。除防守京师外，并分番调戍各地，使将不得专其民。每发一兵，均须枢密院颁发兵符。编制有军指挥都。士兵出自雇用。

（14）学校升造之法，何休《公羊传·宣公十五年》注："八岁者学小学，十五者学大学，其有秀者，移于乡学；乡学之秀者，移于庠；庠之秀者，移于国学。学于小学，诸侯岁贡小学之秀者于天子；学于大学，其有秀者，命曰进士。"荐辟，推荐和征召。汉代官吏选择制度。《汉书元帝纪》："元康四年，诏遣大中大夫，循行天下，举茂才异伦之士。"《文献通考》："东汉时，选举辟召，皆可以入仕，以乡举里选，循序而进者选举也；以高才重名蹑等而升者辟召也。"

（15）九品中正，魏晋南北朝保持世族特权的官吏选拔制度。三国魏延康元年（220），曹丕采用吏部尚书陈群的建议，推选各群有"声望"的人，出任"中正"，将当地士人按"才能"分别评定为九等（九品），政府按等选用，谓之"九品官人法"。九品中正制成为世袭贵族操纵政权的工具。隋朝时废除，改用科举制。

（16）科目，隋唐以来分科选拔官吏的名目。《新唐书·选举志》："唐制取士之科，多因隋旧，然其大要有三：由学馆者曰生徒；由州县者曰乡贡；皆升于有司而进退之。其科之目，有秀才，有明经，有俊士，有明法，有明字，有明算，有一史，有三史，有开之礼，有道举，有童子；而取经之制，有三经，有二经，有学究一经，有三礼。有三传，有史料，此岁举之常选也。其天子自诏者曰制举，所以待非常之才焉。"宋代分科较少，明清虽只设进士一科，仍沿旧称。

（17）庸讵，何，怎么。太古，远古，一般指史前时期。《荀子·正名》："太古薄葬，故不扣也。"上古，较早的古代。我国史学界在中国历史分期上，多称商、周、秦、汉时代为上古，有时亦兼指史前时期。中古，次于上古的时代。由于古人所处的时代不一，所指时期不一。今一般以魏晋南北朝至唐宋之间为中古，也有把两汉包括在内的。近古，接近古代，我国历史分期上多指宋至清鸦片战争前时期。

（18）语曰三句，语出《论语·宪问》："君子上达，小人下达。"又不怨天，不尤人，下学而上达。皇侃义疏曰："下学，学人事，上达，达天命。我既学人事，人事有否有泰，故不尤人。上达天命，天命有穷有通，故我不怨天也。"这里上达指知道天命的穷通，下达则指只懂人事的好坏。

（19）委心任运，任凭命运。

（20）吾揆之于古，我揣度古代。揆（kuí 葵，又读 kuì 愧），度量，揣度。

（21）一姓受命，《书·召诰》："惟王受命。"，命，指天命。

（22）刱（chuàng 创），《说文解字》："刱，造法刱业也。"俗作"刱"，通作"创"。

（23）数叶，数代。叶，世，代。

（24）睍（xiàn 宪），高视，表示骄傲之意。

（25）苶（nié 聂上声）然，疲惫病困之状。《庄子·齐物论》："恭然疲役而不知其所归。"《经典释文》："恭，简文云：'疲病困之貌。'"

（26）代兴，代之而兴。

（27）斯为新王矣，语出董仲舒《春秋繁露·二代改制质文》："《春秋》上黜夏，下存周，以《春秋》当新王。"新王，是今文经学《春秋》公羊家的说法，梁氏是清末今文经学派运动的宣传者，所以喜欢用这个名词，用来代表一切新兴的封建统治阶级。

（28）中兴，中途振兴，转衰为盛。《诗经·大雅·燕民序》："任贤使能，周室中兴矣。"

（29）汉唐中兴，指东汉光武帝刘秀和唐肃宗李亨的复兴汉唐。

（30）《诗》曰三句：见《诗经·大雅·文王》。这是歌颂周文王的诗。旧邦，周自后稷开国，历夏、商两朝，故称旧邦。命，天命。上帝初命文王建帝王之业，所以说其命维新。维新，乃始更新。毛诗在该二句下陈奂传疏："维，犹乃也；维新，乃新也……言周至文王而始新之。"后称改变旧法推行新政为维新。

（31）大惑不解，一辈子迷惑不解。语出《庄子·天地》："大惑者终身不解，大愚者终身不灵。"这里指对某事物很怀疑，不理解。用于表示不满和质问。

（32）《易》曰四句，见《易·系辞下》，《易》原来是说，事物到了尽头，就要设法改变，一改变就通达了，一通达就长久了。穷，贫乏，困苦。

（33）伊尹曰三句，语见《吕氏春秋·先己》："凡事之本，必先治身，啬其大宝，用其新，弃其旧。"即弃旧图新之意。伊尹，名伊，尹是官名。一说名挚。商初大臣。

（34）证，通"症"，病症。

（35）上循土训诵训之遗，《周礼·地官》："土训掌道地图，以诏地事。"郑注："道，说也，说地图九州形势，山川所宜，告王以施其事也。"又："诵训掌道方志，以诏观事。"注："说四方所识久远之事以告王观博古。"孙诒让正义曰："方志即外史四方之志，志，识字同。"

（36）下依矇（méng 蒙）讽鼓谏之义，《周礼·春官》："瞽矇……讽诵诗。"《国语·周语》："天子听政，使公卿至于列士献诗，瞽献曲，史献书，师箴，瞍赋，矇诵……而后王斟酌焉。"韦昭注："有眸子而无见曰矇。矇主弦歌讽诵，谓箴谏之之语也。"

（37）言之无罪二句，语本《诗大序》"言之者无罪，闻之者足以戒"，略加变化。

（38）为六十篇二句，今只存十三篇，也不见分类。

（39）知我罪，语出《孟子·滕文公》："孔子曰：'知我者其惟《春秋》乎？罪我者其惟《春秋》乎？'"

【毛泽东评说】

我无心读古文。当时我正在读表兄送给我的两本书，讲的是康有为的变法运动。一本是《新民丛报》，是梁启超编的。这两本书我读了又读，直到可以背出来。

——《有登高一呼之概》，载陈晋编：《毛泽东读书笔记解析》，广东人民出版社 1996 年版，第 21 页。

元
明
清

二十年前，谭嗣同在湖南倡南学会，召集梁启超、麦孟华诸名流，在长沙设时务学堂，发刊《湘报》，《时务报》。一时风起云涌，颇有登高一呼之概。原其所以，则彼时因几千年的大帝国，屡受打击于列强，怨痛愧悔，激而奋发。知道徒然长城渤海，挡不住别人的铁骑和无畏兵船。中国的老法，实在有些不够用。"变法自强"的呼声，一时透衡云彻云梦的大倡。中国时机的转变，在那时候为一个大枢纽。湖南也跟着转变，在那时候为一个大枢纽。

——《健学会之成立及进行》，载《毛泽东早期文稿》，湖南出版社1990年版，第362页。

梁启超一生像有点虎头蛇尾。他最辉煌的时期是办《时务报》和《清议报》的几年。那时他同康有为力主维新变法。他写的《变法通议》在《时务报》上连载，立论锋利，条理分明，感情奔放，痛快淋漓，加上他的文章一反骈体、桐城、八股之弊，清新平易，传诵一时。他是当时最有号召力的政治家。

梁启超是在两次赴京会试落第之后，才同康有为、谭嗣同等一起搞"公车上书"的。"戊戌变法"后，流亡日本办《清议报》。其后即逐渐失去革命锋芒，成为顽固的保皇派，拥护君主立宪，反对民主共和。后来，他拥护袁世凯当总统和段祺瑞执政，但也反对袁世凯称帝和张勋复辟。欧战结束后出国游欧，回国后即退出政坛，专心著作和讲学。

梁启超写政论往往态度不严肃。他讲究文章的气势，但过于铺阵排比；他好纵论中外古今，但往往似是而非，给人以轻率、粗浅之感。他自己也承认有时是信口开河。

写文章尤其是政论最忌以势吓人，强词夺理。梁启超那个时候写文章的人好卖弄"西学"，喜欢把数学、化学、物理和政治相提并论，用自然科学的术语来写政论，常常闹出许多笑话。做新闻工作既要知识广博，又要避免肤浅，这不容易做到，但一定要努力学习做到。

梁启超创办《时务报》开始确实很辛苦，他自己写评论，又要修改别人来稿，全部编排工作和复校工作都由他一个人承担。后来才增加到七八个人，其中三位主要助手也是广东人。现在我们的报社，动辄数百人、上千人，是不是太多了？

——吴冷西《"五不怕"及其他》，载《忆毛主席我亲自经历的若干重大历史事件片段》，新华出版社1995年版，第163—164页。

【赏析】

　　《时务报》《新民丛报》和《清议报》，是中国近代史上资产阶级维新派的主要报刊，均为梁启超主持。梁启超1890年起师事康有为，成为康有为的主要助手。1895年后致力于维新变法运动，成为戊戌变法的主要思想家、宣传家。变法失败后，流亡日本，办《清议报》，继续提倡君主立宪。毛泽东说，"他最辉煌的时期是办《时务报》和《清议报》的几年。"《时务报》于1896年8月创刊于上海，旬刊，1898年8月汪康年任经理，梁启超任撰述。它以变法图存的宗旨，宣传改良主义思想，成为维新派在戊戌变法前的最有影响的报刊。变法失败后，梁启超逃到日本，1898年10月又在横滨创办《清议报》，明目张胆地猛烈攻击清政府，无法发行国内，不得已而停办。于1901年冬，另办《新民丛报》，稍从灌输常识入手，意外地受到社会欢迎。

　　梁启超当时的主要文章和时事性论著，几乎都是在他自己主编的《时务报》《清议报》和《新民丛报》上发表的。在政治上他鼓吹保救光绪皇帝，反对慈禧太后，主张君主立宪。但更重要的是，梁启超在其报刊上面发表了一系列鼓吹西方资产阶级政治文化道德的文章，鼓吹与中国传统文化完全不同的价值标准、理论观念、思想方式和行为规范，形成了巨大的反差，在当时中国知识界，起了振聋发聩的作用，影响了中国几代知识分子。从朱执信、柳亚子到胡适、蒋梦麟，从陈独秀到吴玉章、林伯渠，从鲁迅到郭沫若、邹韬奋，都有过这方面的回忆。毛泽东说他当时"崇拜康有为和梁启超"，是很自然的；认为梁启超的文章有"登高一呼之慨"，也是符合实际的。

　　晚年，毛泽东还对梁启超的文章评价很高，他特别欣赏梁氏发表在《时务报》上的系列文章《变法通议》，认为"立论锋利，条理分明，感情奔放，痛快淋漓，加上他的文章一反骈体、桐城、八股之弊，清新平易，传

元
明
清

诵一时"。这样评价梁氏文章的特色是准确的，也是公允的。《变法通议》本拟作六十篇，分十二类。但现在所存的，是连载于《时务报》第一期至第四十三期上计十五篇（不分类）。它们是：一、论不变法之害；二、论变法不知本原之害；三、续论变法不知本原之害；四、学校总论；五、论科举；六、论学会；七、论师范；八、论女学；九、论幼学；十、学校余论；十一、论译书；十二、论变法必自平满汉之界起；十三、论变法安置守旧大臣之法；十四，论金融涨落；十五、论中国宜讲求法律之学。外加一篇总括性的序言，即我们所选的《变法通议序》。

《变法通议序》是这组系列文章的总序，篇幅较短，也颇体现这组文章的精神与梁氏文章的基本特色，故选来以飨读者。这篇文章主旨明确，倡导变法，认为变法是世界公理，就是不待证明而为世人公认的正确理论。这样提出问题，不仅"立论锋利"，而且条理分明。然后又从自然科学和历史发展两个方面加以论证。自然科学方面，从昼夜的变化、四季的不同、地球的变迁、医学的发展，说明了"变者，古今之公理也"；历史发展方面，则就赋税制度、兵役制度、官吏制度的变迁，证明历史发展"无时不变，无事不变，公理有固然，非复人之为也"。接着进一步引经据典，证明变则善，不变则敝。最后大声疾呼：治旧国用新法，"其事甚顺，其义自明，有可乘之机，有可取之法，有不得不行之势，有不容少缓之故。"确实体现了"立论锋利，条理分明，感情奔放，痛快淋漓"而又"清新平易"的特色，完全是纯熟的散体文章，完全摆脱了骈文、桐城、八股之弊，同时，好用排比，好纵论中外古今，讲究文章的气势，好搬弄"西学"，喜用自然科学术语来写政论的缺陷，也有所表露。

【原文】

论国家思想（节录）

人群之初级也⁽¹⁾，有部民而无国民⁽²⁾。由部民而进为国民，此文野所由分也⁽³⁾。部民与国民之异安在？曰：群族而居，自成风俗者，谓之部民。有国家思想，能自布政治者，谓之国民。天下未尝有无国民而可以成国者也。

国家思想者何？一曰：对于一身而知有国家；二曰：对于朝廷而知有国家；三曰：对于外族而知有国家；四曰：对于世界而知有国家。

所谓对于一身而知有国家者何也？人之所以贵于他物者，以其能群耳。使以一身孑然立于大地⁽⁴⁾，则飞不如禽，走不如兽，人类之剪灭亦既久矣⁽⁵⁾。故自其内界言之，则太平之时，通功易事⁽⁶⁾，分业相助，必非能以一身而备百工也⁽⁷⁾。自其外界言之，则急难之际，群策群力，捍城御侮，尤非能以一身而保七尺也。于是乎国家起焉。国家之立，由于不得已也。即人人自知仅恃一身之不可，而别求彼我相团结相补助相捍救相利益之道也。而欲使其团结永不散，补助永不亏，捍救永不误，利益永不穷，则必人人焉知吾一身之上，更有大而要者存。每发一虑，出一言，治一事，必常注意于其所谓一身以上者。（此兼爱主义也⁽⁸⁾，虽然，即谓之为我主义亦无不可。盖非利群则不能利己，天下之公例也。）苟不尔⁽⁹⁾，则团体终不可得成，而人道或几乎息矣。此为国家思想之第一义。

所谓对于朝廷而知有国家者何？国家如一公司，朝廷则公司之事务所。而握朝廷之权者，则事务所之总办也。国家如一村市，朝廷则村市之会馆⁽¹⁰⁾。而握朝廷之权者，则会馆之值理也⁽¹¹⁾。夫事务所为公司而立乎？抑公司为事务所而立乎？会馆为村市而设乎？抑村市为会馆而设乎？不待辨而知矣。两者性质不同，而其大小轻重，自不可以相越。故法王路易十四"朕即国家也"一语⁽¹²⁾。至今以为大逆不道。欧美五尺童子，闻之莫不唾骂焉。以吾中国人之眼观之，或以为无足怪乎？虽然，譬之有一公司之总办，而曰"我即公司"，有一村市之值理，而曰"我即村市"，试思公司之股东，村市之居民，能受之否耶？夫国之不可以无朝廷，固也。故常推爱国之心以爱及朝廷，是亦爱人及屋、爱屋及乌之意云尔⁽¹³⁾。若夫以乌为屋也，以屋为人也，以爱乌爱屋为即爱人也，寖假爱乌而忘其屋⁽¹⁴⁾，爱屋而忘其人也，欲不谓之病狂，不可得也。故有国家思想者，亦常爱朝廷。而爱朝廷者，未必皆有国家思想。朝廷由正式而成立者，则朝廷为国家之代表。爱朝廷即所以爱国家也。朝廷不以正式而成立者，则朝廷为国家之蟊贼⁽¹⁵⁾。正朝廷乃所以爱国家也。此为国家思想之第二义。

所谓对于外族而知有国家者何也？国家者，对外之名词也。使世界而仅有一国，则国家之名不能成立。故身与身相并而有我身，家与家相接而有我家，国与国相峙而有我国。人类自千万年以前，分孳各地[16]，各自发达。自言语风俗，以至思想法制，形质异，精神异，而有不得不自国其国者焉。循物竞天择之公例[17]，则人与人不能不冲突，国与国不能不冲突。国家之名，立之以应他群者也。故真爱国者，虽有外国之神圣大哲，而必不愿服从于其主权之下。宁全使国之人流血粉身靡有孑遗[18]，而必不肯以丝毫之权利让于他族。盖非是则其所以为国之具先亡也。譬之一家，虽复室如悬磬[19]，亦未有愿他人入此室处者。知有我故，是故我存。此为国家思想之第三义。

所谓对于世界而知有国家者何也？宗教家之论，动言天国，言大同[20]，言一切众生。所谓博爱主义，世界主义，抑岂不至德而深仁也哉？虽然，此等主义，其脱离理想界而入于现实界也，果可期乎？此其事或待至万数千年后吾不敢知，若今日将安取之！夫竞争者，文明之母也。竞争一日停，则文明之进步立止。由一人之竞争而为一家，由一家而为一乡族，由一乡族而为一国。一国者，团体之最大圈，而竞争之最高潮也。若曰并国界而破之，无论其事之不可成，即成矣，而竞争绝，毋乃文明亦与之俱绝乎[21]？况人之性非能终无竞争者也。然则，大同以后，不转瞬而必复以他事起竞争于天国中，而彼时已返为部民之竞争，而非复国民之竞争。是率天下而复归于野蛮也。今世学者，非不知此主义之为美也，然以其为心界之美[22]，而非为历史上之美。故定案以国家为最上之团体，而不以世界为最上之团体，盖有由也[23]。然则，言博爱者，杀其一身之私以爱一家可也，杀其一家之私以爱一乡族可也，杀其一身一家一乡族之私以爱一国可也。国也者，私爱之本位，而博爱之极点。不及焉者亦野蛮也。何也？其为部民而非国民一也。此为国家思想第四义。

耗矣哀哉[24]，吾中国人之无国家思想也！其下焉者，惟一身一家之荣瘁是问[25]。其上焉者，则高谈哲理以乖实用也[26]。其不肖者且以他族为虎，而自为其伥[27]。其贤者亦仅以尧、跖为主[28]，而自为其狗也。

以言乎第一义，则今日四万万人中，其眼光能及于一身以上者几人？

攘而往⁽²⁹⁾，熙而来，苟有可以谋目前之私利者，虽卖尽全国之同胞以图之，所弗辞也。所谓第一等人者，则独善其身⁽³⁰⁾，乡党自好者流也⁽³¹⁾。是即吾所谓逋群负众而不偿者也⁽³²⁾。夫独善之与私恶，其所以自立者虽不同，要其足以招国家之衰亡一也。

以言乎第二义，则吾中国相传天经地义⁽³³⁾，曰忠曰孝，尚矣⁽³⁴⁾。虽然，言忠国则其义完。言忠君则其义偏。何也？忠孝二德，人格最要之件也。二者缺一，时曰非人⁽³⁵⁾。使忠而仅以施之君也，则天下之为君主者，岂不绝其尽忠之路，生而抱不具人格之缺憾耶？则如今日美、法等国之民，无君可忠者，岂不永见屏于此德之外⁽³⁶⁾，而不复得列人类耶？顾吾见夫为君主者⁽³⁷⁾，与为民主国之国民者，其应尽之忠德，更有甚焉者也⁽³⁸⁾。人非父母无自生，非国家无自存。孝于亲，忠于国，皆报恩之大义，而非为一姓之家奴走狗者所能冒也。而吾中国人以忠之一字为主仆交涉之专名，何其慎也⁽³⁹⁾！（君之当忠，更甚于民。何也？民之忠也，仅在报国之一义务耳。君之忠也，又兼有不负付托之义务。安在其忠德之可以已耶？夫孝者，子所对于父母的责任也。然为人父者，何尝可以缺孝德。父不可不孝，而君顾可以不忠乎？仅言忠者，吾见其不能自完其说也。）

以言乎第三义，则吾国历史弥天之大辱，而非复吾所忍言矣。计自汉末以迄今日⁽⁴⁰⁾，凡一千七百余年间，我中国全土为他族所占领者，三百五十八年；其黄河以北，乃至七百五十九年。呜呼！以黄帝神明华胄所世袭之公产业⁽⁴¹⁾，而为人剟而夺之者⁽⁴²⁾，屡见不一见。而所谓黄帝子孙者，迎壶浆若崩厥角⁽⁴³⁾，纡青紫臣妾骄人⁽⁴⁴⁾，其自啮同类以为之尽力者，又不知几何人也。陈白沙《崖山吊古诗》云⁽⁴⁵⁾："镌功奇石张宏范⁽⁴⁶⁾，不是胡儿是汉儿。"嗟夫，嗟夫！晋、宋以来之汉儿，其丰功伟烈与张宏范后先辉映者，何啻千百⁽⁴⁷⁾！白沙先生无乃所见不广乎？国家思想之销亡，至是而极。

以言乎第四义，则中国儒者，动曰平天下治天下。其尤高尚者，如江都《繁露》之篇⁽⁴⁸⁾，横渠《西铭》之作⁽⁴⁹⁾，视国家为眇小之一物，而不屑厝意⁽⁵⁰⁾。究其极也，所谓国家以上之一大团体，岂尝因此等微妙之空言而有所补益，而国家则滋益衰矣。若是乎吾中国人之果无国家思想也！危乎痛哉！吾中国人之无国家思想竟如是其甚也！

吾推其所以然之故，厥有二端⁽⁵¹⁾。一曰知有天下而不知有国家；二曰知有一己而不知有国家。

虽然，知有天下而不知有国家，此不过一时之谬见。其时变，则其谬亦可自去。彼谬之由地理而起者，今则全球交通，列强比邻，闭关一统之势破，而安知殷忧之不足以相启也。谬之由学说而起者，今则新学输入，古义调和，通变宜民之论昌⁽⁵²⁾，而安知王霸之不可以一途也⁽⁵³⁾。所最难变者，则知有一己而不知有国家之弊，深中于人心也。夫独善其身、乡党自好者，畏国事之为己累而逃之也。家奴走狗于一姓而自诩为忠者⁽⁵⁴⁾，为一己之爵禄也。势利所在，趋之若蚁，而更自造一种道德以饰其丑而美其名也。不然，则二千年来与中国交通者，虽无文明大国，四面野蛮，亦何尝非国耶？谓其尽不知有对待之国，又乌可以⁽⁵⁵⁾？然试观刘渊、石勒以来⁽⁵⁶⁾，各种人之入主中夏，曾有一焉无汉人以为之佐命元勋者乎？昔稽绍生于魏⁽⁵⁷⁾，晋人篡其君而戮其父⁽⁵⁸⁾，绍腼颜事两重不共戴天之仇敌⁽⁵⁹⁾，且为之死而自以为忠。后世盲史家亦或以忠许之焉。吾甚惜乎至完美至高尚之忠德，将为此辈污蔑以尽也。无他，知有己而已。有能富我者，吾愿为之吮痈⁽⁶⁰⁾；有能贵我者，吾愿为之叩头。其来历如何，岂必问也。若此者，其所以受病，全非由地理、学说之影响。地理、学说虽万变，而奴隶根性终不可得变。呜呼！吾独奈之何哉！吾独奈之何哉！不见乎联军入北京⁽⁶¹⁾，而顺民之旗，户户高悬，德政之伞，署衔千百。呜呼痛哉！吾语及此，无眦可裂⁽⁶²⁾，无发可竖。吾惟胆战，吾惟肉麻。忠云忠云，忠于势云尔。不知来，视诸往。他日全地球势利中心点之所在，是即四万万忠臣中心点之所在也，而特不知国于此焉者之谁与立也！

呜呼！吾不欲多言矣。吾非敢望我同胞将所怀抱之利己主义划除净尽⁽⁶³⁾。吾惟望其扩弃此主义，巩固此主义，救如何而后能真利己，如何而后能保己之利使永不失，则非养成国家思想不能为功也。同胞乎，同胞乎！勿谓广土之足恃。罗马帝国全盛时，其幅员不让我今日也。勿谓民众之足恃。印度之土人固二百余兆也⁽⁶⁴⁾。勿谓文明之足恃。昔希腊之雅典，当其为独立国也，声明文物甲天下⁽⁶⁵⁾。及其服从他族，萎靡不振以至于澌亡⁽⁶⁶⁾。而吾中国当胡元时代，士大夫皆习蒙古文（《廿二史札记》言之甚详⁽⁶⁷⁾），而文学几于中绝也。惟兹国家，吾侪父母兮⁽⁶⁸⁾，无父何怙⁽⁶⁹⁾，无母何恃兮。茕茕凄凄⁽⁷⁰⁾，谁怜取兮？时运一去，吾其已兮！思之思之，国及今其犹未沬兮⁽⁷¹⁾！

【注释】

（1）人群，人类。

（2）部民，原始部落之民。

（3）文野，文明与野蛮。

（4）孑（jié洁）然立于大地，孤立无依地立在地上。孑，单独。

（5）剪灭，全消灭。剪，全，尽。《左传·成公二年》："余姑剪灭此朝食。"杜预注："剪，尽也。"

（6）通功易事，意思是人各其业，互通有无。语本《孟子·滕文公下》："子不通功易事，以羡补不足，则农有余粟，女有余布。"

（7）百工，古代多种手工业工人的总称。

（8）兼爱，战国时墨子提倡"兼相爱，交相利"，主张爱无差等，不分亲疏厚薄。

（9）苟不尔，假如不这样。尔，如此，这样。

（10）会馆，同籍贯或同行业的人在京城及各大城市所设立的民间机构，建有馆所，供同乡及同行集会、寄食之用。

（11）值理，主管的人。

（12）路易十四（1638—1715），法国国王，1643—1715年在位，五岁即位，由母安娜氏摄政。1661年亲政，推行专制统治，声称"联即国家"。

（13）爱屋及乌，喜爱那所房屋，连房屋上的乌鸦也一并喜爱。比喻由于喜爱某人，也喜爱与这人有关的人或物。语本《尚书大传·大战》："爱人者，兼其屋上之乌。"云尔，语助词。

（14）寖（qìn侵），逐渐。假，借。

（15）蟊（máo矛）贼，吃禾苗的两种害虫，吃根的叫蟊，吃节的叫贼。语本《诗经·小雅·大田》："去其螟螣，及其蟊贼。"后常用来比喻对国家或人民有危害的人或事物。

（16）孽，滋生，繁殖。

（17）物竞天择，指互相竞争、优胜劣汰之中，通过变异、遗传和自然选择的发展过程。这是英国生物学家达尔文进化论的基本观点。

（18）靡有孑（jié 洁）遗，语出《诗经·大雅·云汉》："周有黎民，靡有孑遗。"靡，无。孑遗，遗留，余剩。

（19）室如悬磬（qìng 庆），形如空无所有，贫穷到极点。《国语·鲁语上》："室如悬磬，野有青草，何恃而不恐。"磬，通"罄"，空，尽。

（20）大同，战国末期至汉代初期的儒家学派提出的一种理想社会，与"小康"相对。《礼记·礼运》："大道之行也，天下为公，选贤与能，讲信修睦，故人不独亲其亲，不独子其子，使老有所终，壮有所用，幼有所长，矜寡孤独废疾者皆有所养，男有分，女有归，货恶其弃于地也，不必藏于己，力恶其不出于身也，不必为己，是故谋闭而不兴，盗窃乱贼而不作，故外户而不闭，是谓大同。"

（21）毋乃，岂不是，难道。

（22）心界，理想世界之意。

（23）由，缘由，原因。

（24）耗（mào 冒），通"眊"，昏暗不明。

（25）荣瘁（cuì 粹），繁荣，困病。

（26）乖，违背。

（27）其不肖者二句，即成语"为虎作伥"之意。不肖者，不贤的人，指民族败类。伥（chāng 昌），被虎吃掉的人的鬼魂，为虎服役，虎要吃人，为虎前导，助纣为虐。

（28）其贤者二句，即成语"跖狗吠尧"之意，谓各为其主。语本《国策·齐策六》："跖之狗吠尧，非贵跖而贱尧也，狗固吠非其也。"尧，传说中，上古部落联盟首领，是古代贤君的代表。跖（zhí 直），先秦臣起义军领袖，过去诬称为大盗。

（29）攘而往二句，《史记·货殖列传》："天下熙熙，皆为利来，天下壤壤，皆为利往。"壤，通"攘"。熙，攘，纷乱混杂之状。

（30）独善其身，保持自身的节操。《孟子·尽心上》："穷则独善其身。"

（31）乡党自好，邻里和睦。

（32）遁群负众，脱离群众之意。遁，逃。

（33）天经地义，理所当然，无可非议。

（34）尚，推崇，崇尚。

（35）时曰非人，常常认为是有缺陷的人。非人，原指残疾人。

（36）屏（bǐng饼），亦作"摒"，排除。

（37）顾，只是。

（38）更有甚焉者也，有比忠德更为重要的（内容）。

（39）稹（diān颠），颠倒错乱。

（40）计自汉末以迄今日六句，原文曾列表统计，所谓"他族"，实指我国历史上的少数民族政权，而未列满王五朝。

（41）黄帝，姬姓，号轩辕氏，有熊氏，传说中中华各族的共同始祖。华胄（zhòu宙），世家贵族的后代子孙。

（42）紾（zhěn诊），扭转，弯曲。

（43）迎壶浆若崩厥角，为口腹之利而叩头膜拜。壶浆，酒。若崩厥角，语出《尚书·泰誓》："百姓懔懔，若崩厥角。"厥角，兽之头角。后来称以头叩地为"厥角"。

（44）纡青紫，系佩青色和紫色印绶。汉制印绶，公侯紫绶，九卿青绶。后以青紫比喻地位显要。臣妾，古代奴隶，男奴叫臣，女奴叫妾。

（45）陈白沙（1428—1300），即陈献章，字公甫，号白沙，广东新会人，明正统举人。曾荐授翰林院检讨，乞归，以讲学为生，从者甚众。卒谥文恭。

（46）张宏范（1238—1279），即张弘范，字仲畴，定兴人。元至元十五年为蒙古汉军都统帅，率兵侵宋。南下闽、广，执文天祥于潮阳五坡岭，破张世杰、陈秀夫于厓山，南宋遂亡。

（47）何啻（chì翅），何止。

（48）江都《繁露》之篇，指汉董仲舒所作《春秋繁露》。其书十七卷，发挥《春秋》之旨，多主公羊之学，杂取阴阳五行之说，宣扬天人感应思想。江都，董仲舒曾拜江都相。

（49）横渠，宋哲学家张载是陕西郿县横渠镇人，学者称横渠先生。《西铭》，篇名，此文掇拾经传中有关天道伦理之说，主张知神穷化，存心养性，以为天人一体，大君为天地之宗子，民为同胞，物则我与。

（50）厝（cuò 错）意，置意。留意。

（51）厥，其。

（52）通变宜民，指根据民众需要，因时制宜，不拘常规。昌，盛行。

（53）王霸，王道和霸道。战国时称以仁义治天下为王道，以武力结诸侯为霸道，其后作为统治国家的两种手段。

（54）自诩（xǔ 许），自夸。诩，大言。

（55）乌，何。

（56）刘渊，五代十国时汉（前赵）君主，匈奴族。石勒，后赵君主，羯族。

（57）稽绍，应作嵇绍，三国时嵇康之子，仕晋，官至侍中。"八王之乱"时，随惠帝与成都王战，兵败，百官侍卫皆溃散，独绍以身护惠帝，被乱兵所杀，血溅帝衣。

（58）晋人篡其君而戮其父，指司马氏篡夺曹魏政权，绍父康为司马氏所杀。

（59）腼（tiǎn 舔）颜，面有愧色。

（60）吮痈（yōng 拥），吮吸恶疮。《汉书·邓通传》："文帝尝病痈，邓通常为上嗽吸之。"后常以"吮痈舐痔"来形容谄媚趋奉权贵的卑鄙行为。痈，一种恶疮。

（61）联军入北京，指1900年八国联军攻陷北京。

（62）眦（zì 自），眼眶。

（63）刬（chǎn 铲）除，完全除掉。

（64）二百余兆，两亿多。兆，百万。

（65）甲天下，为天下第一。

（66）澌亡，灭亡。澌，尽。

（67）《廿二史札记》，清史学家赵翼撰。

（68）吾侪（chái 柴），我辈。

（69）无父何怙（hù 户）二句，语出《诗经·小雅·蓼莪》。怙，恃，皆依靠，凭借之意。

（70）茕茕（qióng 穷），孤独无依之状。

（71）未沫，未终止。沫，通"末"，消歇，终止。

【毛泽东评说】

我还记得我是在那个时候第一次听说光绪皇帝和慈禧太后都已死去的——虽然新皇帝宣统（溥仪）已经在朝两年了。那时我还不是一个反对帝制派；说实在的，我认为皇帝像大多数官吏一样都是诚实、善良和聪明的人。他们不过需要康有为帮助他们变法罢了。

——《立宪君主为人民拥戴》（读梁启超《新民说》），载陈晋：《毛泽东读书笔记解析》，广东人民出版社 1996 年版，第 30 页。

正式而成立者，立宪之国家，宪法为人民所制定，君主为人民所拥戴；不以正式而成立者，专制之国家，法令为君主所制定，君主非人民所心悦诚服者。前者，如现今之英、日诸国，后者，如中国数千年来盗窃得国之列朝也。

——《致文咏昌信》，《毛泽东早期文稿》，湖南出版社 1990 年版，第 5 页注（4）。

【赏析】

《新民说》，是梁启超陆续发表于《新民丛报》第 1 号（1902 年 2 月 8 日）至第 72 号（1906 年 1 月 6 日）上 20 篇论文的合称。《论国家思想》是其中的第六篇，发表于《新民丛报》第 4 号上。该文解说了"国家"和"朝廷"两个概念的差异。当然这种区分，不是为了推翻清政府，而是希望实行君主立宪制度使它更"合理"，更"正式"一些。梁启超的这种思想，其进步的一面，是批判了"朕即国家"的传统政治观念和以忠君寓爱国的奴才心理；其消极的一面，是鼓吹君主立宪和开明君主论。这种改良主义思想，在以孙中山领导的新兴资产阶级革命兴起之时，愈显出其落后性。

元
明
清

青年毛泽东读了《新民丛报》，而且还在《论国家思想》一文旁写了一段批语。这本毛泽东读过的《新民丛报》第 4 号，现在还保存在韶山纪念馆里。作批语的时间，当是 1910 年下半年毛泽东在东山小学堂读书期间，毛泽东当时还是一个十六七岁的农村青年。毛泽东的批语，总的来说还没有超出梁启超思想的范围。梁启超用了"正式成立"一语，用现在的话来说，就是具有"合法性"。青年毛泽东做出了自己的解释，只有立宪国家，宪法由人民制定的国家，才是合法的；而中国数千年来的封建王朝，都不具有这种合法性，因而只不过是"盗窃得国"。这说明毛泽东当时也是把君与民视为一个统一体，君无民支持则为"盗窃得国"，而君为民所拥戴，国家和政府就合而为一了，而其前提，便是搞"立宪制国家"。

当时，毛泽东对中外开明的和有作为的君主，是很崇拜的。正如他 1936 年与美国记者埃德加·斯诺谈话时所说，他"那时我还不是一个反对帝制派"，他认为皇帝都是"诚实、善良和聪明的人。"他这种认识说明他在思考着中国的过去、现在和未来，后来他投身于改造中国的革命斗争便是很自然的了。而且这段批语，是我们现在见到的毛泽东对政治、历史见解的最早文字记录，弥足珍贵。

章炳麟

章炳麟（1869—1936），初名学乘，后改名绛，字枚叔，号太炎，浙江余杭人。近代民主革命活动家、古文经学家、文学理论家。早年参加康有为发起的"强学会"，并在《时务报》工作。后被湖广总督张之洞聘为幕僚。曾积极参与维新变法。戊戌政变后，逃亡日本。回国后，又因《苏报》案被捕坐牢，与蔡元培组织"光复会"。出狱后，参加孙中山领导的同盟会，主编该会机关报《民报》，与改良派展开论战。上海光复后，任孙中山总统府枢秘顾问，并主编《大共和日报》。后又因反对袁世凯恢复帝制而遭软禁。五四运动后，"既离民众，渐入颓唐"。1933年秋定居苏州，办"章氏国学讲习会"，致力于讲学及著述。政论文内容淹博、说理充实、笔锋犀利。诗文多古奥难读。在历史学、语言学等方面，都有建树。有《章氏丛书》《章氏丛书续编》及《章氏丛书三编》。现由上海人民出版社将《章太炎全集》分册出版。

【原文】

驳康有为论革命书（节录）

长素足下[(1)]：读《与南北美洲诸华商书》[(2)]，谓中国只可立宪[(3)]，不能革命，援引今古，洒洒万言。呜呼长素，何乐而为是耶？热中于复辟以后之赐环[(4)]，而先为是龃龉不了之语[(5)]，以耸东胡群兽之听[(6)]，冀万一可以解免[(7)]，非致书商人，致书于满人也。夫以一时之富贵，冒万亿不韪而不辞[(8)]，舞词弄札，眩惑天下，使贱儒元恶为之则已矣。尊称圣人[(9)]，自谓教主，而犹为是妄言，在己则脂韦突梯以佞满人已耳[(10)]；而天下之受其蛊惑者，乃较诸出于贱儒元恶之口为尤甚。吾可无一言以是正之乎？

夫长素所以不认奴隶，力主立宪以摧革命之萌芽者，彼固终日屈心忍志以处奴隶之地者尔。欲言立宪，不得不以皇帝为圣明，举其诏旨，有云"一夫失职，自以为罪"者[11]，而谓"亟亟欲开议院[12]，使国民咸操选举之权以公天下"，"其仁如天，至公如地，视天位如敝屣"，然后可以言皇帝复辟而宪政必无不行之虑。则吾向者为《正仇满论》[13]，既驳之矣。盖自乙未以后[14]，彼圣主所长虑却顾，坐席不暖者，独太后之废置我耳。殷忧内结[15]，智计外发[16]，知非变法，无以交通外人得其欢心[17]；非交通外人得其欢心，无以挟持重势，而排沮太后之权力[18]。载湉小丑[19]，未辨菽麦[20]，铤而走险，固不为满洲全部计。长素乘之，投间抵隙[21]，其言获用。故戊戌百日之政，足以书于盘盂[22]，勒于钟鼎[23]，其迹则公，而其心则只以保吾权位也。曩令制度未定[24]，太后夭殂[25]，南面听治，知天下之莫予毒[26]，则所谓新政者，亦任其迁延堕坏而已。非直堕坏，长素所谓拿破仑第三新为民主[27]，力行利民，已而夜晏伏兵，擒议员百数及知名士千数尽置于狱者，又将见诸今日。何也？满、汉两族，固莫能两大也。

今以满洲五百万人，临制汉族四万万人而有馀者，独以腐败之成法愚弄之、锢塞之耳[28]。使汉人一日开通[29]，则满人固不能晏处于域内[30]，如奥之抚匈牙利[31]、土之御东罗马也[32]。人情谁不爱其种类而怀其利禄，夫所谓圣明之主者，亦非远于人情者也，果能敝屣其黄屋而弃捐所有以利汉人耶[33]？藉日其出于至公，非有满、汉畛域之见，然而新法犹不能行也。何者？满人虽顽钝无计，而其怵惕于汉人[34]，知不可以重器假之[35]，亦人人有是心矣。顽钝愈甚，团体愈结，五百万人同德戮力，如生番之有社寮[36]。是故汉人无民权，而满洲有民权，且有贵族之权者也。虽无太后，而掣肘者什伯于太后[37]；虽无荣禄[38]，而掣肘者什伯于荣禄。今夫建立一政，登用一人，而肺腑昵近之地，群相欢诇[39]，朋疑众难，杂沓而至，自非雄杰独断如俄之大彼得者[40]，固弗能胜是也。共、鲧四子[41]，于尧皆葭莩姻娅也[42]，靖言庸回[43]，而尧亦不得不任用之。今其所谓圣明之主者，其聪明文思，果有以愈于尧耶？其雄杰独断，果有以侪于俄之大彼得者耶[44]？往者戊戌变政，去五寺三巡抚如拉枯[45]，独驻防则不敢撤。彼圣主之力与满洲全部之力，果孰优孰绌也？由是言之，彼其为私，则不欲变法矣；彼其为公，则亦不能变法矣。长素徒以诏旨美谈视为实事，以此诳耀天下[46]。独不读刘知幾《载文》之篇乎[47]？谓魏、晋以后，诏敕皆责成群下，藻饰既工，事无不可，故观其政令，则辛、癸不如[48]；读其诏诰，则勋、华再出[49]。此足以知戊戌行事之虚实矣。

且所谓立宪者，固将有上下两院[50]，而下院议定之案，上院犹得以可否之。今上院之法定议员，谁为之耶？其曰皇族，则亲王、贝子是已[51]；其曰贵族，则八家与内外蒙古是已[52]；其曰高僧，则卫藏之达赖、班禅是已[53]。是数者，皆汉族之所无而异种之所特有，是议权仍不在汉人也。所谓满、汉平等者，必如奥、匈二国并建政府而统治于一皇，为双立君主制而后可[54]。使东三省尚在，而满洲大长得以兼统汉人，吾民犹勉自抑制以事之。今者满洲故土既攘夺于俄人[55]，失地当诛，并不认为满洲君主，而何双立君主之有？夫戴此失地之天囚以为汉族之元首[56]，是何异取罪人于囹圄而奉之为大君也[57]！乃曰："朋友之交犹贵久要不忘，安有君臣之际，受人之知遇，因人之危难，中道变弃，乃反戈倒攻者。"诚如是，则载沥者，固长素之私友而汉族之公仇也。况满洲全部之蠹如鹿豕者，而可以不革者哉？

虽然，如右所言，大抵关于种类[58]，而于情伪得失未暇论也[59]，则将复陈斯旨，为吾汉族筹之可乎？长素以为革命之惨，流血成河，死人如麻，而其事卒不可就。然则立宪可不以兵刃得之耶？既知英、奥、德、意诸国，数经民变，始得自由议政之权。民变者，其徒以口舌变乎？抑将以长戟劲弩飞丸发熗变也[60]？近观日本，立宪之始，虽徒以口舌成之，而攘夷覆幕之师在其前矣[61]。使前日无此血战，则后之立宪亦不能成。故知流血成河，死人如麻，为立宪所无可幸免者。长素亦知其无可幸免，于是迁就其说以自文，谓以君权变法[62]，则欧、美之政术器艺可数年而尽举之。夫如是，则固君权专制也，非立宪也。阔普通武之请立宪[63]，天下尽笑其愚，岂有立宪而可上书奏请者？立宪可请，则革命亦可请乎？以一人之诏旨立宪，宪其所宪，非大地万国所谓宪也。长素虽与载沥久处，然而人心之不相知，犹挃一体而他体不知其痛也[64]。载沥亟言立宪，而长素信其必能立宪，然则今有一人执长素而告之曰：我当酿四大海水以为酒,长素亦信其必能酿四大海水以为酒乎?夫事之成否,不独视其志愿,亦视其才略何如。长素之皇帝圣仁英武如彼,而何以刚毅能挟后力以尼新法[65],荣禄能造谣诼以耸人心,各督抚累经严旨皆观望而不辨,甚至章京受戮[66],己亦幽废于瀛台也[67]?君人者,善恶自专,其威大矣,虽以文母之抑制[68],佞人之逸嗾[69],而秦始皇之在位,能取大后、嫪毐、不韦而踣覆之[70]。今载湉何以不能也?幽废之时,犹曰爪牙不具。乃至庚子西幸[71],日在道涂,已脱幽居之轭,尚不能转移俄顷,以一身逃窜于南方,与太后分地而处,其孱弱少用如此。是则仁柔寡断之主,汉献、唐昭之俦耳[72]。太史公曰[73]:"为人君父而不知《春秋》之义者,必蒙首恶之名。"是故志士之任天下者,本无实权,不得以成败论之,而皇帝则不得不以成败论之。何者?有实权而不能用,则不得窃皇帝之虚名也。夫一身之不能保而欲其与天下共忧,督抚之不能制而欲其使万姓守法,庸有几乎[74]!

事既无可奈何矣,其明效大验已众箸于天下矣[75]。长素则为之解曰:幽居而不失位,西幸而不被弑,是有天命存焉。王者不死,可以为他日必能立宪之征。呜呼!王莽渐台之语曰[76]:"天生德于予,汉兵其如予何!"今之载湉,何幸有长素以代为王莽也。必若图录有征,符命可信,则吾亦尝略读纬书矣[77]。纬书尚繁,《中庸》一篇固为赞圣之颂[78],往时魏源、宋翔凤辈[79],皆尝附之三统三世[80],谓可以前知未来,虽长素亦或竺信者也[81]。然而《中庸》以"天命"始[82],以"上天之载,无声无臭"终。"天命"者[83],满洲建元之始也;"上天之载"者[84],载湉为满洲末造之亡君也。此则建夷之运[85],终于光绪;奴儿哈赤之祚[86],尽于二百八十八年。语虽无稽,其彰明较箸,不犹愈于长素之谈"天命"者乎?

要之,拨乱反正,不在"天命"之有无,而在人力之难易。今以革命比之立宪,革命犹易,立宪犹难。何者?立宪之举,自上言之,则不独专恃一人之才略而兼恃万姓之合意;自下言之,则不独专恃万姓之合意而兼恃一人之才略。人我相待,所倚赖者为多。而革命则既有其合意矣,所不敢证明者,其才略耳。然则立宪有二难,而革命独有一难,均之难也,难易相较,则无宁取其少难而差易者矣。虽然,载湉一人之才略,则天下信其最绌矣。而谓革命党中必无有才略如华盛顿、拿破仑者[87]，吾所不敢必也。虽华盛顿、拿破仑之微时，天下亦岂知有华盛顿、拿破仑者？而长素徒以阿坤鸦度一蹶不振相校[88]。今天下四万万人之材性，长素岂尝为其九品中正而一切检察差第之乎[89]？"借曰此魁梧绝特之彦[90]，非中国今日所能有，尧、舜固中国人矣，中国亦望有尧、舜之主出而革命，使本种不亡已耳，何必望其极点如华盛顿、拿破仑者乎？

长素以为中国今日之人心，公理未明，旧俗俱在，革命以后，必将日寻干戈，偷生不暇，何能变法救民，整顿内治。夫公理未明、旧俗俱在之民，不可革命而独可立宪，此又何也？岂有立宪之世，一人独圣于上面天下皆生番野蛮者哉？虽然，以此讥长素，则为反唇相稽，校轹无已[91]，吾曰不可立宪，长素犹曰不可革命也。则应之曰：人心之智慧，自竞争而后发生，今日之民智，不必恃他事以开之，而但恃革命以开之。且勿举华、拿二圣，而举明末之李自成[92]。李自成者，迫于饥寒，揭竿而起，固无革命观念，尚非今日广西会党之侪也[93]。然自声势稍增而革命之念起，革命之念起而剿兵救民赈饥济困之事兴[94]。岂李自成生而有是志哉？竞争既久，知此事之不可已也。虽然，在李自成之世，则赈饥济困为不可已；在今之世，则合众共和为不可已[95]。是故以赈饥济困结人心者，事成之后，或为枭雄[96]；以合众共和结人心者，事成之后，必为民主。民主之兴，实由时势迫之，而亦由竞争以生此智慧者也。征之今日，义和团初起时，惟言扶清灭洋[97]，而景廷宾之师[98]，则知扫清灭洋矣。今日广西会党，则知不必开衅于西人，而先以扑灭满洲、剿除官吏为能事矣。唐才常初起时[99]，深信英人，密约漏情，乃卒为其所卖[100]。今日广西会党，则知己为主体而西人为客体矣。人心进化，孟晋不已[101]。以名号言[102]，以方略言，经一竞争，必有胜于前者。今之广西会党，其成败虽不可知，要之继此而起者，必视广西会党为尤胜，可豫言也。然则公理之未明，即以革命明之；旧俗之俱在，即以革命去之。革命非天雄大黄之猛剂[103]，而实补泻兼备之良药矣。"

夫以种族异同明白如此，情伪得失彰较如彼，而长素犹偷言立宪而力排革命者，宁智不足、识不逮耶？吾观长素二十年中，变易多矣。始孙文倡义于广州⁽¹⁰⁴⁾，长素尝遣陈千秋、林奎往，密与通情⁽¹⁰⁵⁾。及建设保国会⁽¹⁰⁶⁾，亦言保中国、不保大清，斯固志在革命者。未几，暝瞒于富贵利禄，而欲与素志调和，于是戊戌柄政，始有变法之议。事败亡命，作衣带诏⁽¹⁰⁷⁾，立保皇会⁽¹⁰⁸⁾，以结人心。然庚子汉口之役，犹以借遵皇权，密约唐才常等，卒为张之洞所发。当是时，素志尚在，未尽澌灭也⁽¹⁰⁹⁾。唐氏既亡，保皇会亦渐溃散。长素自知革命之不成，则又暝瞒于富贵利禄，而今之得此，非若畴昔之易，于是宣布是书。其志岂果在保皇立宪耶？亦使满人闻之，而曰长素固忠贞不贰，竭力致死以保我满洲者，而向之所传，借遵皇权保中国不保大清诸语，是皆人之所以诬长素者，而非长素故有是言也。荣禄既死，那拉亦耄⁽¹¹⁰⁾，载湉春秋方壮，佗日复辟，必有其期，而满洲之新起柄政者，其势力权借或不如荣禄诸奸，则工部主事可以起复⁽¹¹¹⁾，虽内阁军机之位，亦可以觊觎矣⁽¹¹²⁾。长素固云：穷达一节，不变塞焉。盖有之矣，我未之见也。

抑吾有为长素忧者，向日革命之议，哗传于人间，至今未艾。陈千秋虽死，孙文、林奎尚在；唐才常虽死，张之洞尚在；保国会之微言不箸竹帛，而入会诸公尚在；其足以证明长素之有志革命者，不可件举，虽满人之愚蒙，亦未必遽为长素欺也。呜呼哀哉！"南海圣人"，多方善疗，而梧鼠之技⁽¹¹³⁾，不过于五，亦有时而穷矣。满人既不可欺，富贵既不可复，而反使炎黄遗胄受其蒙蔽⁽¹¹⁴⁾，而缓于自立之图。惜乎！己既自迷，又使他人沦陷，岂直二缶钟惑而已乎⁽¹¹⁵⁾！此吾所以不得不为之辨也。

若长素能跃然祗悔⁽¹¹⁶⁾，奋厉朝气，内量资望，外审时势，以长素魁垒耆硕之誉闻于禹域⁽¹¹⁷⁾，而弟子亦多言革命者，少一转移，不失为素王玄圣⁽¹¹⁸⁾。后王有作，宣昭国光，则长素之像屹立于星雾，长素之书尊藏于石室⁽¹¹⁹⁾，长素之迹葆覆于金塔⁽¹²⁰⁾，长素之器配崇于铜柱⁽¹²¹⁾，抑亦可以尉荐矣⁽¹²²⁾。借曰死权之念，过于殉名，少安无躁，以待新皇。虽长素已槁项黄馘⁽¹²³⁾，卓茂之尊荣⁽¹²⁴⁾，许靖之优养⁽¹²⁵⁾，犹可无操左契而获之⁽¹²⁶⁾，以视名实俱丧，为天下笑者何如哉？书此，敬问起居⁽¹²⁷⁾，不具⁽¹²⁸⁾。章炳麟白。

【注释】

（1）长素，康有为的号。足下，对对方的客套的称呼。

（2）《与南北美洲诸华商书》，即一九〇二年康有为写的《谷物北美洲诸华侨论中国只可行立宪不可行革命书》。这封信就是驳斥康有为这篇文章的。

（3）立宪，指君主立宪制度，即保留君主制度，同时通过皇帝颁布有利于资产阶级在政治上和经济上发展的各种法令，以法治国。康有为在戊戌变法时期提出改君主专制制度为君主立宪制度。

（4）热中，热衷，心中对某种事情最感兴趣。复辟，被废除的君主复位，这里指扶持被慈禧太后囚禁的光绪皇帝重新掌权。赐环，被放逐的臣子受到赦免并召还。《荀子·大略》："绝人以玦，反绝以环。"杨惊注："古者臣有罪，待放于境，三年不敢去。与之环则还，与之玦则绝。"

（5）龃龉（jǔ yǔ 举雨），上下牙齿不合，比喻自相矛盾。

（6）牮，惊动，打动。东胡群兽，对满清皇室贵族的贬称。

（7）解免，解除通缉，得到赦免。

（8）不韪（wěi 伟），不是，不对。

（9）尊称圣人二句，当时康有为的门徒称他为"南海圣人"。康有为企图仿效德国宗教改革，在戊戌维新时期"定孔教为国教"，并以中国的马丁·路德（德国宗教改革的领袖）自居。见梁启超《康南海传》。

（10）脂韦突梯，形容圆滑。《楚辞·卜居》："将突梯滑稽，如脂如韦。"突梯，润滑之状。脂，肥泽。韦，柔软。佞，谄谀。

（11）一夫失职二句，只要一个百姓不得其所，他都认为是自己的罪过。这是戊戌变法对光绪皇帝的"上谕"。

（12）而谓"亟亟（jí 吉）欲开议院五句，这是康有为信中的原话。亟亟，迫切地。天位，皇位。敝屣（xǐ 喜），破鞋。

（13）向者，从前。《正仇满论》，作者一九〇一年写的一篇论文，内容是驳斥梁启超在《积弱溯源论》中所教布的改良主义谬论，主张彻底推翻清王朝。

（14）乙未，即公元一八九五年。

（15）殷忧，深忧。

（16）智计外发，行动上便使出智谋。智计，明智的计谋。

（17）交通，交结，勾结。

（18）排沮（jǔ 举），排除，阻止。

（19）载湉（tián 甜），爱新觉罗·载湉，即光绪皇帝。

（20）菽麦，豆类和麦类，指五谷。

（21）投间抵隙，利用矛盾钻空子。

（22）盘盂，古代的浴器和食器。

（23）勒，刻。钟鼎，古代的乐器和礼器。商周时期王室贵族经常在盘盂钟鼎上刻写铭文，以记录重大事件或歌功颂德。

（24）曩（nǎng 囊上声），当初。

（25）夭殂，短命而死。

（26）莫予毒，没有人再能危害我了。

（27）拿破仑第三六句，路易·波拿巴（1808—1873），拿破仑第一的侄子，1848 年被选为法兰西第二共和国总统。他于 1851 年 12 月 2 日发动军事政变，推翻资产阶级共和国，1852 年称帝，复辟了君主专制制度，自称拿破仑第三。1870 年在普法战战失败后，被九月革命推翻。

（28）锢塞，禁锢堵塞。

（29）开通，开化觉醒。

（30）晏处，安逸地生活。

（31）如奥之抚匈牙利，指奥地利帝国 1699 年兼并了匈牙利，强行推行日尔曼政策，镇压匈牙利的一切民族自治活动。

（32）土之御东罗马也，指土耳其封建主建立的封建帝国，在十五世纪中叶灭掉拜占廷帝国，（东罗马），强行实行同化政策。

（33）黄屋，即黄屋车。用黄色丝织品饰盖的车子，专供帝王乘坐。这里指帝位。

（34）怵（chù 触）惕，恐惧警惕。

（35）重器，传国宝器，此指国家政权。

（36）生番，古代对文化较低民族的侮辱性称呼。社寮，落后民族祭神和召开部族会议的棚屋。

（37）掣肘（zhè zhǒu 彻帚），牵制拖累。什伯，即什佰，指十倍、百倍。

（38）荣禄，贵族，任军机大臣，是绞杀戊戌变法的主谋。

（39）欢诡（náo 挠），吵闹喧哗。

（40）大彼得，指十七世纪末十八世纪初俄国沙皇彼德一世。他在位期间曾进行有利于发展资本主义的改革，严厉打击封建顽固势力。康有为曾著《大彼德变政考》，称赞他雄杰独断。

（41）共、骥四子，指共工、驩兜、三苗和鲧，尧时四个部落的酋长。

（42）葭（jiā 家）莩，芦苇中的薄膜，比喻远亲。姻娅，姻亲。

（43）靖言庸回，言行抵触。《尚书尧典》作"静言庸违"。靖言，巧言。靖，同"静"。庸回，行为违离。回，同"违"。

（44）侪，相等。

（45）去五寺三巡抚，指1898年7月，光绪皇帝下诏将通政司和光禄寺、鸿胪寺、太常寺、太仆寺、大理寺六个部门撤销，其事归并内阁及礼、兵、刑等部办理。同时将湖北、广东、云南三省的巡抚和东河总督也裁撤，由湖广等总督兼管巡抚事。

（46）诳耀，欺骗迷惑。

（47）刘知几（661—721），字子玄，彭城（今江苏铜山）人，唐代史学家。著有《史通》。《载文》是其中的一篇。

（48）辛、癸，指帝辛和履癸，即商纣王和夏桀王，夏商两朝的亡国暴君。

（49）勋、华，指放勋和重华，即尧和舜。

（50）上下两院，英、日等君主立宪国家立法机构通常分为两院，上院为参议院，下院为众议院。

（51）贝子，即固山贝子，清代爵号，用以封宗室及外藩。

（52）八家，指八旗。

（53）卫藏，指西藏地区。达赖、班禅为原西藏政教合一的两大领袖。

（54）双立君主制，指十九世纪中叶，匈牙利发生民族革命，奥地利哈布斯堡王朝被迫同意成立匈牙利民族政府，奥皇兼任国王。

（55）今者满洲故土句，指1900年八国联军攻打北京之后，沙俄继续占领东三省，拒不撤兵。

（56）天囚，名存实亡的君主，指光绪皇帝。

（57）囹圄（líng yǔ 灵雨），牢狱。

（58）种类，指民族关系。

（59）情伪得失，指革命与立宪的真假得失。

（60）飞丸，飞弹，这里指枪弹。发礚（kuài 快），飞石，指炮弹。

（61）攘夷覆幕之师，指日本抗御外侮、推翻幕府的战争。幕，幕府，日本封建政权把持在德川幕府手中，日本资产阶级革新派于一八六一年发动反幕府内战，夺取中央政权后，才陆续发布变法的诏书。

（62）以君权变法，利用皇帝专制权力进行变法。

（63）阔普通武，满洲正白旗人，光绪时任内阁学士，戊戌变法曾上奏"请定立宪开国会"。康有为自称这奏折是他代写的。

（64）挃（zhì 至），撞击。

（65）刚毅，满洲镶蓝旗人，慈禧太后亲信，戊戌变法时任兵部尚书兼办大学士。曾多次攻击和反对变法，还散布皇帝病重等谣言，为废光绪帝制造舆论。

（66）章京，官名，即军机章京。清朝军机处高级官员。戊戌变法失败后，主持变法事宜的谭嗣同等四位军机章京同日被杀。

（67）幽废，幽禁废黜。瀛台，在中南海中，戊戌变法失败后，光绪皇帝被囚禁于此。

（68）文母、太后，均指秦始皇的母亲赵太后，影射慈禧太后。

（69）谗喉，恶毒攻击。

（70）嫪毐（lào ǎi 涝矮），赵太守的宠臣。不韦，吕不韦，秦国丞相，与赵太后私通生始皇。踣（bō 勃）覆，推倒。这几句是说秦始皇亲政后，粉粹吕不韦、赵太后支持嫪毐发动的武装叛乱。

（71）庚子西幸，指一九〇〇年八国联军攻占北京时，光绪皇帝在慈禧太后扶持下逃往西安。

（72）汉献、唐昭，指东汉末代皇帝汉献帝和唐朝末代皇帝唐昭宗。

（73）太史公，即司马迁。下面引语见《史记·太史公自序》。

（74）庸，岂，何。几，通"冀"，希望。

（75）箸，通"著"。

（76）王莽，西汉末期大贵族，公元八年篡汉自立，国号"新"，实行托古改制，土地"王"有等一系"新政"，引起社会混乱，不久被赤眉、铜马农民起义推翻。渐台，西汉国都长安未央宫内的楼台，23年王莽被绿林军杀死于此。"天生"二句，见《汉书·王莽传下》。

（77）纬书，两汉儒生集合国策、符命，用神学预言解释孔门经书的著作，后佚。

（78）《中庸》，儒家基本经典之一，本为《礼记》中一篇，朱熹把它抽出来与《大学》《论语》《孟子》并列为"四书"。

（79）魏源（1794—1857），字默深，湖南邵阳人，十九世纪中国进步的思想家。宋翔凤，字于庭，江苏长洲（今江苏苏州）人，今文经学家，所著《过庭录》《论语说义》等，喜引谶纬解说儒家经典。章太炎对魏、宋等人的批评，参见《訄书》的《学隐》《清儒》诸篇。

（80）三统三世，公羊学派关于历史演变的理论。汉董仲舒说历史是黑、白、赤三统，即三种"天命"象征的往复循环，每个统各有其服色、历法、祭祀等制度，每个朝代都相应地分配在这三种统中。

（81）竺（dǔ睹）信，即笃信，深信。竺，通"笃"。

（82）然而二句，《中庸》开头第一句话是"天命之谓性"，意谓人性是上天给予的。全篇结束时引用了《诗经·大雅·皇矣》中"上天之载，无声无臭"，意谓上天创造了万物，没有露出一点声响和气味。

（83）"天命"者二句，天命（1616—1626）是清太祖努尔哈赤称后金国主时所定的年号，意谓他称国主是上天授命。

（84）"上天之载"二句，是说载湉与"载""天"谐音。末造，末代。

（85）建夷，满族前身曾叫作"建州女真"。

（86）奴儿哈赤，即爱新觉罗·努儿哈赤（1559—1626），清王朝的奠基者。祚（zuò坐），帝王传承的世系。

（87）华盛顿（1732—1799），著名资产阶级政治家，十八世纪后期曾担任北美独立战争的殖民地起义军总司令，领导反英革命。美国独立后，任第一届总统。拿破仑（1769—1821），法国早期资产阶级政治家，1799年担任法国执政府首脑，1804年自立为皇帝，打击封建复辟势力，巩固资产阶级专政，发展了欧洲的统一事业。

（88）阿坤鸦度，今通译阿奎那多（1869—1946），菲律宾人。1896年和1898年两次参加菲律宾反西班牙的武装起义，1899年就任独立后菲律宾共和国总统，于1901年3月被美国占领军逮捕，随即宣布效忠美国，使菲律宾成为美国的殖民地。

（89）九品中正，魏晋时南北朝时设立的一种官吏选拔制度。在各州、郡设立大、小中正，负责品评各地可以做官的人才，将他们分成上上、上中到下下共九个等级，叫九品中正制。差第，分出等级次第。

（90）魁梧绝特之彦，杰出的人才。

（91）校轸（jiào zhěn 较诊），调整琴弦，引申为纠缠。

（92）李自成（1606—1645），陕西米脂人，明末农民起义领袖。

（93）广西会党，指清末活跃在广西的三合会、天地会、洪门、忠义堂等秘密团体，1902年在全省发动不同规模的武装斗争，持续了三年多。有的会党受资产阶级革命派影响，提出过"杀光绪皇帝"，替太平天国复仇等反清口号。

（94）剿兵，清灭官军，指1635年明末各路农民起义军首领举行"荥阳大会"，李自成提出加强协作，分兵出击的战略方案，很快打破了官军的围剿。救民，指李自成1640年摆出"均田免赋"，"迎闯王，不纳粮"等口号。

（95）合众共和，即联邦制与共和制，都是资产阶级政治体制。

（96）枭雄，强悍勇猛的人物，指刘邦、朱元璋等由农民起义领袖转化为封建皇帝的人物。

（97）扶清灭洋，扶助清朝，消灭洋人。这是1899年山东地区义和团提出的口号。

（98）景廷宾之师二句，景廷宾，义和团后期领袖。1901年，清政府同帝国主义签订《辛丑条约》。1902年，河北地区的义和团由景廷宾领导再度起义，打出"扫清灭洋"的旗帜。

（99）唐才常（1867—1900），湖南济阳人，戊戌变法时曾和谭嗣同在湖南办时务学堂，筹办《湘学报》，宣传变法维新，变法失败后逃往日本。1899年回国联络长江中游两岸会党，组织"自立军"，1900年发动武装勤王，事泄被杀。

（100）卒为其所卖，唐才常发动武装勤王时，幻想得到英帝国主义支持，被英国驻汉口领事骗去自立军名单和起义计划，从而被湖广总督张之洞一网打尽。

（101）孟晋，即猛进。

（102）名号，纲领口号。

（103）天雄，即附子，中药名，有剧毒，可作药用。大黄，剧性泻药。

（104）孙中山倡义于广州，指孙中山于1895年在广州发动反清武装起义。

（105）陈千秋、林奎，二人都是康有为的学生。

（106）保国会，康有为于1898年在北京成立的促进变法维新的群众组织。

（107）作衣袋诏，指康有为声称他得到光绪皇帝的密诏。

（108）保皇会，指康有为、梁启超在一八九九年逃往日本时组成的保护光绪、反对革命的组织。

（109）澌（sī 私）灭，消灭。

（110）那拉，指慈禧太后，姓叶赫纳拉氏。耄（mào 冒），年老。《礼·曲礼上》："八十九十曰耄。"

（111）起复，恢复工部主事原职。康有为1895年中进士后，授工部主事，未到任。

（112）凯觎（jì yú 计于），贪图，窥伺。

（113）而梧鼠之技三句，《荀子·劝学》："梧鼠五技而穷。"杨倞注说是指它能飞不能上屋，能攀登不能上树梢，能游泳不能过河谷，能打洞不能藏身体，能跑路不能超过人。梧鼠，即鼯鼠，也叫大飞鼠。

（114）炎黄遗胄，炎帝和黄帝的后代，炎黄子孙。

（115）二缶钟惑，不能分辨缶和钟容量的区别。缶、钟，皆古代量器，二缶等于一钟。

（116）祗（zhī 知）悔，诚心悔悟。

（117）魁垒耆硕，德高望重。禹域，大禹的封疆，指中国。

（118）素王，有王者之道而无王者之爵位的圣贤。玄圣，指有其道而无其爵的人。语本《庄子·天道》："夫虚静恬淡，寂寞无为者，万物之本也。……以处上，帝王天子之德也；以此处下，玄圣素王之道也。"汉代公平学派认为孔子就是素王玄圣。

（119）石室，古代朝廷收藏图书档案的地方。

（120）葆覆，珍藏。金塔，安放佛骨的宝塔。

（121）配崇，随着得到尊重。铜柱，古代帝王祖庙里刻着各种祖宗用品图案的涂金铜柱。

（122）尉荐，安慰。尉，同慰。

（123）槁项，脖子干枯。黄馘（guó 国），脸皮老黄。

（124）卓茂，西汉末年人，曾在汉元帝、王莽及东汉光武帝时做过官，官至太傅。

（125）许靖，东汉末人，曾在汉献帝及董卓等各派军阀做过太傅，后又在蜀汉做太傅。

（126）左契，契约的左联，由债权人掌握，作为讨债的凭据。

（127）起居，即日常生活情况。

（128）不具，不一一说了。旧时写信结束时的套语。

【毛泽东评说】

1958 年 3 月 30 日，早饭后，江峡轮起航开入三峡。毛泽东穿着睡衣来到驾驶室，欣赏三峡风光，从瞿塘峡到巫峡到西陵峡，特别留意从几个侧面观看神女峰，直到快过完西陵峡，才回到舱内客厅，与田家英和吴冷西闲谈。其中谈到……章太炎活了六十多岁，前半生革命正气凛然，尤以主笔《民报》时期所写的文章锋芒锐利，所向披靡，令人神往，不愧为革命政论家；虽一度涉足北洋官场，但心在治经、治史，以国学家著称。鲁迅先生纵观其一生，评价甚高，但对他文笔古奥，索解为难，颇有微词，他出版一本论文集，偏偏取名《訄书》，使人难读又难解。

——董学文：《毛泽东的文艺美学活动》，高等教育出版社1995 年版，第 181 页。

毛泽东在 1958 年成都会议上编发的"《苏报》案"材料中收入本文，他介绍说：章太炎所以坐班房，就是因为他写了一篇文章，叫《驳康有为书》。这篇文章值得一看，其中有两句："载湉小丑，不辨菽麦"，直接骂了皇帝。这个时候章太炎年纪还不大，大概三十几岁。

——邵华审订，郑小军编：《毛泽东欣赏的古典散文》，浙江古籍出版社 1994 年版，第 560 页。

我国辛亥革命的时候，无产阶级的数量还很小，还没有自己的政党。那次革命是由资产阶级领导的，无产阶级跟着资产阶级走。辛亥革命是中国资产阶级的黄金时代，没有其他阶级、其他政党站在他们的前面，来同他们争夺革命的领导权。那个时候，他们最有生气。他们所办的《民报》、《苏报》《大江报》，表现得很有朝气，很活跃。

——《那时资产阶级最有生气》（读《苏报》《民报》《大江报》《甲寅》），载陈晋主编：《毛泽东读书笔记解析》，广东人民出版社1996 年版，第 384 页。

【赏析】

毛泽东青年时代很喜欢读近代资产阶级革命家、宣传家的著作和传记，对"苏报案"尤其感兴趣。20 世纪 50 年代末 60 年代初，为了改进党报工作，又几次谈到并称赞近代资产阶级的宣传文章和报刊。1958 年 3 月，毛泽东在成都会议上，特地发给与会者一本他编的书：《苏报案》。此书 16 开本，58 页，共编入四篇文章：《革命军》（邹容）、《驳康有为论革命书》（章太炎）、《苏报案实录》（张篁溪）、《关于太炎先生二三事》（鲁迅）。

1958 年 3 月 30 日，开完成都会议，在东下的轮船上，毛泽东同吴冷西、田家英的谈话中，详细地阐述了邹容的《革命军》及"苏报案"的一

元
明
清

些情况，据吴冷西回忆，毛泽东说："苏报案"是由邹容写的《革命军》引起的。他写这本小册子时只有18岁，署名革命军中马前卒邹容。《革命军》一出，上海的《苏报》为之介绍宣传，章太炎为之作序，影响极大。于是清政府大为恐慌，下令抓人并查封《苏报》。《苏报》是当时资产阶级革命派在上海的主要舆论机关，蔡元培、章太炎、邹容、章士钊、柳亚子等都在该报发表文章，抨击封建君主制，鼓吹资产阶级民主共和国，并同康有为、梁启超等保皇派进行论战。

资产阶级革命派办报纸，都是不怕坐牢、不怕杀头的。章太炎当警察拿着黑名单来抓人时挺身而出，说："别人都不在，要抓章太炎，我就是。"从容入狱。邹容本未被抓，待知道章太炎已被捕后，不忍老师（邹称章为老师，章比邹大15岁）单独承担责任，毅然自行投案，终于病死狱中，时年仅20岁。《苏报》当时的主编章士钊倒没有被捕。

那时的资产阶级革命家最有生气，很活跃，有朝气，这是毛泽东通过《革命军》及"《苏报》案"，以及阅读大量当时的资产阶级革命家举办的报刊发表的文章后，作出的公允的评价。

在《苏报》案中，1903年6月30日，章太炎在爱国学社被捕。7月1日，邹容闻讯即到租界巡捕房自动投案。7月，《苏报》被封，清政府本要引渡章太炎、邹容二人，但迫于各方面的强烈反对，拖至次年5月21日，由租界公审判决章太炎监禁三年，邹容监禁二年。可是，邹容在监禁满前两个多月，"病死"狱中。章太炎到1906年才出狱。

章太炎的被捕、监禁，主要是因为他写的《驳康有为论革命书》一文。康有为这位戊戌变法的主将，原本是想利用光绪皇帝的力量实行变法，推行君主立宪制。变法失败后，逃往日本，组织保皇党，把希望寄托在让光绪皇帝复辟上，反对业已兴起的资产阶级民主革命。1902年，康有为发表《与同学诸生梁启超等论印度亡国由于各省自立书》，《答南北美洲诸华侨论中国只可行立宪不可行革命书》，反对革命。章太炎于1903年5月撰写《驳康有为论革命书》，对康有为的言论予以驳斥。章氏此文，洋洋洒洒，九千余言，古今中外，多方论证，阐明康氏所企图利用光绪皇帝变法，搞君主立宪制，或实行如西方的参议院、众议院立法的资产阶级共和制，光绪皇帝本人像中国历史上的汉献帝和唐昭宗一样软弱无能，比不上美国的资产阶级革命家华盛顿和俄国的大彼得，建立资产阶级专政。而只可能像法国的拿破仑第三、中国的王莽，倒行逆施，复辟封建主义，或只能像菲律宾的阿奎那多他领导菲律宾从西班牙的统治上挣脱出来，又把它变成了美国的殖民地一样。所以，康氏企图在中国实行资产阶级的联邦制和共和制，都是行不通的。而且在资产阶级革命家孙中山已经领导武装革命，推翻清王朝时，康氏企图托古改制，保留帝制的努力，只能是螳臂当车，自取灭亡。

邹 容

邹容（1889—1905），原名绍陶，字蔚丹，四川巴县人。出身富商家庭。1902年，不顾父亲阻挠，赴日本自费留学，积极参加学生爱国活动，次年春被迫回国。至上海参加爱国学社，撰成《革命军》，鼓吹反清革命。书由章太炎作序出版。《苏报》随即刊载《〈革命军〉自序》，发表章士钊《读〈革命军〉》、章太炎《介绍〈革命军〉》等评介文章，影响很大。清政府极为恐慌，通过法租界当局逮捕章太炎，并查封《苏报》。邹容闻讯即到租界巡捕房自动投案，被判监禁二年，病死狱中。

【原文】

革命军（节录）

第一章　绪论

扫除数千年种种之专制政体，脱去数千年种种之奴隶性质，诛绝五百万有奇披毛戴角之满洲种⁽¹⁾，洗尽二百六十年残惨虐酷之大耻辱⁽²⁾，使中国大陆成干净土，黄帝子孙皆华盛顿⁽³⁾，则有起死回生，还魂返魄，出十八层地狱⁽⁴⁾，升三十三天堂⁽⁵⁾，郁郁勃勃，莽莽苍苍，至尊极高，独一无二，伟大绝伦之一目的，曰革命。

吾于是沿万里长城，登昆仑，游扬子江上下，溯黄河，竖独立之旗，撞自由之钟，呼天吁地，破颡裂喉⁽⁶⁾，以鸣于我同胞前曰：呜呼！我中国今日不可不革命。我中国今日欲脱满洲人之羁缚，不可不革命；我中国欲独立，不可不革命；我中国欲与世界列强并雄，不可不革命；我中国欲长存于二十世纪新世界上，不可不革命；我中国欲为地球上名国，地球上主人翁，不可不革命。革命哉！革命哉！我同胞中老年、中年、壮年、少年、幼年，无量男女[7]，其有言革命而实行革命者乎？我同胞其欲相存、相养、相生活于革命也。吾今大声疾呼，以宣布革命之旨于天下。

革命者，天演之公例也[8]；革命者，世界之公理也；革命者，争存争亡过渡时代之要义也；革命者，顺乎天而应乎人者也；革命者，去腐败而存良善者也；革命者，由野蛮而进文明者也；革命者，除奴隶而为主人者也。是故一人一思想也，十人十思想也，百千万人百千万思想也，亿兆京垓人亿兆京垓思想也[9]，人人虽各有思想也，即人人无不同此思想也。居处也，饮食也，衣服也，器具也，若善也[10]，若不善也，若美也，若不美也，皆莫不深潜默运[11]，盘旋于胸中，角触于脑中。而辨别其孰善也，孰不善也，孰美也，孰不美也。善而存之，不善而去之，美而存之，不美而去之，而此去存之一微识，即革命之旨所出也。夫犹指此事物而言之也。试放眼纵观上下古今，宗教道德，政治学术，一视一谛之微物[12]，皆莫不数经革命之掏摝[13]，过昨日，历今日，以象现现象于此也[14]。夫如是也，革命固如是平常者也。虽然，亦有非常者在焉。闻之一千六百八十八年英国之革命[15]，一千七百七十五年美国之革命[16]，一千八百七十年法国之革命[17]，为世界应乎天而顺乎人之革命，去腐败而存良善之革命，由野蛮而进文明之革命，除奴隶而为主人之革命。牺牲个人以利天下，牺牲贵族以利平民，使人人享其平等自由之幸福。甚至风潮所播及，亦相与附流合汇，以同归于大洋。大怪物哉！革命也。大宝物哉！革命也。吾今日闻之，犹口流涎而心痒痒。吾是以于我祖国中，搜索五千余年之历史，指点二百余万方里之地图[18]，问人省己，欲求一革命之事，以比例乎英、法、美者。呜乎！何不一遇也。吾亦尝执此不一遇之故而熟思之，重思之，吾因之而有感矣，吾因之而有慨于历代民贼独夫之流毒也[19]。

自秦始统一宇宙，悍然尊大，鞭笞宇内，私其国，奴其民，为专制政体，多援符瑞不经之说[20]，愚弄黔首[21]，矫诬天命[22]，揽国人所有而独有之[23]，以保其子孙帝王万世之业。不知明示天下以可欲可羡可歆之极，则天下之思篡取而夺之者愈众。此自秦以来，所以狐鸣篝中[24]，王在掌上[25]，卯金伏诛[26]，魏氏当涂[27]，黠盗奸雄，觊觎神器者[28]，史不绝书。于是石勒、成吉思汗等类[29]，以游牧腥膻之胡儿，亦得乘机窃命[30]，君临我禹域[31]，臣妾我神种。呜呼革命！杀人放火者出于是也；呜呼革命！自由平等者亦出于是也。

吾悲夫吾同胞之经此无量野蛮之革命，而不一伸头于天下也。吾悲夫吾同胞之成事秦事楚[32]、任人掬抛之天性也。吾幸夫吾同胞之得与今世界列强遇也，吾幸夫吾同胞之得闻文明之政体、文明之革命也，吾幸夫吾同胞之得卢梭《民约论》[33]、孟得斯鸠《万法精理》[34]、弥勒约翰《自由之理》[35]、《法国革命史》《美国独立檄文》等书译而读之也[36]。是非吾同胞之大幸也夫！是非吾同胞之大幸也夫！

夫卢梭诸大哲之微言大义[37]，为起死回生之灵药，返魄还魂之宝方。金丹换骨[38]，刀圭奏效[39]，法、美文明之胚胎，皆基于是。我祖国今日病矣，死矣，岂不欲食灵药，投宝方而生乎？苟其欲之，则吾请执卢梭诸大哲之宝幡，以招展于我神州土。不宁惟是[40]，而况又有大儿华盛顿于前[41]，小儿拿破仑于后，为吾同胞革命独立之表木[42]。嗟乎！嗟乎！革命！革命！得之则生，不得则死。毋退步，毋中立，毋徘徊，此其时也！此其时也！此吾之所以倡言革命，以相与同胞共勉共勖，而实行此革命主义也。苟不欲之，则请待数十百年后，必有倡平权释黑奴之耶女起，以再倡平权释数重奴隶之支那奴[43]！

……

第六章　革命独立之大义

与贵族重大之权利，害人民营业之生活，擅加租赋，胁征公债，重抽航税，此英国议院所以不服查理王[44]，而唱革命之原因也。滥用名器[45]，致贵贱贫富之格，大相悬殊，既失保民之道，而又赋敛无度，此法国志士仁人，所以不辞暴举逆乱之名，而出于革命之原因也。重征茶课[46]，横加印税[47]，不待立法院之承允，而驻兵民间，此美人所以抗论于英人之前，遂以亚美利加之义旗，飘扬于般发剌山[48]，而大唱革命，至成独立之原因也。吾不惜再三重申详言曰：内为满洲人之奴隶，受满洲人之暴虐，外受列国人之刺击，为数重之奴隶，将有亡种殄种之难者[49]，此吾黄帝神明之汉种，今日唱革命独立之原因也。

自格致学日明[50]，而天予神授为皇帝之邪说可灭。自世界文明日开，而专制政体一人奄有天下之制可倒。自人智日聪明，而人人皆得有天赋之权利可享。今日，今日，我皇汉人民，永脱满洲之羁绊，尽复所失之权利，而介于地球强国之间，盖欲全我天赋平等自由之位置，不得不革命而保我独立之权。嗟予小子，无学顽陋，不足以言革命独立之大义，兢兢业业模拟美国革命独立之义，约为数事，再拜顿首，敬献于我最敬最亲爱之皇汉人种四万万同胞前，以备采行焉。如左[51]：

一、中国为中国人之中国，我同胞皆须自认为自己的汉种，中国人之中国。

一、不许异种人沾染我中国丝毫权利。

一、所有服从满洲人之义务，一律消灭。

一、先推倒满洲人所立北京之野蛮政府。

一、驱逐居住中国中之满洲人，或杀以报仇。

一、诛杀满洲人所立之皇帝，以儆万世不复有专制之君主。

一、对敌干预我中国革命独立之外国及本国人。

一、建立中央政府，为全国办事之总机关。

一、区分省分，于各省中投票公举一总议员，由各省总议员中投票公举一人为暂行大总统，为全国之代表人。又举一人为副总统，各府州县又举议员若干。

一、全国无论男女，皆为国民。

一、全国男子，有军国民之义务[52]。

一、人人当致忠于此新建国家之义务。

一、人人有承担国税之义务。

一、凡为国人，男女一律平等，无上下贵贱之分。

一、各人不可夺之权利，皆由天授。

一、生命自由及一切利益之事，皆属天赋之权利。

一、不得侵入自由，如言论、思想、出版等事。

一、各人权利，必需保护，须经人民公许。建设政府，而各假以权，专掌保护人民权利之事。

一、无论何时，政府所为，有干犯人民权利之事，人民即可革命，推倒旧日之政府，而求遂其安全康乐之心。迫其既得安全康乐之后[53]，经承公议，整顿权利，更立新政府，亦为人民应有之权利。若建立政府之后，少有不治众望，即欲群起革命，朝更夕改，如弈棋之不定，固非新建国家之道。天下事不能无弊，要能以平和为贵，使其弊不致大害人民，则与其颠覆昔日之政府，而求伸其权利，毋宁平和之为愈。然政府之中，日持其弊端暴政，相继施行，举一国人民，悉措诸专制政体之下，则人民起而颠覆之，更立新政府，以求遂其保全权利之心，岂非人民至大之权利，且为人民自重之义务哉！我中国人之忍苦受困，已至是而极矣！今既革命独立，而犹为专制政体所苦，则万万不得甘心者矣！所以不得不变昔日之政体也。

一、定名中华共和国。（清为一朝之名号，支那为外人呼我之词。）

一、中华共和国为自由独立之国。

一、自由独立国中，所有宣战、议和、订盟、通商及独立国一切应为之事，俱有十分权利与各大国平等。

一、立宪法，悉照美国宪法[54]，参照中国性质立定。

一、自治之法律，悉照美国自治法律。

一、凡关全体个人之事，及交涉之事，及设官分职国家上之事，悉准美国办理。

皇天后土[55]，实共鉴之。

【注释】

（1）有奇，有零。披毛戴角，指满族的发式和顶戴。

（2）二百六十年，自清世祖顺治六年（1644）入关到邹容写《革命军》（1903），历时约二百六十年。

（3）华盛顿（1732—1799），著名资产阶级政治家，美国独立后，任第一届美国总统。

（4）十八层地狱，佛经说地狱有十八层，各有其名，十八王主领十八层地狱。

（5）三十三天堂，佛经说须弥山顶上，四面各有八大天王，帝居其中，合三十三天。

（6）颡（sǎng 桑），额头。

（7）无量，无法计量。

（8）天演之公例，自然和社会进化的共同规律。

（9）亿兆京垓（gāi 该），古代称十万为亿，十亿为兆，十兆为京，十京为垓。

（10）若，有的，或者。

（11）深潜默运，指深思熟虑。

（12）谛（dì 帝），细察。

（13）掏撼（lù 鹿），选择，振动。撼，振，摇。《周礼·夏官·大司马》："二鼓，撼铎。"

（14）以象现现象于此也，章士钊编《苏报案纪事》作"皆革命之现象也。"

（15）一千六百八十八年英国之革命，1688 年英国国会迎立荷兰执政威廉三世为英国国王，推翻了复辟的斯图亚特王朝，制定《权利法案》，限制王权，巩固国会权力，确立了君主立宪制，史称"光荣革命"。

（16）一千七百七十五年美国之革命，1775 年爆发的北美独立战争，迫使英国签订《巴黎和约》，承认十三个殖民地脱离英国统治，美洲出现了第一个资产阶级共和国——美国。

（17）一千八百七十年法国之革命，1870 年，法国拿破仑三世在普法战争中战败投降，9 月 4 日，巴黎爆发革命，推翻第二帝国，宣布成立共和国。

（18）二百余万方里之地图，指中国地图，数字不确。

（19）民贼，残害人民的人。独夫，指荒淫无道众叛亲离的暴君。

（20）援，援引，引证。符瑞，祥瑞的征兆。旧说君主受天命，必有祥瑞之兆。

（21）黔首，战国时及秦朝对老百姓的称呼。

元明清

（22）矫诬，假托，诈称。

（23）揽，抢。

（24）狐鸣篝中，陈胜、吴广起义之初装神弄鬼以发动群众，见《史记·陈涉世家》。

（25）王在掌上，隋文帝杨坚为篡夺北周政权，假托天命，捏造他手上有"王"形手纹，应作天子。见《隋书·帝纪第一》。

（26）卯金伏诛，东汉末年，王莽为篡夺政权，假借天命，捏造"卯金伏诛"的预言。卯金，即卯金刀，合成繁体"劉"字，汉朝皇帝姓刘，见《汉书·王莽传》。

（27）魏氏当涂，指曹操、曹丕父子。曹操被封为魏王，后曹丕篡汉自立，建立魏朝。当涂，当道，当政之意。涂，通"途"。

（28）觊觎（jì yú 既俞），贪图，窥伺。

（29）石勒（274—333），字世龙，上乡武乡（今山西榆社北）人，羯族。十六国时期后赵的建立者。成吉斯汗（1162—1227），名铁木真，生于蒙古部孛儿只斤氏族，称元太祖。

（30）窃命，窃取政权之意。命，指受天命而为帝王。

（31）君临，统治。禹域，中国的别称。传说夏禹时始划分九州，并指定名山、大川为各州疆界。

（32）事秦事楚，今日事奉秦国，明日事奉楚国，比喻不能独立，受人控制。

（33）卢梭（1712—1778），法国资产阶级启蒙思想家、哲学家、教育家。《民约论》，今译《社会契约论》。

（34）孟德斯鸠（1689—1755），法国资产阶级启蒙思想家、法学家。《万法精理》，今译《论法的精神》，书中抨击专制政体，提出了立法、司法、行政三权分立的理论。

（35）弥勒约翰，即约翰·密儿（1806—1873），英国哲学家、资产阶级自由主义的代表人物。《自由之理》，今译《论自由》，书中论述了个人自由与社会自由的关系。

（36）《美国独立檄文》，即美国《独立宣言》，1876 年 7 月 4 日发表。宣布断绝与英国王室的臣属关系，建立独立的美利坚合众国。

（37）微言大义，精微的语言中所包含的深远意义。语出汉刘歆《移书让太常博寺》。

（38）金丹，方土用金液和丹液炼成的丹药。传说服之，可以长生不老。

（39）刀圭，中药的量具名。此指良药。

（40）不宁惟是，不但如此，不只是这样。

（41）大儿、小儿，对杰出人物的尊称。语出《后汉书·祢衡传》："大儿孔文举，小儿杨德祖，余子碌碌，莫是数也。"这里的大儿、小儿，是孺子、男子之意，是对杰出人物的尊称。

（42）表木，标杆，榜样。

（43）支那，古代印度、希腊和罗马等地人称中国为支那。有人认为支那是"秦"的转音。

（44）查理王，即英王查理一世（1600—1649），斯图亚特王朝国王。因对抗国会，1649年被处死。

（45）名器，古代表示等级的称号和车服仪制等，此指权力。

（46）茶课，茶税。英政府于1773年颁布《茶叶税法》，向北美殖民地人民强征茶税。

（47）印税，印花税。英政府于1765年颁布《印花税法》，规定所有报刊、票据等印刷品必须贴英国发行的印花税票。

（48）般岌剌山，今译班克山，在美国波士顿港北。1775年北美殖民地志愿军民兵在此重创英军。

（49）殄（tiǎn 舔），灭绝。

（50）格致学，清末把西方传入的声、光、电、化等自然科学称为格致学。

（51）如左，如下。指下述条例。旧时直写，自左至右排列。

（52）有军国民之义务，有保卫国民的义务，即有服兵役的义务。

（53）迨（dài 代），等到。

（54）美国宪法，指美国1789年制定的宪法。

（55）皇天后土，天地神祇。《书·武成》："底商之罪，告于皇天后土，所过名山大川。"

【毛泽东评说】

四川有个邹容，他写了一本书，叫《革命军》，我临从北京来，还找这本书望了一下。他算是提出了一个民主革命的简单纲领，他只有17岁到日本，写书的时候大概是十八九岁。20岁时跟章太炎在上海坐班房，因病而死。

——《毛泽东1958年3月在成都召开的中央工作会议上的讲话》，见龚育之等《毛泽东的读书生活》，生活·读书·新知三联书店1986年版，第206页。

邹容是青年革命家，他的文章秉笔直书，热情洋溢，而且用的是浅近通俗的文言文，《革命军》就很好读，可惜英年早逝。

——陈晋：《毛泽东读书笔记解析》，广东人民出版社1995年版，第386页。

【赏析】

《革命军》全书两万字，前有章太炎的序和自序，正文包括绪论、革命之原因、革命之教育、革命必剖清人种、革命必先去奴隶之根性、革命独立之大义和结论等共七章。这里选录了第一、第六章。

《革命军》从中国上下古今的政治、学术、伦理、道德、宗教、习俗等谈起，援引英国、美国、法国等西方资产阶级革命为例，他大声疾呼：“我中国欲独立，不可不革命；我中国欲与世界列强并雄，不可不革命；我中国欲长存于二十世纪新世纪上，不可不革命；我中国欲为地球上名国，地球上主人翁，不可不革命。”从各个角度论述了中国革命的迫切性和必要性。从而响亮地提出：“革命者，天演之公例也；革命者，世界之公理也；革命者，争存争亡过渡时代之要义也；革命者，顺乎天而应乎人者也；革命者，去腐败而存良善者也；革命者，由野蛮而进文明者也；革命者，除奴隶而为主人者也。”从自然和社会进化的共同规律、社会发展的潮流和中国人民求解放争自由的需要，阐明了革命之举合天理人心，势在必行。邹容还以“天赋人权”为思想武器，猛烈抨击“君权神授”的封建专制制度，提出了推翻满清王朝、建立中华共和国的25条革命纲领。

最后高呼："中华共和国万岁！""中华共和国四万万同胞的自由万岁！"

像这样旗帜鲜明地宣传资产阶级民主共和国的理想和主张，邹容是第一人，《革命军》是第一部书。该书文字通俗浅近，笔调犀利泼辣，一经问世，便辗转翻印，广为流传，成为辛亥革命前影响最大的革命宣传读物之一，曾教育和激励了整整一代民主革命战士。作者也因此致祸被囚，死在狱中，付出了血的代价。

毛泽东多次阅读邹容的文章及有关《苏报》案的材料，据当时为他管理图书的同志记载：1958年2月，1961年7月，1963年3月、7月，五年四次阅读有关文章和资料。1958年成都会议期间，毛泽东把他编的《苏报案》一书（其中第一篇收的就是《革命军》）发给与会代表，并向大家作了评价，随后在与当时人民日报总编辑吴冷西的谈话，又一次赞扬了邹容和他的《革命军》。在毛泽东中南海故居的藏书中，有一本邹容的《革命军》。在该书的扉页邹容的肖像旁边，毛泽东书写着章太炎赠邹容的诗："邹容吾小友（弟），披发下瀛洲。快剪刀除辫，干牛肉作糇。英雄一入狱，天地亦悲秋。临命当（须）掺手，乾坤只两头。"表现了毛泽东对《革命军》的喜爱，也表达了他对邹容勇于献身的革命精神的感佩。

孙中山

孙中山（1866—1925），名文，字逸仙，广东香山（今中山）人。伟大的革命先行者。贫苦农民出身。幼时向往太平天国革命，以"洪秀全第二"自诩。十二岁开始受西方资本主义教育，1892 年毕业于香港西医书院。1894 年，上书李鸿章，提出革新政治、经济的主张，被拒绝。旋到檀香山创建资产阶级革命团体兴中会。广州起义失败后，奔波于欧洲、美洲及南洋各地，宣传革命，发展组织和考察资本主义社会，先后在横滨、旧金山、河内等地建立兴中会分会。1905 年，在东京建立中国同盟会，确定"驱逐鞑虏，恢复中华，建立民国，平均地权"的纲领，被推选为总理。1911 年，武昌起义胜利后，被选为中华民国临时大总统，后被迫辞职。次年 8 月，同盟会改组为国民党后，被推为理事长。1913 年，领导讨伐袁世凯的"二次革命"。1914 年，在日本建立中华革命党。1917 年，在广州组织中华民国军政府，被选为大元帅。1919 年，将中华革命党改组为中国国民党。1921 年，担任中华民国非常大总统。后在共产国际和中国共产党帮助下，决心改组国民党。1924 年 1 月，在广州召开国民党第一次全国代表大会，确定"联俄、联共、扶助农工"三大政策，把旧三民主义发展为新三民主义。创立黄埔军校，训练军事骨干。11 月，抱病北上，提出"召开国民大会和废除不平等条约"，同帝国主义和北洋军阀作斗争。1925 年 3 月 25 日，其在北京逝世。遗著编为《中山全书》或《总理全集》多种。

【原文】

三民主义（节录）

一般革命同志对于国民党的三民主义，是什么情形呢？民国政治上经过这十三年的变动和十三年的经验[1]，现在各位同志对于民族、民权那两个主义，都是很明白的；但是对于民生主义的心理，好像革命以后革命党有兵权的人对于民权主义一样无所可否⁽²⁾，都是不明白的。为什么我敢说我们革命同志对于民生主义还没有明白呢？就是由于这次国民党改组，许多同志因为反对共产主义，便居然说共产党和三民主义不同，在中国只要行三民主义便够了，共产主义是决不能容纳的。然则民生主义到底是什么东西呢？我在前一次讲演有一点发明，是说社会的文明发达、经济组织的改良和道德进步，都是以什么为重心呢？就是以民生为重心，民生就是社会一切活动中的原动力⁽³⁾。因为民生不遂⁽⁴⁾，所以社会的文明不能发达，经济组织不能改良，和道德退步，以及发生种种不平的事情，像阶级战争和工人痛苦，那些种种压迫，都是由于民生不遂的问题没有解决。所以社会中的各种变态都是果，民生问题才是因。照这样判断，民生主义究竟是什么东西呢？民生主义就是共产主义，就是社会主义。所以我们对于共产主义，不但不能说是和民生主义相冲突，并且是一个好朋友，主张民生主义的人应该要细心去研究的。

【注释】

（1）民国政治上句，指从1911年辛亥革命推翻清王朝建立中华民国，到1924在中国国民党第一次全国代表大会上重新解释三民主义共十三年。

（2）无所可否，不赞成也不反对。

（3）原动力，产生动力的动力。廖仲恺《中国实业的现状及产业落后的原因》："因为这样消费，不能刺激起生产的原动力。"

（4）不遂，不成功。

【毛泽东评说】

谁人不知，关于社会制度的主张，共产党是有现在的纲领和将来的纲领，或最低纲领和最高纲领两部分的。在现在，新民主主义，在将来，社会主义，这是有机构成的两部分，而为整个共产主义思想体系所指导的。因为共产主义的最低纲领和三民主义的政治原则基本上相同，就狂叫"收起"共产主义，岂非荒谬绝伦之至？在共产党人，正因为三民主义的政治原则有和自己的最低纲领基本上相同之点，所以才有可能承认"三民主义为抗日统一战线的政治基础"，才有可能承认"三民主义为中国今日之必需，本党愿为其彻底实现而奋斗"，否则，就没有这种可能了。这是共产主义和三民主义在民主革命阶段上的统一战线。否认共产主义，实际上就是否认统一战线。顽固派也正是要奉行其一党主义，否认统一战线，才造出那些否认共产主义的荒谬说法来。

——《新民主主义论》，《毛泽东选集》第二卷，人民出版社1991年版，第686—687页。

【赏析】

《三民主义》是孙中山1924年1月至8月在广州国立高等师范学校礼堂的讲演。8月24日以后，因对付商团叛乱和准备北伐而中辍，民生主义部分未能讲完。演讲的记录稿经孙中山修改后分别于1924年4月、8月、12月由中国国民党中央执行委员会分编印行，同年底出版合订本。在演讲中，孙中山进一步详尽地阐述了他在中国国民党第一次全国代表大会上提出的新三民主义。

那么，新三民主义与旧三民主义有什么不同呢？三民主义是伟大的中国革命的先行者孙中山提出的中国资产阶级民主革命的纲领，即民族主义、民权主义、民生主义。民族主义是推翻满清政府，恢复汉族政权；民权主义是建立民国；民生主义是平均地权。这就是孙中山最初界定的三民主义，即旧三民主义。后来在俄国十月革命的影响和中国共产党的帮助下，孙中山制定了"联俄、联共、扶助农工"的三大政策，并于一九二四年重新解释了三民主义。民族主义是反对帝国主义，主张国内各民族一律平等；民权主义是建立为一般平民所共有、非少数人所得而私的民主政治；民生主义是平均地权，节制资本。这就是新三民主义。由于新三民主义和中国共产党在民主革命阶段上的政治纲领的基本原则相同，因而成为国共合作的政治基础。在这个基础上，实现了第一次国共合作，建立了各革命阶级共同参加的统一战线，开创了中国民主革命的新局面。

在讲到民生主义时，孙中山针对当时国民党改组时许多国民党党员反对共产党，要求在中国只实行三民主义，而决不能容纳共产党的论调，阐释民生主义的含义，明确地提出了民生主义就是共产主义，就是社会主义，是共产主义的一个好朋友。在第一次国共合作时期，毛泽东是国民党中央候补执行委员，并担任国民党中央宣传部代理部长，对孙中山的《三民主义》当然是相当熟悉的。

抗日战争进入相持阶段后，日本帝国主义改变了对中国大地主、大资产阶级及其政治代表国民党反动派的政策，由武力进攻改为政治诱降。在这种情况下，国民党内发生分化：以汪精卫为首的亲日派公开投降了日本，在南京成立伪政府；以蒋介石为首的亲美派则消极抗日，积极反共。他们一方面在军事上挑衅，另一方面大造反革命舆论，大肆鼓吹蒋介石的"一个主义、一个党、一个领袖"的言论，故意混淆三民主义和共产主义的界限，说三民主义包括一切革命，以此歪曲和反对共产主义理论，胡说共产主义不适合中国国情，应当"收起"，共产党应当"取消"，试图取消共产党及其领导下的革命军队和边区政府。

毛泽东于1940年1月9日在陕甘宁边区文化协会第一次代表大会上所作的《新民主主义论》的演讲中，依据时代的特点和国内外情况的变化，驳斥了国民党顽固派鼓吹的"一次革命论"和以伪三民主义取代真三民主义、用三民主义代替共产主义的谬论，重申了孙中山的新三民主义。毛泽东指出，依现时的国内与国际环境，走欧美资产阶级走过的老路，是行不通的。"一次革命论"者，不要革命论也，这就是问题的本质。共产主义是无产阶级的整个思想体系，同时又是一种具有强大生命力的社会制度，共产主义是收不得的，一收起，中国就会亡国。现在的世界，依靠共产主义做救星；现在的中国也不例外。新三民主义与旧三民主义有本质的区别，顽固派鼓吹的是一种伪三民主义。中国共产党所宣布的"愿为其彻底而奋斗"的三民主义，是"新三民主义或真三民主义，是联俄、联共、扶助农工三大政策的三民主义"。毛泽东还指出了三民主义与共产主义的异同，进一步阐明了孙中山提出"共产主义是三民主义的好朋友"的论断，明确指出三民主义依然是抗日统一战线的基础，"否认共产主义，实际上就是否认统一战线。"从而有力地回击了顽固派散布的无耻谰言。

《清史稿》

《清史稿》，五百三十六卷，近人赵尔巽主编。修于1914—1927年。纂修人员有缪荃荪、夏孙桐、柯劭忞、张尔田等。取材根据，有清代国史馆的底本和《实录》《圣训》《东华录》《宣统政纪》等，汇集一代史事，尚称完备，有一定参考价值。有"关外本"和"关内本"，文字颇有异同，但主持纂修的人以遗志自居，观点反动，对清代帝王歌功颂德，以明末义师为"土贼"、太平军为"粤匪"、辛亥革命为"倡乱"，对帝国主义在银行、路矿、电政等方面的侵略，也避而不谈。这些是其思想上的极大缺陷。

【原文】

戴名世传

戴名世，字田有，桐城人。生而才辨隽逸，课徒自给[(1)]。以制举业发名廪生[(2)]，考得贡[(3)]，补正蓝旗教习[(4)]。授知县，弃去。自是往来燕、赵、齐、鲁、河、洛、吴、越之间[(5)]，卖文为活。喜读《太史公书》[(6)]，考求前代奇节玮行，时时著文以自抒湮郁，气逸发不可控御。诸公贵人畏其口，尤忌嫉之。尝遇方苞京师[(7)]，言曰："吾非役役求有得于时也。吾胸中有书数百卷，其出也，自忖将有异于人人，然非屏居深山，足衣食，使身无所累，未能诱而出之也。"因太息别去。康熙四十八年[(8)]，年五十七，始中式会试第一[(9)]，殿试一甲二名及第[(10)]，授编修[(11)]。又二年而《南山集》祸作。[(12)]

先是门人尤云鹗刻名世所著《南山集》，集中有《与余生书》，称明季三王年号[(13)]，又引及方孝标《滇黔纪闻》[(14)]。当是时，文字禁网严，都御史赵申乔奏劾《南山集》语悖逆[(15)]，遂逮下狱。孝标已前卒，而苞与之同宗，又序《南山集》，坐是方氏族人及凡挂名集中者皆获罪，系狱两载。九卿覆奏，名世、云鹗俱论死，亲族当连坐[16]，圣祖矜全之[17]。又以大学士李光地言[18]，宥苞及其全宗[19]。申乔有清节，惟兴此狱获世讥云。名世为文善叙事。又著有《于遗录》，纪明末桐城兵变事，皆毁禁，后乃始传云。

【注释】

（1）课徒，教育学生，即做塾师。

（2）制举业，指八股文。发名，出名，扬名。廪生，明清两代由公家供应膳食的生员，又称廪膳生。

（3）考得贡，通过考试成为贡生。

（4）正蓝旗，清八旗之一。教习，学官名。掌课试之事。

（5）燕、赵，指战国时燕国和赵国。这里泛指其所在地，即河北省北部及山西省西北部一带。齐、鲁，指战国时齐国和鲁国，这里指其所在地，即今山东省东部一带。河、洛，黄河和洛河，泛指今河南省中西部一带。吴、越，指战国时吴国和越国，其地在今江苏、浙江一带。

（6）《太史公书》，即司马迁所著《史记》。

（7）方苞，清代文学家。

（8）康熙四十八年，公元1709年。

（9）会试，明清两代每三年一次在京城举行的考试。各省的举人均可应考。考中者称中士。

（10）殿试，科举制度中皇帝对会试取录的贡士在殿廷上亲发策问的考试。明清定制，一甲三名赐进士及第，第一名通称为状元，第二、第三名通称榜眼及探花。二甲均赐进士出身。

（11）编修，即翰林院编修，位次修撰，与修撰、检讨同为史官。

（12）《南山集》，清代戴名世撰。其门人尤云鹗据其手抄文章百余篇付印，仅得全集五分之一。所被禁。光绪间有木活版本十六卷。

（13）明季三王，指明末福王、唐王、桂王。

（14）方孝标，别号楼冈，以字行。顺治进士。累官内弘文院侍读学士。坐事，流广古塔。得释后人滇，受吴三桂伪翰林承旨。吴三桂败，旨先迎降，得免死。因记滇黔所闻所见，明季清初彼邦时事。著《钝斋文集》《滇黔纪闻》，为戴名世多采之，后《南山》祸作，戴已死，被坐骨。

（15）赵申乔，字慎旃，武进（今江苏武进）人，康熙进士。累官至户部主事。有《赵恭毅滕稿》。

（16）连坐，旧时一人犯法，其家属亲友邻里等连带受处罚。

（17）圣祖，康熙玄烨。

（18）李光地，字晋卿，号厚庵，安溪（福建安溪）人。康熙进士。累官至直隶巡抚、文渊阁大学士。著有《周易通论》等多种。

（19）宥（yòu 有），赦罪。

【毛泽东评说】

"命系庖厨"，何足惜哉，此言不当。岳飞、文天祥、曾静、戴名世、瞿秋白、方志敏、邓演达、杨虎城、闻一多诸辈，以身殉志，不亦伟乎！

——读《新唐书》批语，载《毛泽东读文史古籍批语集》，中央文献出版社 1993 年版，第 237 页。

【赏析】

赵尔巽等《清史稿》中的《戴名世传》，记载了清代史学家戴名世的主要事迹。戴名世作为一个知识分子，在清王朝统治逐渐巩固下来以后，不可避免地去走科举的道路，并且以优异的成绩考取了榜眼，授了翰林院史官。如果他逢迎拍马，那么已经有了资本。但作为一个正直的知识分子，一个有良心的史学家，对于清王朝入主中原，如骨鲠在喉，不吐不快。所以在他著的《南山集》中冒着杀头的危险，秉笔直书南明王朝康王、唐王桂王的年号，这就意味着在戴名世心目中，明王朝是正统，清王朝是伪朝；又在他的著作中采摘方孝标《滇黔纪闻》中的材料，揭露了清人入滇黔时的罪行。不隐恶，不扬善，实录真书，这是自司马迁以来开创的优良史学传统。戴名世秉笔直书，原是史官应尽之责和职权范围之内的事，结果却招致弥天大祸，竟被处死。受其株连者数十人。

可见清代文字狱的苛虐。但作为一个学者，不避杀身之祸，敢于如实叙写，以身殉职。他这种为正义、为真理、为信仰而壮烈牺牲的精神，永垂青史。毛泽东把他和岳飞、文天祥这些民族英雄，邓演达、杨虎城这些爱国将领，瞿秋白、方志敏这些无产阶级革命家，以及民主斗志、爱国诗人闻一多等相提并论、等量齐观，说明了毛泽东对这些优秀人物"以身殉志"的崇高气节的极力推崇。

在许多场合，毛泽东经常拿"以身殉志"的故事来教育干部和群众。1939年4月8日，在延安"抗大"工作总结大会上的讲演中，他说：多少共产党员被杀头，这是威威不能屈；但也有另一些人一旦威武来了就屈服，毫无气节，没有如文天祥、项羽、岳飞等人身上的那种宁死不屈的骨气。

元
明
清

后　记

　　经过不分昼夜、历时数月的辛勤劳作，《毛泽东评说中国古代散文赏析》终于完稿了。作为主持者，在快慰之余，我想要说的是，没有相关同志提供的大量材料，没有学术界的大量研究成果，没有中国文史出版社责任编辑窦忠如先生的热情支持和辛劳，这部书的出版是不可能的。在此，我们一并致谢！

　　我们还要特别感谢著名学者周振甫先生的热情指导和支持。

　　我们也要感谢在复旦大学就读博士的张云鹏同志辛勤地查阅资料。

　　这部书的编写，由于我们的水平和能力有限，又加上时间比较紧迫，难免有错讹、罅漏、浅薄和不当之处。我们诚恳地欢迎专家和广大读者不吝赐正。

毕桂发

2023 年冬